사례로 이해하는

핵심 양도소득세

사례로 이해하는 핵심 양도소득세

2024년 3월 28일 초판 발행
2025년 3월 11일 2판 발행

지 은 이 | 이득근
발 행 인 | 이희태
발 행 처 | **삼일피더블유씨솔루션**
등록번호 | 1995. 6. 26 제3-633호
주 소 | 서울특별시 용산구 한강대로 273 용산빌딩 4층
전 화 | 02)3489-3100
팩 스 | 02)3489-3141
가 격 | 70,000원

ISBN 979-11-6784-354-8 93320

※ '삼일인포마인'은 '삼일피더블유씨솔루션'의 단행본 브랜드입니다.
※ 파본은 교환하여 드립니다.

사례로 이해하는

핵심 양도소득세

| 상속 · 증여세, 종합부동산세 및 취득세 주요 내용 수록 |

세무사 이득근 지음

SAMIL | 삼일인포마인

「사례로 이해하는 핵심 양도소득세」 2025년 개정판을 내면서.....

그동안 독자들의 성원에 힘입어 이번에 개정판을 발간하게 된 것에 먼저 감사드리며, 지난해 연말과 금년 초에도 여러 가지 부동산관련 세법개정이 많이 이루어졌다.

초판에 이어 올해 발간하는 개정판에서도 **풍성한 계산 및 그림 사례와 최신 해석사례·판례 뿐만 아니라 개정된 내용**까지도 충실히 수록함으로써 혼동하기 쉽고 법령 적용상 빈번히 발생하는 실수를 줄여 전반적인 내용을 쉽게 이해할 수 있도록 다음과 같은 사항들에 대해 역점(力點)을 두고 수정·보완하였다.

첫째, 주택(분양권, 조합원입주권 포함)에 대한 비과세, 토지관련 감면, 주택임대사업자 관련 내용 중 상생임대주택 등의 내용을 중점 보완하였으며, 특히 양도소득세에서 상당히 까다로운 Part8의 토지분야인 **자경농지 등에 대한 감면규정과 비사업용 토지에 대한 규정**을초판에 비해 한층 더 구체적이고 일목요연하게 정리하면서 **비교표 및 요약표 등**을 가미(加味)하여 한 눈에 관련내용을 파악할 수 있도록 심혈(心血)을 기울여 편집하였다.

둘째, 각 Part별로 중요한 부분에 대해서는 가독성과 이해력을 높일 수 있도록 해당 법령 및 연결 페이지를 표기하였으며, 이와 더불어 다른 **주요 세법(상속·증여세, 종합부동산세, 취득세 등)과 상호 비교학습**할 수 있도록 관련 내용을 추가·확대하였다.

셋째, 일반 독자들 뿐만 아니라 전문가들 조차도 어려워 하는 양도소득세 법령 문구를 대부분 사례를 들어 문장을 간결하고 쉬운 표현으로 설명하는 반면에, 복잡하고 난해한 부분에 대해서는 「**심화학습**」 편에서 계산 및 그림 사례와 해석사례를 삽입(插入)하여 한결 더 수준 높은 양도소득세 실무지침서가 되도록 노력하였다.

넷째, 개정내용 중 ① 주택에서 주택 이외 **용도변경시 비과세** 판단시점, ② 거주주택 비과세 특례 **횟수제한 없이** 적용, ③ 상가에서 주택으로 용도변경시 **장기보유특별공제** 합리화, ④ 취득세 중과대상 주택 수 판단시 **분양권 취득시기** 합리화, ⑤ 상속·증여재산 평가시 **감정평가** 확대, ⑥ **6년 단기민간임대주택** 신설(2025.6.4. 이후 임대등록 분부터 적용) 등의 핵심적인 내용을 본문과 부록에 기재하여 기존세법과 개정세법을 이해하는데 도움이 되도록 하였다.

다섯째, 본서 마지막에 **「부록」편**에서는 ① 주택임대사업자의 주요 적용요건과 세제혜택 변천과정, ② 중과제도에 대한 전반적인 이해를 위해 개괄적인 내용, ③ 주요 부동산 세금 개정내용에 대해서는 요약표 형식으로 일목요연하게 정리하였다.

끝으로 좋은 책을 집필할 수 있도록 배려해 주신 「삼일피더블유씨솔루션」의 편집부 관계자 여러분께 감사의 말씀을 전하면서, 앞으로도 더 나은 책으로 독자분을 만날 것을 약속드린다.

2025년 2월

저 자 이득근

Brief Contents

Contents

PART 1 양도소득세 총론 _ 31

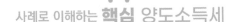

사례로 이해하는

핵심 양도소득세

PART
1

양도소득세 총론

Chapter

1 양도소득세 개요

I 양도소득세 납세의무자

1 기본 내용

양도소득세 납세의무자는 양도소득세 과세대상이 되는 자산을 양도한 개인을 말하며, 이러한 개인은 다시 거주자와 비거주자로 구분된다. 거주자와 비거주자를 구분하는 이유는 거주자는 1세대 1주택 비과세 및 최대 80%의 장기보유특별공제율을 적용받을 수 있는 반면에 비거주자는 비록 국내에 1주택을 소유하고 있더라도 1세대 1주택 비과세를 적용받을 수 없으며 장기보유특별공제는 최대 30%의 공제율만 적용한다.

비거주자에 대한 보다 자세한 내용은 「Part2 심화학습」을 참고하기 바란다. ☞ P. 244 참조

[거주자와 비거주자의 양도소득금액 계산방법]

	〈구 분〉	〈1세대 1주택 비과세〉	〈장기보유특별 공제율〉
개인	거주자	비과세 적용 가능	최대 80% 적용
	비거주자	비과세 적용 불가	최대 30% 적용

2 개인의 납세의무자의 구분

(1) 거주자와 비거주자

거주자는 국내에 주소를 두거나 1과세기간(1. 1. ~ 12. 31.) 중 183일 이상 거소를 둔 개인을 말하며, 비거주자는 거주자가 아닌 개인을 말하는데, 아래의 어느 하나에 해당하는 경우에는 국내에 주소를 가진 것으로 보아 거주자로 본다(소득법 §1의2 ①, 소득령 §2 ③, ④).

① 계속하여 183일 이상 국내에 거주할 것을 통상 필요로 하는 직업을 가진 때
② 국내에 생계를 같이하는 가족이 있고, 그 직업 및 자산 상태에 비추어 계속하여 183일 이상 국내에 거주할 것으로 인정되는 때

(2) 주소 및 거소의 판정

주소는 국내에서 생계를 같이하는 가족 및 국내에 직업, 재산 상태 등으로 볼 때 국내와 밀접한 생활관계를 갖는 장소를 말하고, 거소는 주소지 외의 장소 중 상당 기간에 걸쳐 거주하는 장소로서 주소와 같이 밀접한 생활관계가 형성되지 않는 장소를 말한다. 거소의 대표적인 사례는 종업원의 기숙사나 공사현장의 숙소 등이 있다(소득령 §2 ①, ②).

다만, 국외에 거주 또는 근무하는 자가 외국국적을 가졌거나 외국법령에 의하여 그 외국의 영주권을 얻은 자로서 국내에 생계를 같이하는 가족이 없고 그 직업 및 자산상태에 비추어 다시 입국하여 주로 국내에 거주하리라고 인정되지 아니하는 때에는 국내에 주소가 없는 것으로 본다(소득령 §2 ④).

(3) 국외자산에 대한 양도소득세 납세의무자

국외자산을 양도하는 경우에는 해당 자산의 양도일까지 "계속 5년 이상 국내에 주소 또는 거소를 둔 거주자"에 한하여 국외자산에 대한 양도소득세 납세의무자가 있다(소득법 §118의2).

3 종중이나 교회 등 단체의 납세의무

(1) 종중 또는 교회의 부동산 양도소득에 대한 과세범위

1) 「국세기본법」 제13조 제2항에 따라 법인으로 보는 단체로 승인받은 종중 또는 교회는 비영리법인으로 보아 부동산 양도소득에 대해서는 법인세 납세의무가 있으나, 해당 단체가 부동산 처분일 현재 "3년 이상 계속"하여 법령 또는 정관에 규정된 고유목적사업에 직접 사용한 부동산에 대해서는 과세하지 않는다.

여기서 주의할 사항은 부동산 처분일 현재 3년 이상 계속하여 고유목적사업에 직접 사용한 경우에도 처분수입 전액이 비과세되는 것이 아니라 아래와 같이 구분된다는 점이다(법인령 §3 ②).

구 분	과세제외 처분수입	과세대상 처분수입
10년 미만 사용한 경우	양도가액 - 고유목적사업 전입시 시가	고유목적사업 전입시 시가 - 취득시 취득가액
10년 이상 사용한 경우	(양도가액 - 고유목적사업 최초 전입시 시가) × (직접 사용기간 ÷ 보유기간)	

2) 법인으로 보는 단체로 승인받지 않은 종중 또는 교회는 개인(1거주자)으로 보아 부동산 양도로 인하여 발생하는 소득에 대하여는 양도소득세 납세의무를 진다(소득령 §3의2). 다만, 법인으로 보는 단체로 승인 받기 전에 개인(1거주자)로서 부동산을 양도하였더라도 최초 사업연도 개시일로부터 1년 이내 법인으로 보는 단체로 승인받은 경우에는 개인의 양도소득세가 아닌 법인세로 과세할 수 있다(법인령 §4 ②).

관련 해석 사례

1. 청구종중은 1거주자로 보는 "개인으로 보는 단체"의 고유번호증을 교부받은 후 쟁점토지를 양도한 점, 청구종중이 쟁점토지를 양도한 후 3년 5개월이 경과한 시점에서 법인으로 보는 단체의 승인을 받은 사실이 당초 개인으로 보는 단체로 등록된 사실에 소급하여 효력을 미친다고 보기 어려운 점, 청구종중의 종회 규약상 수익을 구성원에게 분배하지 아니한다는 내용이 없는 점 등에 비추어 청구종중은 쟁점토지 양도당시 「소득세법」상 1거주자의 지위에 있다고 봄이 타당하므로 처분청이 이 건 양도소득세 경정청구를 거부한 처분은 달리 잘못이 없는 것으로 판단된다(조심 2019광2391, 2019. 11. 21, 조심 2023서7998, 2023. 10. 12).
2. 법인으로 보는 단체의 승인을 받은날(2014. 9. 3.)로부터 최초사업연도 개시일이 1년을 초과하지 아니하고 부동산처분이익(2014. 1. 10. 수용보상금 수령)이 사실상 원고에게 귀속되었으며 조세포탈의 우려가 있다고 볼만한 사정이 없으므로 소득세법이 아니라 법인세법을 적용하여야 한다(대법원 2016두57014, 2017. 2. 15).

(2) 종종 또는 교회에 대한 1세대 1주택 비과세 여부

법인이 아닌 1거주자로 보는 단체인 교회 또는 종중이 양도하는 주택에 대해서는 개인에게 적용되는 1세대 1주택 비과세 규정을 적용할 수 없다. 이는 1세대 1주택 비과세 규정은 개인의 주거이전의 자유를 보장하기 위하여 마련된 제도이므로 종중 또는 교회 등의 단체에 대해서는 해당 규정을 적용할 수 없는 것이다.

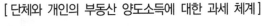

[단체와 개인의 부동산 양도소득에 대한 과세 체계]

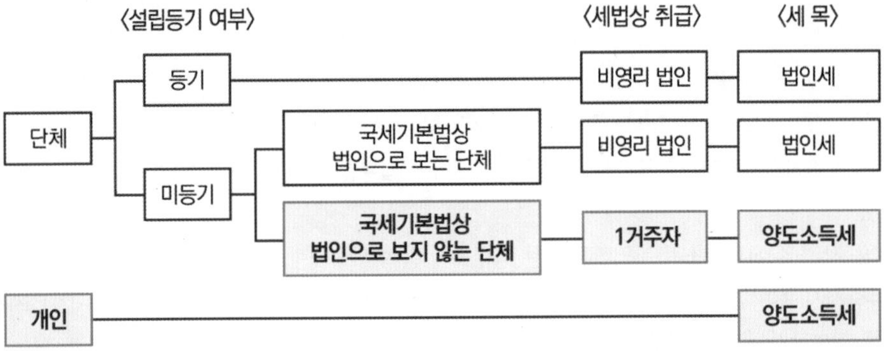

4 공동소유 자산의 양도소득 납세의무

공동소유 자산을 양도함에 따라 발생하는 양도소득금액을 계산하는 경우에는 그 소유지분에 따라 분배되었거나 분배될 소득금액에 대하여 각 거주자별로 납세의무를 진다. 따라서 공동소유자 상호간에는 양도소득세 연대납세의무가 없다(소득법 §2의2 ⑤, §43).

다만, 증여 후 양도행위 부인규정에 따라 증여자가 자산을 직접 양도한 것으로 보는 경우에는 해당 양도소득에 대해서는 증여자와 수증자는 연대하여 납세의무를 진다(소득법 §2의2 ③). ☞ P. 685 참조

비교 학습

상속세 및 증여세법상 연대납세의무

"연대납세의무"란 2인 이상의 납세의무자가 하나의 납세의무에 대하여 각각 독립하여 전액의 납부의무를 부담하고, 그 중 1인이 전액을 납부하면 다른 연대납세의무자의 납부의무가 소멸하는 것을 말한다. 이는 국가가 조세채권의 확보를 위하여 사실상 다수의 인적담보를 얻는 결과가 되며 조세채권의 실현을 보다 확실하게 하기 위함이다. 이 경우 상속·증여세법에서는 아래와 같이 별도로 연대납세의무를 규정하고 있다.

1. 상속인·수유자(유증 또는 사인증여에 의하여 재산을 취득한 자)의 연대납세의무

상속인 또는 수유자는 각자가 받았거나 받을 재산(자산총액 – 부채총액 – 상속세액)을 한도로 연대하여 상속세 납부의무를 진다(상증법 §3의2 ③).

2. 증여자의 연대납세의무

일반적으로 증여세 납세의무는 증여를 받는 수증자가 부담하는 것이 원칙이나, 아래의 어느 하나에 해당하는 경우에는 수증자가 납부할 증여세를 증여자가 연대하여 납부할 의무를 진다(상증법 §4의2 ⑥).

① 수증자의 주소나 거소가 분명하지 않은 경우로서 증여세에 대한 조세채권을 확보하기 곤란한 경우
② 수증자가 증여세를 납부할 능력이 없다고 인정되는 경우로서 강제징수를 하여도 증여세에 대한 조세채권을 확보하기 곤란한 경우
③ 수증자가 비거주자인 경우

Ⅱ 양도의 범위

1 양도의 정의 및 기본 개념

"양도"란 자산에 대한 등기 또는 등록과 관계없이 매도, 교환, 법인에 대한 현물출자 등을 통하여 그 자산을 유상으로 사실상 이전하는 것을 말한다. 이 경우 「소득세법 시행령」 제151조 제3항에 따른 부담부증여시 수증자가 부담하는 채무액에 해당하는 부분(증여자의 채무를 수증자가 인수하는 경우 증여가액 중 그 채무액에 해당하는 부분)은 양도로 본다(소득법 §88 1호 전단).

다만, 배우자 간 또는 직계존비속 간의 부담부증여(상속세 및 증여세법 제44조에 따라 증여로 추정되는 경우를 포함)로서 「상속세 및 증여세법」 제47조 제3항 본문에 따라 수증자에게

인수되지 아니한 것으로 추정되는 채무액은 제외한다(소득령 §151 ③ 후단).

[자산의 유상이전 주요 사례]

구 분	대 가
매매(매도)	금전
협의매수 · 수용	금전 · 채권 또는 대토
경매 · 공매, 위자료, 대물변제, 부담부증여	채무의 감소
교환	부동산 또는 동산
법인에 현물출자	주식 또는 출자지분
공동사업에 현물출자	조합원의 지위

2 부동산의 소유권 이전에 따른 소득 및 세목 판단기준

개인이 부동산을 유상 또는 무상으로 이전하는지 여부에 따라 양도소득세 또는 상속세 · 증여세로 구분되며 또한, 부동산의 양도로 인한 소득이 일시적 · 비반복적 또는 계속적 · 반복적(부동산매매업, 주택신축판매업)인지 여부에 따라 양도소득세 또는 종합소득세로 소득구분이 달라지므로 부동산의 소유권 이전에 따른 소득구분 및 이에 따른 세목을 명확히 구분해야 관련 세금을 정확히 계산할 수 있다.

[부동산의 소유권 이전에 따른 소득구분]

대가유무		납세의무자	사업 관련성	세 목
유상이전(매매)		양도자	사업무관(일시적 · 비반복적)	양도소득세
			사업목적(계속적 · 반복적)	종합소득세
무상이전	상속	상속인	사업성 여부와 무관	상속세
	증여	수증자 (개인, 비영리법인)		증여세
		수증자 (영리법인)		법인세 (자산수증이익)

3 양도소득세 과세대상 범위

(1) 자산의 양도 대가로 금전이 유입되는 거래

1) 매매

양도소득세 과세대상이 되는 가장 일반적인 형태의 거래로서 자산을 이전하고 그 대가를 금전으로 받는 거래이다.

2) 협의매수 또는 수용

토지 등 소유자가 보유한 부동산이 「공익사업을 위한 토지 등의 취득 및 보상에 관한 법률」에 따라 협의매수 또는 수용됨에 따라 사업시행자로부터 보상금을 수령하게 되면 유상으로 양도한 것이므로 양도소득세를 과세한다. 이 경우 수용 등에 따른 대가는 금전뿐만 아니라 채권으로 보상받거나 사업시행자가 조성한 토지로 보상받는 경우도 있다.

이러한 수용 등에 대해서는 토지 등 소유자의 의사와 무관하게 자산이 강제로 이전되는 점을 감안하여 소득세법상 아래와 같은 세제혜택이 주어진다.

① 사업인정고시일 전에 취득한 1세대 1주택 및 그 부수토지의 전부 또는 일부가 수용되는 경우(양도일 또는 수용일로부터 5년 이내에 양도하는 그 잔존주택 및 부수토지 포함)에는 보유기간 또는 거주기간의 제한없이 양도소득세가 비과세된다. ☞ P. 236 참조

② 사업인정고시일로부터 소급하여 5년(2021. 5. 3. 이전에 사업인정고시된 경우는 2년) 이전에 취득한 토지에 대해서는 무조건 사업용 토지로 본다. ☞ P. 848 참조

③ 사업인정고시일로부터 소급하여 2년 이전에 취득한 토지 등이 공익사업 수용으로 양도하는 경우 양도소득세의 일정부분은 감면한다. ☞ P. 789 참조

④ 사업인정고시일로부터 소급하여 2년 이전에 증여받은 부동산이 10년 이내 수용(양도)되는 경우에는 이월과세 규정을 적용하지 않는다. ☞ P. 665 참조

⑤ 환산취득가액을 적용함에 있어 분모의 양도 당시 기준시가를 일반적으로 기준시가가 아닌 수용으로 인한 기준시가 특례가 적용된다. ☞ P. 82 참조

(2) 자산의 양도 대가로 금전 등을 받지 않았으나 채무가 감소하는 거래

1) 경매 · 공매

경매 또는 공매로 인하여 자산의 소유권이 이전된 경우 그 대가를 받지 않았으나, 자산 양도로 인하여 채무가 소멸하여 사실상 자산이 유상으로 이전된 것과 경제적 효과가 같으므로 양도소득세를 과세한다. 다만, 소유자산을 경매 · 공매로 인하여 자기가 재취득하는 경우에는 양도로 보지 아니한다(소기통 88－0…1 ⑤).

2) 부담부 증여

자산을 증여받은 자(수증자)가 증여받은 자산에 담보된 은행대출금이나 임대보증금을 인수하는 경우 자산을 증여한 자(증여자)는 은행대출금이나 임대보증금의 채무가 소멸하게 되므로 양도소득세를 납부할 의무가 있다.

3) 대물변제

채권자에게 채무를 변제하기 위하여 금전 대신 다른 자산의 소유권을 이전하는 경우 자산을 양도하여 채무를 변제한 것과 같은 경제적 효과가 발생하므로 양도소득세를 과세한다. 예를 들면, 이혼위자료로 부동산 소유권을 이전하는 경우 현금 대신 부동산으로 지급한 것이므로 이는 대물변제에 해당하여 양도소득세가 과세되는 것이다.

(3) 자산이 유상으로 이전되었으나 금전 외의 대가를 받은 경우

1) 교환

양도소득세 과세대상 자산의 소유권을 이전하면서 그 대가로 금전 이외 다른 자산을 받는 경우에는 자산을 양도하고 대가를 수령한 후 다시 교환대상 자산을 취득한 것과 경제적 효과가 같으므로 양도소득세가 과세된다.

2) 현물출자

① 원칙

토지 등 부동산을 법인에 현물출자하거나 공동사업(부동산매매업, 주택신축판매업 등)을 위하여 현물출자하는 경우에는 그 대가로 주식 또는 출자지분(조합원 지위)을 취득하게 되므로 유상 양도에 해당하여 양도소득세가 과세된다.

② 예외

가. 개인사업자의 법인전환에 대한 양도소득세 이월과세

「조세특례제한법」 제32조에 따라 개인사업자가 사업용 고정자산을 현물출자하여 법인으로 전환하는 경우 그 사업용고정자산에 대해서는 이월과세를 적용받을 수 있다(조특법 §32).

여기서 "이월과세(移越課稅)"란 개인이 사업용고정자산을 현물출자를 통하여 법인에 양도하는 경우 개인에 대해서는 양도소득세를 과세하지 아니하고, 그 대신 이를 양수한 법인이 그 사업용고정자산을 양도하는 경우 "개인이 종전 사업용고정자산을 그 법인에 양도한 날이 속하는 과세기간"에 다른 양도자산이 없다고 보아 양도소득 산출세액 상당액을 법인세로 납부하는 것을 말한다(조특법 §2 ① 6호).

나. 개인이 공동사업에 사용권을 출자한 경우

공동사업에 제공된 부동산의 소유권 자체를 이전하지 않고 사용권만을 출자하는 경우에는 양도로 보지 않는다. 여기서 "사용권 출자"란 소비대차(消費貸借)와 유사한 성격으로 공동사업을 위하여 부동산이 사용된 후 해당 부동산이 반환되는 것을 말한다.

예를 들어, 주택신축판매업을 위하여 토지를 현물출자한 후 해당 부동산이 분양되면 출자한 토지를 반환받을 수 없으므로 해당 토지의 현물출자는 양도로 보는 것이나, 부동산임대업을 위하여 토지를 사용한 후 해당 토지를 반환받는 경우에는 사용권만을 출자한 것이므로 양도로 보지 않는 것이다.

관련 해석 사례

1. 거주자가 공동사업(주택신축판매업 등)을 경영할 것을 약정하는 계약에 의해 토지 등을 공동사업에 현물출자하는 경우 양도소득세의 과세대상이 되는 현물출자에 해당되는지, 아니면 단순한 사용권의 출자에 해당되는지 여부는 공동사업의 성격 및 토지 등을 제공한 자의 의사 등을 감안하여 사실판단할 사항이다(부동산납세과-1287, 2016. 8. 24).
2. 동업계약서에 공동사업자가 각자의 토지 소유지분을 공동사업에 현물출자한다는 약정이 없고 쟁점토지의 소유권이 공동사업자 명의로 변경되거나 합유재산으로 등기된 사실이 없는 점 등에 비추어 볼 때, 청구인 등이 각자의 토지 지분을 공동사업주체인 조합에 현물출자하였다기 보다는 사용권의 출자로 보는 것이 타당하다(조심 2009서4095, 2010. 3. 31, 조심 2015서3275, 2015. 12. 28).

4 양도소득세 과세대상이 아닌 경우

(1) 정책적 목적으로 양도로 보지 않는 경우

1) 도시 및 주거환경정비법상 재개발 · 재건축 사업

「도시 및 주거환경정비법상」 재개발 • 재건축 사업에 따라 자기가 소유한 토지나 건물을 사업시행자에 제공하고 조합원입주권을 취득하는 경우에는 유상 양도(현물출자)에 해당하나, 정비사업의 원활한 진행을 위해 세제상 지원하는 것은 양도로 보지 않으므로 양도소득세가 과세되지 않는다. 다만, 관리처분계획인가에 따라 청산금을 교부받는 부분에 대하여는 일부 부동산을 양도한 것으로 보아 양도소득세가 과세된다.

2) 환지처분 또는 보류지로 충당

「도시개발법」이나 그 밖의 법률에 따라 환지처분으로 지목 또는 지번이 변경되거나 보류지(공공용지+체비지)로 충당되는 경우에는 양도로 보지 않는다(소득법 §88 1호 가목). 다만, 환지청산금을 현금으로 지급받은 부분은 유상으로 이전된 것으로 보아 양도소득세가 과세된다.

알쏭달쏭 용어

1. 환지처분
도시개발사업 등에 따라 사업시행자가 사업완료 후에 사업구역 내의 토지 소유자 또는 관계인에게 종전의 토지 또는 건축물 대신에 그 구역 내의 다른 토지 또는 사업시행자에게 처분할 권한이 있는 건축물의 일부와 그 건축물이 있는 토지의 공유지분으로 바꾸어주는 것을 말한다(소득령 §152 ①).

2. 보류지
도시개발사업 등에 따라 사업시행자가 해당 법률에 의하여 일정한 토지를 환지로 정하지 않고 공공용지(公共用地) 또는 토지 소유자 또는 관계인에게 사업구역 내의 토지로 사업비용을 부담하게 하는 경우의 해당 토지의 체비지(替費地)로 사용하기 위하여 보류한 토지를 말한다(소득령 §152 ②).

(2) 자산을 신탁하거나 신탁해지하는 경우

1) 신탁법에 의한 신탁

「신탁법」 등에 따라 위탁자의 자산을 수탁자에게 소유권을 이전하는 것은 자산을 유상으로 양도한 것이 아니라 신탁재산의 관리 · 처분 등을 위한 형식적인 소유권의 이전에 불과하므로 양도소득세 과세대상이 아니며, 신탁을 해지하여 다시 위탁자 명의로 자산의 소유권을 환원하는 행위도 자산을 유상으로 양도한 것이 아니므로 양도소득세가 과세되지 않는다(소득법 §88 1호 다목).

2) 명의신탁 및 명의신탁해지

"명의신탁"이란 재산에 관한 소유권은 실제 소유자에게 있으나 그에 관한 등기 등은 타인의 명의로 하는 것을 말한다. 이는 형식적으로 명의만 이전한 것이므로 양도소득세나 증여세 과세대상이 아니며, 수탁자 명의로 등기하고 있던 부동산을 신탁해지를 원인으로 다시 신탁자 명의로 소유권이전 등기를 하는 경우에도 명의신탁한 자산을 원상회복하는 것에 불과하므로 양도소득세나 증여세가 과세되지 않는다. 다만, 토지 및 건물을 명의신탁하는 행위는 부동산실명제 위반행위로서 형사처벌 대상이 되고, 형사처벌과는 별도로 과징금 등이 부과될 수 있다.

비교 학습

주식 명의신탁시 증여세 과세 및 납세의무자

부동산과 달리 주식을 명의신탁하는 행위는 형사처벌이나 과징금 부과대상이 되지 않으나, 조세회피 목적으로 주식을 명의신탁한 경우에는 「명의신탁재산의 증여의제 규정」이 적용되어 실제 소유자(명의신탁자)에게 증여세가 과세될 수 있다(상증법 §45의2, §4의2).

(3) 양도담보를 위한 소유권 이전

"양도담보"란 담보제공을 목적으로 등기원인을 양도담보로 하여 자산에 대한 소유권을 이전하는 행위로서 비록 형식적으로 소유권은 이전되었으나 그 실질이 채권담보에 지나지 않기 때문에 양도로 보지 않는다. 다만, 양도담보계약을 체결한 후 채무불이행으로 인하여 양도담보로 제공한 자산이 채무변제에 충당된 때에는 이를 양도한 것으로 보아 양도소득세가 과세된다(소득령 §151 ②).

(4) 공유물분할 성격의 재산분할

1) 이혼으로 인한 재산분할

이혼으로 인하여 혼인중에 형성된 부부공동재산을 「민법」 제839조의2에 따라 재산분할하는 경우에는 양도로 보지 아니한다(소기통 88-0…1 ③). 이는 이혼에 따른 재산분할은 혼인 후 공동의 노력으로 형성한 재산을 일방의 재산으로 등기하였다가 혼인관계가 해소되면서 각자의 재산으로 청산하는 과정이므로 양도소득세나 증여세 과세대상이 아니다. 다만, 이혼위자료로 부동산 등의 소유권을 이전하는 경우에는 양도로 보는 대물변제에 해당하므로 양도소득세가 과세된다.

2) 공유물 분할

공동소유의 토지를 소유지분별로 단순히 분할하거나 공유자지분 변경없이 2개 이상의 공유토지로 분할하였다가 그 공유토지를 소유지분별로 단순히 재분할하는 경우에는 양도로 보지 아니한다. 다만, 공동지분이 변경되는 경우에는 변경되는 부분은 양도로 본다(소기통 88-0…1 ③).

(5) 계약의 해제

부동산에 대한 매매계약을 체결하고 양도대금을 모두 지급받았다고 하더라도 매매계약 이행과 관련한 분쟁 등으로 인하여 그 매매계약이 처음부터 무효이거나 나중에 취소 또는 해제되어 양도인이 받은 매매대금을 양수인에게 반환하였다면 양도소득이 발생한 것이 아니므로 양도소득세 과세대상이 되지 않는다.

관련 해석 사례

당초 매매계약에 따라 소유권이전등기 후 합의해제를 원인으로 소유권이전등기가 말소된 경우 당초 매매계약이 적법하게 합의해제 되었다면 매매계약의 효력은 상실되어 양도가 이루어지지 않은 것이 되어 양도소득세의 과세요건인 자산의 양도가 있다고 볼 수 없다(조심 2022서1757, 2022. 5. 12).

(6) 토지거래허가를 받지 아니한 경우

토지거래허가지역 내에서의 매매계약 등 거래계약은 관할관청의 허가를 받아야만 효력이 발생하므로 매매대금이 먼저 지급되어 양도인이 이를 보관하고 있었더라도 자산의 양도에 해당하지 않는다(양도집행 88-151-3).

하지만, 토지거래허가구역 내의 토지를 허가 없이 매도한 경우 그 매매계약 및 전매계약이 무효라고 하더라도 소유권이전등기가 말소되지 아니한 채 남아 있고 매매대금도 매수인 또는 제3자에게 반환되지 아니한 채 그대로 보유하고 있는 때에는 예외적으로 매도인 등에게 양도소득세를 과세할 수 있다(양도집행 88-151-4).

(7) 배우자 또는 직계존비속에게 직접 또는 우회 양도한 경우 증여추정

배우자 또는 직계존비속에게 재산을 양도한 경우와 특수관계인에게 양도한 후 3년 이내 그 특수관계인이 당초 양도인의 배우자 또는 직계존비속에게 재산을 양도한 경우로서 상속세 및 증여세법에 의하여 그 행위가 증여로 추정되는 경우에는 양도소득세가 아닌 증여세가 과세된다(상증법 §44 ①, ②). ☞ P. 731, 732 참조

Ⅲ 주요 양도소득세 과세대상자산의 범위

소득세법은 양도소득세 과세대상 자산에 대하여 열거주의를 채택하고 있으므로 소득세법상 과세대상으로 열거되지 않은 자산에 대하여는 양도소득세가 과세되지 않으며, 주요 양도소득세 과세대상 자산은 아래와 같다.

1 토지와 건물

(1) 토지

"토지"란 「공간정보의 구축 및 관리 등에 관한 법률」 제67조에 따라 지적공부(地籍公簿)에 등록하여야 할 지목에 해당하는 것을 말한다. 이 경우 지목의 적용은 지적공부상의 지목과 관계없이 사실상의 지목에 의하고, 사실상의 지목이 불분명한 경우에는 지적공부상의 지목에 따른다(소득법 §94 ① 1호).

한편, 토지의 구성물 내지는 정착물에 해당하는 토사석(土砂石)의 채취허가에 따른 권리, 지하수의 개발·이용권을 토지 또는 건물과 함께 또는 분리하여 양도하거나 대여하는 경우에는 기타소득에 해당하며(소득령 §41 ⑤, ⑥), 토사석의 채취허가에 따른 권리와 지하수의 개발·이용권을 토지 또는 건물과 함께 양도하는 경우로서 지하수개발·이용권 등과 토지 등의 취득가액 또는 양도가액을 구별할 수 없는 때에는 「소득세법 시행령」 제51조 제8항 각 호의 기준을 준용하여 취득가액 또는 양도가액을 계산한다(소득령 §162의2).

(2) 건물

"건물"이란 토지에 정착하는 공작물 중 사실상 준공된 것으로서 지붕과 기둥 또는 벽이 있는 것과 이에 부속된 시설물과 구축물(예 주유소 건물의 저유조·자동세척기·주유기 등)을 포함한다. 건물의 용도 또한 토지와 마찬가지로 용도와 관계없이 사실상의 용도에 따라 구분하고 사실상의 용도가 분명하지 아니한 경우에는 공부상의 용도로 판단한다(소득법 §94 ① 1호).

이 경우 소유하던 토지 위에 건축허가를 받아 건축물을 시공 중에 건축물로 볼 수 없는 시설물 상태에서 토지와 시공된 시설물을 함께 양도하는 경우에는 토지의 양도에 해당된다(양도집행 94-0-7).

2 부동산에 관한 권리

부동산에 관한 관리는 아래와 같이 크게 두 가지로 구분된다. 이 중 부동산을 취득할 수 있는 권리는 계약상 또는 법률상 부동산의 취득원인이 발생하였으나 그 취득시기가 도래하기 전의 권리를 말한다(소득법 §94 ① 2호, 소기통 94-0…1).

구 분	종 류
부동산을 이용할 수 있는 권리	① 지상권과 전세권 ② 등기된 부동산임차권
부동산을 취득할 수 있는 권리	① 건물이 완성되는 때에 건물 등을 취득할 수 있는 권리(조합원입주권, 주택분양권 등) ② 지방자치단체·한국토지주택공사가 발행하는 토지상환채권, 주택상환채권 ③ 부동산매매계약을 체결한 자가 계약금을 지급한 상태에서 양도하는 권리 ④ 이주자택지분양권 ⑤ 지역·직장주택조합 입주권

알쏭달쏭 용어

부동산에 관한 권리의 범위

1. 조합원입주권 : 「도시 및 주거환경정비법」 제74조에 따른 관리처분계획의 인가 및 「빈집 및 소규모주택 정비에 관한 특례법」 제29조에 따른 사업시행계획인가로 인하여 취득한 입주자로 선정된 지위를 말한다(소득법 §88 9호).
2. 분양권 : 「주택법」, 「도시 및 주거환경정비법」, 「빈집 및 소규모주택 정비에 관한 특례법」 등의 법률에 따른 주택에 대한 공급계약을 통하여 주택을 공급받는 자로 선정된 지위(해당 지위를 매매 또는 증여 등의 방법으로 취득한 것을 포함)를 말한다(소득법 §88 10호).
3. 전세권 : 전세금을 지급하고 타인의 부동산을 점유하여 그 용도에 좇아 사용 · 수익할 수 있는 권리를 말한다(민법 §303).
4. 지상권 : 타인의 토지에 건물 기타 공작물이나 수목을 소유하기 위하여 그 토지를 사용할 수 있는 권리를 말한다(민법 §279).

3 기타자산

(1) 사업용 고정자산과 함께 양도하는 영업권

사업에 사용하는 자산(토지 · 건물 및 부동산에 관한 권리)과 함께 양도하는 영업권은 양도소득세가 과세된다. 이 경우 영업권에는 영업권을 별도로 평가하지 않았으나 사회통념상 자산에 포함되어 함께 양도된 것으로 인정되는 것과 행정관청으로부터 인가 · 허가 · 면허 등을 받음으로써 얻는 경제적 이익을 포함한다(소득법 §94 ① 4호 가목).

여기서 주의할 사항은 사업용 고정자산과 영업권의 소유자가 다르거나 사업용 고정자산을 포함하지 아니하고 영업권만 단독으로 양도하여 발생하는 소득은 기타소득(종합소득세)으로 분류된다는 점이다.

관련 해석 사례

부동산과 함께 영업권(권리금)을 매수한 사람이 다시 부동산과 함께 영업권을 양도한 경우에는 당초 매수한 영업권의 취득가액이 입증되면, 이 또한 향후 영업권 양도소득의 필요경비로 인정될 수 있다(재산세과-268, 2009. 9. 21, 조심 2022서6097, 2022. 9. 20).

(2) 부동산과 함께 양도하는 이축권(移築權)

토지 및 건물과 함께 양도하는 이축권(개발제한구역 내에 건축허가를 받아 건물을 건축할 수 있는 권리)은 양도소득세가 과세된다. 다만, 이축권에 대해 감정평가업자가 감정한 가액이 있는 경우로서 그 가액(감정한 가액이 둘 이상인 경우에는 그 감정한 가액의 평균액)을 구분하여 신고하는 경우에는 기타소득(종합소득세)으로 과세한다(소득법 §94 ① 4호 마목, 소득령 §158의2).

이 경우 이축권을 취득하여 이를 근거로 건물을 신축한 경우 이축권 취득 비용은 건축물의 취득가액으로 필요경비에 산입한다(양도집행 97-163-4).

[영업권과 이축권의 과세구분 비교]

구 분		세 목
영업권	사업용 고정자산과 함께 양도하는 경우	양도소득
	위 외의 경우(단독 양도, 영업권 대여)	기타소득(의제필요경비율 60%)
이축권	토지 및 건물과 함께 양도하는 경우	양도소득
	이축권 가액을 별도로 감정평가받는 경우	기타소득(의제필요경비율 60%)

(3) 특정시설물이용권(골프회원권 · 헬스클럽이용권 · 콘도회원권 등)

특정시설물의 회원권·이용권은 그 명칭과 관계없이 시설물을 배타적으로 이용하거나 일반이용자보다 유리한 조건으로 이용할 수 있도록 약정한 단체의 구성원이 된 자에게 부여된 것을 말한다(소득법 §94 ① 4호 나목).

(4) 과점주주의 특정주식(부동산 양도소득세율 적용)

법인의 자산총액 중 토지·건물 및 부동산에 관한 권리의 비율이 50% 이상인 법인의 주식을 50% 초과·보유하고 있는 과점주주가 그 법인의 주식 50% 이상을 해당 과점주주 외의 자에게 양도하는 경우에는 주식이 아닌 기타자산으로 분류한다. 그 이유는 비록 주식을 양도하였더라도 부동산을 양도한 것으로 보아 주식의 양도세율이 아닌 부동산에 대한 양도세율(누진세율)을 부과하기 위함이다(소득법 §94 ① 4호 다목).

(5) 부동산과다보유법인의 특정주식(부동산 양도소득세율 적용)

자산총액 중 부동산 등의 비율이 80% 이상인 법인(골프장업, 스키장업 등 영위)의 주주가 그 법인의 주식을 양도하는 경우에도 앞서 살펴 본 과점주주의 특정주식과 동일하게 부동산처럼 양도소득세를 과세하되 과점주주의 특정주식과는 달리 양도자의 지분비율이나 양도비율에 관계없이 1주만 양도하더라도 과세된다(소득법 §94 ① 4호 라목).

[과점주주의 특정주식과 부동산과다보유법인의 특정주식 비교]

구 분	과점주주의 특정주식	부동산과다보유법인의 특정주식
법인업종	모든 업종	골프장, 스키장 등 특수업종 영위
부동산등 비율	50% 이상	80% 이상
주식소유 비율	50% 초과	제한없음
주식양도 비율	50% 이상(분할양도시 3년 합산)	제한없음(1주만 양도하여도 과세)

4 주식

상장법인(코스피시장 · 코스닥시장 · 코넥스시장에 상장된 주권을 발행한 법인)의 주식을 종목별로 보유한 대주주(지분율 또는 시가)의 주식과 대주주에 상관없이 비상장법인의 주식 및 국외주식에 대해서는 양도소득세가 과세된다(소득법 §94 ① 3호 가목, 나목, 다목).

여기서 "상장주식의 대주주"란 양도일이 속하는 사업연도의 직전 사업연도 종료일 현재 본인과 특수관계인(최대주주인 경우에만 특수관계인의 지분을 포함하고, 최대주주가 아닌 경우 본인의 지분으로만 판단)의 보유주식 합계가 종목당 일정한 지분비율(코스피 1%, 코스닥 2%, 코넥스 4%) 이상 또는 시가총액 50억원 이상을 보유한 자를 말한다.

[상장주식 대주주 판단시 지분율 또는 시가의 범위]

구 분	2023. 12. 31. 이전 양도		2024. 1. 1. 이후 양도	
	지분율	시가(직전사업연도)	지분율	시가(직전사업연도)
코스피	1% 이상	10억원 이상	1% 이상	50억원 이상
코스닥	2% 이상		2% 이상	
코넥스	4% 이상		4% 이상	

※ 세율 적용시 비상장법인 대주주 : 지분율 4% 이상 또는 시가총액 10억원 이상 보유한 자

Ⅳ 자산의 취득시기 및 양도시기

1 기본 개념

자산의 취득시기 및 양도시기에 따라 ① 1세대 1주택 비과세 판단, ② 장기보유특별공제 적용, ③ 세액감면 판단, ④ 양도소득세율 적용, ⑤ 양도소득세의 신고 및 납부기한 등에 영향을 미치게 되므로 양도소득세를 계산함에 있어 취득시기 및 양도시기는 매우 중요한 의미를 갖는다. 이 경우 자산의 취득시기 및 양도시기가 양도소득세 계산에 미치는 주요 영향은 아래와 같다.

(1) 취득시기에 영향을 미치는 주요 내용

① 조정대상지역으로 지정된 후 주택을 취득한 경우 1세대 1주택 비과세를 적용받기 위해서는 2년 이상 보유요건 이외에 2년 이상 거주요건을 충족해야 한다.

② 미분양주택이나 신축주택의 경우 취득시기에 따라 조세특례제한법상 양도소득세 감면여부나 감면율이 다르게 적용된다.

③ 1세대 2주택 비과세 특례를 적용받기 위해서는 종전주택 취득일부터 1년 이상 지난 후 신규주택(또는 조합원입주권, 분양권)을 취득하고 그 신규주택 취득일로부터 3년 이내 종전주택을 양도해야 한다.

(2) 양도시기에 영향을 미치는 주요 내용

① 1세대 1주택 비과세 여부 및 장기보유특별공제 적용시 보유기간 계산은 취득일부터 양도일까지의 기간에 따른다.

② 자산을 양도한 시점의 양도소득세율을 적용하여 양도소득세를 계산한다.

③ 주택을 양도한 시점의 주택 수 또는 조정대상지역 여부에 따라 1세대 1주택 비과세 여부 또는 다주택자 중과 여부가 결정된다.

④ 자산의 양도시점에 따라 양도소득세 예정신고기한과 확정신고기한이 결정되며, 각 신고기한 내에 신고하지 않으면 무신고가산세와 납부지연가산세가 부과된다.

2 거래 원인별 주요 자산의 취득시기 또는 양도시기

(1) 일반적인 거래의 경우

1) 매매의 경우 취득 · 양도시기

① 원칙 : 대금청산일

자산의 양도차익을 계산할 때 그 취득시기 및 양도시기는 해당 자산의 대금을 청산한 날로 한다. 여기서 대금청산 여부를 판정함에 있어 해당 자산의 양도에 대한 양도소득세 및 양도소득세의 부가세액을 양수자가 부담하기로 약정한 경우에는 해당 양도소득세 및 양도소득세의 부가세액은 제외하고 판단한다(소득법 §98).

② 예외 : 등기접수일 등

대금청산이 불분명하거나 대금청산일 전에 소유권이전등기(등록 및 명의개서 포함)를 한 경우에는 등기부 · 등록부 또는 명부 등에 기재된 등기 · 등록접수일 또는 명의개서일이 취득시기 또는 양도시기가 된다(소득령 §162 ① 1호, 2호).

[부동산 매매시 등기사항전부증명서(등기부등본)상 확인방법]

[갑 구] 소유권에 관한 사항			
등 기 목 적	접 수	등 기 원 인	취득시기 및 양도시기
소유권 이전	등기접수일	매매(계약일)	빠른 날(잔금청산일, 등기접수일)

2) 장기할부조건부 매매의 경우 취득 · 양도시기

아래와 같이 장기할부조건으로 매매하는 경우 취득시기 및 양도시기는 소유권이전등기(등록 및 명의개서 포함)접수일 · 인도일 또는 사용수익일 중 빠른 날이다(소득령 §162 ① 3호).

① 계약금 제외한 해당 자산의 양도대금을 2회 이상으로 분할하여 수입할 것
② 양도하는 자산의 소유권이전등기(등록 및 명의개서 포함)접수일 · 인도일 또는 사용수익일 중 빠른 날의 다음날부터 최종 할부금의 지급기일까지의 기간이 1년 이상일 것

3) 자기가 건설한 건축물의 취득시기

자기가 건설한 건축물의 취득시기는 사용승인서교부일이다. 다만, 사용승인서교부일 전에 사실상 사용하거나 임시사용승인을 받은 경우에는 그 사실상의 사용일 또는 임시사용승인을 받은 날 중 빠른 날로 하고, 건축허가를 받지 아니하고 건축하는 건축물에 있어서는 그 사실상의 사용일로 한다(소득령 §162 ① 4호).

4) 상속 · 증여의 경우 취득시기

① 상속

상속에 의하여 취득한 자산에 대한 취득시기는 상속이 개시된 날이다. 여기서 "상속이 개시된 날"이란 피상속인의 사망일을 말하며, 상속의 범위에는 유증(유언)과 사인증여(증여자의 사망으로 인하여 효력이 발생하는 증여)를 포함한다(소득령 §162 ① 5호).

비교 학습

피상속인의 취득시기를 적용하는 주요 규정

- 동일세대원으로부터 상속받은 주택의 1세대 1주택 비과세 판단 : 피상속인의 보유기간 등 통산(소득령 §154 ⑧ 3호)
- 상속받은 자산을 양도하는 경우 세율 적용 : 피상속인이 취득한 날(소득법 §104 ② 1호)
- 공익사업용 토지의 수용감면 및 사업용토지 취득일 판단 : 피상속인이 취득한 날(조특법 §77 ⑨, 소득령 §168의14 ③ 3호 나목)
- 자경농지 · 축사용지 감면 적용 : 일정한 요건 충족시 피상속인의 경작기간 통산(조특령 §66 ⑪, ⑫, §66의2 ⑥, ⑦)

② 증여

증여에 의하여 취득한 자산에 대한 취득시기는 증여를 받은 날이다. 여기서 "증여받은 날"이란 증여등기접수일을 말하며, 증여의 범위에는 부담부증여도 포함한다(소득령 §162 ① 5호).

비교 학습

1. 증여자의 취득시기를 적용하는 주요 규정

- 배우자 등 이월과세(취득가액, 장기보유특별공제, 세율) 적용 : 증여자가 취득한 날(소득법 §97의2 ① 1호, §95 ④ 단서, §104 ② 2호)
- 공익사업용 토지의 수용감면 및 사업용토지 취득일 판단 : 이월과세가 적용되는 경우 증여자가 취득한 날(조특법 §77 ⑨, 소득령 §168의14 ③ 3호 나목)
- 특수관계인간 증여 후 양도행위 부인규정 적용 : 증여자가 취득한 날(소득법 §101 ②)

2. 증여로 자산을 취득하는 경우 취득세 취득시기 : 증여계약일(증여등기접수일이 아님)

[부동산 상속・증여시 등기사항전부증명서(등기부등본)상 확인방법]

[갑 구] 소유권에 관한 사항			
등 기 목 적	접 수	등 기 원 인	취득시기
소유권 이전(상속)	등기접수일	상속(사망일)	사망일(등기여부 관계없음)
소유권 이전(증여)	등기접수일	증여(계약일)	등기접수일

5) 분양권 및 분양권에 의해 완성된 신축주택의 취득시기

「소득세법」 제88조에 따른 분양권의 취득시기는 해당 부동산을 분양받을 수 있는 권리가 확정되는 날(아파트당첨권은 당첨일)이고, 타인으로부터 그 권리를 인수받은 때에는 잔금청산일이 취득시기가 되며(소기통 98-162…2), 분양권에 의해 완성된 신축주택의 취득시기는 잔금청산일과 사용승인일 중 "늦은 날"이 된다.

구 분		취득시기
원분양자	분양권	분양권 당첨일
	신축주택	늦은 날(잔금청산일, 사용승인일 등*)
승계취득자	분양권	분양권 잔금청산일
	신축주택	늦은 날(잔금청산일, 사용승인일 등*)
분양권을 증여받는 경우		권리의무승계일

* 사용승인일 등 : 빠른 날(① 사용승인서 교부일, ② 사실상 사용일, ③ 임시 사용승인일) → 앞서 설명한 3)의 자기가 건설한 건축물의 취득시기와 동일

관련 해석 사례

1. 입주자모집공고에 따른 청약이 당첨되어 분양계약한 경우 「소득세법」 제88조 제10호에 따른 아파트 분양권의 취득시기는 "청약당첨일"이다(재산세제과-85, 2022. 1. 14).
2. 자산의 양도시기는 대금을 청산한 날이 되며 대금을 청산하기 전에 소유권이전등기 한 경우에는 등기부·등록부 또는 명부 등에 기재된 등기접수일 또는 명의개서일이 되는 것이며, 아파트 분양권의 경우에는 등기·등록·명의개서를 요하는 자산에 해당하지 아니하므로 잔금청산일 전에 명의변경을 한 경우에도 양도시기는 잔금청산일이 되는 것이다(대법원 2021두37991, 2021. 8. 12).

6) 조합원입주권 및 조합원입주권에 의해 완성된 신축주택의 취득시기

조합원입주권 및 조합원입주권에 의해 완성된 신축주택의 취득시기는 원조합원과 승계조합원의 지위에 따라 아래와 같이 다르게 적용된다.

구 분		취득시기
원조합원	조합원입주권	관리처분계획인가일 또는 사업시행계획인가일
	신축주택	기존주택 취득일
승계조합원	조합원입주권	잔금청산일
	신축주택	빠른 날(사용승인서 교부일, 사실상 사용일, 임시 사용승인일)

※ 조합원입주권을 증여받는 경우 취득시기 : 권리의무승계일

관련 해석 사례

1. 「도시 및 주거환경정비법」에 따른 관리처분계획의 인가로 인하여 취득한 입주자로 선정된 지위는 부동산을 취득할 수 있는 권리에 해당하고, 최초 관리처분계획인가가 무효 또는 취소되지 않은 상태에서 주택재개발 사업내용의 변경으로 관리처분계획이 (변경)인가된 경우 최초 관리처분계획인가일에 당해 조합원입주권을 취득한 것으로 보는 것이다(법령해석재산-0612, 2020. 8. 26).
2. 관리처분계획인가일 이후 조합원입주권을 승계(상속)취득하고 상속인이 중도금과 잔금을 납부하여 완성한 재건축주택의 양도소득세 세율 적용에 따른 보유기간 계산을 위한 취득시기는 당해 주택의 사용승인서 교부일(또는 사실상사용일, 임시사용승인일) 중 빠른 날로 하는 것이다(법령해석재산-0649, 2020. 2. 11).

신축주택 취득시기 판단시 주의사항

1. 분양권에 의해 신축된 주택을 양도하는 경우 해당 주택의 취득시기는 분양권을 취득한 날이 아니라 주택의 분양대금을 청산한 날(잔금지급일)로 한다. 따라서 분양받은 주택의 1세대 1주택 비과세 여부나 장기보유특별공제율 적용은 분양대금을 청산한 날로부터 보유기간을 계산하여 판단한다.
2. 도시 및 주거환경정비법상 재개발 · 재건축에 의해 신축된 주택을 양도하는 해당 주택의 취득시기는 원조합원은 기존주택 취득일이며, 승계조합원은 신축주택 사용승인일이 취득일이 된다. 따라서 재개발 · 재건축에 따른 신축주택의 1세대 1주택 비과세 여부나 장기보유특별공제율 적용도 조합원유형에 따라 달리 적용됨에 주의해야 한다. ☞ P. 478 참조

   비교 청산금을 수령하는 경우 양도시기 : 소유권이전 고시일의 다음 날

7) 경락자산의 경우 취득시기

경매에 의하여 자산을 취득하는 경우에는 경매인이 매각조건에 의하여 경매대금을 완납한 날이 취득시기가 된다(소기통 98－162…3).

(2) 특수한 거래의 경우

1) 공익사업에 따른 수용의 경우 양도시기

「공익사업을 위한 토지 등의 취득 및 보상에 관한 법률」이나 그 밖의 법률에 따라 공익사업을 위하여 토지 등이 수용되는 경우에는 ① 대금청산일, ② 수용개시일(토지수용위원회가 재결로서 수용을 개시하기로 결정한 날), ③ 소유권이전등기접수일 중 빠른 날이 양도시기가 된다. 다만, "소유권에 관한 소송"으로 보상금이 공탁된 경우에는 소유권 관련 소송판결확정일로 한다(소득령 §162 ① 7호).

여기서 "대금청산일"이란 보상금이 공탁되기 전에 이의없이 보상금을 수령한 경우에는 「보상금 수령일」, 보상금이 공탁된 후 이의없이 보상금을 수령한 경우에는 「공탁일」, 수용재결에 불복하여 이의신청 또는 행정소송을 제기한 경우에는 「소송판결확정일」을 말한다. 따라서, 토지 등이 수용된 경우로서 보상금이 공탁되는 경우의 양도시기는 아래와 같이 구분된다.

① 보상금을 수령하지 않아 법원에 공탁한 경우

수용재결에 따라 결정된 보상금을 수령하지 않아 사업시행자가 보상금을 공탁한 경우에는 공탁일, 수용개시일, 소유권이전등기접수일 중 빠른 날이 양도시기가 된다.

따라서 토지 등 소유자가 보상금을 수령하지 않았더라도 양도일이 속하는 달의 말일부터 2개월 이내 양도소득세를 신고해야 한다.

② 보상금이 공탁된 이후 행정소송 등을 통해 보상금이 증액된 경우

수용보상금에 대한 재결에 불복하여 이의신청 또는 행정소송을 통해 보상금이 증액된 경우에도 보통 수용개시가 먼저 이루어지므로 "증액보상금에 대한 양도시기"는 증액보상금 수령일 또는 소송판결확정일이 아니라, 앞서 살펴본 일반적인 수용의 양도시기와 동일하게 수용개시일 또는 소유권이전등기접수일 중 빠른 날이 되는 것이며, 증액보상금 관련 소송비용은 증액보상금을 한도로 양도가액에서 공제한다.

이 경우 소송 등을 통해 증액보상금을 수령하는 경우에는 "소송판결확정일"이 속하는 달의 말일부터 2개월 이내에 최초 보상금의 양도소득과 합산하여 수정신고·납부하면 가산세는 적용되지 않는다. 따라서 이의신청이나 행정소송을 통하여 증액보상금을 수령하더라도 양도시기(귀속시기)는 당초 수용시 양도시기와 동일하고 수정신고기한은 소송판결확정일부터 기산된다는 점에 주의해야 한다.

③ 소유권에 관한 소송으로 보상금이 공탁된 경우

토지 등의 소유권 분쟁으로 소송 진행 중에 사업시행자 등이 수용보상금을 공탁한 경우 공탁금에 대한 권리는 소유권 소송의 판결이 확정되는 때에 비로소 실현가능성이 성숙·확정되었다 할 것이므로 토지 등의 양도시기는 수용보상금의 공탁일이 아니라 "소송판결확정일"이 되는 것이다(대법원 2010두9372, 2012. 2. 23).

관련 법령

1. 수용보상가액과 관련하여 제기한 행정소송으로 인하여 보상금이 변동됨에 따라 당초 신고한 양도소득금액이 변동된 경우로서 소송판결확정일이 속하는 달의 말일부터 2개월 이내 추가신고·납부한 때에는 확정신고의 기한까지 신고·납부한 것으로 보아 가산세는 적용되지 않는다(소득령 §173 ④).
2. 「공익사업을 위한 토지 등의 취득 및 보상에 관한 법률」이나 그 밖의 법률에 따라 토지 등이 협의매수 또는 수용되는 경우로서 그 보상금의 증액과 관련하여 직접 소요된 소송비용·화해비용 등의 금액으로서 그 지출한 연도의 각 소득금액의 계산에 있어서 필요경비에 산입된 것을 제외한 금액은 증액보상금을 한도로 필요경비로 공제된다(소득령 §163 ③ 2의2).

관련 해석 사례

1. 한국토지주택공사가 토지보상법 등 공익사업을 위하여 토지를 수용한 경우, 그 양도시기는 소득세법 제98조, 같은 법 시행령 제162조 제1항 제7호에 따라야 하는 것이고, 토지의 수용에 관하여 중앙토지수용위원회의 이의재결을 거쳐 행정소송을 통해 증액보상금을 받은 경우 대금을 청산한 날인 토지보상 판결의 확정일, 수용의 개시일 또는 소유권이전등기접수일 중 빠른 날이 양도시기이다(수원지원 2023구합62534, 2023. 11. 8).
2. 쟁점부동산 등에 대한 보상금은 이의재결 · 행정소송을 거쳐 보상금이 증액된 것으로 나타나는바, 쟁점부동산 등의 대금을 청산한 날은 최초 수용재결 보상금 공탁일이 아닌 보상금이 확정된 행정소송판결확정일이다. 따라서 쟁점부동산 등의 양도시기는 대금을 청산한 날, 수용의 개시일 또는 소유권이전등기접수일 중 빠른 날인 "수용의 개시일(2019. 1. 2.)"이 되므로 처분청이 쟁점부동산 등의 양도시기를 수용재결 보상금 공탁일(2018. 12. 27. 및 2018. 12. 31.)로 보아 청구인들의 경정청구를 거부한 처분은 잘못이 있는 것으로 판단된다(조심 2021중6693, 2022. 5. 17).
3. 「공익사업을 위한 토지 등의 취득 및 보상에 관한 법률」이나 그 밖의 법률에 따른 공익사업을 위하여 수용되는 경우로서 보상금이 공탁된 경우에는 공탁일, 수용의 개시일 또는 소유권이전등기접수일 중 빠른 날이 양도시기가 되는 것이다(법령해석재산-0192, 2021. 2. 26).

적용 사례 이의신청 또는 행정소송을 제기한 경우 최초신고기한 및 수정신고기한

- 2023. 10. 15 : 수용보상금 공탁(10억원)
- 2024. 1. 10 : 수용재결에 따라 수용개시
- 2024. 4. 30 : 재결에 불복하여 행정소송을 제기
- 2025. 11. 25 : 보상금 3억원 증액 결정(소송판결확정일)

해설

1. 최초신고기한 : 최초보상금 10억원에 대해 2023. 12. 31.까지 신고(양도시기 2023. 10. 15.)
2. 수정신고기한 : 최초보상금과 합산하여 2025. 1. 31.까지 수정신고(2023년 귀속)

2) 이혼으로 소유권이전되는 경우 취득 · 양도시기

① 재산분할청구로 부동산의 소유권이전되는 경우

이혼에 따른 재산분할을 원인으로 부동산 소유권을 이전하는 경우에는 혼인 중에 형성된 부부공동재산을 공유물 분할 또는 자기지분의 환원에 불과하므로 양도 및 증여로 보지 아니한다. 따라서 재산분할로 부동산 소유권이 이전된 후 해당 부동산을 양도하는 경우에는 전(前)배우자가 "당초 취득한 날"이 취득시기가 된다.

② 이혼위자료를 부동산으로 대물변제한 경우

법원판결 등에 의하여 이혼위자료 대신 부동산 소유권을 이전하는 경우에는 양도소득세가 과세(1세대 1주택은 비과세)되며 양도자 또는 양수자의 양도시기 또는 취득시기는 소유권이전등기접수일이 된다.

3) 환지처분에 따른 취득 · 양도시기

「도시개발법」 그 밖의 법률에 따른 환지처분으로 인하여 취득한 토지의 취득시기는 "환지전의 토지의 취득일"로 한다. 다만, 환지처분으로 교부받은 환지면적(교부면적)이 권리면적보다 증가 또는 감소된 경우에는 그 증가 또는 감소된 면적의 토지에 대한 취득시기 또는 양도시기는 "환지처분의 공고가 있은 날의 다음날"로 한다(소득령 §162 ① 9호 본문 및 단서).

적용 사례 **환지처분에 따른 토지의 취득 및 양도시기**

종전면적	권리면적	교부면적	취득 및 양도시기
100㎡	50㎡	50㎡	• 50㎡의 취득시기 : 환지전 토지의 취득일
100㎡	50㎡	60㎡	• 50㎡의 취득시기 : 환지전 토지의 취득일 • 10㎡(증가)의 취득시기 : 환지처분 공고일의 다음날
100㎡	50㎡	40㎡	• 40㎡의 취득시기 : 환지전 토지의 취득일 • 10㎡(감소)의 양도시기 : 환지처분 공고일의 다음날

관련 해석 사례

1. 주택법에 따른 주택건설사업을 시행하는 지역주택조합에 조합원이 소유 토지를 이전하고 사업시행계획에 따라 공사완료 후 조합으로부터 신축주택을 분양받는 것은 소득세법상 환지처분에 해당하지 않는 것이며, 이 경우 조합원이 소유 토지를 지역주택조합에 이전하는 것은 양도에 해당하는 것이다(법규재산 - 3520, 2023. 4. 19).
2. 환지처분된 토지를 양도하는 경우 환지처분으로 인하여 교부받은 토지의 면적이 환지처분에 의한 권리면적보다 증가된 경우 해당 증가된 면적의 토지에 대한 취득시기는 환지처분의 공고가 있는 날의 다음날로 하는 것이며, 증가된 면적의 토지에 대한 양도가액은 총 양도가액 중 전체면적에서 증가된 면적이 차지하는 비율에 상당하는 가액(총 양도가액 × 증가면적 / 전체면적)으로 하는 것이다(법규재산 - 0460, 2013. 12. 30).

4) 교환의 경우 취득 · 양도시기

① 교환차액을 정산한 경우

부동산을 교환으로 정산차액이 발생한 경우에는 "정산차액의 청산일"이 해당 부동산이 취득 및 양도시기가 된다. 다만, 교환차액을 청산하기 전에 소유권이전등기를 한 경우에는 교환등기접수일이 된다.

② 교환차액을 정산하지 않은 경우

교환계약에 따라 부동산을 교환하면서 교환차액 없이 소유권을 이전하기로 약정한 경우 해당 부동산의 취득 및 양도시기는 교환계약성립일(교환계약약정일)이 된다. 다만, 교환계약일이 불분명한 경우에는 교환등기접수일이 된다.

5) 토지거래허가구역 내의 토지의 경우 양도시기

토지거래허가구역에 있는 토지를 양도할 때 토지거래계약허가를 받기 전에 대금을 청산한 경우에는 그 허가일(또는 해제일)이 속하는 달의 말일부터 2개월 내에 양도소득세를 신고해야 한다(소득법 §105 ① 1호). 다만, 허가를 받은 후에 대금을 청산하는 경우 양도시기는 잔금청산일 또는 등기접수일 중 빠른 날이다.

6) 부동산을 공동사업에 현물출자한 경우 취득 · 양도시기

공동사업(주택신축판매업 등)을 경영할 것을 약정하는 계약에 따라 과세대상 자산을 해당 공동사업체에 현물출자하는 경우에는 등기에 관계없이 현물출자한 날 또는 등기접수일 중 빠른 날이 양도시기이다(소기통 88-0…2).

7) 가등기에 의한 본등기한 자산의 취득 · 양도시기

채권자가 채권담보목적으로 채무자 소유 부동산에 가등기한 후 채무자의 채무불이행으로 인하여 채권변제에 충당하기 위하여 당해 부동산에 대해 채권자 명의로 소유권이전등기(본등기)를 이행한 경우 본등기가 완료된 때에 채무자가 채권자에게 자산을 양도한 것으로 본다.

(3) 취득시기 의제

1984. 12. 31. 이전에 취득한 과세대상 자산의 부동산과 부동산에 관한 권리, 기타자산은 1985. 1. 1.에 취득한 것으로 보며, 1985. 12. 31. 이전에 취득한 주식은 1986. 1. 1.에 취득한

것으로 본다.

하지만, 1세대 1주택 비과세 보유기간, 자경농지 세액감면 판단시 자경기간, 비사업용 토지 판단시 보유기간 등을 계산할 때는 취득시기 의제규정을 적용하는 것이 아니라 실제 취득일을 기준으로 적용함에 주의해야 한다.

Chapter

2 기준시가

I 기준시가의 정의 및 분류

1 기준시가의 정의

기준시가란 실제거래가액과 대비되는 것으로 토지나 건물 등 과세대상 자산에 대하여 법에서 정한 방법에 따라 일정시점을 기준으로 평가한 가액을 말하며, 관련 법에 따라 고시대상이 되는 기준시가는 아래와 같다.

이 경우 새로운 기준시가가 고시되기 전에 취득 또는 양도하는 경우에는 직전의 기준시가를 적용한다(소득령 §164 ③).

[주요 자산별 기준시가 산정방법]

<table>
<tr><th colspan="2">자산의 종류</th><th>기준시가 산정가액</th><th>고시기관</th></tr>
<tr><td colspan="2">토지</td><td>개별공시지가</td><td>지방자치단체</td></tr>
<tr><td rowspan="2">주택</td><td>단독주택 · 다가구주택</td><td>개별주택가격(토지가격 포함)</td><td>지방자치단체</td></tr>
<tr><td>공동주택(아파트, 연립주택 등)</td><td>공동주택가격(토지가격 포함)</td><td>국토교통부</td></tr>
<tr><td rowspan="2">일반 건물</td><td>일괄 고시된 오피스텔 · 상업용 건물</td><td>일괄 고시가액(토지가격 포함)</td><td rowspan="2">국세청</td></tr>
<tr><td>위 외의 건물(상가, 공장, 일괄 고시되지 않은 오피스텔 · 상업용 건물 등)</td><td>• 건물 : 일반건물기준시가
• 토지 : 개별공시지가</td></tr>
<tr><td rowspan="2">기타 자산</td><td>부동산을 취득할 수 있는 권리</td><td colspan="2">취득일 또는 양도일까지 불입한 금액 + 취득일 또는 양도일 현재의 프리미엄 상당액</td></tr>
<tr><td>영업권</td><td colspan="2">「상속세 및 증여세법」 제59조 제2항을 준용하여 평가한 가액</td></tr>
</table>

2 기준시가의 용도

① 양도차익 계산시 실지거래가액을 알 수 없는 경우 환산취득가액, 필요경비 개산공제 등의 계산을 위해 사용된다.

② 상속세와 증여세 과세대상 자산의 시가를 알 수 없는 경우에는 기준시가(보충적 평가방법)를 적용하여 평가한다.

③ 종합부동산세, 재산세, 취득세를 산출하는 기준이 되는 가액으로 사용된다.

④ 수용시 보상가액, 국공유지 매각가액, 경매물건가액, 감정가액 등을 산정하는 기초 자료로 활용된다.

[기준시가가 영향을 미치는 주요 부동산세금 및 적용사례]

세 목	적용사례
양도소득세	① 실제 취득가액이 불분명하여 환산취득가액 산정시 기준시가 비율로 안분계산[1] ② 자경・대토・축사농지의 소재지가 주거지역 등에 편입된 경우 감면소득금액 계산시 기준시가 비율로 안분계산[2] ③ 신축주택 5년 경과 후 양도시 감면소득금액 계산시 기준시가 비율로 안분계산[3] ④ 부담부증여시 양도가액을 기준시가로 평가한 경우 취득가액도 기준시가 적용 ⑤ 자산 교환시 교환거래가액이 불분명한 경우 양도가액 및 취득가액 기준시가 적용
종합부동산세	주택공시가격을 합산한 금액이 9억원(1세대 1주택자는 12억원) 초과하는 경우 과세
상속세 및 증여세	시가가 확인되지 않는 경우 주택공시가격 또는 토지공시지가 적용
임대소득세	1주택자의 고가주택이 기준시가 12억원 초과하는 경우 월세 과세
취득세	① 상속 : 주택공시가격 × 세율 ② 증여 : 주택공시가격(2023. 1. 1. 이후 증여분부터는 시가인정액) × 세율(기본・중과세율)
재산세	주택공시가격의 60% × 세율
기타	① 장기임대주택 가액요건 : 임대개시일 당시 기준시가 6억원(수도권 밖 3억원) 이하 ② 감정가액 산정 : 원칙적으로 둘 이상의 감정가액의 평균액을 적용하나 기준시가가 10억원 이하인 경우 하나의 감정가액도 인정

1) $\text{양도가액} \times \dfrac{\text{취득 당시 기준시가}}{\text{양도 당시 기준시가}}$

2) $\text{양도소득금액} \times \dfrac{\text{주거지역 등에 편입된 날의 기준시가} - \text{취득 당시 기준시가}}{\text{양도 당시 기준시가} - \text{취득 당시 기준시가}}$

3) $\text{양도소득금액} \times \dfrac{\text{신축주택 취득일부터 5년이 되는 날의 기준시가} - \text{신축주택 취득 당시 기준시가}}{\text{양도 당시 기준시가} - \text{신축주택 취득 당시 기준시가}}$

3 기준시가와 시가표준액의 비교

기준시가는 양도소득세, 상속 및 증여세, 종합부동산세 등 국세의 부과에 기준이 되는 가액을 말하고, 시가표준액이란 취득세, 재산세 등 각 종 지방세의 과세기준을 정하기 위하여 지방자치단체장이 결정 · 고시한 가액을 말한다.

이 경우 기준시가와 시가표준액은 결정 · 고시하는 주체만 다를 뿐 실제 부동산을 평가하는 방법은 동일하다.

[기준시가와 시가표준액의 비교]

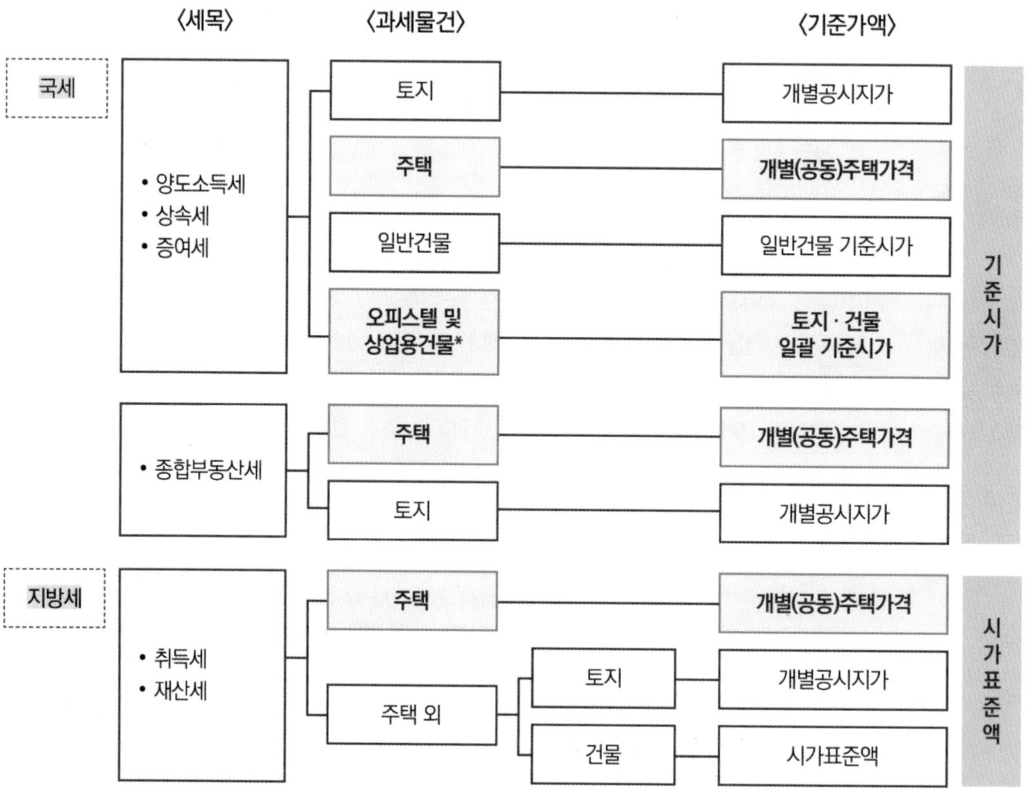

* 국세청장이 토지 · 건물을 일괄 평가하여 고시한 가액을 적용하는 오피스텔 및 상업용건물

범례 : ☐ 토지와 건물가격이 별도고시되는 경우

☐(음영) 토지와 건물가격이 일괄고시되는 경우

Ⅱ 부동산 종류별 기준시가 산정방법

1 토지의 기준시가(개별공시지가)

토지의 기준시가는 「부동산 가격공시에 관한 법률」에 따라 아래와 같이 취득 또는 양도 당시 고시된 ㎡당 개별공시지가에 취득 또는 양도면적을 곱하여 계산한다. 이 경우 개별공시지가의 최초 고시일은 1990년 8월 30일이다(소득법 §99 ① 1호 가목).

• 취득(양도) 당시 토지의 기준시가 = 취득(양도) 당시 ㎡당 개별공시지가 × 취득(양도)면적(㎡)

(1) 1990. 8. 30. 최초 고시 전에 취득한 토지의 기준시가 산정방법

개별공시지가가 최초 고시되기 전에 취득한 토지의 취득 당시 기준시가는 아래의 산식에 의하여 계산한 가액으로 한다. 이 경우 아래의 산식 중 시가표준액은 "토지등급가액"을 말한다(소득령 §164 ④).

$$\bullet\ 1990.\ 1.\ 1.\ \text{기준 개별공시지가} \times \frac{\text{취득 당시 시가표준액}}{(1990.\ 8.\ 30.\ \text{현재 시가표준액}^{1)} + \text{직전에 결정된 시가표준액}^{2)}) \div 2}$$

1) 1990. 8. 30. 현재 시가표준액 : 1990. 1. 1. 정기결정된 토지등급가액을 적용하되, 1990. 1. 1. ~ 1990. 8. 30. 사이에 수시결정된 토지등급가액이 있는 경우에는 "수시결정된 토지등급가액"을 적용한다.

2) 직전에 결정된 시가표준액 : "직전에 결정된 시가표준액"이라 함은 1989. 12. 31. 현재의 시가표준액을 적용하되, 1990. 1. 1. ~ 1990. 8. 29. 사이에 시가표준액이 수시조정된 경우에는 "당해 최종 수시조정일의 전일의 시가표준액"을 말한다(소득칙 §80 ⑦).

※ 위 산식 중 분모의 가액은 1990. 8. 30. 현재의 시가표준액을 초과하지 못한다(소득칙 §80 ⑥). 예를 들어, 1990. 8. 30. 현재 토지등급가액은 140,000원, 1989. 12. 31. 현재 토지등급가액은 160,000원인 경우 그 산술평균 값은 150,000원【(140,000원 + 160,000원) ÷ 2】이나, 1990. 8. 30. 현재의 토지등급가액을 초과할 수 없으므로 분모에 적용할 토지등급가액은 140,000원이 된다.

(2) 개별공시지가가 수시로 공시되는 경우

개별공시지가 정기고시일 이후에 분할·합병·지목변경 등의 사유가 발생하여 토지의 개별공시지가가 수시로 고시된 경우 수시로 공시된 개별공시지가를 적용한다.

(3) 개별공시지가가 없는 토지

개별공시지가가 없는 토지의 가액은 납세지 관할 세무서장이 인근 유사토지의 개별공시지가를 고려하여 대통령령으로 정하는 방법에 따라 평가한 금액으로 한다(소득법 §99 ① 1호 가목 단서). 여기서 "대통령령으로 정하는 방법에 따라 평가한 금액"이란 아래의 어느 하나에 해당하는 개별공시지가가 없는 토지와 지목 · 이용상황 등 지가형성요인이 유사한 인근토지를 표준지로 보고 「부동산 가격공시에 관한 법률」 제3조 제8항에 따른 비교표에 따라 납세지 관할세무서장이 평가한 가액을 말한다.

이 경우 납세지 관할세무서장은 「지방세법」 제4조 제1항 단서에 따라 시장 · 군수가 산정한 가액을 평가한 가액으로 하거나 둘 이상의 감정평가법인 등에게 의뢰하여 그 토지에 대한 감정평가법인 등의 감정가액을 고려하여 평가할 수 있다(소득령 §164 ①).

① 신규 등록한 토지(공유수면매립 등)
② 분할 또는 합병된 토지
③ 형질변경 또는 용도변경으로 인하여 지목이 변경된 토지
④ 개별공시지가의 결정 · 고시가 누락된 토지(국·공유지 포함)

1) 개별공시지가가 없는 토지의 의미

개별공시지가가 없는 토지는 지목변경 등으로 토지특성이 달라져서 지목변경 전의 개별공시지가를 지목변경 후의 것으로 보는 것이 불합리하다고 볼 특별한 사정이 있는 경우의 토지를 의미하며, 건축물의 용도변경으로 인하여 지목이 변경된 경우를 포함한다(양도집행 99-164-1).

2) 분할된 토지의 취득 당시 기준시가 산정방법

토지 중 일부를 분할하여 양도하는 경우 적용할 취득 당시 기준시가는 분할전 종전 지번 토지의 개별공시지가를 적용하여 평가한다(양도집행 99-164-2).

3) 분할하여 개별공시지가가 없는 토지에 대한 감정가액 적용 여부

당초 지번에서 분할되어 양도 당시 개별공시지가가 없고, 개별공시지가가 현저하게 상승한 토지에 대하여 2개의 감정평가법인이 평가한 감정가액을 적용하여 양도 당시 기준시가를 산정할 수 있다(양도집행 99-164-3).

관련 해석 사례

토지의 특성이 달라져서 분할 전 토지의 개별공시시가를 분할 후 토지의 개별공시지가로 보는 것이 불합리하다고 볼 사정이 있는 경우 환산취득가액을 산정함에 있어 양도 당시 기준시가를 분할 전 母 지번의 개별공시지가를 적용할 것이 아니라 감정평가액을 적용함이 정당하다(대법원 2013두5470, 2013. 7. 11).

4) 합병전 토지의 취득일이 같은 경우 취득 당시 기준시가 산정방법

여러 필지를 취득하여 1필지의 토지로 합병한 후 다시 여러 필지의 토지로 분할하여 양도하는 경우 적용할 취득 당시 기준시가는 합병 전 토지의 개별필지별 기준시가의 합계액을 총 토지면적으로 나누어 계산한다(양도집행 99-164-4).

적용 사례 취득일이 같은 토지를 분할하여 양도하는 경우 취득 당시 기준시가 계산

1. 2001. 10. 25.에 연접한 3필지의 토지(총 10,000㎡) 취득
   - A토지 : 개별공시지가 1억원(40,000원 × 2,500㎡)
   - B토지 : 개별공시지가 1억5천만원(37,500원 × 4,000㎡)
   - C토지 : 개별공시지가 1억3천3백만원(38,000원 × 3,500㎡)
2. 2013. 4. 10.에 3필지의 토지를 1필지의 토지로 합병
3. 2025. 6. 5.에 토지를 분할하여 일부 토지 4,000㎡ 양도

해설

1. 취득 당시 ㎡당 개별공시지가
   (100,000,000원 + 150,000,000원 + 133,000,000원)/10,000㎡ = 38,300원/㎡
2. 양도토지의 취득 당시 기준시가
   38,300원 × 4,000㎡ = 153,200,000원

5) 합병 전 토지의 취득일이 다른 경우 취득 당시 기준시가 산정방법

양도하는 자산의 취득시기가 분명하지 아니한 경우에는 먼저 취득한 자산이 먼저 양도된 것으로 보므로 먼저 취득한 토지(선입선출법)부터 기준시가를 계산한다(양도집행 99-164-5).

적용 사례 취득일이 다른 토지를 분할하여 양도하는 경우 취득 당시 기준시가 계산

1. 2011. 10. 25.에 A토지 취득 : 개별공시지가 1억원(40,000원 × 2,500㎡)
2. 2013. 4. 10.에 B토지 취득 : 개별공시지가 2억7천만원(60,000원 × 4,500㎡)
3. 2015. 7. 25.에 2필지의 토지를 1필지의 토지로 합병
4. 2025. 6. 5.에 토지를 분할하여 일부 토지 4,000㎡ 양도

해설

양도토지(4,000㎡)의 취득 당시 기준시가
(40,000원 × 2,500㎡) + (60,000원 × 1,500㎡) = 190,000,000원

[개별공시지가 조회 방법]

국토교통부의 부동산 공시가격 알리미(www.realtyprice.co.kr)의 "개별공시지가열람" 화면에서 조회

적용 사례 1 1990. 8. 30. 이후 취득한 토지를 양도하는 경우 양도차익 계산방법

1. 토지의 취득 및 양도에 관한 자료

구 분	내 용
취득 및 양도 면적	1,000㎡
양도일 및 양도가액	2025. 4. 15. 양도가액 15억원
취득일 및 취득가액	2013. 2. 20. 취득가액 불분명

2. 토지의 개별공시지가

가격기준년도	토지소재지	개별공시지가	기준일자	공시일자
2024년	경기도 성남시 ×××	1,000,000원	1월 1일	2024년 4월 30일
2013년	경기도 성남시 ×××	500,000원	1월 1일	2013년 5월 31일
2012년	경기도 성남시 ×××	400,000원	1월 1일	2012년 5월 31일

해설

구 분	금 액	계산 근거
양도가액	1,500,000,000	실제 양도가액
(−) 취득가액	600,000,000	해설 참조1)
(−) 기타필요경비	12,000,000	해설 참조2)
(=) 양도차익	888,000,000	

1) 환산취득가액 : 600,000,000원

① 양도 당시 기준시가 : 1,000,000원 × 1,000㎡ = 1,000,000,000원

② 취득 당시 기준시가 : 400,000원 × 1,000㎡ = 400,000,000원

※ 개별공시지가가 고시되기 전에 취득한 토지는 직전 개별공시지가를 사용한다.

③ 환산취득가액 : $1{,}500{,}000{,}000원 \times \dfrac{400{,}000{,}000원}{1{,}000{,}000{,}000원} = 600{,}000{,}000원$

2) 기타 필요경비(필요경비개산공제) : 400,000,000원 × 3% = 12,000,000원

적용 사례 2 1990. 8. 30. 전에 취득한 토지를 양도하는 경우 양도차익 계산방법

1. 토지의 취득 및 양도에 관한 자료

구 분	내 용
취득 및 양도 면적	1,000㎡
양도일 및 양도가액	2025. 4. 15. 양도가액 15억원
취득일 및 취득가액	1987. 8. 10. 취득가액 불분명

2. 토지의 개별공시지가

가격기준년도	토지소재지	개별공시지가	기준일자	공시일자
2024년	경기도 성남시 ×××	1,000,000원	1월 1일	2024년 4월 30일
1990년	경기도 성남시 ×××	150,000원	1월 1일	1990년 8월 30일

3. 토지대장상 토지의 등급 및 등급가액

구 분	1984. 7. 1.	1987. 1. 1.	1989. 7. 1.	1990. 1. 1.
토지등급	100	150	175	180
토지등급가액	231원	6,730원	22,700원	29,000원

해설

	구 분	금 액	계산 근거
	양도가액	1,500,000,000	실제 양도가액
(-)	취득가액	58,578,000	해설 참조1)
(-)	기타필요경비	1,171,560	해설 참조2)
(=)	양도차익	1,440,250,440	

1) 환산취득가액 : 58,578,000원

① 취득 당시 ㎡당 취득가액 : $150{,}000원 \times \dfrac{6{,}730원}{(29{,}000원 + 22{,}700원) \div 2} = 39{,}052원/㎡$

② 취득당시 기준시가 : 39,052원 × 1,000㎡ = 39,052,000원

③ 양도당시 기준시가 : 1,000,000원 × 1,000㎡ = 1,000,000,000원

④ 환산취득가액 : $1,500,000,000원 \times \frac{39,052,000원}{1,000,000,000원} = 58,578,000원$

2) 기타 필요경비(필요경비개산공제) : 39,052,000원 × 3% = 1,171,560원

2 일반건물의 기준시가

일반건물의 기준시가는 「소득세법」 제99조 제1항 제1호 다목(오피스텔 및 상업용 건물의 일괄고시 기준시가) 및 라목(단독주택 또는 공동주택의 주택공시가격)을 제외한 건물의 신축가격 · 구조 · 용도 · 위치 · 신축연도 등을 고려하여 매년 1회 이상 국세청장이 산정 · 고시하는 가액을 말한다(소득법 §99 ① 1호 나목).

이러한 일반건물의 기준시가는 2000. 12. 31. 이전에는 지방세법상 시가표준액을 건물의 기준시가로 적용하였으나, 2001. 1. 1. 이후 양도하는 분부터는 국세청 건물기준시가를 적용하게 되었다.

(1) 2001. 1. 1. 이후 취득 또는 양도하는 건물의 기준시가 산정방법

• 일반건물 기준시가 = ㎡당 금액1) × 평가대상 건물 면적(㎡)2)

1) 건물신축가격기준액 × 구조지수 × 용도지수 × 위치지수 × 경과연수별 잔가율 × 개별특성조정률(상속 · 증여세만 적용하고, 양도소득세는 적용하지 않음)

2) 연면적을 말하며, 공동주택의 경우 전유면적과 공용면적을 포함한 면적을 말함

적용 사례 1 2001. 1. 1. 이후 취득한 건물을 양도하는 경우 양도차익 계산방법

• 토지 및 건물의 취득 · 양도에 관한 자료

구 분	내 용
구 조	철근콘크리트조
면 적	토지 300㎡, 건물 250㎡
용 도	근린생활시설
개별공시지가	2003. 6. 30. ㎡당 50만원, 2024. 4. 30. ㎡당 150만원
신축년도	2000년
취득일 및 취득가액	2003. 8. 20. 토지 및 건물 일괄취득하였고, 취득가액은 불분명함
양도일 및 양도가액	2025. 4. 25. 토지 및 건물 12억원에 일괄양도

해설

	구 분	토 지	건 물	합 계
	양도가액	913,319,239[1)]	286,680,761[1)]	1,200,000,000
(-)	취득가액	304,439,746[2)]	216,152,220[2)]	520,591,966
(-)	기타필요경비	4,500,000[3)]	3,195,000[3)]	7,695,000
(=)	양도차익	604,379,493	67,333,541	671,713,034

1) 토지 및 건물의 양도가액 안분계산

① 건물의 양도 당시 기준시가 : 565,000원 × 250㎡ = 141,250,000원

구 분	신축가격	구조지수	용도지수	위치지수	잔가율	㎡당 기준시가
양도당시	850,000원	1.0	1.0	1.07	0.622	565,000원*

* 1,000원 미만은 절사

② 토지의 양도 당시 기준시가 : 1,500,000원 × 300㎡ = 450,000,000원

③ 토지 및 건물 양도가액 안분

㉠ 토지 : $1,200,000,000원 \times \frac{450,000,000원}{591,250,000원} = 913,319,239원$

㉡ 건물 : 1,200,000,000원 - 913,319,239원 = 286,680,761원

2) 토지 및 건물의 취득 당시 기준시가

① 건물의 취득 당시 기준시가 : 426,000원 × 250㎡ = 106,500,000원

구 분	신축가격	구조지수	용도지수	위치지수	잔가율	㎡당 기준시가
취득당시	460,000원	1.0	1.0	0.98	0.946	426,000원*

* 1,000원 미만은 절사

② 토지의 취득 당시 기준시가 : 500,000원 × 300㎡ = 150,000,000원

③ 환산취득가액 계산

㉠ 토지 : $913,319,239원 \times \frac{150,000,000원}{450,000,000원} = 304,439,746원$

㉡ 건물 : $286,680,761원 \times \frac{106,500,000원}{141,250,000원} = 216,152,220원$

3) 기타 필요경비(필요경비개산공제)

① 토지 : 150,000,000원 × 3% = 4,500,000원

② 건물 : 106,500,000원 × 3% = 3,195,000원

※ 취득 및 양도 당시의 구조·용도·위치지수와 잔가율은 임의로 계상한 것임

(2) 2000. 12. 31. 이전에 취득한 건물의 취득 당시 기준시가 산정방법

「소득세법」 제99조 제1항 나목에 따른 기준시가가 고시되기 전에 취득한 건물의 취득 당시의 기준시가는 아래의 산식에 의하여 계산한 가액으로 한다(소득령 §164 ⑤).

• 취득 당시 기준시가 = 2001. 1. 1. 시행 건물기준시가 × 취득 당시 건물기준시가 산정기준율*

* 건물의 구조별 및 내용연수별로 구분된 적용대상 그룹표(Ⅰ · Ⅱ · Ⅲ)에서 「해당 건물의 취득연도와 해당 건물의 신축연도가 만나는 지점에 해당하는 율」을 말한다.

적용 사례 2 2000. 12. 31. 이전에 취득한 건물의 취득 당시 기준시가 계산방법

• **건물 등에 관한 자료**

구 분	내 용
구 조	철근콘크리트조
면 적	토지 300㎡, 건물 250㎡
용 도	근린생활시설
개별공시지가	취득 당시 ㎡당 30만원
신축년도	1995년
취득년도	1999년
양도년도	2025년

해설 취득 당시 건물의 기준시가

① 2001. 1. 1. 건물의 기준시가 : 348,000원

구 분	신축가격	구조지수	용도지수	위치지수	잔가율	㎡당 기준시가
취득당시	400,000원	1.0	1.0	0.94	0.928	348,000원*

* 1,000원 미만은 절사

② 건물의 취득 당시 기준시가 : 348,000원 × 250㎡ × 1.004(산정기준율) = 87,348,000원
※ 취득 당시 구조·용도·위치지수와 잔가율 및 산정기준율은 임의로 계상한 것임

3 일괄 고시하는 오피스텔 및 상업용 건물의 기준시가

(1) 국세청 기준시가가 있는 경우

국세청장이 건물의 종류, 규모, 거래상황, 위치 등을 고려하여 일괄하여 산정고시하는 오피스텔 및 상업용 건물(집단상가 포함)의 기준시가는 아래와 같이 계산한다(소득법 §99 ① 1호 다목). 여기서 주의할 사항은 앞서 살펴본 일반건물의 경우 기준시가 산정방법과 달리 일괄 고시하는 오피스텔과 상업용 건물의 기준시가에는 그 부수토지의 가격이 포함되어 있으므로 토지에 대한 기준시가는 별도로 산정할 필요가 없다는 점이다.

• 건물 기준시가 = 단위면적(㎡)당 고시가액 × 건물면적(전유면적 + 공용면적)

[오피스텔과 상업용 건물의 고시대상 지역과 적용범위]

구 분	오피스텔	상업용 건물
고시지역	전국	수도권, 5대 광역시 및 세종특별자치시
적용범위	건축법상 업무시설 중 오피스텔	건물 연면적 3,000㎡ 이상 또는 100개호 이상 건물
최초고시	국세청장이 2005. 1. 1. 최초 고시	

예시 일괄 고시하는 오피스텔의 기준시가 산정방법

고시일자	단위면적(㎡)당 고시가액	건물면적(㎡)
2025. 1. 1.	6,200,000	28.45

▪ 기준시가 산정방법 = 단위면적(㎡)당 고시가액 × 건물면적(㎡)
= 6,200,000원 × 28.45㎡ = 176,390,000원

(2) 국세청 기준시가가 없는 경우

고시되지 않은 오피스텔 및 상업용 건물의 기준시가는 일반건물의 기준시가 산정방법을 준용한다. 즉, 토지는 개별공시지가(㎡당 개별공시지가 × 토지면적)를, 건물은 일반건물의 기준시가(㎡당 기준시가 × 건물연면적)를 각각 적용하여 평가한 가액의 합계액으로 한다.

[국세청 홈택스에서 오피스텔 및 상업용 건물 기준시가 조회 방법]

• 우측 전체메뉴 〉 상담 · 불복 · 제보 〉 기타 〉 기준시가 조회(상업용 건물 및 오피스텔) 화면에서 조회

4 주택의 기준시가

주택(단독주택 · 다가구주택 · 공동 주택)의 기준시가는 「부동산 가격공시에 관한 법률」에 따른 개별주택가격 및 공동주택가격으로 한다. 다만, 공동주택가격의 경우에 같은 법 제18조 제1항 단서에 따라 국세청장이 결정 · 고시한 공동주택가격이 있을 때에는 그 가격에 따르고, 개별주택가격 및 공동주택가격이 없는 주택의 가격은 납세지 관할 세무서장이 시장 · 군수가 산정한 가액으로 하거나 둘 이상의 감정평가법인 등에게 의뢰하여 해당 주택에 대한 감정평가법인 등의 감정가액을 고려하여 평가할 수 있다(소득법 §99 ① 1호 라목, 소득령 §164 ⑪).

[개별주택가격 조회 방법]

• 국토교통부의 부동산 공시가격 알리미(www.realtyprice.co.kr)의 "개별단독주택공시가격열람" 화면에서 조회

[공동주택가격 조회 방법]

① 2006. 4. 27. 이전(국세청 고시)
- 국세청 홈택스 : "조회/발급 > 기타조회 > 기준시가 조회(아파트/연립주택)" 화면에서 조회

② 2006. 4. 28. 이후(국토교통부 고시)
- 국토교통부의 부동산 공시가격 알리미(www.realtyprice.co.kr)의 "공동주택가격열람" 화면에서 조회

5 기준시가 고시 전에 취득한 건물의 취득 당시 기준시가

개별주택가격 및 공동주택가격이 공시되기 전에 취득한 주택 또는 기준시가가 고시되기 전에 취득한 오피스텔 및 상업용 건물의 취득 당시의 기준시가는 아래의 산식에 의하여 계산한 가액으로 한다(소득령 §164 ⑥, ⑦). 이 경우 개별주택가격이 공시되기 전에 취득한 주택으로서 그 부수토지와 건물의 취득시기가 각각 다른 경우에도 동일한 방법으로 산정한다.

[1단계 … 취득 당시의 환산 기준시가 · 개별주택가격 산정]

- $\text{환산취득 기준시가} = \text{최초 공시(고시) 주택가격(기준시가)} \times \dfrac{\text{토지와 건물의 취득 당시 기준시가 합계액}}{\text{최초 공시(고시) 당시 토지와 건물의 기준시가 합계액}}$

※ 토지의 기준시가 : 개별공시지가

※ 건물의 기준시가 : 국세청장이 고시한 건물기준시가(또는 고시되기 전에 취득한 경우 : 2001. 1. 1. 최초 고시한 건물기준시가 × 취득 당시 건물기준시가 산정기준율)

[2단계 … 환산취득 기준시가 자산별 안분계산]

① $\text{취득 당시의 토지기준시가} = \text{환산취득 기준시가} \times \dfrac{\text{토지의 취득 당시 기준시가}}{\text{토지와 건물의 취득 당시 기준시가 합계액}}$

② $\text{취득 당시의 건물기준시가} = \text{환산취득 기준시가} \times \dfrac{\text{건물의 취득 당시 기준시가}}{\text{토지와 건물의 취득 당시 기준시가 합계액}}$

관련 해석 사례

1. 토지를 취득한 후 주택을 신축하였으나 신축가액을 확인할 수 없어 해당 주택의 건물분 취득가액을 환산취득가액으로 계산하는 경우로서 취득 당시 개별주택가격이 공시되지 아니한 경우에는 취득 당시 개별주택가격을 산정한 후, 환산취득가액을 계산하고 이를 취득 당시 주택분 기준시가와 토지분 기준시가 비율로 안분하여 주택분 환산취득가액을 계산하는 것이다. 이 경우 주택분에서 양도차손이 발생하는 경우 다른 자산의 양도차익에서 공제할 수 있다(법령해석재산-0437, 2017. 5. 1).
2. 개별주택가격 공시 전에 취득한 경우 환산취득가액은 주택과 그 부수토지 각각의 양도가액이 확인되거나 안분한 양도실가를 계산할 수 있을지라도 전체 양도가액을 양도 당시 개별주택가격과 취득 당시 개별주택가격(환산 취득 기준시가) 비율로 계산한 전체 환산취득가액을 취득 당시 토지 및 건물의 기준시가 비율로 안분하여 각각의 환산취득가액을 계산한다(심사양도 2009-0307, 2010. 2. 8).

적용 사례 기준시가 최초 고시되기 전에 취득한 주택의 환산취득가액 산정방법

- **1세대 1주택이 아닌 주택의 취득 및 양도에 관한 자료**

구 분		내 용
양도일 및 양도가액		2025. 6. 25. 양도가액 20억원(일괄 양도)
취득일 및 취득가액		2010. 2. 10. 토지 취득(취득가액 불분명)
		2015. 3. 20. 주택 신축(취득가액 불분명)
주택 공시가격 (개별주택가격)	최초고시 주택가격	2016. 4. 29. 8억원
	양도당시 주택가격	2024. 4. 30. 15억원
토지 개별공시지가 (㎡당 개별공시지가 × 면적)	취득당시 기준시가	3억원
	최초고시 기준시가	5억원
	양도당시 기준시가	9억7천만원
일반건물 기준시가 (㎡당 금액 × 연면적)	취득당시 기준시가	2억원
	최초고시 기준시가	3억5천만원
	양도당시 기준시가	6억3천만원

해설

구 분	토 지	건 물	합 계
양도가액	1,212,500,000	787,500,000	2,000,000,000
(−) 취득가액	376,470,588	250,980,392	627,450,980
(−) 기타필요경비	8,470,588	5,647,058	14,117,646
(=) 양도차익	827,558,824	530,872,550	1,358,431,374
(−) 장기보유특별공제	248,267,647	106,174,510	354,442,157
(=) 양도소득금액	579,291,177	424,698,040	1,003,989,217

보충 설명 및 계산 내역

1. 양도가액 계산

(1) 양도 당시 개별주택가격을 토지분(9억7천만원) 및 건물분(6억3천만원)의 기준시가 비율로 안분

1) 토지 기준시가 : $1,500,000,000 \times \frac{970,000,000}{1,600,000,000} = 909,375,000$

2) 건물 기준시가 : $1,500,000,000 - 909,375,000 = 590,625,000$

(2) 양도가액 안분계산

1) 토지분 양도가액 : $2,000,000,000 \times \frac{909,375,000}{1,500,000,000} = 1,212,500,000$

2) 건물분 양도가액 : $2,000,000,000 - 1,212,500,000 = 787,500,000$

추가 해설 토지와 건물의 취득시기가 다른 주택을 일괄 양도한 경우 일괄고시된 개별주택가격을 토지분 기준시가와 건물분 기준시가로 안분한 다음 전체 양도가액을 안분된 토지 기준시가와 건물 기준시가 비율로 안분하여 각각 양도가액을 산출한다.

2. 취득가액 계산

(1) 환산취득 기준시가 계산

- $800,000,000(\text{최초 고시가액}) \times \dfrac{500,000,000}{850,000,000} = 470,588,235$

(2) 환산취득 기준시가 안분계산

1) 취득 당시 토지 기준시가 : $470,588,235 \times \dfrac{300,000,000}{500,000,000} = 282,352,941$

2) 취득 당시 건물 기준시가 : 470,588,235 - 282,352,941 = 188,235,294

(3) 환산취득가액 계산

1) 토지분 환산취득가액 : $1,212,500,000 \times \dfrac{282,352,941}{909,375,000} = 376,470,588$

2) 건물분 환산취득가액 : $787,500,000 \times \dfrac{188,235,294}{590,625,000} = 250,980,392$

3. 기타 필요경비(필요경비개산공제)

(1) 토지분 필요경비 : 282,352,941 × 3% = 8,470,588
(2) 건물분 필요경비 : 188,235,294 × 3% = 5,647,058

4. 장기보유특별공제

(1) 토지분 장기보유특별공제 : 827,558,824 × 30%(15년 × 2%) = 248,267,647
(2) 건물분 장기보유특별공제 : 530,872,550 × 20%(10년 × 2%) = 106,174,510

6 부동산을 취득할 수 있는 권리의 기준시가

부동산을 취득할 수 있는 권리의 기준시가는 양도자산의 종류·규모·거래상황 등을 고려하여 아래와 같이 취득일 또는 양도일까지 납입한 금액과 취득일 또는 양도일 현재의 프리미엄에 상당하는 금액을 합한 금액을 말한다(소득법 §99 ① 2호 가목).

- 부동산을 취득할 수 있는 권리의 기준시가
  = 취득일 또는 양도일까지 납입한 금액 + 취득일 또는 양도일 현재의 프리미엄에 상당하는 금액

7 특수한 경우의 기준시가 산정방법

(1) 보상가액 등이 양도 당시 기준시가보다 낮은 경우 기준시가 특례

아래에 해당하는 보상가액 등이 「소득세법」 제99조 제1항 제1호 가목부터 라목까지의 규정에 따른 기준시가(앞서 살펴본 토지, 건물, 오피스텔 및 상업용 건물, 주택의 기준시가)보다 낮은 경우에는 그 낮은 가액을 양도 당시 기준시가로 적용한다(소득령 §164 ⑨ 1호, 2호).

이는 환산취득가액 계산시 분모에 적용할 기준시가를 (① 수용보상액 또는 공매・경매가액, ② 보상액 산정 당시 해당 부동산의 기준시가, ③ 양도 당시 해당 부동산의 기준시가) 중 "가장 낮은 금액"으로 적용하겠다는 취지이다. ☞ P. 83 "적용사례" 참조

> ① 「공익사업을 위한 토지 등의 취득 및 보상에 관한 법률」에 따른 협의매수・수용 및 그 밖의 법률에 따라 수용되는 경우의 그 보상액과 보상액 산정의 기초가 되는 기준시가(보상액 산정 당시 해당 부동산의 기준시가) 중 "적은 금액"
>
> ② 「국세징수법」에 의한 공매와 「민사집행법」에 의한 강제경매 또는 저당권실행을 위하여 경매되는 경우의 그 공매 또는 경락가액

(2) 개별주택가격의 공시 전에 취득한 겸용주택의 기준시가 산정방법

주택과 주택 외(상가)의 부분으로 복합되어 있는 겸용주택의 양도 당시의 기준시가는 주택부분은 개별주택가격, 상가부분은 「소득세법」 제99조 제1항 제1호 가목(개별공시지가) 및 나목(건물기준시가)에 의한 기준시가의 합계액을 적용하고, 취득 당시의 기준시가는 주택부분은 「소득세법 시행령」 제164조 제7항(환산취득 기준시가)의 규정에 의하여 계산하고 상가부분은 「소득세법」 제99조 제1항 제1호 가목(개별공시지가) 및 나목(건물기준시가)에 의한 기준시가의 합계액을 적용하는 것이다(재산세과-1384, 2009. 7. 8).

예시 겸용주택(주택 + 상가)의 기준시가 산정방법

기준연도	대지면적(㎡)		건물연면적(㎡)		개별주택가격(원)
	전체	산정	전체	산정	
2025. 1. 1.	400.00	275.50	625.50	390.18	1,500,000,000

- 전체 대지면적 400㎡ 중 주택부분은 275.5㎡이고 상가부분은 124.5㎡이다.
- 전체 건물연면적 625.5㎡ 중 주택부분은 390.18㎡이고 상가부분은 235.32㎡이다.
- 주택부분의 기준시가(개별주택가격)는 1,500,000,000원(부수토지가액 포함)이며, 상가부분의 기준시가는 ① 토지부분의 기준시가(㎡당 개별공시지가 × 124.5㎡)와 ② 건물부분의 기준시가(㎡당 일반건물기준시가 × 235.32㎡) 합계액으로 한다.

(3) 주택을 상가로 용도변경한 경우 기준시가 산정방법

취득 당시 개별주택가격이 고시되지 않은 주택이 개별주택가격이 고시된 이후 상가로 용도변경하여 양도하는 경우 취득 당시 기준시가는 「소득세법 시행령」 제164조 제7항에 따른 환산취득 기준시가를 토지 및 건물의 취득 당시 기준시가로 안분하여 토지와 주택분 기준시가를 각각 산정하며, 양도 당시 기준시가는 토지분은 개별공시지가를, 건물분은 일반건물기준시가를 각각 적용하여 계산한다(양도집행 99-164-10).

(4) 비과세대상 개별주택가격의 기준면적 초과분 토지의 기준시가 산정방법

개별주택가격이 공시된 1세대 1주택을 양도하는 경우로서 주택부수토지의 범위를 초과하는 토지(비사업용 토지분 과세)의 취득 또는 양도 당시의 기준시가는 당해 주택의 취득 또는 양도 당시의 개별주택가격을 그 취득 또는 양도 당시의 토지는 개별공시지가, 건물은 일반건물 기준시가에 의하여 안분계산한 다음 토지의 가액(토지분 기준시가)에 전체 토지 면적 중 과세대상 토지의 면적이 차지하는 비율을 곱하여 계산하는 것이다.

이 경우 개별주택가격이 공시되기 전에 취득한 주택의 취득 당시의 자산별 안분계산은 「소득세법 시행령」 제164조 제7항(환산취득 기준시가)의 규정에서 정한 방법으로 계산한 당해 주택의 취득 당시의 기준시가를 기준으로 계산하는 것이다(서면4팀-136, 2007.1.10).

(5) 개별주택가격 산정시 연면적과 건축물대장상 연면적이 다른 경우 개별주택가격 산정방법

1층을 주차장으로 사용하는 필로티면적은 건축물대장상의 건물연면적 산정시 제외되나, 개별주택가격에는 필로티면적이 포함된 가액으로 산정된다. 이 경우 환산취득가액을 계산할 때 개별주택가격을 토지와 건물의 기준시가 비율로 안분하여 취득 당시 기준시가를 산정하는 경우에도 필로티면적을 포함하여 산정하는 것이 타당하나, 아래의 해석사례에서는 "건축물대장상 연면적"을 기준으로 건물의 기준시가를 산정하도록 판단하고 있다.

예시 다가구주택에 대한 기준시가 산정시 건물면적에 필로티 면적이 포함되는지 여부

1. 건축물대장상 건물연면적

층별	구조	용도	면적(㎡)
옥탑	철근콘크리트	옥탑(계단실) 연면적 제외	11.52
1층	철근콘크리트	계단실	12.24
2층	철근콘크리트	다가구주택(단독주택)	177.04
3층	철근콘크리트	다가구주택(단독주택)	177.04
4층	철근콘크리트	다가구주택(단독주택)	177.04
합계			554.88

※ 대지면적 : 363㎡, 건물연면적 : 554.88㎡(1층 필로티면적 163.52㎡ 제외)

2. 개별주택가격확인서상 건물연면적

기준연도	대지면적(㎡)		건물연면적(㎡)		개별주택가격(원)
	전체	산정	전체	산정	
2025. 1. 1.	363.00	363.00	718.4	718.4	1,380,580,000

※ 개별주택가격 산정시 건물연면적 : 718.4㎡(필로티면적 163.52㎡ 포함)

3. 해석사례

주택의 기준시가를 개별주택가격을 적용하여 산정한 후, 건물 기준시가로 안분계산시 건축물대장상의 연면적(554.88㎡)을 기준으로 건물 기준시가를 산정하여 각 가액을 안분계산하는 것이다(조심 2019부1429, 2019. 6. 5, 조심 2018서2944, 2018. 10. 29).

참고 양도소득세 계산구조

	항목	비고
	양 도 가 액	… 실지거래가액 또는 추계결정가액
(-)	취 득 가 액	… 실지거래가액 또는 추계결정가액
(-)	기 타 필 요 경 비	… 실제 발생액 또는 필요경비개산공제
(=)	양 도 차 익	
(-)	장 기 보 유 특 별 공 제	… 보유기간이 3년 이상인 토지·건물·원조합원입주권
(=)	양 도 소 득 금 액	… 그룹별 구분 계산
(-)	양 도 소 득 기 본 공 제	… 그룹별 1인당 연 250만원
(=)	양 도 소 득 과 세 표 준	
(×)	양 도 소 득 세 율	… 자산별·보유기간별·등기 여부에 따라 구분 적용
(=)	양 도 소 득 산 출 세 액	
(-)	세 액 공 제 및 감 면 세 액	… 외국납부세액공제와 조세특례제한법상 감면세액
(=)	양 도 소 득 결 정 세 액	
(+)	가 산 세	… 무(과소)신고, 납부지연, 환산취득가액적용 가산세 등
(=)	양 도 소 득 총 결 정 세 액	
(-)	기 납 부 세 액	… 예정신고납부세액, 기결정·경정세액
(=)	차 감 납 부 할 세 액	… 양도일의 말일부터 2개월(부담부증여 3개월) 이내 신고·납부

Chapter

3 양도차익의 산정

I 양도차익 산정의 기본원칙

1 양도가액과 취득가액의 산정방법

양도소득세가 과세되는 자산의 양도가액 또는 취득가액(취득세 등 취득부대비용 포함)은 그 자산의 양도 또는 취득 당시 실지거래가액에 따른다(소득법 §96 ①, §97 ① 가목). 다만, 실지거래가액이 불분명하거나 확인할 수 없는 경우에는 아래의 추계결정가액을 순차적으로 적용하여 양도가액(환산가액 제외) 또는 취득가액으로 산정할 수 있다(소득법 §114 ⑦, 소득령 §176의2 ②, ③).

여기서 "실지거래가액"은 자산의 양도 또는 취득 당시에 양도자와 양수자가 실제로 거래한 가액으로서 해당 자산의 양도 또는 취득과 대가관계에 있는 금전과 그 밖의 재산가액을 말한다(소득법 §88 5호).

적용 순서	취득가액 또는 양도가액
① 매매사례가액 (유사사례가액)	양도일 또는 취득일 전후 각 3개월 이내에 해당 자산과 동일성·유사성이 있는 자산의 매매사례가 있는 경우 그 가액
② 감정가액	양도일 또는 취득일 전후 각 3개월 이내에 해당 자산에 대하여 둘 이상의 감정평가업자가 평가한 것으로서 신빙성이 있는 것으로 인정되는 감정가액(감정평가기준일이 양도일 또는 취득일 전후 각 3개월 이내인 것에 한정)이 있는 경우에는 그 감정가액의 평균액. 다만, 기준시가가 10억원 이하인 자산의 경우에는 하나의 감정평가업자가 평가한 감정가액도 인정
③ 환산취득가액	양도 당시의 실지거래가액·매매사례가액 또는 감정가액에 취득 및 양도 당시 기준시가의 비율을 곱하여 계산한 가액 → 양도가액은 환산가액 적용불가
④ 기준시가	소득세법 규정에 따른 양도 및 취득 당시의 기준이 되는 가액

여기서 "환산취득가액"은 취득 당시의 취득가액이 불분명한 경우로서 아래와 같이 기준시가 비율로 계산한 가액을 말한다.

- 환산취득가액 = $(\text{양도 당시의 실지거래가액} \cdot \text{매매사례가액} \cdot \text{감정가액}) \times \dfrac{\text{취득 당시 기준시가}^{*}}{\text{양도 당시 기준시가}}$

* 개별주택가격 또는 공동주택가격이 최초로 공시되기 전에 취득한 주택과 부수토지를 함께 양도하는 경우 "취득 당시 기준시가"는 다음의 방법(기준시가 환산가액)으로 계산한 가액을 적용한다(소득령 §164 ⑦).

▪ 취득 당시 기준시가 = $\text{최초 주택공시가격} \times \dfrac{\text{취득 당시 주택 및 토지의 기준시가 합계액}}{\text{최초 고시 당시의 토지와 건물의 기준시가 합계액}}$

관련 해석 사례

1. 선순위의 대항력이 있는 임차인이 당해 임차주택에 대한 공매에서 그 임차주택을 낙찰받아 양도하는 경우 임차인이 회수하지 못한 임차보증금은 취득가액에 포함(부동산납세과 – 1031, 2023. 4. 19)
2. 취득시 납부한 취득세 등은 납부영수증이 없는 경우에도 취득가액에 포함되나, 감면된 세액은 취득가액에 포함되지 않는다(양도집행 97 – 163 – 20).
3. 양도하는 자산에 일정액의 채무(임대보증금 또는 은행채무 등)가 있어 동 채무를 그 자산을 취득하는 자가 인수변제하기로 한 경우에는 해당 채무가액은 양도가액에서 차감하지 아니한다(소기통 96 – 0…1).
4. 자산의 취득과 관련하여 부담한 부가가치세 중 「부가가치세법」에 의하여 공제받지 못한 매입세액(간이과세자의 공제받지 못한 매입세액 포함)은 필요경비로 인정되며(양도집행 97 – 163 – 23), 「부가가치세법」의 일반과세사업자가 사업용으로 아파트를 분양받은 경우 해당 부가가치세는 필요경비에 산입하지 아니하나, 일반사업자가 매입시 공제받은 후 폐업으로 인해 다시 납부한 잔존재화에 대한 부가가치세는 필요경비에 산입된다(양도집행 97 – 163 – 24). 예를 들어, 오피스텔을 업무용으로 사용하기 위하여 매입세액을 공제받은 후, 주거용으로 사용(면세전용)하는 경우 당초 공제받은 매입세액은 추징되는데, 이 때 납부한 부가가치세는 당초 공제받지 못한 매입세액과 동일하므로 필요경비에 산입되는 것이다.
5. 법원의 경매를 통하여 취득한 사업용 고정자산의 취득가액은 해당 사업용 고정자산의 경락가액에 취득세·등록면허세 등 기타 부수비용을 가산하는 금액으로 한다. 이 경우 법원의 경매를 통하여 사업용 고정자산을 일괄취득하여 각 자산별 가액의 구분이 불분명한 경우 자산별 취득가액은 경매를 위하여 감정평가한 각 자산별 감정평가액을 기준으로 총경락가액을 안분계산한 금액으로 할 수 있다(소득집행 39 – 89 – 3).

관련 법령

1. 과세사업자가 면세사업자로 전용(면세전용)됨에 따라 납부한 부가가치세 매출세액은 취득가액에 포함한다(소득령 §163 ① 1호).
2. 취득에 관한 쟁송이 있는 자산에 대하여 그 소유권 등을 확보하기 위하여 직접 소요된 소송비용 · 화해비용 등의 금액은 취득가액에 포함한다. 다만, 그 지출한 연도의 각 소득금액의 계산에 있어서 필요경비에 산입된 경비는 제외한다(소득령 §163 ① 2호).

여기서 잠깐!

납세자가 토지나 건물의 취득가액을 환산취득가액으로 적용하여 신고한 경우에도 다음의 경우에는 과세관청에서 실제 취득가액을 확인하여 양도소득세를 경정할 수 있으므로 환산취득가액 적용시 주의해야 한다.

① 거래상대방이 이전에 양도한 자산의 양도가액을 실지거래가액으로 신고한 경우
② 경매나 공매로 취득한 경우
③ 법인으로부터 취득한 경우
④ 한국토지공사 등 공공기관으로부터 취득한 경우
⑤ 분양받아 취득한 신축주택의 경우

환산취득가액 산정시 주의사항

일반적으로 환산취득가액은 양도가액에 취득 당시 기준시가를 곱하고 양도 당시 기준시가를 나누어 계산하는 것이 원칙이나, 아래의 경우에는 분모의 양도 당시 기준시가 등이 다르게 적용된다.

1. 수용보상가액 등이 양도 당시 기준시가보다 낮은 경우

토지가 「공익사업을 위한 토지 등의 취득 및 보상에 관한 법률」에 따른 협의매수 · 수용 및 그 밖의 법률에 따라 수용되는 경우의 그 보상가액 등(보상가액과 보상가액 산정의 기초가 되는 기준시가 중 적은 금액)이 양도 당시의 기준시가보다 낮은 경우에는 보상가액 등을 양도 당시의 기준시가로 적용한다(양도집행 99-164-12). 이 경우 "보상가액 산정의 기초가 되는 기준시가"는 수용사실확인서상 보상가액 산정기준일 당시 해당 토지의 "개별공시지가"를 말한다(소득칙 §80 ⑧).

$$\bullet\ \text{환산취득가액} = \text{양도가액(보상가액)} \times \frac{\text{취득 당시 기준시가}}{\text{양도 당시 보상가액 등}}$$

적용 사례 토지가 수용되는 경우 환산취득가액 산정방법

- 2015. 2. 10 : 토지 취득(취득 당시 기준시가 2억원)
- 2022. 7. 25 : 사업인정고시일 당시 기준시가 5억원
- 2024. 3. 20 : 보상가액 산정기준일 당시 표준지 개별공시지가로 산정된 기준시가 6억원
- 2025. 10. 25 : 토지수용 보상가액 12억원(양도 당시 기준시가 8억원)

해설

환산취득가액 : 12억원 $\times \frac{2\text{억원}}{6\text{억원}}$ = 4억원

※ 사업인정고시일과 보상가액 산정기준일은 다를 수 있음에 주의해야 한다.

2. 청산금을 수령하는 경우로서 기존부동산의 취득가액이 불분명한 경우

「도시 및 주거환경정비법」에 따라 기존부동산을 조합에 제공하고 그 대가로 조합원입주권과 청산금을 지급받는 경우 그 청산금은 기존부동산의 유상이전에 해당하여 양도소득세가 과세되는 것이며, 청산금에 대한 양도차익 산정시 기존부동산의 취득가액을 확인할 수 없어 환산취득가액 산정시 "관리처분계획인가일 당시 기준시가"를 분모의 양도 당시 기준시가로 적용하여 아래와 같이 계산한다(소득령 §166 ③).

- 환산취득가액 = 기존부동산의 권리가액 $\times \frac{\text{취득 당시 기존부동산의 기준시가}}{\text{관리처분계획인가일 당시 기존부동산의 기준시가}}$

2 양도차익 산정방법(동일기준 적용원칙)

양도차익을 계산할 때 양도가액을 실지거래가액(또는 매매사례가액 · 감정가액)으로 적용하는 경우 취득가액은 실지거래가액(또는 매매사례가액 · 감정가액 · 환산취득가액)에 의하고, 양도가액을 양도 당시 기준시가로 적용하는 경우 취득가액도 취득 당시 기준시가에 따른다(소득법 §100 ①). 따라서 동일기준 적용원칙에 따라 양도가액은 실지거래가액을 적용하고 취득가액은 기준시가를 적용하거나, 반대로 양도가액은 기준시가로 적용하고 취득가액은 실지거래가액을 적용하여 양도차익을 산정할 수 없다.

그러나 토지와 건물을 함께 취득하거나 양도하더라도 각각 다른 기준방법(실지거래가액 또는 기준시가)을 적용하여 양도차익을 산정할 수 있다. 예를 들어, 토지의 양도가액 및 취득가액은 실지거래가액을 적용하고, 건물의 양도가액 및 취득가액은 기준시가를 적용하여 양도차익을 산정할 수 있는 것이다.

[양도차익 계산구조]

	구 분	쌍방 실지거래가액	일방 실지거래가액		쌍방 기준시가
	양도가액	실지거래가액	실지거래가액	추계결정가액2)	기준시가
( )	취득가액	실지거래가액	추계결정가액1)	실지거래가액	기준시가
(-)	기타필요경비	실제지출액	필요경비개산공제	실제지출액	필요경비개산공제
(=)	양도차익	양도차익	양도차익	양도차익	양도차익

1) 추계결정가액 : 매매사례가액, 감정가액, 환산취득가액

2) 추계결정가액 : 매매사례가액, 감정가액

3 기타 필요경비 적용방법

양도차익을 계산할 때 양도가액에서 공제할 필요경비는 취득가액, 자본적 지출액, 양도비 등이 있다(소득법 §97 ①). 이 경우 취득가액을 제외한 자본적 지출액 및 양도비 등(이하 "기타 필요경비"라 한다)은 취득가액을 실지취득가액을 적용한 경우에만 공제하고, 취득가액을 매매사례가액 · 감정가액 · 환산취득가액 · 기준시가를 적용한 경우에는 실제 자본적 지출액과 양도비 등은 공제할 수 없고 필요경비개산공제만 적용한다.

여기서 자본적 지출액과 양도비는 적격증명서류(세금계산서, 계산서, 신용카드매출전표, 현금영수증)를 수취 · 보관하거나 실제 지출사실이 금융거래 증명서류에 의하여 확인되는 경우에만 기타 필요경비로 인정된다(소득령 §163 ③, ⑤).

(1) 자본적 지출액

자본적 지출은 소송비용 · 용도변경 · 철거비용 · 개발부담금 · 재건축부담금 등 이외 자산의 내용연수를 연장시키거나 해당 자산의 가치를 현실적으로 증가시키기 위해 지출한 비용으로서 아래에 해당하는 지출을 포함한다(소득령 §163 ③ 1호).

① 본래의 용도를 변경하기 위한 개조
② 엘리베이터 또는 냉 · 난방장치의 설치
③ 빌딩 등의 피난시설 등의 설치
④ 재해 등으로 인하여 건물 등이 멸실 또는 훼손되어 당해 자산의 본래 용도로의 이용가치가 없는 것의 복구
⑤ 기타 개량 · 확장 · 증설 등

여기서 잠깐!

부동산을 보유하면서 지출된 비용은 크게 자본적 지출과 수익적 지출으로 구분된다. 이 경우 자본적 지출은 자산의 내용연수를 연장시키거나 가치를 증가시키기 위해 지출된 비용로서 필요경비로 인정되나, 자산의 원상회복과 본래의 기능을 유지하기 위해 지출된 비용인 수익적 지출액은 필요경비로 인정되지 않는다. 아래의 예시들은 주택을 보유하는 과정에서 주로 지출하는 비용이다.

주요 자본적지출액	주요 수익적지출액
① 베란다 샤시비용 ② 주방 교체 등 리모델링 공사비용 ③ 거실 및 방 확장공사비용 ④ 난방시설 교체비용 ⑤ 보일러 및 에어컨 교체비용	① 도배공사 및 장판 교체비용 ② 주방기구 및 싱크대 교체비용 ③ 옥상 방수공사비용 ④ 화장실(변기 및 타일 등) 공사비용 ⑤ 보일러 및 에어컨 수리비용

(2) 양도비 등

자본적 지출 외에도 양도소득세 과세대상 자산을 양도하기 위하여 직접 지출한 비용으로서 아래의 비용은 필요경비로 공제한다(소득령 §163⑤1호).

① 「증권거래세법」에 따라 납부한 증권거래세
② 양도소득세과세표준신고서 작성비용 및 계약서 작성비용
③ 공증비용, 인지대 및 소개비
④ 매매계약에 따른 인도의무를 이행하기 위하여 양도자가 지출하는 명도비용

(3) 필요경비개산공제

구 분	필요경비개산공제율
① 토지	취득 당시 기준시가 × 3%(미등기 0.3%)
② 건물	취득 당시 기준시가 × 3%(미등기 0.3%)
③ 지상권, 전세권, 등기된 부동산임차권	취득 당시 기준시가 × 7%
④ 위 이외의 자산(주식 등)	취득 당시 기준시가 × 1%

관련 해석 사례

1. 상속으로 취득한 상가에 상속개시전부터 임차하던 임차인의 전세보증금을 상속인이 상환한 경우로서 그 상가를 양도할 때 상속인이 부담한 전세보증금 상환금액은 양도가액에서 차감하는 필요경비에 해당하지 않는다(법규재산 - 1176, 2022. 12. 21).
2. 토지를 취득한 후 해당 토지를 방치함에 따라 발생된 폐기물을 토지이용의 편의와는 관계없이 처리함에 따라 소요된 폐기물처리비용은 필요경비로 공제되지 않는다(부동산납세과 - 972, 2022. 4. 19).
3. 사업자의 사업용자산에 대한 건설자금에 충당한 금액의 이자(건설자금이자)는 양도가액에서 공제할 필요경비에 해당하지 않는다(조세법령 운용과 - 379, 2022. 4. 14).

   비교 부동산매매업자의 건설자금이자 필요경비 여부

   사업용고정자산의 매입 등에 소요된 차입금에 대한 지급이자는 건설자금이자로서 당해연도의 필요경비에 산입하지 아니하고 취득원가에 가산하나, 판매목적으로 신축한 부동산매매용 건물은 재고재산으로서 동 건물의 소요된 차입금에 대한 지급이자는 당해연도의 필요경비에 산입한다(소득령 §128 ① 2호).
4. 공유물분할 청구소송에 따른 소송비용(변호사비용)과 화해비용(가등기말소비용)은 거주자의 양도차익을 계산할 때 양도가액에서 공제하는 필요경비에 해당하지 않는다(법령해석재산 - 1077, 2020. 12. 10).
5. 개발부담금이 부과된 토지를 상속받아 납부한 후 당해 토지를 양도하는 경우에도 본래의 납세의무자는 피상속인이므로 상속세 계산시 공제되는 공과금에 해당되나, 당해 개발부담금은 양도차익 계산시 필요경비로 공제되는 개발부담금에 해당하지 않는다(심사양도 - 0057, 2019. 7. 3).
6. 「농지법」 제40조에 따른 농지보전부담금은 토지에 대한 자본적지출에 해당하는 것으로서 건축물을 신축하기 위하여 임차한 농지를 대지로 지목 변경함에 따라 토지의 임차인이 농지보전부담금을 부담한 후 필요에 따라 당해 토지를 취득하여 양도한 경우 동 농지보전부담금은 당해 양도자산의 필요경비에 해당하지 않는다(재산세과 - 312, 2009. 9. 25).
7. 오피스텔 비품(TV · 에어컨 · 냉장고 · 가스레인지 · 식탁 등) 구입비는 임대조건을 유리하게 하기 위한 임대비용으로서 자본적 지출로 볼 수 없으므로 필요경비로 인정되지 않는다(양도집행 97 - 163…31).
8. 당초 약정에 의한 거래가액의 지급 지연으로 발생한 이자상당액과 자산의 취득자금으로 활용된 금융기관 차입금에 대한 지급이자는 필요경비에 산입되지 않는다(양도집행 97 - 163 - 19).
9. 부동산을 법원경매로 취득하여 세입자를 내보내는 과정에서 소요된 명도비용은 필요경비에 해당하지 아니하나 (부동산납세과 - 2571, 2022. 8. 30), 매매계약에 따른 인도의무를 이행하기 위해 양도자가 지출하는 명도비용은 필요경비로 인정된다(법령해석재산 - 0885, 2021. 6. 30). 결국 양도자가 지출하는 명도비용은 필요경비로 인정되나, 취득시 매수인이 부담하는 명도비용은 필요경비로 인정되지 않는다(조심 2021서5628, 2022. 3. 30).
10. 과세대상 양도행위 이전에 한 별도의 매매계약에 따라 임차인에게 조기퇴거 조건으로 지급한 영업손실보상금 등 명목의 비용은 양도소득세 필요경비로 인정되는 명도비용에 해당하지 않는 것이다(법규재산 - 0763, 2022. 11. 21).

11. 중개수수료가 통상적으로 지급하는 중개수수료에 비해 많다고 하더라도 실제 지급된 금액은 필요경비로 인정된다(양도집행 97-163-43).

12. 양도자가 부동산 매도를 위해 상권조사, 지가상승요소분석, 매도가격 타당성 분석, 매매진행컨설팅 등을 의뢰하고 지급한 컨설팅비용은 양도비 등에 포함되지 않는다(법규재산-217, 2013. 7. 23).

13. 부동산매매계약의 해약으로 인하여 지급하는 위약금 등은 양도차익 계산시 필요경비에 해당하지 않는다(소기통 97-0…6). 이 경우 위약금을 지급받은 거래상대방은 기타소득으로 과세(의제필요경비 60% 적용)된다(소득령 §87).

심화 학습

철거된 기존건물의 취득가액 등 필요경비 인정 여부

토지와 건물을 함께 취득한 후, 건물을 철거하고 토지만 양도하거나 새로운 건물을 건축하여 토지와 건물을 함께 양도하는 경우 철거한 기존건물의 취득가액 및 철거비용 등이 양도차익 계산시 필요경비로 인정될 수 있는지 여부에 대해 아래의 각 적용사례별로 그 내용을 살펴보고자 한다.

적용 사례 1 토지와 건물을 함께 취득 후 건물을 즉시 철거하여 토지만 양도하는 경우

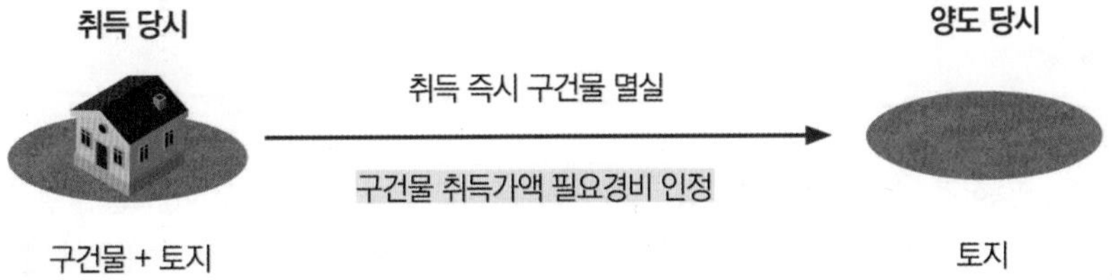

해설 토지만을 이용하기 위하여 토지와 건물을 함께 취득한 후 해당 건물을 철거하고 토지만을 양도하는 경우 철거된 건물의 취득가액과 철거비용의 합계액에서 철거 후 남아있는 시설물의 처분가액을 차감한 잔액을 양도자산의 필요경비로 산입한다(양도집행 97-163-40).

• 토지의 필요경비
=토지 취득가액+(기존건물 취득가액+기존건물 철거비용-처분가액)+토지 자본적 지출액
+양도비 등

적용 사례 2 토지와 건물을 함께 취득 후 건물을 즉시 철거하고 건물을 신축하여 토지와 건물을 함께 양도하는 경우

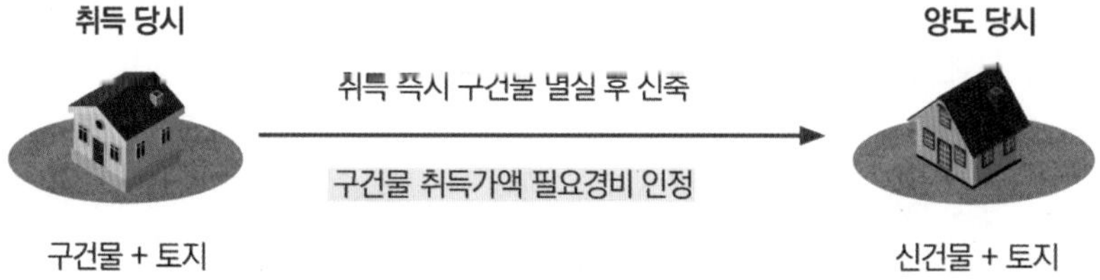

해설 토지와 건물을 함께 취득한 후, 해당 건물을 즉시 철거하고 새로 건물을 신축하여 그 건물과 함께 양도하는 경우 기존건물의 취득가액은 토지와 기존건물의 취득이 당초부터 건물을 철거하여 토지만을 이용하려는 목적이었음이 명백한 것으로 인정되는 경우에 한하여 철거된 건물의 취득가액은 양도자산의 필요경비로 산입할 수 있는 것이다(법규재산-1832, 2022. 3. 10).

① 토지의 필요경비
　=토지 취득가액+(기존건물 취득가액+기존건물 철거비용-처분가액)+토지 자본적 지출액+양도비 등

② 건물의 필요경비
　=신축비용+신축건물 자본적지출액+양도비 등

비교 학습

건물 철거시 부가가치세 매입세액 공제여부

사업자가 건물을 신축하기 위하여 건축물이 있는 토지를 취득하고 그 건축물을 철거하는 경우 철거한 건축물의 취득가액은 토지의 자본적 지출에 해당하므로 관련 매입세액은 매출세액에서 공제되지 않으나, 건물을 취득한 후 상당한 기간 동안 부가가치세 과세사업에 사용하다가 철거한 경우로서 철거한 건물의 취득가액과 관련된 매입세액은 공제되는 것이다(법령해석부가-0080, 2021. 4. 29).

적용 사례 3 **토지와 건물을 함께 취득하여 장기간 사용하다 기존건물을 철거하고 ① 토지만 양도하거나, ② 건물을 신축하여 토지와 건물을 함께 양도하는 경우**

[① 토지만 양도하는 경우]

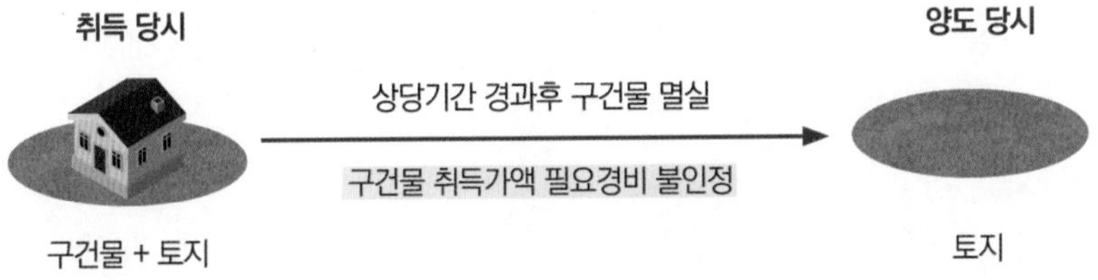

해설 토지와 건물을 함께 취득하여 장기간 사용 후 건물을 철거하고 나대지 상태로 양도하는 경우에는 건물의 취득가액과 철거비용 등은 토지의 취득가액에 산입하지 아니한다(양도집행 97－163－41). 다만, 건물을 취득하여 장기간 사용 후 매매계약조건에 따라 건물을 멸실하고 토지만을 양도하는 경우로서 건물가액이 양도가액에 포함된 경우에는 토지와 건물의 양도차익은 각각 계산하므로 건물의 취득가액을 필요경비로 산입할 수 있다(양도집행 97－163－42).

① 토지의 필요경비
  =토지 취득가액+토지 자본적 지출액+양도비 등

② 건물의 필요경비
  =없음(예외적인 경우 건물의 취득가액 인정)

[② 건물을 신축하여 토지와 건물을 함께 양도하는 경우]

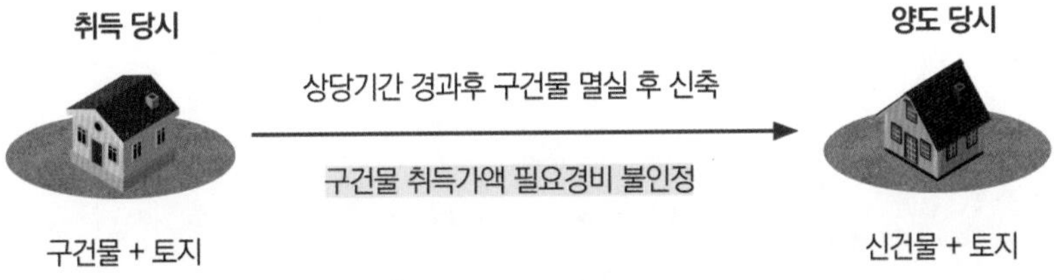

해설 토지와 함께 건물을 취득하여 상당기간 건물을 사용하다 멸실한 후 건물을 신축하여 토지와 함께 양도하는 경우에는 당초 토지만을 이용할 목적으로 토지와 함께 구건물을 취득한 것이 아니므로 구건물의 취득가액은 토지의 양도가액에 대응하는 필요경비로 인정될 수 없고, 구건물은 신축건물 양도 당시 이미 멸실되어 있는 상태로서 양도하는 신축건물과 연관성이 없으므로 신축건물의 양도가액에 대응하는 필요경비로 볼 수도 없다(조심 2020인7782, 2020. 11. 26).

유사 해석 사례

1. 토지와 건물을 함께 취득하여 건물을 10년간 임대업에 사용하다 토지만을 이용할 목적으로 건물을 철거하고 토지를 양도하는 경우 건물의 취득가액은 토지의 필요경비로 산입할 수 없다(수원지법 2019구단8352, 2022. 1. 12).
2. 청구인은 토지를 취득한 후, 건물을 신축하여 20여년간 임대사업에 사용하다 양도일 전에 청구인의 책임 하에 건물을 철거하여 토지만을 매매대상으로 하여 양도한 점 등에 비추어 처분청이 철거한 건물의 취득가액이나 그 철거비용을 필요경비로 인정하지 아니하고 양도소득세를 과세한 이 건 처분은 달리 잘못이 없는 것으로 판단된다(조심 2019서0160, 2019. 6. 13).

① 토지의 필요경비
 = 토지 취득가액 + 토지 자본적 지출액 + 양도비 등

② 건물의 필요경비
 = 신축비용 + 신축건물 자본적지출액 + 양도비 등

심화 학습 끝

Ⅱ 특수한 경우의 양도가액 및 취득가액 계산

1 고저가 양도 · 양수의 경우 양도가액 및 취득가액 계산

(1) 부당행위계산부인규정 적용시 양도가액 또는 취득가액 의제(조세부담 감소)

특수관계인과의 거래에 있어서 자산을 시가를 초과하여 취득하거나 시가에 미달하게 양도하는 경우로서 조세의 부담을 부당히 감소시킨 것으로 인정되는 때에는 그 취득가액 또는 양도가액을 시가에 따라 계산한다. 다만, 이러한 부당행위계산 부인규정은 시가와 거래가액의 차액이 5% 이상이거나 3억원 이상인 경우에만 적용한다(소득법 §101 ①). ☞ P. 642 참조

(2) 고가양도한 자산의 양도가액 의제(이중과세 조정)

자산을 시가보다 높은 가격으로 양도한 경우로서 상속세 및 증여세법 제35조(고가양도에 따른 이익의 증여)에 따라 해당 양도자의 증여재산가액으로 하는 금액이 있는 경우에는 그 양도가액에서 증여재산가액을 차감한 금액을 양도 당시의 실지거래가액으로 한다. ☞ P. 648 참조

(3) 저가양수한 자산의 취득가액 의제(이중과세 조정)

자산을 시가보다 낮은 가격으로 취득한 경우로서 상속세 및 증여세법 제35조(저가양수에 따른 이익의 증여)에 따라 해당 양수자의 증여재산가액으로 하는 금액이 있는 경우에는 그 취득가액에서 증여재산가액을 가산한다. ☞ P. 644 참조

2 교환

교환은 당사자 쌍방이 금전 이외의 재산권을 상호이전할 것을 약정함으로써 그 효력이 생기는 유상계약으로서 교환대상 부동산을 감정평가 등을 거쳐 그 차액에 대한 정산절차를 수반하는지, 정산절차 없이 단순교환하는지 여부 등에 따라 교환 당시 양도자산의 양도가액 및 취득가액은 아래와 같이 산정된다. ☞ P. 659 참조

[교환 당시 또는 교환 이후 자산 양도시 양도차익 산정방법]

구 분		교환 당시 양도차익	교환 이후 양도차익
양도가액	실제가액	이전받은 자산의 시가 + 현금 수령액 - 현금 지급액	양도자산의 실지거래가액
	기준시가	이전하는 자산의 기준시가	양도자산의 기준시가
취득가액	실제가액	이전하는 자산의 실제 취득가액	교환 당시 거래상대방의 양도가액
	추계가액	이전하는 자산의 매매사례가액, 감정가액, 환산취득가액, 기준시가	양도자산의 매매사례가액, 감정가액, 환산취득가액, 기준시가

관련 해석 사례

1. 교환계약에 따른 양도에서 양도가액이 확인되지 않는 단순 교환거래일 때 각 취득가액 및 양도가액을 기준시가로 산정하는 것이다(제주지법 2018구합665, 2020. 1. 22).
2. 교환으로 취득한 자산을 양도하는 경우로서 양도가액을 실지거래가액에 따르는 경우 양도하는 자산의 취득가액은 취득 당시 교환계약서에 표시된 실지거래가액에 따르는 것이며, 취득 당시 실지거래가액을 인정 또는 확인할 수 없는 단순교환인 경우에는 매매사례가액, 감정가액, 환산가액, 기준시가를 순차로 적용하는 것이다(법령해석재산 - 1201, 2021. 9. 30).

3 배우자 등 이월과세가 적용되는 자산의 취득가액 계산

배우자 또는 직계존비속으로부터 증여받은 부동산을 10년(2022. 12. 31. 이전 증여분은 5년) 이내에 양도하여 해당 증여자산에 대하여 이월과세가 적용되는 경우 취득가액은 당초 증여자인 배우자 또는 직계존비속의 취득 당시 취득가액(실지취득가액 또는 환산취득가액 등)을 적용한다. 이 경우 수증자가 증여받은 자산에 대하여 납부한 증여세 상당액(증여세 산출세액)은 필요경비로 공제한다(소득법 §97의2 ①). ☞ P. 663 참조

4 부담부증여시 양도자의 양도차익 계산

자산을 증여하면서 해당 증여자산에 담보된 증여자의 채무(은행대출금·임대보증금 등)를 수증자가 인수하는 경우 양도로 보는 채무액에 대한 양도차익을 계산할 때 그 양도가액 및 취득가액 등은 아래와 같이 증여가액 중 채무액에 상당하는 부분이 차지하는 비율을 곱하여 계산한다. 이 경우 부담부증여시 양도가액은 평가방법에 상관없이 무조건 채무액이 된다(소득령 §159 ①). ☞ P. 690 참조

- 양도가액 = 증여가액(시가 또는 기준시가) × $\frac{\text{채무액}}{\text{증여가액}}$ = 채무액
- 취득가액 = (실지취득가액 또는 추계가액) × $\frac{\text{채무액}}{\text{증여가액}}$
- 기타 필요경비 = (실제 지출액 또는 필요경비개산공제) × $\frac{\text{채무액}}{\text{증여가액}}$

5 영농자녀가 증여세 감면받은 농지를 양도하는 경우 취득가액

「조세특례제한법」 제71조 제1항에 따라 영농자녀가 증여세를 감면받은 농지를 양도하는 경우 해당 농지의 취득시기는 자경농민(증여인)이 그 농지를 취득한 날로하고, 필요경비는 자경농민의 취득 당시 필요경비로 한다(조특법 §71 ⑤). ☞ P. 812 참조

Ⅲ 주요 거래원인별 양도가액 또는 필요경비의 판단 및 적용 여부

1 자산 일괄 취득 또는 양도시 실지거래가액의 안분계산

(1) 토지와 건물 등을 일괄 취득 또는 양도하는 경우

1) 가액구분 우선 원칙(각 자산별 구분계산)

양도가액 또는 취득가액을 실지거래가액에 따라 산정하는 경우로서 토지와 건물 등을 함께 취득하거나 양도한 경우에는 이를 각각 구분하여 기장하되 토지와 건물 등의 가액 구분이 불분명할 때에는 「부가가치세법 시행령」 제64조에 제1항(토지와 건물 등을 함께 공급하는 경우 건물 등의 공급가액 계산)에서 정하는 바에 따라 양도계약일 또는 취득계약일 당시의 감정가액, 기준시가, 장부가액 및 취득가액을 순차로 적용하여 안분계산한다. 이 경우 공통되는 취득가액과 양도비용 등은 해당 자산의 양도가액 및 취득가액에 비례하여 안분계산한다(소득법 §100 ②).

① 건물의 취득(양도)가액

$$= \text{일괄 양도가액} \times \frac{\text{건물의 취득(양도) 당시 감정가액 또는 기준시가 등}}{\text{토지 및 건물의 취득(양도) 당시 감정가액 또는 기준시가 등의 합계액}}$$

② 토지의 취득(양도)가액 = 일괄 양도가액 - ① 건물의 취득(양도)가액

관련 법령

토지와 건물 또는 구축물 등에 대한 기준시가가 모두 있는 경우에는 "공급계약일 현재"의 기준시가에 따라 계산한 가액에 비례하여 안분(按分) 계산한 금액. 다만, 공급시기가 속하는 과세기간의 직전 과세기간 개시일부터 공급시기가 속하는 과세기간의 종료일까지 감정평가법인 등이 평가한 감정평가가액이 있는 경우에는 그 가액에 비례하여 안분 계산한 금액으로 한다(부가령 §64 ① 1호).

2) 가액구분 적용 배제(가액구분 불분명 의제)

토지와 건물 등을 함께 취득하거나 양도하는 경우로서 그 토지와 건물 등의 매매계약서상 구분 기장한 양도가액 또는 취득가액이 감정가액 · 기준시가 등에 따라 안분계산한 가액과 "30% 이상 차이"가 있는 경우에는 매매계약서상 구분 기장한 양도가

액 또는 취득가액이 불분명한 것으로 보아 감정가액 · 기준시가 등의 비율로 안분계산한 가액을 토지와 건물 등의 양도가액 또는 취득가액으로 한다(소득법 §100 ③). 다만, 다른 법령에서 정하는 바에 따라 토지와 건물 등의 가액을 구분하거나 토지와 건물 등을 함께 취득한 후 건물 등을 철거하고 토지만 사용하는 경우에는 매매계약서상 구분 기장한 가액을 적용한다(소득령 §166 ⑦).

[부동산 일괄 취득 또는 양도시 취득 · 양도가액 재산정 기준비율]

$$\frac{\text{계약서상 구분한 가액} - \text{감정가액 · 기준시가 등으로 안분계산 가액}}{\text{감정가액 · 기준시가 등으로 안분계산 가액}} \geq |30\%|$$

적용 사례 **토지 및 건물 등을 일괄양도하는 경우 양도가액 계산**

- **토지와 건물을 2025. 4. 1. 15억원에 일괄양도**

구 분	계약서상 금액	기준시가
토지	7억원	6억원
건물	8억원	4억원

※ 토지와 건물의 양도가액에는 부가가치세가 포함되어 있지 않으며, 해당 토지와 건물의 양도 당시 감정가액은 없음

해설 토지의 경우 계약서상 양도가액과 기준시가에 따라 안분한 가액의 비율 차이가 30% 미만에 해당하나, 건물의 경우에는 계약서상 양도가액과 기준시가에 따라 안분한 가액의 비율 차이가 30% 이상에 해당한다. 토지와 건물 중 하나라도 30% 이상 차이가 발생하는 경우에는 토지와 건물의 가액이 불분명한 것으로 보아 토지와 건물의 양도가액은 계약서상에 기재된 금액에 상관 없이 기준시가에 따라 안분계산된 9억원과 6억원으로 한다.

구 분	계약서상 금액	기준시가에 따라 안분한 금액	비율 차이
토지	7억원	$15억원 \times \frac{6억원}{10억원} = 9억원$	$\frac{(9억원 - 7억원)}{9억원} = 22.22\%$
건물	8억원	$15억원 \times \frac{4억원}{10억원} = 6억원$	$\frac{(8억원 - 6억원)}{6억원} = 33.33\%$

(2) 겸용주택(주택 + 상가)과 그 부수토지를 일괄 양도하는 경우

양도가액 또는 취득가액을 실지거래가액에 따라 산정하는 경우로서 주택과 상가 등을 함께 취득하거나 양도한 경우에는 이를 각각 구분하여 기장하되 주택과 상가 등의 가액 구분이 불분명할 때에는 아래의 기준시가 등에 따라 계산한 가액에 비례하여 안분계산한다.

- 주택 및 그 부수토지 : 개별주택가격(또는 공동주택가격)
- 상가의 부수토지 : 개별공시지가
- 상가 : 일반건물 기준시가

관련 해석 사례

토지와 건물을 일괄 양도한 경우 양도차익은 각 구분하여 기장하되, 양도가액에서 토지와 건물의 양도가액을 구별할 수 없는 경우에는 각 기준시가 비율로 안분하여야 하고, 건물이 겸용건물인 경우에는 주택 부분의 기준시가는 개별주택가격, 상가 부분의 기준시가는 건물기준시가, 각 부수토지의 기준시가는 개별공시지가를 기준으로 안분계산한다(대법원 2017두66107, 2017. 12. 22).

2 상속 또는 증여받은 자산의 취득가액 산정방법

(1) 기준시가 고시된 후 상속 또는 증여받은 경우(원칙)

상속 또는 증여받은 자산을 양도하는 경우 취득가액은 상속개시일 또는 증여등기접수일 현재의 「상속세 및 증여세법」 제60조부터 제66조에 따른 평가액(시가 또는 기준시가)을 취득 당시 실지거래가액으로 적용하되, 「상속세 및 증여세법」 제76조에 따라 세무서장 또는 지방국세청장이 결정·경정한 가액이 있는 경우 그 가액을 취득 당시 실지거래가액으로 적용한다(소득령 §163 ⑨).

여기서 주의할 사항은 상속 또는 증여받은 자산에 대한 취득가액은 시가 또는 기준시가로 평가하여 적용해야지 환산취득가액을 적용할 수 없는 것이며, 기준시가로 신고 또는 무신고한 이후 과세관청에서 결정·경정한 경우에는 소급 감정가액을 적용할 수 없다는 점이다.

[유상 또는 무상으로 자산을 취득한 경우 취득가액 등 비교]

구 분	취득가액	기타 필요경비
유상(취득가액 불분명)	환산취득가액 등	필요경비개산공제(취득 당시 기준시가 × 3%)
무상(상속·증여)	시가 또는 기준시가	실제 지출액(취득세, 자본적 지출액 등)

관련 해석 사례

1. 부동산에 관한 감정평가서 작성일이 상속개시일로부터 6개월이 지난 후 작성된 소급 감정가액은 상속개시일 당시의 시가를 객관적으로 합리적으로 평가한 것이라고 볼 수 없으므로 해당 소급감정가액을 상속재산의 취득가액으로 인정할 수 없다(대법원 2023두61714, 2024. 2. 29).
2. 상속주택의 양도차익을 실지거래가액에 의하여 산정함에 있어서 상속을 원인으로 취득한 부동산의 취득가액은 상속세 "신고여부와 관계없이" 소득세법 시행령 제163조 제9항에 따라 상속개시일 현재 「상속세 및 증여세법」 제60조부터 제66조까지의 규정에 따라 평가한 가액을 적용하는 것이다(법규재산-0143, 2024. 3. 19).
3. 상속받은 자산의 취득가액은 상속개시일 현재 「상속세 및 증여세법」 제60조부터 제66조까지의 규정에 따라 평가한 가액(세무서장 등이 결정 · 경정한 가액이 있는 경우 그 결정 · 경정한 가액으로 한다)을 취득 당시의 실지거래가액으로 본다고 규정하고 있는바, 청구인이 상속개시 당시 쟁점부동산의 기준시가로 신고한 상속재산가액을 관할세무서장은 이를 "상속재산가액으로 결정"하였으므로 소급 감정가액을 쟁점부동산의 취득가액으로 적용해 달라는 청구주장은 받아들일 수 없다(조심 2023서0199, 2023. 8. 10).

(2) 의제취득일 전 또는 기준시가 고시 전에 상속 또는 증여받은 경우(예외)

1) 의제취득일(1985. 1. 1) 전에 상속 또는 증여받은 자산

의제취득일 전에 상속 또는 증여받은 자산에 대하여 「소득세법 시행령」 제176조의2 제3항 제1호부터 제3호까지의 규정(매매사례가액 · 감정가액 · 환산취득가액)을 적용할 때에 의제취득일 현재의 취득가액은 아래의 가액 중 큰 금액으로 한다(소득령 §176의2 ④).

① 의제취득일 현재 매매사례가액, 감정가액, 환산취득가액을 순차로 적용한 가액
② 취득 당시 매매사례가액 · 감정가액에 취득일부터 의제취득일의 직전일까지의 보유기간 동안의 생산자물가 상승률을 곱하여 계산한 금액을 합산한 가액

2) 기준시가 고시 전에 상속 또는 증여받은 자산

의제취득일 이후 토지 · 건물의 기준시가가 고시되기 전에 상속 또는 증여받은 토지 또는 건물의 취득가액은 아래의 구분에 따라 계산한 금액으로 한다(소득령 §163 ⑨ 단서).

① 상속 또는 증여받은 토지 : 상속세 및 증여세법상 평가액(시가 등)과 「소득세법 시행령」 제164조 제4항(환산취득 기준시가)의 규정에 의한 가액 중 많은 금액
② 상속 또는 증여받은 건물 : 상속세 및 증여세법상 평가액(시가 등)과 「소득세법 시행령」 제164조 제5항 내지 제7항(환산취득 기준시가)의 규정에 의한 가액 중 많은 금액

(3) 부담부증여로 증여받은 경우

증여자의 자산에 담보된 채무(담보대출금 또는 임대보증금)를 승계하는 조건으로 증여자의 자산을 증여받는 자(수증자)는 증여재산평가액(시가 또는 기준시가)에서 채무액을 차감한 가액을 기준으로 증여세를 계산한다.

이 경우 수증자가 증여받은 자산을 양도할 때 양도자산의 취득가액은 증여재산평가액(순수증여분+채무승계분) 또는 이월과세 적용시 평가액(증여자의 취득가액+채무액)을 취득당시 실지거래가액으로 한다. ☞ P. 726 참조

적용 사례 **자산 취득유형별 취득가액 및 기타필요경비 산정방법**

- **주택 취득 및 양도에 관한 자료**

구 분	내 용
양도일 및 양도가액	2025. 3. 25. 15억원
취득일 및 취득가액	2018. 2. 20. 취득가액 불분명
취득세	1천만원
기준시가	양도 당시 기준시가 : 10억원
	취득 당시 기준시가 : 4억원

해설

	구 분	매매로 취득한 경우	상속 · 증여로 취득한 경우
	양도가액	1,500,000,000	1,500,000,000
(−)	취득가액	600,000,000[1)]	400,000,000[2)]
(−)	기타필요경비	12,000,000[3)]	10,000,000[4)]
(=)	양도차익	888,000,000	1,090,000,000

1) 취득가액이 불분명하여 환산 취득가액을 적용한다.

▪ $1,500,000,000 \times \frac{400,000,000}{1,000,000,000} = 600,000,000$

2) 상속 또는 증여로 자산을 취득한 경우에는 환산취득가액을 적용할 수 없고, 상속 또는 증여받을 당시 평가액을 취득가액으로 한다. 따라서 이 사례에서는 취득 당시 기준시가인 400,000,000을 취득가액으로 한다.

3) 환산 취득가액을 적용하는 경우 기타 필요경비는 필요경비 개산공제를 적용한다.

▪ 400,000,000 × 3% = 12,000,000

4) 상속 또는 증여받을 당시 평가액을 취득가액으로 하는 경우 필요경비 개산공제를 적용하지 않고, 실제 지출액인 취득세 10,000,000을 기타 필요경비로 공제한다.

3 사업소득금액 계산시 필요경비로 계상한 감가상각누계액이 있는 경우 취득가액 산정방법

건물 보유기간 중에 그 자산에 대해 사업소득금액 계산시 감가상각누계액(조특법 제96조에 따른 소형주택 임대사업자에 대한 세액감면을 적용받은 경우 감가상각의제분 포함)을 필요경비로 계상한 경우 취득가액(실지거래가액 · 매매사례가액 · 감정가액 및 환산취득가액을 순차 적용한 가액)에서 해당 감가상각누계액을 차감하여 양도차익을 산정한다(소득법 §97 ③).

이 경우 기준시가로 양도가액과 취득가액을 계산한 때에는 취득가액에서 감가상각누계액을 차감하지 않는 것이 원칙이나, 상속 또는 증여받은 자산을 기준시가로 평가한 경우에는 실지거래가액으로 의제하므로 상속 또는 증여받은 이후 감가상각누계액을 사업소득금액 계산시 필요경비로 계상한 경우에는 해당 가액을 취득가액에서 차감한다.

[양도차익 산정시 취득가액 등 필요경비 적용방법]

구 분		필요경비 적용방법
원칙	취득가액 확인 가능	실지거래가액 + 자본적지출액 + 양도비용
	취득가액 확인 불가	(매매사례가액 → 감정가액 → 환산취득가액 → 기준시가) + 필요경비개산공제
특례	환산취득가액 적용시	Max(① 환산취득가액 + 필요경비개산공제, ② 자본적지출액 + 양도비용)
	감가상각 적용 자산의 취득가액	감가상각비를 사업소득금액 계산시 필요경비에 산입한 경우 동 금액을 실제 취득가액 또는 환산취득가액 등에서 차감

관련 해석 사례

1. 「소득세법」 제97조 제3항에 따른 "감가상각비로서 각 과세기간의 사업소득금액을 계산하는 경우 필요경비에 산입하였거나 산입할 금액"에는 같은 법 시행령 제68조에 따라 감가상각한 것으로 의제된 감가상각비 상당액이 포함되는 것이다(법규재산-0856, 2022. 1. 27).
2. 주택임대사업자가 사업소득금액을 추계로 계산하는 경우 건물에 대해서는 감가상각의제 규정을 적용하지 않으나, 주택임대소득에 대하여 「조세특례제한법」 제96조 제1항의 규정에 따라 소득세를 감면받은 경우에는 「소득세법 시행령」 제68조 제1항(감가상각의제 규정)이 적용되어 양도차익 계산시 감가상각의제 상당액을 취득가액에서 차감한다(법령해석소득-0269, 2021. 3. 9).
3. 증여재산가액을 기준시가로 평가하여 양도가액을 산정한 부담부증여의 경우 취득가액도 기준시가를 적용하므로 기준시가인 취득가액에서 감가상각비를 차감하지 않는다(법령해석재산-0005, 2015. 4. 10).

적용 사례 환산취득가액을 적용하는 경우 필요경비로 계상한 감가상각비 차감 여부

• **건물의 취득 및 양도에 관한 자료**

구 분	내 용
양도일 및 양도가액	2025. 4. 10. 양도가액 15억원
취득일 및 취득가액	2017. 5. 20. 취득가액 불분명
건물 감가상각누계액	1억원의 감가상각비를 사업소득계산시 필요경비로 계상
기준시가	양도 당시 기준시가 : 10억원
	취득 당시 기준시가 : 4억원

해설

	구 분	금 액	계산 근거
	양도가액	1,500,000,000	
(-)	취득가액	500,000,000	(15억원 × 4억원/10억원) - 1억원(감가상각누계액)
(-)	기타필요경비	12,000,000	필요경비개산공제 : 400,000,000 × 3%
(=)	양도차익	988,000,000	

4 환산취득가액 적용시 필요경비 및 가산세 산정방법

(1) 필요경비 산정방법

취득가액을 환산취득가액으로 하는 경우에도 ① 환산취득가액과 필요경비개산공제액의 합계액이 ② 자본적 지출액과 양도비용의 합계액보다 적은 경우에는 "자본적 지출액과 양도비용의 합계액"을 필요경비로 할 수 있다(소득법 §97 ② 2호 단서).

• 필요경비 = Max[① 환산취득가액 + 필요경비개산공제, ② 자본적 지출액 + 양도비용]

적용 사례 취득가액을 환산취득가액으로 하는 경우 필요경비 계산방법

1. 토지의 취득 및 양도에 관한 자료

구 분	내 용
양도일 및 양도가액	2025. 6. 10. 10억원
취득일 및 취득가액	2016. 3. 15. 취득가액 불분명
자본적 지출액	토지조성비 등 3억5천만원
양도비용	중개수수료 3천만원

2. 토지의 기준시가

기준시가	금 액	비 고
양도 당시 기준시가	5억원	양도 당시 개별공시지가
취득 당시 기준시가	1억원	취득 당시 개별공시지가

해설 취득가액이 불분명하여 환산취득가액을 적용하는 경우 기타 필요경비는 개산공제액을 적용하는 것이 원칙이나, 세부담 최소화를 위하여 ① (환산취득가액+필요경비개산공제액)과 ② (자본적지출액+양도비용) 중 큰 금액을 필요경비로 할 수 있다. 따라서, 양도차익은 6.2억원【10억원(양도가액)-3.8억원(필요경비)】이 된다.

구 분		환산취득가액을 적용할 경우	환산취득가액을 적용하지 않을 경우
필요경비	취득가액	$10억원 \times \frac{1억원}{5억원} = 2억원$	공제 불가
	기타 필요경비	1억원 × 3% = 300만원	3억5천만원+3천만원=3억8천만원
합 계		2억3백만원	3억8천만원

(2) 감정가액 또는 환산취득가액 적용시 건물분에 대한 가산세 산정방법

건물을 신축하거나 증축(바닥면적 합계가 85㎡를 초과하는 경우에 한함)한 후, 그 건물의 취득일 또는 증축일로부터 5년 이내에 해당 건물을 양도하는 경우로서 건물의 취득가액을 감정가액 또는 환산취득가액으로 하는 경우에는 아래의 가산세액을 양도소득 결정세액에 가산하며 양도차손이 발생하여 산출세액이 없는 경우에도 동일하게 적용한다(소득법 §114의2 ①, ②). 이 경우 감정가액 또는 환산취득가액에 부수토지의 가액이 포함되어 있는 경우에는 취득 당시 자산별 기준시가(건물기준시가, 개별공시지가)로 안분계산 후, 건물분 가액에 대해서만 5%의 가산세를 적용한다.

• 감정가액 · 환산취득가액 적용 가산세=해당 건물의 감정가액 · 환산취득가액 × 5%

감정가액·환산취득가액 5%의 가산세

1. 1세대 1주택 비과세대상 주택인 경우 5%의 가산세 적용여부

1세대 1주택 비과세대상 주택을 양도하는 경우로서 고가주택에 해당하지 않는 경우에는 감정가액 또는 환산취득가액 적용에 따른 가산세가 부과되지 않으나, 양도가액이 12억원(2021. 12. 7. 이전 양도분은 9억원)을 초과하는 고가주택을 양도할 경우 비과세 부분과 과세부분을 구분하지 않고 주택분 전체 금액에 대하여 5%의 가산세가 적용된다(부동산납세과-2631, 2022. 9. 7).

2. 겸용주택 5%의 가산세 적용시 판단방법

(1) 전체 양도가액이 12억원 이하인 경우(주택면적 > 상가면적)

주택면적이 상가면적보다 큰 경우에는 건물 전체를 주택으로 보아 1세대 1주택 비과세가 적용되므로 건물 전체의 환산취득가액 등에 대해서는 5%의 가산세는 적용되지 않는다.

(2) 전체 양도가액이 12억원 이하인 경우(주택면적 ≤ 상가면적)

1세대 1주택 비과세가 적용되는 주택부분의 환산취득가액 등에 대해서는 5%의 가산세가 적용되지 않지만, 양도소득세가 과세되는 상가부분의 환산취득가액 등에 대하여는 5%의 가산세가 적용된다.

(3) 전체 양도가액이 12억원을 초과하는 경우

주택부분에 대해 안분(감정가액, 기준시가 등)한 양도가액이 12억원인 경우에는 양도소득세가 비과세되므로 주택부분의 환산취득가액등에 대해서는 5%의 가산세가 적용되지 않지만, 주택부분에 대해 안분한 양도가액이 12억원을 초과하여 비과세 대상에서 제외되는 고가주택 및 상가부분에 대해서는 전체 환산취득가액 등에 대하여 5%의 가산세가 적용된다.

(사실관계) 2023. 2. 1. 갑(甲, 신청인)은 1세대 1주택자로 대전시 서구 소재 4층 상가 및 주택 겸용주택(주택 378.69㎡, 상가 51.55㎡)을 1,320,000,000원에 양도

- 토지 취득일 : 2018. 7. 20., 건물취득일 : 2019. 1. 23.(신축)

(질의내용) 주택의 양도가액이 12억원 이하로 1세대 1주택 비과세 요건을 충족하여 양도하면서 건물취득가액을 소득령 §114의2에 따른 환산취득가액을 적용할 경우 가산세 대상 여부

관련 해석 사례

「소득세법」 제89조 제1항 제3호에 따라 양도소득의 "비과세대상에서 제외되는 양도가액이 12억원을 초과하는 고가주택"에 대하여 환산취득가액 적용에 따른 가산세를 계산하는 경우 전체 양도가액에 대한 환산취득가액(비과세대상 포함 건물분 전체 환산취득가액)의 5%에 해당하는 금액을 양도소득 결정세액에 더하는 것이다(법규재산-2584, 2023. 12. 19).

종합 사례 1 건물신축후 5년 이내 양도하고 환산취득가액 적용할 경우 가산세 5% 산정방법

- **상가의 취득 및 양도에 관한 자료**

구 분	내 용
양도 자산	상가 및 부수토지
양도일 및 양도가액	2025. 6. 25. 15억원
취득일 및 취득가액	토지 : 2016. 11. 20. 4억원
	건물 : 2020. 10. 10. 건물신축(취득가액 불분명)
취득세 등 필요경비	토지 취득세 1천5백만원, 건물 취득세 1천만원
기준시가	취득 당시 : 토지 1억5천만원, 건물 1억원
	양도 당시 : 토지 6억원, 건물 4억원

해설 건물을 신축하거나 증축한 후 5년 이내 양도한 경우로서 신축 · 증축(85㎡ 초과 증축에 한함)한 건물의 취득가액을 감정가액 · 환산취득가액으로 신고한 경우 감정가액 · 환산취득가액에 5%의 가산세가 부과된다.

	구 분	토지	건물	계산 근거
	양도가액	900,000,000	600,000,000	15억원을 양도당시 기준시가 비율로 안분
(-)	취득가액	400,000,000	150,000,000	건물환산취득가액 : 6억원 × 1억원/4억원
(-)	기타필요경비	15,000,000	3,000,000	건물은 개산공제 적용 : 1억원 × 3%
(=)	양도차익	485,000,000	447,000,000	
(-)	장기보유특별공제	77,600,000	35,760,000	토지 16%(8년 × 2%), 건물 8%(4년 × 2%)
(=)	양도소득금액		818,640,000	토지와 건물의 양도소득금액 합계
(-)	기본공제		2,500,000	
(=)	과세표준		816,140,000	
(×)	세율		42%	
(=)	산출세액		306,838,800	816,140,000 × 42% - 35,940,000(누진공제)
(+)	가산세		7,500,000	150,000,000(건물환산취득가액) × 5%
(=)	납부할 세액		314,338,800	
(+)	지방소득세		31,433,880	314,338,800 × 10%
(=)	총부담세액		345,772,680	

종합 사례 2 1세대 1주택(고가주택) 환산취득가액 적용에 따른 가산세 5% 산정방법

- 주택의 취득 및 양도에 관한 자료

구 분	내 용
양도일 및 양도가액	2025. 11. 25. 20억원
취득일 및 취득가액	토지 : 2021. 1. 10. 8억원(실지거래가액)
	주택 : 2021. 11. 15. 4억원(감정가액), 기준시가는 2억원
취득세 등 필요경비	토지 취득세 2천4백만원, 주택 취득세 1천2백만원
기타사항	취득일부터 양도일까지 해당 주택에서 계속 거주

해설 1세대 1주택 비과세되는 고가주택의 양도소득세 계산시 취득가액을 감정가액 또는 환산취득가액으로 하는 경우 주택부분 전체의 감정가액 또는 환산취득가액에 대하여 5%의 가산세를 부과한다.

	구 분	금 액	계산 근거
	양도가액	2,000,000,000	
(-)	취득가액	1,200,000,000	토지 : 8억원(실가), 주택 : 4억원(감정가액)
(-)	기타필요경비	30,000,000	토지 : 2천4백만원(실가), 주택 : 2억원(기준시가)×3%
(=)	양도차익	770,000,000	
(=)	과세대상양도차익	308,000,000	7억7천만원 × (20억원 - 12억원)/20억원
(-)	장기보유특별공제	98,560,000	3억8백만원 × 32%(4년 × 4% + 4년 × 4%)
(=)	양도소득금액	209,440,000	
(-)	기본공제	2,500,000	
(=)	과세표준	206,940,000	
(×)	세율	38%	
(=)	산출세액	58,697,200	206,940,000 × 38% - 19,940,000(누진공제)
(+)	가산세	20,000,000	400,000,000(주택 감정가액) × 5%
(=)	납부할 세액	78,697,200	
(+)	지방소득세	7,869,720	78,697,200 × 10%
(=)	총부담세액	86,566,920	

5 양도자의 양도소득세를 양수자가 부담하는 경우 양도가액 계산

양도한 자산의 양도소득세는 원칙적으로 양도자가 부담하여야 하나, 양도자와 양수자가 매매계약을 체결함에 있어 양수자가 양도소득세를 부담하기로 약정하고 이를 실제로 지급한 경우 양도자의 양도가액은 양도소득세를 포함한 가액으로 하고, 양수자는 해당 양도소득세를 취득가액에 가산한다. 여기서 주의할 사항은 종전에는 최초 1회분에 대한 양도소득세만 양도가액에 합산하였으나, 2024. 11. 7. 이후 양도분부터는 양도소득세를 계속적으로 재계산하여 그 세액을 양도가액에 합산하도록 해석사례가 변경되었다는 점이다.

관련 해석 사례

매수자가 해당 매매거래에서 발생하는 양도소득세를 전액 부담하기로 약정한 경우로서 매수자가 부담하는 양도소득세는 최초 1회에 한하여 해당 세액을 양도가액에 합산(조세정책과 - 2516, 2023. 12. 27.)하는 것이 아니라, 양도소득세 전부를 양도가액에 합산한다(조세정책과 - 2048, 2024. 11. 7). 다만, 새로운 해석의 적용시기는 2024. 11. 7. 이후 양도분부터 적용한다.

적용 사례 양수자가 양도소득세를 전액 부담한 경우 양도소득세 계산방법

- **토지의 취득 및 양도에 관한 자료**

1. 양도가액 10억원, 취득가액 및 기타 필요경비 7억원, 양도차익 3억원
2. 양도자가 부담할 양도소득세 전액을 양수자가 부담하는 조건으로 부동산매매 계약을 체결하고, 매수자는 실제 양도자가 납부할 양도소득세를 지급하였다.
3. 세율은 기본세율을 적용하고, 장기보유특별공제는 적용하지 않는 것으로 가정한다.

해설

1. **최초 1회에 한정하여 계산한 양도소득세(종전 해석) : 147,431,240(지방소득세 포함)**
   - [(300,000,000 - 2,500,000) × 38% - 19,940,000] × 1.1 = 102,421,000

     ⇒ [(300,000,000 + 102,421,000 - 2,500,000) × 40% - 25,940,000] × 1.1 = 147,431,240
2. **계속적으로 재계산한 양도소득세(새로운 해석) : 182,796,428(지방소득세 포함)**
   - [(300,000,000 + A - 2,500,000) × 40% - 25,940,000] × 1.1 = A

     ⇒ [(300,000,000 - 2,500,000) × 40% - 25,940,000] × 1.1 /(1- 44%) = 182,796,428

※ 양도소득세를 계속적으로 재계산하는 방법은 증여세 대납액을 산정하는 구조와 동일하다(P. 252 참조).

6 이혼시 재산분할 또는 위자료로 부동산을 소유권 이전한 경우

이혼으로 혼인 중에 형성된 부부 공동재산을 민법에 따라 재산분할하는 경우에는 공유물 분할로 보아 양도소득세나 증여세가 과세되지 않으므로 해당 부동산을 취득한 자가 양도하는 경우 이혼전 배우자의 취득 당시 가액을 취득가액으로 한다. 다만, 위자료를 현금으로 지급하는 대신 부동산으로 소유권을 이전하는 경우에는 양도소득세가 과세(1세대 1주택은 비과세)된다(소기통 88-0…3).

이 경우 위자료로 부동산 이전시 대물변제된 가액이 실지거래가액이며, 실지거래가액을 확인할 수 없거나 불분명한 경우에는 매매사례가액·감정가액 등을 양도가액으로 하고, 이후 해당 자산을 양도할 때 위자료 가액이 불분명한 경우 환산취득가액을 적용할 수 있다.

[이혼시 재산분할과 위자료 비교]

구 분	재산분할	위자료
법적 성격	공유물 분할	대물변제
양도소득세 과세대상 여부	과세대상 아님	과세대상
증여세 과세대상 여부	과세대상 아님	과세대상 아님
취득시기	당초 이혼한 배우자의 취득일	소유권이전 등기접수일

적용 사례 재산분할 또는 위자료 관련 주택 양도차익 계산

- **주택의 취득 및 양도 자료**

1. 김남편은 3억원에 취득한 주택을 이혼시 배우자 이부인에게 소유권 이전하였고, 이부인은 해당 주택을 15억원에 양도하였다.
2. 이혼 당시 주택의 시가는 10억원이고, 김남편이 이부인에게 이혼 당시 소유권 이전한 주택과 이부인이 양도한 주택은 모두 양도소득세 과세대상이다.

해설

구 분	김남편의 양도차익		이부인의 양도차익	
	위자료	재산분할	위자료	재산분할
양도가액	1,000,000,000	해당 없음	1,500,000,000	1,500,000,000
(-) 취득가액	300,000,000		1,000,000,000	300,000,000
(=) 양도차익	700,000,000		500,000,000	1,200,000,000

7 전 소유자의 양도가액 등이 확인되는 경우 취득가액 산정방법

토지・건물 및 부동산에 관한 권리를 양도한 거주자가 그 자산 취득 당시 실지거래가액을 확인한 사실이 있는 경우에는 이를 그 거주자의 취득 당시의 실지거래가액으로 본다. 다만, 아래의 어느 하나에 해당하는 경우에는 그러하지 아니하다(소득법 §97 ⑦, 소득령 §163 ⑪).

① 해당 자산에 대한 "전 소유자"의 양도가액이 경정되는 경우
② 전 소유자의 해당 자산에 대한 양도소득세가 비과세되는 경우로서 실지거래가액보다 높은 가액으로 거래한 것으로 확인한 경우

Ⅳ 1세대 1주택 고가주택의 양도차익 계산 방법

1 기본 내용

1세대 1주택 비과세 요건을 충족한 주택 또는 조합원입주권은 양도소득세가 비과세되지만 양도 당시 실지거래가액이 12억원(2021. 12. 7. 이전 양도분은 9억원)을 초과하는 경우에는 12억원 초과분에 상당하는 양도차익에 대하여는 양도소득세가 과세된다. 이 경우 양도소득세가 과세되는 양도차익 및 장기보유특별공제액은 아래와 같이 계산한다.

구 분		내 용
고가주택 양도차익	단독소유	전체 양도차익 × $\frac{(양도가액 - 12억원)}{양도가액}$
	공동소유	(전체 양도차익 × 지분율) × $\frac{(양도가액 - 12억원)}{양도가액}$
장기보유특별공제액		고가주택 양도차익 × 보유・거주기간별 공제율

비교 학습

각 세법에서 규정하고 있는 고가주택 등 판단 기준금액

구 분	판단 기준 및 가액
임대소득세	1주택자의 월 임대료 과세대상 고가주택 : 과세기간 종료일 또는 양도일 현재 기준시가 12억원 초과
취득세	취득세 중과세 적용시 고급주택 : 취득 당시 시가표준액 9억원 초과
종합부동산세	1세대 1주택자의 과세기준금액 : 12억원

2 주요 주택유형별 1세대 1주택 고가주택 판단

(1) 공동소유 주택

1주택을 2인 이상이 공동소유하는 경우로서 각 지분소유자별로 계산한 양도가액이 12억원 이하인 경우에도 전체 양도가액이 12억원을 초과하는 경우 고가주택으로 본다. 이 경우 고가주택 판단은 전체 양도가액을 기준으로 하지만, 양도가액 및 취득가액 등은 공유자 각각의 소유 지분율에 해당하는 가액을 기준으로 계산한다.

배경 및 취지

2인 이상이 주택을 공유하는 방식으로 소유자별 양도가액을 분산하여 고가주택 부분의 양도차익에 대한 과세를 회피하는 것을 방지하기 위하여 공동소유자 각자의 지분별로 계산한 양도가액이 아닌 주택 전체가액으로 고가주택 여부를 판단하는 것이다.

적용 사례 공동소유 주택의 고가주택 양도차익 계산

- 1세대 1주택 공동소유(남편 60%, 부인 40% 소유) 주택의 양도가액 : 20억원
- 실제 취득가액 : 9억원

해설

1. 남편 고가주택 양도차익 : $(20억원 - 9억원) \times 60\% \times \frac{20억원 - 12억원}{20억원} = 2.64억원$

2. 부인 고가주택 양도차익 : $(20억원 - 9억원) \times 40\% \times \frac{20억원 - 12억원}{20억원} = 1.76억원$

▪ 공동소유 주택 고가주택 판단시 (전체 양도가액 × 지분율)로 판단하지 않음

(2) 부담부증여 주택

1세대 1주택 소유자가 주택을 증여하면서 해당 주택에 담보된 채무를 수증자가 인수하는 경우 그 채무액(유상 양도)이 12억원 이하에 해당하더라도 증여하는 주택가격이 12억원을 초과하는 경우에는 고가주택으로 본다.

적용 사례 부담부증여 주택의 고가주택 양도차익 계산

- 은행채무 6억원 인수조건으로 父가 소유한 1세대 1주택을 子에게 증여
- 증여당시 주택가액 : 15억원
- 증여당시 은행채무 : 6억원
- 실제 취득가액 : 4억원

해설

1. 양도가액 : $15억원 \times \frac{6억원}{15억원}(채무비율) = 6억원$

2. 취득가액 : $4억원 \times \frac{6억원}{15억원}(채무비율) = 1.6억원$

3. 고가주택 양도차익 : $(15억원 - 4억원) \times \frac{6억원}{15억원} \times \frac{15억원 - 12억원}{15억원} = 0.88억원$

▪ 부담부증여시 양도가액은 채무액(6억원)이나, 고가주택 여부는 증여주택가격(15억원)으로 판단한다.

(3) 겸용주택(주택+상가)

고가 겸용주택의 전체 양도가액이 12억원을 초과하는 경우로서 전체 양도가액을 겸용주택 양도 당시 주택부분과 주택외 부분의 기준시가 등으로 안분한 후, 순수 주택부분에 해당하는 양도가액이 12억원을 초과하는 경우에는 고가주택으로 본다. ☞ P. 200 참조

적용 사례 겸용주택의 고가주택 양도차익 계산

- 주택(1세대 1주택)과 상가의 전체 양도가액 : 40억원
- 양도 당시 기준시가 : 주택 15억원, 상가 10억원
- 주택(1세대 1주택)과 상가의 전체 취득가액 : 28억원
- 취득 당시 기준시가 : 주택 10억원, 상가 6억원

해설

고가주택 양도차익 : (24억원[1] − 17.5억원[2]) × $\frac{24억원 - 12억원}{24억원}$ = 3.25억원

1) 주택분 양도가액 : 40억원 × $\frac{15억원}{25억원}$ = 24억원

2) 주택분 취득가액 : 28억원 × $\frac{10억원}{16억원}$ = 17.5억원

(4) 주택과 부수토지의 소유자가 각각 다른 경우 고가주택 판단

1) 주택 소유자와 부수토지 소유자가 동일세대원인 경우

동일세대원이 주택과 부수토지를 각각 소유한 경우에는 전체 양도가액을 기준으로 고가주택 여부를 판단하고, 주택 및 부수토지의 소유자에 대해서는 1세대 1주택 비과세 규정을 적용한다.

적용 사례 주택과 부수토지 소유자가 동일세대인 경우 양도차익 계산

- 주택 소유자 父, 토지 소유자 子(父子는 동일세대원)
- 주택 및 토지의 일괄 양도가액 : 25억원
- 양도 당시 기준시가 : 주택 12억원, 토지 8억원
- 주택 및 토지의 일괄 취득가액 : 15억원
- 취득 당시 기준시가 : 주택 6억원, 토지 4억원

해설

1. 주택분 고가주택 양도차익 : (15억원[1] − 9억원[2]) × $\frac{25억원 - 12억원}{25억원}$ = 3.12억원

2. 토지분 고가주택 양도차익 : (10억원[3] − 6억원[4]) × $\frac{25억원 - 12억원}{25억원}$ = 2.08억원

1) 25억원 × $\frac{12억원}{20억원}$ = 15억원, 2) 15억원 × $\frac{6억원}{10억원}$ = 9억원

3) 25억원 × $\frac{8억원}{20억원}$ = 10억원, 4) 15억원 × $\frac{4억원}{10억원}$ = 6억원

2) 주택 소유자와 부수토지 소유자가 별도세대원인 경우

별도세대원이 주택과 부수토지를 각각 소유한 경우에도 전체 양도가액을 기준으로 고가주택 여부를 판단하지만, 부수토지 소유자에 대해서는 1세대 1주택 비과세 규정이 적용되지 않는다.

적용 사례 **주택과 부수토지 소유자가 별도세대인 경우 양도차익 계산**

- 주택 소유자 父, 토지 소유자 子(父子는 별도세대원)
- 주택 및 토지의 일괄 양도가액 : 25억원
- 양도 당시 기준시가 : 주택 12억원, 토지 8억원
- 주택 및 토지의 일괄 취득가액 : 15억원
- 취득 당시 기준시가 : 주택 6억원, 토지 4억원

해설

1. 주택분 고가주택 양도차익 : (15억원[1)] − 9억원[2)]) × $\frac{25억원 - 12억원}{25억원}$ = 3.12억원
2. 토지분 고가주택 양도차익 : (10억원[3)] − 6억원[4)]) = 4억원(전체과세)

1) 25억원 × $\frac{12억원}{20억원}$ = 15억원, 2) 15억원 × $\frac{6억원}{10억원}$ = 9억원

3) 25억원 × $\frac{8억원}{20억원}$ = 10억원, 4) 15억원 × $\frac{4억원}{10억원}$ = 6억원

(5) 조합원입주권

도시 및 주거환경정비법상 재개발・재건축에 따라 종전주택이 관리처분계획인가일에 1세대 1주택 비과세요건을 충족하고 조합원입주권으로 전환된 상태에서 해당 조합원입주권을 양도하는 경우에는 조합원입주권은 부동산을 취득할 수 있는 권리임에도 그 양도가액이 12억원을 초과하는 경우에는 고가주택으로 보아 양도차익을 계산한다. 이 경우 양도차익은 관리처분계획인가 전・후로 구분하여 계산하는데, 그 이유는 관리처분계획인가 전 양도차익에 대해서만 장기보유특별공제가 적용되기 때문이다. ☞ P. 424 참조

적용 사례 조합원입주권의 고가주택 양도차익 계산

- 종전주택 취득가액 : 5억원
- 관리처분계획인가 권리가액 : 14억원(관리처분계획인가 당시 평가액)
- 조합원입주권 양도가액 : 20억원

해설

1. 관리처분계획인가 전 양도차익 : $(14억원 - 5억원) \times \frac{20억원 - 12억원}{20억원} = 3.6억원$

2. 관리처분계획인가 후 양도차익 : $(20억원 - 14억원) \times \frac{20억원 - 12억원}{20억원} = 2.4억원$

▪ 관리처분계획인가 후 양도차익에 대해서는 장기보유특별공제가 적용되지 않음

(6) 기타 주요 고가주택 판단

1) 다가구주택

「소득세법 시행령」 제155조 제15항에 따른 다가구주택을 구획된 부분별로 양도하지 아니하고 하나의 매매단위로 하여 양도하는 경우에는 그 전체를 단독주택으로 보아 고가주택 여부를 판단한다(소득령 §156 ③).

2) 1주택 및 부수토지의 일부를 양도하거나 일부가 타인 소유인 경우

일부 양도가액에 전체 주택의 면적이 양도하는 부분의 면적에서 차지하는 비율을 곱하여 계산한 금액(환산가액)이 12억원을 초과하는 경우에는 고가주택으로 본다(소득령 §156 ①).

- 고가주택 환산가액 = 양도하는 부분의 양도가액 × $\frac{전체\ 주택의\ 면적}{양도하는\ 부분의\ 면적}$ > 12억원

예를 들어, 주택의 지분 60%를 양도(양도가액 9억원, 양도면적 90㎡, 전체면적 150㎡)할 경우에는 당해 주택 전체를 양도하였다고 가정하여 전체 주택가격으로 환산하여 계산한 금액인 15억[9억원 × (150㎡/90㎡) 또는 9억원 ÷ 60%]으로 고가주택 여부를 판단하는 것이며, 주택의 일부 지분을 부담부증여하는 경우에도 전체 주택가격(시가 또는 기준시가)을 기준으로 고가주택 여부를 판단하여야 한다.

3) 주택 및 부수토지가 시차를 두고 수용되는 경우

공익사업 수용 등으로 주택과 부수토지가 시차(간격)를 두고 협의매수·수용되는 경우 전체를 하나의 거래로 보아 고가주택 양도차익을 계산한다. ☞ P. 237 참조

4) 재개발 및 재건축 원조합원이 청산금을 수령하는 경우(권리가액 > 분양가액)

「도시 및 주거환경정비법」에 따라 조합원이 종전주택을 당해 조합에 제공하고 종전주택의 권리가액과 신축주택 분양가액의 차이에 따른 청산금을 수령한 경우 해당 청산금은 종전주택의 양도로 보아 양도일(소유권이전 고시일의 다음날) 현재를 기준으로 1세대 1주택 비과세 여부를 판단하나, "12억원 초과 고가주택에 해당하는지 여부"는 수령하는 청산금을 기준으로 판단하는 것이 아니라 관리처분계획인가일 당시 권리가액으로 판단함에 주의해야 한다. 따라서 청산금 수령액이 12억원 이하에 해당하더라도 권리가액이 12억원을 초과하는 경우에는 고가주택으로 본다. ☞ P. 440 참조

5) 신축주택 취득자에 대한 양도소득세 감면배제시 고가주택 판단기준

「조세특례제한법」 제99조 또는 제99조의3에 따른 신축주택 취득자에 대한 양도소득세 감면을 적용받을 수 없는 고가주택은 양도가액이 12억원을 초과하면서 주택면적이 기준면적 이상인 경우에만 적용한다. 따라서, 신축주택의 양도가액은 12억원을 초과하나 신축주택의 매매계약 또는 사용승인 당시의 주택면적이 기준면적에 미달하는 경우에는 고가주택에 해당하지 않아 해당 감면규정을 적용받을 수 있다. ☞ P. 618 참조

종합 사례 1 1세대 1주택 비과세 요건을 충족한 고가주택의 양도소득금액 계산

- **주택의 취득 및 양도에 관한 자료**

구 분	내 용
양도일	2025. 3. 20.
취득일	2017. 10. 15.(거주기간 3년 7개월)
실지양도가액	20억원
실지취득가액	5억원
취득세	1천만원
중개수수료	주택 취득시 5백만원 지급
위약금	부동산 매매계약의 해약으로 1천만원 지급
양도비용	주택 양도시 1천2백만원 중개수수료 지급
자본적지출액	건물 증축시 2천만원 지출

해설

1. 기타 필요경비 : 자본적지출액, 양도시 발생한 부동산 중개수수료는 기타 필요경비로 인정되나, 부동산 매매계약의 해약으로 인하여 지급한 위약금은 기타 필요경비로 인정되지 않는다.
2. 1세대 1주택 고가주택의 장기보유특별공제율은 보유기간과 거주기간에 따라 각각 연 4%로 구분하여 계산하며, 보유기간과 거주기간별로 각각 최대 40%를 한도로 공제한다.

구 분	금 액	계산 근거
양도가액	2,000,000,000	
(−) 취득가액	515,000,000	취득세와 취득시 중개수수료 포함
(−) 기타필요경비	32,000,000	양도시 중개수수료와 자본적 지출
(=) 전체양도차익	1,453,000,000	
(−) 비과세양도차익	871,800,000	1,453,000,000 × 12억원 / 20억원
(=) 과세대상양도차익	581,200,000	1,453,000,000 × (20억원 − 12억원) / 20억원
(−) 장기보유특별공제	232,480,000	581,200,000 × 40%(7년 × 4% + 3년 × 4%)
(=) 양도소득금액	348,720,000	

종합 사례 2 단독명의와 공동명의의 경우 1세대 1주택 고가주택의 양도소득세액 비교

• **주택의 취득 및 양도에 관한 자료**

6년 이상 보유 및 거주한 1세대 1주택(양도가액 25억원, 취득가액 10억원)을 2025. 1. 10. 양도

(단위 : 천원)

구 분	단독명의	부부 공동명의(남편 60%, 부인 40% 소유)		
		남편	부인	합계
양도가액	2,500,000	1,500,000	1,000,000	2,500,000
(-) 취득가액	1,000,000	600,000	400,000	1,000,000
(-) 양도차익	1,500,000	900,000	600,000	1,500,000
(=) 고가주택양도차익	780,000[1)]	468,000[2)]	312,000[3)]	780,000
(-) 장기보유특별공제	374,400[4)]	224,640[5)]	149,760[6)]	374,400
(=) 양도소득금액	405,600	243,360	162,240	405,600
(-) 기본공제	2,500	2,500	2,500	2,500
(=) 과세표준	403,100	240,860	159,740	403,100
(×) 세율	40%	38%	38%	-
(-) 누진공제	25,940	19,940	19,940	-
(=) 산출세액	135,300	71,586.8	40,761.2	112,348
세액 비교	135,300 - 112,348 = 22,952(공동명의시 세액절감)			

해설 공동으로 소유한 주택이 고가주택에 해당 하는지 여부는 주택 전체 양도가액에 소유지분을 곱한 가액을 기준으로 하지 않고, 주택 양도가액 전체를 기준으로 판단한다.

1) $15억원 \times \frac{25억원 - 12억원}{25억원} = 780,000천원$

2) $9억원 \times \frac{25억원 - 12억원}{25억원} = 468,000천원$

3) $6억원 \times \frac{25억원 - 12억원}{25억원} = 312,000천원$

4) 780,000천원 × 48%(6년 × 4% + 6년 × 4%) = 374,400천원

5) 468,000천원 × 48%(6년 × 4% + 6년 × 4%) = 224,640천원

6) 312,000천원 × 48%(6년 × 4% + 6년 × 4%) = 149,760천원

Chapter

4 양도소득세 과세표준의 계산

	양 도 차 익	… 양도가액에서 취득가액 등 필요경비를 차감한 금액
(−)	장기보유특별공제	… 자산별 · 보유 및 거주기간별 · 등기 여부에 따라 차등 공제율 적용
(=)	양 도 소 득 금 액	… 그룹별로 구분하여 계산
(−)	양도소득기본공제	… 그룹별로 양도소득금액에서 연 250만원 공제(미등기자산 제외)
(=)	양도소득과세표준	… 양도소득금액에서 양도소득기본공제액을 차감한 금액

I 장기보유특별공제

1 개요

장기보유특별공제는 3년 이상 보유한 토지나 건물에 대하여 양도소득금액을 산정할 때 해당 자산의 양도차익에서 보유기간에 따라 일정률(공제율)을 적용하여 산정한다.

여기서 주목할 점은 양도 당시 조정대상지역(2023. 1. 5. 이후 서울지역의 강남 · 서초 · 송파 · 용산구를 제외한 모든 지역 조정대상지역 해제)에 소재한 중과대상 주택에 대해서는 장기보유특별공제를 배제하다가, 2022. 5. 10. 부동산 대책의 일환 및 세법개정(중과유예 조치규정)으로 2026. 5. 9.까지 중과대상 주택을 양도하는 경우에는 기본세율 및 장기보유특별공제를 적용한다는 것이다.

2 장기보유특별공제 적용 요건 및 대상

보유기간이 3년 이상인 토지·건물 및 조합원입주권에 대해서는 장기보유특별공제가 적용된다. 여기서 조합원입주권에 대한 장기보유특별공제의 적용범위는 원조합원이 보유하고 있던 종전부동산이 관리처분계획인가일 이후 조합원입주권으로 전환된 상태에서 해당 조합원입주권을 양도하는 경우 관리처분계획인가일 전 종전부동산의 양도차익에 대해서만 장기보유특별공제가 적용된다는 것이다.

[자산 종류별 장기보유특별공제 적용여부]

장기보유특별공제 적용대상	장기보유특별공제 배제대상
• 3년 이상 보유한 토지와 건물 • 원조합원의 조합원입주권(종전부동산 양도차익) • 비조정대상지역 내의 주택	• 3년 미만 보유한 토지와 건물 • 승계조합원의 조합원입주권, 분양권 • 조정대상지역 내의 중과대상 주택1) • 미등기양도자산2) • 주식 • 국외 소재 부동산

1) 2026. 5. 9.까지 양도하는 경우 한시적으로 장기보유특별공제 적용

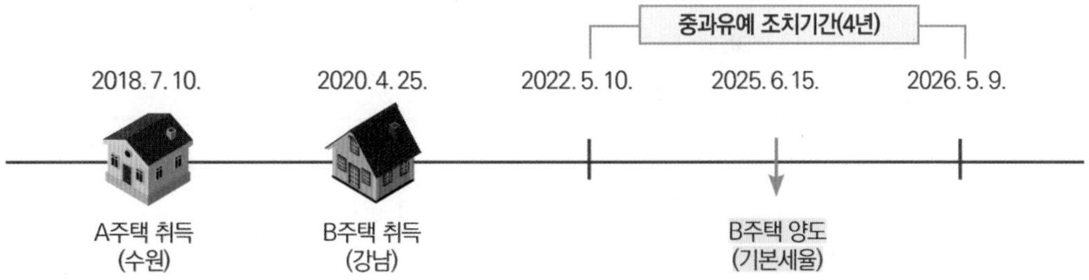

2) 미등기 양도자산에 대한 소득세법상 불이익
① 장기보유특별공제 적용배제(소득법 §95 ②)
② 70%의 최고세율 적용(소득법 §104 ① 10호)
③ 양도소득기본공제 적용배제(소득법 §103 ① 1호)
④ 양도소득세 비과세·감면 적용배제(소득법 §91 ①, 조특법 §129 ②)
⑤ 필요경비개산공제율 적용시 낮은 공제율 적용(소득령 §163 ⑥)

※ 미등기양도로 보지 않는 자산

① 비과세요건을 갖춘 1세대 1주택으로서 「건축법」에 따른 건축허가를 받지 아니하여 등기가 불가능한 자산 등은 미등기 양도자산에서 제외한다(소득령 §168).
② 자경농지에 대한 양도소득세가 감면되는 토지
③ 농지대토에 대한 양도소득세가 감면되는 토지

3 장기보유특별공제율 및 계산방법

(1) 일반자산의 장기보유특별공제액

3년 이상 보유한 아래의 자산의 양도차익에 최대 30%(표 1)를 한도로 보유기간별 연 2%의 공제율을 곱하여 계산한다(소득법 §95 ② 본문).

① 토지(비사업용토지 포함)
② 일반건물(상가 등)
③ 거주기간이 2년 미만인 1세대 1주택(고가주택)
④ 양도 당시 비거주자가 보유한 국내 주택

• 장기보유특별공제액 = 양도차익 × 보유기간별 공제율(최대 30%)

[소득세법 제95조 제2항 「표 1」에 따른 보유기간별 공제율]

보유기간	3년 이상	4년 이상	5년 이상	6년 이상	7년 이상	8년 이상	9년 이상	10년 이상	11년 이상	12년 이상	13년 이상	14년 이상	15년 이상
공제율	6%	8%	10%	12%	14%	16%	18%	20%	22%	24%	26%	28%	30%

(2) 1세대 1주택 및 2주택 비과세특례 주택의 장기보유특별공제액

3년 이상 보유 및 2년 이상 거주한 1세대 1주택 및 2주택 비과세특례 주택*으로서 12억원 초과분에 상당하는 양도차익에 최대 80%(표 2)를 한도로 보유기간별 연 4%의 공제율(한도 40%)과 거주기간별 연 4%의 공제율(한도 40%)을 각각 곱하여 합산한다(소득법 §95 ② 단서).

* 1세대 2주택 비과세특례 주택(소득령 §155 · 156의2 · 156의3 및 그 밖의 규정)

- 일시적2주택(소득령 §155 ①)
- 상속주택(소득령 §155 ②, ③)
- 동거봉양 · 혼인주택(소득령 §155 ④, ⑥)
- 농촌(상속 · 이농 · 귀농)주택(소득령 §155 ⑦)
- 실수요주택(소득령 §155 ⑧)
- 주택과 조합원입주권(소득령 §156의2)
- 주택과 분양권(소득령 §156의3)
- 신축주택(조특법 §99의2)
- 농촌 · 고향주택(조특법 §99의4)
- 조합원입주권(소득법 §89 ① 4호)

- 장기보유특별공제액 = 고가주택 양도차익 × (보유기간별 공제율 + 거주기간별 공제율)

[소득세법 제95조 제2항 「표 2」에 따른 보유 · 거주기간별 공제율]

보유기간	3년 이상		4년 이상	5년 이상	6년 이상	7년 이상	8년 이상	9년 이상	10년 이상
거주기간	2년 이상	3년 이상							
보유기간 공제율	12%	12%	16%	20%	24%	28%	32%	36%	40%
거주기간 공제율	8%	12%	16%	20%	24%	28%	32%	36%	40%
합 계	20%	24%	32%	40%	48%	56%	64%	72%	80%

4 장기보유특별공제 적용시 주요 판단기준 및 적용방법

(1) 「표 2」의 장기보유특별공제율(한도 80%) 적용대상자

1세대 1주택자에게 적용되는 최대 80% 장기보유특별공제율은 양도일 현재 거주자에게만 적용되며, 비거주자는 「표 1」의 공제율(한도 30%)을 적용한다. 다만, 전체 보유기간 중에 비거주자로서의 보유기간이 있더라도 양도 당시 거주자에 해당하면 최대 80%의 공제율을 적용받을 수 있다.

관련 해석 사례

1. 1세대 1주택자가 해당 주택을 양도시 장기보유특별공제율을 적용함에 있어 총 보유기간 중 비거주자로서의 보유기간이 있더라도 양도 당시 거주자에 해당하면 전체 보유기간에 대하여 1세대 1주택자에 대한 장기보유특별공제율(최대 80%)을 적용하는 것이다(조심 2021중0614, 2022. 4. 13).
2. 해외이주로 세대전원이 출국하는 경우로서 출국일 현재 1주택을 보유하고 있는 경우로서 출국일부터 2년 이내에 양도하는 경우에는 1세대 1주택 비과세는 적용하되, 양도일 현재 비거주자에 해당하므로 고가주택 양도차익에 대하여 표2의 장기보유특별공제율(최대 80%)을 적용할 수 없다(조심 2021서0924, 2021. 8. 25).
3. 국내에 1주택을 소유한 거주자가 비거주자가 되었다가 다시 거주자가 된 상태에서 해당 주택을 양도할 때 보유기간이 3년 이상인 경우에는 최대 80%의 보유 및 거주기간별 공제율을 적용할 수 있다(양도집행 95-159의4-6).

(2) 연도별 장기보유특별공제율 적용방법

2019. 12. 31. 이전까지는 1세대 1주택(고가주택)에 대한 장기보유특별공제는 보유기간만 충족하면 최대 80%의 공제율이 적용되었으나, 2020. 1. 1. 이후 양도하는 주택이 1세대 1주택에 해당하더라도 보유기간 중 2년 이상 거주(조정대상지역 여부 불문)하지 않으면 최대 80%의 공제율을 적용할 수 없다.

[양도 연도별 1세대 1주택 고가주택의 장기보유특별공제율 및 적용방법]

구 분		장기보유특별공제율 적용방법
2019. 12. 31. 이전 양도		보유기간 × 연 8%(한도 80%)
2020. 1. 1. ~ 2020. 12. 31.까지 양도	2년 미만 거주	보유기간 × 연 2%(한도 30%)
	2년 이상 거주	보유기간 × 연 8%(한도 80%)
2021. 1. 1. 이후 양도	2년 미만 거주	보유기간 × 연 2%(한도 30%)
	2년 이상 거주	보유기간 × 연 4%(한도 40%) + 거주기간 × 연 4%(한도 40%)

적용 사례 1세대 1주택 고가주택의 보유기간 및 거주기간에 따른 장기보유특별공제액 계산

• 양도가액 30억원, 양도차익 8억원, 12년 보유한 주택을 양도하는 경우

	구 분	미거주	2년 6개월 거주	5년 3개월 거주	12년 거주
	양도차익	800,000,000	800,000,000	800,000,000	800,000,000
	고가주택양도차익	480,000,000	480,000,000	480,000,000	480,000,000
(-)	장기보유특별공제	115,200,000[1]	230,400,000[2]	288,000,000[3]	384,000,000[4]
(=)	양도소득금액	364,800,000	249,600,000	192,000,000	96,000,000

해설

1. 고가주택 양도차익

$$800{,}000{,}000 \times \frac{3{,}000{,}000{,}000 - 1{,}200{,}000{,}000}{3{,}000{,}000{,}000} = 480{,}000{,}000$$

2. 장기보유특별공제율 및 장기보유특별공제액 계산

1) 2년 미만 거주한 경우 : 480,000,000 × 24%(12년 × 2%) = 115,200,000

2) 2년 6개월 거주한 경우 : 480,000,000 × 48%(10년 × 4% + 2년 × 4%) = 230,400,000

3) 5년 3개월 거주한 경우 : 480,000,000 × 60%(10년 × 4% + 5년 × 4%) = 288,000,000

4) 12년 거주한 경우 : 480,000,000 × 80%*(10년 × 4% + 10년 × 4%) = 384,000,000

* 보유기간 및 거주기간별로 각각 최대 공제한도 40%가 적용되므로 최대 80% 공제함

(3) 상속주택의 장기보유특별공제 적용시 보유기간 및 거주기간 판단

1) 공동상속주택의 거주기간 판단기준

1주택을 2인 이상이 공동으로 상속받은 후, 해당 공동상속주택을 양도하는 경우로서 조정대상지역 내 1세대 1주택 비과세 및 장기보유특별공제 적용시 거주기간은 해당 주택에 거주한 공동상속인 중 그 거주기간이 가장 긴 사람이 거주한 기간으로 판단한다(소득령 §154 ⑫ 및 §159의4).

예를 들어, 1주택을 공동으로 상속받은 후 공동상속인 중 한 사람만 2년 이상 거주하고 나머지 상속인들은 거주하지 않은 경우로서 양도일 현재 1세대 1주택에 해당하는 경우에는 공동상속인 모두 최대 80%의 장기보유특별공제율을 적용받을 수 있다.

2) 동일세대원으로 상속받은 경우 장기보유특별공제 판단기준

동일세대원으로부터 상속받은 1세대 1주택 고가주택의 장기보유특별공제 적용시 「표 2」의 공제율(한도 80%)을 적용받기 위한 전제 조건(2년 이상 거주요건)을 판단하는 경우에만 상속개시일 현재 동일세대인 피상속인과 상속인의 거주기간을 통산하는

것이지, 실제 장기보유특별공제 계산을 위한 보유기간 등은 상속개시일로부터 기산하여 장기보유특별공제를 계산하는 것이다.

관련 해석 사례

1. 동일세대원으로부터 상속받은 1세대 1주택(고가주택)의 장기보유특별공제 적용시 소득법 §95 ②(표2) 적용대상여부를 판정할 때는 피상속인과 상속인의 동일세대원으로서 보유 및 거주한 기간을 통산하나, 실제 장기보유특별공제 계산시 보유 및 거주한 기간은 상속개시 이후 상속인의 보유 및 거주기간만 적용한다(재산세제과-37, 2023. 1. 9).
2. 남편과 공동으로 취득한 다가구주택 1/2지분을 남편으로부터 상속받고, 상속받은지 3년 미만의 1세대 1주택 다가구 고가주택을 양도하는 경우 남편의 지분에 대하여는 장기보유특별공제가 적용되지 않는다(법령해석재산-4050, 2021. 11. 22).

(4) 주택과 그 부수토지의 소유자 또는 취득시기 다른 경우 장기보유특별공제 계산방법

1) 주택과 부수토지의 소유자가 다른 경우

주택과 부수토지의 소유자는 다르지만 각 자산의 소유자가 동일세대원인 경우로서 1세대 1주택 비과세 고가주택 요건을 충족한 경우에는 주택 및 부수토지에 대해서는 최대 80%의 공제율이 적용되나, 각 자산의 소유자가 별도세대원인 경우에는 주택부분에 대해서만 1세대 1주택 비과세 및 최대 80%의 공제율이 적용되고 부수토지만 소유한 세대원은 주택을 소유한 것으로 보지 않기 때문에 전체가 과세되고 최대 30%의 공제율이 적용된다.

2) 주택부수토지가 주택보다 보유기간이 긴 경우

1세대가 보유한 주택과 부수토지에 대한 장기보유특별공제는 양도자산별로 보유기간에 따른 공제율을 각각 적용하는 것이 원칙이나, 1세대 1주택 비과세 고가주택으로서 주택보다 보유기간 긴 1주택 부수토지의 장기보유특별공제는 그 부수토지의 전체 보유기간에 따른 「표 1」의 공제율(한도 30%)과 주택 부수토지로서의 보유기간에 따른 「표 2」의 공제율(한도 80%) 중 큰 공제율을 적용한다(소기통 95-0…1).

적용 사례 토지의 보유기간이 주택의 보유기간보다 긴 경우 장기보유특별공제액 적용방법

- **1세대 1주택 비과세 요건을 충족한 토지 및 주택의 취득 · 양도에 관한 자료**

구 분	내 용
토지 취득	2007. 10. 15. 취득가액 5억원
주택 신축	2019. 1. 20. 신축가액 3억원(거주기간 4년 8개월)
일괄 양도	2025. 4. 10. 양도가액 25억원
양도 당시 기준시가	토지 : 9억원, 주택 : 6억원

해설

구 분	토지	주택	합 계
전체양도차익	1,000,000,000[1)]	700,000,000[1)]	1,700,000,000
고가주택양도차익	520,000,000[2)]	364,000,000[2)]	884,000,000
(−) 장기보유특별공제	208,000,000[3)]	145,600,000[4)]	353,600,000
(=) 양도소득금액	312,000,000	218,400,000	530,400,000

1) 전체 양도차익(양도가액은 기준시가 비율로 안분)
   ① 토지 : 1,500,000,000(양도가액) − 500,000,000(취득가액) = 1,000,000,000
   ② 주택 : 1,000,000,000(양도가액) − 300,000,000(취득가액) = 700,000,000

2) 1세대 1주택인 고가주택과 그 부수토지의 보유기간이 다른 경우 양도차익 계산
   ① 과세대상 고가주택의 토지부분 양도차익 : 520,000,000

   ▪ $1,000,000,000 \times \frac{2,500,000,000 - 1,200,000,000}{2,500,000,000} = 520,000,000$

   ② 과세대상 고가주택의 주택부분 양도차익 : 364,000,000

   ▪ $700,000,000 \times \frac{2,500,000,000 - 1,200,000,000}{2,500,000,000} = 364,000,000$

3) 토지의 장기보유특별공제 : Max(①, ②) = 208,000,000
   ① 토지 전체 보유기간에 따른 장기보유특별공제 : 520,000,000 × 30%(15년 × 2%) = 156,000,000
   ② 주택 부수토지의 보유기간 등에 따른 장기보유특별공제 : 520,000,000 × 40%(6년 × 4% + 4년 × 4%) = 208,000,000

4) 주택의 보유기간 등에 따른 장기보유특별공제 : 364,000,000 × 40%(6년 × 4% + 4년 × 4%) = 145,600,000

(5) 1세대 1주택 고가 겸용주택(주택 + 상가)의 장기보유특별공제 적용방법

2021. 12. 31. 이전에 양도하는 고가 겸용주택은 주택면적이 상가면적보다 더 큰 경우에는 건물 전체를 주택으로 보아 1세대 1주택 비과세 및 「표 2」의 공제율(한도 80%)을 적용하였으나, 2022. 1. 1. 이후 전체 양도가액이 12억원을 초과하는 고가 겸용주택을 양도하는 경우에는 면적크기와는 상관없이 기준시가 등으로 안분한 가액 중 양도가액이 12억원을 초과하는 주택부분에 대해서만 1세대 1주택 비과세 및 「표 2」의 공제율(한도 80%)을 적용하고, 상가부분에 대해서는 「표 1」의 공제율(한도 30%)을 적용한다.

(6) 건물을 용도변경하거나 멸실한 경우 장기보유특별공제 적용시 보유기간 계산방법

1) 주택을 주택이 아닌 건물(이하 "상가"로 칭함)로 용도변경한 경우

① 용도변경일 당시 중과대상인 주택을 상가로 용도변경한 후 양도하는 경우

조정대상지역 내 다주택자의 양도소득세 중과대상 주택을 상가로 용도변경한 후, 양도하는 경우에는 주택 취득일부터 용도변경일까지의 기간에 대해서는 장기보유특별공제를 적용받을 수 없고 용도변경일부터 상가 양도일까지의 보유기간에 대해서만 최대 30%의 장기보유특별공제(표1)를 적용한다.

관련 해석 사례

1세대가 조정대상지역에 2주택을 보유한 상태에서 양도소득세가 중과되는 1주택을 근린생활시설로 용도변경하여 사용하다 이를 양도하는 경우 장기보유특별공제액을 계산함에 있어 보유기간은 근린생활시설로 용도변경한 날을 기산일로 하여 계산하는 것이다(법규재산-0684, 2022. 11. 28).

필자의 見解

용도변경일 당시 양도소득세 중과대상인 주택을 상가로 용도변경한 경우에도, 중과유예기간(2022. 5. 10. ~ 2026. 5. 9.) 내에 또는 조정대상지역에서 해제된 후 양도하는 경우에는 중과대상 주택 여부와 관계없이 장기보유특별공제를 적용받을 수 있기 때문에 과세형평성 차원에서 당초 주택의 취득일부터 상가의 양도일까지의 전체 보유기간에 대해 연 2%의 장기보유특별공제율을 적용하는 것이 합리적이라고 판단된다(뒤 ② 참조).

② 용도변경일 당시 중과대상이 아닌 주택 또는 중과유예기간 중에 중과대상인 주택을 상가로 용도변경한 후 양도하는 경우

양도소득세 중과대상이 아닌 주택 또는 양도소득세가 중과대상 주택이지만 중과유예기간(2022. 5. 10.~2026. 5. 9.) 중에 상가로 용도변경한 후, 양도하는 경우에는 "당초 주택 취득일부터" 상가 양도일까지의 보유기간에 대하여 최대 30%의 장기보유특별공제(표1)를 적용한다.

관련 해석 사례

1. 용도변경 당시 장기보유특별공제가 적용되는 주택을 상가로 용도변경 후 양도하는 경우 장기보유특별공제 기산일은 해당 건물의 당초 취득일부터 계산하는 것이다(법규재산-0161, 2024. 5. 3).
2. 매매계약일 현재 1세대 1주택 비과세 요건을 갖춘 주택을 2022. 10. 21. 이후 매매계약을 체결하고 그 매매특약에 따라 잔금청산 전에 주택을 상가로 용도변경한 후 양도하는 경우에는 양도일(잔금청산일) 현재 현황에 따라 양도물건을 판정하므로 상가에 대해서는 1세대 1주택 비과세가 적용되지 않고 장기보유특별공제는 주택 취득일부터 상가 양도일까지의 보유기간에 따른 「표 1」의 공제율(한도 30%)을 적용한다(재산세제과-1322, 2022. 10. 21). P. 186 참조
3. 1주택자인 상태에서 그 주택을 근린생활시설로 용도변경한 후 양도하는 경우 그 건물의 취득일부터 양도일까지 보유기간에 따른 「소득세법」 제95조 제2항 「표 1」 공제율 적용한다(법령해석재산-0971, 2021. 8. 31).
4. 주택을 주택 외의 용도로 변경하여 사용하다가 이를 다시 주택으로 용도변경(주택→상가→주택)하여 사용한 후 양도한 경우 해당 주택의 보유기간 계산은 해당 건물의 취득일부터 양도일까지의 기간 중 "주택으로 사용한 기간"을 통산한다(양도집행 95-159의4-3).

2) 상가를 주택으로 용도변경한 주택이 1세대 1주택 고가주택인 경우

상가에서 주택으로 용도변경한 후 2년 이상 거주한 1세대 1주택 고가주택을 2024. 12. 31. 이전에 양도하는 경우에는 건물 전체 보유기간에 따른 최대 30%의 장기보유특별공제율과 주택으로 용도변경한 이후 보유기간 및 거주기간에 따른 최대 80%의 장기보유특별공제율 중 큰 공제율을 적용하였으나, 2025. 1. 1. 이후 양도하는 분부터는 건물 보유현황에 따라 구분하여 그 기간에 상당하는 공제율을 합산하는 방식으로 아래와 같이 장기보유특별공제를 계산한다(소득법 §95 ⑤).

[상가를 주택으로 용도변경한 후 주택 양도시 장기보유특별공제 적용방법]

구 분	장기보유특별공제 적용방법
2024. 12. 31. 이전 양도	▪ ①과 ② 중 큰 금액 ① 건물(상가+주택) 전체 보유기간별 공제율(2%, 한도 30%) ② 주택 보유기간별 공제율(4%, 한도 40%)+거주기간별 공제율(4%, 한도 40%)
2025. 1. 1. 이후 양도	▪ ①(한도 40%)과 ②의 합계액 = 전체 한도 80% ① 상가 보유기간별 공제율(2%, 한도 30%)+주택 보유기간별 공제율(4%, 한도 40%) ② 주택 거주기간별 공제율(4%, 한도 40%)

적용 사례 상가를 주택으로 용도변경한 후 2025년 양도시 장기보유특별공제 적용방법

구 분	내 용
상가 취득	2002. 4. 10. 취득가액 6억원
용도 변경	2018. 7. 25. 상가를 주택으로 용도변경(자본적 지출액 5천만원)
주택 양도	2025. 3. 30. 양도가액 20억원
기타 사항	주택 양도일 현재 1세대 1주택 비과세 요건 충족(거주기간 3년 5개월)

해설

	구 분	금 액	계산 근거
	양도가액	2,000,000,000	
(-)	취득가액	600,000,000	상가 취득가액
(-)	기타필요경비	50,000,000	용도변경 당시 자본적 지출액
(=)	전체 양도차익	1,350,000,000	
(-)	비과세 양도차익	810,000,000	1,350,000,000 × 12억원/20억원
(=)	과세 양도차익	540,000,000	1,350,000,000 × (20억원 - 12억원)/20억원
(-)	장기보유특별공제	280,800,000	보충설명 참조
(=)	양도소득금액	259,200,000	

보충 설명 및 계산 내역

1. 보유기간별 장기보유특별공제율 : ①+② = 56%(한도 40%)
   ① 상가 보유기간별 공제율 : 16년 × 2% = 32%(한도 30%)
   ② 주택 보유기간별 공제율 : 6년 × 4% = 24%(한도 40%)
2. 거주기간별 장기보유특별공제율 : 3년 × 4% = 12%(한도 40%)
3. 장기보유특별공제액 : 540,000,000 × (40% + 12%) = 280,800,000

3) 다세대주택을 다가구주택으로 용도변경한 후 양도하는 경우

다세대주택에서 다가구주택으로 용도변경한 후 다가구주택을 하나의 매매단위로 양도하는 경우로서 해당 주택이 1세대 1주택 고가주택에 해당하여 「소득세법」 제95조 제2항에 따른 보유기간별 공제율(표2)을 적용하고자 할 때 다가구주택의 요건을 충족한 날로부터 양도일까지의 보유기간을 계산하여 장기보유특별공제를 적용한다.

관련 해석 사례

1. 장기보유특별공제를 적용하기 위한 보유기간은 소득세법 제94조 제1항 제1호에 규정된 자산을 계속하여 보유한 기간만을 통산하여야 하고, 그것이 다른 공제율을 적용하여야 하는 자산으로 변동된 경우에는 그 보유기간을 통산할 수 없음이 원칙이라고 할 것이다.
   이 사건의 경우에도 공동주택에 해당하였다가 2017. 10. 16. 이후 다가구주택에 해당하게 되었는바, 다가구주택을 하나의 매매단위로 양도하는 경우 비과세 특례규정은 적용되지만, 장기보유특별공제율을 적용을 위한 보유기간을 산정함에 있어서는 공동주택으로 보유한 기간을 통산할 수는 없다고 할 것인바, 쟁점주택의 경우 2017. 10. 16.부터 2017. 11. 6.까지 다가구주택으로 보유하여 그 기간이 3년에 미치지 못하므로, 소득세법 제95조 제2항 <표2>에서 정한 장기보유특별공제율을 적용할 수는 없다(서울행정법원 2020구단65886, 2021. 11. 24).
2. 다세대주택을 다가구주택으로 용도변경한 후 양도하는 경우 보유기간별 공제율을 적용하고자 할 때 다가구주택으로 용도변경한 날부터 양도일까지의 보유기간을 계산하여 장기보유특별공제를 적용한다(양도집행 95-159의4-4).

필자의 見解

다세대주택을 다가구주택으로 용도변경한 후 다가구주택을 하나의 매매단위로 양도하는 경우로서 해당 주택이 1세대 1주택 고가주택에 해당하는 경우에는 앞서 살펴본 "상가에서 주택으로 용도변경(2025. 1. 1. 이후 양도분부터 적용)"한 후, 양도하는 1세대 1주택 고가주택에 대한 장기보유특별공제율을 적용하는 방법과 동일하게 다세대주택(중과대상이 아닌 경우에만 적용)의 보유기간별 공제율(표1)과 용도변경일 이후 다가구주택의 보유 및 거주기간별 공제율(표2)을 구분・계산한 금액을 합산하여 장기보유특별공제를 적용하는 것이 보다 합리적이라고 판단된다.

4) 주택을 멸실하고 토지인 상태에서 양도하는 경우

종전에는 잔금청산일 전에 주택을 멸실하더라도 매매계약일 현재 1세대 1주택 비과세가 적용되는 경우 주택 취득일부터 매매계약일까지의 보유 및 거주기간에 따른 장기보유특별공제율(표2, 한도 80%)을 적용하였으나, 2022. 12. 20. 이후 매매계약을 체결하고 잔금청산일 전에 주택을 멸실한 경우에는 양도일(잔금청산일) 현재 토지에 해당하므로 1세대 1주택 비과세가 적용되지 않고 장기보유특별공제는 토지 취득일부터 양도일까지의 보유기간에 따른 「표 1」의 공제율(한도 30%)을 적용한다. ☞ P. 184 참조

관련 해석 사례

2022. 12. 20. 이후 매매계약을 체결하는 경우 매매특약에 따라 잔금청산 전에 주택을 멸실한 경우 양도물건의 판정기준일은 양도일(잔금청산일)을 기준으로 적용한다(재산세제과 - 1543, 2022. 12. 20).

5) 기존주택을 멸실하고 신축한 1세대 1주택을 양도하는 경우

노후 등으로 인하여 기존주택을 멸실하고 임의재건축한 주택을 양도하는 경우 1세대 1주택 비과세 판단시 보유기간 및 거주기간은 기존주택과 신축주택의 보유기간 등을 통산하나(소득법 §154 ⑧), 장기보유특별공제율 적용을 위한 보유기간은 토지부분의 경우에는 기존주택과 신축주택의 보유기간을 통산하되 주택부분에 대해서는 신축한 주택의 "사용승인서교부일"부터 계산한다(양도집행 95 - 159의4 - 1). ☞ P. 224 참조

관련 해석 사례

1. 1세대가 1주택을 소유하고 있는 경우로서 기존주택을 멸실하고 임의재건축한 주택을 양도함에 있어 해당 주택 중 건물부분의 양도차익에 대하여 「소득세법」 제95조 제2항의 「표2」에서 정하는 장기보유특별공제를 적용하기 위한 보유기간 및 거주기간은 재건축한 당해 주택(건물)의 사용승인서 교부일부터 기산하는 것이다(법규재산 - 2385, 2023. 6. 28).
2. 노후 등으로 인하여 종전주택을 멸실하고 재건축한 주택으로서 고가주택을 양도하는 경우 해당 고가주택의 부수토지에 대한 장기보유특별공제액을 계산할 때, 표2에 따른 공제율은 종전주택의 부수토지였던 기간을 포함한 보유기간별 공제율을 적용하는 것이다(재산세제과 - 34, 2017. 1. 16).

(7) 임대주택 등 특수한 경우의 장기보유특별공제율 및 계산방법

1) 장기일반민간임대주택에 대한 장기보유특별공제율 과세특례

거주자가 법 소정 요건을 충족한 장기일반민간임대주택을 8년(또는 10년) 이상 임대한 후 양도하는 경우 임대기간 중 발생하는 양도차익에 대해서는 장기보유특별공제액을 계산할 때 50%(또는 70%)의 공제율을 적용한다(조특법 §97의3). ☞ P. 546 참조

2) 장기임대주택에 대한 장기보유특별공제율 추가적용

거주자 또는 비거주자가 법 소정 요건을 충족한 장기임대주택을 6년 이상 임대한 후 양도하는 경우 「표 1」의 공제율(한도 30%)에 6년째 부터 매년 2%씩 추가 공제율(한도 10%)을 가산하여 적용한다(조특법 §97의4). ☞ P. 559 참조

3) 상생임대주택에 대한 장기보유특별공제율

법 소정 요건을 충족한 상생임대주택을 양도하는 경우에는 1세대 1주택의 장기보유특별공제 적용을 위한 2년 이상의 거주요건이 면제되므로 「표2」의 공제율(한도 80%)을 적용받을 수 있다. 다만, 보유기간에 따른 4%의 장기보유특별공제율은 적용하되 실제 거주하지 않았다면 거주기간에 따른 4%의 장기보유특별공제율은 적용받을 수 없다(소득령 §155의3). ☞ P. 576 참조

4) 장기임대주택 양도시 장기보유특별공제율

거주주택(직전거주주택)을 1세대 1주택 비과세로 양도한 후, 장기임대주택(직전거주주택보유주택)을 의무임대기간 종료 후 양도하는 경우로서 해당 주택이 1세대 1주택 비과세대상이면서 고가주택에 해당하는 경우 직전거주주택 양도일 이전 임대기간분 양도차익에 대해서는 「표 1」(한도 30%)을 적용하고, 직전거주주택 양도일 이후 12억원 초과 상당분 양도차익에 대해서는 「표 2」(한도 80%)를 각각 적용하여 장기보유특별공제를 계산한다(소득령 §161 ②, ④). ☞ P. 365 참조

5 장기보유특별공제 적용시 보유기간의 계산

(1) 일반적인 경우

일반적으로 장기보유특별공제 적용대상 자산의 보유기간은 그 자산의 취득일부터 양도일까지로 한다(소득법 §95 ④).

(2) 주요 취득유형별 보유기간 계산

1) 상속 · 증여받은 자산을 양도하는 경우

상속받은 자산의 보유기간은 상속개시일부터 양도일까지로 하고, 증여받은 자산의 보유기간은 증여받은 날(등기접수일)부터 양도일까지로 한다(소득령 §162 ① 5호).

[상속 · 증여받은 자산 양도시 보유기간 등 산정방법 비교]

• 상속받은 경우

구 분	동일세대	별도세대
보유 및 거주기간 (1세대 1주택)	피상속인의 보유 및 거주기간과 상속인의 보유 및 거주기간 통산	상속개시일(사망일)부터 상속인의 보유 및 거주기간만 적용
장기보유특별공제	상속개시일부터 보유년수 등에 따른 장기보유특별공제율 적용	
세율 적용시 보유기간	피상속인의 취득일부터 상속인의 양도일까지	

• 증여받은 경우

구 분	동일세대	별도세대
보유 및 거주기간 (1세대 1주택)	증여자의 보유 및 거주기간과 수증자의 보유 및 거주기간 통산	증여등기접수일부터 수증자의 보유 및 거주기간만 적용
장기보유특별공제	증여등기접수일부터 보유년수 등에 따른 장기보유특별공제율 적용	
세율 적용시 보유기간	증여등기접수일부터 양도일까지	

2) 배우자 또는 직계존비속으로부터 증여받은 자산이 이월과세가 적용되는 경우

배우자 또는 직계존비속으로부터 증여받아 10년(2022. 12. 31. 이전 증여분은 5년) 이내에 양도하여 이월과세(증여자의 취득가액 적용)가 적용되는 자산의 경우 장기보유특별공제 적용대상 보유기간은 "증여한 배우자 또는 직계존비속이 해당 자산을 취득한 날"부터 기산한다(소득법 §95 ④ 단서).

3) 재개발 · 재건축으로 취득한 조합원입주권 또는 신축주택을 양도하는 경우

① 조합원입주권(종전부동산 → 조합원입주권)을 양도하는 경우

종전부동산이 멸실되어 최초로 취득한 조합원입주권을 원조합원이 양도하는 경우 장기보유특별공제는 권리부분의 양도차익을 제외한 종전부동산의 양도차익(취득일부터 관리처분계획인가일까지)에 대해서만 적용하고, 원조합원으로부터 승계취득한 조합원입주권을 승계조합원이 양도하는 경우 장기보유특별공제를 적용하기 위한 보유기간의 계산은 재개발 · 재건축에 따라 완공된 신축주택의 준공일부터 기산하므로 장기보유특별공제가 적용되지 않는다(소득령 §166 ⑤ 1호).

② 신축주택(종전부동산 → 조합원입주권 → 신축주택)을 양도하는 경우

재개발 · 재건축에 따라 신축주택을 양도하는 경우로서 원조합원에 대한 장기보유특별공제를 적용하기 위한 보유기간 등의 계산은 종전부동산 부분의 경우는 종전부동산의 취득일부터 신축주택의 양도일까지의 기간을 적용하고, 청산금 납부분은 관리처분계획인가일부터 신축주택의 양도일까지의 기간을 적용한다.

다만, 신축주택에서 2년 이상 거주하지 않은 경우에는 청산금 납부분의 양도차익에 대한 장기보유특별공제 산정시 「표 1」의 공제율(한도 30%)을 적용하여 계산한다(소득령 §166 ⑤ 2호 가목 및 나목). ☞ P. 456 해석사례 참조

[조합원입주권 또는 신축주택의 장기보유특별공제 적용시 보유기간 계산]

<table>
<tr><th colspan="2">구 분</th><th>원조합원</th><th>승계조합원</th></tr>
<tr><td colspan="2">조합원입주권 양도
(종전부동산분 양도차익)</td><td>종전부동산 취득일 ~ 관리처분계획인가일</td><td>적용불가</td></tr>
<tr><td rowspan="2">신축주택
양도</td><td>종전부동산분
양도차익</td><td>종전부동산 취득일 ~ 신축주택 양도일</td><td rowspan="2">신축주택 취득일(사용승인일)
~ 신축주택 양도일</td></tr>
<tr><td>청산금납부분
양도차익</td><td>관리처분계획인가일 ~ 신축주택 양도일</td></tr>
</table>

※ 원조합원의 청산금 수령분 : 종전부동산 취득일 ~ 소유권이전고시일의 다음날

관련 해석 사례

1. 기존주택에서 2년 이상 거주하였으나 신축주택에서는 2년 이상 거주하지 않은 경우 기존주택분의 양도차익에 대해서는 표2(한도 80%)에 따른 보유기간별 공제율을 적용하나, 청산금납부분 양도차익에 대해서는 표1(한도 30%)에 따른 보유기간별 공제율을 적용한다(부동산납세과-353, 2022. 2. 22).
2. 원조합원으로부터 조합원입주권을 승계취득한 경우에는 부동산을 취득할 수 있는 권리로 보아 주택 보유기간 계산 등을 판단하는 것으로서, 양도자산에 대한 1세대 1주택 비과세의 적용과 장기보유특별공제액의 계산 및 세율을 적용함에 있어 재건축된 주택의 보유기간 기산일은 당해 재건축아파트의 사용검사필증 교부일(또는 사용승인일)이 되는 것이다(부동산거래관리과-698, 2010. 5. 18).

③ 상가와 그 부수토지를 조합에 제공하고 취득한 신축주택을 양도하는 경우

상가와 그 부수토지를 소유한 자가 「도시 및 주거환경정비법」에 따른 정비조합에 상가와 그 부수토지를 제공하고 관리처분계획에 따라 취득한 신축주택과 그 부수토지를 양도하는 경우로서 해당 주택이 1세대 1주택인 경우 상가와 그 부수토지의 양도차익(관리처분계획인가 前 양도차익)에 대하여는 상가와 그 부수토지의 취득일부터 관리처분계획인가일까지의 보유기간에 따른 「표 1」의 공제율(한도 30%)을 적용하여 계산하며(법령해석재산-0692, 2018. 4. 19),

신축주택과 그 부수토지의 양도차익(관리처분계획인가 後 양도차익)에 대해서는 관리처분계획인가일부터 신축주택 양도일까지의 보유기간에 따른 「표 2」의 공제율(한도 80%)을 적용한다(부동산납세과-1057, 2017. 9. 18).

④ 토지를 조합에 제공하고 취득한 신축주택을 양도하는 경우

나대지를 소유한 자가 「도시 및 주거환경정비법」에 따른 정비조합에 나대지를 제공하고 관리처분계획에 따라 취득한 신축주택과 그 부수토지를 양도하는 경우로서 해당 주택이 1세대 1주택인 경우 토지의 양도차익(관리처분계획인가 前 양도차익)에서 공제할 장기보유특별공제액은 토지의 보유기간에 따른 「표 1」의 공제율(한도 30%)과 주택의 보유·거주기간에 따른 「표 2」의 공제율(한도 80%) 중 큰 공제율을 적용하여 계산한다(재산세과-1693, 2009. 8. 17).

[취득유형별 장기보유특별공제 적용시 보유기간 기산일]

취득유형		보유기간 기산일
• 상속으로 취득한 경우		상속개시일
• 증여로 취득한 경우		증여 등기접수일
• 이혼으로 취득한 경우	재산분할	이혼전 당초 배우자의 취득일
	위자료	이혼시 등기접수일
• 배우자 등 이월과세 적용대상인 경우		당초 증여자의 취득일
• 증여 후 양도행위 부인규정이 적용되는 경우		당초 증여자의 취득일
• 재개발 · 재건축에 따른 신축주택의 경우	원조합원	종전주택 취득일
	승계조합원	신축주택 취득일(사용승인일 등)

비교 학습

종합부동산세 세액계산시 장기보유자세액공제

장기보유자세액공제는 양도소득세의 장기보유특별공제와 유사하나, 종합부동산세 세액계산시 1세대 1주택자가 주택을 5년 이상 보유한 경우에 한해 주택 보유연수에 따라 20% ~ 50%까지 공제해 주는 제도라는 점에서 차이가 있다.

Ⅱ 양도소득금액의 구분계산 및 양도차손 통산

1 양도소득금액(양도차익 - 장기보유특별공제) 및 양도차손 그룹별 통산

양도소득금액(또는 양도차손)은 아래와 같이 4개의 그룹별로 나누고 각 호의 소득별로 구분하여 계산한다. 이 경우 양도소득금액을 계산할 때 발생하는 결손금은 다른 그룹의 양도소득금액에서 공제할 수 없다(소득법 §102 ①).

예를 들어, 1그룹 내 토지에서 발생한 양도소득금액과 부동산을 취득할 수 있는 권리에서 발생한 양도차손은 서로 통산할 수 있으나, 1그룹 내 토지에서 발생한 양도소득금액과 2그룹에 해당하는 주식에서 발생한 양도차손은 서로 통산할 수 없다.

구 분	소득세법 제94조
1그룹	제1항 제1호(토지 · 건물), 제2호(부동산에 관한 권리) 및 제4호(기타자산)에 따른 소득
2그룹	제1항 제3호(상장주식 · 비상장주식)에 따른 소득
3그룹	제1항 제5호(파생상품)에 따른 소득
4그룹	제1항 제6호(신탁수익권)에 따른 소득

2 양도차손의 공제순서 및 공제방법

(1) 양도차손의 공제순서

양도소득금액을 계산함에 있어서 같은 그룹 내에서 양도차손이 발생한 자산이 있는 경우에는 우선 같은 세율을 적용받는 자산의 양도소득금액에서 공제하고, 남은 양도차손은 다른 세율을 적용받는 자산의 양도소득금액에서 그 양도차손을 순차로 공제한다(소득령 §167의2).

이 경우 다른 세율을 적용받는 자산의 양도소득금액이 2이상인 경우에는 각 세율별 양도소득금액의 합계액에서 당해 양도소득금액이 차지하는 비율로 안분하여 공제한다.

비교 학습

국내주식과 해외주식 합산하여 양도손익 계산

국내자산과 국외자산을 양도하는 경우로서 국외자산에서 양도차손이 발생한 경우에는 국내자산의 양도소득금액과 통산할 수 없는 것이 원칙이나, 2020. 1. 1. 이후 해외주식을 양도하는 분부터는 국내주식과 해외주식간에 양도손익을 서로 통산할 수 있도록 개정되었다.

(2) 감면소득이 있는 경우 양도차손 공제방법

양도소득금액에 감면소득금액이 포함되어 있는 경우로서 양도차손이 발생한 자산이 있는 경우에는 감면소득금액을 제외한 순양도소득금액과 감면소득금액이 차지하는 비율로 안분한 후 각각의 소득금액에서 해당 양도차손을 공제한다(소득령 §167의2 ②).

3 양도차손 미공제분 소멸

양도차손은 당해 연도에 발생한 양도소득금액에서만 공제되고 다음 연도로 이월하여 공제받을 수 없다. 이는 당해 연도 사업소득에서 발생한 결손금이 다음 연도로 이월되어 공제(이월결손금)되는 것과 차이가 있다.

4 1세대 1주택 비과세 양도차손은 다른 자산의 양도소득금액과 통산 불가

양도소득금액은 각 자산의 양도로 인하여 발생한 자산별 "과세대상 소득금액"과 "과세대상 양도차손"을 서로 통산하는 것이므로 양도소득세 과세대상이 아닌 1세대 1주택 비과세대상 양도차손은 같은 그룹 내 다른 자산의 양도소득금액에서 공제할 수 없다.

그러나 1세대 1주택 비과세대상 고가주택을 양도하여 양도차손이 발생한 경우에는 고가주택의 양도차손 중 12억원 초과분에 상당하는 양도차손은 같은 그룹 내 다른 자산은 물론 고가주택(주택과 부수토지)의 양도소득금액에서도 공제할 수 있다.

관련 해석 사례

1. 「도시 및 주거환경정비사업」의 원조합원이 해당 재건축·재개발사업으로 신축된 주택을 양도할 때 관리처분계획인가 후 양도차손은 관리처분계획인가 전 양도차익과 통산하는 것이다(부동산납세과-1220, 2017. 11. 1).
2. 1세대 1주택 등 비과세대상 자산에서 발생한 양도차익 또는 양도차손은 과세대상인 다른 자산의 양도소득금액과 통산할 수 없는 것이다(상속증여세과-209, 2013. 6. 10).
3. 1세대 1주택 비과세가 적용되는 주택에서 발생한 양도차손은 같은 그룹에 속하는 다른 자산의 양도소득금액과 서로 통산할 수 없으나, 1세대 1주택 고가주택에서 발생한 양도차손 중 양도가액 12억원(2021. 12. 7. 이전 양도분은 9억원) 초과분에서 발생한 양도차손은 같은 그룹 내 다른 자산의 양도소득금액과 통산할 수 있다(조심 2016부0323, 2016. 4. 20).
4. 「소득세법」 제95조 제2항에 따른 장기보유특별공제액도 양도자산별로 계산하여 그 양도차익에서 각각 공제하는 것으로서 양도차손이 발생한 건물과 양도차익이 발생한 그 부수토지에 대한 장기보유특별공제액의 계산은 부수토지의 양도차익에 대해서만 계산하는 것이다(부동산거래관리과-1204, 2010. 10. 1).

적용 사례 1 1세대 1주택(고가주택 포함) 양도차익 · 손 및 양도소득금액 통산 여부

• **A주택 1세대 1주택 비과세 요건 충족, 장기보유특별공제 무시**

구 분	합산 전 양도차익		합산 후 양도차익	적용 이유
	A주택	B상가		
A주택 양도가액 12억원 이하 (비과세)	양도차익 3억원	양도차익 1억원	1억원	A주택 비과세분 양도차익과 B상가 양도차익 합산 불가
	양도차손 2억원	양도차익 3억원	3억원	A주택 비과세분 양도차손과 B상가 양도차익 합산 불가
	양도차익 4억원	양도차손 1억원	△1억원	A주택 비과세분 양도차익과 B상가 양도차손 합산 불가
A주택 양도가액 12억원 초과 (과세)	양도차익 2억원*	양도차익 1억원	3억원	A주택 12억원 초과분 양도차익과 B상가 양도차익 합산 가능
	양도차손 1억원*	양도차익 1억원	–	A주택 12억원 초과분 양도차손과 B상가 양도차익 합산 가능
	양도차익 2억원*	양도차손 3억원	△1억원	A주택 12억원 초과분 양도차익과 B상가 양도차손 합산 가능

* 전체 양도차익(손) × $\frac{\text{양도가액} - \text{12억원}}{\text{양도가액}}$ = 12억원 초과분 양도차익(손)

적용 사례 2 자산 유형별 양도차익 · 손과 양도소득금액의 통산방법

• **부동산 및 주식의 취득 및 양도에 관한 자료**

구 분	비상장주식(A)	상가(B)	토지(C)	비상장주식(D)
양도일자	2025. 12. 15.	2025. 9. 20.	2025. 6. 30.	2025. 7. 10.
보유기간	5년 2개월	10년 3개월	1년 11개월	4년 10개월
적용세율	20%	기본세율	40%	10%
양도가액	1억5천만원	2억5천만원	5천만원	2천만원
취득가액	1억4천만원	1억원	1억원	4천만원
양도비용	2백만원	5백만원	–	–

해설

1. 장기보유특별공제
   ① 상가 : 145,000,000 × 20%(10년 × 2%) = 29,000,000
   ② 주식 : 장기보유특별공제 적용불가
2. 결손금 통산 : 결손금은 같은 그룹 내 다른 자산과 통산한다. 따라서, 결손금 통산 후 주식D에서 남은 결손금 12,000,000은 「다른 I 그룹」에서 공제할 수 없다.

구 분	I 그룹		II 그룹	
	상가(B)	토지(C)	주식(A)	주식(D)
양도가액	250,000,000	50,000,000	150,000,000	20,000,000
(−) 취득가액	100,000,000	100,000,000	140,000,000	40,000,000
(−) 필요경비	5,000,000	−	2,000,000	−
(=) 양도차익(차손)	145,000,000	(50,000,000)	8,000,000	(20,000,000)
(−) 장기보유특별공제	29,000,000	−	−	−
(=) 통산전 양도소득금액	116,000,000	(50,000,000)	8,000,000	(20,000,000)
양도차손통산	△ 50,000,000	50,000,000	△ 8,000,000	8,000,000
(=) 통산후 양도소득금액	66,000,000	−	−	(12,000,000)

적용 사례 3 동일 과세기간에 적용 세율이 같은 자산의 양도차손과 양도소득금액의 통산방법

- **2025년도에 양도한 주택의 취득 및 양도에 관한 자료**

구 분	A주택(조정지역)	B주택(조정지역)
취득일자	2016. 3. 25.	2019. 7. 31.
양도일자	2025. 1. 15.	2025. 4. 15.
적용세율	기본세율	기본세율
양도차익(양도차손)	(5천만원)	1억2천만원

※ B주택은 1세대 1주택 비과세 대상이 아님

해설 동일 과세기간에 기본세율이 적용되는 A주택을 먼저 양도하여 양도차손으로 예정신고한 후, 다른 B주택에서 양도차익이 발생한 경우에는 A주택과 B주택은 같은 그룹에 속하는 자산이므로 서로 통산할 수 있다.

따라서, 양도차손이 발생한 A주택을 먼저 예정신고한 후, 양도차익이 발생한 B주택을 나중에 합산신고하는 경우에는 양도차손과 양도차익이 서로 통산되어 원래 B주택에서 납부할 양도소득세보다 적은 금액을 납부하게 되므로 세부담을 줄일 수 있다.

구 분	2025. 3. 31. 예정신고	2025. 6. 30. 합산신고
	A주택	A주택 +B주택
양도차익	(50,000,000)	120,000,000
(-) 장기보유특별공제	-	12,000,000
(=) 양도소득금액	(50,000,000)	108,000,000
(+) 기신고소득금액	-	(50,000,000)
(=) 양도차손공제후 양도소득금액	-	58,000,000
(-) 양도소득기본공제	-	2,500,000
(=) 과세표준	-	55,500,000
(×) 세율	-	24%
(-) 누진공제액	-	5,760,000
(=) 산출세액	-	7,560,000
(-) 기납부세액	-	-
(=) 납부할(환급받을)세액	-	7,560,000

III 양도소득기본공제

1 양도소득기본공제 그룹별 공제

양도소득기본공제도 앞서 설명한 양도차손을 공제하는 경우와 동일하게 각 그룹별로 해당 과세기간의 양도소득금액에서 각각 연 250만원을 공제한다(소득법 §103 ①).

따라서, 동일 과세기간에 다른 그룹의 부동산과 주식을 양도한 경우에는 각각 250만원씩 양도소득기본공제가 적용되나, 같은 그룹의 자산을 2회 이상 양도한 경우에는 양도소득기본공제는 한번만 공제하는 것이지 각 양도자산별로 거듭 공제하지 않는다.

2 공제순서 및 공제방법

(1) 감면소득이 있는 경우

양도소득금액에 감면소득금액이 포함되어 있는 경우 감면소득금액 외의 양도소득금액에서 먼저 공제하고, 공제되지 않고 남은 금액은 감면대상소득금액에서 공제한다(소득법 §103 ②).

관련 해석 사례

1. 과세소득과 감면소득이 있는 경우 양도소득기본공제는 과세소득금액에서 먼저 공제하고, 미공제분은 감면소득금액에서 공제한다(양도집행 103－0－3).
2. 감면소득이 없는 경우 양도소득기본공제는 ① 부동산・부동산에 관한 권리・기타자산, ② 주식 등, ③ 파생상품, ④ 신탁수익권으로 나누어 그룹별로 각각 연 250만원을 공제하며, 같은 그룹의 자산을 연중 2회 이상 양도하였을 경우에는 먼저 양도한 자산의 양도소득금액에서부터 공제한다(양도집행 103－0－4).

적용 사례 동일 과세기간에 2개 이상의 자산을 양도하는 경우 양도소득기본공제 적용 방법

- **2025년도에 양도한 상가 및 주식의 취득 및 양도에 관한 자료**

구 분	상가	비상장주식
양도일자	2025. 2. 10.	2025. 6. 25.
보유기간	10년 3개월	5년 2개월
적용세율	기본세율	20%
양도가액	2억5천만원	1억5천만원
취득가액	1억원	7,500만원
양도비용	500만원	200만원

해설

1. 장기보유특별공제
   ① 상가 : 145,000,000 × 20%(10년 × 2%) = 29,000,000
   ② 주식 : 장기보유특별공제가 적용되지 않는다.
2. 양도소득기본공제 : 그룹별로 각각 250만원씩 공제

구 분	I 그룹	II 그룹
	상가	주식
양도가액	250,000,000	150,000,000
(-) 취득가액	100,000,000	75,000,000
(-) 필요경비	5,000,000	2,000,000
(=) 양도차익	145,000,000	73,000,000
(-) 장기보유특별공제	29,000,000	-
(=) 양도소득금액	116,000,000	73,000,000
(-) 양도소득기본공제	2,500,000	2,500,000
(=) 과세표준	113,500,000	70,500,000

(2) 동일 과세기간에 세율 및 감면율이 서로 다른 자산을 동시에 양도하는 경우

같은 그룹의 자산을 동일 과세기간에 2회 이상 양도한 경우에는 양도소득기본공제는 먼저 양도한 자산의 양도소득금액에서부터 공제하나, 세율 또는 감면율이 서로 다른 자산을 같은 날에 양도하는 경우에는 납세자의 선택에 따라 세부담을 최소화하는 양도소득금액(높은 세율 적용 자산 또는 낮은 감면율 적용 자산)에서부터 공제할 수 있다.

(3) 자산을 공동소유하는 경우

양도소득기본공제는 납세자별로 각각 공제한다. 따라서 양도소득 과세대상 자산을 공동으로 소유하다가 양도하는 경우 각 납세자별로 각각 연 250만원씩 양도소득기본공제를 적용한다.

3 종중 및 비거주자 양도소득기본공제 적용여부

1거주자로 보는 종중과 비거주자의 경우에도 동일 과세기간에 1회에 한하여 250만원의 양도소득기본공제를 적용한다.

4 양도소득기본공제 적용 예외

양도소득기본공제는 모든 양도자산에 대하여 적용하는 것이 원칙이나, 미등기양도자산의 양도소득금액에 대해서는 양도소득기본공제를 적용하지 않는다.

또한, 국내주식과 해외주식을 동일 과세기간에 양도하는 경우에도 각각 250만원을 공제하였으나, 2020. 1. 1. 이후 해외주식을 양도하는 분부터는 국내주식과 해외주식간에 양도손익을 서로 통산할 수 있도록 개정되면서 양도소득기본공제도 합산하여 250만원을 공제한다.

비교 학습

1. 종합부동산세 과세표준 계산시 공제되는 기본공제액

- 1세대 1주택 단독명의자 또는 1세대 1주택 특례신청자(부부 공동명의 1세대 1주택자, 일시적 2주택자, 상속주택 및 지방 저가주택 소유자) : 12억원 공제
- 1세대 1주택 공동명의(특례 미신청자) 또는 다주택자 등 : 9억원 공제

2. 주요 세목 주택 과세표준 비교

구 분		과세표준
취득세	매매	실지 취득가액
	상속	시가표준액(주택공시가격)
	증여	시가인정액(2023. 1. 1. 이후 증여분부터 적용)
재산세		주택공시가격 × 공정시장가액비율(60%)
종합부동산세		(주택공시가격 - 기본공제액) × 공정시장가액비율(60%)
상속세 및 증여세		재산평가액(시가 또는 기준시가) - 각종 공제액

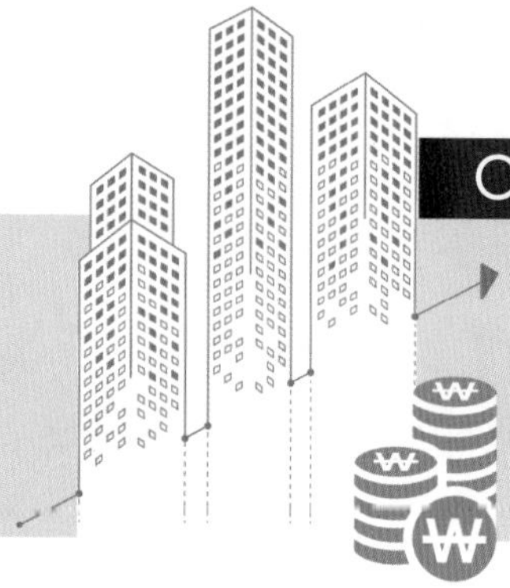

Chapter

5 양도소득세 결정세액의 계산

양도소득과세표준
(×) 세　　　　율 … 자산별 · 보유기간별 · 등기 여부에 따라 구분하여 적용
(=) 양도소득산출세액
(-) 세 액 감 면 … 조세특례제한법에 따른 세액감면
(=) 양도소득결정세액

I 양도소득세율

1 토지 · 건물 · 부동산에 관한 권리

부동산 등에 대한 양도소득세율은 아래와 같이 크게 ① 기본세율, ② 단기세율, ③ 중과세율로 분류된다.

이 경우 다주택자가 2년 이상 보유한 조정대상지역 내 중과대상 주택을 2022. 5. 10. ~ 2026. 5. 9. 기간 중에 양도하는 경우에는 중과유예 조치규정에 따라 중과세율(2주택자 : 기본세율+20%, 3주택 이상자 : 기본세율+30%)을 적용하지 않고 기본세율을 적용한다.

(1) 부동산 및 부동산을 취득할 수 있는 권리의 양도소득세율

1) 2년 이상 보유한 토지·건물(주택) 및 조합원입주권 : 기본세율 적용

과세표준	기본세율	기본세율+10%(비사업용 토지)	누진공제
1,400만원 이하	6%	16%	-
5,000만원 이하	15%	25%	126만원
8,800만원 이하	24%	34%	576만원
1억5,000만원 이하	35%	45%	1,544만원
3억원 이하	38%	48%	1,994만원
5억원 이하	40%	50%	2,594만원
10억원 이하	42%	52%	3,594만원
10억원 초과	45%	55%	6,594만원

※ 〈중과유예 조치〉 다주택자가 2년 이상 보유한 조정대상지역 내 중과대상 주택을 2022. 5. 10. ~ 2026. 5. 9.까지 양도하는 경우 중과세율(기본세율+20% 또는 기본세율+30%)를 적용하지 않고 기본세율 적용

2) 2년 미만 보유한 부동산 또는 주택분양권 : 단기세율 적용

<table>
<tr><th colspan="2">구 분</th><th>일반부동산</th><th>주택·조합원입주권</th><th>주택분양권</th></tr>
<tr><td rowspan="3">보유기간</td><td>1년 미만</td><td>50%</td><td>70%</td><td>70%</td></tr>
<tr><td>1년 이상~2년 미만</td><td>40%</td><td>60%</td><td rowspan="2">60%</td></tr>
<tr><td>2년 이상</td><td colspan="2">기본 세율</td></tr>
</table>

2 일반주식

<table>
<tr><th colspan="4">구 분</th><th>양도소득세율</th></tr>
<tr><td rowspan="5">국내주식</td><td rowspan="2">중소기업</td><td colspan="2">대주주</td><td>20%(과세표준 3억원 초과분은 25%)</td></tr>
<tr><td colspan="2">대주주가 아닌 자</td><td>10%</td></tr>
<tr><td rowspan="3">비중소기업</td><td rowspan="2">대주주</td><td>1년 미만 보유</td><td>30%</td></tr>
<tr><td>1년 이상 보유</td><td>20%(과세표준 3억원 초과분은 25%)</td></tr>
<tr><td colspan="2">대주주가 아닌 자</td><td>20%</td></tr>
<tr><td rowspan="2">국외주식</td><td>중소기업</td><td colspan="2">-</td><td>10%</td></tr>
<tr><td>비중소기업</td><td colspan="2">-</td><td>20%</td></tr>
</table>

※ 증권거래세 : 상장주식 0.15%(코스피시장은 증권거래세는 없고 농어촌특별세만 0.15%), 비상장주식 0.35%

3 세율 적용시 보유기간 계산

양도소득세율을 적용할 때 보유기간은 해당 자산의 취득일부터 양도일까지로 하는 것이 원칙이나, 아래의 경우에는 그 규정된 날을 자산의 취득일로 본다(소득법 §104 ②).

① 상속받은 자산 : 피상속인이 당해 자산을 취득한 날
② 이월과세의 규정을 적용받는 자산 : 증여자가 당해 자산을 취득한 날

4 특수한 경우의 양도소득 산출세액 계산

(1) 하나의 자산에 2개 이상의 세율이 적용되는 경우

1) 단기세율과 비사업용 토지에 대한 중과세율이 적용되는 경우(소득법 §104 ④)

2년 미만 보유한 비사업용 토지를 양도하는 경우에는 ① 기본세율에 10%를 가산하여 적용한 산출세액과 ② 단기세율(40% ~ 50%)을 적용하여 계산한 산출세액 중 큰 세액을 양도소득 산출세액으로 한다.

2) 단기세율과 다주택자의 중과세율이 적용되는 경우(소득법 §104 ⑦)

한시적 중과유예 대상은 2년 이상 보유한 조정대상지역 내 주택에 한정하고 있으므로 2년 미만 보유한 조정대상지역 내 주택을 양도하는 경우에는 중과유예 대상에 해당하지 않으므로 ① 기본세율에 20% 또는 30%를 가산하여 적용한 산출세액과 ② 단기세율(60% ~ 70%)을 적용하여 계산한 산출세액 중 큰 세액을 양도소득 산출세액으로 한다.

적용 사례 하나의 자산에 2개 이상의 세율이 적용되는 경우 산출세액 계산

• 주택 취득 및 양도에 관한 자료

구 분	A주택(용산)	B주택(강남)	비 고
취득일	2012. 5. 1.	2023. 4. 10.	B주택은 중과대상 주택이나 중과유예기간 중 양도
양도일	-	2025. 2. 15.	
양도차익	-	1억5천만원	

해설

구 분	금 액	계산 근거
양도차익	150,000,000	B주택 양도차익
(-) 장기보유특별공제	-	3년 미만 보유 장기보유특별공제 배제
(=) 양도소득금액	150,000,000	
(-) 기본공제	2,500,000	
(=) 과세표준	147,500,000	
(×) 세율	60%	단기세율 적용
(=) 산출세액	88,550,000	추가해설 참조

추가 해설

▪ 산출세액 : Max[① (기본세율+20%), ② (단기세율 60%)] = 88,500,000

① 중과세율(기본세율+20%) : 147,500,000 × 55% - 1,544만원(누진공제) = 65,685,000

② 2년 미만 단기세율(60%) : 147,500,000 × 60% = 88,500,000

(2) 동일 과세기간에 세율이 다른 2개 이상의 자산을 양도하는 경우(소득법 §104 ⑤)

동일 과세기간에 세율이 다른 2 이상의 토지, 건물 등을 양도하는 경우 양도소득산출세액은 아래와 같이 ① 각 자산별 양도소득 산출세액의 합계액과 ② 전체 자산의 양도소득 과세표준 합계액에 기본세율을 적용하여 계산한 산출세액 중 큰 세액을 양도소득 산출세액으로 한다.

• 세율이 다른 2개 이상의 자산 양도시 비교과세 산출세액 = Max(①, ②)

① 각 자산별로 세율을 적용한 산출세액의 합계액

② 전체 자산의 과세표준 합계액에 기본세율을 적용한 산출세액

적용 사례 동일 과세기간에 세율이 다른 둘 이상의 자산 양도시 산출세액 계산

- **주택 및 주택분양권에 관한 자료**

구 분	A주택(조정대상지역)	B주택분양권
취득일	2017. 9. 10.	2020. 6. 10.
양도일	2025. 1. 28.	2025. 5. 25.
양도소득금액	2억 2,500만원	1억원
세율	기본세율	단기세율
신고여부	예정신고	합산신고

해설

구 분	2025. 3. 31. 예정신고	2025. 7. 31. 합산신고	계산 근거
	A주택	A주택 + B분양권	
양도소득금액	225,000,000	100,000,000	
(+) 기신고소득금액	-	225,000,000	기 예정신고 소득금액
(-) 기본공제	2,500,000	2,500,000	
(=) 과세표준	222,500,000	322,500,000	
(×) 세율	38%	60%	
(-) 누진공제	19,940,000	-	
(=) 산출세액	64,610,000	124,610,000	해설 참조
(-) 기납부세액	-	64,610,000	기 예정신고 납부세액
(=) 납부할세액	64,610,000	60,000,000	

추가 해설

- 산출세액 : Max(①, ②) = 124,610,000
  - ① 각 자산별 산출세액 합계액 : ⓐ + ⓑ = 124,610,000
    - ⓐ A주택(기본세율) : (225,000,000 - 250만원) × 38% - 1,994만원(누진공제) = 64,610,000
    - ⓑ B주택분양권(단기세율) : 100,000,000 × 60% = 60,000,000
  - ② 전체 과세표준합계 × 기본세율 : (325,000,000 - 250만원) × 40% - 2,594만원(누진공제) = 103,060,000

Ⅱ 취득원인에 따른 주택 취득세율

1 주택을 유상으로 취득하는 경우

매매 등으로 주택을 유상으로 취득하는 경우 ① 기존보유 주택 수, ② 신규주택 소재지, ③ 주택 취득주체(개인법인)에 따라 아래과 같이 취득세율이 달리 적용된다. 이 경우 주택 등 부동산을 매매 등으로 취득할 경우 취득가액에는 실제 취득가액에 직·간접비용을 포함하되, 할인받은 금액과 부가가치세는 취득가액에서 제외된다.

여기서 주의할 사항은 특수관계인으로부터 부동산을 저가로 취득하는 경우에는 실제 취득가액(저가 취득가액)을 인정하지 않고 양도소득세와 동일하게 「부당행위계산부인」 규정을 적용하여 시가(시가인정액)를 취득가액으로 하여 취득세를 계산한다는 점이다. 이에 대한 보다 자세한 내용은 「Part7 비교학습」을 참고하기 바란다. ☞ P. 646 참조

<table>
<tr><th colspan="2" rowspan="2">구 분</th><th colspan="2">신규 취득하는 주택 소재지</th></tr>
<tr><th>조정대상지역</th><th>비조정대상지역</th></tr>
<tr><td rowspan="4">개인이 주택을 취득하는 경우</td><td>무주택 세대가 1주택 취득</td><td>주택가액에 따라 1% ~ 3%</td><td rowspan="2">1% ~ 3%</td></tr>
<tr><td>1세대 1주택 소유자가 1주택 신규 취득</td><td>8%(일시적2주택은 1% ~ 3%)</td></tr>
<tr><td>1세대 2주택 소유자가 1주택 신규 취득</td><td>12%</td><td>8%</td></tr>
<tr><td>1세대 3주택 소유자가 1주택 신규 취득</td><td colspan="2">12%</td></tr>
<tr><td>법인이 주택을 취득하는 경우</td><td colspan="3">12%</td></tr>
</table>

※ 취득세율 적용시 1세대가 보유한 주택 수는 2020. 8. 12. 이후 취득하는 조합원입주권, 주택분양권 및 주택분재산세가 과세되는 오피스텔을 포함하여 판단한다.

2 주택을 무상으로 취득하는 경우

(1) 주택을 상속받는 경우

상속으로 취득하는 주택은 상속인의 주택보유 여부에 따라 아래과 같이 취득세율이 달리 적용되며, 취득가액인 과세표준은 시가표준액(주택공시가격)을 적용한다.

구 분	면적	취득세	지방교육세	농어촌특별세	합 계
유주택자 상속취득 (기본세율 적용)	85㎡ 이하	2.8%	0.16%	-	2.96%
	85㎡ 초과	2.8%	0.16%	0.2%	3.16%
무주택자 상속취득 (특례세율 적용)	85㎡ 이하	0.8%	0.16%		0.96%
	85㎡ 초과	0.8%	0.16%	-	0.96%

※ 상속주택 취득세 = 과세표준(주택공시가격) × 취득세율

(2) 주택을 증여받는 경우

1) 증여 취득세율

증여로 취득하는 주택은 주택 소재지 및 공시가격에 따라 아래와 같이 3.5%의 기본세율과 12%의 중과세율로 구분된다. 여기서 주의할 사항은 증여 취득세는 수증자를 기준으로 과세하지만, 12%의 중과세율 적용 여부는 증여자를 기준으로 판단한다는 점이다.

구 분	공시가격	면적	취득세	지방교육세	농어촌특별세	합계
조정대상지역 (강남, 서초 송파, 용산) → 2023. 1. 5. 이후	3억원 이상	85㎡ 이하	12%	0.4%	-	12.4%
		85㎡ 초과	12%	0.4%	1%	13.4%
	3억원 미만	85㎡ 이하	3.5%	0.3%	-	3.8%
		85㎡ 초과	3.5%	0.3%	0.2%	4.0%
비조정대상지역		85㎡ 이하	3.5%	0.3%	-	3.8%
		85㎡ 초과	3.5%	0.3%	0.2%	4.0%

※ 1세대 1주택자(증여자 기준)가 소유한 주택을 배우자 또는 직계존비속이 증여받는 경우 : 3.5%

2) 조정대상지역 소재 주택을 증여받는 경우 취득세 중과세율 적용

배우자 또는 직계존비속으로부터 증여받는 주택이 증여 당시 조정대상지역에 있고 주택공시가격이 3억원(지분이나 부속토지만을 취득한 경우에도 전체 주택공시가격을 기준으로 판단) 이상인 경우에는 수증자의 주택 수에 관계없이 12%의 중과세율이 적용된다(지방법 §13의2 ②).

다만, 증여받는 주택이 조정대상지역 및 주택공시가격이 3억원 이상에 해당하더라도 증여 당시 증여자가 1세대 1주택자이면 수증자에게 3.5%의 기본세율이 적용된다(지방법 §13의2 ② 단서).

3) 부동산 증여 취득세 과세표준 시가인정액의 산정 및 평기기간 판단

2022. 12. 31. 이전까지는 증여받은 부동산에 대한 취득세 과세표준은 시가표준액을 적용하였으나, 2023. 1. 1. 이후 증여받는 분부터는 「상속세 및 증여세법」 규정을 준용하여 증여계약일 전 6개월(2024. 1. 1. 이후 증여분부터 유사매매사례가액은 1년)부터 증여계약일 후 3개월 이내 시가인정액(해당 부동산의 매매가액 · 감정가액 · 공매 · 경매가액 또는 유사 부동산의 매매사례가액)을 과세표준으로 한다(지방령 §14).

다만, 증여받은 부동산의 시가표준액이 1억원 이하이거나 시가인정액을 산정하기 어려운 경우에는 시가표준액을 과세표준으로 한다(지방법 §10의2 ② 3호, 지방령 §14의2). 이 경우 시가인정액의 산정 및 평가기간 판단기준은 「상속세 및 증여세법」 규정과 매우 유사하므로 「Part7 심화학습」을 참고하기 바란다. ☞ P. 702 참조

[참고] 주택외 토지 및 일반건물의 취득세율

구 분	대 상		취득세	지방교육세	농어촌특별세	합 계
매매	농지	일반농지	3%	0.2%	0.2%	3.4%
		감면농지	1.5%	0.1%	-	1.6%
	농지외(토지, 상가 등)		4%	0.4%	0.2%	4.6%
상속	농지	일반농지	2.3%	0.06%	0.2%	2.56%
		감면농지	0.15%	0.03%	-	0.18%
	농지외(토지, 상가 등)		2.8%	0.16%	0.2%	3.16%
증여	농지	일반농지	3.5%	0.3%	0.2%	4%
		감면농지	1.5%	0.1%	-	1.6%
	농지외(토지, 상가 등)		3.5%	0.3%	0.2%	4%
신축	일반건물		2.8%	0.16%	0.2%	3.16%

적용 사례 1 2023. 1. 1. 전 · 후 증여하는 경우 취득세 계산방법

구 분	2022. 12. 31. 이전 증여	2023. 1. 1. 이후 증여
적용기준	공시가격	시가인정액
과세표준	600,000,000	1,000,000,000
취득세율	13.4%	13.4%
취득세	80,400,000	134,000,000
적용 이유	공시가격 3억원 이상 중과세율 적용	취득세 과세표준 시가 적용

적용 사례 2 2023. 1. 1. 전·후 증여하는 경우 취득세 계산방법

증여자 父 (2주택자) **비조정대상지역 소재 85㎡ 이하 주택** (시가 10억원, 주택공시가격 6억원) **수증자 子 (무주택자)**

구 분	2022. 12. 31. 이전 증여	2023. 1. 1. 이후 증여
적용기준	공시가격	시가인정액
과세표준	600,000,000	1,000,000,000
취득세율	3.8%	3.8%
취득세	22,800,000	38,000,000
적용 이유	비조정지역 증여주택 기본세율 적용	취득세 과세표준 시가 적용

적용 사례 3 2023. 1. 1. 전·후 증여하는 경우 취득세 계산방법

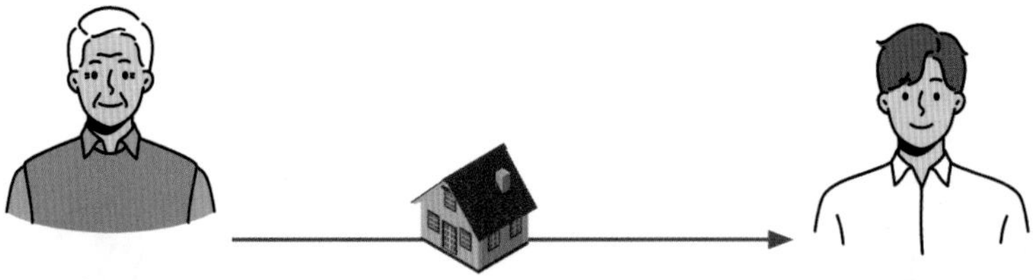

증여자 父 (1주택자) **조정대상지역 소재 85㎡ 초과 주택** (시가 10억원, 주택공시가격 6억원) **수증자 子 (2주택자)**

구 분	2022. 12. 31. 이전 증여	2023. 1. 1. 이후 증여
적용기준	공시가격	시가인정액
과세표준	600,000,000	1,000,000,000
취득세율	4%	4%
취득세	24,000,000	40,000,000
적용 이유	증여자기준 1세대 1주택자 중과배제	취득세 과세표준 시가 적용

적용 사례 4 2023. 1. 1. 전·후 증여하는 경우 취득세 계산방법

구 분	2022. 12. 31. 이전 증여	2023. 1. 1. 이후 증여
적용기준	공시가격	공시가격
과세표준	600,000,000	600,000,000
취득세율	12.4%	12.4%
취득세	74,400,000	74,400,000
적용 이유	공시가격 3억원 이상 중과세율 적용	공시가격 3억원 이상 중과세율 적용

심화 학습 자산별 취득시기가 다른 경우 보유기간 계산 및 세율적용 판단

1. 나대지 위에 주택을 신축하여 주택과 부수토지를 단기간 내에 양도하는 경우

(1) 나대지 보유기간은 1년 이상 2년 미만이나 주택의 보유기간이 1년 미만인 경우

1년 이상 2년 미만 보유한 나대지 위에 주택을 신축한 후, 주택과 부수토지를 함께 양도하는 경우로서 주택의 보유기간이 1년 미만인 경우에는 주택뿐만 아니라 주택의 부수토지에 대해서도 70%의 단기세율이 적용된다(재산세제과-1354, 2022. 10. 27).

(2) 나대지 보유기간은 2년 이상이나 주택의 보유기간이 2년 미만인 경우

2년 이상 보유한 나대지 위에 주택을 신축한 후, 주택과 부수토지를 함께 양도하는 경우로서 주택의 보유기간이 2년 미만인 경우에는 주택뿐만 아니라 주택의 부수토지에 대해서도 60%의 단기세율이 적용된다. 그 이유는 주택이 정착된 일정 면적 이내의 토지를 "주택부수토지로서 주택에 포함"하고 있는 이상 주택의 부수토지로서 1년 이상 2년 미만의 기간 동안 보유하다가 이를 양도한 것으로 보아 60%의 세율을 적용함이 타당하다(조심 2023중10514, 2024.4.15).

(3) 나대지를 조합에 제공하고 신축주택의 보유기간이 1년 미만인 경우

2년 이상 토지를 보유한 자가 「도시 및 주거환경정비법」에 따라 분양받은 신축주택을 양도하는 경우로서 신축주택의 보유기간이 1년 미만인 경우 건물부분에 대해서는 70%의 단기세율이 적용되나, 토지부분에 대해서는 기본세율(6%~45%)이 적용된다(부동산거래관리과-1174, 2010.9.17).

2. 상가를 철거하고 주택을 신축하여 주택과 부수토지를 단기간 내에 양도하는 경우

상가와 그 부수토지를 취득하여 보유하다가 상가를 멸실하고 해당 토지 위에 주택을 신축한 경우로서 신축주택의 사용승인일로부터 1년 내에 신축주택과 그 부수토지(토지의 전체 보유기간은 2년 이상이나 양도일 현재 주택부수토지로서의 보유기간이 1년 미만)를 함께 양도하는 경우에는 "위 (1)의 주택 보유기간이 1년 미만인 경우"와 동일하게 70%의 단기세율이 적용된다(법규재산-0389, 2023.6.27).

3. 기존주택을 멸실하고 새로운 주택을 신축하여 양도하는 경우

종전주택과 그 부수토지를 보유하다가 종전주택을 멸실한 후, 나대지에 주택을 신축(임의재건축)하여 주택과 주택부수토지를 함께 양도하는 경우로서 해당 토지의 주택부수토지로서 보유기간이 종전주택과 신축주택의 주택부수토지 기간을 통산하여 2년 이상인 경우에는 해당 토지의 양도소득 과세표준에 대해서는 「소득세법」 제104조 제1항 제1호에 따른 기본세율을 적용한다(법규재산-0097, 2023.6.15). 다만, 신축주택의 보유기간을 산정함에 있어서는 멸실된 종전주택의 보유기간을 통산하지 않으므로 신축주택을 1년 이내 양도하는 경우에는 70%의 단기세율이 적용된다.

4. 용도변경한 후 2년 이내 용도변경된 건물을 양도하는 경우

1) 다가구주택에서 근린생활시설로 용도변경한 후 1년 이내 양도하는 경우

2년 이상 보유한 다가구주택을 근린생활시설로 용도변경하여 1년 이내 양도하는 경우에는 「소득세법」 제104조 제1항 제1호에 따른 기본세율(6%~45%)을 적용하는 것이다(법규재산-3976, 2024.5.27).

2) 근린생활시설에서 주택으로 용도변경한 후 1년 또는 2년 이내 양도하는 경우

2년 이상 보유한 근린생활시설을 겸용주택으로 용도변경(건물면적의 65%를 주택으로 변경)하여 양도하는 경우로서 용도변경일로부터 1년 또는 2년 이내 양도하는 경우 「소득세법」 제104조 제1항 제1호에 따른 기본세율을 적용하는 것이다(법규재산-0823, 2024.6.27).

5. 부동산을 취득할 수 있는 권리에서 신축주택으로 완성된 후 양도시 세율 적용을 위한 보유기간 계산

① 주택분양권(원시·승계 취득)이 신축주택으로 완성된 후 양도되는 경우, ② 승계 취득한 조합원입주권(승계조합원)이 신축주택으로 완성된 후 양도하는 경우, ③ 종전주택이 조합원입주권으로 전환(원조합원)된 후 신축주택을 양도하는 경우의 세율 적용을 위한 보유기간 계산방법은 아래와 같다.

[신축주택 양도시 세율 적용을 위한 보유기간 계산방법]

구 분	주택분양권(원시·승계 취득)	조합원입주권(승계취득)	조합원입주권(원시취득)
신축주택 전환과정	주택분양권 취득 → 신축주택 완성 후 양도	조합원입주권 승계취득 → 신축주택 완성 후 양도	종전주택 → 조합원입주권 전환 → 신축주택 완성 후 양도
보유기간	잔금청산일 ~ 양도일	사용승인일 ~ 양도일	종전주택 취득일 ~ 양도일

심화 학습 끝

3 양도소득세 세액감면

양도소득세 감면은 농민지원이나 임대촉진 또는 미분양주택 해소 등 정책목적에 따라 양도소득금액 또는 세액에 대하여 전부 또는 일부를 면제하는 것으로서 현행 소득세법은 양도소득세에 대한 감면규정은 없으나, 조세특례제한법에서는 여러 감면규정을 두고 있는데 주요 감면규정은 아래와 같다.

[조세특례제한법상 토지·주택에 대한 주요 감면규정 요약]

구 분	감면 내용	감면비율(과세특례)
자경농지에 대한 감면 (조특법 제69조)	8년 이상 재촌·자경한 농지를 양도함에 따라 발생하는 소득	100%
축사용지에 대한 감면 (조특법 제69조의2)	8년 이상 축산에 사용한 축사용지를 양도함에 따라 발생하는 소득	100%
농지대토에 대한 감면 (조특법 제70조)	신규농지 취득 목적으로 4년 이상 재촌·자경한 종전 농지를 양도함에 따라 발생하는 소득	100%
공익사업용토지에 대한 감면 (조특법 제77조)	공익사업의 시행자에게 토지 등을 양도함에 따라 발생하는 소득	• 10%(현금보상) • 15% 등(채권보상)
대토보상에 대한 감면 또는 과세이연(조특법 제77조의2)	공익사업의 시행자에게 토지 등을 양도함에 따라 공익사업으로 조성된 토지로 보상받는 경우	• 40%(세액감면) • 과세이연
개발제한구역 내 토지에 대한 감면(조특법 제77조의3)	개발제한구역지정에 따른 매수대상 토지 등을 양도함에 따라 발생하는 소득	40% 또는 25%
장기임대주택에 대한 감면 (조특법 제97조)	5호 이상의 국민주택을 5년 이상 또는 10년 이상 임대한 후 임대주택을 양도함에 따라 발생하는 소득	50% 또는 100%
신축임대주택에 대한 감면 (조특법 제97조의2)	2호 이상의 국민주택을 5년 이상 임대한 후 신축임대주택을 양도함에 따라 발생하는 소득	100%
장기일반민간임대주택에 대한 감면(조특법 제97조의5)	10년 이상 임대한 장기일반민간임대주택을 양도함에 따라 발생하는 소득	100%
미분양주택에 대한 감면 (조특법 제98조 ~ 제98조의8)	지방 또는 수도권 밖 등에 소재하는 미분양주택 등을 취득한 후 양도함에 따라 발생하는 소득	세액감면 또는 소득공제 등
신축주택 등에 대한 감면 (조특법 제99조 ~ 제99조의3)	일정기간 내에 취득한 신축주택을 양도함에 따라 발생하는 소득	100% 또는 소득공제

Chapter

6 양도소득세 신고 및 납부 절차

I 양도소득세 예정신고

1 예정신고 대상자

양도소득세 과세대상이 되는 자산을 양도한 자는 「소득세법」 제92조 제2항에 따라 계산한 양도소득 과세표준을 아래의 예정신고기한 내에 납세지(주소지) 관할세무서장에게 신고하여야 한다(소득법 §105 ①).

2 예정신고기한

(1) 부동산, 기타자산(특정주식, 부동산과다보유법인주식)

토지와 건물, 부동산에 관한 권리, 기타자산을 양도한 경우에는 그 양도일이 속하는 달의 말일로부터 2개월 이내에 예정신고하여야 한다. 다만, 「소득세법」 제88조 제1호 각 목 외의 부분 후단에 따른 부담부증여의 채무액에 해당하는 부분으로서 양도로 보는 경우에는 그 양도일이 속하는 달의 말일부터 3개월 이내에 신고하여야 한다(소득법 §105 ① 1호, 3호).

배경 및 취지

증여세 신고기한이 증여일이 속하는 달의 말일로부터 3개월 이내인 점을 감안하여 부담부증여에 따라 양도로 보는 채무부분에 대한 양도소득세 신고기한도 증여세 신고기한과 일치시켜 납세자의 신고 편의를 제고한 것이다.

(2) 주식

「소득세법」 제94조 제1항 제3호 가목(상장법인의 주식) 및 나목(비상장법인의 주식)에 따른 자산을 양도한 경우에는 그 양도일이 속하는 반기(半期)의 말일부터 2개월 이내에 예정신고하여야 한다(소득법 §105 ① 2호).

[양도자산별 예정신고기한 구분]

부동산과다보유법인주식 양도시 주의사항

자산총액 중 부동산 비율이 50%를 초과하여 기타 자산으로 분류되는 특정주식과 자산총액 중 부동산비율이 80%를 초과하는 부동산과다보유법인 주식은 부동산을 양도한 것으로 보아 주식양도가 아닌 부동산 양도에 해당하는 세율이 적용되며, 양도소득세 신고기한 또한 부동산을 양도한 것으로 보아 당해 주식의 양도일이 속하는 달의 말일로부터 2개월로 정하고 있다. 따라서 주식을 양도하는 경우 일반 주식에 해당하는지 기타자산에 해당하는 특정주식 또는 부동산과다보유법인의 주식에 해당하는지 여부를 면밀히 검토해야 한다.

[토지 · 건물과 일반주식 양도소득세 계산구조 비교]

구 분	토지 · 건물(1그룹)	일반주식(2그룹)
양도차익과 양도차손 공제 · 통산 여부	• 그룹별로 각각 공제 가능(1그룹과 2그룹은 서로 통산불가) • 1그룹 및 2그룹별로 미공제 양도차손은 이월공제 불가	
장기보유특별공제 적용여부	적용가능 (미등기자산, 해외부동산 제외)	적용불가
양도소득기본공제 적용여부	• 국내부동산 : 250만원 공제 • 국외부동산 : 250만원 공제	국내외 주식 합산하여 250만원 공제
적용세율	6% ~ 45%의 기본세율 (비사업용토지 기본세율 + 10%)	• 중소기업 소액주주 : 10% • 대주주 : 20%(과세표준 3억원 초과분 25%)
신고기한	양도일이 속하는 달의 말일로부터 2개월(부담부증여는 3개월) 이내	양도일이 속하는 반기의 말일로부터 2개월 이내
이월과세 적용여부	10년간 이월과세 적용	1년간 이월과세 적용

관련 해석 사례

1. 토지거래계약허가구역 내의 토지를 매도하고 잔금을 수령한 이후 허가를 받은 경우에는 대금청산일이 양도시기의 판단기준이 되고 그 대금청산일에 양도소득세 납세의무가 성립하는 것이다(대법원 2017두53934, 2017. 10. 26).
2. 「도시개발법」 또는 그 밖의 법률에 따른 환지처분으로 인하여 교부받은 토지의 면적이 환지처분에 의한 권리면적보다 증가 또는 감소된 경우에는 그 증가 또는 감소된 면적의 토지에 대한 취득시기 또는 양도시기는 환지처분의 공고가 있은 날의 다음날이며, 이 때 환지처분에 따른 교부금을 미수령한 경우에도 환지처분의 공고가 있은 날의 다음날(양도시기)이 속하는 달의 말일부터 2개월내에 양도소득세를 예정신고 · 납부하는 것이다(부동산납세과-875, 2014. 11. 19).
3. 피상속인이 토지 등을 양도하고 예정신고기한 이전에 사망한 경우 그 상속인은 상속개시일이 속하는 달의 말일부터 6개월이 되는 날까지 사망일이 속하는 과세기간에 대한 양도소득세 예정신고를 할 수 있다(법규재산-337, 2013. 10. 31).

3 동일 과세기간에 2회 이상 양도하는 경우 산출세액

(1) 이미 신고한 양도소득금액과 합산하여 신고하는 경우

동일 과세기간에 누진세율 적용대상 자산에 대한 예정신고를 2회 이상 하는 경우로서 이미 신고한 양도소득금액과 합산하여 신고하려는 경우에는 아래의 계산식에 따라 계산한 금액을 제2회 이후 신고하는 예정신고 산출세액으로 한다(소득법 §107 ②).

• 2회 이상 예정신고시 산출세액
=(이미 신고한 자산의 양도소득금액+2회 이후 신고하는 자산의 양도소득금액-양도소득기본공제) × 세율-이미 신고한 예정신고 산출세액

(2) 2회 이상 양도하고 합산 신고하지 않은 경우

동일 과세기간에 누진세율 적용대상 자산을 2회 이상 양도하는 경우에도 이미 신고한 양도소득금액과 합산하여 신고하지 않고 각각 예정신고를 신고할 수 있다. 이 경우 각 예정신고분에 대해서는 가산세는 없지만, 다음 연도 5월 31알까지 확정신고하여야 한다.

Ⅱ 확정신고

해당 과세기간의 양도소득금액이 있는 거주자는 그 양도소득 과세표준을 그 과세기간의 다음연도 5월 1일부터 5월 31일까지 납세지(주소지) 관할세무서장에게 신고하여야 한다. 이 경우 예정신고를 한 자는 해당 소득에 대한 확정신고를 하지 아니할 수 있다.

다만, 아래의 경우에는 예정신고를 한 경우에도 확정신고를 하여야 한다. 만일 확정신고를 하지 않은 경우에는 가산세를 부담하여야 한다(소득령 §173⑤).

① 당해 연도에 누진세율의 적용대상 자산에 대해 예정신고를 2회 이상 한 자가 이미 신고한 양도소득금액과 합산하여 예정신고를 하지 않은 경우

② 토지, 건물, 부동산에 관할 권리 및 기타자산을 2회 이상 양도한 경우로서 양도소득 기본공제를 적용할 경우 당초 신고한 양도소득 산출세액이 달라지는 경우

③ 토지, 건물, 부동산에 관한 권리 및 기타자산을 둘 이상 양도한 경우로서 양도소득 산출세액 계산특례(산출세액이 큰 세액)를 적용할 경우 당초 신고한 양도소득 산출세액이 달라지는 경우

적용 사례 동일 과세기간에 기본세율 적용자산을 2회 이상 양도하고 각각 예정신고한 경우

- **A주택의 취득 및 양도에 관한 자료**

구 분	내 용
양도일 및 양도가액	2025. 4. 10. 양도가액 4억원
취득일 및 취득가액	2023. 6. 25. 상속주택 2억5천만원(기준시가)
기타 필요경비	양도시 중개수수료 5백만원 지출
기타사항	별도세대원인 피상속인은 당해 주택을 2012. 4. 20.에 취득

- **B주택의 취득 및 양도에 관한 자료(1세대 1주택 비과세대상 아님)**

구 분	내 용
양도일 및 양도가액	2025. 10. 10. 양도가액 8억원
취득일 및 취득가액	2014. 11. 30. 취득가액 불분명
기준시가	취득 당시 기준시가 : 1억원
	양도 당시 기준시가 : 4억원

해설

1. A주택 예정신고

구 분	금 액	계산 근거
양도가액	400,000,000	
(−) 취득가액	250,000,000	상속개시일 현재 평가액
(−) 기타필요경비	5,000,000	양도시 중개수수료
(=) 양도차익	145,000,000	
(−) 장기보유특별공제	−	3년 미만 보유(상속인의 보유기간만 적용)
(=) 양도소득금액	145,000,000	
(−) 기본공제	2,500,000	
(=) 과세표준	142,500,000	
(×) 세율	35%	기본세율 적용(피상속인 취득일부터 적용)
(=) 산출세액	34,435,000	142,500,000 × 35% − 1,544만원(누진공제)

2. B주택 예정신고

구 분	금 액	계산 근거
양도가액	800,000,000	실지 양도가액
(−) 취득가액	200,000,000	8억원 × 1억원/4억원 : 환산취득가액
(−) 기타필요경비	3,000,000	1억원 × 3% : 필요경비 개산공제액
(=) 양도차익	597,000,000	
(−) 장기보유특별공제	119,400,000	597,000,000 × 20%(10년 × 2%)
(=) 양도소득금액	477,600,000	
(−) 기본공제	−	
(=) 과세표준	477,600,000	
(×) 세율	40%	
(=) 산출세액	165,100,000	477,600,000 × 40% − 2,594만원(누진공제)

3. 이미 예정신고한 A주택과 B주택에 대하여 다음 년도 5. 31.까지 확정신고시 추가 납부할 세액

구 분	A주택	B주택	합 계
양도가액	400,000,000	800,000,000	1,200,000,000
(-) 취득가액	250,000,000	200,000,000	450,000,000
(-) 기타필요경비	5,000,000	3,000,000	8,000,000
(=) 양도차익	145,000,000	597,000,000	742,000,000
(-) 장기보유특별공제	-	119,400,000	119,400,000
(=) 양도소득금액	145,000,000	477,600,000	622,600,000
(-) 기본공제	-	-	2,500,000
(=) 과세표준	-	-	620,100,000
(×) 세율	-	-	42%
(-) 누진공제	-	-	35,940,000
(=) 산출세액	-	-	224,502,000
(-) 기납부세액	-	-	199,535,000*
(=) 추가납부할 세액	-	-	24,967,000

* 34,435,000(A주택) + 165,100,000(B주택) = 199,535,000

Ⅲ 가산세

1 가산세의 구분

양도소득세 예정신고 또는 확정신고를 하여야 할 자가 예정신고 또는 확정신고를 하지 않거나 과소신고한 경우에는 아래와 같이 가산세가 부과된다.

(1) 무신고가산세

법정신고기한까지 예정신고 및 확정신고를 하지 않은 경우로서 그 신고로 납부하여야 할 세액이 있는 경우에는 아래의 금액을 가산세로 한다(국기법 §47의2 ①).

① 일반무신고가산세 = 무신고납부세액 × 20%
② 부정무신고가산세 = 부정무신고납부세액 × 40%
※ 무신고납부세액 : 세액공제 · 감면, 기납부세액, 당초 신고세액 등을 차감한 세액

(2) 과소신고 · 초과환급신고가산세

법정신고기한까지 예정신고 및 확정신고를 한 경우로서 납부할 세액을 신고하여야 할 세액보다 적게 신고하거나 환급받을 세액을 신고하여야 할 금액보다 많이 신고한 경우에는 아래의 금액을 가산세로 한다(국기법 §47의3 ①).

① 일반과소신고 · 초과환급신고가산세 = 과소신고납부세액 × 10%
② 부정과소신고 · 초과환급신고가산세 = 부정과소신고납부세액 × 40%

관련 해석 사례

1. 토지를 양도하고 무신고하였으나 8년 이상 자경농지에 대한 세액감면대상에 해당되어 납부할 세액이 없는 경우에는 무신고가산세를 부과할 수 없다(조심 2010부3176, 2010. 12. 21).
2. 양도소득세와 상속세 및 증여세를 신고 · 결정 또는 결정하는 경우로서 추가로 납부할 세액(가산세액은 제외)이 없는 경우에는 무신고가산세와 과소신고가산세를 적용하지 않는다(징세과 - 376, 2011. 4. 25).
3. 법정신고기한내에 양도소득세를 1세대 1주택 비과세로 신고하면서 신고서상 양도소득금액까지 산출하고 과세표준 및 세액을 산출하지 아니한 경우에는 과소신고가산세가 적용되는 것이다(징세과 - 1326, 2011. 12. 23).

(3) 납부지연가산세

법정신고기한까지 국세의 납부를 하지 않거나 납부하여야 할 세액보다 적게 납부하거나 환급받아야 할 세액보다 많이 환급받은 경우에는 아래의 금액을 가산세로 한다(국기법 §47의4 ①).

① 무납부(과소납부)가산세
= 무납부(과소납부)세액 × 무납부(과소납부)일수 × 0.022%(연 8.03%)
※ 무납부(과소납부)일수 : 납부기한의 다음 날부터 자진납부일 또는 납부고지일까지의 기간

② 초과환급가산세
= 초과환급세액 × 초과환급일수 × 0.022%(연 8.03%)
※ 초과환급일수 : 환급받은 날의 다음 날부터 납부일까지의 기간

(4) 건물 감정가액·환산취득가액 적용에 따른 가산세

건물을 신축 또는 증축(증축의 경우 바닥면적 합계가 85㎡를 초과하는 경우)하고 신축 또는 증축한 후 5년 이내에 해당 건물을 양도하는 경우로서 취득가액을 감정가액 또는 환산취득가액으로 적용하여 신고하는 경우 해당 건물의 감정가액 또는 환산취득가액의 5%에 해당하는 금액을 가산세로 부과한다.

• 건물 감정가액·환산취득가액 적용에 따른 가산세
= 건물분 감정가액 또는 환산취득가액 × 5%

2 가산세 중복적용 배제 및 적용사례

(1) 예정신고관련 가산세가 부과된 경우 확정신고관련 가산세 적용 배제

양도소득세 예정신고와 관련하여 가산세(무신고가산세·과소신고가산세·납부지연가산세)가 부과되는 부분에 대해서는 확정신고와 관련하여 가산세를 적용하지 않는다(국기법 §47의2 ⑤, §47의3 ⑥, §47의4 ⑤).

(2) 2건 이상 양도 후 예정신고와 확정신고를 모두 하지 않은 경우

누진세율 적용대상 자산을 2건 이상 양도하고 예정신고와 확정신고를 모두 하지 않은 경우에는 예정 무신고가산세는 "양도 건별로 각각 가산세를 부과"한 후, 소득금액 합산으로 증가된 산출세액이 있는 경우 그 세액에 대해 확정무신고가산세 등을 부과한다.

적용 사례 자산을 2회 이상 양도 후 예정신고 및 확정신고 모두 무신고한 경우

구 분	예정무신고		확정무신고 (2025. 9. 15. 결정 · 고지)
	A주택(과세) (2024. 6. 10. 양도)	B토지(사업용토지) (2024. 10. 15. 양도)	
양도소득금액	100,000,000	80,000,000	180,000,000
(-) 기본공제	2,500,000	-	2,500,000
(=) 과세표준	97,500,000	80,000,000	177,500,000
(×) 세율	35%	24%	38%
(-) 누진공제	15,440,000	5,760,000	19,940,000
(=) 산출세액	18,685,000	13,440,000	47,510,000
(+) 가산세	5,299,066[1]	3,450,854[2]	9,864,163[3]
(-) 기신고 · 결정세액	-	-	40,874,920[4]
(=) 납부할세액	23,984,066	16,890,854	16,499,243

해설

1) A주택 가산세(①+②) : 5,299,066
① 예정무신고가산세 : 18,685,000 × 20% = 3,737,000
② 납부지연가산세 : 18,685,000 × 380일(2024. 9. 1. ~ 2025. 9. 15.) × 0.022% = 1,562,066

2) B토지 가산세(①+②) : 3,450,854
① 예정무신고가산세 : 13,440,000 × 20% = 2,688,000
② 납부지연가산세 : 13,440,000 × 258일(2025. 1. 1. ~ 2025. 9. 15.) × 0.022% = 762,854

3) 합산결정(A주택 및 B토지) 가산세(①+②) : 9,864,163
① 확정무신고가산세 : 6,425,000(예정분) + 3,077,000*(확정분) = 9,502,000
* [47,510,000 - (18,685,000 + 13,440,000)] × 20% = 3,077,000
② 납부지연가산세 : 15,385,000 × 107일(2025. 6. 1. ~ 2025. 9. 15.) × 0.022% = 362,163

4) 예정신고 납부세액 합계 : 23,984,066 + 16,890,854 = 40,874,920

(3) 2건 이상 양도 후 예정신고하였으나 확정신고를 하지 않은 경우

누진세율 적용대상 자산을 2건 이상 양도하고 각각에 대하여 합산하지 않은 채 예정신고만 하고, 확정신고를 하지 않은 경우에는 소득금액 합산으로 증가된 산출세액이 있는 경우 그 세액에 대해 확정무신고가산세 등을 부과한다.

적용 사례 자산을 2회 이상 양도 후 예정신고하였으나 확정신고 무신고한 경우

구 분	예정신고		확정무신고 (2025. 9. 15. 결정·고지)
	A주택(과세) (2024. 6. 10. 양도)	B토지(사업용토지) (2024. 10. 15. 양도)	
양도소득금액	100,000,000	80,000,000	180,000,000
(−) 기본공제	2,500,000	−	2,500,000
(=) 과세표준	97,500,000	80,000,000	177,500,000
(×) 세율	35%	24%	38%
(−) 누진공제	15,440,000	5,760,000	19,940,000
(=) 산출세액	18,685,000	13,440,000	47,510,000
(+) 가산세	−	−	3,439,163[1)]
(−) 기신고·결정세액	−	−	32,125,000[2)]
(=) 납부할세액	18,685,000	13,440,000	18,824,163

해설

1) A주택 가산세(①+②) : 3,439,163
   ① 확정무신고가산세 : [47,510,000 − (18,685,000 + 13,440,000)] × 20% = 3,077,000
   ② 납부지연가산세 : 15,385,000 × 107일(2025. 6. 1. ~ 2025. 9. 15.) × 0.022% = 362,163

2) 예정신고 납부세액 합계 : 18,685,000 + 13,440,000 = 32,125,000

3 가산세 감면

(1) 수정신고시 가산세 감면

과세표준신고서를 법정신고기한(예정신고기한 포함)까지 제출한 자가 법정신고기한이 경과한 후 아래와 같이 일정기한 내 수정신고(추가납부는 하지 않아도 됨)한 경우에는 "과소신고·초과환급신고가산세"를 감면한다. 다만, 과세표준과 세액을 경정할 것을 미리 알고(세무공무원의 세무조사 착수·과세자료 해명 통지서 수령) 과세표준수정신고서를 제출한 경우는 감면되지 않는다(국기법 §48 ② 1호).

• 가산세 감면금액 = 과소신고 · 초과환급신고가산세 × 감면율(90% ~ 10%)

[수정신고시 가산세 감면율]

법정신고기한 경과후 수정신고기한	감면율	비 고
1개월 이내	90%	예정신고한 자가 아래의 기한 내에 수정신고한 경우 감면율 • 1개월 이내 : 90% • 1개월 초과 3개월 이내 : 75% • 3개월 초과 확정신고기한 : 50%(3호 다목)
1개월 초과 3개월 이내	75%	
3개월 초과 6개월 이내	50%	
6개월 초과 1년 이내	30%	
1년 초과 1년 6개월 이내	20%	
1년 6개월 초과 2년 이내	10%	

적용 사례 **주택을 양도하고 예정신고 하였으나, 기타 필요경비를 잘못 신고하여 확정신고시 수정신고하는 경우**

1. 아파트 취득 및 양도내역
   ① 양도가액 : 8억원(양도일자 2024. 8. 30.)
   ② 취득가액 : 3억원(취득일자 2014. 3. 25.)
   ③ 기타 필요경비 : 7천만원
2. 기타 필요경비 7천만원 중 3천만원은 수익적 지출이나, 자본적 지출로 잘못 신고하여 확정신고시 수정신고하기로 한다.
3. 양도당시 양도주택 외 서울에 2주택을 보유하고 있다.

해설

구 분	당초 예정신고(2024. 10. 31.)	수정신고(2025. 5. 31.)
양도차익	430,000,000	460,000,000
(-) 장기보유특별공제	86,000,000[1]	92,000,000[2]
(=) 양도소득금액	344,000,000	368,000,000
(-) 기본공제	2,500,000	2,500,000
(=) 과세표준	341,500,000	365,500,000
(×) 세율	40%	40%
(-) 누진공제	25,940,000	25,940,000
(=) 산출세액	110,660,000	120,260,000
(+) 과소신고가산세	-	480,000[3]
(+) 납부지연가산세	-	447,744[4]
(-) 기신고・결정세액	-	110,660,000
(=) 납부할세액	110,660,000	10,527,744

1) 430,000,000 × 20%(10년 × 2%) = 86,000,000

2) 460,000,000 × 20%(10년 × 2%) = 92,000,000

3) 과소신고가산세(수정신고시 50% 감면) : (120,260,000 - 110,660,000) × 10% × 50% = 480,000

4) 납부지연가산세 : (120,260,000 - 110,660,000) × 212일(2024. 11. 1. ~ 2025. 5. 31.) × $\frac{22}{100,000}$ = 447,744

(2) 기한후신고시 가산세 감면

법정신고기한까지 과세표준신고서를 제출하지 않았으나 법정신고기한 경과 후 일정기한까지 기한후신고를 한 경우에는 아래와 같이 무신고가산세가 감면된다. 다만, 과세관청에서 과세표준과 세액을 결정할 것을 미리 알고 기한후신고서를 제출한 경우에는 감면되지 않는다(국기법 §48 ② 2호).

[기한후신고시 가산세 감면율]

법정신고기한 경과후 신고기간	기한후신고시 무신고가산세 감면율	비 고
1개월 이내	50%	예정신고를 하지 않았으나 확정신고기한까지 신고한 경우에는 무신고가산세 감면율 50% 적용(3호 라목)
1개월 초과 3개월 이내	30%	
3개월 초과 6개월 이내	20%	

적용 사례 누진세율 적용대상 자산을 2회 이상 양도 후 예정신고를 하지 않고 확정신고하는 경우

1. 아파트는 2024. 5. 25. 양도하였으며 양도소득금액은 1.5억원이다.
2. 연립주택은 2024. 9. 10. 양도하였으며 양도소득금액은 6천만원이다.
3. 아파트와 연립주택은 모두 과세대상이다.

해설

구 분	예정무신고		확정신고 (2025. 5. 31.)
	아파트	연립주택	
양도소득금액	150,000,000	60,000,000	210,000,000
(-) 기본공제	-	-	2,500,000
(=) 과세표준	-	-	207,500,000
(×) 세율	-	-	38%
(-) 누진공제	-	-	19,940,000
(=) 산출세액	-	-	58,910,000
(+) 무신고가산세	-	-	4,482,500 1)
(+) 납부지연가산세	-	-	2,765,998 2)
(-) 기신고・결정세액	-	-	-
(=) 납부할세액	-	-	66,158,498

1) 무신고가산세(기한후신고시 50% 감면) : 4,482,500
[(150,000,000 - 2,500,000) × 35% - 1,544만원 + 60,000,000 × 24% - 576만원] × 20% × 50% = 4,482,500

2) 납부지연가산세 : $36,185,000^{*} \times 304일 \times \frac{22}{100,000} + 8,640,000^{**} \times 182일 \times \frac{22}{100,000} = 2,765,998$

* (150,000,000 - 2,500,000) × 35% - 1,544만원(누진공제) = 36,185,000
** 60,000,000 × 24% - 576만원(누진공제) = 8,640,000

Ⅳ 양도소득세의 분할납부

예정신고 또는 확정신고에 따라 납부할 세액이 각각 1천만원을 초과하는 자는 아래의 분납세액을 납부기한이 지난 후 2개월 이내에 분할납부할 수 있다(소득법 §112). 이 경우 양도소득분에 대한 지방소득세와 양도소득세의 수정신고 납부세액에 대해서는 분할납부할 수 없다.

세액 구분	분할납부 금액	적용 금액
① 납부세액 2천만원 이하	1천만원 초과 금액	1,500만원 → 분납금액 500만원
② 납부세액 2천만원 초과	납부세액의 50% 이하 금액	3,500만원 → 분납금액 1,750만원

핵심
양도소득세

사례로 이해하는

핵심 양도소득세

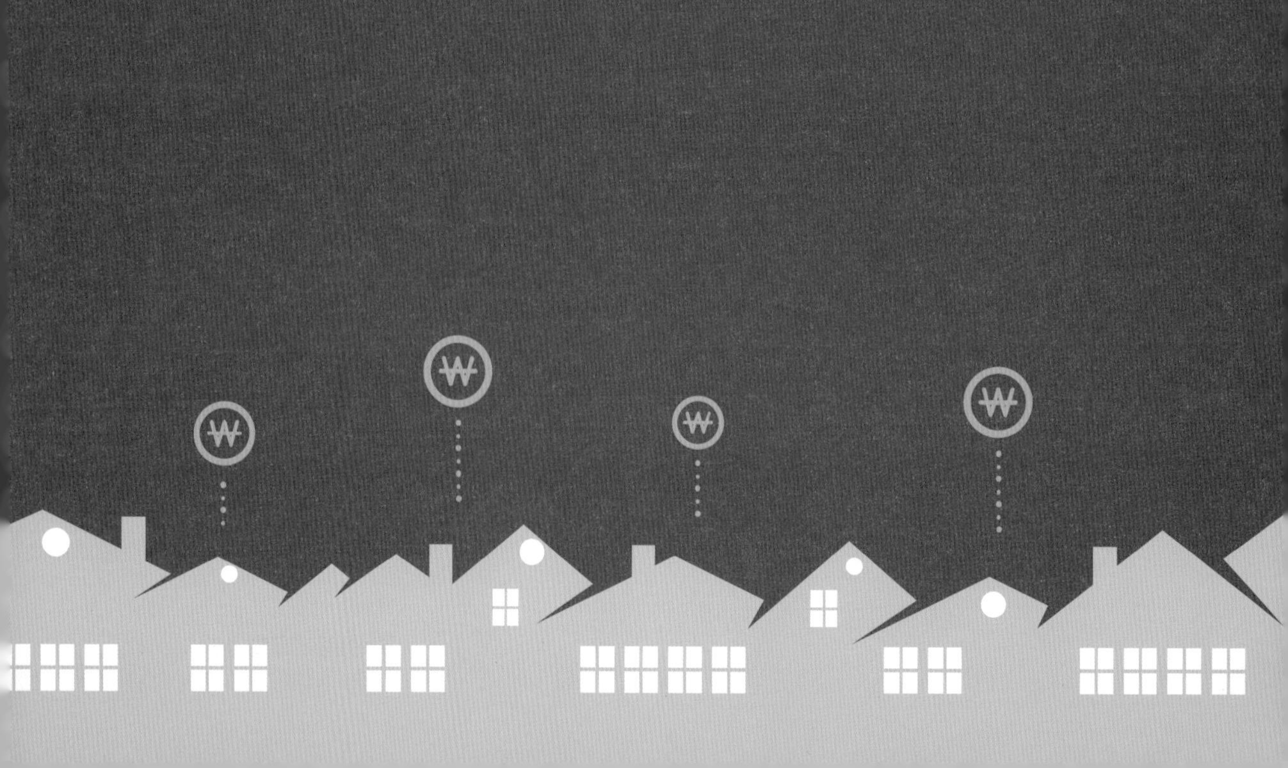

PART 2

1세대 1주택 비과세

1. 1세대 1주택 비과세 총설
2. 1세대 1주택 비과세 적용시 보유기간 및 거주기간 판단
3. 주요 취득 원인별 보유기간 및 거주기간 계산 방법

Chapter

1 1세대 1주택 비과세 총설

I 적용 요건

아래의 요건을 모두 충족한 1세대 1주택 또는 1조합원입주권(P. 395 참조)의 양도로 발생하는 소득에 대해서는 양도소득세를 과세하지 않는다(소득법 §89 ① 3호, 4호 가목).

1세대 1주택 비과세 주요 요건

- 양도일 현재 주택의 보유기간이 2년(비거주자의 주택인 경우는 3년) 이상일 것
- 2017. 8. 3. 이후 취득 당시 조정대상지역 내 주택의 경우는 거주기간이 2년 이상일 것
- 양도가액이 12억원 이하일 것. 다만, 12억원 초과분에 상당하는 양도차익은 과세
- 양도주택 외 다른 주택 · 조합원입주권 · 2021. 1. 1. 이후 취득한 주택분양권을 보유하고 있지 않을 것. 다만, 아래의 1세대 2주택은 1세대 1주택으로 간주(1세대 2주택 비과세 특례규정)

주택 취득유형	비과세 판단시 주택 수에서 제외되는 주요 특례주택 등	페이지
일반주택 + 특례주택	소득령 §155 ①(대체주택) · ②(상속주택) · ③(공동상속주택) · ⑦(농어촌주택) 및 조특법 §99의4(농어촌주택) · ⑧(실수요주택)	Part3
일반주택 + 일반주택	소득령 §155 ④(동거봉양주택) · ⑤(혼인합가주택)	P. 328
거주주택 + 장기임대주택 등	소득령 §155 ⑳(장기임대주택 · 장기어린이집)	P. 365
종전주택 + 분양권	소득령 §156의3 ②, ③(3년 이내 또는 3년 경과 종전주택 양도)	P. 275
종전주택 + 조합원입주권	소득령 §156의2 ③, ④(3년 이내 또는 3년 경과 종전주택 양도)	P. 403
조합원입주권 + 신규주택	소득법 §89 ① 4호 나목(3년 이내 조합원입주권 양도)	P. 395
일반주택 + 미분양주택 등	조특법 §98, §98의2, §98의3, §98의5 ~ 9	Part5 Part6
일반주택 + 장기임대주택 등	조특법 §97, §97의2, §97의3, §97의4, §97의5	
일반주택 + 신축주택	조특법 §99의2 → §99와 §99의3(신축주택)은 주택 수 포함	
일반주택 + 재고주택	소득법 §19(주택신축판매업자 · 부동산매매업자의 재고주택)	P. 741

Ⅱ 1세대의 개념 및 범위

1 1세대의 범위(원칙)

양도소득세에서 주택 수는 세대단위로 합산하기 때문에 세대개념이 매우 중요한데, "1세대"란 양도일 현재 거주자(주택 양도자) 및 그 배우자(법률상 이혼을 하였으나 생계를 같이 하는 등 사실상 이혼한 것으로 보기 어려운 관계에 있는 사람을 포함)가 그들과 같은 주소 또는 거소에서 현실적으로 생계를 같이하는 동거가족을 말한다(소득법 §88 6호).

이 경우 동거가족은 거주자 및 그 배우자의 직계존비속(그 배우자를 포함) 및 형제자매를 말하며, 취학, 질병의 요양, 근무상 또는 사업상의 형편으로 일시 퇴거한 자를 포함하고 부부는 각각 세대를 달리 구성하는 경우에도 동일한 세대로 본다(소기통 88-0…4 ②).

여기서, 1세대에 해당하는지 여부는 주택의 양도일 현재를 기준으로 판단한다(양도집행 89-154-2). 예를 들어, 25세 미혼 자녀가 주택을 취득한 후, 30세 이상이 된 시점에서 부모와 실제 세대를 분리한 경우는 주택의 취득시기와 관계없이 양도일 현재는 세대분리 요건을 충족하므로 자녀는 1세대(독립세대)로 보는 것이다.

- 가족의 범위 포함 : 장인, 장모, 처남, 처제, 사위, 며느리, 시부모, 시아주버니, 시동생 등
- 가족의 범위 미포함 : 형수, 제수, 동서, 형부, 제부 등 "형제자매의 배우자"

2 1세대의 범위(예외)

1세대가 되려면 배우자가 있어야 하지만, 아래의 경우에는 배우자가 없어도 1세대로 보아 각자의 보유주택에 따라 1세대 1주택 비과세 여부를 판단한다(소득령 §152의3).

① 미혼자의 나이가 30세 이상인 경우(소득 불문)
② 배우자가 사망하거나 이혼한 경우(소득 불문)
③ 30세 미만의 성년자의 12개월간 경상적 · 반복적 소득이 기준 중위소득을 12개월로 환산한 금액의 40% 수준 이상으로서 소유하고 있는 주택 또는 토지를 관리 · 유지하면서 독립된 생계를 유지할 수 있는 경우
예시) 12개월로 환산한 금액의 40% → 2025년 기준중위소득 2,392,013원(1인 가구) × 12개월 × 40%

[국민기초 생활보장법에 따른 2025년도 기준 중위소득]

구 분	1인 가구	2인 가구	3인 가구	4인 가구	5인 가구
금액(원/월)	2,392,013	3,932,658	5,025,353	6,097,773	7,108,192

적용 사례 母와 함께 거주하는 1주택자인 子와 1주택을 양도한 父가 동일세대인지 여부

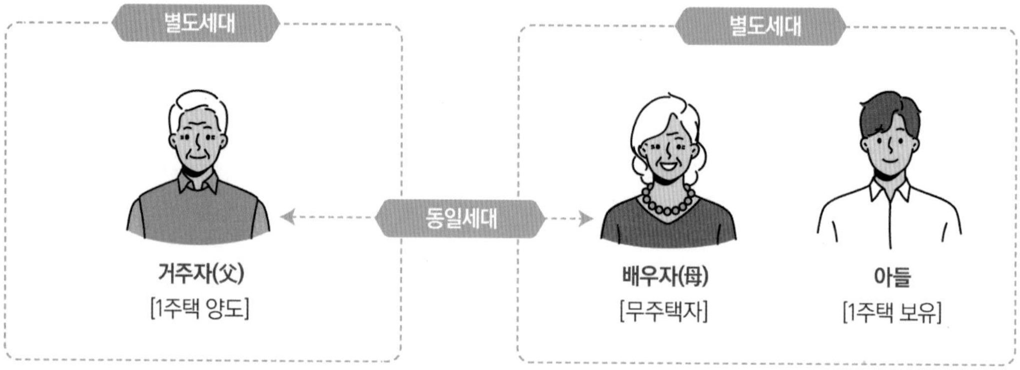

해설 다른 주소에서 생계를 달리하는 별도세대인 아들(1주택자)이 모친과 함께 생계를 같이하고 있는 경우에는 별도세대인 부친(1주택자)과는 동일세대로 보지 않으므로, 1세대 1주택 비과세 요건을 충족한 부친과 아들이 각각 보유한 주택을 양도하는 경우에는 비과세가 적용된다.

여기서 주의할 사항은 부친과 모친의 경우 "세대를 달리 하더라도 동일세대로 본다"라는 규정 때문에 모친과 함께 거주하고 있는 별도세대인 아들까지 부친의 동일세대에 포함할 수 없다는 점이다(양도집행 88-152의3-9).

유사 해석 사례 1주택자인 직계존속(父)은 직계비속(딸, 무주택자)과 생계를 같이 하고 있으나, 그 직계비속의 배우자(사위, 1주택 보유)와는 실제 생계를 달리하고 있는 경우 父와 사위는 동일세대로 보지 않으므로 父가 양도하는 주택은 1세대 1주택 비과세를 적용받을 수 있다(부동산납세과-2570, 2022. 8. 30).

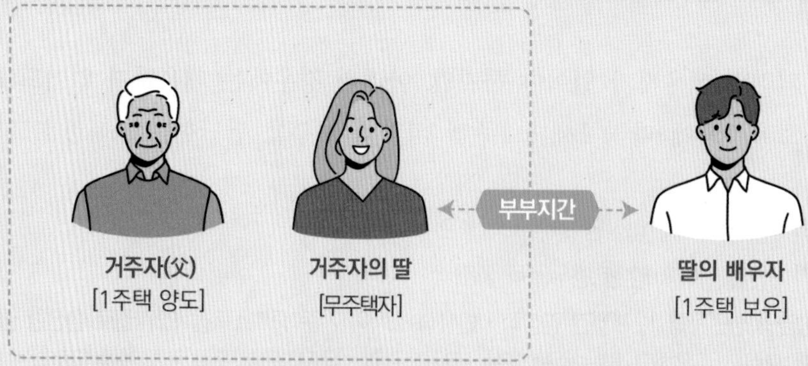

관련 해석 사례

1. 청구인의 가족과 부모가 함께 거주한 쟁점주택의 방은 3개이나 화장실・거실・주방 및 출입구는 각각 1개로서 분리되어 있지 아니하여 별도의 문으로 출입하거나 독립적인 생활 및 취사 등을 할 수 있는 구조로 보기 어려운 점, 청구인과 부모가 일상 생활비를 분담한 내역이 명확하게 확인되지 아니하는 점 등에 비추어 청구인과 부모를 동일세대로 봄이 타당하다(조심 2020중8354, 2021. 4. 16).
2. 주택 양도 당시 23세의 학생인 자녀가 부모와 별도의 주소에 거주하면서 일시적으로 수입을 얻은 것은 독립된 생계를 유지한 것으로 볼 수 없으므로 자녀와 부모는 동일세대를 구성한 것으로 본다(조심 2020중2127, 2020. 10. 6).
3. 청구인은 쟁점아파트 양도 당시 30세 이상으로서 일정한 소득금액이 있어 모친과 독립적으로 생계를 유지할 만한 경제적 능력이 있는 점, 청구인이 제출한 신용카드 및 금융계좌 내역 등을 보면 식비, 생필품구입, 의료비, 소송비용 등의 지출이 서로 구분되어 사용된 점, 쟁점주택(1층은 청구인이 거주, 2층은 모친이 거주)은 2층의 단독주택으로 1층을 거치지 아니하고 2층으로 바로 출입할 수 있는 계단이 있고, 각 층마다 방 2개와 화장실 겸 욕실이 따로 있는 등 사실상 별도의 생활공간으로 보이는 점 등을 비추어 청구인과 모친은 쟁점아파트 양도 당시 별도세대로 보는 것이 타당하다(조심 2023부6868, 2023. 8. 23).

비교 학습 취득세 적용시 세대의 범위 및 주택 수 판단

1. 세대의 기준

(1) 1세대의 범위

취득세 중과세를 적용할 때 주택 수는 "1세대를 기준"으로 판단한다. 여기서 1세대란 주택을 취득하는 사람과 "주민등록표"에 함께 기재되어 있는 가족(배우자 또는 취득일 현재 미혼인 30세 미만의 자녀 포함)을 말한다(지방령 §28의3 ①).

다만, 아래의 어느 하나에 해당하는 경우에는 각각 별도의 세대로 본다(지방령 §28의3 ②).

① 30세 미만의 자녀로서 주택 취득일이 속하는 달의 직전 12개월 동안 발생한 소득이 기준중위소득을 12개월로 환산한 금액의 40% 이상인 경우
② 취득일 현재 65세 이상의 부모를 동거봉양하기 위하여 자녀가 합가한 경우
③ 취학 또는 근무상의 형편 등으로 출국하는 경우로서 다른 가족의 주소로 신고한 경우
④ 주택을 취득한 날부터 60일 이내에 세대를 분리하기 위하여 그 취득한 주택으로 주소지를 이전하는 경우

(2) 취득세와 양도소득세 1세대 범위 차이

취득세에서 1세대를 판정함에 있어 가족의 범위는 양도소득세와 매우 유사하지만, 양도소득세는 1세대를 주민등록과 상관없이 "실질"에 따라 판단하는 반면에 취득세는 1세대를 "형식(주민등록)"으로 판단하고 있다.

예를 들어, 아버지와 성년의 아들이 주민등록상으로 세대분리되어 있으나 실제는 동일주택에서 생계를 같이하고 있다면 양도소득세에서는 실질에 따라 아버지와 아들을 동일세대로 보지만, 취득세는 실제 거주 여부와 상관없이 주민등록을 기준으로 판단하므로 아버지와 아들은 각각 별도세대로 분류된다.

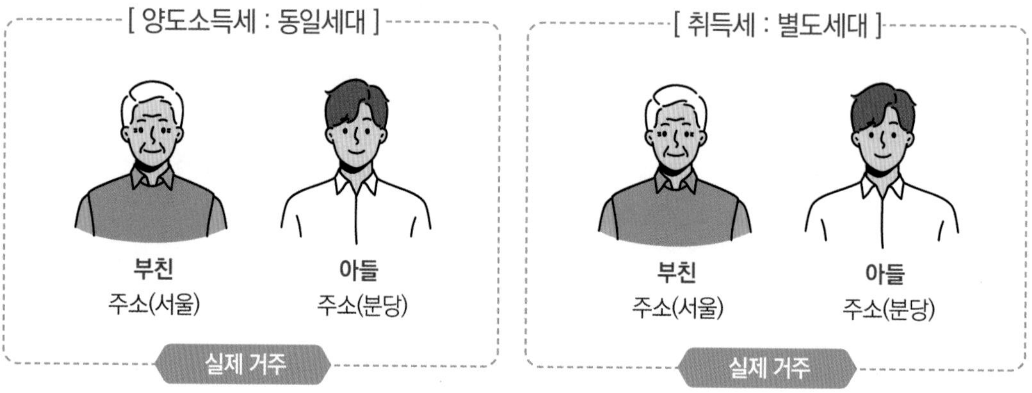

2. 취득세 적용시 1세대 및 주택 수 판정기준일

취득세 중과세율을 적용할 때 세율 적용의 기준이 되는 1세대의 주택 수는 주택 취득일 현재 취득하는 주택과 1세대가 소유하는 주택, 조합원입주권, 주택분양권, 오피스텔을 포함한다.

이 경우 조합원입주권 또는 주택분양권에 의하여 취득하는 주택의 경우에는 조합원입주권 또는 주택분양권의 취득일(분양사업자로부터 주택분양권을 취득하는 경우에는 분양계약일, 주택분양권의 매매 · 교환 및 증여를 통하여 1세대 내에서 동일한 주택분양권에 대한 취득일이 둘 이상이 되는 경우에는 가장 빠른 주택분양권의 취득일을 말함)을 기준으로 해당 주택 취득시의 세대별 주택 수를 산정한다(지방령 §28의4 ①).

※ 개정규정(주택분양권의 매매 · 교환 · 증여를 통한 취득일)은 2025. 1. 1. 이후 1세대에 속하지 않은 자로부터 해당 주택분양권을 취득하는 경우부터 적용한다(대통령령 제35177호, 부칙 §3).

예를 들어, 자녀 乙이 C주택(강남)의 매매계약 체결 시점에 2주택자인 부모와 동일세대였으나, 세대를 분리한 후 C주택 취득(잔금지급일) 당시는 별도세대이므로 자녀 乙은 1주택을 취득한 결과가 되어 1%~3%의 기본세율이 적용된다.

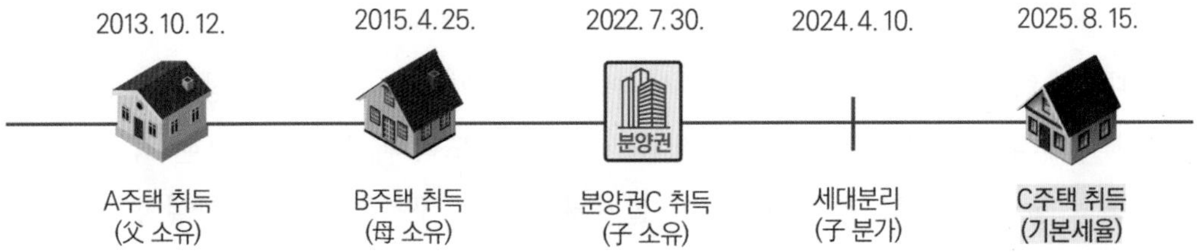

만일 자녀 乙이 세대를 분리하지 않고 동일세대인 상태에서 C주택을 취득하기 전에 부모의 주택(A, B)을 모두 처분하였더라도 "주택분양권 취득 당시" 부모가 2주택을 보유하고 있었고 자녀 乙은 조정대상지역의 3번째 주택을 취득한 결과가 되어 12%의 취득세율이 적용되므로 주택분양권에 의해 주택을 취득하는 경우에는 각별히 주의를 요한다.

관련 해석 사례

행정안전부의 해석에 따르면 주택분양권에 의한 주택 취득시 ① 1세대는 주택의 "취득일 현재"를 기준으로 판단하고, ② 주택 수는 "분양권 취득 당시 시점"을 기준으로 판단하고 있으나(부동산세제-1695, 2021. 6. 25), 조세심판원은 "1세대 및 주택 수" 판정 모두 주택분양권 취득일 현재를 기준으로 판단하고 있어 상반된 견해를 보이고 있다(조심 2022지0376, 2022. 6. 27).

[분양권 및 분양권에 의한 주택 취득시 1세대 및 주택 수 판단시점]

구 분	1세대 판단시점	주택 수 판단시점
행정안정부	주택 취득일	분양권 취득일
조세심판원	분양권 취득일	

비교 학습 끝

Ⅲ 비과세대상 주택 및 부수토지의 범위

1 주택의 개념과 범위

1세대 1주택 비과세 여부 판단시 "주택"이란 허가 여부나 공부(公簿)상의 용도구분과 관계없이 세대의 구성원이 독립된 주거생활을 할 수 있도록 세대별로 구분된 각각의 공간마다 별도의 출입문, 화장실, 취사시설이 설치되어 있는 구조를 갖추어 사실상 주거용으로 사용하는 건물을 말하며, 그 용도가 불분명한 경우에는 공부상의 용도에 따른다(소득법 §88 7호, 소득령 §152의4).

2 주택 부수토지의 범위

취득세, 재산세 및 종합부동산세를 적용함에 있어 주택의 부수토지는 주택으로 간주하고 있으나, 양도소득세에서는 원칙적으로 주택의 부수토지는 주택으로 보지 않는다. 다만, 1세대 1주택 비과세 적용대상 주택과 함께 양도하는 기준면적 이내분 부수토지(건물정착면적×아래의 용도지역별 배율)에 대해서는 비과세를 적용하되, 그 기준면적 초과분 부수토지에 대해서는 비사업용 토지로 보아 기본세율(6%~45%)에 10%를 가산한 중과세율이 적용된다(소득법 §104④3호, 소득령 §154⑦).

이 경우 "건물정착면적"은 건물(무허가건물 포함)의 수평투영면적을 말하는데, 이는 단순히 건물의 각 층의 면적 중 가장 넓은 면적을 의미하는 것이 아니라 건물의 위에서 내려다 보았을 경우 전체 건물의 그림자 면적을 기준으로 하되 지상 및 지하층에 관계없이 전층의 수평투영면적을 말한다(양도집행 89-154-15).

배경 및 취지

일정 범위 내의 주택부수토지에 대하여도 비과세 혜택을 부여하는 것은 건물은 그에 따른 부수토지가 있기 마련이고 건물을 양도할 때는 통상 양도건물과 경제적 일체를 이루는 그 부수토지도 함께 양도되는 경우가 대부분이기 때문에 건물이 1세대 1주택에 해당하는 경우 그 부수토지의 양도로 인하여 발생하는 소득도 일정 범위에서 함께 비과세하는 것이 규정 취지에 부합하는 것이다.

[주택 부수토지의 용도지역별 배율]

<table>
<tr><th colspan="2">주택 부수토지 소재지</th><th colspan="2">용도지역</th><th>배 율</th></tr>
<tr><td rowspan="4">수도권 내</td><td rowspan="4">도시지역</td><td>주거지역</td><td>전용 · 일반 · 준주거지역</td><td rowspan="3">3배</td></tr>
<tr><td>상업지역</td><td>중심 · 일반 · 근린 · 유통 · 상업지역</td></tr>
<tr><td>공업지역</td><td>전용 · 일반 · 준공업지역</td></tr>
<tr><td>녹지지역</td><td>보전 · 생산 · 자연녹지지역</td><td rowspan="2">5배</td></tr>
<tr><td>수도권 밖</td><td>도시지역</td><td colspan="2">주거지역 · 상업지역 · 공업지역 · 녹지지역</td></tr>
<tr><td colspan="2" rowspan="3">도시지역 밖
(수도권 내 · 밖 불문)</td><td>관리지역</td><td>보전 · 생산 · 계획관리지역</td><td rowspan="3">10배</td></tr>
<tr><td>농림지역</td><td>-</td></tr>
<tr><td>자연환경보전지역</td><td>-</td></tr>
</table>

※ 일반건물(상가, 공장 등) 부수토지의 용도지역별 배율 ☞ P. 832 참조

관련 해석 사례

1. 「소득세법」 제89조 제1항 제3호에서 주택부수토지는 건물이 정착된 면적에 일정 배율을 곱하여 산정한 면적으로 하도록 규정되어 있는 점에 비추어 처마, 현관계단, 식생대 등의 면적을 건축면적에 추가하여 주택정착면적으로 산정해야 한다는 청구 주장을 받아들이기 어렵다(심사양도 2023-0038, 2023. 8. 30).
2. 쟁점토지는 쟁점주택의 주거용건물 정착면적과 분리되어 있고, 사회통념상 쟁점주택과 경제적 일체를 이루고 주거생활공간으로 볼 수 있는 점, 쟁점주택과 쟁점토지는 연접하고 있어 쟁점토지의 용도가 특별하게 구분되지 않는 한 쟁점주택의 부수토지로 보는 것이 타당하다(조심 2021구5544, 2022. 4. 21).
3. 지적공부상 지번이 상이한 2필지의 토지 위에 주택이 있는 경우에도 한 울타리 안에 있고 1세대가 거주용으로 사용하는 때에는 주택과 이에 부수되는 토지로 본다(소기통 89-154…7).

적용 사례 건물정착면적 및 비사업용 토지면적 판단

〈사례 1〉 주택 부수토지(500㎡)는 수도권 내 주거지역에 소재

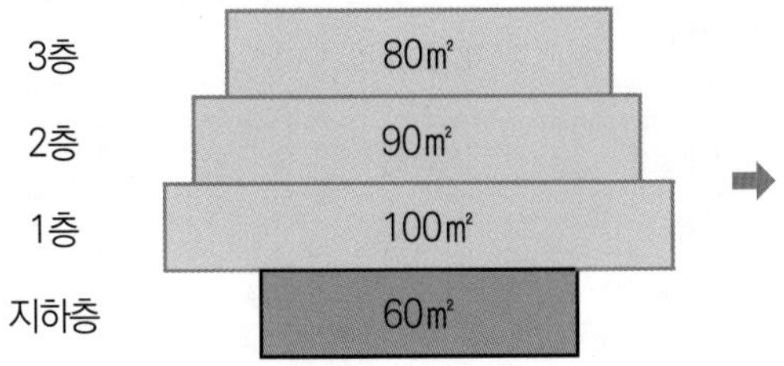

- 건물정착면적 : 100㎡(1층 면적 = 수평투영면적)
- 비사업용 토지면적 : 500㎡ - 100㎡ × 3배 = 200㎡
- 건물연면적 : 330㎡(지하층 면적 포함)

※ 건폐율, 용적률 산정시 지하층 면적은 제외

〈사례 2〉 주택 부수토지(500㎡)는 수도권 내 녹지지역에 소재

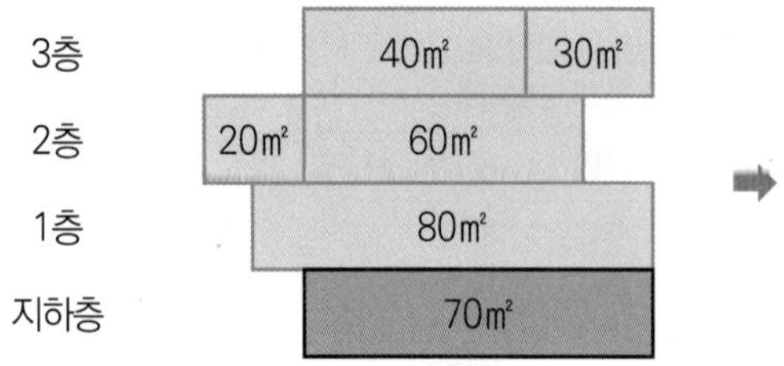

- 건물정착면적 : 90㎡(3층 70㎡ + 2층 20㎡)
- 비사업용 토지면적 : 500㎡ - 90㎡ × 5배 = 50㎡
- 건물연면적 : 300㎡(지하층 면적 포함)

※ 건폐율, 용적률 산정시 지하층 면적은 제외

〈사례 3〉 주택 부수토지(500㎡)는 수도권 내 녹지지역에 소재

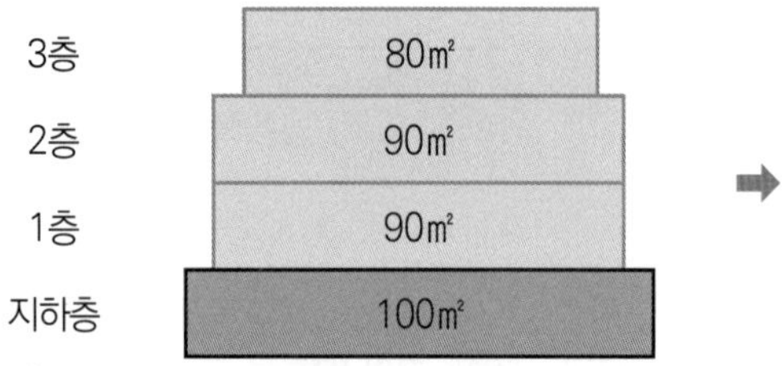

- 건물정착면적 : 100㎡(지하층 면적 적용)
- 비사업용 토지면적 : 500㎡ - 100㎡ × 5배 = 0㎡
- 건물연면적 : 360㎡(지하층 면적 포함)

※ 건폐율, 용적률 산정시 지하층 면적은 제외

(1) 주택과 부수토지의 소유자가 다른 경우 비과세 판단

1세대 1주택 비과세 요건을 갖춘 주택과 그 부수토지를 동일세대원이 각각 소유하다가 함께 양도하는 경우 주택 및 그 부수토지는 비과세하며, 별도세대원이 그 주택과 부수토지를 함께 양도하는 경우에는 주택에 대해서만 비과세하고 부수토지는 과세한다.

이 경우 주택과 그 부수토지 소유자가 다른 경우에도 고가주택 판단은 주택과 부수토지의 전체 양도가액을 기준으로 고가주택 여부를 판단한다.

[1세대 1주택 및 기준면적 이내 부수토지의 소유자 · 세대 구분에 따른 비과세 여부]

구 분		일괄 양도	주택만 양도	부수토지만 양도
동일인이 1주택과 그 부수토지를 함께 소유한 경우		전부 비과세	비과세	과세
동일인이 1주택(부수토지 제외)과 다른 사람이 소유한 주택의 부수토지를 각각 소유한 경우		주택 : 비과세 토지 : 과세	비과세	과세
1주택과 그 부수토지의 소유자가 다른 경우	동일세대인 경우	전부 비과세	비과세	과세
	별도세대인 경우	주택 : 비과세 토지 : 과세	비과세	과세

관련 해석 사례

1. 건물을 양도할 경우 통상 양도건물과 경제적 일체를 이루는 부수토지도 함께 양도되는 점을 감안하여 그 부수토지의 양도로 인하여 발생하는 소득도 일정범위에서 함께 비과세하는 것이 입법취지에 부합한다고 판단되므로 주택과 그 부수토지가 함께 양도되는 경우에만 주택부수토지에 비과세 특례를 적용하는 것이다(대법원 2020두45674, 2020. 11. 26).
2. 1세대 1주택 비과세 요건을 충족한 주택의 부수토지라 하더라도 주택의 부수토지만을 부담부증여하는 경우 양도로 보는 채무부분에 대해서는 양도소득세가 과세된다(조심 2017서0695, 2017. 4. 5).
3. 주택과 그 부수토지의 소유자가 다른 경우에는 건물소유자를 기준으로 해당 주택의 소유자를 판단하는 것이며(부동산납세과-0298, 2023. 3. 17), 1세대 1주택 비과세 규정을 적용할 때 주택과 그 부수토지를 동일세대가 아닌 자가 각각 소유하고 있는 경우 그 부수토지의 소유자는 주택을 소유하지 않은 것으로 보는 것이다(부동산납세과-1324, 2016. 8. 30).

(2) 주택과 부수토지를 지분으로 양도하는 경우 비과세 판단

1세대 1주택 비과세 요건을 갖춘 주택과 부수토지를 지분으로 양도하거나 주택만을 지분으로 양도하는 경우에는 1세대 1주택 비과세가 적용되지만, 주택부수토지만을 지분(또는 주택부수토지 전체)으로 양도하는 경우에는 비과세가 적용되지 않는다.

(3) 주택과 부수토지를 분할하여 양도하는 경우 비과세 판단

1주택을 2이상의 주택으로 분할한 후, 먼저 양도하는 주택(나중에 양도하는 주택은 비과세 가능)과 주택부수토지만을 분할 또는 지분으로 양도하는 경우에는 양도일 현재 1세대 1주택 비과세 요건을 충족하였더라도 과세된다.

다만, 사업인정고시일 전에 취득한 1세대 1주택 및 그 부수토지의 일부가 협의매수 또는 수용되는 경우에는 해당 주택 및 그 부수토지(1차 양도분)와 그 양도일 또는 수용일부터 5년 이내에 양도(2차 양도분)하는 잔존토지 및 잔존주택(그 부수토지를 포함한)에 대해서는 1세대 1주택 비과세를 적용한다(소득칙 §72 ②).

여기서 주의할 사항은 1세대 1주택 및 그 부수토지를 사업인정고시일 전에 취득한 경우에는 협의매수 또는 수용일 현재 1세대 1주택 비과세 요건(2년 이상 보유·거주요건)을 충족하지 않더라도 1세대 1주택 비과세를 적용한다는 점이다. ☞ P. 236 참조

비교 학습

취득세 및 종합부동산세 산정시 다른 주택의 부속토지를 소유한 경우

취득세, 재산세 및 종합부동산세를 산정함에 있어 주택의 부속토지만을 소유한 경우에는 앞서 살펴본 양도소득세와는 달리 주택을 소유한 것으로 보아 주택에 대한 취득세와 주택분에 대한 재산세 및 종합부동산세가 과세된다.

(1) 다른 주택의 부속토지를 소유한 경우 취득세 산정방법

주택의 부속토지만을 소유하거나 취득하는 경우에도 주택을 소유하거나 취득한 것으로 본다(지방령 §13의2 ①). 다만, 시가표준액(개별공시지가)이 1억원 이하인 주택의 부속토지는 중과대상 주택 수 산정에서 제외된다(지방령 §28의4 ⑥ 5호).

예를 들어, 1주택과 다른 주택의 부속토지(주택은 乙소유, 토지는 甲소유)를 함께 소유한 甲이 추가로 조정대상지역 내 주택을 취득하는 경우에는 해당 부속토지도 주택 수에 포함하여 2주택 상태에서 조정대상지역의 3번째 주택을 취득한 것이므로 12%의 취득세 중과세율이 적용된다.

(2) 다른 주택의 부속토지를 소유한 경우 종합부동산세 산정방법

1) 1주택 소유자와 다른 주택의 부속토지 소유자가 동일한 경우

1주택(주택의 부속토지만을 소유한 경우는 제외)과 다른 주택의 부속토지(주택의 건물과 부속토지의 소유자가 다른 경우의 그 부속토지를 말함)만을 세대원 중 1인이 함께 소유하고 있는 경우에는 1세대 1주택자로 본다(종부법 §8 ④ 1호).

해설 B주택 전체(부속토지 포함) 산출세액을 건물과 그 부속토지의 시가표준액 비율로 안분계산한 금액(B토지분 주택공시가격)과 甲소유 A주택공시가격을 합산하여 1세대 1주택자에 대한 종합부동산세(12억원의 기본공제, 최대 80% 세액공제 적용)를 계산한다. 다만, 다른 주택의 부속토지는 제외하고 1주택에 대한 산출세액에 대해서만 최대 80%의 연령 및 보유기간에 따른 세액공제를 적용한다(종부법 §9 ⑦, ⑨).

관련 해석 사례

주택의 건물과 부속토지의 소유자가 다른 경우 건물과 그 부속토지의 시가표준액 비율로 안분계산한 부분에 대해서는 그 부속토지의 소유자를 주택분 재산세 납세의무자로 본다고 규정하고 있으므로 주택의 부속토지만을 소유한 자도 주택분으로 종합부동산세가 과세되는 것이다(서울행정법원 2022구합85164, 2023. 11. 2).

2) 1주택 소유자와 다른 주택의 부속토지 소유자가 다른 경우

1세대 1주택 소유자와 주택의 부속토지 소유자가 다른 경우에는 1세대 1주택자에 해당하지 않고 세대원 각자가 주택분 종합부동산세의 납세의무자가 된다.

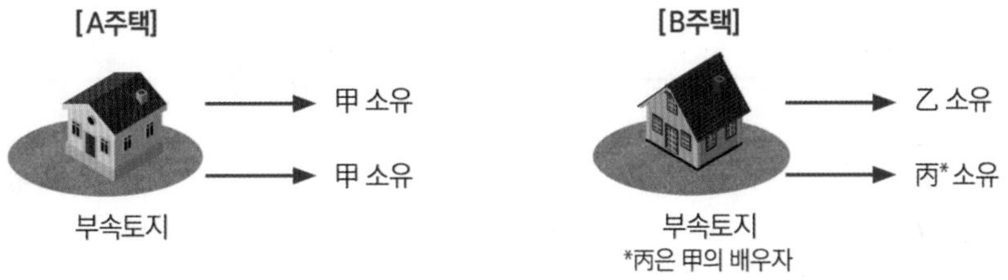

해설 B주택의 부속토지는 다른 세대원인 丙(배우자)이 소유하고 있으므로 甲과 丙은 1세대 1주택자에 해당하지 않으므로 각자(甲소유 A주택의 공시가격과 丙소유 B토지분 주택공시가격)의 공시가격에서 각각 9억원의 기본공제를 적용하여 종합부동산세를 계산한다.

관련 해석 사례

1. 1주택과 다른 주택의 부속토지를 모두 부부 공동명의로 소유한 경우 부부 공동명의 1주택자(지분율이 큰 자, 지분율이 같은 경우 선택)의 납세의무 등에 관한 특례를 적용할 수 없다(법규재산-5122, 2024. 7. 2).
2. 청구인과 그 배우자가 1주택과 다른 주택의 부속토지를 각각 소유하고 있는 경우에는 주택의 소유자는 종부세법상 세액공제의 대상인 1세대 1주택자에 해당하지 않는 것이다(조심 2021서1892, 2021. 5. 27).

비교 학습 끝

3 주택을 멸실하거나 용도변경(주택 ↔ 상가)한 경우 비과세 판정기준일

1세대 1주택 비과세 여부는 원칙적으로 양도일 현재를 기준으로 판단하나, 주택에 대해 메메계약을 체결하고 메메특약에 따라 잔금지급일 전에 주택을 "멸실"하거나 주택을 상가로 또는 상가를 주택으로 "용도변경"하는 경우에는 아래와 같이 비과세 여부를 판단한다.

(1) 잔금지급일 전에 주택을 멸실한 경우

1) 2022. 12. 19. 이전에 1세대 1주택 상태에서 매매계약을 체결한 경우

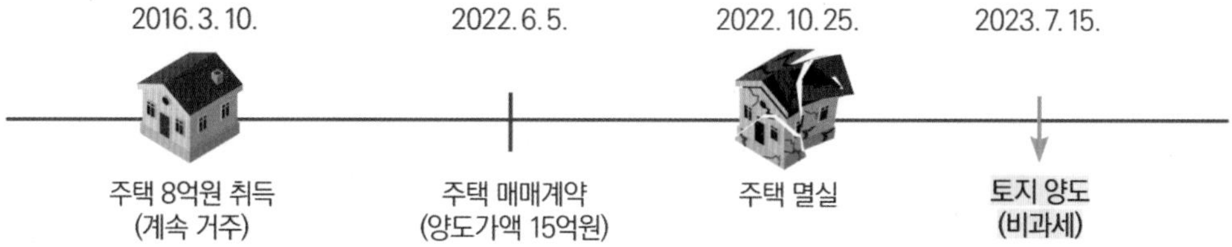

해설 2022. 12. 19. 이전에 매매계약을 체결하고 매매특약에 따라 잔금지급일 전에 1세대 1주택을 멸실한 경우에는 "매매계약일 현재"를 기준으로 비과세 여부를 판단한다. 따라서 양도일(잔금지급일) 현재 토지를 양도하였더라도 1세대 1주택 비과세가 적용되고, 최대 80%의 장기보유특별공제가 적용된다(법령해석재산-0823, 2020. 12. 14).

	구 분	금 액	계산 근거
	양도차익	700,000,000	1,500,000,000 – 800,000,000
	고가주택 양도차익	140,000,000	700,000,000 × (15억원 – 12억원)/15억원
(–)	장기보유특별공제	67,200,000*	140,000,000 × 48%(6년 × 4% + 6년 × 4%)
(=)	양도소득금액	72,800,000	

*주택 취득일부터 멸실일까지의 보유 · 거주기간 적용

2) 2022. 12. 20. 이후에 1세대 1주택 상태에서 매매계약을 체결한 경우

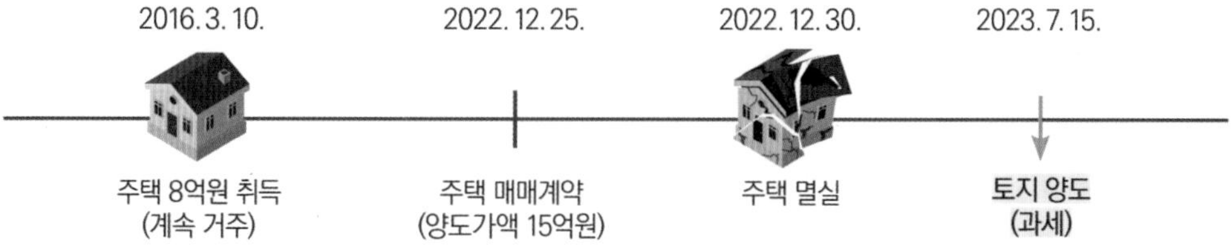

해설 2022. 12. 20. 이후 매매계약을 체결하고 매매특약에 따라 잔금지급일 전에 주택을 멸실한 경우에도 "양도일 현재"를 기준으로 비과세 여부를 판단한다. 따라서 양도일(잔금지급일) 현재 토지를 양도하였으므로 비과세가 적용되지 않고, 최대 30%의 장기보유특별공제가 적용된다(재산세제과-1543, 2022. 12. 20).

	구 분	금 액	계산 근거
	양도차익	700,000,000	1,500,000,000 - 800,000,000
	고가주택 양도차익	-	1세대 1주택 비과세 적용 불가
(-)	장기보유특별공제	98,000,000*	700,000,000 × 14%(7년 × 2%)
(=)	양도소득금액	602,000,000	

* 주택 취득일부터 토지 양도일까지의 보유기간 적용

(2) 잔금지급일 전에 주택을 상가로 용도변경한 경우

1) 2022. 10. 20. 이전에 1세대 1주택 상태에서 매매계약을 체결한 경우

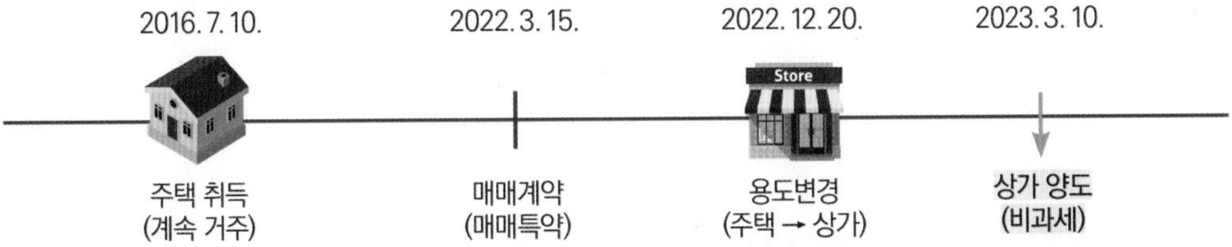

해설 2022. 10. 20. 이전에 매매계약을 체결하고 매매특약에 따라 잔금지급일 전에 1세대 1주택을 상가로 용도변경한 경우에는 "매매계약일 현재"를 기준으로 비과세 여부를 판단한다. 따라서 양도일(잔금지급일) 현재 상가를 양도하였더라도 1세대 1주택 비과세가 적용되고, 최대 80%의 장기보유특별공제가 적용된다(소기통 89-154…12).

※ 세액계산은 잔금지급일 전 주택을 멸실한 경우 사례 1)과 동일하게 적용

2) 2022. 10. 21. 이후에 1세대 1주택 상태에서 매매계약을 체결한 경우

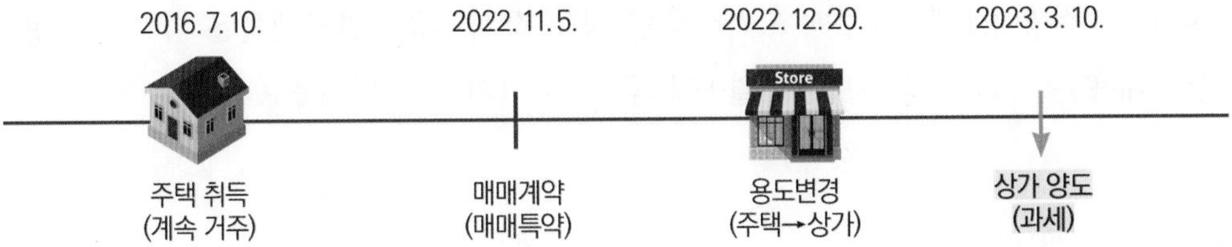

해설 2022. 10. 21. 이후 매매계약을 체결하고 매매특약에 따라 잔금지급일 전에 주택을 상가로 용도변경한 경우에도 "양도일 현재"를 기준으로 비과세 여부를 판단한다. 따라서 양도일(잔금지급일) 현재 상가를 양도하였으므로 비과세가 적용되지 않고, 최대 30%의 장기보유특별공제가 적용된다(재산세제과 – 1322, 2022. 10. 21).

※ 세액계산은 잔금지급일 전 주택을 멸실한 경우 사례 2)와 동일하게 적용

3) 2025. 2. 28. 이후에 1세대 1주택 상태에서 매매계약을 체결한 경우

앞서 살펴본 바와 같이 1세대 1주택 상태에서 매매계약을 체결한 후, 잔금지급일 사이에 주택을 상가로 용도변경한 경우에는 매매계약 체결시점에 따라 1세대 1주택 비과세 및 장기보유특별공제 판단기준이 각각 다르게 적용되었다.

그러나, 2025. 2. 28. 이후 매매계약(매매특약)을 체결하고 주택에서 상가로 용도변경한 후 잔금을 지급받는 경우에는 사례 1)과 같이 "매매계약일 현재"를 기준으로 1세대 1주택 비과세 및 장기보유특별공제를 적용하는 것으로 세법이 개정되었다. ☞ P. 859 참조

비교 학습

잔금지급일 전에 농지가 지목변경되는 경우 자경감면 판단시점

양도일(잔금지급일) 이전에 매매계약 조건에 따라 매수자가 형질변경, 건축착공 등을 한 경우에는 "매매계약일 또는 토지 조성공사 착수일 현재"를 기준으로 8년 자경감면 적용 여부를 판단한다.

(3) 상가를 주택으로 용도변경하는 경우

상가를 주택으로 용도변경한 후, 주택으로 사용하다가 해당 주택을 양도하는 경우 1세대 1주택 비과세를 적용받기 위한 보유기간 및 거주기간은 주택으로 변경한 날부터 양도한 날까지로 한다(소득령 §154⑤). 이 경우 상가에서 주택으로 용도변경한 후 2025. 1. 1. 이후 양도하는 주택이 1세대 1주택 고가주택인 경우 장기보유특별공제율은 다르게 적용되는데, 관련 내용은 「Part 1 장기보유특별공제」를 참고하기 바란다. ☞ P. 125 참조

Ⅳ 취득유형별 주택 수 포함 여부 및 비과세 판단

1 공동소유주택

1주택을 여러 사람이 공동으로 소유한 경우 주택 수를 계산할 때 공동 소유자 각자가 그 주택을 소유한 것으로 본다. 다만, 동일세대원이 1주택을 공동으로 소유한 경우에는 1주택을 소유한 것으로 본다(소득령 §154의2).

한편, 1주택을 여러 사람이 공동으로 상속받는 경우에는 상속인 각자가 주택을 소유한 것으로 보지 않고, 주된 상속인(① 지분이 가장 큰 자 → ② 상속주택에 거주하는 자 → ③ 최연장자 순으로 판정)이 그 상속주택을 소유한 것으로 본다. ☞ P. 317 참조

2 다가구주택

(1) 다가구주택의 범위 및 요건

1) 건축법상 다가주택주택의 요건

아래의 요건을 모두 갖춘 「건축법 시행령」 별표 1 제1호 다목에 따른 다가구주택은 단독주택으로 본다. 이 경우 주택과 주택 외의 건물(상가 등)을 함께 사용하는 겸용주택(예 1층 상가, 2~4층 주택)의 경우에도 순수주택에 대한 주택층수(3개층 이하), 바닥면적(660㎡ 이하), 세대수(19세대 이하) 등의 요건이 충족하면 다가구주택으로 분류된다.

구 분	적용 요건
층수요건	주택으로 쓰는 층수(지하층 및 필로티 구조 주차장*은 제외)가 3개 층 이하일 것
면적요건	1개 동의 주택으로 쓰이는 바닥면적(부설주차장 면적은 제외)의 합계가 660㎡ 이하일 것
세대요건	19세대(대지 내 동별 세대수를 합한 세대를 말함) 이하가 거주할 수 있을 것

* 1층의 전부 또는 일부를 필로티 구조(P.196 알쏭달쏭 용어 참조)로 하여 주차장으로 사용하고 나머지 부분을 주택 이외 용도로 쓰는 경우 해당 층은 주택 층수에서 제외

2) 소득세법상 다가구주택의 판단

① 1세대 1주택 비과세특례 요건

소득세법상 다가구주택은 원칙적으로 공동주택(다세대주택)으로 보되, 건축법상 요건을 모두 갖추고 하나의 매매단위로 양도하는 경우로서 1세대 1주택 비과세 규정을 적용할 때는 다가구주택은 단독주택으로 본다(소득령 §155 ⑮, 양도집행 89-155-6).

여기서 "하나의 매매단위"란 매도자 또는 매수자가 2인 이상인 경우와는 상관없이 다가구주택을 일괄 취득 및 양도하는 경우를 말한다. 따라서, 다가구주택의 단독소유자 또는 공동소유자가 일부 지분 또는 자기 지분만을 양도하는 경우에는 "하나의 매매단위"로 양도한 것으로 볼 수 없으므로 1세대 1주택 비과세가 적용되지 않음에 주의해야 한다.

② 다가구주택과 다세대주택의 비교

「아래의 표」와 같이 다가구주택(건축령 별표 1 제1호 다목)은 다세대주택(건축령 별표 1 제2호 다목)과 그 적용요건 등이 매우 유사하지만, 중요한 차이점은 "주택으로 쓰는 층수가 3개 층 이하"인지 여부이다.

이 경우 다가구주택의 3개 층 이하 여부는 공부상이 아닌 실제 사용현황에 따라 판단하여야 하며, 비록 공부상 다가구주택을 하나의 매매단위로 양도하였더라도 실제 옥탑 등을 불법증축하거나 겸용주택의 상가 부분을 주택으로 사용할 경우 주택으로 사용하는 층수가 3개 층을 초과하여 다세대주택(공동주택)으로 간주되어 1세대 1주택 비과세가 적용되지 않을 수도 있으니 특히 주의를 요한다.

[다가구주택과 다세대주택의 적용요건 비교]

구 분	다가구주택	다세대주택
주택층수	3개층 이하(지하층 및 필로티 제외)	4개층 이하(지하층 및 필로티 제외)
세 대 수	19세대 이하(지하층 포함)	제한 없음
주택유형	단독주택	공동주택
등기형태	건물전체 등기(구분등기 불가)	각 세대별 등기(구분등기 가능)
바닥면적	1개 동의 주택으로 쓰는 바닥면적(부설주차장 면적은 제외)의 합계가 660㎡ 이하(지하층 포함)	

[참고] 건축법상 주요 주택의 종류와 범위

구 분	주택종류	주택층수	바닥면적	세대수	제외층수
단독주택 (주택령 §2)	단독주택	–	–	–	–
	다중주택*	3층 이하	660㎡ 이하		• 지하층 • 필로티 구조 주차장
	다가구주택	3층 이하	660㎡ 이하	19세대 이하	
공동주택 (주택령 §3 ①)	아파트	5층 이상	–	–	
	연립주택	4층 이상	660㎡ 초과	–	
	다세대주택	4층 이하	660㎡ 이하	–	

* 학생 또는 직장인 등 여러 사람이 장기간 거주할 수 있는 구조로 독립된 주거의 형태를 갖추지 않은 것을 말함(각 실별로 욕실은 설치할 수 있으나, 취사시설은 설치하지 않은 것을 말함)

적용 예시 다가구주택(겸용주택) 요건 충족

5층 주택 150㎡(3가구)
4층 주택 150㎡(5가구)
3층 주택 150㎡(5가구)
2층 상가 150㎡
1층 상가 150㎡
지하층 주택 120㎡(2가구)

① 주택 3개층 이하(지하층 제외) → 3층 ~ 5층(요건충족)
② 바닥면적 합계 660㎡(지하층 포함) 이하 → 570㎡(요건충족)
③ 19세대 이하 거주(지하층 포함) → 15가구(요건충족)

적용 예시 다가구주택(겸용주택) 요건 불충족(실제 주택층수 4개 층)

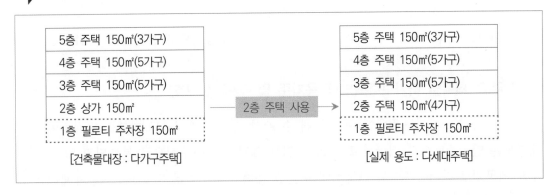

[건축물대장 : 다가구주택]		[실제 용도 : 다세대주택]
5층 주택 150㎡(3가구)		5층 주택 150㎡(3가구)
4층 주택 150㎡(5가구)		4층 주택 150㎡(5가구)
3층 주택 150㎡(5가구)		3층 주택 150㎡(5가구)
2층 상가 150㎡	2층 주택 사용 →	2층 주택 150㎡(4가구)
1층 필로티 주차장 150㎡		1층 필로티 주차장 150㎡

관련 해석 사례

1. 쟁점건물은 4층짜리 건물로서 공부 및 임대차계약 등에 의하면 1~4층 모두 주거용으로 사용되었으므로 처분청이 쟁점건물을 공동주택(다세대주택)으로 보아 독립된 1구획만을 1세대 1주택 비과세 대상으로 하여 양도소득세를 부과한 처분은 정당하다(조심 2022인6837, 2022. 12. 21).
2. 쟁점주택(공부상 1층 사무실, 2~4층 주택)은 신축시점부터 양도시점까지 1층이 사무실로 임대된 사실이 없는 점, 쟁점주택 1층은 에어컨, 화장실, 주방 및 가스설비 등을 갖추고 있는 전형적인 원룸형태로 언제든 주거용으로 사용할 수 있는 구조로 확인되는 점 등에 비추어 쟁점주택은 1세대 1주택에 해당하는 다가구주택으로 볼 수 없다(의정부지원 2021구단6803, 2022. 4. 18).
3. 소득세법 시행령 제155조 제15항 단서에 따라 다가구주택을 부담부증여하는 경우에도 하나의 매매단위로 양도(채무액)하는 것으로 보아 1세대 1주택 비과세를 적용하는 것이다(조세법령 운용과-340, 2022. 4. 1).
4. 별도세대원과 공동 소유한 다가구주택을 하나의 매매단위로 양도하는 경우에는 단독주택을 양도한 것으로 보아 1세대 1주택 비과세가 적용된다(법규재산-0367, 2022. 1. 26).
5. 다가구주택을 공동으로 소유하던 중 공동 소유자 중 특정인의 지분만을 양도하는 경우에는 하나의 매매단위로 양도한 것이 아니므로 1세대 1주택 비과세가 적용되지 않는다(법령해석재산-0089, 2017. 3. 30).

(2) 다가구주택의 고가주택 판단

1세대 1주택 비과세 규정을 적용함에 있어 주택 및 그 부수토지의 양도가액이 12억원을 초과하는 경우에는 고가주택으로 보아 12억원 초과분에 상당하는 양도차익은 과세하는데, 단독주택으로 보는 다가구주택의 경우에는 그 전체를 하나의 주택으로 보아 고가주택 여부를 판단한다(소득령 §156 ③).

이 경우 다가구주택으로 분류되는 고가 겸용주택의 경우에는 주택 및 그 부수토지의 양도가액이 12억원을 초과하는 경우에만 고가주택(P. 200 참조)으로 본다(소득령 §156 ②).

(3) 주요 세목별 다가구주택의 적용기준 및 주택 수 판단

주요 세목별로 다가구주택에 대한 주택 수 계산 및 국민주택규모 여부를 판정함에 있어 대부분은 단독주택으로 취급하고 있으나, 일부 세목은 공동주택으로 분류되고 있다. 이하 주요 세목별로 다가구주택이 단독주택 또는 공동주택인지 여부 및 그에 따른 세제혜택 등에 어떻게 영향을 미치는지에 대해 살펴보고자 한다.

1) 취득세 산정시 다가구주택의 적용범위

주택분 취득세 및 주택 수를 계산할 때 다가구주택은 1주택으로 본다. 예를 들어, 다가구주택 1동을 보유한 상태에서 비조정대상지역 소재 주택을 취득하는 경우에는 취득세 기본세율이 적용된다. 이러한 다가구주택을 주택임대사업자로 등록하는 경우에는 해당 주택이 공동주택 또는 오피스텔이 아니므로 취득세 감면은 적용되지 않는다. ☞ P. 523 참조

관련 해석 사례

다가구주택은 공동주택과 동일하게 볼 수 없어 「지방세특례제한법」 제31조 제1항 임대부동산 취득세 감면대상에서 제외되며, 다가구주택은 그 전체가 하나의 주택에 해당하므로 다가구주택을 공동으로 취득하였더라도 각 가구별 취득가액이 아니라 건물 전체의 취득가액을 기준으로 주택 취득세율을 적용한다(대법원 2017두36953, 2020. 6. 11).

2) 재산세 및 종합부동산세 산정시 다가구주택의 적용범위

주택분 재산세와 종합부동산세액을 계산할 때 다가구주택은 1주택으로 본다. 다만, 다가구주택을 주택임대사업자로 등록하여 "종합부동산세 합산배제 임대주택"으로 신고하는 경우에는 1세대가 독립하여 구분 사용할 수 있도록 구획된 부분을 각각 1주택(공동주택)으로 본다(종부령 §2의3 ①).

3) 주택임대소득 과세 여부 판단시 다가구주택 주택 수 계산

주택임대소득에 대한 과세 여부를 판단함에 있어 주택 수를 계산할 때 다가구주택은 1주택으로 본다(소득령 §8의2 ③ 1호). 이 경우 간주임대료(P. 536 참조) 계산시 주택 수에 포함되지 않는 소형주택(전용면적 40㎡ 이하이고 기준시가 2억원 이하) 여부를 판정할 때도 다가구주택 전체를 기준으로 그 요건 충족 여부를 판단한다.

4) 부가가치세 면세대상 여부 판단시 다가구주택 면적계산

주택을 매도함에 따라 부가가치세 면세대상인 국민주택규모에 해당하는지 여부를 판정할 때 다가구주택은 "가구당 전용면적"을 기준으로 한다(조특령 §106 ④ 1호). 여기서 "국민주택규모"란 주거전용면적이 1호(戶) 또는 1세대당 85㎡(수도권 밖 도시지역이 아닌 읍 또는 면지역은 100㎡) 이하인 주택을 말한다.

예를 들어, 1층과 2층은 가구당 전용면적이 85㎡ 이하, 3층은 가구당 전용면적이 85㎡ 초과하는 다가구주택을 매도하는 경우 국민주택규모 이하 부분(1 ~ 2층)은 부가가치세가 면세이며, 국민주택규모 초과 부분(3층)은 부가가치세가 과세되는 것이다.

5) 다가구주택 임대등록시 가액요건(기준시가) 판단

거주주택 비과세 특례(P. 355 참조) 및 종합부동산세 합산배제(P. 529 참조) 등 임대주택에 대한 세제혜택을 적용받기 위한 요건 중 "임대개시일 당시 기준시가 6억원(수도권 밖 3억원) 이하"의 가액요건(기준시가) 적용시 다가구주택은 "가구당 기준시가"를 기준으로 판단한다. 예를 들어, 5가구로 구성된 수도권 소재 다가구주택의 개별주택가격이 20억원인 경우 안분 계산한 가구당 기준시가는 4억원이므로 임대주택의 가액요건(기준시가 6억원 이하)은 충족하는 것이다.

6) 조세특례제한법상 세액감면 적용시 다가구주택의 판단기준

① 장기임대주택에 대한 양도소득세 감면 적용시 주택 수 계산

「조세특례제한법」 제97조에 따른 장기임대주택에 대한 감면 규정(P. 590 참조)을 적용함에 있어 "국민주택규모 및 5호 이상의 임대주택 수 요건" 판정시 다가구주택의 경우 한 가구가 독립하여 거주할 수 있도록 구획된 부분을 각각 하나의 주택으로 보아 주택 수를 계산한다.

② 신축주택 감면배제 대상 고가주택 판단기준

「조세특례제한법」 제99조와 제99조의3에 따른 "양도소득세가 감면되는 신축주택"에서 제외되는 고가주택 여부를 판정함에 있어 다가구주택을 하나의 매매단위로 양도하는 경우에는 그 전체를 하나의 주택으로 본다. 따라서, 일괄 양도하는 다가구주택이 단독주택의 고가주택 기준(P. 618 참조)을 충족하면 감면배제 대상인 고가주택에 해당하므로 신축주택 감면규정을 적용받을 수 없다.

관련 해석 사례

다가구주택을 가구별로 분양하지 아니하고 하나의 매매단위로 양도한 경우 단독주택으로 보아야 하고, 소득세법에 규정된 단독주택의 고가주택 기준을 충족하는 이상 신축주택 감면대상에서 제외되는 것이다(대법원 2010두6878, 2012. 10. 25).

(4) 다가구주택의 주요 쟁점별 사례

1) 옥탑을 주거용 사용하는 경우 주택 수 포함 여부

다가구주택의 옥상에 옥탑이 있는 경우 「건축법 시행령」 제119조 제1항 제9호에 따르면 "옥탑면적이 해당 건물의 건축면적(수평투영면적)의 1/8이하인 경우에는 건물의 층수에 산입하지 않는다" 라고 규정하고 있다.

이 경우 옥탑면적이 건축면적의 1/8이하인 경우에는 무조건 건물의 층수에 포함되지 않는 것으로 착각할 수도 있는데, 아래의 해석사례를 보면 "옥탑면적이 건축면적의 1/8이하 여부를 불문"하고 옥탑을 실제 주거용으로 사용(옥탑방)하면 주택 층수에 포함되어 다가구주택 양도시 1세대 1주택 비과세가 적용되지 않을 수도 있으니 주의해야 한다.

① 옥탑면적이 건축면적의 1/8 초과하는 경우

5층 옥탑의 실제 면적(29.98㎡)이 쟁점부동산 건축면적(2층 수평투영면적, 74.09㎡)의 8분의 1을 초과하여 주택 층수에 산입되면 주택 층수가 4개 층(2층~5층)으로 「건축법」상 다가구주택(3개층 이하)이 아닌 다세대주택에 해당하므로 양도차익이 가장 큰 2층에 대해서만 1세대 1주택 비과세를 적용하고, 나머지 층들은 비과세를 배제함이 타당하다(조심 2020서0569, 2021. 2. 2).

② 옥탑면적이 건축면적의 1/8 이하인 경우

"옥탑"은 사전적으로 주택이나 빌딩 따위의 건물 맨 꼭대기에 설치된 공간을 의미하여 건물 옥상에 사람이 거주할 수 있도록 만든 방을 의미하는 "옥탑방"과는 서로 구별되는 개념으로 건물의 옥상면적(옥탑방)이 건축면적의 1/8이하에 해당한다고 하더라도 옥탑을 주거용으로 사용한 이상 주택 층수에 산입되는 것이 타당하다(대법원 2021두30754, 2021. 4. 16).

2) 주택을 용도변경하는 경우 비과세 및 장기보유특별공제 보유기간 계산

① 다세대주택을 다가구주택으로 용도변경하는 경우

가. 용도변경 후 양도시 비과세 보유기간 및 거주기간 계산

과거 유권해석(법령해석재산-0669, 2017.12.28.)에 따르면 다세대주택을 다가구주택으로 용도변경한 경우에는 용도변경일부터 2년 이상 보유해야 1세대 1주택 비과세 적용이 가능한 것으로 해석하고 있고, 「소득세법 시행령」 제154조 제5항을 보면 주택이 아닌 건물(상가, 사무실 등)을 주택으로 용도변경한 경우 그 보유기간은 용도변경일부터 양도일까지 적용하는 것으로 규정하고 있다.

그러나, 용도변경과 관련해서 「소득세법 시행령」 제154조 제5항(주택이 아닌 건물을 주택으로 용도변경한 경우) 규정까지 다세대주택에서 다가구주택으로 용도변경하는 경우로 확대하여 적용할 수 없으며, 아래의 고등법원 판례를 보면 1세대 1주택 해당 여부는 "양도일 현재"를 기준으로 판단하는 점을 감안할 때, 용도변경일부터 2년 이내 양도하더라도 양도일 현재 다가구주택의 요건을 충족한 경우에는 1세대 1주택 비과세를 적용함이 타당하다고 판단된다.

관련 해석 사례

1세대 1주택 보유기간 관련 규정은 해당 주택의 취득일부터 양도일까지를 보유기간으로 규정하고 있을 뿐 해당 주택의 보유기간 동안 계속 1세대 1주택으로 보유한 기간이 2년 이상이어야 한다는 조건을 두고 있지 않으므로, 다세대주택에서 다가구주택으로 용도변경한 후 해당 주택을 일괄 양도하는 경우 양도일 현재 다가구주택의 요건을 충족하였으므로 1세대 1주택인 고가주택에 해당한다(서울고법 2021누75636, 2022.8.17).

나. 용도변경(다가구 → 다세대 → 다가구) 후 양도시 비과세 보유기간 계산

1세대 1주택 비과세 규정을 적용함에 있어서 다가구주택에서 다세대주택으로, 다시 다세대주택을 다가구주택으로 용도변경한 경우로서 취득 당시의 소유지분 변동없이 단지 공부상의 용도변경만 이루어진 경우에는 그 실질에 따라 용도변경 전·후의 주택 보유기간을 통산하는 것이다(부동산거래관리과-1173, 2010.9.17).

다. 용도변경(다세대 → 다가구) 후 조정대상지역 소재 다가구주택의 거주요건 적용여부

조정대상지역 지정 전에 취득한 다세대주택을 조정대상지역 지정 후 다가구주택으로 용도변경한 후 하나의 매매단위로 양도하는 경우에는 1세대 1주택 비과세를 적용받기 위한 거주요건은 적용되지 않는다(법령해석재산-2448, 2021.3.9).

② 용도변경(다세대 → 다가구) 후 양도시 장기보유특별공제 보유기간 계산

소득세법에서는 다세대주택을 다가구주택으로 용도변경한 경우 장기보유특별공제의 보유기간 계산방법에 대해 명확한 규정이 없고, 단지 「소득세법」 제95조 제4항에서는 "자산의 보유기간은 그 자산의 취득일부터 양도일까지로 한다"라고 규정하고 있으며, 아래의 유권해석에서는 용도변경일부터 장기보유특별공제의 기산일을 적용하는 것으로 해석하고 있을 뿐이다.

그러나, 주택 이외 건물(상가)을 주택으로 용도변경(상가 → 주택)한 후, 2025.1.1. 이후 양도하는 1세대 1주택 고가주택에 대해 보유기간별 공제율(표1)과 용도변경일 이후 주택의 보유 및 거주기간별 공제율(표2)을 각각 구분하여 장기보유특별공제를 적용하는 경우(P. 125 참조)와 같이 다세대주택에서 다가구주택으로 용도변경한 경우에도 해당 규정과 동일하게 적용함이 타당하다고 판단된다.

관련 해석 사례

1. 장기보유특별공제를 적용하기 위한 보유기간은 다른 공제율을 적용하여야 하는 자산으로 변동된 경우에는 그 보유기간을 통산할 수 없으므로 다가구주택으로 용도변경한 날부터 보유기간을 계산하여 장기보유특별공제를 적용하는 것이 타당하다(서울고법 2021누75636, 2022.8.17).
2. 다세대주택을 다가구주택으로 용도변경한 후 양도하는 경우 보유기간별 공제율을 적용하고자 할 때 다가구주택으로 용도변경한 날부터 양도일까지의 보유기간을 계산하여 장기보유특별공제를 적용한다(양도집행 95-159의4-4).

3) 2개 층(4·5층)을 복층으로 사용한 경우 1개의 층으로 볼 수 있는지 여부

다가구주택에 대한 1세대 1주택 비과세 특례를 규정한 해당 조항에서 복층 구조의 2개 층을 1개 층으로 보아 주택 수를 계산하여 다가구주택 여부를 판정하도록 규정하고 있지 아니한바, 쟁점건물의 건축물대장상 4층(60.03㎡)과 5층(37.11㎡)의 층수는 명확히 구분된 것으로 보이는 점 등에 비추어 쟁점건물은 주택으로 사용하는 층수가 4개 층(2·3·4·5층)이므로 비록 4·5층을 1개 층으로 사용했더라도 1세대 1주택 비과세 특례가 적용되지 않는다(조심 2019서0783, 2019.9.5).

4) 지하층이 지상으로 1/2 이상 돌출된 경우 다가구주택의 주택층수 포함여부

「건축법」 제2조 제1항 제5호에 따르면 "지하층"이란 건축물의 바닥이 지표면 아래에 있는 층으로서 바닥에서 지표면까지 평균 높이가 해당 층 높이의 1/2이상인 것을 말한다. 이 경우 지하층이 지상으로 1/2이상 돌출된 경우에도 건축법상 다가구주택의 층수에서 제외되는 지하층에 해당하므로 다가구주택의 요건을 충족한 것이다(조심 2023중7214, 2023.10.10).

알쏭달쏭 용어

1. 연면적 : 지하·지상층, 주차장 면적을 포함하여 건축물 각 층의 바닥면적을 합한 총면적
2. 바닥면적 : 건축물의 각 층 또는 그 일부로서 벽, 기둥 등으로 이루어진 구획의 중심선으로 둘러싸인 부분의 수평투영면적
3. 용적률(건물 높이 개념) : 대지면적에 대한 건축물 연면적의 비율$\left(\frac{\text{건축 연면적}}{\text{대지면적}} \times 100\right)$ → 지하층 제외
4. 건폐율(건물 넓이 개념) : 대지면적에 대한 건축면적의 비율$\left(\frac{\text{건축면적}}{\text{대지면적}} \times 100\right)$ → 지하층 제외
5. 건축면적 : 건축물의 외벽 또는 중심선으로 둘러싸인 부분의 수평투영면적으로 건축물의 가장 넓은 층의 바닥면적(지하층 제외)
6. 필로티(pilots, 기둥) : 건물 지상층의 전체 또는 일부분을 벽면 없이 기둥을 둘러싼 외부공간

3 겸용주택(= 주상복합건물, 상가주택)

(1) 겸용주택의 정의 및 비과세 범위

"겸용주택"이란 하나의 건물이 주거용으로 사용하는 부분과 주거용 외의 용도로 사용하는 부분(이하 "상가"로 칭함)이 결합된 건물을 말하며, 이러한 건물 유형은 앞서 살펴본 다가구주택(주택 3개층 이하, 바닥면적 660㎡ 이하, 19세대 이하)에서 많이 볼 수 있다.

이 경우 겸용주택이 1세대 1주택 비과세(일시적 2주택 비과세특례 포함) 요건을 갖춘 경우

로서 전체 양도가액이 12억원 이하이면 주택연면적과 상가연면적의 크기에 따라 비과세 범위가 달라지나, 2022. 1. 1. 이후 양도분부터는 겸용주택의 전체 양도가액이 12억원을 초과하는 경우에는 "면적 크기에 관계없이" 주택과 부수토지에 대해서만 1세대 1주택 비과세(또는 고가주택)를 적용하고 상가와 부수토지는 전부 과세하는 것으로 변경되었다.

(2) 전체 양도가액이 12억원 이하인 경우 비과세 판단 및 부수토지 면적계산

1) 주택연면적이 상가연면적보다 큰 경우(주택연면적 > 상가연면적)

1세대 1주택 비과세 요건을 갖춘 겸용주택을 양도하는 경우로서 주택연면적이 상가연면적보다 큰 경우에는 "겸용주택 전부"를 주택으로 보아 1세대 1주택 비과세를 적용한다(소득령 §154 ③ 본문).

이 경우 건물부수토지 전부를 주택부수토지로 보되, 건물정착면적에 배율을 곱한 기준면적을 한도로 1세대 1주택 비과세를 적용한다.

2) 주택연면적이 상가연면적보다 적거나 같은 경우(주택연면적 ≤ 상가연면적)

1세대 1주택 비과세 요건을 갖춘 겸용주택을 양도하는 경우로서 주택연면적이 상가연면적보다 적거나 같은 경우에는 주택부분만 1세대 1주택 비과세를 적용하고 상가부분에 대해서는 과세하고 최대 30%의 장기보유특별공제를 적용한다(소득령 §154 ③ 단서).

이 경우 주택부수토지의 비과세 면적은 총토지면적에 주택면적비율(주택연면적/총건물연면적)을 곱하여 계산하되, 주택정착면적(건물정착면적 × 주택연면적/총건물연면적)에 배율을 곱한 기준면적을 한도로 1세대 1주택 비과세를 적용하고, 상가부수토지에 대해서는 전부 과세한다(소득령 §154 ④).

[전체 양도가액 12억원 이하 겸용주택의 비과세 판단 및 부수토지 면적계산]

구 분	건물	부수토지 면적계산 [Min(①, ②)]
주택연면적 〉 상가연면적	전부 비과세	① 주택부수토지 : 전체 부수토지 ② 비과세 한도 : 건물정착면적 × 주택배율
주택연면적 ≤ 상가연면적	주택 : 비과세	① 주택부수토지 : 총토지면적 × (주택연면적 ÷ 총건물연면적) ② 비과세 한도 : 건물정착면적 × (주택연면적 ÷ 총건물연면적) × 주택배율
	상가 : 과세	① 상가부수토지 : 총토지면적 × (상가연면적 ÷ 총건물연면적) ② 한도(기본세율) : 건물정착면적 × (상가연면적 ÷ 총건물연면적) × 상가배율

※ 위 부수토지 중 기준면적 초과분(①-②)은 비사업용 토지로 보아 기본세율에 10%를 가산한다.

관련 해석 사례

쟁점겸용주택의 부동산 등기사항전부증명서상 주택면적이 상가면적 보다 더 큰 것으로 나타나는 점, 쟁점겸용주택 1층을 음식점으로 사용하였다 하더라도 1인당 주거면적 정도에 해당하는 면적(24.4㎡) 이상은 주택으로 사용한 것으로 보이는 점 등을 종합하면 쟁점겸용주택은 주택면적이 상가면적보다 더 큰 것으로 판단된다(조심 2022인6331, 2023. 6. 30).

적용 사례 1 비과세 요건을 갖춘 겸용주택의 양도가액이 12억원 이하인 경우

1. 양도가액 12억원(매매계약일 당시 기준시가 : 주택 6억원, 상가 4억원)
2. 취득가액 7억원(매매계약일 당시 기준시가 : 주택 3억원, 상가 2억원)
3. 주택과 상가의 보유기간 : 5년(주택 거주기간 없음)

※ 주택 및 상가의 부수토지 계산은 생략

해설

구 분	주택연면적 > 상가연면적	주택연면적 ≤ 상가연면적	
		주 택	상 가
양도가액	1,200,000,000	720,000,000[1]	480,000,000[1]
(−) 취득가액	700,000,000	420,000,000[2]	280,000,000[2]
(=) 양도차익	500,000,000	300,000,000	200,000,000
(−) 장기보유특별공제	비과세	비과세	20,000,000[3]
(=) 양도소득금액	−	−	180,000,000

1) 양도당시 주택과 상가의 기준시가로 안분

① $1{,}200{,}000{,}000 \times \frac{600{,}000{,}000}{1{,}000{,}000{,}000} = 720{,}000{,}000$

② $1{,}200{,}000{,}000 \times \frac{400{,}000{,}000}{1{,}000{,}000{,}000} = 480{,}000{,}000$

2) 취득당시 주택과 상가의 기준시가로 안분

① $700{,}000{,}000 \times \frac{300{,}000{,}000}{500{,}000{,}000} = 420{,}000{,}000$

② $700{,}000{,}000 \times \frac{200{,}000{,}000}{500{,}000{,}000} = 280{,}000{,}000$

3) 200,000,000 × 10%(5년 × 2%) = 20,000,000

적용 사례 2 겸용주택의 양도가액이 12억원 이하인 경우 부수토지 면적 계산

• **겸용주택은 비과세 요건을 충족하고 부수토지는 수도권 내 주거지역에 소재**

구 분		주택연면적 > 상가연면적인 경우	주택연면적 ≤ 상가연면적인 경우
전체 토지면적 (500㎡)	3층	주택 : 80㎡	주택 : 100㎡
	2층	주택 : 90㎡	상가 : 70㎡
	1층	상가 : 100㎡	상가 : 100㎡

해설

구 분		주택연면적 > 상가연면적인 경우	주택연면적 ≤ 상가연면적인 경우
건물정착면적	주택분	100㎡(전부 주택면적)	100㎡ × 100㎡/270㎡ = 37.04㎡
	상가분	해당 없음	100㎡ − 37.04㎡ = 62.96㎡
부수토지면적	주택분	500㎡ × 270㎡/270㎡ = 500㎡	500㎡ × 100㎡/270㎡ = 185.18㎡
	상가분	해당 없음	500㎡ − 185.18㎡ = 314.82㎡
기준면적 이내	주택분	100㎡ × 3배 = 300㎡(비과세)	37.04㎡ × 3배 = 111.12㎡(비과세)
	상가분	해당 없음	62.96㎡ × 4배 = 251.84㎡(기본세율)
기준면적 초과 (비사업용 토지)	주택분	500㎡ − 300㎡ = 200㎡	185.18㎡ − 111.12㎡ = 74.06㎡
	상가분	해당 없음	314.82㎡ − 251.84㎡ = 62.98㎡

(3) 전체 양도가액이 12억원을 초과하는 경우 비과세 판단 및 부수토지 면적계산

1세대 1주택 비과세 요건을 갖춘 고가 겸용주택을 양도하는 경우에는 "면적크기 관계없이" 전체 양도가액을 매매계약일 현재 각 자산별 기준시가 등으로 안분계산한 후, 상가와 부수토지의 전체 양도차익과 주택 및 부수토지의 양도가액 12억원 초과분에 상당하는 양도차익(고가주택 양도차익)은 과세한다(소득령 §156 ②, §160 ①).

이 경우 주택과 상가의 부수토지 면적계산은 앞서 살펴본 "주택연면적이 상가연면적보다 적거나 같은 경우"와 동일한 방법으로 건물면적 비율로 안분하여 계산한다.

1) 기준시가 등으로 안분한 주택 및 부수토지의 양도가액이 12억원 이하인 경우

겸용주택의 전체 양도가액을 매매계약일 현재 각 자산별 기준시가 등으로 안분한 결과, 주택과 부수토지(기준면적 이내)의 양도가액이 12억원 이하인 경우 주택 및 부수토지는 비과세하되, 상가와 부수토지의 양도차익은 전부 과세하고 최대 30%의 장기보유특별공제를 적용한다.

여기서 주의할 사항은 겸용주택의 전체 양도가액이 12억원을 초과하더라도 전체 양

도가액을 기준시가 등으로 안분한 결과, 주택과 부수토지의 양도가액이 12억원 이하인 경우에는 비과세 대상이므로 고가주택에 해당하지 않는다는 점이다.

2) 기준시가 등으로 안분한 주택 및 부수토지의 양도가액이 12억원 초과하는 경우

겸용주택의 전체 양도가액을 매매계약일 현재 각 자산별 기준시가 등으로 안분한 결과, 주택과 부수토지의 양도가액이 12억원을 초과하는 경우에는 고가주택에 해당하므로 12억원 초과분에 상당하는 양도차익은 과세하고 최대 80%의 장기보유특별공제를 적용하며, 상가와 부수토지의 양도차익에 대해서는 전부 과세하고 최대 30%의 장기보유특별공제를 적용한다.

[양도가액 12억원 초과 고가 겸용주택의 비과세 판단 및 부수토지 면적계산]

구 분	건물	부수토지 면적계산 [Min(①, ②)]
안분한 양도가액 12억원 이하	주택 : 비과세	① 주택부수토지 : 총토지면적 × (주택연면적 ÷ 총건물연면적) ② 비과세 한도 : 건물정착면적 × (주택연면적 ÷ 총건물연면적) × 주택배율
안분한 양도가액 12억원 초과	주택 : 과세 (12억원 초과분)	① 주택부수토지 : 총토지면적 × (주택연면적 ÷ 총건물연면적) ② 한도(기본세율) : 건물정착면적 × (주택연면적 ÷ 총건물연면적) × 주택배율
안분 양도가액 크기와 무관	상가 : 과세	① 상가부수토지 : 총토지면적 × (상가연면적 ÷ 총건물연면적) ② 한도(기본세율) : 건물정착면적 × (상가연면적 ÷ 총건물연면적) × 상가배율

※ 위 부수토지 중 기준면적 초과분(①-②)은 비사업용 토지로 보아 기본세율에 10%를 가산한다.

관련 해석 사례

1. 주택과 주택 외의 부분으로 복합되어 있는 상가 겸용주택을 양도하여 「소득세법」 제104조 제7항의 중과세율 적용시 주택부분이 주택 외의 부분보다 크더라도 주택 외의 부분은 중과세율을 적용하지 않는 것이며, 중과세율이 적용되는 주택에 딸린 부수토지는 상가겸용주택의 전체 토지면적에 주택 연면적이 건물의 연면적에서 차지하는 비율을 곱하여 계산하는 것이다(법규재산-8237, 2023. 2. 15).
2. 토지와 건물을 일괄 양도한 경우 양도차익은 각 구분하여 기장하되, 양도가액에서 토지와 건물의 양도가액을 구별할 수 없는 경우에는 각 기준시가 비율로 안분하여야 하고, 건물이 겸용건물인 경우에는 주택 부분의 기준시가는 개별주택가격, 상가 부분의 기준시가는 건물기준시가, 각 부수토지의 기준시가는 개별공시가격으로 보아야 한다(대법원 2017두66107, 2017. 12. 22).

적용 사례 1 전체 양도가액 12억원 초과분 중 주택의 양도가액이 12억원 이하인 경우

1. 비과세 요건을 갖춘 겸용주택으로서 전체 양도가액 18억원, 전체 취득가액 5억원
   ① 매매계약일 당시 기준시가로 안분한 양도가액 : 주택 11억원, 상가 7억원
   ② 매매계약일 당시 기준시가로 안분한 취득가액 : 주택 4억원, 상가 1억원
2. 주택과 상가의 보유기간 : 10년(주택 거주기간 없음)
   ※ 주택 및 상가의 부수토지 계산은 생략

해설

구 분	주 택	상 가	합 계
양도가액	1,100,000,000	700,000,000	1,800,000,000
(-) 취득가액	400,000,000	100,000,000	500,000,000
(=) 양도차익	700,000,000[1]	600,000,000	1,300,000,000
(-) 장기보유특별공제	-	120,000,000[2]	120,000,000
(=) 양도소득금액	-	480,000,000	480,000,000

1) 1세대 1주택 비과세 요건을 갖춘 주택의 양도가액이 12억원 이하이므로 전부 비과세
2) 600,000,000 × 20%(10년 × 2%) = 120,000,000

적용 사례 2 전체 양도가액 12억원 초과분 중 주택의 양도가액이 12억원 초과하는 경우

1. 비과세 요건을 갖춘 겸용주택으로서 전체 양도가액 25억원, 전체 취득가액 8억원
   ① 매매계약일 당시 기준시가로 안분한 양도가액 : 주택 16억원, 상가 9억원
   ② 매매계약일 당시 기준시가로 안분한 취득가액 : 주택 6억원, 상가 2억원
2. 주택과 상가의 보유기간 : 10년(주택 거주기간 5년)
   ※ 주택 및 상가의 부수토지 계산은 생략

해설

구 분	주 택	상 가	합 계
양도가액	1,600,000,000	900,000,000	2,500,000,000
(-) 취득가액	600,000,000	200,000,000	800,000,000
(=) 전체 양도차익	1,000,000,000	700,000,000	1,700,000,000
(=) 과세대상 양도차익	250,000,000[1]	700,000,000	950,000,000
(-) 장기보유특별공제	150,000,000[2]	140,000,000[3]	290,000,000
(=) 양도소득금액	100,000,000	560,000,000	660,000,000

1) $1,000,000,000 \times \frac{1,600,000,000 - 1,200,000,000}{1,600,000,000} = 250,000,000$

2) 250,000,000 × 60%(10년 × 4% + 5년 × 4%) = 150,000,000

3) 700,000,000 × 20%(10년 × 2%) = 140,000,000

적용 사례 3 겸용주택의 양도가액이 12억원 초과하는 경우 부수토지 면적 계산

- **겸용주택은 비과세 요건을 충족하고 부수토지는 수도권 내 주거지역에 소재**

구 분		주택연면적 > 상가연면적인 경우	주택연면적 ≤ 상가연면적인 경우
전체 토지면적 (500㎡)	3층	주택 : 80㎡	주택 : 100㎡
	2층	주택 : 90㎡	상가 : 70㎡
	1층	상가 : 100㎡	상가 : 100㎡

해설

구 분		주택연면적 > 상가연면적인 경우	주택연면적 ≤ 상가연면적인 경우
건물정착면적	주택분	100㎡ × 170㎡/270㎡ = 62.96㎡	100㎡ × 100㎡/270㎡ = 37.04㎡
	상가분	100㎡ - 62.96㎡ = 37.04㎡	100㎡ - 37.04㎡ = 62.96㎡
부수토지면적	주택분	500㎡ × 170㎡/270㎡ = 314.82㎡	500㎡ × 100㎡/270㎡ = 185.18㎡
	상가분	500㎡ - 314.82㎡ = 185.18㎡	500㎡ - 185.18㎡ = 314.82㎡
기준면적 이내	주택분	62.96㎡ × 3배 = 188.88㎡[1]	37.04㎡ × 3배 = 111.12㎡[1]
	상가분	37.04㎡ × 4배 = 148.16㎡(기본세율)	62.96㎡ × 4배 = 251.84㎡(기본세율)
기준면적 초과 (비사업용 토지)	주택분	314.82㎡ - 188.88㎡ = 125.94㎡[2]	185.18㎡ - 111.12㎡ = 74.06㎡[2]
	상가분	185.18㎡ - 148.16㎡ = 37.02㎡	314.82㎡ - 251.84㎡ = 62.98㎡

1) 기준시가 등으로 안분한 주택 및 부수토지의 양도가액이 12억원을 초과하는 경우 12억원 초과분에 상당하는 양도차익에 대한 기준면적 이내 주택부수토지 부분은 기본세율 적용

2) 기준시가 등으로 안분한 주택 및 부수토지의 양도가액이 12억원 이하 또는 12억원 초과 여부와 상관없이 기준면적 초과 주택부수토지 부분의 양도차익에 대해서는 중과세율(기본세율 + 10%) 적용

(4) 지하실, 계단 등 공동으로 사용되는 부분의 면적산정 방법

겸용주택의 지하실, 계단, 보일러실, 옥탑방 등은 실제 사용하는 용도에 따라 판단하는 것이며, 그 사용 용도가 불분명한 경우에는 공동으로 사용되는 것으로 보아 아래와 같이 주택의 면적과 주택 이외의 면적의 비율로 안분하여 계산한다(소기통 89-154…11).

예를 들어, 1층은 상가이고 2층은 주택인 겸용주택의 경우로서 2층을 올라가기 위해 전용계단이 1층에 설치된 경우에는 1층 계단부분은 주택면적에 포함하지만, 사용용도가 불분명한 경우에는 공동으로 사용한 것으로 보는 것이다.

따라서, 건물면적이 공부상 용도와 실제 용도가 다른 경우에는 개별주택가격확인원, 재산세 과세내역서, 포털사이트의 항공사진·로드뷰사진, 현장확인 등을 통해 실제 용도를 추가적으로 확인해야 한다.

• **겸용주택의 주택면적 계산**

$$\text{주택연면적} = \text{주택 전용면적} + \text{건물 공용면적} \times \frac{\text{주택연면적}}{\text{건물전체 연면적}}$$

관련 해석 사례

쟁점겸용주택의 지하층은 사용용도가 불분명하여 주택 면적과 주택외 면적에 따라 안분계산하는 것은 타당하며, 2, 3층 계단실은 청구인이 전적으로 출입할 수 있는 것이어서 쟁점건물 상가 임차인이 2, 3층 계단실을 사용하기 어려웠을 것으로 보이므로 쟁점건물의 2층 계단실 20.8㎡과 3층 계단실 8.32㎡는 주택면적에 포함됨이 타당하다(조심 2021중4669, 2022. 4. 11).

(5) 일괄 취득 및 양도시 겸용주택의 취득가액 또는 양도가액 안분계산 방법

1) 취득가액 또는 양도가액의 구분이 분명한 경우

겸용주택을 일괄 취득 또는 양도하는 경우로서 감정가액이 없어 매매계약일 현재 기준시가로 안분하는 경우 아래와 같이 주택 및 그 부수토지에 대하여는 일괄고시된 개별주택가격(소득법 §99 ① 1호 나목)을 적용하고, 상가와 그 부수토지에 대해서는 일반건물기준시가(같은 호 가목) 및 개별공시지가(같은 호 나목)를 각각 적용하여 안분계산한다.

1. 주택과 주택 부수토지의 취득가액 또는 양도가액

① 주택과 주택 부수토지의 전체 취득(양도)가액

$$= \text{겸용주택의 전체 취득(양도)가액} \times \frac{\text{개별주택가격}}{\text{개별주택가격} + \text{상가 및 상가 부수토지 기준시가}}$$

$$\text{② 주택의 취득(양도)가액} = \text{①} \times \frac{\text{주택기준시가}}{\text{주택기준시가} + \text{주택 부수토지 기준시가}}$$

③ 주택 부수토지의 취득(양도)가액 = ① − ②

2. 상가와 상가 부수토지의 취득가액 또는 양도가액

① 상가와 상가 부수토지의 전체 취득(양도)가액

$$= \text{겸용주택의 전체 취득(양도)가액} \times \frac{\text{상가 및 상가 부수토지 기준시가}}{\text{개별주택가격} + \text{상가 및 상가 부수토지 기준시가}}$$

② 상가의 취득(양도)가액 $= ① \times \frac{\text{상가 기준시가}}{\text{상가 및 상가 부수토지 기준시가}}$

③ 상가 부수토지의 취득(양도)가액 = ① − ②

2) 취득가액 또는 양도가액의 구분이 불분명한 것으로 간주되는 경우

겸용주택을 일괄 취득 또는 양도하면서 매매계약서상 주택 및 상가와 그 부수토지의 가액을 구분 표시한 경우에는 그 가액으로 하는 것이 원칙이나, 해당 가액이 감정가액 또는 기준시가 등으로 안분계산한 가액과 30% 이상 차이가 있는 경우에는 「부가가치세법 시행령」 제64조 제1항(토지와 건물 등을 함께 공급하는 경우 건물 등의 공급가액 계산)에서 정하는 바에 따라 안분 계산한다. ☞ P. 94 참조

관련 해석 사례

쟁점승강기가 실제로 주택전용으로 사용되었다는 청구주장에 신빙성이 있으므로 쟁점승강기 면적을 주택면적에 합산하는 것이 타당하고, 이 경우 청구인이 신고한 주택의 실지거래가액은 기준시가로 안분 계산한 가액의 130%에 미달하게 되므로 쟁점겸용주택의 양도는 「소득세법」 제100조 제3항에서 규정하는 토지와 건물 등의 가액 구분이 불분명한 때로 볼 수 없다(조심 2020서8315, 2021. 2. 1).

적용 사례 겸용주택을 일괄 양도하는 경우 양도가액 안분계산

- **2025. 4. 1. 겸용주택**(다가구주택)**을 30억원에 일괄 양도**

구 분	매매계약서상 가액	기준시가
주택 및 주택 부수토지	18억원	10억원(개별주택가격)
상가	4억원	4억원(건물기준시가)
상가 부수토지	8억원	6억원(개별공시지가)

※ 겸용주택의 양도가액에는 부가가치세가 포함되어 있지 않으며, 양도 당시 감정평가액은 없음

해설 매매계약서상 가액과 기준시가로 안분한 가액의 비율 차이가 주택 및 주택 부수토지와 상가 부수토지는 30% 미만이지만, 상가의 경우 33.33%로 30% 이상 차이가 발생하므로 토지 및 건물의 가액이 불분명한 경우에 해당하므로 기준시가로 안분한 가액 ① 주택 및 주택부수토지 15억원, ② 상가 6억원, ③ 상가 부수토지 9억원을 각각 양도가액으로 한다.

구 분	매매계약서상 가액	기준시가로 안분한 가액	비율 차이
주택 및 주택 부수토지	18억원	$30억원 \times \frac{10억원}{20억원} = 15억원$	$\frac{(18억원 - 15억원)}{15억원} = 20\%$
상가	4억원	$30억원 \times \frac{4억원}{20억원} = 6억원$	$\frac{(6억원 - 4억원)}{6억원} = 33.33\%$
상가 부수토지	8억원	$30억원 \times \frac{6억원}{20억원} = 9억원$	$\frac{(9억원 - 8억원)}{9억원} = 11.11\%$

비교 학습

겸용주택 관련 주요 세목 과세방법

1. 겸용주택 취득시 취득세

겸용주택을 유상으로 취득하는 경우 취득세는 전체 취득가액을 주택부분과 상가부분의 시가표준액 비율로 안분한 후, 주택부분은 취득가액 및 주택 수 등에 따라 기본세율 또는 중과세율을 적용하고, 상가부분은 4.6%(지방교육세 및 농어촌특별세 포함)를 적용한다.

2. 겸용주택 임대시 건물부분의 부가가치세 및 종합소득세

① 주택연면적이 상가연면적보다 큰 경우에는 그 전부를 주택으로 보아 건물부분 전부를 면세하고 ② 주택연면적이 상가연면적보다 적거나 같은 경우에는 주택부분만 면세하고 상가부분은 과세한다(부가령 §41 ②). 이 경우 부동산을 2인 이상의 임차인에게 임대한 경우에는 "임차인별"로 각각 그 면세 여부를 판정한다(부기통 26-41…1). 예를 들어, 1층 상가는 甲에게 임대하고, 2~3층 주택과 상가(주택연면적 > 상가연면적)는 乙에게 임대한 경우 임차인 甲의 상가부분은 부가가치세 과세대상이고, 임차인 乙에 대해서는 주택연면적이 상가연면적보다 크므로 건물 전체가 부가가치세 면세대상(국민주택규모 이하로 한정)이다.

한편, 겸용주택을 임대하여 종합소득세 계산시 주택부분과 상가부분의 적용 범위는 앞서 살펴본 부가가치세의 면세 여부 판정기준과 같은 방법으로 구분한다(소득령 §8의2 ④).

3. 겸용주택 보유시 재산세 및 종합부동산세

매년 6월 1일을 기준으로 겸용주택을 소유한 경우로서 1동의 건물이 주택과 상가의 용도로 사용되고 있는 경우에는 주택부분만 주택으로 보며, 1구(1가구가 독립하여 구분 사용할 수 있도록 분리된 부분)의 건물이 주택과 상가의 용도로 사용되고 있는 경우로서 주택면적이 전체의 50% 이상인 경우에는 주택으로 본다(지방법 §106 ② 1호, 2호).

구 분			과세 방법
재산세	1동(棟)		주택부분은 주택으로, 상가부분은 상가로 각각 재산세 과세
	1구(構)	주택면적 〈 상가면적	
		주택면적 ≥ 상가면적	전체를 주택으로 보아 주택분 재산세 과세
종합부동산세		주택부분	공시가격합계액 9억원(1주택자는 12억원) 초과분 과세
		상가부분	공시가격합계액 80억원 초과 상가의 부수토지만 과세

종합 사례 1 양도가액이 12억원 이하인 겸용주택(주택면적<상가면적)을 양도하는 경우

1. 1세대 1주택 비과세 요건을 충족한 겸용주택 취득 및 양도내역

양도물건	층 별	용 도	면 적(가구수)	양도일 및 양도가액	취득일 및 취득가액
부수토지			500㎡	2025. 4. 25. (1,200,000,000원)	2016. 7. 15. (750,000,000원)
건물	1층	상가	100㎡		
	2층	상가	100㎡		
	3층	상가	50㎡		
		주택	50㎡(1가구)		
	4층	주택	100㎡(1가구)		

① 양도한 건물은 수도권 내 도시지역(일반주거지역)에 소재하고 있으며, 양도일 현재 1~3층은 임대 중이고 4층은 취득일부터 양도일까지 본인 및 동거가족이 계속하여 거주하였다.

② 취득세 등 필요경비 합계액은 30,000,000원이다.

2. 겸용주택의 개별주택가격 자료

공시일자	대지면적(㎡)		건물 연면적(㎡)		개별주택가격
	전 체	산 정	전 체	산 정	
2024. 4. 30.	500	187.5	400	150	400,000,000원
2016. 4. 29.	500	187.5	400	150	250,000,000원

3. 토지 및 건물의 기준시가 자료

구 분	토 지 (개별공시지가)	건 물	
		주 택	상 가
양도 당시 기준시가	1,200,000원/㎡	550,000원/㎡	500,000원/㎡
취득 당시 기준시가	540,000원/㎡	240,000원/㎡	200,000원/㎡

해설

구 분	주택 및 부수토지 (비과세)	상가 및 부수토지 (기본세율)	비사업용 토지 (기본세율+10%)	합 계
양도가액	377,235,771	566,666,667	256,097,561	1,200,000,000
(−) 취득가액	281,967,213	296,000,000	172,032,787	750,000,000
(−) 기타필요경비	11,278,688	11,840,000	6,881,312	30,000,000
(=) 양도차익	83,989,870	258,826,667	77,183,462	420,000,000
(−) 비과세 양도차익	83,989,870	−	−	83,989,870

(-) 장기보유특별공제		41,412,267	12,349,354	53,761,621
(=) 양도소득금액		217,414,400	64,834,108	282,248,508
(-) 기본공제		2,500,000	-	2,500,000
(=) 과세표준		214,914,400	64,834,108	279,748,508
(×) 세율		-	-	38%
(-) 누진공제		-	-	19,940,000
(=) 산출세액		-	-	86,364,433
(+) 지방소득세		-	-	8,636,443
(=) 총부담세액		-	-	95,000,876

보충 설명 및 계산 내역

1. 건물과 부수토지 면적 안분계산

구 분	건물 연면적	건물 정착면적	부수토지면적	기준면적 이내	기준면적 초과
주택	150㎡	37.5㎡[1)]	187.5㎡[3)]	112.5㎡[5)]	75㎡[7)]
상가	250㎡	62.5㎡[2)]	312.5㎡[4)]	250㎡[6)]	62.5㎡[8)]
합계	400㎡	100㎡	500㎡	362.5㎡	137.5㎡

1) $100㎡ \times \frac{150㎡}{400㎡} = 37.5㎡$, 2) $100㎡ \times \frac{250㎡}{400㎡} = 62.5㎡$

3) $500㎡ \times \frac{150㎡}{400㎡} = 187.5㎡$, 4) $500㎡ \times \frac{250㎡}{400㎡} = 312.5㎡$

5) 37.5㎡ × 3배(수도권 내 일반주거지역) = 112.5㎡, 6) 62.5㎡ × 4배(일반주거지역) = 250㎡

7) 187.5㎡ - 112.5㎡ = 75㎡, 8) 312.5㎡ - 250㎡ = 62.5㎡

2. 양도가액 안분계산(소득법 §100 ①)

1) 자산별 양도 당시 기준시가(①+②+③+④=900,000,000)

주 택		상 가	
①건 물	②토 지	③건 물	④토 지
107,317,073[1)]	292,682,927[2)]	500,000 × 250㎡ = 125,000,000	1,200,000 × 312.5㎡ = 375,000,000

1) $400,000,000(\text{개별주택가격}) \times \frac{82,500,000}{307,500,000^{*}} = 107,317,073$

* 주택 및 부수토지 기준시가 : 550,000 × 150㎡(건물분) + 1,200,000 × 187.5㎡(토지분) = 307,500,000

2) 400,000,000 - 107,317,073 = 292,682,927

2) 주택분 건물의 양도가액

- $1,200,000,000 \times \frac{107,317,073}{400,000,000 + 125,000,000 + 375,000,000} = 143,089,430$(비과세)

3) 상가분 건물의 양도가액

- $1{,}200{,}000{,}000 \times \frac{125{,}000{,}000}{400{,}000{,}000 + 125{,}000{,}000 + 375{,}000{,}000} = 166{,}666{,}667$(과세)

4) 주택분 토지의 양도가액

- $1{,}200{,}000{,}000 \times \frac{292{,}682{,}927}{400{,}000{,}000 + 125{,}000{,}000 + 375{,}000{,}000} = 390{,}243{,}903$

① 주택 부수토지 기준면적 이내 : $390{,}243{,}903 \times \frac{112.5㎡}{187.5㎡} = 234{,}146{,}341$(비과세)

② 주택 부수토지 기준면적 초과 : 390,243,903 − 234,146,341 = 156,097,561(기본세율 + 10%)

5) 상가분 토지의 양도가액

- 1,200,000,000 − (143,089,430 + 166,666,667 + 390,243,903) = 500,000,000

① 상가 부수토지 기준면적 이내 : $500{,}000{,}000 \times \frac{250㎡}{312.5㎡} = 400{,}000{,}000$(기본세율)

② 상가 부수토지 기준면적 초과 : 500,000,000 − 400,000,000 = 100,000,000(기본세율 + 10%)

3. 취득가액 안분계산

1) 자산별 취득 당시 기준시가(① + ② + ③ + ④ = 468,750,000)

주 택		상 가	
①건 물	②토 지	③건 물	④ 토 지
65,573,770[1)]	184,426,230[2)]	200,000 × 250㎡ = 50,000,000	540,000 × 312.5㎡ = 168,750,000

1) 250,000,000(개별주택가격) × $\frac{36{,}000{,}000}{137{,}250{,}000^{*}}$ = 65,573,770

* 주택 및 부수토지 기준시가 : 240,000 × 150㎡(건물분) + 540,000 × 187.5㎡(토지분) = 137,250,000

2) 250,000,000 − 65,573,770 = 184,426,230

2) 주택분 건물의 취득가액

- $750{,}000{,}000 \times \frac{65{,}573{,}770}{250{,}000{,}000 + 50{,}000{,}000 + 168{,}750{,}000} = 104{,}918{,}032$(비과세)

3) 상가분 건물의 취득가액

- $750{,}000{,}000 \times \frac{50{,}000{,}000}{250{,}000{,}000 + 50{,}000{,}000 + 168{,}750{,}000} = 80{,}000{,}000$(과세)

4) 주택분 토지의 취득가액

- $750{,}000{,}000 \times \frac{184{,}426{,}230}{250{,}000{,}000 + 50{,}000{,}000 + 168{,}750{,}000} = 295{,}081{,}968$

① 주택 부수토지 기준면적 이내 : $295{,}081{,}968 \times \frac{112.5㎡}{187.5㎡} = 177{,}049{,}181$(비과세)

② 주택 부수토지 기준면적 초과 : 295,081,968 − 177,049,181 = 118,032,787(기본세율 + 10%)

5) 상가분 토지의 취득가액

- 750,000,000 - (104,918,032 + 80,000,000 + 295,018,968) = 270,000,000

① 상가 부수토지 기준면적 이내 : $270,000,000 \times \frac{250㎡}{312.5㎡} = 216,000,000$(기본세율)

② 상가 부수토지 기준면적 초과 : 270,000,000 - 216,000,000 = 54,000,000(기본세율 + 10%)

4. 기타 필요경비(실제 지출액) 계산

1) 주택건물 : $30,000,000 \times \frac{104,918,032}{750,000,000} = 4,196,721$

2) 상가건물 : $30,000,000 \times \frac{80,000,000}{750,000,000} = 3,200,000$

3) 주택 부수토지

① 주택 부수토지 기준면적 이내 : $11,803,279^{*} \times \frac{112.5㎡}{187.5㎡} = 7,081,967$(비과세)

② 주택 부수토지 기준면적 초과 : 11,803,279 - 7,081,967 = 4,721,312(기본세율 + 10%)

$*30,000,000 \times \frac{295,081,968}{750,000,000} = 11,803,279$

4) 상가 부수토지

① 상가 부수토지 기준면적 이내 : $10,800,000^{*} \times \frac{250㎡}{312.5㎡} = 8,640,000$

② 상가 부수토지 기준면적 초과 : 10,800,000 - 8,640,000 = 2,160,000(기본세율 + 10%)

* 30,000,000 - (4,196,721 + 3,200,000 + 11,803,279) = 10,800,000

5. 장기보유특별공제 계산 : 53,761,621

1) 상가 및 부수토지 : 258,826,667(양도차익) × 16%(8년 × 2%) = 41,412,267

2) 비사업용 토지 : 77,183,462(양도차익) × 16%(8년 × 2%) = 12,349,354

6. 산출세액(둘 이상 자산 양도시 비교과세) : Max[1), 2)] = 86,364,433

1) 각 자산별로 세율을 적용한 산출세액 합계액(①, ②) = 78,011,069

① 기본세율 : 214,914,400 × 38% - 19,940,000(누진공제) = 61,727,472

② 기본세율 + 10% : 64,834,108 × 34% - 5,760,000(누진공제) = 16,283,597

2) 전체 자산의 과세표준 합계액에 기본세율을 적용한 산출세액

279,748,508 × 38% - 19,940,000(누진공제) = 86,364,433

종합 사례 2 양도가액이 12억원을 초과하는 겸용주택을 양도하는 경우

1. 1세대 1주택 비과세 요건을 충족한 겸용주택 취득 및 양도내역

양도물건	층 별	용 도	면 적(가구수)	양도일 및 양도가액	취득일 및 취득가액
부수토지			400㎡	2025. 3. 25. (4,000,000,000원)	2015. 2. 10. (1,200,000,000원)
건물	1층	상가	150㎡		
	2층	주택	150㎡(임대)		
	3층	주택	150㎡(임대)		
	4층	주택	150㎡(거주)		

① 건물은 수도권 내 도시지역(일반주거지역)에 소재하고 있으며, 1~3층은 양도일까지 계속 임대(2~3층 주택은 주택임대사업등록 및 임대주택 요건 충족)하였으며, 4층에서는 주택 취득일부터 양도일까지 본인 및 동거가족이 계속하여 거주하였다.

② 기타 필요경비는 없는 것으로 가정한다.

2. 겸용주택의 개별주택가격

공시일자	대지면적(㎡)		건물 연면적(㎡)		개별주택가격
	전 체	산 정	전 체	산 정	
2024. 4. 30.	400	300	600	450	2,000,000,000원
2015. 4. 30.	400	300	600	450	820,000,000원
2014. 4. 30.	400	300	600	450	700,000,000원

3. 토지 및 건물의 기준시가 자료

구 분	토 지 (개별공시지가)	건 물	
		주 택	상 가
2025년	3,400,000원/㎡	1,400,000원/㎡	1,200,000원/㎡
2024년	3,200,000원/㎡	1,250,000원/㎡	1,000,000원/㎡
2015년	2,000,000원/㎡	400,000원/㎡	350,000원/㎡
2014년	1,500,000원/㎡	350,000원/㎡	300,000원/㎡

해설

	구 분	주택 및 부수토지	상가 및 부수토지	합 계
	양도가액	3,200,000,000	800,000,000	4,000,000,000
(-)	취득가액	930,747,922	269,252,078	1,200,000,000
(=)	양도차익	2,269,252,078	530,747,922	2,800,000,000
(=)	고가주택 양도차익	1,418,282,548	-	1,418,282,548
(-)	장기보유특별공제	1,134,626,038	106,149,585	1,240,775,623
(=)	양도소득금액	283,656,510	424,598,338	708,254,848
(-)	기본공제			2,500,000
(=)	과세표준			705,754,848
(×)	세율			42%
(-)	누진공제			35,940,000
(=)	산출세액			260,477,036
(+)	지방소득세			26,047,703
(=)	총부담세액			286,524,739

보충 설명 및 계산 내역

1. 건물과 부수토지 면적 안분계산

구 분	연면적(㎡)	정착면적(㎡)	부수토지면적(㎡)	부수토지면적(㎡) 한도
상가	150	150 × 150/600 = 37.5	400×150/600 = 100	37.5×4배 = 150
주택	450	150 × 450/600 = 112.5	400×450/600 = 300	112.5×3배 = 337.5
합계	600	150	400	487.5

2. 양도가액 안분계산

1) 자산별 양도 당시 기준시가

주택 및 토지 (개별주택가격)	상 가	
	건 물	토 지
2,000,000,000	1,200,000 × 150㎡ = 180,000,000	3,200,000 × 100㎡ = 320,000,000

2) 주택 및 토지의 양도가액(1세대 1주택 고가주택)

- $4,000,000,000 \times \frac{2,000,000,000}{2,000,000,000 + 180,000,000 + 320,000,000} = 3,200,000,000$

3) 상가 및 토지의 양도가액

- 4,000,000,000 - 3,200,000,000 = 800,000,000

3. 취득가액 안분계산

1) 자산별 취득 당시 기준시가

주택 및 토지 (개별주택가격)	상 가	
	건 물	토 지
700,000,000	350,000×150㎡ = 52,500,000	1,500,000×100㎡ = 150,000,000

2) 주택 및 토지의 취득가액(1세대 1주택 고가주택)

- $1,200,000,000 \times \frac{700,000,000}{700,000,000 + 52,500,000 + 150,000,000} = 930,747,922$

3) 상가 및 토지의 취득가액

- 1,200,000,000 - 930,747,922 = 269,252,078

4. 1세대 1주택 고가주택 양도차익

1) 주택 및 부수토지의 전체 양도차익

- 3,200,000,000 - 930,747,922 = 2,269,252,078

2) 1세대 1주택 고가주택 양도차익

- $2,269,252,078 \times \frac{3,200,000,000 - 1,200,000,000}{3,200,000,000} = 1,418,282,548$

5. 장기보유특별공제 계산 : 1,240,775,623

1) 주택 및 부수토지

- 1,418,282,548(양도차익) × 80%(10년 × 4% + 10년 × 4%) = 1,134,626,038

2) 상가 및 부수토지

- 530,747,923(양도차익) × 20%(10년 × 2%) = 106,149,585

추가 해설

2024년판 교재에서는 임대면적(표1)과 거주면적(표2)을 구분하여 각각 장기보유특별공제를 적용하였으나, 아래의 해석사례를 참조하여 임대주택(1~2층)과 거주주택(3층) 및 부수토지에 대해 최대 80%의 장기보유특별공제율(표2)을 적용하는 것으로 관련 내용을 수정하였다.

관련 해석 사례

4주택(A, B, C, D주택)을 보유하던 1세대가 2021. 1. 1. 이후 3주택(A, B, C주택)을 모두 처분하고 양도일 현재 1세대 1주택 비과세 요건을 충족한 고가 겸용주택(상가임대+주택임대+거주주택인 복합 다가구주택) D주택을 보유한 경우로서 보유기간 중 2년 이상 거주한 해당 D주택을 2022. 1. 1. 이후 양도하는 경우 장기보유특별공제율은 주택 외의 부분(상가)을 제외한 주택 부분에 해당하는 건물 및 부수토지에 한정하여 「소득세법」 제95조 제2항 표2의 공제율을 적용하는 것이다(법규재산-0427, 2022. 5. 12).

4 오피스텔

오피스텔은 건축법상 주거용이 아닌 업무시설에 해당하나 공부상의 용도 및 사업자등록과 관계없이 사실상 주거용으로 사용하면 주택으로 보아 1세대 1주택 비과세 여부를 판단한다.

다만, 양도일 현재 "공실"로 보유하는 오피스텔의 경우 내부시설 및 구조 등을 주거용으로 사용할 수 있도록 변경하지 아니하고 건축법상의 업무용으로 사용승인된 형태를 유지하고 있는 경우에는 주택으로 보지 않지만, 내부시설 및 구조 등을 주거용으로 변경하여 항상 주거용으로 사용 가능한 경우에는 주택으로 본다(양도집행 89－154－13).

관련 해석 사례

1. 이 사건 오피스텔은 양도 당시 임차인이 거주하는 것으로 전입신고(주민등록)가 되어 있었던 점, 샤워가 가능한 화장실이 있는 원룸 형태로서 벽걸이형 에어컨, 간이싱크대 및 신발장이 기본으로 비치되어 있었던 점, 바닥난방을 할 수 있도록 도시가스가 연결되어 있는 등 소유자나 제3자가 언제든 용도나 구조변경 없이 바로 주거용으로 사용할 수 있으므로 주택으로 봄이 타당하다(서울행정법원 2023구단51147, 2024. 5. 8).
2. 오피스텔이 공부상 업무시설로 등재되어 있고 재산세도 업무용 시설로 부과되었으나, 오피스텔의 소유자인 청구인의 배우자와 임차인 간 작성된 전세계약서에 용도가 주거용으로 기재되어 있고 임차인과 가족이 쟁점오피스텔에 거주하며 주택임대차보호법에 따른 확정일자를 부여받은 것이 확인되는 점 등에 비추어 주택으로 판단된다(조심 2020서7941, 2020. 12. 15).

비교 학습

오피스텔 관련 주요 세금 비교

1. 취득세

(1) 오피스텔 취득시 취득세율

오피스텔을 분양 또는 매매로 취득하는 경우에는 기존 소유주택과는 관계없이 해당 오피스텔을 업무시설로 보아 취득가액(부가가치세 제외)에 4.6%(농어촌특별세 및 지방교육세 포함)의 취득세율이 부과된다. 여기서 주의할 사항은 오피스텔을 주택임대사업자로 등록하여 임대하는 경우에도 주택에 대한 취득세율이 아닌 상가에 대한 취득세율(4.6%)을 적용한다는 점이다.

다만, 전용면적 60㎡ 이하인 오피스텔을 건설사업자로부터 최초로 취득하여 지방자치단체에 임대주택으로 등록한 경우 취득세를 감면받을 수는 있다. ☞ P. 522 참조

(2) 다른 주택 취득세 적용시 오피스텔 주택 수 포함 여부

2020. 8. 12. 이후 취득한 오피스텔로서 주택분으로 재산세가 과세되고 있는 오피스텔을 보유한 상태에서 다른 주택을 취득하는 경우에는 해당 오피스텔은 취득세 중과대상 판단시 주택 수에 포함된다(지방법 §13의3 4호). 다만, 시가표준액(공시가격)이 1억원 이하(수도권을 제외한 지방주택은 2억원 이하)인 오피스텔은 취득세 중과대상 판단시 주택 수에서 제외된다(지방령 §28의4 ⑥ 1호 가목).

2. 부가가치세

(1) 오피스텔 취득시 부가가치세 환급 여부

오피스텔을 분양 또는 매매로 취득하면서 부담한 부가가치세는 업무용으로 사용·임대하는 경우에는 과세사업에 사용한 것이므로 건물분에 대해서는 부가가치세를 환급받을 수 있다.

다만, 업무용으로 사용·임대하기 위하여 오피스텔을 취득하고 부가가치세를 환급받은 후, 그 오피스텔을 주거용으로 사용·임대(면세대상)하는 경우에는 당초 환급받았던 부가가치세는 추징된다(부가법 §10 ①).

(2) 주거용으로 공급하는 오피스텔이 부가가치세 면세대상인지 여부

주택신축판매업자가 전용면적 85㎡ 이하 국민주택을 공급하는 경우 원칙적으로 부가가치세 면세대상이나, 전용면적 85㎡ 이하의 주거용 오피스텔을 분양 또는 판매하는 경우 해당 오피스텔은 건축법상 업무시설에 해당하므로 부가가치세 면세사업자 등록 여부 불문하고 부가가치세가 과세된다(대법원 2020두44749, 2021. 1. 28).

비교 학습 끝

5 가정어린이집

가정어린이집은 아파트나 단독주택을 개조하여 어린이집 용도로 사용하는 주택으로서 구조상 언제든지 주택으로 전환하여 사용할 수 있으므로 1세대 1주택 비과세 판단시 주택 수에 포함된다.

다만, 5년 이상 운용한 장기어린이집과 2년 이상 거주한 주택을 보유한 상태에서 해당 거주주택을 양도하는 경우 장기어린이집은 주택 수에 포함되지 않으므로 거주주택에 대하여 1세대 1주택 비과세특례가 적용된다(소득령 §155 ⑳). ☞ P. 384 참조

비교 학습

종합부동산세 및 취득세 산정시 가정어린이집 주택 수 포함 여부

1. 종합부동산세 합산배제

세대원이 「영유아보육법」에 따라 지방자치단체장의 인가를 받고 관할세무서장으로부터 고유번호증을 부여받은 후, 과세기준일 현재 5년 이상 계속하여 어린이집(직장어린이집, 국공립어린이집 포함)으로 운영한 주택은 종합부동산세 합산배제를 적용받을 수 있다(종부령 §4 ① 4호).

2. 취득세 중과대상 주택 수 제외

「영유아보육법」 제10조 제5호에 따른 가정어린이집으로 운영하기 위하여 취득하는 주택은 보유 주택 수에 상관없이 1%~3%의 기본세율이 적용되고, 다른 주택의 취득세 중과대상 판단시 주택 수에서 제외한다. 다만, 가정어린이집을 취득일로부터 1년 이내에 해당 용도에 직접 사용하지 않거나 취득일로부터 3년 이내에 처분(매각 또는 증여)하거나 다른 용도로 사용하는 경우에는 관련 취득세가 추징된다(지방령 §28의2 6호, §28의4 ⑥ 1호 나목).

6 주택신축판매업자(또는 부동산매매업자)의 판매용 재고주택

주택신축판매업자 또는 부동산매매업자가 판매 목적으로 보유하고 있는 재고주택은 다른 주택의 1세대 1주택 비과세 판단시 주택 수에서 제외된다. 주택신축판매업자 또는 부동산매매업자에 대한 보다 자세한 내용은 「Part 7」을 참고하기 바란다. ☞ P. 741 참조

관련 해석 사례

주택신축판매업자가 보유하고 있는 판매용 재고주택은 소유주택으로 보지 아니하는 것이나, 미분양 상태에서 그 사업을 폐업한 후 주택을 소유하고 있거나 임대목적(일시적으로 임대하는 경우 제외)으로 소유하고 있는 경우에는 주거용 주택으로 보아 주택 수에 포함된다(소심 2021서0525, 2021. 6. 22).

비교 학습

주택신축판매업자의 주택 종합부동산세 합산과세 및 취득세 중과세율 여부

1. 종합부동산세 계산시 주택신축판매업자의 미분양주택 합산과세 여부

과세기준일 현재 사업자등록을 한 「주택법」 제15조에 따른 사업계획승인을 얻은 자 또는 「건축법」 제11조에 따른 허가를 받은 자가 건축하여 소유하는 미분양 주택(본인 또는 타인이 1년 이상 거주한 경우 포함)으로서 주택분 재산세의 납세의무가 최초로 성립하는 날부터 5년이 경과하지 않은 주택은 종합부동산세 계산시 합산하지 않는다(종부령 §4 ① 3호).

2. 다주택자가 신축목적으로 취득하는 멸실예정 주택에 대한 취득세 기본세율 적용

3주택 이상자인 주택신축판매업자가 추가로 주택을 취득할 때는 12%의 중과세율이 적용되는 것이 원칙이나, 그 주택 취득일로부터 1년 이내 해당 주택을 멸실시키고 3년 이내 주택을 신축하여 5년 이내 판매하는 경우에는 새로 취득한 주택에 대해서는 1%~3%의 기본세율을 적용한다(지방령 §28의2 8호 나목).

7 종업원 기숙사 · 합숙소

사용인의 기거(起居)를 위하여 공장에 부수된 건물을 합숙소로 사용하고 있는 경우에 당해 합숙소는 주택으로 보지 아니한다(소기통 89-154…9). 다만, 주거용으로 신축된 아파트 등을 종업원의 기숙사로 사용하는 경우에는 언제든지 일반주택으로 사용할 수 있으므로 주택으로 본다.

비교 학습

종합부동산세 계산시 종업원 기숙사(사원용주택) 합산과세 여부

종업원에게 무상이나 저가로 제공하는 사용자 소유의 주택으로서 국민주택규모 이하이거나 과세기준일 현재 공시가격이 6억원 이하인 주택은 종합부동산세 계산시 합산하지 않는다(종부령 §4 ① 1호).

관련 해석 사례

쟁점아파트는 전체적인 구조 및 기능이 주거에 적합한 형태를 갖추고 있고, 그 용도나 구조의 변경이 이루어진 것으로 보기 어려우며, 언제든지 용도나 구조의 변경 없이 주거용으로 사용하거나 제3자에게 주택으로 양도할 수 있는 것으로 확인되는 점 등에 비추어 쟁점아파트를 주택으로 보아 1세대 1주택 비과세를 배제하여 양도소득세를 과세한 이 건 처분은 잘못이 없다(조심 2019전0009, 2019. 3. 25).

8 펜션 및 민박

펜션 또는 민박을 숙박용역 용도로만 제공하는 경우 주택에 해당하지 않으나, 세대원이 해당 건물로 거소 등을 이전하여 주택으로 사용하는 경우에는 겸용주택으로 본다(양도집행 89-154-11).

관련 해석 사례

청구인은 쟁점건물을 민박집으로 운영하였으므로 쟁점건물 전체를 주택으로 인정하여야 한다고 주장하나, 숙박 용역을 제공하는 건물은 주택에 해당하지 않는 점, 쟁점건물 중 주택 면적은 172.3㎡이고 민박업에 사용된 면적은 236.22㎡이어서 전체면적 중 주택 외 부분이 커서 주택 외 부분에 대하여는 1세대 1주택 비과세대상이 아니므로 처분청이 민박업에 사용된 면적 및 부수토지에 대하여 1세대 1주택 비과세를 배제하여 과세한 처분은 잘못이 없다(심사양도-0048, 2019. 7. 3).

9 무허가주택 및 미등기주택

(1) 무허가주택

건축법에 따른 건축허가를 받지 아니하여 등기가 불가능한 무허가주택은 미등기양도 자산으로 보지 않으므로, 무허가 1주택을 양도하는 경우 1세대 1주택 비과세를 적용받을 수 있고 다른 주택 양도시 무허가주택은 주택 수에 포함된다(소득령 §168 ① 4호).

다만, 무허가주택이 「특정건축물 정리에 관한 특별조치법」에 따라 등기가 가능한 주택에 해당되는 경우에도 미등기상태로 양도하는 때에는 1세대 1주택 비과세가 적용되지 않는다(서면4팀-3270, 2007. 11. 13).

(2) 미등기주택

"미등기주택"이란 건축물대장에는 등록되어 있으나 등기사항전부증명서(舊, 등기부등본)에는 등기되어 있지 않은 주택을 말하며, 해당 주택을 미등기상태로 양도하는 경우에는 양도소득세법상 세제혜택(1세대 1주택 비과세, 감면규정, 장기보유특별공제 및 양도소득 기본공제)이 적용되지 않을 뿐만 아니라, 70%의 고율의 양도소득세율이 적용된다(소득법 §91 ①).

관련 해석 사례

1. 특정건축물 양성화 조치에 따라 쟁점주택의 등기가 가능하였음에도 미등기 상태로 양도하는 경우로서 그 부수토지는 등기된 상태에서 양도되었고 양도 당시 다른 주택이 없었다면 부수토지의 양도차익에 대해서는 비과세가 적용된다(조심 2023중9825, 2024. 1. 11).
2. 소득세법 제89조 제1항 제3호 각 목에 해당하지 않는 주택을 양도하는 경우로서 해당 주택이 지방자치단체 소유 대지 지상에 건축되어 건축법 등 관련 법률의 규정에 의하여 양도 당시 그 자산의 취득에 관한 등기가 불가능한 경우에는 소득세법 시행령 제168조 제1항 제2호에 따른 미등기양도 제외 자산에 해당하는 것이나, 건축법에 따른 건축허가를 받지 않은 주택으로서 특정건축물 정리에 관한 특별조치법에 따라 사용승인을 받지 못한 주택은 미등기양도 자산에 해당한다(재산세제과-457, 2017. 7. 21).
3. 건물의 옥상에 설치된 옥탑방이 무허가건물이더라도 주거용으로 사용된 경우에는 주택으로 보는 것이다(조심 2018중5068, 2019. 7. 5).

비교 학습

무허가주택 및 그 부속토지에 대한 취득세 및 종합부동산세 산정방법

1. 무허가주택을 취득하는 경우 취득세율 적용방법

건축물대장 및 등기사항증명서에 등재되어 있지 않은 무허가주택을 취득하는 경우에는 주택에 대한 취득세율을 적용하지 않고 주택 외의 취득세율 4.6%(지방교육세 및 농어촌특별세 포함)를 적용한다(조심 2021지0578, 2021. 9. 9).

2. 무허가주택의 부속토지를 소유한 경우 종합부동산세 산정방법

「건축법」 등 관계 법령에 따른 허가 또는 신고를 하지 않고 건축하여 주거용으로 사용하는 주택의 부속토지는 종합부동산세 세율 적용시 주택 수에 포함되지 않는다(종부령 §4의3 ③ 3호 다목). 여기서 주의할 사항은 무허가주택의 부속토지는 종합부동산세의 세율 적용시에만 주택 수에서 제외되는 것이므로 해당 부속토지는 주택분으로 종합부동산세가 과세되는 것에는 변함이 없다는 점이다.

10 별장

주거용 건축물로서 상시 주거용으로 사용하지 아니하고 휴양·피서·위락 등의 용도로 사용하는 별장은 1세대 1주택을 판정함에 있어 주택으로 보지 않는다(소득법 §104의3 ① 6호).

관련 해석 사례

쟁점별장주택의 경우 단독주택으로 사용승인이 되었고, 주거기능이 그대로 유지·관리되고 있어 언제든지 본인이나 제3자가 주택으로 사용할 수 있는 건물에 해당한다고 보이므로 쟁점별장주택은 소득세법상 주택에 해당한다(조심 2021중4628, 2021. 12. 28).

11 공가(空家)주택

주택으로 사용하던 건물을 장기간 공가(空家) 상태로 방치하여 노후화된 주택의 경우에도 공부상 주택에 해당하면 주택으로 본다. 다만, 사실상 주거로서의 기능을 상실한 폐가 상태인 경우에는 주택으로 보지 않는다(양도집행 89-154-7).

관련 해석 사례

1. 쟁점주택은 주택 용도로 사용승인되어 실제 주택으로 사용되었고, 21년까지 쟁점주택의 개별주택가격이 공시된 점, 쟁점주택의 외벽, 내벽 및 내부의 문 등이 대체로 온전한 외관 및 형상을 유지하여 쟁점주택 양도 당시 주택에 해당하므로 주거로서의 기능을 상실한 폐가라는 청구주장을 받아들이기는 어렵다고 판단된다(조심 2022부6079, 2023. 3. 9).
2. 청구인이 양도할 당시 이 사건 주택들은 주거용으로서의 잠재적 기능을 여전히 보유한 상태였던 것으로 보이고, 철거가 예정되어 거주자가 모두 퇴거하고 수도나 전기가 끊기고 주변에 차단막이 설치되었다 하더라도, 이는 '주택'에 해당한다고 봄이 타당하다(수원지법 2021구단7000, 2022. 8. 24).

12 세대구분형 아파트

"세대구분형 아파트"란 공동주택의 내부 공간의 일부를 세대별로 구분하여 생활이 가능한 구조로 하되, 그 구분된 공간의 일부를 구분 소유할 수 없는 주택을 말한다(주택법 §2 ⑲). 이 경우 일부를 임대하여 2세대가 독립적으로 거주하는 경우에도 해당 아파트는 1주택으로 본다.

관련 해석 사례

2017. 8. 3. 이후에 취득한 조정대상지역에 소재한 세대구분형 아파트 1주택을 보유한 거주자가 주택의 일부를 임대하고, 다른 일부에 1세대가 2년 이상 실제 거주하는 경우 해당 주택의 양도로 발생하는 소득은 1세대 1주택 비과세를 적용받을 수 있다(법규재산-0531, 2022. 4. 28).

13 부동산을 취득할 수 있는 권리

(1) 조합원입주권

「도시 및 주거환경정비법」에 따라 관리처분계획인가로 취득한 조합원입주권은 주택을 취득할 수 있는 권리로서 주택은 아니지만 다른 주택의 1세대 1주택 비과세 또는 중과세 여부를 판단할 때 주택 수에 포함된다.

다만, 「소득세법」 제89조 제1항 제4호에 따라 1세대가 2년 이상 보유·거주한 종전주택(1세대 1주택)이 조합원입주권으로 전환된 후 해당 조합원입주권을 양도하는 경우 또는 「소득세법 시행령」 제156조의2 제3항 및 제4항에 따라 종전주택 보유자가 조합원입주권을 취득한 후, 일정기간 이내에 종전주택을 양도하는 경우에는 1세대 1주택 비과세 특례를 적용받을 수 있다.

조합원입주권에 대한 비과세 특례 규정에 대해서는 「Part4 조합원입주권 비과세 특례」를 참고하기 바란다. ☛ P. 395, 403 참조

(2) 주택분양권

2021. 1. 1. 이후 취득한 주택분양권은 조합원입주권과 마찬가지로 다른 주택의 1세대 1주택 비과세 또는 중과세 여부를 판단할 때 주택 수에 포함되지만, 2020. 12. 31. 이전에 취득한 주택분양권은 주택 수에 포함되지 않는다.

다만, 조합원입주권과는 달리 주택분양권 자체를 양도하는 경우에는 1세대 1주택 비과세를 적용받을 수는 없지만, 「소득세법 시행령」 제156조의3 제2항 및 제3항에 따라 종전주택 보유자가 2021. 1. 1. 이후 주택분양권을 취득한 후, 일정기간 이내에 종전주택을 양도하는 경우에는 조합원입주권과 동일하게 1세대 1주택 비과세 특례를 적용받을 수 있다.

주택분양권에 대한 비과세 특례 규정에 대해서는 「Part3 주택분양권 비과세 특례」를 참고하기 바란다. ☞ P. 275 참조

비교 학습

부동산을 취득할 수 있는 권리의 주요 세금 비교

1. 취득시점별 양도소득세와 취득세 적용시 조합원입주권과 주택분양권의 비교

2020. 8. 11. 이전에 취득한 조합원입주권 또는 주택분양권(2020. 8. 11. 이전에 매매계약을 체결한 조합원입주권 또는 주택분양권 포함)은 다른 주택의 취득세 적용시 주택 수에 포함되지 않았으나, 2020. 8. 12. 이후 취득분부터는 다른 주택의 취득세 중과대상 판단시 주택 수에 포함되는 점은 동일하나, 아래와 같이 비과세 및 세율 등을 적용함에 있어 차이가 있다.

구 분	조합원입주권	주택분양권
다른 주택 비과세 판단시 주택 수 포함 여부	포함	• 2020. 12. 31. 이전 취득 : 제외 • 2021. 1. 1. 이후 취득 : 포함
양도소득세율	2년 이상 보유시 기본세율	2년 이상 보유시 60%
다른 주택 취득세 적용시 주택 수 포함 여부	• 2020. 8. 11. 이전 취득 : 제외 • 2020. 8. 12. 이후 취득 : 포함	
취득세 적용여부	적용(토지분 취득세 4.6%)	미적용(주택 신축시 적용)

2. 주택분양권과 오피스텔분양권 양도소득세율 비교

구 분		오피스텔분양권	주택분양권
양도소득세율	1년 미만	50%	70%
	1년 ~ 2년 미만	40%	60%
	2년 이상	기본세율	

Chapter

2 1세대 1주택 비과세 적용시 보유기간 및 거주기간 판단

I 보유기간 및 거주기간 적용요건

1 보유기간 계산

자산의 보유기간은 그 자산의 취득일부터 양도일까지로 한다. 다만, 주택이 아닌 건물(상가 등)을 사실상 주거용으로 사용하거나 공부상의 용도를 주택으로 변경하는 경우 그 보유기간은 해당 자산을 사실상 주거용으로 사용한 날 또는 공부상 용도를 주택으로 변경한 날부터 양도한 날까지로 한다(소득령 §154⑤).

2 취득 당시 조정대상지역 내 주택 거주요건 적용

1세대 1주택 비과세를 적용받기 위해서는 2년 이상 보유해야 하며, 2017.8.3. 이후 취득 당시 조정대상지역 내 주택은 2년 이상 거주해야 한다. 이 경우 거주기간은 원칙적으로 세대전원이 거주해야 하지만, 세대원 중 일부가 취학, 근무상 형편, 1년 이상의 치료나 질병요양 등 부득이한 사유로 거주하지 못한 경우에도 나머지 세대원이 거주했다면 세대전원이 거주한 것으로 본다(양도집행 89-154-22).

여기서 주의할 사항은 주택 취득 당시에는 조정대상지역에 소재하였으나 양도 당시 해당 주택의 소재지가 조정대상지역에서 해제된 경우에도 1세대 1주택 비과세를 적용받기 위해서는 2년 이상 거주해야 한다는 점이다.

관련 해석 사례

1. 1세대가 조정대상지역에 있는 1주택을 양도하는 경우 거주요건 적용시 배우자 등이 부득이한 사유로 처음부터 해당 주택에 거주하지 않고 나머지 세대원이 거주요건을 충족한 경우에는 1세대가 거주한 것으로 본다(법규재산 - 0557, 2023. 8. 28).
2. 취득 당시 비조정대상지역에 있는 주택이 재개발되어 조정대상지역 내에서 완공된 경우에는 거주요건이 적용되지 않는다(부동산납세과 - 1983, 2022. 7. 7).
3. 2017. 8. 2. 이전에 주택을 신축하는 건축허가를 받아 착공신고를 하고, 2017. 8. 3. 이후에 사용승인 등에 의해 주택을 취득한 경우에는 거주요건이 적용된다(법령해석재산 - 3871, 2021. 2. 5).
4. 1세대 1주택의 비과세 규정을 적용함에 있어 거주기간은 원칙적으로 양도일 현재 시점의 세대전원이 당해 주택에서 거주한 기간만으로 계산하는 것이나, 1세대 1주택의 양도 당시 혼인으로 그 배우자가 있는 경우에는 혼인 전의 당해 거주자의 거주기간(다른 가족과 함께 거주한 기간 포함)과 혼인 후 배우자와 함께 거주한 기간을 통산한다(재산세과 - 862, 2009. 5. 4).

비교 학습

조정대상지역 여부 불문하고 거주요건이 적용되는 경우

1. 장기임대주택 등 보유자의 거주주택 비과세특례 적용시 거주요건

장기임대주택 또는 장기어린이집과 거주주택을 보유한 상태에서 거주주택을 양도하여 1세대 1주택 비과세 특례를 적용받기 위해서는 해당 주택에서 2년 이상 거주해야 하며, 이러한 거주요건은 해당 주택이 "조정대상지역 소재 여부와 상관없이" 적용된다.

2. 최대 80%의 장기보유특별공제율 적용시 거주요건

1세대 1주택 비과세 고가주택을 양도하는 경우에는 보유기간 및 거주기간별로 각각 연 4%의 장기보유특별공제율(최대 80%)을 적용한다. 이 경우 고가주택이 조정대상지역에 소재하지 않더라도 2년 이상 거주해야 최대 80%의 장기보유특별공제율(표2)을 적용받을 수 있으므로 해당 주택에서 2년 이상 거주하지 않으면 최대 30%의 장기보유특별공제율(표 1)이 적용된다.

3 보유기간·거주기간 통산 및 판단

거주기간은 주민등록표 등본에 따른 전입일부터 전출일까지의 기간에 따르며(소득령 §154 ⑥), 보유기간 및 거주기간의 통산 여부 또는 판단은 아래와 같이 적용한다(소득령 §154 ⑧).

(1) 기존주택이 재건축된 경우 보유 · 거주기간 통산

거주하거나 보유하는 중에 소실 · 무너짐 · 노후 등으로 인하여 멸실되어 재건축(임의재건축 및 도시 및 주거환경정비법에 따른 재건축)한 주택의 경우 1세대 1주택 비과세 여부를 판단할 때는 그 멸실된 주택과 재건축한 주택에 대한 보유기간 및 거주기간을 통산한다(소득령 §154 ⑧ 1호).

여기서 주의할 사항은 종전주택을 멸실하고 임의재건축한 주택을 양도하는 경우 장기보유특별공제 「표2」 적용대상 여부를 판정할 때는 종전주택과 신축주택의 거주기간을 통산하나, 「표2」의 실제 거주기간별 공제율(연 4%) 산정시에는 신축주택(건물분)은 사용승인일부터, 토지분은 당초 취득일부터 기산한다는 점이다(양도집행 95-159의4-1, 법규재산-2385, 2023. 6. 28).

다만, 「도시 및 주거환경정비법」 또는 「소규모주택정비법」에 따른 재건축 등으로 원조합원이 신축주택을 양도하는 경우 1세대 1주택 비과세 및 장기보유특별공제 적용시 종전주택과 신축주택의 보유기간 및 거주기간은 통산한다.

(2) 비거주자가 거주자로 전환된 경우 보유 · 거주기간 통산

비거주자가 해당 주택을 3년 이상 계속 보유하고 그 주택에서 거주한 상태로 거주자로 전환된 경우에는 해당 주택에 대한 보유기간 및 거주기간을 통산한다(소득령 §154 ⑧ 2호).

(3) 동일세대원으로부터 상속받은 경우 보유 · 거주기간 통산

상속받은 주택으로서 상속인과 피상속인이 상속개시 당시 동일세대인 경우에는 상속개시 전에 상속인과 피상속인이 동일세대로서 거주하고 보유한 기간을 통산한다(소득령 §154 ⑧ 3호).

(4) 공동상속주택의 거주기간 판단기준

취득 당시에 조정대상지역에 있는 주택으로서 공동상속주택인 경우 거주기간은 해당 주택에 거주한 공동상속인 중 그 거주기간이 가장 긴 사람이 거주한 기간으로 판단한다(소득령 §154 ⑫).

(5) 이월과세 적용대상 자산의 보유기간 계산

「소득세법」 제97조의2 제1항(배우자 등 이월과세)에 따른 이월과세 적용대상 자산의 경우 보유기간은 증여한 배우자 또는 직계존비속이 해당 자산을 취득한 날부터 기산(起算)한다(소득법 §95④).

관련 해석 사례

갑이 소유하고 있던 A주택을 별도세대인 을(갑의 모)에게 증여한 후 5년(2023. 1. 1. 이후 증여분은 10년) 이내에 을이 A주택을 양도하는 경우로서 소득세법 제97조의2 제1항(배우자 등 이월과세)이 적용되는 경우 거주요건 적용여부는 「증여를 받은 날」을 기준으로 판정한다(법규재산-0444, 2023. 10. 24).

추가해설 배우자 또는 직계존비속으로부터 증여받은 주택이 조정대상지역 내 있는 경우로서 해당 주택에 대해 이월과세가 적용되는 경우에도 증여받은 시점을 기준으로 2년 이상 거주해야 비과세를 적용받을 수 있으나, 장기보유특별공제와 세율 등의 보유기간 계산은 증여자의 당초 취득일부터 기산하므로 취득시기 및 보유기간 계산 등에 대한 판단시 주의를 요한다.

Ⅱ 거주요건을 충족하지 않아도 비과세되는 주택

주택의 보유기간이 2년 이상이고 취득 당시에 조정대상지역에 있는 주택의 경우에는 그 보유기간 중 거주기간이 2년 이상인 경우에만 1세대 1주택 비과세를 적용받을 수 있는 것이 원칙이다. 다만, 아래의 경우에는 거주기간의 제한을 받지 않는다(소득령 §154①).

1 매매계약일 당시는 비조정대상지역이나 잔금지급일 당시에는 조정대상지역인 경우

2017. 8. 2. 이전 또는 조정대상지역의 공고가 있은 날 이전에 매매계약(조합원입주권 또는 분양권 포함)을 체결하고 계약금을 지급한 사실이 증빙서류에 의하여 확인되는 경우로서 "계약금 지급일 현재 무주택세대"에 해당하면 취득 당시(잔금지급일) 해당 주택의 소재지가 조정대상지역에 해당하는 경우에도 거주요건은 적용되지 않는다(소득령 §154①5호).

여기서 주의할 사항은 다른 주택에 대한 1세대 1주택 비과세 여부를 판단할 때 조합원입주권과 2021. 1. 1. 이후에 취득한 분양권은 주택 수에는 포함되지만, 무주택세대 여부를 판단할 때는 주택 수에 포함하지 않는 것이며,

특히, 실무적으로 혼동하기 쉬운 부분은 1세대 1주택 비과세 여부를 판단할 때 주택 수에서 제외되는 감면주택, 농어촌주택, 소수지분 공동상속주택 등 특례주택은 무주택세대 여부를 판단할 때는 주택 수에 포함된다는 점이다. ☞「적용사례 1」참조

관련 해석 사례

1. 1세대가 취득 당시 조정대상지역에 있는 주택을 양도하는 경우로서 조정대상지역 공고일 이전에 「도시 및 주거환경정비법」 상 재건축사업 또는 재개발사업의 조합원입주권을 매매계약하고 계약금을 지급하였으나 계약금 지급일 현재 무주택 세대에 해당하지 않은 경우 「소득세법 시행령」 제154조 제1항의 거주요건을 적용하는 것이다(부동산납세과 - 187, 2023. 1. 20).
2. 조정대상지역 공고일 이전 무주택세대가 조합원입주권을 매매계약으로 취득한 경우 「소득세법 시행령」 제154조 제1항의 거주요건이 적용되지 않는다(재산세제과 - 1422, 2022. 11. 14).
3. 계약금 지급일 현재 무주택세대를 적용함에 있어 「민사집행법」상 경매로 취득한 주택은 "매각허가결정일"을 매매계약일로 보는 것이므로, 무주택세대가 매각허가결정을 받은 날 현재 조정대상지역의 공고가 있은 날 이전인 경우에는 1세대 1주택 비과세 거주요건을 적용하지 않는다(부동산납세과 - 2741, 2022. 9. 16).
4. 거주자가 분양권(A분양권)에 대한 계약금을 지급하고 같은 날에 주택(B주택)을 취득한 경우에는 "계약금 지급일 현재 무주택세대"에 해당하지 않으므로 거주요건이 적용된다(법령해석재산 - 2693, 2021. 1. 11).

2 매매계약일 당시는 조정대상지역이나 잔금지급일 당시에는 비조정대상지역인 경우

주택에 대한 매매계약(분양권 및 조합원입주권 포함)을 체결할 당시에는 조정대상지역이었으나, 주택을 취득(잔금지급일, 사용승인일 등)할 당시에는 해당 주택의 소재지가 조정대상지역에서 해제된 경우에는 거주요건이 적용되지 않는다.

관련 해석 사례

1. 취득당시 조정대상지역에 소재한 겸용주택의 주택부분을 근린생활시설로 용도변경하였다가, 해당 지역이 조정대상지역에서 해제된 후 다시 건물 전체를 주택으로 용도변경하여 양도하는 경우 1세대 1주택 비과세 여부 판단시 거주요건을 적용하는 것이다(법령해석재산 - 3906, 2021. 8. 26).
2. 주택을 취득한 날에 해당 주택이 소재하는 지역이 조정대상지역에서 해제되는 공고가 있는 경우로서 해당 공고의 효력이 공고일부터 발생하는 경우 해당 주택은 「소득세법 시행령」 제154조 제1항의 거주요건이 적용되지 않는다(법령해석재산 - 4045, 2021. 2. 18).

3 조정대상지역 내 주택을 2019. 12. 16. 이전에 임대등록한 경우

조정대상지역 내 주택을 2019. 12. 16. 이전에 시·군·구와 세무서에 주택임대사업자로 등록하고 법 소정 요건을 충족한 경우에는 거주요건이 적용되지 않는다. 다만, 2019. 12. 17. 이후 임대등록하는 경우에는 거주요건이 적용된다(대통령령 제30395호, 부칙 §38 ②).

4 조정대상지역 내 주택이 상생임대주택에 해당하는 경우

법 소정 요건을 충족한 상생임대주택(P. 576 참조)을 양도하는 경우에는 2년 이상 거주요건을 충족하지 않아도 1세대 1주택 비과세를 적용받을 수 있다(소득령 §155의3). 이 경우 상생임대주택은 다른 임대주택과는 달리 주택임대사업자로 등록하지 않아도 된다.

[유주택 · 무주택세대 구분에 따른 주택 취득시 거주요건 적용 여부]

구 분	계약 시점	취득 시점(잔금지급일)	양도 시점(잔금지급일)	거주 요건
주택 취득 (유주택세대)	비조정대상지역	조정대상지역	조정대상지역	적용
	비조정대상지역	조정대상지역	비조정대상지역	적용
	조정대상지역	비조정대상지역	조정대상지역	미적용
분양권 취득 (무주택세대)	비조정대상지역	조정대상지역	조정대상지역	미적용
	조정대상지역	비조정대상지역	조정대상지역	미적용
	조정대상지역	조정대상지역	비조정대상지역	적용

※ 2023. 1. 5. 이후 강남구·서초구·송파구·용산구를 제외한 전지역 조정대상지역 해제

적용 사례 1 분양권 취득 시점에 비과세 특례주택을 보유한 경우 거주요건 적용 여부

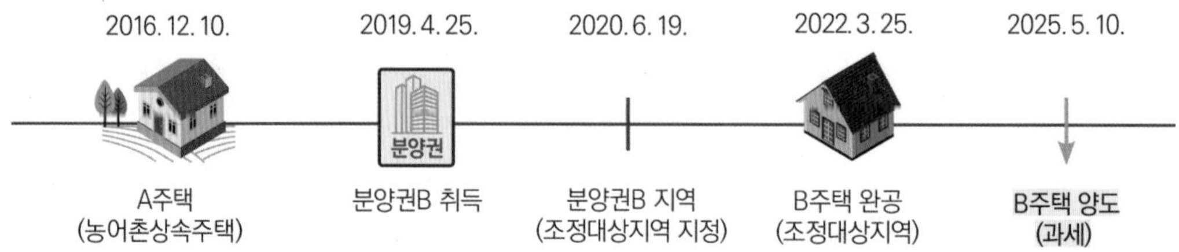

- B주택 소유자는 B주택에서 2년 이상 거주하지 않음

해설 「소득세법 시행령」 제155조 제7항 농어촌 상속주택을 보유한 상태에서 분양권 매매계약을 체결한 경우는 무주택세대로 보지 않으므로 신축주택 취득 당시 조정대상지역으로 지정된 주택을 2년 이상 거주하지 않고 양도한 경우에는 과세된다(부동산납세과 - 1164, 2018. 12. 6).

유사 해석 사례 「조세특례제한법」 제99조의2 감면대상 신축주택, 「소득세법 시행령」 제155조 제3항 공동상속주택의 소수지분을 보유한 경우에도 "무주택세대"로 보지 않는다(법령해석재산 - 240, 2018. 5. 3., 법령해석재산 - 6226, 2021. 4. 27).

적용 사례 2 무주택 상태에서 분양권 매매계약 후 다른 주택을 취득한 경우 거주요건 적용 여부

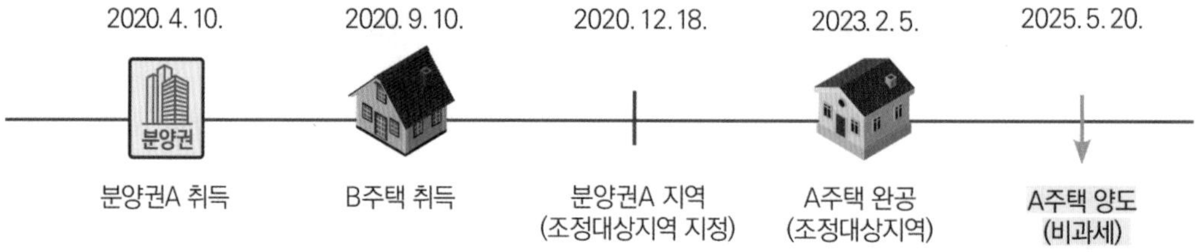

- A주택 소유자는 A주택에서 2년 이상 거주하지 않음

해설 무주택 상태에서 분양권A에 대한 매매계약을 체결한 이후 조정대상지역으로 지정되기 전에 다른 주택을 취득한 경우에는 분양권A에 대한 계약시점에서 무주택세대이므로 A주택에 거주하지 않은 경우에도 비과세된다.

유사 해석 사례 무주택 세대가 조정대상지역 지정 전에 주택(A)의 분양권을 취득한 이후에 다른 주택(B)을 취득하고 배우자에게 분양권(A) 일부 지분을 증여한 경우 해당 완공된 주택(A)에 대하여 1세대 1주택 비과세 거주요건을 적용하지 않는다(부동산납세과 - 962, 2022. 4. 19).

적용 사례 3 기존분양권 및 입주권 보유자가 다른 분양권을 취득한 경우 거주요건 적용 여부

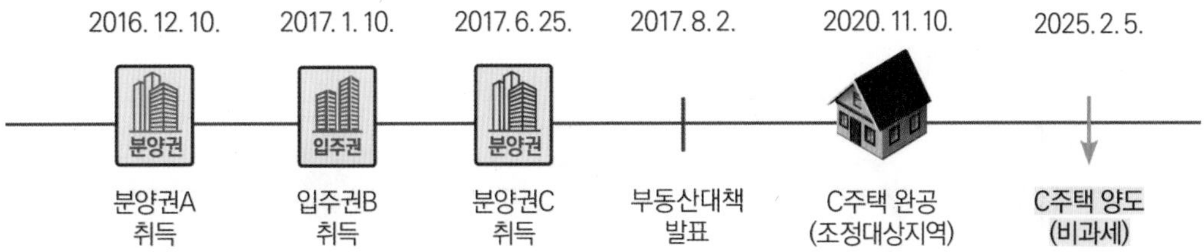

- C주택 소유자는 C주택에서 2년 이상 거주하지 않음

해설 1세대가 분양권A 및 입주권B를 보유한 상태에서 2017. 8. 2. 이전에 매매계약을 체결하고 계약금을 지급하여 취득한 조정대상지역 내 분양권C가 주택으로 완공되어 해당 C주택을 양도하는 경우 분양권A 및 입주권B를 보유한 경우에도 무주택세대로 보므로, C주택에서 2년 이상 거주하지 않은 경우에도 비과세된다(법령해석재산 - 3264, 2019. 10. 30).

적용 사례 4 분양권 계약시점에서 동일세대원이 주택을 보유한 경우 거주요건 적용 여부

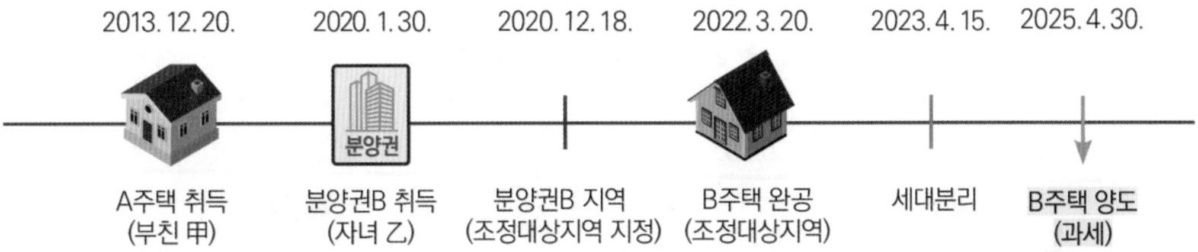

- 자녀 乙은 분양권 취득시점에 甲과 동일세대였으나, 2023. 4. 15.에 세대분리하였으며 乙은 B주택에서 거주하지 않고 2025. 4. 30.에 B주택 양도

해설 자녀 乙이 분양권B 취득시점에 동일세대인 부친 甲이 주택을 보유한 경우에는 무주택세대로 보지 않는다. 이 경우 B주택을 양도하기 전에 세대분리하였더라도 무주택세대 여부는 매매계약일을 기준으로 판단하므로 2년 이상 거주하지 않은 B주택 양도시 비과세되지 않는다(부동산납세과 - 952, 2021. 7. 7).

유사 해석 사례 A주택을 보유한 1세대가 2017. 8. 2. 이전에 아파트(B)의 분양권 매매계약을 체결하고 계약금을 지급한 후, B아파트의 소재지가 조정대상지역으로 지정되기 전에 이혼으로 주택(A)과 아파트(B)분양권을 각 세대원에게 재산분할 후 "세대분리"된 경우에도 B아파트에 대해서는 거주요건을 적용하는 것이다(법규재산 - 0434, 2024. 4. 30).

적용 사례 5 조정대상지역 지정 전에 피상속인이 취득한 분양권을 동일세대원이 상속받은 경우 거주요건 적용 여부

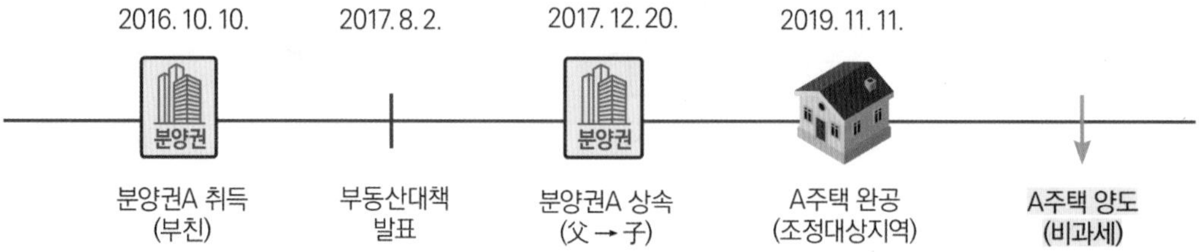

- 아들은 A주택에서 2년 이상 거주하지 않음

해설 1세대 1주택 비과세 여부는 세대단위로 판단하므로 피상속인이 2017. 8. 2. 이전에 매매계약을 체결하고 계약금을 지급한 상태에서 분양권을 2017. 8. 3. 이후 피상속인과 동일세대원인 상속인이 상속받아 주택으로 완공된 후 양도하는 경우에는 2년 이상 거주하지 않아도 비과세된다(법령해석재산-2708, 2020. 12. 24).

적용 사례 6 조정대상지역 지정 후 남편 소유 분양권을 배우자에게 증여한 경우 거주요건 적용 여부

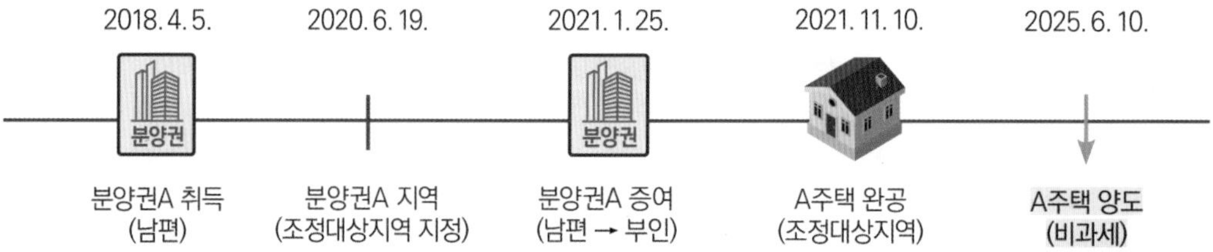

- 남편과 부인은 A주택에서 2년 이상 거주하지 않음

해설 무주택 세대인 남편이 조정대상지역 지정 전에 취득한 분양권을 조정대상지역 지정 후, 분양권 지분 중 1/2을 배우자에게 증여한 경우 1세대 1주택 비과세 여부는 세대단위로 판단하므로 동일세대인 배우자는 거주하지 않고 양도해도 비과세된다(부동산납세과-1099, 2018. 11. 28).

유사 해석 사례 조정대상지역 공고일 이전에 부부 공동명의 주택을 취득한 1세대가 조정대상지역 공고일 후 본인 지분을 배우자에게 증여한 경우에는 거주요건을 적용하지 않는다(부동산납세과-683, 2022. 3. 30).

대비 사례 별도세대원이 조정대상지역 지정 전에 증여받은 경우 거주요건 적용 여부

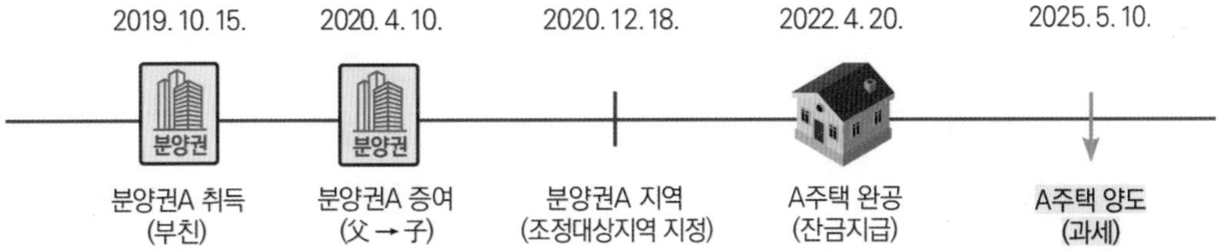

▪ 아들은 A주택에서 2년 이상 거주하지 않음

해설 별도세대인 자녀가 무주택 상태에서 조정대상지역으로 지정되기 전에 父로부터 증여받은 분양권(또는 조합원입주권)이 주택으로 완성된 경우에는 매매로 분양권(또는 조합원입주권)을 취득한 것이 아니므로, 비과세를 적용받기 위해서는 2년 이상 거주해야 한다(법령해석재산-4354, 2021. 11. 18, 부동산납세과-1404, 2023. 5. 25).

응용 사례 동일세대원이 분양권을 증여받고 세대분리 후 주택 양도시 거주요건 적용 여부

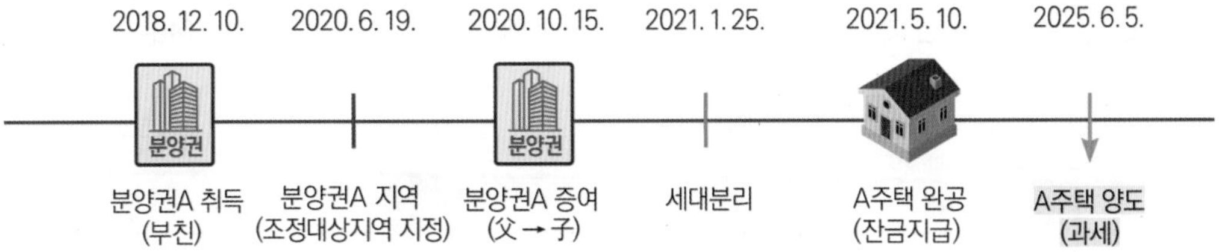

▪ 부친 분양권 취득시점에서 부친과 아들은 동일세대였으나 2021. 1. 25.에 세대분리하였고, 아들은 A주택에서 거주하지 않고 2년 이상 보유한 후 A주택을 2025. 6. 5. 양도

해설 무주택세대가 조정대상지역 지정 전에 취득한 분양권을 조정대상지역 지정 후 동일세대원인 자녀에게 증여하고, 증여 이후 자녀는 세대분리하여 별도의 독립된 1세대를 구성한 상태에서 증여받은 분양권이 주택으로 완공된 경우 1세대 1주택 비과세를 적용받기 위해서는 거주요건이 적용된다. 따라서 자녀는 A주택에서 2년 이상 거주하지 않았으므로 양도소득세가 과세된다(법규재산-0209, 2022. 5. 23).

적용 사례 7 조정대상지역에서 해제된 후 동일세대원에게 상속되는 경우 거주요건 적용 여부

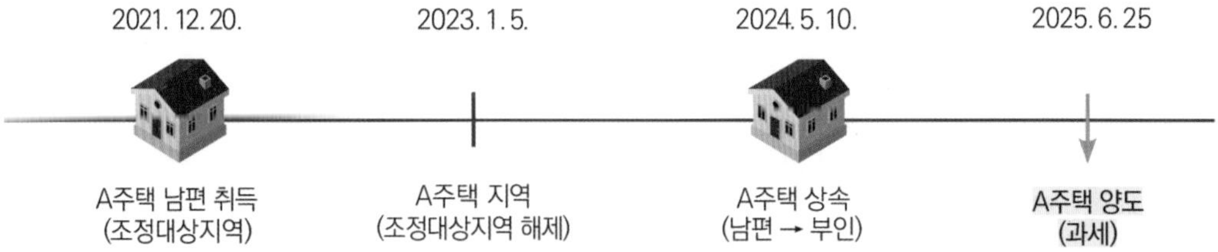

▪ 남편과 부인은 A주택을 취득한 이후 다른 주택에서 거주함

해설 상속인과 동일세대원인 피상속인이 취득한 조정대상지역 내 주택이 조정대상지역에서 해제된 이후 동일세대원인 상속인에게 상속된 경우에도 거주요건이 적용되는 것이므로 해당 주택에서 피상속인 및 상속인 모두 거주하지 않아 과세된다(부동산납세과 - 1242, 2024. 7. 17).

유사 해석 사례 2017. 8. 2. 이전에 별도세대원으로부터 상속받은 조합원입주권에 의해 2017. 8. 3. 이후 취득한 신축주택이 취득 당시 조정대상지역에 소재하는 경우 해당 신축주택 양도시 1세대 1주택 비과세 요건 중 2년 이상 거주요건을 적용한다(법규재산 - 4803, 2022. 6. 24).

적용 사례 8 조정대상지역 지정 전에 취득한 오피스텔 분양권 거주요건 적용 여부

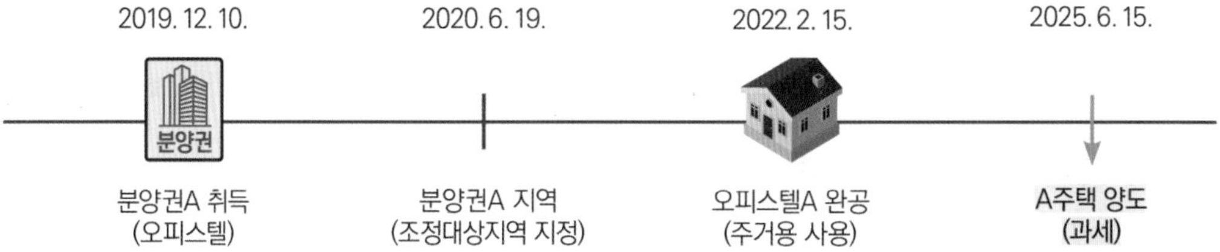

▪ A주택 소유자는 A주택에서 2년 이상 거주하지 않음

해설 무주택세대가 조정대상지역 지정 전에 취득한 오피스텔 분양권이 조정대상지역 지정 후 완공되어 주거용으로 사용할 경우 1세대 1주택 비과세를 적용받기 위해서는 거주요건이 적용된다(재산세제과 - 1312, 2022. 10. 19).

반대 해석 사례 거주요건은 주택 취득시점을 기준으로 판단하는 것으로 조정대상지역에 소재한 오피스텔을 취득하여 근린생활시설로 사용하다가 해당 지역이 조정대상지역에서 해제된 후 주택으로 용도변경하여 양도한 경우에는 거주요건을 적용하지 않는다(부동산납세과 - 1247, 2021. 9. 8).

Ⅲ 보유 및 거주요건을 충족하지 않아도 비과세되는 주택

1세대 1주택 비과세를 적용받기 위해서는 2년 이상 보유 및 거주(취득 당시 조정대상지역 소재 주택에 한함)하는 것이 원칙이지만, 아래와 같이 일정한 사유와 요건을 갖춘 경우에는 예외적으로 2년 이상 보유 및 거주하지 않아도 1세대 1주택 비과세를 적용받을 수 있다.

[보유기간 및 거주기간의 특례규정 요약]

특례주택 유형	주요 적용요건	일시적 2주택 적용여부
건설임대주택 등에 따른 분양전환 취득주택	건설임대주택 등의 임차일부터 분양전환 취득주택 양도일까지의 기간 중 세대전원 5년 이상 거주	적용가능(1년 경과 후 주택취득 요건없음)
협의매수·수용 및 5년 이내 양도주택 및 부수토지	사업인정고시일 전에 취득한 주택 및 부수토지의 수용 및 5년 이내 양도하는 잔존 주택 및 부수토지	적용가능(1년 경과 후 주택취득 요건없음)
세대전원 해외출국 등 사유로 양도주택	해외이주·근무상형편 등으로 출국일 및 양도일 현재 1세대 1주택을 출국일로부터 2년 이내 양도	적용 배제
부득이한 사유로 주거이전 목적 양도주택	1년 이상 거주한 주택을 부득이한 사유로 세대전원이 다른 시군으로 주거이전함에 따라 양도	적용가능(1년 경과 후 주택취득 요건없음)
재개발 등 이사목적으로 취득한 대체주택	재개발·재건축사업 등의 시행기간 동안 거주하기 위하여 취득한 주택을 1년 이상 거주 후 양도	적용 배제

1 2년 이상 보유기간 및 거주기간에 관계없이 비과세되는 주택

(1) 임차일부터 양도일까지 5년 이상 거주한 건설임대주택 등을 양도하는 경우

민간건설임대주택이나 공공건설임대주택 또는 공공매입임대주택을 취득(분양전환)하여 양도하는 경우로서 해당 임대주택의 임차일부터 분양전환 취득주택의 양도일까지의 기간 중 세대전원이 5년 이상 거주(취학, 근무상의 형편, 질병의 요양, 그 밖에 부득이한 사유로 세대의 구성원 중 일부가 거주하지 못하는 경우를 포함)한 경우에는 보유기간 및 거주기간에 상관없이 1세대 1주택 비과세를 적용한다(소득령 §154 ① 1호).

이 경우 건설임대주택 등의 거주기간 중에 임대주택계약자의 사망으로 같은 세대원이 임대계약을 승계받아 거주하거나 전세계약자와 분양받은 자가 다른 경우에도 같은 세대원에 해당하면 거주기간을 통산한다(양도집행 89-154-32).

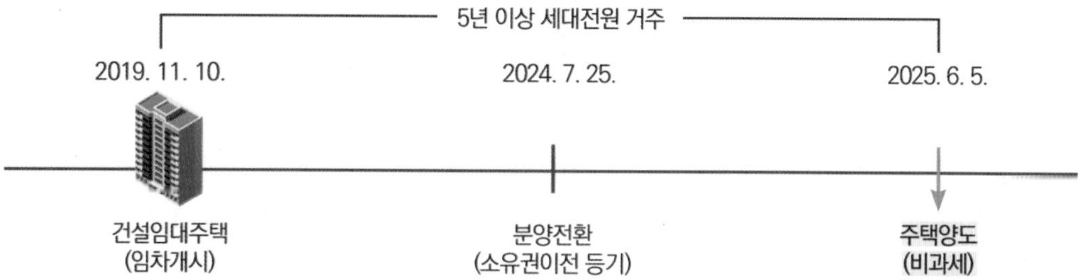

비교 학습

건설임대주택(1주택)을 2년 미만 보유한 후 양도하는 경우 양도소득세 계산

1. 양도가액 12억원 이하 : 전액 비과세
2. 양도가액 12억원 초과 : 12억원 초과분에 상당하는 양도차익에 대해서는 장기보유특별공제가 배제되고, 분양전환 이후 1년 미만 보유 후 양도시 70%, 1년 이상 2년 미만 보유 후 양도시 60%의 단기보유세율이 적용된다.

관련 해석 사례

「소득세법」 제95조 제2항 장기보유특별공제를 적용함에 있어 보유기간의 계산은 같은 조 제4항 규정에 의하여 당해 자산의 취득일부터 양도일까지로 하는 것이며, 「공공주택 특별법」에 따른 공공건설임대주택이 분양전환 이후 보유기간이 3년 미만인 경우에는 장기보유특별공제를 적용받을 수 없는 것이다(법규재산-0434, 2024. 7. 4).

필자의 見解

장기보유특별공제 및 세율에서 규정하는 자산의 보유기간은 해당 자산의 취득일부터 기산하도록 규정하고 있어 건설임대주택을 임차하여 세대전원이 5년 이상 거주한 후, 해당 건설임대주택을 취득(분양) 후 즉시 양도하는 1세대 1주택 고가주택의 경우 보유기간 등은 제한받지 않아 비과세는 적용되지만, 양도가액 12억원 초과분 상당하는 양도차익에 대해서는 장기보유특별공제를 적용받지 못할 뿐만 아니라 고율의 양도소득 세율이 적용되어 세부담이 과도해지는 문제가 발생하게 된다.

이에 양도소득세 비과세 취지를 살리고 건설임대주택에 대한 과도한 세부담을 경감하려는 점을 감안해 볼 때, 비과세 대상(양도가액 12억원 초과분에 상당하는 양도차익)인 건설임대주택을 세대전원이 5년 이상 거주한 경우에는 장기보유특별공제 및 세율을 적용할 때 보유기간 등을 해당 건설임대주택의 임차개시일부터 적용하는 것이 보다 합리적이라고 판단된다.

관련 해석 사례

1. 건설임대주택의 "거주한 기간이 5년 이상인 경우"는 임대주택의 임차일부터 양도일까지의 거주한 기간을 통산(계속 아님)하여 적용하고, 세대전원이 해당 임대주택의 임차일부터 양도일까지 전출한 기간이 있더라도 그 기간을 제외한 나머지 거주기간을 통산하여 판정하는 것이다(법규재산 - 0154, 2024. 3. 29).
2. 「소득세법 시행령」 제154조 제1항 제1호의 "해당 건설임대주택의 임차일부터 해당 주택의 양도일까지의 기간 중 세대전원이 거주한 기간이 5년 이상" 규정을 적용할 때 거주자가 당해 주택에서 혼인 전에 거주한 기간과 혼인 후 배우자 및 출생한 자녀와 함께 거주한 기간을 통산하는 것이다(부동산납세과 - 721, 2014. 9. 23).
3. 「소득세법」 제89조 제1항 제3호 및 「같은 법 시행령」 제154조 제1항 제1호의 규정에 해당하는 「임대주택법」에 의한 건설임대주택을 취득하여 양도하는 경우로서 당해 건설임대주택의 임차일부터 당해주택의 양도일까지의 거주기간이 5년 이상인 경우에는 취득일 이후 2년 보유 및 거주 여부에 관계없이 1세대 1주택 양도소득세 비과세를 적용(실지 양도가액이 12억원을 초과하는 고가주택은 제외)받을 수 있는 것이나, 임차주택에서의 거주기간 계산시 같은 법 시행령 제154조 제1항 제3호의 "부득이한 사유" 규정은 적용되지 않는 것이다(부동산거래관리과 - 0769, 2011. 8. 31).

적용 사례 1 건설임대주택 분양 전에 다른 주택을 취득하고 건설임대주택을 양도하는 경우

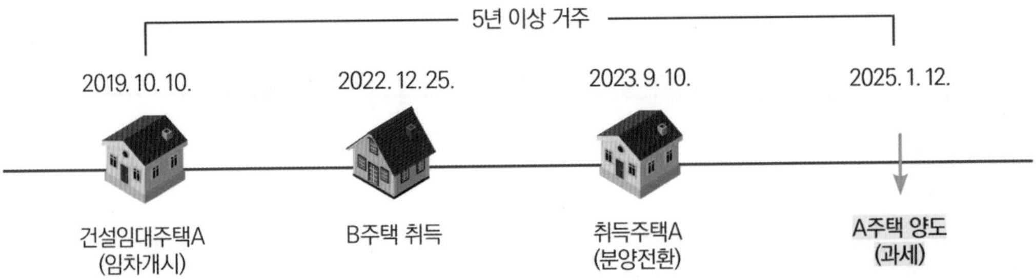

해설 1주택(B주택)을 취득한 후 5년 이상 거주한 건설임대주택A를 분양전환으로 취득하여 1세대 2주택이 된 상태에서 A주택을 먼저 양도하는 경우에는 건설임대주택 임차일부터 양도일까지 5년 이상 거주한 경우에도 양도 당시 다른 주택(B주택)을 보유하고 있으므로 양도소득세가 과세된다(양도집행 89 - 154 - 31). 그러나, 분양전환된 A주택 취득일로부터 3년 이내 B주택을 먼저 양도하는 경우에는 「소득세법 시행령」 제155조 제1항에 따른 일시적 2주택 비과세 특례를 적용받을 수 있다.

적용 사례 2 건설임대주택 취득 후 1년 이내에 신규주택을 취득하고 분양전환된 건설임대주택을 양도하는 경우

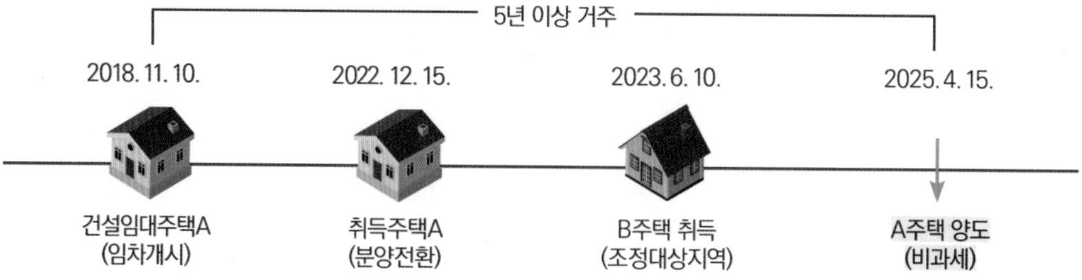

해설 종전주택이 건설임대주택에 해당하는 경우에는 "종전주택을 취득한 날로부터 1년 경과한 후 다른 주택을 취득"하는 요건은 적용하지 않으므로 종전주택A 취득일로부터 1년 이내에 신규주택B를 취득하고 신규주택B 취득한 날부터 종전주택A를 3년 이내에 양도하는 경우 비과세된다. 해당 규정은 뒤에서 살펴볼 ① 사업인정고시일 전에 취득한 주택이 수용되는 경우, ② 부득이한 사유로 1년 이상 거주한 주택을 양도하는 경우에도 동일하게 적용한다. P. 266 참조

(2) 사업인정고시일 전에 취득한 주택 등을 협의매수 · 수용으로 양도하는 경우

1세대 1주택자가 사업인정고시일 전에 취득한 주택 및 그 부수토지의 전부 또는 일부가 「공익사업을 위한 토지 등의 취득 및 보상에 관한 법률」에 따른 협의매수 · 수용되는 경우에는 보유기간 및 거주기간에 상관없이 1세대 1주택 비과세를 적용한다(소득령 §154 ① 2호 가목).

이 경우 협의매수 · 수용일부터 5년 이내에 양도하는 그 잔존주택 및 부수토지에 대해서도 양도일 현재 다른 주택을 보유하지 않은 경우에는 1세대 1주택 비과세를 적용한다.

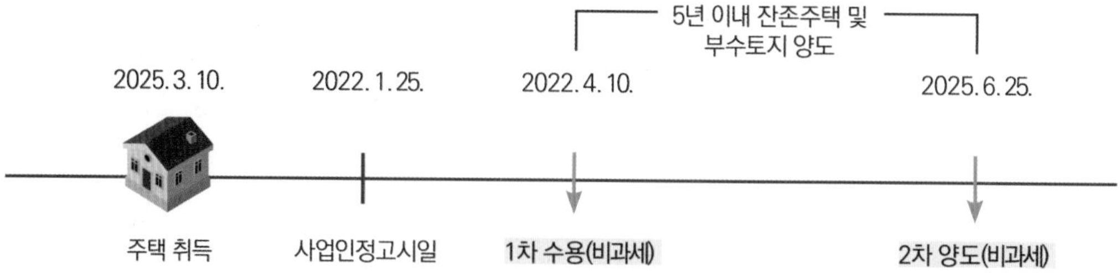

적용 사례 1 시차를 두고 주택과 부수토지가 수용되는 경우 고가주택의 양도차익 계산

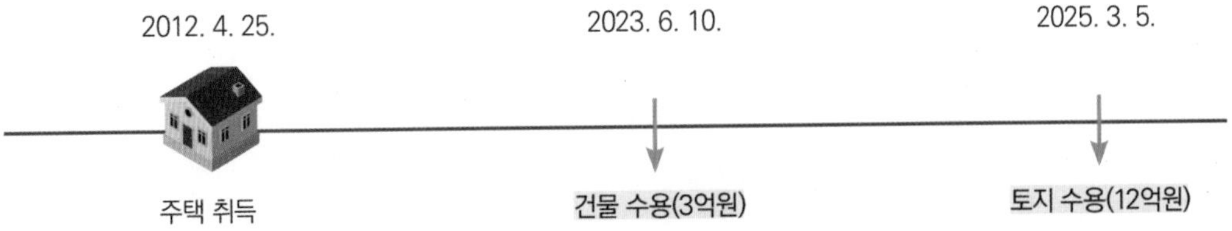

▪ 주택 취득가액 3억원(건물 1억원, 토지 2억원), 전체 보상가액 15억원

해설 1세대 1주택 및 그 부수토지가 시차를 두고 수용되는 경우 고가주택 여부는 전체 보상가액 합계액을 기준으로 판단한다. 따라서, 전체 보상가액이 12억원을 초과하는 경우 그 초과분에 상당하는 양도차익에 대해서는 양도소득세가 과세된다(부동산거래관리과 – 1009, 2011. 12. 2).

구 분	1세대 1주택 고가주택 양도차익 계산 내역	
	주택 수용분	토지 수용분
전체 양도차익	3억원 – 1억원 = 2억원	12억원 – 2억원 = 10억원
고가주택 양도차익	2억 × (15억 – 12억)/15억 = 0.4억원	10억 × (15억 – 12억)/15억 = 2억원

적용 사례 2 사업인정고시일 후에 상속받은 주택이 수용되는 경우 비과세 특례 적용 여부

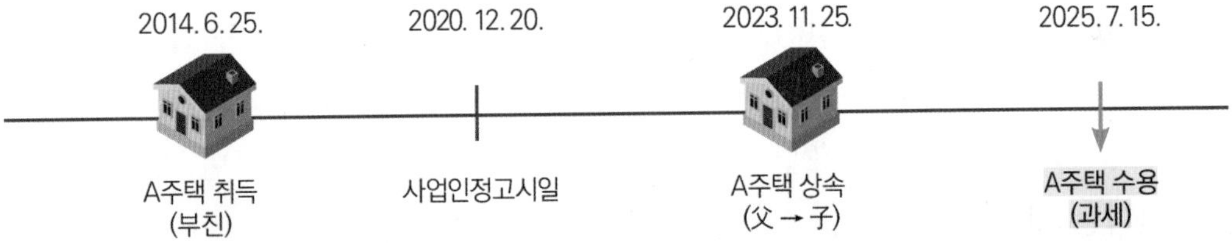

해설 사업인정고시일 이후 별도세대원이 상속받은 주택이 수용되는 경우에는 수용 등에 따른 비과세 특례가 적용되지 않는다. 따라서, 2023. 11. 25. 피상속인의 사망으로 상속인이 상속받은 주택 및 그 부수토지가 2025. 7. 15. 수용되는 경우에는 상속개시 후 2년 미만 보유하였으므로 비과세가 적용되지 않는다(서면5팀 – 2508, 2007. 9. 10).

적용 사례 3 건물을 제3자에게 먼저 양도한 후 부수토지만 수용되는 경우 비과세 특례 적용 여부

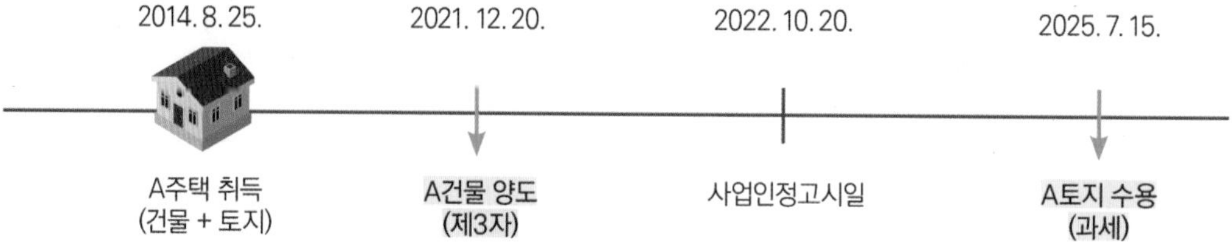

해설 수용 등에 대한 비과세 특례규정은 주택이 먼저 수용되거나 주택과 부수토지가 동시에 일부 수용된 후 남은 부분을 5년 이내 양도하는 경우에만 적용되는 것이므로(법령해석재산-0413, 2017. 9. 19), 1주택을 소유한 1세대가 주택의 건물부분을 제3자에게 먼저 양도한 후 나중에 토지가 수용되는 경우 당해 토지는 비과세되지 않는다(재산세과-4098, 2008. 12. 4).

(3) 해외이주 등으로 출국일 현재 보유한 1주택을 출국일로부터 2년 이내 양도하는 경우

「해외이주법」에 따른 해외이주 또는 1년 이상 계속하여 국외거주를 필요로 하는 취학(고등학교 이상) 또는 근무상의 형편으로 세대전원이 출국하는 경우로서 1세대가 출국일 현재 보유하던 1주택을 그 출국일로부터 2년 이내 양도하는 경우에는 보유기간 및 거주기간에 상관없이 1세대 1주택 비과세를 적용한다(소득령 §154 ① 2호 나목 및 다목).

결국, 「소득세법 시행령」 제154조 제1항 제2호 나목 및 다목의 규정을 적용받기 위해서는 ① "거주자" 상태에서 취득한 주택으로서 ② 해외이주 등으로 "세대전원"이 출국하여야 하고 ③ 그 출국일로부터 "2년 이내" 출국일 및 양도일 당시 보유하던 "1주택"을 양도해야 한다는 것이다.

여기서 주의할 사항은 출국일 현재 비과세 판단시 주택 수에서 제외되는 특례주택(대체주택, 상속주택, 임대주택, 감면주택 등)을 보유하더라도 해외이주 등에 따른 비과세 특례를 적용받을 수 없다는 것이다. ☞ 「적용사례 4」 참조

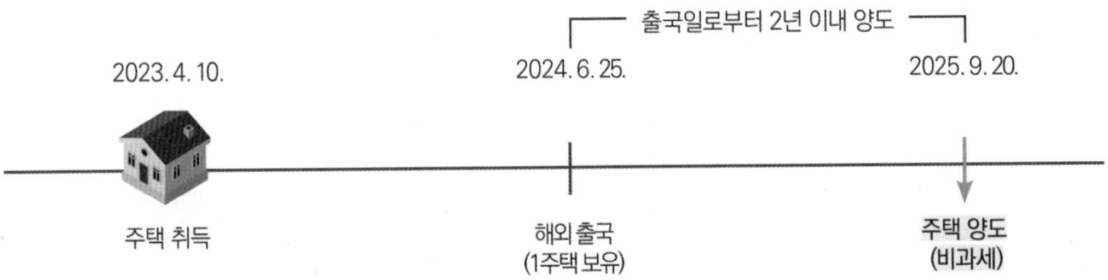

적용 사례 1 분양권을 취득하고 해외이주 후 2년 이내 신축주택 양도시 비과세 여부

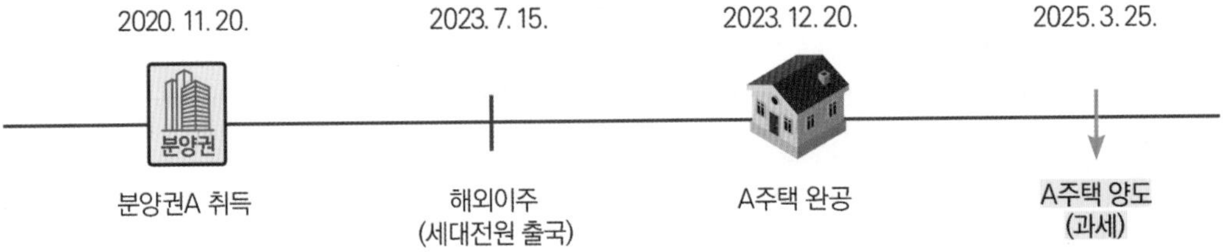

해설 국내에서 신규로 아파트를 분양받아 중도금을 불입하던 중 해외이주법에 따른 해외이주로 세대전원이 출국한 후 2년 이내에 신축주택을 양도하는 경우에는 비거주자인 상태에서 주택을 취득 및 양도한 것이므로 1세대 1주택 비과세가 적용되지 않는다(조심 2020인0490, 2021. 4. 5).

유사 해석 사례 국내에서 2개의 신규아파트를 분양받아 중도금을 불입하던 중 1년 이상 계속하여 국외거주를 필요로 하는 근무상의 형편으로 세대전원이 출국한 후 당해 준공된 아파트를 양도하는 경우에는 비과세 특례를 적용받을 수 없다(부동산납세과-536, 2018. 5. 30).

적용 사례 2 입주권 보유 상태에서 해외이주 후 2년 이내 입주권 양도시 비과세 여부

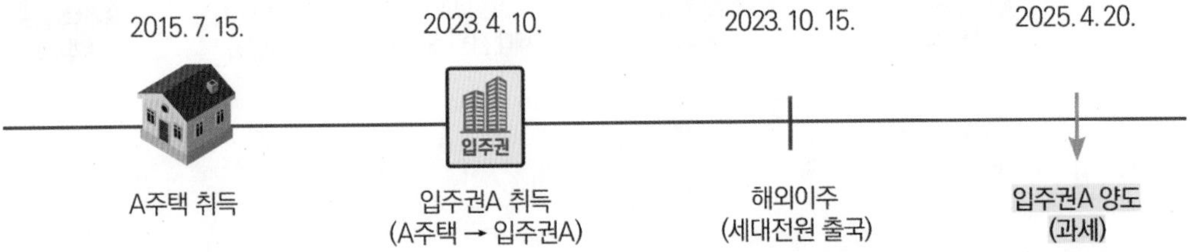

해설 출국하기 전에 보유하던 주택이 이미 조합원입주권으로 전환된 상태에서 출국한 후 해당 조합원입주권을 양도하는 경우에는 1세대 1주택 비과세 규정이 적용되지 않는다(조심 2019전2185, 2020. 1. 9).

유사 해석 사례 조합원입주권을 취득한 승계조합원이 해외로 출국한 후 완공된 주택을 2년 이내 양도하는 경우에는 해외이주에 따른 비과세 특례가 적용되지 않는다(부동산거래관리과-659, 2012. 12. 6).

적용 사례 3 세대전원이 출국한 후 영주권 취득한 날부터 2년 이내 주택 양도시 비과세 여부

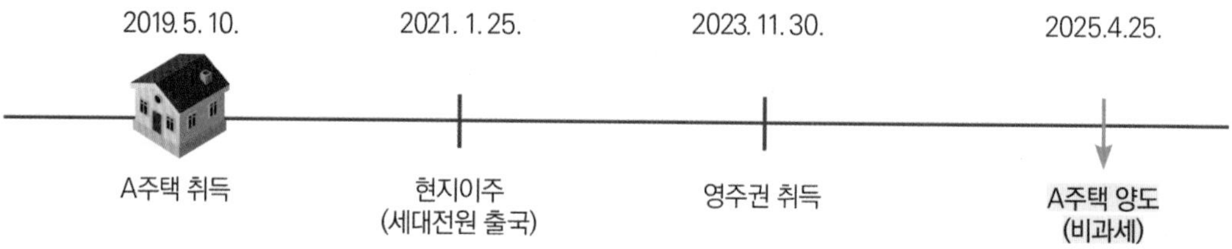

해설 근무상의 형편으로 세대전원이 출국한 후, 「해외이주법」에 따른 현지이주를 하고 영주권 또는 그에 준하는 장기체류 자격을 취득한 날부터 2년 이내(출국일로부터는 2년 경과)에 1세대가 출국일 당시 보유하던 1주택을 양도하는 경우에는 해외이주 등에 대한 1세대 1주택 비과세특례가 적용된다(법령해석재산-0493, 2019. 10. 21, 소득칙 §71 ⑥).

적용 사례 4 일시적 2주택자가 세대전원이 출국한 후 2년 이내 종전주택 양도시 비과세 여부

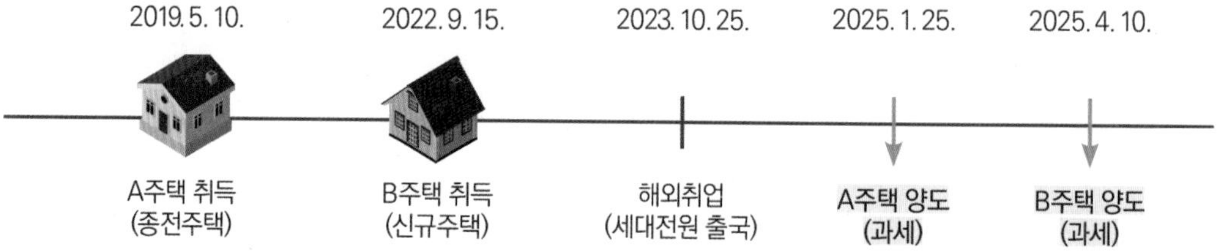

해설 국내에 A주택을 소유한 1세대가 B주택을 취득하여 일시적 2주택이 된 상태에서 근무상의 이유로 세대전원이 출국하는 경우에는 「소득세법 시행령」 제155조 제1항에 따른 비과세 특례가 적용되지 않을 뿐만 아니라, A주택을 양도(과세)한 후 출국일로부터 2년 이내에 B주택(출국일 현재 1주택 아님)을 양도하더라도 비과세되지 않는다(서울고법 2021누34673, 2021. 10. 1).

유사 해석 사례 ① 일반주택과 감면주택을 보유하는 1세대가 해외이주 후 2년 이내에 양도하는 일반주택은 비과세 적용불가(법령해석재산-0734, 2019. 12. 27), ② 거주주택과 장기임대주택을 보유하는 1세대가 해외이주 후 2년 이내에 양도하는 거주주택은 비과세 적용불가(법령해석재산-0188, 2019. 8. 20). 다만, 일반주택과 공동상속주택 소수지분을 보유하는 1세대가 해외이주 후 2년 내에 양도하는 일반주택은 비과세 가능(조심 2011서4852, 2012. 1. 10).

2 최소 1년 이상 거주한 경우에 한하여 비과세되는 주택

(1) 부득이한 사유로 1년 이상 거주한 주택을 양도하는 경우

1) 개요

취학 · 근무상 형편 · 질병의 치료나 요양 · 학교폭력으로 인한 전학 등 부득이한 사유로 세대전원이 다른 시 · 군으로 이사하면서 1년 이상 거주한 주택을 양도하는 경우에는 2년 이상 보유기간 및 거주기간에 상관없이 1세대 1주택 비과세를 적용한다(소득령 §154 ① 3호).

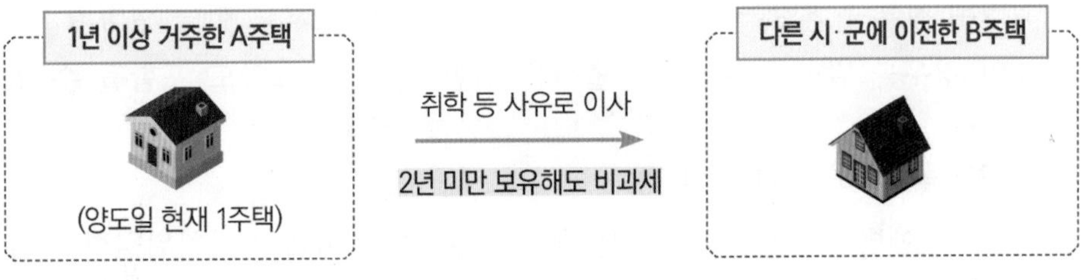

2) 부득이한 사유

① 취학

취학은 초 · 중등교육법에 따른 학교에의 취학을 의미하므로, 고등학교 이상의 취학부터 적용한다. 따라서 유치원 · 초등학교 · 중학교 취학은 부득이한 사유에 해당하지 않는다. 예를 들어 중학교 취학 자녀는 거주하지 않고 부모만 1년 이상 거주한 주택을 양도하는 경우에는 비과세 특례 규정이 적용되지 않는다.

② 근무상 형편

근무상 형편의 사유는 직장의 변경, 새로운 직장에 취업 및 동일 직장 내의 전근 등은 포함되지만, 자영업자의 사업장 소재지 변경 및 사업상 형편은 근무상 형편의 범위에 포함되지 않는다.

관련 해석 사례

1. 건설임대주택 소유권을 취득하기 전 거주기간이 「소득세법 시행령」 제154조 제1항 제3호 적용시 '1년 이상 거주한 주택'이라 함은 '주택의 보유기간 중에 실제 주택을 취득하여 1년 이상 거주한 주택'을 말하는 것이므로 분양받기 전에 거주한 기간은 포함되지 않는 것이다(법규재산-0181, 2024. 4. 29).
2. 장기임대주택을 소유한 1세대가 근무상 형편으로 2년 이상 거주요건을 갖추지 못한 일반주택을 양도할 때에는 비과세 특례를 적용할 수 없다(부동산납세과-712, 2017. 6. 22).
3. 소득세법 시행령 제167조의3 제1항 제2호 각 목에 따른 주택(장기임대주택)을 보유하고 거주주택을 양도하는 경우 세대원 중 일부가 '근무상 형편' 등 부득이한 사유로 취득할 때부터 2년 거주요건을 충족하지 못한 경우에도 1세대 1주택 비과세 특례를 적용하는 것이다(부동산납세과-95, 2020. 1. 22).
4. 1세대가 조정대상지역에 있는 1주택을 양도하는 경우 거주요건 적용시 배우자 등이 부득이한 사유로 처음부터 해당 주택에 거주하지 않고 나머지 세대원이 거주요건을 충족한 경우에는 1세대가 거주한 것으로 본다(부동산납세과-533, 2019. 5. 27).

③ 질병의 치료나 요양

질병의 치료나 요양은 1년 이상의 치료나 요양을 필요로 하는 질병의 치료 또는 요양인 경우를 말한다. 이 경우 출산을 위한 치료 및 요양도 포함될 수 있다.

④ 학교폭력으로 인한 전학

학교폭력예방 및 대책에 관한 법률에 따른 학교폭력대책 자치위원회가 피해 학생에게 전학이 필요하다고 인정하는 경우의 학교폭력으로 인한 전학을 말한다.

3) 부득이한 사유 발생 후에 주택을 취득한 경우

1년 이상 거주한 주택에 대한 보유기간 및 거주기간 특례를 적용받기 위해서는 부득이한 사유가 발생하기 전에 주택을 취득해야 하므로, 부득이한 사유가 발생한 후에 주택을 취득한 경우에는 해당 규정을 적용받을 수 없다. 다만, 분양계약을 체결한 후 잔금 지급일 사이에 부득이한 사유가 발생하고 분양권이 주택으로 준공되고 1년 이상 거주한 후 양도하는 경우에는 비과세를 적용받을 수 있다.

관련 해석 사례

1세대가 주택분양권을 취득한 후 주택으로 완공되기 전에 소득세법 시행규칙 제71조 제3항에 규정한 부득이한 사유가 발생한 경우로서 아파트로 준공된 후 세대전원이 전입하여 1년 이상 거주한 사실이 있는 당해 아파트를 양도하고 직장 소재지가 있는 다른 시로 거주 이전한 경우 소득세법 시행령 제154조 제1항 제3호에 따른 비과세를 적용할 수 있다(법규재산-0065, 2023. 4. 27).

4) 세대전원이 다른 시·군으로 이사

원칙적으로 다른 시(특별시 및 광역시 포함)·군으로 이사를 해야 하는데, 광역시 지역 안의 구지역과 읍·면지역 간의 주거이전 및 도농 복합형태의 시지역 안에서 동지역과 읍·면지역 간의 주거이전은 포함되나, 같은 특별시와 광역시의 구와 구 간의 주거이전한 경우와 부득이한 사유가 발생하기 전에 주거를 이전하는 경우에는 해당 특례가 적용되지 않는다.

5) 1년 이상 거주한 주택의 양도기한

부득이한 사유로 이사하는 경우 종전주택의 양도시기는 부득이한 사유가 발생한 날부터 부득이한 사유가 해소(졸업, 퇴사, 질병 치유 등)되기 전까지이다. 따라서 부득이한 사유가 해소되지 않은 상태에서 주택을 양도하는 경우에는 특례규정이 적용되나, 부득이한 사유가 해소된 상태에서 주택을 양도하는 경우에는 해당 특례를 적용할 수 없다.

관련 해석 사례

소득세법 시행령 제154조 제1항 제3호 및 같은 법 시행규칙 제71조 제3항 적용과 관련하여 양도일 현재 동항 각 호의 어느 하나에 해당하는 부득이한 사유가 해소된 상태에서 주택을 양도하는 경우에는 당해 규정을 적용받을 수 없다(부동산거래관리과-707, 2010. 5. 18).

(2) 재개발 · 재건축사업 시행기간 동안 1년 이상 거주한 대체주택을 양도하는 경우

도시 및 주거환경정비법에 따른 재개발재건축사업 등의 시행기간 동안 거주하기 위하여 취득한 대체주택(P. 408 참조)을 1년 이상 거주한 후 양도하는 경우에는 2년 이상 보유기간 및 거주기간에 상관없이 1세대 1주택 비과세를 적용한다(소득령 §156의2 ⑤).

[비과세 등 세제혜택 적용시 거주요건이 적용되는 경우]

거주대상 주택	거주요건 주요내용	관련 법령
취득당시 조정대상지역 소재주택	2017. 8. 3. 이후 취득한 조정대상지역 소재주택 비과세 적용시 해당 주택 "2년 이상 거주"	소득령 §154 ①
장기임대주택 · 어린이집 이외 거주주택	장기임대주택 등 이외 거주주택 비과세 적용시 조정대상지역 불문하고 거주주택 "2년 이상 거주"	소득령 §155 ⑳
조합원입주권에 의해 완성된 신축주택	종전주택과 조합원입주권 취득 후 종전주택 3년 경과 양도 후 신축주택 "1년 이상 계속 거주"	소득령 §156의2 ④
분양권에 의해 완성된 신축주택	종전주택과 2021.1.1. 이후 분양권 취득 후 종전주택 3년 경과 양도 후 신축주택 "1년 이상 계속 거주"	소득령 §156의3 ③
이사목적 대체주택과 재개발 등 신축주택	이사목적으로 취득한 대체주택 "1년 이상 거주", 재개발 등으로 완성된 신축주택 "1년 이상 계속 거주"	소득령 §156의2 ⑤
건설임대주택 등에 따른 분양전환 취득주택	건설임대주택 등의 임차일부터 분양전환 취득주택 양도일까지 "세대전원 5년 이상 거주"	소득령 §154 ① 1호
부득이한 사유로 주거이전 목적 양도주택	취학 · 근무상 형편 등 부득이한 사유로 다른 시 · 군으로 주거이전함에 따른 양도주택 "1년 이상 거주"	소득령 §154 ① 3호
고가 1세대 1주택의 「표2」 공제율 적용	최대 80%의 장기보유특별공제율 적용시 조정대상지역 불문하고 고가주택 "2년 이상 거주"	소득법 §95 ②

심화 학습 비거주자에게 적용되는 양도소득세 등 관련 규정

1. 비거주자의 정의

일반적으로 비거주자는 국내에 생계를 같이하는 가족이 없으면서 직업 및 자산상태 등에 비추어 1과세기간(1. 1.~12. 31.) 동안 183일 이상 국내에 거주하지 않는 자를 말한다. 따라서, 비거주자 여부는 국적과는 상관없이 국내에 생계를 같이하는 가족이 있는지, 국내 직업 및 자산 등과 밀접한 생활관계가 형성되어 있는지 등 객관적 사실 유무에 따라 종합적으로 판단해야 한다(소득법 §1의2).

관련 해석 사례

1. 청구인의 가족은 2012. 11. 18. 미국으로 출국한 후 가족 4명 모두 영주권을 취득하여 현재까지 계속하여 미국에 거주하고 있는 것으로 나타나고 동 기간 동안 국내에 체류한 기간은 26일에 불과한 것으로 나타나는 점, 청구인의 어머니가 국내에 거주하고 있으나 장기간 외국에서 가족과 생활해 온 청구인과 생계를 함께하는 가족으로 보기는 어려운 점, 양도한 쟁점아파트 외 청구인이 국내에 소유한 부동산은 확인되지 않고, 청구인이 계속하여 183일 이상 국내에 거주할 것을 통상 필요로 하는 직업을 가지고 있지 않은 점 등에 비추어 청구인은 국내에 주소를 두거나 183일 이상의 거소를 둔 거주자로 보기는 어렵다 할 것이다(조심 2023서3185, 2023. 5. 1).
2. 청구인은 쟁점주택 보유기간 동안 배우자 및 자녀와 함께 장기간 국외에 체류하고 있는 것으로 나타나고 있고 주된 소득활동 또한 국외에서 이루어지고 있는 반면, 국내에 생활의 근거가 형성되었다고 인정할 만한 정황이 보이지 아니한 점 등에 비추어 「소득세법」상 비거주자에 해당한다(대법원 2019두39086, 2019. 7. 25).
3. 원고와 그 가족들이 모두 한국 국적으로 국내에 계속 주민등록을 유지해 왔고, 중국에서 근무하는 기간에도 비교적 정기적으로 국내에 입국하여 국내에서 생계를 같이하는 가족들과 함께 생활한 점, 원고가 이 사건 회사로부터 받은 급여 대부분을 국내 금융기관으로 이체하여 국내외 원고 및 원고의 가족의 생활비로 사용한 점, 원고가 국내 부동산을 매수 및 매도하여 상당한 시세차익을 얻은 점 등에 비추어 가족관계나 자산 등의 객관적 상황에 따라 그 생활의 근거가 국내에 있는 것으로 인정되므로 원고는 소득세법상 거주자에 해당한다(대법원 2021두48298, 2021. 11. 25).

2. 비거주자에서 거주자로 전환된 경우 보유기간 및 거주기간 계산

(1) 비거주자의 취득주택 3년 이상 보유기간 중 거주자로 전환된 경우

비거주자가 주택을 3년 이상 계속 보유하고 그 주택에서 거주한 상태로 거주자로 전환된 경우에는 해당 주택에 대한 거주기간 및 보유기간을 통산한다(소득령 §154 ⑧ 2호).

예를 들어, 비거주자인 주한외교관이 취득한 1주택을 3년 이상 계속 보유하고 그 주택에 거주하다가 퇴직 후 국내기업에 취업하여 거주자로 전환된 후 2년 미만 보유한 상태에서 해당 주택을 양도하면 1세대 1주택 비과세가 적용될 수 있지만, 해당 주택에서 거주하지 않은 상태에서 거주자로 전환된 후 2년 미만 보유하고 양도하는 경우에는 거주자로 전환된 날부터 보유기간 등을 계산하므로 1세대 1주택 비과세가 적용되지 않는다.

(2) 거주자인 상태에서 주택을 취득한 후 비거주자가 되었다가 다시 거주자가 된 경우

거주자가 국외이주 등으로 비거주자가 되었다가 다시 거주자가 된 후 주택을 양도하는 경우 보유기간 및 거주기간은 거주자로서 보유 및 거주기간을 통산하여 1세대 1주택 비과세 여부를 판단한다(양도집행 89-154-29).

(3) 주택 취득 당시 비거주자였으나 양도 당시 거주자인 경우

1) 거주요건 적용 여부

비거주자가 취득한 주택의 소재지가 조정대상지역으로 지정된 상태에서 거주자로 전환된 후 해당 주택을 양도하는 경우 거주요건 적용여부는 거주자로 전환된 시점이 아닌 주택의 취득일을 기준으로 판단하므로 1세대 1주택 비과세를 적용받기 위해서는 거주요건을 적용하지 않는다(재산세제과-974, 2023.8.16).

2) 비거주자가 취득한 주택이 조합원입주권으로 전환된 경우 보유기간 등의 계산

비거주자가 취득한 주택이 관리처분계획인가를 받아 조합원입주권으로 전환된 후 거주자가 된 경우로서 완공된 신축주택을 양도하는 경우 1세대 1주택 비과세 적용을 위한 보유기간 등의 기산일은 거주자로 전환된 시점부터 적용한다(기재부 조세정책과-1483, 2024.8.1).

3. 거주자 또는 비거주자에 따라 적용되는 장기보유특별공제

(1) 해외이주 또는 1년 이상 국외거주로 출국하는 경우

거주자가 해외이주 등으로 비거주자가 된 경우로서 출국일 현재 보유하던 1주택을 출국일로부터 2년 이내 양도하는 주택이 1세대 1주택이면서 고가주택에 해당하는 경우에는 양도일 현재 비거주자 신분에서 양도한 것이므로 12억원 초과분 상당하는 양도차익에 대해서는 최대 30%의 장기보유특별공제율을 적용한다.

관련 해석 사례

비거주자의 경우 부동산을 장기간 보유하더라도 대부분 거주 목적은 아닐 것이므로 이에 대해 고율의 장기보유특별공제 혜택을 부여하는 것은 주거생활 안정이라는 1세대 1주택 장기보유특별공제 제도의 취지에 부합하지 않는 점, 비거주자라 하더라도 최대 30%의 장기보유특별공제를 적용받을 수 있는 점 등에 비추어 보면 원고가 해외이주 목적으로 1세대 1주택 비과세(고가주택)가 적용되는 경우에도 양도 당시 비거주자인 이상 80%의 장기보유특별공제율을 적용할 수 없다(서울행정법원 2021구단77305, 2022.10.5).

(2) 거주자가 비거주자가 되었다가 다시 거주자가 된 경우

국내에 1주택을 소유한 거주자가 비거주자가 되었다가 다시 거주자가 된 상태에서 해당 주택을 양도할 때 전체 보유기간 등이 3년 이상인 경우에는 최대 80%의 보유 및 거주기간별 공제율을 적용할 수 있다(양도집행 95－159의4－6).

관련 해석 사례

1. 장기보유특별공제를 적용하는 자산의 보유기간은 자산의 취득일부터 양도일까지로 한다고 규정하였을 뿐 비거주자로서 자산의 보유기간을 제외한다고 별도로 규정하지 않는 점 등에 비추어 비거주자로서 쟁점주택을 보유한 기간을 제외하고 거주자로서 보유한 기간이 3년 미만인 것으로 보아 「표2」의 장기보유특별공제율의 적용을 배제한 것은 잘못이 있는 것으로 판단된다(조심 2021중2959, 2022. 1. 6).
2. 취득시 비거주자였으나 양도 당시 거주자인 경우 장기보유특별공제율을 적용함에 있어 비거주자로서 보유한 기간을 제외한 후, 거주자로서 보유한 기간에 대하여만 「표2」의 장기보유특별공제율을 적용한 것은 잘못이 있는 것으로 판단된다(조심 2021중0614, 2022. 4. 13).

(3) 비거주자에게 적용되는 40% 또는 80%의 장기보유특별공제율

1) 최대 40%의 장기보유특별공제율 적용

비거주자가 법 소정 요건을 충족한 「조세특례제한법」 제97조의4에 따른 장기임대주택을 6년 이상 임대한 후 양도하는 경우 「표1」의 공제율(한도 30%)에 6년째부터 매년 2%씩 추가 공제율(한도 10%)을 가산하여 적용한다.

2) 최대 80%의 장기보유특별공제율 적용

비거주자가 일정기간에 취득한 「조세특례제한법」 제98조의3(서울특별시 밖 미분양주택 취득자에 대한 과세특례), 제98조의5(수도권 밖 미분양주택 취득자에 대한 과세특례) 및 제98조의6(준공 후 미분양주택 취득자에 대한 특례)에 따른 미분양주택이 고가 1세대 1주택에 해당하는 경우에는 「표2」의 공제율(한도 80%)을 적용한다.

4. 비거주자에게 적용되는 세액감면 및 과세특례 규정

비거주자는 원칙적으로 양도소득세 세액감면 및 과세특례 규정을 적용받을 수 없다. 다만, 아래의 규정은 비거주자에게도 적용하되 "농지감면(자경농지, 축사용지, 농지대토)"의 경우에는 거주자에서 비거주자가 된 날로부터 2년 이내 양도하는 경우에 한하여 적용한다.

구 분	내 용
주택감면	• 장기임대주택 장기보유특별공제 추가공제(조특법 제97조의4) • 서울특별시 밖 미분양주택 취득자에 대한 과세특례(조특법 제98조의3) • 수도권 밖 미분양주택 취득자에 대한 과세특례(조특법 제98조의5) • 준공 후 미분양주택 취득자에 대한 과세특례(조특법 제98조의6) • 신축주택 등 취득자에 대한 과세특례(조특법 제99조의2)
농지감면	• 자경농지에 대한 감면(조특법 제69조) • 축사용지에 대한 감면(조특법 제69조의2) • 농지대토에 대한 감면(조특법 제70조)
수용감면	• 공익사업용 토지에 대한 감면(조특법 제77조)

5. 비거주자로부터 부동산을 양수하는 법인의 원천징수의무

비거주자로부터 국내 부동산을 양수하는 자가 법인(모든 내국·외국법인)인 경우 해당 법인은 양도대가를 지급할 때 양도대가의 10%에 해당하는 금액과 양도차익의 20%에 해당하는 금액 중 적은 금액을 원천징수하여 다음 달 10일까지 납부하여야 하며, 해당 원천징수세액은 비거주자의 양도소득세 신고시 기납부세액으로 공제한다(소득법 §156 ① 5호, §128 ①).

다만, 비거주자가 양도소득세를 이미 신고·납부하였거나 비과세 또는 과세미달되는 것임을 증명하는 「비과세 등 확인 신청서」를 발급받아 법인(양수자)에게 제출하는 경우에는 원천징수하지 않는다(소득법 §156 ⑮, 소득령 §207 ⑦).

예를 들어, 비거주자인 甲이 15억원에 취득한 토지를 2025. 5. 10. 국내법인 乙과 25억원에 양도하기로 계약(계약금 2.5억원 수령)하고 잔금 22.5억원은 2025. 6. 25. 수령하기로 한 경우, 乙은 2억원을 공제한 후 20.5억원을 甲에게 지급하고 원천징수한 세액 2억원은 2025. 7. 10. 까지 세무서에 납부해야 한다.

▪ 원천징수액 : Min[25억원 × 10%, (25억원 − 15억원) × 20%] = 2억원

[거주자와 비거주자의 양도소득세 주요 계산구조]

구 분		거주자	비거주자
① 납세의무		국내외 소재 자산	국내 소재 자산
② 1세대 1주택 비과세		적용	적용배제
③ 세액감면 및 과세특례		적용	적용배제(예외 있음)
④ 원천납부의무		의무없음	의무있음
⑤ 비사업용 토지		적용	적용
⑥ 장기보유특별공제	1세대 1주택	최대 80% 공제율 적용	최대 30% 공제율 적용
	일반자산	최대 30% 공제율 적용	

6. 비거주자 등에게 적용되는 각종 확인서 발급 의무

(1) 인감증명서 발급 경유 확인서

재외국민이나 외국인이 지방자치단체에 부동산 매도용 인감증명서를 발급받기 위해서는 세무서에서 「인감증명서 발급 경유 확인서」를 발급받아 제출해야 한다. 다만, 재외공관의 인증을 받은 경우에는 아래 (2)의 「부동산 등 양도신고 확인서」를 발급받아 제출하면 인감증명서 제출의무가 면제된다.

(2) 부동산 등 양도신고확인서

재외국민과 외국인이 토지 또는 건물을 양도하고 그 소유권을 이전하기 위하여 등기관서장에게 등기를 신청할 때에는 세무서장으로부터 발급받은 「부동산 등 양도신고확인서」를 등기관서장에게 제출해야 한다. 다만, 세무서장으로부터 「인감증명서 발급 경유 확인서」를 발급받은 경우에는 「부동산 등 양도신고확인서」를 제출한 것으로 본다(소득법 §108, 소득령 §171).

(3) 양도소득세 신고납부·비과세·과세미달 확인서

비거주자가 국내에 있는 부동산을 법인에게 양도하는 경우 그 법인이 양도대금을 지급할 때 일정금액을 원천징수하는 것이 원칙이나, 비거주자가 양도소득세를 이미 신고·납부하였거나 비과세 또는 과세미달되는 것임을 증명하는 「비과세 등 확인 신청서」를 발급받아 법인(양수자)에게 제출한 경우에는 원천징수하지 않는다(소득법 §156 ⑮, 소득령 §207 ⑦).

(4) 자금출처 확인서

1) 해외이주비 자금출처 확인서

해외이주자 또는 해외이주예정자가 지정거래 외국환은행을 통해 해외이주비를 지급하고자 하는 경우로서 세대별 해외이주비 지급 누계액이 미화 10만불을 초과하는 경우 해외이주비 전체 금액에 대하여 해외이주자 등의 최종 주소지 관할 세무서장으로부터 「해외이주비 등 자금출처확인서」를 발급받아 지정거래 외국환은행장에게 제출해야 한다(상증세 사무처리규정 §57).

2) 부동산 매각자금 확인서

재외국민·외국인 또는 비거주자가 부동산 처분대금을 국외로 반출하기 위해서는 부동산 소재지 또는 최종 주소지 관할 세무서장으로부터 「부동산 매각자금 확인서」를 발급받아 외국환은행장에게 제출해야 한다(상증세 사무처리규정 §58).

3) 예금 등에 대한 자금출처 확인서

재외동포가 국내 예금 등을 국외로 반출하는 경우로서 반출자금 누계액이 미화 10만불을 초과하는 경우 전체 금액에 대하여 지정거래 외국환은행 소재지 또는 최종 주소지 관할 세무서장으로부터 「예금 등에 대한 자금출처확인서」를 발급받아 지정거래 외국환은행장에게 제출해야 한다(상증세 사무처리규정 §59).

[비거주자의 국내 소재 부동산 양도시 신고 등 절차]

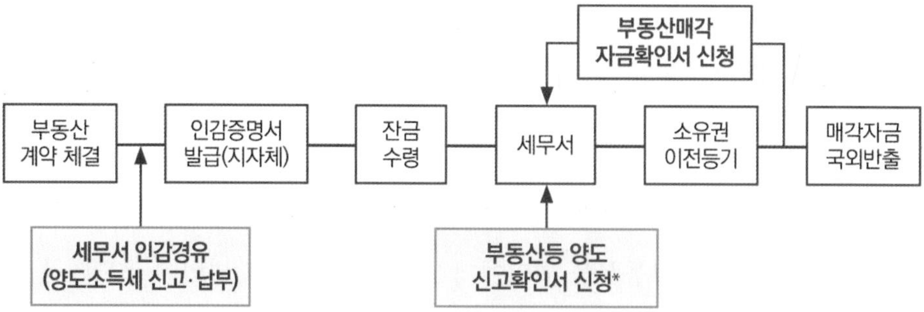

* 인감경유를 한 재외국민 등은 부동산등 양도신고확인서 신청 생략

7. 비거주자에게 적용되는 주요 기타 세목

(1) 피상속인이 비거주자인 경우 상속공제

피상속인이 거주자인 경우에는 인적공제와 물적공제 등 각종 공제가 적용되지만, 비거주자의 사망으로 상속이 개시되는 경우에는 각종 공제는 적용되지 않고 상속세 과세가액에서 2억원(기초공제)만 공제한다(상증법 §18).

(2) 수증자가 비거주자인 경우 연대납세의무 및 증여재산공제 여부

증여세는 수증자가 납부하는 것이 원칙이나, 수증자가 비거주자인 경우 조세채권 확보가 어려운 점을 감안하여 수증자가 납부할 증여세를 증여자가 연대하여 납부할 의무를 부담한다(상증법 §4의2 ⑥ 3호).

예를 들어, 수증자가 납부할 증여세를 연대납세의무가 없음에도 부모가 대납하면 재차 증여한 것으로 보아 당초 증여재산과 합산되지만, 부모가 외국에 있는 자녀에게 증여한 후 대신 증여세를 납부하면 부모는 연대납세의무가 있기 때문에 증여세 대납에 따른 추가적인 증여세는 부담하지 않는다.

한편, 수증자가 비거주자인 경우에는 거주자에게 적용되는 증여재산공제[10년 누적 배우자 6억원, 직계존속 및 직계비속 5천만원(미성년자는 2천만원), 기타 친족 1천만원]는 적용되지 않는다.

적용 사례 시가 10억원의 부동산을 부모가 성인자녀에게 증여하고 증여세를 대신 납부한 경우

해설

	구 분	수증자가 거주자인 경우	수증자가 비거주자인 경우
	증여재산가액	1,000,000,000	1,000,000,000
(+)	증여세 대납액	348,692,811*	-
(-)	증여재산공제	50,000,000	-
(=)	과세표준	1,298,692,811	1,000,000,000
(×)	세율	40%	30%
(-)	누진공제	160,000,000	60,000,000
(=)	산출세액	359,477,124	240,000,000
(-)	신고세액공제	10,784,313	7,200,000
(=)	납부할세액	348,692,811	232,800,000

* 증여세 대납액(A) : [(10억원 + A - 5천만원) × 40% - 1억6천만원] × (1 - 3%) = A
= (4억원 - 2천만원 - 1억6천만원) × 0.97 = 0.612A
∴ A = 348,692,811

(3) 비거주자가 국내에 1주택만을 보유한 경우 종합부동산세 계산 방법

종합부동산세 계산시 1세대 1주택자는 주택 공시가격에 12억원을 공제하고 고령자 및 장기보유자 세액공제를 적용하나, 비거주자가 국내에 1주택만을 소유한 경우 1세대 1주택자에 해당하지 않으므로 주택 공시가격에 9억원의 기본공제만 적용하고 세액공제는 적용되지 않는다(종부집행 8-2의3-5).

심화 학습 끝

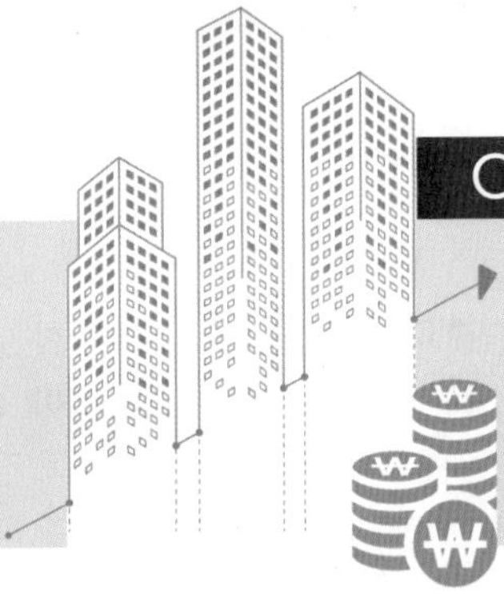

Chapter 3 주요 취득원인별 보유기간 및 거주기간 계산방법

I 상속으로 취득한 주택의 비과세 판단 및 세액계산 방법

1 피상속인과 상속인이 동일세대인 경우

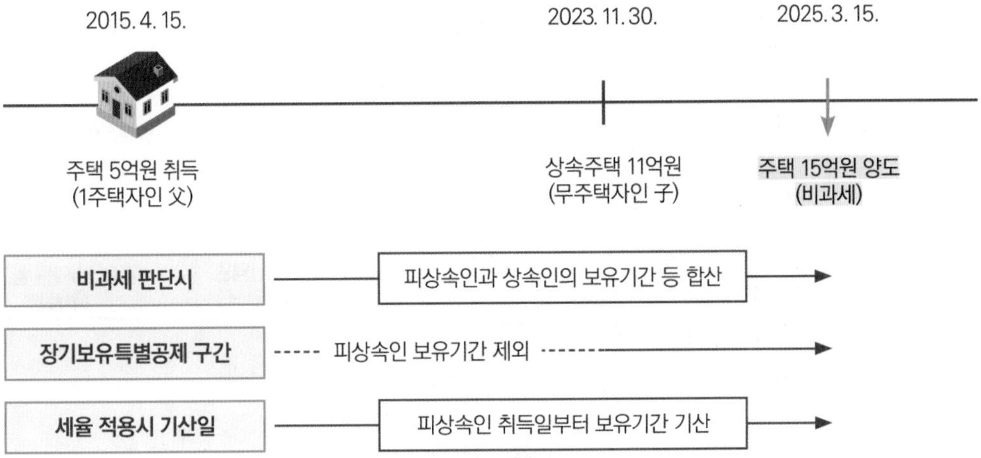

해설

1. 보유기간 또는 거주기간 합산 여부

피상속인과 상속인이 상속개시 당시 동일세대인 경우 주택의 보유기간 또는 거주기간을 계산할 때 피상속인의 보유기간과 상속개시일 이후 상속인의 보유기간은 합산되므로, 주택 보유기간이 2년 이상이므로 1세대 1주택 비과세가 적용된다.

2. 장기보유특별공제 적용 여부

장기보유특별공제 적용시 피상속인과 상속인이 상속개시 당시 동일세대원이더라도 상속개시일부터 보유연수 등에 따른 공제율을 적용하므로, 상속개시일부터 주택 양도일까지 보유기간이 3년 미만에 해당하여 장기보유특별공제가 적용되지 않는다.

3. 세율 적용

상속인이 양도하는 주택에 대해 적용 세율은 피상속인의 주택 취득일부터 기산한다. 따라서 상속인이 양도한 주택의 보유기간은 2년 미만이지만, 피상속인을 기준으로 보유기간이 2년 이상이므로 단기세율이 아닌 기본세율이 적용된다.

	구 분	계산 근거
	양도차익	400,000,000(1,500,000,000 − 1,100,000,000)
	고가주택 양도차익	400,000,000 × (15억원 − 12억원)/15억원 = 80,000,000
(−)	장기보유특별공제	3년 미만 보유하여 공제 불가
(=)	양도소득금액	80,000,000
(−)	양도소득기본공제	2,500,000
(=)	산출세액	77,500,000 × 24% − 5,760,000(누진공제) = 12,840,000

2 피상속인과 상속인이 별도세대인 경우

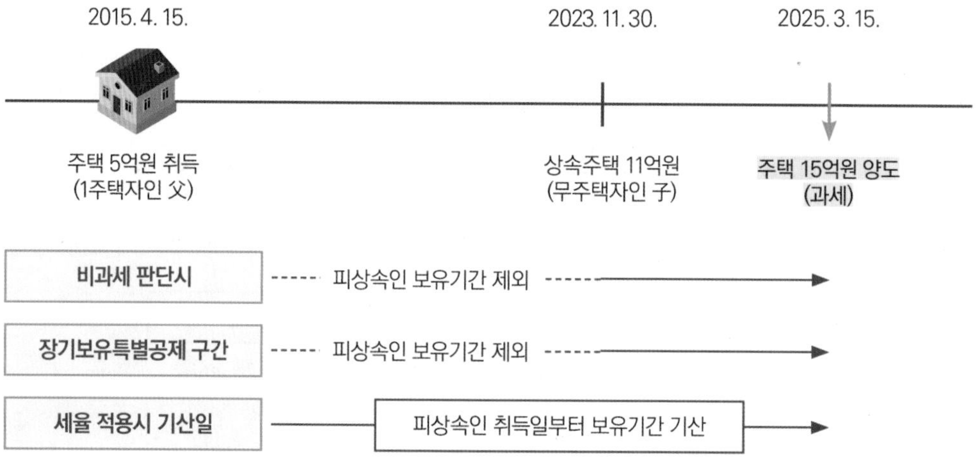

해설

1. 보유기간 또는 거주기간 합산 여부

피상속인과 상속인이 상속개시 당시 별도세대인 경우 주택의 보유기간 또는 거주기간을 계산할 때 상속개시일 이후 상속인의 보유기간만으로 1세대 1주택 비과세 여부를 판단하므로, 상속개시일부터 주택 보유기간이 2년 미만이므로 비과세되지 않는다(소득령 §162 ① 5호).

2. 장기보유특별공제 적용 여부

장기보유특별공제 적용시 피상속인과 상속인이 동일세대인지 여부를 불문하고 상속개시일부터 보유연수 등에 따른 공제율을 적용하므로 상속개시일부터 주택 양도일까지 보유기간이 3년 미만에 해당하여 장기보유특별공제가 적용되지 않는다.

3. 세율 적용

상속인이 양도하는 주택에 대해 적용 세율은 상속개시 당시 별도세대원이더라도 피상속인의 주택 취득일부터 상속인의 주택 양도일까지의 보유기간을 기준으로 적용한다. 따라서 상속인이 양도한 주택의 보유기간은 2년 미만이지만, 피상속인을 기준으로 보유기간이 2년 이상이므로 단기세율이 아닌 기본세율이 적용된다.

구 분	계산 근거
양도차익	400,000,000(1,500,000,000 - 1,100,000,000)
고가주택 양도차익	보유기간 2년 미만으로 비과세 불가
(-) 장기보유특별공제	3년 미만 보유하여 공제 불가
(=) 양도소득금액	400,000,000
(-) 양도소득기본공제	2,500,000
(=) 산출세액	397,500,000×40% - 25,940,000(누진공제) = 133,060,000

심화 사례 동일세대원으로부터 상속받은 주택 양도시 장기보유특별공제 계산

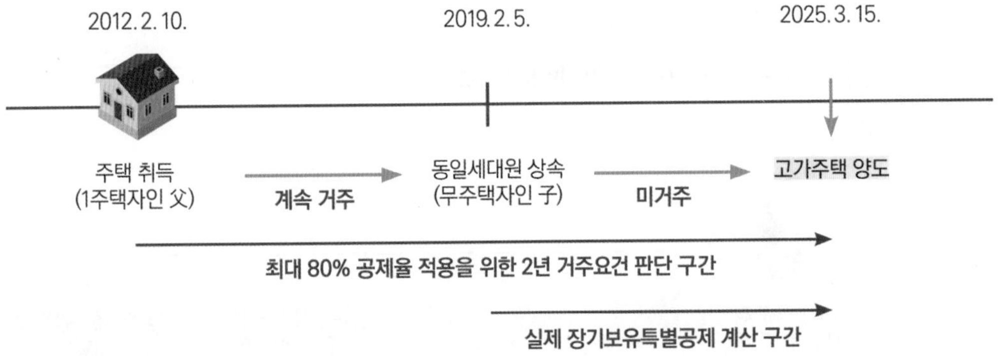

해설

1세대 1주택 비과세되는 고가주택에 대하여 최대 80%가 적용되는 장기보유특별공제를 적용받기 위해서는 2년 이상 거주요건이 필요하다. 이 경우 동일세대원으로부터 상속받은 주택에 대하여 최대 80%의 장기보유특별공제를 적용받기 위해 2년 이상 거주하였는지 여부를 판단할 때에는 피상속인과 상속인의 거주기간을 통산하되, 실제 장기보유특별공제 적용은 주택을 상속받은 후 상속인이 보유한 기간과 거주한 기간으로 나누어 계산한다.

위 사례에서 父로부터 주택을 상속받은 후 상속주택에서 子가 거주하지 않은 경우에도 父의 거주기간이 2년 이상이므로 동일세대원인 父와 子가 상속주택에 거주한 기간을 통산하면 최대 80% 장기보유특별공제율을 적용하되, 실제 장기보유특

별공제액을 계산할 때에는 상속개시일 이후 상속인의 보유 및 거주기간만으로 계산한다. 따라서, 상속받은 주택에서 상속인이 실제 거주하지 않았으므로 거주기간에 따른 4%의 장기보유특별공제율은 적용하지 않는다(재산세제과-37, 2023. 1. 9).

* 장기보유특별공제율 : 24%(보유기간 6년 × 4% + 거주기간 0년 × 4%)

[피상속인과 상속인의 세대 구분에 따른 보유기간 및 거주기간 통산 여부]

<table>
<tr><th>세대
구분</th><th>1세대 1주택 비과세 적용시
보유 및 거주기간 판단</th><th>장기보유특별공제 적용시
보유 및 거주기간 판단</th><th>세율 적용시
보유기간 판단</th></tr>
<tr><td>동일
세대</td><td>피상속인과 상속인의
보유 및 거주기간 통산</td><td>상속개시일부터
보유 및 거주기간 적용*</td><td rowspan="2">피상속인이 취득한
날부터 적용</td></tr>
<tr><td>별도
세대</td><td>상속개시일부터
보유 및 거주기간 적용</td><td>상속개시일부터
보유 및 거주기간 적용</td></tr>
</table>

* 표2(최대 80%의 공제율)를 적용받기 위한 "2년 거주요건" 적용대상 여부를 판정할 때에는 피상속인의 거주기간도 포함해서 적용하나, 실제 장기보유특별공제액은 상속개시일부터 적용

Ⅱ 증여로 취득한 주택의 비과세 판단 및 세액계산 방법

1 증여자와 수증자가 동일세대인 경우

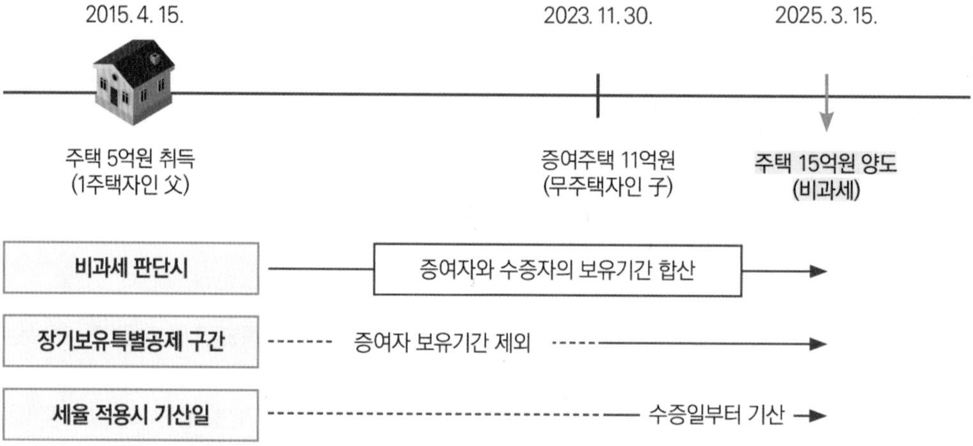

※ 이월과세(P. 663 참조)는 적용하지 않는 것으로 가정

해설

1. 보유기간 또는 거주기간 합산 여부

증여자와 수증자가 증여 당시 동일세대인 경우 주택의 보유기간 또는 거주기간을 계산할 때 증여자의 보유기간과 증여일 이후 수증자의 보유기간은 합산되므로, 주택 보유기간이 2년 이상이므로 1세대 1주택 비과세가 적용된다. 다만, 동일세대원 간의 증여로 인한 취득이라 하더라도 주택을 양도하기 전에 세대를 분리하여 양도일 현재 증여자와 수증자가 동일세대가 아닌 경우에는 수증자가 증여받은 날부터 보유기간을 계산함에 주의해야 한다.

2. 장기보유특별공제 적용 여부

장기보유특별공제 적용시 증여자와 수증자가 증여 당시 동일세대인지 여부를 불문하고 증여받은 날부터 보유연수 등에 따른 공제율을 적용하므로, 수증일로부터 주택 양도일까지 보유기간이 3년 미만에 해당하여 장기보유특별공제가 적용되지 않는다.

3. 세율 적용

수증자가 양도하는 주택에 대한 적용 세율은 동일세대 상속과는 달리 증여자와 수증자가 증여 당시 동일세대원이더라도 수증자가 증여받은 날부터 수증자의 주택 양도일까지의 보유기간만을 기준으로 적용한다. 따라서 수증자가 양도한 주택의 보유기간은 2년 미만이므로 60%의 단기세율을 적용한다.

구 분	계산 근거
양도차익	400,000,000(1,500,000,000 - 1,100,000,000)
고가주택 양도차익	400,000,000 × (15억원 - 12억원)/15억원 = 80,000,000
(-) 장기보유특별공제	3년 미만 보유하여 공제 불가
(=) 양도소득금액	80,000,000
(-) 양도소득기본공제	2,500,000
(=) 산출세액	77,500,000 × 60%(2년 미만 단기세율) = 46,500,000

비교 학습

동일세대원으로부터 매매(경매)로 취득한 주택을 양도하는 경우 1세대 1주택 보유 및 거주기간 계산 방법

동일세대원으로부터 증여로 취득한 경우 1세대 1주택의 보유기간 계산은 동일세대로서 보유한 기간을 통산하나, 동일세대원으로부터 매매 또는 경매로 취득한 경우 1세대 1주택 보유기간 계산은 매수인의 취득일(잔금청산일, 경락대금을 완납한 날)부터 기산하여 적용한다(부동산납세과 - 2766, 2022. 9. 20).

유사 해석 사례 동일세대원간 부담부증여로 취득한 일반주택(거주주택)과 「소득세법 시행령」 제155조 제20항에 따른 장기임대주택을 소유하고 있는 1세대가 거주주택을 양도하는 경우로서 거주주택의 거주기간을 계산함에 있어 「소득세법」 제88조 제1호 각목 외의 부분 후단 규정에 따라 "양도로 보는 부분(부담부증여의 채무액에 해당하는 부분)"의 거주기간은 수증자가 증여받은 날부터 계산하는 것이며, 부담부증여 중 "증여로 보는 부분"의 거주기간은 증여자와 수증자가 동일세대로서 거주한 기간을 통산하는 것이다(법령해석재산 - 2718, 2021. 5. 17).

2 증여자와 수증자가 별도세대인 경우

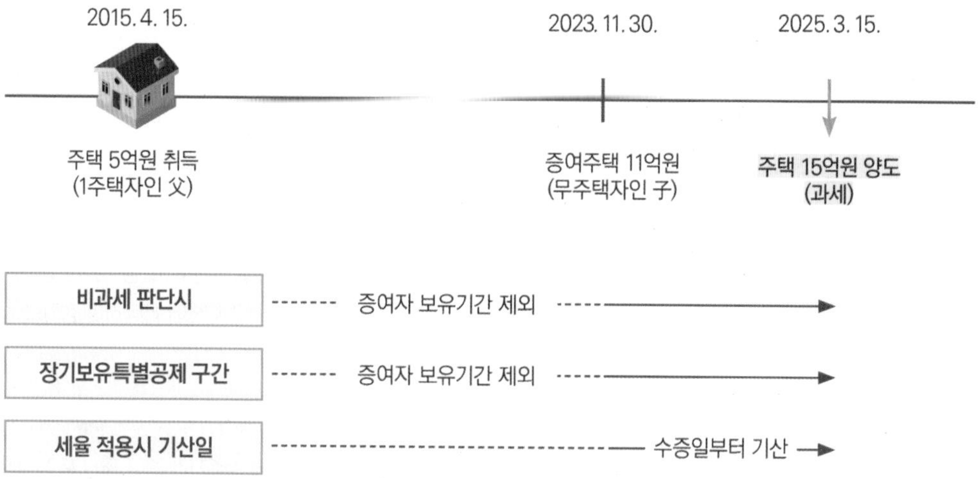

※ 이월과세(P. 663 참조)는 적용하지 않는 것으로 가정

해설

1. 보유기간 또는 거주기간 합산 여부

증여자와 수증자가 증여 당시 별도세대인 경우 주택의 보유기간 또는 거주기간을 계산할 때 증여일 이후 수증자의 보유기간만으로 1세대 1주택 비과세 여부를 판단하므로, 주택 보유기간이 2년 미만이므로 비과세되지 않는다(소득령 §162 ① 5호).

2. 장기보유특별공제 적용 여부

장기보유특별공제 적용시 증여자와 수증자가 증여 당시 동일세대인지를 불문하고 증여받은 날부터 보유연수 등에 따른 공제율을 적용하므로, 수증일로부터 주택 양도일까지 보유기간이 3년 미만에 해당하여 장기보유특별공제가 적용되지 않는다.

3. 세율 적용

수증자가 양도하는 주택에 대한 적용 세율은 수증자가 증여받은 날부터 수증자의 주택 양도일까지의 보유기간만을 기준으로 적용한다. 따라서 수증자가 양도한 주택의 보유기간은 2년 미만이므로 60%의 단기세율을 적용한다.

구 분	계산 근거
양도차익	400,000,000(1,500,000,000 − 1,100,000,000)
고가주택 양도차익	보유기간 2년 미만으로 비과세 불가
(−) 장기보유특별공제	3년 미만 보유하여 공제 불가
(=) 양도소득금액	400,000,000
(−) 양도소득기본공제	2,500,000
(=) 산출세액	397,500,000 × 60%(2년 미만 단기세율) = 238,500,000

Ⅲ 이혼으로 취득한 주택의 비과세 판단 및 세액계산 방법

1 재산분할로 취득한 경우

재산분할은 혼인기간 중 공동의 노력으로 형성된 재산을 배우자 각자의 소유로 청산하는 과정이므로 재산분할로 취득한 주택을 양도할 경우 해당 주택의 취득시기는 배우자로부터 소유권을 이전받은 등기접수일이 아닌 당초 배우자가 주택을 취득한 날로부터 기산하고, 거주기간도 당초 배우자와 함께 해당 주택에서 거주한 날로부터 기산하여 1세대 1주택 비과세 여부를 판단한다.

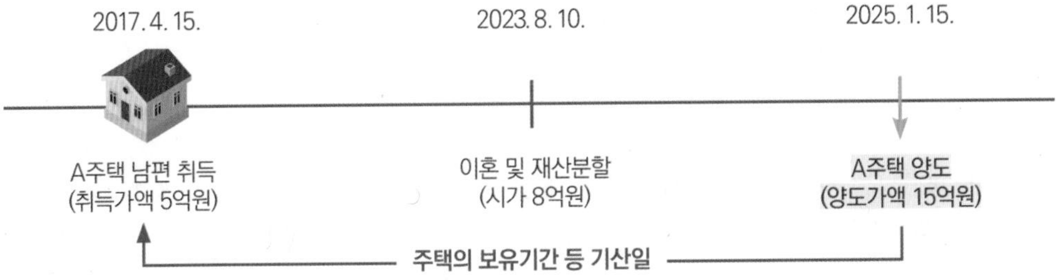

▪ 남편은 A주택 이외 다른 주택을 보유하고 있지 않으며, 무주택자인 부인은 남편과 협의이혼하면서 재산분할로 취득한 A주택에서 남편 취득일부터 본인 양도일까지 계속 거주함

해설

① 남편의 경우 : 남편이 재산분할로 배우자에게 소유권 이전한 주택은 양도소득세 과세대상이 아니므로 양도소득세 납세의무가 없다.

② 부인의 경우 : 재산분할로 취득한 주택을 양도할 경우 취득가액 및 취득시기는 남편을 기준으로 판단하므로, 부인이 재산분할로 취득한 주택의 보유 및 거주기간이 2년 미만이더라도 양도소득세가 비과세된다.

구 분	계산 근거
양도차익	1,000,000,000(1,500,000,000 − 500,000,000)
고가주택 양도차익	1,000,000,000 × (15억원 − 12억원)/15억원 = 200,000,000
(−) 장기보유특별공제	200,000,000 × 56%(7년 × 4% + 7년 × 4%) = 112,000,000
(=) 양도소득금액	88,000,000
(−) 양도소득기본공제	2,500,000
(=) 산출세액	85,500,000 × 24% − 5,760,000(누진공제) = 14,760,000

2 위자료로 취득한 경우

위자료는 혼인기간 중 배우자로부터 받은 정신적 손해에 대하여 금전 등으로 손해배상을 받는 것이므로, 위자료로 취득한 주택의 취득시기는 소유권이전등기 접수일이 된다.

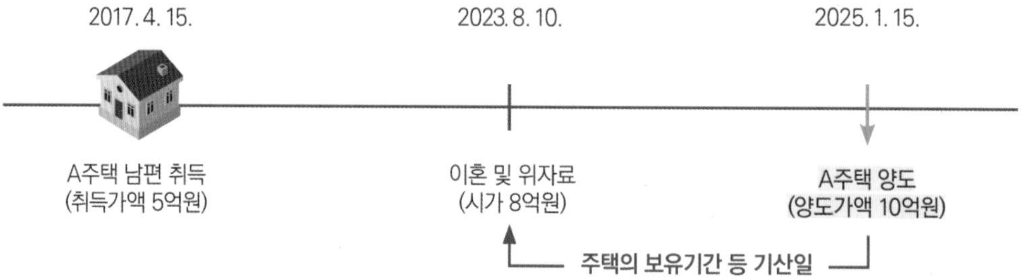

- 남편은 A주택 이외 다른 주택(B주택)을 보유하고 있으며, 무주택자인 부인은 남편과 협의이혼하면서 위자료로 취득한 A주택에서 남편 취득일부터 본인 양도일까지 계속 거주함

해설

① 남편의 경우 : 남편은 위자료로 지급할 금액 대신 주택으로 대물변제한 것이므로 해당 주택에 대해서는 양도소득세 납세의무가 있으므로 위자료로 소유권을 이전한 A주택 이외 다른 주택을 보유하고 있어 양도소득세가 과세된다.

	구 분	계산 근거
	양도차익	300,000,000(800,000,000 - 500,000,000)
	고가주택 양도차익	1세대 2주택자로 비과세 불가
(-)	장기보유특별공제	300,000,000 × 12%(6년 × 2%) = 36,000,000
(=)	양도소득금액	264,000,000
(-)	양도소득기본공제	2,500,000
(=)	산출세액	261,500,000 × 38% - 19,940,000(누진공제) = 79,430,000

② 부인의 경우 : 위자료로 받은 주택을 양도하는 경우 취득가액은 위자료로 주택을 취득할 당시 시가 8억원을 적용하고, 1세대 1주택 비과세 판단시 보유기간은 위자료로 소유권을 이전받은 때(등기접수일)로부터 기산한다. 따라서 부인은 해당 주택을 2년 미만 보유한 후 양도하였으므로 1세대 1주택 비과세 및 장기보유특별공제는 적용하지 않는다.

	구 분	계산 근거
	양도차익	200,000,000(1,000,000,000 - 800,000,000)
	고가주택 양도차익	보유기간 2년 미만으로 비과세 불가
(-)	장기보유특별공제	3년 미만 보유하여 공제 불가
(=)	양도소득금액	200,000,000
(-)	양도소득기본공제	2,500,000
(=)	산출세액	197,500,000 × 60%(2년 미만 단기세율) = 118,500,000

관련 해석 사례

1. 전(前) 배우자로부터 재산분할을 원인으로 장기임대주택을 취득한 경우 「소득세법 시행령」 제155조 제20항 및 제22항을 적용할 때 해당 장기임대주택의 임대기간 계산시 전(前) 배우자의 임대기간을 합산할 수 없다(법규재산 - 0783, 2024. 9. 20).
2. A주택을 보유한 1세대가 2017. 8. 2. 이전에 아파트(B)의 분양권 매매계약을 체결하고 계약금을 지급한 경우로서 해당 B아파트의 취득(잔금청산)당시 조정대상지역에 있는 경우 B아파트는 「소득세법 시행령」 제154조 제1항의 1세대 1주택 비과세 거주요건을 적용하는 것이며, B아파트의 소재지가 조정대상지역으로 지정되기 전에 세대원간 "이혼"으로 주택(A)과 아파트(B)분양권을 각 세대원에게 재산분할 후 세대분리된 경우에도 B아파트의 1세대 1주택 비과세 거주요건을 적용하는 것이다(법규재산 - 0434, 2024. 4. 30).
3. 재산분할로 취득한 부동산 양도시 재산분할을 위한 이혼소송 과정에서 지급한 변호사 비용은 소유권을 확보하기 위하여 직접 소요된 소송비용에 해당하지 않아 「소득세법」 제97조 제1항에 따른 필요경비에 해당하지 않는 것이다(법규재산 - 0798, 2023. 12. 12).
4. 재산분할로 취득한 주택의 취득시기는 재산분할을 원인으로 소유권을 이전받은 때가 아니라 이전한 배우자가 최초 취득한 시점을 기준으로 판단한다. 따라서, 甲 명의 A주택 양도일 현재 B주택(A주택 양도 후 재산분할로 甲에게 소유권 이전등기됨) 명의가 전(前) 배우자(乙)에게 있었더라도 B주택의 취득시기는 전(前) 배우자가 취득한 날(2011. 4. 21.)이 되므로 A주택 양도 당시 甲은 1세대 2주택자에 해당하므로 비과세를 적용받을 수 없다(법령해석재산 - 0977, 2020. 11. 5).

사례로 이해하는

핵심 양도소득세

PART 3

1세대 2주택 비과세 특례

1. 신규 주택 · 분양권 취득자가 종전주택 양도시 비과세 특례
2. 상속주택 취득자가 일반주택 양도시 비과세 특례
3. 동거봉양 · 혼인합가에 따른 비과세 특례
4. 농어촌주택 등 취득자가 일반주택 양도시 비과세 특례
5. 비수도권 소재 주택 취득자가 일반주택 양도시 비과세 특례
6. 장기임대주택 등 보유자가 거주주택 양도시 비과세 특례

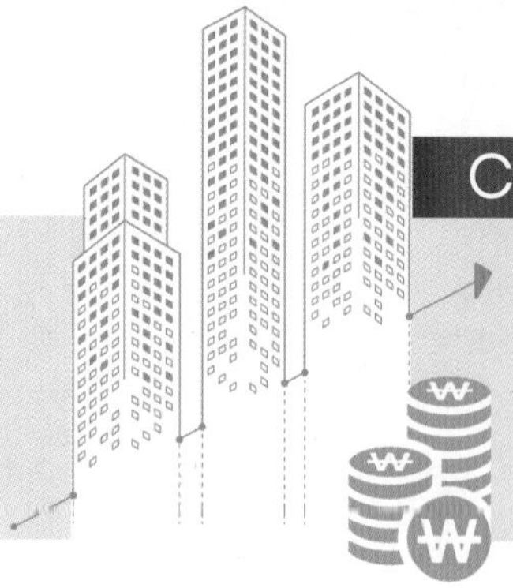

Chapter

1 신규 주택·분양권 취득자가 종전주택 양도시 비과세 특례

I 1세대 2주택 비과세 특례 개요

1세대 2주택 비과세 특례 규정에 대한 각 Chapter별로 들어가기 앞서 특례주택의 유형을 개괄적으로 살펴보면 아래의 표와 같으며, 이는 1주택자가 부득이한 사유 등으로 특례주택을 취득한 후, 양도일 현재 1세대 2주택자임에도 1세대 1주택자로 간주하여 일반주택(종전주택 또는 거주주택)을 양도하는 경우에만 비과세 혜택을 주고자 함이다.

특히, 비과세 특례 유형 중 신규주택(또는 조합원입주권·분양권) 취득자의 종전주택 비과세 특례, 상속주택 취득자의 일반주택 비과세 특례 및 장기임대주택 보유자의 거주주택 비과세 특례 규정이 실무적으로 매우 중요하다.

[주택 유형별 1세대 2주택 비과세 특례 적용대상]

주택 유형	비과세 대상주택	관련 법령
종전주택 + 신규주택	신규주택 취득일부터 3년 이내 종전주택 양도	소득령 §155 ①
종전주택 + 주택분양권(2021. 1. 1. 이후 취득)	분양권 취득일부터 3년 이내 종전주택 양도	소득령 §156의3 ②
	분양권 취득일부터 3년 경과 종전주택 양도	소득령 §156의3 ③
일반주택 + 단독상속주택	단독상속주택 취득 후 상속인의 일반주택 양도	소득령 §155 ②
일반주택 + 공동상속주택	공동상속주택 지분 취득 후 상속인의 일반주택 양도	소득령 §155 ③
일반주택 + 일반주택(동거봉양)	동거봉양합가일부터 10년 이내 먼저 양도하는 주택	소득령 §155 ④
일반주택 + 일반주택(혼인합가)	혼인합가일부터 10년 이내 먼저 양도하는 주택	소득령 §155 ⑤
일반주택 + 농어촌주택 등	농어촌주택(상속·이농·귀농) 이외 일반주택 양도	소득령 §155 ⑦
	농어촌주택(고향주택) 이외 일반주택 양도	조특법 §99의4
일반주택 + 비수도권주택	부득이한 사유 해소일부터 3년 이내 일반주택 양도	소득령 §155 ⑧
거주주택 + 장기임대주택 등	2년 이상 거주(조정대상지역 불문)한 거주주택 양도	소득령 §155 ⑳

[참고] "1주택 + 1조합원입주권" 관련 비과세 특례 적용대상(Part 4 참조)

구 분	비과세 대상주택	관련 법령
조합원입주권 + 신규주택	신규주택 취득일부터 3년 이내 조합원입주권 양도	소득법 §89 ① 4호 나목
종전주택 + 조합원입주권	조합원입주권 승계취득일부터 3년 이내 종전주택 양도	소득령 §156의2 ③
	조합원입주권 승계취득일부터 3년 경과 종전주택 양도	소득령 §156의2 ④
조합원입주권 + 대체주택	신축주택 완성 전 또는 완성 후 3년 이내 대체주택 양도	소득령 §156의2 ⑤

Ⅱ 일시적 2주택(주택 + 주택) 비과세 특례

1 비과세 특례요건(先 종전주택 취득 + 後 신규주택 취득 → 종전주택 양도)

1세대 1주택(종전주택)자가 종전주택을 취득한 날부터 "1년 이상이 지난 후" 신규주택을 취득하고, 그 신규주택을 취득한 날부터 3년 이내에 비과세 요건을 갖춘 종전주택을 양도하는 경우에는 1세대 1주택 비과세(양도가액 12억원 초과분 상당액은 과세)를 적용한다(소득령 §155 ①).

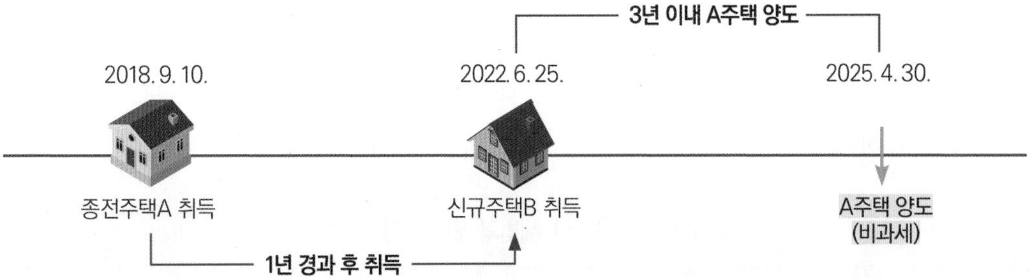

[일시적 2주택(주택 + 주택) 비과세 특례 적용요건]

구 분	비과세 요건
보유요건	신규주택 취득 전에 종전주택을 보유하고 있을 것
취득요건	종전주택 취득일로부터 1년 이상이 지난 후 신규주택을 취득할 것
양도요건	신규주택 취득일로부터 3년 이내 비과세 요건(2년 이상 보유 · 거주)을 갖춘 종전주택을 양도할 것

2 비과세 특례 세부요건

(1) 종전주택 취득일로부터 1년 이상 지난 후 신규주택 취득

1) 신규주택 취득요건 예외

일시적 2주택 비과세 특례는 원칙적으로 종전주택을 취득한 날부터 1년 이상이 지난 후 신규주택을 취득한 경우에만 적용한다. 다만, 아래의 경우는 예외적으로 종전주택을 취득한 날부터 "1년 이내 신규주택을 취득"하더라도 비과세 적용이 가능하다(소득령 §155 ① 및 ⑯ 후단).

① 건설임대주택 등을 분양전환(종전주택)받고 신규주택을 취득하는 경우 또는 종전주택 보유자가 건설임대주택 등을 분양전환(신규주택)받는 경우
② 사업인정고시일 전에 취득한 종전주택이 협의매수 · 수용되어 신규주택을 취득하는 경우
③ 부득이한 사유로 1년 이상 거주한 종전주택을 양도하기 전에 신규주택을 취득하는 경우
④ 공공기관 등이 수도권 밖으로 이전함에 따라 공공기관 등의 종사자가 종전주택을 양도하기 전에 이전대상 지역에 신규주택을 취득하는 경우 → 종전주택 양도기한 5년 이내(P. 269 ①)

2) 1년 이상 지난 후 신규주택 취득시 기간계산

세법은 기간계산시 세법에 규정이 있으면 세법 규정을 우선 적용하고 그 규정이 없을 때는 민법 규정을 준용한다. 이 경우 "종전주택을 취득한 날부터 1년 이상이 지난 후 신규주택을 취득"하는 기간계산에 대해서는 세법에 규정이 없으므로 민법 규정을 준용하여 종전주택을 취득한 날인 초일은 산입하지 않는다.

[기간계산 적용시 세법과 민법규정 비교]

구 분	주요 적용대상 및 관련법령	기간계산
세법규정 우선적용	1세대 1주택 비과세 적용시 보유기간(소득령 §154 ⑤)	초일산입, 말일산입
	1세대 1주택 비과세 적용시 거주기간(소득령 §154 ⑥)	
	장기보유특별공제 적용시 보유 · 거주기간(소득법 §95 ④)	
	세율 적용시 보유기간(소득법 §104 ②)	
민법규정 준용	일시적 2주택 적용시 신규주택 취득기간(소득령 §155 ①)	초일불산입, 말일산입
	일시적 2주택 적용시 종전주택 양도기간(소득령 §155 ①)	
	수용감면시 사업인정고시일부터 2년 이전 취득(조특법 §77)	

관련 해석 사례

1. 1세대 1주택 비과세 규정을 적용함에 있어 주택의 보유기간 계산은 「민법」 제157조에서 정하는 초일불산입의 규정에 불구하고 그 기간의 초일을 산입하므로 1세대가 1주택을 2023. 7. 25.에 취득하여 2025. 7. 21.에 양도하는 경우에는 2년 이상 보유요건을 충족하였으므로 비과세를 적용받을 수 있다(법령해석재산 – 0604, 2020. 11. 17).
2. 종전주택을 취득한 날부터 신규주택을 취득한 날까지의 기간이 1년 이상이 지난 후인지 판단 시 종전주택을 취득한 날인 초일은 산입하지 않으므로 2024. 7. 10. 주택을 취득한 경우 「소득세법 시행령」 제155조 제1항에 따른 종전의 주택을 취득한 날부터 1년 이상이 지난 후는 2025. 7. 11.이 되는 것이다(부동산납세과 – 950, 2021. 7. 6).
3. 1세대가 종전의 주택을 2018. 6. 15.에 취득하고 신규주택을 2022. 10. 31.에 취득한 후, 종전주택을 2025. 10. 31.에 양도하는 경우에는 「소득세법 시행령」 제155조 제1항에서 규정하는 "신규 주택을 취득한 날부터 3년 이내에 종전주택을 양도한 경우"에 해당하는 것이다(법령해석재산 – 0538, 2019. 10. 9).

3) 신규주택의 적용범위

① 주택을 취득하는 경우

신규주택의 범위는 유상 취득뿐만 아니라 상속 또는 증여(부담부증여 포함)로 취득하는 경우에도 적용되지만, 동일세대원으로부터 매매 등으로 취득하는 주택은 신규주택 취득 전·후에도 계속 1세대 2주택자에 해당하므로 신규주택의 범위에 포함되지 않는다.

여기서 눈여겨 볼 사항은 별도세대원이 각각 1주택씩 상속받는 경우 선순위 상속주택을 취득한 상속인은 해당 상속주택에 대해서는 상속주택 비과세 특례(P. 311 참조)를 적용받는 것이 유리(1년 경과 후 신규주택 취득 및 종전주택 3년 이내 양도요건 없음)하고, 후순위 상속주택(일반주택)을 취득한 상속인은 해당 상속주택에 대해서는 일시적 2주택 비과세 특례를 적용받을 수 있다는 점이다.

② 부동산을 취득할 수 있는 권리를 취득하는 경우

조합원입주권 또는 주택분양권을 취득하는 경우 주택은 아니지만, 해당 권리가 다른 주택의 비과세 및 중과대상 여부를 판단할 때 주택 수에 포함되는 점을 감안하여 비과세 특례(소득령 §156의2 ③, ④에 따른 1주택 + 1조합원입주권, 소득령 §156의3 ②, ③에 따른 1주택 + 1분양권)를 적용받을 수 있다.

이 경우 주택분양권에 대한 비과세 특례는 해당 분양권을 언제 취득하였는지에 따라 아래와 같이 종전주택의 양도기한이 다르게 적용된다.

[주택분양권 취득시기별 종전주택의 비과세 양도기한]

분양권 취득시기	종전주택의 비과세 양도기한
2020. 12. 31. 이전 취득	주택분양권에 의한 신축주택 완성일부터 3년 이내 종전주택 양도
2021. 1. 1. 이후 취득	주택분양권 취득일부터 3년 이내(또는 3년 경과) 종전주택 양도

(2) 비과세 특례요건 및 종전주택의 양도기한

1) 일시적 2주택 비과세 특례요건은 양도시점에서 판단

1세대가 일시적 2주택을 보유한 상태에서 종전주택을 양도하는 경우에는 취득일부터 양도일까지 2년 이상 보유해야 하며, 2017. 8. 3. 이후 조정대상지역으로 지정된 후 취득한 경우는 보유기간 중 2년 이상 거주해야 일시적 2주택 비과세 특례를 적용받을 수 있다.

이 경우 일시적 2주택 비과세 특례는 양도일 현재를 기준으로 판단하므로 1세대 3주택 이상자가 다른 주택을 순차로 양도하고, 양도일 현재 남은 2주택이 일시적 2주택 비과세 특례요건을 충족하면 종전주택 양도시 비과세를 적용받을 수 있다. ☞ 「적용사례 7」 참조

2) 신규주택 취득일로부터 3년 이내 종전주택 양도(원칙)

종전에는 주택 소재지 및 신규주택의 취득시기 등에 따라 종전주택의 비과세 양도기한이 다르게 적용되었으나, 2023. 1. 12. 이후 종전주택 양도분 부터는 주택 소재지 등에 관계없이 신규주택을 취득한 날부터 3년 이내에 종전주택을 양도하면 일시적 2주택 비과세 특례가 적용되는 것으로 개정되었다(대통령령 제3367호, 부칙 §8 ②).

여기서 주의할 사항은 1세대 1주택자가 동일세대원에게 해당 주택을 양도(부담부증여시 양도로 보는 채무액 포함)하는 경우 비과세는 적용받을 수 있지만, 일시적 2주택자가 종전주택을 동일세대원에게 양도(부담부증여시 양도로 보는 채무액 포함)하는 경우에는 종전주택 양도 전·후에도 여전히 1세대 2주택자에 해당하므로 일시적 2주택 비과세 특례를 받을 수 없다는 점이다. ☞ 「적용사례 1」 참조

3) 신규주택 취득일로부터 3년 이내 종전주택 양도(예외)

① 법인이 수도권 밖으로 이전함에 따라 법인의 종사자가 종전주택을 양도하는 경우

수도권에 소재한 법인 또는 공공기관이 수도권 밖의 지역으로 이전하는 경우로서 해당 법인 또는 공공기관의 종사자(종전주택 보유자)가 이전한 시·군 또는 이와 연접한 시·군의 지역에 있는 신규주택을 취득한 경우에는 신규주택 취득일부터 "5년 이내" 종전주택을 양도하더라도 일시적 2주택 비과세 특례가 적용된다. 이 경우 종전주택을 취득한 날부터 1년 이상이 지난 후 신규주택을 취득하는 요건도 적용하지 아니한다(소득령 §155 ⑯).

② 종전주택 및 부수토지가 수용되는 경우

일시적 2주택을 보유한 상태에서 종전주택 및 그 부수토지의 일부가 협의매수·수용되어 비과세를 적용받은 후, 그 협의매수·수용일부터 "5년 이내"에 잔존주택 및 그 부수토지를 양도하면 1세대 1주택 비과세를 적용받을 수 있다.

이 경우 잔존주택 및 그 부수토지를 수용일부터 5년 이내에 양도하는 때에는 해당 잔존주택 및 그 부수토지의 양도는 종전주택 및 그 부수토지의 당초 수용에 포함되는 것으로 본다(소득령 §155 ① 후단).

③ 부득이한 사유가 있는 경우

한국자산관리공사에 매각을 의뢰한 경우, 법원에 경매를 신청한 경우 및 국세징수법에 따른 공매가 진행 중인 경우 등의 부득이한 사유가 발생한 경우에는 신규주택을 취득한 날부터 3년이 지나 종전주택을 양도하더라도 3년 이내 양도한 것으로 본다(소득령 §155 ⑯).

④ 종전주택의 양도기한 만료일이 공휴일인 경우

신규주택을 취득한 날부터 종전주택의 비과세 양도기한 만료일이 공휴일(일요일, 국경일, 설날·추석연휴 등), 토요일 또는 근로자의 날인 경우에는 그 다음 날을 양도기한(3년 이내 양도한 것으로 봄)으로 한다(국기법 §5 ①).

적용 사례 1 1세대가 2주택을 보유한 상태에서 별도세대원에게 종전주택을 부담부증여하는 경우 일시적 2주택 비과세 여부

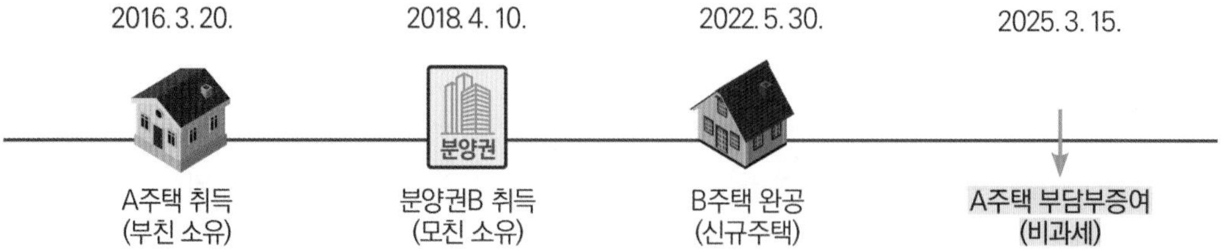

해설 1세대가 신규주택B를 추가로 취득하여 2주택이 된 상태에서 일시적 2주택 비과세 요건을 충족한 종전주택A를 별도세대원인 아들에게 부담부증여한 경우에도 양도로 보는 채무부분에 대하여는 일시적 2주택 비과세 특례를 적용받을 수 있다(국심 2001서3220, 2002. 4. 26).

반대 해석 사례 1세대 1주택 비과세 규정은 세대단위로 주택 수를 판단하게 되므로 종전주택을 동일세대원에게 부담부증여한 경우에는 부담부증여한 이후에도 여전히 1세대 2주택자에 해당되므로 양도로 보는 채무부분에 대하여 일시적 2주택 비과세 특례가 적용되지 않는다(부산고법 2019누20549, 2019. 6. 28).

적용 사례 2 2주택을 보유한 1세대가 신규주택을 동일세대원에게 증여한 후 종전주택을 양도하는 경우 비과세 여부

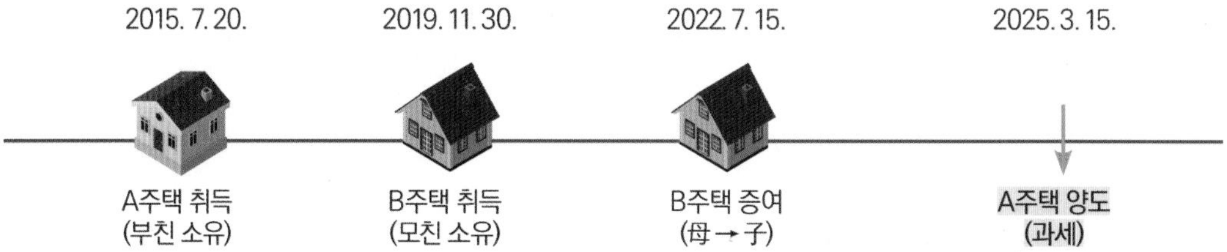

해설 父가 종전주택A를 보유한 상태에서 母가 새로운 B주택을 취득하고, 母가 보유한 신규주택B를 동일세대원인 子에게 증여한 후, 父가 보유하던 종전주택A를 양도하는 경우 비과세 양도기한 기산일은 당초 증여자(母)의 취득일을 기준으로 판단하므로, 2019. 11. 30. 이후 3년이 경과하여 종전주택A를 양도하였으므로 비과세되지 않는다(서면부동산-0094, 2015. 3. 13).

적용 사례 3 동일세대원으로부터 종전주택을 상속받고 1년 이내 신규주택을 취득한 후 종전주택을 양도하는 경우 비과세 여부

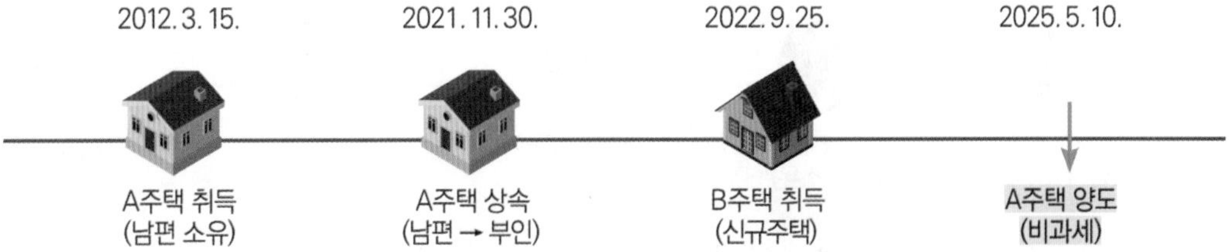

해설 양도하는 주택(종전주택)이 상속받은 주택으로서 피상속인(남편)과 상속인(부인)이 상속개시일 당시 동일세대인 경우 "종전주택 취득한 날부터 1년 이상 지난 후 신규주택 취득요건" 판단시 종전주택의 취득시기는 피상속인의 당초 취득일을 기준으로 판단한다. 따라서, 그 기간으로부터 1년 이상이 지난 후 신규주택B을 취득한 후, 신규주택B를 취득한 날부터 3년 이내에 종전 주택A를 양도하였으므로 일시적 2주택 비과세 특례가 적용된다(부동산납세과 – 468, 2014. 7. 4).

적용 사례 4 재산분할로 취득한 주택을 양도하는 경우 일시적 2주택 비과세 여부

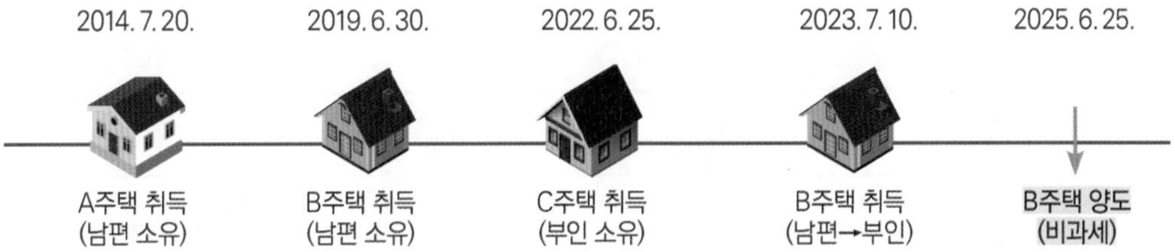

▪ 2023. 7. 10.에 부인이 취득한 B주택은 남편과 이혼하면서 재산분할로 취득한 주택임

해설 협의이혼 또는 재판상 이혼을 하면서 재산분할청구권의 행사에 따라 남편이 소유하던 B주택을 부인에게 소유권을 이전한 후, 부인이 B주택을 양도하는 경우 재산분할로 취득한 B주택의 취득시기는 다른 이혼자인 남편의 당초 취득시기인 2019. 6. 30.되므로 부인이 당초 보유한 C주택 취득일로부터 3년 이내 B주택을 양도하였으므로 비과세된다(부동산납세과 – 8, 2014. 1. 9).

대비 사례 위자료로 취득한 주택을 양도하는 경우 일시적 2주택 비과세 여부

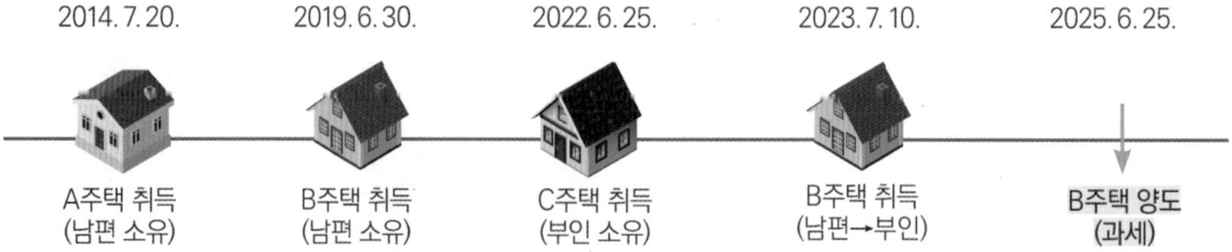

- 2023. 7. 10.에 부인이 취득한 B주택은 남편과 이혼하면서 위자료로 취득한 주택임

해설 협의이혼 또는 재판상 이혼을 하면서 위자료 명목으로 남편이 소유하던 B주택을 부인에게 소유권을 이전한 후, 부인이 B주택을 양도하는 경우 위자료로 취득한 B주택의 취득시기는 부인이 소유권을 이전 받은 날인 2023. 7. 10.되므로 비과세되지 않는다. 만일 부인이 B주택이 아닌 종전에 보유하던 C주택을 양도하는 경우에는 신규주택B 취득일로부터 3년 이내 양도하였으므로 비과세가 될 수 있다.

적용 사례 5 다세대주택을 보유하던 중 신규주택 취득 후 다세대주택을 다가구주택으로 용도변경하고 다가구주택 양도시 일시적 2주택 비과세 여부

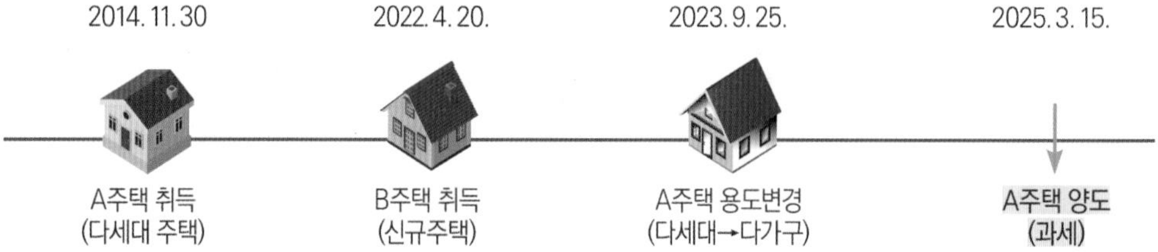

해설 다세대주택A를 보유한 상태에서 신규주택B를 취득하고 다세대주택을 다가구주택으로 용도변경한 후, 다가구주택을 용도변경한 날부터 2년 이상 보유요건을 충족한 상태에서 신규주택 취득일부터 3년 이내에 하나의 매매단위로 양도하는 경우에는 일시적 2주택 비과세 특례가 적용되나, 다가구주택을 용도변경 일부터 2년 미만 보유하고 양도하였으므로 비과세를 적용받을 수 없다(법규재산-1143, 2023. 9. 11).

반대 해석 사례 비과세 요건은 계속하여 갖추어야 하는 것은 아니며, 다가구주택은 원칙적으로 공동주택에 해당하나 하나의 매매단위로 양도할 경우 단독주택으로 취급되는 점을 감안하면 건물의 보유기간을 산정함에 있어 다세대주택이었던 기간을 제외할 것은 아니므로 양도일 현재 다가구주택 요건을 충족한 경우에는 비과세가 적용될 수 있다(서울고법 2021누75636, 2022. 8. 17).

적용 사례 6 신규주택 취득 후 종전에 보유하던 상가를 주택으로 용도변경하고 신규주택 양도시 일시적 2주택 비과세 여부

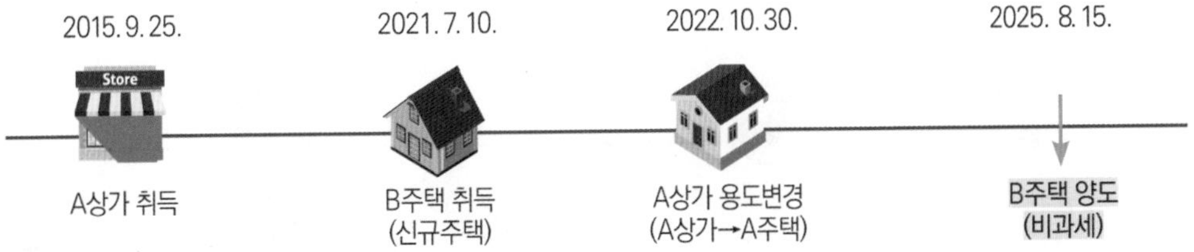

해설 A상가를 보유한 상태에서 B주택을 취득한 후, 상가를 주택으로 용도변경한 경우에는 A주택은 신규주택이 되며 B주택은 종전주택에 해당하므로 A주택의 용도변경일부터 3년 이내 B주택을 양도하는 경우에는 일시적 2주택 비과세 특례를 적용받을 수 있다(양도집행 89－155－7).

적용 사례 7 1세대 3주택자가 1주택을 과세로 양도한 후, 남은 주택이 일시적 2주택 비과세 특례 요건을 충족한 경우 비과세 여부

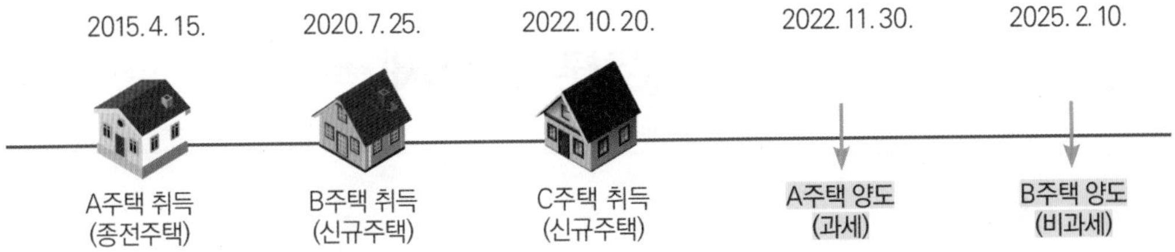

해설 「소득세법 시행령」 제155조 제1항의 일시적 2주택 비과세 특례 여부는 양도시점을 기준으로 판단하므로 1세대 3주택자가 A주택을 먼저 과세로 양도한 후, 나머지 2주택(B, C)을 보유한 상태에서 C주택 취득일부터 3년 이내 B주택을 양도하면 일시적 2주택 비과세 특례를 적용받을 수 있다(부동산납세과－184, 2014. 3. 25).

유사 해석 사례 일시적 2주택 비과세 특례 여부는 해당 주택 양도시점을 기준으로 판정하는 것으로 3주택을 소유한 세대가 1주택을 별도세대에게 증여한 후, 남은 주택이 일시적 2주택인 경우로서 「소득세법 시행령」 제155조 제1항 요건을 갖추어 종전주택을 양도하는 경우 이를 1세대 1주택으로 보아 비과세를 적용한다(서면부동산－2276, 2023. 8. 10).

적용 사례 8 일시적 2주택자가 종전주택을 비과세 양도한 후, 다시 신규주택 취득하여 일시적 2주택이 된 경우 재차 비과세 여부

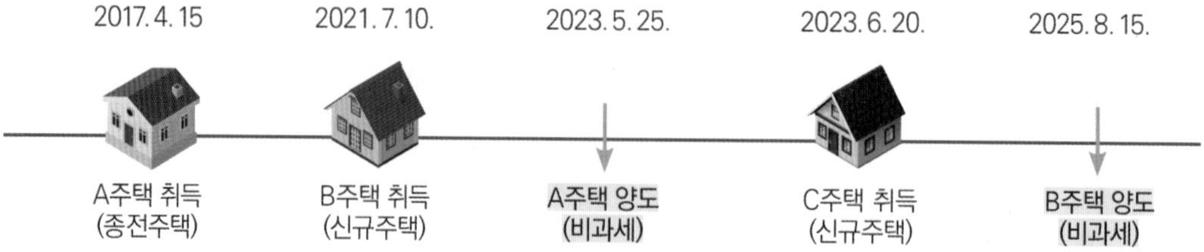

해설 일시적 2주택(A, B)을 보유하다가 A주택을 양도하여 일시적 2주택 비과세 특례를 적용받은 후, 다시 C주택을 취득하여 일시적 2주택(B, C)이 된 상태에서 C주택 취득일부터 3년 이내에 B주택(종전주택)을 양도하는 경우에는 비과세 횟수에 제한이 없으므로 재차 비과세를 적용받을 수 있다(재산세제과-194, 2020. 2. 18).

Ⅲ 일시적 2주택(주택 + 분양권) 비과세 특례

1 기본 개념

2020. 12. 31. 이전에 취득한 주택분양권은 분양권에 의해 신축주택 완성시점에 주택을 취득한 것으로 보았으나, 2021. 1. 1. 이후 주택분양권을 취득(청약당첨일 또는 잔금지급일)하는 경우에는 부동산을 취득할 수 있는 권리임에도 다른 주택의 1세대 1주택 비과세 또는 중과대상 여부를 판단할 때 주택으로 간주(주택 수 포함)한다.

따라서, 주택분양권의 취득시점에 따라 일시적 2주택 비과세 특례의 적용요건이 다르게 적용될 수 있으므로 주택분양권에 대한 취득시기에 각별히 주의해야 한다.

관련 법령 분양권의 범위(소득법 §88 10호, 소득령 §152의5)

"분양권"이란 주택법 등 아래의 법률에 따른 주택에 대한 공급계약을 통하여 주택을 공급받는 자로 선정된 지위(해당 지위를 매매 또는 증여 등의 방법으로 취득한 것을 포함)를 말한다.

1. 「건축물의 분양에 관한 법률」	2. 「공공주택 특별법」	3. 「도시개발법」
4. 「도시 및 주거환경정비법」	5. 「빈집 및 소규모주택 정비에 관한 특례법」	
6. 「산업입지 및 개발에 관한 법률」	7. 「주택법」	8. 「택지개발촉진법」

2 비과세 특례요건(先 종전주택 취득 + 後 분양권 취득 → 종전주택 양도)

앞서 살펴본 것처럼 2021.1.1. 이후에 취득하는 주택분양권은 부동산을 취득할 수 있는 권리임에 불구하고 주택으로 간주되므로 1세대가 1주택을 보유한 상태에서 주택분양권을 취득한 후, 종전의 주택을 양도하면 원칙적으로 과세된다.

하지만, 다음 요건을 모두 충족한 경우에는 양도소득세가 비과세되는데, 이는 「Part4 조합원입주권 승계취득 후 종전주택 양도시 비과세 특례 규정」과 동일하게 적용되므로 상호 비교하여 학습하기 바란다. P. 403 참조

(1) 분양권 취득일로부터 3년 이내 종전주택을 양도하는 경우

1세대 1주택(종전주택)자가 종전주택을 취득한 날부터 "1년 이상이 지난 후" 분양권을 취득(2021.1.1. 이후 취득분부터 적용)하고, 그 분양권을 취득한 날부터 3년 이내에 비과세 요건을 갖춘 종전주택을 양도하는 경우에는 1세대 1주택 비과세(양도가액 12억원 초과분 상당액은 과세)를 적용한다(소득령 §156의3 ②).

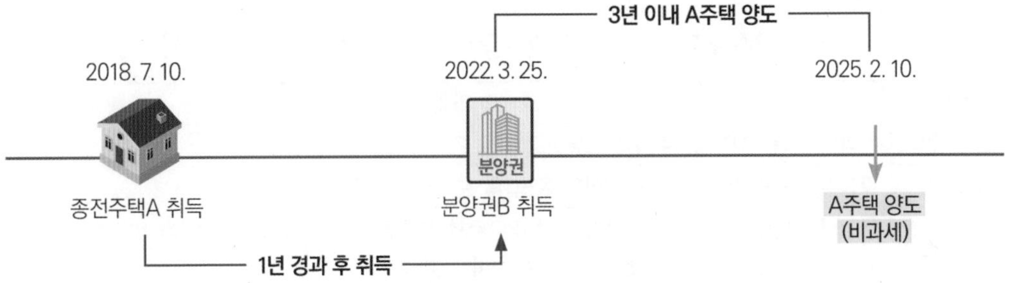

[일시적 2주택(주택 + 분양권) 비과세 특례 적용요건(소득령 §156의3 ②)]

구 분	비과세 요건
보유요건	분양권 취득 전에 종전주택을 보유하고 있을 것
취득요건	종전주택 취득일로부터 1년 이상이 지난 후 분양권을 취득할 것
양도요건	분양권 취득일로부터 3년 이내 비과세 요건(2년 이상 보유 · 거주)을 갖춘 종전주택을 양도할 것

(2) 분양권 취득일로부터 3년 경과 후 종전주택을 양도하는 경우

1세대 1주택(종전주택)자가 종전주택을 취득한 날부터 "1년 이상이 지난 후" 분양권을 취득(2021. 1. 1. 이후 취득분부터 적용)하고, 그 분양권을 취득한 날부터 "3년이 지나" 비과세 요건을 갖춘 종전주택을 양도하는 경우로서 아래의 요건을 충족한 경우에는 1세대 1주택 비과세(양도가액 12억원 초과분 상당액은 과세)를 적용한다(소득령 §156의3 ③).

① 분양권에 따라 취득하는 주택이 완성되기 전에 종전주택을 양도하거나 주택으로 완성된 후 3년 이내에 종전주택을 양도할 것

② 분양권에 따라 취득하는 주택이 완성된 후 3년 이내에 신축주택으로 세대전원이 이사(취학 등 부득이한 사유로 세대원 일부가 이사하지 못하는 경우 포함)하여 1년 이상 계속하여 거주할 것

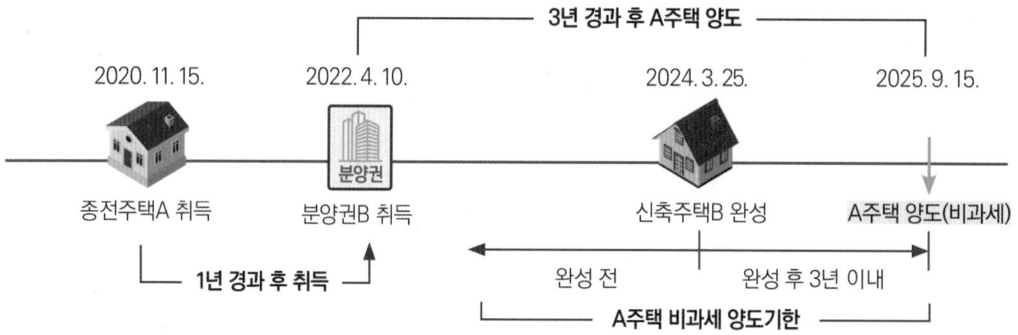

[일시적 2주택(주택 + 분양권) 비과세 특례 적용요건(소득령 §156의3 ③)]

구 분	비과세 요건
보유요건	분양권 취득 전에 종전주택을 보유하고 있을 것
취득요건	종전주택 취득일로부터 1년 이상이 지난 후 분양권을 취득*할 것
양도요건	분양권 취득일로부터 3년 이상이 지난 경우로서 신축주택 완성 전 또는 완성 후 3년 이내 비과세 요건(2년 이상 보유 · 거주)을 갖춘 종전주택을 양도할 것
이사요건	3년 이내 신축주택으로 세대전원이 이사하여 1년 이상 계속 거주할 것

* 2022. 2. 15. 이후 취득하는 분부터 적용(2022. 2. 14. 이전에 취득한 분양권은 "1년 경과 후 취득요건" 적용하지 않음)

적용 사례 1 종전주택을 보유한 상태에서 '20. 12. 31. 이전에 분양권을 취득한 후 종전주택을 양도하는 경우 일시적 2주택 비과세 여부

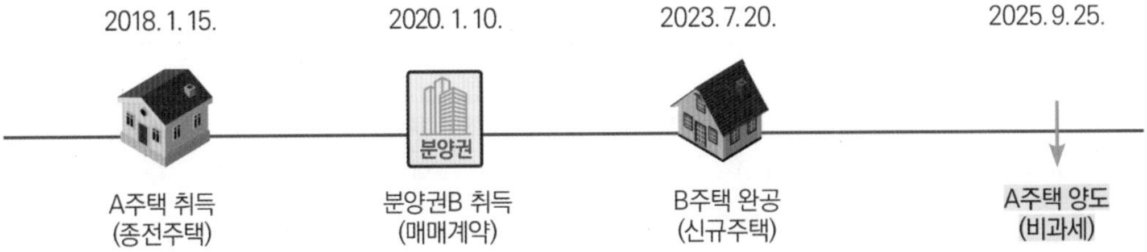

해설 2020. 12. 31. 이전에 취득한 분양권은 주택 수에 포함되지 않으므로 종전주택A를 보유한 상태에서 2020. 12. 31. 이전에 취득한 분양권B가 주택으로 완성된 후, 그 신규주택B 취득일로부터 3년 이내에 종전주택A를 양도하는 경우에는 「소득세법 시행령」 제155조 제1항(주택에 대한 일시적 2주택 비과세) 규정이 적용되므로 비과세된다(법규재산-0407, 2022. 2. 24).

대비 사례 종전주택을 보유한 상태에서 '21. 1. 1. 이후에 분양권을 취득한 후 종전주택을 양도하는 경우 일시적 2주택 비과세 여부

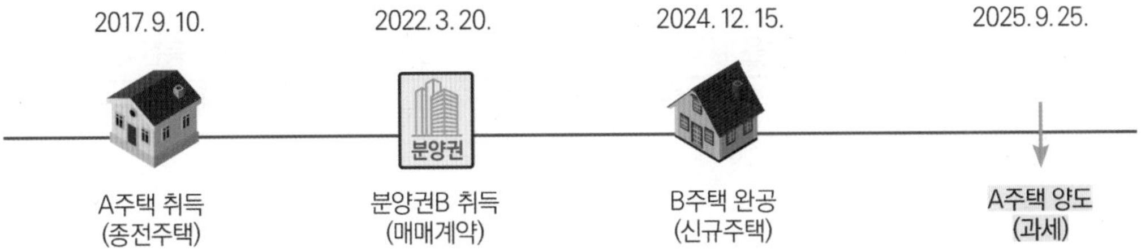

▪ 신축주택B에 대해서는 소득령 §156의3 ③ 규정(3년 경과 후 양도)은 적용하지 않는 것으로 가정

해설 2021. 1. 1. 이후에 취득한 분양권은 주택 수에 포함되므로 「소득세법 시행령」 제155조 제1항(주택에 대한 일시적 2주택 비과세) 규정이 적용되지 않고 「소득세법 시행령」 제156조의3 제2항, 제3항(분양권에 대한 일시적 2주택 비과세) 규정이 적용된다. 따라서 분양권B 취득일로부터 3년 경과하여 종전주택A를 양도하였으므로 비과세되지 않는다(재산세제과-1181, 2022. 9. 20).

[종전주택을 보유한 상태에서 신규주택(분양권) 취득시 종전주택 비과세 양도기한]

종전주택A	신규주택(분양권)B	종전주택A 비과세 양도기한	적용법령
주택	주택	B주택 취득한 후 3년 이내 양도	소득령 §155 ①
주택	분양권 ('20. 12. 31. 이전 취득)	분양권B가 주택으로 완성된 후 3년 이내 양도	
주택	분양권 ('21. 1. 1. 이후 취득)	분양권B 취득한 후 3년 이내 양도	소득령 §156의3 ②
주택		신축주택B 완성 전 또는 완성 후 3년 이내 양도	소득령 §156의3 ③

적용 사례 2 주택을 보유하지 않은 상태에서 '20. 12. 31. 이전에 분양권 2개를 취득한 경우 일시적 2주택 비과세 여부

해설 주택을 보유하지 않은 상태에서 2020. 12. 31. 이전에 2개의 분양권을 취득한 후 순차적으로 주택으로 완성된 경우에는 먼저 신축된 A주택을 종전주택A로 보아 신축주택B 취득일로부터 3년 이내 종전주택A를 양도하면 비과세된다(법규재산-1040, 2023. 1. 11).

대비 사례 주택을 보유하지 않은 상태에서 '21. 1. 1. 이후에 2개의 분양권을 취득한 후 먼저 완성된 주택을 양도하는 경우 비과세 여부

해설 2021. 1. 1. 이후 취득한 2개의 분양권이 순차적으로 주택으로 완성된 후, 먼저 완성된 A주택을 양도하는 경우에는 소득령 §155 ① 적용대상이 아니며, 1세대가 종전주택을 보유한 상태에서 2021. 1. 1. 이후 분양권을 취득한 경우에도 해당하지 않으므로 소득령 §156의3 적용대상도 아니다. 따라서 2021. 1. 1. 이후 2개의 분양권을 취득한 후 분양권에 의해 완공된 주택을 양도하는 경우에는 비과세가 적용되지 않는다(법규재산 - 1891, 2022. 10. 6, 부동산납세과 - 675, 2023. 3. 13).

적용 사례 3 주택을 보유하지 않은 상태에서 1개의 분양권은 '20. 12. 31. 이전에 취득하고 다른 분양권은 '21. 1. 1. 이후에 취득한 경우 비과세 여부

해설 2020. 12. 31. 이전에 취득한 분양권A를 보유한 1세대가 2021. 1. 1. 이후 분양권B를 취득한 후, 먼저 완성된 A주택을 나중에 완성된 B주택 취득일로부터 3년 이내 양도하는 경우에도 소득령 §155 ①에 따른 일시적 2주택 비과세를 적용할 수 없으며, 1세대가 종전주택을 보유한 상태에서 2021. 1. 1. 이후 분양권을 취득한 경우에도 해당하지 않으며 소득령 §156의3 적용대상도 아니므로 비과세가 적용되지 않는다(재산세제과 - 1181, 2022. 9. 20).

적용 사례 4 주택을 보유하지 않은 상태에서 '21. 1. 1. 이후 분양권과 주택을 순차로 취득한 경우 일시적 2주택 비과세 여부

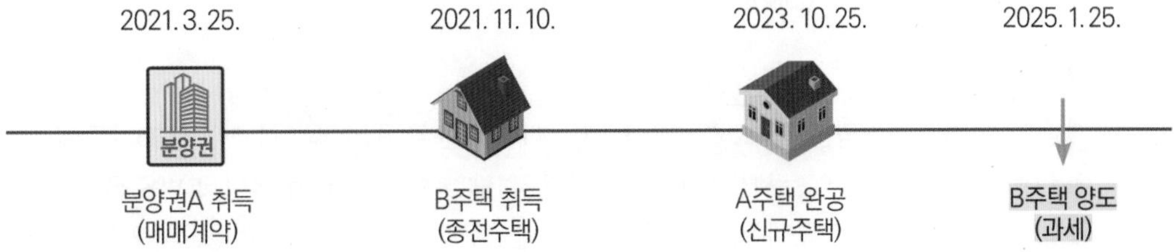

해설 2021. 1. 1. 이후 분양권A와 B주택을 순차로 취득한 경우로서 해당 분양권A에 기한 신축주택A가 완공된 후, B주택을 신축주택A 취득일로부터 3년 이내 양도하는 경우에는 소득령 §155 ①의 규정 뿐만 아니라, 소득령 §156의3 ②·③의 규정도 적용되지 않으므로 과세된다(법규재산-3071, 2023. 2. 23).

[종전주택이 없는 상태에서 분양권을 취득한 경우 비과세 적용요건]

취득 순서(A → B → 신축주택)			비과세 적용 여부
분양권A	주택(분양권)B	신축주택	
분양권 ('20. 12. 31. 이전 취득)	주택	신축주택A	A주택 취득한 후 3년 이내 B주택 양도시 비과세
분양권 ('21. 1. 1. 이후 취득)	주택	신축주택A	비과세 적용불가
분양권 ('20. 12. 31. 이전 취득)	분양권 ('20. 12. 31. 이전 취득)	先신축주택A + 後신축주택B	B주택 취득한 후 3년 이내 A주택 양도시 비과세
		先신축주택B + 後신축주택A	A주택 취득한 후 3년 이내 B주택 양도시 비과세
분양권 ('20. 12. 31. 이전 취득)	분양권 ('21. 1. 1. 이후 취득)	先신축주택A + 後신축주택B	비과세 적용불가
분양권 ('21. 1. 1. 이후 취득)	분양권 ('21. 1. 1. 이후 취득)	先신축주택B + 後신축주택A	

적용 사례 5 '20. 12. 31. 이전에 취득한 2개의 분양권 중 1개 분양권이 주택으로 완공된 후 1년 이내 다른 분양권이 주택으로 완공된 경우 비과세 여부

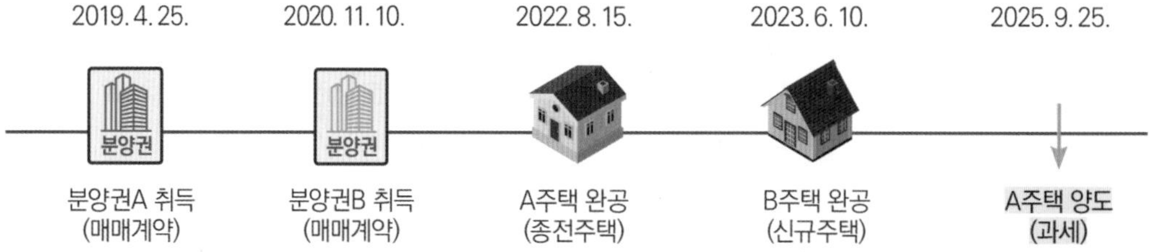

해설 분양권A와 분양권B를 2020. 12. 31. 이전에 취득한 후 종전주택A를 신규주택B 취득일로부터 3년 이내 양도하는 경우 「소득세법 시행령」 제155조 제1항(주택에 대한 일시적 2주택 비과세)규정이 적용되는 것이 원칙이나, 종전주택A를 취득한 날부터 1년 이내 신규주택B를 취득하였으므로 일시적 2주택 비과세규정이 적용되지 않는다.

적용 사례 6 종전주택을 보유한 상태에서 1년 이내 분양권('21. 1. 1. 이후 취득분)을 취득한 후 종전주택을 양도하는 경우 비과세 여부

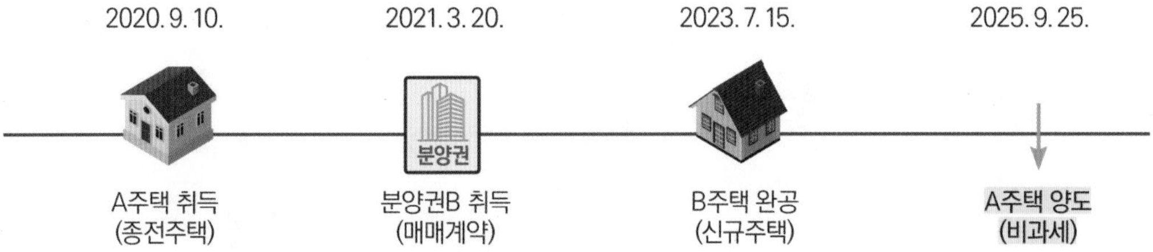

▪ 신축주택B에 대해서는 소득령 §156의3 ③ 규정(3년 경과 후 양도)이 적용되는 것으로 가정

해설 종전주택A를 보유한 상태에서 2021. 1. 1. 이후에 분양권B를 취득하고 종전주택A를 양도하여 비과세를 적용받기 위해서는 「소득세법 시행령」 제156조의3 제2항 또는 제3항에 따른 요건을 충족해야 한다. 이 경우 「소득세법 시행령」 제156조의3 제2항은 '종전주택을 취득한 날부터 1년 경과한 후' 분양권을 취득해야 하나, 「소득세법 시행령」 제156조의3 제3항은 2022. 2. 15. 전에 취득한 분양권에 대해서는 '종전주택을 취득한 날부터 1년 경과한 후' 요건은 적용하지 않으므로, 종전주택A를 분양권B 취득일로부터 3년 경과하여 양도한 경우로서 「소득세법 시행령」 제156조의3 제3항에 따른 요건을 충족한 경우에는 비과세된다(법규재산－3939, 2022. 5. 31).

적용 사례 7 종전주택을 보유한 상태에서 '20. 12. 31. 이전에 분양권을 취득한 후 신규주택을 취득하고 종전주택을 양도하는 경우 비과세 여부

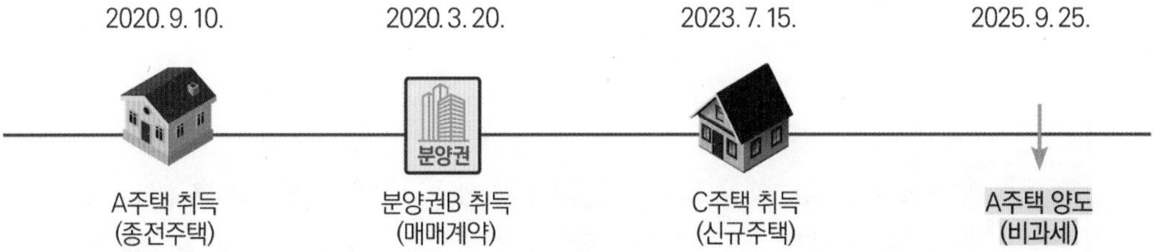

해설 2020. 12. 31. 이전에 취득한 분양권B는 주택 수에 포함되지 않으므로 종전주택A와 신규주택C를 보유한 상태에서 신규주택C 취득일로부터 3년 이내에 종전주택A를 양도하였으므로 일시적 2주택 비과세 특례가 적용된다.

응용 사례 1 일시적 2주택 상태에서 '20. 12. 31. 이전에 분양권을 취득하고 분양권이 신축주택으로 완공되기 전에 종전주택을 양도한 후 재차 비과세 여부

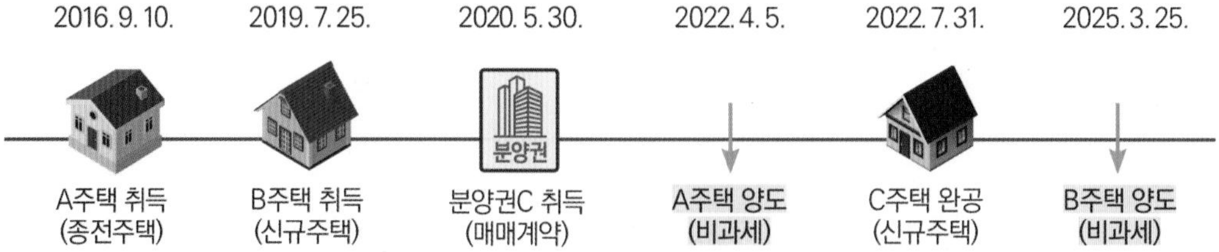

해설 2020. 12. 31. 이전에 취득한 분양권C는 주택 수에 포함되지 않으므로 일시적 2주택자가 종전주택 A를 신규주택B 취득일로부터 3년 이내 비과세로 양도한 후, 1주택(B주택) 상태에서 분양권C가 신축주택으로 전환되어 다시 일시적 2주택(B, C 주택)이 된 경우 신축주택C 취득일로부터 3년 이내 B주택을 양도하면 재차 일시적 2주택 비과세 특례가 적용된다.

응용 사례 2 일시적 2주택 상태에서 '21. 1. 1. 이후 분양권을 취득한 후 3년 이내 종전주택을 양도하는 경우 비과세 여부

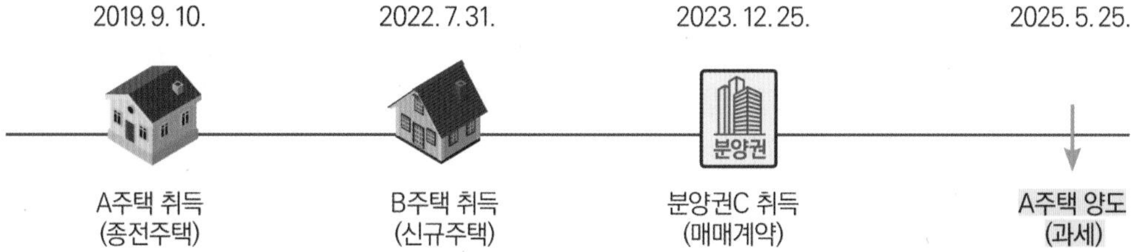

해설 종전주택A와 신규주택B를 보유한 1세대가 2021. 1. 1. 이후 종전주택A를 취득한 날부터 1년 이상이 지난 후에 분양권C를 취득하고 신규주택B 및 분양권C를 취득한 날부터 3년 이내에 종전주택A를 양도하는 경우에는 「소득세법 시행령」 제155조 제1항과 제156조의3 제2 · 3항은 중복하여 적용할 수 없으므로 비과세가 적용되지 않는다(법규재산-0659, 2024. 8. 5).

적용 사례 8 '20. 12. 31. 이전에 취득한 분양권을 '21. 1. 1. 이후 배우자에게 50% 증여한 후 종전주택을 양도하는 경우 비과세 여부

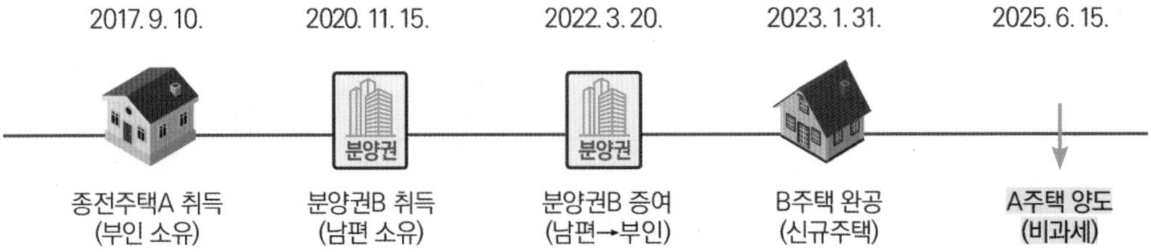

해설 2020. 12. 31. 이전에 취득한 분양권B의 1/2 지분을 2021. 1. 1. 이후 배우자에게 증여한 경우 세대단위로 주택 수를 판단하면 분양권B는 2020. 12. 31. 이전에 취득한 것이므로 주택 수에 포함되지 않는다. 따라서 분양권에 대한 일시적 2주택 특례가 아닌 주택에 대한 일시적 2주택 특례를 적용받으므로, 신규주택B 취득일로부터 3년 이내 종전주택A를 양도하였으므로 비과세된다(법령해석재산-0918, 2021. 7. 23).

유사 사례 주택과 '20. 12. 31. 이전에 취득한 분양권을 '21. 1. 1. 이후 동일세대원으로부터 상속받은 후 종전주택을 양도하는 경우 비과세 여부

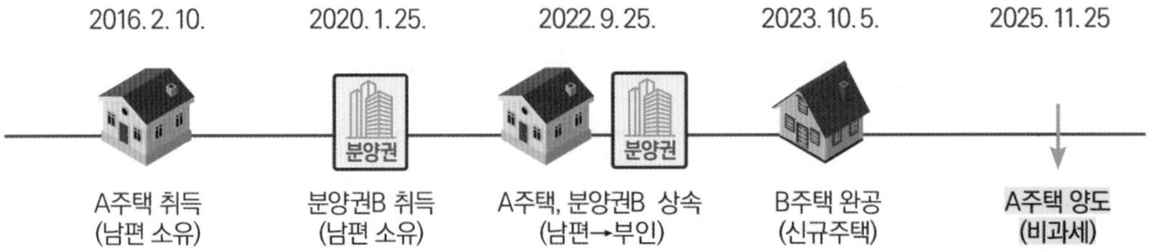

해설 1주택(A)과 2020. 12. 31. 이전에 취득한 1분양권(B)을 보유한 자가 2021. 1. 1. 이후 사망하여 동일세대원인 배우자가 주택(A)과 분양권(B)을 함께 상속받은 후 종전주택(A)을 양도하는 경우 「소득세법 시행령」 제155조 제1항이 적용되는 것이다(재산세제과-1033, 2023. 9. 4).

대비 사례 '20. 12. 31. 이전에 취득한 분양권을 '21. 1. 1. 이후 별도세대 자녀에게 증여한 후 종전주택을 양도하는 경우 비과세 여부

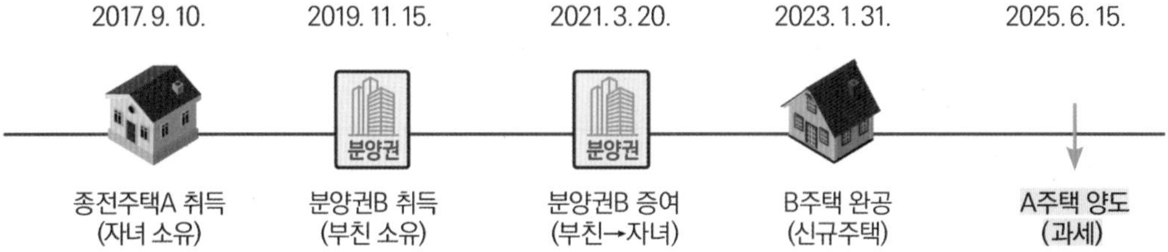

▪ 신축주택B에 대해서는 소득령 §156의3 ③ 규정(3년 경과 후 양도)은 적용하지 않는 것으로 가정

해설 일시적 2주택 비과세 특례 적용시 동일세대원으로부터 분양권을 증여받은 경우에는 당초 증여자가 분양권을 취득(계약)한 날을 기준으로 판단하고, 별도세대원으로부터 분양권을 증여받은 경우에는 증여받은 날을 기준으로 판단한다. 따라서, 2021. 1. 1. 이후 별도세대원인 자녀가 증여받은 분양권B는 2021. 1. 1. 이후에 취득한 것이며 종전주택A를 분양권B 취득일로부터 3년이 지난 후 양도하였으므로 과세된다.

적용 사례 9 종전주택이 조합원입주권으로 전환된 후 '21. 1. 1. 이후 분양권을 취득하고 분양권 취득 후 3년 경과 후 신축주택을 양도하는 경우 비과세 여부

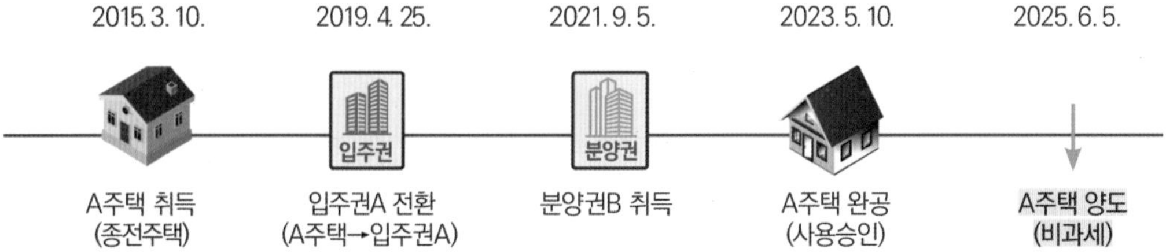

▪ 신축주택A에 대해서는 소득령 §156의3 ③ 규정(3년 경과 후 양도)이 적용되는 것으로 가정

해설 종전주택A가 조합원입주권으로 변환된 후 해당 조합원입주권이 주택으로 완성되기 전에 분양권을 취득하고 분양권 취득 후 3년이 지나 A'주택(종전주택의 신축주택)을 양도하는 경우로서 「소득세법 시행령」 제156조의3 제3항 각 요건을 모두 갖춘 때에는 이를 1세대 1주택으로 보아 비과세를 적용하는 것이다(부동산납세과 - 1624, 2024. 9. 25).

Ⅳ 일시적 3주택자의 종전주택 양도시 비과세 적용 여부

아래와 같이 일시적 2주택자가 다른 특례주택(상속주택, 임대주택, 합가주택 등)을 취득하거나 1세대 1주택자가 특례주택을 보유한 상태에서 다른 주택을 취득하여 1세대 3주택이 된 경우에도 앞서 살펴본 일시적 2주택 비과세 특례 규정이 동일하게 적용된다.

취득 유형	취득 순서	비과세 적용요건
상속주택	일시적 2주택(A, B) + 상속주택C	일시적 2주택자가 상속주택C를 취득한 후, 신규주택B 취득일로부터 3년 이내 A주택을 양도하는 경우
	종전주택A + 상속주택B + 신규주택C	A주택과 상속주택B를 보유한 상태에서 A주택 취득일로부터 1년 경과 후 C주택을 취득하고 C주택 취득일로부터 3년 이내 A주택을 양도하는 경우
장기임대주택 또는 장기어린이집	일시적 2주택(A, B) + 임대주택C	일시적 2주택자가 장기임대주택(또는 장기어린이집)C를 취득한 후, 신규주택B 취득일로부터 3년 이내 A주택을 양도하는 경우
	거주주택A + 임대주택B + 신규주택C	A주택과 장기임대주택(또는 장기어린이집)B를 보유한 상태에서 A주택 취득일로부터 1년 경과 후 C주택을 취득하고 C주택 취득일로부터 3년 이내 A주택을 양도하는 경우
동거봉양 합가주택	일시적 2주택(A, B) + 부모주택C	일시적 2주택자와 동거봉양합가 후, 신규주택B 취득일로부터 3년 이내 A주택을 양도하는 경우
	자녀주택A + 부모주택B + 신규주택C	동거봉양합가 후 1세대가 A주택과 B주택을 보유한 상태에서 A주택 및 B주택 취득일 중 늦은 날부터 1년 경과 후 C주택을 취득하고 C주택 취득일로부터 3년 이내 A주택 또는 B주택을 양도하는 경우
혼인 합가주택	일시적 2주택(A, B) + 여자주택C	일시적 2주택자와 혼인합가 후, 신규주택B 취득일로부터 3년 이내 A주택을 양도하는 경우
	남자주택A + 여자주택B + 신규주택C	혼인합가 후 1세대가 A주택과 B주택을 보유한 상태에서 A주택 및 B주택 취득일 중 늦은 날부터 1년 경과 후 C주택을 취득하고 C주택 취득일로부터 3년 이내 A주택 또는 B주택을 양도하는 경우
감면주택 또는 농어촌주택	일시적 2주택(A, B) + 감면주택C	일시적 2주택자가 감면주택(또는 농어촌주택)C를 취득한 후, 신규주택B 취득일로부터 3년 이내 A주택을 양도하는 경우
	종전주택A + 감면주택B + 신규주택C	A주택과 감면주택(또는 농어촌주택)B를 보유한 상태에서 A주택 취득일로부터 1년 경과 후 C주택을 취득하고 C주택 취득일로부터 3년 이내 A주택을 양도하는 경우

1 일시적 2주택과 상속주택 비과세 특례 중복적용 여부

적용 사례 1 일시적 2주택자가 상속주택을 취득한 후 종전주택을 양도하는 경우 비과세 여부

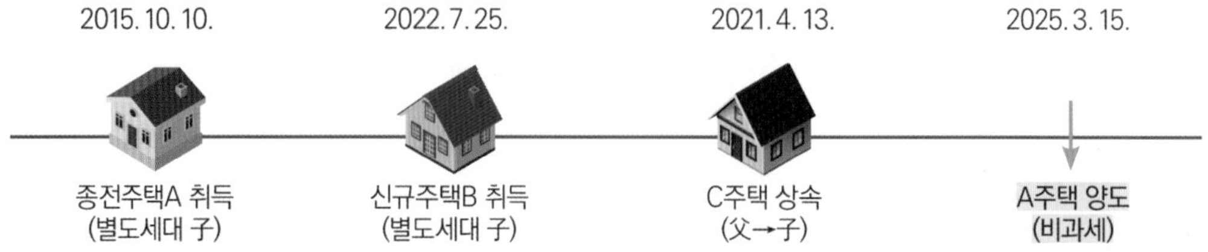

해설 일시적 2주택(A, B) 상태에서 「소득세법 시행령」 제155조 제2항의 요건을 충족한 선순위 상속주택을 상속받은 후, 신규주택B 취득일로부터 3년 이내에 종전주택A를 양도하는 경우에는 1세대 1주택 비과세 특례를 적용받을 수 있다(소기통 89 - 155…2).

응용 사례 일시적 2주택자가 상속주택을 취득한 후 종전주택을 양도하여 비과세받고, 다시 신규주택을 양도하는 경우 상속주택 비과세 특례 여부

해설 일시적 2주택자가 상속주택을 취득하여 1세대 3주택이 된 상태에서 신규주택B 취득일로부터 3년 이내 종전주택A를 양도하여 비과세 특례 규정(소득령 §155 ①)을 적용받은 후, 신규주택B를 양도하는 경우 신규주택B는 상속개시일 현재 상속인이 보유하고 있는 일반주택에 해당하여 상속주택 비과세 특례 규정(소득령 §155 ②)에 따라 양도기한에 제한없이 비과세된다.

적용 사례 2 종전주택과 상속주택을 보유한 상태에서 신규주택을 취득한 후 종전주택을 양도하는 경우

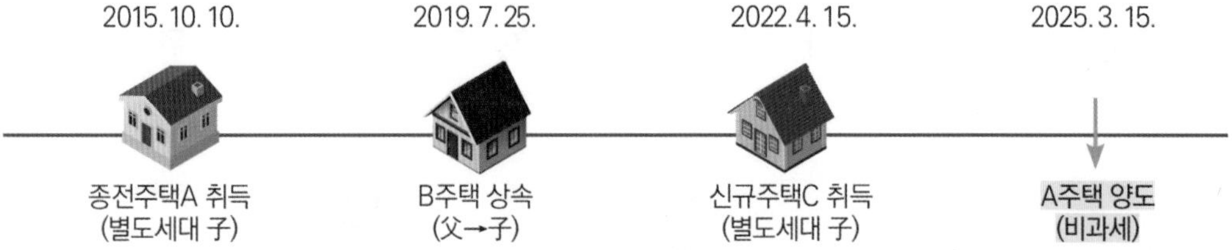

해설 1세대가 종전주택A와 상속주택B를 보유하다가 종전주택A를 취득한 날부터 1년 경과 후 신규주택C를 취득하여 1세대 3주택이 된 상태에서 신규주택C 취득일로부터 3년 이내에 종전주택A를 양도하는 경우에는 1세대 1주택 비과세 특례를 적용받을 수 있다(법령해석재산-0374, 2019. 10. 21).

유사 해석 사례 일반주택(A)을 보유한 1세대가 1주택(B)을 보유한 직계존속을 동거봉양하기 위하여 세대를 합친 후 직계존속의 사망에 따라 B주택을 상속받고 이후 다른 일반주택(C)을 취득한 후, C주택을 취득한 날부터 3년 이내에 A주택을 양도하는 경우에는 이를 1세대 1주택으로 비과세를 적용하는 것이다(법규재산-0178, 2023. 6. 19).

응용 사례 종전주택과 상속주택을 보유한 자가 신규주택을 취득한 후 종전주택을 양도하여 비과세 받고, 다시 상속주택을 양도하는 경우 상속주택 비과세 특례 여부

해설 종전주택A와 상속주택B를 보유한 상태에서 신규주택C을 취득한 후 C주택 취득일로부터 3년 이내에 A주택을 양도하여 비과세를 받은 후, C주택을 양도하는 경우 C주택은 상속개시일 현재 상속인이 보유하고 있는 일반주택에 해당하지 않으므로 상속주택 비과세 특례는 적용받을 수 없다. 만일 B주택을 먼저 양도하는 경우로서 B주택과 C주택이 「소득세법 시행령」 제155조 제1항에 따른 요건을 충족한 경우에는 비과세를 적용받을 수 있다.

2 일시적 2주택과 장기임대주택 비과세 특례 중복적용 여부

적용 사례 1 일시적 2주택자가 임대주택을 취득한 후 거주주택을 양도하는 경우 비과세 여부

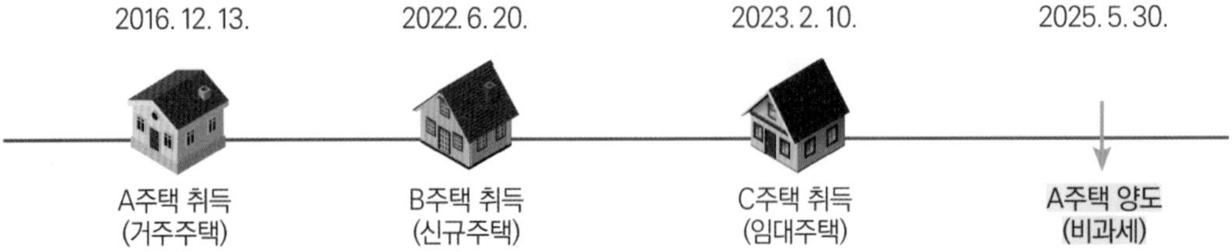

- C주택(조정지역)은 임대등록(지자체+세무서), 임대개시 당시 기준시가 6억원 이하 등 요건 충족

해설 1세대가 일시적 2주택을 보유한 상태에서 C주택을 취득하여 임대주택으로 등록한 후, 신규주택B 취득일로부터 3년 이내에 2년 이상 거주한 종전주택A를 양도하는 경우에는 1세대 1주택 비과세 특례를 적용받을 수 있다(법령해석재산-0320, 2021. 1. 20).

적용 사례 2 거주주택과 임대주택을 보유한 상태에서 신규주택 취득 후 거주주택을 양도하는 경우 비과세 여부

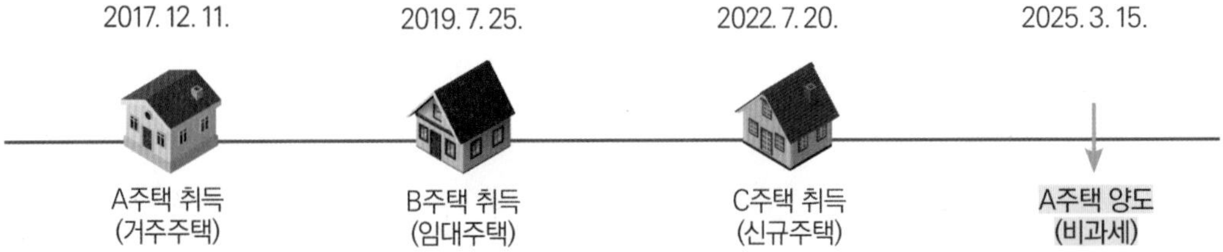

해설 1세대가 거주주택A와 법정 요건을 충족한 임대주택B를 보유한 상태에서 신규주택C를 취득한 후, 신규주택C 취득일로부터 3년 이내 종전주택A를 양도하는 경우에는 1세대 1주택 비과세 특례를 적용받을 수 있다.

유사 해석 사례 장기임대주택과 거주주택을 소유하는 1세대가 거주주택을 취득한 날부터 1년이 지난 후에 「소득세법 시행령」 제156조의3 제2항(분양권에 대한 일시적 2주택 비과세)에 따른 분양권을 취득하고 그 분양권을 취득한 날부터 3년 이내에 거주주택을 양도하는 경우에는 1세대 1주택으로 보아 비과세를 적용받을 수 있다(부동산납세과-626, 2022. 3. 21).

3 일시적 2주택과 동거봉양(혼인)합가주택 비과세 특례 중복적용 여부

적용 사례 1 일시적 2주택자가 1주택을 보유한 자와 혼인한 후 종전주택을 양도하는 경우 비과세 여부

해설 일시적 2주택을 보유한 甲과 1주택을 보유한 乙이 혼인하여 1세대 3주택이 된 후, 신규주택C를 취득한 날로부터 3년 이내에 종전주택A를 양도하는 경우에는 1세대 1주택 비과세 특례를 적용받을 수 있다. 다만, A주택을 비과세로 양도한 후 B주택 또는 C주택을 혼인합가일로부터 10년(2024. 11. 11. 이전 양도분은 5년) 이내 양도하는 경우에는 혼인합가로 인한 비과세 특례를 적용받을 수 없다(법규재산-0606, 2024. 11. 8).

반대 해석 사례 일시적 2주택자가 일시적 2주택자와 혼인하여 4주택 보유상태에서 1주택을 양도하는 경우에는 비과세 특례가 적용되지 않는다(대법원 2007두26544, 2010. 1. 14).

대비 사례 혼인으로 3주택이 된 상태에서 종전주택을 양도하여 비과세를 적용받고 다시 신규주택을 취득한 경우 비과세 여부

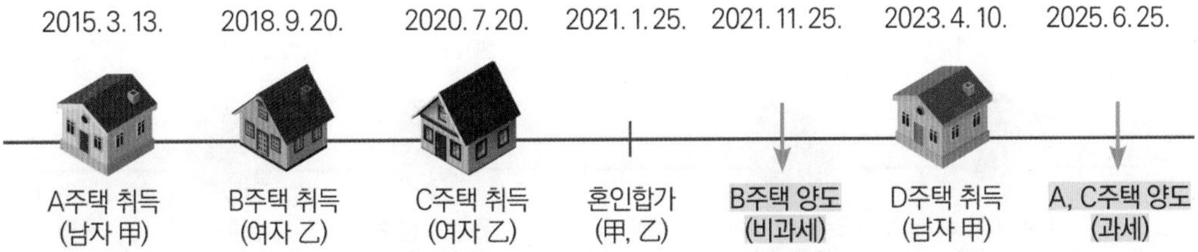

해설 1주택자인 甲과 일시적 2주택 보유자인 乙이 혼인한 후, 신규주택C 취득일로부터 3년 이내 乙이 보유한 종전주택B를 양도하여 1세대 1주택 비과세 특례를 적용받고 다시 甲이 신규주택D를 취득하여 3주택이 된 상태에서 신규주택D 취득일로부터 3년 이내에 A주택 또는 C주택을 양도하는 경우에는 비과세를 적용받을 수 없다(부동산거래관리과-421, 2012. 8. 10).

적용 사례 2 혼인합가 후 2주택 상태에서 신규주택을 취득하고 종전주택을 양도하는 경우 비과세 여부

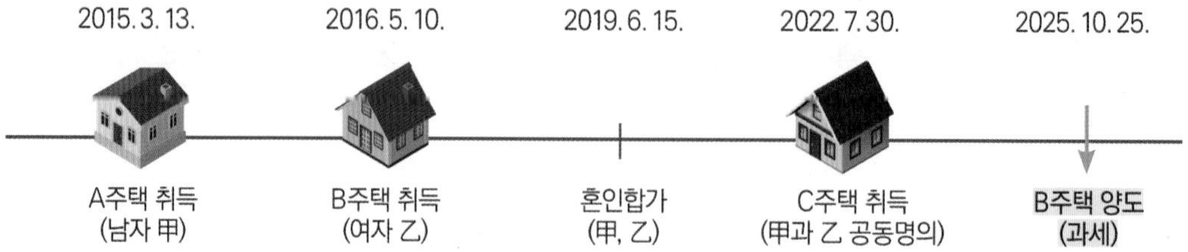

해설 1주택자인 甲과 1주택자인 乙이 혼인함으로써 1세대 2주택인 된 상태에서 종전주택B(A, B주택 중 나중에 취득한 주택)을 취득한 날부터 1년 이상 지난 후 신규주택C를 취득한 후, 신규주택C 취득일로부터 3년 이내에 A주택 또는 B주택을 양도하면 비과세되나 신규주택C 취득일로부터 3년 경과한 후 종전주택B를 양도하였으므로 비과세되지 않는다(법령해석재산 – 0737, 2020. 6. 22).

유사 해석 사례

1. 혼인합가(또는 동거봉양합가) 후 1세대 2주택 상태에서 2021. 1. 1. 이후 분양권을 취득하고 3년 이내 혼인 전(또는 동거봉양합가 전)에 보유하던 주택을 양도하는 경우 비과세 특례를 적용한다(부동산납세과 – 1014, 2022. 4. 21, 부동산납세과 – 1911, 2022. 7. 4).
2. 일시적 2주택 소유자와 1분양권('21. 1. 1. 이후 취득) 소유자가 혼인한 후 다른 주택(B)을 취득한 날부터 3년 이내에 종전주택(A)을 양도하는 경우에는 비과세 특례를 적용한다(부동산납세과 – 751, 2023. 3. 20).

적용 사례 3 동거봉양합가 후 주택을 상속받고 신규주택을 취득하고 종전주택을 양도하는 경우 비과세 여부

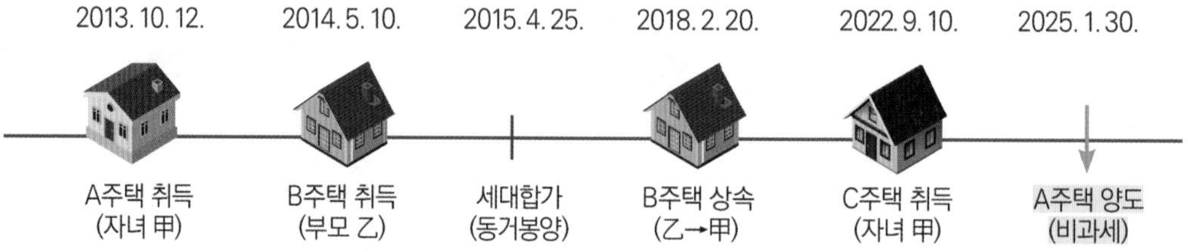

해설 1주택을 보유한 자가 1주택을 보유한 자와 동거봉양 합가한 후 부친이 사망하여 B주택을 상속받고 종전주택A를 취득한 날부터 1년 경과 후 신규주택C를 취득하여 일시적으로 1세대 3주택이 된 경우 신규주택C를 취득한 날로부터 3년 이내에 종전주택A를 양도하면 비과세된다(법령해석재산 – 1439, 2016. 6. 3).

4 일시적 2주택과 농어촌주택 등 비과세 특례 중복적용 여부

적용 사례 1 일시적 2주택자가 농어촌주택을 취득한 후 종전주택을 양도하는 경우 비과세 여부

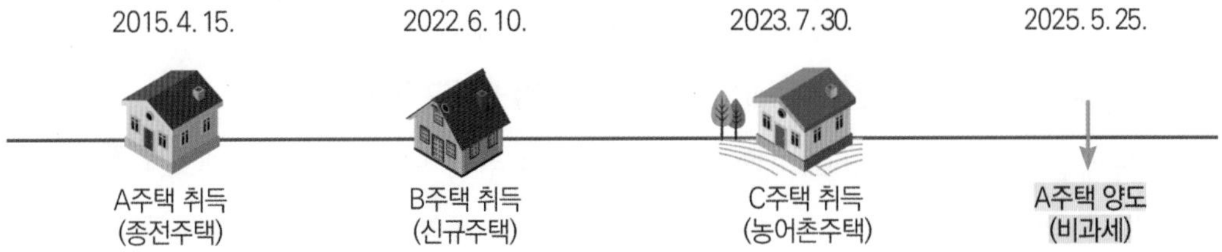

해설 종전주택A를 취득하고 1년이 지난 후 신규주택B를 취득하여 일시적 2주택을 보유한 1세대가 「조세특례제한법」 제99조의4에 따른 농어촌주택C를 취득한 경우로서 B주택 취득일부터 3년 이내에 A주택 양도하는 경우에는 1세대 1주택 비과세 특례를 적용받을 수 있다(부동산납세과 - 2669, 2022. 9. 14).

적용 사례 2 종전주택과 농어촌주택을 보유한 상태에서 신규주택을 취득한 후 종전주택을 양도하는 경우 비과세 여부

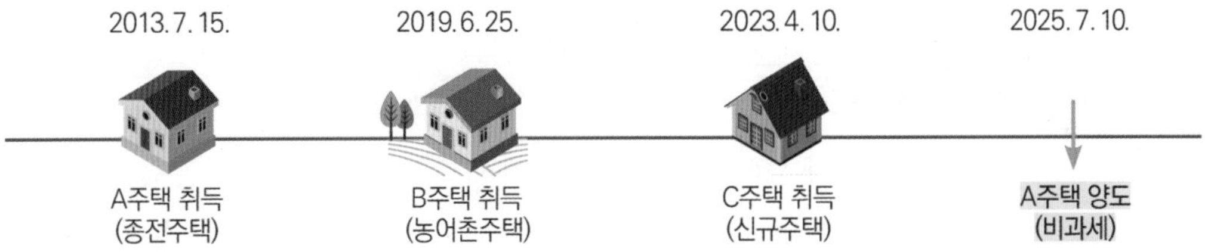

해설 1세대가 A주택(종전주택)과 B주택(「조세특례제한법」 제99조의4에 따른 농어촌주택)을 보유한 상태에서 A주택을 취득한 날부터 1년 이상이 지난 후 C주택(신규주택)을 취득하고 C주택을 취득한 날부터 3년 이내에 A주택을 양도하는 경우에는 1세대 1주택 비과세 특례를 적용받을 수 있다(법령해석재산 - 0072, 2021. 2. 23).

유사 해석 사례 종전주택과 「조세특례제한법」 제99조의4에 따른 농어촌주택을 소유한 1세대가 2021. 1. 1. 이후 분양권을 취득한 후, 「소득세법 시행령」 제156조의3 요건을 갖추어 종전주택을 양도하는 경우에는 1세대 1주택 비과세 특례를 적용하는 것이다(부동산납세과 - 156, 2023. 1. 19).

심화 학습

일시적 2주택자가 2개의 다른 특례주택을 취득하여 1세대 4주택(3개의 특례규정 적용)이 된 경우 비과세 적용 여부

1. 비과세가 적용되는 경우

(1) 거주주택(A) + 장기임대주택(B) + 감면주택(C) + 신규주택(D)

「소득세법 시행령」 제155조 제20항에 따른 거주주택 및 장기임대주택과 「조세특례제한법」 제99조의2에 따른 감면주택을 소유한 1세대가 1개의 신규주택을 취득한 후, 신규주택 취득일부터 3년 이내 종전주택(거주주택)을 양도하는 경우 1세대 1주택으로 보아 비과세를 적용하는 것이다(법규재산-0830, 2023.12.27).

(2) 일반주택(A) + 상속주택(B) + 미분양주택(C) + 신규주택(D)

일반주택(A)을 소유하고 있는 1세대가 1주택(B)을 상속받고, 「조세특례제한법」 제98조의5에 따른 수도권 밖 미분양주택(C)을 취득한 상태에서, 일반주택(A)을 취득한 날부터 1년 이상이 지난 후 다른 주택(D)을 취득하고 그 다른 주택(D)을 취득한 날부터 3년 이내에 일반주택(A)을 양도하는 경우에는 1세대 1주택 비과세 규정을 적용하는 것이다(부동산납세과-125, 2018.1.25).

(3) 거주주택(A) + 농어촌주택(B) + 장기임대주택(C) + 신규주택(D)

2주택을 보유하는 1세대가 「조세특례제한법」 제99조의4에 따른 농어촌주택 1개를 취득한 후, 종전 보유주택 중 1개의 주택을 장기임대주택으로 등록함에 따라 농어촌주택과 거주주택, 장기임대주택을 보유한 상태에서 거주주택 취득일로부터 1년 이상이 지난 후에 일반주택을 취득하고 일반주택 취득일로부터 3년 이내에 거주주택을 양도하는 경우에는 1세대 1주택 비과세대상에 해당하는 것이다(법령해석재산-0198, 2017.7.10).

2. 비과세가 적용되지 않는 경우

(1) 일반주택(A) + 신규주택(B) + 상속주택(C) + 공동상속주택 소수지분(D)

1세대가 일반주택(A)을 취득한 날부터 1년 이상이 지난 후 다른 주택(B)을 취득하여 보유하던 중 상속주택(C)과 공동상속주택의 소수지분(D)을 순차로 취득한 후, 신규주택 취득일부터 3년 이내 일반주택(A)을 양도하는 경우에는 비과세를 적용할 수 없는 것이다(법규재산-0209, 2023.4.27).

(2) 동거봉양합가 2주택(A, B)+신규주택(C)+상속주택(D)

동거봉양 합가(장모와 본인)로 1세대가 2주택(A, B)을 보유한 상태에서 새로운 주택(C)을 취득하여 일시적으로 1세대 3주택(A, B, C)이 된 후, 본인이 별도 세대 부친의 사망으로 1주택을 상속받아 4주택이 된 경우로서 세대를 합친 날부터 10년 이내에 먼저 양도하는 직계존속(장모) 소유 A주택은 1세대 1주택 비과세되지 않는다(부동산납세과-924, 2023.4.11).

(3) 거주주택(A)+공동상속주택 소수지분(B)+신규주택(C)+장기임대주택(D)

공동상속주택 소수지분(소득령 §155 ③)은 1세대 1주택 비과세를 적용할 때만 주택 수에서 제외되는 것으로 봄이 타당하고, 결국 장기임대주택과 그 밖의 3주택을 소유하고 있는 이상 거주주택 양도일 현재 1세대 4주택자에 해당하므로 거주주택 비과세를 적용할 수 없다(조심 2021중5977, 2022.4.28).

(4) 장기임대주택(A)+거주주택(B)+상속주택(C)+신규주택(D)

「소득세법 시행령」 제155조 제20항에 따른 장기임대주택 및 거주주택을 보유한 1세대가 「소득세법 시행령」 제155조 제2항에 따른 주택을 상속받고, 거주주택을 취득한 날부터 1년 이상이 지난 후 다른 주택을 취득한 경우로서 그 다른 주택을 취득한 날부터 3년 이내에 거주주택을 양도하는 경우에는 비과세를 적용할 수 없는 것이다(부동산납세과-996, 2020.8.28).

심화 학습 끝

V 일시적 2주택에 대한 종합부동산세 과세특례

1 종합부동산세 개요

종합부동산세는 과세기준일(6월 1일) 현재 본인이 소유하고 있는 재산세 과세대상인 주택 및 토지를 아래와 같이 각 자산의 유형별로 구분한 후, 해당 과세대상 자산의 공시가격 합계액이 공제금액(기본공제)을 초과하는 경우 과세되는 세금이다.

[자산유형별 종합부동산세 주요 세액계산 구조]

	구 분	주택	종합합산토지 (나대지 등)	별도합산토지 (상가 부수토지 등)
	공시가격 합계액	주택분 공시가격	토지분 공시가격	토지분 공시가격
(−)	공제금액	9억원(1세대 1주택자 12억원)	5억원	80억원
(×)	공정시장가액비율	60%	100%	100%
(=)	과세표준	(자산유형별 공시가격 합계액 - 공제금액) × 공정시장가액비율		
(×)	세율	기본세율 또는 중과세율	1% ~ 3%	0.5% ~ 0.7%
(−)	세액공제	최대 80% 공제(1세대 1주택)	−	−
(+)	농어촌특별세	자산유형별 납부세액의 20%는 농어촌특별세 부과		
(=)	총납부세액	주택분 납부세액	토지분 납부세액	토지분 납부세액

2 종합부동산세 과세특례(1세대 1주택자 과세방식)

(1) 과세특례 주택유형

종합부동산세는 원칙적으로 과세기준일 현재 1세대 1주택자에 한해서 주택의 공시가격에서 12억원의 기본공제와 최대 80%의 세액공제를 적용받을 수 있다. 다만, 아래와 같이 기존주택을 보유한 자가 다른 주택(① 다른 주택의 부수토지, ② 대체주택, ③ 상속주택, ④ 지방저가주택 이하 "특례주택"이라 한다)을 취득하여 과세기준일 현재 2주택을 소유하고 있더라도 1세대 1주택자 과세방식을 적용받을 수 있다.

여기서 주의할 사항은 이러한 1세대 1주택자 과세방식(과세특례)은 "납세의무자가 동일"한 경우에만 적용되는 것이므로 다른 세대원이 해당 특례주택을 소유하고 있는 경우에는

1세대 1주택자 과세방식을 적용받을 수 없다는 점이다.

[종합부동산세 계산시 1세대 1주택자 과세방식 특례주택]

구 분	주요 특례내용	연결페이지
1주택 + 부수토지	1주택과 다른 주택의 부수토지(주택으로 간주)를 취득하여 2주택이 된 경우	P. 182 참조
1주택 + 신규주택	1주택 보유자가 신규주택을 취득하여 일시적으로 2주택이 된 경우	〈아래 참조〉
1주택 + 상속주택	1주택 보유자가 일정요건을 충족한 상속주택을 취득하여 2주택이 된 경우	P. 324 참조
1주택 + 저가주택	1주택 보유자가 일정요건을 충족한 지방 저가주택을 취득하여 2주택이 된 경우	P. 350 참조

(2) 신청방법 및 신청기간

종합부동산세 1세대 1주택자 과세방식을 적용하여 신청하려는 납세의무자는 해당 연도의 9월 16일부터 9월 30일까지 「1세대 1주택자 판단시 주택 수 제외 신청서」를 주소지 관할세무서장에게 제출해야 하며, 최초로 제출한 연도의 다음 연도부터 그 제출 사항에 변동이 없으면 계속 적용되므로 다시 신청하지 않아도 된다.

3 일시적 2주택자의 종합부동산세 과세특례

(1) 특례요건

1세대 1주택자가 종전주택을 보유한 상태에서 다른 주택(신규주택)을 대체취득하여 과세기준일 현재 일시적으로 2주택이 된 경우로서 신규주택을 취득한 날부터 3년 이내에 종전주택을 양도하는 경우에는 1세대 1주택자로 보아 12억원의 기본공제와 최대 80%의 세액공제를 적용하여 종합부동산세를 계산한다(종부령 §4의2 ①).

여기서 주의할 사항은 일시적 2주택자에 대해 1세대 1주택자 과세방식을 적용하더라도 종전주택과 신규주택의 주택공시가격을 "합산"하여 계산하고 최대 80%의 세액공제(고령자 · 장기보유 세액공제)는 아래와 같이 종합부동산세 산출세액 중 특례주택을 제외한 종전주택이 차지하는 산출세액에 대해서만 연령별 · 보유기간별에 따른 공제율을 적용한다는 점이다.

$$\bullet\ \text{종합부동산세 산출세액} \times \left(\frac{\text{종전주택 공시가격}}{\text{종전주택과 신규주택의 공시가격 합계액}}\right) \times \text{공제율}$$

※ 공시가격합산 과세와 세액공제 산출방식은 다른 특례주택도 동일하게 적용

(2) 일시적 2주택에 대한 양도소득세와 종합부동산세 비교

1) 신규주택 취득기간

양도소득세 비과세 특례를 적용받으려면 종전주택 취득일로부터 1년 이상이 지난 후 신규주택을 취득해야 하나, 종합부동산세 1세대 1주택자 과세특례는 종전주택 취득일로부터 1년 이내 신규주택을 취득해도 적용받을 수 있다.

2) 종전주택 양도기한

양도소득세 비과세 특례를 적용받으려면 신규주택 취득일로부터 3년 이내에 종전주택을 양도해야 하나, 종합부동산세 1세대 1주택자 과세특례는 신규주택 취득일로부터 3년이 지난 후 최초로 도래하는 과세기준일(6월 1일)까지 종전주택을 처분하면 된다.

그러나, 최근 유권해석(재산세제과-1296, 2024. 11. 7.)에 따르면, 일시적 2주택자에 대한 종합부동산세 경감세액을 추징할 수 있는 시점을 "신규주택을 취득한 날부터 3년이 경과한 날"이라고 해석함에 따라 3년이 지난 후 최초로 도래하는 과세기준일까지가 아닌 신규주택 취득일로부터 3년 이내 종전주택을 처분해야 할 것으로 판단된다.

3) 종전주택 비과세요건 충족여부

양도소득세 비과세 특례를 적용받으려면 종전주택 양도시 비과세 요건을 충족해야 하나, 종합부동산세 1세대 1주택자 과세특례 적용시 종전주택에 대해서는 별도의 비과세 요건을 충족하지 않아도 된다.

4) 신규주택 취득시 세대기준 적용여부

양도소득세 비과세는 세대단위로 판단하므로 신규주택을 동일세대원이 취득한 경우에도 비과세 특례를 적용받을 수 있으나, 종합부동산세는 인별로 과세되므로 종전주택과 신규주택의 소유자가 동일인에 해당하는 경우에만 과세특례를 적용받을 수 있다.

(3) 사후관리(경감받은 세액 추징)

1세대 1주택자 과세방식을 적용한 일시적 2주택자가 신규주택 취득일로부터 3년 이내 종전주택을 처분하지 않은 경우에는 당초 경감받은 종합부동산세액에 이자상당액을 가산하여 추가로 납부해야 한다.

적용 사례 종전주택과 신규주택을 보유한 경우 종합부동산세 계산방법

구 분	A주택	B주택	비 고
보유주택	종전주택(9년 보유)	신규주택(2년 보유)	연령 70세
공시가격	18억원	10억원	

해설

구 분	금 액	계산 근거
주택공시가격	2,800,000,000	종전주택과 신규주택 주택공시가격 합산
(-) 기본공제	1,200,000,000	1세대 1주택자 기본공제 적용
(×) 공정시장가액비율	60%	-
(=) 과세표준	720,000,000	-
(×) 세율	1%	과세표준 6억원 초과 ~ 12억원 이하 기본세율
(=) 산출세액	4,800,000	해설참조[1]
(-) 세액공제	1,851,428	고령자 및 장기보유자 세액공제[2]
(=) 납부세액	2,948,572	-
(+) 농어촌특별세	589,714	종합부동산세 납부세액의 20%
(=) 총부담세액	3,538,286	-

1) 720,000,000 × 1% - 2,400,000(누진공제) = 4,800,000

2) 고령자 · 장기보유자 세액공제는 종전주택의 주택공시가격에 해당하는 산출세액에 대해서만 적용한다.

- $4,800,000 \times \frac{1,800,000,000}{2,800,000,000} \times (40\% + 20\%) = 1,851,428$

Chapter

2 상속주택 취득자가 일반주택 양도시 비과세 특례

I 상속주택 비과세 특례 개요

일반주택 보유자가 피상속인으로부터 주택을 상속받는 경우에는 「소득세법 시행령」 제155조 제2항에 따른 상속주택 비과세 특례(단독상속주택, 공동상속주택 최대지분)와 「소득세법 시행령」 제155조 제3항에 따른 공동상속주택 소수지분 비과세 특례 규정을 적용받는데, 그 주요 내용은 아래와 같다.

첫째, 상속개시 당시 일반주택을 보유하고 있는 1세대가 선순위상속 1주택(피상속인이 2 이상의 주택을 소유한 경우 법정순서에 따른 1주택을 말함. P. 311 참조)을 취득한 후, 일반주택을 양도하는 경우에는 「소득세법 시행령」 제155조 제2항(단독상속주택, 공동상속주택 최대지분)에 따른 상속주택 비과세 특례를 적용받을 수 있다.

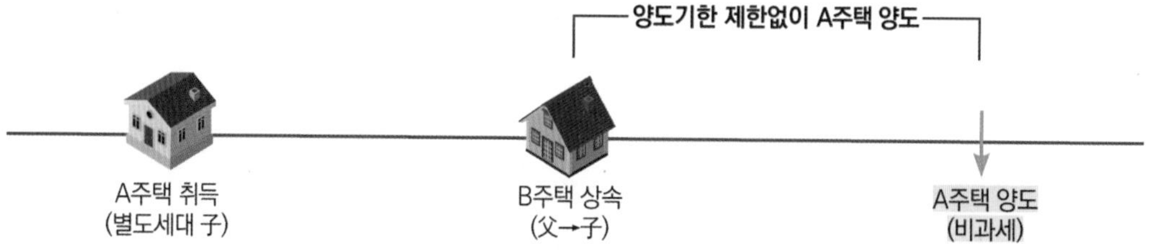

둘째, 상속주택 비과세 특례를 적용받으려면 상속인이 상속개시일 전에 이미 일반주택을 보유하고 있어야 하지만, 「소득세법 시행령」 제155조 제3항에 따른 공동상속주택 소수지분의 경우에는 상속개시일 이후에 일반주택을 수차례 취득하여 양도하더라도 비과세 특례를 적용받을 수 있다.

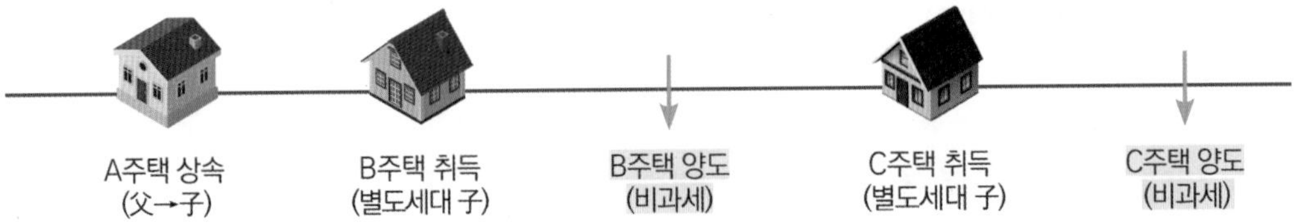

▪ 별도세대 子가 취득한 상속주택A는 공동상속주택 소수지분임

셋째, 상속개시일로부터 소급하여 2년 이내에 피상속인으로부터 증여받은 주택 또는 증여받은 조합원입주권이나 분양권(2021. 1. 1. 이후 취득분부터 적용)에 의해 완공된 신축주택은 상속인이 보유하고 있었던 일반주택으로 보지 않는다. 이 경우 증여받은 주택(종전주택)을 상속주택(신규주택) 취득일로부터 3년 이내 양도하는 경우에는 일시적 2주택 비과세 특례(소득령 §155 ①)를 적용받을 수 있다.

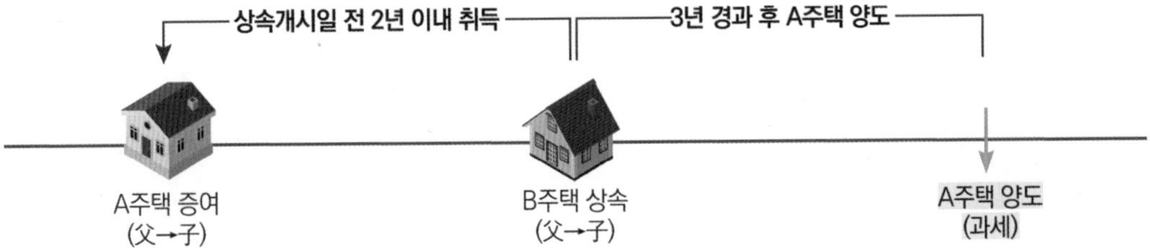

넷째, 동일세대원으로부터 주택을 상속받는 경우에는 원칙적으로 상속주택 비과세 특례를 적용받을 수 없지만, 노부모 봉양을 위해 1주택자인 자녀가 1주택자인 부모와 세대를 합가(合家)한 후, 2주택이 된 상태에서 합가하기 이전부터 보유하고 있었던 피상속인(부모 또는 자녀)의 주택을 상속받은 상속인(자녀 또는 부모)이 합가하기 이전부터 보유하고 있었던 본인 소유의 일반주택을 양도하는 경우에는 상속주택 비과세 특례를 적용받을 수 있다.

Ⅱ 상속주택 비과세 특례 세부요건

1 세대구분에 따른 특례대상 주택

(1) 별도세대 상속(원칙)

상속개시 당시 일반주택(상속개시 당시 상속인이 보유한 조합원입주권 또는 2021. 1. 1. 이후 취득한 분양권에 의해 완공된 신축주택 포함)을 보유하고 있는 1세대가 별도세대원인 피상속인으로부터 선순위상속 1주택(1조합원입주권 또는 2021. 1. 1. 이후 취득한 1분양권 포함)을 취득한 후, 일반주택을 양도하는 경우에는 1세대 1주택 비과세(양도가액 12억원 초과분 상당액은 과세)를 적용한다(소득령 §155 ②, §156의2 ⑥, §156의3 ④ 전단).

(2) 동일세대 상속(예외)

상속주택 비과세 특례를 적용받으려면 원칙적으로 별도세대원으로부터 주택을 상속받아야 하나, 아래와 같이 동거봉양합가 후 동일세대가 된 상태에서 주택 등을 상속받는 경우에도 상속주택 특례를 적용받을 수 있다. 이 경우 합가 후 직계비속이 사망하여 직계존속이 상속받는 주택의 경우에도 동일하게 적용한다(법규재산-0842, 2022. 4. 29).

> 1주택을 보유하고 있는 1세대가 1주택 등을 보유하고 있는 60세 이상의 직계존속(배우자의 직계존속을 포함)을 동거봉양하기 위하여 세대를 합침에 따라 2주택을 보유하게 되는 경우로서 피상속인이 세대를 합치기 이전부터 보유하고 있었던 ① 주택, ② 조합원입주권(세대합가 전 주택이 조합원입주권으로 전환된 경우), ③ 2021. 1. 1. 이후 취득한 분양권은 상속받은 주택 등으로 본다(소득령 §155 ②, §156의2 ⑥, §156의3 ④ 후단). → 합가 후 취득한 주택 등 비과세 특례 적용불가

[상속주택 비과세 특례 적용요건]

구 분	비과세 요건
보유요건	상속주택 취득 전에 일반주택(조합원입주권 · '21. 1. 1. 이후 취득한 분양권 포함)을 보유하고 있을 것
취득요건	별도세대원(동거봉양합가 후 동일세대원)으로부터 1주택 등을 상속받을 것
양도요건	비과세 요건(2년 이상 보유 · 거주)을 갖춘 일반주택을 상속주택보다 먼저 양도할 것

[세대구분별 주택 취득 · 양도 순서에 따른 과세여부 판단]

세대 구분		주택취득 순서	양도주택	과세 여부
동일세대 상속	동일세대 (일반적인 경우)	일반주택 + 상속주택 (취득순서 무관)	상속주택	과세
			일반주택	과세
	동거봉양합가 후 상속	先 일반주택 + 後 상속주택 (합가 이전 보유주택)	상속주택	과세
			일반주택	비과세
별도세대 상속		先 상속주택 + 後 일반주택	상속주택	과세[1]
			일반주택	과세[2]
		先 일반주택 + 後 상속주택	상속주택	과세
			일반주택	비과세

1) 일반주택 취득일로부터 3년 이내 상속주택 양도시 일시적 2주택 비과세(소득령 §155 ①) 적용가능

2) 2013. 2. 14. 이전에 취득한 일반주택은 비과세 적용가능

적용 사례 1 **동거봉양합가 후 父소유 주택을 母가 상속받은 후 母가 사망하여 子가 다시 상속받고 일반주택을 양도하는 경우 비과세 여부**

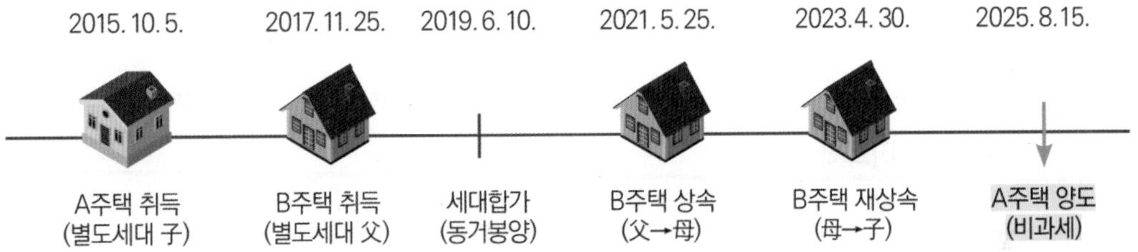

해설 A주택을 소유한 직계비속(子)세대와 B주택을 소유한 직계존속(父母)세대가 동거봉양 합가 후, 부(父)가 사망하여 부(父)의 B주택을 같은 직계존속세대였던 모(母)가 상속받은 후, 모(母)가 사망하여 그 상속주택을 자(子)가 재차 상속받은 경우로서, 이후 자(子)가 보유한 A주택을 양도하는 경우에는 상속주택 비과세 특례가 적용된다(법규재산-4747, 2023. 5. 9).

유사 해석 사례 자녀세대가 부모세대를 동거봉양하기 위해 합가한 후 부모세대가 합가 전부터 보유하던 주택(A)이 동일세대 내에서 1차 상속[부 → 모(60%), 자(40%)] 및 재차상속[모(60%) → 자(60%)]된 후, 자녀세대가 합가 전부터 보유하던 주택(B)을 양도하는 경우에는 상속주택 비과세 특례(소득령 §155 ②, ③)를 적용할 수 있다(법규재산-1666, 2023. 7. 12).

적용 사례 2 子의 배우자가 母로부터 주택을 상속받고 동거봉양합가 후 子가 父로부터 공동상속주택 소수지분을 상속받은 후 일반주택을 양도하는 경우 비과세 여부

- 2016. 11. 5.에 子의 배우자가 취득한 B주택은 별도세대인 친정어머니으로부터 상속받은 선순위 상속주택임
- 2020. 5. 25.에 子가 취득한 C주택은 세대합가 후 부친으로부터 상속받은 공동상속주택 소수지분임

해설 일반주택A와 「소득세법 시행령」 제155조 제2항에 해당하는 상속주택B(별도세대인 子의 배우자가 모친으로부터 상속) 및 같은 조 제3항에 해당하는 소수지분 공동상속주택C(동거봉양 목적으로 합가한 子가 부친으로부터 상속)를 소유한 1세대가 동거봉양 합가 전부터 보유하고 있었던 A주택을 양도하는 경우에는 1세대 1주택으로 보아 비과세한다(법규재산-5688, 2023. 7. 18).

적용 사례 3 세대합가 후 母가 취득한 주택을 子가 상속받은 후, 당초 子소유 일반주택을 양도하는 경우 비과세 여부

해설 합가 당시 직계존속(피상속인)이 무주택 상태에서 동거봉양 합가 후 취득한 1주택(상속주택)을 상속받는 경우 또는 합가 당시 직계비속(상속인)이 무주택 상태에서 동거봉양 합가 후 1주택(일반주택)을 취득한 경우에는 상속주택 비과세 특례가 적용되지 않는다(법령해석재산-1566, 2021. 10. 29). 따라서, 합가 당시 母·子 중 하나가 무주택자로서 합가 후 일반주택을 취득하거나 취득한 주택을 상속받는 경우에는 동거봉양합가에 따른 상속특례를 적용할 수 없다.

2 비과세 특례 적용범위 및 대상주택

(1) 상속인의 범위

상속주택 비과세 특례가 적용되려면 법정상속인(대습상속인 포함)이 상속(유증·사인증여 포함)으로 주택을 취득하여야 한다. 따라서 「민법」 제1000조 내지 제1005조 규정에 따른 법정상속인 아닌 자가 유증으로 취득한 주택은 상속주택 비과세 특례가 적용되지 않는다.

예를 들어, 1주택자인 손자녀가 부모가 생존하고 있는 상태에서 조부모로부터 1주택을 유증으로 취득한 경우 해당 주택은 상속주택에 해당하지 아니하므로 본인 소유 일반주택 양도시 상속주택 비과세 특례를 적용받을 수 없는 것이다.

(2) 일반주택의 범위

1) 상속개시 당시 보유한 주택

2013. 2. 14. 이전에는 상속주택을 보유한 상태에서 일반주택을 수차례 취득 및 양도하는 경우에도 반복적으로 비과세 특례를 적용받을 수 있었으나, 2013. 2. 15. 이후 일반주택을 취득하여 양도하는 분부터는 "상속개시 당시 상속인이 이미 일반주택을 보유"하고 있어야만 비과세 특례가 적용된다. 따라서 상속개시 당시 무주택자인 상속인이 피상속인으로부터 주택을 먼저 상속받고 일반주택을 취득하여 양도하는 경우에는 상속주택 비과세 특례를 적용받을 수 없다.

적용 사례 1 子가 상속주택을 보유한 상태에서 2013. 2. 14. 이전에 취득한 일반주택을 양도하는 경우 비과세 여부

해설 子가 상속주택A를 보유한 상태에서 B주택을 취득하고 양도하는 경우에는 원칙적으로 비과세가 적용되지 않지만, 2013. 2. 14. 이전에는 상속주택을 보유한 상태에서 일반주택을 취득하고 양도하더라도 상속주택 비과세 특례를 적용받을 수 있다.

응용 사례 子가 상속주택을 보유한 상태에서 2013. 2. 15. 전후 2개의 일반주택을 취득한 후 일반주택과 상속주택을 순차로 양도하는 경우 비과세 여부

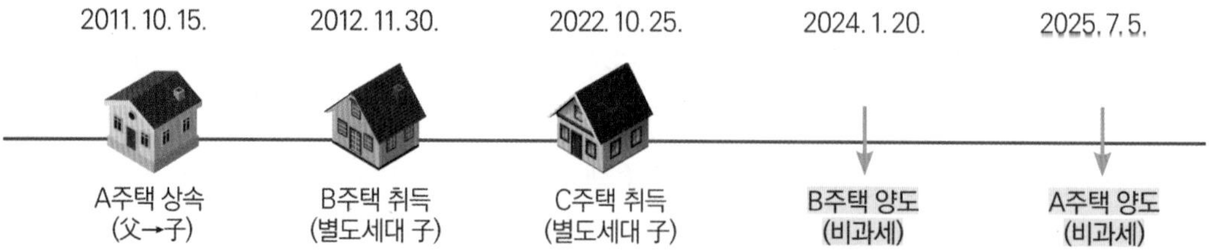

해설 子가 상속주택A를 보유한 상태에서 B주택은 2013. 2. 14. 이전에 취득하고 C주택은 2013. 2. 15. 이후에 취득(B주택 취득일부터 1년 경과 후 취득)한 후, C주택 취득일로부터 3년 이내 B주택을 양도하는 경우에는 일시적 2주택 비과세 특례(소득령 §155 ①)를 적용받을 수 있으며, B주택 양도 후 C주택 취득일로부터 3년 이내에 상속받은 A주택을 양도하는 경우에도 다시 일시적 2주택 비과세 특례를 적용받을 수 있다(법령해석재산 - 0597, 2017. 6. 13). → B주택 양도 후 C주택 양도시 과세

[일반주택 취득 및 양도시기에 따른 상속주택 비과세 특례 적용 여부]

일반주택 취득시기	단독상속주택, 공동상속주택 최대지분자	공동상속주택 소수지분자, 농어촌상속주택(소득령 §155 ⑦)
2013. 2. 14. 이전 취득	취득순서에 관계없이 비과세 적용	취득순서에 관계없이 비과세 적용 → 상속개시 이후 일반주택을 수차례 취득 및 양도해도 비과세 적용가능(법규재산 - 1901, 2022. 6. 21.)
2013. 2. 15. 이후 취득	일반주택 보유자가 상속주택 취득 후 일반주택을 양도하는 경우에만 비과세 적용	

적용 사례 2 子가 일반주택 2개를 보유한 상태에서 1주택을 상속받은 후 1개의 일반주택을 먼저 양도하고 나머지 1개의 일반주택을 양도하는 경우 비과세 여부

해설 「소득세법 시행령」 제155조 제2항에서 규정한 상속주택에 대한 비과세 특례규정은 양도시점을 기준으로 판정하므로, 상속개시 당시 子가 2개의 일반주택(A, B)을 보유한 상태에서 父로부터 1개의 주택(C)을 상속받아 1세대 3주택이 된 상태에서 일반주택(A)을 먼저 과세로 양도한 후, 나머지 일반주택(B)을 양도하는 경우에는 상속주택 비과세 특례가 적용된다(법령해석재산-1149, 2020. 12. 30).

유사 해석 사례 2주택(B, C)을 보유한 자(子)가 1주택(A)을 보유한 모(母)의 동거봉양을 위하여 세대를 합친 후 모(母)의 사망으로 A주택을 상속받은 경우로서 C주택을 먼저 양도한 후, 일반주택(B)을 양도하는 경우에는 1세대 1주택 비과세가 적용된다(서면부동산-2569, 2023. 12. 28).

2) 상속개시 당시 보유한 조합원입주권 또는 분양권

상속개시 당시 보유한 조합원입주권 또는 2021. 1. 1. 이후 취득한 분양권에 의해 완공된 신축주택도 일반주택의 범위에 포함된다. 다만, 신축주택이 아닌 조합원입주권 또는 분양권 상태에서 양도하는 경우에는 비과세 특례를 적용받을 수 없다.

여기서 눈여겨 볼 사항은 2020. 12. 31. 이전에 취득한 분양권은 일반주택과 상속주택의 범위에 포함되지 않지만, 2021. 1. 1. 이후에 취득한 분양권은 주택 수에 포함되므로 상속주택 비과세 특례 적용시 일반주택과 상속주택의 범위에 각각 포함된다는 점이다.

적용 사례 1 상속개시 당시 子가 보유한 조합원입주권이 신축주택으로 완공된 후 신축주택을 양도하는 경우 비과세

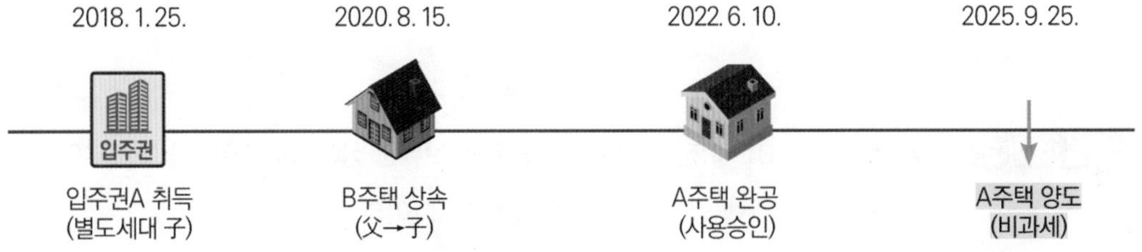

해설 子가 조합원입주권A를 보유한 상태에서 父로부터 주택을 상속받은 후, 조합원입주권 상태에서 양도하는 경우에는 비과세가 적용되지 않지만, 조합원입주권에 의해 취득한 신축주택을 양도하는 경우에는 상속주택 비과세 특례를 적용받을 수 있다

유사 해석 사례 조합원입주권(A)을 보유한 1세대가 별도세대원인 부모 공동소유 주택을 모(母)의 사망으로 상속주택(B)의 1/2지분 중 3/5을 상속받고 당해 조합원입주권이 신축주택(A)으로 완성된 후, 부(父)의 사망으로 다시 상속주택(B)의 1/2지분 중 4/5를 상속받은 후에 신축주택(A)을 양도하는 경우에는 상속주택 비과세 특례를 적용받을 수 있다(법규재산-0410, 2022. 4. 28).

적용 사례 2 子가 조합원입주권을 보유한 상태에서 父로부터 조합원입주권을 상속받은 후 子소유 신축주택을 양도하는 경우 비과세 여부

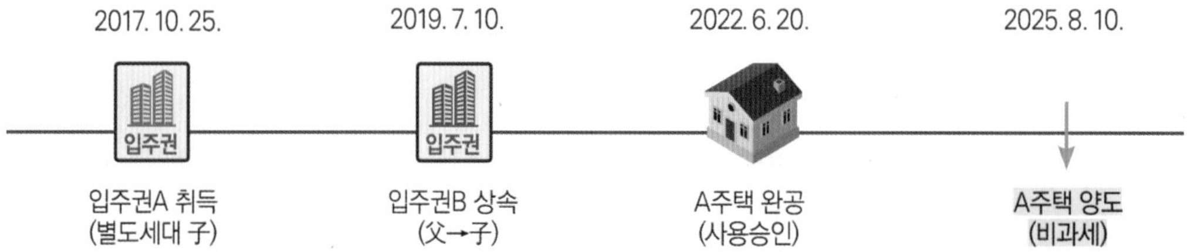

▪ 피상속인은 상속개시 당시 입주권B 이외 다른 주택 또는 분양권을 보유하고 있지 않음

해설 子가 조합원입주권A를 보유한 상태에서 父로부터 조합원입주권B를 상속받은 후, 子소유 조합원입주권에 의해 취득한 신축주택을 양도하는 경우에는 「소득세법 시행령」 제156조의2 제6항(상속받은 조합원입주권에 대한 비과세 특례)에 따라 비과세된다.

적용 사례 3 子가 2020. 12. 31. 이전에 취득한 분양권을 보유한 상태에서 1주택을 父로부터 상속받은 후 완공된 신축주택을 양도하는 경우 비과세 여부

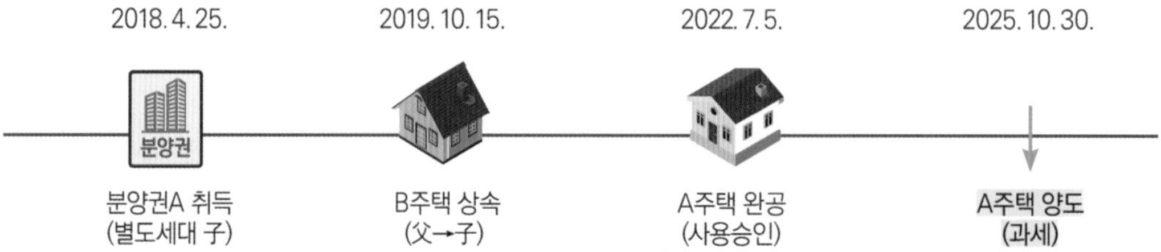

해설 子가 2020. 12. 31. 이전에 취득한 분양권을 보유한 상태에서 父로부터 주택을 상속받은 후, 해당 분양권에 의해 취득한 신축주택을 양도하는 경우에는 상속주택 비과세 특례를 적용받을 수 없다(재산세제과-861, 2021. 9. 29). → 일반주택과 상속주택의 범위에 포함되는 분양권은 2021. 1. 1. 이후 취득분부터 적용(대통령령 제31442호, 부칙 §10 ①).
만일 2021. 1. 1. 이후 취득한 분양권에 의해 취득한 신축주택을 양도하는 경우에는 비과세 적용이 가능하다.

3) 일반주택에서 제외되는 주택

상속개시일부터 소급하여 2년 이내에 피상속인으로부터 2018. 2. 13. 이후 증여받은 주택·조합원입주권 또는 분양권(피상속인이 2021. 1. 1. 이후 취득한 분양권을 증여하는 경우를 말함)에 의해 완공된 신축주택은 상속인의 일반주택 범위에서 제외된다.

배경 및 취지

무주택자가 별도세대원인 피상속인으로부터 주택 2채를 상속받아 선순위 상속주택 외의 상속주택 1채를 양도할 때 해당 상속주택은 비과세가 적용되지 않는 점(조심 2018서3806, 2019. 4. 18.)을 악용하여 2채의 주택(조합원입주권 또는 분양권 포함) 중 1채(일반주택)는 상속개시일 전에 미리 증여받고 나머지 1채(상속주택)는 상속개시 당시 상속받은 후, 증여받은 일반주택 등을 양도함에 따라 상속주택 비과세 특례가 적용되는 것을 방지하기 위하여 2018. 2. 13. 이후 상속개시일로부터 소급하여 2년 이내에 증여받은 주택 등(분양권은 2021. 1. 1. 이후 취득분부터 적용)을 일반주택의 범위에서 제외하도록 한 것이다.

적용 사례 상속개시일 전 2년 이내에 父로부터 증여받은 조합원입주권이 신축주택으로 완공된 후 子가 해당 신축주택을 양도하는 경우 비과세 여부

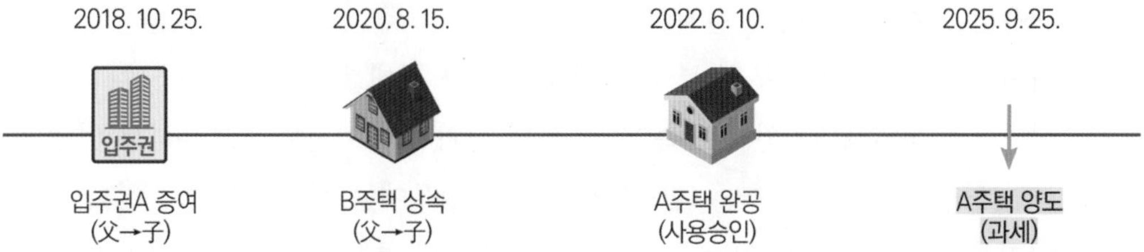

▪ 2018. 10. 25.에 子가 취득한 조합원입주권A는 피상속인(부친)으로부터 증여받은 것임

해설 상속개시일로부터 소급하여 2년 이내에 피상속인으로부터 증여받은 주택 또는 증여받은 조합원입주권(2021. 1. 1. 취득한 주택분양권 포함)에 의하여 사업시행 완료 후 취득한 신축주택은 일반주택에서 제외되므로 신축주택 양도시 상속주택 비과세 특례를 적용받을 수 없다.

(3) 상속주택의 범위

1) 별도세대원으로부터 상속받는 주택

피상속인이 상속개시 당시 2 이상의 주택을 소유한 경우 특례적용 상속주택은 "피상속인을 기준"으로 법정 판단순서에 따른 선순위상속 1주택(P. 311 참조)에 대해서만 적용한다. 이 경우 선순위 상속주택을 제외한 다른 상속주택(후순위 상속주택)은 일반주택으로 본다.

2) 별도세대원으로부터 상속받는 조합원입주권 또는 분양권(신축주택 포함)

조합원입주권(피상속인이 상속개시 당시 주택 또는 분양권을 소유하지 않은 경우의 상속받은 1조합원입주권) 또는 2021. 1. 1. 이후에 취득한 분양권(피상속인이 상속개시 당시 주택 또는 조합원입주권을 소유하지 않은 경우의 상속받은 1분양권)과 해당 조합원입주권 또는 분양권을 상속받아 완공된 신축주택은 상속주택의 범위에 포함된다.

3) 동거봉양합가 후 동일세대원으로부터 상속받는 주택 등

1세대 1주택 비과세는 세대단위로 판정하므로 동일세대원으로부터 주택을 상속받는 경우에는 상속개시일 전·후 여전히 1세대 2주택자이므로 상속주택 비과세 특례를 적용받을 수 없는 것이 원칙이다.

다만, 60세 이상의 노부모 봉양을 위해 부모와 세대를 합가(合家)한 후, 2주택이 된 상태에서 동일세대원인 피상속인으로부터 합가하기 이전부터 보유하고 있었던 주택(조합원입주권 또는 분양권 포함)을 상속받는 경우에는 상속주택으로 본다.

여기서 주의할 사항은 이러한 동일세대 상속주택 특례 규정은 합가하기 이전부터 보유하고 있었던 주택(조합원입주권 또는 분양권 포함)만 적용하는 것이므로 합가한 이후 취득한 주택에 대해서는 일반주택 및 상속주택으로 보지 않는다는 점이다.

[일반주택과 상속주택의 적용범위 비교]

구 분	적용대상 주택
일반주택	① 상속개시 당시 상속인이 보유한 주택 ② 상속개시 당시 상속인이 보유한 조합원입주권·분양권에 의해 완공된 신축주택 ※ 상속개시일로부터 소급하여 2년 이내에 피상속인으로부터 증여받은 주택 또는 증여받은 조합원입주권이나 분양권에 의해 취득한 신축주택은 일반주택에서 제외
상속주택	① 상속받은 주택 ② 상속받은 조합원입주권·분양권 및 해당 조합원입주권·분양권에 의해 완공된 신축주택 ③ 동거봉양합가 후 동일세대원으로부터 상속받는 경우로서 합가 전 보유한 주택 등

적용 사례 1 **父로부터 상속받은 주택이 조합원입주권으로 전환된 후 子소유 일반주택을 양도하는 경우 비과세 여부**

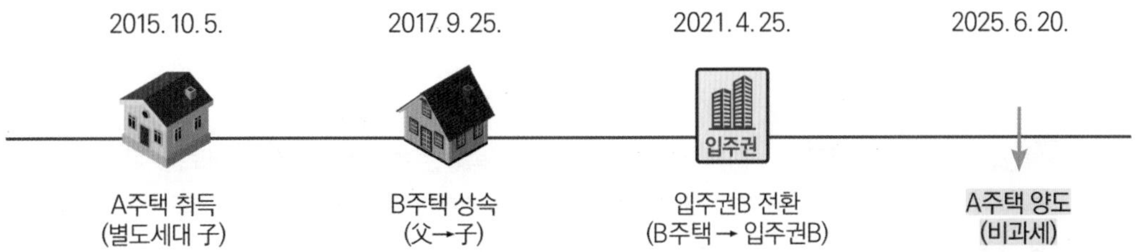

해설 子가 A주택을 보유한 상태에서 父로부터 상속받은 B주택이 조합원입주권으로 전환된 후, 해당 조합원입주권이 신축주택으로 완공되기 전에 子소유 A주택을 양도하는 경우에도 상속주택 비과세 특례가 적용된다(서면4팀-164, 2008. 1. 18).

적용 사례 2 **남편이 상속받은 주택을 부인이 다시 상속받은 후 부인 소유의 일반주택을 양도하는 경우 비과세 여부**

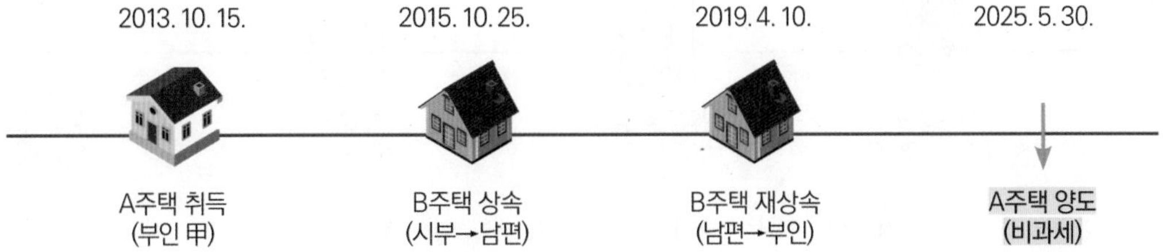

해설 아내가 일반주택을 취득한 후 남편이 별도세대원인 피상속인(부친)으로부터 1주택을 상속받아 1세대 2주택인 상태에서 남편의 사망으로 남편 소유의 상속주택을 아내가 상속받은 후 아내 소유 일반주택을 양도하는 경우에는 상속주택 비과세 특례를 적용받을 수 있다(양도집행 89-155-11).

적용 사례 3 상속받은 주택을 멸실하고 상속인의 배우자 명의로 신축한 후 일반주택을 양도하는 경우 비과세 여부

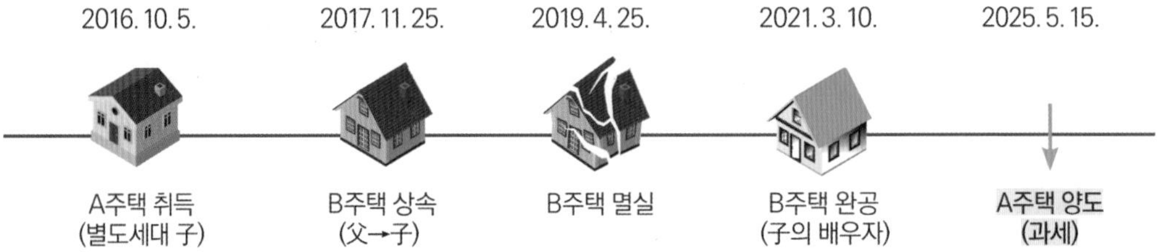

해설 「소득세법 시행령」 제155조 제2항에 따라 상속받은 주택을 멸실하고 새로운 주택을 상속인의 배우자 명의로 신축한 경우 그 새로운 주택은 상속주택으로 볼수 없으므로 상속주택 비과세 특례를 적용할 수 없다(법규재산-2647, 2022. 2. 17).

반대 해석 사례 남편이 상속받은 주택을 동일세대원인 배우자에게 증여한 후, 남편이 소유한 일반주택을 양도하는 경우에는 남편 세대를 기준으로 볼 때는 여전히 그 실질이 상속주택에는 변함이 없으므로 상속주택 비과세 특례가 적용되는 것이다(조심 2023서10059, 2024. 7. 9).

적용 사례 4 2021. 4. 25.에 母가 취득한 분양권을 子가 상속받은 후, 子소유 일반주택을 양도하는 경우 비과세 여부

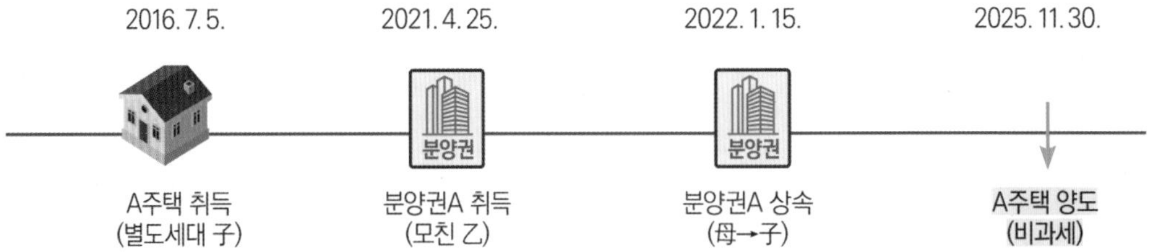

- 피상속인(모친)은 상속개시 당시 분양권A 이외 다른 주택 또는 조합원입주권을 보유하고 않음

해설 子가 A주택을 보유한 상태에서 母로부터 분양권(2021. 1. 1. 이후 취득분에 한함)을 상속받은 후, 분양권이 신축주택으로 완공되기 전에 일반주택을 양도하는 경우에는 「소득세법 시행령」 제156조의3 제4항(상속받은 분양권에 대한 비과세 특례)에 따라 비과세된다. 만일 피상속인이 2020. 12. 31. 이전에 취득한 분양권을 상속받은 후 일반주택을 양도하는 경우에는 비과세 특례가 적용되지 않는다.

Ⅲ 2 이상의 주택 등을 상속받는 경우 상속특례 주택 등 판단

1 2개 이상의 주택을 상속받는 경우

상속인이 피상속인으로부터 2개 이상의 주택을 상속받는 경우에는 아래의 판정순서에 따른 선순위 1주택만 상속특례를 적용하고, 나머지 상속주택(후순위 상속주택)은 상속특례가 적용되지 않는다(소득령 §155 ② 괄호).

① 피상속인이 소유한 기간이 가장 긴 1주택
② 피상속인이 거주한 기간이 가장 긴 1주택
③ 피상속인이 상속개시 당시 거주한 1주택
④ 기준시가가 가장 높은 1주택(기준시가가 같은 경우에는 상속인이 선택하는 1주택)

배경 및 취지

피상속인이 보유한 다수의 상속주택을 여러 상속인이 상속받아 각각 상속주택 비과세 특례 적용받게 되는 불합리한 점을 방지하기 위하여 피상속인을 기준으로 선순위 1주택에 대해서만 상속주택 비과세 특례를 적용하는 것이다.

관련 해석 사례 피상속인이 상속개시 당시 소유한 2개 이상의 주택 중 후순위 상속주택을 상속받은 경우 「소득세법 시행령」 제155조 제2항에 따른 특례를 적용받을 수 없는 것이며, 후순위 상속주택을 상속인간 협의하여 선순위 상속주택으로 정할 수 없는 것이다(법규재산-0433, 2024. 6. 20).

2 2개 이상의 조합원입주권을 상속받는 경우

상속인이 피상속인으로부터 2개 이상의 조합원입주권을 상속받는 경우에는 아래의 판정순서에 따른 선순위 1조합원입주권만 상속특례를 적용하고, 나머지 조합원입주권(후순위 조합원입주권)은 상속특례가 적용되지 않는다(소득령 §156의2 ⑥ 괄호).

① 피상속인이 소유한 기간(주택과 조합원입주권의 소유기간을 합한 기간)이 가장 긴 1조합원입주권
② 피상속인이 거주한 기간(주택에 거주한 기간)이 가장 긴 1조합원입주권
③ 상속인이 선택하는 1조합원입주권

3 2개 이상의 분양권을 상속받는 경우

상속인이 피상속인으로부터 2개 이상의 분양권(2021. 1. 1. 이후 취득분 한함)을 상속받는 경우에는 아래의 판정순서에 따른 선순위 1분양권만 상속특례를 적용하고, 나머지 분양권(후순위 분양권)은 상속특례가 적용되지 않는다(소득령 §156의3 ④ 괄호).

① 피상속인이 소유한 기간이 가장 긴 1분양권
② 상속인이 선택하는 1분양권

적용 사례 1 종전주택을 보유한 상태에서 동일한 피상속인으로부터 2주택을 상속받은 후 종전주택을 양도하는 경우 비과세 여부

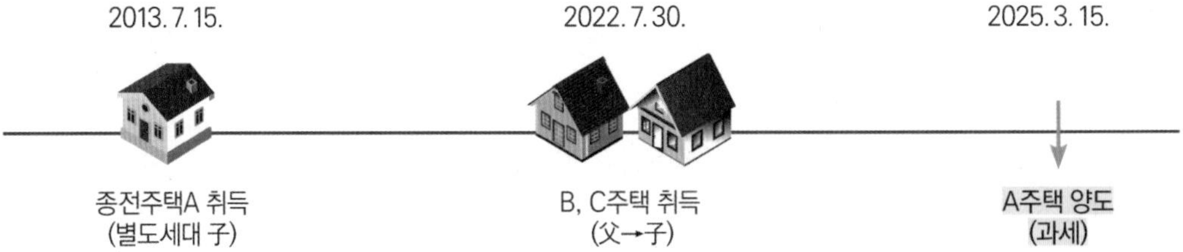

▪ 별도세대 子는 2020. 7. 30.에 피상속인의 소유 2주택(B주택 10년, C주택 7년 보유)을 단독 상속받음

> **해설** 子가 A주택을 보유한 상태에서 父로부터 2주택(B, C)을 단독 상속받는 경우 상속주택 비과세 특례를 적용받을 수 없을뿐만 아니라 선순위 상속주택B를 "상속주택"으로 후순위 상속주택C를 "신규주택"으로 보아 일시적 2주택 비과세 특례도 적용받을 수 없으므로 A주택 양도시 과세된다(법규과-1330, 2014. 12. 17).

대비 사례 **종전주택을 보유한 상태에서 서로 다른 피상속인으로부터 2주택을 상속받은 후 종전주택을 양도하는 경우 비과세 여부**

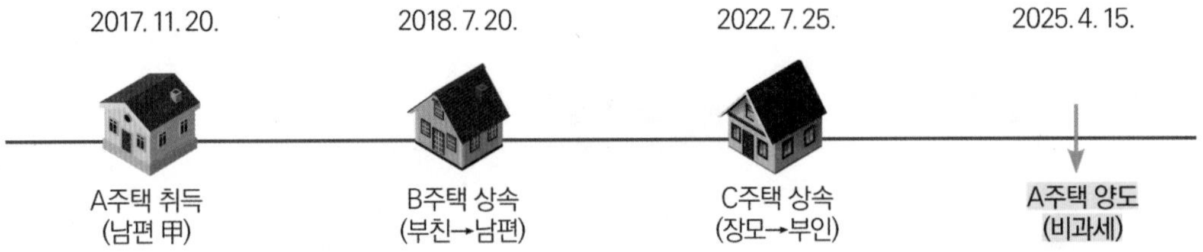

- 2018. 7. 20.에 남편이 취득한 B주택은 별도세대인 父親 소유 선순위주택을 상속받은 주택임
- 2022. 7. 25.에 부인이 취득한 C주택은 별도세대인 母親(친정어머니) 소유 선순위주택을 상속받은 주택임

> **해설** 1세대 1주택자인 남편 甲이 부친으로부터 B주택을 상속받고 무주택자인 배우자 乙은 모친(친정어머니)으로부터 C주택을 상속받은 경우 먼저 상속받은 B주택을 "상속주택"으로 나중에 상속받은 C주택을 "신규주택"으로 보아 C주택 취득일로부터 3년 이내 A주택을 양도하는 경우 일시적 2주택 비과세 특례를 적용받을 수 있다(서면4팀-3478, 2007. 12. 5).

응용 사례 **子는 父소유 주택을 상속받고 일반주택을 비과세로 양도한 후, 다시 母소유 주택을 상속받은 후 父소유 상속주택을 양도하는 경우 비과세 여부**

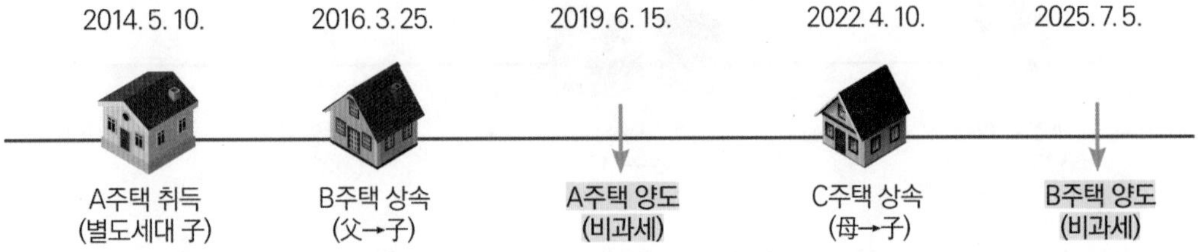

해설 子가 A주택을 보유한 상태에서 父로부터 B주택을 상속받고 종전주택을 비과세 양도한 후, B주택으로 이사하여 거주하던 중 母로부터 다시 C주택을 상속받고 B주택을 양도하는 경우에도 다시 상속주택 비과세 특례를 적용받을 수 있다.

적용 사례 2 종전주택을 보유한 상태에서 2주택을 상속받고 선순위 상속주택을 먼저 과세로 양도한 후 종전주택을 양도하는 경우 비과세 여부

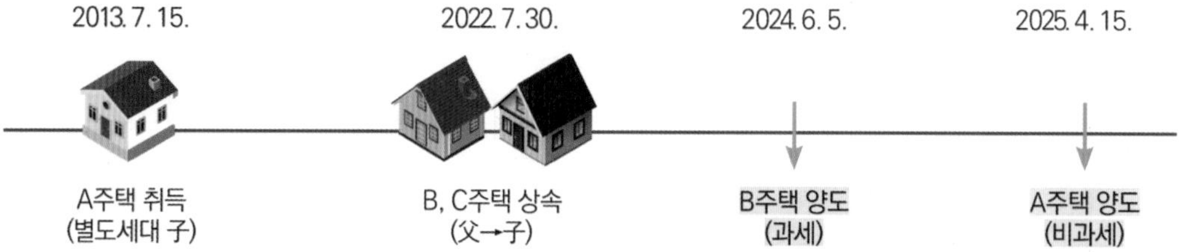

- 별도세대 子는 2022. 7. 30.에 피상속인의 소유 2주택(B주택 10년, C주택 7년 보유)을 단독 상속받음

해설 상속주택 비과세 특례 규정은 상속개시 당시로 판단하므로 선순위 상속주택B를 먼저 과세로 양도한 후, 2주택(일반주택A와 후순위 상속주택C)을 보유한 상태에서 일반주택A를 양도하는 경우에도 후순위 상속주택C를 상속주택으로 볼 수 없다. 다만, 후순위 상속주택C를 신규주택으로 보아 C주택을 취득한 날부터 3년 이내에 일반주택A를 양도하는 경우 일시적 2주택 비과세 특례가 적용될 수 있다.

대비 사례 종전주택을 보유한 상태에서 2주택을 상속받고 후순위 상속주택을 먼저 과세로 양도한 후 종전주택을 양도하는 경우 비과세 여부

- 별도세대 子는 2018. 7. 30.에 피상속인의 소유 2주택(B주택 10년, C주택 7년 보유)을 단독 상속받음

해설 子가 A주택을 보유한 상태에서 父로부터 2주택을 단독 상속받고 후순위 상속주택C를 먼저 과세로 양도하고 일반주택A와 선순위 상속주택B를 보유한 상태에서 일반주택A를 양도하는 경우에는 1세대 1주택 비과세 여부는 양도일 현재를 기준으로 판단하므로 상속주택 비과세 특례를 적용받을 수 있다(재산세제과-1126, 2022. 9. 14).

유사 해석 사례 상속주택을 보유하다 상속주택이 1+1 조합원입주권으로 전환된 상태에서 일반주택을 양도하는 경우에는 상속주택 비과세 특례를 적용할 수 없으나, 2개의 조합원입주권이 주택으로 완공되어 후순위 상속주택을 먼저 과세로 양도하고 일반주택을 양도하는 경우에는 상속주택 비과세 특례가 적용된다. 이 경우 선순위 상속주택을 판정할 수 없을 때에는 납세자가 선택하는 주택을 비과세 특례 대상주택으로 본다(법규재산-4203, 2023. 7. 26).

적용 사례 3 종전주택을 보유한 상태에서 후순위 상속주택을 취득한 후 종전주택을 양도하는 경우 비과세 여부

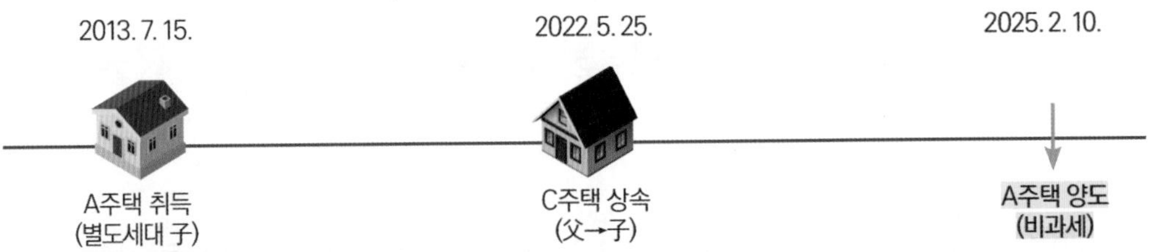

- 별도세대 子는 2022. 5. 25.에 피상속인의 소유 2주택(B주택 10년, C주택 7년 보유) 중 C주택을 상속받음

해설 子가 A주택을 보유한 상태에서 父로부터 후순위 상속주택을 상속받은 경우에는 상속주택 비과세 특례는 적용받을 수 없으나, 상속주택C를 취득한 날로부터 3년 이내에 종전주택A를 양도하는 경우에는 일시적 2주택 비과세 특례는 적용받을 수 있다(부동산거래관리과-293, 2011. 4. 5).

필자의 見解

별도세대인 상속인 1인이 일반주택을 보유한 상태에서 2채의 상속주택을 모두 상속받은 경우에는 3주택자로서 일시적 2주택 비과세를 적용할 수 없으나, 2채의 상속주택 중 선순위 상속주택과 후순위 상속주택을 각각 다른 상속인이 상속받는 경우에는 선순위 상속주택을 취득한 상속인은 상속주택 비과세 특례를 적용받고, 후순위 상속주택을 취득한 상속인은 일시적 2주택 비과세 특례를 적용받을 수 있으므로 2인 이상의 상속인이 상속주택을 각각 달리 취득하면 절세효과를 누릴 수 있다.

적용 사례 4 무주택자인 부부가 서로 다른 피상속인으로부터 주택을 상속받은 후 먼저 상속받은 주택을 양도하는 경우 비과세 여부

- 2017. 10. 20.에 남편이 취득한 A주택은 별도세대인 父親으로부터 상속받은 주택임
- 2019. 11. 30.에 부인이 취득한 B주택은 별도세대인 母親(친정어머니)으로부터 상속받은 주택임

해설 무주택자인 부부 甲과 乙이 별도세대인 서로 다른 피상속인으로부터 각각 1주택씩 상속받은 경우 먼저 상속받은 A주택을 "일반주택"으로 나중에 상속받은 B주택을 "상속주택"으로 보아 1세대 1주택 비과세 요건을 충족한 A주택을 양도하는 경우에는 상속주택 비과세 특례가 적용된다(양도집행 89-155-9).

유사 해석 사례 무주택자인 子가 별도세대인 이혼한 부모로부터 각각 1주택을 상속받고 먼저 상속받은 A주택을 나중에 취득한 B주택 취득일로부터 3년 이내에 양도하면 일시적 2주택 비과세 특례(소득령 §155 ①)가 적용되며, 3년 경과 후 양도하더라도 상속주택 비과세 특례(소득령 §155 ②)가 적용된다(법령해석 재산-2944, 2018. 5. 11).

대비 사례 무주택자인 자녀가 별도세대원인 동일한 피상속인으로부터 2주택을 상속받고 후순위 상속주택을 양도하는 경우 비과세 여부

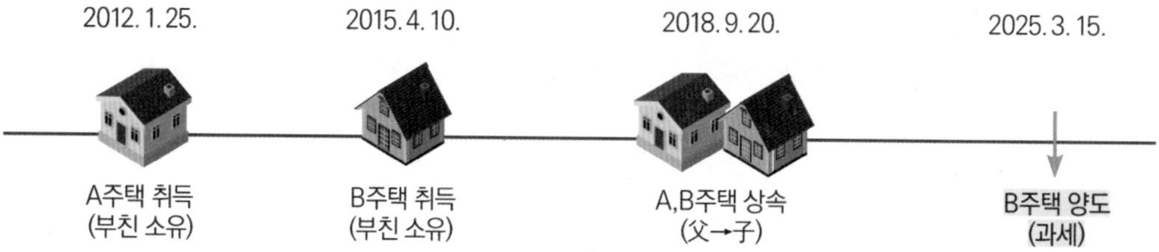

- 무주택자인 子는 2018. 9. 20.에 피상속인의 소유 2주택(A주택 선순위, B주택 후순위)을 단독 상속받음

해설 무주택자인 子가 별도세대인 피상속인으로부터 주택 2채를 같은 날 상속받는 경우에도 후순위 상속주택B를 먼저 취득하여 일반주택으로, 선순위 상속주택A를 나중에 취득한 것으로 보아 B주택 양도시 상속주택 비과세 특례가 적용되지 않는다. 따라서 동일한 피상속인으로부터 주택 2채를 상속받은 경우에는 선순위 상속주택이든 후순위 상속주택이든 먼저 양도하는 주택은 비과세를 적용받을 수 없다(조심 2018서3806, 2019. 4. 18).

Ⅳ 주택 등을 공동으로 상속받는 경우 비과세 등의 판단

1 공동상속주택의 소유자 판정 기준

1세대 1주택 비과세를 적용할 때 1주택을 여러 사람이 공동으로 상속받는 공동상속주택 또는 공동상속조합원입주권이나 2021. 1. 1. 이후 취득한 공동상속분양권(피상속인이 상속개시 당시 2 이상의 주택 등을 소유한 경우에는 앞서 살펴본 소득령 §155 ②, 소득령 §156의2 ⑥, 소득령 §156의3 ④에 따른 1주택을 말함) 이외 일반주택을 양도하는 경우에는 해당 공동상속주택 등은 아래와 같이 주된 상속인이 해당 주택 등을 소유한 것으로 본다(소득령 §155 ③ 단서, §156의2 ⑦ 3호, §156의3 ⑤ 5호).

따라서, 공동상속주택 등을 지분으로 상속받은 경우 최대지분자는 단독 상속주택의 경우와 동일하게 「소득세법 시행령」 제155조 제2항에 따른 상속주택 비과세 특례를 적용받는 것이며, 소수지분자는 「소득세법 시행령」 제155조 제3항에 따른 공동상속주택 비과세 특례를 적용받을 수 있다.

[주택 등을 공동으로 상속받는 경우 소유자 판정순서]

구 분	공동상속주택 등의 판정순서(상속인 기준)
1공동상속주택의 경우 (소득령 §155 ③)	① 상속지분이 가장 큰 상속인(최대지분자) ② 해당 주택에 거주하는 상속인 ③ 최연장자
1공동상속조합원입주권의 경우 (소득령 §156의2 ⑦ 3호)	① 상속지분이 가장 큰 상속인(최대지분자) ② 관리처분계획 등의 인가일 현재 피상속인이 보유하고 있었던 주택에 거주했던 자 ③ 최연장자
1공동상속분양권의 경우 (소득령 §156의3 ⑤ 5호)	① 상속지분이 가장 큰 상속인(최대지분자) ② 최연장자

여기서 주의할 사항은 2개 이상의 공동상속주택 상속지분이 모두 소수지분인 경우에도 「소득세법 시행령」 제155조 제2항에 따른 선순위상속 1주택에 대해서만 상속주택 특례를 적용하고, 나머지 공동상속주택 소수지분(후순위 상속주택)은 일반주택으로 분류되어 주택 수에 포함되므로 상속주택 비과세 특례를 적용받을 수 없다는 점이다.

따라서, 일반주택을 보유한 1세대가 공동상속주택 소수지분 2개를 상속받은 후 일반주택을 양도하는 경우에는 상속주택 비과세 특례를 적용받을 수 없다.

관련 해석 사례

소수지분 보유자의 경우 선순위 우선주택(1주택)에 대해서만 일반주택 양도시 주택 수에서 제외하고 나머지 공동상속주택(소수지분)에 대해서는 주택 수에 포함하여 1세대 1주택 비과세 특례 적용 여부를 판단하는 것이 타당해 보이는 점 등에 비추어 처분청의 이 건 양도소득세 부과처분은 잘못이 없다(조심 2021서2745, 2021. 10. 12).

2 동일세대원으로부터 공동상속주택 소수지분을 상속받는 경우 비과세 여부

앞서 살펴본 바와 같이 상속주택 비과세 특례를 적용받으려면 동거봉양합가 후 동일세대원으로부터 상속받는 주택을 제외하고는 별도세대원인 피상속인으로부터 상속받는 주택(소수지분 포함)에 대해서만 비과세 특례를 적용한다.

다만, "공동상속주택 소수지분"의 경우 조세심판원은 동일세대원으로부터 상속받는 경우에도 비과세 특례를 인정하고 있으나, 과세관청과 대법원에서는 공동상속주택 소수지분이라 하더라도 동일세대원으로부터 상속받는 경우에는 비과세 특례를 인정하지 않고 있다.

관련 해석 사례

1. 상속개시 당시 동일세대원이던 피상속인으로부터 상속받은 공동상속주택의 소수지분을 보유한 1세대가 일반주택을 양도하는 경우로서 당해 공동상속주택이 「소득세법 시행령」 제155조 제2항 각 호 외의 단서(동거봉양합가 후 상속)에 해당하지 않을 경우에는 「소득세법 시행령」 제155조 제3항에 따른 특례가 적용되지 않는다(법규재산-0843, 2023. 9. 8).
2. 동거봉양을 위하여 세대를 합가한 경우를 제외하고는 동일세대인 피상속인으로부터 공동상속주택 소수지분을 상속받는 경우에는 상속 이전부터 이미 1세대 2주택자에 해당하므로 비과세 특례를 적용할 수 없는 것이다(대법원 2021두33562, 2021. 5. 27, 서울고법 2024누30597, 2024. 6. 11).
3. 「소득세법 시행령」 제155조 제3항 본문에서 소수지분권자가 다른 주택을 양도하는 경우 공동상속주택을 소유하지 않은 것으로 본다고 명확히 규정한 이상 소수지분권자에게는 위 제2항 단서를 적용하지 않는 것으로 해석하는 것이 타당해 보이는 점에 따라 처분청이 청구인에게 1세대 1주택 특례가 적용되지 않는다고 보아 양도소득세를 과세한 처분은 잘못이 있다(조심 2018중0424, 2018. 4. 19).

[단독상속주택과 공동상속주택 비과세 특례 비교]

구 분	상속주택 비과세 특례	공동상속주택 소수지분 비과세 특례
관련법령	소득세법 시행령 §155 ②	소득세법 시행령 §155 ③
적용대상자	단독상속인, 공동상속 최대지분자	공동상속 소수지분자
적용대상 상속주택	선순위상속 1주택	선순위상속 1주택
별도세대 여부	별도세대 (동거봉양합가시 동일세대 가능)	별도세대(국세청), 동일세대(조세심판원) (동거봉양합가시 동일세대 가능)
비과세대상 주택	상속개시 전에 보유한 일반주택을 먼저 양도	상속주택을 보유상태에서 일반주택 취득 및 양도해도 적용

3 공동상속주택의 비과세 판단시 거주기간 산정방법

별도세대인 피상속인의 주택을 여러 사람이 공동으로 상속받은 후, 해당 공동상속주택을 양도하는 경우로서 조정대상지역 내 1세대 1주택 비과세 적용시 거주기간은 해당 주택에 거주한 공동상속인 중 그 거주기간이 가장 긴 사람이 거주한 기간으로 판단한다(소득령 §154 ⑫).

4 공동상속주택의 장기보유특별공제율 산정방법

1주택을 2인 이상이 공동으로 상속받은 후, 해당 공동상속주택을 양도하는 경우로서 장기보유특별공제 적용시 거주기간은 해당 주택에 거주한 공동상속인 중 그 거주기간이 가장 긴 사람이 거주한 기간으로 판단한다(소득령 §159의4 후단).

예를 들어, 1주택을 공동으로 상속받은 후 공동상속인 중 한 사람만 해당 공동상속주택에서 2년 이상 거주하고 나머지 상속인들은 거주하지 않은 경우에도 거주기간이 가장 긴 공동상속인을 기준으로 양도일 현재 1세대 1주택 비과세(고가주택) 요건을 충족하는 경우에는 공동상속인 모두 1세대 1주택 비과세(12억원 초과분에 상당하는 양도차익 과세)와 최대 80%의 장기보유특별공제율을 적용받을 수 있다.

V 상속개시일 이후 상속지분이 변동된 경우 비과세 판단

1 소수지분자가 최대지분자(또는 최대지분자가 소수지분자)로 변경된 경우

상속개시일 현재 공동상속주택의 소수지분자가 상속개시일 이후 다른 상속인의 상속지분을 추가로 취득하여 최대지분자에 해당하더라도 해당 공동상속주택에 대한 소유자의 판정은 "상속개시일"을 기준으로 한다(양도집행 89-155-13).

적용 사례 상속개시일 이후 소수지분자(최대지분자)가 최대지분자(소수지분자)로 변경된 경우

상속인		공동상속주택 상속지분 취득 및 변동		일반주택을 양도하는 경우
별도세대	보유주택	상속개시 당시	일반주택 양도 당시	
甲	일반주택	50%	30%(20% 감소)	비과세(소득령 §155 ②)
乙	일반주택	30%	60%(30% 증가)	비과세(소득령 §155 ③)
丙	일반주택	20%	10%(10% 감소)	

해설

1. 상속인 甲소유 일반주택 양도시 비과세 여부

상속개시일 이후 상속지분이 변동되는 경우에는 상속개시 당시를 기준으로 판단하므로 甲은 상속개시 당시 공동상속주택의 최대지분자에 해당하므로 해당 공동상속주택은 甲의 주택 수에 포함하되, 甲이 보유한 일반주택을 양도하는 경우에는 「소득세법 시행령」 제155조 제2항에 따라 상속주택 비과세 특례를 적용한다.

2. 상속인 乙과 丙소유 일반주택 양도시 비과세 여부

乙과 丙은 상속개시 당시 공동상속주택의 소수지분자에 해당하므로 해당 공동상속주택은 주택 수에서 제외되므로 乙과 丙이 각각 보유한 일반주택을 양도하는 경우에는 「소득세법 시행령」 제155조 제3항에 따라 상속주택 비과세 특례를 적용한다.

3. 상속주택 비과세 특례적용 후 주택을 다시 취득하여 양도하는 경우 비과세 여부

최대지분자인 甲은 일반주택을 양도한 후, 다시 주택을 취득하여 양도하는 경우에는 「소득세법 시행령」 제155조 제2항에 따라 상속개시 당시 보유한 일반주택에 대해서만 상속주택 비과세 특례를 적용하므로 추가적으로 1세대 1주택 비과세를 적용받을 수 없지만, 소수지분자인 乙과 丙은 「소득세법 시행령」 제155조 제3항에 따라 공동상속주택 소수지분은 주택 수에서 제외되므로 주택을 수차례 취득 및 양도하더라도 계속하여 1세대 1주택 비과세를 적용받을 수 있다.

관련 해석 사례

1. 부모(父母)가 각각 1/2지분으로 1주택(A주택)을 소유하던 상태에서 父의 사망으로 母(3/18)와 자녀 3명(각 2/18)이 공동으로 상속받고, 母가 사망하여 A주택의 母의 지분(12/18)을 자녀 3명이 공동(각 4/18)으로 상속받은 이후, 자녀 3명 중 1명이 공동상속주택(A주택) 외의 다른 B주택을 양도하는 경우 「소득세법 시행령」 제155조 제3항을 적용함에 있어 A주택의 상속지분은 父와 母로부터 상속받은 지분을 합하여 판단하는 것이며, 상속지분이 가장 큰 자가 2인 이상인 경우 같은 항 각호의 순서에 따른 공동상속주택 소유자에 해당하는지 여부는 母의 사망일을 기준으로 판단하는 것이다(부동산납세과 - 1167, 2022. 5. 2).
2. 상속개시일 이후 다른 상속인의 지분을 매매 등으로 취득하여 당초 공동상속지분이 변경되더라도 매매 등으로 추가 취득하는 지분을 새로운 주택의 취득으로 보지 아니한다. 이 경우 공동상속주택의 소유자 판정은 상속개시일을 기준으로 판정하는 것이다(부동산 - 0345, 2015. 5. 14).

2 소수지분자가 100% 상속지분(단독소유)을 소유한 경우

상속개시일 현재 공동상속주택의 소수지분자가 상속개시일 이후 다른 상속인의 상속지분을 모두 취득하여 공동으로 상속받은 주택을 단독으로 소유하게 된 경우에는 더 이상 공동상속주택으로 보지 아니하고 일반주택 양도 당시를 기준으로 「소득세법 시행령」 제155조 제2항에 따른 상속주택 비과세 특례 규정을 적용한다(양도집행 89 - 155 - 14).

적용 사례 상속개시일 이후 소수지분자가 100%의 상속지분을 소유한 경우

상속인		공동상속주택 상속지분 취득 및 변동		일반주택을 양도하는 경우
별도세대	보유주택	상속개시 당시	일반주택 양도 당시	
甲	일반주택	50%	0%(50% 감소)	비과세(소득령 §154 ①)
乙	일반주택	30%	0%(30% 감소)	비과세(소득령 §154 ①)
丙	일반주택	20%	100%(80% 증가)	비과세(소득령 §155 ②)

해설

1. 甲과 乙소유 일반주택 양도시 비과세 여부

甲과 乙은 상속개시 당시 공동상속주택의 최대지분자 및 소수지분자에 해당하였으나, 상속개시일 이후 상속지분을 모두 처분하여 甲과 乙소유 일반주택 양도 당시에는 1주택자에 해당하므로 「소득세법 시행령」 제154조 제1항에 따라 1세대 1주택 비과세를 적용한다.

2. 丙소유 일반주택 양도시 비과세 여부

丙은 상속개시 당시 공동상속주택의 소수지분자에 해당하였으나, 상속개시일 이후 甲과 乙의 상속지분을 전부 취득하여 丙소유 일반주택 양도 당시에 100%의 상속지분을 소유하게 된 경우에는 「소득세법 시행령」 제155조 제2항에 따라 상속주택 비과세 특례를 적용한다.

관련 해석 사례

1. 공동상속주택 소수지분을 상속받은 이후 다른 공동상속인으로부터 상속과 다른 원인으로 지분들을 취득하여 공동상속주택을 단독으로 취득하게 된 경우 「소득세법 시행령」 제155조 제2항에 따른 상속주택 비과세 특례를 적용받을 수 있다(재산세제과-1031, 2023. 9. 4).
2. 비조정대상지역에 있는 공동상속주택(A)의 소수지분을 상속받은 이후 매매 및 증여로 추가 지분을 취득하고 다시 조정대상지역 지정 이후 매매로 추가 지분을 취득하여 단독소유(100%)한 상태에서 A주택을 양도하는 경우 조정대상지역 지정 전 취득분에 대해서는 2년 이상 보유요건만 충족하면 되나, 조정대상지역 지정 이후 취득분은 2년 이상 보유 및 거주요건을 모두 충족하여야 1세대 1주택 비과세를 적용받을 수 있다(법규재산-1097, 2022. 12. 6).
3. 무주택자인 상속인이 별도세대원인 피상속인으로부터 공동상속주택의 소수지분을 상속받은 이후에 일반주택을 취득하고, 다른 상속인의 공동상속주택 나머지 지분을 재상속받아 단독소유하게 된 경우로써, 나머지 지분을 상속받은 날 현재 보유하고 있는 그 일반주택을 양도하는 경우 「소득세법 시행령」 제155조 제2항에 따라 1개의 주택을 소유한 것으로 보아 비과세를 적용한다(법령해석재산-3032, 2021. 8. 31).

Ⅵ 협의분할등기하지 아니한 경우 상속주택 소유자 판정

「소득세법 시행령」 제155조 제2항 및 제3항을 적용할 때 상속주택 외의 일반주택을 양도할 때까지 상속주택을 「민법」 제1013조(협의에 의한 분할)에 따라 협의분할하여 등기하지 아니한 경우에는 같은 법 제1009조(법정상속분) 및 제1010조(대습상속분)에 따른 상속지분에 따라 해당 상속주택을 균등소유하는 것으로 본다.

다만, 상속주택 이외 일반주택을 양도한 이후 「국세기본법」 제26조의2에 따른 국세 부과의 제척기간 내에 상속주택을 협의분할하여 등기한 경우 지분변경에 따라 양도소득세 납세의무가 발생하는 상속인은 그 협의분할등기일이 속하는 달의 말일부터 2개월 이내에 양도소득세를 신고·납부하여야 한다(소득령 §155 ⑲).

적용 사례 1 동일세대원이 1주택을 상속받은 후 상속등기를 하지 않은 경우

상속인	상속인 보유주택	법정상속 지분비율	일반주택 양도시
甲(배우자)	일반주택(1주택)	1.5	과세
乙(자녀)	일반주택(1주택)	1	비과세

해설 상속재산을 협의분할하였으나 상속등기를 하지 않은 경우에는 민법상 법정상속 지분비율이 가장 큰 甲이 해당 상속주택을 소유한 것으로 본다. 따라서 甲이 동일세대원으로서 상속받은 주택은 비과세 특례가 적용되지 않으므로 甲이 일반주택을 양도할 경우 양도소득세를 과세하되, 乙에 대해서는 본인 소유의 일반주택을 양도하는 경우 「소득세법 시행령」 제155조 제3항에 따라 상속주택 비과세 특례를 적용받을 수 있다.

적용 사례 2 별도세대원인 상속인이 상속받은 1주택을 상속등기 하지 않은 경우

상속인	상속인 보유주택	법정상속 지분비율	일반주택 양도시
甲(장남)	일반주택(1주택)	1	비과세
乙(차남)	일반주택(1주택)	1	비과세

해설 상속등기를 하지 않은 경우에는 민법상 법정상속 지분비율이 가장 큰 소유자의 주택으로 보게 되고, 법정상속 지분비율이 동일한 경우에는 상속인 중 연장자의 주택으로 본다. 따라서 법정상속 지분비율이 동일한 경우 甲과 乙 중 연장자인 甲이 해당 상속주택을 소유한 것이므로 甲은 상속주택 비과세 특례 규정(소득령 §155 ②)에 따라 일반주택 양도시 비과세를 받을 수 있으며, 乙 역시 본인 소유의 일반주택을 양도하는 경우 「소득세법 시행령」 제155조 제3항에 따라 상속주택 비과세 특례를 적용받을 수 있다.

비교 학습

상속등기를 이행하지 않은 경우 재산세 및 종합부동산세의 납세의무자

재산세 및 종합부동산세의 납세의무자는 재산세 과세기준일 현재 재산을 사실상 소유하고 있는 자다. 이 경우 상속이 개시된 재산으로서 상속등기가 이행되지 아니하고 사실상의 소유자를 신고하지 아니하였을 때에는 민법상 상속지분율이 가장 높은 자(1순위), 상속지분율이 같은 경우에는 연장자(2순위)가 주된 상속자로서 재산세 및 종합부동산세를 납부할 의무가 있다(지방법 §107 ② 2호).

관련 해석 사례 과세기준일 현재 상속등기가 이행되지 않고 지자체에 사실상 소유자 신고를 하지 않은 경우 주된 상속자에게 납세의무가 있는 것이며, 과세기준일이 지난 후에 상속등기가 이행된 경우로서 여러 사람이 공동으로 소유하는 주택은 지분권자 각자가 그 지분에 해당하는 부분에 대해 종합부동산세 납세의무가 있는 것이다(부동산납세과-1020, 2024. 6. 26).

Ⅶ 상속관련 기타 주요 내용

1 양도소득세

상속주택 비과세 특례 규정 이외도 상속과 관련해서 각 Part별로 주요 내용과 세제혜택을 설명하고 있으나, 본 Chapter에서는 주요 내용만 요약해서 설명하고자 한다.

[상속 관련 양도소득세 주요 핵심내용]

상속받은 부동산		주요 내용
취득 및 양도시기		상속개시일부터 취득 및 양도시기 적용
장기보유특별공제		보유 및 거주기간 계산시 상속개시일부터 기산
세율		보유기간 계산시 피상속인의 취득일부터 기산
1세대 1주택 비과세 보유 및 거주기간	동일세대	피상속인과 상속인의 보유 및 거주기간 합산
	별도세대	상속개시일부터 보유 및 거주기간 기산
취득가액	실제 취득가액 (실제 취득가액 의제)	상속세를 시가로 신고한 경우 시가를 취득가액으로 의제
		상속세를 기준시가로 신고한 경우 기준시가를 취득가액으로 의제
	환산취득가액	상속세 신고유형과 관계없이 환산취득가액 적용불가
상속받은 농지 자경기간 계산 (P. 752 참조)		상속인이 1년 이상 계속 자경한 경우 피상속인의 자경기간 합산
		상속인이 1년 이상 계속 자경하지 않은 경우 상속개시일부터 3년 이내 양도시 피상속인의 자경기간 합산
무조건 사업용토지로 보는 경우 (P. 836, P. 845 참조)		상속개시일로부터 5년 이내 양도하는 상속 농지 · 임야 · 목장용지
		직계존속 등이 8년 이상 재촌 · 자경한 상속 농지 · 임야 · 목장용지

2 종합부동산세

(1) 상속주택 종합부동산세 특례요건

일반주택과 상속을 원인으로 취득한 주택으로서 과세기준일(6월 1일) 현재 아래의 어느 하나에 해당하는 상속주택(조합원입주권 또는 분양권을 상속받아 사업시행 완료 후 취득한 신축주택 포함)을 소유하고 있는 경우 과세특례를 신청하면 "상속주택 수와 상관없이" 1세대 1주택자로 보아 12억원의 기본공제와 최대 80%의 세액공제를 적용하여 종합부동산세를 계산한다(종부령 §4의2 ②).

① 상속개시일로부터 5년이 경과하지 않은 주택
② 전체 주택에서 상속받은 지분이 차지하는 비율이 40% 이하인 주택
③ 상속주택 소유 지분율에 상당하는 공시가격이 6억원(수도권 밖 3억원) 이하인 주택

여기서 주의할 사항은 상속주택에 대해 1세대 1주택자 과세방식을 적용하더라도 앞서 살펴본 일시적 2주택 과세특례(P. 294 참조)와 마찬가지로 일반주택과 상속주택의 주택공시가격을 "합산"하여 계산하고 최대 80%의 세액공제(고령자 · 장기보유 세액공제)는 "일반주택"에 해당하는 산출세액에 대해서만 적용된다는 점이다.

(2) 상속주택에 대한 양도소득세와 종합부동산세 비교

1) 2주택 이상 상속받는 경우 특례적용 여부

피상속인으로부터 2주택 이상 상속받는 경우 양도소득세 비과세 특례는 선순위 상속 1주택에 대해서만 적용하나, 종합부동산세 1세대 1주택자 과세방식은 주택 수에 상관없이 2주택 이상 상속받는 경우에도 적용받을 수 있다.

2) 상속주택 취득 순서에 따른 특례적용 여부

양도소득세 비과세 특례를 적용받으려면 일반주택을 보유한 상태에서 상속주택을 취득해야 하나, 종합부동산세 1세대 1주택자 과세방식을 적용하는 경우에는 일반주택과 상속주택의 취득시기와 상관없이 적용이 가능하다.

3) 상속주택 취득시 세대기준 적용여부

양도소득세 비과세는 세대단위로 판단하므로 상속주택을 동일세대원이 취득한 경우에도 비과세 특례를 적용받을 수 있으나, 종합부동산세는 인별로 과세되므로 일반주택과 상속주택의 소유자가 동일인에 해당하는 경우에만 과세특례를 적용받을 수 있다.

관련 해석 사례

1. 1주택을 소유하고 있는 상속인이 다른 주택의 건물부분과 부속토지를 순차적으로 상속받은 경우로서, 종합부동산세 과세기준일 현재 먼저 상속받은 부분은 상속개시일부터 5년이 경과(2022. 6. 1. 전 이미 5년이 경과한 경우 포함)하고, 나중에 상속받은 부분은 상속개시일부터 5년이 경과하지 않은 경우 「종합부동산세법 시행령」 제4조의2 제2항(1세대 1주택자 특례)에 해당하지 아니하는 것이다(법규재산-5557, 2024. 4. 30).
2. 1주택과 「종합부동산세법 시행령」 제4조의2 제2항에 해당하는 상속주택을 세대원 중 1명만이 함께 소유하고 있는 경우에 1세대 1주택자로 보아 주택 공시가격 합계액에서 12억원을 공제하는 것이나, 상속주택을 세대원 중 2명이 공동으로 소유한 경우(같은 법 제10조의2에 따라 공동명의 1주택자의 납세의무 등에 관한 특례가 적용되는 경우는 제외)에는 세대원 각자의 주택공시가격에서 9억원을 공제하는 것이다(부동산납세과-358, 2023. 2. 6).
3. 1주택(남편소유)과 상속주택(부인소유)을 세대원 중 2인이 각각 소유하는 경우에는 「종합부동산세법 시행령」 제4조의2 제2항에 따른 1세대 1주택자 특례를 적용할 수 없다(부동산납세과-3736, 2022. 12. 13).

적용 사례 일반주택과 상속주택을 보유한 경우 종합부동산세 계산방법

구 분	A주택	B주택	C주택	비 고
보유주택	일반주택(9년 보유)	상속주택(4년 보유)	상속주택(4년 보유)	연령 65세
공시가격	18억원	7억원	3억원	

해설

	구 분	금 액	계산 근거
	주택공시가격	2,800,000,000	일반주택과 상속주택 주택공시가격 합산
(−)	기본공제	1,200,000,000	1세대 1주택자 기본공제 적용
(×)	공정시장가액비율	60%	−
(=)	과세표준	960,000,000	−
(×)	세율	1%	과세표준 6억원 초과 ~ 12억원 이하 기본세율
(=)	산출세액	7,200,000	해설참조1)
(−)	세액공제	2,314,285	고령자 및 장기보유자 세액공제2)
(=)	납부세액	4,885,715	−
(+)	농어촌특별세	977,143	종합부동산세 납부세액의 20%
(=)	총부담세액	5,862,858	−

1) 960,000,000 × 1% − 2,400,000(누진공제) = 7,200,000

2) 고령자 · 장기보유자 세액공제는 종전주택의 주택공시가격에 해당하는 산출세액에 대해서만 적용한다.

▪ $7{,}200{,}000 \times \frac{1{,}800{,}000{,}000}{2{,}800{,}000{,}000} \times (30\% + 20\%) = 2{,}314{,}285$

3 취득세

상속을 원인으로 주택을 취득하는 경우에는 시가표준액(주택공시가격)을 기준으로 2.8%의 기본세율 또는 0.8%의 특례세율(1가구 1주택)을 적용하며, 상속주택은 상속인의 의사와는 무관하게 취득한 것이므로 매매 및 증여와 같이 중과세율을 적용하지는 않지만, 다른 주택의 취득세 중과대상 여부를 판단할 때는 주택 수에 포함될 수도 있다.

[상속주택 관련 취득세 주요 내용]

구 분	내 용
과세표준	시가표준액(주택공시가격)
적용세율	기본세율 : 2.8%
	특례세율 : 0.8%(1가구 1주택자*)
신고 및 납부기한	상속개시일이 속하는 달의 말일로부터 6개월 이내
다른 주택 취득세 중과대상 판단시 주택 수 포함 여부	2020. 8. 11. 이전 상속 : 2020. 8. 12.부터 5년 동안 주택 수 제외
	2020. 8. 12. 이후 상속 : 상속개시일로부터 5년 동안 주택 수 제외
	공동상속주택 : 소득령 §155 ③에 따른 주된 상속인의 주택 수에 포함하되, 상속개시일로부터 5년 동안 다른 주택의 취득세 중과대상 판단시 주택 수 제외

* 1가구 1주택에 해당하는지 여부는 피상속인이 아닌 상속인을 기준으로 판정한다. 예를 들어, 피상속인의 상속주택이 2주택 이상인 경우에도 무주택자인 상속인이 각각 1주택씩 상속받으면 1가구 1주택자에 해당하여 0.8%의 특례세율을 적용받을 수 있다.

비교 학습

상속주택에 대한 양도소득세와 취득세 비교

양도소득세에서는 별도세대원으로부터 상속받은 선순위 1상속주택에 대해서만 비과세 특례를 적용하지만, 취득세에서는 별도세대 및 선순위 상속주택 여부와는 관계없이 모든 상속주택은 상속개시일로부터 5년 동안 다른 주택의 취득세 중과대상 판단시 주택 수에서 제외되며, 공동상속주택 소수지분은 상속개시일로부터 5년이 경과하였더라도 주택 수에서 제외된다.

Chapter

3 동거봉양·혼인 합가에 따른 비과세 특례

I 동거봉양합가로 인한 비과세 특례

1세대 1주택자가 1주택을 보유하고 있는 60세 이상의 직계존속(배우자의 직계존속을 포함하되, 직계존속 중 어느 한 사람이 60세 이상)을 동거봉양하기 위하여 세대를 합침으로써 1세대가 2주택을 보유하게 되는 경우 합친 날부터 10년 이내에 먼저 양도하는 주택은 1세대 1주택 비과세(양도가액 12억원 초과분 상당액은 과세)를 적용한다(소득령 §155 ④).

이 경우 직계존속의 연령 판단은 양도일 아닌 "세대를 합친 날"을 기준으로 판단하며, 암이나 희귀성 질환 등 중대한 질병이 발생한 직계존속의 경우는 연령이 60세 미만이더라도 동거봉양 세대합가 기준 직계존속의 범위에 포함된다.

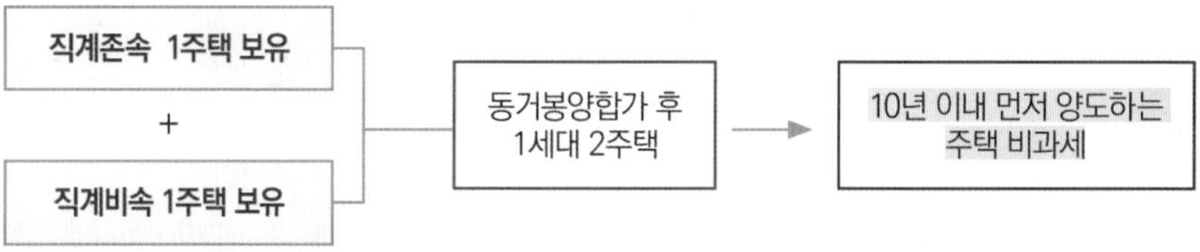

II 혼인합가로 인한 비과세 특례

1주택을 보유하는 자가 1주택을 보유하는 자와 혼인함으로써 1세대가 2주택을 보유하게 되는 경우 또는 1주택을 보유한 60세 이상 직계존속(배우자의 직계존속을 포함하되, 직계존속 중 어느 한 사람이 60세 이상)을 동거봉양하는 무주택자가 1주택을 보유하는 자와 혼인함으로써 1세대가 2주택을 보유하게 되는 경우 각각 혼인한 날부터 10년(2024. 11. 11. 이전 양도분은 5년) 이내에 먼저 양도하는 주택은 1세대 1주택 비과세(양도가액 12억원 초과분 상당액은 과세)를 적용한다(소득령 §155 ⑤).

이 경우 혼인합가의 혼인한 날은 「가족관계의 등록 등에 관한 법률」에 따라 관할 지방자치단체에 혼인신고한 날을 말한다.

(1) 1주택자가 1주택자와 혼인한 경우

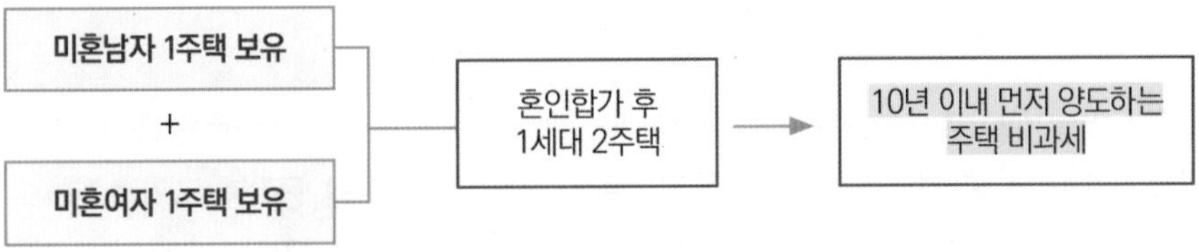

(2) 1주택자인 직계존속과 합가한 무주택자가 1주택자와 혼인한 경우

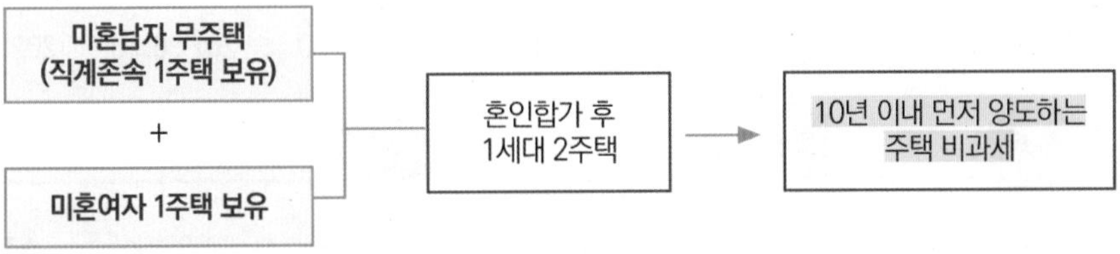

! 동거봉양합가 및 혼인합가에 따른 비과세 특례 적용시 주의사항

1. 동거봉양합가 또는 혼인합가 후 각 당사자의 소유주택에 거주하는 경우뿐만 아니라, 다른 주택을 임차하여 세대를 합가해도 비과세 특례를 적용받을 수 있다.
2. 세대합가한 후에 주택을 취득하여 1세대 2주택이 된 경우에는 합가에 따른 비과세 특례는 적용되지 않지만, 일시적 2주택 비과세 특례 규정(소득령 §155 ①)은 적용받을 수 있다.
3. 동거봉양합가 비과세 특례를 적용함에 있어 주택 소유자가 반드시 60세 이상이어야 하는 것은 아니고, 직계존속(부모) 중 한 사람의 나이가 60세 이상이면 해당 특례를 적용받을 수 있다.
4. 노부모를 봉양하기 위하여 합가 하였다가 분가 후, 다시 세대를 합친 경우에는 그 최종 합가일부터 10년 이내에 비과세 요건을 갖춘 1주택을 양도하는 경우에는 비과세 특례를 적용받을 수 있다.

적용 사례 1 동거봉양합가 후 父母로부터 증여받은 주택을 양도하는 경우 비과세 여부

해설 동거봉양합가로 인하여 1세대 2주택이 된 상태에서 부친으로부터 B주택을 증여받은 후 B주택을 양도하는 경우에는 동거봉양합가에 따른 비과세 특례가 적용되지 않지만, 동거봉양합가전 자녀가 보유하던 A주택을 합가일로부터 10년 이내 양도하는 경우 비과세 특례를 적용한다(양도집행 89-155-20).

적용 사례 2 동거봉양합가 후 2주택 상태에서 1주택자와 혼인합가한 경우 비과세 여부

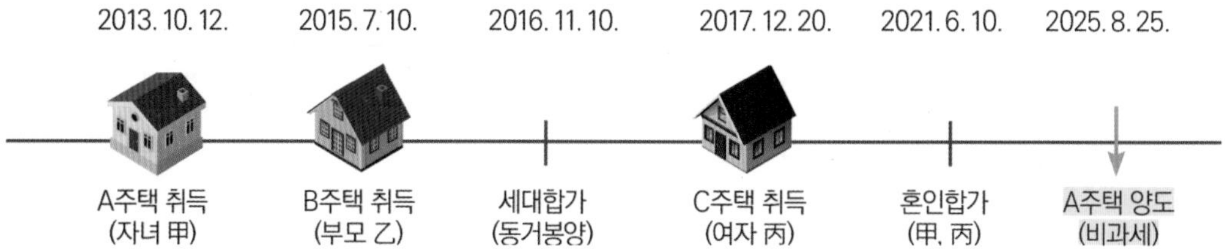

해설 1주택자인 甲과 1주택자인 乙이 동거봉양합가로 인하여 1세대 2주택자가 된 상태에서 甲이 1주택자인 丙과 혼인하여 1세대가 3주택을 보유한 경우 직계존속과 세대를 합친 날(혼인합가일이 아님)부터 10년 이내에 A주택 또는 C주택을 양도하는 경우에는 비과세 특례를 적용한다(부동산거래관리과-611, 2010. 4. 28).

적용 사례 3 1주택자인 子와 별거중인 母만 동거봉양합가한 경우 비과세 여부

해설 A주택을 보유하고 자(子)가 60세 이상의 부모(父母) 중 B주택을 보유하고 있는 부(父)와 생계를 달리하고 있는 상태에서 C주택을 보유하고 있는 모(母)와 합가한 경우에는 「소득세법 시행령」 제155조 제4항에서 규정하고 있는 직계존속을 동거봉양하기 위하여 세대를 합친 경우에 해당하지 않으므로 A주택 양도시 비과세 특례를 적용하지 않는다(법규재산-0653, 2022. 7. 18).

적용 사례 4 1세대 4주택자(일반주택, 동거봉양주택, 공동상속주택, 농어촌주택)가 일반주택을 양도하는 경우 비과세 여부

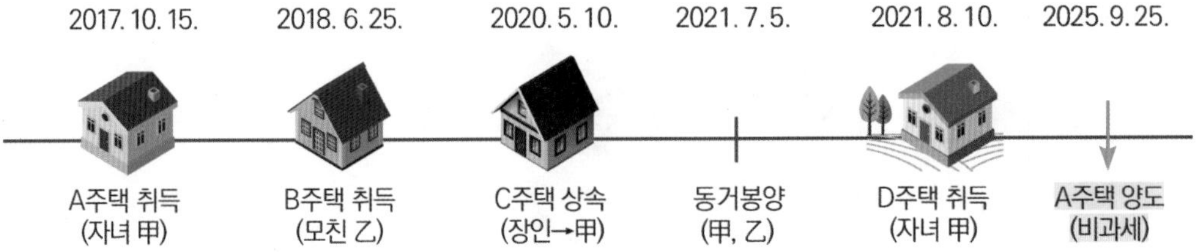

- 2020. 5. 10.에 자녀 甲이 취득한 C주택은 별도세대원인 丈人으로부터 상속받은 공동상속주택에 해당함
- 2021. 8. 10.에 자녀 甲이 취득한 D주택은 조특법 §99의4 농어촌주택에 해당함

해설 일반주택A와 소득령 §155 ④에 따른 동거봉양주택B 및 소득령 §155 ③에 따른 공동상속주택C을 보유한 1세대가 「조세특례제한법」 제99조의4에 따른 농어촌주택D를 추가로 취득하여 4주택 상태에서 일반주택A를 양도하는 경우에는 공동상속주택C와 농어촌주택D는 없는 것으로 보아 동거봉양합가로 인한 비과세 특례가 적용된다(부동산납세과-948, 2022. 4. 18).

적용 사례 5 1주택자인 子와 주택 공동소유자인 母와 동거봉양 합가한 경우 비과세 여부

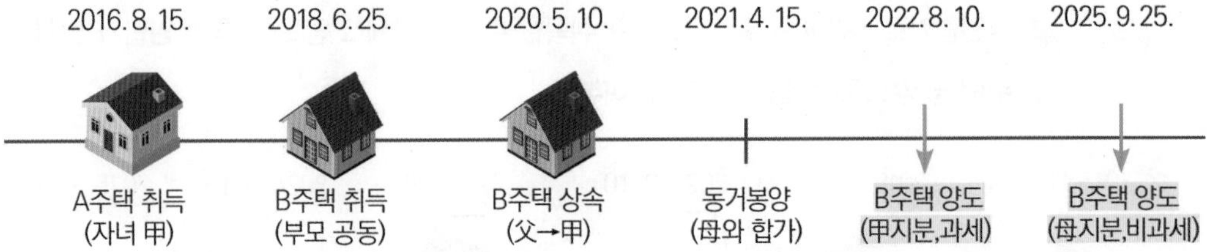

- 2018. 6. 25.에 취득한 B주택은 부모가 50%씩 공동소유함
- 2020. 5. 10.에 자녀 甲은 父의 사망으로 父지분(50%) 중 30%(최대지분자)를 취득함

해설 일반주택A와 별도세대인 부친 보유 B주택의 상속지분을 일부 보유하고 있는 자녀甲은 B주택의 1/2 지분을 보유한 모친과 동거봉양합가한 다음 B주택의 본인 상속지분을 먼저 과세로 양도한 후, 모친 소유 B주택의 1/2 지분을 합가일로부터 10년 이내에 양도하는 경우에는 동거봉양합가로 인한 비과세 특례가 적용된다(부동산납세과-2618, 2023. 11. 22).

적용 사례 6 혼인합가 후 3주택 상태에서 1주택을 과세로 양도하고 합가일로부터 10년 이내에 1주택을 양도하는 경우 비과세 여부

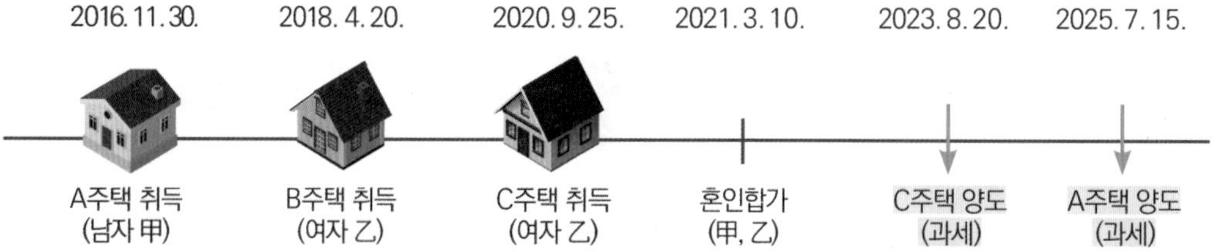

해설 혼인합가특례(소득령 §155 ⑤)의 요건인 "1주택자가 1주택자와 혼인함으로써 2주택을 보유하게 되는 경우"는 주택의 양도일이 아닌 혼인합가 당시 주택 수로 충족 여부를 판정하는 것이므로 혼인합가로 3주택이 된 상태에서 C주택을 과세로 양도한 후, 혼인한 날로부터 10년 이내에 A주택을 양도하는 경우 비과세 특례를 적용받을 수 없다(법규재산-0887, 2024. 6. 25).

유사 해석 사례 「소득세법 시행령」 제155조 제20항에 따른 장기임대주택 2채 및 거주주택 1채를 보유한 자와 장기임대주택과 거주주택을 각각 1채를 보유한 자가 혼인한 후, 혼인한 날로부터 10년(2024. 11. 11. 이전 양도분은 5년) 이내 먼저 양도하는 거주주택에 대하여 "혼인합가 당시 주택 수"를 충족하지 못하므로 「소득세법 시행령」 제155조 제5항의 혼인합가 특례를 적용할 수 없다(법규재산-4283, 2024. 6. 27).

응용 사례 혼인합가로 1세대 2주택자가 추가 취득한 주택을 과세로 양도한 후 혼인합가 당시 소유한 주택을 양도하는 경우 비과세 여부

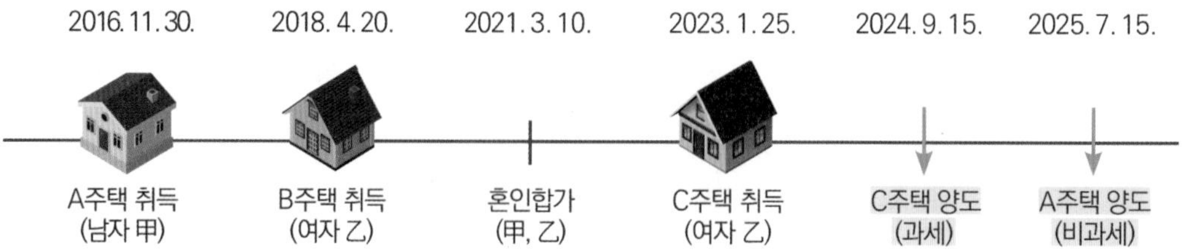

해설 혼인합가특례(소득령 §155 ⑤)의 요건인 "1주택자가 1주택자와 혼인함으로써 2주택을 보유하게 되는 경우"는 주택의 양도일이 아닌 혼인합가 당시 주택 수로 충족 여부를 판정하는 것이므로 혼인합가로 2주택이 된 상태에서 C주택을 추가로 취득한 후 과세로 양도하고 혼인한 날로부터 10년 이내에 A주택 또는 B주택을 양도하는 경우 비과세 특례를 적용받을 수 있다.

Ⅲ 조합원입주권 등을 보유한 자와 세대합가한 경우 비과세 특례

1 적용 요건

「소득세법 시행령」 제156조의2 제8항 제1호에 해당하는 자(직계비속)가 제2호에 해당하는 자(직계존속)를 동거봉양하기 위해 세대를 합친 경우 또는 같은 조 제9항 제1호에 해당하는 자(남자 또는 여자)가 제1호에 해당하는 다른 자(여자 또는 남자)와 혼인함으로써 1세대가 ① 1주택과 1조합원입주권(또는 1분양권), ② 1주택과 2조합원입주권(또는 2분양권), ③ 2주택과 1조합원입주권(또는 1분양권), ④ 2주택과 2조합원입주권(또는 2분양권) 등을 소유하게 되는 경우 세대 합가일부터 "10년 이내에 먼저 양도하는 주택(최초양도주택)"이 아래의 「소득세법 시행령」 제156조의2 제8항 제3호 및 제9항 제2호(아래의 가목), 제4호 및 제3호(아래의 다목), 제5호 및 제4호(아래의 나목)에 따른 어느 하나에 해당하는 경우에는 1세대 1주택으로 보아 비과세 규정을 적용한다(소득령 §156의2 ⑧, ⑨, §156의3 ⑥).

직계비속(8항 1호) 또는 男·女(9항 1호)	직계존속(8항 2호) 또는 女·男(9항 1호)
1주택(가목) 1조합원입주권 또는 1분양권(나목) 1주택과 1조합원입주권 또는 1분양권(다목)	1주택(가목) 1조합원입주권 또는 1분양권(나목) 1주택과 1조합원입주권 또는 1분양권(다목)
※ 분양권은 2021. 1. 1. 이후 취득한 주택분양권을 말함	

2 적용대상주택

(1) 주택보유자의 동거봉양 · 혼인합가

합가 이전에 제1호 가목(1주택) 또는 제2호 가목(1주택)에 해당하는 자가 소유하던 주택을 양도할 것(소득령 §156의2 ⑧ 3호 및 ⑨ 2호). 이 규정은 「소득세법 시행령」 제155조 제4항 및 제5항을 적용하여 비과세를 적용한다.

(2) 주택과 조합원입주권 등 보유자의 동거봉양 · 혼인합가

합가 이전에 제1호 다목(1주택과 1조합원입주권 또는 1분양권) 또는 제2호 다목(1주택과 1조합원입주권 또는 1분양권)에 해당하는 자가 소유하던 아래의 어느 하나에 해당하는 주택(소득령 §156의2 ⑧ 4호 및 ⑨ 3호).

① 합가 이전에 소유하던 주택이 관리처분계획 등의 인가로 인하여 조합원입주권으로 전환된 상태에서 재개발사업, 재건축사업 또는 소규모재건축사업 등의 시행기간 중 거주하기 위하여 사업시행계획 인가일 이후 취득한 주택(대체주택)으로서 취득 후 1년 이상 거주한 주택을 양도할 것
② 합가 이전에 주택을 보유한 상태에서 조합원입주권을 승계취득하고 주택을 양도할 것
③ 합가 이전에 주택을 보유한 상태에서 분양권을 취득하고 주택을 양도할 것

(3) 조합원입주권 등 보유자의 동거봉양 · 혼인합가

합가 이전에 제1호 나목(1조합원입주권 또는 1분양권) 또는 제2호 나목(1조합원입주권 또는 1분양권)에 해당하는 자가 소유하던 1조합원입주권 또는 1분양권에 의하여 재개발사업, 재건축사업 또는 소규모재건축사업 등의 관리처분계획 등 또는 사업시행 완료에 따라 합가 이후에 취득하는 신축주택을 양도할 것(소득령 §156의2 ⑧ 5호 및 ⑨ 4호).

3 1주택 보유자가 1조합원입주권(또는 분양권) 보유자와 합가한 경우

적용 사례 1 1주택 보유자가 1조합원입주권 보유자와 동거봉양(혼인)합가한 경우

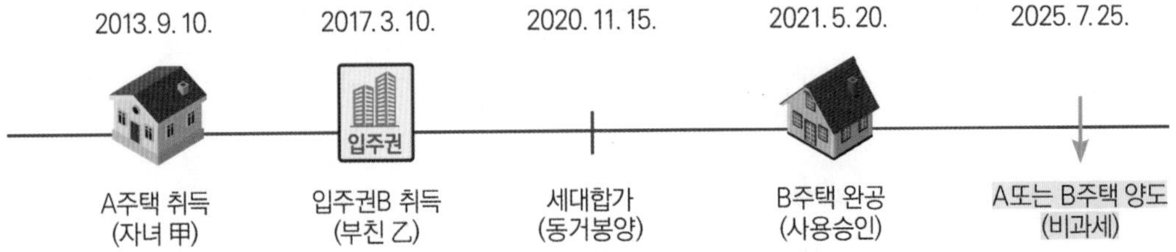

해설 동거봉양(혼인)합가에 따른 1세대 1주택 비과세 특례대상에는 주택뿐만 아니라 합가 전에 보유하던 조합원입주권이 합가 후 재건축 등으로 완공된 신축주택도 포함된다. 따라서, 동거봉양(혼인)합가한 날로부터 10년 이내에 A주택 또는 신축주택B를 양도하는 경우에는 비과세되나, 합가 후 조합원입주권 상태에서 양도하는 경우에는 비과세 되지 않는다.

적용 사례 2 '21. 1. 1. 이후 취득한 분양권을 보유한 상태에서 합가한 경우

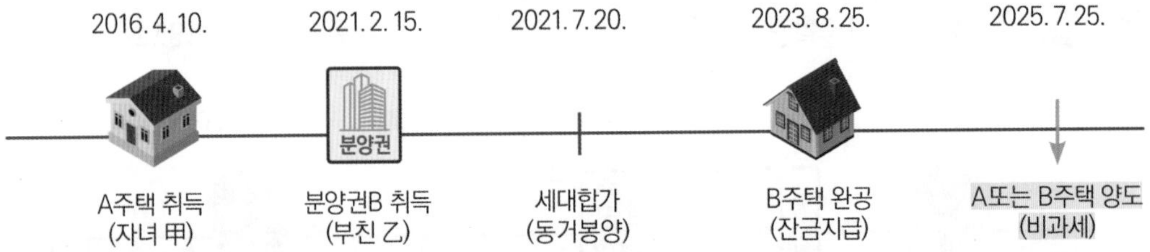

해설 2021. 1. 1. 이후 취득한 분양권은 주택 수에 포함되므로 1주택 보유자가 1분양권 보유자와 동거봉양(혼인)합가한 경우에는 동거봉양(혼인)합가에 따른 비과세 특례가 적용되므로 동거봉양(혼인)합가한 날로부터 10년 이내에 A주택 또는 신축주택B를 양도하는 경우 비과세된다.

대비 사례 '20. 12. 31. 이전에 취득한 분양권을 보유한 상태에서 합가한 경우

해설 2020. 12. 31. 이전에 취득한 분양권은 주택 수에 포함되지 않으므로 1주택을 보유한 자가 1분양권을 보유한 자와 동거봉양(혼인)합가한 후, 2020. 12. 31. 이전에 취득한 분양권에 의한 완공된 신축주택를 양도하는 경우에는 동거봉양(혼인)합가에 따른 비과세 특례는 적용되지 않으나, 동거봉양(혼인)한 날로부터 1년 이상이 지난 후 신규주택(분양권에 의해 완공된 신규주택B)을 취득하고 신규주택B 취득일로부터 3년 이내 종전주택A를 양도하면 일시적 2주택 비과세 특례를 적용받을 수 있다(법규재산-0023, 2023. 2. 1).

4 1주택과 1조합원입주권(또는 분양권) 보유자가 1조합원입주권(또는 분양권) 보유자와 합가한 경우

적용 사례 1 1주택과 1조합원입주권 보유자가 1조합원입주권 보유자와 동거봉양(혼인)합가한 경우

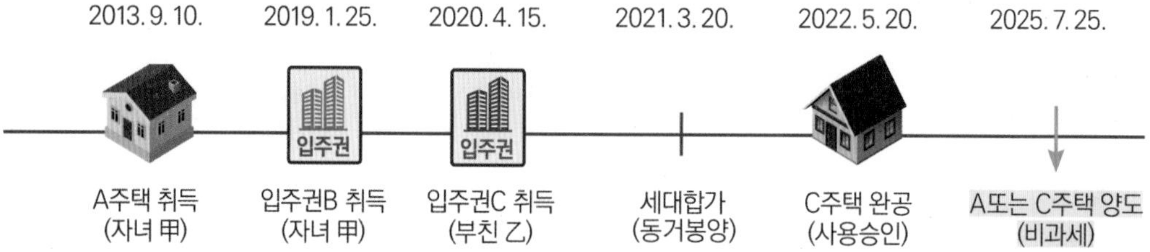

해설 1조합원입주권을 승계취득하여 1주택과 1조합원입주권을 보유한 자가 1조합원입주권을 보유한 자와 동거봉양(혼인)합가한 후, 합가한 날로부터 10년 이내에 종전주택A 또는 신축주택C를 양도하는 경우 비과세된다.

적용 사례 2 1조합원입주권과 1주택 보유자가 1조합원입주권 보유자와 동거봉양(혼인)합가한 경우

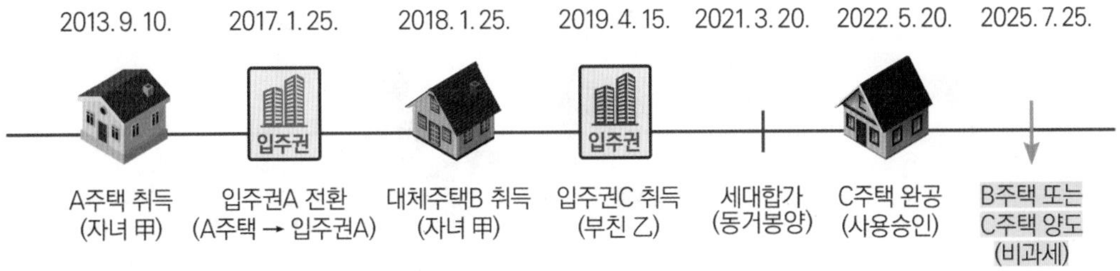

해설 1주택이 조합원입주권으로 전환된 후 거주목적으로 대체주택을 취득하여 1조합원입주권과 1대체주택을 보유한 상태에서 1조합원입주권을 보유한 자와 동거봉양(혼인)합가한 후, 합가한 날로부터 10년 이내에 대체주택B 또는 신축주택C를 양도하는 경우 비과세된다.

5 1주택 보유자가 1주택과 1조합원입주권(또는 분양권) 보유자와 합가한 경우

적용 사례 1 1주택 보유자가 1주택과 1조합원입주권 보유자와 동거봉양(혼인)합가한 경우

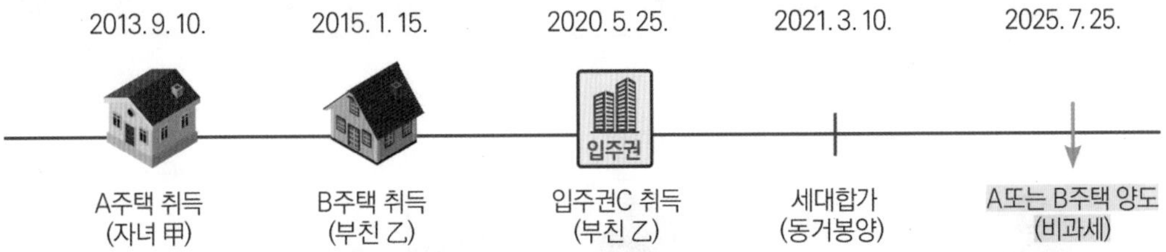

해설 1주택을 보유한 자가 1주택과 1조합원입주권을 보유한 자와 동거봉양(혼인)합가한 후, 합가한 날로부터 10년 이내에 A주택 또는 B주택을 양도하는 경우 비과세된다.

유사 해석 사례 1주택과 1조합원입주권을 소유한 갑이 1주택을 소유한 을과 혼인함으로써 1세대가 2주택과 1조합원입주권을 소유하게 된 후 갑의 조합원입주권의 일부 지분(1/2)을 을에게 증여한 경우로서 혼인한 날로부터 10년 이내 먼저 양도하는 주택은 「소득세법 시행령」 제156조의2 제9항을 적용받을 수 있다(법규재산-4077, 2023. 2. 1).

적용 사례 2 1주택과 1조합원입주권 보유자가 1주택 보유자와 동거봉양(혼인)합가한 경우

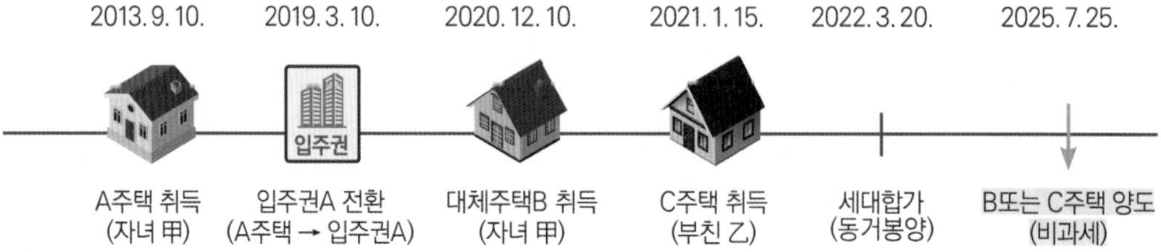

해설 1주택이 조합원입주권으로 전환된 후 거주목적으로 대체주택을 취득하여 1조합원입주권과 1대체주택을 보유한 상태에서 1주택을 보유한 자와 동거봉양(혼인)합가한 후, 합가한 날로부터 10년 이내에 대체주택B 또는 C주택을 양도하는 경우 비과세된다.

6 1주택과 1조합원입주권(또는 분양권) 보유자가 1주택과 1조합원입주권(또는 분양권) 보유자와 합가한 경우

적용 사례 1주택과 1조합원입주권 보유자가 1주택과 1조합원입주권 보유자와 동거봉양(혼인)합가한 경우

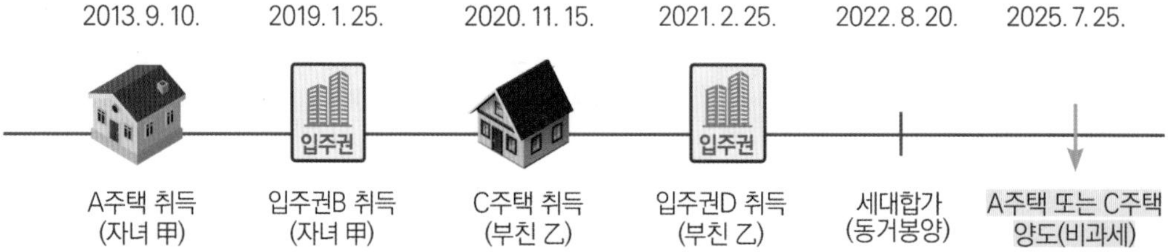

해설 1조합원입주권을 승계취득하여 1주택과 1조합원입주권을 보유한 자가 1조합원입주권을 승계취득하여 1주택과 1조합원입주권을 보유한 자와 동거봉양(혼인) 합가한 후, 합가한 날로부터 10년 이내에 종전주택A 또는 종전주택C를 양도하는 경우 비과세된다.

7 1조합원입주권(또는 분양권) 보유자가 1조합원입주권(또는 분양권) 보유자와 합가한 경우

적용 사례 1조합원입주권 보유자가 1조합원입주권 보유자와 동거봉양(혼인)합가한 경우

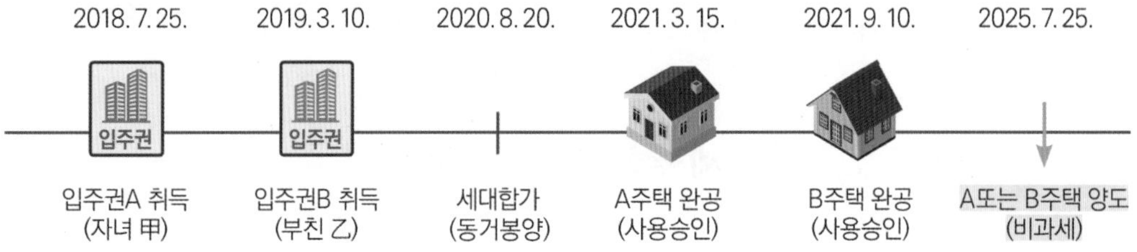

해설 1조합원입주권을 보유한 자가 1조합원입주권을 보유한 자와 동거봉양(혼인)합가한 후 합가한 날로부터 10년 이내에 재건축 등에 따라 신축된 A주택 또는 B주택을 양도하는 경우 비과세된다.

Ⅳ 동거봉양(혼인)합가 관련 종합부동산세 및 취득세

1 세대합가시 종합부동산세 1세대 1주택자 과세특례

(1) 혼인으로 인하여 합가한 경우

혼인함으로써 1세대를 구성하는 경우에는 혼인한 날부터 "10년 동안"은 주택 또는 토지를 소유하는 자와 그 혼인한 자별로 각각 1세대로 보아 종합부동산세를 계산한다. 따라서, 미혼남자와 미혼여자가 각각 1주택자인 경우에는 혼인합가 이후에도 각각 12억원의 기본공제와 최대 80%의 세액공제를 적용받을 수 있다(종부령 §1의2 ④).

(2) 동거봉양을 위해 합가한 경우

동거봉양하기 위하여 합가함으로써 과세기준일 현재 60세 이상의 직계존속(배우자의 직

계존속을 포함하되, 직계존속 중 어느 한 사람이 60세 이상)과 1세대를 구성하는 경우에는 합가한 날부터 "10년 동안(합가한 날 당시는 60세 미만이었으나, 합가한 후 과세기준일 현재 60세에 도달하는 경우는 합가한 날부터 10년의 기간 중에서 60세 이상인 기간 동안)" 주택 또는 토지를 소유하는 자와 그 합가한 자별로 각각 1세대로 보아 종합부동산세를 계산한다. 따라서, 직계비속과 직계존속이 각각 1주택자인 경우에는 동거봉양합가 이후에도 각각 12억원의 기본공제와 최대 80%의 세액공제를 적용받을 수 있다(종부령 §1의2 ⑤).

2 세대합가로 인한 취득세 중과여부 판단시 주택 수 제외

(1) 동거봉양합가로 인한 주택 수 산정방법

자녀가 65세 이상의 직계존속(배우자의 직계존속을 포함하되, 직계존속 중 어느 한 사람이 65세 이상)을 동거봉양하기 위하여 세대를 합가한 경우 65세 이상의 직계존속과 자녀는 각각 별도의 세대로 본다(지방령 §28의3 ② 2호).

따라서, 동거봉양합가 후 "주택 취득일 현재" 부모의 나이가 65세 이상인 경우에는 부모와 자녀는 각각 별도세대로 보아 각각의 주택 수에 따라 취득세 중과여부를 판단한다

(2) 혼인으로 인한 주택 수 산정방법

혼인한 사람이 혼인 전 소유한 주택분양권으로 주택을 취득하는 경우 다른 배우자가 혼인 전부터 소유하고 있는 주택은 취득세 중과여부를 판단할 때 주택 수에서 제외한다(지방령 §28의4 ⑤ 6호).

예를 들어, 미혼남자가 2주택을 보유한 상태에서 조정대상지역 소재 주택분양권을 1개 소유한 미혼여자와 결혼한 후 해당 주택분양권이 주택으로 완공되어 취득세를 계산할 때, 혼인 전에 미혼남자가 소유한 2주택은 중과대상 주택 수에서 제외되므로 1% ~ 3%의 취득세 기본세율이 적용된다.

[동거봉양합가에 따른 각 세목 비교]

구 분	양도소득세	종합부동산세	취득세
직계존속 나이	60세 이상	60세 이상	65세 이상
나이판정 시점	세대합가일 현재	과세기준일 현재	주택 취득일 현재
특례 적용기간	10년간 1세대 1주택	10년간 별도세대	기간제한 없이 별도세대

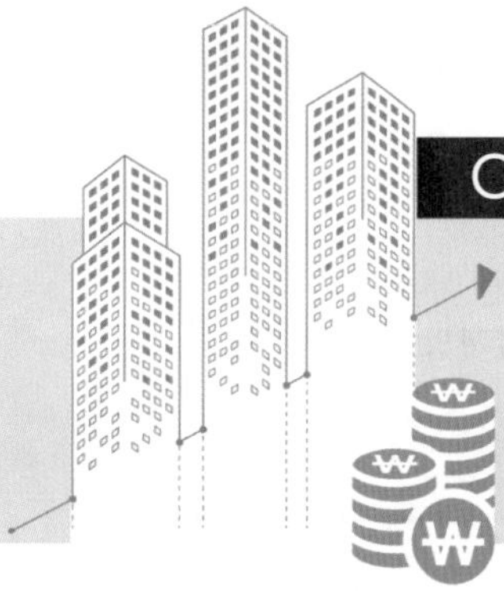

Chapter

4 농어촌주택 등 취득자가 일반주택 양도시 비과세 특례

I 소득세법상 농어촌주택에 대한 비과세 특례

1 기본 요건

수도권(서울·경기·인천) 밖의 읍지역(도시지역 제외) 또는 면지역에 소재하는 아래의 어느 하나에 해당하는 농어촌주택(상속주택·이농주택·귀농주택)과 일반주택을 각각 1개씩 소유하고 있는 1세대가 일반주택을 양도하는 경우에는 1세대 1주택 비과세(양도가액 12억원 초과분 상당액은 과세)를 적용한다(소득령 §155 ⑦).

① 피상속인이 취득 후 5년 이상 거주한 상속주택
② 이농인이 취득 후 5년 이상 거주한 이농주택
③ 귀농주택(2016. 2. 17. 이후 취득하는 귀농주택은 그 취득일로부터 5년 이내 일반주택 양도)

2 농어촌주택의 범위 및 요건

(1) 상속주택

원칙적으로 별도세대원인 피상속인이 취득 후 5년 이상 거주한 주택이어야 하지만, 일반 상속주택과 같이 동거봉양합가 후 동일세대원인 피상속인이 합가 전에 보유하고 있었던 주택의 경우에도 농어촌 상속주택의 범위에 포함된다(소득령 §155 ⑦ 1호).

여기서 주의할 사항은 「소득세법 시행령」 제155조 제7항에 따른 농어촌 상속주택은 일반 상속주택과는 달리 취득 순서와 관계없이 일반주택을 수차례 취득 및 양도하거나 2주택 이상을 상속받는 경우에도 해당 특례규정이 적용된다는 점이다.

① 先 상속주택 취득+後 일반주택 취득 → 일반주택 양도

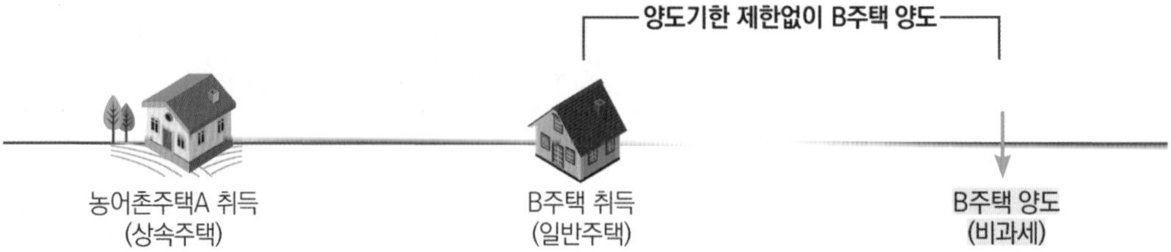

② 先 일반주택 취득+後 상속주택 2개 취득 → 일반주택 양도

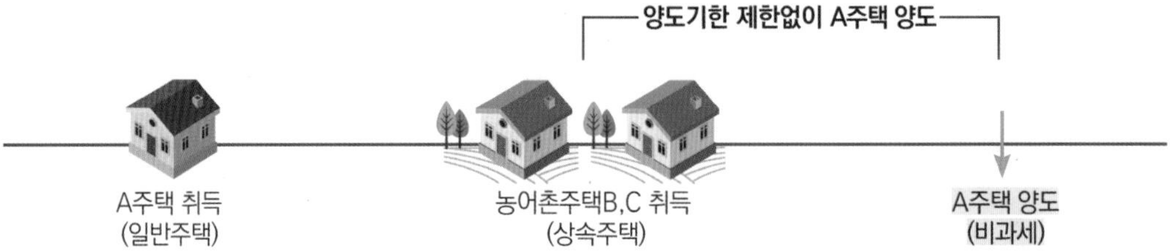

비교 학습

일반 상속주택과 조특법상 농어촌주택 비과세 특례 적용시 비과세 횟수 및 특례주택 제한

「소득세법 시행령」 제155조 제2항에 따른 상속주택과 후술하는 「조세특례제한법」 제99조의4에 따른 농어촌주택에 대한 비과세 특례규정은 일반주택을 먼저 보유한 상태에서 해당 특례주택을 취득하고 일반주택을 먼저 양도하여야 하며, 특례주택은 1채에 대해서만 비과세 특례가 적용된다.

관련 해석 사례

1. 무주택자인 1세대가 별도세대를 구성하는 피상속인이 보유한 「소득세법 시행령」 제155조 제7항 제1호 요건을 충족하는 1개의 농어촌주택과 1개의 일반주택을 상속받은 경우에는 농어촌주택과 일반주택의 취득순서가 규정되어 있지 않으므로 동시에 상속받고 일반주택을 양도하더라도 1세대 1주택 비과세 특례를 적용받을 수 있다(법규재산-1668, 2023. 5. 24).
2. A주택을 甲과 乙(甲과 乙은 부부) 이 공동 소유하다가 乙이 농어촌주택B를 별도세대의 부친으로부터 상속받아 일반주택 1채와 「소득세법 시행령」 제155조 제7항 제1호에 따른 농어촌주택을 보유하던 중 남편乙이 사망하여 A주택의 乙지분과 농어촌주택B를 부인 甲이 전부 상속받은 이후, 甲이 C주택을 취득한 다음 그 취득일로부터 3년 이내에 일반주택A를 양도하는 경우에는 일시적 2주택 비과세 특례를 적용받을 수 있다(법령해석재산-1649, 2021. 12. 20).
3. 1세대가 동거봉양 합가 이후 농어촌주택을 상속받고 합가 당시 보유한 일반주택을 양도한 후, 다시 일반주택을 취득하여 양도한 경우에도 농어촌주택 비과세 특례가 적용된다(재산세제과-529, 2018. 6. 18).
4. 피상속인이 취득 후 5년 이상 거주한 농어촌주택을 동일세대원이 상속받은 후, 일반주택을 양도하는 경우에는 농어촌주택 비과세 특례가 적용되지 않는다(법령해석재산-0289, 2017. 6. 15).

(2) 이농주택

「소득세법 시행령」 제155조 제7항 제2호에서 규정하는 있는 "이농주택"이란 영농(營農) 또는 영어(營漁)에 종사하던 자가 전업(轉業)으로 인하여 "다른 시·구·읍·면지역"으로 전출함으로써 거주자 및 그 배우자와 생계를 같이하는 가족 전부 또는 일부가 거주하지 못하게 되는 주택으로서 이농인(離農人)이 취득 후 5년 이상 거주한 주택을 말한다(소득령 §155 ⑨).

여기서 주의할 사항은 농어촌 이농주택을 먼저 취득한 후, 일반주택을 취득하고 일반주택을 양도하는 경우에만 비과세 특례(이농주택을 보유한 상태에서 일반주택을 수차례 취득 및 양도시 비과세 가능)가 적용되는 것이므로, 일반주택이 아닌 이농주택을 먼저 양도하거나 일반주택을 먼저 취득하고 농어촌 이농주택을 나중에 취득하는 경우에는 비과세 특례를 적용받을 수 없다는 점이다(양도집행 89-155-24).

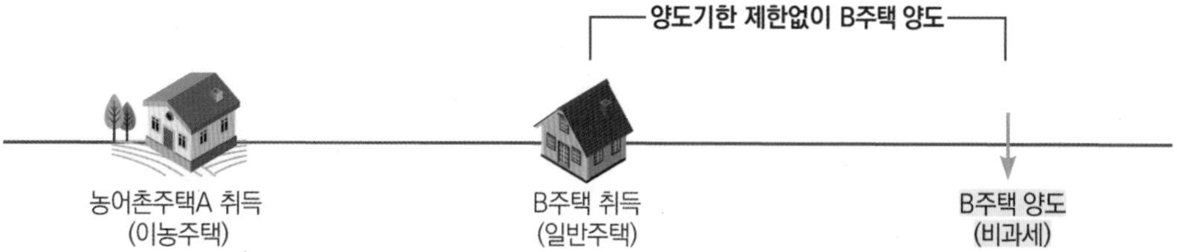

(3) 귀농주택

「소득세법 시행령」 제155조 제7항 제3호에서 규정하는 있는 "귀농주택"이란 영농(營農) 또는 영어(營漁)에 종사하고자 하는 자가 취득(귀농 이전에 취득한 것을 포함)하여 거주하고 있는 주택으로서 아래의 요건을 갖춘 것을 말한다(소득령 §155 ⑩).

① 취득 당시 고가주택(양도가액 12억원 초과)에 해당하지 않을 것
② 대지면적이 660㎡ 이내일 것
③ 1,000㎡ 이상 농지를 소유하는 자(또는 배우자)가 해당 농지소재지에 있는 주택을 취득(先 농지 취득, 後 귀농주택 취득)하거나 해당 농지를 소유하기 전 1년 이내에 해당 농지소재지에 있는 주택을 취득(先 귀농주택 취득, 後 1년 이내 농지 취득)할 것
④ 세대 전원이 귀농주택으로 이사(취학 등 부득이한 사유 포함)하고 귀농일부터 계속하여 3년 이상 영농 또는 영어에 종사하면서 귀농주택에 거주할 것

1) 일반주택 및 귀농주택의 비과세 요건

앞서 살펴본 농어촌 상속주택과 이농주택에 대해서는 횟수에 제한 없이 일반주택을 취득 및 양도하여도 비과세 특례가 계속 적용되지만, 귀농주택은 귀농 후 최초(1회)로 양도하는 1개의 일반주택에 대해서만 비과세 특례가 적용되며, 2016. 2. 17. 이후 귀농주택을 취득하는 경우에는 귀농주택 취득일로부터 5년 이내에 일반주택을 양도하는 경우에만 비과세 특례가 적용된다(소득령 §155 ⑪).

여기서 "귀농 후 최초로 양도하는 1개의 일반주택의 의미"는 귀농 후 비과세 요건이 갖추어지지 않은 일반주택의 양도는 제외하고, 비과세 요건을 갖춘 일반주택과 귀농주택을 보유한 상태에서 종전에 귀농주택 보유로 인한 비과세 혜택을 받은 사실이 없는 경우로서 최초로 양도하는 주택을 말한다(양도집행 89 - 155 - 25).

관련 해석 사례

귀농주택을 일반주택보다 먼저 취득한 경우에도 귀농주택이 「소득세법 시행령」 제155조 제7항, 제10항부터 제12항까지의 요건을 충족하고 귀농 이전에 취득하여 같은 영 제154조 제1항의 규정에 의한 비과세 요건을 충족하는 일반주택을 영농을 목적으로 세대전원이 귀농한 후 양도하는 경우 귀농주택 비과세 특례가 적용되는 것이다(법규재산 - 2790, 2024. 3. 29).

2) 귀농주택의 사후관리(추징 사유)

귀농주택 소유자가 귀농일로부터 계속하여 3년 이상 영농(營農) 또는 영어(營漁)에 종사하지 않거나 그 기간 동안 귀농주택에 거주하지 않은 경우에는 귀농주택의 요건을 충족하지 못한 것으로 보아 이미 1세대 1주택 비과세를 적용받은 일반주택에 대해서는 그 사유가 발생한 날이 속하는 달의 말일부터 2개월 이내에 신고·납부하여야 한다. 이 경우 3년의 기간을 계산함에 있어 그 기간 중에 상속이 개시된 때에는 피상속인의 영농(營農) 또는 영어(營漁)의 기간과 상속인의 영농(營農) 또는 영어(營

漁)의 기간을 통산한다(소득령 §155 ⑫).

[소득세법(소득령 §155 ⑦)상 농어촌주택의 비교]

구 분	상속 · 이농주택	귀농주택
지역요건	수도권 밖 읍(도시지역 제외) · 면 지역	
면적요건	제한 없음	• 대지면적 660㎡ 이내(고가주택 제외) • 1,000㎡ 이상 농지와 함께 귀농주택 취득
거주요건	• 상속주택 : 피상속인이 취득 후 5년 이상 거주 • 이농주택 : 이농인이 취득 후 5년 이상 거주	귀농 후 3년 이상 계속 영농(영어)에 종사하고 거주
비과세 대상주택	일반주택(비과세 횟수 제한없음)	귀농주택 취득일로부터 5년 이내 양도하는 1개의 일반주택(비과세 횟수 1회 제한)
일반주택 취득순서	• 상속주택 : 취득순서 제한없음 • 이농주택 : 이농주택 취득 후 일반주택 취득	취득순서 제한없음 (귀농이전에 취득한 귀농주택 포함)
사후관리	해당 없음	귀농 후 3년 이상 영농(영어)에 미 종사시 추징

Ⅱ 조세특례제한법상 농어촌주택에 대한 비과세 특례

1 기본 요건

1세대가 일반주택을 보유한 상태에서 2003. 8. 1.(고향주택은 2009. 1. 1.) ~ 2025. 12. 31.까지의 기간 중에 1개의 농어촌주택(또는 고향주택)을 취득하고 일반주택을 양도하는 경우에는 1세대 1주택 비과세(양도가액 12억원 초과분 상당액은 과세)를 적용한다(조특법 §99의4 ①).

[농어촌주택 취득순서 따른 일반주택 양도시 비과세 적용여부]

구 분	주택 취득유형		비과세 여부
소득세법상 농어촌주택 (소득령 §155 ⑦)	상속주택	① 先 일반주택 + 後 상속주택	비과세 가능
		② 先 상속주택 + 後 일반주택	
	이농주택	① 先 일반주택 + 後 이농주택	비과세 불가
		② 先 이농주택 + 後 일반주택	비과세 가능
	귀농주택	① 先 일반주택 + 後 귀농주택	비과세 가능
		② 先 귀농주택 + 後 일반주택	
조세특례제한법상 농어촌주택 (조특법 §99의4)	농어촌주택 (고향주택)	① 先 일반주택 + 後 농어촌주택 등	비과세 가능
		② 先 농어촌주택 등 + 後 일반주택	비과세 불가

2 농어촌주택 및 고향주택의 범위 및 요건

(1) 농어촌주택

1) 지역요건

취득 당시 아래의 지역을 제외한 수도권 밖의 읍·면지역 또는 시의 동지역(일반주택이 소재한 동일 또는 연접한 읍·면·동지역 제외)에 소재하는 농어촌주택을 취득하여야 한다(조특법 §99의4 ① 1호, 조특칙 §45).

① 수도권 지역(경기도 연천군·가평군, 인천광역시 옹진군·강화군 제외)
② 「국토의 계획 및 이용에 관한 법률」 제6조에 따른 도시지역(태안군, 영암군, 해남군 제외)
③ 「주택법」 제63조의2에 따른 조정대상지역
④ 「부동산 거래신고 등에 관한 법률」 제10조에 따른 토지거래 허가구역
⑤ 「관광진흥법」 제2조에 따른 관광단지

2) 취득요건

2003. 8. 1. ~ 2025. 12. 31.까지의 기간 중에 농어촌주택을 취득(유상·무상 불문)하여야 한다.

(2) 고향주택

1) 지역요건

취득 당시 아래의 지역을 제외한 가족관계등록부에 10년 이상 등재된 등록기준지에 10년 이상 거주하고 인구 20만명 이하의 시지역(일반주택이 소재한 동일 또는 연접한 시 지역 제외)에 소재하는 고향주택을 취득하여야 한다(조특법 §99의4 ① 2호, 조특칙 §45).

① 수도권 지역(경기도 연천군 · 가평군, 인천광역시 옹진군 · 강화군 제외)
② 「주택법」 제63조의2에 따른 조정대상지역
③ 「관광진흥법」 제2조에 따른 관광단지

2) 취득요건

2009. 1. 1. ~ 2025. 12. 31.까지의 기간 중에 고향주택을 취득(유상 · 무상 불문)하여야 한다.

3) 가액요건(농어촌주택 및 고향주택 공통적용)

주택 및 그 부수토지의 가액(기준시가)의 합계액이 해당 주택의 취득 당시 3억원(한옥은 4억원) 이하이어야 한다(조특법 §99의4 ① 1호 및 2호 나목 및 다목).

3 농어촌주택 및 고향주택의 사후관리

(1) 추징사유

농어촌주택 등은 3년 이상 보유하여야 하나, 3년 이상 보유요건을 충족하기 전에 일반주택을 먼저 양도하는 경우에도 농어촌주택 등에 대한 비과세 특례를 적용한다(조특법 §99의4 ④). 하지만, 농어촌주택 등에 대한 비과세 특례를 적용받은 후 농어촌주택 등을 3년 이상 보유하지 않은 경우 이미 1세대 1주택 비과세를 적용받은 일반주택에 대해서는 그 사유가 발생한 날이 속하는 달의 말일부터 2개월 이내에 신고 · 납부하여야 한다(조특법 §99의4 ⑥).

(2) 추징제외(예외)

농어촌주택 등을 3년 이상 보유하지 않은 경우 이미 비과세받은 세액을 추징하는 것이 원칙이나, 농어촌주택 등이 ① 협의매수·수용, ② 사망으로 인한 상속, ③ 주택의 멸실의 사유로 인하여 3년 이상 보유하지 아니하게 되는 경우에는 이미 적용받은 비과세를 추징하지 않는다(조특령 §99의4 ⑨).

관련 해석 사례

1. 동일한 날에 직계존속으로부터 일반주택과 「조세특례제한법」 제99조의4 제1항에 따른 농어촌주택을 증여받은 후 일반주택을 양도하는 경우에는 농어촌주택에 대한 과세특례를 적용받을 수 없다(재산세제과 - 1093, 2023. 9. 15).
2. 「소득세법시행령」 제155조 제20항 각 호에 따른 장기임대주택과 거주주택을 소유하는 1세대가 「조세특례제한법」 제99조의4에 따른 농어촌주택을 취득한 후 거주주택을 양도하는 경우에는 이를 1세대 1주택으로 보아 「소득세법시행령」 제154조 제1항(1세대 1주택 비과세 규정)을 적용하는 것이다(부동산납세과 - 199, 2020. 2. 17).
3. 일반주택을 보유한 자가 「조세특례제한법」 제99조의4에 해당하는 농어촌주택을 2채 취득하는 경우에는 농어촌주택 등 취득자에 대한 양도소득세 과세특례가 적용되지 않는다(부동산납세과 - 1163, 2019. 11. 12).
4. 남편이 「조세특례제한법」 제99조의4 제1항에 따른 농어촌주택과 일반주택을 보유하다가 사망하여 해당 2주택을 상속받은 배우자가 일반주택을 양도하는 경우에도 양도소득세 과세특례를 적용받을 수 있다(부동산거래관리과 - 950, 2010. 7. 20).
5. 「조세특례제한법」 제99조의4에 따른 양도소득세 과세특례를 적용할 때 1세대가 농어촌주택 취득기간 중에 농어촌주택 2채를 취득한 경우 1채를 과세로 양도한 후, 농어촌주택 취득 전에 보유하던 일반주택을 양도하는 경우에는 해당 농어촌주택을 1세대의 소유주택이 아닌 것으로 보아 1세대 1주택 비과세 규정을 적용하는 것이다(부동산납세과 - 91, 2014. 2. 19).

4 일반주택 비과세 양도 후 농어촌주택 등 양도시 보유기간 재산정 여부

일반주택과 「조세특례제한법」 제99조의4에 해당하는 농어촌주택 등을 보유한 상태에서 일반주택을 먼저 양도하여 1세대 1주택 비과세받은 후, 농어촌주택 등을 양도하는 경우 1세대 1주택 비과세 보유기간은 해당 농어촌주택 등의 취득일부터 기산한다.

적용 사례 일반주택 비과세 양도 후 농어촌주택 양도시 보유기간 등 재계산 여부

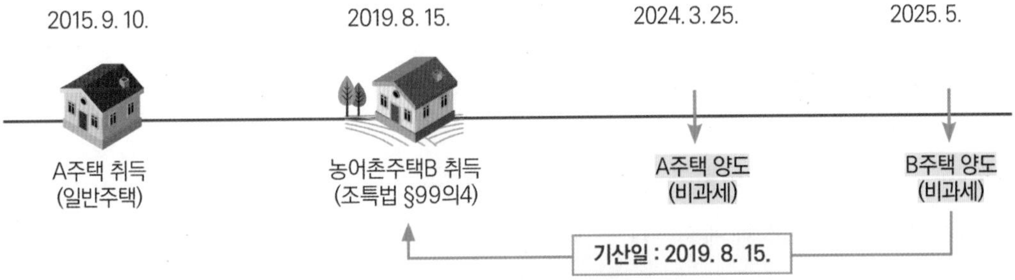

해설 종전에는 일반주택A와 조세특례제한법 제99조의4에 따른 농어촌주택B를 보유한 상태에서 일반주택A에 대하여 1세대 1주택 비과세를 적용받은 후, 농어촌주택B를 양도하는 경우에는 일반주택A 양도 후 농어촌주택B를 다시 2년 이상 보유해야 1세대 1주택 비과세가 가능했지만(부동산－1605, 2021. 9. 3), 새로운 해석사례에 따르면 일반주택A를 비과세 양도 후 남은 농어촌주택B를 양도하는 경우 보유기간은 농어촌주택B의 취득일부터 기산하므로 1세대 1주택 비과세를 적용받을 수 있다(재산세제과－1049, 2022. 8. 25).

기존 해석(보유기간 재산정함)	→ (변경)	변경 해석(보유기간 재산정하지 않음)
일반주택 양도 후 다시 2년 이상 농어촌주택을 보유해야 1세대 1주택 비과세 가능		양도하는 농어촌주택의 보유기간이 2년 이상이면 1세대 1주택 비과세 가능

[소득세법상 농어촌주택과 조세특례제한법상 농어촌주택의 비교]

구 분	소득령 제155조 제7항	조특법 제99조의4
대상주택	상속주택, 이농주택, 귀농주택	농어촌주택, 고향주택
지역요건	수도권 밖 읍·면지역(도시지역 제외)	수도권 밖 읍·면지역(도시지역, 토지거래 허가구역 등은 제외)
면적요건	귀농주택은 대지면적 660㎡ 이내	－
보유요건 거주요건	• 상속주택 및 이농주택은 취득 후 5년 이상 거주 • 귀농주택은 3년 이상 계속 영농 종사 및 거주	취득 후 3년 이상 보유(3년 이상 미 보유상태에서 일반주택 양도시 비과세 가능)
가액요건	귀농주택은 고가주택이 아닐 것	취득 당시 기준시가 3억원(한옥은 4억원) 이하
취득순서 취득기간	• 先 이농주택 취득 + 後 일반주택 취득 • 귀농주택·일반주택 취득순서 무관 • 상속주택·일반주택 취득순서 무관	• 농어촌주택 : '03. 8. 1. ~ '25. 12. 31. • 고향주택 : '09. 1. 1. ~ '25. 12. 31. • 先 일반주택 취득 + 後 농어촌주택 등 취득
특례내용	일반주택 양도시 농어촌주택은 주택 수에서 제외하고 1세대 1주택 비과세 여부 판정	

Ⅲ 농어촌주택 관련 기타 주요 규정

1 취득세 중과여부 판단시 주택 수 제외

아래 요건을 갖춘 농어촌주택을 취득하는 경우에는 취득세 중과가 적용되지 않으며, 농어촌주택을 보유한 상태에서 다른 주택을 취득할 경우에도 해당 농어촌주택은 취득세 중과대상 주택 수 판단시 주택 수에서 제외된다(지방령 §28의2 11호).

① 수도권 밖의 읍・면지역(도시지역 등 제외)에 있을 것
② 대지면적 660㎡ 이내이고 건축물의 연면적이 150㎡ 이내일 것
③ 건축물의 시가표준액이 6,500만원 이내일 것

2 지방 저가주택에 대한 종합부동산세 과세특례

1주택을 보유한 자가 수도권(경기도 연천군・가평군, 인천광역시 옹진군・강화군 제외), 광역시(군 제외), 세종특별자치시(읍・면 제외*) 이외 지역에 소재하고 있는 주택공시가격 4억원 이하의 1주택(지방 저가주택 1채만 적용)을 취득하여 과세기준일(6월 1일) 현재 2주택자가 된 경우 과세특례를 신청하면 1세대 1주택자로 보아 12억원의 기본공제와 최대 80%의 세액공제를 적용하여 종합부동산세를 계산한다(종부령 §4의2 ③).

이 경우 앞서 살펴본 일시적 2주택 및 상속주택 과세특례와 마찬가지로 일반주택과 지방 저가주택의 주택공시가격을 "합산"하여 계산하고 최대 80%의 세액공제(고령자・장기보유 세액공제)는 "일반주택"에 해당하는 산출세액에 대해서만 적용한다.

* 경기도 읍・면지역에 있는 주택은 주택공시가격이 4억원 이하이더라도 지방 저가주택의 범위에 포함되지 않음에 주의

관련 해석 사례

1주택과 지방 저가주택을 세대원들이 각 소유한 경우에는 1세대 1주택자 과세방식을 적용할 수 없다(서울행정법원 2023구합84946, 2024. 7. 26).

적용 사례 일반주택과 지방 저가주택을 보유한 경우 종합부동산세 계산방법

구 분	A주택	B주택	비 고
보유주택	일반주택(9년 보유)	지방 저가주택(5년 보유)	연령 70세
공시가격	15억원	3억원	

해설

	구 분	금 액	계산 근거
	주택공시가격	1,800,000,000	일반주택과 저가주택 주택공시가격 합산
(−)	기본공제	1,200,000,000	1세대 1주택자 기본공제 적용
(×)	공정시장가액비율	60%	−
(=)	과세표준	360,000,000	−
(×)	세율	0.7%	과세표준 3억원 초과 ~ 6억원 이하 기본세율
(=)	산출세액	1,920,000	해설참조1)
(−)	세액공제	960,000	고령자 및 장기보유자 세액공제2)
(=)	납부세액	960,000	−
(+)	농어촌특별세	192,000	종합부동산세 납부세액의 20%
(=)	총부담세액	1,152,000	−

1) 360,000,000 × 0.7% − 600,000 = 1,920,000

2) 고령자 · 장기보유자 세액공제는 종전주택의 주택공시가격에 해당하는 산출세액에 대해서만 적용한다.

- $1,920,000 \times \frac{1,500,000,000}{1,800,000,000} \times (40\% + 20\%) = 960,000$

Chapter

5 비수도권 소재 주택 취득자가 일반 주택 양도시 비과세 특례

I 기본 요건

1세대가 일반주택을 보유한 상태에서 취학(고등학교 이상의 취학), 근무상의 형편, 질병의 요양, 그 밖에 부득이한 사유로 수도권 밖에 소재하는 주택을 취득한 후, 부득이한 사유가 해소(학교졸업, 직장복귀, 질병완치 등)된 날부터 3년 이내에 일반주택을 양도하는 경우에는 1세대 1주택 비과세(양도가액 12억원 초과분 상당액은 과세)를 적용한다(소득령 §155 ⑧).

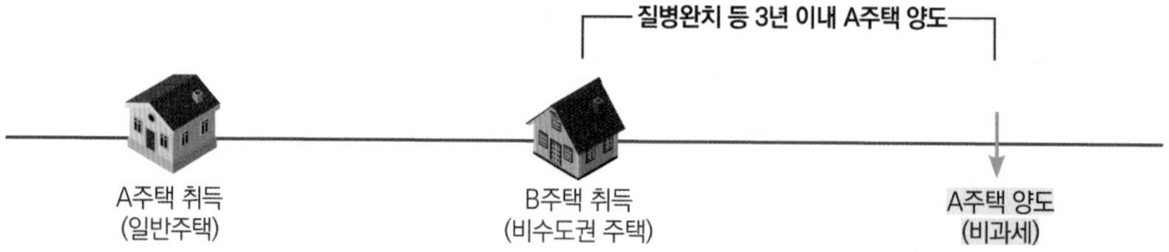

II 취학 등 부득이한 사유 요건

「소득세법 시행령」 제155조 제8항에서 정하는 "취학, 근무상의 형편, 질병의 요양, 그밖에 부득이한 사유"는 「소득세법 시행령」 제154조 제1항 제3호에서 규정하는 부득이한 사유(P. 241 참조)와 동일하게 적용되므로 본 Chapter에서는 취학 등 부득이한 사유에 대해서는 간략하게 설명하고자 한다.

이 경우 부득이한 사유에 해당하는지 여부를 확인하는 증명서류는 재학증명서, 재직증명서, 요양증명서, 주민등록등본 등이 있다(소득칙 §72 ⑧).

1 취학

취학은 초·중등교육법에 의한 학교(초등학교 및 중학교는 제외) 및 고등교육법에 의한 학교의 취학을 말한다. 즉, 고등학교 이상의 취학을 말한다.

2 근무상 형편

근무상 형편은 직장의 변경이나 전근 등을 말하며, 이는 동일 직장 내의 전근은 물론 새로운 직장의 취업이나 종전 직장을 퇴직하고 새로운 직장에 취업하는 경우를 포함한다.

3 질병의 치료 또는 요양

질병의 요양 등은 1년 이상 치료나 요양을 필요로 하는 질병의 치료 또는 요양을 말한다.

III 일반주택의 비과세 요건

일반주택을 보유한 상태에서 부득이한 사유로 수도권 밖 소재 주택을 취득한 후, 부득이한 사유가 해소되지 않은 상태 또는 부득이한 사유가 해소된 날부터 3년 이내 일반주택을 양도하면 비과세 특례를 적용받을 수 있다.

[부득이한 사유로 인한 2주택 비과세 특례 적용요건]

구 분	비과세 요건
취득요건	일반주택 보유 상태에서 부득이한 사유 발생한 이후 수도권 밖 주택을 취득할 것
양도요건	부득이한 사유가 해소된 날부터 3년 이내(해소되기 전 포함) 일반주택을 양도할 것
거주요건	세대전원 또는 일부가 수도권 밖 소재 주택으로 주거 이전할 것

관련 해석 사례

1. 「소득세법 시행령」 제155조 제8항에 따른 부득이한 사유로 취득한 수도권 밖에 소재하는 주택과 일반주택을 각각 소유하고 있는 1세대가 "부득이한 사유가 해소되지 아니한 상태"에서 수도권 소재 일반주택을 양도하는 경우에도 비과세 특례가 적용된다(부동산납세과-2736, 2023. 11. 30).
2. 「소득세법 시행령」 제155조 제16항에 따른 공공기관이 수도권 밖의 지역으로 이전하는 경우는 같은 법 시행령 제155조 제8항에 따른 근무상의 형편에 해당되지 않는다(재산세제과-882, 2023. 7. 19).
3. 「소득세법 시행령」 제155조 제8항에 따른 1세대 1주택 특례규정은 일반주택과 수도권 밖 소재 주택을 보유한 세대가 일반주택을 먼저 양도하는 경우에 적용되는 것이므로 수도권 밖 소재 주택을 먼저 양도하는 경우에는 비과세 특례를 적용받을 수 없으며, 또한, 「소득세법 시행령」 제154조 제1항 제3호 및 같은 법 시행규칙 제71조 제3항에 따른 "취학, 근무상의 형편, 질병의 요양, 기타 부득이한 사유에 의한 1세대 1주택 비과세 특례"를 적용함에 있어 양도일 현재 근무상의 형편의 사유가 해소된 상태에서 해당 주택을 양도하는 경우에는 비과세 특례를 적용받을 수 없다(법규재산-0121, 2022. 4. 25).
4. 수도권 밖에 소재하는 일반주택을 보유하던 자가 부득이한 사유로 수도권 밖의 다른 시에 소재하는 주택을 추가로 취득한 경우에도 「소득세법 시행령」 제155조 제8항에 따른 비과세 특례를 적용한다(법령해석재산-0232, 2016. 11. 2).
5. 수도권 소재 주택을 보유한 상태에서 부득이한 사유 없이 수도권 밖에 소재하는 주택을 취득하여 1세대 2주택자가 된 이후 근무상 형편 등 부득이한 사유로 수도권 밖의 지방으로 주거를 이전하고 수도권 소재 일반주택을 양도하는 경우에는 비과세 특례를 적용할 수 없다(대법원 2012두20816, 2012. 11. 29).

[부득이한 사유로 인한 비과세 특례 비교]

구 분	2주택 비과세 특례	보유 및 거주요건 특례
관련법령	소득령 §155 ⑧	소득령 §154 ① 3호
특례내용	일반주택 보유자가 수도권 밖 소재 주택 취득 후 일반주택 양도시 비과세	다른 시·군으로 주거이전시 보유요건 등을 충족하지 않아도 비과세
이전지역	수도권 밖으로 주거이전	다른 시·군으로 주거이전
비과세 주택	비과세 요건을 충족한 일반주택	1년 이상 거주한 주택
양도기한	부득이한 사유가 해소된 후 3년 이내	제한 없음
부득이한 사유	① 취학, ② 근무상 형편, ③ 질병의 요양·치료, ④ 학교폭력으로 인한 전학	

Chapter

6 장기임대주택 등 보유자가 거주주택 양도시 비과세 특례

I 주택임대사업자의 거주주택 비과세 특례

1 비과세 특례요건

1세대가 주택 보유기간 중 세대전원이 2년 이상 거주한 주택(이하 "거주주택"이라 한다)과 세무서와 시·군·구에 임대등록한 장기임대주택을 취득순서에 상관없이 각각 보유한 상태에서 거주주택을 양도하는 경우에는 1세대 1주택 비과세(양도가액 12억원 초과분 상당액은 과세)를 적용한다(소득령 §155 ⑳).

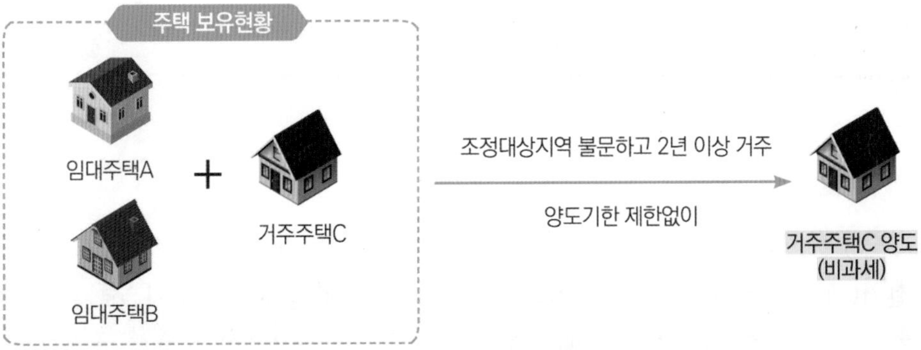

[거주주택의 주요 적용요건]

구 분	적용 요건
거주요건	조정대상지역 소재여부 불문하고 거주주택 양도일 현재 통산하여 2년 이상 거주하였을 것
비과세 제한	'19. 2. 12. 이후 취득분부터는 평생 1회 적용('25. 2. 28. 이후 양도분부터는 제한없음)
양도기한 제한	원칙 : 거주주택 양도기한 제한없음
	예외 : 임대주택이 말소되는 경우 등록 말소일로부터 5년 이내 거주주택 양도

[거주주택 비과세 특례 적용시 장기임대주택의 주요 적용요건]

구 분	2020. 7. 10. 이전	2020. 7. 11. ~ 2020. 8. 17.	2020. 8. 18. ~ 2025. 6. 3.
적용주택	모든 주택	모든 주택	모든 주택(매입형 아파트 제외)
임대기간	5년(장·단기) 이상 임대	8년(장기) 이상 임대	10년(장기) 이상 임대
가액요건	매입임대 : 임대개시일 당시 공시가격 6억원(수도권 밖 3억원) 이하		
	건설임대 : 임대개시일 당시 공시가격 6억원 이하		
면적요건	제한 없음(건설임대주택은 대지면적 298㎡ 이하, 전용면적 149㎡ 이하)		
증액제한	임대료 등 증가율 5% 범위 이내(2019. 2. 12. 이후 임대차계약 갱신·신규 체결분부터 적용)		

※ 2025. 6. 4. 이후 임대등록분 부터는 6년 단기임대 등록가능(P. 520 참조)

2 비과세 특례 세부요건

(1) 거주주택 요건

1) 조정대상지역 여부 불문하고 2년 이상 거주

2017. 8. 2. 이전에 취득한 주택이나 취득 당시 비조정대상지역에 소재하고 있는 주택은 2년 이상 거주하지 않아도 1세대 1주택 비과세를 적용받을 수 있지만, 거주주택 비과세 특례를 적용받기 위해서는 "조정대상지역 여부와 관계없이" 보유기간 중 2년 이상의 거주요건을 충족해야 한다.

2) 거주기간 통산계산

거주주택 비과세 특례 적용시 거주기간은 거주주택 취득일부터 양도일 사이에 세대 전원(세대원 중 일부가 취학, 질병의 요양, 근무상 형편 등 부득이한 사유로 거주하지 못한 경우 포함)이 2년 이상 거주해야 한다. 이 경우 거주기간의 계산은 계속하여 2년을 적용하는 것이 아니라, 보유기간 중 거주한 기간을 통산하여 적용하는 것이며 양도일 현재 해당 거주주택에 거주하지 않아도 된다.

다만, 거주주택 양도 당시 보유하고 있었던 장기임대주택을 의무임대기간 종료 후 거주주택(직전거주주택보유주택, P. 363 알쓸당쏭용어 참조)으로 전환하여 양도하는 경우에는 임대하기 전에 거주한 기간은 제외하고 "임대사업자로 등록한 날" 이후 거주한 기간만으로 2년 이상의 거주요건을 판단한다.

관련 해석 사례

1. 동일세대원간 부담부증여로 취득한 거주주택과 장기임대주택을 소유하고 있는 1세대가 거주주택을 양도하는 경우로서 거주주택의 거주기간을 계산함에 있어, "양도로 보는 부분(부담부증여의 채무액에 해당하는 부분)"의 거주기간은 수증자가 증여받은 날부터 계산하고, 부담부증여 중 "증여로 보는 부분"의 거주기간은 수증자가 증여받기 전에 증여자와 수증자가 동일세대로서 거주한 기간을 통산하는 것이다(법령해석재산-2718, 2021. 5. 17).
2. 상속주택을 거주주택으로 하여 비과세 특례 적용시 거주기간은 해당 양도주택에서 피상속인(직전 피상속인에 한정)과 함께 하였던 거주기간과 상속인의 거주기간을 통산하는 것이다(부동산납세과-1366, 2016. 9. 1).
3. 「소득세법 시행령」 제155조 제20항에 따른 장기임대주택 보유시 거주주택 특례를 적용할 때 거주주택의 거주기간은 보유기간 중 거주기간을 통산하는 것이나, 직전거주주택보유주택의 경우에는 같은 법 제168조에 따른 사업자등록 및 「임대주택법」 제6조(現 민특법 제5조)에 따른 임대주택사업자의 등록을 한 날 이후의 거주기간으로 계산한다(부동산납세과-1924, 2015. 11. 7).

3) 거주기간 예외

① 양도주택이 직전거주주택보유주택(최종 1주택) 또는 등록임대주택인 경우

장기임대주택이 있는 상태에서 거주주택을 양도하는 경우에는 2년 이상 거주해야 거주주택 비과세 특례를 적용받을 수 있다. 하지만, 다른 주택을 모두 양도한 후 최종적으로 양도하는 주택이 취득 당시 비조정대상지역에 소재한 주택이거나 취득 당시 조정대상지역에 소재한 주택으로서 2019. 12. 16. 이전에 등록한 임대주택인 경우에는 2년 이상 거주하지 않아도 1세대 1주택 비과세를 적용받을 수 있다.

여기서 주의할 사항은 최종 1주택은 직전거주주택 비과세 특례를 적용받을 당시 임대주택으로서 직전거주주택보유주택에 해당하므로 "직전거주주택 양도일 이후 보유기간분 양도차익"에 대해서만 비과세가 적용된다는 점이다. ☞ P. 362 참조

② 양도주택이 상생임대주택인 경우

장기임대주택과 법 소정 요건을 충족한 상생임대주택(P. 576 참조)을 보유한 상태에서 상생임대차계약에 따라 임대기간 종료 후 상생임대주택을 양도하는 경우에는 2년 이상 거주하지 않아도 거주주택 비과세 특례를 적용받을 수 있다.

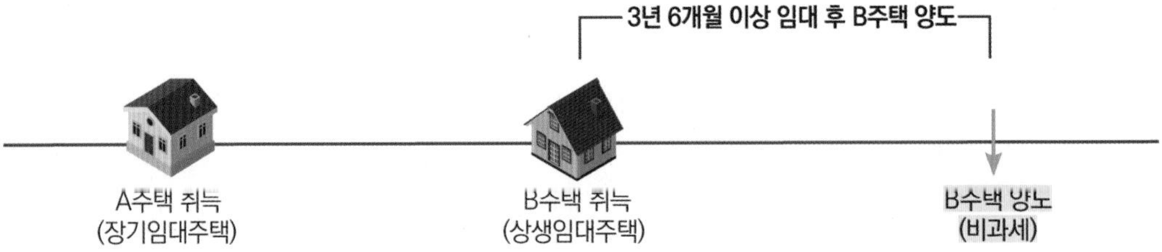

관련 해석 사례

거주주택 비과세 특례를 적용받을 당시 보유하고 있던 임대주택(직전거주주택보유주택)을 최종 1주택 상태에서 양도하는 경우로서 1세대 1주택 비과세 요건 중 거주요건 판단시 해당 주택이 취득 당시 조정대상지역에 소재한 주택으로서 2019. 12. 16. 이전 임대등록하였거나, 취득 당시 비조정대상지역 내 주택에 해당하는 경우 2년 이상 거주요건이 적용되지 않는다(법규재산-0426, 2023. 7. 13).

4) 거주주택이 조합원입주권으로 전환된 경우

거주주택이 재개발·재건축 등으로 인하여 조합원입주권으로 전환된 상태에서 양도하는 경우에는 주택이 아닌 "부동산을 취득할 수 있는 권리"를 양도한 것이므로 거주주택 비과세 특례를 적용받을 수 없다. 다만, 해당 조합원입주권이 다시 주택으로 완공된 후 신축주택을 양도하는 경우에는 거주주택 비과세 특례를 적용받을 수 있다.

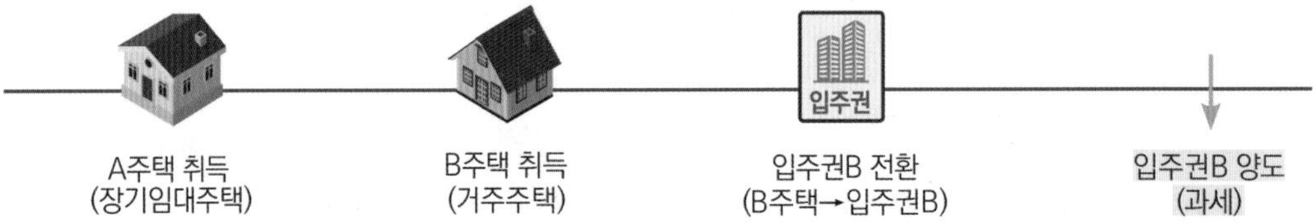

여기서 주의할 사항은 종전에는 장기임대주택이 조합원입주권으로 전환된 후 거주주택을 양도하는 경우 해당 임대주택이 신축주택으로 완공되어 계속 임대하는 것을 전제로 비과세 특례를 인정하였으나(부동산납세과-823, 2017. 7. 19), 2020. 8. 18. 이후 아파트는 더 이상 매입임대주택으로 임대등록을 할 수 없으며 지방자치단체장이 임대등록을 직권말소 시키게 되므로 거주주택 비과세 특례의 세제혜택을 적용받을 수 없다는 점이다. ☞ P. 378 참조

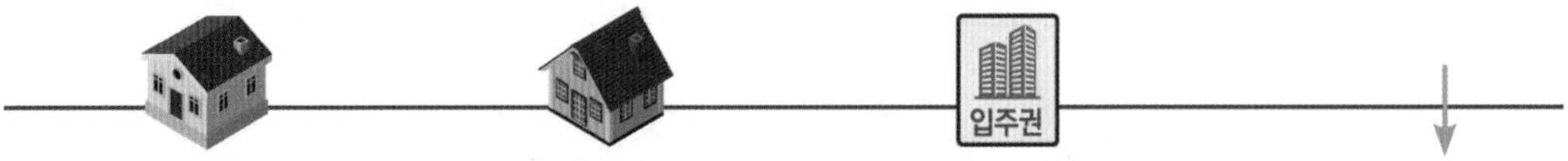

관련 해석 사례

1. 장기임대주택과 거주주택을 소유하고 있는 1세대가 「소득세법 시행령」 제155조 제20항 각 호의 요건을 모두 충족하고 거주주택을 양도하는 경우에는 1세대 1주택 비과세 특례를 적용하는 것이나, 관리처분계획인가 후 조합원입주권을 양도하는 경우에는 비과세 특례를 적용받을 수 없다(법령해석재산-1581, 2018. 4. 18).
2. 재개발사업 등으로 임대 중이던 당초의 장기임대주택이 멸실되어 새로 취득한 주택이 아파트에 해당하여 「민간임대주택에 관한 특별법」 제5조에 따른 임대사업자 등록을 할 수 없는 경우로서 당초의 장기임대주택에 대한 등록이 "말소된 후"에 거주주택을 양도하는 경우 거주주택 비과세 특례를 적용받을 수 없다(부동산납세과-814, 2023. 4. 13).

(2) 장기임대주택 요건

거주주택 비과세 특례를 적용받기 위해서는 「소득세법 시행령」 제167조의3 제1항 제2호에 따른 장기임대주택을 거주주택 양도일 현재 「소득세법」 제168조에 따라 사업자등록을 하고, 「민간임대주택특별법」 제5조에 따라 민간임대주택으로 등록하여 임대하고 있어야 한다.

이 경우 거주주택을 양도하기 직전까지만 임대등록하면 되는 것이며 의무임대기간을 충족하기 전에 거주주택을 먼저 양도하는 경우에도 비과세 특례를 적용하되, 사후적으로 장기임대주택의 의무임대기간을 충족하지 못한다면 비과세받은 세액은 추징된다.

1) 장기임대주택의 적용범위

거주주택 비과세 특례 적용시 장기임대주택의 요건은 「소득세법 시행령」 제167조의3 제1항 제2호(임대주택 양도소득세 중과배제)에 따른 규정을 대부분 준용하고 있으며, 실무적으로는 건설임대주택(다목 및 바목)보다는 매입임대주택(가목 및 마목)이 중요하므로 이하 매입임대주택에 대해서만 설명하고자 한다.

[소득세법 시행령 제167조의3 제1항 제2호 각 목의 장기임대주택 주요 규정]

<table>
<tr><th>구 분</th><th>임대유형</th><th>임대기간</th><th>면적기준</th><th>호수</th><th>기준시가</th><th>등록기간</th></tr>
<tr><td>가목</td><td>매입임대</td><td>5년 이상
(단기/장기)</td><td>제한 없음</td><td>1호</td><td>임대개시일 6억원 이하
(수도권 밖 3억원 이하)</td><td>'18. 3. 31. 이전</td></tr>
<tr><td>다목</td><td>건설임대</td><td>5년 이상
(단기/장기)</td><td>• 주택 149㎡ 이하
• 토지 298㎡ 이하</td><td>2호</td><td>임대개시일 6억원 이하</td><td>'18. 3. 31. 이전</td></tr>
<tr><td rowspan="3">마목</td><td>매입임대</td><td>8년 이상
(장기)</td><td rowspan="2">제한 없음</td><td rowspan="2">1호</td><td rowspan="2">임대개시일 6억원 이하
(수도권 밖 3억원 이하)</td><td>'18. 4. 1. 이후 ~
'20. 8. 17. 이전</td></tr>
<tr><td>매입임대
(아파트 제외)</td><td>10년 이상
(장기)</td><td>'20. 8. 18. 이후</td></tr>
<tr><td colspan="6">아래의 어느 하나에 해당하는 임대주택은 제외(중과대상)
1) 2018. 9. 14. 이후 조정대상지역 내에서 새로 취득한 장기일반민간임대주택
2) 2020. 7. 11. ~ 2020. 8. 17. 장기일반민간임대주택으로 등록 신청한 아파트
3) 2020. 7. 11. ~ 2020. 8. 17. 장기일반민간임대주택으로 변경신고한 단기민간임대주택</td></tr>
<tr><td rowspan="2">바목</td><td rowspan="2">건설임대
(아파트 포함)</td><td>8년 이상
(장기)</td><td rowspan="2">• 주택 149㎡ 이하
• 토지 298㎡ 이하</td><td rowspan="2">2호</td><td rowspan="2">임대개시일 6억원 이하</td><td>'18. 4. 1. 이후 ~
'20. 8. 17. 이전</td></tr>
<tr><td>10년 이상
(장기)</td><td>'20. 8. 18. 이후</td></tr>
<tr><td>사목</td><td>자진말소 신청
(가목 ~ 마목)</td><td>민특법상
1/2이상</td><td colspan="4">임대기간외 다른 요건(증액제한, 기준시가 등)은 충족하고 임대주택 자동말소일로부터 5년 이내 거주주택 양도시 비과세 적용</td></tr>
</table>

2) 임대등록 시기별 소득세법상 장기임대주택의 세제혜택 및 적용요건 비교

「소득세법 시행령」 제167조의3 제1항 제2호에 따른 장기임대주택에 대해서는 크게 ① 양도소득세 중과배제, ② 종합부동산세 합산배제, ③ 거주주택 비과세 특례에 대한 세제혜택을 적용받을 수 있다. 다만, 양도소득세 중과배제 및 종합부동산세 합산배제 규정과 거주주택 비과세 특례 규정은 아래와 같이 임대등록 시기별로 "의무임대기간 및 임대유형"에 차이가 있다.

① 2018. 4. 1. ~ 2020. 7. 10. 이전에 임대등록한 경우

2018. 4. 1. 이후부터는 양도소득세 중과배제 및 종합부동산세 합산배제를 적용받기 위해서는 장기임대주택으로 등록하고 8년 이상 의무임대기간을 준수해야 한다.

하지만, 거주주택 비과세 특례는 아래의 법령에서 보듯이 「가목」의 "단서(2018. 3. 31.

까지 사업자등록 등을 한 주택으로 한정)에서 정하는 기한의 제한을 적용하지 아니한다"라고 규정하고 있으므로 2020.7.10. 이전까지 등록한 임대주택에 대해서는 단기임대 및 장기임대이든 관계없이 5년 이상 임대하면 비과세 특례를 적용받을 수 있다.

② 2018. 9. 14. 이후 취득한 조정대상지역 내 주택을 임대등록한 경우

1세대가 1주택 이상을 보유한 상태에서 2018. 9. 14. 이후 조정대상지역에 소재한 주택을 새로 취득하여 매입임대주택으로 등록하는 경우 양도소득세 중과배제 및 종합부동산세 합산배제는 적용받을 수 없다.

하지만, 거주주택 비과세 특례는 아래의 법령에서 보듯이 「마목」의 "단서(2018. 9. 14. 이후 취득한 조정대상지역 소재 장기임대주택 제외)에 따른 주택을 포함한다"라고 규정하고 있으므로 조정대상지역 소재 장기임대주택에 대해서도 비과세 특례를 적용받을 수 있다.

③ 2025. 6. 4. 이후에 임대등록하는 경우

2025. 6. 4. 이후 임대등록 분부터는 매입형 아파트를 제외한 모든 주택에 대해 의무임대기간 최소 6년이 적용되는 단기임대주택 제도가 신설되었으며, 그 적용요건과 세제혜택에 대해서는 「Part 5의 표(참고3)」를 참고하기 바란다. ☞ P. 520 참조

관련 법령 거주주택 비과세 특례(소득령 §155 ⑳)

소득세법 시행령 제167조의3 제1항 제2호에 따른 주택으로서 같은 호 가목(매입임대) 및 다목(건설임대)에 해당하는 주택의 경우에는 해당 목의 단서(2018. 3. 31. 까지 사업자등록 등을 한 주택으로 한정한다)에서 정하는 기한의 제한은 적용하지 않되, 2020. 7. 10. 이전에 임대사업자등록 신청을 한 주택으로 한정하며, 같은 호 마목에 해당하는 주택의 경우에는 같은 목1)에 따른 주택(2018. 9. 14. 이후 취득한 조정대상지역에 소재한 장기임대주택)을 포함한다.

[거주주택 비과세 특례 적용시 매입임대주택의 의무임대기간 비교]

구 분	2018. 3. 31. 이전 등록	2018. 4. 1. ~ 2020. 7. 10. 등록	2020. 7. 11. ~ 2020. 8. 17. 등록	2020. 8. 18. ~ 2025. 6. 3. 등록
소득령 §167의3 ① 2호	가목 적용	가목 적용	마목	마목
임대기간(임대유형)	5년(단기/장기)	5년(단기/장기)	8년(장기)	10년(장기)

※ 조정대상지역 소재여부 불문하고 장기임대주택(아파트 제외) 등록시 거주주택 비과세 적용가능

관련 해석 사례

1. 장기임대주택은 양도일 현재 「민간임대주택에 관한 특별법」 제5조에 따라 임대주택으로 등록하여 임대하고 있을 것을 요건으로 규정하고 있으나, 청구인은 쟁점거주주택 양도일 현재 「민간임대주택에 관한 특별법」에 따른 장기일반민간임대주택으로 등록을 완료하지 못하였기에 1세대 1주택 비과세 특례를 적용할 수 없다(서울고법 2022누55660, 2023. 3. 16).
2. 1세대가 「소득세법 시행령」 제167조의3 제1항 제2호 가목에 따른 조정대상지역 소재 장기임대주택을 보유한 상태에서 2019년 2월 12일 이후 거주주택(생애 최초)을 취득한 후, 다시 조정대상지역 소재 임대주택(같은 령 제167조의3 제1항 제2호 각목 외의 본문 및 가목 본문의 요건은 모두 충족)을 취득한 경우 동 거주주택의 양도는 같은 령 제155조 제20항 전단의 거주주택 비과세 적용대상에 해당하는 것이다(재산세제과-190, 2020. 2. 18).

3 직전거주주택 비과세 적용 후 장기임대주택(직전거주주택보유주택) 양도시 비과세 적용범위 및 양도소득금액 계산 방법

1세대가 거주주택과 장기임대주택을 보유한 상태에서 거주주택을 먼저 비과세로 양도한 다음 의무임대기간 종료한 후 1세대 1주택 비과세 요건을 충족한 일반주택(직전거주주택보유주택)을 양도하는 경우에는 직전거주주택 양도일 이후 보유기간분 양도차익에 대해서만 비과세를 적용하고 직전거주주택 양도일 이전 보유기간분 양도차익(장기임대주택 보유기간분 양도차익)에 대해서는 이미 거주주택 비과세 특례를 적용받은 부분과 비과세가 중복되는 것을 방지하기 위해 과세한다(소득령 §154 ⑩).

(1) 장기임대주택에서 전환된 일반주택이 고가주택이 아닌 경우

거주주택(직전거주주택A)을 비과세로 양도한 이후 의무임대기간이 종료한 장기임대주택(직전거주주택보유주택B)을 일반주택으로 전환하여 양도하는 경우로서 해당 주택이 1세대 1주택 비과세 요건을 충족한 경우에도 직전거주주택 양도일 이전 보유기간분 양도차익에 대해서는 과세한다.

이 경우 양도차익 산정방법은 전체 양도차익을 아래와 같이 기준시가 비율로 안분하여 계산하고, 장기보유특별공제는 최대 30%(표 1)를 한도로 전체 보유기간(취득일 ~ 양도일)

에 연 2%의 공제율을 적용하여 계산한다(소득령 §161 ①, ④).

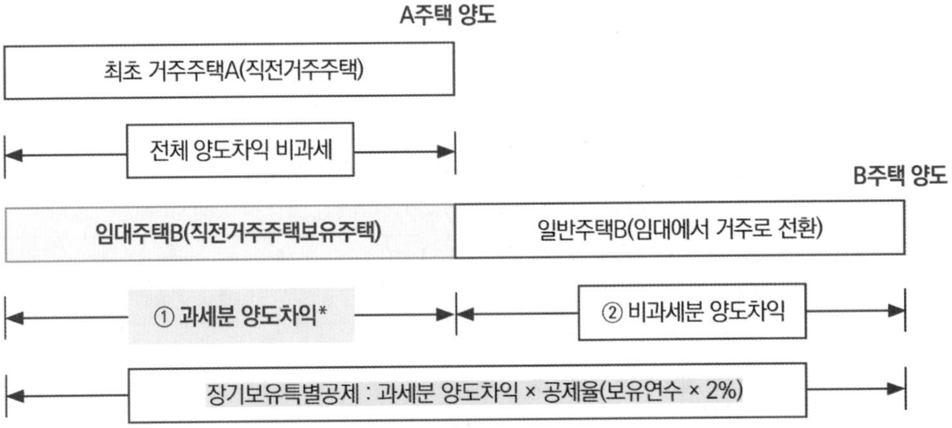

$$*\text{B주택 전체 양도차익} \times \frac{\text{A주택 양도당시 B주택의 기준시가} - \text{취득당시 B주택의 기준시가}}{\text{양도당시 B주택의 기준시가} - \text{취득당시 B주택의 기준시가}}$$

관련 해석 사례

1. 거주주택과 장기임대주택을 보유한 상태에서 거주주택을 먼저 양도하여 비과세받은 후 임대주택을 양도하는 경우에는 거주주택 양도일 이후의 기간분만 비과세하는 것이다(부동산납세과-2222, 2022. 8. 2).
2. 「소득세법 시행령」 제161조 제1항에 따른 계산식에서 같은 법 제95조 제1항에 따른 양도소득금액에 곱하는 분수의 분자 값이 음수인 경우에는 과세대상 양도소득금액이 없는 것으로 한다(법규재산-0585, 2022. 1. 27).

알쏭달쏭 용어

1. **직전거주주택** : 임대주택 보유기간 중에 양도한 거주주택(거주주택이 둘 이상인 경우에는 가장 나중에 양도한 거주주택). 예를 들어, 거주주택(A)와 임대주택(B, C, D)을 보유한 상태에서 B주택 양도시 "A주택", C주택 양도시 "B주택", D주택(최종 1주택)을 양도할 때는 "C주택"이 각각 직전거주주택에 해당한다.
2. **직전거주주택보유주택** : (직전)거주주택 양도 당시 보유 중인 임대주택이 의무임대기간 종료 후 임대주택에서 거주(일반)주택으로 전환된 주택(2019. 2. 12. 이후 취득분부터는 다른 주택을 모두 양도한 후 최종 임대주택이 거주주택으로 전환된 주택). 앞의 예를 보면, A주택 양도시 임대주택(B, C, D), B주택 양도시 "임대주택(C, D)", C주택을 양도할 때는 "최종 임대주택(D)"이 각각 직전거주주택보유주택에 해당한다.

적용 사례 **직전거주주택 양도 후 직전거주주택보유주택**(1세대 1주택 비과세대상이면서 고가주택이 아닌 경우) **양도시 양도소득금액 계산방법**

- **거주주택 및 임대주택 양도에 관한 자료**

구 분	내 용
거주주택A	2019. 7. 15. 20억원 양도(거주주택 비과세 특례 적용)
일반주택B (임대주택)	양도가액 및 양도일자 : 12억원(2025. 2. 15.)
	취득가액 및 취득일자 : 4억원(2015. 1. 10.)
기준시가	A주택 양도 당시 B주택 기준시가 : 5억원
	B주택 양도 당시 기준시가 : 7억원
	B주택 취득 당시 기준시가 : 2억원
기타사항	B주택은 의무임대기간 충족 후 1세대 1주택 상태에서 양도

해설

구 분	금 액	계산 근거
양도가액	1,200,000,000	
(−) 취득가액	400,000,000	
(=) 전체양도차익	800,000,000	
과세분양도차익	480,000,000	8억원 × (5억원 − 2억원) / (7억원 − 2억원)
(−) 장기보유특별공제	96,000,000	4.8억원 × 20%(10년 × 2%)
(=) 양도소득금액	384,000,000	

별해 소득세법 시행령 제161조(직전거주주택보유주택 등에 대한 양도소득금액 등의 계산)에 따른 양도소득금액은 아래와 같이 계산하되, 위에서 계산한 금액과 동일하게 산출된다.

구 분	금 액	계산 근거
양도가액	1,200,000,000	
(−) 취득가액	400,000,000	
(=) 양도차익	800,000,000	
(−) 장기보유특별공제	160,000,000	8억원 × 20%(10년 × 2%)
(=) 양도소득금액	640,000,000	
직전거주주택보유주택 양도소득금액	384,000,000	6.4억원 × (5억원 − 2억원) / (7억원 − 2억원)

(2) 장기임대주택에서 전환된 일반주택이 고가주택인 경우

거주주택(직전거주주택A)을 비과세로 양도한 이후 의무임대기간이 종료한 장기임대주택(직전거주주택보유주택B)을 일반주택으로 전환하여 양도하는 경우로서 해당 주택이 양도가액이 12억원을 초과하는 고가주택에 해당하는 경우에는 아래의 ① (직전거주주택 양도일 이전 보유기간분 양도차익)과 ② (직전거주주택 양도일 이후 보유기간분 고가주택 양도차익)를 합친 금액을 전체 양도차익으로 하고, 장기보유특별공제는 ①에 해당하는 부분은 최대 30%(표1)를 한도로 전체 보유기간(취득일 ~ 양도일)에 연 2%의 공제율을 적용하며, ②에 해당하는 부분은 최대 80%(표2)를 한도로 전체 보유기간 및 거주기간(취득일 ~ 양도일)에 각각 연 4%의 공제율을 적용하여 계산한다(소득령 §161 ② 1호 및 2호, ④).

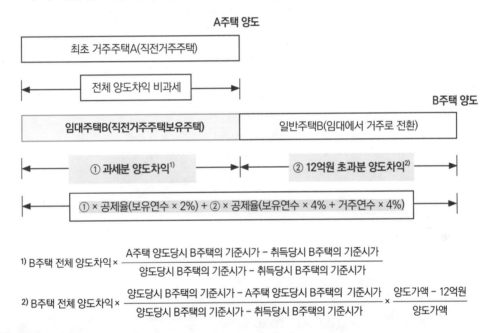

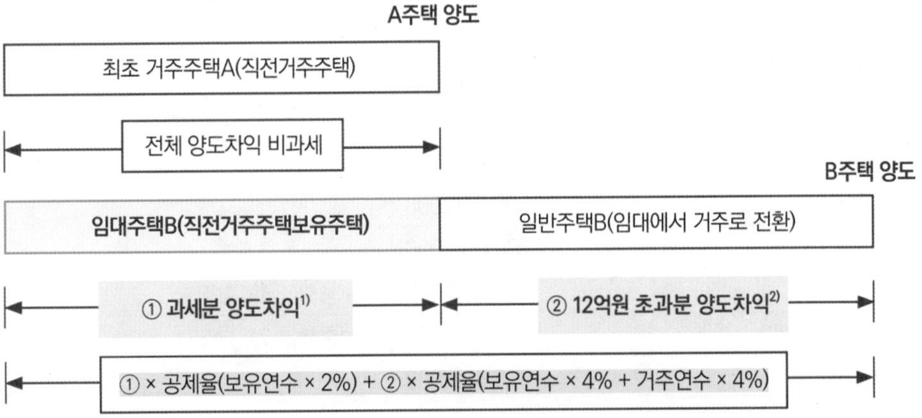

1) B주택 전체 양도차익 × $\frac{\text{A주택 양도당시 B주택의 기준시가} - \text{취득당시 B주택의 기준시가}}{\text{양도당시 B주택의 기준시가} - \text{취득당시 B주택의 기준시가}}$

2) B주택 전체 양도차익 × $\frac{\text{양도당시 B주택의 기준시가} - \text{A주택 양도당시 B주택의 기준시가}}{\text{양도당시 B주택의 기준시가} - \text{취득당시 B주택의 기준시가}} \times \frac{\text{양도가액} - \text{12억원}}{\text{양도가액}}$

관련 해석 사례

거주주택인 A주택과 장기임대주택인 B, C주택을 보유하던 중 A주택을 양도하여 거주주택 비과세 특례를 적용받은 다음, B주택으로 주거를 이전하여 2년 이상 거주한 후 B주택을 양도하는 경우로서 B주택이 직전거주주택보유주택에 해당하면서 1세대 1주택(고가주택)인 경우 B주택의 소득금액은 「소득세법 시행령」 제161조 제2항에 따라 계산하는 것이고, 이때 장기보유특별공제 계산시 보유기간은 B주택의 취득일부터 양도일까지의 기간을 적용한다(법령해석재산 - 1577, 2019. 1. 31).

적용 사례 직전거주주택 양도 후 직전거주주택보유주택(1세대 1주택 비과세대상이면서 고가주택인 경우) 양도시 양도소득금액 계산방법

- **거주주택 및 임대주택 양도에 관한 자료**

구 분	내 용
거주주택A	2019. 7. 15. 14억원 양도(거주주택 비과세 특례 적용)
일반주택B (임대주택)	양도가액 및 양도일자 : 20억원(2025. 2. 15.)
	취득가액 및 취득일자 : 8억원(2015. 1. 10.)
기준시가	A주택 양도 당시 B주택 기준시가 : 9억원
	B주택 양도 당시 기준시가 : 13억원
	B주택 취득 당시 기준시가 : 3억원
기타사항	B주택은 의무임대기간 충족 후 4년 거주하고 1세대 1주택 상태에서 양도

해설

구 분	금 액	계산근거
양도가액	2,000,000,000	
(−) 취득가액	800,000,000	
(=) 전체양도차익	1,200,000,000	
과세분양도차익	912,000,000	〈보충해설 1〉 참조
(−) 장기보유특별공제	251,520,000	〈보충해설 2〉 참조
(=) 양도소득금액	660,480,000	

보충 설명 및 계산 내역

1. 과세분 양도차익 : (1)+(2)=912,000,000

(1) 거주주택A 양도일 이전 기간분 양도차익(일반주택)

- $1{,}200{,}000{,}000 \times \dfrac{900{,}000{,}000 - 300{,}000{,}000}{1{,}300{,}000{,}000 - 300{,}000{,}000} = 720{,}000{,}000$

(2) 거주주택A 양도일 이후 기간분 양도차익(고가주택)

- $1{,}200{,}000{,}000 \times \dfrac{1{,}300{,}000{,}000 - 900{,}000{,}000}{1{,}300{,}000{,}000 - 300{,}000{,}000} \times \dfrac{20\text{억원} - 12\text{억원}}{20\text{억원}} = 192{,}000{,}000$

2. 장기보유특별공제 : (1)+(2)=251,520,000

(1) 거주주택A 양도일 이전 기간분 장기보유특별공제(일반주택)

- 720,000,000 × 20%(10년 × 2%) = 144,000,000

(2) 거주주택A 양도일 이후 기간분 장기보유특별공제(고가주택)

- 192,000,000 × 56%(10년 × 4% + 4년 × 4%) = 107,520,000

4 거주주택 비과세 특례 횟수제한 여부 및 비과세 범위

종전에는 거주주택과 장기임대주택을 보유한 상태에서 최초 거주주택을 양도하여 비과세를 적용받은 후, 다시 거주주택을 취득하여 양도하는 경우에도 횟수에 제한없이 거주주택 비과세 특례를 적용하다가 2019. 2. 12. 이후 취득하는 주택부터는 최초 거주주택을 양도하는 경우로 한정(평생 1회 적용)하여 비과세 특례(후술하는 장기어린이집 보유자의 비과세 특례는 횟수 제한없이 적용가능)를 적용받을 수 있도록 세법이 개정되었다(대통령령 제29523호, 부칙 §7 ①).

그러나, 2025. 2. 28. 이후 거주주택을 양도하는 경우에는 횟수 제한없이 비과세 특례를 적용받을 수 있도록 다시 세법이 개정되었다.

(1) 2019. 2. 11. 이전에 주택을 취득한 경우(횟수제한 없음)

거주주택A와 2채의 임대주택(C, D)을 보유한 상태에서 최초 거주주택A를 양도하여 비과세 특례를 적용받은 후, 2019. 2. 11. 이전에 다시 B주택을 새로 취득하여 2년 이상 거주한 다음, 해당 주택을 양도하는 경우에도 비과세 특례를 적용받을 수 있다.

다만, 거주주택(A, B)를 양도한 다음 1세대 1주택 비과세 요건을 충족한 직전거주주택보유주택인 C주택과 D주택을 순차적으로 양도하는 경우에는 앞서 살펴본 바와 같이 직전거주주택(B, C)의 양도일 이후 보유기간분에 대해서만 비과세를 적용한다.

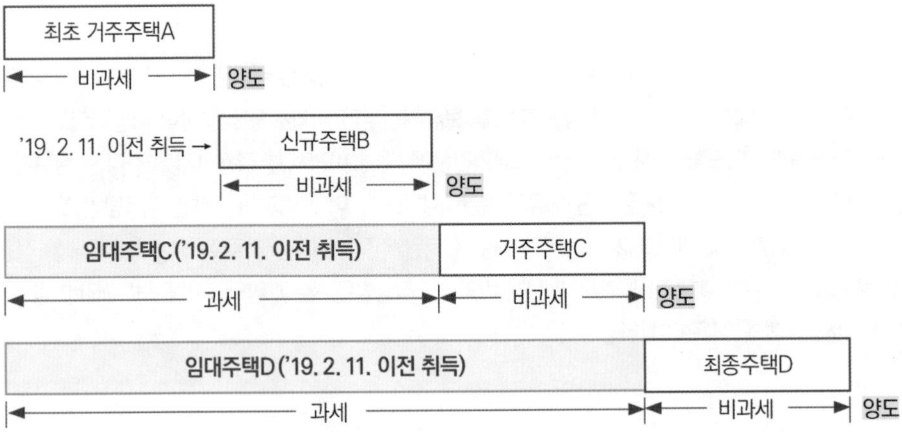

(2) 2019. 2. 12. 이후에 주택을 취득한 경우

1) 원칙(평생 1회 적용)

거주주택A와 임대주택D를 보유한 상태에서 최초 거주주택A를 양도하여 비과세 특례를 적용받은 후, 2019. 2. 12. 이후 B주택과 C주택을 새로 취득한 다음 B주택 및 C주택(임대주택C → 거주주택C)에서 다시 2년 이상 거주한 후 해당 주택을 양도하는 경우에는 최초 거주주택A에 대해서 이미 비과세 특례를 적용받았으므로 전체 보유기간분에 대해서는 과세하되, 직전거주주택보유주택인 D주택(최종 1주택)에 대해서는 직전거주주택C의 양도일 이후 보유기간분에 대해서만 비과세를 적용한다.

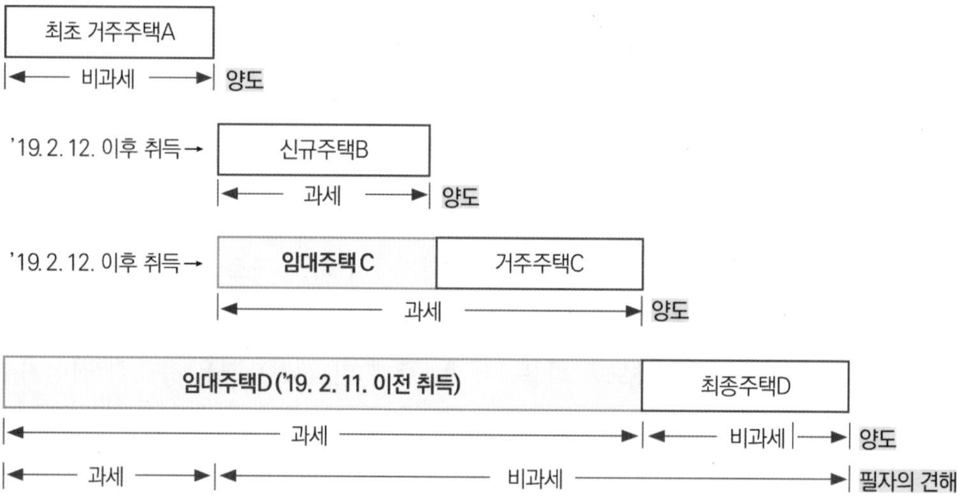

필자의 見解

다른 주택을 모두 양도한 이후 최종 1주택인 D주택의 비과세 범위에 대해서는 명문규정은 없지만, 직전거주주택C 양도일 이후가 아닌 최초 거주주택A의 양도일 이후 보유기간부터 비과세를 적용함이 타당하다고 판단된다. 왜냐하면 거주주택을 양도할 당시 임대주택 보유기간분에 대해 비과세를 적용하지 않겠다는 취지가 "최초 거주주택 또는 직전거주주택 양도일 이전 보유기간분에 대해서는 이미 비과세 특례를 적용받았으므로 비과세 중복적용 방지를 위함인데, 2019. 2. 12. 이후 새로 취득한 주택(B, C)은 거주주택 비과세 특례를 적용받지 못하여 전체 보유기간분에 대해 과세되었기 때문에 비과세를 적용받은 A주택 양도일 이후 보유기간분 양도차익에 대해서 비과세 특례를 적용함이 타당하다.

관련 해석 사례

A주택(거주주택 비과세 적용)을 보유한 상태에서 2019. 2. 12. 이후 B주택(전체 양도차익 과세) 및 C주택(장기임대주택)을 취득한 후, A주택 및 B주택을 순차적으로 양도한 다음 최종 장기임대주택C를 일반주택으로 전환한 후 C주택 양도시 1세대 1주택 비과세가 적용되는 범위는 B주택 양도일 이후 기간분에 대해서만 적용한다(법령해석재산-0143, 2021. 11. 5).

2) 예외(횟수제한 없음)

2019. 2. 12. 이후 취득하는 거주주택은 평생 1회만 거주주택 비과세 특례를 적용받는 것이 원칙이나, 아래의 요건을 충족한 주택에 대해서는 2019. 2. 12. 이후 취득하였더라도 평생 1회에 관계없이 다시 거주주택 비과세 특례를 적용받을 수 있다(대통령령 제29523호, 부칙 §7 ②).

다만, 2019. 2. 12. 전에 거주주택을 취득하기 위해 매매계약을 체결하였더라도 2019. 2. 12. 이전에 장기임대주택을 보유하고 있지 않았다면 거주주택 비과세 특례를 적용받을 수 없다. ☞ P. 371「대비사례」 참조

① 이 영 시행(2019. 2. 12.) 당시 거주하고 있는 주택
② 이 영 시행(2019. 2. 12.) 전에 거주주택을 취득하기 위해 매매계약을 체결하고 계약금을 지급한 사실이 증빙서류에 의해 확인되는 주택

적용 사례 1 **분양권 상태에서 임대등록하여 2019. 2. 12. 이후 완공되어 임대개시한 장기임대주택을 보유하는 경우 거주주택 비과세 재차 적용 여부**

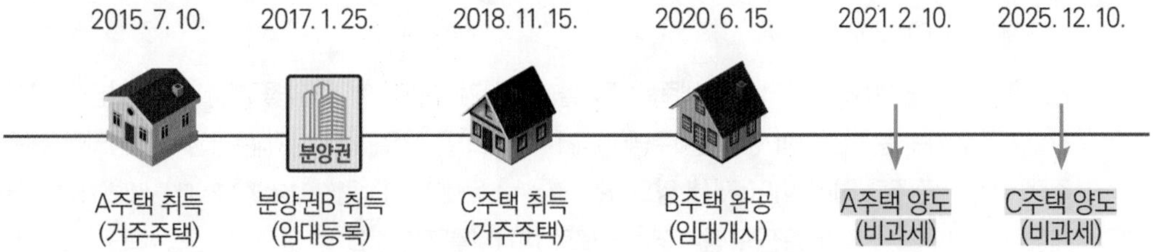

해설 종전주택(A) 및 신규주택(C)과 2019. 2. 12. 전에 분양권 상태에서 임대등록하여 2019. 2. 12. 이후 완공되어 임대개시한 장기임대주택(B)을 소유하고 있는 1세대가 종전주택(A)을 신규주택(C) 취득일로부터 3년 이내 양도하여 비과세(비과세 특례 중첩적용)를 적용받은 후, 신규주택(C)에 대해서도 재차 비과세 특례가 적용된다(법규재산-3027, 2023. 7. 31).

여기서 주의할 점은 신규주택(C)은 "임대주택에서 전환된 직전거주주택보유주택"이 아니므로 직전거주주택(A)의 양도일 이후 기간분에 대해서만 비과세를 적용하는 것이 아니라, 전체 보유기간의 양도차익에 대해 비과세가 적용된다는 것이다.

비교 해석 사례 거주주택(A : 2015. 10. 15), 임대주택(B : 2017. 6. 25), 신규주택(C : 2021. 9. 10.)을 순차로 취득한 후 거주주택A를 먼저 비과세로 양도한 다음, 임대주택B와 신규주택C을 보유한 상태에서 임대주택B을 양도함에 따라 일시적 2주택 비과세 특례가 적용되는 경우 거주주택에 대한 거주요건은 적용되지 않으나, 거주주택A 양도일 이후의 기간분에 대해서만 비과세가 적용된다(재산세제과-1081, 2022. 8. 31).

적용 사례 2 2019. 2. 12. 전에 거주주택의 분양권 매매계약을 체결한 경우 거주주택 비과세 적용시 평생 1회 제한 여부

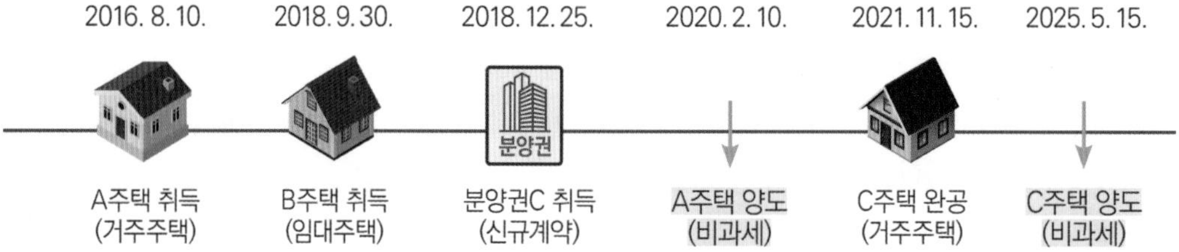

해설 거주주택(A), 장기임대주택(B) 및 주택분양권(C)을 2019. 2. 12. 전에 순차로 취득한 후, 주택분양권(C)이 완공되어 취득한 주택을 거주주택(A)에 이어 재차 양도하는 경우 거주주택 비과세특례가 적용된다(법규재산-0401, 2023. 6. 29).

유사 해석 사례 2019. 2. 12. 전에 새로운 주택을 취득하기 위하여 매매계약을 체결하고 계약금을 지급한 사실이 확인되는 분양권(C)과 장기임대주택(A), 거주주택(B)을 보유한 1세대가 분양권이 완공되어 취득한 주택(C)을 거주주택(B)에 이어 재차 양도하는 경우 소득세법 시행령(2019. 2. 12. 대통령령 제29523호 개정) 부칙 제7조에 따라 종전 규정이 적용되므로 비과세를 적용받을 수 있다(부동산납세과-688, 2023. 3. 14).

대비 사례 2019. 2. 12. 전에 장기임대주택을 보유하지 않는 상태에서 거주주택의 분양권 매매 계약을 체결한 경우 거주주택 비과세 적용시 평생 1회 제한 여부

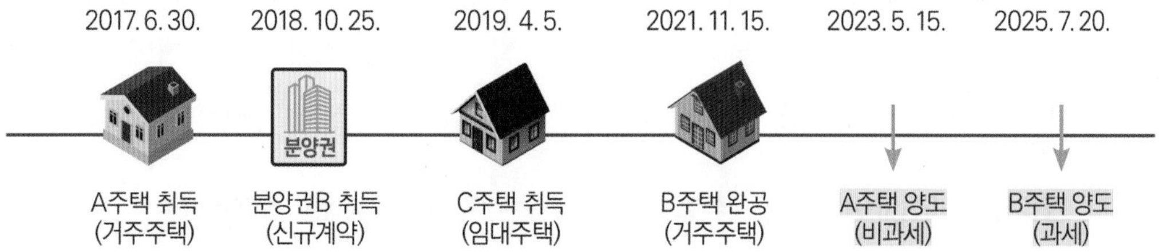

해설 장기임대주택을 보유하지 않은 상태에서 주택분양권(B)을 보유하다가, 2019. 2. 12. 이후 장기임대주택(C)을 취득하는 경우 2019. 2. 12. 전에 새로운 주택을 취득하기 위하여 매매계약한 주택분양권(B)은 소득세법 시행령(2019. 2. 12. 대통령령 제29523호 개정) 부칙 제7조에 따른 종전 규정이 적용되지 않으므로 비과세를 적용받을 수 없다(법령해석재산-1464, 2021. 3. 8).

유사 해석 사례 2019. 2. 12. 전에 장기임대주택을 보유하지 않는 상태에서 일반주택(A)와 주택분양권(B, C)을 소유한 1세대가 2019. 2. 12. 이후 일반주택(A)을 장기임대주택으로 등록하고 준공된 B주택을 양도하여 거주주택 특례규정을 생애 최초로 적용받은 후, 대체주택으로 취득한 C주택은 다시 비과세 특례를 적용받을 수 없다(법규재산-4760, 2022. 9. 29).

적용 사례 3 거주주택과 장기임대주택을 보유한 상태에서 신규주택을 취득한 후 거주주택을 과세로 양도하고 신규주택을 양도하는 경우 거주주택 비과세 여부

해설 거주주택(A)와 장기임대주택(B)을 보유한 상태에서 2019. 2. 12. 이후에 신규주택(C)을 취득하고 일시적 2주택 허용기간(3년)을 지나 거주주택(A)을 과세로 양도한 후, 다시 거주용 주택으로 사용한 신규주택(C)을 양도하는 경우에는 거주주택 비과세 특례가 적용되는 것이다(법규재산-1363, 2022. 12. 22).

3) 거주주택 비과세 평생 1회 적용방법

거주주택 비과세 특례 "평생 1회 규정"은 과거에 비과세 특례를 적용받지 않은 경우를 포함하여 2019. 2. 12. 이후 취득하는 주택분부터 적용한다. 즉, 평생 1회 적용방법은 2019. 2. 12. 이후 취득하는 주택분부터 적용하는 것이 아니라 과거에 거주주택 비과세 특례를 적용받은 횟수까지 포함하여 평생 1회 여부를 판단하는 것이다.

(3) 2025. 2. 28. 이후 거주주택을 양도하는 경우(횟수제한 폐지)

장기임대주택 보유자의 거주주택을 양도하는 경우에는 앞서 살펴본 바와 같이 주택 취득시기별로 비과세 특례가 다르게 적용되었으나, 2025. 2. 28. 이후 거주주택을 양도하는 분부터는 과거 거주주택 비과세 특례를 적용받았는지 여부와는 관계없이 거주주택 비과세를 수차례 적용받을 수 있도록 세법이 개정되었다.

따라서, 최소 의무임대기간 10년 적용 장기임대주택 또는 최소 의무임대기간 6년 적용 단기임대주택(2025. 6. 4. 이후 임대등록분부터 적용)을 보유한 자가 취득시기와 상관없이 취득한 거주주택을 2025. 2. 28. 이후 양도하는 경우에는 횟수에 제한없이 거주주택 비과세 특례를 적용받을 수 있는 것이다.

5 거주주택 비과세와 일시적 2주택 비과세 특례 선택적용 여부

(1) 거주주택 비과세 특례 선택적용 여부

거주주택 비과세 특례는 거주주택을 먼저 양도하여 비과세를 적용받은 후, 장기임대주택에서 전환된 일반주택을 양도하는 경우 거주주택 양도일 이후 보유기간분에 대해서만 비과세를 적용받는 〈아래의 방법 1〉은 앞서 살펴본 내용과 동일하다.

하지만, 처음부터 거주주택 비과세를 적용받지 않고 과세로 신고한 후, 장기임대주택에서 전환된 일반주택을 양도하는 경우 전체 보유기간분에 대해 비과세를 적용받는 〈아래의 방법 2〉도 고려해 볼 수 있으나, 과세관청에서는 두 가지 방법을 선택할 수 없고 당초 비과세 요건을 충족한 거주주택을 먼저 양도하여 비과세 특례를 적용받는 〈방법 1〉을 적용하는 것으로 해석하고 있다.

방법 1

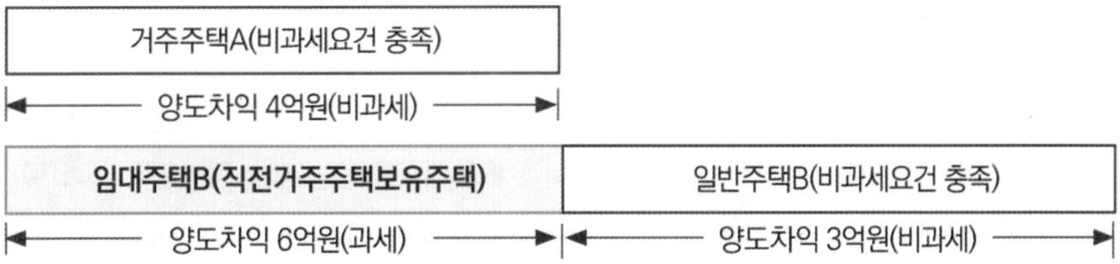

방법 2

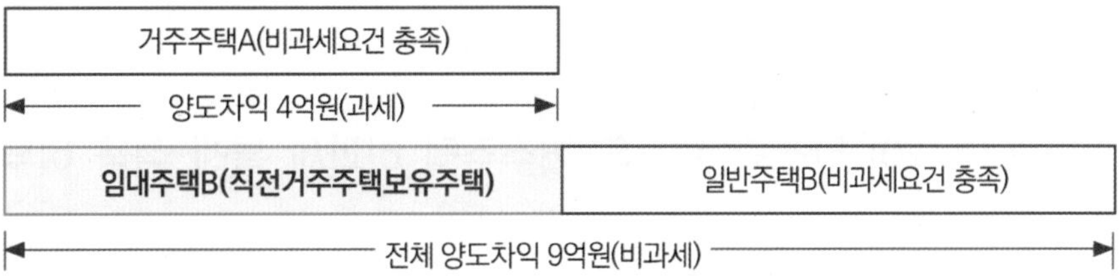

관련 해석 사례

「소득세법 시행령」 제155조 제20항에 따른 특례 요건을 갖춘 장기임대주택(A)과 거주주택(B)을 보유한 1세대가 거주주택(B)의 양도일에 일반주택(C)을 취득한 경우로서 양도가액 12억원 상당의 거주주택(B)에 대한 양도차익은 양도소득세가 당연 비과세되는 것으로 해당 양도차익을 납세자 선택에 의해 과세대상으로 신고하고 향후 1세대 1주택 요건을 충족한 일반주택(C)을 양도하는 경우 비과세를 적용할 수 없다(법규재산-0393, 2023. 7. 26., 부동산납세과-2222, 2022. 8. 2).

(2) 일시적 2주택 비과세 특례 선택적용 여부

거주주택과 장기임대주택을 보유한 상태에서 거주주택을 양도하는 경우에는 무조건 「소득세법 시행령」 제155조 제20항에 따른 거주주택 비과세 특례를 적용받아야 하는 것은 아니다. 예를 들어, 1세대 1주택자가 신규주택을 취득한 후 해당 신규주택을 장기임대주택으로 등록하였더라도 신규주택(장기임대주택)을 취득한 날부터 3년 이내에 종전주택을 양도하면 「소득세법 시행령」 제155조 제1항에 따른 일시적 2주택 비과세 특례를 적용받을 수도 있다.

이 경우 신규주택을 취득한 날부터 3년 이내 종전주택(거주주택)을 양도하는 경우에는 일반적으로 일시적 2주택 비과세 특례를 적용받는 것이 유리하다. 왜냐하면 거주주택 비과세 특례 규정은 조정대상지역 불문하고 2년 이상의 거주요건과 장기임대주택에 대한 사후관리가 필요할 뿐만 아니라, 추후 장기임대주택(1세대 1주택)을 양도하는 경우에도 거주주택을 양도한 이후 보유기간분에 대해서만 비과세 혜택이 주어지기 때문이다.

관련 해석 사례

거주주택A(2018. 1. 10. 취득)와 장기임대주택B(2020. 6. 25. 취득)를 순차로 취득한 후 거주주택A를 양도하여 「소득세법 시행령」 제155조 제20항에 따른 비과세 특례를 적용받거나, 장기임대주택B 취득일로부터 3년 이내 거주주택A를 양도하여 「소득세법 시행령」 제155조 제1항에 따른 일시적 2주택 비과세 특례를 적용받을 수도 있다(부동산납세과-899, 2019. 9. 3).

6 임대등록이 말소되는 경우 거주주택 비과세 특례 적용 여부

(1) 임대등록을 자진말소하는 경우

「민간임대주택특별법」이 개정됨에 따라 2020. 7. 11. 이후 임대등록이 폐지되는 모든 단기임대주택(4년)과 장기임대주택(8년) 중 매입형 아파트(도시형 생활주택은 제외)에 대해서는 의무임대기간이 경과하기 전에 임차인의 동의를 얻어 임대등록 말소를 신청할 수 있다(민특법 §6 ① 11호).

1) 거주주택 비과세를 적용받은 후 임대등록을 자진말소하는 경우

거주주택과 장기임대주택을 보유한 상태에서 거주주택을 양도하여 비과세 특례를 적용받은 후, 장기임대주택에 대해 민특법상 의무임대기간의 1/2 이상을 임대하고 임차인의 동의를 얻어 주택임대사업자가 임대등록을 자진말소하는 경우 의무임대기간 요건을 갖춘 것으로 보아 이미 적용받은 비과세는 추징하지 않는다(소득령 §155 ㉒ 2호 라목).

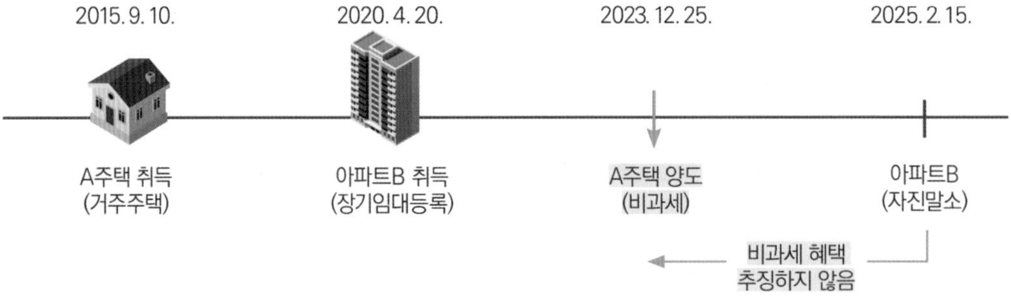

2) 거주주택 비과세를 적용받기 전 임대등록을 자진말소하는 경우

거주주택 비과세 특례를 적용받기 전에 장기임대주택에 대해 민특법상 의무임대기간의 1/2 이상을 임대하고 임차인의 동의를 얻어 주택임대사업자가 임대등록을 자진말소하는 경우에는 해당 등록이 말소된 이후(장기임대주택을 2호 이상 임대한 경우에는 최초로 등록이 말소된 이후) 5년 이내에 거주주택을 양도하면 의무임대기간 요건을 갖춘 것으로 보아 비과세 특례를 적용한다(소득령 §155 ㉓ 1호).

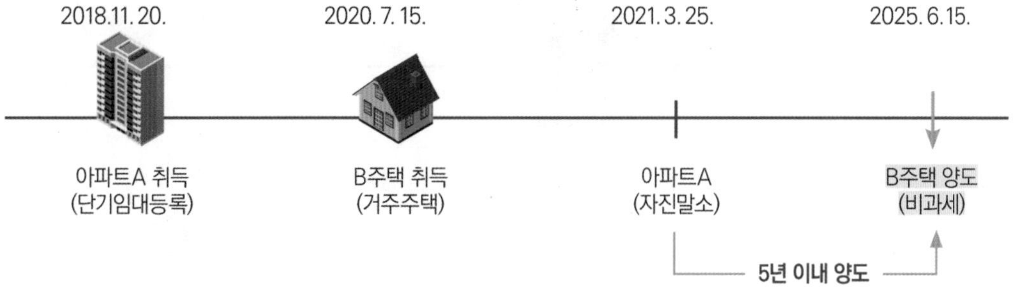

관련 해석 사례

1. 3채(A, B, C)의 장기임대주택 중 1채(A)가 등록이 자진말소되어 해당 주택(A)을 거주주택으로 전환한 경우로서 해당 주택(A)에 2년 이상 거주하여 거주주택 및 장기임대주택 요건을 갖추어 양도하는 경우, 소득령 §155 ⑳에 따른 거주주택 비과세 특례를 적용받을 수 있는 것이다(법규재산-8212, 2023. 1. 5).
2. 3주택(A, B, C) 소유한 1세대가 C주택을 소유한 자녀와 별도세대로 분리하여 양도일 현재 민간임대주택법에 따라 자진말소(임대의무기간의 2분의 1이상 임대)된 임대주택(B)과 거주주택(A)을 소유한 상태에서 등록말소 이후 5년 내 거주주택을 양도하는 경우 소득령 제155조 제20항에 따라 비과세 특례를 적용받을 수 있다(법규재산-0686, 2022. 9. 23).
3. 소득령 §155 ㉓과 같이 장기임대주택을 자진 말소한 이후 임대료 증액제한 5%, 세무서 사업자등록 유지 등을 준수하지 않더라도 5년 이내 거주주택을 양도하는 경우에는 소득령 §155 ⑳에 따른 특례를 적용받을 수 있다(재산세제과-151, 2022. 1. 24).

(2) 임대등록이 자동말소되는 경우

「민간임대주택특별법」이 개정됨에 따라 2020. 7. 11. 이후 임대등록이 폐지되는 모든 단기임대주택(4년)과 장기임대주택(8년) 중 매입형 아파트(도시형 생활주택은 제외)는 의무임대기간이 종료한 날 임대등록이 말소된다(민특법 §6 ⑤).

1) 거주주택 비과세를 적용받은 후 임대등록이 자동말소되는 경우

거주주택과 장기임대주택을 보유한 상태에서 거주주택을 양도하여 비과세 특례를 적용받은 후, 장기임대주택이 민특법상 의무임대기간이 종료되어 지방자치단체장이 임대등록을 자동 말소시키는 경우 자진말소와 동일하게 의무임대기간 요건을 갖춘 것으로 보아 이미 적용받은 비과세는 추징하지 않는다(소득령 §155 ㉒ 2호 라목).

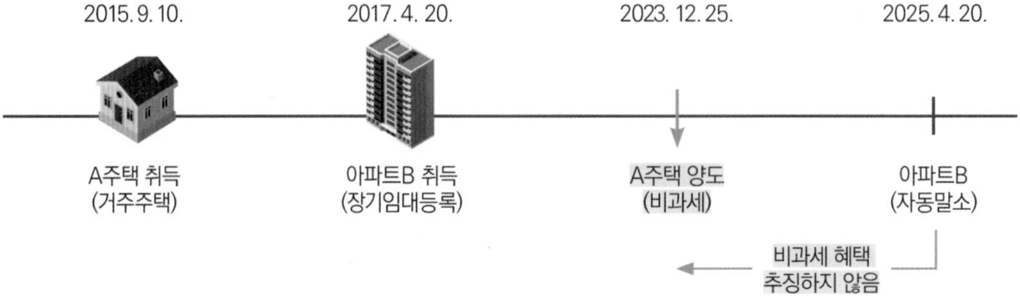

2) 거주주택 비과세를 적용받기 전 임대등록이 자동말소되는 경우

거주주택 비과세 특례를 적용받기 전에 민특법상 의무임대기간이 종료되어 지방자치단체장이 임대등록을 자동 말소시키는 경우 해당 등록이 말소된 이후(장기임대주택을 2호 이상 임대한 경우에는 최초로 등록이 말소된 이후) 5년 이내에 거주주택을 양도하면 자진말소와 동일하게 의무임대기간 요건을 갖춘 것으로 보아 비과세 특례를 적용한다(소득령 §155 ㉓ 2호).

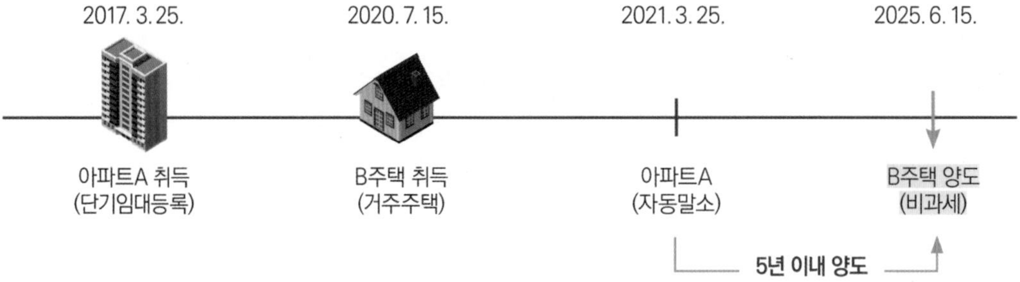

관련 해석 사례

1. 법률 제17482호로 일부 개정된 「민간임대주택에 관한 특별법」에 따라 폐지된 유형의 민간임대주택이 같은 법 제6조 제5항에 따라 등록 말소되어 해당 주택을 양도한 후, 거주자가 「소득세법 시행령」 제155조 제20항에 따른 거주주택과 폐지되지 않은 유형의 장기임대주택을 보유한 상태에서 거주자가 해당 거주주택을 양도하는 경우에는 「소득세법 시행령」 제155조 제23항(5년의 처분기한)이 적용되지 않으므로 양도기한에 제한없이 비과세된다(재산세제과-1420, 2024. 12. 11).
2. 장기임대주택(A주택), 거주주택(B주택), 신규주택(C주택)을 순차로 취득하여 보유 중 A주택이 「민간임대주택에 관한 특별법」에 따라 자동말소된 후 B주택을 양도하는 경우 일시적 2주택 특례와 장기임대주택 특례를 중복적용하여 「소득세법 시행령」 제154조 제1항에 따른 1세대 1주택 비과세 특례가 적용되므로 C주택을 취득한 날부터 3년 이내에 B주택을 양도하는 경우 비과세되는 것이다(법규재산-0879, 2024. 3. 19).
3. 1세대가 A주택(거주주택), B주택(감면주택), C · D · E주택(장기임대주택)을 순차로 취득한 경우로서 C주택의 등록이 최초 말소된 경우 말소된 이후 5년 이내에 A주택을 양도하는 경우 「소득세법 시행령」 제155조 제20항에 따라 비과세를 적용하는 것이다(부동산납세과-1381, 2023. 7. 3).
4. 민간임대주택에 따라 임대의무기간이 종료한 날 등록이 말소된 주택을 "재등록"한 경우로서 임대등록이 말소된 이후 "5년이 경과"한 경우에도 「소득세법 시행령」 제155조 제20항에 따른 거주주택 및 장기임대주택 요건을 갖추어 거주주택을 양도하는 경우에는 거주주택 비과세 특례를 적용받을 수 있다(법규재산-2334, 2022. 12. 14).
5. 3채(A, B, C)의 장기임대주택 중 1채(B)가 자동말소되어 거주주택으로 전환한 경우로서 이후 다시 1채(A)의 장기임대주택이 자동말소된 경우에는 해당 임대주택(A)이 최초로 등록이 말소된 것으로 보아 임대주택(A)의 등록 말소일로부터 5년 이내에 거주주택(B)을 양도하는 경우에는 비과세 특례를 적용받을 수 있다(법령해석재산-5916, 2021. 10. 28).

(3) 임대등록이 재개발 · 재건축에 따라 직권말소되는 경우

재개발, 재건축 등으로 민간임대주택의 철거가 예정되어 있거나 민간임대주택이 철거된 경우에는 지방자치단체장이 임대등록을 직권말소하므로 민특법상 자진말소 또는 자동말소에 관한 규정이 적용되지 않는다(민특령 §34 ③ 4호).

따라서, 장기임대주택이 재개발 · 재건축사업으로 멸실되어 「소득세법 시행령」 제155조 제22항 제2호 마목에 해당하는 경우로서 자방자치단체장이 임대등록을 말소하기 전에 거주주택을 양도하는 경우에만 거주주택 비과세 특례를 적용받을 수 있다.

1) 거주주택 비과세를 적용받은 후 임대등록이 직권말소되는 경우

거주주택과 장기임대주택을 보유한 상태에서 거주주택을 양도하여 비과세 특례를 적용받은 후, 재개발·재건축 등으로 지방자치단체장이 임대등록을 직권말소시키는 경우 자진말소 및 자동말소와 동일하게 말소된 날에 의무임대기간 요건을 갖춘 것으로 보아 이미 적용받은 비과세는 추징하지 않는다(소득령 §155 ㉒ 2호 마목).

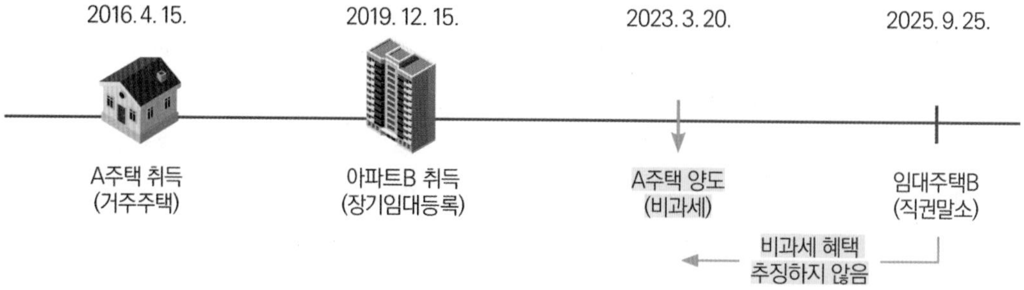

2) 거주주택 비과세를 적용받기 전 임대등록이 직권말소되는 경우

재개발·재건축 등으로 지방자치단체장이 임대등록을 직권말소하기 전까지 거주주택을 양도하면 비과세 특례를 적용받을 수 있으나, 의무임대기간이 경과되기 전에 재개발·재건축 등으로 임대등록이 직권말소된 이후 5년 이내에 거주주택을 양도하더라도 자진말소 또는 자동말소와는 달리 거주주택 비과세 특례를 적용받을 수 없다. 여기서 주의할 사항은 재개발·재건축 등으로 장기임대주택이 조합원입주권으로 전환되어 직권말소되어 거주주택 비과세 특례를 적용받을 수 없는 주택의 유형은 매입형 아파트(2020. 8. 18. 이후 임대등록 불가)로 한정하는 것이므로 아파트를 제외한 주택이 재개발 등이 완료되어 신축주택으로 전환되면 다시 임대등록을 할 수 있으므로 여전히 거주주택 비과세 특례를 적용받을 수 있다는 점이다.

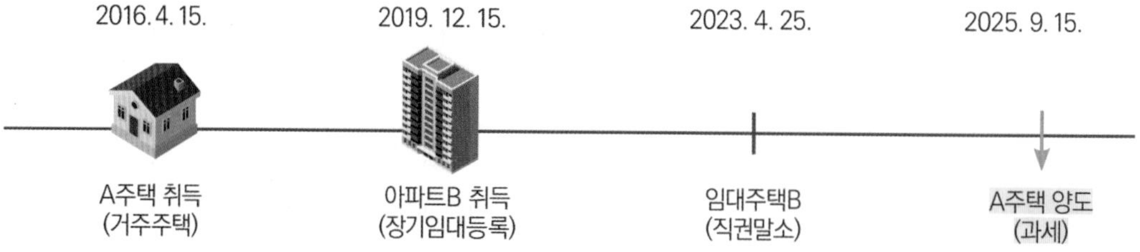

관련 해석 사례

1. 재건축 등으로 직권말소된 임대주택과 임대기간 만료로 자동말소된 임대주택을 보유한 1세대가 직권말소된 임대주택을 모두 과세로 양도한 후 자동말소된 임대주택만을 보유한 상태에서 거주주택 양도시 소득령 §155 ㉓을 충족하는 경우 거주주택 특례를 적용하는 것이다(법규재산-1863, 2024. 5. 8).
2. 소득령 §155 ⑳에 따르면 주택임대사업자의 거주주택 비과세 특례규정은 임대주택을 보유한 상태에서 거주주택을 양도하는 경우 이를 비과세한다고 되어 있고, 이에 대한 예외로 같은 조 ㉓에서 20. 8. 18. 이후 임대사업자 등록을 임대의무기간 내 등록 말소(자진말소) 신청하거나 임대의무기간이 종료한 날 등록이 말소(자동말소)된 경우에는 임대주택을 보유하지 않은 상태라도 비과세 특례가 적용되나 재건축사업으로 멸실되어 임대사업자등록이 말소된 경우에는 자진말소 또는 자동말소에 해당되지 않아 이 건 처분은 달리 잘못이 없는 것으로 판단된다(조심 2022부8235, 2023. 9. 18).
3. 1세대가 임대의무기간의 2분의 1 이상을 임대한 장기임대주택A를 자진말소신청하여 임대사업자등록이 말소된 후, 해당 장기임대주택A가 조합원입주권으로 전환된 상태에서 장기임대주택A의 등록이 말소된 날 이후 5년 이내에 거주주택B를 양도하는 경우에는 비과세 특례를 적용받을 수 있다(법규재산-1283, 2023. 8. 8).

[임대등록 말소 후 거주주택 양도시 비과세 특례 적용여부]

구 분	자진말소	자동말소	직권말소
말소시기	의무임대기간 1/2 이상 임대시점	의무임대기간 종료시점	직권말소 시점
세제혜택	자진·자동말소일로부터 5년 이내 거주주택 양도시 비과세		비과세 적용불가

7 장기임대주택의 사후관리(추징) 및 추징 제외

(1) 거주주택 양도 후 임대요건 등 미충족시 추징(사후관리)

거주주택과 장기임대주택을 보유한 상태에서 거주주택 비과세 특례를 적용받은 후, 장기임대주택에 대해 임대하지 않은 기간이 6개월을 초과하였거나 의무임대기간 요건 등을 충족하지 못하게 된 때에는 그 사유가 발생한 날이 속하는 달의 말일부터 2개월 이내에 아래의 계산식에 따라 계산한 금액을 양도소득세로 신고·납부해야 한다(소득령 §155 ㉒).

거주주택 양도 당시 비과세를 적용하지 않았을 경우 납부할 세액 − 거주주택 양도 당시 비과세를 적용받아 납부한 세액

여기서 잠깐!

거주주택 비과세를 받은 후, 임대주택 의무임대기간 미충족으로 사유발생일 말일로부터 2개월 이내 신고하지 않은 경우 가산세

1. 무신고 가산세 적용

거주주택에 비과세 특례를 적용받은 후, 의무임대기간을 충족하지 못한 채 임대주택을 처분하였으나 그 사유발생일 말일로부터 2개월이 경과하여 신고하는 경우에는 무신고가산세 20%가 부과된다. 다만, 6개월 이내 기한 후 신고하면 일정부분 가산세가 감면된다.

2. 납부지연가산세

사유발생일 말일로부터 2개월이 경과하여 신고하는 경우 납부지연가산세가 부과된다. 이 경우 무납부일수 계산시 당초 신고한 법정신고기한의 다음 날부터 기산하는 것이 아니라, 사유발생일 말일로부터 2개월의 다음 날부터 기산하여 납부지연가산세를 계산한다.

관련 해석 사례

거주주택(A)을 양도하기 전에 장기임대주택(B)에 6개월을 초과하는 공실이 발생한 경우는 거주주택을 양도한 후에 "임대의무호수를 임대하지 않은 기간이 6개월을 지난 경우(추징사유)"에 해당하지 않는다(법규재산 - 5609, 2022. 4. 14).

(2) 의무임대기간 산정 특례(추징 제외)

거주주택 비과세 특례를 적용받은 후, 장기임대주택의 의무임대기간 요건 등을 충족하지 못하게 된 때에는 관련 세액을 납부하는 것이 원칙이나 아래와 같이 부득이한 사유가 발생한 경우에는 추가납부하지 않는다.

1) 수용 및 상속

「공익사업을 위한 토지 등의 취득 및 보상에 관한 법률」 또는 그 밖의 법률에 따른 수용(협의매수 포함) 또는 상속되는 경우에는 의무임대기간 요건을 충족하지 못하더라도 임대주택을 계속 임대한 것으로 본다(소득령 §155 ㉒ 2호 가목).

2) 재개발 · 재건축 등의 경우 미임대기간 제외

재건축 · 재개발사업 등의 사유가 있는 경우에는 임대의무호수를 임대하지 않은 기간을 계산할 때 해당 주택의 관리처분계획 등 "인가일 전 6개월부터 준공일 후 6개월까지의 기간"은 포함하지 않는다(소득령 §155 ㉒ 2호 나목). 다만, 매입형 장기일반민간임대주택 중 아파트는 더 이상 임대등록을 할 수 없으므로 해당 규정이 적용되지 않는다.

3) 임대등록이 자진말소 또는 자동말소된 경우

장기임대주택이 민특법 제6조 제1항 제11호에 따라 의무임대기간 내 등록 말소 신청으로 등록이 말소(자진말소)되거나 같은 법 제6조 제5항에 따라 의무임대기간이 종료한 날 등록이 말소(자동말소)된 경우 의무임대기간 요건을 갖춘 것으로 본다(소득령 §155 ㉒ 2호 라목).

4) 재개발 · 재건축 등으로 장기임대주택이 멸실되어 새로 취득한 주택이 의무임대기간 요건을 갖추지 못하게 된 경우

재개발 · 재건축사업 등으로 임대 중이던 당초의 장기임대주택이 멸실되어 새로 취득한 주택이 아래의 어느 하나의 경우에 해당하여 해당 임대기간요건을 갖추지 못하게 된 때에는 당초 임대주택에 대한 등록이 "말소된 날 해당 의무임대기간 요건"을 갖춘 것으로 본다(소득령 §155 ㉒ 2호 마목).

① 새로 취득한 주택에 대해 2020. 7. 11. 이후 종전의 「민간임대주택에 관한 특별법」 제2조 제5호에 따른 장기일반민간임대주택 중 아파트를 임대하는 민간매입임대주택이나 같은 조 제6호에 따른 단기민간임대주택으로 종전의 「민간임대주택에 관한 특별법」 제5조에 따른 임대사업자등록 신청을 한 경우

② 새로 취득한 주택이 아파트(당초 주택이 단기민간임대주택으로 등록되어 있었던 경우에는 모든 주택을 말함)인 경우로서 「민간임대주택에 관한 특별법」 제5조에 따른 임대사업자등록 신청을 하지 않은 경우

8 거주주택 또는 장기임대주택에 대한 주요 쟁점사례

(1) 다가구주택이 장기임대주택 또는 거주주택인 경우

1) 전체 가구를 임대등록한 다가구주택과 거주주택을 보유한 경우

장기임대주택으로 등록한 다가구주택과 거주주택을 보유한 상태에서 거주주택을 양도하는 경우로서 다가구주택의 "모든 호실을 임대등록"하고 있으면 거주주택 비과세 특례를 적용받을 수 있다.

2) 일부 가구를 임대등록한 다가구주택과 거주주택을 보유한 경우

다가구주택(임대주택)과 거주주택을 보유한 상태에서 다가구주택의 일부 호실은 임대등록하여 임대하고 나머지 호실은 거주한 경우로서 거주주택을 양도하는 경우에는 거주주택 비과세 특례를 적용받을 수 없다(부동산납세과-2622, 2023.11.14, 조심2021중2852, 2021.8.23).

그 이유는 다가구주택은 하나의 매매단위로 양도하는 경우에만 단독주택으로 보는 것이며, 거주주택을 양도할 때 보유 중인 다가구주택은 공동주택으로서 일부 호실을 임대등록하지 않은 경우에는 해당 호실은 주택 수에 포함되기 때문이다.

3) 임대주택과 다가구주택(거주주택)을 보유한 경우

「소득세법 시행령」 제155조 제20항 제2호의 요건을 충족하는 장기임대주택과 다가구주택을 보유하고 있는 1세대가 다가구주택의 일부(총 7구 중 1구에 본인 및 그 세대전원이 2년 이상 거주, 나머지 6구에 다른 세대가 임차하여 거주)에서 2년 이상 거주한 후, 해당 다가구주택을 하나의 매매단위로 양도하는 경우 비과세 특례를 적용받을 수 있다(부동산납세과-1402, 2023.7.3).

(2) 1주택을 공동으로 임대등록한 경우

동일세대원이 1주택을 공동으로 임대등록한 경우에는 세대단위로 볼 때는 1세대가 1호를 임대등록한 것이므로 거주주택 비과세 특례를 적용받을 수 있다. 하지만, 별도세대원이 1주택을 공동으로 임대등록한 경우에는 "아래의 해석사례"에서 보듯이 과세관청(비과세 불가)과 조세심판원(비과세 가능)의 의견이 엇갈리고 있다.

이렇게 두 기관의 판단이 서로 달라 실무적으로 혼선이 초래하자 최근 기획재정부 유권해석(재산세제과-1291, 2024.11.6.)에서는 조세심판원의 판단과 동일하게 1주택을 별도세대원과 공동으로 임대등록한 경우에도 장기임대주택 요건을 충족한 것으로 보고 있다.

관련 해석 사례

「소득세법 시행령」 제167조의3 제1항 제2호 마목에 해당하는 장기임대주택을 별도세대인 갑과 을이 1/2씩 공동으로 소유하는 경우에는 세대 단위로 1호 이상 임대하지 않았으므로 거주주택 비과세 특례가 적용되지 않으나(법규재산－3507, 2023. 1. 31), 갑과 을이 동일세대인 경우에는 세대 단위로 1호 이상 임대한 것이므로 거주주택 비과세 특례가 적용된다(부동산납세과－989, 2020. 8. 31).

반대 해석 사례

「소득세법 시행령」 제154조의2에서 공동소유주택의 주택 수 계산시 각자가 그 주택을 소유하고 있는 것으로 규정하고 있는 바, 별도세대원이 장기임대주택의 지분 1/2을 보유한 상태에서 거주주택을 양도한 이 건에서 1세대 1주택 특례대상에 해당하지 않는다고 보아 양도소득세를 부과한 처분은 잘못이 있는 것으로 판단된다(조심 2022서0109, 2022. 7. 19).

(3) 임대주택을 포괄 양수도하는 경우

주택임대사업자가 거주주택과 장기임대주택을 보유한 상태에서 거주주택을 양도하여 비과세 특례를 적용받은 후, 의무임대기간 요건을 충족하기 전에 "포괄적 승계 조건"으로 장기임대주택을 양도하는 경우에는 의무임대기간을 미충족하여 기존에 적용받았던 거주주택 비과세 특례는 추징된다.

여기서 주의할 사항은 의무임대기간 1/2 이상 임대한 후 장기임대주택을 포괄 양도한 날로부터 5년 이내에 거주주택을 양도하는 경우에는 앞서 살펴본 자진말소 규정(자진말소 후 5년 이내 거주주택 양도시 비과세)을 적용할 수 없으므로 비과세 특례를 적용받을 수 없다는 점이다.

관련 해석 사례

「소득세법 시행령」 제167조의3 제1항 제2호 가목 및 다목부터 마목까지의 규정에 해당하는 장기임대주택을 「민간임대주택에 관한 특별법」 제43조 제2항에 따라 임대사업자로서의 지위를 "포괄적으로 승계하여 취득"하고 같은 법 제6조 제5항에 따라 임대의무기간이 종료한 날 등록이 말소된 경우에는 해당 등록이 말소된 이후 5년 이내에 거주주택을 양도하는 경우에는 비과세가 적용된다(법규재산－2182, 2022. 9. 23).

Ⅱ 장기어린이집 보유자의 거주주택 비과세 특례

1 비과세 특례요건

1세대가 거주주택과 「소득세법」 제168조에 따른 사업자등록(고유번호)과 「영유아보육법」 제13조 제1항에 따른 지방자치단체장으로부터 인가를 받거나 같은 법 제24조 제2항에 따른 위탁을 받은 장기어린이집을 운영하고 있는 상태에서 거주주택을 양도하는 경우에는 1세대 1주택 비과세(양도가액 12억원 초과분 상당액은 과세)를 적용한다(소득령 §155 ⑳).

2 2019. 2. 12. 이후 취득한 주택에 대한 거주주택 비과세 재차 적용 여부

장기임대주택을 보유한 자가 2019. 2. 12. 이후 취득하는 거주주택에 대해서는 평생 1회에 한하여 비과세가 적용(2025. 2. 28. 이후 양도분 부터는 횟수제한 없음)되나, 장기어린이집을 보유한 자가 2019. 2. 12. 이후 취득하는 거주주택에 대해서는 횟수에 제한없이 거주주택 비과세 특례를 적용받을 수 있다.

관련 해석 사례

1. 「소득세법 시행령」 제155조 제20항 제3호에 따른 장기어린이집은 양도일 현재 「소득세법」 제168조에 따라 고유번호를 부여받고 운영하고 있어야 하며, 양도일 현재 휴업중인 장기어린이집은 「소득세법 시행령」 제155조 제20항 제3호에 따른 장기어린이집에 해당하지 않아 1세대가 양도하는 거주주택에 대하여 거주주택 특례(소득령 §155 ⑳)가 적용되지 아니한다(법규재산-0319, 2023. 10. 17).
2. 「소득세법 시행령」 제167조의3 제1항 제8호의2에 해당하는 장기어린이집과 거주주택을 소유하고 있는 1세대가 해당 거주주택을 양도하는 경우 장기어린이집을 동일 세대원이 운영하는 경우에도 1세대 1주택 비과세를 적용받을 수 있는 것이다(부동산납세과-1339, 2022. 5. 16).

반대 해석 사례 거주주택 양도일 현재 장기어린이집을 동일세대원이 아닌 자가 운영하는 경우에는 「소득세법 시행령」 제155조 제20항에 따른 거주주택 비과세를 적용받을 수 없다(부동산납세과-1184, 2024. 7. 18).

참고

1세대 2주택 비과세 특례 주택의 비과세 양도기한 비교

취득 유형		비과세대상 양도주택 양도기한	관련 법령
종전주택 + 신규주택		신규주택 취득일부터 3년 이내 종전주택 양도	소득령 §155 ①
종전주택 + 주택분양권 (2021. 1. 1. 이후 취득)	원칙	분양권 취득일부터 3년 이내 종전주택 양도	소득령 §156의3 ②
	예외	신축주택 완성 후 3년 이내 종전주택 양도	소득령 §156의3 ③
종전주택 + 조합원입주권	원칙	입주권 취득일부터 3년 이내 종전주택 양도	소득령 §156의2 ③
	예외	신축주택 완성 후 3년 이내 종전주택 양도	소득령 §156의2 ④
조합원입주권 + 대체주택(1년 이상 거주)		신축주택 완성 후 3년 이내 대체주택 양도	소득령 §156의2 ⑤
조합원입주권 + 신규주택		신규주택 취득일부터 3년 이내 입주권 양도	소득령 §89 ② 4호 나목
봉양합가주택(1주택 + 1주택)		합가일부터 10년 이내 먼저 양도하는 1주택	소득령 §155 ④
혼인합가주택(1주택 + 1주택)		합가일부터 10년 이내 먼저 양도하는 1주택	소득령 §155 ⑤
종전주택 + 귀농주택		귀농주택 취득일부터 5년 이내 종전주택 양도	소득령 §155 ⑦ 3호
종전주택 + 부득이한 사유 주택		사유가 해소된 날부터 3년 이내 종전주택 양도	소득령 §155 ⑧
일반주택 + 상속주택		양도기한 제한없이 일반주택 양도	소득령 §155 ②, ③
일반주택 + 농어촌상속 · 이농주택		양도기한 제한없이 일반주택 양도	소득령 §155 ⑦ 1, 2호
거주주택 + 장기임대주택 · 장기어린이집		양도기한 제한없이 거주주택 양도	소득령 §155 ⑳
일반주택 + 농어촌주택 · 고향주택		양도기한 제한없이 일반주택 양도	조특법 §99의4

사례로 이해하는

핵심
양도소득세

PART 4

재개발·재건축 등에 대한 양도소득세

1. 재개발·재건축 등에 대한 총설
2. 조합원입주권 등에 대한 비과세 특례
3. 조합원입주권을 양도하는 경우 양도소득세 계산
4. 신축주택을 양도하는 경우 양도소득세 계산
5. 조합원입주권 관련 기타 주요 내용

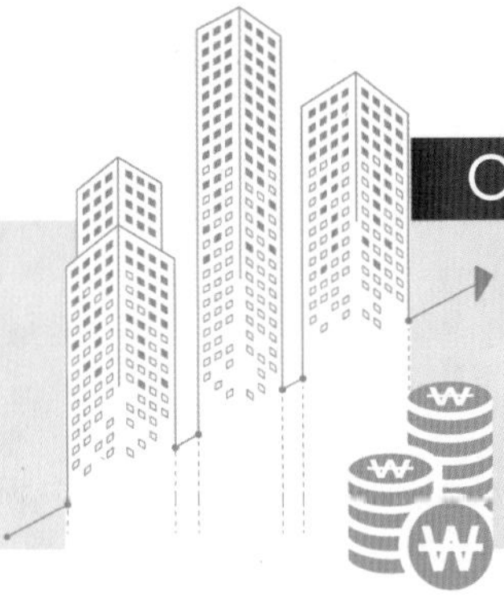

Chapter

1 재개발·재건축 등에 대한 총설

I 기본 개념

1 조합원입주권의 정의

"조합원입주권"이란 「도시 및 주거환경정비법」에 따른 재개발·재건축사업 및 「빈집 및 소규모주택 정비에 관한 특례법」에 따른 소규모 재개발·재개축사업·자율주택정비사업·가로주택정비사업에 의해 취득한 입주자로 선정된 지위를 말한다(소득법 §88 9호).

이 경우 "입주자로 선정된 지위"란 조합원이 종전 부동산(이하 "종전주택"이라 한다)을 정비사업조합에 제공하고 새로운 부동산(이하 "신축주택"이라 한다)을 취득할 수 있는 권리를 말하며, 이러한 권리에는 관리처분계획인가일 이후 원조합원으로부터 그 권리를 매매 등으로 승계 취득한 승계조합원의 지위를 포함한다.

[정비사업의 주요 업무진행 절차]

사업준비 단계		사업시행 단계		관리처분 단계		사업완료 단계	
기본계획 수립	**정비구역 지정**	조합설립 인가	**사업시행 계획인가**	분양신청 (조합원)	**관리처분 계획인가**[1]	착공 및 일반분양	**이전고시**[2] **및 청산**

1) 종전주택이 조합원입주권으로 변경되는 시점으로 양도소득세 측면에서 매우 중요한 기준일이며, 이러한 관리처분계획인가를 지방자치단체의 공보에 고시된 날에 조합원입주권의 권리가 확정된다.

2) 사업시행자는 재개발 등으로 주택이 준공된 후 분양받을 자에게 대지 및 건축물의 소유권을 이전해야 하며, 이 때 그 내용을 지방자치단체의 공보에 고시하는데, 이를 "소유권이전고시"라고 한다.
이 경우 조합원은 소유권이전고시일 이후 조합원 명의로 보존등기를 하는 것이며, 일반분양권자의 경우는 소유권이전고시일 이후 사업시행자의 명의로 먼저 보존등기를 한 후 일반분양권자에게 소유권이 이전된다.

2 조합원입주권의 범위

(1) 조합원입주권의 적용대상 정비사업의 종류

종전에는 「도시 및 주거환경정비법」에 따른 재개발·재건축사업에 의해 취득한 권리만 조합원입주권의 범위에 포함되었으나, 주택공급 활성화 및 정비사업 간 과세형평성 제고를 위하여 「빈집 및 소규모주택 정비에 관한 특례법」에 따른 소규모재건축사업(2018. 2. 9. 이후 취득분부터 적용) 및 자율주택정비사업·가로주택정비사업·소규모재개발사업(2022. 1. 1. 이후 취득분부터 적용)에 의한 권리도 조합원입주권의 범위에 포함하도록 개정되었다.

[정비사업별 조합원입주권 해당 여부]

근거 법령	정비사업 종류	조합원입주권 해당 여부	
		2021. 12. 31. 이전 취득	2022. 1. 1. 이후 취득
도시 및 주거환경정비법	재개발사업	포함	포함
	재건축사업	포함	포함
빈집 및 소규모주택정비에 관한 특례법	소규모 재건축사업	포함	포함
	자율주택정비사업	제외	포함
	가로주택정비사업	제외	포함
	소규모 재개발사업	제외	포함

근거 법령	정비사업 종류	주택분양권 해당 여부	
		2020. 12. 31. 이전 취득	2021. 1. 1. 이후 취득
주택법	지역·직장주택조합	주택분양권	주택분양권

관련 해석 사례

1. 2021. 12. 31. 이전에 가로주택정비사업을 시행하는 정비사업조합의 조합원이 사업시행계획인가로 인하여 취득한 입주자로 선정된 지위는 「소득세법」 제88조 제10호에 따른 분양권이 아닌 같은법 제94조 제1항 제2호 가목에 따른 부동산을 취득할 수 있는 권리에 해당하므로 2주택을 보유한 1세대의 1주택이 부동산을 취득할 수 있는 권리로 전환된 후, 멸실된 상태에서 남은 1주택을 양도하는 경우에는 1세대 1주택 비과세를 적용받을 수 있는 것이다(법규재산-0411, 2022. 12. 7).
2. 가로주택정비사업을 시행하는 정비사업조합의 조합원으로서 2022. 1. 1. 전에 취득한 입주자로 선정된 지위는 「소득세법」 제94조 제1항 제2호 가목에 따른 부동산을 취득할 권리이므로 「소득세법」 제88조 제10호에 따른 주택분양권에는 해당하지 않는다(재산세제과-1424, 2022. 11. 14).

(2) 조합원입주권 적용대상 제외

1) 지역 · 직장주택조합의 입주권

주택법에 따른 지역·직장주택조합의 조합원(무주택자이거나 국민주택 1채 보유한 세대주가 해당 지역에 거주요건 등을 충족한 자를 말함)으로서 취득하는 권리는 조합원입주권으로 보지 않고 주택을 취득할 수 있는 권리로 본다.

이 경우 해당 권리가 단순히 부동산을 취득할 수 있는 권리인지 아니면 2021. 1. 1. 이후 주택 수에 포함되는 주택분양권에 해당하는지 여부는 "사업계획승인일"을 기준으로 판단한다.

관련 해석 사례

1. 2021. 1. 1. 전 「주택법」에 따른 지역주택조합에 가입하고 2021. 1. 1. 이후 같은 법 제15조에 따라 사업계획승인을 받은 후 다른 주택(A)을 취득한 경우로서, 다른 주택(A)을 취득한 날부터 1년 이상이 지난 후 지역주택조합의 조합원으로 주택(B)을 공급받고 그 날부터 3년 이내에 다른 주택(A)을 양도하는 경우 비과세된다(재산세제과 - 1037, 2023. 9. 1).
2. 지역주택조합의 조합원이 2021. 1. 1. 이후 사업계획승인된 「주택법」 제2조 제11호 가목에 따라 주택을 공급받는 자로 선정된 지위를 취득한 경우 해당 권리는 「소득세법 시행령」 제155조 제1항 제2호에 따른 주택분양권에 해당한다(법규재산 - 1099, 2022. 1. 18).

2) 주거환경개선사업으로 취득한 입주권

「도시 및 주거환경정비법」에 따른 주거환경개선사업으로 2020. 12. 31. 이전에 취득한 입주권은 부동산을 취득할 수 있는 권리에 해당하므로 조합원입주권의 범위에 포함되지 않는다. 다만, 2021. 1. 1. 이후 주거환경개선사업으로 취득하는 입주권은 주택분양권에 포함될 수 있다.

관련 해석 사례

1. 주거환경개선사업을 시행하는 정비사업조합의 조합원이 관리처분계획인가로 인하여 취득한 입주자로 선정된 지위는 부동산을 취득할 수 있는 권리에 해당하는 것이며, 관리처분계획인가일에 해당 입주권을 취득한 것으로 본다(법규재산 - 0451, 2023. 1. 30).
2. 1세대가 보유한 2주택(A, B) 중 1주택(B)이 2020년 12월 31일 이전에 「도시 및 주거환경정비법」에 따른 주거환경개선사업에 의하여 입주자로 선정된 지위로 전환되어 멸실된 상태에서 A주택을 양도하는 경우 1세대 1주택 비과세를 적용한다(부동산납세과 - 2623, 2023. 11. 22).

3 조합원입주권 분류방법에 따른 세법상 차이

(1) 부동산을 취득할 수 있는 권리

조합원입주권은 부동산을 취득할 수 있는 권리로서 해당 조합원입주권(원조합원 및 승계조합원)을 보유한 기간 동안 발생한 양도차익에 대해서는 장기보유특별공제가 적용되지 않으며, 원조합원과 달리 승계조합원이 취득한 조합원입주권에 대해서는 1세대 1주택 비과세가 적용되지 않을 뿐만 아니라, 조합원입주권이 신축주택으로 완성된 후 해당 신축주택을 양도하는 경우 조합원입주권으로 보유한 기간은 신축주택의 보유기간에 포함되지 않는다.

(2) 다른 주택의 비과세 등 판단시 주택 수 포함

조합원입주권은 부동산을 취득할 수 있는 권리임에도 불구하고 다른 주택의 1세대 1주택 비과세 또는 다주택자 중과대상 판단시 주택 수에 포함되므로, 1세대가 주택과 조합원입주권을 보유한 상태에서 주택을 양도할 때에는 원칙적으로 1세대 1주택 비과세를 적용받을 수 없을 뿐만 아니라 양도주택이 조정대상지역에 소재하고 있는 경우에는 양도소득세가 중과될 수 있다.

다만, 조합원입주권을 양도하거나 주택과 조합원입주권을 보유한 상태에서 주택 또는 조합원입주권을 양도하는 경우에도 뒤에서 살펴볼 "조합원입주권 비과세 특례 규정"에 따라 1세대 1주택 비과세가 적용될 수도 있으며, 다주택자가 조합원입주권을 양도하거나 조정대상지역 소재 중과대상 주택을 중과유예기간(2022. 5. 10. ~ 2026. 5. 9.) 중에 양도하는 경우에는 중과되지 않는다.

[주택과 조합원입주권의 세법상 차이 비교]

구 분	주택	조합원입주권
세법상 취급방법	부동산	부동산을 취득할 수 있는 권리
1세대 1주택 비과세 여부	1세대 1주택 비과세 적용	조합원입주권 비과세 특례 적용
다른 주택 비과세 여부	주택 수 포함	주택 수 포함
다른 주택 중과세 여부	주택 수 포함	주택 수 포함
당해 자산 중과세 여부	중과세율 적용('26. 5. 9.까지 중과유예)	일반세율 적용
장기보유특별공제 적용여부	공제대상	• 인가전 양도차익 : 공제대상 • 인가후 양도차익 : 공제불가

(3) 청산금을 수령하는 경우

원조합원이 재개발사업 등을 시행하는 정비사업조합에 부동산을 제공하고 사업시행 완료 후 조합으로부터 관리처분계획 등에 따라 신축건물을 분양받는 것은 환지(P. 41 참조)로 보아 양도소득세가 과세되지 않지만, 종전부동산의 권리가액이 신축건물의 분양가액보다 커서 청산금을 수령하는 경우에는 과세대상(1세대 1주택은 비과세)에 해당한다.

관련 해석 사례

주택법에 따른 주택건설사업을 시행하는 지역주택조합에 조합원이 소유 토지를 이전하고 사업시행계획에 따라 공사완료 후 조합으로부터 신축주택을 분양받는 것은 「소득세법」 제88조 제1호 가목의 "환지처분"에 해당하지 않는 것으로, 이 경우 조합원이 소유 토지를 지역주택조합에 이전하는 것은 양도에 해당하는 것이다(법규재산 - 3520, 1096, 2023. 4. 19).

Ⅱ 주택과 조합원입주권 상호간 전환시기

1 종전주택이 조합원입주권으로 전환되는 시기

「도시 및 주거환경정비법」 등에 따른 재개발·재건축 사업에 따라 조합원이 정비사업조합에 제공한 종전주택은 관리처분·사업시행계획인가일(이하 "관리처분계획인가일"이라 한다)에 조합원입주권으로 전환된다. 이 경우 종전주택이 조합원입주권으로 전환되는 시점은 아래와 같이 전환시점별 및 정비사업별로 다르게 적용된다.

구 분	전환시점	정비사업 종류	권리전환 기준일
도시 및 주거환경 정비법(제74조)	2005. 5. 30. 이전	재건축	사업시행인가일
		재개발	관리처분계획인가일
	2005. 5. 31. 이후	재개발 · 재건축	
소규모주택정비법 (제29조)	2018. 2. 9. 이후	소규모재건축	사업시행계획인가일
	2022. 1. 1. 이후	소규모재개발 · 자율주택 · 가로주택	

2 조합원입주권이 신축주택으로 전환되는 시기

종전주택이 관리처분계획인가일에 조합원입주권으로 전환되었다가 다시 신축주택으로 전환되는 시기는 신축주택의 준공일 또는 사용승인일이다. 이 경우 원조합원의 신축주택 취득시기는 종전주택을 취득한 날이며, 조합원입주권을 승계 취득한 승계조합원의 경우 신축주택 취득시기는 신축주택의 준공일 또는 사용승인일이 된다.

[재개발 · 재건축으로 인한 권리 및 부동산 전환시기]

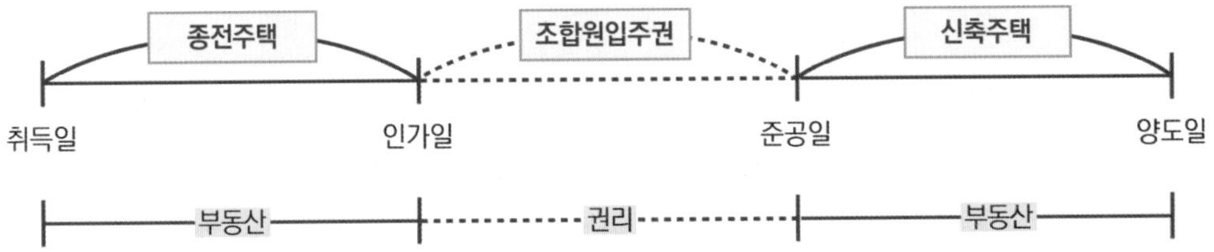

예를 들어, 아래와 같이 무주택자가 비조정대상지역 소재 주택을 A시점(2019. 2. 10.)에서 취득한 후 신축주택을 양도하는 경우 해당 신축주택은 원조합원이 취득한 것이므로 보유기간을 통산하여 2년 이상이면 1세대 1주택 비과세를 적용받을 수 있으나, B시점(2019. 2. 25.)에서 취득한 경우에는 주택이 아닌 조합원입주권을 승계조합원의 지위에서 취득한 것에 해당하므로 신축주택의 취득일은 2024. 5. 20. 이 되므로 신축주택 양도시 2년 이상의 보유기간 충족하지 못하여 1세대 1주택 비과세를 적용받을 수 없을 뿐만 아니라, 신축주택의 보유기간이 1년 미만에 해당되어 70%의 단기세율이 적용된다.

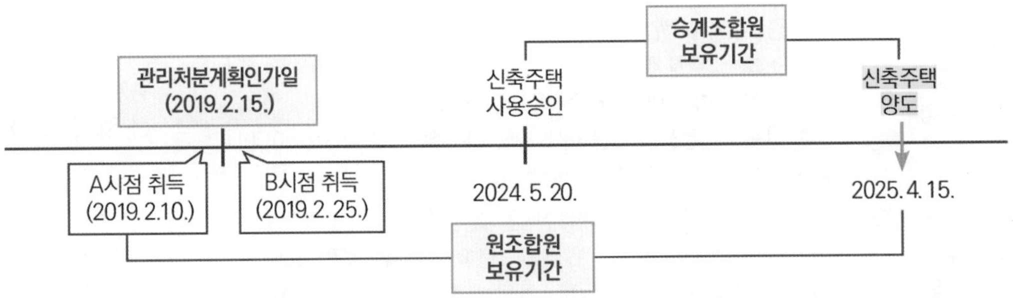

Chapter

2 조합원입주권 등에 대한 비과세 특례

I 비과세 특례 개요

조합원입주권을 양도하거나 조합원입주권과 주택을 보유한 상태에서 조합원입주권 또는 주택을 양도하는 경우 원칙적으로 1세대 1주택 비과세가 적용되지 않지만, 아래와 같이 일정한 요건을 충족한 조합원입주권 등의 경우는 비과세 특례 규정이 적용된다.

[조합원입주권 등에 대한 1세대 1주택 비과세 특례 요약]

구 분	비과세 적용요건	조합원 유형 (관련 법령)
조합원입주권(주택→입주권)을 원조합원이 양도하는 경우	① 종전주택이 인가일 현재 비과세 요건을 충족할 것 ② 양도일 현재 다른 주택 또는 분양권을 보유하지 않을 것	원조합원 (소득법 §89 ① 4호 가목)
	① 조합원입주권을 보유한 상태에서 주택을 취득할 것 ② 주택 취득일로부터 3년 이내 조합원입주권을 양도할 것	원조합원 (소득법 §89 ① 4호 나목)
조합원입주권을 승계취득한 자가 종전주택을 양도하는 경우	① 종전주택 취득일로부터 1년 경과 후 조합원입주권을 취득할 것 ② 조합원입주권 취득일로부터 3년 이내 종전주택을 양도할 것	승계조합원 (소득령 §156의2 ③)
	① 종전주택 취득일로부터 1년 경과 후 조합원입주권을 취득할 것 ② 조합원입주권 취득일로부터 3년 경과 후 신축주택 완성 전 또는 완성 후 3년 이내 종전주택을 양도할 것 ③ 신축주택 완성 후 3년 이내 해당 신축주택으로 세대전원이 이사하여 1년 이상 계속 거주할 것	승계조합원 (소득령 §156의2 ④)
재개발 · 재건축대상 주택 보유자가 대체주택을 취득 · 양도하는 경우	① 사업시행인가일 이후 대체주택을 취득하여 1년 이상 거주할 것 ② 신축주택 완성 전 또는 완성 후 3년 이내 대체주택을 양도할 것 ③ 신축주택 완성 후 3년 이내 해당 신축주택으로 세대전원이 이사하여 1년 이상 계속 거주할 것	원조합원 (소득령 §156의2 ⑤)

Ⅱ 종전주택이 조합원입주권으로 전환된 후 조합원입주권 양도시 비과세 특례

1 비과세 특례 기본요건

1세대가 보유하던 기존주택이 관리처분계획인가일(관리처분계획인가일 전에 기존주택이 철거되는 때에는 기존주택의 철거일) 현재 1세대 1주택 비과세 요건을 갖춘 상태에서 조합원입주권으로 전환된 후, 아래의 요건을 충족한 조합원입주권을 양도하는 경우에는 1세대 1주택 비과세(양도가액 12억원 초과분 상당액은 과세)를 적용한다(소득법 §89 ① 4호).

(1) 양도일 현재 1조합원입주권을 양도하는 경우

원조합원이 양도일 현재 1조합원입주권 이외 다른 주택・조합원입주권 및 2022. 1. 1. 이후 취득한 분양권(2022. 1. 1. 이후 전환된 조합원입주권부터 적용)을 보유하고 있지 않은 상태에서 해당 조합원입주권을 양도하는 경우 1세대 1주택 비과세를 적용한다(소득법 §89 ① 4호 가목).

여기서 주의할 사항은 1세대 2주택 비과세 특례가 적용되는 상속주택(P. 402 「적용사례6」 참조)이나 장기임대주택 등을 보유한 상태에서 조합원입주권을 양도하는 경우에는 비과세가 적용되지 않는다는 점이다. 다만, 아래 (2)의 일시적 2주택 비과세 특례와 조세특례제한법상 특례주택(장기임대주택, 감면주택 등)을 보유한 경우에는 조합원입주권 비과세 특례를 적용받을 수 있다(법규재산-3142, 2022. 3. 23).

(2) 신규주택 취득일로부터 3년 이내 조합원입주권을 양도하는 경우

원조합원이 1조합원입주권을 보유한 상태에서 신규주택을 취득하고 그 신규주택을 취득한 날부터 3년 이내에 조합원입주권을 양도하는 경우 1세대 1주택 비과세를 적용한다. 다만, 조합원입주권 양도일 현재 다른 주택・조합원입주권 및 2022. 1. 1. 이후 취득한 분양권(2022. 1. 1. 이후 전환된 조합원입주권부터 적용)을 보유하고 있지 않아야 한다(소득법 §89 ① 4호 나목).

여기서 주의할 사항은 신규주택을 취득하는 경우는 물론 조합원입주권이나 분양권을 취득하여 해당 조합원입주권 등으로 인하여 완공된 신축주택(신규주택)에 대해서도 그 주택 취득일로부터 3년 이내 종전에 보유하고 있던 조합원입주권을 양도하면 비과세를 적용받을 수 있다는 점이다. ☞ P. 399 「대비사례」 참조

2 조합원입주권 전환시기별 비과세 특례요건

(1) 양도일 현재 1조합원입주권만 보유한 경우

1) 2021. 12. 31. 이전에 종전주택이 조합원입주권으로 전환된 경우로서 양도일 현재 다른 주택·조합원입주권을 보유하고 있지 않을 것

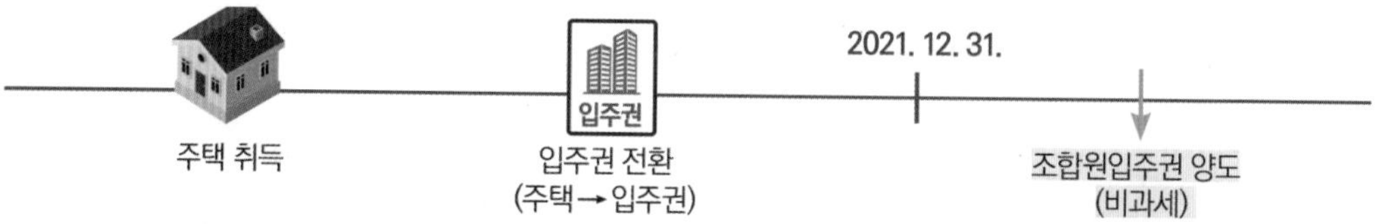

▪ 조합원입주권 양도 당시 다른 주택·조합원입주권을 보유하고 있지 않음

2) 2022. 1. 1. 이후에 종전주택이 조합원입주권으로 전환된 경우로서 양도일 현재 다른 주택·조합원입주권 및 2022. 1. 1. 이후 취득한 분양권을 보유하고 있지 않을 것

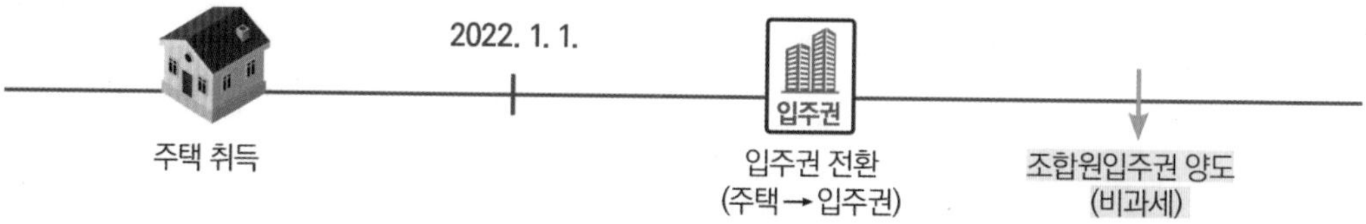

▪ 조합원입주권 양도 당시 다른 주택·조합원입주권 및 분양권을 보유하고 있지 않음

(2) 양도일 현재 1조합원입주권과 1주택을 보유한 경우

1) 2021. 12. 31. 이전에 종전주택이 조합원입주권으로 전환된 후 신규주택을 취득하고 그 신규주택 취득일로부터 3년 이내 조합원입주권을 양도할 것. 다만, 조합원입주권 양도일 현재 다른 주택·조합원입주권을 보유하고 있지 않을 것

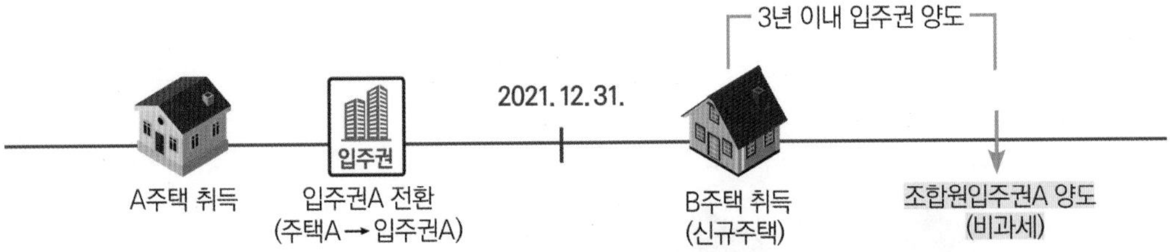

▪ 조합원입주권 양도 당시 신규주택 이외 다른 주택·조합원입주권을 보유하고 있지 않음

2) 2022. 1. 1. 이후에 종전주택이 조합원입주권으로 전환된 후 신규주택을 취득하고 그 신규주택 취득일로부터 3년 이내 조합원입주권을 양도할 것. 다만, 조합원입주권 양도일 현재 다른 주택·조합원입주권 및 2022. 1. 1. 이후 취득한 분양권을 보유하지 않을 것

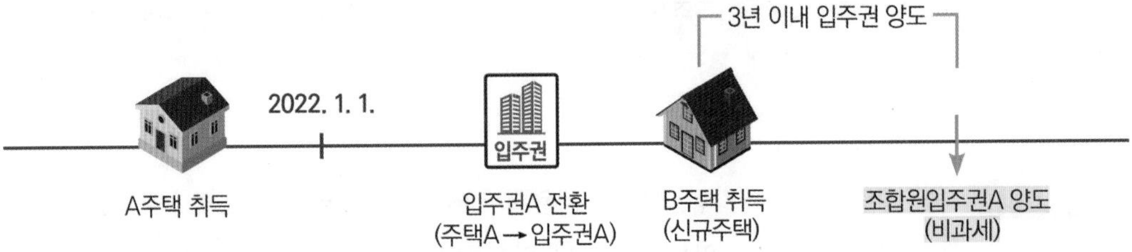

▪ 조합원입주권 양도 당시 신규주택 이외 다른 주택·조합원입주권 및 분양권을 보유하고 있지 않음

! 분양권 취득시점별 주택 수 판단시 주의사항

조합원입주권은 1세대 1주택 비과세 여부 및 중과대상 판단시 주택 수에 포함되지만, 분양권은 2020. 12. 31. 이전 취득분까지는 주택 수에 포함되지 않다가 부동산을 취득할 수 있는 권리라는 측면에서 조합원입주권과 성격이 유사하므로 과세형평 차원에서 2021. 1. 1. 이후 취득분부터는 1세대 1주택 비과세 여부 및 다주택 중과세 판단시 주택 수에 포함되도록 세법이 개정되었다. 그러나, 2022. 1. 1. 이후 전환된 조합원입주권의 비과세 판정시 주택 수에 포함되는 분양권은 2022. 1. 1. 이후 취득분부터 적용한다(법률 제18578호, 부칙 §7 ②, ③).

[조합원입주권과 주택의 일시적 2주택 비과세 특례 비교]

구 분	조합원입주권 비과세 특례	일시적 2주택 비과세 특례
관련법령	소득법 §89 ① 4호 나목	소득령 §155 ①
특례적용 대상	원조합원입주권 + 신규주택	종전주택 + 신규주택
신규주택 취득요건	조합원입주권 취득일로부터 1년 경과 후 취득요건 없음	종전주택 취득일로부터 1년 경과 후 취득요건 있음
비과세 양도자산	원조합원입주권	종전주택
비과세 양도기한	신규주택 취득일로부터 3년 이내 조합원입주권 또는 종전주택 양도	

적용 사례 1 관리처분계획인가일 현재 2주택을 보유하다 1주택이 조합원입주권으로 전환된 후 남은 1주택을 먼저 과세로 양도하고 조합원입주권을 양도하는 경우 비과세 여부

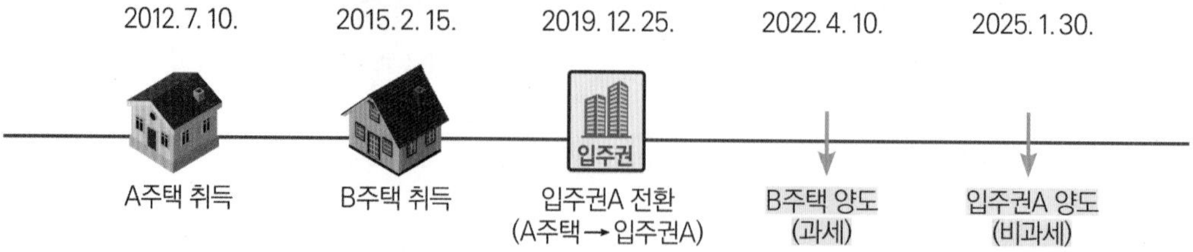

해설 1세대 1주택 비과세 여부는 양도일 현재를 기준으로 판단하므로 A주택의 관리처분계획인가일 현재 2주택을 보유하고 있었더라도 관리처분계획인가일 현재 2년 이상 보유 등 비과세 요건을 충족한 조합원입주권A 양도일 현재 다른 주택을 보유하고 있지 않으므로 1세대 1주택 비과세를 적용받을 수 있다(대법원 2007두10501, 2008. 6. 12).

적용 사례 2 종전주택이 조합원입주권으로 전환된 후 다른 조합원입주권을 승계 취득하고 승계조합원입주권이 주택으로 완성되기 전에 원조합원입주권을 양도하는 경우 비과세 여부

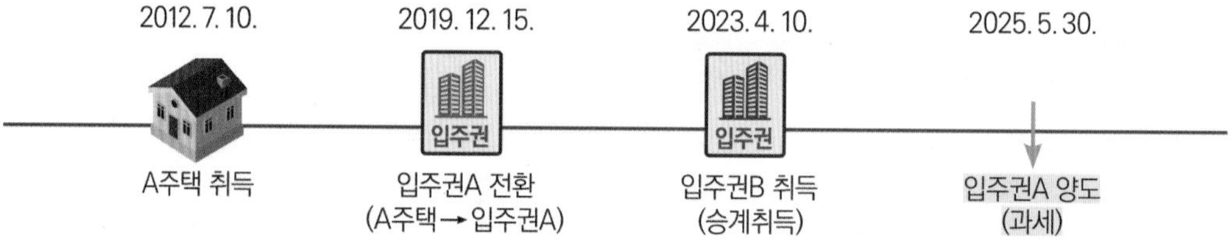

해설 1세대 1주택 비과세요건을 갖춘 주택이 조합원입주권으로 전환된 상태에서 신규로 주택을 취득한 경우 실수요 목적으로 주택을 취득한 것으로 보아 조합원입주권에 대하여 비과세되는 것이나, 신규로 조합원입주권을 취득한 경우 실수요 목적이 아니라 투기목적으로 취득한 것으로 보아 1세대 1주택 비과세요건을 갖춘 조합원입주권을 양도하는 경우에도 비과세되지 않는 것이다(부동산납세과-1439, 2017. 12. 28).

대비 사례 승계조합원입주권이 주택으로 완성된 후 3년 이내 원조합원입주권을 양도하는 경우 비과세 여부

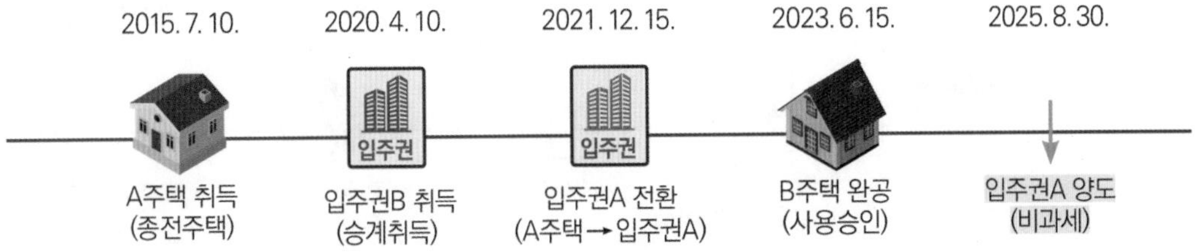

해설 종전주택A를 보유한 상태에서 조합원입주권B를 승계 취득하고 종전주택A가 조합원입주권A'로 전환된 후, 승계 취득한 조합원입주권B가 신축주택B로 완성된 경우로서 해당 신축주택B 완성일로부터 3년 이내 조합원입주권A를 양도하는 경우에는 소득법 §89 ① 4호 나목을 적용하여 비과세한다(법규재산-6289, 2023. 1. 12).

유사 해석 사례 1개의 조합원입주권A를 보유한 1세대가 새로운 조합원입주권B를 승계 취득하고 승계조합원입주권B가 신축주택B로 완공된 후, 3년 이내에 조합원입주권A를 양도하는 경우 「소득세법」 제89조 제1항 제4호 나목에 따른 비과세 특례가 적용된다(재산세제과-50, 2023. 1. 10).

적용 사례 3 '22. 1. 1. 이후 종전주택이 조합원입주권으로 전환된 시점에 '21. 12. 31. 이전에 취득한 분양권을 보유한 상태에서 조합원입주권을 양도하는 경우 비과세 여부

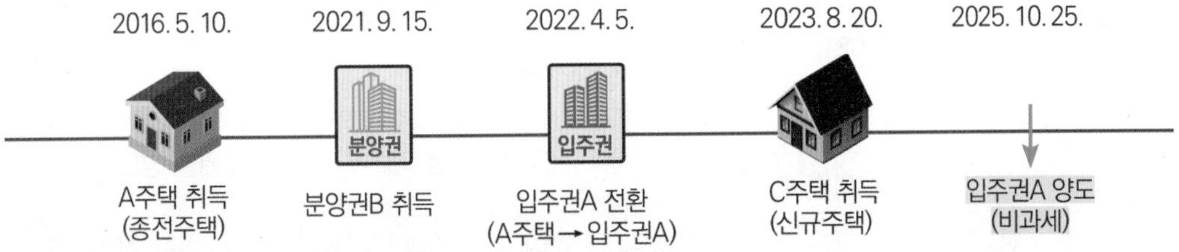

해설 2022. 4. 5.에 종전주택A가 조합원입주권A로 전환된 시점에 2021. 12. 31. 이전에 취득한 분양권B를 보유하고 있는 상태에서 C주택을 취득한 후, C주택 취득일로부터 3년 이내에 조합원입주권A를 양도하는 경우로서 조합원입주권 비과세 특례를 적용할 때는 2021. 12. 31. 이전에 취득한 분양권B는 주택 수에 포함하지 않으므로 1세대 1주택 비과세를 적용받을 수 있다.

대비 사례 '22. 1. 1. 이후 종전주택이 조합원입주권으로 전환된 상태에서 '22. 1. 1. 이후 분양권을 취득하고 조합원입주권을 양도하는 경우 비과세 여부

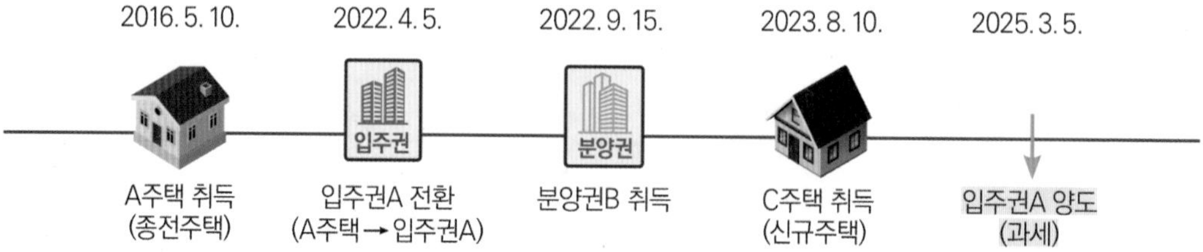

해설 2022. 4. 5.에 종전주택A가 조합원입주권A로 전환되고 2022. 9. 15. 에 분양권B를 취득한 상태에서 C주택을 취득한 후, C주택 취득일로부터 3년 이내에 조합원입주권A를 양도하는 경우로서 조합원입주권 비과세 특례를 적용할 때는 2022. 1. 1. 이후에 취득한 분양권B는 주택 수에 포함되므로 1세대 1주택 비과세를 적용받을 수 없다.

추가해설 2021. 1. 1. 이후 취득하는 주택분양권은 다른 주택에 대한 1세대 1주택 비과세 여부를 판단할 때 주택 수에 포함된다. 다만, 아래의 표에서 보듯이 「소득세법」 제89조 제1항 제4호 가목 및 나목에 따른 비과세 특례를 적용할 때에는 종전주택이 2022. 1. 1. 이후 조합원입주권으로 전환된 경우로서 그 이후 취득하는 주택분양권에 대해서만 주택 수에 포함하여 비과세 여부를 판단하는 것이다.

[조합원입주권 전환시점별 비과세 적용요건 비교]

조합원입주권 전환시점	분양권 취득시점	조합원입주권 양도시 비과세 요건 (소득법 §89 ① 4호 가목 및 나목)
2021. 12. 31. 이전 전환	2021. 12. 31. 이전 취득	① 양도일 현재 다른 주택 · 조합원입주권을 보유하지 아니할 것 ② 양도일 현재 1조합원입주권 외에 1주택을 보유한 경우로서 1주택을 취득한 날로부터 3년 이내에 조합원입주권을 양도할 것
	2022. 1. 1. 이후 취득	
2022. 1. 1. 이후 전환	2021. 12. 31. 이전 취득	① 양도일 현재 다른 주택 · 조합원입주권을 보유하지 아니할 것 ② 양도일 현재 1조합원입주권 외에 1주택을 보유한 경우로서 1주택을 취득한 날로부터 3년 이내에 조합원입주권을 양도할 것
	2022. 1. 1. 이후 취득	① 양도일 현재 다른 주택 · 조합원입주권 · 분양권을 보유하지 아니할 것 ② 양도일 현재 1조합원입주권 외에 1주택(분양권을 보유하지 않은 경우로 한정)을 보유한 경우로서 1주택을 취득한 날로부터 3년 이내에 조합원입주권을 양도할 것

적용 사례 4 2주택이 1개의 조합원입주권으로 전환된 후 해당 조합원입주권을 양도하는 경우 비과세 여부

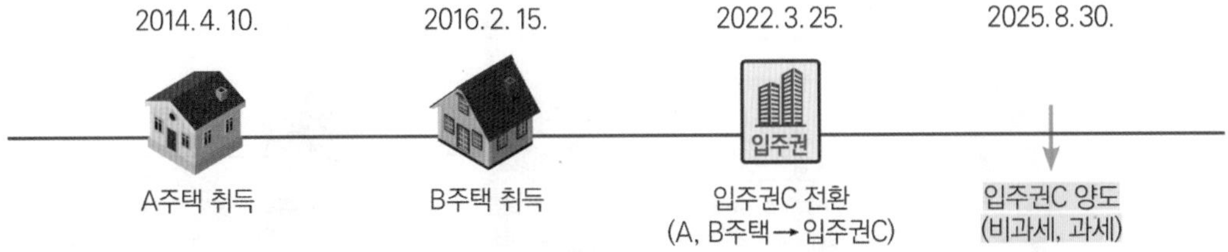

해설 재개발사업에 따라 2주택이 1개의 조합원입주권으로 전환된 후, 해당 조합원입주권을 양도하는 경우 조합원입주권의 양도차익을 안분계산하여 납세자의 선택에 따라 종전 2주택 중 1주택의 양도차익에 대하여는 비과세를 적용하고 다른 주택의 양도차익에 대해서는 과세한다(조심 2019서2706, 2019. 12. 12).

적용 사례 5 2주택을 보유하던 중 신규주택이 입주권으로 전환된 상태에서 다시 새로운 주택을 취득한 후 종전주택을 과세로 양도하고 입주권을 양도하는 경우 비과세 여부

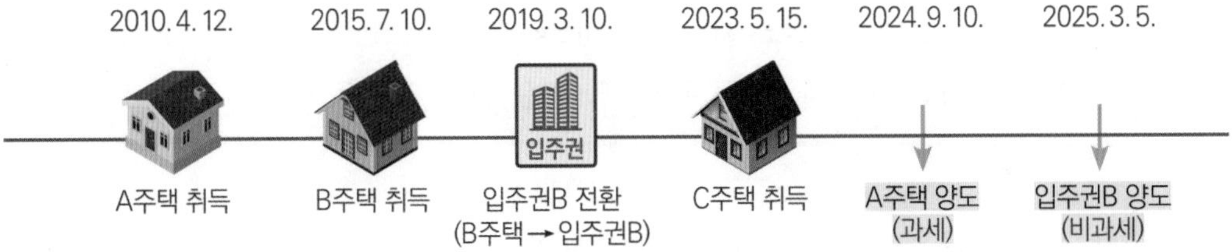

해설 A, B주택을 보유하던 중 B주택이 조합원입주권으로 전환된 상태에서 C주택을 먼저 취득하고 A주택을 과세로 양도한 후, 신규주택C 취득일로부터 3년 이내에 관리처분계획인가일 현재 2년 이상 보유 등 비과세 요건을 충족한 조합원입주권B를 양도하는 경우에는 비과세 특례를 적용받을 수 있다(부동산납세과-1076, 2017. 9. 25).

유사 해석 사례 1세대가 2주택(A, B)을 보유한 상태에서 B주택을 먼저 과세로 양도하고 신규주택C를 취득한 상태에서 A주택이 조합원입주권A로 전환된 이후, 조합원입주권A를 신규주택C 취득일로부터 3년 이내에 양도하는 경우 소득법 §89 ① 4호 나목에 따라 비과세된다(법규재산-2140, 2022. 3. 29).

적용 사례 6 1입주권과 1주택을 보유한 상태에서 선순위 상속주택을 취득한 후 신규주택 취득일로부터 3년 이내 입주권을 양도하는 경우 비과세 여부

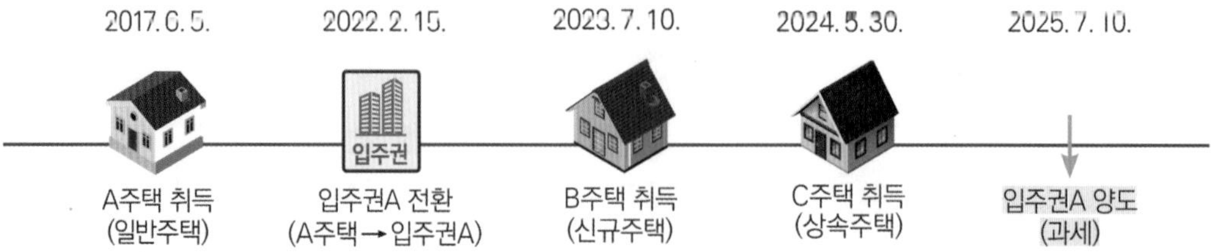

해설 조합원입주권A와 신규주택B를 보유한 상태에서 별도세대원인 피상속인으로부터 선순위 C주택을 상속받은 후, B주택 취득일로부터 3년 이내에 조합원입주권A를 양도하는 경우에는 비과세 특례 규정을 적용할 수 없으므로 과세된다(조심 2021인3099, 2021. 10. 8).

유사 해석 사례 일반주택과 2개의 소수지분인 공동상속주택을 보유하다 일반주택이 조합원입주권으로 전환된 상태에서 해당 조합원입주권을 양도하거나 해당 조합원입주권으로 취득한 신축주택을 양도하는 경우에는 비과세되지 않는다.

그러나, 2개의 소수지분인 공동상속주택 중 1개의 소수지분 공동상속주택을 양도하고 1개의 조합원입주권과 1개의 소수지분 공동상속주택을 보유한 상태에서 해당 조합원입주권을 양도하는 경우 비과세되지 않지만, 해당 조합원입주권으로 취득한 신축주택을 양도하는 경우에는 비과세된다(법령해석재산 - 4373, 2017. 3. 29). → 상속주택 비과세 특례는 주택을 양도하는 경우에만 적용

적용 사례 7 감면주택과 일반주택을 보유하다 일반주택이 입주권으로 전환된 상태에서 해당 입주권을 양도하는 경우 비과세 여부

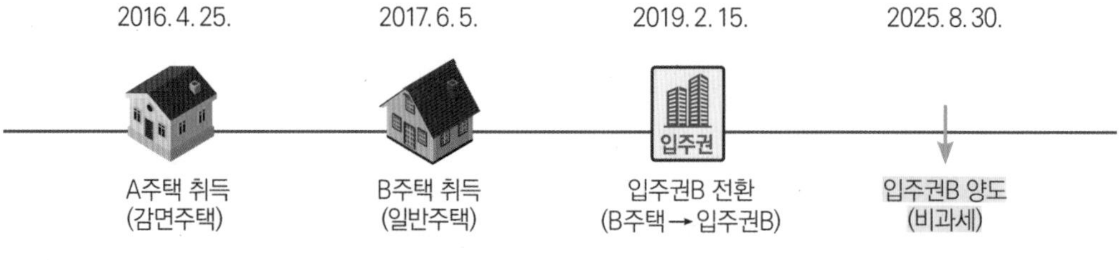

해설 조세특례제한법 제99조의2에 해당하는 감면주택A와 일반주택B를 보유하다 일반주택B가 조합원입주권B로 전환된 후, 조합원입주권B를 양도하는 경우 감면주택A는 1세대 1주택 비과세 판정시 주택 수에서 제외되므로 비과세 특례를 적용받을 수 있다(법규재산 - 3142, 2022. 3. 23).

Ⅲ 조합원입주권을 승계 취득 후 종전주택을 양도시 비과세 특례

1 조합원입주권 취득일로부터 3년 이내 종전주택을 양도하는 경우

1세대 1주택(종전주택)자가 종전주택을 취득한 날부터 "1년 이상이 지난 후" 조합원입주권을 취득하고, 그 조합원입주권을 취득한 날부터 3년 이내에 비과세 요건을 갖춘 종전주택을 양도하는 경우에는 1세대 1주택 비과세(양도가액 12억원 초과분 상당액은 과세)를 적용한다(소득령 §156의2 ③).

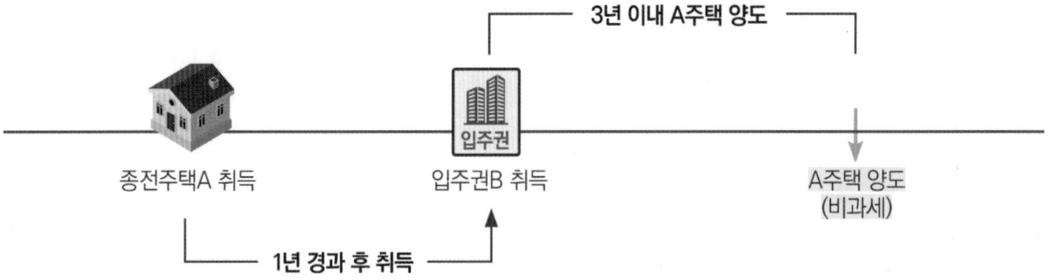

[일시적 2주택(주택 + 조합원입주권) 비과세 특례 적용요건(소득령 §156의2 ③)]

구 분	비과세 요건
보유요건	조합원입주권 취득 전에 종전주택을 보유하고 있을 것
취득요건	종전주택 취득일로부터 1년 이상이 지난 후 조합원입주권을 취득할 것
양도요건	조합원입주권 취득일로부터 3년 이내 비과세 요건(2년 이상 보유 · 거주)을 갖춘 종전주택을 양도할 것

2 조합원입주권 취득일로부터 3년 경과 후 종전주택을 양도하는 경우

1세대 1주택(종전주택)자가 종전주택을 취득한 날부터 "1년 이상이 지난 후" 조합원입주권을 취득하고, 그 조합원입주권을 취득한 날부터 "3년이 지나" 비과세 요건을 갖춘 종전주택을 양도하는 경우로서 아래의 요건을 충족한 경우에는 1세대 1주택 비과세(양도가액 12억원 초과분 상당액은 과세)를 적용한다(소득령 §156의2 ④).

① 조합원입주권에 따라 취득하는 주택이 완성되기 전에 종전주택을 양도하거나 주택으로 완성된 후 3년 이내에 종전주택을 양도할 것

② 조합원입주권에 따라 취득하는 주택이 완성된 후 3년 이내에 신축주택으로 세대전원이 이사(취학 등 부득이한 사유로 세대원 일부가 이사하지 못하는 경우 포함)하여 1년 이상 계속하여 거주할 것(사후관리)

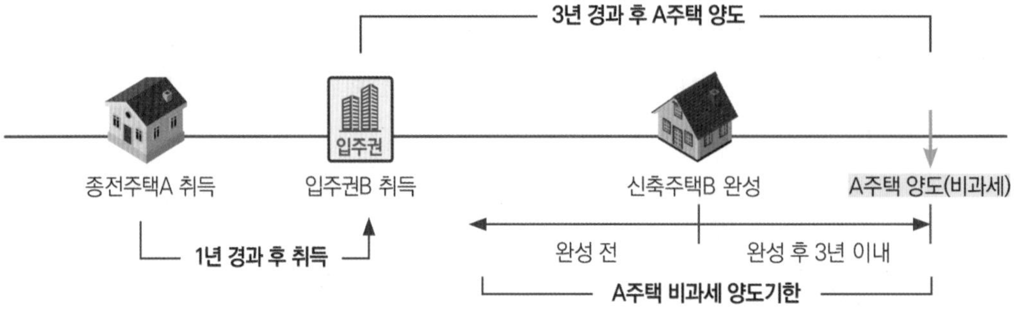

[일시적 2주택(주택 + 조합원입주권) 비과세 특례 적용요건(소득령 §156의2 ④)]

구 분	비과세 요건
보유요건	조합원입주권 취득 전에 종전주택을 보유하고 있을 것
취득요건	종전주택 취득일로부터 1년 이상이 지난 후 조합원입주권을 취득*할 것
양도요건	조합원입주권 취득일로부터 3년 이상이 지난 경우로서 신축주택 완성 전 또는 완성 후 3년 이내 비과세 요건(2년 이상 보유 · 거주)을 갖춘 종전주택을 양도할 것
이사요건	3년 이내 신축주택으로 세대전원이 이사하여 1년 이상 계속 거주할 것

* 2022. 2. 15. 이후 취득분부터 적용(2022. 2. 14. 이전에 취득한 조합원입주권은 "1년 경과 후 취득요건" 적용하지 않음)

[조합원입주권 또는 분양권 취득 후 종전주택 양도시 비과세 특례 비교]

구 분		종전주택 + 입주권 → 종전주택 양도	종전주택 + 분양권 → 종전주택 양도
관련법령		소득령 §156의2 ③, ④	소득령 §156의3 ②, ③
특례적용 대상		종전주택 + 입주권	종전주택 + 분양권('21. 1. 1. 이후 취득)
취득요건		종전주택 취득일로부터 1년 경과 후 신규 입주권(분양권) 취득	
비과세 양도기한	원칙	3년 이내 종전주택 양도(소득령 §156의2 ③, §156의3 ②)	
	예외	주택 완성 전 또는 완성 후 3년 이내 종전주택 양도(소득령 §156의2 ④, §156의3 ③)	
이사 및 거주 요건		주택 완성 후 3년 이내 이사 + 1년 이상 계속 거주(소득령 §156의2 ④, §156의3 ③)	

3 상속주택 등을 취득한 경우 비과세 특례

(1) 종전주택과 상속주택(조합원입주권 및 2021. 1. 1. 이후 취득한 분양권 포함) 보유자가 신규 조합원입주권을 취득하는 경우

1세대가 종전주택을 보유한 상태에서 상속을 원인으로 취득한 아래의 주택 등과 상속 외의 원인으로 조합원입주권을 취득한 후, 종전주택을 양도하는 경우로서 「소득세법 시행령」 제156조의2 제3항(종전주택 3년 이내 양도) 또는 「소득세법 시행령」 제156조의2 제4항(종전주택 3년 경과 양도)의 요건을 갖춘 경우 상속주택 등은 없는 것으로 보아 1세대 1주택 비과세(양도가액 12억원 초과분 상당액은 과세)를 적용한다(소득령 §156의2 ⑦).

① 상속받은 주택
② 피상속인이 상속개시 당시 주택 또는 분양권을 소유하지 않은 경우의 상속받은 조합원입주권
③ 피상속인의 상속개시 당시 주택 또는 조합원입주권을 소유하지 않은 경우의 상속받은 분양권

(2) 종전주택과 상속주택(조합원입주권 및 2021. 1. 1. 이후 취득한 분양권 포함) 보유자가 신규 분양권을 취득하는 경우

1세대가 종전주택을 보유한 상태에서 상속을 원인으로 취득한 아래의 주택 등과 상속 외의 원인으로 주택분양권을 취득한 후, 종전주택을 양도하는 경우로서 「소득세법 시행령」 제156조의3 제2항(종전주택 3년 이내 양도) 또는 「소득세법 시행령」 제156조의3 제3항(종전주택 3년 경과 양도)의 요건을 갖춘 경우 상속주택 등은 없는 것으로 보아 1세대 1주택 비과세(양도가액 12억원 초과분 상당액은 과세)를 적용한다(소득령 §156의3 ⑤).

① 상속받은 주택
② 피상속인이 상속개시 당시 주택 또는 분양권을 소유하지 않은 경우의 상속받은 조합원입주권
③ 피상속인의 상속개시 당시 주택 또는 조합원입주권을 소유하지 않은 경우의 상속받은 분양권

적용 사례 1 거주주택과 장기임대주택을 보유한 상태에서 조합원입주권을 승계 취득한 후 거주주택을 양도하는 경우 비과세 여부

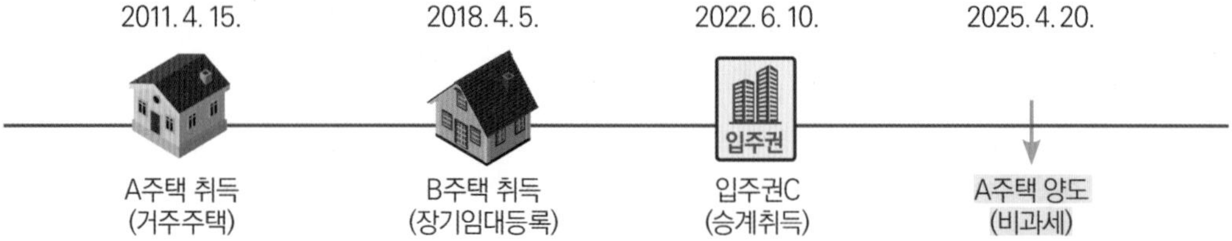

해설 거주주택A와 장기임대주택B를 보유한 상태에서 조합원입주권C를 승계 취득한 후, 2년 이상 거주한 A주택을 조합원입주권C 취득일로부터 3년 이내 양도하는 경우 소득령 §156의2 ③에 따라 비과세되며, 3년이 경과하여 양도하는 경우에도 소득령 §156의2 ④에 따라 비과세된다(부동산납세과-1526, 2022. 5. 27).

유사 해석 사례 1세대가 종전주택, 조합원입주권, 「조세특례제한법」 제99조의4에 따른 농어촌주택을 순차적으로 취득한 상태에서 종전주택을 양도하는 경우 당해 농어촌주택은 1세대의 소유주택이 아닌 것으로 보는 것이며, 이 때 「소득세법 시행령」 제156조의2 제4항의 요건을 갖추어 종전주택을 양도하는 경우에는 이를 1세대 1주택으로 보아 비과세를 적용하는 것이다(부동산납세과-1622, 2023. 6. 22).

적용 사례 2 2주택과 1입주권을 보유한 상태에서 1주택을 먼저 과세로 양도한 후 종전주택을 양도하는 경우 비과세 여부

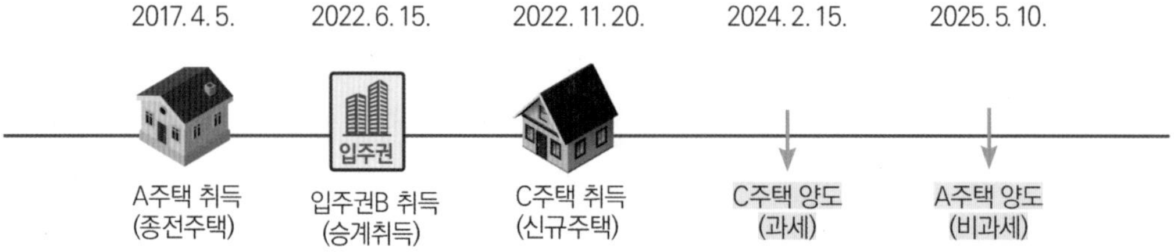

해설 A주택을 보유한 상태에서 조합원입주권B를 승계 취득하고 다시 C주택을 취득하여 양도한 후, A주택을 조합원입주권B를 승계 취득한 날로부터 3년 이내 양도하는 경우 「소득세법 시행령」 제156조의2 제3항에 따라 비과세되며 또한, 3년 경과한 후에 양도하는 경우로서 「소득세법 시행령」 제156조의2 제4항의 요건을 모두 갖춘 경우에도 비과세된다(부동산납세과-1270, 2017. 11. 13).

적용 사례 3 종전주택이 입주권으로 전환된 상태에서 신규입주권을 취득하고 종전입주권이 신축주택으로 완성된 후 양도하는 경우 비과세 여부

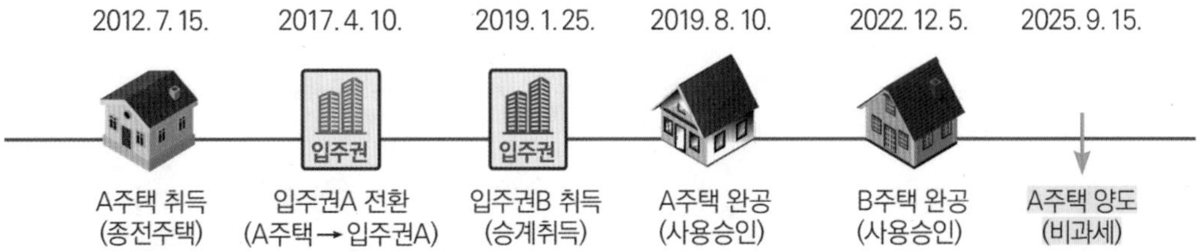

▪ B주택 완성 후 3년 이내 세대전원이 이사하여 1년 이상 계속 거주한 것으로 가정

해설 종전주택A가 조합원입주권A로 전환된 상태에서 조합원입주권B를 승계 취득한 후 먼저 완공된 신축주택A를 조합원입주권B 취득일로부터 3년이 경과하여 양도하는 경우에도 신축주택B 완공일로부터 3년 이내 양도하는 경우에는 「소득세법 시행령」 제156조의2 제4항에 따른 비과세 특례를 적용받을 수 있다(재산세제과 - 964, 2022. 8. 12).

유사 해석 사례 종전주택A가 조합원입주권A로 전환된 후 해당 조합원입주권이 주택으로 완성되기 전에 분양권B를 취득하고 분양권 취득 후 3년이 지나 A'주택(종전주택의 신축주택)을 양도하는 경우로서 「소득세법 시행령」 제156조의3 제3항(분양권 비과세 특례)에 따른 요건을 모두 갖춘 때에는 비과세 특례를 적용받을 수 있다(부동산납세과 - 1624, 2024. 9. 25).

적용 사례 4 종전주택이 없는 상태에서 분양권과 입주권을 순차적으로 취득한 후 먼저 준공된 신축주택을 양도하는 경우 비과세 여부

해설 2021. 1. 1. 이후 1세대가 분양권A를 승계 취득하고 조합원입주권B를 추가로 취득하여 일시적으로 1분양권과 1조합원입주권을 보유하게 된 경우로서 이후 완공된 A주택을 양도하게 되면 종전주택을 보유한 상태에서 조합원입주권을 취득한 경우에 해당하지 않으므로 소득령 §156의2 ③ 및 ④에 따른 비과세규정이 적용되지 않는다(법규재산 - 8011, 2022. 5. 26).

Ⅳ 재개발 · 재건축대상 1세대 1주택자가 거주목적으로 취득한 대체주택 양도시 비과세 특례

1 비과세 특례요건(先 재건축주택 취득 + 後 대체주택 취득 → 대체주택 양도)

1주택(재개발 · 재건축대상 1주택을 말함)을 소유한 1세대가 그 주택에 대한 재개발사업, 재건축사업 또는 소규모재건축사업 등의 시행기간 동안 거주하기 위하여 다른 주택(대체주택)을 취득한 경우로서 아래의 요건을 모두 갖추어 대체주택을 양도하는 경우에는 1세대 1주택 비과세(양도가액 12억원 초과분 상당액은 과세)를 적용한다. 이 경우 「소득세법 시행령」 제154조 제1항의 보유기간 및 거주기간의 제한을 받지 않는다(소득령 §156의2 ⑤).

① 대체주택 취득일 현재 재개발 · 재건축대상 1주택을 소유하고 있을 것
② 사업시행인가일 이후 대체주택을 취득하여 1년 이상 거주할 것
③ 신축주택 완성 전 또는 완성 후 3년 이내에 대체주택을 양도할 것
④ 신축주택 완성 후 3년 이내 신축주택에 세대전원이 이사하여 1년 이상 계속하여 거주할 것

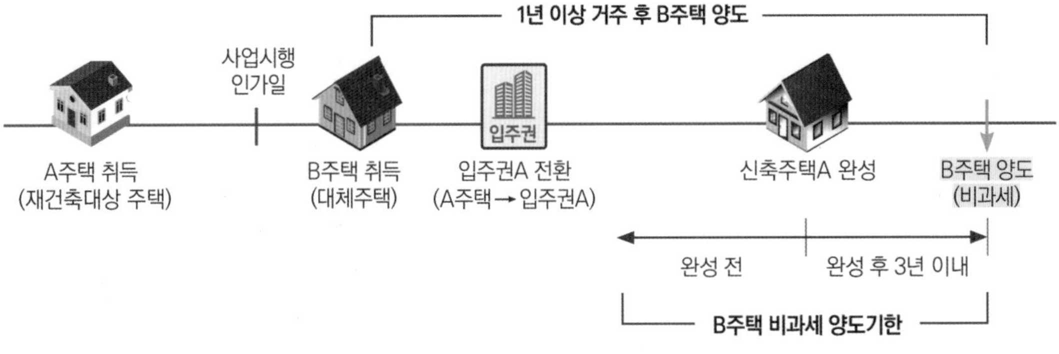

(1) 대체주택 취득일 현재 재개발 · 재건축대상 1주택을 소유하고 있을 것

종전 유권해석(법령해석재산-0713, 2019. 12. 24.)에 따르면 대체주택 취득 당시 재개발 · 재건축대상 주택 이외 다른 주택을 보유하고 있더라도 대체주택 양도일 이전에 다른 주택을 모두 양도한 후, 대체주택 양도일 현재 재개발 · 재건축대상 1주택만을 보유하고 있는 경우에는 대체주택 비과세 특례를 적용받을 수 있었다.

그러나, 2023. 10. 23. 이후 결정·경정분부터는 대체주택 취득 당시 재개발·재건축대상 주택 이외 다른 주택이 있는 경우에는 대체주택 비과세 특례가 적용되지 않는 것으로 유권해석이 변경(P. 414 「대비사례」 참조)되었다. 다만, 대체주택 취득 당시 재개발·재건축대상 주택 이외 특례주택(상속주택, 임대주택, 동거봉양·혼인합가주택, 감면주택 등)을 보유하고 있는 경우에는 대체주택 비과세 특례를 적용받을 수 있다.

(2) 사업시행인가일 이후 대체주택을 취득할 것

대체주택은 재개발·재건축대상 주택의 사업시행인가일 이후 취득해야 하며, 이 경우 주택이 아닌 조합원입주권이나 분양권을 취득한 후 해당 조합원입주권이나 분양권에 의해 완공된 신축주택에서 1년 이상 거주한 경우에도 대체주택에 해당한다.

여기서 주의할 사항은 재개발·재건축대상 주택이 조합원입주권으로 전환된 후 해당 조합원입주권을 승계취득한 후, 대체주택을 취득한 경우에는 원조합원의 지위에서 대체주택을 취득한 것이 아니므로 비과세 특례를 적용받을 수 없다는 점이다. ☞ 「적용사례2」 참조

[비과세 특례 적용시 재개발·재건축대상 주택과 대체주택의 취득시기 비교]

구 분	재개발·재건축대상 주택	대체주택
취득시기	사업시행인가일 ~ 관리처분계획인가일까지	사업시행인가일 ~ 신축주택 완공일까지

(3) 대체주택에서 1년 이상 거주할 것

대체주택에서 거주기간은 주택 보유기간 동안 주민등록 전입일부터 전출일까지의 기간을 통산하여 1년 이상 거주하면 된다.

(4) 대체주택 양도시기

조합원입주권에 따라 취득하는 주택이 완성되기 전에 1년 이상 거주한 대체주택을 양도하거나 주택으로 완성된 후 3년 이내에 1년 이상 거주한 대체주택을 양도해야 한다.

(5) 사후관리

조합원입주권에 따라 취득하는 주택이 완성된 후 3년 이내에 그 주택으로 세대전원이 이사하여 "1년 이상 계속"하여 거주해야 한다. 이 경우 취학, 근무상 형편, 질병의 요양 등의 부득

이한 사유로 세대원 중 일부가 이사하지 못한 경우에도 세대전원이 거주한 것으로 본다.

다만, 주택이 완성된 후 3년 이내에 취학 또는 근무상의 형편으로 1년 이상 계속하여 국외에 거주할 필요가 있어 세대전원이 출국하는 경우에는 출국사유가 해소(출국한 후 3년 이내에 해소되는 경우만 해당)되어 입국한 후 1년 이상 거주하면 특례 규정을 적용받을 수 있다.

[대체주택 비과세 특례 적용요건]

구 분		적용 요건
대체주택	취득요건	재개발·재건축대상 1주택 보유자가 사업시행인가일 이후 대체주택을 취득할 것
	거주요건	대체주택에서 1년 이상 통산하여 거주할 것
	양도요건	신축주택 완성 전 또는 완성 후 3년 이내 대체주택을 양도할 것
신축주택	이사요건	3년 이내 신축주택으로 세대전원이 이사하여 1년 이상 계속 거주할 것

2 주택 등을 상속받는 경우 대체주택 비과세 특례요건

아래의 상속주택 등과 상속 외의 원인으로 취득한 재개발·재건축대상 1주택과 대체주택을 각각 1개씩 소유하고 있는 1세대가 비과세 요건을 충족한 대체주택을 양도하는 경우에는 1세대 1주택 비과세(양도가액 12억원 초과분 상당액은 과세)를 적용한다(소득령 §156의2 ⑦).

① 상속받은 주택
② 피상속인이 상속개시 당시 주택 또는 분양권을 소유하지 않은 경우의 상속받은 조합원입주권
③ 피상속인의 상속개시 당시 주택 또는 조합원입주권을 소유하지 않은 경우의 상속받은 분양권

[조합원입주권 보유자의 종전주택 또는 대체주택 양도시 비과세 특례 비교]

구 분	종전주택 비과세 특례		대체주택 비과세 특례
관련법령	소득령 §156의2 ③	소득령 §156의2 ④	소득령 §156의2 ⑤
특례적용 대상	종전주택+승계조합원입주권		원조합원입주권+대체주택
입주권 또는 대체주택 취득요건	종전주택 취득일로부터 1년 경과 후 신규입주권 취득		사업시행인가일 이후 대체주택 취득
비과세 양도자산	종전주택(2년 이상 보유·거주)		대체주택(1년 이상 거주)
비과세 양도기한	3년 이내 양도	신축주택 완성 전 또는 신축주택 완성 후 3년 이내 종전주택 또는 대체주택 양도	
이사 및 거주 요건	해당없음	신축주택 완성 후 3년 이내 이사+1년 이상 계속 거주	

적용 사례 1 승계 취득한 조합원입주권이 주택으로 전환된 후 해당 주택(대체주택)에서 1년 이상 거주하고 양도하는 경우 비과세 여부

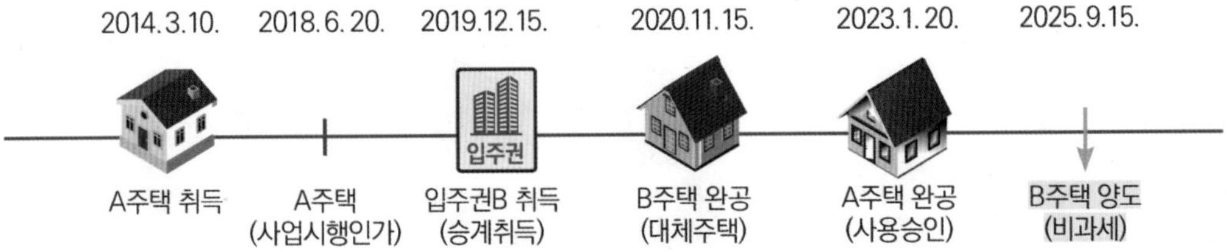

▪ 대체주택의 거주요건 및 신축주택의 이사요건 등 특례요건은 충족한 것으로 가정

해설 A주택이 재건축됨에 따라 거주목적으로 승계 취득한 조합원입주권B가 대체주택B로 전환된 후 해당 대체주택B를 신축주택A 완성일 전에 양도하거나 완성 후 3년 이내 양도하는 경우에는 「소득세법 시행령」 제156조의2 제5항의 규정에 따라 비과세된다(부동산납세과-231, 2022. 2. 8).

적용 사례 2 승계조합원입주권을 보유한 자가 대체주택 취득 및 양도시 비과세 여부

해설 원조합원이 종전주택을 보유하다 재건축사업 시행에 따라 대체주택을 취득하여 1년 이상 거주한 후 해당 대체주택을 양도하는 경우에는 비과세 특례가 적용되는 것이나, 1세대가 「소득세법」 제88조 제9호에 따른 조합원입주권A를 승계 취득한 후에 대체주택B를 취득한 경우로서 조합원입주권A가 주택으로 완공된 이후 B주택을 양도하는 경우에는 「소득세법 시행령」 제156조의2 제5항에 따른 대체주택 특례를 적용받을 수 없는 것이다(법규재산-0102, 2023. 5. 9).

추가해설 관리처분계획인가 이후 조합원입주권을 승계 취득한 후, 주택을 취득하는 경우에는 해당 주택은 대체주택으로 인정되지 않기 때문에 대체주택에 대한 비과세 특례를 적용받기 위해서는 원조합원이 재건축대상 주택을 보유한 상태(관리처분계획인가 전)에서 다른 주택(대체주택)을 취득해야만 하는 것이다.

적용 사례 3 재건축대상 거주주택과 대체주택을 보유한 상태에서 임대주택을 취득한 후 대체주택을 양도하는 경우 비과세 여부

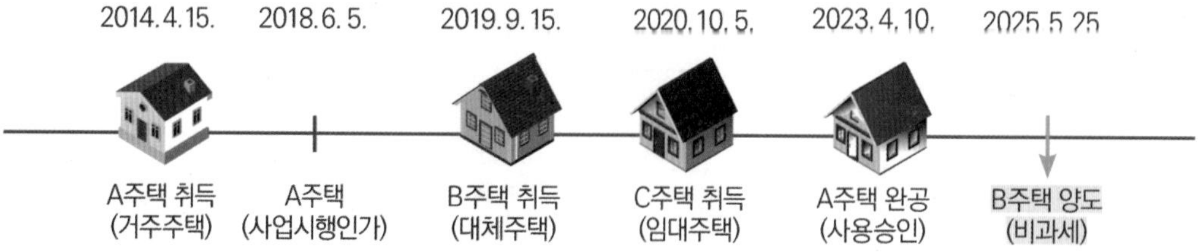

▪ 거주주택과 대체주택의 거주요건 및 신축주택의 이사요건 등 특례요건은 충족한 것으로 가정

해설 1세대가 2년 이상 거주한 재건축대상 거주주택A와 재건축사업 기간 중에 거주목적으로 취득한 대체주택B를 보유한 상태에서 임대주택C를 취득한 후, 1년 이상 거주한 대체주택B를 신축주택A 완성일로부터 3년 이내 양도하는 경우 임대주택은 소유주택으로 보지 않으므로 비과세된다(부동산납세과-601, 2019. 6. 11).

대비 사례 재건축대상 거주주택과 임대주택을 보유한 상태에서 대체주택을 취득한 후 임대주택을 먼저 과세로 양도하고 대체주택을 양도하는 경우 비과세 여부

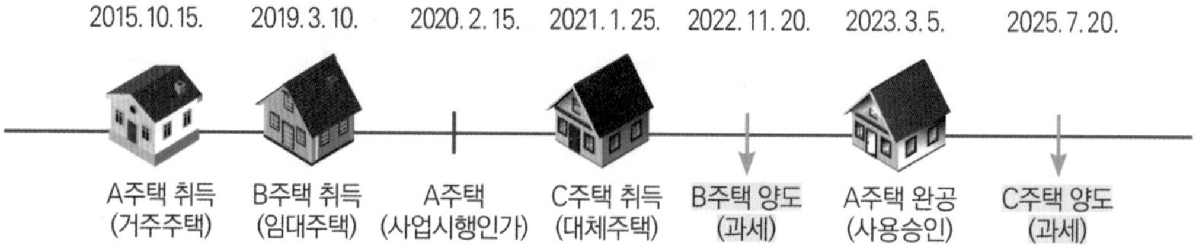

▪ 대체주택 및 신축주택은 소득령 §156의2 ⑤의 요건은 충족하나, 거주주택은 거주요건 불충족

해설 1세대가 2년 이상 거주하지 않은 재건축대상 거주주택A와 장기임대주택B를 보유한 상태에서 대체주택C를 취득한 후, 장기임대주택B를 과세로 양도하고 대체주택C를 신축주택A 완성일로부터 3년 이내 양도하는 경우에는 사업시행인가일 현재 비과세 요건을 갖추지 못한 상태(2주택 보유)에서 대체주택C를 취득한 것이므로, 소득령 §156의2 ⑤의 적용대상이 아니므로 비과세되지 않는다(법규재산-2020, 2022. 10. 12).

적용 사례 4 재건축대상 주택을 취득하여 일시적 2주택자가 종전주택을 먼저 비과세 양도한 후 대체주택을 취득하고 양도하는 경우 비과세 여부

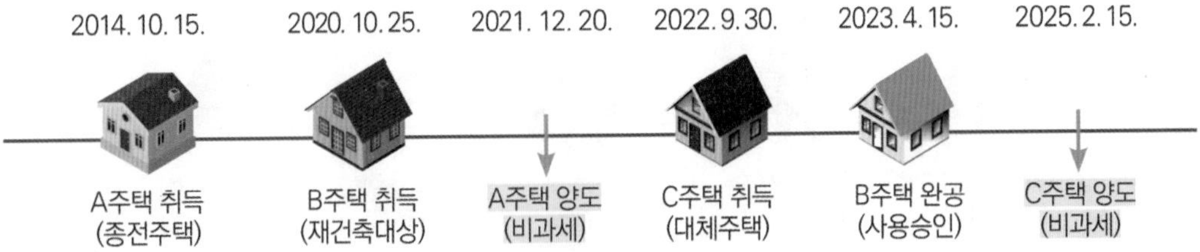

▪ 대체주택의 거주요건 및 신축주택의 이사요건 등 특례요건은 충족한 것으로 가정

해설 종전주택A를 소유한 1세대가 재건축대상 B주택(관리처분인가일 2021. 4. 10.)을 취득한 후, 대체주택 C를 취득하기 전에 종전주택A를 양도하여 일시적 2주택 비과세 특례를 적용받고 재건축사업 시행기간 동안 거주하기 위하여 대체주택C를 취득한 후 1년 이상 거주한 대체주택C를 신축주택B 완성일로부터 3년 이내 양도하는 경우 비과세된다(부동산납세과－2630, 2022. 9. 7).

유사 사례 1 사업시행인가 당시 2주택자가 1주택을 먼저 과세로 양도한 후 대체주택을 취득하고 양도하는 경우 비과세 여부

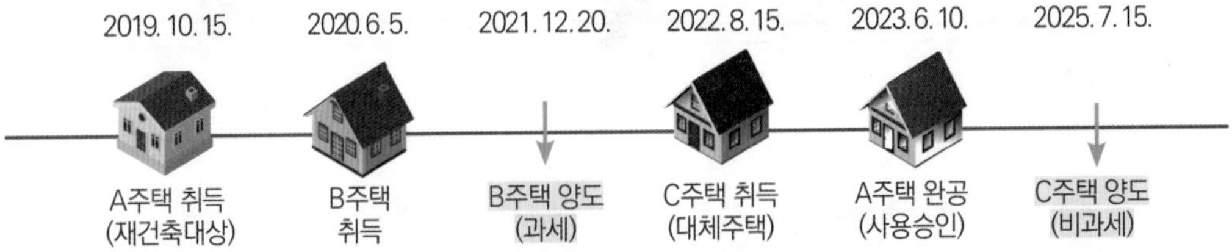

▪ 대체주택의 거주요건 및 신축주택의 이사요건 등 특례요건은 충족한 것으로 가정

해설 사업시행인가일 현재 2주택(A, B)을 보유한 상태에서 B주택을 먼저 과세로 양도한 후, 재건축대상 A주택을 보유하던 중 대체주택C를 취득하고 1년 이상 거주한 대체주택C를 양도하는 경우 사업시행인가 당시 2주택이었더라도 대체주택C 취득 당시 1주택(A주택)만을 보유하고 일정한 요건을 충족하면 대체주택C에 대해서 비과세가 적용된다(조심 2021서5174, 2022. 11. 7).

유사 해석 사례 「소득세법 시행령」 제156조의2 제5항에 따른 대체주택을 취득한 날에 기존주택을 양도하는 경우 기존주택을 먼저 양도하고 대체주택을 취득한 것으로 보아 비과세 특례규정을 적용한다(법규재산－0141, 2024. 3. 27).

유사 사례 2 사업시행인가 당시 무주택자가 재건축대상 주택을 취득한 후 다른 주택(B, C)을 순차로 취득하고 대체주택을 양도하는 경우 비과세 여부

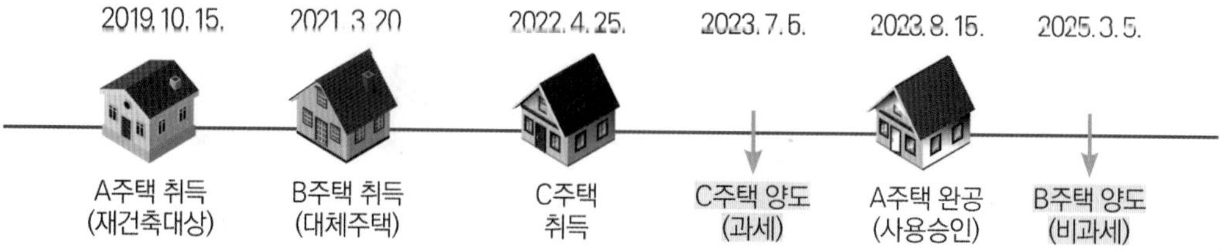

■ 대체주택의 거주요건 및 신축주택의 이사요건 등 특례요건은 충족한 것으로 가정

해설 주택을 소유하지 않은 1세대가 재건축대상 A주택을 취득한 후, 다른 주택(B, C)을 순차로 취득하고 C주택을 먼저 과세로 양도한 후 1년 이상 거주한 대체주택B를 양도하는 경우에는 양도일 현재 기준으로 「소득세법 시행령」 제156조의2 제5항 요건을 충족한 경우 비과세가 적용된다(법령해석재산-0780, 2020. 8. 30).

대비 사례 사업시행인가 당시 2주택자가 대체주택을 먼저 취득한 후 1주택을 과세로 양도하고 대체주택을 양도하는 경우 비과세 여부

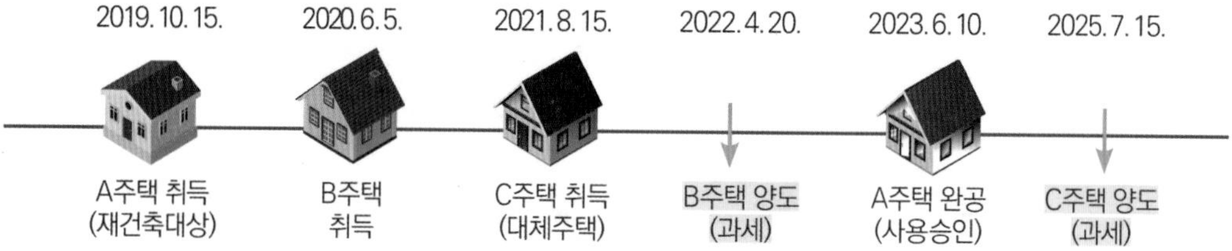

■ 대체주택의 거주요건 및 신축주택의 이사요건 등 특례요건은 충족한 것으로 가정

해설 사업시행인가일 현재 2주택(A, B)을 보유한 상태에서 대체주택C를 먼저 취득하고 B주택을 과세로 양도한 후, 양도 당시 재건축대상 주택(A) 이외 1년 이상 거주한 대체주택C를 양도하는 경우에는 대체주택C 취득 당시 2주택을 보유하고 있었으므로 비과세가 되지 않는다(조심 2021서5174, 2022. 11. 7).

유사 해석 사례 「소득세법 시행령」 제156조의2 제5항(특례규정)은 대체주택 양도일 기준이 아닌 "대체주택 취득일"을 기준으로 1주택을 소유한 1세대인 경우에 적용되므로 대체주택 취득일 현재 2주택 이상을 소유한 경우에는 해당 특례규정이 적용되지 않되, 동 유권해석은 2023. 10. 23. 이후 결정·경정분부터 적용한다(재산세제과-1270, 2023. 10. 23).

적용 사례 5 대체주택이 조합원입주권으로 전환된 후 양도하는 경우 비과세 여부

해설 종전주택A가 재건축됨에 따라 대체주택B를 취득하여 거주하던 중 종전주택의 재건축이 완료된 후 대체주택을 양도할 당시 대체주택이 관리처분계획인가에 따라 조합원입주권으로 전환된 상태에서 양도하는 경우에는 「소득세법 시행령」 제156조의2 제5항에 따른 대체주택 비과세 특례를 적용할 수 없다(조심 2022서5826, 2022. 9. 7).

적용 사례 6 재건축사업 시행기간 중 동일세대원이 대체주택을 취득한 후, 조합원입주권을 상속받고 대체주택을 양도하는 경우 비과세 여부

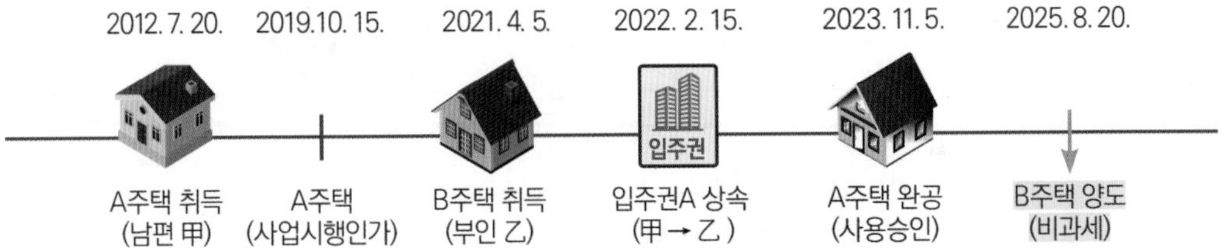

■ B주택은 대체주택이며 소득세법 시행령 제156조의2 제5항 요건은 충족한 것으로 가정

해설 남편 소유 A주택이 재건축됨에 따라 거주목적을 위해 대체주택B를 부인 명의로 취득하였으나 그 후에 남편이 사망하여 부인이 조합원입주권A를 상속받고 조합원입주권A가 주택으로 완공된 후, 대체주택 B를 신축주택A 완공일로부터 3년 이내 양도하는 경우 비과세된다(법규재산-0263, 2022. 4. 8).

적용 사례 7 재건축사업에 따른 신축주택이 완공된 후에 분양권에 의해 취득한 대체주택을 양도하는 경우 비과세 여부

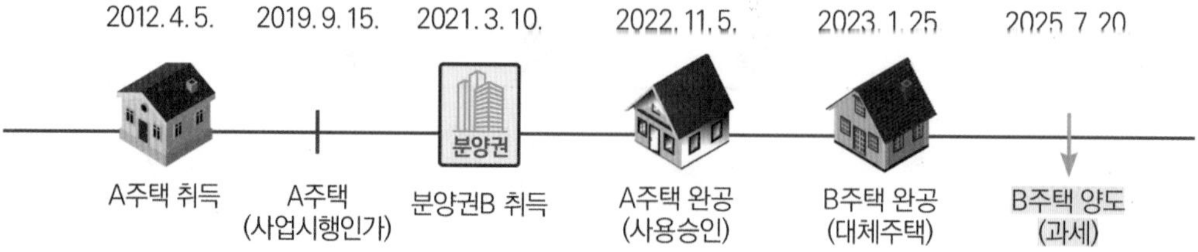

▪ 대체주택의 거주요건 및 신축주택의 이사요건 등 특례요건은 충족한 것으로 가정

해설 대체주택 비과세 특례 규정은 1주택을 소유한 1세대가 해당 주택에 대한 재개발사업 등의 시행기간 동안 거주하기 위하여 다른 주택(대체주택)을 취득한 경우에 적용되는 것이므로, 재건축사업의 시행기간이 종료된 후에 취득한 B주택은 대체주택에 해당하지 않으므로 비과세되지 않는다(법규재산-1938, 2022. 8. 10).

적용 사례 8 동일세대원인 母로부터 증여받은 주택(대체주택)을 양도하는 경우 비과세 여부

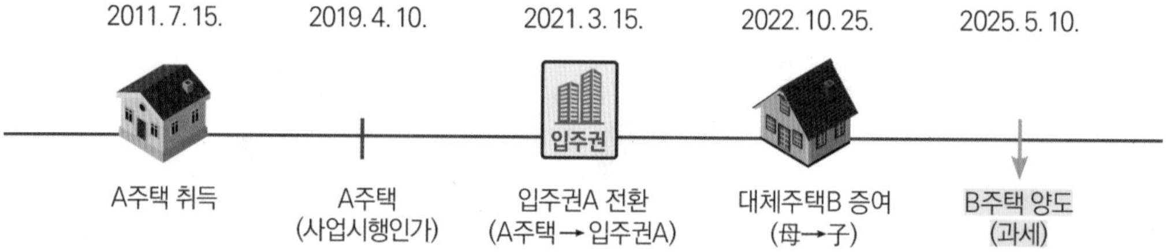

해설 A주택을 소유한 1세대가 그 주택에 대한 재개발사업 등의 시행기간 동안 거주하기 위하여 사업시행인가일 이후 대체주택B를 취득하여 1년 이상 거주한 경우로서 관리처분계획 등에 따라 취득하는 A주택이 완성되기 전 또는 완성된 후 3년 이내에 대체주택B를 양도하는 경우 「소득세법 시행령」 제156조의2 제5항에 따라 1세대 1주택으로 보아 비과세를 적용하는 것이나, 동일세대원으로부터 증여받은 주택은 대체주택 취득에 해당하지 않아 과세되는 것이다(부동산납세과-1423, 2023. 7. 3).

심화 학습 조합원입주권 관련 특수부분에 대한 과세문제

1. 2개(1+1)의 조합원입주권을 취득하는 경우

(1) 기본개념

재개발・재건축사업에 참여하는 조합원은 원칙적으로 세대당 1개의 조합원입주권을 공급받는다. 하지만, 아래의 일정한 가격 또는 면적요건을 충족한 경우에는 예외적으로 2개(1+1)의 조합원입주권을 공급받을 수 있다.

(2) 신청조건(둘 중 하나의 요건만 충족)

1+1 조합원입주권 신청조건은 아래와 같이 ① 종전주택의 감정가액(권리가액이 아님)이 2개의 조합원 분양가액 합계액 이상이거나 ② 종전주택의 전용면적이 2개의 분양신청 주택의 전용면적 합계액 이상인 경우에는 2개의 조합원입주권을 공급받을 수 있다.

① 가격요건 : 종전주택의 감정가액 ≥ 2개(1+1)의 조합원 분양가액 합계액
② 면적요건 : 종전주택의 전용면적 ≥ 2개(1+1)의 분양신청 주택의 전용면적 합계액

(3) 제한조건

조합원입주권을 양도하는 경우에는 1개의 조합원입주권만 별도로 양도할 수 없고 2개의 조합원입주권을 일괄 양도하는 경우에만 가능하며, 1개의 조합원입주권은 전용면적 60㎡ 이하의 주택을 공급받아야 하고 그 조합원입주권이 신축주택으로 완공되면 소유권이전고시일의 다음날부터 3년 이내에 상속을 제외하고는 양도나 증여 등을 할 수 없다.

(4) 2개의 조합원입주권 취득 및 양도시 비과세 특례 적용여부

1) 1주택이 2개의 조합원입주권으로 전환된 후 양도시 비과세 여부

관리처분계획인가일 현재 비과세 요건을 충족한 1세대 1주택이 2개의 조합원입주권으로 전환된 상태에서 해당 조합원입주권을 일괄 양도(분리양도 불가)하는 경우에는 「소득세법」 제89조 제1항 제4호에 따른 비과세 특례규정을 적용받을 수 없다. 이 경우 납세자가 선택하여 먼저 양도하는 조합원입주권은 과세하고 나중에 양도하는 조합원입주권은 1세대 1주택 비과세를 적용받을 수 있다.

관련 해석 사례

관리처분계획인가에 따라 취득한 조합원입주권 2개를 같은 날 1인에게 모두 양도하는 경우 당해 거주자가 선택하여 먼저 양도하는 1개의 조합원입주권은 양도소득세가 과세되는 것이며, 나중에 양도하는 1개의 조합원입주권은 1세대 1주택 비과세가 적용되며(법령해석재산-2865, 2016. 2. 23), 또한 2개의 조합원입주권이 2개의 신축주택으로 전환된 경우로서 먼저 양도하는 1주택에 대해서도 과세되는 것이다(법규재산-1176, 2023. 7. 14).

2) 2개의 조합원입주권을 승계취득 후 종전주택 양도시 비과세 여부

1세대가 종전주택을 취득한 날부터 1년 이상이 지난 후 2개의 조합원입주권(신규주택이 2개의 조합원입주권으로 전환된 경우 포함)을 취득하고, 그 조합원입주권을 취득한 날부터 3년 이내(또는 3년 경과)에 종전주택을 양도하는 경우에는 「소득세법 시행령」 제156조의2 제3항 및 제4항에 따른 비과세 규정을 적용받을 수 없다.

관련 해석 사례

1. 소득세법 시행령 제156조의2 제3항은 1주택과 1조합원입주권을 소유한 1세대가 1주택을 양도한 경우 1세대 1주택 비과세 적용대상에 해당한다고 규정하고 있으나 청구인은 쟁점주택을 양도할 당시 2조합원입주권을 소유하고 있어 위 요건을 충족하지 못하였으므로 비과세 특례가 적용되지 않는다(조심 2022중6104, 2022. 11. 2).
2. 1주택을 소유한 1세대가 1+1 형태 조합원 입주권을 승계취득하여 준공된 2개의 신규주택을 취득한 경우 종전주택을 양도하는 경우에는 「소득세법 시행령」 제156조의2 제4항에 따른 비과세 특례는 적용되지 않는다(법령해석재산-3447, 2021. 5. 18).

3) 1주택이 2개의 조합원입주권 전환 후 대체주택 취득 및 양도시 비과세 여부

재개발·재건축대상 1주택이 2개의 조합원입주권으로 전환된 상태에서 재개발·재건축사업의 시행기간 동안 거주하기 위하여 대체주택을 취득하여 양도하는 경우에는 「소득세법 시행령」 제156조의2 제5항에 따른 비과세 규정을 적용받을 수 없다.

관련 해석 사례

1세대가 그 주택에 대한 재개발·재건축사업 또는 소규모재건축사업 등의 시행기간 동안 거주하기 위하여 대체주택을 취득하여 1년 이상 거주한 후 양도하는 경우로서 대체주택 양도 당시 1조합원입주권을 보유하였으나, 양도 이후 관리처분계획변경인가에 따라 1+1조합원입주권으로 변경되는 경우 대체주택 특례(소득령 §156의2 ⑤)가 적용되지 않는다(재산세제과-572, 2023. 4. 19).

2. 주택과 조합원입주권에 대한 일시적 2주택 비과세 특례 비교

일시적 2주택 비과세 특례(종전주택+신규주택)는 주택만 적용되는 것이 아니라, 조합원입주권에 대해서도 일시적 2주택 비과세 특례(① 조합원입주권+신규주택, ② 종전주택+승계조합원입주권)가 적용되나, 그 적용범위 등에 있어 다소 차이가 있으므로 아래의 사례를 통해 살펴보고자 한다.

적용 사례 1 **일시적 2주택 상태에서 신규주택이 입주권으로 전환된 후 종전주택을 양도하는 경우 일시적 2주택 비과세 적용여부**

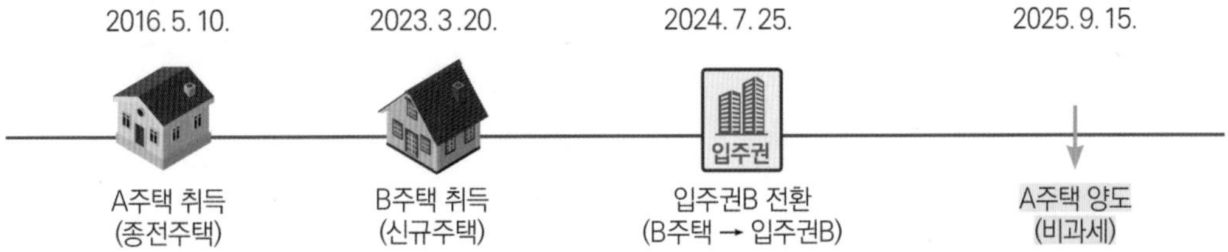

해설 1세대가 일시적 2주택을 보유한 상태에서 신규주택B가 재건축사업의 관리처분계획인가로 조합원입주권B로 전환된 후, 당초 B주택 취득일로부터 3년 이내에 A주택을 양도하는 경우에는 「소득세법 시행령」 제155조 제1항에 따른 일시적 2주택 비과세 특례가 적용된다(부동산납세과-918, 2019. 9. 6).

유사 해석 사례 1세대가 종전주택A와 신규주택B를 보유하다가 종전주택A가 조합원입주권A로 전환된 경우에도 신규주택B를 취득한 날부터 3년 이내에 해당 조합원입주권A를 양도하는 경우에는 「소득세법」 제89조 제1항 제4호에 따른 비과세 특례를 적용받을 수 있다(법규재산-2140, 2022. 3. 29).

대비 사례 **신규주택이 입주권으로 전환된 후 종전주택을 신축주택 완공일로부터 3년 이내 양도하는 경우 일시적 2주택 비과세 적용여부**

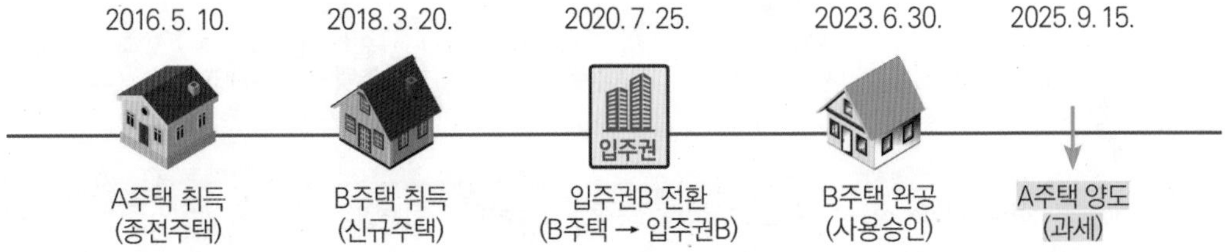

해설 1세대가 일시적 2주택을 보유한 상태에서 신규주택B가 재건축사업의 관리처분계획인가로 조합원입주권B로 전환된 후, 당초 B주택의 취득일이 아닌 신축주택B 취득일로부터 3년 이내에 A주택을 양도하는 경우에는 「소득세법 시행령」 제155조 제1항에 따른 일시적 2주택 비과세 특례와 「소득세법 시행령」 제156조의2 제4항에 따른 일시적 2주택 비과세 특례 규정이 적용되지 않으므로 비과세되지 않는다(재산세제과-858, 2022. 8. 1).

적용 사례 2 종전주택이 입주권으로 전환된 후 신규주택을 취득하고 입주권에 의한 신축주택을 양도하는 경우 일시적 2주택 비과세 적용여부

해설 종전주택A가 조합원입주권A로 전환된 상태에서 신규주택B를 취득하고 신축주택A가 완성된 후, 신규주택B 취득일로부터 3년 이내에 신축주택A를 양도하는 경우에는 일시적 2주택 비과세 특례가 적용된다(부동산납세과-1250, 2021. 9. 8). → B주택을 양도하는 경우에는 비과세 적용불가

적용 사례 3 종전주택과 신규주택 모두 입주권으로 전환된 후 종전주택의 입주권을 먼저 양도하는 경우 일시적 2주택 비과세 적용여부

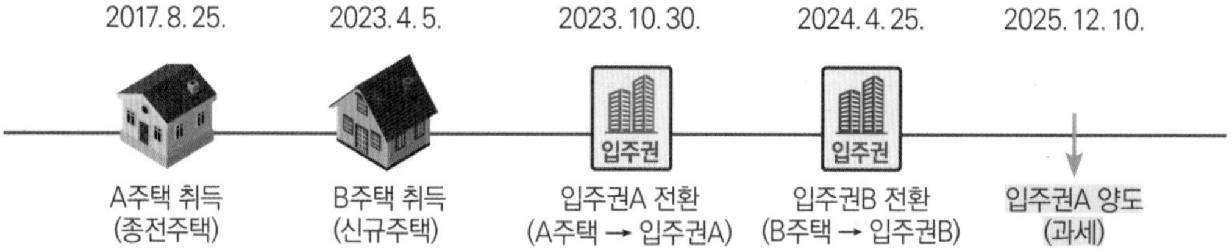

해설 종전주택A와 신규주택B를 보유하던 중 2개의 주택이 조합원입주권A 및 조합원입주권B로 전환된 상태에서 조합원입주권A를 신규주택B 취득일로부터 3년 이내 양도하더라도 비과세되지 않는다(재산세제과-538, 2018. 6. 20, 법규재산-0115, 2024. 5. 27).

적용 사례 4 승계 취득한 2개의 조합원입주권을 보유하다 순차로 완성된 신축주택을 양도하는 경우 일시적 2주택 비과세 적용여부

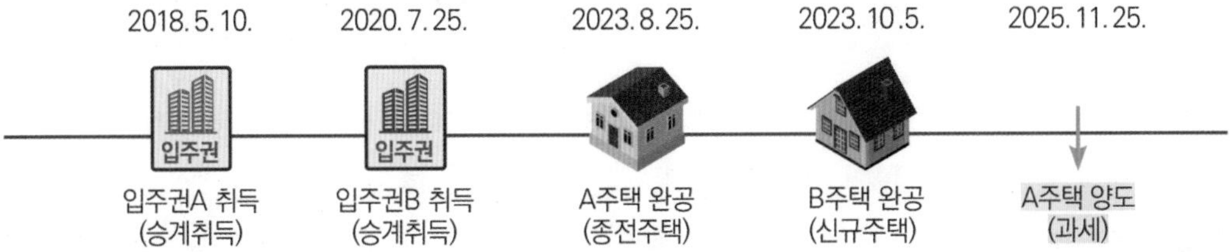

해설 A, B 조합원입주권을 승계 취득한 후, 조합원입주권(A, B)이 순차로 완공되어 일시적 2주택이 된 상태에서 종전주택A를 신규주택B 취득일로부터 3년 이내에 양도하는 경우에도 일시적 2주택 비과세 특례를 적용할 수 없다(부동산납세과 - 1231, 2021. 9. 3).

유사 해석 사례

1. 2021. 1. 1. 이후 2개의 분양권을 각각 취득한 후 해당 분양권이 순차로 완공되어 일시적 2주택이 된 상태에서 양도하는 주택은 비과세 특례(소득령 §155 ① 및 소득령 §156의3)가 적용되지 않는다(법규재산 - 1891, 2022. 10. 6).
2. 조합원입주권A를 승계 취득하여 보유한 상태에서 B주택을 취득한 후, 조합원입주권A가 주택으로 완공된 이후 신축주택A 완공일로부터 3년 이내 B주택을 양도하는 경우에는 「소득세법 시행령」 제155조 제1항(일시적 2주택 비과세 특례) 및 같은 영 제156조의2 제5항(대체주택 비과세 특례)에 따른 비과세가 적용되지 않는다(부동산납세과 - 1032, 2023. 4. 19).

반대 해석 사례 1개의 조합원입주권A(원조합원)를 보유한 1세대가 새로운 조합원입주권B를 승계 취득하고 조합원입주권B가 신축주택B로 완공된 후, 3년 이내에 조합원입주권A를 양도하는 경우에는 「소득세법」 제89조 제1항 제4호 나목에 따른 비과세 특례가 적용된다(재산세제과 - 50, 2023. 1. 10).

심화 학습 끝

Chapter

3 조합원입주권을 양도하는 경우 양도소득세 계산

I 조합원입주권 양도시 양도차익 구분계산

1 기본 내용

조합원입주권을 양도하는 경우에는 아래와 같이 청산금을 납부하는 경우와 청산금을 수령하는 경우로 구분한 다음 전체 양도차익을 관리처분계획인가 전 양도차익과 관리처분계획인가 후 양도차익으로 구분하여 양도소득금액을 계산한다.

이렇게 조합원입주권 또는 신축주택에 대한 양도소득세 계산구조가 복잡한 이유는 1세대 1주택 비과세 판단시 보유 · 거주기간 계산, 관리처분계획인가 전 · 후 장기보유특별공제 적용 여부 및 보유기간 등의 산정기준이 각각 다르게 적용되기 때문이다.

[조합원입주권을 양도하는 경우 양도소득금액 계산구조(소득령 §166 ① 1, 2호 및 ⑤ 1호)]

구 분		양도차익	장기보유특별공제 보유기간 계산
청산금 납부	관리처분인가전 (종전주택 부분)	권리가액 – 취득가액	종전주택 취득일 ~ 관리처분인가일
	관리처분인가후 (입주권 부분)	양도가액 – (권리가액 + 청산금)	공제불가
청산금 수령	관리처분인가전 (청산금 수령외)	$(\text{권리가액} - \text{취득가액}) \times \frac{(\text{권리가액} - \text{청산금})}{\text{권리가액}}$	종전주택 취득일 ~ 관리처분인가일
	관리처분인가전 (청산금 수령분)	$(\text{권리가액} - \text{취득가액}) \times \frac{\text{청산금}}{\text{권리가액}}$	종전주택 취득일 ~ 소유권이전고시 다음날
	관리처분인가후 (입주권 부분)	양도가액 – (권리가액 – 청산금)	공제불가

여기서 잠깐!

청산금 수령 또는 납부하는 경우란?

조합원이 조합에 출자한 종전주택의 평가액을 권리가액이라고 하며, 종전주택의 권리가액은 「도시 및 주거환경정비법」에 따라 감정평가한 가액을 기초로 산정된다. 이 경우 종전주택의 권리가액은 신축주택의 분양대금으로 납부한 금액으로 보게 되므로 종전주택의 권리가액이 신축주택의 분양가액보다 큰 경우 조합원은 청산금을 수령하게 되고, 종전주택의 권리가액이 신축주택의 분양가액보다 작은 경우에는 조합원은 추가분담금에 해당하는 청산금을 납부하게 된다.

[청산금을 수령하는 경우]

종전주택 권리가액 〉 신축주택 분양가액

[청산금을 납부하는 경우]

종전주택 권리가액 〈 **신축주택 분양가액**

2 양도차익 산정방법

(1) 관리처분계획인가 전 양도차익

종전주택을 보유하는 기간 동안 발생한 양도차익으로서 종전주택의 권리가액(감정가액 × 비례율)에서 종전주택의 취득가액 및 필요경비를 차감하여 계산한다.

[관리처분계획인가 전 양도차익]

- 종전주택의 권리가액 – (종전주택의 취득가액 + 종전주택의 기타 필요경비)

(2) 관리처분계획인가 후 양도차익

조합원입주권을 보유하는 기간 동안 발생한 양도차익으로서 조합원입주권의 양도가액에서 종전주택의 권리가액과 양도 당시 조합원입주권과 관련하여 지출한 필요경비를 차감하여 계산한다.

[관리처분계획인가 후 양도차익]

- 조합원입주권 양도가액 – (종전주택의 권리가액 + 조합원입주권의 기타 필요경비)

이 경우 종전주택의 권리가액은 종전주택의 양도차익을 계산할 때 종전주택의 양도가액으로 사용되는 동시에, 조합원입주권의 양도차익을 계산할 때 조합원입주권의 취득가액으로 사용되므로 아래와 같이 권리가액을 서로 상계하면 일반적인 양도소득세 계산구조와 동일하다는 결론에 이르게 된다.

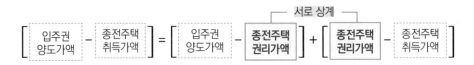

서로 상계

[입주권 양도가액 − 종전주택 취득가액] = [입주권 양도가액 − **종전주택 권리가액**] + [**종전주택 권리가액** − 종전주택 취득가액]

3 양도차익을 구분계산하는 이유

원조합원이 보유하던 종전주택이 조합원입주권으로 전환된 후 해당 조합원입주권을 양도하는 경우에는 전체 양도차익을 관리처분계획인가 전(종전주택 부분) 양도차익과 관리처분계획인가 후(조합원입주권 부분) 양도차익으로 구분하여 계산해야 한다.

이렇게 양도차익을 구분하는 이유는 종전주택의 양도차익에 대해서는 기존부동산이 권리로 전환된 것에 불과하므로 장기보유특별공제가 적용되나, 조합원입주권으로 전환된 이후 권리부분은 양도 당시 부동산이 아니므로 조합원입주권을 보유한 기간 동안 발생한 양도차익에 대해서는 장기보유특별공제가 적용되지 않기 때문이다.

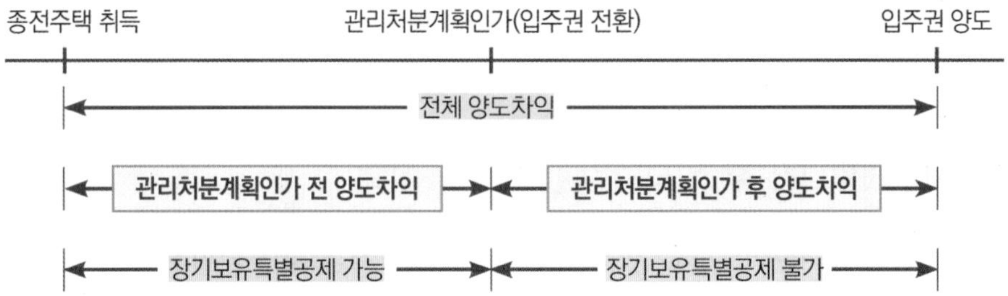

관련 해석 사례

종전에 보유하던 아파트가 관리처분계획인가에 따라 조합원입주권으로 전환된 상태에서 해당 조합원입주권을 양도하는 경우 부동산에서 전환된 조합원입주권에 대해서도 장기보유특별공제를 적용하되, 양도 당시 부동산이 아닌 조합원입주권에 해당하는 부분의 관리처분계획인가일 이후의 양도차익에 대하여는 장기보유특별공제액을 적용배제하는 것이 타당하다(조심 2023서7116, 2023. 5. 26).

종합 사례 청산금을 납부 또는 수령하지 않고 조합원입주권을 양도하는 경우

• **종전주택 취득 및 조합원입주권 양도에 관한 자료**

구 분	내 용
1. 종전주택 취득내역	취득일 : 2016. 1. 10.
	실지 취득가액 : 5억원
	취득세 등 기타 필요경비 : 1천만원
2. 관리처분계획인가 내역	인가일 : 2022. 3. 5.
	종전주택의 권리가액 : 9억원
3. 조합원입주권 양도내역	양도일 : 2025. 2. 16.
	양도가액 : 15억원
	기타 필요경비 : 2천만원
4. 기타 내용	입주권 양도 당시 2주택 보유

해설

구 분	관리처분계획인가 전 (종전주택 부분)	관리처분계획인가 후 (입주권 부분)	합 계
양도가액	900,000,000	1,500,000,000	
(−) 취득가액	500,000,000	900,000,000	
(−) 기타 필요경비	10,000,000	20,000,000	
(=) 양도차익	390,000,000	580,000,000	970,000,000
(−) 장기보유특별공제	46,800,000	−	46,800,000
(=) 양도소득금액	343,200,000	580,000,000	923,200,000
(−) 양도소득기본공제			2,500,000
(=) 과세표준			920,700,000
산출세액	920,700,000 × 42% − 35,940,000		350,754,000
(+) 지방소득세	350,754,000 × 10%		35,075,400
(=) 총부담세액			385,829,400

보충 설명 및 계산 내역

1. 양도소득금액의 계산

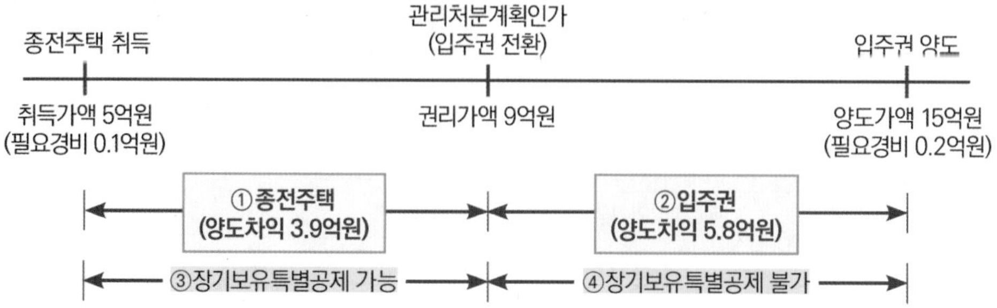

① 종전주택 양도차익은 종전주택의 권리가액 9억원에서 종전주택의 취득가액 5억원과 필요경비 0.1억원을 차감한 3.9억원이다.

② 조합원입주권 양도차익은 조합원입주권의 양도가액 15억원에서 종전주택의 권리가액 9억원과 조합원입주권의 필요경비 0.2억원을 차감한 5.8억원이다.

③ 주택을 보유한 기간동안 발생한 양도차익에 대해서만 장기보유특별공제가 적용되므로 종전주택 취득일부터 관리처분계획인가일까지 장기보유특별공제를 적용한다.

> 장기보유특별공제액 : 390,000,000 × 12%(6년 × 2%) = 46,800,000

④ 조합원입주권을 보유한 기간동안 발생한 양도차익에 대하여는 장기보유특별공제가 적용되지 않는다.

2. 세율 적용시 보유기간 계산

조합원입주권을 양도하는 경우 세율 적용시 보유기간 계산은 종전주택의 취득일로부터 조합원입주권의 양도일까지로 한다. 따라서 보유기간이 2년 이상이므로 기본세율을 적용한다.

Ⅱ 원조합원이 청산금 납부대상 조합원입주권을 양도하는 경우 양도소득금액 계산

1 기본 내용

신축주택의 분양가액(조합원 분양가액)이 종전주택의 권리가액보다 큰 경우에는 추가분담금인 청산금을 납부하게 된다. 이 경우 종전주택이 조합원입주권으로 전환된 상태에서 원조합원이 해당 조합원입주권을 양도하는 경우에는 앞서 살펴본 바와 같이 장기보유특별공제 적용 기준이 다르기 때문에 관리처분계획인가 전 양도차익과 관리처분계획인가 후 양도차익으로 구분하여 각각의 양도소득금액을 산정한 후, 동 금액을 합산하여 전체 양도소득금액을 계산한다(소득령 §166 ① 1호).

2 양도차익 산정방법

(1) 관리처분계획인가 전 양도차익(종전주택 양도차익)

종전주택의 양도차익에 해당하는 관리처분계획인가 전 양도차익은 원조합원이 관리처분계획인가일 현재 종전주택의 권리가액(양도가액)으로 조합에 양도한 것으로 보아 아래와 같이 계산한다.

[관리처분계획인가 전 양도차익]

• 종전주택의 권리가액 – (종전주택의 취득가액 + 기타 필요경비*)

* 종전주택의 취득관련 지출액(취득세, 자본적 지출액 등)

(2) 관리처분계획인가 후 양도차익(조합원입주권 양도차익)

권리부분에 해당하는 관리처분계획인가 후 양도차익은 원조합원이 조합으로부터 조합원입주권을 다시 권리가액으로 취득하면서 추가분담금(청산금)을 납부한 후, 양도한 것으로 보아 아래와 같이 계산한다.

[관리처분계획인가 후 양도차익]

- 조합원입주권의 양도가액 - (신축주택의 분양가액[1] + 기타 필요경비[2])
  = 조합원입주권의 양도가액 - (종전주택의 권리가액 + 청산금납부액 + 기타 필요경비)

1) 신축주택의 분양가액 = 종전주택의 권리가액 + 청산금납부액
2) 조합원입주권 양도와 관련된 지출액(양도비 등)

3 조합원입주권이 1세대 1주택 고가주택인 경우 양도차익 산정방법

종전주택이 조합원입주권으로 전환된 후 신축주택으로 완공되기 전에 양도하는 경우로서 관리처분계획인가일 현재 1세대 1주택 비과세 요건을 갖춘 경우 양도소득세가 비과세되나, 조합원입주권의 양도가액이 12억원을 초과하는 경우에는 고가주택에 해당하므로 주택과 동일하게 12억원 초과분에 상당하는 양도차익에 대해서는 과세된다.

하지만, 주택과는 달리 고가주택 양도차익에 대해서는 아래와 같이 관리처분계획인가 전 양도차익(주택부분)과 관리처분계획인가 후 양도차익(권리부분)으로 구분하여 계산하는데, 그 이유는 앞서 설명한 바와 같이 관리처분계획인가 후 양도차익(권리부분)에 대해서는 장기보유특별공제를 적용할 수 없기 때문이다.

[종전주택 부분 고가주택 양도차익]

- 관리처분계획인가 전 양도차익 × $\frac{\text{(조합원입주권 양도가액 − 12억원)}}{\text{조합원입주권 양도가액}}$

[조합원입주권 부분 고가주택 양도차익]

- 관리처분계획인가 후 양도차익 × $\frac{\text{(조합원입주권 양도가액 − 12억원)}}{\text{조합원입주권 양도가액}}$

여기서 잠깐!

청산금 납부액 또는 수령액이 신축주택의 분양가액 및 조합원입주권의 취득가액에 미치는 영향

조합원이 조합에 청산금을 납부하는 경우와 조합으로부터 청산금을 수령하는 경우 종전주택 양도차익과 조합원입주권 양도차익에 미치는 영향은 아래와 같다.

[청산금을 납부하는 경우]

종전주택의 권리가액이 10억원이고 조합원이 분양받는 신축주택의 분양가액이 12억원이라 가정하면 조합원은 청산금 2억원을 납부해야 한다.

이 경우 납부할 청산금 2억원은 종전주택과는 상관없이 신축주택을 취득하는 과정에서 추가적으로 발생한 것이므로 조합원입주권의 취득가액은 조합으로부터 다시 취득한 가액인 권리가액 10억원에 납부할 청산금 2억원을 가산한 12억원이 되는 것이다.

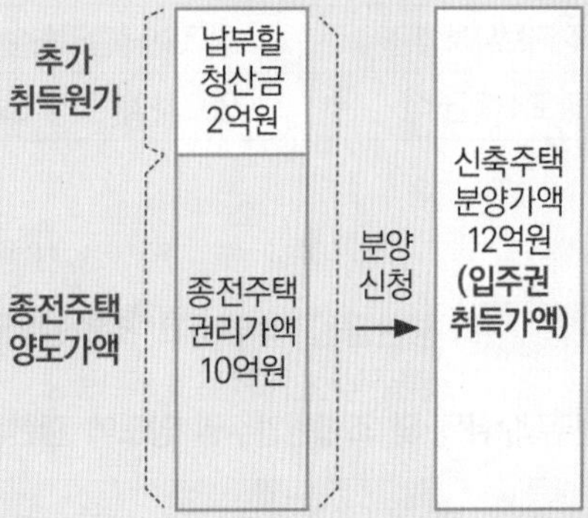

[청산금을 수령하는 경우]

종전주택의 권리가액이 10억원이고 조합원이 분양받는 신축주택의 분양가액 8억원이라 가정하면 조합원은 청산금 2억원을 수령하게 된다.

이 경우 수령할 청산금 2억원은 신축주택과는 상관없이 종전주택의 일부를 양도한 것으로서 취득가액에서 제외되므로 권리가액 10억원에서 종전주택의 일부 양도분 2억원을 차감한 8억원이 조합원입주권의 취득가액이 되는 것이다.

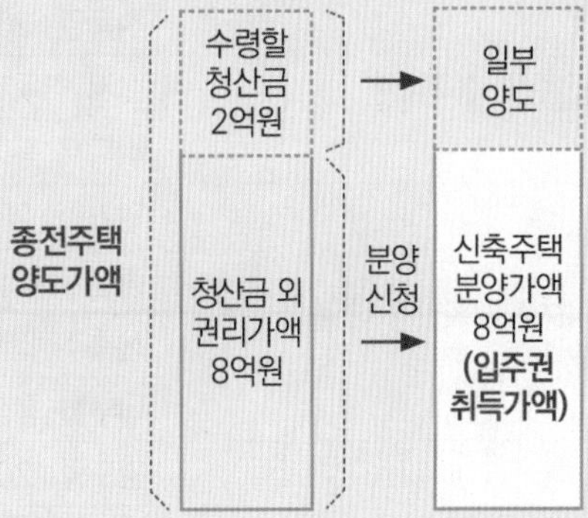

4 장기보유특별공제 산정방법

청산금을 납부하고 조합원입주권을 양도하는 경우 장기보유특별공제는 관리처분계획인가 전 양도차익(종전주택 양도차익)에 대해 "종전주택의 취득일부터 관리처분계획인가일까지"의 보유기간에 따른 공제율을 적용하여 계산하고 관리처분계획인가 후 양도차익(조합원입주권 양도차익)에 대해서는 장기보유특별공제를 적용하지 않는다(소득령 §166⑤1호).

[청산금 납부대상 조합원입주권 양도시 양도소득금액 계산]

구 분	관리처분계획인가 전 (종전주택)	관리처분계획인가 후 (조합원입주권)
양도가액	종전주택의 권리가액	조합원입주권의 양도가액
(-) 취득가액	종전주택의 취득가액	권리가액 + 청산금납부액
(-) 필요경비	종전주택의 필요경비	조합원입주권의 필요경비
(=) 양도차익	양도가액 - 취득가액 등	양도가액 - 취득가액 등
(-) 장기보유특별공제	취득일 ~ 관리처분인가일	장기보유특별공제 적용불가
(=) 양도소득금액	양도차익 - 장기보유특별공제	양도차익과 동일

종합 사례 1 청산금을 납부하고 조합원입주권을 양도하는 경우

- **종전주택 취득 및 조합원입주권 양도에 관한 자료**

구 분	내 용
1. 종전주택 취득내역	취득일 : 2013. 1. 10.
	실지 취득가액 : 6억원
	취득세 등 기타 필요경비 : 4천만원
2. 관리처분계획인가 내역	인가일 : 2022. 3. 5.
	종전주택의 권리가액 : 10억원
	신축주택의 분양가액 : 14억원
	납부할 청산금 : 4억원
3. 조합원입주권 양도내역	양도일 : 2025. 4. 10.
	양도가액 : 20억원
	기타 필요경비 : 6천만원
4. 기타 내용	조합원입주권 양도 당시 2주택 보유

해설

구 분	관리처분계획인가 전 (종전주택)	관리처분계획인가 후 (조합원입주권)	합 계
양도가액	1,000,000,000	2,000,000,000	
(−) 취득가액	600,000,000	1,400,000,000	
(−) 기타 필요경비	40,000,000	60,000,000	
(=) 양도차익	360,000,000	540,000,000	900,000,000
(−) 장기보유특별공제	64,800,000	−	64,800,000
(=) 양도소득금액	295,200,000	540,000,000	835,200,000
(−) 양도소득기본공제			2,500,000
(=) 과세표준			832,700,000
산출세액	832,700,000 × 42% − 35,940,000		313,794,000
(+) 지방소득세	313,794,000 × 10%		31,379,400
(=) 총부담세액			345,173,400

보충 설명 및 계산 내역

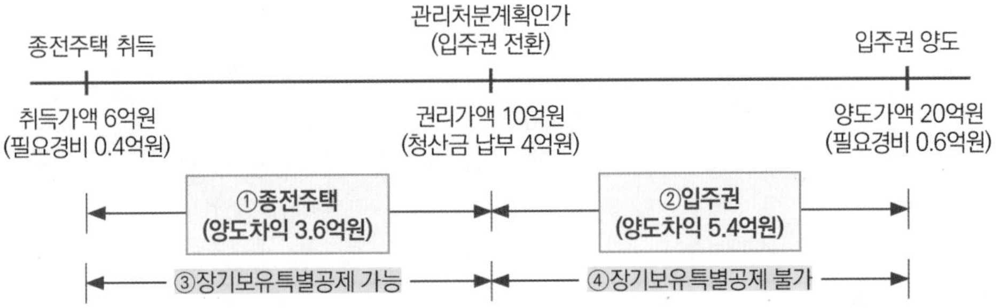

① 종전주택 양도차익은 종전주택의 권리가액 10억원에서 종전주택의 취득가액 6억원과 필요경비 0.4억원을 차감한 3.6억원이 된다. 이 경우 청산금납부액 4억원은 종전주택을 양도하면서 발생한 것이 아니라 새로운 주택을 분양받으면서 추가 불입하는 것이므로 종전주택 양도차익에는 영향을 주지 않는다.

② 조합원입주권 양도차익은 조합원입주권의 양도가액 20억원에서 종전주택의 권리가액 10억원, 청산금납부액 4억원 및 조합원입주권의 필요경비 0.6억원을 차감한 5.4억원이 된다. 이 경우 청산금납부액 4억원은 신축주택을 분양받으면서 추가로 납부한 것이므로 조합원입주권 취득가액에 포함된다.

③ 주택을 보유한 기간 동안 발생한 양도차익에 대하여는 종전주택 취득일부터 관리처분계획인가일까지에 대하여 장기보유특별공제가 적용된다.

장기보유특별공제액 : 360,000,000 × 18%(9년 × 2%) = 64,800,000

④ 조합원입주권을 보유한 기간동안 발생한 양도차익에 대하여는 장기보유특별공제가 적용되지 않는다.

종합 사례 2 청산금을 납부하고 비과세 요건을 충족한 조합원입주권을 양도하는 경우

- **종전주택 취득 및 조합원입주권 양도에 관한 자료**

구 분	내 용
1. 종전주택 취득내역	취득일 : 2013. 3. 20.
	실지 취득가액 : 10억원
	취득세 등 기타 필요경비 : 2천만원
2. 관리처분계획인가 내역	인가일 : 2022. 4. 9.
	종전주택의 권리가액 : 16억원
	신축주택의 분양가액 : 18억원
	납부할 청산금 : 2억원
3. 조합원입주권 양도내역	양도일 : 2025. 4. 10.
	양도가액 : 20억원
	기타 필요경비 : 1천만원
4. 기타 내용	① 종전주택은 관리처분계획인가 당시 1세대 1주택 비과세요건 충족 ② 종전주택에서 5년 2개월 거주

해설

구 분	관리처분계획인가 전 (종전주택)	관리처분계획인가 후 (조합원입주권)	합 계
양도가액	1,600,000,000	2,000,000,000	
(−) 취득가액	1,000,000,000	1,800,000,000	
(−) 기타 필요경비	20,000,000	10,000,000	
(=) 양도차익	580,000,000	190,000,000	770,000,000
12억원 초과분 양도차익	232,000,000	76,000,000	308,000,000
(−) 장기보유특별공제	129,920,000	−	129,920,000
(=) 양도소득금액	102,080,000	76,000,000	178,080,000
(−) 양도소득기본공제			2,500,000
(=) 과세표준			175,580,000
산출세액	175,580,000 × 38% − 19,940,000		46,780,400
(+) 지방소득세	46,780,400 × 10%		4,678,040
(=) 총부담세액			51,458,440

보충 설명 및 계산 내역

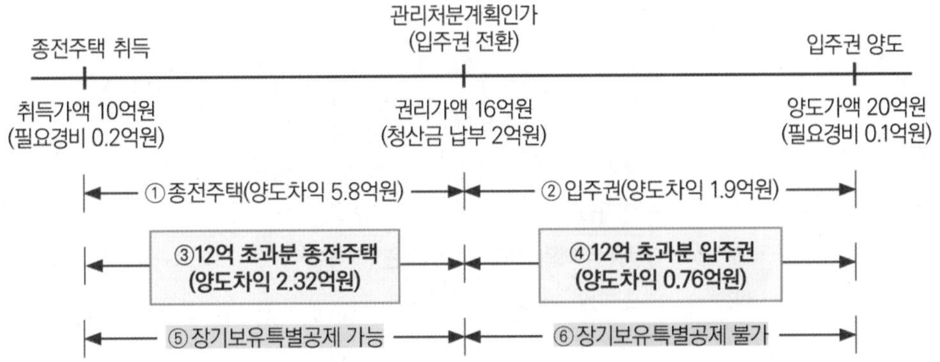

① 종전주택 양도차익은 종전주택의 권리가액 16억원에서 종전주택의 취득가액 10억원과 필요경비 0.2억원을 차감한 5.8억원이다.

② 조합원입주권 양도차익은 조합원입주권의 양도가액 20억원에서 종전주택의 권리가액 16억원, 청산금납부액 2억원 및 조합원입주권의 필요경비 0.1억원을 차감한 1.9억원이다.

③ 1세대 1주택 비과세 고가주택 12억원 초과분에 대한 양도차익은 종전주택의 양도차익 5.8억원에 전체 양도가액 20억원 중 12억원을 초과한 8억원이 전체 양도가액 20억원에서 차지하는 비율 40%를 곱한 2.32억원이다.

$$580{,}000{,}000 \times \frac{(2{,}000{,}000{,}000 - 1{,}200{,}000{,}000)}{2{,}000{,}000{,}000} = 232{,}000{,}000$$

④ 1세대 1주택 비과세 고가주택 12억원 초과분에 대한 양도차익은 조합원입주권의 양도차익 1.9억원에 전체 양도가액 20억원 중 12억원을 초과한 8억원이 전체 양도가액 20억원에서 차지하는 비율 40%를 곱한 0.76억원이다.

$$190{,}000{,}000 \times \frac{(2{,}000{,}000{,}000 - 1{,}200{,}000{,}000)}{2{,}000{,}000{,}000} = 76{,}000{,}000$$

⑤ 관리처분계획인가일 현재 1세대 1주택 비과세 요건을 갖추었으므로 조합원입주권 상태로 양도하는 경우에도 비과세되나, 양도가액이 12억원을 초과하여 고가주택에 해당하므로 주택으로 보유한 기간 동안 발생한 양도차익에 대하여만 보유기간과 거주기간으로 구분하여 장기보유특별공제를 적용한다.

232,000,000 × 56%(보유기간 9년 × 연4% + 거주기간 5년 × 연4%) = 129,920,000

⑥ 조합원입주권을 보유한 기간동안 발생한 양도차익에 대하여는 장기보유특별공제가 적용되지 않는다.

종합 사례 3 종전주택의 취득가액은 불분명하고 비과세 요건을 충족한 조합원입주권을 양도하는 경우

- **종전주택 취득 및 조합원입주권 양도에 관한 자료**

구 분	내 용
1. 종전주택 취득내역	취득일 : 2013. 1. 10. 취득가액 불분명
	종전주택 취득 당시 기준시가 : 토지 2억원, 건물 1억원
2. 관리처분계획인가 내역	인가일 : 2021. 3. 5.
	종전주택의 권리가액 : 9억원
	조합원 분양가액 : 12억원
	납부할 청산금 : 3억원
	관리처분계획인가일 현재 기준시가 : 토지 5억원, 건물 3억원
3. 조합원입주권 양도내역	양도일 : 2025. 4. 10.
	양도가액 : 15억원
4. 기타 내용	종전주택은 관리처분계획인가 당시 1세대 1주택 비과세요건 충족하였고, 취득일 이후 관리처분계획인가일까지 종전주택에서 계속 거주

해설

	구 분	관리처분계획인가 전 (종전주택)	관리처분계획인가 후 (조합원입주권)	합 계
	양도가액	900,000,000	1,500,000,000	
(−)	취득가액	337,500,000	1,200,000,000	
(−)	기타 필요경비	9,000,000	−	
(=)	양도차익	553,500,000	300,000,000	853,500,000
	고가주택 양도차익	110,700,000	60,000,000	170,700,000
(−)	장기보유특별공제	70,848,000	−	70,848,000
(=)	양도소득금액	39,852,000	60,000,000	99,852,000
(−)	양도소득기본공제			2,500,000
(=)	과세표준			97,352,000
	산출세액	97,352,000 × 35% − 15,440,000		18,633,200
(+)	지방소득세	18,633,200 × 10%		1,863,320
(=)	총부담세액			20,496,520

보충 설명 및 계산 내역

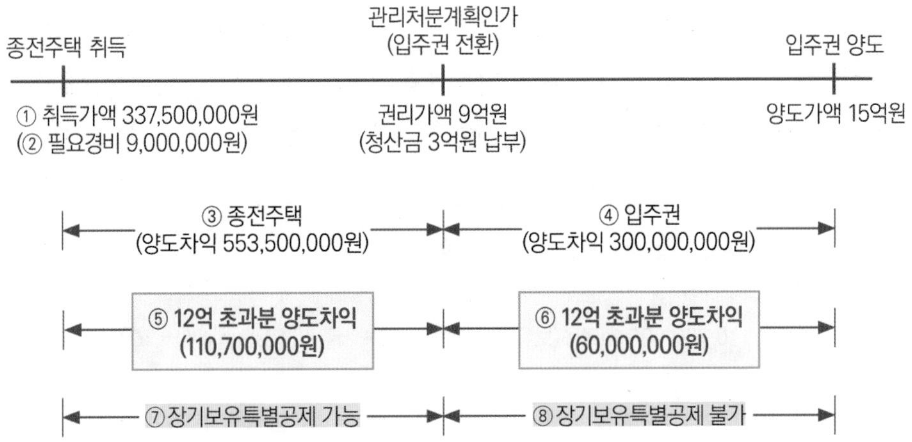

① 종전주택과 그 부수토지의 취득가액을 확인할 수 없는 경우에는 아래와 같이 환산취득가액으로 계산한다.

$$\frac{\text{종전주택의}}{\text{취득가액}} = \frac{\text{종전주택의}}{\text{권리가액}} \times \frac{\text{취득일 당시 종전주택 · 부수토지의 기준시가}}{\text{인가일 현재 종전주택 · 부수토지의 기준시가}}$$

$$337,500,000 = 900,000,000 \times \frac{300,000,000}{800,000,000}$$

② 필요경비개산공제는 취득 당시 기준시가의 3%를 적용하여 계산한다.

$$300,000,000(\text{취득당시 토지 및 주택의 기준시가 합계}) \times 3\% = 9,000,000$$

③ 종전주택 양도차익은 종전주택의 권리가액 900,000,000원에서 종전주택의 환산취득가액 337,500,000원과 필요경비 개산공제 9,000,000원을 차감한 553,500,000원이다.

④ 조합원입주권 양도차익은 조합원입주권의 양도가액 15억원에서 종전주택의 권리가액 9억원과 청산금납부액 3억원을 차감한 3억원이다.

⑤ 1세대 1주택 비과세 고가주택 12억원 초과분에 대한 종전주택 양도차익은 종전주택의 양도차익 553,500,000원에 전체 양도가액 15억원 중 12억원을 초과한 3억원이 전체 양도가액 15억원에서 차지하는 비율 20%를 곱한 110,700,000원이다.

$$553,500,000 \times \frac{(1,500,000,000 - 1,200,000,000)}{1,500,000,000} = 110,700,000$$

⑥ 1세대 1주택 비과세 고가주택 12억원 초과분에 대한 조합원입주권 양도차익은 입주권의 양도차익 3억원에 전체 양도가액 15억원 중 12억원을 초과한 3억원이 전체 양도가액 15억원에서 차지하는 비율 20%를 곱한 0.6억원이다.

$$300,000,000 \times \frac{(1,500,000,000 - 1,200,000,000)}{1,500,000,000} = 60,000,000$$

⑦ 종전주택 취득일로부터 관리처분계획인가일까지 주택으로 보유한 기간동안 발생한 양도차익에 대하여 보유기간과 거주기간으로 구분하여 장기보유특별공제를 적용한다.

110,700,000 × 64%(보유기간 8년 × 4% + 거주기간 8년 × 4%) = 70,848,000

⑧ 조합원입주권을 보유한 기간동안 발생한 양도차익에 대하여는 장기보유특별공제가 적용되지 않는다.

Ⅲ 원조합원이 청산금 수령대상 조합원입주권을 양도하는 경우 양도소득금액 계산

1 기본 내용

종전주택의 권리가액이 신축주택의 분양가액(조합원 분양가액)보다 큰 경우에는 청산금을 수령하게 된다. 이 경우 종전주택이 조합원입주권으로 전환된 상태에서 원조합원이 해당 조합원입주권을 양도하는 경우에는 관리처분계획인가 전 양도차익과 관리처분계획인가 후 양도차익으로 구분한 다음 관리처분계획인가 전 양도차익은 다시 청산금수령분 외의 양도차익과 청산금수령분의 양도차익으로 각각 구분하여 양도소득금액을 계산한다(소득령 §166 ① 2호).

2 양도차익 산정방법

(1) 관리처분계획인가 전 양도차익(종전주택 양도차익)

종전주택의 양도차익에 해당하는 관리처분계획인가 전 양도차익은 전체 양도차익을 청산금수령분 외의 양도차익과 청산금수령분의 양도차익으로 구분하여 계산하는데, 그 이유는 청산금수령분 외의 양도차익과 청산금수령분의 양도차익에 대해서는 각각의 보유기간별 장기보유특별공제가 다르게 적용되기 때문이다.

1) 청산금수령분 외 양도차익

청산금수령분 외의 양도차익은 아래와 같이 관리처분계획인가 전 양도차익에 종전주택의 권리가액에서 청산금수령액을 차감한 가액이 종전주택의 권리가액에서 차지하는 비율을 곱하여 계산한다.

$$\bullet\ \text{관리처분계획인가 전 양도차익}^{*} \times \frac{\text{종전주택의 권리가액} - \text{청산금수령액}}{\text{종전주택의 권리가액}}$$

* 전체 양도차익 = 종전주택의 권리가액 - (종전주택의 취득가액 + 기타 필요경비)

2) 청산금수령분 양도차익

청산금수령분의 양도차익은 아래와 같이 관리처분계획인가 전 양도차익에 청산금수령액이 종전주택의 권리가액에서 차지하는 비율을 곱하여 계산한다.

$$\text{• 관리처분계획인가 전 양도차익} \times \frac{\text{청산금수령액}}{\text{종전주택의 권리가액}}$$

$$= \text{청산금수령액} - \left[(\text{종전주택의 취득가액} + \text{기타 필요경비}) \times \frac{\text{청산금수령액}}{\text{종전주택의 권리가액}} \right]$$

(2) 관리처분계획인가 후 양도차익(조합원입주권 양도차익)

관리처분계획인가 후 양도차익은 조합원입주권의 양도가액에서 신축주택의 분양가액 및 기타 필요경비를 차감하여 아래와 같이 계산한다.

[관리처분계획인가 후 양도차익]

• 조합원입주권의 양도가액 - (신축주택의 분양가액* + 기타 필요경비)
= 조합원입주권의 양도가액 - (종전주택의 권리가액 - 청산금수령액 + 기타 필요경비)

* 신축주택의 분양가액 = 종전주택의 권리가액 - 청산금수령액

3 장기보유특별공제 산정방법

(1) 청산금수령분 외 양도차익(종전주택 양도차익)

청산금수령분 외의 양도차익에 대해서는 "종전주택의 취득일부터 관리처분계획인가일"까지의 보유기간에 따른 공제율을 적용하여 장기보유특별공제를 계산한다.

(2) 청산금수령분 양도차익(종전주택 양도차익)

청산금수령분의 양도차익에 대해서는 "종전주택의 취득일부터 소유권이전고시일의 다음날까지"의 보유기간에 따른 공제율을 적용하여 장기보유특별공제를 계산한다.

[청산금 수령대상 조합원입주권 양도시 양도소득금액 계산]

	구 분	관리처분계획인가 전(종전주택)		관리처분계획인가 후 (조합원입주권)
		청산금수령분	청산금수령분 외	
	양도가액	권리가액 × 청산금/권리가액 = 청산금수령액	권리가액 × (권리가액 - 청산금) /권리가액	조합원입주권의 양도가액
(-)	취득가액	취득가액 × 청산금/권리가액	취득가액 × (권리가액 - 청산금) /권리가액	권리가액 - 청산금수령액
(-)	필요경비	필요경비 × 청산금/권리가액	필요경비 × (권리가액 - 청산금) /권리가액	조합원입주권의 필요경비
(=)	양도차익	양도가액 - 취득가액 등	양도가액 - 취득가액 등	양도가액 - 취득가액 등
(-)	장기보유 특별공제	취득일 ~ 소유권이전고시일 다음날	취득일 ~ 관리처분인가일	적용불가
(=)	양도소득 금액	양도차익 - 장기보유특별공제	양도차익 - 장기보유특별공제	양도차익과 동일

4 청산금수령분에 대한 양도소득세 주요내용

(1) 납세의무자

일반적으로 원조합원이 조합원입주권을 양도하면서 향후 수령할 청산금을 조합원입주권의 양도대가에 포함하여 승계조합원으로부터 수령하고, 승계조합원은 정비사업이 종료된 후 이미 지급한 청산금을 조합(사업시행자)으로부터 지급받는다.

이는 조합이 원조합원에게 지급할 청산금을 승계조합원이 대신하여 미리 지급한 것에 불과하므로 승계조합원이 조합으로부터 청산금을 수령하더라도 청산금수령분에 대한 납세의무자는 "원조합원"이 된다. 다만, 조합원입주권을 승계 취득한 후 지급받을 청산금이 증가하여 승계조합원이 그 증가한 청산금을 수령하는 경우 납세의무자는 원조합원이 아닌 승계조합원이 된다(법규재산-0450, 2024. 6. 27).

(2) 1세대 1주택 비과세 및 고가주택 판단

청산금수령액은 종전주택의 일부를 양도하고 받는 대가이므로 양도소득세가 과세되는 것이 원칙이나, 양도 당시(소유권이전고시일의 다음날) 종전주택 양도분에 해당하는 청산금수령액 이외 다른 주택 등이 없고 "관리처분계획인가일 현재" 비과세 요건을 충족한 경우에는 1세대 1주택 비과세를 적용받을 수 있다.

이 경우 수령할 청산금이 12억원 이하(비과세)에 해당하더라도 관리처분계획인가일 현재 "종전주택의 권리가액"이 12억원을 초과하는 경우에는 고가주택에 해당하며, 그에 따른 청산금에 상당하는 고가주택 양도차익은 아래와 같이 계산한다.

$$\bullet \text{ 고가주택 양도차익} = \frac{\text{관리처분계획}}{\text{인가 전 양도차익}} \times \frac{\text{청산금수령액}}{\text{권리가액}} \times \frac{(\text{권리가액} - 12\text{억원})}{\text{권리가액}}$$

[청산금수령분에 대한 비과세 및 고가주택 판단]

구 분	판단기준일
1세대 1주택 여부	양도일(소유권이전고시일의 다음날) 현재 주택 수 판단
비과세 요건 충족 여부	관리처분계획인가일 현재 비과세 요건(2년 이상 보유 등) 판단
고가주택 여부	관리처분계획인가일 현재 권리가액 12억원 초과 여부 판단

관련 해석 사례

재개발조합원이 지급받는 청산금은 종전주택(부수토지 포함)의 분할양도에 해당하므로 원칙적으로 양도소득세 과세대상이며, 이 경우 관리처분계획에 따라 평가한 "종전주택의 권리가액"이 12억원을 초과하면 지급받는 청산금은 고가주택에 해당한다(부동산납세과-1850, 2016. 12. 2).

(3) 양도시기

청산금수령액은 관리처분계획에 따라 예상금액을 정하고 소유권이전고시가 있은 후에 정확한 청산금이 결정된다. 결국 정비사업이 종료된 후에 사업시행자가 분양받는 자에게 청산금을 지급함에 따라 최종적으로 정산이 되는 것이므로 청산금수령액의 양도시기는 "소유권이전고시일의 다음날"이 되는 것이다.

관련 해석 사례

「도시 및 주거환경정비법」에 따라 신탁업자가 재개발·재건축사업의 사업시행자로 지정되어 토지 등 소유자와 신탁계약을 체결하고 정비사업을 시행하는 경우로서 청산금이 양도소득세 과세대상인 경우 청산금의 양도시기는 "소유권이전고시일의 다음날"로 하는 것이다(재산세제과-35, 2020. 1. 14).

(4) 환산취득가액 산정시 기준시가 적용방법

취득가액을 알 수 없어 환산취득가액을 산정함에 있어 일반적인 부동산의 경우 양도가액에 취득 당시 기준시가를 곱하고 양도 당시 기준시가를 나누어 계산하는데 비해 청산금 수령분에 대한 환산취득가액(조합원입주권 및 신축주택의 양도차익 산정시 종전주택의 환산취득가액 포함)을 계산하는 경우 분모의 기준시가 산정기준일은 양도일이 아닌 "관리처분계획인가일"을 기준으로 아래와 같이 계산한다.

- 일반부동산의 양도차익 산정시 환산취득가액 = 양도가액 × $\frac{\text{취득당시 기준시가}}{\text{양도당시 기준시가}}$
- 청산금수령분 양도차익 산정시 환산취득가액 = 권리가액 × $\frac{\text{취득당시 기준시가}}{\text{인가당시 기준시가}}$

(5) 양도소득세 세액감면 적용여부

청산금을 수령하는 경우에는 「도시 및 주거환경정비법」에 따른 정비구역의 토지 등을 사업시행자에게 양도함으로써 발생하는 소득에 해당하므로 「조세특례제한법」 제77조(공익사업용토지 등에 대한 양도소득세의 감면) 규정에 따라 양도소득세를 10% 감면받을 수 있다. 다만, 감면세액의 20%는 농어촌특별세로 납부해야 한다.

심화 학습

원조합원이 조합원입주권을 양도하면서 청산금을 함께 수령하는 경우 과세문제

1. 조합원입주권의 양도대가에 수령할 청산금이 포함된 경우 신고방법

(1) 종전 유권해석

종전에는 원조합원이 조합원입주권을 양도하면서 승계조합원으로부터 장래 수령할 청산금(환급예정액)을 조합원입주권의 양도대가와 함께 수령하는 경우 전체 양도대가를 조합원입주권의 순수 양도가액과 청산금수령액으로 구분하여 조합원입주권의 순수 양도분은 잔금청산일을 양도시기로 하고, 청산금수령분은 소유권이전고시일의 다음날을 양도시기로 하여 각각 양도소득세를 신고하는 것으로 해석하였다.

[종전 유권해석에 따른 청산금수령액의 양도시기 등 판단]

구 분(종전 유권해석)	양도가액	양도시기	고가주택 기준가액
조합으로부터 청산금을 수령하는 경우	조합원입주권의 순수 양도가액	잔금청산일	조합원입주권의 순수 양도가액
	청산금수령액	소유권이전고시일의 다음날	종전주택의 권리가액
승계조합원으로부터 청산금을 수령하는 경우	조합원입주권의 순수 양도가액	잔금청산일	조합원입주권의 순수 양도가액
	청산금수령액	소유권이전고시일의 다음날	종전주택의 권리가액

(2) 최근 유권해석

최근 유권해석에 따르면, 원조합원이 조합원입주권을 양도하면서 승계조합원으로부터 장래 수령할 청산금을 조합원입주권의 양도대가와 함께 수령하는 경우 해당 청산금은 사업시행자로부터 지급받는 청산금과 그 성격이 다르기 때문에 청산금의 양도시기를 적용할 수 없는 것이며, 조합원입주권의 양도가액에 합산하여 양도소득세를 산정하는 것으로 해석하고 있다.

[최근 유권해석에 따른 청산금수령액의 양도시기 등 판단]

구 분(최근 유권해석)	양도가액	양도시기	고가주택 가액기준
조합으로부터 청산금을 수령하는 경우	조합원입주권의 순수 양도가액	잔금청산일	조합원입주권의 순수 양도가액
	청산금수령액	소유권이전고시일의 다음날	종전주택의 권리가액
승계조합원으로부터 청산금을 수령하는 경우	조합원입주권의 전체 양도가액	잔금청산일	조합원입주권의 전체 양도가액

관련 해석 사례

원조합원이 조합원입주권을 양도하면서 장래에 수령할 청산금(청산금수령 예정액)을 조합원입주권의 양도가액과 함께 수령하는 경우 양도차익 계산시 비과세 및 장기보유특별공제의 적용 등과 관련하여 구분하여 계산할 필요가 있으나, 이는 재개발 등의 결과로 사업시행자로부터 지급받은 청산금이 아니므로 원조합원이 조합원입주권을 양도하면서 여기에 청산금 수령권까지 함께 양도한 경우 그 양도시기는 잔금청산일로 보는 것이 타당하다(심사양도 2024-0027, 2024. 8. 14, 조심 2023서3442, 2023. 5. 8).

2. 계산사례를 통한 양도소득금액 차이 비교

- 종전주택 취득가액 : 6억원(취득일 : 2018. 3. 15.)
- 종전주택 권리가액 : 15억원(관리처분계획인가일 : 2023. 4. 10.)
- 신축주택 분양가액 : 12억원
- 수령할 청산금 : 3억원(소유권이전고시일 : 2028. 7. 5.)
- 조합원입주권 양도대가(청산금 3억원 포함) : 20억원(양도일 : 2025. 6. 25.)

(1) 1세대 1주택 비과세대상이 아닌 경우

해설

구 분	종전 유권해석			최근 유권해석	
	청산금 (종전주택)	조합원입주권		인가전 (종전주택)	인가후 (조합원입주권)
		인가전	인가후		
양도가액	3억원	12억원1)	17억원2)	15억원	20억원
(-) 취득가액	1.2억원3)	4.8억원3)	12억원	6억원	15억원
(=) 양도차익	1.8억원	7.2억원	5억원	9억원	5억원
(-) 장기보유특별공제	0.36억원4)	0.72억원5)	-	0.9억원6)	-
(=) 양도소득금액	1.44억원	6.48억원	5억원	8.1억원	5억원

1) 15억원 × (15억원 - 3억원)/15억원 = 12억원
2) 20억원(전체 양도가액) - 3억원(청산금) = 17억원
3) 종전주택의 취득가액 안분계산
① 청산금 부분 : 6억원 × 3억원/15억원 = 1.2억원
② 조합원입주권 부분(종전주택 부분) : 6억원 × (15억원 - 3억원)/15억원 = 4.8억원
4) 1.8억원 × 20%(10년 × 2%) = 0.36억원(종전주택취득일 ~ 소유권이전고시일 다음날까지 보유기간 적용)
5) 7.2억원 × 10%(5년 × 2%) = 0.72억원(종전주택취득일 ~ 관리처분계획인가일까지 보유기간 적용)
6) 9억원 × 10%(5년 × 2%) = 0.9억원(종전주택취득일 ~ 관리처분계획인가일까지 보유기간 적용)

※ 전체 양도소득금액 비교 : 13.1억원 - 12.92억원 = 0.18억원 증가
① 종전 유권해석 : 1.44억원 + 6.48억원 + 5억원 = 12.92억원
② 최근 유권해석 : 8.1억원 + 5억원 = 13.1억원

(2) 1세대 1주택 비과세대상인 경우(종전주택에서 5년간 계속 거주)

해설

구 분	종전 유권해석			최근 유권해석	
	청산금 (종전주택)	조합원입주권		인가전 (종전주택)	인가후 (조합원입주권)
		인가전	인가후		
양도가액	3억원	12억원	17억원	15억원	20억원
(-) 취득가액	1.2억원	4.8억원	12억원	6억원	15억원
(=) 양도차익	1.8억원	7.2억원	5억원	9억원	5억원
고가주택양도차익	0.36억원1)	2.11억원2)	1.47억원3)	3.6억원4)	2억원5)
(-) 장기보유특별공제	0.18억원6)	0.844억원7)	-	1.44억원8)	-
(=) 양도소득금액	0.18억원	1.266억원	1.47억원	2.16억원	2억원

1) 1.8억원 × (15억원 - 12억원)/15억원 = 0.36억원
2) 7.2억원 × (17억원 - 12억원)/17억원 = 2.11억원
3) 5억원 × (17억원 - 12억원)/17억원 = 1.47억원
4) 9억원 × (20억원 - 12억원)/20억원 = 3.6억원
5) 5억원 × (20억원 - 12억원)/20억원 = 2억원
6) 0.36억원 × 50%(5년 × 4% + 5년 × 4% + 5년 × 2%) = 0.18억원
- 인가일까지는 「표2」를 적용하고, 인가일 이후부터 소유권이전고시일까지는 「표1」 적용

7) 2.11억원 × 40%(5년 × 4% + 5년 × 4%) = 0.844억원(인가일까지만 「표2」 적용)
8) 3.6억원 × 40%(5년 × 4% + 5년 × 4%) = 1.44억원(인가일까지만 「표2」 적용)

(3) 두 유권해석 적용에 따른 양도소득금액 비교분석

최근 유권해석에 따르면, ① 비과세대상이 아닌 경우 전체 양도차익은 종전 유권해석과 동일하나 장기보유특별공제 적용시 보유기간이 감소(소유권이전고시일 다음날→관리처분계획인가일)됨에 따라 양도소득금액이 증가하고,

② 비과세대상인 경우에는 고가주택 기준금액인 양도가액(입주권 + 청산금)이 증가함에 따라 과세대상 고가주택의 양도차익이 증가하여 역시 양도소득금액이 증가한다. 결국, 최근 유권해석을 기준으로 양도소득세를 계산하면 종전 유권해석을 적용한 것 보다 부담할 세액이 증가되는 것을 알 수 있다.

3. 최근 유권해석에 따른 양도소득세 계산시 문제점

최근 유권해석에 따라 조합원입주권의 양도대가에 청산금수령액을 포함하여 전체 양도가액을 기준으로 양도소득세를 계산하는 경우 아래와 같은 문제점이 발생할 수 있다.

(1) 원조합원이 청산금 일부를 수령한 경우

원조합원이 조합원입주권을 양도하기 전에 조합으로부터 수령한 일부 청산금에 대해서는 소유권이전고시일의 다음날로 양도시기를 적용하고, 조합원입주권의 양도대가에 포함한 잔여 청산금의 양도시기는 잔금청산일로 적용할 경우 하나의 청산금에 대해서 양도시기가 각각 다르게 적용되는 문제점이 발생할 수 있다.

(2) 실제 청산금과 예상 청산금이 차이가 나는 경우

원조합원이 청산금 예상수령액을 포함하여 이미 양도소득세를 신고한 후, 청산금 예상수령액과 청산금 실제수령액이 상이할 경우 납세의무자 및 수정신고 여부 등에 대한 판단 문제가 남아 있다.

다만, 최근 유권해석에 따르면, 조합원입주권을 승계 취득한 후 지급받을 청산금이 증가하여 승계조합원이 조합으로부터 지급받은 청산금 상당액에 대해서는 소유권이전고시일의 다음날을 양도시기로 하여 승계조합원이 양도소득세를 신고하는 것으로 해석하고 있을 뿐이다(법규재산-0450, 2024.6.27).

(3) 10%의 세액감면 적용 여부

청산금을 수령하는 경우에는 종전주택의 일부를 조합에 양도한 것으로 보아 10%의 감면세액이 적용되는데, 이 때 청산금을 조합원입주권의 양도대가에 포함하여 신고할 경우 감면세액 적용 여부 및 산정방법 등에 대한 구체적인 처리방법이 모색되어야 될 것으로 판단된다.

심화 학습 끝

종합 사례 청산금 수령대상 조합원입주권을 양도하는 경우

• **종전주택 취득 및 조합원입주권 양도에 관한 자료**

구 분	내 용
1. 종전주택 취득내역	취득일 : 2015. 4. 15.
	실지 취득가액 : 5억원
2. 관리처분계획인가 내역	인가일 : 2023. 6. 30.
	종전주택의 권리가액 : 8억원
	신축주택의 분양가액 : 6억원
	수령할 청산금 : 2억원
3. 조합원입주권 양도내역	양도일 : 2025. 3. 31.
	양도가액 : 15억원
4. 기타 내용	조합원입주권 양도 및 청산금 수령 당시 2주택을 보유하고 있으며, 청산금은 원조합원이 수령하는 것으로 가정함
	소유권 이전고시일 : 2027. 5. 15.
	사업시행인가일 : 2021. 3. 10.

해설

구 분	청산금수령분(종전주택)	청산금수령분 외(①+② 합산신고)		
		① 종전주택	② 조합원입주권	합 계
양도가액	200,000,000	600,000,000	1,500,000,000	
(−) 취득가액	125,000,000	375,000,000	600,000,000	
(=) 양도차익	75,000,000	225,000,000	900,000,000	1,125,000,000
(−) 장기보유특별공제	18,000,000	36,000,000	−	36,000,000
(=) 양도소득금액	57,000,000	189,000,000	900,000,000	1,089,000,000
(−) 양도소득기본공제	2,500,000			2,500,000
(=) 과세표준	54,500,000			1,086,500,000
산출세액	7,320,000	보충해설 참조		422,985,000
(−) 감면세액	732,000			
(=) 감면후 세액	6,588,000			422,985,000
(+) 지방소득세	658,800			42,298,500
(+) 농어촌특별세	146,400			−
(=) 총부담세액	7,393,200			465,283,500

보충 설명 및 계산 내역

1. 양도소득금액의 계산

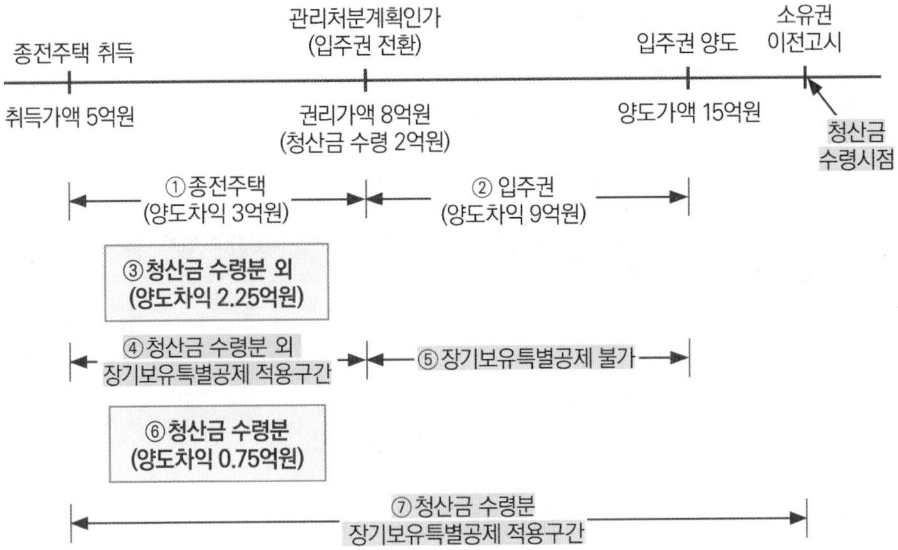

① 청산금을 수령한 경우 종전주택의 전체 양도차익은 종전주택의 권리가액 8억원에서 종전주택의 취득가액 5억원을 차감한 3억원이다.

② 조합원입주권 양도차익은 조합원입주권 양도가액 15억원에서 신축주택의 분양가액 6억원을 차감한 9억원이다.

③ 청산금수령분 이외 종전주택의 양도차익은 관리처분계획인가 전 양도차익 3억원에 종전주택의 권리가액 8억원에서 청산금수령분 2억원을 차감한 가액이 권리가액 8억원에서 차지하는 비율 75%를 곱한 2.25억원이다.

$$300{,}000{,}000 \times \frac{(800{,}000{,}000 - 200{,}000{,}000)}{800{,}000{,}000} = 225{,}000{,}000$$

④ 청산금수령분 이외 종전주택의 양도차익 225,000,000원에 대하여는 종전주택의 취득일부터 관리처분계획인가일까지 보유기간에 대하여 장기보유특별공제를 적용한다.

$$225{,}000{,}000 \times 16\%(\text{보유기간 } 8\text{년} \times 2\%) = 36{,}000{,}000$$

⑤ 조합원입주권을 보유한 기간동안 발생한 양도차익에 대하여는 장기보유특별공제가 적용되지 않는다.

⑥ 청산금수령분의 종전주택 양도차익은 관리처분계획인가 전 양도차익 3억원에 청산금수령분 2억원이 권리가액 8억원에서 차지하는 비율 25%를 곱한 0.75억원이다.

$$300{,}000{,}000 \times \frac{200{,}000{,}000}{800{,}000{,}000} = 75{,}000{,}000$$

⑦ 일반적으로 청산금은 소유권 이전고시일에 수령하게 되므로 조합원입주권을 양도하고 추후 청산금을 수령하는 경우 청산금수령분에 대한 장기보유특별공제는 종전주택 취득일부터 소유권이전고시일의 다음날까지의 보유기간에 대하여 적용한다.

75,000,000 × 24%(보유기간12년 × 2%) = 18,000,000

2. 산출세액

① 청산금수령분

54,500,000 × 24% – 5,760,000(누진공제) = 7,320,000

② 청산금수령분 이외

1,086,500,000 × 45% – 65,940,000(누진공제) = 422,985,000

3. 청산금수령분 양도소득세 신고

조합원이 수령할 청산금은 도시 및 주거환경정비법상 소유권이전고시일 이후에 지급하도록 규정하고 있으므로 조합원이 수령할 청산금의 양도시기는 소유권이전고시일의 다음날이 되는 것이며, 이 날의 말일로부터 2개월 이내 양도소득세를 신고해야 한다. 이 경우 청산금을 수령하는 경우에도 조세특례제한법 제77조에 따른 공익사업용토지 등에 대한 양도소득세를 감면받을 수 있으므로 청산금으로 받은 현금에 대해서는 양도소득세를 10% 감면하되, 감면받은 양도소득세의 20%를 농어촌특별세로 납부하여야 한다.

① 감면세액

7,320,000 × 10% = 732,000

② 농어촌특별세

732,000 × 20% = 146,400

※ 종전주택(청산금 수령분과 청산금 수령분 외) 양도차익 구분계산

	구 분	청산금 수령분(2억원)	청산금 수령분 외(6억원)	합 계
	양도가액	8억원 × 2억원/8억원 = 2억원	8억원 × 6억원/8억원 = 6억원	8억원
(–)	취득가액	5억원 × 2억원/8억원 = 1.25억원	5억원 × 6억원/8억원 = 3.75억원	5억원
(=)	양도차익	0.75억원	2.25억원	3억원

Chapter

4 신축주택을 양도하는 경우 양도소득세 계산

Ⅰ 신축주택을 양도하는 경우 양도차익

1 기본 내용

재개발·재건축사업 등에 의해 조합원입주권이 주택으로 완공된 후, 해당 신축주택을 양도하는 경우 양도차익 및 양도소득금액을 계산하는 방법은 앞서 설명한 조합원입주권의 양도차익 및 양도소득금액 계산방법과 매우 유사하다.

다만, 신축주택의 양도차익에 대해서는 청산금납부분을 제외하고는 종전주택의 취득일로부터 신축주택의 양도일까지의 전체 보유기간에 대해서 장기보유특별공제가 적용되는 점이 장기보유특별공제가 적용되지 않는 조합원입주권(권리부분)과는 다소 차이가 있다.

[신축주택을 양도하는 경우 양도소득금액 계산구조(소득령 §166 ② 1, 2호 및 ⑤ 2호)]

구 분		양도차익	장기보유특별공제 보유기간 계산
청산금 납부	종전주택 부분 (ⓐ + ⓑ)	ⓐ = 관리처분인가전 양도차익1) ⓑ = 관리처분인가후 양도차익2) × $\frac{\text{권리가액}}{\text{분양가액}}$	종전주택 취득일 ~ 신축주택 양도일
	청산금 납부분	관리처분인가후 양도차익2) × $\frac{\text{청산금}}{\text{분양가액}}$	관리처분인가일 ~ 신축주택 양도일
청산금 수령	종전주택 부분 (청산금 수령외)	양도가액 − [취득가액 × $\frac{(\text{권리가액} - \text{청산금})}{\text{권리가액}}$]	종전주택 취득일 ~ 신축주택 양도일
	종전주택 부분 (청산금 수령분)	청산금수령액 − (취득가액 × $\frac{\text{청산금}}{\text{권리가액}}$)	종전주택 취득일 ~ 소유권이전고시 다음날

1) 관리처분인가전 양도차익 = 종전주택의 권리가액 − (취득가액 + 기타 필요경비)

2) 관리처분인가후 양도차익 = 신축주택의 양도가액 − (종전주택의 권리가액 + 청산금납부액 + 기타 필요경비)

2 관리처분계획인가 전 · 후 양도차익 구분계산 불필요성

앞서 살펴본 바와 같이 조합원입주권을 양도하는 경우에는 청산금 납부 또는 수령 여부와 관계없이 종전주택으로 보유한 기간 동안의 양도차익(관리처분계획인가 전 양도차익)에 대해서만 장기보유특별공제가 적용되기 때문에 양도차익을 관리처분계획인가 전 · 후로 구분하여 계산하였다.

하지만, 종전주택이 조합원입주권으로 전환되었다가 다시 주택으로 완공된 후 신축주택을 양도하는 경우로서 납부할 청산금(장기보유특별공제 적용시 관리처분계획인가일부터 보유기간 계산)이 없다면 아래의 그림에서 보듯이 해당 신축주택은 종전주택의 연장으로 보아 종전주택의 취득일부터 신축주택의 양도일까지의 전체 보유기간(조합원입주권 보유기간 포함)에서 발생한 양도차익에 대해서 장기보유특별공제가 적용되기 때문에 굳이 양도차익을 관리처분계획인가 전 · 후로 구분하여 계산할 필요가 없는 것이다.

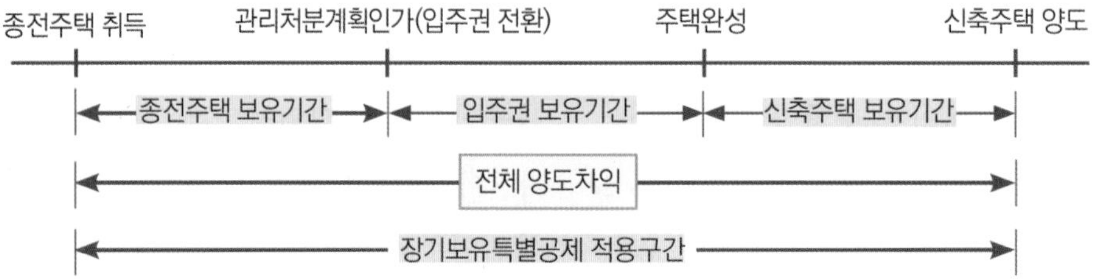

배경 및 취지

종전주택이 관리처분계획인가 후 신축주택으로 완공되기까지는 상당한 기간이 소요되는데, 재개발 · 재건축사업이 완료되어 신축주택을 양도하는 경우 조합원입주권으로 보유한 기간에 대하여 장기보유특별공제가 적용되지 않을 경우 조합원이 재개발 · 재건축사업을 기피하는 현상이 발생할 수 있으므로 공익성이 강한 재개발 · 재건축사업의 원활한 진행을 위해 세제상 지원할 필요가 있으며,

더불어 원조합원은 승계조합원과 달리 시세차익 목적으로 조합원입주권을 취득한 것이 아니라 재개발 · 재건축사업 과정에서 신축주택이 완공되기 전까지 불가피하게 조합원입주권 상태로 보유하게 되었을 뿐만 아니라, 신축주택의 경우는 조합원입주권(권리) 상태에서 양도하는 경우와는 달리 양도 당시 부동산을 양도한 것이므로 조합원입주권으로 보유한 기간에 대해서도 장기보유특별공제를 적용하는 것이 과세형평에도 부합하는 것이다.

종합 사례 청산금을 납부 또는 수령하지 않고 비과세요건을 충족한 신축주택을 양도하는 경우

- **종전주택 취득 및 신축주택 양도에 관한 자료**

구 분	내 용
1. 종전주택 취득내역	취득일 : 2011. 5. 1
	실제 취득가액 : 5억원
2. 관리처분계획인가 내역	인가일 : 2021. 7. 20.
	종전주택의 권리가액 : 10억원
3. 신축주택 양도내역	양도일 : 2025. 4. 16.
	양도가액 : 20억원
4. 기타 내용	종전주택 취득일부터 양도일까지 계속 거주하였으며, 양도 당시 다른 주택 보유하고 있지 않음
	신축주택 사용승인일 : 2025. 1. 10.

해설

구 분	관리처분계획인가 전 (종전주택)	관리처분계획인가 후 (신축주택)	합 계
양도가액	1,000,000,000	2,000,000,000	
(−) 취득가액	500,000,000	1,000,000,000	
(=) 양도차익	500,000,000	1,000,000,000	1,500,000,000
12억원 초과분 양도차익	200,000,000	400,000,000	600,000,000
(−) 장기보유특별공제	160,000,000	320,000,000	480,000,000
(=) 양도소득금액	40,000,000	80,000,000	120,000,000
(−) 양도소득기본공제			2,500,000
(=) 과세표준			117,500,000
산출세액	117,500,000 × 35% − 15,440,000		25,685,000
(+) 지방소득세	25,685,000 × 10%		2,568,500
(=) 총부담세액			28,253,500

보충 설명 및 계산 내역

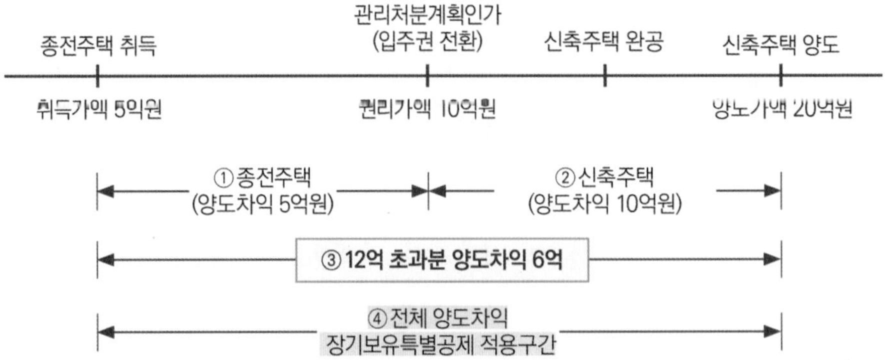

① 관리처분계획인가 전 양도차익은 종전주택의 권리가액 10억원에서 종전주택 취득가액 5억원을 차감한 5억원이다.

② 관리처분계획인가 후 양도차익은 신축주택의 양도가액 20억원에서 종전주택 권리가액 10억원을 차감한 10억원이다.

③ 1세대 1주택 비과세 고가주택 12억원 초과분에 대한 양도차익은 전체 양도차익 15억원에 20억원 중 12억원을 초과한 8억원이 전체 양도가액 20억원에서 차지하는 비율 40%를 곱한 6억원이다.

$$1{,}500{,}000{,}000 \times \frac{(2{,}000{,}000{,}000 - 1{,}200{,}000{,}000)}{2{,}000{,}000{,}000} = 600{,}000{,}000$$

④ 1세대 1주택 고가주택의 장기보유특별공제는 종전주택 취득일부터 신축주택 양도일까지의 보유기간 및 거주기간에 따른 공제율을 적용한다.

$$600{,}000{,}000 \times 80\%(\text{보유기간 } 10\text{년} \times \text{연}4\% + \text{거주기간 } 10\text{년} \times \text{연}4\%) = 480{,}000{,}000$$

※ 청산금이 없는 경우에는 종전주택 취득일부터 신축주택 양도일까지의 전체 기간에 대하여 장기보유특별공제가 적용되므로 관리처분계획인가 전후로 구분할 필요없이 아래와 같이 계산하면 보다 쉽게 양도소득금액을 산정할 수 있다.

	구 분	금 액	계산 근거
	양도가액	2,000,000,000	신축주택 양도가액
(-)	취득가액	500,000,000	종전주택 취득가액
(=)	양도차익	1,500,000,000	
	12억원 초과분 양도차익	600,000,000	1,500,000,000 × (20억원 - 12억원)/20억원
(-)	장기보유특별공제	480,000,000	600,000,000 × 80%(10년 × 4% + 10년 × 4%)
(=)	양도소득금액	120,000,000	

Ⅱ 원조합원이 청산금을 납부하고 신축주택을 양도하는 경우 양도소득금액 계산

1 기본 내용

원조합원이 청산금을 납부하고 신축주택을 양도하는 경우 신축주택의 양도차익은 청산금을 납부하고 조합원입주권을 양도하는 경우와 마찬가지로 종전주택분 양도차익과 신축주택분(청산금납부분) 양도차익으로 구분하여 계산한다(소득령 §166 ② 1호).

2 양도차익 산정방법

(1) 청산금납부분 외 양도차익(종전주택 양도차익)

청산금을 납부하고 신축주택을 양도하는 경우 종전주택의 양도차익은 아래와 같이 ① 관리처분계획인가 전 양도차익과 ② 관리처분계획인가 후 양도차익에 종전주택의 권리가액이 신축주택의 분양가액에서 차지하는 비율을 곱한 금액을 합산하여 계산한다.

이렇게 두 가지 양도차익을 합산하는 이유는 종전주택은 재개발・재건축을 통해 구(舊) 주택이 신(新) 주택으로 연장된 것에 불과하므로 관리처분계획인가 후 신축주택의 전체 양도차익 중 종전주택의 권리가액에 해당하는 비율만큼의 양도차익도 종국적으로 종전주택에서 발생한 양도차익과 동일하기 때문이다.

[종전주택분 양도차익 = ① + ②]

① 관리처분계획인가 전 양도차익(종전주택의 권리가액 − 종전주택의 취득가액 등)

② 관리처분계획인가 후 양도차익[1] × $\dfrac{\text{종전주택의 권리가액}}{\text{신축주택의 분양가액}^{2)}}$

1) 전체 양도차익 = 신축주택의 양도가액 − (종전주택의 권리가액 + 청산금납부액 + 기타 필요경비)

2) 신축주택의 분양가액 = 종전주택의 권리가액 + 청산금납부액

(2) 청산금납부분 양도차익(신축주택 양도차익)

청산금납부분의 양도차익은 아래와 같이 관리처분계획인가 후 양도차익에 청산금납부액이 신축주택의 분양가액에서 차지하는 비율을 곱하여 계산한다.

이렇게 청산금납부분 양도차익을 별도로 산정하는 이유는 순수 신축주택에 해당하는 청산금납부분 양도차익과 청산금납부분 외의 양도차익(종전주택 양도차익)에 대해서는 각각의 보유기간별 장기보유특별공제가 다르게 적용되기 때문이다.

[청산금납부분 양도차익]

• 관리처분계획인가 후 양도차익 × $\frac{\text{청산금납부액}}{\text{신축주택의 분양가액}}$

3 장기보유특별공제 산정방법

(1) 청산금납부분 외 양도차익(종전주택 양도차익)

종전주택분의 양도차익에 대해서는 "종전주택의 취득일부터 신축주택의 양도일까지"의 보유기간에 따른 공제율을 적용하여 장기보유특별공제를 계산한다.

(2) 청산금납부분 양도차익(신축주택 양도차익)

청산금납부분의 양도차익에 대해서는 "관리처분계획인가일부터 신축주택의 양도일까지"의 보유기간에 따른 공제율을 적용하여 장기보유특별공제를 계산한다.

여기서 청산금납부분의 양도차익에 대해 장기보유특별공제를 적용함에 있어 보유기간 기산일을 관리처분계획인가일부터 적용하는 이유는 청산금납부분은 종전주택의 양도차익과는 아무런 관련이 없고 관리처분계획인가일 이후 신축주택을 취득(분양)하는 과정에서 추가분담금(추가 취득원가)을 납부한 것이기 때문이다.

여기서 잠깐!

청산금을 납부하는 경우 장기보유특별공제 적용구간

납부할 청산금이 발생한 경우 관리처분계획인가 후 신축주택 완공일까지 정비사업에 소요되는 비용을 충당하기 위하여 수회에 걸쳐 납부하게 되는데, 각 회차별로 납부하는 청산금에 대하여 양도일까지 장기보유특별공제를 적용하면 계산과정이 복잡해지므로 각 회차별로 납부한 청산금을 관리처분계획인가일에 일괄 납부한 것으로 간주하여 관리처분계획인가일부터 신축주택 양도일까지의 보유기간을 적용하여 장기보유특별공제를 계산하는 것이다.

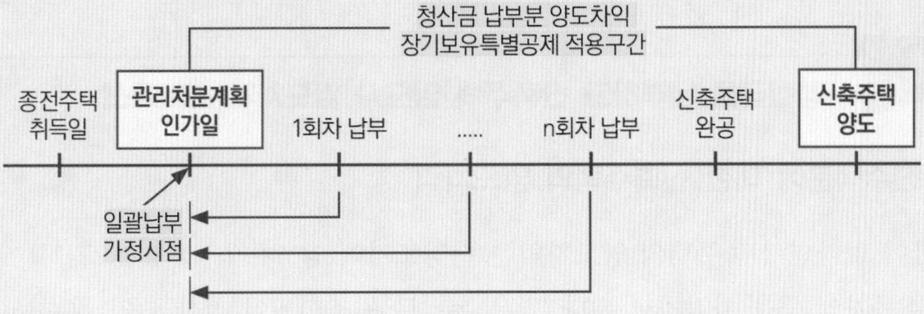

[청산금을 납부하고 신축주택을 양도하는 경우 양도소득금액 계산]

구 분	관리처분계획인가 전 (종전주택)	관리처분계획인가 후	
		청산금납부분 외(종전주택)	청산금납부분(신축주택)
양도가액	종전주택의 권리가액	양도가액 × 권리가액/분양가액	양도가액 × 청산금납부액 /분양가액
(-) 취득가액	종전주택의 취득가액	종전주택의 권리가액1)	청산금납부액2)
(-) 필요경비	종전주택의 필요경비	필요경비 × 권리가액/분양가액	필요경비 × 청산금납부액 /분양가액
(=) 양도차익	양도가액 - 취득가액 등	양도가액 - 취득가액 등	양도가액 - 취득가액 등
(-) 장기보유 특별공제	취득일 ~ 신축주택 양도일	취득일 ~ 신축주택 양도일	관리처분인가일 ~ 신축주택 양도일
(=) 양도소득 금액	양도차익 - 장기보유특별공제	양도차익 - 장기보유특별공제	양도차익 - 장기보유특별공제

1) $(\text{권리가액} + \text{청산금납부액}) \times \frac{\text{권리가액}}{(\text{권리가액} + \text{청산금납부액})} = \text{권리가액}$

2) $(\text{권리가액} + \text{청산금납부액}) \times \frac{\text{청산금납부액}}{(\text{권리가액} + \text{청산금납부액})} = \text{청산금납부액}$

관련 해석 사례

소득령 §166 ②에서 청산금납부분 양도차익과 기존건물분 양도차익으로 구분하여 계산하도록 규정하고 있고, 같은 조 ⑤에서는 청산금납부분 양도차익에서 장기보유특별공제액을 공제하는 경우의 보유기간은 관리처분계획 인가일부터 신축주택의 양도일까지 기간을 적용한다고 규정하고 있는바, 청구인이 기존주택에서는 2년 이상 거주하였으나 신축주택에서는 거주한 사실이 없는 경우 청산금납부분 양도차익에 대해서는 최대 80%의 장기보유특별공제율을 적용할 수 없다(조심 2024서0090, 2024. 3. 27).

별해 청산금을 납부하고 신축주택 양도시 양도차익 간편계산

1. 종전주택분에 대한 신축주택의 양도차익

청산금이 없다면 신축주택의 양도차익은 순양도가액(양도가액 − 기타 필요경비)에서 종전주택의 취득가액 등을 차감하면 된다. 같은 논리로 원조합원이 청산금을 납부하고 신축주택을 양도하는 경우에는 신축주택의 전체 순양도가액에서 청산금납부액에 상당하는 순양도가액(순양도가액×청산금/분양가액)을 제외하면 신축주택에 대한 종전주택의 순양도가액이 산출되고 여기에 종전주택의 취득가액 등을 차감하면 아래와 같이 종전주택분에 해당하는 신축주택의 양도차익을 보다 쉽게 도출할 수 있다.

① 인가전 양도차익 : 권리가액 − (취득가액 + 필요경비)

② 인가후 양도차익 : (양도가액 − 권리가액 − 청산금 − 필요경비) × $\frac{\text{권리가액}}{\text{권리가액} + \text{청산금}}$

= (양도가액 − 필요경비) × $\frac{\text{권리가액}}{\text{권리가액} + \text{청산금}}$ − 권리가액

③ ①과 ②를 합치면 종전주택분 양도차익은 다음과 같이 산출된다.

= (양도가액 − 필요경비) × $\frac{\text{권리가액}}{\text{권리가액} + \text{청산금}}$ − ~~권리가액~~ + ~~권리가액~~ − (취득가액 + 필요경비)

= (양도가액 − 필요경비) × $\frac{\text{권리가액}}{\text{권리가액} + \text{청산금}}$ − (취득가액 + 필요경비)

2. 신축주택에 대한 청산금납부분 양도차익

청산금납부액은 종전주택이 조합원입주권으로 전환된 후 신축주택을 취득하는 과정에서 발생한 추가 분담금이다. 따라서 신축주택의 순양도가액에는 종전주택의 기여분과 청산금납부액의 기여분이 혼재되어 있으므로 신축주택의 전체 순양도가액에 청산금납부액이 신축주택의 분양가액에서 차지하는 비율을 곱하면 청산금납부액에 대한 순양도가액이 산출되고 여기에 취득가액인 청산금납부액을 차감하면 아래와 같이 신축주택에 대한 청산금납부분 양도차익을 보다 쉽게 도출할 수 있다.

- 인가후 양도차익 : $(\text{양도가액} - \text{권리가액} - \text{청산금} - \text{필요경비}) \times \dfrac{\text{청산금}}{\text{권리가액} + \text{청산금}}$

$$= (\text{양도가액} - \text{필요경비}) \times \frac{\text{청산금}}{\text{권리가액} + \text{청산금}} - \text{청산금}$$

[청산금을 납부하는 경우 종전주택분 양도차익과 청산금납부분 양도차익의 도출과정(예시)]

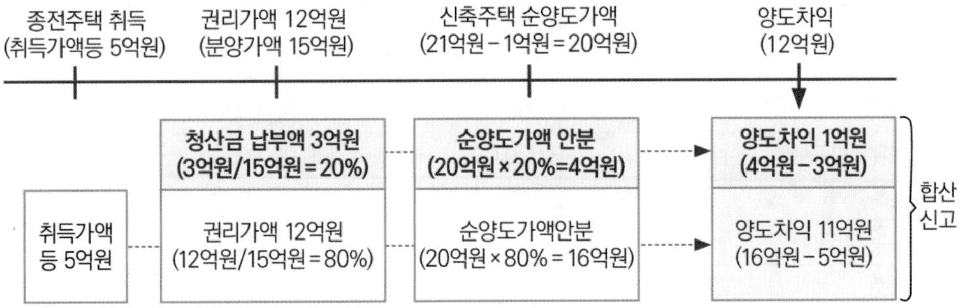

▪ 전체 양도차익 = 21억원(양도가액) - 8억원(취득가액 + 청산금납부액) - 1억원(필요경비) = 12억원

→ 해당 적용사례와 [청산금을 수령하는 경우 종전주택분 양도차익과 청산금수령분 양도차익의 도출과정(예시)]을 비교하여 학습하기 바란다. ☞ P. 467 참조

종합 사례 1 청산금을 납부하고 신축주택을 양도하는 경우

• **종전주택 취득 및 신축주택 양도에 관한 자료**

구 분	내 용
1. 종전주택 취득내역	취득일 : 2010. 5. 15.
	실제 취득가액 : 5억원
2. 관리처분계획인가 내역	인가일 : 2020. 7. 20.
	종전주택의 권리가액 : 12억원
	신축주택의 분양가액 : 15억원
	납부할 청산금 : 3억원
3. 신축주택 양도내역	양도일 : 2025. 6. 25.
	양도가액 : 20억원
4. 기타 내용	신축주택 사용승인일 : 2025. 1. 10.
	양도주택 외 2주택 보유

해설

구 분	청산금납부분	청산금납부분 외	합 계
양도가액	400,000,000[1]	1,600,000,000[2]	2,000,000,000
(−) 취득가액	300,000,000	500,000,000	800,000,000
(=) 양도차익	100,000,000	1,100,000,000	1,200,000,000
(−) 장기보유특별공제	8,000,000	330,000,000	338,000,000
(=) 양도소득금액	92,000,000	770,000,000	862,000,000
(−) 양도소득기본공제			2,500,000
(=) 과세표준			859,500,000
산출세액	859,500,000 × 42% − 35,940,000		325,050,000
(+) 지방소득세	325,050,000 × 10%		32,505,000
(=) 총부담세액			357,555,000

1) $2,000,000,000 \times \frac{3억원}{15억원} = 400,000,000$

2) $2,000,000,000 \times \frac{12억원}{15억원} = 1,600,000,000$

보충 설명 및 계산 내역

1. 양도소득금액의 계산

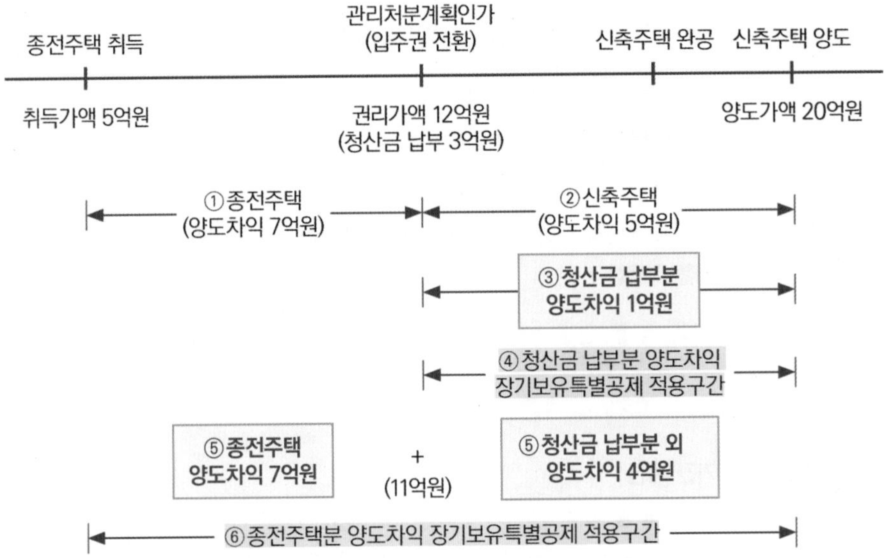

① 종전주택 양도차익은 종전주택의 권리가액 12억원에서 종전주택의 취득가액 5억원을 차감한 7억원이다.

② 신축주택 양도차익은 신축주택의 양도가액 20억원에서 종전주택의 권리가액 12억원과 청산금납부액 3억원을 차감한 5억원이다.

③ 청산금납부분 양도차익은 관리처분계획인가 후 양도차익 5억원에 청산금납부액 3억원이 분양가액 15억원에 차지하는 비율 20%를 곱한 1억원이다.

$$500{,}000{,}000 \times \frac{300{,}000{,}000}{(1{,}200{,}000{,}000 + 300{,}000{,}000)} = 100{,}000{,}000$$

※ 청산금납부분 양도차익 : 4억원(양도가액) - 3억원(취득가액) = 1억원

- 양도가액 : $20억원 \times \frac{3억원}{15억원} = 4억원$
- 취득가액 : 청산금납부액 = 3억원

④ 청산금납부액은 관리처분계획인가일에 모두 납부하였다고 보아 청산금납부분 양도차익 1억원에 대하여는 관리처분계획인가일로부터 신축주택 양도일까지 기간에 대하여 장기보유특별공제를 적용한다.

$$100{,}000{,}000 \times 8\%(보유기간\ 4년 \times 연2\%) = 8{,}000{,}000$$

⑤ 종전주택분 양도차익은 관리처분계획인가 후 양도차익 5억원에 권리가액 12억원이 분양가액 15억원에서 차지하는 비율 80%를 곱한 4억원과 관리처분계획인가 전 양도차익 7억원을 합산한 11억원이다.

$$500,000,000 \times \frac{1,200,000,000}{(1,200,000,000+300,000,000)} + 700,000,000 = 1,100,000,000$$

※ 종전주택분 양도차익 : 16억원(양도가액) - 5억원(취득가액) = 11억원

- 양도가액 : $20억원 \times \frac{12억원}{15억원} = 16억원$
- 취득가액 : 종전주택 취득가액 = 5억원

⑥ 종전주택분 양도차익 11억원에 대하여는 종전주택 취득일부터 신축주택 양도일까지의 전체 보유기간에 대하여 장기보유특별공제를 적용한다.

1,100,000,000 × 30%(보유기간15년 × 2%) = 330,000,000

2. 세율 적용시 보유기간 계산

청산금을 납부하고 신축주택을 양도하는 경우 세율 적용시 보유기간 계산은 종전주택분과 청산금납부분을 구분하지 않고 종전주택의 취득일부터 신축주택의 양도일까지로 한다. 따라서 보유기간이 2년 이상이므로 기본세율을 적용한다.

종합 사례 2 청산금을 납부하고 비과세대상 고가주택을 양도하는 경우

• **종전주택 취득 및 신축주택 양도에 관한 자료**

구 분	내 용
1. 종전주택 취득내역	취득일 : 2011. 3. 20.
	실지 취득가액 : 7억원
	취득세 등 기타 필요경비 : 2천만원
2. 관리처분계획인가 내역	인가일 : 2019. 4. 15.
	종전주택의 권리가액 : 17.5억원
	신축주택의 분양가액 : 25억원
	납부할 청산금 : 7.5억원
3. 신축주택 양도내역	양도일 : 2025. 6. 10.
	양도가액 : 30억원
	기타 필요경비 : 5천만원
4. 기타 내용	양도주택외 다른 주택은 없으며 종전주택에서는 7년 4개월 거주하였으나, 신축주택에서는 거주하지 않음

해설

구 분	청산금납부분	청산금납부분 외	합 계
양도가액	900,000,000	2,100,000,000	3,000,000,000
(−) 취득가액	750,000,000	700,000,000	1,450,000,000
(−) 기타필요경비	15,000,000	55,000,000	70,000,000
(=) 양도차익	135,000,000	1,345,000,000	1,480,000,000
12억원 초과분 양도차익	81,000,000	807,000,000	888,000,000
(−) 장기보유특별공제	9,720,000	548,760,000	558,480,000
(=) 양도소득금액	71,280,000	258,240,000	329,520,000
(−) 양도소득기본공제			2,500,000
(=) 과세표준			327,020,000
산출세액	327,020,000 × 40% − 25,940,000		104,868,000
(+) 지방소득세	104,868,000 × 10%		10,486,800
(=) 총부담세액			115,354,800

보충 설명 및 계산 내역

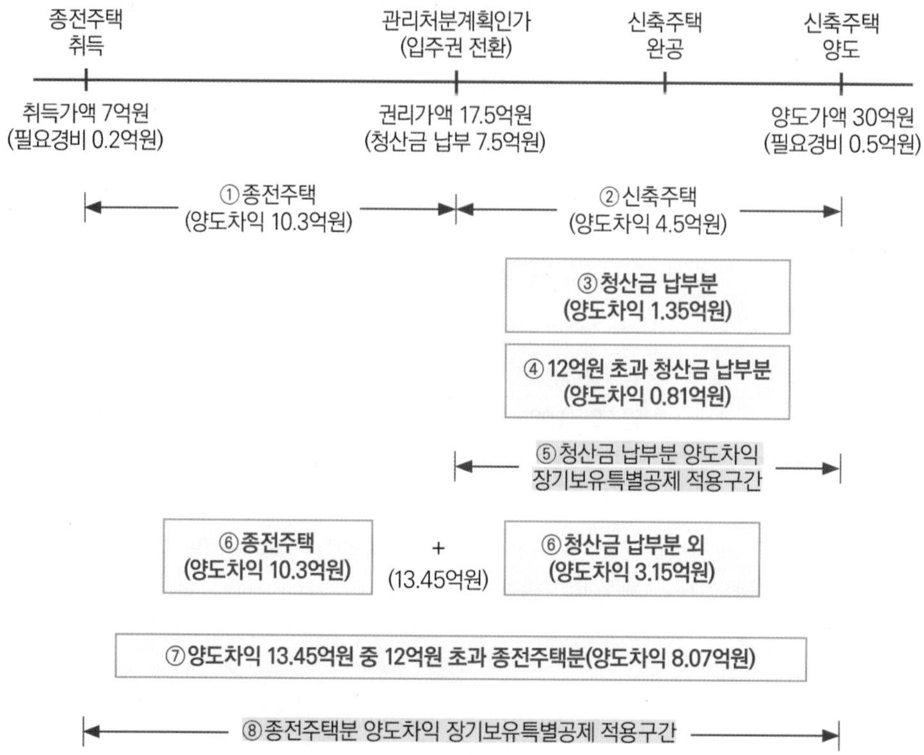

① 종전주택 양도차익은 종전주택의 권리가액 17.5억원에서 종전주택의 취득가액 7억원과 필요경비 0.2억원을 차감한 10.3억원이다.

② 신축주택 양도차익은 신축주택의 양도가액 30억원에서 종전주택의 권리가액 17.5억원, 청산금납부액 7.5억원 및 신축주택의 필요경비 0.5억원을 차감한 4.5억원이다.

③ 청산금납부분 양도차익은 관리처분계획인가 후 양도차익 4.5억원에 청산금납부액 7.5억원이 분양가액 25억원에서 차지하는 비율 30%를 곱한 1.35억원이다.

$$450{,}000{,}000 \times \frac{750{,}000{,}000}{(1{,}750{,}000{,}000 + 750{,}000{,}000)} = 135{,}000{,}000$$

※ 청산금납부분 양도차익 : 9억원(양도가액) − 7.5억원(취득가액) − 0.15억원(필요경비) = 1.35억원

- 양도가액 : $30\text{억원} \times \frac{7.5\text{억원}}{25\text{억원}} = 9\text{억원}$
- 취득가액 : 청산금납부액 = 7.5억원
- 기타 필요경비 : $0.5\text{억원} \times \frac{7.5\text{억원}}{25\text{억원}} = 0.15\text{억원}$

④ 1세대 1주택 비과세 고가주택 12억원 초과분에 대한 청산금납부액 양도차익은 전체 양도차익 1.35억원에 전체 양도가액 30억원 중 12억원을 초과한 18억원이 전체 양도가액 30억원에서 차지하는 비율 60%를 곱한 0.81억원이다.

$$135,000,000 \times \frac{(3,000,000,000 - 1,200,000,000)}{3,000,000,000} = 81,000,000$$

⑤ 청산금납부액에 대한 1세대 1주택 고가주택의 양도차익 0.81억원에 대해서는 관리처분계획인가일로부터 신축주택 양도일까지 기간에 대하여 장기보유특별공제를 적용하되 종전주택에서는 2년 이상 거주하였으나, 신축주택에서 2년 이상 거주하지 않았으므로 최대 30%를 한도로 장기보유특별공제를 적용한다.

81,000,000 × 12%(보유기간 6년 × 2%) = 9,720,000

⑥ 종전주택분 양도차익은 관리처분계획인가 후 양도차익 4.5억원에 권리가액 17.5억원이 분양가액 25억원에서 차지하는 비율 70%를 곱한 3.15억원과 관리처분계획인가 전 양도차익 10.3억원을 합산한 13.45억원이다.

$$450,000,000 \times \frac{1,750,000,000}{(1,750,000,000 + 750,000,000)} + 1,030,000,000 = 1,345,000,000$$

※ 종전주택분 양도차익 : 21억원(양도가액) – 7억원(취득가액) – 0.55억원(필요경비) = 13.45억원

- 양도가액 : 30억원 × $\frac{17.5억원}{25억원}$ = 21억원
- 취득가액 : 종전주택 취득가액 = 7억원
- 기타 필요경비 : [0.5억원 × $\frac{17.5억원}{25억원}$ = 0.35억원(신축주택)] + 0.2억원(종전주택) = 0.55억원

⑦ 1세대 1주택 비과세 고가주택 12억원 초과분에 대한 종전주택분 양도차익은 전체 양도차익 13.45억원에 양도가액 30억원 중 12억원을 초과한 18억원이 양도가액 30억원에서 차지하는 비율 60%를 곱한 8.07억원이다.

$$1,345,000,000 \times \frac{(3,000,000,000 - 1,200,000,000)}{3,000,000,000} = 807,000,000$$

⑧ 종전주택에 대한 1세대 1주택 고가주택의 양도차익 8.07억원에 대하여는 종전주택 취득일부터 신축주택 양도일까지의 보유기간과 거주기간으로 구분하여 최대 80%를 한도로 장기보유특별공제를 적용한다.

807,000,000 × 68%(보유기간 10년* × 4% + 거주기간 7년 × 4%) = 548,760,000

* 보유기간은 14년 보유했으나, 최대 공제한도는 40%이므로 10년 적용

Ⅲ 원조합원이 청산금을 수령하고 신축주택을 양도하는 경우 양도소득금액 계산

1 기본 내용

청산금을 수령하고 신축주택을 양도하는 경우의 양도차익 계산은 청산금을 수령하고 조합원입주권을 양도하는 경우의 양도차익(P. 439 표 참조)과 동일한 방법으로 계산한다(소득령 §166 ② 2호).

2 양도차익 산정방법

(1) 관리처분계획인가 전 양도차익(종전주택 양도차익)

1) 청산금수령분 외 양도차익

청산금수령분 외의 양도차익은 아래와 같이 관리처분계획인가 전 양도차익에 종전주택의 권리가액에서 청산금수령액을 차감한 가액이 종전주택의 권리가액에서 차지하는 비율을 곱하여 계산한다.

$$\text{• 관리처분계획인가 전 양도차익} \times \frac{\text{종전주택의 권리가액} - \text{청산금수령액}}{\text{종전주택의 권리가액}}$$

2) 청산금수령분 양도차익

청산금수령분의 양도차익은 아래와 같이 관리처분계획인가 전 양도차익에 청산금수령액이 종전주택의 권리가액에서 차지하는 비율을 곱하여 계산한다.

$$\text{• 관리처분계획인가 전 양도차익} \times \frac{\text{청산금수령액}}{\text{종전주택의 권리가액}}$$

(2) 관리처분계획인가 후 양도차익(신축주택 양도차익)

관리처분계획인가 후 양도차익은 신축주택의 양도가액에서 신축주택의 분양가액 및 기타 필요경비를 차감하여 아래와 같이 계산한다.

[관리처분계획인가 후 양도차익]

• 신축주택의 양도가액 - (신축주택의 분양가액 + 기타 필요경비)
= 신축주택의 양도가액 - (종전주택의 권리가액 - 청산금수령액 + 기타 필요경비)

3 장기보유특별공제 산정방법

(1) 관리처분계획인가 전 청산금수령분 외 양도차익(종전주택 양도차익)

청산금수령분 외의 양도차익에 대해서는 "종전주택의 취득일부터 신축주택의 양도일까지"의 보유기간에 따른 공제율을 적용하여 장기보유특별공제를 계산한다.

(2) 관리처분계획인가 전 청산금수령분 양도차익(종전주택 양도차익)

청산금수령분의 양도차익에 대해서는 "종전주택의 취득일부터 소유권이전고시일의 다음날까지"의 보유기간에 따른 공제율을 적용하여 장기보유특별공제를 계산한다.

(3) 관리처분계획인가 후 신축주택 양도차익

신축주택의 양도차익에 대해서는 "종전주택의 취득일부터 신축주택의 양도일까지"의 보유기간에 따른 공제율을 적용하여 장기보유특별공제를 계산한다. 여기서 눈여겨 볼 사항은 관리처분계획인가 전 청산금수령분 외의 양도차익 및 인가 후 신축주택의 양도차익에 대한 장기보유특별공제율 적용시 보유기간을 산정하는 방법이 동일하다는 점을 알 수 있는데, 이에 대해서는 뒤에서 살펴 볼 "별해"의 내용을 참고하기 바란다.

[청산금을 수령하고 신축주택을 양도하는 경우 양도소득금액 계산]

구 분	관리처분계획인가 전(종전주택)		관리처분계획인가 후 (신축주택)
	청산금수령분	청산금수령분 외	
양도가액	권리가액 × 청산금/권리가액 = 청산금수령액	권리가액 × (권리가액 - 청산금) /권리가액	신축주택의 양도가액
(-) 취득가액	취득가액 × 청산금/권리가액	취득가액 × (권리가액 - 청산금) /권리가액	권리가액 - 청산금수령액
(-) 필요경비	필요경비 × 청산금/권리가액	필요경비 × (권리가액 - 청산금) /권리가액	신축주택의 필요경비
(=) 양도차익	양도가액 - 취득가액 등	양도가액 - 취득가액 등	양도가액 - 취득가액 등
(-) 장기보유특별공제	취득일 ~ 소유권이전고시일 다음날	취득일 ~ 신축주택 양도일	취득일 ~ 신축주택 양도일
(=) 양도소득금액	양도차익 - 장기보유특별공제	양도차익 - 장기보유특별공제	양도차익 - 장기보유특별공제

별해 청산금을 수령하고 신축주택 양도시 양도차익 간편계산

1. 청산금수령분 외 양도차익(종전주택에 대한 신축주택의 양도차익)

원조합원이 청산금을 수령하고 신축주택을 양도하는 경우에는 종전주택이 신축주택으로 전환된 것에 불과하므로 종전주택을 양도한 것이나 다름없다. 이 경우 청산금수령액은 별도로 신고하므로 종전주택의 취득원가에서 청산금수령액에 상당하는 취득원가(종전주택의 취득원가×청산금/권리가액)를 제외하면 신축주택의 양도가액에 대응하는 종전주택의 취득원가가 자연스럽게 산출되므로 일반적인 양도소득세 계산과정과 동일하다는 것을 알 수 있다.

결국, 신축주택을 양도하여 양도소득세를 계산할 때 장기보유특별공제율 및 세율 적용을 위한 보유기간의 산정은 종전주택의 취득일부터 신축주택의 양도일까지로 적용되므로 굳이 양도차익을 관리처분계획인가 전·후로 구분하여 복잡하게 계산하지 않고도 아래와 같이 계산하면 청산금수령분을 제외한 종전주택분에 해당하는 신축주택의 양도차익을 보다 쉽게 도출할 수 있다.

① 인가 전 양도차익(청산금수령분 외 종전주택의 양도차익)

$$= (\text{권리가액} - \text{취득가액}) \times \frac{(\text{권리가액} - \text{청산금})}{\text{권리가액}}$$

$$= \text{권리가액} - \text{청산금} - \left[\text{취득가액} \times \frac{(\text{권리가액} - \text{청산금})}{\text{권리가액}} \right]$$

② 인가 후 양도차익(청산금수령분 외 신축주택의 양도차익)

$$= \text{양도가액} - (\text{권리가액} - \text{청산금})$$

③ ①과 ②를 합치면 청산금수령분을 제외한 종전주택분 양도차익은 다음과 같이 산출된다.

$$= \text{양도가액} - \cancel{\text{권리가액}} + \cancel{\text{청산금}} + \cancel{\text{권리가액}} - \cancel{\text{청산금}} - \left[\text{취득가액} \times \frac{(\text{권리가액} - \text{청산금})}{\text{권리가액}} \right]$$

$$= \text{양도가액} - \left[\text{취득가액} \times \frac{(\text{권리가액} - \text{청산금})}{\text{권리가액}} \right]$$

※ 필요경비는 없는 것으로 가정

2. 청산금수령분 양도차익(종전주택 양도차익)

청산금수령분의 양도차익은 청산금을 수령하고 조합원입주권을 양도하는 경우의 양도차익과 동일하게 계산한다.

- $\text{청산금수령액} - \left(\text{종전주택의 취득가액} \times \frac{\text{청산금}}{\text{권리가액}} \right) = \text{인가전 양도차익} \times \frac{\text{청산금}}{\text{권리가액}}$

[종전주택분 양도차익과 청산금수령분 양도차익의 도출과정(예시)]

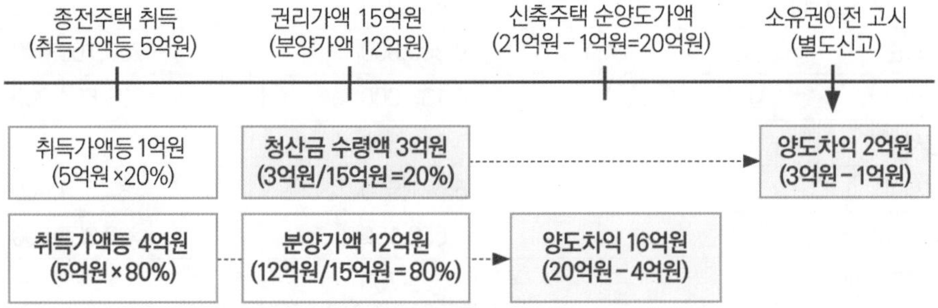

▪ 전체 양도차익 = 24억원(양도가액 + 청산금수령액) - 5억원(취득가액등) - 1억원(필요경비) =18억원

종합 사례 1 원조합원이 청산금을 수령하고 신축주택을 양도하는 경우

- **종전주택 취득 및 신축주택 양도에 관한 자료**

구 분	내 용
1. 종전주택 취득내역	취득일 : 2011. 4. 15.
	실지 취득가액 : 5억원
	취득세 등 기타 필요경비 : 2천만원
2. 관리처분계획인가 내역	인가일 : 2019. 3. 15(사업시행인가일 : 2018. 1. 20.)
	종전주택의 권리가액 : 8억원
	신축주택의 분양가액 : 6억원
	수령할 청산금 : 2억원
3. 신축주택 양도내역	양도일 : 2025. 7. 25.
	양도가액 : 15억원
	기타 필요경비 : 5천만원
4. 기타 내용	소유권이전고시일 : 2024. 11. 15.
	청산금수령액 및 양도주택은 모두 과세대상에 해당함

해설

구 분	청산금수령분(별도신고)	청산금수령분 외
양도가액	200,000,000	1,500,000,000
(−) 취득가액	125,000,000	375,000,000
(−) 기타필요경비	5,000,000	65,000,000
(=) 양도차익	70,000,000	1,060,000,000
(−) 장기보유특별공제	18,200,000	296,800,000
(=) 양도소득금액	51,800,000	763,200,000
(−) 양도소득기본공제	2,500,000	2,500,000
(=) 과세표준	49,300,000	760,700,000
산출세액	6,135,000	283,554,000
(−) 감면세액	613,500	−
(=) 결정세액	5,521,500	283,554,000
(+) 지방소득세	552,150	28,355,400
(+) 농어촌특별세	122,700	−
(=) 총부담세액	6,196,350	311,909,400

보충 설명 및 계산 내역

1. 양도소득금액의 계산

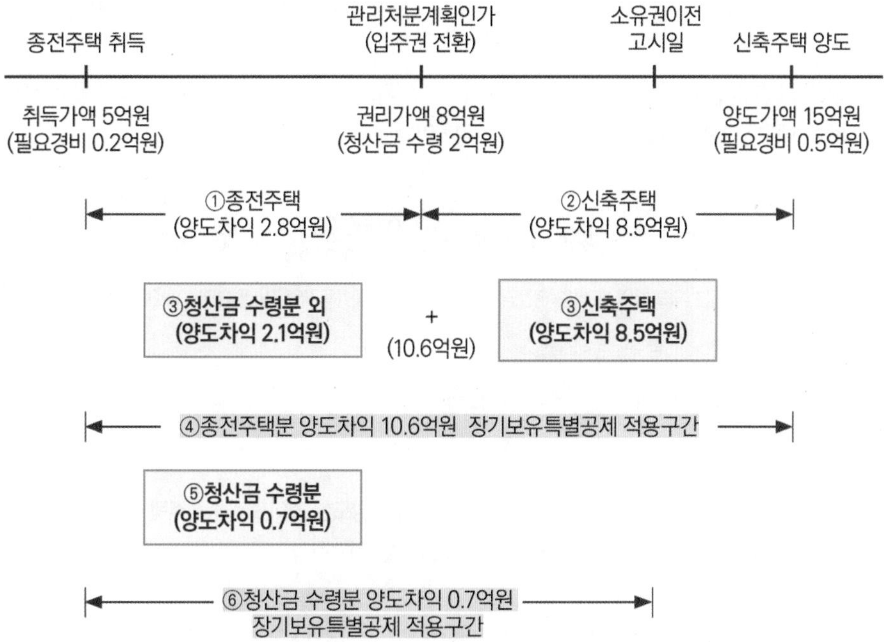

① 청산금을 수령한 경우 종전주택의 전체 양도차익은 종전주택의 권리가액 8억원에서 종전주택의 취득가액 5억원과 필요경비 0.2억원을 차감한 2.8억원이다.

② 신축주택 양도차익은 신축주택의 양도가액 15억원에서 신축주택의 분양가액 6억원과 필요경비 0.5억원을 차감한 8.5억원이다.

③ 종전주택분 양도차익은 관리처분계획인가 전 양도차익 2.8억원에 청산금수령액 2억원을 제외한 분양가액 6억원이 권리가액 8억원에서 차지하는 비율 75%를 곱한 2.1억원과 관리처분계획인가 후 양도차익 8.5억원을 합산한 10.6억원이다.

$$280{,}000{,}000 \times \frac{(800{,}000{,}000 - 200{,}000{,}000)}{800{,}000{,}000} + 850{,}000{,}000 = 1{,}060{,}000{,}000$$

※ 종전주택분 양도차익 : 15억원(양도가액) - 3.9억원(취득가액등) - 0.5억원(양도비용) = 10.6억원

- 양도가액 : 신축주택 양도가액 = 15억원
- 취득가액 : 5.2억원 × $\frac{6억원}{8억원}$ = 3.9억원
- 기타 필요경비 : 양도비용 = 0.5억원

④ 종전주택 양도차익 10.6억원에 대해서는 종전주택 취득일부터 신축주택 양도일까지의 기간에 대하여 장기보유특별공제를 적용한다.

$$1,060,000,000 \times 28\%(\text{보유기간 } 14\text{년} \times 2\%) = 296,800,000$$

⑤ 청산금수령분의 종전주택 양도차익은 관리처분계획인가 전 양도차익 2.8억원에 청산금수령분 2억원이 권리가액 8억원에 차지하는 비율 25%를 곱한 0.7억원이다.

$$280,000,000 \times \frac{200,000,000}{800,000,000} = 70,000,000$$

※ 청산금수령분 양도차익 : 2억원(청산금수령액) - 1.3억원(취득가액 및 필요경비) = 0.7억원

- 양도가액 : 청산금수령액 = 2억원
- 취득가액 : $5.2\text{억원} \times \frac{2\text{억원}}{8\text{억원}} = 1.3\text{억원}$

⑥ 청산금수령분 양도차익 0.7억원은 종전주택을 취득하여 양도한 것이므로 종전주택 취득일부터 소유권이전고시일의 다음날까지의 기간에 대하여 장기보유특별공제를 적용한다.

$$70,000,000\text{원} \times 26\%(\text{보유기간 } 13\text{년} \times \text{연}2\%) = 18,200,000$$

2. 세액계산 등

(1) 청산금수령분

① 산출세액 : 49,300,000 × 15% - 1,260,000(누진공제) = 6,135,000

② 감면세액 : 6,135,000 × 10% = 613,500

③ 농어촌특별세 : 613,500 × 20% = 122,700

④ 양도소득세 신고 : 소유권이전고시일(2024. 11. 15.)의 다음날의 말일로부터 2개월 이내(2025. 1. 31.까지) 양도소득세를 신고해야 한다.

(2) 종전주택분 산출세액

760,700,000 × 42% - 35,940,000(누진공제) = 283,554,000

종합 사례 2 원조합원이 청산금을 수령하고 비과세대상 고가주택을 양도하는 경우

• 종전주택 취득 및 신축주택 양도에 관한 자료

구 분	내 용
1. 종전주택 취득내역	취득일 : 2014. 3. 25.
	실지 취득가액 : 9억원
2. 관리처분계획인가 내역	인가일 : 2019. 6. 15(사업시행인가일 : 2017. 11. 5.)
	종전주택의 권리가액 : 15억원
	신축주택의 분양가액 : 12억원
	수령할 청산금 : 3억원
3. 신축주택 양도내역	양도일 : 2025. 3. 15.
	양도가액 : 20억원
4. 기타 내용	소유권이전고시일 : 2024. 4. 10.
	청산금수령액 및 양도주택은 비과세 대상이며 종전주택 취득일부터 인가일까지 계속 거주 하였으나, 신축주택에서는 거주하지 않음

해설

구 분	청산금수령분(별도신고)	청산금수령분 외
양도가액	300,000,000	2,000,000,000
(−) 취득가액	180,000,000	720,000,000
(=) 양도차익	120,000,000	1,280,000,000
12억원 초과분 양도차익	24,000,000	512,000,000
(−) 장기보유특별공제	14,400,000	307,200,000
(=) 양도소득금액	9,600,000	204,800,000
(−) 양도소득기본공제	2,500,000	2,500,000
(=) 과세표준	7,100,000	202,300,000
산출세액	426,000	56,934,000
(−) 감면세액	42,600	−
(=) 결정세액	383,400	56,934,000
(+) 지방소득세	38,340	5,693,400
(+) 농어촌특별세	8,520	−
(=) 총부담세액	430,260	62,627,400

보충 설명 및 계산 내역

1. 양도소득금액의 계산

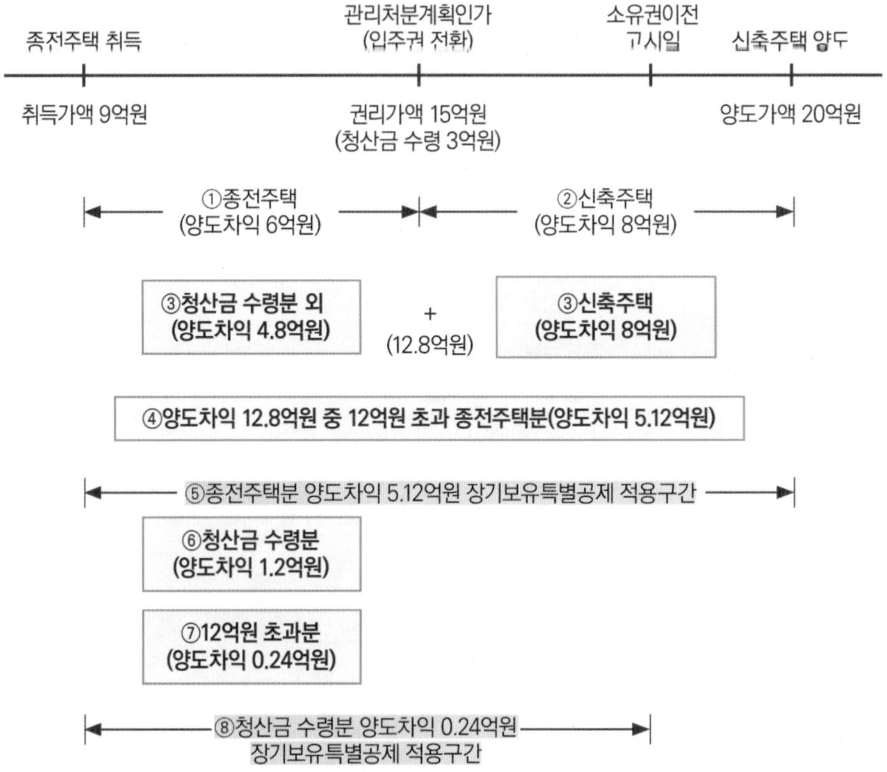

① 청산금을 수령한 경우 종전주택의 전체 양도차익은 종전주택의 권리가액 15억원에서 종전주택의 취득가액 9억원을 차감한 6억원이다.

② 신축주택 양도차익은 신축주택의 양도가액 20억원에서 신축주택의 분양가액 12억원을 차감한 8억원이다.

③ 종전주택분 양도차익은 관리처분계획인가 전 양도차익 6억원에 청산금수령액 3억원을 제외한 분양가액 12억원이 권리가액 15억원에서 차지하는 비율 80%를 곱한 4.8억원과 관리처분계획인가 후 양도차익 8억원을 합산한 12.8억원이다.

$$600,000,000 \times \frac{(1,500,000,000 - 300,000,000)}{1,500,000,000} + 800,000,000 = 1,280,000,000$$

※ 종전주택분 양도차익 : 20억원(양도가액) - 7.2억원(취득가액) = 12.8억원

- 양도가액 : 신축주택 양도가액 = 20억원
- 취득가액 : 9억원 × $\frac{12억원}{15억원}$ = 7.2억원

④ 1세대 1주택 비과세 고가주택 12억원 초과분에 대한 종전주택분 양도차익은 전체 양도차익 12.8억원에 양도가액 20억원 중 12억원을 초과한 8억원이 양도가액 20억원에서 차지하는 비율 40%를 곱한 5.12억원이다.

$$1,280,000,000 \times \frac{(2,000,000,000 - 1,200,000,000)}{2,000,000,000} = 512,000,000$$

⑤ 종전주택에 대한 1세대 1주택 고가주택의 양도차익 5.12억원에 대하여는 종전주택 취득일부터 신축주택 양도일까지의 보유기간과 거주기간으로 구분하여 장기보유특별공제를 적용한다.

512,000,000 × 60%(보유기간 10년 × 4% + 거주기간 5년 × 4%) = 307,200,000

⑥ 청산금수령분의 종전주택 양도차익은 관리처분계획인가 전 양도차익 6억원에 청산금수령분 3억원이 권리가액 15억원에 차지하는 비율 20%를 곱한 1.2억원이다.

$$600,000,000 \times \frac{300,000,000}{1,500,000,000} = 120,000,000$$

※ 청산금수령분 양도차익 : 3억원(청산금수령액) - 1.8억원(취득가액) = 1.2억원

- 양도가액 : 청산금수령액 = 3억원
- 취득가액 : 9억원 × $\frac{3억원}{15억원}$ = 1.8억원

⑦ 1세대 1주택 비과세 고가주택 12억원 초과분에 대한 청산금수령분 양도차익은 전체 양도차익 1.2억원에 권리가액 15억원 중 12억원을 초과한 3억원이 권리가액 15억원에서 차지하는 비율 20%를 곱한 0.24억원이다.

$$120,000,000 \times \frac{(1,500,000,000 - 1,200,000,000)}{1,500,000,000} = 24,000,000$$

⑧ 청산금수령분 양도차익 0.24억원은 종전주택을 취득하여 양도한 것이므로 종전주택 취득일부터 소유권이전고시일의 다음날까지의 기간에 대하여 장기보유특별공제를 적용한다.

24,000,000 × 60%(보유기간 10년 × 4% + 거주기간 5년 × 4%) = 14,400,000

2. 세액계산 등

(1) 청산금수령분

① 산출세액 : 7,100,000 × 6% = 426,000

② 감면세액 : 426,000 × 10% = 42,600

③ 농어촌특별세 : 42,600 × 20% = 8,520

④ 양도소득세 신고 : 소유권이전고시일(2024. 4. 10.)의 다음날의 말일로부터 2개월 이내(2024. 6. 30.까지) 양도소득세를 신고해야 한다.

(2) 종전주택분 산출세액

202,300,000 × 38% − 19,940,000(누진공제) = 56,934,000

Chapter

5 조합원입주권 관련 기타 주요 내용

I 승계조합원의 양도소득세 등 적용방법

1 조합원의 성격을 구분하는 이유

원조합원은 조합설립 당시의 조합원을 말하고 승계조합원은 원조합원으로부터 권리와 의무를 승계한 조합원을 말한다. 양도소득세에서 원조합원과 승계조합원을 구분하는 기준은 관리처분계획인가일 전·후인데, 관리처분계획인가일 전에 조합원입주권을 취득하면 원조합원에 해당하고 관리처분계획인가일 후에 조합원입주권을 취득한 경우에는 승계조합원에 해당한다.

이렇게 조합원의 성격을 구분하는 이유는 1세대 1주택 비과세 적용과 장기보유특별공제액의 계산 및 세율 등을 적용함에 있어 "보유기간"이 각각 다르게 적용되기 때문이다.

2 승계 취득한 조합원입주권 양도시 비과세 여부

승계조합원이 원조합원으로부터 승계 취득(매매, 상속, 증여 등)한 조합원입주권을 보유하고 있는 경우에는 다른 주택의 비과세 및 중과대상 여부 판단시 주택 수에 포함되는 것은 원조합원이나 승계조합원이 동일하게 적용되나, 해당 조합원입주권이 주택으로 완공되기 전 권리 상태에서 양도하는 경우에는 "부동산을 취득할 수 있는 권리"에 해당하므로 원조합원의 경우처럼 1세대 1주택 비과세 특례를 적용받을 수 없다.

따라서, 승계조합원이 승계 취득한 조합원입주권을 양도하거나 조합원입주권에서 전환된 신축주택을 양도하는 경우에는 원조합원과는 달리 관리처분계획인가 전·후로 구분하여 양도차익을 계산할 필요가 없는 것이다.

3 신축주택으로 전환된 주택을 양도하는 경우 보유기간 등 산정방법

(1) 보유기간 기산일

승계조합원이 취득한 조합원입주권이 신축주택으로 완성된 후, 해당 신축주택을 양도하는 경우 그 신축주택의 취득시기는 사용승인일(사용승인일 전에 사실상 사용하거나 임시사용승인을 받은 경우에는 그 사실상의 사용일 또는 임시사용승인을 받은 날 중 빠른 날)부터 기산하여 신축주택의 보유기간을 계산한다(소득령 §162 ① 4호).

따라서, 2년 이상 보유요건 등 충족 여부나 장기보유특별공제 계산시 보유기간은 신축주택의 사용승인일부터 양도일까지의 기간에 대해서만 적용한다.

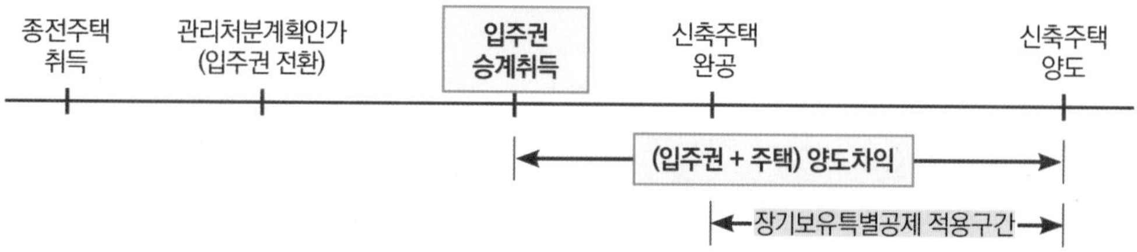

(2) 신축주택 양도시 조합원 유형별 세율 및 거주요건 적용 판단시점

1) 세율 적용시

승계조합원이 취득한 조합원입주권이 주택으로 완성된 경우에는 권리부분인 조합원입주권의 보유한 기간은 세율 적용시 보유기간에 포함되지 않으므로 사용승인일 이후 2년 미만 보유하다 신축주택을 양도하는 경우에는 60%~70%의 단기세율이 적용된다. 이와 달리 원조합원이 신축주택을 2년 미만 보유하다 양도하는 경우에는 종전주택 취득일부터 보유기간을 계산하므로 기본세율 또는 비과세를 적용받을 수 있다.

[승계조합원이 신축주택을 1년 이내 양도하는 경우 – 단기세율 70% 적용]

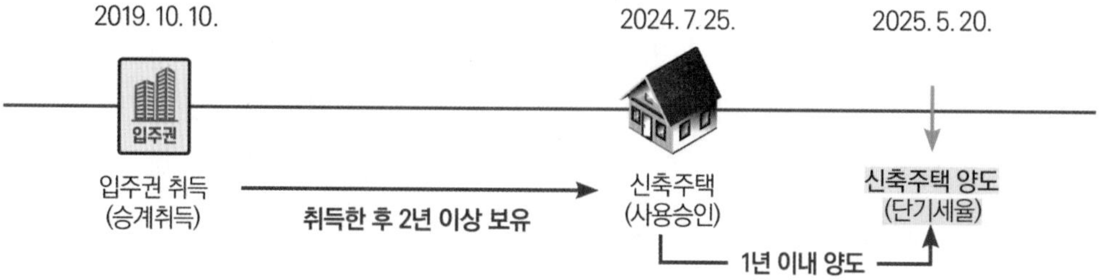

[원조합원이 신축주택을 1년 이내 양도하는 경우 - 기본세율 또는 비과세 적용]

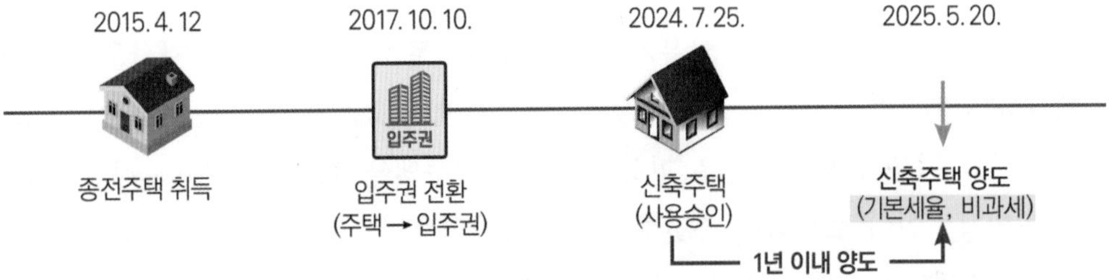

2) 거주요건 적용시

승계조합원이 취득한 조합원입주권이 주택으로 완성된 후 신축주택을 양도하는 경우 주택의 취득시기는 사용승인일이 되며, 이 시기에 해당 주택이 조정대상지역에 소재한 경우에는 1세대 1주택 비과세를 적용받기 위해서는 2년 이상의 보유요건 이외 2년 이상 거주요건을 충족해야 한다.

그러나, 원조합원이 신축주택을 양도하는 경우 주택의 취득시기는 종전주택을 취득한 날부터 적용하므로 종전주택 취득 당시 조정대상지역에 소재하지 않았다면 신축주택 완성 당시 조정대상지역에 소재하더라도 거주요건은 적용되지 않는다.

[승계조합원이 신축주택을 양도하는 경우 거주요건 판단시점]

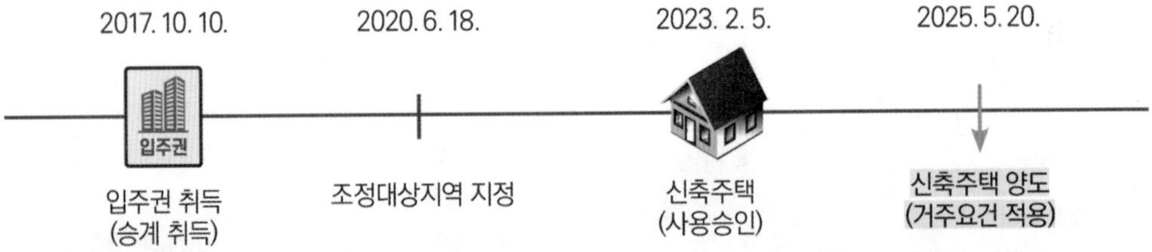

[원조합원이 신축주택을 양도하는 경우 거주요건 판단시점]

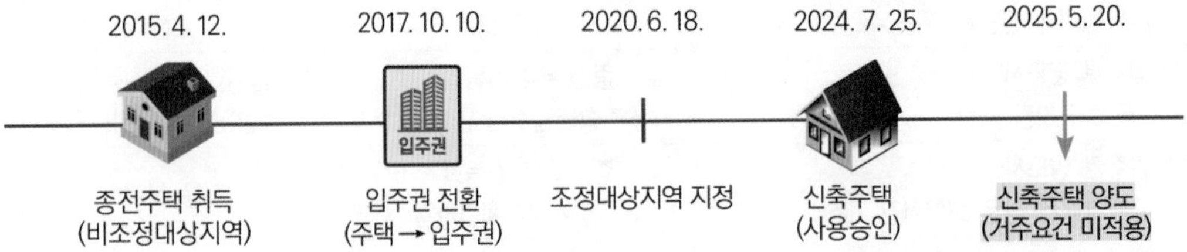

4 조합원입주권을 상속받아 신축주택 양도시 보유기간 기산일 판단

상속받은 자산의 세율 적용시 보유기간은 원칙적으로 피상속인이 그 자산을 취득한 날부터 계산하는 것처럼 상속받은 조합원입주권(원조합원)을 조합원입주권 상태에서 양도하는 경우에도 세율 적용시 보유기간은 피상속인이 종전주택을 취득한 날부터 계산한다.

하지만, 피상속인이 보유하던 종전주택이 조합원입주권으로 전환된 상태에서 상속인이 상속받아 조합원입주권에 의해 완공된 신축주택을 양도하는 경우 세율 적용시 보유기간은 사용승인일부터 계산하는데, 그 이유는 상속인이 상속받은 조합원입주권(권리)과 양도한 신축주택(부동산)은 취득 및 양도 당시 자산의 유형이 서로 다르므로 피상속인이 취득한 날부터 보유기간을 계산할 수 없는 것이다.

관련 해석 사례

피상속인이 보유하던 종전주택이 주택재개발사업에 따라 관리처분인가에 의하여 조합원입주권으로 변환된 후 상속인이 조합원입주권을 상속받아 취득한 신축아파트를 양도하는 경우 양도소득세 세율을 적용함에 있어 보유기간 기산일은 당해 신축아파트의 사용승인일이 되는 것이다(법령해석재산-0095, 2017. 10. 24, 조심 2023서7521, 2024. 1. 10).

[원조합원과 승계조합원의 양도소득세 비교]

구 분		원조합원	승계조합원
비과세 특례	조합원입주권 양도(§89 ① 4호 가목)	비과세 적용가능	비과세 적용불가
	조합원입주권+주택 취득 → 조합원입주권 양도(§89 ① 4호 나목)	비과세 적용가능	비과세 적용불가
	종전주택+조합원입주권 취득 → 종전주택 양도(§156의2 ③, ④)	비과세 적용불가	비과세 적용가능
	재건축주택+대체주택 취득 → 대체주택 양도(§156의2 ⑤)	비과세 적용가능	비과세 적용불가
다른 주택 비과세 판단시 주택 수		포함	포함
조합원입주권 양도시 세율 적용 보유기간 계산		종전주택 취득일 ~ 조합원입주권 양도일	조합원입주권 취득일 ~ 조합원입주권 양도일
조합원입주권 양도시 장기보유특별공제 적용 보유기간 계산		종전주택 취득일 ~ 관리처분계획인가일	적용 불가
신축주택 양도시 장기보유특별공제 및 세율 적용 보유기간 계산		종전주택 취득일 ~ 신축주택 양도일	신축주택 사용승인일 ~ 신축주택 양도일

종합 사례 조합원입주권을 승계 취득한 후 신축주택을 양도하는 경우

- **조합원입주권 취득 및 신축주택 양도에 관한 자료**

구 분	내 용
1. 조합원입주권 취득내역	관리처분계획인가일 : 2018. 8. 15.
	취득일 : 2021. 7. 5.
	취득가액 : 13억원(프리미엄 1억원 포함)
	기타 필요경비 : 2천만원
2. 신축주택 양도내역	사용승인일 : 2023. 7. 20.
	양도일 : 2025. 6. 25.
	양도가액 : 20억원
	취득세 등 기타 필요경비 : 4천만원
3. 기타 내용	1주택자로서 신축주택 양도 당시 다른 주택 없음

해설

구 분	금 액	계산 근거
양도가액	2,000,000,000	
(−) 취득가액	1,300,000,000	
(−) 기타필요경비	60,000,000	취득 및 양도시 필요경비 합산
(=) 양도차익	640,000,000	2년 미만 보유하여 비과세 적용불가
(−) 장기보유특별공제	−	3년 미만 보유하여 공제불가
(=) 양도소득금액	640,000,000	
(−) 양도소득기본공제	2,500,000	
(=) 과세표준	637,500,000	
(×) 세율	60%	1년 이상 2년 미만 보유 단기세율 적용
(=) 산출세액	382,500,000	637,500,000 × 60%
(+) 지방소득세	38,250,000	382,500,000 × 10%
(=) 총부담세액	420,750,000	

보충 설명 및 계산 내역

1. 양도소득금액의 계산

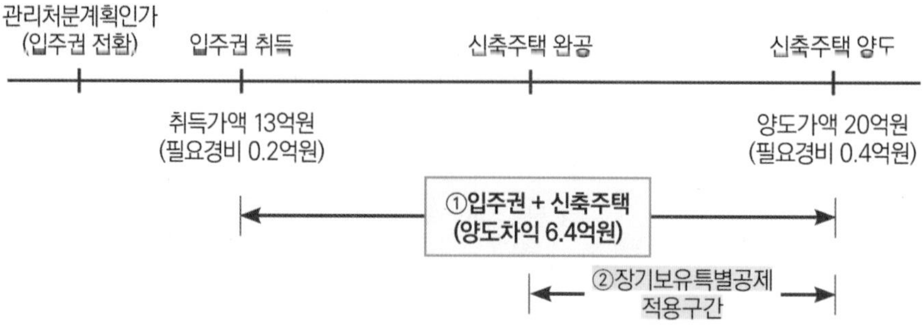

① 조합원입주권을 승계 취득한 후 신축주택을 양도하는 경우 신축주택 양도차익은 신축주택의 양도가액 20억원에서 조합원입주권 취득가액 13억원, 취득 및 양도 당시 필요경비 합계액 0.6억원을 차감한 6.4억원이다.

② 조합원입주권을 승계 취득한 경우 신축주택의 사용승인일부터 보유기간을 기산하므로 신축주택 보유기간이 3년 미만이 되어 장기보유특별공제를 적용할 수 없다.

2. 1세대 1주택 비과세 여부 및 산출세액 계산

조합원입주권을 승계 취득하여 신축주택을 양도하는 경우 신축주택의 사용승인일부터 양도일까지가 보유기간을 계산하여 1세대 1주택 비과세 여부 및 세율을 판단한다. 따라서 사용승인일부터 신축주택양도일까지의 보유기간이 2년 미만이므로 1세대 1주택 비과세가 적용되지 않고, 60%의 단기 보유세율이 적용된다.

II 종전주택을 조합에 제공하고 청산금을 수령하는 경우

1 기본 개념

재개발·재건축사업을 통해 원조합원이 종전주택을 조합에 제공하고 청산금을 받는 사유는 ① 재개발·재건축사업에 참여하면서 종전주택의 권리가액이 신축주택의 분양가액(조합원 분양가액)보다 큰 경우 그 차액을 보상받는 경우, ② 재개발·재건축사업에 참여하지 않고 종전주택을 조합에 전부 이전하고 양도대가를 지급받는 경우가 이에 해당한다.

이는 종전주택의 일부 또는 전부를 양도하고 그 대가로 현금보상을 받은 것이므로 양도소득세 과세대상(1세대 1주택은 비과세)에 해당한다.

[청산금수령 방법에 따른 주요 양도소득세 비교]

구 분	재개발 · 재건축사업 참여	재개발 · 재건축사업 미참여
청산금수령 사유	종전주택 권리가액 〉신축주택 분양가액	조합에 종전주택 전부양도
양도시기	소유권이전고시일의 다음날	잔금청산일과 등기접수일 중 빠른 날
과세대상 여부	양도소득세 과세대상(1세대 1주택은 비과세)	

2 현금청산 대상사유

앞서 살펴본 바와 같이 원조합원의 자격을 부여받은 자가 재개발 · 재건축사업에 참여하지 않고 종전주택을 조합에 이전하고 청산금(현금청산)을 받는 경우에는 부동산을 유상으로 이전한 것과 동일하게 적용되는 것이며, 그 사유는 아래와 같다.

① 분양신청을 하지 않은 경우
② 분양신청기간 종료 이전에 분양신청을 철회한 경우
③ 투기과열지구에서 5년 이내 재당첨금지 규정에 따라 분양신청을 할 수 없는 경우
④ 관리처분계획에 따라 분양신청 대상에서 제외된 경우

3 청산금에 대한 양도소득세 세액감면 적용여부

재개발 · 재건축사업을 통해 청산금을 수령하는 경우에는 「도시 및 주거환경정비법」에 따른 정비구역(정비기반 시설을 수반하지 아니하는 정비구역은 제외)의 토지 등을 사업시행자에게 양도함으로써 발생하는 소득에 해당하므로 「조세특례제한법」 제77조(공익사업용 토지 등에 대한 양도소득세의 감면) 규정에 따라 양도소득세를 10% 감면받을 수 있다. 다만, 감면세액의 20%는 농어촌특별세로 납부해야 한다.

따라서, 원조합원이 재개발 · 재건축사업에 참여하면서 종전주택의 권리가액이 분양가액보다 커서 그 차액을 청산금으로 수령하는 경우와 재개발 · 재건축사업에 참여하지 않고 종전주택을 조합에 전부 이전하고 청산금을 수령하는 경우에는 양도소득세(산출세액)를 10% 감면받을 수 있는 것이다.

종합 사례 재건축사업에 참여하지 않고 종전주택을 조합에 양도하는 경우

- 주택 취득 및 양도에 관한 자료

구 분	내 용
1. 주택 취득내역	취득일 : 2015. 1. 15.
	실지 취득가액 : 4억원
	취득세 등 기타 필요경비 : 2천만원
2. 주택 양도내역	양도일 : 2025. 3. 25.
	양도가액 : 10억원(현금청산)
	기타 필요경비 : 3천만원
3. 기타 내용	사업시행인가일 : 2022. 7. 10.
	관리처분계획인가일 : 2024. 10. 20.
	양도주택 외 2주택 보유

해설

구 분	금 액	계산 근거
양도가액	1,000,000,000	
(−) 취득가액	400,000,000	
(−) 기타필요경비	50,000,000	취득 및 양도시 필요경비 합산
(=) 양도차익	550,000,000	
(−) 장기보유특별공제	110,000,000	보충해설 참조
(=) 양도소득금액	440,000,000	
(−) 양도소득기본공제	2,500,000	
(=) 과세표준	437,500,000	
(×) 세율	40%	기본세율 적용
(=) 산출세액	149,060,000	보충해설 참조
(−) 감면세액	14,906,000	보충해설 참조
(=) 감면후세액	134,154,000	
(+) 지방소득세	13,415,400	134,154,000 × 10%
(+) 농어촌특별세	2,981,200	보충해설 참조
(=) 총부담세액	150,550,600	

보충 설명 및 계산 내역

1. 양도소득금액의 계산

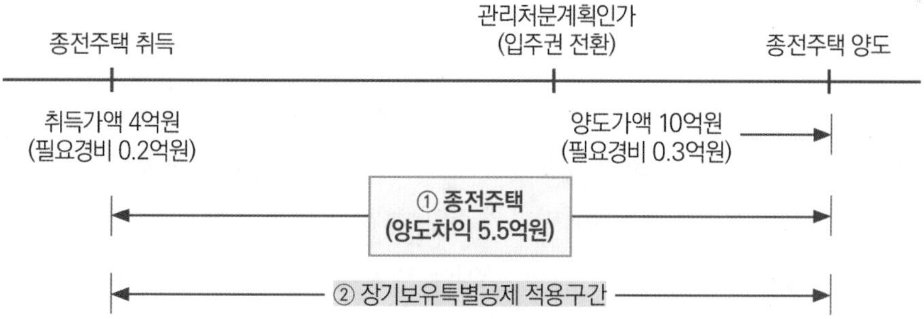

① 주택 양도차익은 조합으로부터 수령한 청산금 10억원(양도가액)에서 종전주택의 취득가액 4억원과 필요경비 0.5억원을 차감한 5.5억원이다.

② 재건축사업에 참여하지 않고 청산금을 수령(현금청산)하는 경우에는 관리처분계획인가일 이후에 주택을 양도하더라도 조합원입주권을 양도한 것이 아니라, 주택을 양도한 것이므로 종전주택의 전체 보유기간에 따른 공제율을 적용하여 장기보유특별공제를 계산한다.

550,000,000 × 20%(10년 × 2%) = 110,000,000

2. 산출세액

437,500,000 × 40% – 25,940,000(누진공제) = 149,060,000

3. 감면세액 : 사업인정고시일(사업시행인가일)로부터 소급하여 2년 이전 취득요건 충족

149,060,000 × 10% = 14,906,000

4. 농어촌특별세 : 감면세액의 20% 농어촌특별세 부과

14,906,000 × 20% = 2,981,200

Ⅲ 조합원입주권을 상속 및 증여받는 경우 평가방법

1 평기 방법

상속 및 증여로 취득하는 조합원입주권은 「도시 및 주거환경정비법」 제74조 제1항에 따른 관리처분계획을 기준으로 하여 평가기준일 현재까지의 조합원 권리가액과 평가기준일까지 납입한 계약금, 중도금 등을 합한 금액에 평가기준일 현재의 프리미엄에 상당하는 금액을 합한 금액으로 한다. 여기서 평가기준일 현재의 프리미엄에 상당하는 금액(통상 시가등에서 분양가액을 차감한 가액)은 그 당시 불특정 다수인간의 거래에 있어서 통상 지급되는 프리미엄을 말한다(상증령 §51 ②).

구 분	조합원입주권 평가방법
청산금을 납부하는 경우	평가기준일 현재까지의 권리가액 + 청산금납부액 + 프리미엄 상당액
청산금을 수령하는 경우	평가기준일 현재까지의 권리가액 - 청산금수령액 + 프리미엄 상당액

2 조합원입주권을 상속 및 증여받는 경우 취득시기

조합원입주권을 상속받는 경우 취득시기는 "상속개시일(사망일)"이며, 증여받는 경우의 취득시기는 "권리의무승계일"이 된다. 여기서 권리의무승계일은 수증자가 조합원 명의변경 신고일(조합원 공급계약서 뒷면에 권리의무승계일을 작성하는 날)을 말한다.

관련 해석 사례

1. 관리처분계획인가일 이후에 상속되는 경우 "부동산을 취득할 수 있는 권리"로 보는 것이며, 조합원입주권의 평가는 상속개시일 현재의 시가에 의하는 것이나, 시가를 산정하기 어려운 경우에는 상증법 시행령 제51조 제2항에 따라 산정하는 것이다(상속증여세과-670, 2020. 9. 9).
2. 관리처분인가일 전에 주택을 증여하는 경우 부동산을 증여한 것으로 보는 것이고, 증여재산의 가액은 증여일 현재의 시가에 의하는 것이며, 시가에 해당하는 가액이 없는 경우에는 기준시가 등 보충적인 방법으로 평가하는 것이다(상속증여세과-276, 2020. 4. 21).

3. 상속개시일 현재 상속재산인 부동산(주택)을 평가하는 경우로서 해당 부동산(주택)이 상속개시일부터 6개월 이내의 기간 중 「도시 및 주거환경정비법」 제48조의 관리처분계획인가에 따라 조합원입주권으로 전환된 경우 같은 법에 따른 조합원의 권리가액은 「상속세 및 증여세법」 제60조 제2항에 따른 시가에 해당하지 않는 것이다(법령해석재산-0613, 2017. 2. 7).

4. 입주권에 대한 조합원의 지위는 수증자가 조합원 명의 변경 절차를 마침으로써 그 지위를 확보하는 것이므로, 명의변경 신고일이 입주권의 증여취득시기이다(대법원 2008두7472, 2008. 8. 21).

적용 사례 1 청산금을 납부하는 경우 증여재산 평가액

- 유사매매사례가액 : 12억원
- 분양가액 : 7억원(권리가액 4억원)
- 납부할 청산금 : 3억원
- 증여일까지 납부한 청산금 : 1억원

해설

- 증여재산가액

= 12억원(유사매매사례가액) - 2억원(청산금 미납액) = 10억원

= 4억원(권리가액) + 1억원(청산금납부액) + 5억원(프리미엄) = 10억원

※ 프리미엄 : 12억원(유사매매사례가액) - 7억원(분양가액) = 5억원

적용 사례 2 청산금을 수령하는 경우 증여재산 평가액(청산금 수령권 포함)

- 유사매매사례가액 : 12억원
- 분양가액 : 7억원(권리가액 10억원)
- 수령할 청산금 : 3억원
- 증여일까지 수령한 청산금 : 1억원

해설

- 증여재산가액

= 12억원(유사매매사례가액) + 2억원(수령할 청산금) = 14억원

= 10억원(권리가액) - 1억원(청산금수령액) + 5억원(프리미엄) = 14억원

※ 프리미엄 : 12억원(유사매매사례가액) - 7억원(분양가액) = 5억원

Ⅳ 조합원입주권 관련 취득세 등

관리처분계획인가일 이후 이주를 완료하고 건물이 멸실될 때까지 대략 2~3년 정도 소요되는데, 이 때 양도소득세는 주택 멸실 여부와 상관없이 "관리처분계획인가일"을 기준으로 주택 또는 조합원입주권인지 여부를 판단하나 지방세인 취득세 및 재산세와 국세인 종합부동산세의 경우는 관리처분계획인가일과 상관없이 "주택 멸실일"을 기준으로 주택 또는 조합원입주권인지 여부를 판단하고 있다.

[양도소득세와 취득세 등의 조합원입주권 판단시점 비교]

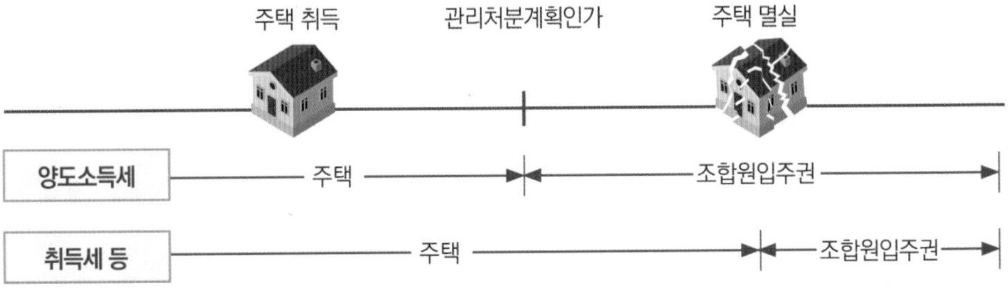

1 조합원입주권 취득시점에서 주택이 멸실된 경우

주택이 멸실된 후 조합원입주권을 승계 취득한 경우에는 토지를 취득한 것으로 보아 토지분에 대한 취득세와 재산세가 부과되고, 이 경우 해당 토지는 분리과세대상 토지로 분류되어 종합부동산세는 부과되지 않는다. 여기서 주의할 사항은 주택이 멸실되고 2020. 8. 12. 이후 조합원입주권을 취득하는 경우에는 취득세 산정시 주택 수에 포함된다는 점이다.

적용 사례 주택이 멸실된 상태에서 조합원입주권을 취득한 경우

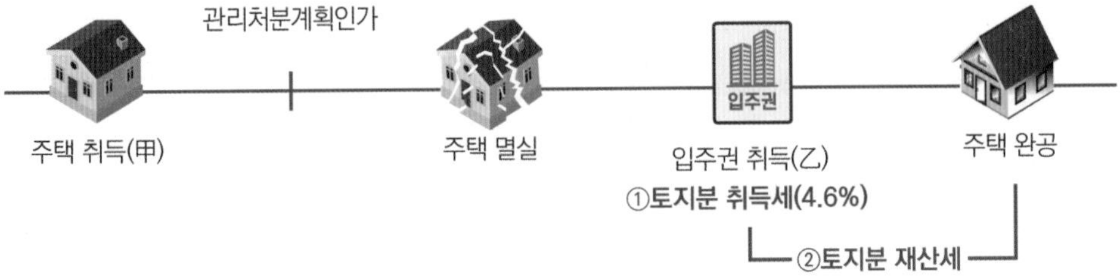

2 조합원입주권 취득시점에서 주택이 멸실되지 않은 경우

주택이 멸실되지 않은 상태에서 조합원입주권을 승계 취득한 경우에는 주택분에 해당하는 취득세(기본세율 또는 중과세율)를 납부해야 하고, 과세기준일(6월 1일)까지 주택이 멸실되지 않았다면 재산세와 종합부동산세도 주택분으로 부과된다.

적용 사례 주택이 멸실되지 않은 상태에서 조합원입주권을 취득한 경우

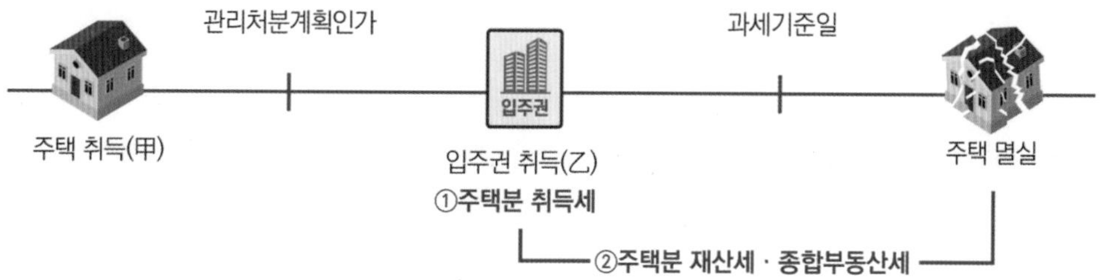

3 재개발 · 재건축이 완료된 신축주택의 취득세 산정방법

조합원은 조합원입주권에 의해 주택이 완공되면 취득세를 한번 더 납부해야 한다. 즉, 원조합원은 종전주택과 신축주택 취득시 각각 취득세를 납부하는 것이며, 승계조합원은 앞서 살펴본 바와 같이 조합원입주권 취득시점에 주택분 또는 토지분에 대한 취득세를 납부하고, 신축주택에 대해 원조합원과 동일하게 취득세를 한번 더 납부하게 되는 것이다.

[조합원입주권에 의한 주택 완공시 취득세]

구 분	재개발사업	재건축사업
조합원구분	• 정비구역지정일 이전 취득 : 원조합원 • 정비구역지정일 이후 취득 : 승계조합원	• 관리처분인가일 이전 취득 : 원조합원 • 관리처분인가일 이후 취득 : 승계조합원
취득시점	신축주택 사용승인일	
취득원인	원시취득(소유권보존등기)	
과세표준	총공사원가 × (조합원분양면적/건물연면적)*	총공사원가 × (조합원분양면적/건물연면적)
취득세액	과세표준 × 2.96% 또는 3.16%(지방교육세 및 농어촌특별세 포함)	

* 2022. 12. 31. 이전에 관리처분계획인가를 받은 경우 재개발사업의 과세표준 : 추가분담금

V 정비사업조합에 대한 과세문제

1 정비사업조합의 성격

「도시 및 주거환경정비법」 제35조에 따라 설립된 조합 또는 「빈집 및 소규모주택 정비에 관한 특례법」 제23조에 따라 설립된 조합은 조합설립의 인가를 받은 후에 설립등기를 함으로써 성립한다. 이 경우 정비사업조합에 대해서는 「법인세법」 제2조에도 불구하고 비영리 내국법인으로 본다(조특법 §104의7 ②).

2 정비사업조합의 과세특례

(1) 법인세

「조세특례제한법」 제104조의7 제2항(정비사업조합에 대한 과세특례)을 적용할 때 정비사업조합이 「도시 및 주거환경정비법」 또는 「빈집 및 소규모주택 정비에 관한 특례법」에 따라 해당 정비사업에 관한 관리처분계획에 따라 조합원에게 종전의 토지를 대신하여 토지 및 건축물을 공급하는 사업은 「법인세법」 제4조 제3항에 따른 수익사업이 아닌 것으로 보되 일반분양분에 대한 수입금액은 수익사업에 해당한다(조특령 §104의4).

(2) 부가가치세

정비사업조합이 「도시 및 주거환경정비법」 또는 「빈집 및 소규모주택 정비에 관한 특례법」에 따라 해당 정비사업에 관한 공사를 마친 후에 그 관리처분계획에 따라 조합원에게 공급하는 것으로서 종전의 토지를 대신하여 공급하는 토지 및 건축물(해당 정비사업의 시행으로 건설된 것에 한함)은 「부가가치세법」 제9조 및 제10조에 따른 재화의 공급으로 보지 아니한다(조특법 §104의7 ③).

(3) 조합원의 2차 납세의무

정비사업조합이 관리처분계획에 따라 해당 정비사업의 시행으로 조성된 토지 및 건축물의 소유권을 타인에게 모두 이전한 경우로서 그 정비사업조합이 납부할 국세 또는 강제징수비를 납부하지 아니하고 그 남은 재산을 분배하거나 인도한 경우에는 그 정비사업조합에 대하여 강제징수를 하여도 징수할 금액이 부족한 경우에만 그 남은 재산의 분배 또는 인도를 받은 자가 그 부족액에 대하여 제2차 납세의무를 진다. 이 경우 해당 제2차 납세의무는 그 남은 재산을 분배 또는 인도받은 가액을 한도로 한다(조특법 §104의7 ④).

3 조합원의 배당소득

정비사업조합이 수익사업에서 발생한 이익(일반분양을 통해 얻은 이익)을 조합원에게 분배하면 배당소득에 해당된다. 이러한 배당소득에는 일반분양(수익사업)으로 얻은 소득을 조합원분양분의 주택 및 상가(비수익사업)에 대한 건축비로 충당되는 경우 그 충당된 금액에 상당하는 가액도 포함한다.

이 경우 조합에서 지급하는 금액이 2,000만원 이하인 경우에는 조합에서 15.4%(지방소득세 포함)로 원천징수하고 분리과세로 종결되나, 지급하는 금액이 2,000만원 초과하는 경우에는 종합과세되므로 조합에서 원천징수한 후 지급받은 금액에 대해서는 조합원은 다른 소득과 합산하여 종합소득세로 신고해야 한다.

관련 해석 사례

1. 「도시 및 주거환경정비법」 제35조에 따라 설립된 정비사업조합의 조합원이 이주비 대출에 대한 이자비용을 조합의 수익사업 부분에서 상환의무 없이 지원받은 경우 해당 이주비는 「소득세법」 제17조 제1항에 따른 배당소득에 해당하는 것이다(법규소득-0735, 2023. 12. 19).
2. 「도시 및 주거환경정비법」 제35조에 따라 설립된 정비사업조합의 조합원이 같은 법 제89조 제1항에 따른 청산금에 해당하지 않는 것으로서, 조합의 수익사업에서 발생한 이익을 분배받는 경우 해당 분배금액은 「소득세법」 제17조에 따른 배당소득에 해당하는 것이다(법규소득-0002, 2022. 1. 12).
3. 「조세특례제한법」 제104조의7 제2항에 따른 주택재건축 정비사업조합이 수익사업에 해당하는 일반분양 주택분에서 발생한 이익을 조합원에게 분배하는 경우 해당 분배금액은 「소득세법」 제17조에 따른 배당소득에 해당하는 것이며, 같은 법 제127조 제1항에 따라 소득세를 원천징수하여야 하는 것이다(원천세과-634, 2021. 8. 5).

Ⅵ 조합원입주권에 대한 동거주택 상속공제 적용 여부

1 기본 내용

(1) 상속인 요건

동거주택 상속공제는 민법상 상속인 중 직계비속이 동거주택을 상속받거나 직계비속이 사망한 경우 직계비속의 배우자가 상속받는 경우에만 적용된다. 따라서 피상속인의 배우자가 동거한 주택을 상속받은 경우에는 동거주택 상속공제가 적용되지 않는다(상증법 §23의2, 상증령 §20의2 ① 8호).

(2) 동거주택 상속공제 요건

① 피상속인과 상속인이 상속개시일부터 소급하여 10년(미성년자인 기간은 제외) 이상 계속하여 하나의 주택에서 동거할 것

② 상속개시일부터 소급하여 10년(미성년자인 기간은 제외) 이상 계속하여 1세대를 구성하면서 1세대 1주택(고가주택, 일시적 2주택 등 포함)에 해당할 것

③ 상속개시일 현재 상속인이 무주택자이거나 피상속인과 공동으로 1세대 1주택을 보유한 자로서 피상속인과 동거한 상속인이 상속받은 주택일 것. 이 경우 피상속인 또는 상속인(또는 상속인의 배우자 포함)이 다른 피상속인으로부터 상속받은 공동상속주택 소수지분을 소유하고 있는 경우 해당 소수지분 주택은 주택 수에서 제외한다.

2 동거주택 상속공제 한도

동거주택을 상속받는 경우 6억원을 한도로 상속주택 가액(해당 주택에 담보된 피상속인의 채무를 차감한 가액)을 공제한다.

3 조합원입주권의 동거주택 상속공제 적용여부

피상속인이 보유하던 주택이 조합원입주권으로 전환되기 전에 동거주택 상속공제 요건을 갖춘 경우로서 상속개시 당시 상속받는 조합원입주권 외에 다른 주택이 없는 경우에는 해당 조합원입주권에 대해서도 동거주택 상속공제를 적용받을 수 있다.

관련 해석 사례

1. 「주택법」에 지역주택조합의 조합원입주권은 「상속세 및 증여세법」 제23조의2에 따른 동거주택 상속공제 적용대상 상속주택에 해당하지 않는다(법규재산-0247, 2023. 4. 27).
2. 상증법 §23의2 ①에 따른 동거주택 상속공제 요건에서 1세대 1주택 여부를 판단시 2021. 1. 1. 이후 취득한 분양권은 주택 수에 포함하지 않는다(재산세제과-1316, 2022. 10. 19).
3. 주택재개발사업으로 종전 1주택 대신 조합원입주권을 2개 취득하고 해당 입주권 2개를 보유한 상태에서 상속이 개시되는 경우에는 동거주택 상속공제를 적용받을 수 없는 것이다(상속증여-4087, 2021. 6. 28).
4. 피상속인이 1세대 1주택 요건을 충족한 주택의 멸실로 인해 취득한 조합원입주권 이외에 상속개시일 현재 다른 주택이 없는 경우에는 1세대 1주택 요건을 충족한 것으로 보아 동거주택 상속공제를 적용하는 것이다(재산세과-237, 2012. 6. 25).

사례로 이해하는

핵심 양도소득세

PART 5

주택임대사업자에 대한 적용요건 및 세제혜택

1. 주택임대사업자의 임대주택에 대한 개괄적 내용
2. 주택임대사업자의 적용요건(의무사항)
3. 주택임대사업자의 세제혜택
4. 주택임대사업자 관련 기타 주요내용

Chapter

1 주택임대사업자의 임대주택에 대한 개괄적 내용

Ⅰ 주택임대사업자의 적용요건과 세제혜택 개요

주택을 취득, 보유 및 처분하는 과정에서 민간임대주택에 관한 특별법(이하 "민특법"이라 한다)에 따라 시 · 군 · 구에 임대사업자등록과 「소득세법」에 의해 세무서에 주택임대사업자로 등록한 임대주택에 대해 민특법이나 세법에서 요구하는 의무규정을 준수하면 아래와 같이 다양한 세제혜택을 적용받을 수 있다.

특히, 2025. 6. 4. 이후 임대등록분 부터는 최소 6년의 의무임대기간이 적용되는 단기민간임대주택 제도가 신설되면서 주택임대사업자의 세제혜택 폭이 확대될 것으로 예상된다.

주택임대사업자의 적용요건과 세제혜택에 대한 자세한 설명을 하기 앞서 주요 내용을 개괄적으로 아래의 「표」와 같이 정리하고자 한다.

1 취득단계

■ 주택임대사업자의 취득세 감면 요약(지방세특례제한법 §31의3 ①, ②)

적용주택	전용면적 60㎡ 이하 공동주택 · 오피스텔 최초 취득 또는 공동주택 신축
적용요건	취득가액 6억원(수도권 밖 3억원) 이하 → 2020. 8. 12. 이후 취득분부터 적용
	4년 또는 8년(2020. 8. 18. 이후 등록시 10년) 이상 의무임대기간 준수
	임대료(또는 임대보증금) 증가율 5% 범위 이내
	취득일로부터 60일 이내 시 · 군 · 구에 주택임대사업자 등록
세제혜택	취득세 100% 감면 → 감면세액 200만원 초과시 85% 감면

비교 법인 주택임대사업자 : 개인과 동일

2 보유단계

(1) 주택임대사업자의 재산세 감면 요약(지방세특례제한법 §31의3 ④)

적용주택	전용면적 85㎡ 이하 공동주택 · 오피스텔 또는 전용면적 40㎡ 이하 다가구주택 취득
적용요건	공동주택 : 공시가격 6억원(수도권 밖 3억원) 이하 → 2020. 8. 12. 이후 등록분부터 적용
	오피스텔 : 시가표준액 4억원(수도권 밖 2억원) 이하 → 2020. 8. 12. 이후 등록분부터 적용
	4년 또는 8년(2020. 8. 18. 이후 등록시 10년) 이상 의무임대기간 준수
	임대료(또는 임대보증금) 증가율 5% 범위 이내
	시 · 군 · 구에 주택임대사업자 등록
세제혜택	재산세 50% ~ 100% 감면 → 100% 감면세액 50만원 초과시 85% 감면

비교 법인 주택임대사업자 : 개인과 동일

(2) 주택임대사업자의 종합부동산세 합산배제 요약(종부세법 시행령 §3 ① 7호, 8호)

적용주택	과세기준일(6월 1일) 현재 임대하고 있는 주택
적용요건	임대개시일(최초 합산배제 신고한 과세기준일) 당시 공시가격 6억원(수도권 밖 3억원) 이하
	아래의 「임대등록 시점별 의무임대기간」 준수
	임대료(또는 임대보증금) 증가율 5% 범위 이내
	시 · 군 · 구 및 세무서에 주택임대사업자 등록
세제혜택	종합부동산세 계산시 등록임대주택 합산과세 제외

※ 합산배제 적용시 임대등록 시점별 의무임대기간

① 2018. 3. 31. 이전 등록 : 5년(장 · 단기 불문) 이상

② 2018. 4. 1. ~ 2020. 8. 17. 등록 : 8년(장기) 이상

③ 2020. 8. 18. 이후 등록 : 10년(장기) 이상

④ 2025. 6. 4. 이후 등록 : 10년(장기) 이상 또는 6년(단기) 이상

비교 법인 주택임대사업자 : 종합부동산세 합산배제 적용여부

구 분	2020. 6. 17. 이전 등록		2020. 6. 18. 이후 등록	
	매입임대	건설임대	매입임대	건설임대
조정대상지역	적용가능	적용가능	적용불가	적용가능
비조정대상지역	2020. 6. 18. 이후 임대등록한 경우에도 조정대상지역에서 해제된 경우에는 합산배제 적용가능			

(3) 주택임대사업자의 임대소득세 감면 요약(조세특례제한법 §96)

적용주택	전용면적 85㎡(수도권 밖 읍・면지역 100㎡) 이하 주택
적용요건	임대개시일 당시 공시가격 6억원 이하
	4년 또는 8년(2020. 8. 18. 이후 등록시 10년) 이상 의무임대기간 준수
	임대료(또는 임대보증금) 증가율 5% 범위 이내
	시・군・구 및 세무서에 주택임대사업자 등록
세제혜택	소득세 20% ~ 75% 감면 → 감면세액의 20% 농어촌특별세 부과

비교 법인 주택임대사업자 : 개인과 동일

3 처분단계

(1) 주택임대사업자의 거주요건 적용배제 요약(소득세법 시행령 §154 ① 4호)

적용주택	취득 당시 조정대상지역 소재 주택
적용요건	4년 또는 8년 이상 의무임대기간 준수
	임대료(또는 임대보증금) 증가율 5% 범위 이내
	2019. 12. 16.까지 시・군・구 및 세무서에 주택임대사업자 등록
세제혜택	1세대 1주택 비과세 판단시 거주요건 배제(2019. 12. 17. 이후 등록분부터는 거주요건 적용)

비교 법인 주택임대사업자 : 적용불가

(2) 주택임대사업자의 거주주택 비과세특례 요약(소득세법 시행령 §155 ⑳)

적용주택	장기임대주택(장기어린이집) 이외 2년 이상 거주(조정대상지역 불문)한 주택
적용요건	임대개시일 당시 공시가격 6억원(수도권 밖 3억원) 이하
	아래의 「임대등록 시점별 의무임대기간」 준수
	임대료(또는 임대보증금) 증가율 5% 범위 이내
	시・군・구 및 세무서에 주택임대사업자 등록
세제혜택	거주주택 1세대 1주택 비과세 판단시 장기임대주택(장기어린이집) 주택 수 제외

※ 거주주택 비과세특례 적용시 임대등록 시점별 의무임대기간

① 2020. 7. 10. 이전 등록 : 5년(장・단기 불문) 이상

② 2020. 7. 11. ~ 2020. 8. 17. 등록 : 8년(장기) 이상

③ 2020. 8. 18. 이후 등록 : 10년(장기) 이상

④ 2025. 6. 4. 이후 등록 : 10년(장기) 이상 또는 6년(단기) 이상

비교 법인 주택임대사업자 : 적용불가

(3) 주택임대사업자의 양도소득세 중과배제 요약(소득세법 시행령 §167의3 ① 2호)

적용주택	양도 당시 조정대상지역 소재 장기임대주택
적용요건	임대개시일 당시 공시가격 6억원(수도권 밖 3억원) 이하
	아래의 「임대등록 시점별 의무임대기간」 준수
	임대료(또는 임대보증금) 증가율 5% 범위 이내
	시·군·구 및 세무서에 주택임대사업자 등록
세제혜택	장기임대주택 양도시 양도소득세 중과 제외

※ 중과배제 적용시 임대등록 시점별 의무임대기간(종합부동산세 합산배제와 동일)

① 2018. 3. 31. 이전 등록 : 5년(장·단기 불문) 이상

② 2018. 4. 1. ~ 2020. 8. 17. 등록 : 8년(장기) 이상

③ 2020. 8. 18. 이후 등록 : 10년(장기) 이상

④ 2025. 6. 4. 이후 등록 : 10년(장기) 이상 또는 6년(단기) 이상

여기서 잠깐!

다주택자가 조정대상지역 내 중과대상 주택을 양도하는 경우 중과유예

장기임대주택에 대한 양도소득세 중과배제 규정과 아울러 1세대 2주택 이상자가 양도 당시 조정대상지역(2023. 1. 5. 이후 강남구·서초구·송파구·용산구만 해당)에 소재하고 있는 중과대상 주택을 2026. 5. 9. 까지 양도하는 경우에는 중과유예 규정(세법개정)에 따라 양도소득세를 중과하지 않는다.

비교 법인 주택임대사업자 : 토지 등 양도소득에 대한 법인세 20% 추가 과세(중과) 적용여부

구 분	2020. 6. 17. 이전 등록		2020. 6. 18. 이후 등록	
	매입임대	건설임대	매입임대	건설임대
지역 불문	중과제외	중과제외	중과적용	중과제외

(4) 주택임대사업자의 장기보유특별공제율 과세특례 요약(조세특례제한법 §97의3)

적용주택	전용면적 85㎡(수도권 밖 읍·면지역 100㎡) 이하 주택
적용요건	임대개시일 당시 공시가격 6억원(수도권 밖 3억원) 이하 → 2018. 9. 14. 이후 취득분부터 적용
	8년 또는 10년(2020. 8. 18. 이후 등록시 10년) 이상 의무임대기간 준수
	임대료(또는 임대보증금) 증가율 5% 범위 이내
	2020. 12. 31.(건설임대 2027. 12. 31.)까지 시·군·구 및 세무서에 주택임대사업자 등록
세제혜택	8년(10년) 이상 임대시 50%(70%)의 장기보유특별공제율 특례적용

비교 법인 주택임대사업자 : 적용불가

(5) 주택임대사업자의 장기보유특별공제율 추가적용 요약(조세특례제한법 §97의4)

적용주택	거주자 또는 비거주자가 6년 이상 임대한 주택
적용요건	임대개시일 당시 공시가격 6억원(수도권 밖 3억원) 이하
	6년 이상 의무임대기간 준수
	임대료(또는 임대보증금) 증가율 5% 범위 이내
	2018. 3. 31.까지 시·군·구 및 세무서에 주택임대사업자 등록
세제혜택	일반장기보유특별공제율+2%씩 추가공제율 적용(10% 한도)

비교 법인 주택임대사업자 : 적용불가

(6) 주택임대사업자의 양도소득세 100% 세액감면 요약(조세특례제한법 §97의5)

적용주택	전용면적 85㎡(수도권 밖 읍·면지역 100㎡) 이하 주택
적용요건	임대개시일 당시 공시가격 6억원(수도권 밖 3억원) 이하 → 2018. 9. 14. 이후 취득분부터 적용
	10년 이상 의무임대기간 준수
	임대료(또는 임대보증금) 증가율 5% 범위 이내
	2018. 12. 31.까지 시·군·구 및 세무서에 주택임대사업자 등록(3개월 이내 등록)
세제혜택	양도소득세 100% 세액감면 → 감면세액의 20% 농어촌특별세 부과

비교 법인 주택임대사업자 : 적용불가

Ⅱ 주택임대사업자의 세제혜택 축소 및 적용 요건 강화

1 모든 단기임대주택 및 매입형 장기임대주택(아파트) 등록 폐지

주택시장을 안정화 시키고 임대사업자에 대한 세제혜택이 지나치게 많다는 지적이 있어 2020. 7. 10. 민특법상 임대등록 제도를 전면 개정하여 모든 단기민간임대주택(4년)과 매입형 장기일반민간임대주택(8년) 중 아파트에 대해서는 임대등록을 폐지하게 되었다.

다만, 2025. 6. 4. 이후 임대등록분 부터는 최소 6년의 의무임대기간이 적용되는 단기민간임대주택(아파트 제외하되, 도시형 생활주택은 적용가능)으로 임대등록이 가능하도록 2024. 12. 3. 민특법이 개정되었다(민특법 §2 6호의2).

[임대유형별 임대등록 폐지여부]

<table>
<tr><th>구 분</th><th>주택유형</th><th>폐지여부</th></tr>
<tr><td rowspan="2">단기임대주택
(모든 임대주택)</td><td>아파트(매입임대주택 및 건설임대주택)</td><td rowspan="3">폐지</td></tr>
<tr><td>단독, 다중, 다가구, 연립, 다세대, 오피스텔</td></tr>
<tr><td rowspan="2">장기임대주택</td><td>아파트(매입임대주택)</td></tr>
<tr><td>단독, 다중, 다가구, 연립, 다세대, 오피스텔, 아파트(건설임대주택)</td><td>유지</td></tr>
</table>

2 폐지되는 임대주택에 대한 자진말소 또는 자동말소 시행

민특법 개정으로 2020. 8. 18. 이후 모든 단기민간임대주택과 매입형 장기일반민간임대주택 중 아파트는 의무임대기간이 종료되면 임대등록이 자동말소되며, 의무임대기간이 종료되기 전이라도 과태료 없이 임차인의 동의를 얻어 자진말소 할 수 있다. 이 경우 폐지되는 임대유형만 자진말소가 허용되므로 장기일반민간임대주택으로 등록한 다가구주택, 다세대주택, 오피스텔 등은 자진말소 대상이 아니므로 주의해야 한다(민특법 §6).

[임대유형별 임대등록 말소여부]

<table>
<tr><th rowspan="2">구 분</th><th rowspan="2">주택유형</th><th colspan="2">매입임대주택</th><th colspan="2">건설임대주택</th></tr>
<tr><th>자진말소</th><th>자동말소</th><th>자진말소</th><th>자동말소</th></tr>
<tr><td rowspan="2">단기임대주택</td><td>아파트</td><td rowspan="2">말소가능</td><td rowspan="2">말소대상</td><td rowspan="2">말소가능</td><td rowspan="2">말소대상</td></tr>
<tr><td>단독, 다중, 다가구, 연립, 다세대, 오피스텔</td></tr>
<tr><td rowspan="2">장기임대주택</td><td>아파트</td><td>말소가능</td><td>말소대상</td><td>말소가능</td><td rowspan="2">말소제외</td></tr>
<tr><td>단독, 다중, 다가구, 연립, 다세대, 오피스텔</td><td>말소불가</td><td>말소제외</td><td>말소불가</td></tr>
</table>

3 모든 임대주택의 의무임대기간 10년으로 연장

2020. 8. 18. 이후 등록하는 임대주택은 매입형 아파트를 제외하고 무조건 장기일반민간임대주택으로 등록해야 하고 의무임대기간은 최소 10년을 유지하여야 한다. 다만, 2025. 6. 4. 이후 등록하는 단기민간임대주택은 최소 6년의 의무임대기간을 준수하면 된다.

여기서 잠깐!

도시형 생활주택 임대등록 가능여부

민간임대주택특별법 개정으로 2020. 8. 18. 이후 임대등록분부터는 아파트는 더 이상 장기일반민간임대주택으로 등록할 수 없다. 그러나 아래 관련 법에 따라 주택법상 아파트에 해당하는 "도시형 생활주택"은 임대사업자 등록이 가능하다.

<민특법 제2조 제5호> "장기일반민간임대주택"이란 임대사업자가 공공지원민간임대주택이 아닌 주택을 10년 이상 임대할 목적으로 취득하여 임대하는 민간임대주택[아파트(「주택법」 제2조 제20호의 도시형 생활주택이 아닌 것을 말한다)를 임대하는 민간매입임대주택은 제외한다]을 말한다.

4 부기등기와 보증보험 가입의무

(1) 임대주택에 대한 부기등기(附記登記) 의무

주택임대사업자가 2020. 12. 10. 이후 신규로 임대등록하는 주택은 등기사항증명서상에 "해당 주택은 의무임대기간과 임대료 증액제한을 준수하여야 하는 민간임대주택임"을 표기하는 부기등기를 해야 한다. 다만, 2020. 12. 9. 이전에 등록한 임대주택은 법 시행일로부터 2년 이내(2022. 12. 9.) 부기등기를 하면된다(민특법 §5의2). 만일 부기등기 의무를 위반하면 최대 500만원의 과태료가 부과된다. ☞ P. 580 참조

(2) 임대보증금에 대한 보증보험 가입의무

종전에는 임대보증금에 대한 보증보험 가입은 건설임대주택에 대해서만 적용되었으나, 2020. 8. 18. 이후부터는 민특법상 임대등록한 모든 주택임대사업자는 의무적으로 보증보험에 가입하여야 하고, 기존에 등록한 임대주택은 법 시행일로부터 1년 이내(2021. 8. 18.) 임대차계약(신규·갱신)을 체결하는 분부터 보증보험에 가입하여야 한다(민특법 §49). 만일 임대보증금에 대한 보증보험 가입의무를 위반하면 임대보증금의 10% 범위 내에서 최대 3,000만원의 과태료가 부과된다. ☞ P. 581 참조

Chapter

2 주택임대사업자의 적용요건(의무사항)

I 민특법상 적용요건

1 취득유형에 따른 구분

민특법상 민간임대주택은 주택유형에 따라 크게 매입임대주택과 건설임대주택으로 구분된다. 일반적으로 매입임대주택은 임대사업자가 매매 또는 상속·증여 등으로 소유권을 취득하여 임대하는 주택을 말하며, 건설임대주택은 임대사업자가 주택을 신축(건설)하여 임대하는 주택을 말한다.

여기서 주의할 사항은 주택임대사업자가 주택을 신축했다 하더라도 소유권보존등기 이후에 임대등록한 경우에는 건설임대주택이 아닌 매입임대주택에 해당한다는 점이다.

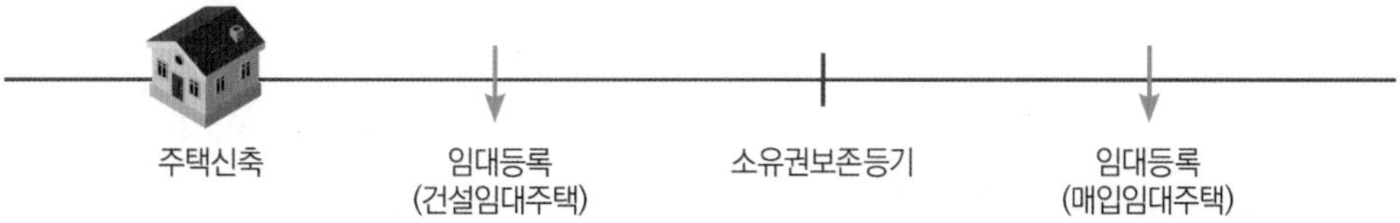

2 민특법(임대주택법)에 따른 임대주택 유형 및 의무임대기간 연혁

아래와 같이 임대주택에 대한 명칭 및 의무임대기간은 1994. 4. 1. 최초 「임대주택법」이 시행되다가 2015. 12. 29.부터는 「민특법」으로 명칭이 변경되었으며, 2020. 7. 10. 민특법 개정으로 2020. 8. 18. 이후부터는 모든 단기임대주택은 폐지(2025. 6. 4. 이후 6년 단기임대 부활)되고 매입형 아파트에 대해서는 더 이상 장기임대주택으로 등록할 수 없게 되었다.

[민특법상 임대등록 시점별 임대유형 및 의무임대기간 변천]

임대등록 시기	임대유형	의무임대기간	관련법령
1994. 4. 1. ~ 2013. 12. 4.	매입임대주택	5년 이상	임대주택법 (제2조 제3호)
2013. 12. 5. ~ 2015. 12. 28.	매입임대주택	5년 이상	
	준공공임대주택	10년 이상	
2015. 12. 29. ~ 2018. 7. 16.	단기임대주택	4년 이상	민간임대주택에 관한 특별법 (제2조 제5, 6호, 6호의2)
	준공공임대주택	8년 이상	
2018. 7. 17. ~ 2020. 8. 17.	단기민간임대주택	4년 이상	
	장기일반민간임대주택	8년 이상	
2020. 8. 18. ~ 2025. 6. 3.	장기일반민간임대주택	10년 이상	
2025. 6. 4. 이후	단기민간임대주택	6년 이상	
	장기일반민간임대주택	10년 이상	

3 임대등록 적용 요건

민특법상 임대주택은 의무임대기간, 임대료(또는 임대보증금) 5% 증액제한, 부기등기 의무, 임대보증금에 대한 보증보험 가입의무 등에 대한 의무규정만 있고 관련 세제혜택은 소득세법, 조세특례제한법 등 개별세법에서 별도로 규정하고 있다.

여기서 눈여겨 볼 사항은 민특법상 건설임대주택은 단독주택 1호(다가구주택은 1동) 또는 공동주택은 1세대 이상이면 임대사업자의 주택 수 요건을 충족하지만, 소득세법 등에 대한 각 종 세제혜택을 적용받기 위한 건설임대주택의 주택 수 요건은 2호 이상이어야 한다는 점이다(양도집행 104-167의3-17).

[민특법상 임대주택 주요 적용요건]

구 분	2020. 8. 17. 이전	2020. 8. 18. ~ 2025. 6. 3.	2025. 6. 4. 이후
적용주택	모든 주택	모든 주택(매입형 아파트 제외)	모든 주택(매입형 아파트 제외)
임대기간	4년(단기) · 8년(장기) 이상 임대	10년(장기) 이상 임대	6년(단기) · 10년(장기) 이상 임대
가액요건	제한 없음		
면적요건	제한 없음(오피스텔은 전용면적 120㎡ 이하)		
증액제한	임대료 등 증가율 5% 범위 이내(임대등록 이후 체결한 임대차계약 분부터 적용)		

Ⅱ 개별세법상 적용 요건

주택임대사업자가 양도소득세 등 세제혜택을 적용받기 위해서는 그 반대급부로 일정한 요건 및 의무사항을 준수해야 하는데, 그 중 가장 대표적인 적용요건이 1 가액요건, 2 면적 요건, 3 증액제한 요건, 4 의무임대기간 요건이다.

1 가액요건(기준시가 요건)

가액요건은 일반적으로 "임대개시일 당시 기준시가(개별주택가격 또는 공동주택가격)가 6억원(수도권 밖 3억원) 이하"인지 여부를 판단하는 기준금액이며, 이러한 기준시가 요건은 임대개시일 당시에만 충족하면 되고, 임대개시일 이후 기준시가가 기준금액을 초과하더라도 세제혜택을 적용받을 수 있다. 이 경우 상속인이 임대주택을 상속받은 경우에는 피상속인의 임대개시일 당시 기준시가를 기준으로 판단한다.

[세제혜택 적용시 임대주택 가액요건]

<table>
<tr><th colspan="2">세제혜택</th><th>매입임대주택</th><th>건설임대주택</th></tr>
<tr><td colspan="2">① 비과세 거주요건 배제</td><td colspan="2">제한 없음</td></tr>
<tr><td colspan="2">② 거주주택 비과세 특례</td><td rowspan="4">6억원(수도권 밖 3억원) 이하</td><td>지역 관계없이 6억원 이하</td></tr>
<tr><td colspan="2">③ 양도소득세 중과배제</td><td>지역 관계없이 9억원 이하</td></tr>
<tr><td colspan="2">④ 장기보유특별공제율 추가적용</td><td>지역 관계없이 6억원 이하</td></tr>
<tr><td colspan="2">⑤ 종합부동산세 합산배제</td><td>지역 관계없이 9억원 이하</td></tr>
<tr><td colspan="2">⑥ 임대소득세 감면</td><td colspan="2">지역 및 임대유형 관계없이 6억원 이하</td></tr>
<tr><td colspan="2">⑦ 장기보유특별공제율 과세특례</td><td colspan="2">6억원(수도권 밖 3억원) 이하</td></tr>
<tr><td colspan="2">⑧ 양도소득세 100% 세액감면</td><td>6억원(수도권 밖 3억원) 이하</td><td>세제혜택 적용불가</td></tr>
<tr><td colspan="2">⑨ 취득세 감면</td><td>6억원(수도권 밖 3억원) 이하</td><td>제한 없음</td></tr>
<tr><td rowspan="2">⑩ 재산세 감면</td><td>공동주택</td><td>6억원(수도권 밖 3억원) 이하</td><td>9억원(수도권 밖 3억원) 이하</td></tr>
<tr><td>오피스텔</td><td colspan="2">4억원(수도권 밖 2억원) 이하</td></tr>
<tr><td colspan="2">※ '25. 6. 4. 이후 6년 단기임대주택</td><td>4억원(수도권 밖 2억원) 이하</td><td>지역 관계없이 6억원 이하</td></tr>
</table>

(1) 기준시가 판단기준일

기준시가를 산정하기 위한 임대개시일은 「민특법」 제5조에 따른 임대사업자등록과 「소득세법」 제168조에 따른 사업자등록을 모두 한 날부터 기산한다. 따라서, 국세의 세제혜택을 적용받기 위해서는 ① 실제 임대한 날, ② 시·군·구 임대등록일, ③ 세무서 사업자등록일 중 늦은 날의 기준시가가 가액요건에 적합해야 한다.

(2) 다가구주택의 기준시가 산정방법

「건축법 시행령」 별표1 제1호 다목에 해당하는 다가구주택의 기준시가는 아래와 같이 개별주택가격에 다가구주택 전체 면적에서 한 가구가 독립하여 거주할 수 있도록 구획된 부분의 주택면적(공유지분 포함)이 차지하는 비율을 곱하여 산정한다. 결국 다가구주택은 각 호별로 구분된 부분을 하나의 주택으로 보아 가액요건(기준시가)의 충족여부를 판단하는 것이다.

$$\bullet \text{ 개별주택가격} \times \frac{\text{구획된 부분의 주택면적}}{\text{다가구주택의 전체 면적}}$$

(3) 일부 세제혜택에 대한 가액요건 변화

임대주택에 대해서는 대부분 가액요건이 적용되었지만, 장기보유특별공제율 특례적용(조특법 §97의3)과 양도소득세 100% 세액감면(조특법 §97의5)은 가액요건이 적용되지 않다가, 2018. 9. 14. 이후 해당 주택을 취득하는 분부터는 가액요건이 적용되었으며, 취득세 및 재산세 감면을 적용받기 위한 가액요건은 2020. 8. 12. 이후 취득(취득세) 및 임대등록(재산세)하는 분부터 적용하게 되었다.

(4) 임대개시일 당시의 기준시가 판단시 주택공시일 적용

주택공시가격은 국토교통부에서 매년 1월 1일을 기준(주택공시기준일)으로 하여 평가한 가격을 주택공시일(보통 4월 30일)에 공시하고 있다. 따라서, 주택공시가격은 주택공시일에 공시한 가격을 다음연도 주택공시일까지 적용한다. 예를 들어, ① 임대개시일이 2024. 2. 10.인 경우 임대개시일 당시 기준시가인 2024년 주택공시가격은 2024. 4. 30.에 공시되므로 새로운 주택공시가격이 공시되기 전까지는 직전 연도의 공시가격인 2023년 주택공시가격을 적용하고, ② 임대개시일이 2024. 5. 15.인 경우에는 임대개시일 당시 기준시가는 2024년에 공시된 주택공시가격을 적용하는 것이다.

(5) 임대개시일 당시 주택공시가격이 없는 경우 기준시가 산정방법

주택이 완공되지 않은 상태이거나 주택이 완공되었으나 주택공시가격이 공시되기 전에 임대등록하는 경우 임대개시일 당시 기준시가는 납세지 관할 세무서장이 인근 유사주택의 주택공시가격을 고려하여 「소득세법 시행령」 제164조 제11항의 방법(소득령 §164 ⑦에 따른 최초 고시되는 공시가격 기준 환산가액 아님)에 따라 평가한 가액을 적용할 수 있다. 이 경우 납세자는 주소지 관할 세무서장에게 「주택공시가격이 없는 주택의 가격평가 신청서」를 제출하여 공시가격을 확인받을 수 있다.

관련 법령

주택공시가격이 없는 주택의 가격은 납세지 관할세무서장이 「지방세법」 제4조 제1항 단서에 따라 시장·군수가 산정한 가액을 평가한 가액으로 하거나 둘 이상의 감정평가법인 등에게 의뢰하여 해당 주택에 대한 감정평가법인 등의 감정가액을 고려하여 평가할 수 있다(소득령 §164 ⑪).

관련 해석 사례

1. 「소득세법시행령」 제167조의3 제1항 제2호에서 규정한 장기임대주택에 대한 기준시가는 소유지분에 관계없이 주택 전체를 기준으로 판단하는 것이며, 임대개시일은 「소득세법」 제168조에 따른 사업자등록과 「민간임대주택에 관한 특별법」 제5조에 따라 임대주택으로 등록하고 실제로 임대를 개시한 날이 되는 것이다(부동산납세과-543, 2020. 6. 10, 서울고법 2023누33820, 2023. 1. 13).
2. 상속인이 피상속인의 임대사업자의 지위를 승계 받아 합산배제 임대주택을 계속 임대할 경우 「종합부동산세법 시행령」 제3조 제1항 제8호 가목의 임대개시일의 공시가격 요건은 "피상속인의 임대개시일"을 기준으로 적용하는 것이다(법령해석재산-1054, 2020. 5. 28).
3. 공동주택가격이 공시되기 전에 임대사업자등록을 하는 경우로서 공동주택가격이 없는 경우에는 납세지 관할세무서장이 인근 유사주택의 공동주택가격을 고려하여 「소득세법 시행령」 제164조 제11항(지방자치단체장이 산정한 가액 또는 감정가액 등)의 규정에서 정하는 방법에 따라 평가한 가액으로 하는 것이다(부동산납세과-209, 2019. 2. 28).
4. 다가구주택은 한 가구가 독립하여 거주할 수 있도록 구획된 부분을 각각 하나의 주택으로 보아 임대기간과 해당 주택의 임대개시일 당시 6억원(수도권 밖 3억원) 이하 여부를 판단하는 것이다(부동산납세과-328, 2018. 3. 22).

2 면적요건(국민주택규모 이하)

면적요건은 임대주택으로 등록한 주택의 전용면적이 "국민주택규모 이하"에 해당하는지 여부를 묻는 것으로 면적요건이 적용되는 주요 세제혜택은 「조세특례제한법」 제97조의3에 따른 장기보유특별공제율 특례적용과 제97조의5에 따른 양도소득세 100% 세액감면 규정이 이에 해당한다.

(1) 국민주택규모의 의미

면적요건이 적용되는 "국민주택규모"란 주거의 용도로만 쓰이는 면적(주거전용면적)이 1호 또는 1세대당 85㎡(수도권 밖 도시지역이 아닌 읍·면지역은 100㎡) 이하인 주택을 말하며, 이러한 면적요건은 가액요건이 임대개시일 당시에만 적용되는 것과는 달리 "임대주택 등록 시점부터 양도 시점"까지 계속 충족해야 세제혜택을 적용받을 수 있다.

관련 해석 사례

장기일반민간임대주택의 보유기간 중 재건축사업으로 장기일반민간임대주택이 「주택법」 제2조 제6호에 따른 국민주택규모를 초과하게 되는 경우에는 「조세특례제한법」 제97조의3에 따른 장기일반민간임대주택등에 대한 양도소득세의 과세특례가 적용되지 않는다(법규재산-6935, 2022. 4. 21).

(2) 다가구주택의 국민주택규모 판단 및 임대등록 방법

원칙적으로 단독주택은 각 층의 주거전용 면적을 합하여 국민주택규모 초과 여부를 판단하는 것이 원칙이나, 주택임대사업자가 건축법상 단독주택으로 보는 다가구주택을 임대하는 경우에는 예외적으로 앞서 설명한 가액요건과 동일하게 가구당 전용면적을 기준으로 국민주택규모 초과 여부를 판단한다.

다만, 뒤에서 살펴 볼 재산세 감면규정이 적용되는 다가구주택의 경우에는 본인이 거주하는 호수를 제외한 모든 호수의 전용면적이 40㎡ 이하이어야 한다.

여기서 주의할 사항은 다가구주택의 소유자가 본인이 거주하는 가구(호실)를 제외한 나머지 전부를 임대하는 경우 다가구주택은 민간임대주택으로 등록은 가능하지만, 해당 주택은 단독주택으로 분류되므로 다가구주택 한 채(한 동)는 1호로 임대등록된다는 점이다(민특령 §2의2).

[세제혜택 적용시 임대주택 면적요건]

<table>
<tr><th>세제혜택</th><th>매입임대주택</th><th>건설임대주택</th></tr>
<tr><td>① 비과세 거주요건 배제</td><td colspan="2">제한 없음</td></tr>
<tr><td>② 거주주택 비과세 특례</td><td rowspan="4">제한 없음</td><td rowspan="3">• 대지면적 298㎡ 이하
• 전용면적 149㎡ 이하</td></tr>
<tr><td>③ 양도소득세 중과배제</td></tr>
<tr><td>④ 장기보유특별공제율 추가적용</td></tr>
<tr><td>⑤ 종합부동산세 합산배제</td><td>전용면적 149㎡ 이하</td></tr>
<tr><td>⑥ 임대소득세 감면</td><td colspan="2">전용면적 85㎡(수도권 밖 읍·면지역 100㎡) 이하</td></tr>
<tr><td>⑦ 장기보유특별공제율 과세특례</td><td colspan="2">전용면적 85㎡(수도권 밖 읍·면지역 100㎡) 이하</td></tr>
<tr><td>⑧ 양도소득세 100% 세액감면</td><td>전용면적 85㎡(수도권 밖 읍·면 지역 100㎡) 이하</td><td>세제혜택 적용불가</td></tr>
<tr><td>⑨ 취득세 감면</td><td colspan="2">공동주택, 오피스텔 : 전용면적 60㎡ 이하</td></tr>
<tr><td rowspan="2">⑩ 재산세 감면</td><td colspan="2">공동주택, 오피스텔 : 전용면적 85㎡ 이하</td></tr>
<tr><td colspan="2">다가구주택 : 전용면적 40㎡ 이하</td></tr>
</table>

3 증액제한 요건(임대보증금·월 임대료 증가율 5% 범위 이내)

증액제한 요건은 의무임대기간 동안 임대보증금 또는 월 임대료(이하 "임대료"라 한다)를 증액할 경우 기존임대료(또는 최초임대료)를 기준으로 5%를 초과할 수 없다는 규정으로 기존 임차인과의 갱신계약 뿐만 아니라 새로운 임차인과 신규계약을 체결하는 경우에도 동일하게 적용하며, 임대료 증액 청구는 임대료 증액이 있은 후 1년 이내에는 하지 못한다.

(1) 임대료 5% 증액제한 규정의 적용 대상 및 시기

증액제한 요건은 조세특례제한법상 「장기보유특별공제율 특례적용 및 양도소득세 100% 감면」과 지방세특례제한법상 「취득세 및 재산세 감면」은 임대등록한 이후 체결한 임대차계약 분부터 적용되지만, 소득세법이 적용되는 거주주택 비과세 특례와 종합부동산세법이 적용되는 종합부동산세 합산배제 등은 2019. 2. 12. 이후 최초로 임대차계약을 체결(신규계약)하거나 기존 계약을 갱신하는 임대차계약을 기준(최초 임대료)으로 증액제한 위반여부를 판단한다.

(2) 임대료 5% 증액제한의 기준이 되는 임대료 판단

임대료 증가율 5% 초과 여부를 판단함에 있어 증액제한의 기준이 되는 기존 임대차계약을 "최초임대료"라 한다. 이 경우 최초임대료에 대한 기준 및 판단은 아래에서 보는 바와 같이 적용 시기에 따라 다르게 적용된다.

1) 민특법상 증액제한 적용기준

「민특법」 제44조의 개정(2019. 10. 24. 시행)으로 최초임대료는 2019. 10. 24. 전·후를 기준으로 임대주택을 언제 등록했는지에 따라 다르게 적용된다. 예를 들어, 2019. 10. 23. 이전에 임대등록한 경우에는 임대등록일 이후 새로 임대차계약을 체결하거나 종전계약을 갱신할 때의 임대료가 최초임대료가 되는 것이며, 2019. 10. 24. 이후에 임대등록하는 경우로서 임대등록 당시 기존에 임대 중인 임대차계약이 있는 경우에는 그 종전임대차계약에 따른 임대료가 최초임대료가 된다.

[민특법상 증액제한 적용기준]

임대등록 시점	임대차계약 체결 여부	최초임대료	증액제한 기준임대료
2019. 10. 23. 이전	임대등록 당시 임대차계약 기(旣) 존재	임대등록 이후 체결한 임대차계약	최초임대료 이후 체결한 임대차계약
2019. 10. 24. 이후	임대등록 당시 임대차계약 미(未) 존재		
	임대등록 당시 임대차계약 기(旣) 존재	임대등록 당시 존속 중인 종전 임대차계약	종전 임대차계약 이후 체결한 임대차계약

적용 사례 1 임대등록일이 2019. 10. 23. 이전인 경우 민특법상 최초임대료 적용시점

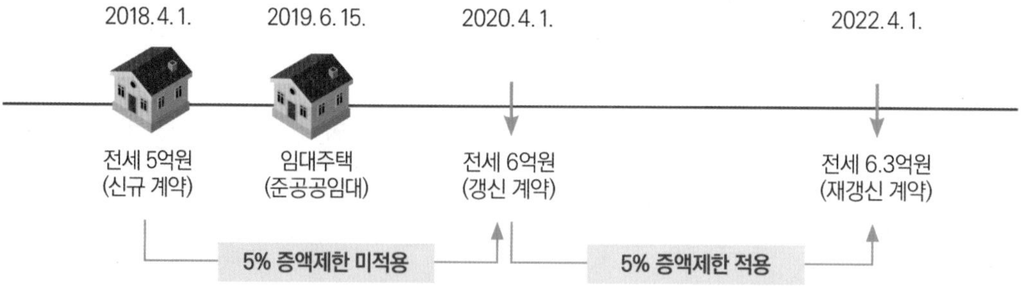

해설 2019. 10. 23. 이전에 임대주택으로 등록한 경우에는 임대사업자로 등록한 이후 새로 임대차계약을 체결하거나 종전 임대차계약을 갱신할 때의 임대료가 최초임대료가 된다. 따라서 종전 임대보증금 5억원과는 상관없이 임대등록 이후 2020. 4. 1. 갱신 임대보증금 6억원이 최초임대료가 되므로 증액제한을 적용받지 않고, 2022. 4. 1. 재갱신 임대보증금 6.3억원도 갱신 임대보증금 6억원에 비해 5% 이내 증액하였으므로 민특법상 과태료가 부과되지 않는다.

적용 사례 2 임대등록일이 2019. 10. 24. 이후인 경우 민특법상 최초임대료 적용시점

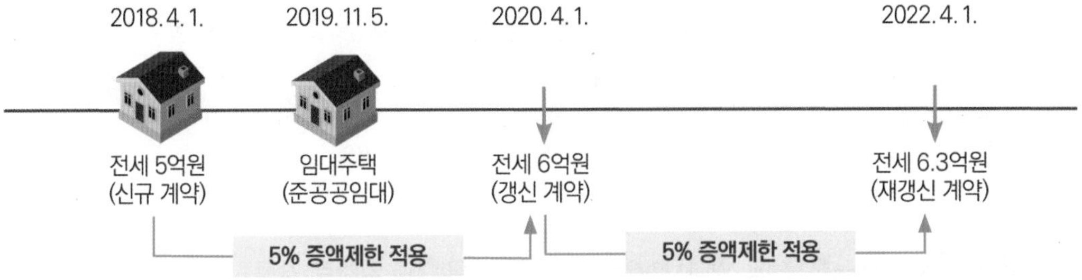

해설 2019. 10. 24. 이후에 임대등록한 경우로서 등록 시점에 이미 임대차계약이 체결되어 있었던 경우 종전 임대차계약의 임대료가 최초임대료가 된다. 따라서 종전 임대보증금 5억원이 최초임대료가 되며, 2020. 4. 1. 갱신 임대보증금 6억원이 종전 임대보증금 5억원에 비해 5%를 초과하였으므로 민특법상 과태료가 부과된다.

2) 조세특례제한법상 증액제한 적용기준

조세특례제한법상 「장기보유특별공제율 과세특례」와 「양도소득세 100% 세액감면」 규정은 임대등록한 후 최초로 임대차계약을 체결하거나 기존계약을 갱신할 때의 임대료가 최초임대료가 되며, 그 최초임대료를 기준으로 다음 임대료를 증액하는 경우에는 5%를 초과할 수 없다.

적용 사례 1 임대등록 후 임대차계약을 체결한 경우 최초임대료 적용시점

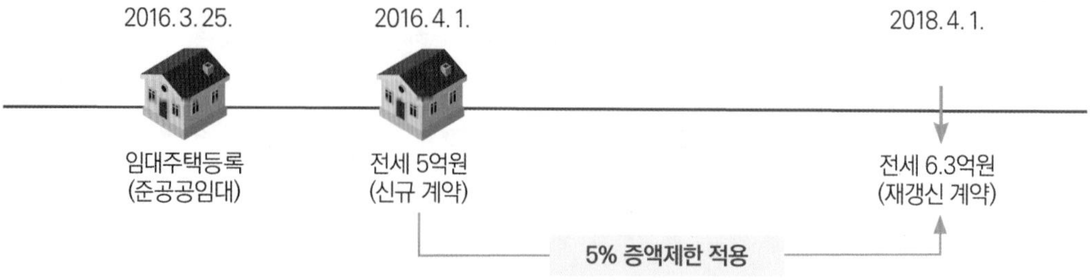

해설 조세특례제한법 제97조의3(장기보유특별공제율 과세특례) 및 제97조의5(양도소득세 100% 세액감면)에 따른 임대료 증액제한 기준은 준공공임대주택(장기일반민간임대주택)으로 임대등록한 후 2016. 4. 1.에 작성한 임대차계약서상 임대보증금이 최초임대료가 된다. 따라서, 갱신 임대보증금 6.3억원이 종전 임대보증금에 비해 5%를 초과하였으므로 조세특례제한법상 세제혜택을 적용받을 수 없다.

적용 사례 2 임대등록 전에 임대차계약이 체결된 경우 최초임대료 적용판단

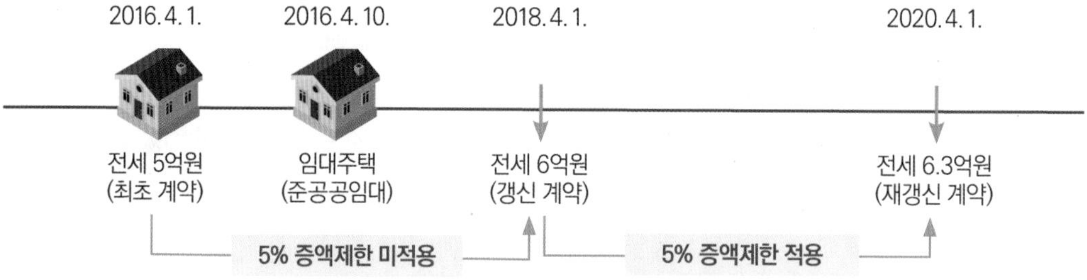

해설 조세특례제한법 제97조의3(장기보유특별공제율 과세특례) 및 제97조의5(양도소득세 100% 세액감면)에 따른 임대료 증액제한 기준은 준공공임대주택(장기일반민간임대주택)으로 임대등록한 후 2018. 4. 1.에 작성한 임대차계약서상 임대보증금이 최초 임대료가 된다. 따라서 종전 임대보증금 5억원을 기준으로 2018. 4. 1. 갱신 임대보증금 6억원은 증액제한을 적용받지 않으며, 임대등록 이후 2020. 4. 1. 재갱신 임대보증금 6.3억원이 갱신 임대보증금 6억원에 비해 5% 이내 증액되었으므로 조세특례제한법상 세제혜택을 적용받을 수 있다.

비교 사례 임대등록 전에 임대차계약이 체결된 경우 최초임대료 판단시 민특법과 비교

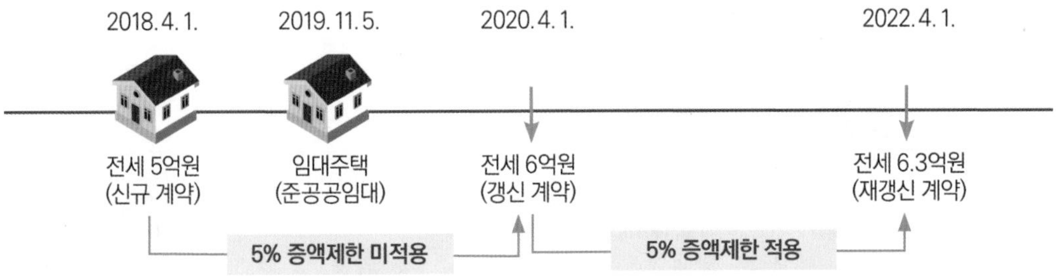

해설 조세특례제한법상의 세제혜택 적용에 따른 임대료 증액제한 기준은 준공공임대주택(장기일반민간임대주택)으로 임대등록한 후 체결한 임대차계약서상 임대보증금이 최초임대료가 되는 것이므로 민특법과는 달리 2019. 10. 24. 이후 임대등록한 경우에도 임대등록 당시 기존에 임대 중인 임대차계약은 최초임대료에 해당하지 않는다. 따라서 2022. 4. 1. 재갱신 임대보증금 6.3억원이 갱신 임대보증금 6억원에 비해 5% 이내 증액되었으므로 조세특례제한법상 세제혜택을 적용받을 수 있다.

관련 해석 사례

1. 「조세특례제한법」 제97조의3 제1항 제3호에 따른 임대료증액 제한 기준이 되는 최초의 계약은 장기일반민간임대주택(준공공임대주택)으로 등록한 후 작성한 표준임대차계약이 되는 것이다(재산세제과-527, 2018. 6. 18).
2. 임대차계약을 승계받아 장기일반민간임대주택으로 임대등록한 경우 「조세특례제한법」 제97조의3 제1항 제2호에 따른 임대료 증액제한 기준이 되는 최초의 계약은 임대등록한 후 작성한 표준임대차계약이 되는 것이다(부동산납세과-3415, 2022. 11. 3).
3. 임대료 증액제한을 계속 유지하다가 양도하기 전에 갱신한 임대차계약의 임대료가 종전 임대차계약 대비 5%를 초과하는 경우에는 비록 임대료 증액제한 요건을 단 1회 위반하였더라도 조특법 제97조의3에 따른 장기보유특별공제율 특례를 적용할 수 없다(조심 2021서5515, 2021. 11. 23).

3) 소득세법상 증액제한 적용기준

민특법과 조세특례제한법 규정과는 달리 소득세법상 임대료 증액제한의 기준이 되는 임대료는 2019. 2. 12. 이후 최초로 임대차계약을 체결하거나 종전계약을 갱신할 때의 임대료가 최초임대료가 되며 그 최초임대료를 기준으로 다음 임대료를 증액하는 경우에는 5%를 초과할 수 없다.

적용 사례 소득세법상 최초임대료 적용시점

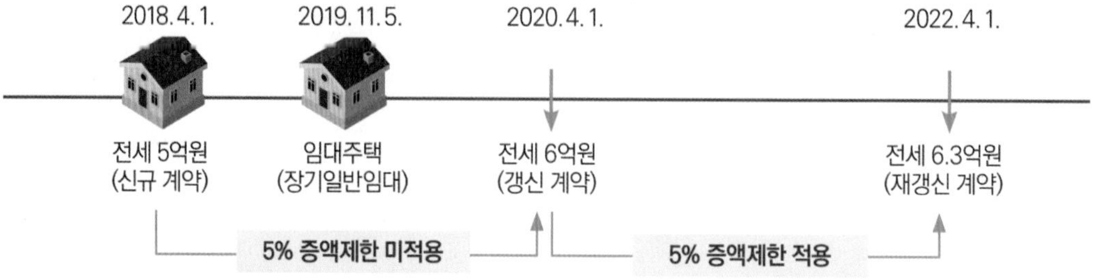

해설 소득세법 시행령에 따른 임대료 증액제한의 기준이 되는 최초 임대료는 2019. 2. 11. 이전에 체결된 임대차계약과는 상관없이 2019. 2. 12. 이후 임대차계약을 갱신하거나 새로 체결하는 분부터 적용하므로 2020. 4. 1. 이후 임대차계약 분부터 임대료 증액제한을 준수하면 된다. 따라서 재갱신 임대보증금 6.3억원이 갱신 임대보증금 6억원에 비해 5% 이내 증액되었으므로 소득세법상 세제혜택을 적용받을 수 있다.

관련 해석 사례

1. 「소득세법 시행령」 제155조 제20항 제2호의 장기임대주택의 임대보증금 또는 임대료 상한 규정의 기준이 되는 최초의 계약은 「소득세법 시행령」 시행일 이후 최초로 체결한 표준임대차계약(민특법 시행규칙 별지 제24호 서식)이 되는 것이다(부동산납세과 - 155, 2021. 2. 3).
2. 소득세법 시행령 §155 ⑳에 따른 장기임대주택의 임대료 증액제한의 기준이 되는 최초임대료는 민간임대주택법상 임대등록 여부와 관계없이 2019. 2. 12. 이후 임대주택으로 등록한 후 최초로 체결(갱신)하는 임대차계약의 임대료이다(법규재산 - 0036, 2022. 12. 2).

[소득세법과 민간임대주택법상 증액제한 기준대상 최초임대료 비교]

구 분	소득세법	민간임대주택법	
		2019. 10. 23. 이전 등록	2019. 10. 24. 이후 등록
최초임대료 (기준임대료)	2019. 2. 12. 이후 체결(갱신)된 임대차계약	임대등록 후 체결(갱신)된 임대차계약	임대등록 당시 존속 중인 임대차계약

(3) 말소된 임대주택을 재등록하는 경우 증액제한의 기준이 되는 임대료 판단

임대등록이 말소되어 재등록하면 재등록 시점부터 임대료 증액제한을 다시 준수해야 한다. 이 경우 임대료 증액제한의 기준이 되는 임대료는 임대주택을 재등록한 후 최초로 체결하는 임대차계약서상 임대료가 최초임대료가 된다. 결국 말소된 임대주택을 재등록하는 경우에는 민특법과 세법상 증액제한의 규정이 동일하게 적용되는 것이다.

관련 해석 사례

1. 2019. 12. 16. 이전 소득세법 및 민간임대주택법에 따라 임대사업자 등록을 신청한 임대주택의 임대사업자등록이 자동말소된 후, 양도일까지 임대료 증액제한 5%를 준수하지 않아도 1세대 1주택 비과세 적용시 거주기간 요건을 준수하지 않더라도 비과세된다(법규재산-4654, 2023. 7. 10).
2. 소득령 §155 ⑳ 적용시 단기임대주택이 자진 말소된 후 장기일반민간임대주택으로 재등록한 경우 거주주택 비과세 적용시 장기임대주택의 임대료 증액 상한의 기준은 재등록 이후 작성한 표준임대차 계약이다(법규재산-6177, 2022. 10. 26).
3. 조특법 제97조의5에 따른 준공공임대주택을 임대하던 중 재개발 등으로 신축된 주택을 취득하고 준공공임대주택으로 등록하여 임대를 개시하는 경우 신축주택의 임차인과의 계약을 최초의 임대차계약으로 보아 임대보증금 및 임대료를 산정하는 것이다(법령해석재산-0082, 2017. 11. 24).

※ 임대보증금과 월임대료의 상호 전환시 임대료 증가율(5% 증액제한) 계산

임대사업자가 임대료의 증액을 청구하면서 임대보증금과 월임대료를 상호 간에 전환하는 경우에는 「민간임대주택에 관한 특별법」 제44조 제4항에 따라 정한 규정을 준용한다. 이 경우 임대보증금과 월임대료를 상호 전환하는 경우에는 임차인의 동의를 받아야 한다.

- 렌트홈(www.renthome.go.kr) 홈페이지에서 「임대료 인상률 계산」 클릭 → 「변경 전」 항목에 기존 임대보증금 또는 월 임대료 입력 → 「계산하기」 클릭 → 「변경 후」 항목에서 5% 증액제한 산정금액 확인

[세제혜택 적용 시점별 증액제한 요건]

세제혜택	증액제한 기준대상 최초임대료
① 비과세 거주요건 배제	2019. 2. 12. 이후 새로 계약을 체결하거나 기존 계약을 갱신하는 임대차계약 분부터 적용 (소득세법 및 종합부동산세법)
② 거주주택 비과세 특례	
③ 양도소득세 중과배제	
④ 장기보유특별공제율 추가적용	
⑤ 종합부동산세 합산배제	
⑥ 임대소득세 감면	
⑦ 장기보유특별공제율 과세특례	임대등록 이후 체결한 임대차계약 분부터 적용 (조세특례제한법)
⑧ 양도소득세 100% 세액감면	
⑨ 취득세 감면	임대등록 이후 체결한 임대차계약 분부터 적용 (지방세특례제한법)
⑩ 재산세 감면	

4 의무임대기간 요건

주택임대사업자가 주택을 임대등록한 후 민특법과 각 세법 규정에서 정한 의무임대기간을 준수해야 하는데, 특히 소득세법 및 조세특례제한법상 세제혜택을 적용받기 위한 의무임대기간은 아래와 같이 임대주택 등록 시기에 따라 각각 다르게 적용되고 있다.

[주요 세법상 세제혜택 및 의무임대기간 변천]

<table>
<tr><th>구 분</th><th>세제혜택</th><th>'18. 3. 31.
이전</th><th>'18. 4. 1. ~
'20. 7. 10.</th><th>'20. 7. 11. ~
'20. 8. 17.</th><th>'20. 8. 18.
이후</th></tr>
<tr><td rowspan="2">소득세법</td><td>거주주택 비과세특례</td><td rowspan="3">5년 이상</td><td>5년 이상</td><td>8년 이상</td><td>10년 이상</td></tr>
<tr><td>양도소득세 중과배제</td><td>8년 이상</td><td>8년 이상</td><td>10년 이상</td></tr>
<tr><td>종합부동산세법</td><td>종합부동산세 합산배제</td><td>8년 이상</td><td>8년 이상</td><td>10년 이상</td></tr>
<tr><td rowspan="2">조세
특례제한법</td><td>장기보유특별공제
특례적용(50%, 70%)</td><td colspan="3">8년 이상 또는 10년 이상</td><td>10년 이상</td></tr>
<tr><td>양도소득세 100% 세액감면</td><td colspan="4">10년 이상</td></tr>
<tr><td rowspan="2">지방세
특례제한법</td><td>취득세 감면</td><td colspan="3">4년 또는 8년 이상</td><td rowspan="2">10년 이상</td></tr>
<tr><td>재산세 감면</td><td colspan="3">4년 또는 8년 이상</td></tr>
</table>

※ 2025. 6. 4. 이후 임대등록 분부터는 최소 6년 의무임대기간 적용

(1) 의무임대기간 기산일

양도소득세 등 국세의 세제혜택을 적용받기 위한 의무임대기간의 기산일은 앞서 살펴본 가액요건과 마찬가지로 「민특법」 제5조에 따른 임대사업자등록 및 「소득세법」 제168조에 따른 사업자등록과 실제 임대개시일 중 늦은 날부터 기산한다.

(2) 의무임대기간 등 산정특례

1) 임대기간 중에 임대주택을 상속 또는 증여받는 경우

의무임대기간 중에 임대주택을 양도(포괄양수도 포함)하면 양수받은 자는 승계받은 날부터 다시 의무임대기간을 계산한다. 하지만, 임대주택을 상속(동일세대 및 별도세대 불문)받거나 동일세대원으로 증여받는 경우에는 피상속인 또는 증여자의 임대기간을 상속인 또는 수증자의 임대기간에 합산되므로 상속인 또는 수증자는 나머지 임대기간만 채우면 의무임대기간을 충족한 것으로 본다.

[상속 및 증여받은 임대주택의 의무임대기간 및 가액요건 판단]

구 분	상속 · 동일세대 증여	별도세대 증여
의무임대기간 합산여부	피상속인(증여자)의 임대기간과 상속인(수증자)의 의무임대기간 합산	증여자의 임대기간과 수증자의 의무임대기간 합산 불가
가액요건 판단시점	피상속인(증여자)의 임대개시일 당시 기준	수증자의 임대개시일 당시 기준

관련 해석 사례

1. 동일세대원간 장기임대주택을 증여한 경우 임대의무기간 요건 충족 여부는 증여자의 임대기간과 수증자의 임대기간을 통산하여 판정하는 것이다(법규재산-4972, 2024. 5. 27).
2. 피상속인이 사망 전 「소득세법시행령」 제155조 제20항 및 제21항에 따라 거주주택을 양도하여 1세대 1주택 비과세 특례 적용 후, 상속으로 인해 임대기간 요건을 충족하지 아니하게 된 때에는 「소득세법시행규칙」 제74조에 따른 부득이한 사유에 해당되어 해당 임대주택을 계속 임대하는 것으로 보는 것이다(부동산납세과-144, 2020. 2. 3).

2) 임대기간 중에 임대주택이 수용되는 경우

임대주택이 의무임대기간의 요건을 충족하기 전에 「공익사업을 위한 토지 등의 취득 및 보상에 관한 법률」이나 그 밖의 법률에 따른 협의매수 또는 수용되는 경우에는 의무임대기간을 충족한 것으로 본다(소득령 §167의3 ⑤ 2호 가목).

3) 임대기간 중에 임대주택이 재개발 · 재건축되는 경우

재개발사업 등의 사유로 임대할 수 없는 경우에는 관리처분계획인가일 전 6개월부터 준공일 후 6개월까지의 기간은 계속하여 임대하여 임대한 것으로 보되, 임대기간 계산은 실제 임대한 기간만 포함한다(소득령 §167의3 ⑤ 2호 나목).

4) 임대기간 중에 임대주택이 공실이 발생하는 경우

임대주택을 임대하는 중에 기존 임차인의 퇴거일로부터 다음 임차인이 입주하는데 일정한 기간 공실이 발생하는 점을 고려하여 양도소득세 및 종합부동산세 등 주요 세제혜택 적용시 의무임대기간 및 공실기간 계산은 아래와 같이 산정한다.

[의무임대기간 계산 및 공실기간 처리 방법]

세제혜택	의무임대기간 계산	공실기간 의무임대기간 포함여부
① 비과세 거주요건 배제	통산하여 계산	규정 없음
② 거주주택 비과세 특례		규정 없음
③ 양도소득세 중과배제		6개월 이내 공실은 계속 임대한 것으로 간주 → 3개월 이내 공실은 임대기간에 포함
④ 장기보유특별공제율 추가적용		
⑤ 장기보유특별공제율 과세특례		
⑥ 양도소득세 100% 세액감면	계속하여 계산	6개월 이내 공실은 계속 임대한 것으로 간주 → 임대기간에 불포함, 공실기간 6개월 초과시 세액감면 적용불가
⑦ 종합부동산세 합산배제		2년 이내 공실은 계속 임대한 것으로 간주 → 임대기간에 불포함

관련 해석 사례

1. 전 배우자로부터 재산분할을 원인으로 장기임대주택을 취득한 경우 「소득세법 시행령」 제155조 제20항 및 제22항을 적용할 때 해당 장기임대주택의 임대기간은 본인이 「소득세법」 제168조에 따른 사업자등록을 한 이후 주택을 임대한 기간부터 기산하는 것이다(재산세제과 - 1043, 2024. 9. 3).
2. 거주주택 비과세 특례 적용 후 임대주택이 6개월 초과 공실이 발생하는 경우 소득령 §155 ㉒에 따른 사후관리 위반사유에 해당하여 이미 적용받은 비과세 특례가 추징될 수 있으나, 거주주택을 양도하기 전에 장기임대주택에 6개월을 초과하는 공실이 발생하는 경우에는 사후관리 위반 사유에 해당하지 않으므로 비과세 특례가 적용될 수 있다(법규재산 - 5609, 2022. 4. 14).
3. 공실기간이 여러 번 존재하는 경우에도 각 개별 공실기간이 6개월 이내인 경우에는 「조세특례제한법 시행령」 제97조의5 제1항 제1호에 따라 계속 임대한 것으로 본다(법규재산 - 4965, 2022. 5. 31).
4. 의무임대기간(8년)을 충족하여 자동말소되는 경우에는 의무임대기간 중 3개월을 초과하여 공실이 발생한 경우에도 「조세특례제한법」 제97조의3에 따른 과세특례 적용이 가능하다(법령해석재산 - 4341, 2021. 5. 11).

(3) 임대등록 자진말소 또는 자동말소시 세제혜택 추징여부

2020. 7. 10. 민특법 개정으로 임대등록이 말소(자진말소 또는 자동말소)되는 경우에는 말소된 날에 의무임대기간을 충족한 것으로 보아 과태료가 부과되지 않고 그동안 적용받은 세제혜택도 추징하지 않을 뿐만 아니라 기존 세제혜택도 유지될 수 있다.

(4) 의무임대기간 충족하기 전 포괄 양수도한 경우 세제혜택 추징여부

임대사업자가 의무임대기간 중에 임대주택을 양도하면 원칙적으로 민특법상 최대 3,000만원의 과태료가 부과되지만, 시장・군수・구청장에게 허가를 받은 후 임대주택을 다른 임대사업자에게 양도(포괄 양수도)하는 경우에는 과태료는 부과되지 않는다.

하지만, 포괄적 양수도는 민특법상 임대사업자의 지위만 승계될 뿐, 세법상으로 의무임대기간을 충족하지 못했기 때문에 그동안 적용받은 세제혜택은 추징될 수 있다.

관련 해석 사례

1. 청구인은 민간임대주택특별법 제43조 제2항에 따라 적법하게 쟁점임대주택을 포괄승계의 조건으로 양도하였다고 주장하나, 「소득세법」상 의무임대기간을 채우지 못하고 임대주택을 양도함에 따라 기존 거주주택 양도관련 1세대 1주택 비과세를 적용받은 것에 대해 사후관리가 미충족된 것이므로 청구주장을 받아들이기는 어렵다 할 것이다(조심 2023서10737, 2024. 4. 22).
2. 민간임대주택에 관한 특별법에 따라 임대주택과 임대사업자의 지위를 함께 포괄적으로 양도한 경우(임대의무기간 미충족시 양도는 가능)에도, 종합부동산세 결정에 있어 임대의무기간(5년)을 충족시키지 못하였다면 합산배제 임대주택에 해당하지 않는다(수원지원 2023구합109, 2023. 12. 21).

비교 학습

주요 세제혜택별 의무임대기간 적용범위 변화

1. 2018. 4. 1. ~ 2018. 9. 13. 까지 임대등록한 경우

(1) 양도소득세 중과배제 및 종합부동산세 합산배제

2018. 3. 31. 이전에 임대등록한 경우에는 임대유형(단기/장기)을 불문하고 5년 이상의 의무임대기간을 충족하면 양도소득세 중과배제 및 종합부동산세 합산배제를 적용받을 수 있었으나, 2018. 4. 1. 이후부터 임대등록을 하는 경우에는 장기임대주택으로 등록하여 8년 이상의 의무임대기간을 충족해야 해당 세제혜택을 적용받을 수 있다.

(2) 거주주택 비과세특례

거주주택 비과세특례 적용시 임대주택은 양도소득세 중과배제 및 종합부동산세 합산배제 규정과는 달리 임대유형(단기/장기)을 불문하고 5년 이상의 의무임대기간을 충족하기만 하면 비과세를 적용받을 수 있다.

[2018. 4. 1. 전 · 후 임대등록시 세제혜택 비교]

구 분	'18. 3. 31. 이전 등록	'18. 4. 1. ~ '18. 9. 13. 이전 등록	
		양도소득세 중과배제 및 종합부동산세 합산배제	거주주택 비과세 특례
가액기준	매입임대 : 임대개시일 당시 공시가격 6억원(수도권 밖 3억원) 이하		
	건설임대 : 임대개시일 당시 공시가격 6억원 이하		
임대기간	5년 이상	8년 이상	5년 이상
임대유형	단기임대 또는 장기임대	장기임대	단기임대 또는 장기임대

2. 2018. 9. 14. 이후 조정대상지역 내 주택을 취득하여 임대등록한 경우

(1) 양도소득세 중과배제 및 종합부동산세 합산배제

2018. 9. 14. 이후 조정대상지역내 주택을 취득하여 장기임대주택(건설임대주택은 제외)으로 등록한 경우에는 양도소득세 중과배제 및 종합부동산세 합산배제를 적용받을 수 없다. 다만, 과세기준일 현재 조정대상지역에서 해제된 경우 종합부동산세 합산배제는 적용가능하다.

(2) 거주주택 비과세특례

거주주택 비과세특례 적용시 임대주택은 양도소득세 중과배제 및 종합부동산세 합산배제 규정과는 달리 2018. 9. 14. 이후 조정대상지역에 소재한 주택을 취득하여 임대등록한 경우에도 임대유형(단기/장기)을 불문하고 여전히 5년 이상의 의무임대기간을 충족하기만 하면 비과세를 적용받을 수 있다. 다만, 2020. 7. 10. 이전까지 임대등록한 경우로 한정한다.

[2018. 9. 14. 전 · 후 조정대상지역 내 주택을 취득하여 임대등록한 경우 세제혜택 비교]

구 분	'18. 9. 13. 이전 취득		'18. 9. 14. 이후 취득		비조정대상지역 (취득시기 불문)
	매입임대	건설임대	매입임대	건설임대	
양도소득세 중과배제	적용가능		적용불가	적용가능	적용가능
종합부동산세 합산배제	적용가능		적용불가	적용가능	
거주주택 비과세특례	적용가능		적용가능	적용가능	

3. 2025. 6. 4. 이후 6년 단기민간임대주택으로 임대등록한 경우

2024. 12. 3. 민특법 개정으로 아파트를 제외한 모든 주택은 의무임대기간 최소 6년이 적용되는 단기민간임대주택으로 2025. 6. 4. 이후 임대등록하면 ① 양도소득세 중과배제, ② 종합부동산세 합산배제, ③ 거주주택 비과세 특례, ④ 법인세 추가과세 제외(건설임대주택에 한정)를 적용받을 수 있다(뒤 참고3 적용요건 참조).

참고 1 2025. 6. 3. 까지 등록한 매입임대주택의 주요 적용요건 비교

• **공통점**

구 분	양도소득세 중과배제	종합부동산세 합산배제	거주주택 비과세특례
면적요건	제한 없음		
가액요건	임대개시일 당시 공시가격 6억원(수도권 밖 3억원) 이하		
증액제한	임대료(또는 임대보증금) 증가율 5% 범위 이내		
등록기관	시 · 군 · 구+세무서		

• **차이점**

[양도소득세 중과배제 및 종합부동산세 합산배제 적용시 의무임대기간]

구 분	'18. 3. 31. 이전	'18. 4. 1. ~ '20. 7. 10.	'20. 7. 11. ~ '20. 8. 17.	'20. 8. 18. 이후
의무임대기간	5년(장 · 단기) 이상	8년(장기) 이상	8년(장기) 이상	10년(장기) 이상

※ 세제혜택 적용제외 주택

① 2018. 9. 14. 이후 취득한 조정대상지역 내 주택

② 2020. 7. 11. ~ 2020. 8. 17. 단기임대주택을 장기임대주택으로 변경신고한 주택

③ 2020. 7. 11. ~ 2020. 8. 17. 등록 신청한 장기임대주택 중 매입형 아파트

[거주주택 비과세특례 적용시 의무임대기간]

구 분	'18. 3. 31. 이전	'18. 4. 1. ~ '20. 7. 10.	'20. 7. 11. ~ '20. 8. 17.	'20. 8. 18. 이후
의무임대기간	5년(장 · 단기) 이상	5년(장 · 단기) 이상	8년(장기) 이상	10년(장기) 이상

• 아파트를 제외한 모든 주택은 취득시기 및 조정대상지역 소재 여부를 불문하고 장기일반민간임대주택으로 등록하여 법정요건을 충족한 경우에는 거주주택 비과세 특례 적용가능

※ 세제혜택 적용제외 주택

① 2020. 7. 11. ~ 2020. 8. 17. 단기임대주택을 장기임대주택으로 변경신고한 주택

② 2020. 7. 11. ~ 2020. 8. 17. 등록 신청한 장기임대주택 중 매입형 아파트

참고 2 주택임대사업자의 세제혜택 적용에 따른 일몰 및 제한 규정

세제혜택	매입임대주택	건설임대주택
① 비과세 거주요건 배제[1]	2019. 12. 16. 이전까지 임대등록	
② 거주주택 비과세 특례	2019. 2. 12. 이후 취득한 거주주택 평생1회 제한[2]	
③ 양도소득세 중과배제[3]	2018. 9. 14. 이후 취득한 조정대상지역 주택 적용불가	취득시기 및 지역불문하고 중과배제 적용가능
④ 종합부동산세 합산배제[4]		
⑤ 장기보유특별공제율 추가적용[5]	2018. 3. 31. 이전까지 임대등록	
⑥ 임대소득세 감면	2025. 12. 31.까지 감면적용	
⑦ 장기보유특별공제율 과세특례	2020. 12. 31. 이전까지 임대등록	2027. 12. 31. 이전까지 임대등록
⑧ 양도소득세 100% 감면[6]	2018. 12. 31. 이전까지 임대등록	세제혜택 적용불가
⑨ 취득세 감면	2027. 12. 31.까지 감면적용	
⑩ 재산세 감면	2027. 12. 31.까지 감면적용	

1) 취득 당시 조정대상지역 내 주택을 2019. 12. 17. 이후 임대등록하는 경우 거주요건 적용
2) 2025. 2. 28. 이후 거주주택을 양도하는 경우 횟수제한 없이 비과세 가능
3) 중과유예 조치에 따라 임대주택뿐만 아니라, 중과대상 주택을 2026. 5. 9.까지 양도하는 경우 중과배제 적용
4) 취득 당시 조정대상지역 내 주택의 경우에도 과세기준일 현재 조정대상지역에서 해제된 경우 합산배제 적용가능
5) 거주자는 물론 비거주자도 적용
6) 주택 취득일로부터 3개월 임대등록한 경우에만 적용

참고 3 2025. 6. 4. 이후 임대등록하는 경우 6년 단기임대주택 적용요건

구 분	매입임대주택	건설임대주택
적용주택	아파트를 제외한 모든 주택(1호 이상)	아파트를 포함한 모든 주택(2호 이상)
임대기간	6년(단기) 이상 임대	
가액요건	공시가격 4억원(수도권 밖 2억원) 이하	공시가격 6억원 이하
면적요건	제한 없음	전용면적 149㎡ 이하
증액제한	임대료(또는 임대보증금) 증가율 5% 범위 이내	
등록요건	시 · 군 · 구 + 세무서	
제외주택	조정대상지역 내 주택(거주주택 비과세는 제외)	제한 없음
세제혜택	① 거주주택 비과세, ② 종합부동산세 합산배제, ③ 양도소득세 중과배제, ④ 법인세 추가과세 제외	

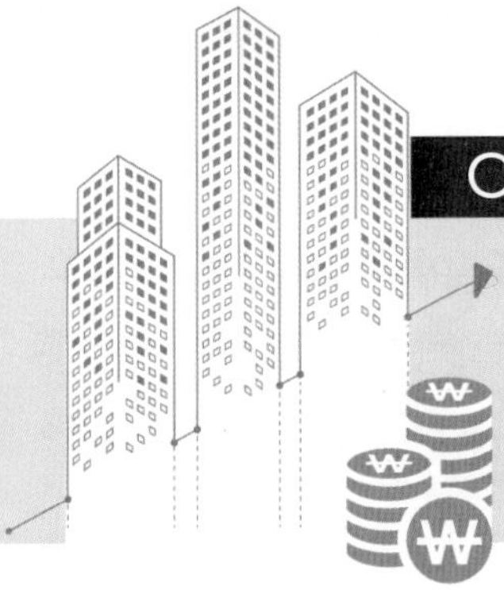

Chapter

3 주택임대사업자의 세제혜택

I 취득세 감면

1 주택분 취득세 기본내용

(1) 과세표준 및 취득세율

주택을 유상(매매 · 경매)으로 취득한 경우 실제 거래가액을 과세표준으로 하고, 상속이나 증여로 취득한 경우에는 주택공시가격을 과세표준으로 한다.

그러나, 2023. 1. 1. 이후 부동산을 증여받는 경우에는 시가인정액(당해 재산의 매매가액 · 감정가액 · 공매 · 경매가격 또는 유사 재산의 매매사례가액)을 과세표준으로 하되 주택공시가격이 1억원 이하이거나 시가인정액을 알수 없는 경우에만 주택공시가격을 과세표준으로 한다.

(2) 취득세율

주택을 취득하는 경우 취득세율은 주택의 취득 유형(유상 · 무상), 소유 주택 수 또는 주택의 소재지(조정대상지역 여부) 등에 따라 각각 다르게 적용된다. 한편 법인이 2020. 8. 12. 이후 주택을 유상으로 취득하는 경우에는 취득가액, 소유 주택 수 및 소재지를 불문하고 무조건 12%의 취득세율이 적용된다.

(3) 취득세 신고·납부 기한

주택을 유상으로 취득한 경우에는 주택 취득일로부터 60일 이내에 주택소재지 관할 시 · 군 · 구에 취득세를 신고 · 납부해야 하며, 주택을 무상으로 취득한 경우 신고 · 납부기한은 아래와 같다.

구 분	신고납부 기한
상 속	상속개시일(사망일)이 속하는 달의 말일로부터 6개월 이내
증 여	증여계약일(등기접수일 아님)이 속하는 달의 말일로부터 3개월 이내

2 주택임대사업자의 취득세 감면(개인·법인 동일)

(1) 기본 요건

주택임대사업자(의무임대기간 최소 10년, 증액제한 준수 등)가 임대형기숙사 또는 공동주택을 건축하거나 건축주로부터 실제 입주한 사실이 없는 임대형기숙사, 공동주택 또는 오피스텔을 최초로 유상거래(부담부증여는 제외)로 취득하여 임대하는 경우에는 아래의 취득세를 2027. 12. 31. 까지 감면한다(지특법 §31의3 ①, ②).

다만, 취득 당시의 취득가액이 3억원(수도권은 6억원)을 초과하는 공동주택과 오피스텔은 감면 대상에서 제외한다(지특법 §31의3 ② 단서).

1) 취득세 100% 감면

① 임대형기숙사 또는 전용면적 60㎡ 이하인 공동주택을 건축하기 위하여 토지를 취득하는 경우
② 임대형기숙사 또는 전용면적 60㎡ 이하인 공동주택을 건축하여 취득하는 경우
③ 임대형기숙사, 전용면적 60㎡ 이하인 공동주택 또는 오피스텔을 취득하는 경우

2) 취득세 50% 감면

① 전용면적 60㎡ 초과 85㎡ 이하인 장기임대주택을 20호 이상 건축하여 취득하거나 20호 이상의 장기임대주택을 보유한 임대사업자가 추가로 장기임대주택을 건축하여 취득하는 경우
② 전용면적 60㎡ 초과 85㎡ 이하인 장기임대주택을 20호 이상 취득하거나 20호 이상의 장기임대주택을 보유한 임대사업자가 추가로 장기임대주택을 취득하는 경우

(2) 감면대상 주택

취득세 감면대상 주택은 신축한 임대형기숙사 또는 공동주택과 건축주로부터 최초 유상

취득하는 임대형기숙사, 공동주택(아파트 제외) 또는 주거용 오피스텔만 적용하므로, 단독주택이나 다가구주택을 최초 취득하거나 임대형기숙사, 공동주택 또는 주거용 오피스텔을 유상 승계취득 및 상속·증여로 취득하면 취득세를 감면받을 수 없다.

여기서 눈여겨 볼 사항은 다가구주택을 취득하여 임대하는 경우 취득세 감면은 없지만, 뒤에서 살펴 볼 재산세 감면의 세제혜택은 적용받을 수 있다는 점이다.

(3) 건설임대주택의 취득세 감면 적용시 주택유형

건설임대사업자가 임대형기숙사 또는 공동주택을 건축하여 임대하는 경우에는 취득세 감면이 적용되나, 다가구주택이나 주거용 오피스텔은 공동주택에 해당하지 않아 건설임대주택으로 등록하더라도 취득세를 감면받을 수 없다. 이 경우 매입임대주택과는 달리 아파트를 건축하여 건설임대주택으로 등록하면 취득세를 감면받을 수 있다.

[매입임대주택과 건설임대주택의 취득세 감면 비교]

구 분	매입임대주택	건설임대주택
대상주택	공동주택(아파트 제외) 또는 오피스텔	공동주택(아파트 포함)
가액요건	취득가액 6억원(수도권 밖 3억원) 이하	가액요건 제한없음
등록요건	취득일부터 60일 이내 임대등록	소유권보전등기 이전에 임대등록

3 취득세 감면 적용시 최소납부세액(감면세액의 15% 납부)

최소납부세액은 법인세 및 소득세법의 최저한세와 유사한 개념으로서 취득세를 100% 감면받는 경우라고 하더라도 감면세액의 최소 15%는 취득세로 납부해야 하는 제도이다. 이 경우 취득세 감면세액이 200만원 이하인 경우에는 전액 감면하되, 감면세액이 200만원을 초과하는 경우에는 납부할 세액의 85%만 감면된다(지특법 §177의2 ① 1호 가목).

적용 사례 1 분양가액 5억원인 전용면적 60㎡ 이하 주택을 임대사업자로 등록한 경우

- 감면대상 취득세 : 500,000,000 × 1.1%(지방교육세 포함) = 5,500,000

해설 감면대상 취득세가 200만원을 초과하므로 취득세의 85%는 감면되고, 5,500,000원의 15%에 해당하는 취득세 825,000원은 납부해야 한다.

적용 사례 2 분양가액 1억원인 오피스텔을 임대사업자로 등록한 경우

- 감면대상 취득세 : 100,000,000 × 4.6%(지방교육세 및 농어촌특별세 포함) = 4,600,000

해설 오피스텔은 건축법상 주택이 아니므로 오피스텔을 임대등록하더라도 일반건물에 해당하는 취득세율(4.6%)이 적용된다. 감면대상 취득세가 200만원을 초과하므로 취득세의 85%만 감면되고, 4,600,000원의 15%에 해당하는 취득세 690,000원은 납부해야 한다.

적용 사례 3 2주택자가 비조정대상지역 내 다가구주택(가구당 전용면적 85㎡ 이하)을 7억원에 취득하여 임대사업자로 등록한 경우

- 감면대상 취득세 : 700,000,000 × 8.4%(지방교육세 포함) = 58,800,000

해설 2주택자가 비조정대상지역 내 주택을 추가로 취득하는 경우에는 8%의 중과세율이 적용된다. 이 경우 감면대상 취득세가 200만원을 초과하므로 취득세의 85%만 감면되고, 58,800,000원의 15%에 해당하는 취득세 8,820,000원은 납부해야 한다.

4 취득세 감면 추징

(1) 추징 사유

주택임대사업자가 취득세를 감면받은 후 의무임대기간 중에 임대주택을 ① 임대 외의 용도로 사용하거나, ② 매각 · 증여(민특법 §6 ① 5호 : 포괄 양수도 포함)하는 경우, ③ 임대사업자 등록이 말소(증액제한 위반 등)된 경우에는 감면받은 취득세가 추징된다(지특법 §31의3 ③).

(2) 추징 제외

의무임대기간 중에 임대등록이 말소되더라도 지방자치단체장에게 양도허가를 받아 임대주택을 양도하거나, 폐지되는 임대주택(모든 단기임대주택 및 장기임대주택 중 매입형 아파

트)을 자진말소하거나 의무임대기간이 경과한 후 자동말소되는 경우에는 감면받은 취득세는 추징되지 않는다(지특법 §31의3 ③ 단서).

Ⅱ 재산세 감면

1 재산세 기본내용

재산세는 신고납부 세목인 취득세와는 달리 과세기준일(매년 6월 1일) 현재 토지, 건물, 주택 등을 보유한 자에게 납세고지서를 발송하여 부과하는 세목이며, 재산세 납부기한은 아래와 같다.

구 분	납부기한	비 고
주택분 재산세	• 7. 16. ~ 7. 31.(재산세 1/2) • 9. 16. ~ 9. 30.(재산세 1/2)	재산세액이 20만원 이하인 경우에는 7. 16. ~ 7. 31.까지 한꺼번에 부과 · 징수 가능
건물분 재산세	7. 16. ~ 7. 31.	-
토지분 재산세	9. 16. ~ 9. 30.	-

2 주택임대사업자의 재산세 감면(개인·법인 동일)

(1) 기본 요건

주택임대사업자(의무임대기간 최소 10년, 증액제한 준수 등)가 임대형기숙사, 다가구주택(임대사업자 본인이 거주하는 호수를 제외한 모든 호수의 전용면적이 40㎡ 이하, 건축물대장에 호별 전용면적 구분기재 요건) 또는 2세대 이상의 공동주택 · 오피스텔을 건축 중인 토지와 2세대 이상의 공동주택 · 오피스텔을 취득하여 임대하는 경우에는 아래의 재산세를 2027. 12. 31. 까지 감면한다(지특법 §31의3 ④).

다만, 주택공시가격이 3억원(수도권은 6억원, 민간건설임대주택인 경우에는 9억원)을 초과하는 공동주택과 시가표준액이 2억원(수도권은 4억원)을 초과하는 오피스텔은 감면 대상에서 제외한다(지특법 §31의3 ④ 단서).

여기서 주의할 사항은 "2세대 이상의 공동주택 · 오피스텔"이 의미하는 바는 동일한 주택 종류별로 2채 이상을 임대해야만 재산세 감면을 적용받을 수 있는 것이며, 공동주택 1채와 오피스텔 1채를 합하여 2채인 경우에는 재산세 감면을 적용받을 수 없다는 점이다.

1) 재산세 100% 감면

① 임대형기숙사, 다가구주택, 전용면적 40㎡ 이하인 공동주택 또는 오피스텔을 건축 중인 토지
② 임대형기숙사, 다가구주택, 전용면적 40㎡ 이하인 공동주택 또는 오피스텔

2) 재산세 75% 감면

① 전용면적 40㎡ 초과 60㎡ 이하인 공동주택 또는 오피스텔을 건축 중인 토지
② 전용면적 40㎡ 초과 60㎡ 이하인 공동주택 또는 오피스텔

3) 재산세 50% 감면

① 전용면적 60㎡ 초과 85㎡ 이하인 공동주택 또는 오피스텔을 건축 중인 토지
② 전용면적 60㎡ 초과 85㎡ 이하인 공동주택 또는 오피스텔

(2) 취득세 감면대상 주택과의 차이

취득세 감면은 최초로 유상 취득한 주택에 대해서만 적용되므로 유상 승계취득이나 상속 · 증여로 주택을 취득한 경우에는 감면받을 수 없지만, 재산세 감면은 최초 및 승계 유상 취득은 물론 상속 · 증여로 주택을 취득하는 경우에도 감면받을 수 있다.

3 재산세 감면 적용시 최소납부세액(감면세액의 15% 납부)

취득세와 마찬가지로 재산세의 경우에도 재산세를 100% 감면받는 경우로서 재산세 감면세액이 50만원 이하인 경우에는 전액 감면하되, 감면세액이 50만원을 초과하는 경우에는 납부할 세액의 85%만 감면된다(지특법 §177의2 ① 1호 나목).

여기서 주의할 사항은 재산세가 100% 감면되는 주택의 유형에 대해서만 최소납부세액 규정이 적용되므로 재산세가 100% 감면되지 않는 감면유형(50%~75% 감면)에 대해서는 최소납부세액 규정이 적용되지 않으므로 해당 재산세 감면율에 적용되는 감면세액을 전액 감면받을 수 있다는 점이다.

4 재산세 감면 추징

(1) 추징 사유

주택임대사업자가 재산세를 감면받은 후 의무임대기간 중에 임대주택을 ① 임대 외의 용도로 사용하거나, ② 매각・증여(민특법 §6 ① 5호 : 포괄 양수도 포함)하는 경우, ③ 임대사업자 등록이 말소(증액제한 위반 등)되는 경우에는 그 감면 사유 소멸일로부터 소급하여 5년 이내에 감면받은 재산세를 추징한다(지특법 §31의3 ⑤).

(2) 추징 제외

의무임대기간 중에 임대등록이 말소되더라도 지방자치단체장에게 양도허가를 받아 임대주택을 양도하거나, 폐지되는 임대주택(모든 단기임대주택 및 장기임대주택 중 매입형 아파트)을 자진말소하거나 의무임대기간이 경과한 후 자동말소되는 경우에는 감면받은 재산세는 추징되지 않는다(지특법 §31의3 ⑤ 단서).

[장기일반민간임대주택에 대한 취득세와 재산세 감면 비교]

<table>
<tr><th colspan="2">구 분</th><th>40㎡ 이하</th><th>40㎡ 초과 ~ 60㎡ 이하</th><th>60㎡ 초과 ~ 85㎡ 이하</th></tr>
<tr><td rowspan="2">취득세</td><td>적용주택</td><td colspan="3">임대형기숙사・공동주택 건축 또는
오피스텔・공동주택 1호 이상 최초 유상취득</td></tr>
<tr><td>감면세액</td><td colspan="2">100% 감면(200만원 초과시 85% 감면)</td><td>50% 감면(20호 이상)</td></tr>
<tr><td rowspan="2">재산세</td><td>적용주택</td><td colspan="3">같은 주택유형별(오피스텔・공동주택) 2호 이상 또는
임대형기숙사・다가구주택 1호 이상 취득(증여・상속 포함)</td></tr>
<tr><td>감면세액</td><td>100% 감면
(50만원 초과시 85% 감면)</td><td>75% 감면</td><td>50% 감면</td></tr>
</table>

Ⅲ 종합부동산세 합산배제

1 종합부동산세 기본내용

(1) 재산세와 종합부동산세와의 관계

과세기준일(매년 6월 1일) 현재 재산세 과세대상인 주택 및 토지의 전체 공시가격에 대해 1차로 부동산 소재지 관할 시·군·구에서 재산세를 부과한 후, 2차로 아래의 자산별 공시가격 합계액이 각 공제금액을 초과하는 경우 그 초과분에 대하여 주소지(법인은 본점 소재지) 관할세무서에서 종합부동산세를 부과한다.

자산유형별 과세대상 자산	공제금액
주택(주택부속토지 포함)	9억원(1세대 1주택자 및 과세특례자는 12억원)
종합합산 토지(나대지·잡종지 등)	5억원
별도합산 토지(상가·공장의 부속토지 등)	80억원

비교 학습

법인사업자의 공제금액(기본공제) 적용여부

구 분	법인유형	공제금액
중과 단일세율(2.7% 또는 5%) 적용법인	일반법인 또는 법인으로 보는 단체	0원
일반세율 적용 법인	주택건설임대사업자 또는 종중 등	9억원

(2) 주택분 종합부동산세 계산구조

주택분 종합부동산세는 과세기준일(매년 6월 1일) 현재 "합산배제 임대주택"을 제외하고 인별로 보유한 모든 주택의 공시가격을 합산한 금액에서 공제금액(9억원 또는 12억원)을 차감하여 아래와 같이 계산한다.

여기서 주택 수 판단은 1세대 1주택과 같이 세대 단위로 하는 것이 아니라, 납세의무자 개인(인별)이 보유한 주택에 한정하여 주택 수를 계산한다.

[주택분 종합부동산세 계산구조]

① 주 택 공 시 가 격 합 계 액	… 합산배제 임대주택 외 주택의 공시가격 합계액
② 공 제 금 액	… 9억원(1세대 1주택자 및 1주택 과세특례자[1]는 12억원)
③ 공 정 시 장 가 액 비 율	… 60%
④ 과 세 표 준	… (①-②) × ③
⑤ 세 율	… 기본세율 또는 중과세율(3주택 이상 & 과세표준 12억원 초과)
⑥ 종 합 부 동 산 세 액	… ④ × ⑤
⑦ 공 제 할 재 산 세 액	… 재산세로 부과된 세액 중 일정한 금액
⑧ 산 출 세 액	… ⑥-⑦
⑨ 세 액 공 제	… 1세대 1주택자 및 1주택 특례자에 한해 최대 40% 고령자세액공제 또는 최대 50% 장기보유자세액공제[2]
⑩ 세 부 담 상 한 초 과 세 액	… [(직전연도 재산세와 종합부동산세) × 150%]을 초과하는 세액
⑪ 납 부 세 액	… ⑧-⑨-⑩
⑫ 농 어 촌 특 별 세	… 종합부동산세의 20%(⑪ × 20%)

1) ① 1주택 부부 공동명의, ② 1주택 의제(일시적 2주택, 상속주택, 지방저가주택)
2) 중복적용(고령자+장기보유)시 최대 80%만 공제

관련 해석 사례

1. 부부가 공동명의로 취득한 1주택(A)을 소유한 상태에서 신규 주택(B)도 부부 공동명의로 취득한 경우로서 두 주택(A, B)에 대하여 모두 부부 중 1인을 「종합부동산세법」 제10조의2에 따른 "공동명의 1주택자"로 신청하여 납세의무자가 동일한 경우에는 1세대 1주택 특례를 적용할 수 있다(법규재산-1115, 2023. 4. 27).
2. 공동명의 1주택자의 배우자가 다른 주택의 부속토지를 소유하고 있는 경우에는 과세특례를 신청할 수 없으나, 공동명의 1주택자가 다른 주택의 부속토지 소유자와 동일한 경우에는 1세대 1주택 특례를 신청할 수 있는 것이다(법령해석재산-1342, 2021. 10. 12).

2 주택임대사업자의 종합부동산세 합산배제

(1) 합산배제 임대주택의 범위 및 요건

아래의 요건을 충족한 장기임대주택을 과세기준일(매년 6월 1일) 현재 임대하고 있는 주택은 종합부동산세 계산시 과세대상에서 제외한다(종부령 §3 ① 1호, 2호, 7호, 8호). 여기서 주의할 사항은 합산배제 임대주택을 제외하고 1세대 1주택자가 12억원의 공제금액과 최대 80%의 세액공제를 적용받으려면 과세기준일 현재 임대주택 이외 해당 1주택에 주민등록이 되어 있고 실제 거주하고 있어야 한다는 점이다.

[주택임대사업자의 종합부동산세 합산배제 적용시 주요 적용요건]

구 분	2018. 3. 31. 이전	2018. 4. 1. ~ 2020. 8. 17.	2020. 8. 18. ~ 2025. 6. 3.
적용주택	모든 주택	모든 주택	모든 주택(매입형 아파트 제외)
임대기간	5년(장·단기) 이상 계속 임대	8년(장기) 이상 계속 임대	10년(장기) 이상 계속 임대
가액요건	매입임대 : 임대개시일(최초 합산배제 신고한 과세기준일) 당시 공시가격 6억원(수도권 밖 3억원) 이하		
	건설임대 : 임대개시일(최초 합산배제 신고한 과세기준일) 당시 공시가격 9억원 이하		
면적요건	제한 없음(건설임대주택은 전용면적 149㎡ 이하)		
증액제한	임대료 등 증가율 5% 범위 이내(2019. 2. 12. 이후 임대차계약 갱신·신규 체결분부터 적용)		
제외주택	2018. 9. 14. 이후 취득한 주택이 과세기준일 현재 조정대상지역에 있는 경우		

[개정사항] 단기민간임대주택 종합부동산세 합산배제 적용(종부령 §3 ①)

구 분	매입임대주택	건설임대주택
적용주택	아파트를 제외한 모든 주택(1호 이상)	아파트를 포함한 모든 주택(2호 이상)
임대기간	6년(단기) 이상 계속 임대	
가액요건	공시가격 4억원(수도권 밖 2억원) 이하	공시가격 6억원 이하
면적요건	제한 없음	전용면적 149㎡ 이하
증액제한	임대료(또는 임대보증금) 증가율 5% 범위 이내	
제외주택	과세기준일 현재 조정대상지역 내 주택	제한 없음

[적용시기] 2025. 6. 4. 이후 임대등록 및 2025년 납세의무가 성립하는 분부터 적용

(2) 합산배제 적용시 주요 적용요건

1) 「의무임대기간 동안 계속 임대」 요건(2년 이내의 공실기간 허용)

양도소득세 등 다른 세제혜택과는 달리 종합부동산세 합산배제를 적용받으려면 임대주택을 "의무임대기간 동안 계속하여 임대"하여야 하며 이는 의무임대기간 동안 임대기간이 중간에 끊기면 합산배제를 적용받을 수 없다는 것이다. 다만, 기존 임차인의 퇴거일로부터 다음 임차인의 입주일까지의 공실기간이 2년 이내인 경우에는 "계속" 임대하는 것으로 본다(종부령 §3 ⑦ 4호).

2) 가액요건은 임대개시일 기준으로 판단

종합부동산세 과세 여부 등은 매년 과세기준일(6월 1일) 현재를 기준으로 판단하지만, 합산배제 임대주택 적용시 가액요건(기준시가)은 과세기준일이 아니라 임대개시일 당시를 기준으로 판단한다.

3) 임대료 증액제한(5%) 요건을 위반시 합산배제 적용 및 추징 여부

2019. 2. 12. 이후 임대료 증액제한을 위반한 경우에는 위반한 과세연도와 그 다음 과세연도까지는 종합부동산세 합산배제를 적용받을 수 없으며, 의무임대기간이 경과되지 않은 상태에서 임대료 증액제한을 위반하면 이미 경감받은 종합부동산세가 추징된다(종부령 §3 ⑧).

[임대료 증액제한 위반시 불이익]

구 분	의무임대기간 경과 전에 위반한 경우	의무임대기간 경과 후에 위반한 경우
합산배제 여부	위반한 연도와 그 다음 연도까지(2개 과세연도) 합산배제 적용 불가	
세액추징 여부	경감받은 세액 추징	경감받은 세액 미추징

관련 해석 사례

1. 「종합부동산세법 시행령」 개정('20. 2. 11.) 이후 다가구주택을 합산배제 받으려면 민특법 제5조에 따라 새로 임대사업자 등록을 하여야 하나, 개정 전에 「소득세법」 제168조 또는 「법인세법」 제111조에 따라 주택임대업으로 사업자등록하여 임대하고 있던 다가구주택으로서 합산배제 임대주택의 적용요건을 충족한 경우에는 개정 후에 임대사업자 등록을 하지 않아도 되는 것이다(부동산납세과-2375, 2023. 10. 5).
2. 합산배제 규정을 적용받지 않던 조정대상지역 내 주택을 배우자로부터 2018. 9. 14. 이후 증여받아 매입임대주택 중 장기일반민간임대주택으로 등록한 경우 합산배제를 적용받을 수 없다(부동산납세과-901, 2023. 4. 10).
3. 과세기준일 현재 합산배제 임대주택 요건을 갖춘 주택에는 비거주자가 소유한 주택을 포함하는 것이다(부동산납세과-759, 2023. 3. 21).
4. 「종부령 §3 ① 8호 나목 1)」 중과배제 제외규정에 따른 장기일반민간임대주택 등에 대한 합산배제 제외규정은 과세기준일 현재 조정대상지역에 있는 주택에 대하여 적용되므로, 조정대상지역 해제 공고일 이후 납세의무 성립분부터는 합산배제 임대주택 규정을 적용받을 수 있다(부동산납세과-580, 2023. 3. 2).
5. 조정대상지역 지정 전에 부부공동명의로 취득한 주택을 임대등록하고, 조정대상지역 지정 이후 배우자로부터 증여받고 임대사업자 지위를 포괄승계하여 단독명의로 변경한 경우 종합부동산세 합산배제를 적용받을 수 있다(법규재산-1800, 2022. 10. 4).
6. 2020. 7. 10. 이전에 종전의 「민간임대주택에 관한 특별법」 제5조 제1항에 따라 분양권 상태로 등록신청한 임대주택도 종합부동산세 합산배제를 적용받을 수 있다(법규재산-3094, 2022. 3. 10).
7. 주택임대 사업자등록을 한 자가 과세기준일 현재 해당 주택의 임대를 개시하지 아니한 경우에는 합산배제 임대주택에 해당하지 않는다(법령해석재산-0896, 2021. 1. 4).

비교 학습

합산배제 임대주택과 과세특례 주택 종합부동산세 적용 비교

구 분	합산배제 임대주택	과세특례 주택
대상주택	등록임대주택	일시적2주택, 상속주택, 지방 저가주택
특례적용	과세대상 제외	1세대 1주택 판정시 주택 수 제외
계산방식	등록임대주택 외 주택만 공시가격 합산	과세특례주택 포함 공시가격 합산

(3) 종합부동산세 합산배제 및 과세특례 적용신고(신청)

1) 합산배제 적용신고

과세기준일(매년 6월 1일) 현재 실제 임대하는 주택을 합산배제 신고기한(9. 30.)까지 시 · 군 · 구와 세무서에 임대등록하고 종합부동산세 합산배제를 적용받고자 하는 경우에는 합산배제 신고기간까지 주소지 관할 세무서장에게 합산배제를 신고하여야 한다. 이 경우 최초의 합산배제 신고를 한 연도의 다음 연도에 신고한 내용에 변동사항이 없는 경우에는 신고할 필요는 없다.

만일 합산배제 신고 후 임대주택 요건을 충족하지 못한 경우에는 이미 경감받은 세액과 이자상당가산액(납부기한 다음날부터 고지일까지 1일 22/100,000 가산)을 포함하여 추징된다(종부법 §17 ⑤ 1호).

관련 해석 사례

합산배제 신고기한이 경과한 이후에 종합부동산세 합산배제를 신청하는 경우에도 "합산배제 임대주택" 규정이 적용된다(종부집행 8 - 3 - 13).

2) 과세특례 적용신청

① 1세대 1주택자 과세특례

1주택 부부 공동명의 또는 일시적 2주택 · 상속주택 · 지방 저가주택에 대해 1세대 1주택자의 계산방식(기본공제 12억원, 세액공제 최대 80% 적용)을 적용받고자 하는 경우에는 종합부동산세 "합산배제 신고기한"까지 주소지 관할 세무서장에게 과세특례를 신청하여야 한다.

② 세율 적용시 주택 수 산정제외 특례

상속주택, 무허가주택의 부속토지, 「종합부동산세법 시행령」 제4조의3 제3항 바목에 따른 소형 신축주택 및 비수도권 소재 준공 후 미분양주택을 소유한 자가 과세특례를 신청한 경우 해당 주택은 세율 적용시 주택 수 계산에서 제외되어 3주택 이상자에게 적용되는 중과세율을 적용받지 않는다. 다만, 종합부동산세를 적용할 때 해당 주택의 공시가격은 모두 합산하여 계산한다.

3) 합산배제 제외신고

종합부동산세 합산배제를 적용받던 임대주택이 과세기준일 전에 자진말소 및 자동말소되거나 임대주택 요건을 미충족한 경우에는 해당 연도부터 종합부동산세 합산배제를 적용받을 수 없으므로 "합산배제 신고기한"까지 「종합부동산세 합산배제 제외(합산과세)」 신고를 하여야 한다. 만일 「종합부동산세 합산배제 제외」 신고서를 제출하지 않고 계속해서 합산배제를 적용받은 이후 과세당국이 합산배제된 종합부동산세를 추징하면서 가산세까지 부과할 수도 있다.

관련 해석 사례

甲이 보유한 합산배제 임대주택(아파트)은 「민간임대주택에 관한 특별법」에 따라 2022. 12. 1. 자동말소된 경우로서 2023. 6. 1. 현재 계속 보유하고 있는 임대주택이 합산배제 요건에 해당하지 않아 합산배제 신고기간(9. 16. ~ 10. 4.)에 합산배제 '제외' 신고를 하여야 하나, 그 신고를 하지 않은 경우에도 국세기본법상 가산세를 부과할 수 없는 것이다(조세법령운용과-1084, 2022. 9. 30).

적용 사례 1 거주주택 1채와 임대주택 1채를 보유한 경우

구 분	A주택	B주택	비 고
보유주택	거주주택(9년 보유)	임대주택(7년 보유)	연령 70세
공시가격	18억원	10억원	

해설 합산배제 임대주택은 1세대 1주택자 판정시 주택 수에서 제외될 뿐만 아니라 과세표준(과세대상)에도 합산되지 않으므로 임대주택 외 거주하고 있는 A주택에 대해서는 1세대 1주택자로 보아 아래와 같이 종합부동산세를 계산한다.

	구 분	금 액	계산 근거
	주택공시가격	1,800,000,000	임대주택B의 주택공시가격 제외
(−)	기본공제	1,200,000,000	1세대 1주택자 기본공제 적용
(×)	공정시장가액비율	60%	−
(=)	과세표준	360,000,000	−
(×)	세율	0.7%	과세표준 3억원 ~ 6억원 이하 기본세율
(=)	산출세액	1,920,000	해설참조[1]
(−)	세액공제	1,152,000	고령자 및 장기보유자 세액공제[2]
(=)	납부세액	768,000	−
(+)	농어촌특별세	153,600	종합부동산세 납부세액의 20%
(=)	총부담세액	921,600	−

1) 360,000,000 × 0.7% − 600,000(누진공제) = 1,920,000

2) 고령자 세액공제(70세 이상) 40%이고, 장기보유자 세액공제(5년 ~ 10년 미만) 20%를 각각 적용하여 합산한다.
= 1,920,000 × (40% + 20%) = 1,152,000

적용 사례 2 일반주택 2채와 임대주택 1채를 보유한 경우

구 분	A주택	B주택	C주택	비 고
보유주택	일반주택(9년 보유)	일반주택(8년 보유)	임대주택(7년 보유)	연령 70세
공시가격	12억원	8억원	9억원	

해설 합산배제 임대주택은 주택 수에서 제외될 뿐만 아니라 과세표준(과세대상)에도 합산되지 않으므로 임대주택 외 A, B주택의 공시가격을 합산하여 9억원의 기본공제를 적용하여 아래와 같이 종합부동산세를 계산한다.

	구 분	금 액	계산 근거
	주택공시가격	2,000,000,000	임대주택C의 주택공시가격 제외
(−)	기본공제	900,000,000	일반적인 기본공제 적용
(×)	공정시장가액비율	60%	−
(=)	과세표준	660,000,000	−
(×)	세율	1%	과세표준 6억원 ~ 12억원 이하 기본세율
(=)	산출세액	4,200,000	해설 참조*
(−)	세액공제	−	1세대 1주택자가 아니므로 적용불가
(=)	납부세액	4,200,000	−
(+)	농어촌특별세	840,000	종합부동산세 납부세액의 20%
(=)	총부담세액	5,040,000	−

* 산출세액 : 660,000,000 × 1% − 2,400,000(누진공제) = 4,200,000

3 임대등록 자진·자동말소되는 경우 종합부동산세 합산배제 적용 여부

(1) 자진 · 자동말소시 종합부동산세 경감세액 추징 여부

폐지되는 임대주택의 의무임대기간이 종료되기 전에 임대등록을 자진말소하는 경우에는 기존에 경감받은 종합부동산세는 추징되지 않는다. 여기서 주의할 사항은 거주주택 비과세특례 및 양도소득세 중과배제는 자진말소시 민특법상 의무임대기간을 1/2 이상 임대해야 세제혜택을 적용받을 수 있으나, 종합부동산세 합산배제는 1/2 미만 임대한 상태에서 자진말소 하더라도 기존에 경감받았던 종합부동산세는 추징되지 않는다는 점이다.

한편, 의무임대기간이 종료되어 임대등록이 자동말소되는 임대주택의 경우에도 기존에 경감받았던 종합부동산세는 추징되지 않는다.

(2) 과세기준일 전후 자진 · 자동말소시 종합부동산세 합산배제 여부

폐지되는 임대주택이 연도 중에 말소되는 경우에는 해당 연도 종합부동산세 합산배제 여부는 과세기준일 전 · 후로 판단한다. 예를 들어, 2023. 4. 10. 임대주택이 말소되어 과세기준일(2023. 6. 1.) 현재 해당 주택을 보유하고 있는 경우에는 2023년도 종합부동산세 과세대상에 포함되고, 2023. 7. 10. 임대주택이 말소된 후 과세기준일(2024. 6. 1.)까지 해당 주택을 보유하고 있는 경우에는 2024년도 종합부동산세 과세대상에 포함되는 것이다.

관련 해석 사례

1. 당초 적법하게 합산배제를 적용받다가 최소 임대의무기간이 지나기 전에 장기일반민간임대주택 중 아파트를 자진말소하는 경우 경감세액은 추징하지 않는다(부동산납세과 - 920, 2024. 6. 17).
2. 합산배제 임대주택 요건은 소득세법 또는 법인세법에 따른 주택임대업 사업자등록과 민간임대주택에 관한 특별법에 따른 임대사업자 모두에 해당하여야 하므로 임대사업자 등록이 말소된 경우 실질적으로 계속 임대하고 있어도 합산배제 임대주택에 해당하지 않는다(심사 종부 - 0036, 2022. 3. 30).

비교 학습

임대주택이 재개발 · 재건축되는 경우

1. 의무임대기간 중에 임대주택이 재개발 · 재건축되는 경우에는 지방자치단체에서 임대등록을 "직권말소" 하더라도 자진말소 또는 자동말소와 동일하게 이미 경감받은 종합부동산세는 추징되지 않는다.
2. 재개발 · 재건축으로 완공된 매입형 아파트는 임대등록을 할 수 없으므로 더 이상 종합부동산세 합산배제를 적용받을 수 없다.

(3) 말소된 임대주택 재등록시 종합부동산세 합산배제 여부

자진말소 또는 자동말소된 임대주택을 다시 종합부동산세 합산배제를 적용받기 위해서는 과세기준일(6월 1일) 현재 실제 임대하고 있으면서 합산배제 신고기간까지 임대주택(아파트 제외)을 재등록하고 10년 이상의 의무임대기간 등을 준수하는 경우에는 합산배제를 적용받을 수 있다.

관련 해석 사례

2020. 8.18. 이후 단기민간임대주택이 자동말소되고 장기일반민간임대주택으로 재등록하는 경우 합산배제 임대주택 규정 적용시 임대료 5% 증액제한 기준은 재등록 이후 최초로 작성한 표준임대차계약이다(부동산납세과 - 1018, 2023. 4. 18).

IV 임대소득세 감면

1 주택임대사업자의 임대소득 범위

(1) 월세 소득

본인 및 배우자가 거주하는 주택을 포함해서 2주택 이상을 소유한 자가 주택을 임대하고 월세를 받는 경우에는 월세에 대한 임대소득세가 과세된다. 다만, 과세기간 종료일 또는 해당 주택의 양도일 현재 기준시가가 12억원을 초과하는 고가주택 또는 국외에 소재하고 있는 주택을 임대하고 받은 월세에 대해서는 1주택자인 경우에도 과세된다.

(2) 전세보증금 또는 임대보증금에 대한 간주임대료

본인 및 배우자가 거주하는 주택을 포함해서 3주택(소형주택 제외) 이상을 소유한 자가 주택을 임대하고 받은 보증금 등의 합계액이 3억원을 초과하는 경우에는 간주임대료에 대한 임대소득세가 과세된다. 다만, 아래의 어느 하나에 해당하는 경우에는 보증금 등에서 발생한 간주임대료에 대해서는 임대소득세가 과세되지 않는다.

여기서 주의할 사항은 구분등기되어 있지 않은 다가구주택은 각 호(세대)별로 주택 수를 판단하지 않고 그 전체를 1개의 주택(단독주택)으로 보아 고가주택 및 소형주택 여부 등을 판단한다는 점이다.

① 소형주택(전용면적 40㎡ 이하이면서 기준시가 2억원 이하인 주택)을 제외하고 3주택 미만 소유한 경우
② 소형주택을 제외하고 3주택 이상 소유자가 받은 보증금 등 합계액이 3억원 이하인 경우

※ 간주임대료 계산방법

① 추계신고 : (보증금 - 3억원)의 적수 × 60% × $\frac{1}{365}$ × 정기예금이자율

② 장부신고 : (보증금 - 3억원)의 적수 × 60% × $\frac{1}{365}$ × 정기예금이자율 - 금융수익

(3) 과세여부 판단시 주택 수 계산

임대주택에 대한 과세여부를 판단할 때 주택 수 계산은 본인과 배우자가 소유한 주택만 합산하고 동일세대원인 직계존비속의 주택은 합산되지 않는다(소득령 §8의2 ③ 4호).

예를 들어, 부부가 각자 1주택(부부합산 2주택)을 소유한 상태에서 과세기간 종료일 현재 기준시가가 12억원 이하인 1주택만 월세를 받고 임대하는 경우 과세대상 여부는 임대주택 수가 아닌 보유주택 수를 기준으로 판단하므로 월세 임대소득은 과세대상에 해당한다.

[주택임대소득의 과세구분]

주택 수(부부합산)		월세	임대보증금(간주임대료)
1주택 소유	일반주택	비과세	비과세
	고가주택 · 국외주택	과세	
2주택 소유		과세	
3주택 이상 소유		과세	보증금 등 합계액 ≤ 3억원 : 비과세
			보증금 등 합계액 〉 3억원 : 과세

비교 학습

세목별 주택 수 판정 방법

세 목	양도소득세	임대소득세	종합부동산세	취득세
주택 수 계산	세대 합산	부부 합산	본인 합산	세대 합산

2 주택임대소득 과세방법

(1) 연간 총수입금액의 합계액이 2천만원 이하인 경우(선택적 분리과세)

연간 주택임대소득 총수입금액의 합계액이 2천만원 이하인 경우에는 아래와 같이 주택임대소득은 다른 종합소득과 합산하지 않고 14%의 단일세율로 분리과세하는 방법과 주택임대소득과 다른 종합소득을 합산하여 기본세율로 종합과세하는 방법 중 유리한 방법으로 신고할 수 있다. 이 경우 14%의 단일세율 과세방식은 분리과세 임대소득을 계산할 때에만 적용하고 그에 따라 계산된 세액은 다른 종합소득세액과 합산하여 신고・납부해야 한다.

① 주택임대소득 × 14% + 종합과세대상 다른 소득 × 기본세율(6% ~ 45%)
② [주택임대소득 + 종합과세대상 다른 소득] × 기본세율(6% ~ 45%)

[주택임대소득 분리과세 계산구조]

구분	등록임대주택(시・군・구+세무서)	미등록임대주택
수입금액	월 임대료 + 간주임대료	월 임대료 + 간주임대료
필요경비	수입금액 × 60% + 400만원[1]	수입금액 × 50% + 200만원[1]
과세표준	수입금액 – 필요경비	수입금액 – 필요경비
산출세액	과세표준 × 14%(단일세율)	과세표준 × 14%(단일세율)
세액감면	산출세액 × 아래의 감면율[2]	–
결정세액	산출세액 – 세액감면	산출세액과 동일
농어촌특별세	세액감면 × 20%	–
총결정세액	결정세액 + 농어촌특별세	산출세액과 동일

1) 주택임대소득을 제외한 다른 종합소득금액이 2천만원 이하인 경우에만 적용

2) 임대유형별 소득세 감면율

구 분	세액감면율	
	단기임대주택	장기임대주택
1호 임대	30%	75%
2호 이상 임대	20%	50%

※ 소득세 감면은 주택임대사업자가 분리과세 또는 종합과세로 신고하면 적용되는 것이며, 세액감면을 적용받은 경우에는 감면세액의 20%를 농어촌특별세로 납부해야 한다.

(2) 연간 총수입금액의 합계액이 2천만원을 초과하는 경우(무조건 종합과세)

연간 주택임대소득 총수입금액의 합계액이 2천만원을 초과하는 경우에는 납세자의 선택에 따라 분리과세를 적용할 수 없고 주택임대소득을 다른 종합소득과 합산하여 종합과세로 신고하여야 한다.

3 주택임대사업자의 임대소득세 감면

(1) 임대소득세 감면 적용시 임대주택의 범위 및 요건

아래의 요건을 충족한 주택임대사업자는 주택임대소득에 대한 임대소득세를 임대유형 또는 임대호수에 따라 차등감면 적용받을 수 있다. 다만, 감면세액의 20%를 농어촌특별세로 납부해야 한다(조특법 §96). 이 경우 임대소득세 감면은 종합과세로 신고(기장 또는 추계)하든 분리과세로 신고하든 관계없이 적용된다.

[주택임대사업자의 임대소득세 감면 적용시 주요 적용요건]

구 분	2020. 8. 17. 이전	2020. 8. 18. 이후
적용주택	모든 주택	모든 주택(매입형 아파트 제외)
임대기간	4년(단기) · 8년(장기) 이상 임대	10년(장기) 이상 임대
가액요건	임대개시일 당시 공시가격 6억원 이하(지역 불문)	
면적요건	전용면적 85㎡(수도권 밖 읍 · 면지역 100㎡) 이하	
증액제한	임대료 등 증가율 5% 범위 이내(2019. 2. 12. 이후 임대차계약 갱신 · 신규 체결분부터 적용)	

(2) 임대소득세 감면 적용시 신고방식에 관계없이 감가상각의제 적용

임대소득세를 감면받는 경우에는 감가상각의제가 적용되어 감가상각을 하지 않은 경우에도 감면받은 세액만큼 감가상각을 한 것으로 본다. 여기서 주의할 사항은 소득세를 단순경비율 등 추계로 신고하는 경우 건물에 대해서는 감가상각의제가 적용되지 않는 것이 원칙이나, 14%의 분리과세 및 종합과세(기장 또는 추계신고 불문) 신고 여부와 관계없이 임대소득세를 감면받는 경우에는 감가상각의제 규정이 적용된다는 점이다.

따라서, 임대소득세 감면을 적용받은 이후 임대주택을 양도할 경우 감가상각의제 금액만큼이 취득가액에서 차감됨에 따라 양도소득세 증가액이 임대소득세 감면 효과보다 더

클 경우에는 임대소득세를 감면받는 것이 오히려 납세자에게 불리하게 작용할 수 있으므로 임대소득세의 감면적용 여부를 신중히 고려해야 한다.

관련 해석 사례

1. 「소득세법」 제97조 제3항에 따른 "감가상각비로서 각 과세기간의 사업소득금액을 계산하는 경우 필요경비에 산입하였거나 산입할 금액"에는 같은 법 시행령 제68조에 따라 감가상각한 것으로 의제된 감가상각비 상당액이 포함된다(법규재산-0856, 2022. 1. 27).
2. 주택임대소득에 대하여 분리과세를 선택하고 추계소득금액 계산서를 제출한 경우에도 건축물에 대해서는 「소득세법 시행령」 제68조 제2항(감가상각 필요경비 계상)의 적용이 배제되는 것이나, 주택임대소득에 대하여 「조세특례제한법」 제96조 제1항의 규정에 따라 소득세를 감면받은 경우에는 건축물에 대하여 「소득세법 시행령」 제68조 제1항(감가상각의제)이 적용되는 것이다(법령해석소득-0233, 2021. 3. 9).

(3) 임대등록 자진 · 자동말소시 임대소득세 감면 추징 여부

폐지되는 임대주택의 의무임대기간이 종료되기 전에 임대등록을 자진말소하는 경우에는 종합부동산세 합산배제와 동일하게 기존에 경감받았던 임대소득세는 추징되지 않으며, 의무임대기간이 종료되어 임대등록이 자동말소되는 경우에도 기존에 경감받았던 임대소득세가 추징되지 않는다.

이 경우 연도 중에 자진말소 또는 자동말소되는 경우 감면대상 산출세액은 아래와 같이 산정한다.

- 감면대상 산출세액 = 종합소득 산출세액 × $\frac{\text{말소일 전 임대소득금액}}{\text{(말소일 전 + 말소일 후) 임대소득금액}}$

(4) 세무서에 주택임대사업자 미등록시 0.2% 가산세 적용

사업개시일로부터 20일 이내에 사업장소재지 관할 세무서에 주택임대사업자 등록을 하지 않은 경우에는 사업개시일부터 등록신청일 직전일까지 주택임대수입금액의 0.2%에 해당하는 가산세가 부과된다.

4 주택임대사업자의 건강보험료 감면

(1) 건강보험료 적용대상자

건강보험료 가입대상자는 직장가입자와 피부양자, 지역가입자로 구분된다. 직장가입자는 주로 근로자에 해당하고, 지역가입자는 직장가입자와 직장가입자의 피부양자 중 어느 쪽에도 속하지 않는 자이다.

여기서 피부양자란 직장가입자의 배우자 및 직계존비속 등으로 직장가입자에게 주로 생계를 의존하는 자를 말한다. 이러한 피부양자는 원칙적으로 건강보험료를 부담하지 않지만, 피부양자의 소득금액의 합계액이 연 2,000만원을 초과하거나 일정한 재산 또는 사업소득금액(주택임대소득 포함)이 있는 경우에는 피부양자의 자격이 상실되고 지역가입자로 전환되어 건강보험료가 별도로 부과된다.

(2) 주택임대사업자의 건강보험료 부과 및 면제기준 소득

주택임대사업자에 대한 건강보험료는 아래와 같이 직장가입자가 근로소득 외 주택임대소득이 발생하는 경우와 피부양자가 주택임대소득이 발생한 경우로 구분된다.

1) 직장가입자가 주택임대소득이 발생한 경우

직장가입자가 근로소득 이외 주택임대사업에서 발생한 주택임대소득금액(수입금액－필요경비)이 연 2,000만원을 초과하면 직장에서 납부한 건강보험료 이외 소득금액을 기준으로 추가로 건강보험료가 부과될 수 있다.

2) 피부양자 자격 상실 여부 및 건강보험료 면제 기준

직장가입자의 피부양자가 주택임대소득이 발생한 경우 직장가입자의 피부양자 지위를 상실하게 되고 지역가입자로 전환되어 각 개인의 소득 및 재산 등을 기준으로 건강보험료가 부과된다. 다만, 주택임대소득이 발생한 경우에도 아래와 같이 수입금액이 일정 수준 이하인 경우에는 건강보험료가 면제된다.

① 피부양자가 주택임대사업자 등록을 한 경우(분리과세 적용)

주택임대사업자로 등록한 경우 60%의 필요경비율과 400만원의 공제금액이 적용된다. 따라서 지역가입자로 전환된 피부양자의 임대수입금액이 연 1,000만원 이하인 경우에는 소득금액이 "0원"이 되므로 수입금액을 기준으로 납부할 건강보험료가 면제되어 피부양자 자격을 유지할 수 있다.

• 산출근거 : 1,000만원 × (1 - 60%) - 400만원 = 0원

② 피부양자가 주택임대사업자로 등록하지 않은 경우(분리과세 적용)

주택임대사업자로 등록하지 않은 경우 50%의 필요경비율과 200만원의 공제금액이 적용된다. 따라서 지역가입자로 전환된 피부양자의 임대수입금액이 연 400만원 이하인 경우에는 소득금액이 "0원"이 되므로 수입금액을 기준으로 납부할 건강보험료가 면제되어 피부양자 자격을 유지할 수 있다.

• 산출근거 : 400만원 × (1 - 50%) - 200만원 = 0원

(3) 주택임대사업자의 건강보험료 감면

주택임대 수입금액이 연 2,000만원 이하인 주택임대사업자가 2020. 12. 31.까지 시·군·구와 세무서에 임대등록하고 아래의 요건을 충족한 경우에는 해당 임대주택의 의무임대기간까지 건강보험료를 감면받을 수 있다.

[주택임대사업자의 건강보험료 감면 적용시 주요 적용요건]

구 분	2020. 8. 17. 이전	2020. 8. 18. 이후
적용주택	모든 주택	모든 주택(매입형 아파트 제외)
임대기간	4년(단기)·8년(장기) 이상 임대	10년(장기) 이상 임대
가액요건	임대개시일 당시 공시가격 6억원 이하(지역 불문)	
면적요건	전용면적 85㎡(수도권 밖 읍·면지역 100㎡) 이하	
증액제한	임대료 등 증가율 5% 범위 이내(2019. 2. 12. 이후 임대차계약 갱신·신규 체결분부터 적용)	
감면율	40%(단기임대), 80%(장기임대)	

V 조정대상지역 소재 주택 거주요건 적용 배제

2017. 8. 3. 이후 취득 당시 조정대상지역에 소재하는 주택을 취득한 경우 1세대 1주택 비과세를 적용받기 위해서는 원칙적으로 2년 이상 거주하여야 하나, 아래의 요건을 충족한 조정대상지역 내에 소재하는 임대주택을 의무임대기간 종료 후 양도하는 경우에는 2년 이상 거주하지 않아도 1세대 1주택 비과세를 적용받을 수 있다.

다만, 취득 당시 조정대상지역 내 주택을 2019. 12. 17. 이후 임대주택으로 등록한 경우에도 의무임대기간 종료 후 2년 이상 거주해야 1세대 1주택 비과세를 적용받을 수 있다(소득령 §154 ① 4호).

[주택임대사업자의 비과세 거주요건 적용 배제시 주요 적용요건]

구 분	적용 요건
적용주택	모든 주택
임대기간	4년(단기) 이상 임대 또는 8년(장기) 이상 임대
가액요건	제한 없음
면적요건	제한 없음
증액제한	임대료 등 증가율 5% 범위 이내(2019. 2. 12. 이후 임대차계약 갱신 · 신규 체결분부터 적용)

관련 법령

1세대가 조정대상지역에 1주택을 보유한 거주자로서 2019. 12. 16. 이전에 해당 주택을 임대하기 위해 「소득세법」 제168조 제1항에 따른 사업자등록과 「민간임대주택에 관한 특별법」 제5조 제1항에 따른 임대사업자로 등록을 신청한 경우에는 해당 주택을 소득령 §154 ① 4호의 시행(2020. 2. 11.) 이후 양도하는 경우라도 소득령 §154 ①의 개정규정(거주요건 적용)에도 불구하고 종전규정(거주요건 배제)에 따른다(대통령령 제30395호, 부칙 §38 ②).

관련 해석 사례

1. 임대주택을 포괄 양수받은 임대사업자가 2019. 12. 16. 이전에 「소득세법」 제168조 제1항에 따른 사업자등록과 「민특법」 제5조 제1항에 따른 임대사업자로 등록을 신청한 경우로서 임대주택의 임대사업자 등록이 자동말소된 경우에는 1세대 1주택 비과세 적용시 거주기간의 제한을 받지 않는다(부동산납세과 - 2998, 2022. 10. 6).
2. 1세대가 조정대상지역에 1주택을 보유한 거주자로서 2019. 12. 16. 이전에 해당 주택을 임대하기 위해 「소득세법」 제168조 제1항에 따른 사업자등록과 「민간임대주택에 관한 특별법」 제5조 제1항에 따른 임대사업자로 등록을 신청한 경우로서 임대주택의 임대사업자 등록이 자진말소된 경우에는 1세대 1주택 비과세 적용시 거주기간의 제한을 받지 않는다(법령해석재산 - 3974, 2021. 3. 8).

Ⅵ 거주주택 비과세 특례

주택임대사업자의 임대주택이 해당 임대주택에 대한 직접적인 세제혜택인 반면에, 거주주택 비과세특례는 임대주택 외에 거주주택을 양도할 경우에 적용되는 간접적인 세제혜택이다. 본 장에서는 거주주택 비과세특례에 대해서는 개략적으로만 설명하고 보다 자세한 내용은 「Part3」을 참고하기 바란다. ☞ P. 355 참조

1 거주주택 요건

1세대가 법정요건을 충족한 장기임대주택과 거주주택을 보유한 상태에서 해당 거주주택을 양도하는 경우에는 장기임대주택은 없는 것으로 보아 1세대 1주택 비과세 특례를 적용받을 수 있다(소득령 §155 ⑳).

2 임대주택 요건

거주주택 비과세 특례를 적용받으려면 거주주택 양도일 현재 시·군·구와 세무서에 임대사업자로 등록하고 아래의 요건을 모두 충족하여야 한다. 이 경우 장기임대주택의 의무임대기간 요건을 충족하기 전에 거주주택을 먼저 양도하더라도 비과세를 적용하되, 비과세를 적용받은 이후 의무임대기간을 충족하지 못하게 된 때에는 비과세 적용받은 세액을 납부하여야 한다.

[주택임대사업자의 거주주택 비과세특례 적용시 주요 적용요건]

구 분	2020. 7. 10. 이전	2020. 7. 11. ~ 2020. 8. 17.	2020. 8. 18. ~ 2025. 6. 3.
적용주택	모든 주택	모든 주택	모든 주택(매입형 아파트 제외)
임대기간	5년(장 · 단기) 이상 임대	8년(장기) 이상 임대	10년(장기) 이상 임대
가액요건	매입임대 : 임대개시일 당시 공시가격 6억원(수도권 밖 3억원) 이하		
	건설임대 : 임대개시일 당시 공시가격 6억원 이하		
면적요건	제한 없음(건설임대주택은 대지면적 298㎡ 이하, 전용면적 149㎡ 이하)		
증액제한	임대료 등 증가율 5% 범위 이내(2019. 2. 12. 이후 임대차계약 갱신 · 신규 체결분부터 적용)		

Ⅶ 양도소득세 중과배제

다주택자가 조정대상지역 내에 있는 주택을 2022. 5. 10. 이후부터 2024. 5. 9.까지 양도하는 경우 2년간 한시적으로 양도소득세를 중과하지 않다가, 세법 개정으로 2년간 더 연장하여 2026. 5. 9.까지 양도소득세 중과를 적용하지 않는다. 본 장에서는 중과제도에 대한 전반적인 이해를 위하여 개략적으로만 설명하고, 보다 자세한 내용은 「부록」을 참고하기 바란다. ☞ P. 854 참조

양도일 현재 2주택(조합원입주권과 2021. 1. 1. 이후 취득한 주택분양권 포함) 이상을 보유한 자가 조정대상지역 내 중과대상 주택을 양도하는 경우 장기보유특별공제가 배제되고 중과세율(기본세율+20% 또는 30%)이 적용되는 것이 원칙이나, 아래의 요건을 충족한 장기임대주택에 대해서는 양도소득세가 중과되지 않는다(소득령 §167의3 ① 2호).

[주택임대사업자의 양도소득세 중과배제 적용시 주요 적용요건]

구 분	2018. 3. 31. 이전	2018. 4. 1. ~ 2020. 8. 17.	2020. 8. 18. ~ 2025. 6. 3.
적용주택	모든 주택	모든 주택	모든 주택(매입형 아파트 제외)
임대기간	5년(장 · 단기) 이상 임대	8년(장기) 이상 임대	10년(장기) 이상 임대
가액요건	매입임대 : 임대개시일 당시 공시가격 6억원(수도권 밖 3억원) 이하		
	건설임대 : 임대개시일 당시 공시가격 9억원 이하		
면적요건	제한 없음(건설임대주택은 대지면적 298㎡ 이하, 전용면적 149㎡ 이하)		
증액제한	임대료 등 증가율 5% 범위 이내(2019. 2. 12. 이후 임대차계약 갱신 · 신규 체결분부터 적용)		
적용제외	2018. 9. 14. 이후 조정대상지역 내 주택을 취득하여 임대등록한 매입임대주택		

※ 조정대상지역 지정 및 해제에 따른 중과적용과 거주요건 적용 여부

구 분		다주택자 중과여부	1세대 1주택 비과세 판단시 거주요건 적용여부
취득 당시	양도 당시		
비조정대상지역	조정대상지역	중과적용('20. 5. 9. 까지 중과유예)	거주요건 미적용
조정대상지역	비조정대상지역	중과제외	2년 이상 거주요건 적용

▪ 2023. 1. 5. 현재 조정대상지역 지정현황 : 강남, 서초, 송파, 용산

Ⅷ 장기보유특별공제율 과세특례

1 기본 요건

거주자가 아래의 요건을 충족한 장기일반민간임대주택을 2020. 12. 31.(건설임대주택은 2027. 12. 31.)까지 임대사업자로 등록하고 8년 이상 또는 10년 이상 임대한 후, 양도하는 경우로서 장기보유특별공제액을 계산할 때 「소득세법」 제95조 제2항(최대 30% 일반공제율)에도 불구하고 해당 주택의 임대기간 중에 발생한 양도차익에 대해 50%(10년 이상은 70%)의 장기보유특별공제율을 적용한다(조특법 §97의3).

※ 장기보유특별공제율 특례적용 대상 건설임대주택에 대해서는 2024. 12. 31. 까지 임대등록 기한을 적용하였으나, 세법개정으로 임대등록 기한을 2027. 12. 31. 까지로 연장하였다.

[주택임대사업자의 장기보유특별공제율 과세특례 적용시 주요 적용요건]

구 분	2020. 8. 17. 이전	2020. 8. 18. 이후
적용주택	모든 주택	모든 주택(매입형 아파트 제외)
임대기간	8년 · 10년(장기) 이상 임대	10년(장기) 이상 임대
가액요건	임대개시일 당시 공시가격 6억원(수도권 밖 3억원) 이하 → 2018. 9. 14. 이후 취득분부터 적용	
면적요건	전용면적 85㎡(수도권 밖 읍 · 면지역 100㎡) 이하	
증액제한	임대료 등 증가율 5% 범위 이내(임대등록 이후 체결한 임대차계약 분부터 적용)	

2 과세특례 적용시 주요 적용요건

(1) 의무임대기간(8년 이상 통산하여 임대)

장기보유특별공제율 과세특례 적용시 의무임대기간은 「조세특례제한법」 제97조의3 제1항 제1호에 따르면 “8년(10년) 이상 계속하여 임대한다”라고 규정하고 있으나, 이는 임대기간 동안 통산하여 8년(10년) 이상 임대하는 것으로 이해하면 된다. 따라서, 임대기간 중 공실기간(기존 세입자의 퇴거일부터 다음 임차인의 전입일까지)이 3개월을 초과(3개월 이내 공실기간은 임대기간에 합산)하여 발생한다면 해당 기간은 임대기간에서 제외하되 전체 임대기간이 8년(10년) 이상이면 의무임대기간을 충족하는 것이다.

관련 해석 사례

조특법 §97의3 ①에 따른 장기일반민간임대주택 등을 조특령 §97의3 ③ 각 호의 요건을 모두 충족하면서 의무임대기간동안 계속하여 임대한 후, 양도하는 경우로서 양도일 현재 해당 주택을 장기일반민간임대주택으로 등록하여 임대하고 있지 않은 경우에도 장기보유특별공제율 특례공제율(50% 또는 70%)을 적용받을 수 있다(법규재산-8062, 2022. 3. 16).

(2) 가액요건(2018. 9. 14. 이후 취득분부터 적용)

2018. 9. 13. 이전에 취득한 주택을 장기일반민간임대주택으로 등록하여 임대하는 경우 장기보유특별공제율 과세특례 적용시 가액요건이 적용되지 않았으나, 2018. 9. 14. 이후 취득하는 주택에 대해서는 조정대상지역 내 소재 여부를 불문하고 임대개시일 당시 기준시가가 6억원(수도권 밖 3억원) 이하의 가액요건을 충족해야 장기보유특별공제율 과세특례를 적용받을 수 있다.

관련 해석 사례

2018. 9. 13. 이전 취득한 6억원 초과 주택의 일부지분을 2018. 9. 14. 이후 별도세대원에게 양도하는 경우 2018. 9. 13. 이전부터 보유한 당초지분만 조특법 §97의3 특례가 적용가능한 것이며, 동일세대원에게 증여하는 경우에는 주택 전체가 특례규정이 적용된다(재산세제과-1420, 2022. 11. 14).

(3) 면적요건(국민주택규모 이하)

장기보유특별공제율 과세특례 적용시 면적요건은 국민주택규모 이하여야 하는데 여기서 "국민주택규모"란 1호 또는 1세대당 주거전용면적이 85㎡(수도권 밖 읍·면지역은 100㎡) 이하인 주택을 말한다. 이 경우 다가구주택은 가구당 전용면적을 기준으로 국민주택규모 이하 여부를 판단한다. 이러한 면적요건은 임대개시일부터 양도시점까지 계속하여 유지하고 있어야 한다.

관련 해석 사례

1. 장기일반민간임대주택의 보유기간 중 재건축사업으로 장기일반민간임대주택이 「주택법」 제2조 제6호에 따른 국민주택규모를 초과하게 되는 경우에는 「조세특례제한법」 제97조의3에 따른 양도소득세의 과세특례가 적용되지 않는다(법규재산-6935, 2022. 4. 21).
2. 다가구주택을 호(戶)별로 「조세특례제한법」 제97조의3에 따른 장기일반민간임대주택으로 등록한 경우 「조세특례제한법」 제97조의3의 요건을 충족한 임대가구는 양도소득세의 과세특례가 적용되는 것이다(부동산납세과-491, 2020. 4. 17).

여기서 잠깐!

장기일반민간임대주택의 명칭 및 의무임대기간 연혁

임대등록 시기	임대주택 명칭	의무임대기간	관련법령
2013. 12. 5. ~ 2015. 12. 28.	준공공임대주택(신설)	10년 이상	임대주택법
2015. 12. 29. ~ 2018. 7. 16.	준공공임대주택	8년 이상	민간임대주택에 관한 특별법
2018. 7. 17. ~ 2020. 8. 17.	장기일반민간임대주택	8년 이상	
2020. 8. 18. ~ 현재	장기일반민간임대주택	10년 이상	

3 양도차익 및 장기보유특별공제 계산방법

1세대 1주택 비과세대상 주택이 아닌 일반적인 부동산의 장기보유특별공제율은 보유기간에 따라 최대 30%까지 적용되나, 「조세특례제한법」 제97조의3에 따른 장기일반민간임대주택은 8년(10년) 이상 임대한 경우에는 양도차익에 50%(70%)의 공제율이 적용된다. 이 경우 특례공제율을 적용하는 경우에는 "임대기간 중에 발생한 양도차익"에 한정하여 적용하며, 임대기간 중 양도차익은 아래와 같이 기준시가를 기준으로 산정한다(조특령 §97의3 ⑤).

[임대기간 중 발생한 양도차익 및 장기보유특별공제 계산]

$$\left(\text{전체 양도차익} \times \frac{\text{임대종료 당시 기준시가} - \text{임대개시 당시 기준시가}}{\text{양도 당시 기준시가} - \text{취득 당시 기준시가}}\right) \times 50\%(\text{또는 } 70\%)$$

[임대기간에 따른 장기보유특별공제율 비교]

구분	3년 이상	4년 이상	5년 이상	6년 이상	7년 이상	8년 이상	9년 이상	10년 이상
일반공제율	6%	8%	10%	12%	14%	16%	18%	20%
특례공제율	6%	8%	10%	12%	14%	50%	50%	70%

관련 해석 사례

1. 「조세특례제한법」 제97조의3에 따른 특례 적용시 장기보유특별공제액은 「조세특례제한법 시행령」 제97조의5 제2항을 준용하여 계산한 「임대기간 중에 발생한 양도차익」에 50% 또는 70%를 곱하여 계산한 금액과 그 외 나머지 양도차익에 자산의 보유기간별 공제율을 곱하여 계산한 금액을 합하여 산정하는 것이다(법령해석재산 - 1392, 2021. 10. 28).
2. 2인 이상이 공동으로 소유하는 주택의 경우 공동명의로 1호 이상의 주택을 임대등록하고 각각의 공동사업자가 「조세특례제한법」 제97조의3 제1항 각 호의 요건을 모두 충족한 경우 소유한 지분의 양도로 인해 발생하는 양도차익은 「조세특례제한법」 제97조의3에 따른 양도소득세 과세특례(장기보유특별공제율 50% 또는 70%)가 적용되는 것이다(재산세제과 - 766, 2020. 9. 3).

적용 사례 1 일반적인 경우와 50%의 장기보유특별공제율이 적용되는 경우 세액 비교

- **다주택자가 8년 임대한 임대주택을 2025. 3. 10. 양도(양도차익 5억원, 기본공제 무시)**

구 분	일반적인 경우	50% 공제율 적용
양도차익	500,000,000	500,000,000
(-) 장기보유특별공제	80,000,000 1)	250,000,000 2)
(=) 양도소득금액	420,000,000	250,000,000
산출세액	142,060,000 3)	75,060,000 4)

1) 500,000,000 × 16%(8년 × 2%) = 80,000,000
2) 500,000,000 × 50% = 250,000,000
3) 420,000,000 × 40%(기본세율) - 2,594만원(누진공제) = 142,060,000
4) 250,000,000 × 38%(기본세율) - 1,994만원(누진공제) = 75,060,000

적용 사례 2 일반적인 경우와 70%의 장기보유특별공제율이 적용되는 경우 세액 비교

• **다주택자가 10년 임대한 중과대상 임대주택을 2026. 7. 10. 양도(양도차익 5억원, 기본공제 무시)**

	구 분	일반적인 경우	70% 공제율 적용
	양도차익	500,000,000	500,000,000
(−)	장기보유특별공제	−	350,000,000[1]
(=)	양도소득금액	500,000,000	150,000,000
	산출세액	274,060,000[2]	67,060,000[3]

1) 500,000,000 × 70% = 350,000,000(중과대상 임대주택의 경우에도 70% 공제율 적용)

2) 500,000,000 × 60%(기본세율 + 20%) − 2,594만원(누진공제) = 274,060,000

3) 150,000,000 × 55%(기본세율 + 20%) − 1,544만원(누진공제) = 67,060,000

적용 사례 3 장기보유특별공제 특례 적용시 임대기간 중 발생한 양도차익 산정 방법

• **다주택자가 비조정대상지역 소재 장기일반민간임대주택을 양도하는 경우**

구 분	내 용
취득일자 및 취득가액	2007. 11. 10. 5억원
임대등록일자	2013. 8. 25.(구청 및 세무서, 준공공임대주택)
임대종료일자	2021. 8. 25.(임대종료 후 본인 거주)
양도일자 및 양도가액	2025. 9. 15. 20억원
기준시가	2007. 4. 28.(취득 당시) : 3억원
	2013. 4. 30.(임대개시 당시) : 4.8억원
	2021. 4. 29.(임대종료 당시) : 12억원
	2025. 4. 30.(양도 당시) : 15억원

해설

	구 분	금 액	계산 근거
	양도가액	2,000,000,000	
(−)	취득가액	500,000,000	
(=)	전체양도차익	1,500,000,000	
(−)	장기보유특별공제	630,000,000[1]	450,000,000 + 180,000,000
(=)	양도소득금액	870,000,000[1]	

1) 장기보유특별공제액 및 양도소득금액 계산

구 분	임대기간분(기준시가 안분)	임대기간분 이외	합 계
양도차익	$15억원 \times \frac{(12억원 - 4.8억원)}{(15억원 - 3억원)} = 9억원$	15억원 - 9억원 = 6억원	15억원
장기보유특별공제	9억원 × 50% = 4.5억원	6억원 × 30%* = 1.8억원	6.3억원
양도소득금액	9억원 - 4.5억원 = 4.5억원	6억원 - 1.8억원 = 4.2억원	8.7억원

* 전체 보유기간 17년(2007. 11. 10. ~ 2025. 9. 15.)이나 최대 15년 적용(15년 × 2% = 30%)

4 단기임대주택을 장기임대주택으로 전환한 경우 의무임대기간 산정방법

(1) 민간임대주택법(종전 임대주택법)에 따른 의무임대기간 계산

민특법(종전 임대주택법)이 개정됨에 따라 2014.7.16. ~ 2017.9.18. 사이에 단기임대주택(종전 매입임대주택)을 장기임대주택(종전 준공공임대주택)으로 전환한 경우에는 최대 5년을 한도로 단기임대주택으로 임대한 기간의 50%에 해당하는 기간을 장기임대주택의 임대기간에 포함하였다.

그러나 2017.9.19. 이후 단기임대주택을 장기임대주택으로 전환한 경우에는 최대 4년(매입임대주택은 5년)을 한도로 단기임대주택(매입임대주택)으로 임대한 기간 전체를 장기임대주택의 임대기간에 포함되도록 민특법이 개정되었다.

예를 들어, 단기임대주택(의무임대기간 4년)을 6년 임대한 상태에서 장기임대주택(의무임대기간 8년)으로 전환한 경우 종전에는 실제 임대한 기간의 50%(3년)만 장기임대주택의 의무임대기간으로 인정되어 적어도 5년을 더 임대해야 장기임대주택의 의무임대기간 요건을 충족할 수 있었으나, 개정 규정을 반영하면 최대 4년의 의무임대기간이 장기임대기간으로 인정되므로 4년만 더 임대하면 되는 것이다.

[민특법상 단기임대에서 장기임대로 전환한 경우 의무임대기간 산정방법]

전환 시점	임대 유형	장기임대주택으로 전환시 임대기간 인정범위
2014. 7. 16. ~ 2017. 9. 18.	매입임대주택(5년)	최대 5년을 한도 기존임대기간의 50%를 장기임대기간에 포함
	단기임대주택(4년)	최대 5년*을 한도 기존임대기간의 50%를 장기임대기간에 포함
2017. 9. 19. ~ 2020. 8. 17.	매입임대주택(5년)	최대 5년을 한도 기존임대기간 전체를 장기임대기간에 포함
	단기임대주택(4년)	최대 4년을 한도 기존임대기간 전체를 장기임대기간에 포함

* 2015. 12. 29. 임대주택법이 민간임대주택법으로 개정(매입임대주택 → 단기임대주택)됨에 따라 2015. 12. 29. ~ 2017. 9. 18. 사이에 단기임대주택(4년)을 장기임대주택으로 전환한 경우에도 종전 임대주택법을 준용하여 최대 5년의 의무임대기간 인정

(2) 조세특례제한법 제97조의3에 따른 의무임대기간 계산

종전에는 「조세특례제한법」 제97조의3에 따른 단기임대주택(매입임대주택)을 장기임대주택(준공공임대주택)으로 전환한 경우에는 최대 5년을 한도로 단기임대주택으로 임대한 기간의 50%에 해당하는 기간을 장기임대주택의 임대기간에 포함하였다.

그러나 2019. 2. 12. 이후 단기임대주택을 장기임대주택으로 전환한 경우에는 최대 4년(매입임대주택은 5년)을 한도로 단기임대주택(매입임대주택)으로 임대한 기간 전체를 장기임대주택의 임대기간에 포함되도록 조세특례제한법이 개정되었다. 다만, 2019. 2. 12. 현재 단기임대주택을 8년 초과하여 임대한 경우에는 개정규정에도 불구하고 종전규정(최대 5년을 한도로 임대기간의 50%)을 적용한다.

[조특법상 단기임대에서 장기임대로 전환한 경우 의무임대기간 산정방법]

전환 시점	임대 유형	장기임대주택으로 전환시 임대기간 인정범위
2019. 2. 11. 이전	매입임대주택(5년)	최대 5년을 한도 기존임대기간의 50%를 장기임대기간에 포함
	단기임대주택(4년)	최대 4년을 한도 기존임대기간의 50%를 장기임대기간에 포함
2019. 2. 12. 이후	매입임대주택(5년)	최대 5년을 한도 기존임대기간 전체를 장기임대기간에 포함
	단기임대주택(4년)	최대 4년*을 한도 기존임대기간 전체를 장기임대기간에 포함

* 단기임대주택을 8년 초과하여 임대한 경우에는 종전규정 적용(최대 5년 : 임대기간의 50%)

관련 법령

- 이 영(조특령 §97의3 ④) 시행일(2019. 2. 12.) 전에 민특법 제5조 제3항에 따라 변경신고한 경우에는 조특령 제97조의3 제4항의 개정규정(최대 4년)에도 불구하고 종전규정(최대 5년을 한도 임대기간의 50%)에 따른다(대통령령 제29527호, 부칙 §29 ①).
- 이 영(조특령 §97의3 ④) 시행일(2019. 2. 12.) 현재 단기민간임대주택을 8년 초과하여 임대한 경우에는 조특령 제97조의3 제4항의 개정규정(최대 4년)에도 불구하고 종전규정(최대 5년을 한도 임대기간의 50%)에 따른다(대통령령 제29527호, 부칙 §29 ②).

관련 해석 사례

거주자가 소유주택을 (구)「임대주택법」에 따른 매입임대주택으로 등록하여 임대차계약에 따라 임대하다 「민간임대주택에 관한 특별법」에 따른 장기일반민간임대주택으로 변경 등록하지 아니한 경우에는 「조세특례제한법」 제97조의3에 따른 과세특례는 적용되지 않는다(부동산납세과-2505, 2022. 8. 23).

적용 사례 1 2019. 2. 11. 이전에 매입임대주택을 장기임대주택으로 전환한 경우

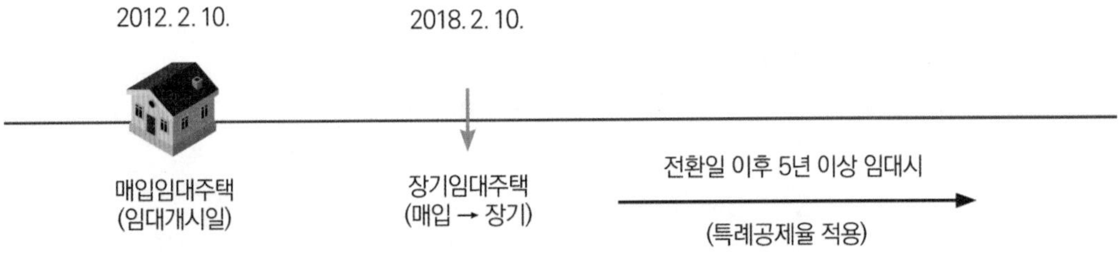

해설 2019. 2. 11. 이전에 매입임대주택을 장기임대주택으로 전환한 경우에는 매입임대주택으로 임대한 기간 중 3년(6년 × 50%)만 장기임대주택의 임대기간에 포함하므로 장기임대주택으로 전환 후 5년 이상 임대하면 50% 또는 70%의 장기보유특별공제율을 적용받을 수 있다.

적용 사례 2 2019. 2. 12. 이후에 매입임대주택을 장기임대주택으로 전환한 경우

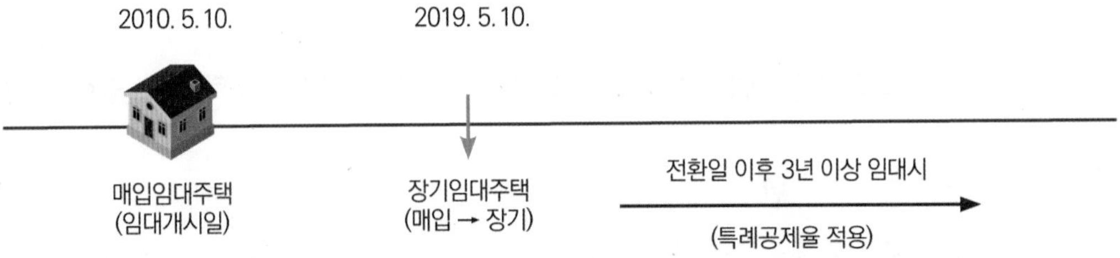

해설 매입임대주택의 의무임대기간(5년)이 경과된 후 2019. 2. 12. 이후에 매입임대주택을 장기임대주택으로 전환한 경우에는 매입임대주택으로 임대한 기간(5년 한도)을 장기임대주택의 임대기간에 포함하므로 장기임대주택으로 전환 후 3년 이상 임대하면 50% 또는 70%의 장기보유특별공제율을 적용받을 수 있다.

(3) 단기임대주택을 장기임대주택으로 전환시 임대료 5% 증액제한 기준임대료

단기(매입)임대주택을 장기일반민간(준공공)임대주택으로 전환한 후 기존 임대차계약을 재계약하거나 신규 임차인과 계약을 체결하는 경우 임대료 5% 증액제한 기준은 장기일반민간(준공공)임대주택으로 전환할 당시 존속 중인 기존 임대차계약이다.

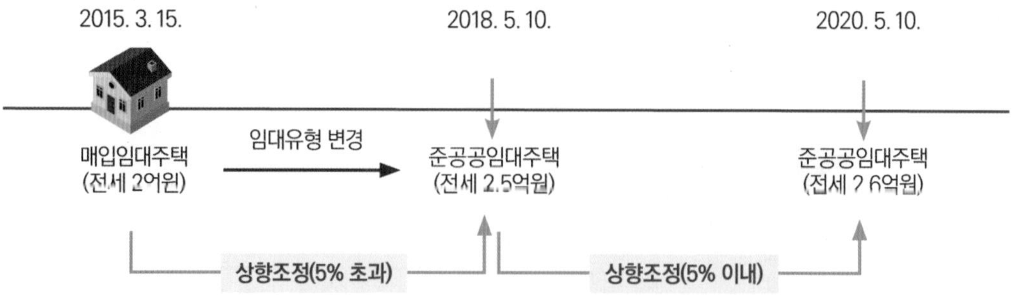

해설 「임대주택법」에 따른 매입임대주택을 「민간임대주택법」에 따른 준공공임대주택으로 전환한 경우 임대료증액 제한기준이 되는 임대차계약은 준공공임대주택으로 변경 당시에 존속 중인 기존 임대차계약(2015. 3. 15. 임대차계약)이다. 따라서 2018. 5. 10.에 체결 및 갱신한 전세보증금 2.5억원이 기존 전세보증금 2억원에 비해 5%를 초과하므로 「조세특례제한법」 제97조의3에 따른 장기보유특별공제 과세특례를 적용 받을 수 없다(법령해석재산-0921, 2021. 12. 28).

5 1세대 1주택 비과세 판단시 장기일반민간임대주택 주택 수 포함 여부

조세특례제한법에서는 법 소정 요건을 충족한 장기일반민간임대주택과 다른 일반주택을 보유한 경우 해당 임대주택은 거주자의 소유주택으로 보지 않으므로 장기일반민간임대주택 이외에 1세대 1주택 비과세 요건을 갖춘 다른 일반주택을 양도하는 경우에는 비과세가 적용될 수 있다.

! 기준시가 6억원(3억원) 초과시 주의사항

2018. 9. 13. 이전에 취득하여 등록한 장기일반민간임대주택은 임대개시일 당시 주택의 공시가격 6억(수도권 밖 3억) 이하의 가액기준을 적용받지 않지만, 소득세법에서는 임대개시일 당시 주택의 기준시가가 6억(수도권 밖 3억) 이하인 경우에만 다른 주택을 양도할 때 주택 수에 포함하지 않고 양도소득세 비과세 여부를 판단하므로 임대개시일 당시 기준시가가 6억원을 초과하는 장기일반민간임대주택을 보유한 상태에서 1세대 1주택 비과세 요건을 갖춘 일반주택을 양도하는 경우 비과세가 적용되지 않을 수도 있다.

6 장기보유특별공제 중복적용 배제

「조세특례제한법」 제97조의3에 따른 장기보유특별공제율 과세특례는 후술하는 「조세특례제한법」 제97조의4에 따른 장기보유특별공제율 추가적용 및 제97조의5에 따른 양도소득세 100% 세액감면과 중복하여 적용하지 아니한다.

관련 해석 사례

거주자가 주택을 양도하여 「조세특례제한법」 제97조의3 및 제99조의3의 규정을 동시에 적용받는 경우에는 같은 법 제127조 제7항 본문에 따라 그 거주자가 선택하는 하나의 감면규정만을 적용하는 것이다(법령해석재산-0404, 2019. 3. 28).

7 임대등록 자진·자동말소되는 경우 장기보유특별공제율 과세특례 적용 여부

(1) 임대등록을 자진말소하는 경우

민특법상 의무임대기간(8년)이 경과하기 전에 임대등록을 자진말소하면 장기보유특별공제율 과세특례를 적용받을 수 없는 것이 원칙이나, 임대주택법상 2013. 12. 5. ~ 2015. 12. 28. 사이에 등록한 준공공임대주택은 의무임대기간이 10년 이상이었기 때문에 8년 이상 임대하고 임대등록을 자진말소하는 경우에는 50%의 장기보유특별공제율 과세특례는 적용받을 수 있다.

[임대등록 자진말소시 장기보유특별공제율 과세특례 적용여부]

구 분	2013. 12. 5. ~ 2015. 12. 28. 등록	2015. 12. 29. 이후 등록
의무임대기간	10년 이상(준공공)	8년 이상(준공공, 장기일반)
자진말소시 과세특례 적용여부	8년 이상 임대한 후 자진말소시 50% 공제율 적용가능	적용불가

(2) 임대등록이 자동말소되는 경우

민특법상 의무임대기간(8년)이 종료되어 임대등록이 자동말소되면 50%의 장기보유특별공제율 과세특례는 적용받을 수 있으나 70%의 장기보유특별공제율 과세특례는 적용받을 수 없다. 다만, 임대주택법상 2013. 12. 5. ~ 2015. 12. 28. 사이에 의무임대기간 10년 이상인 준공공임대주택으로 등록한 아파트가 자동말소되는 경우에도 70%의 장기보유특별공제율 과세특례는 적용받을 수 있다.

[임대등록 자동말소시 장기보유특별공제율 과세특례 적용여부]

구 분	2013. 12. 5. ~ 2015. 12. 28. 등록	2015. 12. 29. 이후 등록
의무임대기간	10년 이상(준공공)	8년 이상(준공공, 장기일반)
자동말소시 과세특례 적용여부	70% 공제율 적용	50% 공제율 적용

관련 해석 사례

1. 8년의 임대기간을 충족하기 전 장기일반민간임대주택이 관리처분계획인가에 따라 조합원입주권으로 변경된 후, 임대사업자가 등록말소(자진말소)를 신청하여 등록이 말소된 경우 제97조의3에 따른 특례를 적용받을 수 없다(법규재산-0347, 2024. 6. 3).
2. 민간임대주택법상 자진말소신청하여 임대사업자등록을 말소한 후, 2020. 12. 31. 장기일반민간임대주택으로 새로 등록한 매입임대주택은 조특법 §97의3 양도소득세 과세특례를 적용받을 수 있는 것이다(법규재산-8176, 2023. 7. 21).
3. 민간임대주택법상 의무임대기간(8년)을 충족하여 자동말소되는 경우에는 의무임대기간 중 3개월을 초과하여 공실이 발생한 경우에도 조특법 §97의3에 따른 과세특례를 적용받을 수 있다(부동산납세과-745, 2023. 3. 28).
4. 포괄양수한 장기임대주택을 2020. 7. 10. 이전에 장기일반민간임대주택으로 변경 신고한 후 자동말소된 다음 양도하는 경우 조특법 §97의3 장기보유특별공제 과세특례를 적용받을 수 있다(부동산납세과-3681, 2022. 12. 6).
5. 민특법 제2조 제5호에 따른 장기일반민간임대주택 중 아파트를 임대(8년)하는 민간매입임대주택이 민특법 제6조 제5항(자동말소)에 따라 등록이 말소되는 경우 해당 주택은 8년 동안 등록 및 임대한 것으로 보아 조특법 제97조의3 제1항 본문에 따른 과세특례(8년 임대시 50%)는 적용되나, 조특법 제97조의3 제1항 단서(10년 임대시 70%)는 적용되지 않는다(법령해석재산-3286, 2021. 5. 11).

적용 사례 주택유형, 규모 등 임대 상황별 장기보유특별공제율 과세특례 적용가능 여부

구 분	A주택	B주택[1]	C주택	D주택	E주택
전용면적	85㎡ 이하	100㎡ 이하	85㎡ 초과	85㎡ 이하	85㎡ 이하
기준시가[2]	6억원 초과	6억원 이하	6억원 이하	6억원 초과	6억원 이하
임대유형	장기	장기	장기	장기	단기
주택유형	아파트	단독	아파트	다세대	다가구
자동말소여부	여	부	여	부	부

1) B주택은 수도권 밖에 소재하고 있음

2) 임대개시일 현재의 기준시가(임대주택은 모두 2018. 9. 13. 이전에 취득)

해설

구 분	장기보유특별공제율 과세특례 적용여부
A주택	아파트는 8년 경과 후 임대등록 자동말소 대상이므로 50% 공제율 적용 가능
B주택	단독주택은 자동말소 대상이 아니므로 10년 이상 임대시 70% 공제율 적용 가능
C주택	국민주택규모(85㎡)를 초과하므로 특례적용 불가
D주택	다세대주택은 자동말소 대상이 아니므로 10년 이상 임대시 70% 공제율 적용 가능
E주택	단기임대주택으로 등록한 경우에는 특례적용 불가

(3) 단기(매입)임대주택이 장기임대주택으로 전환된 이후 자동말소되는 경우

매입임대주택(단기임대주택)에서 장기임대주택으로 전환한 이후 임대주택(매입형 아파트)이 자동말소되는 경우에는 의무임대기간 요건을 충족하지 못하였더라도 의무임대기간 요건을 충족한 것으로 50%의 장기보유특별공제율 과세특례는 적용받을 수 있다.

적용 사례 1 의무임대기간 8년 이상 충족되지 않은 상태에서 임대주택이 자동말소되는 경우

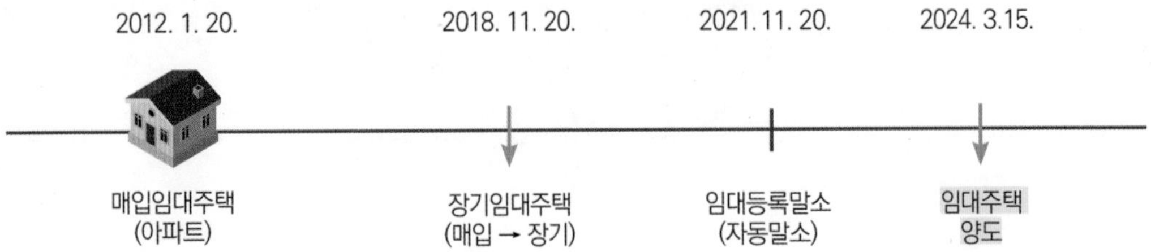

해설 2019. 2. 12. 이전에 매입임대주택을 장기임대주택으로 전환하는 경우에는 매입임대주택으로 임대한 기간의 50%에 해당하는 3년 5개월(6년 10개월 × 50%)을 장기임대주택의 임대기간에 포함하여 전체 의무임대기간이 8년 이상이면 50% 또는 70%의 장기보유특별공제율을 적용받을 수 있다. 그러나, 세법상 6년 5개월을 임대한 시점에서 임대주택이 자동말소되어 의무임대기간(8년)을 충족하지 못하였지만 민특법상 자동말소 규정은 불가피한 상황이기 때문에 8년 의무임대기간을 충족한 것으로 보아 50%의 장기보유특별공제율을 적용받을 수 있다(법규재산－0768, 2024. 12. 31).

비교 학습

임대등록이 재개발·재건축으로 직권말소되는 경우

8년 이상의 의무임대기간을 충족하지 못한 상태에서 임대주택이 재개발·재건축되는 경우에는 임대등록이 "직권말소"된다. 이 경우 민특법상 자동말소와는 달리 의무임대기간을 충족한 것으로 보지 않으므로 장기보유특별공제율 과세특례를 적용할 수 없다.

적용 사례 2 자동말소된 장기임대주택의 임대기간 중 발생한 양도차익 산정 방법

- **다주택자가 비조정대상지역 소재 준공공임대주택을 양도하는 경우**

구 분	내 용
취득일자 및 취득가액	2012. 4. 10. 아파트 취득(5억원)
임대등록일자	2012. 4. 15.(구청 및 세무서 등록, 매입임대주택)
임대유형변경	2018. 12. 10.(매입임대주택을 준공공임대주택으로 변경등록)
임대등록자동말소	2021. 12. 10.(의무임대기간 경과되어 자동말소)
양도일자 및 양도가액	2025. 6. 15. 양도가액 25억원
기준시가	2011. 4. 30.(취득일) : 3억원
	2013. 4. 30.(매입임대주택 5년 소급일) : 4억원
	2015. 4. 30.(매입임대주택 3년 소급일) : 6억원
	2021. 4. 29.(자동말소일) : 12억원
	2025. 4. 30.(양도일) : 18억원

해설

	구 분	금 액	계산근거
	양도가액	2,500,000,000	
(-)	취득가액	500,000,000	
(=)	전체양도차익	2,000,000,000	
(-)	장기보유특별공제	712,000,000[1)]	400,000,000+312,000,000
(=)	양도소득금액	1,288,000,000	

1) 장기보유특별공제액 계산

구 분	임대기간분(기준시가 안분)	임대기간 제외분
양도차익	$20억원 \times \frac{(12억원-6억원)}{(18억원-3억원)} = 8억원$	20억원 - 8억원 = 12억원
장기보유특별공제	8억원 × 50% = 4억원	12억원 × 26%* = 3.12억원
적용이유	임대기간분은 50%의 특례공제율 적용	임대기간 제외분은 일반공제율 적용

* 13년(2012. 4. 10. ~ 2025. 6. 15.) × 2% = 26%

추가 해설 매입임대주택(5년)으로 등록하여 임대한 후, 2019. 2. 12. 전에 준공공임대주택으로 변경신고하여 계속 임대한 경우로서 임대등록이 자동말소된 경우 「조세특례제한법 시행령」 제97조의3 제5항의 「임대기간 중 양도차익」에서 임대기간은 같은 영 제97조의3 제4항에 따라 5년의 범위에서 매입임대주택으로 임대한 기간의 50%에 해당하는 기간을 준공공임대주택의 임대기간에 포함하여 계산하므로 「임대기간 중 양도차익」을 계산함에 있어 임대개시일의 기준시가가 적용되는 시점은 매입임대주택으로 임대한 기간(6년) 중 50%에 해당하는 3년을 역산한 날인 2015. 12. 10.이 된다(법규재산-1563, 2023. 6. 1).

IX 장기보유특별공제율 추가적용

1 기본 요건

거주자 또는 비거주자가 아래의 요건을 충족한 「소득세법 시행령」 제167조의3 제1항 제2호 가목(매입임대) 및 다목(건설임대)에 해당하는 장기임대주택을 2018. 3. 31.까지 임대사업자로 등록하고 6년 이상 임대한 후, 양도하는 경우로서 장기보유특별공제액을 계산할 때 「소득세법」 제95조 제2항(최대 30% 일반공제율)의 공제율에 해당 주택의 임대기간에 따라 최대 10%를 한도로 2%씩 추가공제율을 적용한다(조특법 §97의4).

[주택임대사업자의 장기보유특별공제율 추가적용시 주요 적용요건]

구 분	적용 요건
적용주택	모든 주택
임대기간	4년(단기) 이상 임대 또는 8년(장기) 이상 임대
가액요건	매입임대 : 임대개시일 당시 공시가격 6억원(수도권 밖 3억원) 이하
	건설임대 : 임대개시일 당시 공시가격 6억원 이하
면적요건	제한 없음(건설임대주택은 대지면적 298㎡ 이하, 전용면적 149㎡ 이하)
증액제한	임대료 등 증가율 5% 범위 이내(2019. 2. 12. 이후 임대차계약 갱신 · 신규 체결분부터 적용)

비교 학습

비거주자에게 적용되는 세제혜택

구 분	적용대상 세제혜택
지방세	① 취득세 감면, ② 재산세 감면
국세	① 종합부동산세 합산배제, ② 양도소득세 중과배제, ③ 장기보유특별공제율 추가적용

2 장기보유특별공제율 및 추가공제율 적용방법

6년 이상 임대한 주택을 양도하면 보유기간에 따른 일반적인 장기보유특별공제율(최대 한도 30%)에 임대기간에 따라 아래의 공제율을 가산한다. 다만, 「소득세법」 제95조 제2항 단서(1세대 1주택 고가주택 : 80%)에 해당하는 경우에는 추가공제율을 적용하지 아니한다.

[장기보유특별공제 추가공제율]

임대기간	6년 이상	7년 이상	8년 이상	9년 이상	10년 이상
추가공제율	2%	4%	6%	8%	10%

예를 들어, 장기임대주택을 9년 임대하고 양도한 경우 일반적인 장기보유특별공제율은 18%(9년×2%)가 되고 여기에 해당 임대주택의 추가공제율 8%를 가산하면 총 26%의 장기보유특별공제율이 적용되는 것이다.

[임대기간에 따른 전체 장기보유특별공제율 비교]

임대기간	6년 이상	7년 이상	8년 이상	9년 이상	10년 이상	15년 이상
일반공제율	12%	14%	16%	18%	20%	30%
추가공제율	2%	4%	6%	8%	10%	10%
전체공제율	14%	18%	22%	26%	30%	40%

3 장기보유특별공제율 추가 적용시 양도차익 산정방법

「조세특례제한법」 제97조의3에 따른 장기보유특별공제율 과세특례 적용시 양도차익은 "임대기간 중 발생한 기간"으로 안분하여 적용하는 것에 비해 「조세특례제한법」 제97조의4에 따른 장기보유특별공제율 추가적용은 취득시점부터 양도시점까지의 전체 양도차익에 대해 적용하는 것과 차이가 있다.

4 단기임대주택을 장기임대주택으로 변경신고한 경우의 임대기간 계산

「조세특례제한법」 제97조의3에 따른 장기보유특별공제율 과세특례 적용시 단기임대주택(매입임대주택)을 장기임대주택(준공공임대주택)으로 전환한 경우 임대주택의 임대기간 기산일은 전환일로부터 단기임대주택(매입임대주택)의 의무임대기간(최대 5년)을 역산한 날부터 계산하는 것에 비해 「조세특례제한법」 제97조의4에 따른 장기보유특별공제율 추가적용은 단기임대주택(매입임대주택)으로 최초 등록한 시점부터 임대기간을 계산하는 것과 차이가 있다.

예를 들어, 2011. 4. 10.에 매입임대주택으로 등록한 주택을 2017. 4. 10.에 준공공임대주택으로 전환한 경우 장기보유특별공제율 과세특례 적용시 임대주택의 임대기간 기산일은 2014. 4. 10.(6년×50%)부터 계산하나, 장기보유특별공제율 추가적용시 임대주택의 임대기간 기산일은 2011. 4. 10.(최초 등록일)부터 계산한다.

관련 해석 사례

매입임대주택으로 등록한 임대주택이 의무임대기간이 종료된 이후 장기일반민간임대주택으로 변경신고한 경우 「조세특례제한법」 제97조의3에 따른 임대기간은 변경신고의 수리일부터 해당 매입임대주택의 의무임대기간을 역산한 날부터 임대를 개시한 것으로 보아 계산하는 것이며, 「조세특례제한법」 제97조의4에 따른 임대기간은 임대사업자등록을 하여 임대하는 날부터 임대를 개시한 것으로 보아 계산하는 것이다(법령해석재산 - 0286, 2020. 5. 8).

5 임대등록 자진·자동말소되는 경우 임대기간 계산

장기보유특별공제율 추가적용은 6년 이상 임대한 주택에 대해서만 적용되므로 의무임대기간이 4년인 단기임대주택을 자진말소하거나 해당 임대주택이 자동말소되는 경우에는 추가공제율을 적용받을 수 없으나, 의무임대기간이 8년인 장기임대주택(매입형 아파트)을 자진말소하거나 해당 임대주택이 자동말소되는 경우에는 임대개시일부터 자진말소일 또는 자동말소일까지의 보유기간에 따른 추가공제율은 적용받을 수 있다.

관련 해석 사례

장기임대주택이 임대의무기간이 종료한 날 등록이 말소(자동말소)된 경우로서 해당 자동말소된 장기임대주택을 양도하는 경우 「조세특례제한법」 제97조의4에 따른 추가공제율 적용시 임대기간은 「조세특례제한법 시행령」 제97조의4 제2항에 따른 임대개시일부터 자동말소일까지의 기간에 따라 산정하는 것이다(법규재산 - 1422, 2022. 6. 21).

X 양도소득세 100% 세액감면

1 기본 요건

거주자가 2015. 1. 1. ~ 2018. 12. 31.(2018. 12. 31.까지 매매계약을 체결하고 계약금을 납부한 경우 포함) 기간 중에 취득한 주택을 취득일로부터 3개월 이내에 장기일반민간임대주택으로 등록하여 아래의 요건을 모두 충족한 후 양도하는 경우 임대기간 중 발생한 양도소득에 대하여 양도소득세를 100% 감면한다. 다만, 감면세액의 20%를 농어촌특별세로 납부해야 한다(조특법 §97의5).

[주택임대사업자의 양도소득세 100% 세액감면 적용시 주요 적용요건]

구 분	2020. 8. 17. 이전	2020. 8. 18. 이후
적용주택	모든 주택	모든 주택(아파트 제외)
임대기간	10년(장기) 이상 계속 임대	10년(장기) 이상 계속 임대
가액요건	임대개시일 당시 공시가격 6억원(수도권 밖 3억원) 이하 → 2018. 9. 14. 이후 취득분부터 적용	
면적요건	전용면적 85㎡(수도권 밖 읍·면지역 100㎡) 이하	
증액제한	임대료 등 증가율 5% 범위 이내(임대등록 이후 체결한 임대차계약 분부터 적용)	

2 감면소득금액의 계산

양도소득세 100% 세액감면 규정도 앞서 설명한 장기보유특별공제율 과세특례 규정과 마찬가지로 아래의 산식과 같이 임대기간 중에 발생한 양도소득금액에 대해서만 세액감면을 적용한다.

[임대기간 중 발생한 양도소득금액의 계산]

$$\bullet \text{ 전체 양도소득금액} \times \frac{\text{임대종료 당시 기준시가} - \text{취득 당시 기준시가}}{\text{양도 당시 기준시가} - \text{취득 당시 기준시가}}$$

3 세액감면 적용시 주요 적용요건 및 주의사항

(1) 주택 취득일로부터 3개월 이내 임대주택으로 등록

「조세특례제한법」 제97조의3에 따른 장기보유특별공제율 과세특례는 2020. 12. 31.(건설임대주택은 2027. 12. 31.)까지 임대등록하면 과세특례를 적용받을 수 있으나, 양도소득세 100% 세액감면을 적용받기 위해서는 2018. 12. 31.까지 주택을 취득하고 취득(상속·증여 포함)일로부터 3개월 이내에 임대등록 하지 않으면 세액감면을 적용받을 수 없다. 다만, 2018. 12. 31.까지 매매계약을 체결하고 계약금을 납부한 경우로서 2019. 1. 1. 이후에 주택을 취득하고 3개월 이내에 임대등록하면 세액감면을 적용받을 수 있다.

! 임대등록 시기에 따른 주의사항

주택을 취득한 후 양도소득세, 종합부동산세 등의 세제혜택을 받기 위해서는 민특법상 임대등록을 하여야 하는데 일반적으로 임대등록 시기에 대해서는 별다른 제한이 없다. 그러나 다음의 경우에는 임대등록시기를 놓치면 세제혜택을 받을 수 없으므로 주의가 필요하다.

① 양도세 100%감면 : 주택 취득일로부터 3개월 이내 임대등록

② 취득세 감면 : 주택 취득일로부터 60일 이내 임대등록

③ 건설임대주택 등록 : 소유권보존등기 전까지 임대등록 → 소유권보존등기 이후 임대등록하면 매입임대주택에 해당

(2) 적용대상 주택 및 임대유형

「조세특례제한법」 제97조의3에 따른 장기보유특별공제율 과세특례는 기존주택 및 신규주택을 매입임대주택이나 건설임대주택으로 등록하던 상관없이 적용되는 반면에 양도소득세 100% 세액감면 규정은 2015. 1. 1. 이후 최초로 취득한 주택에 대해 매입임대주택으로 등록한 경우에만 적용되므로 2014. 12. 31. 이전에 취득한 주택을 매입임대주택으로 등록하거나 2015. 1. 1. 이후 최초로 취득한 주택을 건설임대주택으로 등록한 경우에는 양도소득세 100% 세액감면을 적용받을 수 없다.

(3) 단기임대주택을 장기임대주택으로 전환한 경우 세액감면 적용 여부

「조세특례제한법」 제97조의3에 따른 장기보유특별공제율 과세특례는 단기임대주택으로 등록하였다가 장기임대주택으로 변경한 경우에도 단기임대기간 중 일정기간을 장기임대기간에 포함할 수 있으나, 양도소득세 100% 세액감면 규정을 적용받는 주택은 처음부터 장기임대주택으로 등록해야 세제혜택을 받을 수 있으므로 단기임대주택으로 등록한 경우에는 감면규정이 적용되지 않는다.

배경 및 취지

양도소득세 100% 세액감면 규정은 세제혜택이 큰 대신 임대등록 당시 10년 이상 의무임대기간을 준수하는 조건으로 임대등록한 것이므로 임대등록 당시 단기로 임대등록 하였다가 임대기간 중에 양도소득세 100% 세액감면을 적용받기 위해 장기로 전환하는 경우에는 100% 세액감면이 적용되지 않는다.

(4) 의무임대기간 계산

양도소득세 100% 세액감면은 임대주택을 10년 이상 계속하여 임대한 경우에만 적용받을 수 있으므로 아래의 경우(예외 사유 : 계속 임대한 것으로 간주)를 제외하고는 공실기간이 6개월을 초과하면 세액감면을 적용받을 수 없다. 이 경우 "공실기간 6개월 초과 여부"는 공실기간이 여러 번 존재하는 경우에도 전체를 합산하여 판단하는 것이 아니라 각 개별 공실기간만을 가지고 판단함에 주의하여야 한다.

① 기존 임차인의 퇴거일부터 다음 임차인의 주민등록을 이전하는 날까지의 기간으로서 6개월 이내의 기간
② 협의매수 또는 수용되어 임대할 수 없는 경우의 해당 기간

관련 해석 사례

1. 「조세특례제한법 시행령」 제97조의5 제1항 제1호의 기존 임차인의 퇴거일로부터 다음 임차인의 주민등록을 이전하는 날까지의 기간(공실기간)이 여러 번 존재하는 경우로서 각 개별 공실기간이 6개월 이내인 경우에는 해당 기간 동안 계속하여 임대한 것으로 보는 것이다(법규재산-4965, 2022. 5. 31).
2. 「조세특례제한법」 제97조의5에 따른 준공공임대주택을 임대하던 중 「도시 및 주거환경정비법」에 따른 주택재건축사업 또는 주택재개발사업의 사유가 발생한 경우 주택재건축사업 또는 주택재개발사업 전과 후 준공공임대주택의 임대기간을 통산하는 것이다(법령해석재산-4571, 2016. 11. 25).

4 중복적용 배제

양도소득세 100% 세액감면은 「조세특례제한법」 제97조의3에 따른 장기보유특별공제율 과세특례 및 「조세특례제한법」 제97조의4에 따른 장기보유특별공제율 추가적용과 중복하여 적용하지 아니한다(조특법 §97의5 ②).

5 임대등록 자진·자동말소되는 경우 양도소득세 100% 세액감면 적용 여부

(1) 임대등록을 자진말소하는 경우

양도소득세 100% 세액감면은 10년 이상 계속하여 임대한 경우에만 적용되는 것이므로 임대등록을 자진말소하는 경우에는 세액감면을 적용받을 수 없다.

(2) 임대등록이 자동말소되는 경우

양도소득세 100% 세액감면은 10년 이상 임대한 경우에만 적용받을 수 있으므로 민특법상 의무임대기간(8년)이 종료되어 임대등록이 자동말소되는 경우에는 양도소득세를 감면받을 수 없다. 다만, 임대주택법상 2015. 1. 1. ~ 2015. 12. 28. 기간 중에 주택을 취득하여 3개월 이내 준공공임대주택으로 등록한 아파트의 경우에는 등록 당시 의무임대기간이 10년 이상이었기 때문에 임대등록이 자동말소되는 경우에도 세액감면을 적용받을 수 있다.

[임대등록 말소시 양도소득세 100% 세액감면 적용여부]

구 분	2015. 1. 1. ~ 2015. 12. 28. 등록	2015. 12. 29. 이후 등록
의무임대기간	10년 이상(준공공)	10년 이상(준공공, 장기일반)
자진말소	세액감면 적용불가	
자동말소	세액감면 적용가능	세액감면 적용불가

관련 해석 사례

장기일반민간임대주택 중 아파트를 임대하는 민간매입임대주택이 「민간임대주택에 관한 특별법」 제6조 제5항에 따라 등록이 말소되는 경우에는 「조세특례제한법」 제97조의5 규정을 적용받을 수 없는 것이다(법령해석재산-2824, 2021. 12. 20, 부동산납세과-510, 2024. 3. 28).

적용 사례 주택유형, 규모 등 임대 상황별 양도소득세 100% 세액감면 가능 여부

구 분	A주택	B주택	C주택	D주택	E주택
전용면적	85㎡ 이하	85㎡ 이하	85㎡ 이하	85㎡ 초과	85㎡ 이하
기준시가[1]	6억원 초과	6억원 이하	6억원 이하	6억원 초과	6억원 이하
임대유형	장기	장기	장기	장기	장기
임대등록[2]	3개월 이내	3개월 이내	3개월 초과	3개월 이내	3개월 이내
주택유형	아파트	단독	다가구	다세대	다가구
자동말소여부	여	부	부	부	부

1) 임대개시일 현재 기준시가임(임대주택은 2018. 9. 13. 이전에 취득)

2) 2018. 12. 31. 이전에 주택 취득일 이후 주택임대사업자로 등록한 기간

해설

구 분	양도소득세 100% 세액감면 규정적용 여부
A주택	아파트는 8년 경과 후 임대등록 자동말소 대상이므로 감면적용 불가
B주택	단독주택은 자동말소 대상이 아니므로 10년 이상 임대시 100% 세액감면 적용 가능
C주택	주택 취득일로부터 3개월 경과 후 임대등록한 경우 100% 세액감면 적용 불가
D주택	국민주택규모(85㎡)를 초과하므로 양도소득세 100% 세액감면 적용 불가
E주택	다가구는 자동말소 대상이 아니므로 10년 이상 임대시 100% 세액감면 적용 가능

[조세특례제한법 제97조의3과 제97조의5 규정 비교]

• **공통점**

구 분	장기보유특별공제율 과세특례 (조특법 제97조의3)	양도소득세 100% 세액감면 (조특법 제97조의5)
공통점	① 적용 대상자 : 거주자 ② 주택규모 : 전용면적 85㎡(수도권 밖 읍·면지역 100㎡) 이하 ③ 임대호수 : 1호 이상 ④ 가액기준 : 2018. 9. 14. 이후 취득분부터 공시가격 6억원(수도권 밖 3억원) 이하 적용 ⑤ 임대료 등 증액제한 : 임대등록 이후 체결한 임대차계약 분부터 5% 증액제한 준수 ⑥ 등록기관 : 시·군·구 및 세무서 ⑦ 양도차익 및 양도소득금액 적용범위 : 임대기간 중 발생한 양도차익 등에 한함	

• **차이점**

구 분	장기보유특별공제율 과세특례 (조특법 제97조의3)	양도소득세 100% 세액감면 (조특법 제97조의5)
적용대상 주택	기존주택 또는 신규주택	신규주택
임대주택 유형	매입임대주택 또는 건설임대주택	매입임대주택
의무임대기간	통산하여 8년 또는 10년 이상 임대	계속하여 10년 이상 임대
임대등록 시기	임의 선택	취득일로부터 3개월 이내
임대주택 특례 적용 기한	매입임대 : 2020. 12. 31.까지(매매계약 포함)	매입임대 : 2018. 12. 31.까지(매매계약 포함)
	건설임대 : 2027. 12. 31.까지	건설임대 : 적용불가
임대유형 변경(단기 → 장기)	변경 가능	변경 불가
공실 허용기간	3개월(임대기간에 산입) → 공실기간 6개월 초과시 적용가능	6개월(임대기간에 불산입) → 공실기간 6개월 초과시 적용불가
세제혜택	장기보유특별공제율 50%(70%) 적용	양도소득세 100% 세액감면
농어촌특별세	해당 없음	감면세액의 20% 농특세 과세
아파트 임대등록 자동말소시 세제혜택	50%의 장기보유특별공제율만 적용가능	양도소득세 100% 세액감면 적용불가

종합 사례 비조정대상지역 장기임대주택을 10년 임대한 후 양도하는 경우 세액계산 비교

- **임대주택 취득 및 양도관련 자료**

구 분	내 용
취득일자	2015. 1. 10.
임대내역	2015. 3. 15. 준공공임대주택 등록
주택유형	다가구주택(가구당 전용면적 85㎡ 이하)
양도일자	2025. 12. 1.
양도차익	5억원
주택보유	장기임대주택 외 서울소재 2주택 보유

해설

	구 분	제97조의3(장 · 특공제율 과세특례)	제97조의5(양도세 100% 세액감면)
	양도차익	500,000,000	500,000,000
(−)	장기보유특별공제	350,000,000[1]	100,000,000[2]
(=)	양도소득금액	150,000,000	400,000,000
(−)	기본공제	2,500,000	2,500,000
(=)	과세표준	147,500,000	397,500,000
(×)	세율	35%	40%
(−)	누진공제	15,440,000	25,940,000
(=)	산출세액	36,185,000	133,060,000
(=)	납부할 세액	36,185,000	(133,060,000)[3]
(+)	지방소득세	3,618,500	0
(+)	농어촌특별세	−	26,612,000[4]
(=)	총부담세액	39,803,500	26,612,000

1) 500,000,000 × 70% = 350,000,000
2) 500,000,000 × 20%(10년 × 2%) = 100,000,000
3) 산출세액 133,060,000은 전액감면
4) 133,060,000 × 20% = 26,612,000

추가 해설

1. 제97조의3 : 70%의 장기보유특별공제 특례가 적용되며, 세율은 기본세율이 적용된다.
2. 제97조의5 : 최대 30%의 장기보유특별공제가 적용되며, 세율은 기본세율이 적용된다.
3. 장기보유특별공제율 과세특례와 양도소득세 100% 세액감면은 중복적용이 되지 않으므로 세부담 측면에서 양도소득세 100% 세액감면 규정을 적용받는 것이 유리하다.

참고 1 매입임대주택 관련 세제혜택 및 적용요건 요약

구 분	임대 유형	가액 요건	면적 요건	의무 임대	임대 호수	특례 내용
거주주택 비과세	단기, 장기	6억원 (수도권 밖 3억원) 이하	없음	• 5년(장 · 단기 불문) ('20. 7. 10. 이전) • 8년(장기) ('20. 7. 11. 이후)	1호 이상	장기임대주택 외 2년 이상 거주한 주택 양도시 비과세
양도세 중과배제	단기, 장기			• 5년(장 · 단기 불문) ('18. 3. 31. 이전) • 8년(장기) ('18. 4. 1. 이후)		양도소득세 중과배제 ('18. 9. 14. 이후 조정대상 지역 내 취득 주택 제외)
종부세 합산배제						종합부동산세 합산배제 ('18. 9. 14. 이후 조정대상 지역 내 취득 주택 제외)
장특공제 특례적용	장기	'18. 9. 14. 이후 취득시 적용1)	85㎡ 이하	• 8년(장기) • 10년(장기)	1호 이상	8년 임대 : 50% 공제 10년 임대 : 70% 공제
100% 세액감면	장기		85㎡ 이하	• 10년(장기)	1호 이상	양도소득세 100% 감면 (농특세 20% 부과)
소득세 감면	단기, 장기	6억원 이하 (지역불문)	85㎡ 이하	• 4년(단기) • 8년(장기)	1호 이상	단기임대 : 30% 감면 장기임대 : 75% 감면
					2호 이상	단기임대 : 20% 감면 장기임대 : 50% 감면
취득세 감면	단기, 장기	'20. 8. 12. 이후 취득시 적용2)	60㎡ 이하	• 4년(단기) • 8년(장기)	1호 이상	100% 감면 (200만원 초과시 85% 감면)
재산세 감면	단기, 장기	'20. 8. 12. 이후 등록시 적용3)	85㎡ 이하	• 4년(단기) • 8년(장기)	2호 (다가구 1호) 이상	50% ~ 100% 감면 (50만원 초과시 85% 감면)

1) 기준시가 6억원(수도권 밖 3억원) 이하

2) 취득가액 6억원(수도권 밖 3억원) 이하

3) ① 공동주택 : 주택공시가격 6억원(수도권 밖 3억원) 이하, ② 오피스텔 : 시가표준액 4억원(수도권 밖 2억원) 이하

※ 2020. 8. 18. 이후 임대등록 분부터는 매입형 아파트를 제외한 모든 장기임대주택은 의무임대기간 최소 10년 적용하고, 2025. 6. 4. 이후 임대등록 분부터는 매입형 아파트를 제외한 모든 단기임대주택은 의무임대기간 최소 6년 적용

참고 2 임대주택 등록 말소시 세제혜택 적용여부 요약

세제혜택		자진말소	자동말소
임대주택 거주요건 배제		적용가능	
거주주택 양도소득세 비과세		말소 후 5년 이내 거주주택 양도시 비과세	
양도소득세 중과배제		말소 후 1년 이내 양도시 중과배제	양도시기 제한없이 중과배제
장기보유특별공제 특례적용		적용불가1)	① 50% 적용가능 ② 70% 적용불가2)
장기보유특별공제 추가공제(10%)		① 단기임대(4년) : 적용불가 ② 장기임대(8년) : 적용가능	① 단기임대(4년) : 적용불가 ② 장기임대(8년) : 적용가능
양도소득세 100% 감면		적용불가	적용불가3)
종합부동산세 합산배제	경감세액 추징여부	이미 경감받은 세액 추징되지 않음	
	말소된 후 합산과세 여부	① 과세기준일 전에 말소된 경우 : 해당 연도부터 합산과세 ② 과세기준일 후에 말소된 경우 : 다음 연도부터 합산과세	
임대소득세 감면		이미 감면받은 세액 추징되지 않음	
취득세 감면			
재산세 감면			

1) 2014. 1. 1. ~ 2015. 12. 28. 사이에 등록한 준공공임대주택(장기일반민간임대주택)은 50% 공제율 적용 가능

2) 2014. 1. 1. ~ 2015. 12. 28. 사이에 등록한 준공공임대주택(장기일반민간임대주택)은 70% 공제율 적용 가능

3) 2015. 1. 1. ~ 2015. 12. 28. 사이에 등록한 준공공임대주택(장기일반민간임대주택)은 100% 감면적용 가능

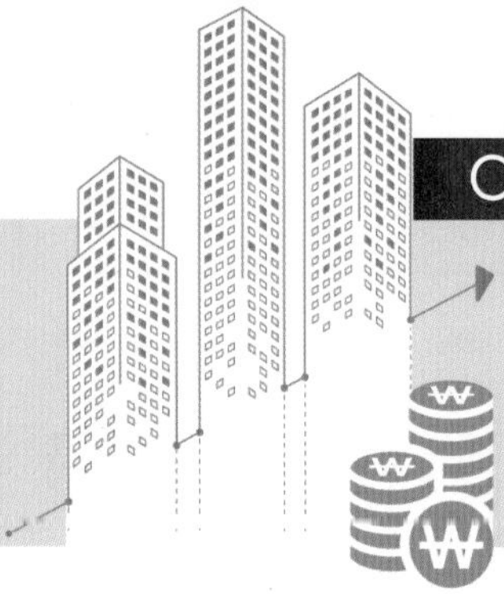

Chapter

4 주택임대사업자 관련 기타 주요내용

I 상생임대주택 양도소득세 특례(거주요건 면제)

1 상생임대주택 기본내용

1세대가 주택을 취득한 후 임차인과 새로 체결한 직전임대차계약(1년 6개월 이상 임대) 대비 임대보증금 또는 임대료의 증가율이 5%를 초과하지 않는 상생임대차계약을 2021. 12. 20.~2026. 12. 31.까지의 기간 중에 체결 및 임대를 개시하여 2년 이상 임대한 후, 해당 주택을 양도하는 경우에는「소득세법 시행령」제154조 제1항(조정대상지역 취득주택), 제155조 제20항(거주주택 비과세 특례주택) 및 제159조의4(표2 장기보유특별공제율)를 적용할 때 해당 규정에 따른 거주기간의 제한을 받지 않는다(소득령 §155의3).

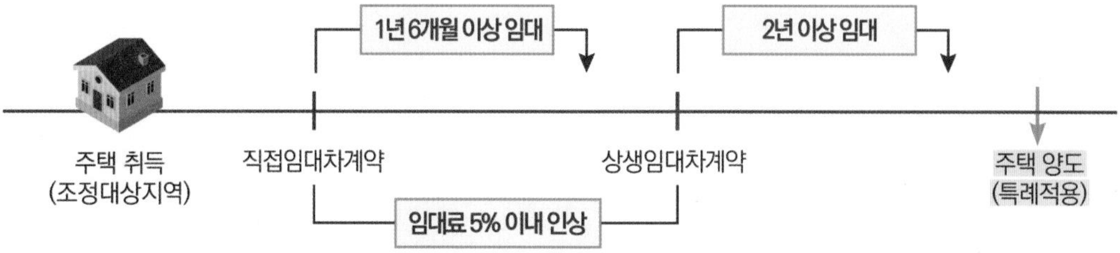

[상생임대주택(임대인과 임차인이 서로 相生) 특례요건]

구 분	주요 적용요건
임대기간 (임대요건)	상생임대차계약 체결 전에 직전임대차계약의 임대기간이 1년 6개월 이상일 것
	직전임대차계약의 임대기간 종료 후 상생임대차계약의 임대기간이 2년 이상일 것
증액제한	직전임대차계약 대비 상생임대차계약의 임대료 등 증가율이 5% 범위 이내일 것
적용기한	2021. 12. 20. ~ 2026. 12. 31.까지의 기간 중에 상생임대차계약 체결 및 임대개시할 것

2 상생임대주택 세부요건

(1) 직전임대차계약(최소 1년 6개월 이상 임대)

"직전임대차계약"이란 상생임대차계약 이전에 주택을 취득 또는 분양받은 후 임차인과 새로운 임대차계약을 체결하여 1년 6개월 이상 임대한 경우를 말한다.

따라서, 주택을 취득(상속 및 증여 포함)하면서 종전 임대인(피상속인 및 증여자 포함)과 임차인 사이에 체결된 기존 임대차계약을 승계하거나 주택을 취득하기 전에 임대차계약을 체결한 경우에는 직전임대차계약에 해당하지 않는다.

관련 해석 사례

1. 주택을 취득하면서 해당 주택의 매도자와 임대차계약 계약을 체결하여 실제 1년 6개월 이상 임대한 경우 해당 임대차계약은 직전임대차계약에 해당한다(부동산납세과-2401, 2023. 10. 13).
2. 임대기간이 개시된 후 주택을 증여받고 임대인의 명의를 수증자로 변경하여 체결한 임대차계약은 해당 주택의 취득으로 임대인의 지위가 승계된 경우의 임대차계약에 해당하여 소득령 §155의3의 "직전 임대차계약"으로 볼 수 없는 것이다(법규재산-3407, 2023. 1. 26).
3. 주택(또는 분양권) 매매계약 체결한 후 임대차계약을 체결한 경우로서 주택 취득일 이후 임대기간이 개시되더라도 임대인이 주택 취득 전에 임차인과 작성한 임대차계약은 소득령 §155의3의 "직전임대차계약"에 해당하지 않는다(재산세제과-1440, 2022. 11. 17, 법규재산-3529, 2022. 12. 7).
4. 전 소유자로부터 임대차계약을 승계받은 후 임차인이 계약갱신요구권을 행사하여 승계받은 계약을 갱신(갱신계약)하고 이후 그 갱신계약을 다시 갱신(재갱신계약)한 경우 갱신계약과 재갱신계약은 각각 "직전 임대차계약" 및 "상생임대차계약"으로 볼 수 있다(법규재산-2849, 2022. 10. 12).
5. 재건축조합의 원조합원이 신축주택 준공 전에 임대차계약을 체결한 경우 원조합원의 기존주택 취득시기를 기준으로 직전 임대차계약의 요건인 '주택을 취득한 후 해당 주택에 대한 임대차계약 체결' 요건을 판단하므로 직전 임대차계약에 해당한다(법규재산-4596, 2023. 3. 13).

비교 해석 사례 조합원입주권을 승계하여 주택을 취득한 경우에는 해당 주택의 사용승인일 이후 체결한 임대차계약이 직전임대차계약에 해당한다(부동산납세과-830, 2024. 5. 28).

(2) 상생임대차계약(최소 2년 이상 임대)

직전임대차계약은 계약체결 시기와 임대개시일에 대해서는 별도의 규정이 없으나, 상생임대차계약은 2021. 12. 20. ~ 2026. 12. 31.까지의 기간 중에 반드시 임대차계약을 체결하고 그 기간 내에 임대를 개시하고 임대기간이 2년 이상이어야 한다.

여기서 주의할 사항은 직전임대차계약과 상생임대차계약을 연속해서 체결할 필요는 없고 두 계약 사이에 공백(임대인이 직접 거주, 공실 등)이 존재하는 경우에도 상생임대주택에 대한 세제혜택을 적용받을 수 있다는 점이다.

관련 해석 사례

1세대가 주택을 취득한 후 임대하였다가 일정기간 본인이 거주 후 재임대한 경우로서 「소득세법 시행령」 제155조의3 제1항 각 호의 요건을 모두 갖추어 해당 주택을 양도하는 경우에는 상생임대주택에 대한 1세대 1주택의 특례를 적용받을 수 있다(법규재산-0893, 2022. 10. 21).

(3) 직전임대차계약 대비 임대료 등 5% 이내 증액제한

"임대료 등 5% 이내 증액제한"이란 임대인이 상생임대차계약 체결시 직전임대차계약 대비 임대보증금 또는 임대료의 증가율이 5%를 초과하지 않는 경우를 말한다.

이 경우 상생임대차계약을 체결할 때 임대보증금과 월임대료를 서로 전환하는 경우에는 「민간임대주택에 관한 특별법」 제44조 제4항에서 정하는 기준에 따라 임대보증금 또는 임대료의 증가율을 계산한다(소득령 §155의3 ②).

만일 직전임대차계약 기간 중에 임대료 등이 변경되었다면 변경된 금액을 기준으로 5% 이내 증액제한 여부를 판단한다.

관련 해석 사례

1. 「소득세법 시행령」 제155조의3의 요건을 모두 충족한 상생임대주택은 상생임대차계약 임대기간 종료 후 새로운 임대차계약 체결시 임대료의 증액 요건을 충족하지 않은 경우에도 상생임대주택에 대한 특례를 적용받을 수 있다(법규재산-1315, 2024. 9. 25).
2. 직전임대차계약 기간(월세, 2년) 만료 후에 동일 임차인과 2년의 갱신계약(월세)을 체결하고 갱신계약 기간 중 임차인의 요청으로 월세에서 전세로 전환하는 경우로서 전환된 임대보증금이 전환 전 임대료에 대한 「민간임대주택에 관한 특별법」 제44조 제4항에서 정하는 기준에 따라 환산한 임대보증금 대비 동일하거나 낮은 경우, 해당 갱신계약을 상생임대차계약으로 보아 상생임대주택에 대한 1세대 1주택의 특례를 적용한다(법규재산-3396, 2024. 1. 11).

(4) 직전임대차계약과 상생임대차계약에 따른 임대기간 계산

직전임대차계약 및 상생임대차계약에 따른 임대기간은 월력에 따라 계산하며, 1개월 미만인 경우에는 1개월로 본다(소득령 §155의3 ③).

또한, 직전임대차계약 및 상생임대차계약에 따른 임대기간을 계산할 때 임차인의 사정으로 임대를 계속할 수 없어 새로운 임대차계약을 체결하는 경우로서 기획재정부령으로 정하는 요건(종전 임대차계약과 비교하여 새로운 임대차계약에 따른 임대보증금 또는 임대료가 증가하지 않았을 것을 말함)을 충족하는 경우에는 새로운 임대차계약의 임대기간을 합산하여 계산한다(소득령 §155의3 ④).

관련 해석 사례

2년의 임대차계약(1차 임대차계약)기간 만료 후에 동일 임차인과 1년 연장 계약(2차 임대차계약)을 체결하고 임대기간 만료 후 다른 임차인과 새로운 2년의 임대차계약(3차 임대차계약)을 체결한 경우로서 1차 임대차계약과 2차 임대차계약의 임대기간을 합산하여 "직전 임대차계약"으로, 3차 임대차계약을 "상생임대차계약"으로 보아 상생임대주택에 따른 특례를 적용하는 것이다(법규재산-3010, 2023. 12. 27).

(5) 기타 주요내용

1) 상생임대주택이 다가구주택인 경우

상생임대주택인 다가구주택을 일괄 양도하는 경우 상생임대주택에 대한 특례를 적용받기 위해서는 모든 세대(가구)가 상생임대차계약이 체결되어 있어야 한다.

2) 주택임대사업자 등록 여부

상생임대주택은 일반적인 등록 임대주택과는 달리 지방자치단체와 세무서에 주택임대사업자등록을 하지 않아도 적용이 가능하며 또한, 면적요건(국민주택규모 이하) 및 가액요건(일정 기준시가 이하)을 충족하지 않아도 상생임대주택에 대한 특례를 적용받을 수 있다.

3) 임대인과 임차인 동일인 여부

직전임대차계약과 상생임대차계약의 임대인은 동일인이어야 하나, 임차인(예 직전임대차계약의 임차인은 甲, 상생임대주택의 임차인은 乙)은 서로 달라도 무방하다.

3 상생임대주택의 세제혜택(2년 거주의제)

상생임대주택을 임대하면 해당 주택에서 임대인이 거주를 할 수 없게 되는데, 이러한 점을 감안하여 임차인에게 2년 이상 임대한 기간을 임대인의 거주기간으로 인정하여 아래와 같이 "거주요건"과 관련된 양도소득세 세제혜택을 적용받을 수 있다.

이 경우 임대개시일 당시 2주택 이상을 보유하였더라도 상생임대주택에 해당하나, 모든 주택이 상생임대주택에 대한 양도소득세 세제혜택을 적용받을 수 있는 것은 아니고, 양도일 현재 최종 1주택(일시적 2주택 포함)만 상생임대주택 특례를 적용받을 수 있다.

(1) 취득 당시 조정대상지역 내 주택 비과세 적용시 거주요건 면제

조정대상지역 지정 후 취득한 주택은 2년 이상 거주해야 1세대 1주택 비과세를 적용받을 수 있으나, 조정대상지역 소재 상생임대주택을 임차인에게 임대한 기간을 임대인이 거주한 것으로 보아 2년 이상 보유요건만 충족하면 1세대 1주택 비과세를 적용받을 수 있다.

(2) 1세대 1주택 고가주택에 대한 「표 2」 공제율 적용시 거주요건 면제

상생임대주택에 거주하지 않았지만 임차인에게 임대한 기간을 임대인이 거주한 것으로 보아 양도일 현재 1세대 1주택 고가주택 비과세 요건을 충족한 경우에는 최대 80%의 장기보유특별공제율(보유기간 × 4% + 거주기간 × 4%)을 적용받을 수 있다. 다만, 거주기간별 공제율(거주기간 × 4%)을 계산할 때 거주기간은 실제 거주한 기간만 적용한다.

예를 들어, 1세대 1주택에 해당하는 상생임대주택을 8년 보유기간 중에 전부 임대하고 실제 거주하지 않았다면 양도가액 12억원 초과분 상당하는 양도차익에 대한 장기보유특별공제율은 32%(보유기간 8년 × 4% + 거주기간 0년 × 4%)가 되는 것이다.

(3) 거주주택 비과세특례 적용시 거주요건 면제

1세대가 법 소정 요건을 충족한 장기임대주택(등록임대주택)과 상생임대주택을 보유한 상태에서 2년 이상 임대한 상생임대주택을 양도하는 경우에는 임차인이 거주한 기간을 임대인이 거주한 것으로 보아 양도하는 상생임대주택에 대해서는 「소득세법 시행령」 제155조 제20항에 따른 거주주택 비과세 특례를 적용받을 수 있다.

4 상생임대주택 특례적용 신청

상생임대주택에 대한 특례를 적용받으려는 자는 「소득세법」 제105조 또는 제110조에 따른 양도소득세 과세표준 신고기한까지 "상생임대주택에 대한 특례적용신고서"에 해당 주택에 관한 직전임대차계약서 및 상생임대차계약서를 첨부하여 납세지 관할 세무서장에게 제출해야 한다(소득령 §155의3 ⑤).

II 법인 주택임대사업자의 세제혜택

1 법인 주택임대사업자의 세제혜택 변화

(1) 취득세

종전에는 법인이 주택을 취득하는 경우 개인과 마찬가지로 1% ~ 3%의 취득세율을 적용하였으나, 2022. 8. 12. 이후 법인이 주택을 취득하는 경우에는 취득가액, 주택 수 및 소재지와 상관없이 13.4%(지방교육세 및 농어촌특별세 포함)의 중과세율이 적용된다. 다만, 주택공시가격 1억원 이하, 전용면적 60㎡ 이하인 사원임대용 공동주택(특수관계인 및 과점주주에게 제공하는 주택은 제외) 등은 취득세 중과세율이 적용되지 않는다.

(2) 종합부동산세

1) 종합부동산세 합산배제 적용제외

2020. 6. 18. 이후 조정대상지역에 있는 법인 소유의 주택을 임대등록하는 경우에는 종합부동산세 합산배제를 적용받을 수 없다. 다만, 조정대상지역에서 해제된 경우와 건설임대주택으로 등록한 경우에는 종합부동산세 합산배제를 적용받을 수 있다.

2) 종합부동산세 계산시 기본공제 9억원 미적용

종합부동산세 계산시 법인은 개인에게 적용되는 9억원(1세대 1주택자는 12억원)의 기본공제가 적용되지 않는다. 다만, 건설임대주택으로 등록한 경우에는 9억원의 기본공제를 적용받을 수 있다(종부법 §8 ①).

3) 종합부동산세 세율 적용시 2.7% 또는 5% 단일세율 적용

종합부동산세 계산시 개인은 0.5% ~ 2.7%의 7단계 누진세율이 적용되지만, 법인은 보유 주택 수에 따라 2.7%(2주택 이하) 또는 5%(3주택 이상 또는 조정대상지역 내 2주택)의 단일세율이 적용된다(종부법 §9 ②).

(3) 토지 등 양도소득에 대한 법인세 추가과세

1) 일반법인세 외 추가과세 대상 범위 확대

종전에는 주택, 별장 및 비사업용토지 등에 대하여만 법인세 외에 토지 등 양도소득에 대한 법인세가 추가과세 되었으나, 2021. 1. 1. 이후 양도분부터는 조합원입주권과 주택분양권도 법인세 추가과세 대상에 포함되었다(법인법 §55의2 ①).

2) 주택 등을 양도하는 경우 추가과세 세율 인상

종전에는 법인이 주택 등을 양도하는 경우 10%의 토지 등 양도소득에 대한 추가세율이 적용되었으나, 2021. 1. 1. 이후 양도분부터는 비사업용토지를 제외하고 주택 등에 대해서는 법인세 추가과세 세율이 10%에서 20%로 인상되었다.

3) 임대주택에 대한 법인세 추가과세 제외 적용불가

종전에는 법인이 일정한 요건을 갖춘 임대주택을 양도하는 경우 법인세 외에 토지 등 양도소득에 대한 추가과세가 적용되지 않았으나, 2020. 6. 18. 이후부터는 법인 소유의 주택을 장기임대주택으로 등록하더라도 더 이상 추가과세 제외를 적용받을 수 없게 되었다. 다만, 법인이 건설임대주택으로 등록한 경우에는 추가과세 제외를 적용받을 수 있다(법인령 §92의2 ②).

또한, 2020. 7. 10. 이후부터는 단기임대주택(매입형 및 건설형 불문)의 임대등록이 폐지되었으나, 2025. 6. 4. 이후 임대등록분 부터는 최소 6년의 의무임대기간이 적용되는 단기임대주택 제도가 신설되면서 일정요건을 충족한 건설형 단기임대주택에 대해서도 추가과세 제외를 적용받을 수 있다. 이 경우 건설형 단기민간임대의 적용요건에 대해서는 「참고 3(P. 520)」을 참조하기 바란다.

[토지 등 양도소득에 대한 법인세 추가과세 계산구조]

	구 분	내 용
	양도가액	부동산의 양도로 인한 실지거래가액
(-)	장부가액	취득가액 + 자본적 지출액(양도비용 및 수익적 지출액은 공제불가)
(=)	양도소득	-
(×)	세율	비사업용 토지(10%), 주택 · 별장 · 조합원입주권 · 분양권(20%)
(=)	산출세액	토지 등 양도소득에 대한 법인세

4) 세부담의 상한 폐지

세부담상한은 주택의 가액이나 세율이 얼마가 오르든지 상관없이 당해연도의 주택에 부과된 재산세와 종합부동산세의 합계액이 직전년도 해당 주택에 부과된 총세액(재산세 + 종합부동산세)에 세부담 상한비율(150%)을 곱한 금액을 초과하는 경우 그 초과하는 세액에 대해서는 종합부동산세를 부과하지 않는 제도이다. 이러한 세부담 상한 적용은 개인에게만 적용되고 2021년부터는 법인에게는 적용되지 않는다(종부법 §10).

2 법인의 주택 임대유형에 따른 주요 세제혜택 및 세금규제 비교

구 분			매입임대주택	건설임대주택
① 취득세 감면			개인과 동일하게 적용	
② 재산세 감면				
③ 임대소득세 감면				
④ 주택 취득세			2020. 8. 12. 이후 취득분부터 12%의 중과세율 적용	
⑤ 종합부동산세	합산배제	조정대상	적용불가	적용가능
		비조정대상	적용가능	적용가능
	기본공제(9억원)		적용불가	적용가능
	적용세율		2.7% 또는 5%	0.7% ~ 2.7%
⑥ 법인세 추가과세 대상자산			주택, 별장, 비사업용토지, 조합원입주권, 분양권	
⑦ 임대주택 양도시 법인세 20% 추가과세 제외			적용불가	적용가능
⑧ 말소대상	단기임대주택		아파트 포함 모든 주택	
	장기임대주택		아파트	말소대상 아님

Ⅲ 임대주택에 대한 부기등기(附記登記)

1 개요

주택임대사업자가 임대등록을 한 경우에는 지체 없이 아래와 같이 등기사항증명서상에 임대하려는 주택이 "의무임대기간과 임대료 증액제한을 준수하여야 하는 주택임"을 부기등기하여야 한다(민특법 §5의2 ①).

[부기등기 표기 예시]

순위번호	등기목적	접 수	등기원인	권리자 및 기타사항
2	소유권 이전	2018년 6월 15일	2018년 6월 12일	소유자 홍길동
2-1	민간임대 주택등기	2020년 12월 15일	2020년 12월 13일 민간임대주택등록	이 주택은 「민간임대주택에 관한 특별법」…임대의무기간 동안 계속 임대 및 임대료 증액기준을 준수해야 하는 민간임대주택임

2 부기등기 신청기한

부기등기는 주택임대사업자의 등록 후 지체 없이 하여야 한다. 다만, 주택임대사업자로 등록한 이후에 소유권보존등기를 하는 경우에는 소유권보존등기와 동시에 하여야 한다(민특법 §5의2 ②).

구 분	부기등기 신청기한
2020. 12. 9. 이전 임대등록	2022. 12. 9. 까지 부기등기
2020. 12. 10. 이후 임대등록	임대사업자 등록 후 지체 없이 또는 소유권보존등기와 동시에 신청

3 임대등록이 말소된 경우 부기등기 말소신청

주택임대사업자는 임대등록이 말소된 경우에는 아래와 같이 주택 소재지 관할 등기소에 부기등기의 말소를 신청해야 한다(민특령 §4의2 ②).

[부기등기 말소 표기 예시]

순위번호	등기목적	접 수	등기원인	권리자 및 기타사항
2	소유권이전	2018년 6월 15일	2018년 6월 12일	소유자 홍길동
2-1	~~민간임대 주택등기~~	~~2020년 12월 15일~~	~~2020년 12월 13일 민간임대주택등록~~	~~이 주택은 「민간임대주택에 관한 특별법」 임대의무기간 동안 계속 임대 및 임대료 증액 기준 준수해야 하는 민간임대주택임~~
3	2-1번 민간임대 주택등기 말소	2023년 4월 10일	2023년 4월 9일 민간임대주택 등록말소	

4 부기등기 의무 위반시 과태료

주택임대사업자가 임대주택에 대한 부기등기 의무를 위반한 경우 위반 횟수에 따라 아래와 같이 과태료가 부과된다(민특법 §67 ② 1호).

위반 횟수	과태료
1회	200만원
2회	400만원
3회 이상	500만원

Ⅳ 임대보증금(또는 전세보증금)에 대한 보증보험

1 기본 개념

"임대보증금(또는 전세보증금)에 대한 보증보험"란 임대사업자가 임대보증금 등을 반환하지 않는 경우 보증회사[주택도시보증공사(HUG), 서울보증보험(SGI), 한국주택금융공사(HF)]가 당해 임대주택의 임차인에게 보증범위 내에서 임대보증금 등의 지급을 책임지는 제도이다.

이러한 제도의 취지는 임대사업자의 부도, 파산 등의 사유로 인해 임대주택이 경매되더라도 보증회사가 임차인의 임차보증금을 반환함으로써 임차인의 권리를 보호하고 임차인은 임차보증금을 안전하게 지키기 위함이다.

[보증보험 주요 적용요건]

구 분	주요 내용
가입대상	등록 임대사업자는 가입 필수(미등록 임대사업자는 임대인 · 임차인 가입여부 선택)
시행시기	원칙 : 신규로 임대등록하는 경우에는 즉시 가입
	예외 : 2020. 8. 17. 이전 등록한 임대사업자는 2021. 8. 18. 이후 체결분부터 가입
보증금액	원칙 : 임대보증금 전액에 대해 가입
	예외 : 일정요건 충족시 일부 보증보험 가입 또는 가입면제(P. 584 참조)
보증수수료	임대인 75%, 임차인 25%(임대사업자가 먼저 전액 납부하고, 25%를 임차인에게 요구)
불이익	보증보험 미가입시 최대 3,000만원 한도로 과태료 부과, 임대등록 말소 가능

2 보증보험 가입대상자

(1) 주택임대사업자로 등록한 경우(보증보험 임대인 가입 필수)

2020. 8. 18. 이후 신규로 민특법에 따라 시 · 군 · 구에 주택임대사업자로 등록(세무서 사업자등록과는 무관)하는 임대사업자는 임대보증금에 대한 보증보험에 의무적으로 가입해야 한다. 다만, 2020. 8. 17. 이전에 등록한 임대사업자에 대해서는 2021. 8. 18. 이후 갱신되는 임대차 계약분부터 보증보험에 가입하면 된다(민특법 §49 ①).

(2) 주택임대사업자로 등록하지 않은 경우(보증보험 임차인 가입 선택)

임대사업자가 민특법상 주택임대사업자로 등록하지 않은 경우에는 임차인이 전세보증금(또는 임대보증금)을 반환받기 위해 보증수수료를 전액 부담하고 전세보증금(또는 임대보증금)에 대한 보증보험에 가입할 수 있다.

(3) 보증보험 가입기간

임대사업자는 민간임대주택 등록일 이후 최초 임대차계약 개시일(등록일에 존속 중인 임대차계약이 있는 경우는 등록 신청일) 시점 이전까지 보증보험에 가입하여야 하고, 임대등록이 말소되는 날(임대사업자 등록이 말소되는 날에 임대 중인 경우에는 임대차계약이 종료되는 날)까지 보증보험 가입을 유지하여야 한다(민특법 §49 ④).

3 보증보험 가입의무 면제

주택임대사업자가 민특법에 따라 임대등록한 경우에는 임대보증금에 대한 보증보험에 가입하는 것이 원칙이나, 아래의 어느 하나에 해당하면 보증보험에 가입하지 아니할 수 있다(민특법 §49 ⑦).

① 임대보증금이 「주택임대차보호법」 제8조 제3항에 따른 금액(최우선 변제금액) 이하이고, 임차인이 보증보험에 가입하지 않는 것에 동의한 경우
② 임대사업자가 기존주택을 임차하는 공공주택사업자와 임대차계약을 체결하는 경우로서 해당 공공주택사업자가 보증가입 등 임대보증금 회수를 위하여 필요한 조치를 취한 경우
③ 임차인이 보증회사 및 이에 준하는 기관에서 운용하는 전세금 반환을 보장하는 보증에 가입하였고, 임대사업자가 해당 보증의 보증수수료를 임차인에게 전부 지급한 경우
④ 담보권 설정금액과 임대보증금의 합계액이 주택가격의 60% 이하인 경우 ☞ P. 584 참조

알쏭달쏭 용어

최우선 변제권과 우선 변제권의 비교

1. 소액임차인의 최우선변제권(일정금액 범위 내에서 다른 담보물권자보다 최우선 변제)

임차보증금이 아래의 금액 이하인 임차인으로서 임대주택이 경매되는 경우 일정 금액 한도(주택가격의 1/2의 범위) 내에서 다른 담보물권자보다 우선하여 변제받을 수 있는 권리이다.

[지역구분에 따른 소액임차인 및 최우선 변제금액 적용범위]

지역 구분	임차보증금 범위	최대 한도
서울특별시	1억 6,500만원 이하	5,500만원
수도권 과밀억제권역 및 용인시 · 화성시 · 세종시 · 김포시	1억 4,500만원 이하	4,800만원
광역시 및 안성시 · 광주시 · 파주시 · 이천시 · 평택시	8,500만원 이하	2,800만원
그 밖의 지역	7,500만원 이하	2,500만원

2. 우선변제권(후순위 권리자보다 우선 변제)

임대주택이 경매되는 경우 후순위 채권자(담보권설정금액 등)보다 임차인의 임차보증금을 우선적으로 변제받을 수 있는 권리이다. 이 경우 우선 변제권은 반드시 확정일자를 받아야 임차보증금을 우선하여 변제받을 수 있지만, 최우선 변제권은 확정일자를 받을 필요까지는 없다는 것이 차이점이다.

3. 공통점

임차인의 우선(최우선) 변제권이 적용되기 위해서는 ① 주택의 인도(점유), ② 주민등록(전입신고), ③ 임대차계약서에 확정일자(최우선변제권은 제외), ④ 배당요구를 해야한다.

4 보증보험 가입대상 및 가입면제(불가) 금액

(1) 임대보증금 전액(원칙)

임대사업자가 보증보험 가입대상자인 경우 보증보험 가입대상 금액은 원칙적으로 임대보증금 전액에 대해 가입해야 한다(민특법 §49 ②).

(2) 보증보험 일부가입(예외)

보증보험 가입대상 금액은 원칙적으로 임대보증금 전액이지만, 아래의 요건을 모두 충족한 경우에는 담보권 설정금액과 임대보증금의 합계액에서 주택가격의 60%에 해당하는 금액을 차감한 금액에 대해서만 보증보험에 가입할 수 있다(민특법 §49 ③).

여기서 "주택가격"이란 ① 감정평가액, ② 기준시가(공동주택, 단독주택)에 적용비율(130% ~ 190%)를 곱하여 산정한 가액, ③ 기준시가(오피스텔)에 120%를 곱하여 산정한 가액 중 어느 하나를 선택하여 적용하는 가액을 말한다(민특령 §39 ②).

① 근저당권이 세대별로 분리되어 있을 것
② 임대사업자가 임대보증금보다 선순위인 제한물건, 압류 · 가압류 · 가처분 등을 해소할 것
③ 전세권이 설정된 경우 또는 임차인이 대항요건과 확정일자를 갖추고 있을 것
④ 임차인이 일부 보증금액을 보증대상으로 하는 것에 동의할 것

(3) 보증보험 가입면제

한편, 담보권 설정금액과 임대보증금의 합계액이 주택가격의 60% 이하인 경우에는 보증보험에 가입하지 않아도 되는데, 그 이유는 임대주택이 경매나 공매되더라도 최소한 주택가격의 60% 정도까지는 보장받을 수 있다고 보기 때문이다.

예를 들어, 근저당 1억원이 있고, 임대보증금 4억원, 주택가격(주택공시가격 × 적용비율)이 10억원인 경우 담보권 설정금액과 임대보증금의 합계액(5억원)이 주택가격의 60%(10억원 × 60% = 6억원) 이하이므로 보증보험에 가입하지 않아도 되는 것이다.

(4) 보증보험 가입 불가

담보권 설정금액과 임대보증금의 합계액이 주택가격의 100%를 초과하면 보증보험에 가입할 수 없다. 왜냐하면 해당 임대보증금 등의 부채비율이 100%를 초과하면 보증회사에서

보증보험에 상당하는 채권금액을 확보할 수 없기 때문이다.

[보증보험 가입금액 및 가입 여부]

① 일부보증 가입금액 = (담보권 설정금액 + 임대보증금) - 주택가격의 60% 〉0원
② 보증가입 의무면제 = (담보권 설정금액 + 임대보증금) - 주택가격의 60% ≤ 0원
③ 보증보험 가입불가 = (담보권 설정금액 + 임대보증금) 〉주택가격의 100%

5 보증보험 수수료 분담비율 및 미가입시 불이익

(1) 보증수수료 분담비율

임대보증금 등에 대한 보증보험 가입시 발생하는 수수료는 아래와 같이 주택임대사업자 등록 여부에 따라 보증수수료의 분담비율이 다르게 적용된다(민특령 §40 ①).

구 분	임대인 분담비율	임차인 분담비율
주택임대사업자로 등록한 경우(임대보증금)	75%	25%
주택임대사업자로 등록하지 않은 경우(전세보증금)	-	100%

(2) 보증보험 미가입시 과태료 부과

임대사업자가 임대보증금에 대한 보증보험에 가입하지 않은 경우에는 최대 3,000만원을 한도로 임대보증금의 10% 범위 내에서 아래와 같이 과태료가 부과된다(민특법 §67 ⑤).

미가입기간	과태료	최대 한도
3개월 이하	임대보증금의 5%	3,000만원
3개월 초과 ~ 6개월 이하	임대보증금의 7%	
6개월 초과	임대보증금의 10%	

(3) 보증보험 미가입시 임대등록 말소

임대사업자가 임대보증금에 대한 보증보험에 가입하지 않거나 임차인에게 임대보증금을 변제하지 아니하여 보증회사가 보증채무를 2회(또는 2호) 이상 대위변제한 후 6개월이

경과한 후에도 보증채무를 전액 상환하지 않은 경우 등의 사유가 발생한 경우에는 임대등록이 말소될 수 있다(민특법 §6 ①).

이 경우 임대사업자의 임대등록이 말소되는 경우에는 더 이상 각 종 세제혜택을 적용받을 수 없음 뿐만 아니라, 그동안 적용받았던 세제혜택이 모두 추징될 수 있다.

핵심
양도소득세

사례로 이해하는

핵심
양도소득세

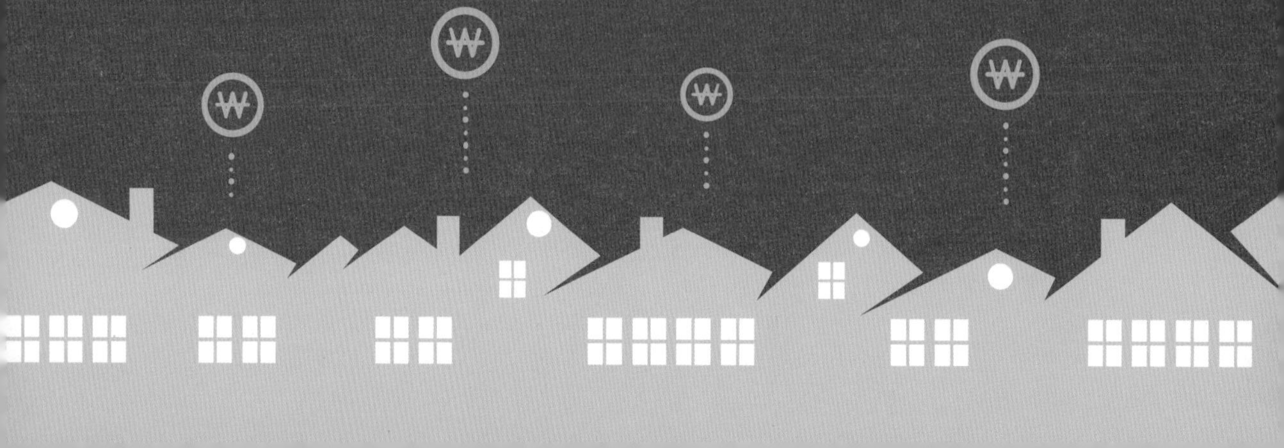

PART 6

장기임대주택 및 신축주택 등에 대한 양도소득세 감면 등

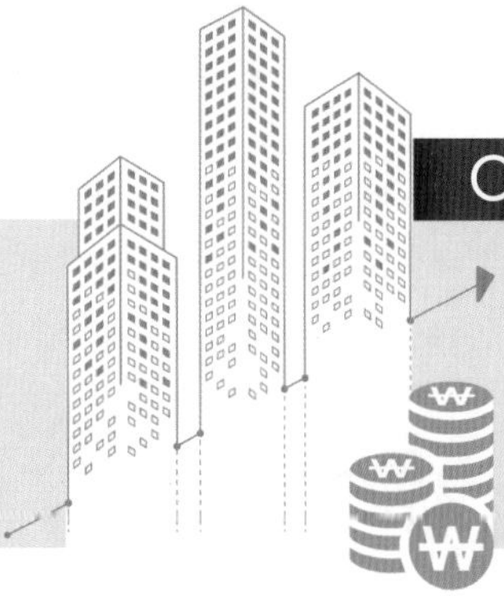

Chapter

1 장기(신축)임대주택에 대한 양도소득세 감면

I 장기임대주택에 대한 양도소득세 감면

1 기본 요건

거주자가 아래의 기간 중에 취득한 5호 이상의 국민주택(건물 연면적의 2배 이내의 부수토지 포함)을 2000. 12. 31. 이전에 임대를 개시하여 5년(또는 10년) 이상 임대한 후 장기임대주택을 양도하는 경우에는 양도소득세의 50%(또는 100%)를 감면한다.

다만, 「민간임대주택에 관한 특별법」 또는 「공공주택 특별법」에 따른 건설임대주택으로서 5년 이상 임대한 임대주택과 같은 법에 따른 매입임대주택으로서 1995. 1. 1. 이후 취득 및 임대를 개시하여 5년 이상 임대한 임대주택(취득 당시 입주된 사실이 없는 주택에 한함)의 경우에는 양도소득세를 100% 감면한다(조특법 §97 ① 및 단서).

이 경우 다가구주택의 경우에는 1가구(세대)를 1호로 보아 감면대상 장기임대주택 여부를 판단하는 것이며, 국민주택 여부도 가구당 전용면적을 기준으로 판단한다.

[장기임대주택 감면요건]

임대유형	임대기간	신축 및 취득시기	감면율
일반임대주택	5년 이상	① 1986. 1. 1. ~ 2000. 12. 31. 기간 중에 신축된 주택 취득 ② 1985. 12. 31. 이전에 신축된 공동주택을 1986. 1. 1. ~ 2000. 12. 31. 기간 중에 취득(1986. 1. 1. 현재 입주사실이 없는 주택)	50%
	10년 이상		100%
건설임대주택	5년 이상		100%
매입임대주택	5년 이상	1995. 1. 1. ~ 2000. 12. 31. 기간 중에 취득(취득 당시 입주사실이 없는 주택)	100%

※ 1986. 1. 1. ~ 2000. 12. 31.까지의 기간 중에 5호 이상의 신축국민주택을 취득 및 임대 개시하여 10년 이상 임대한 후 양도하는 경우에는 임대등록 및 임대유형에 관계없이 100% 감면 적용 가능

따라서, 임대유형에 관계없이 2000. 12. 31. 이전에 5호 이상의 국민주택을 취득 및 임대를 개시하여 5년 또는 10년 이상 임대한 경우에만 장기임대주택에 대한 감면이 적용되므로, 2000. 12. 31. 이전에 취득한 주택을 2001. 1. 1. 이후에 임대하였거나 2001. 1. 1. 이후에 취득한 주택에 대해서는 해당 감면을 적용받을 수 없다.

관련 해석 사례

1. 거주자가 매입임대주택 5호를 2000. 12. 31. 이전에 임대 개시한 후, 의무임대기간을 충족하기 전에 당해 매입임대주택 중 1호에 "자가 거주"하다 2000. 12. 31. 후 다시 임대하여 나머지 의무임대기간을 충족한 경우에는 장기임대주택에 대한 감면을 적용받을 수 있다(재산세제과-179, 2023. 1. 30).
2. 조세특례제한법 제97조 감면규정을 적용함에 있어 임대주택을 5년(또는 10년) 이상 임대한 후, 임대주택 외의 용도(전입하여 거주 등)로 사용하다 양도하는 경우에는 당해 감면규정을 적용받을 수 없는 것이다(부동산납세과-3684, 2022. 12. 6).

유사 해석 사례 장기임대주택으로 임대하다 매매특약에 따라 잔금청산 전에 임대주택을 상가로 용도변경한 경우로서 2022. 10. 21. 이후 매매계약을 체결하는 경우에는 양도일(잔금청산일) 현재 현황에 따라 양도물건을 판단하므로 조특법 제97조의 장기임대주택에 대한 양도소득세 감면을 적용받을 수 없는 것이다(재산세제과-1322, 2022. 10. 21).

2 장기임대주택 주요 감면요건

(1) 거주자 여부 판단시점

장기임대주택에 대한 양도소득세의 감면은 "양도일 현재" 거주자에 한하여 적용한다. 따라서, 양도일 현재 거주자에 해당하면 비거주자로서 임대한 기간을 합산하여 5년 또는 10년 이상 임대한 경우에는 양도소득세가 감면된다.

관련 해석 사례

비거주자가 거주자가 된 경우에도 5년 이상의 임대기간 여부는 거주자로서 임대한 기간만을 적용하는 것이 아니라 양도시기를 기준으로 판단하므로, 양도 당시 거주자이면서 장기임대주택에 대한 양도소득세 감면요건을 충족한 경우에는 감면대상 주택에 해당한다(조심 2015중3522, 2015. 12. 3).

(2) 장기임대주택을 공동소유한 경우 임대호수 산정방법

5호 이상의 장기임대주택을 여러 사람이 공동으로 소유(공동상속 포함)한 경우에는 공동으로 소유하고 있는 장기임대주택의 전체 호수에 공유자 또는 상속인의 지분비율을 곱하여 산정한 임대호수가 5호 이상인 경우에만 장기임대주택에 대한 감면규정이 적용된다(조특령 §97 ①, 2019. 2. 12 후단 신설).

※ 제97조 제1항의 개정규정(임대주택의 전체 호수 × 지분율)은 2019. 2. 12. 이후 결정·경정하는 분부터 적용한다(대통령령 제29527호, 부칙 §14).

관련 해석 사례

청구인은 임대주택수가 세대 기준으로 5호(본인과 배우자 각각 50%씩 소유) 이상이므로 쟁점임대주택의 양도가 「조세특례제한법」 제97조에 따른 양도소득세 감면대상이라고 주장하나, 장기임대주택 감면이 적용되는 임대주택 수는 거주자별로 판단하므로 쟁점임대주택에 대한 청구인의 지분에 해당하는 장기임대수는 2.5호(5호 × 50%)에 불과하므로 조특법 제97조의 양도소득세 감면요건 불충족으로 처분청이 청구인의 경정청구를 거부한 처분은 달리 잘못이 없다(조심 2021서3016, 2021. 11. 16).

적용 사례 다가구주택(10호)을 甲 50%, 乙 30%, 丙 20% 공동소유한 경우

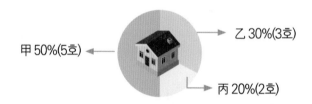

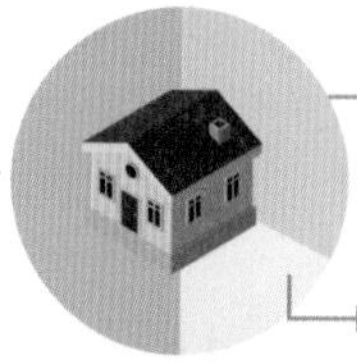

해설 甲은 임대호수가 5호(전체 호수 10호 × 甲의 지분 50%)에 해당되어 감면을 적용받을 수 있으나, 乙과 丙은 임대호수가 5호 미만이므로 감면을 적용받을 수 없다.

(3) 장기임대주택 감면 적용시 임대사업자 등록 여부

일반임대주택에 대해서는 임대사업자 등록을 하지 않더라도 양도소득세 감면을 적용받을 수 있으나, 건설임대주택 또는 매입임대주택을 5년 이상 임대한 경우로서 100% 감면을 적용받으려면 시·군·구에 임대사업자로 등록해야 한다.

다만, 임대사업자 등록을 하지 않은 경우에도 감면요건을 충족한 장기임대주택을 10년 이상 임대한 경우에는 100% 감면을 적용받을 수 있다.

관련 해석 사례

구 「임대주택법」상 임대사업자 등록은 하지 아니하였으나, 2000. 12. 31. 이전에 국민주택규모에 해당하는 다가구주택 5호 이상 임대를 개시하여 10년 이상 임대한 주택을 양도하는 경우에는 「조세특례제한법」 제97조에 따른 양도소득세를 감면받을 수 있다(법령해석재산-1574, 2021. 11. 18).

(4) 임대기간의 계산

주택임대기간의 기산일은 주택의 임대를 개시한 날(실제 입주한 날)부터 계산하되 5호 미만의 주택을 임대한 기간은 주택임대기간으로 보지 아니한다. 다만, 상속인이 상속으로 인하여 피상속인의 임대주택을 취득하여 임대하는 경우에는 피상속인의 주택임대기간과 상속인의 주택임대기간은 합산한다(조특령 §97 ⑤ 1호, 3호, 4호).

예를 들어, 감면요건을 충족한 5채의 장기임대주택 중 3채는 피상속인이 사망 전에 양도하여 감면받고, 나머지 2채를 상속받아 양도하는 경우에도 감면을 적용받을 수 있는 것이다.

[주요 취득유형별 임대기간 계산방법]

구 분	임대기간 계산방법
임차인이 변경된 경우	기존 임차인의 퇴거일부터 다음 임차인의 입주일까지의 기간 • 3개월 이내 : 주택임대기간에 산입 • 3개월 초과 : 주택임대기간에 산입하지 않음
이혼의 경우	• 재산분할 : 전 배우자의 주택임대기간 합산 • 위 자 료 : 전 배우자의 주택임대기간 합산하지 않음
증여의 경우	증여자의 주택임대기간 통산하지 않음
재건축한 주택의 경우	재건축 공사기간은 임대기간에 포함되지 않음

관련 해석 사례

1. 장기임대주택에 대한 임대기간을 계산함에 있어 2회 이상 상속이 이루어진 경우에는 직전 피상속인의 임대기간만을 합산하는 것이다(조심 2018서1855, 2018. 10. 17).

   반대 해석 사례 상속받은 임대주택의 임대기간을 계산함에 있어 피상속인의 주택임대기간을 합산하도록 한 취지는 피상속인의 사망 전에 처분한 경우와 동일한 감면혜택을 주고자 하는 것인 점 등에 비추어 보면, 재차 상속받아 임대한 경우에도 직전전 피상속인의 임대기간도 포함됨이 타당하다(서울행정법원 2019구단50901, 2019. 7. 9).

2. 감면 요건을 충족한 장기임대주택이 상속되고 다시 증여받은 경우에는 임대기간을 합산하지 않으므로 임대기간은 증여받은 후, 임대를 개시한 날부터 기산하는 것이다(법령해석재산-0741, 2018. 12. 26).
3. 양도소득세의 감면이 적용되는 장기임대주택(다세대주택 18호)을 멸실하고 「주택법 시행령」 제3조의 도시형 생활주택을 18호 이상 신축하여 임대하다가 양도하는 경우 「조세특례제한법 시행령」 제97조 제5항의 임대주택에 대한 임대기간 계산은 멸실된 18호의 다세대주택과 신축된 18호 이상 도시형 생활주택의 임대기간을 합산하는 것이다(부동산납세과-1033, 2016. 7. 21.).
4. 임대 중이던 다가구주택을 당초 독립하여 거주할 수 있도록 구획된 각 가구에 대한 구조 및 지분의 변동없이 다세대주택으로 전환한 경우 해당 임대주택의 임대기간 기산일은 당초 주택 임대를 개시한 날로 보는 것이다(조특집행 97-97-6).

3 일반주택 1세대 1주택 비과세 적용시 장기임대주택 주택 수 제외

1세대 1주택 비과세를 적용함에 있어 감면요건을 충족한 장기임대주택은 거주자의 소유주택으로 보지 않으므로 장기임대주택 이외 양도하는 일반주택이 1세대 1주택 비과세 요건을 갖춘 경우에는 양도소득세가 비과세된다(조특법 §97 ②).

여기서 주의할 사항은 임대주택의 임대기간 중 일반주택을 먼저 양도하여 1세대 1주택 비과세를 적용받은 후, 감면 요건을 충족하지 못한 임대주택을 양도하는 경우에도 감면 적용만 배제될 뿐 이미 적용받았던 1세대 1주택 비과세는 추징되지 않는다는 점이다.

관련 해석 사례

「조세특례제한법」 제97조 제1항에 따른 요건을 충족하는 장기임대주택과 거주주택을 소유한 1세대가 해당 주택을 「민간임대주택에 관한 특별법」 제6조 제5항에 따라 임대등록이 자동말소된 이후에도 계속 임대하다 양도하는 경우 해당 특례를 적용할 수 있는 것이며, 이 경우 거주주택을 해당 주택의 임대등록이 말소된 이후 5년 이내에 양도하지 않더라도 「조세특례제한법」 제97조 제2항(임대주택 소유주택 제외)을 적용할 수 있다(부동산납세과-3682, 2022. 12. 6).

4 장기임대주택이 1세대 1주택 고가주택인 경우 감면세액 산출방법

5호 이상의 감면대상 장기임대주택을 순차적으로 양도하여 감면(과세)을 적용받은 후, 남은 1주택이 1세대 1주택 비과세 요건을 충족한 고가주택인 경우에는 양도가액 12억원 이하분에 상당하는 양도차익에 대해서는 먼저 비과세를 적용하고 12억원 초과분에 상당하는 양도차익은 과세하되 장기임대주택에 대한 감면을 적용받을 수 있다.

[장기임대주택이 1세대 1주택 고가주택인 경우 감면세액 산출방법]

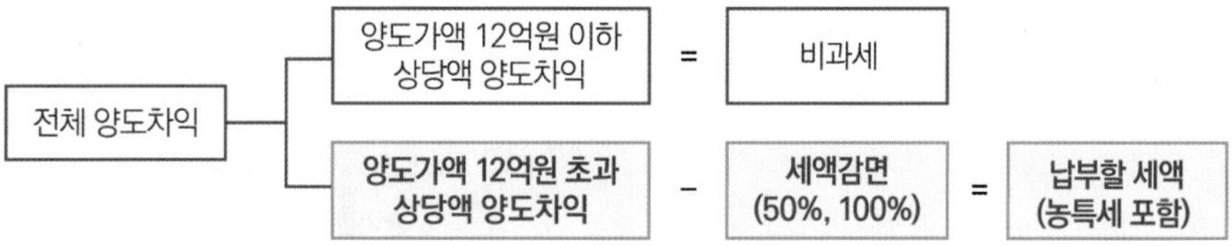

관련 해석 사례

고가주택에 해당하는 다가구주택이 「조세특례제한법」 제97조 규정에 의한 장기임대주택에 해당하는 경우에는 고가주택에 대한 "1세대 1주택을 먼저 적용"한 후 장기임대주택에 대한 양도소득세 감면규정을 적용한다(법령해석재산-0387, 2015. 12. 22).

! 1동의 다가구주택 조특법 제97조 감면 적용시 주의사항

장기임대주택에 대한 감면을 적용함에 있어 1동의 다가구주택(1세대 1주택 고가주택)을 일괄 양도하는 경우 해당 주택을 단독주택으로 볼지 아니면 공동주택으로 볼 것인가에 대해서는 명확한 규정은 없다. 단지, 세법에서는 다가구주택을 원칙적으로 공동주택으로 보되, 하나의 매매단위로 양도하는 경우에만 다가구주택 전체를 단독주택으로 본다.

따라서, 1동의 다가구주택(5호 이상의 가구)을 일괄 양도하는 경우에는 ① 공동주택으로 보아 1주택(1세대 1주택 비과세 적용)을 제외한 나머지 주택에 대한 감면세액(감면세액의 20%는 농어촌특별세 과세)과 ② 단독주택으로 보아 양도가액 12억원 초과분에 상당하는 양도차익에 대한 세액(5호 이상의 임대주택 또는 85㎡ 이하 주택면적 미충족으로 감면배제)과 비교하여 세 부담 측면에서 유리한 방법을 선택해야 할 것으로 판단된다. ☞ P. 598 「적용사례 2」 참조

5 감면세액 한도 및 농어촌특별세 과세 여부

장기임대주택의 양도소득세 감면세액은 감면한도 규정이 적용되지 않으므로 전액 감면하되, 감면되는 양도소득세의 20%를 농어촌특별세로 납부해야 한다.

따라서, 장기임대주택에 대하여 양도소득세가 100% 감면되는 경우에도 감면세액의 20%를 농어촌특별세로 납부해야 하므로 실제 감면효과는 80%가 되는 것이다.

[감면 적용시 농어촌특별세 계산 방법]

[장기임대주택에 대한 주요 감면요건 및 세제혜택]

구 분	일반임대주택 및 건설임대주택		매입임대주택
대상주택	전용면적 85㎡(수도권 밖 읍·면지역 100㎡) 이하 국민주택		
취득시기 및 임대 개시	1986. 1. 1. ~ 2000. 12. 31. 기간 중 신축주택·공동주택·건설임대주택 취득 및 임대 개시		1995. 1. 1. ~ 2000. 12. 31. 기간 중 매입임대주택 취득 및 임대 개시
임대기간	5년 이상	10년(건설임대주택은 5년) 이상	5년 이상
감면율	50%	100%	100%
기타사항 (공통사항)	• 일반주택 1세대 1주택 비과세 판단시 장기임대주택 보유주택 수 제외 • 공동소유 임대주택 5호 이상 판단 : 임대주택의 전체 호수 × 지분율 • 다가구 임대주택 5호 이상 판단 : 1가구를 1호로 취급 • 감면세액의 20% 농어촌특별세 과세 • 감면한도·양도기한·지역요건·가액요건 제한 없음 • 10년 이상 임대한 경우 임대등록 및 임대유형에 관계없이 100% 감면적용		

종합 사례 1 다주택자가 10년 이상 임대한 장기임대주택을 양도하는 경우

• **주택의 취득 및 양도에 관한 자료**

구 분	내 용
임대등록 여부	지방자치단체 및 세무서에 임대사업자 등록하지 않음
주택유형	다가구주택 신축(1987. 6. 30. 사용승인)
주택면적	가구당(총 12가구) 전용면적 85㎡ 이하
임대현황	2000. 6. 25.부터 양도일까지 12가구 전부 계속 임대
취득일자 및 취득가액	1987. 6. 30. 10억원(신축 비용)
양도일자 및 양도가액	2025. 1. 15. 25억원
주택 보유현황	장기임대주택 양도일 현재 일반주택 2채 보유

해설 1986. 1. 1. ~ 2000. 12. 31.까지의 기간 중에 취득한 5호 이상의 국민주택을 2000. 12. 31. 이전에 임대를 개시하여 10년 이상 임대 후 양도하는 경우에는 양도소득세를 100% 감면하되, 감면세액의 20%를 농어촌특별세로 납부해야 한다.

이 경우 5호 이상의 주택 수를 판단함에 있어 다가구주택은 1가구를 1호로 볼 수 있으므로 위 사례에서 12가구를 임대하였으므로 5호 이상의 임대주택 수 요건은 충족한다.

구 분	금 액	계산 근거
양도가액	2,500,000,000	
(−) 취득가액	1,000,000,000	
(=) 양도차익	1,500,000,000	
(−) 장기보유특별공제	450,000,000	1,500,000,000 × 30%(15년 × 2%)
(=) 양도소득금액	1,050,000,000	
(−) 기본공제	2,500,000	
(=) 과세표준	1,047,500,000	
(×) 세율	45%	
(=) 산출세액	405,435,000	1,047,500,000 × 45% − 6,594만원(누진공제)
(−) 감면세액	405,435,000	감면 한도 없음
(+) 농어촌특별세	81,087,000	405,435,000 × 20%
(=) 총부담세액	81,087,000	

종합 사례 2 1세대 1주택자가 10년 이상 임대한 장기임대주택을 양도하는 경우

• **주택의 취득 및 양도에 관한 자료**

구 분	내 용
임대등록 여부	지방자치단체 및 세무서에 임대사업자 등록하지 않음
주택유형	신축 다가구주택 취득
주택면적	총 10가구(임대 9가구 각각 전용면적 40㎡, 본인거주 1가구 전용면적 60㎡)
임대현황	2000. 6. 25.부터 양도일까지 9가구는 계속 임대(1가구 본인 계속거주)
취득일자 및 취득가액	1996. 3. 15. 12억원
양도일자 및 양도가액	2025. 4. 10. 40억원(일괄 양도)
주택 보유현황	다가구주택 양도일 현재 다른 주택 없음
기타사항	공동주택으로 보는 경우 양도차익은 면적비율로 안분계산(가정)

해설 다가구주택을 ① 단독주택으로 보는 경우 1세대 1주택 고가주택 양도차익과 그에 따른 최대 80%의 장기보유특별공제율을 적용한 세액 142,846,000원이 ② 공동주택으로 보는 경우(1가구는 비과세, 나머지 9가구는 감면적용) 농어촌특별세 137,787,000원(감면세액의 20%)보다 크므로 공동주택으로 선택하여 신고 · 납부하는 것이 세 부담 측면에서 유리하다.

	구 분	단독주택의 경우 (1세대 1주택 고가주택)	공동주택의 경우	
			비과세(60㎡)	감면(360㎡)
	양도가액	4,000,000,000	571,428,571	3,428,571,429
(−)	취득가액	1,200,000,000	171,428,571	1,028,571,429
(=)	전체 양도차익	2,800,000,000	400,000,000	2,400,000,000
	과세대상 양도차익	1,960,000,000	−	2,400,000,000
(−)	장기보유특별공제	1,568,000,000		720,000,000
(=)	양도소득금액	392,000,000		1,680,000,000
(−)	기본공제	2,500,000		2,500,000
(=)	과세표준	389,500,000		1,677,500,000
(×)	세율	40%		45%
(−)	누진공제	25,940,000		65,940,000
(=)	산출세액	129,860,000		688,935,000
(−)	감면세액	−		688,935,000
(=)	납부할세액	129,860,000		−
(+)	지방소득세	12,986,000		−
(+)	농어촌특별세	−		137,787,000
(=)	총부담세액	142,846,000		137,787,000

Ⅱ 신축임대주택에 대한 양도소득세 감면

1 기본 요건

거주자가 아래의 기간 중에 취득한 1호 이상의 신축임대주택을 포함하여 2호 이상의 국민주택(건물 연면적의 2배 이내의 부수토지 포함)을 5년 이상 임대한 후 신축임대주택을 양도하는 경우에는 양도소득세를 100% 감면한다(조특법 §97의2 ①).

이 경우 2호 이상의 국민주택을 임대하는 경우 2호 모두 신축주택일 필요는 없고 기존주택(일반주택)과 신축주택을 합쳐 2호 이상 임대한 경우에는 신축임대주택의 감면 요건은 충족한 것으로 보되, 신축임대주택을 양도하는 경우에만 감면받을 수 있고 일반임대주택을 양도하는 경우에는 감면을 적용받을 수 없다.

[신축임대주택 감면요건]

임대유형	신축 및 취득시기	임대기간	감면율
임대주택법상 건설임대주택	① 1999. 8. 20. ~ 2001. 12. 31. 기간 중에 신축된 주택 ② 1999. 8. 19. 이전에 신축된 공동주택으로서 1999. 8. 20. 현재 입주사실이 없는 주택	5년 이상	100%
임대주택법상 매입임대주택	1999. 8. 20. ~ 2001. 12. 31. 기간 중에 매매계약을 체결하고 계약금을 지급한 경우로서 1999. 8. 20. 이후 취득(취득 당시 입주사실이 없는 주택) 및 임대를 개시한 아래의 임대주택 ① 1999. 8. 20. 이후 신축된 주택 ② 1999. 8. 19. 이전에 신축된 공동주택		

관련 해석 사례

1. 타인으로부터 분양권을 취득하여 신축한 주택도 신축임대주택 감면규정을 적용받을 수 있다(부동산납세과-695, 2019. 7. 4).
2. 조세특례제한법 제97조의2의 매입임대주택은 1999. 8. 20. ~ 2001. 12. 31. 기간 중에 매매계약을 체결하고 계약금을 지급한 경우에만 적용되므로 1999. 8. 19. 이전에 매매계약을 체결한 경우에는 신축임대주택 감면을 적용받을 수 없다(법규재산 2014-226, 2014. 6. 27).

2 신축임대주택 주요 감면요건

(1) 신축임대주택 감면적용시 임대사업자 등록 여부

「조세특례제한법」 제97조의 장기임대주택에 대한 감면의 경우에는 임대사업자로 등록하지 않더라도 감면을 적용받을 수 있으나, 신축임대주택에 따른 감면을 적용받으려면 시·군·구에 임대사업자(건설임대주택 또는 매입임대주택)로 등록해야 한다.

관련 해석 사례

1. 「조세특례제한법」 제97조의2 제1항에 따른 신축임대주택을 5년 이상 임대한 후 해당 임대주택의 임대등록이 자동말소된 상태로 양도하는 경우에도 감면받을 수 있다(법규재산-3672, 2023. 2. 14).
2. 조세특례제한법 제97조의2 제1항 제1호에 따른 건설임대주택을 1999. 8. 20. ~ 2001. 12. 31. 까지의 기간 중에 신축하였으나 신축기간을 경과하여 구 임대주택법에 의한 임대사업자등록 및 관할세무서장에게 사업자등록하고 임대 개시한 경우에도 5년 이상 임대하는 등의 해당 감면요건을 모두 갖춘 경우에는 감면을 적용받을 수 있다(법령해석재산-0151, 2017. 10. 25).
3. 거주자가 1999. 8. 20. ~ 2001. 12. 31. 기간 중에 매매계약을 체결하고 계약금을 지급하여 「조세특례제한법」 제97조의2 규정에 따른 신축임대주택(매입임대주택)을 취득한 경우로서 임대 개시 후 임대사업자 등록이 이루어진 경우에도 실제 5년 이상 임대하였다면 양도소득세 감면대상에 해당하는 것이다(법령해석재산-0273, 2017. 6. 30).

! 1동의 다가구주택 조특법 제97조의2 감면 적용시 주의사항

舊 「임대주택법 시행령」 제7조 제1항 제2호에 의하면 임대목적으로 신축한 건설임대주택의 경우는 임대호수가 2호 이상이어야 하는데, 1동의 다가구주택은 여러 가구(호)가 있더라도 단독주택(1주택)으로 분류되므로 1동의 다가구주택으로는 건설임대주택으로 임대등록(현재는 1동의 다가구주택 임대등록 가능)을 할 수 없었을 뿐만 아니라, 임대호수의 요건(2호 이상)을 충족하지 못하여 신축임대주택에 대한 감면을 적용받을 수 없는 것이다. 또한, 건설임대주택으로 분류되기 위해서는 소유권보존등기 이전에 임대등록을 해야 하는데, 2001. 12. 31. 이전에 신축(소유권보존등기)된 「조세특례제한특법」 제97조의2에 따른 주택을 소유권보존등기 이후 임대등록하면 해당 임대주택은 건설임대주택이 아니라 매입임대주택에 해당하므로 감면주택의 유형에도 적합하지 않아 감면대상에 해당하지 않는다.

(2) 감면대상 임대주택

신축임대주택에 대한 감면규정은 일정한 요건을 충족한 신축임대주택을 양도하는 경우에만 적용되는 것이므로, 감면요건(2호 이상의 임대호수 요건)에 포함된 일반임대주택을 양도하는 경우에는 감면을 적용받을 수 없다.

(3) 신축임대주택 감면적용시 임대개시 기한

「조세특례제한법」 제97조의 장기임대주택에 대한 감면을 적용받으려면 반드시 2000. 12. 31. 이전까지 주택을 취득하여 임대를 개시해야 하나, 신축임대주택에 대한 감면의 경우는 신축 및 취득시기에 대해서는 제한이 있지만, 임대시기에 대한 규정은 없으므로 감면요건을 충족한 신축임대주택을 5년 이상 임대한 후 양도하면 감면을 적용받을 수 있다.

3 기타 감면요건 등 「조세특례제한법」 제97조 준용

신축임대주택에 대한 아래의 사항들은 앞서 살펴본 「조세특례제한법」 제97조(장기임대주택 감면)에 따른 규정과 동일하게 적용한다(조특법 §97의2 ②).

① 일반주택 1세대 1주택 비과세 판단시 주택 수 제외
② 신축임대주택(고가주택) 감면세액 산출방법, 감면세액 한도 미적용 및 농어촌특별세 과세 등

[신축임대주택에 대한 주요 감면요건 및 세제혜택]

구 분	건설임대주택	매입임대주택
대상주택	1호 이상의 신축주택임대 포함 2호 이상 국민주택	
취득시기	• '99. 8. 20. ~ '01. 12. 31. 기간 중 신축주택 취득 • '99. 8. 19. 이전에 신축된 공동주택 취득	• '99. 8. 20. 이후 신축주택 취득 • '99. 8. 19. 이전에 신축된 공동주택 취득
임대기간	5년 이상(신축임대주택에 한해 100% 감면)	
등록 요건	시·군·구 임대사업자 등록 필수(세무서 사업자등록 선택)	
기타사항 (공통사항)	• 일반주택 1세대 1주택 비과세 판단시 신축임대주택 보유주택 수 제외 • 감면세액의 20% 농어촌특별세 과세 • 감면한도·양도기한·지역요건·가액요건·임대개시 기한 제한 없음	

[조세특례제한법 제97조와 제97조의2 감면규정 비교]

• **공통점**

구 분	장기임대주택(조특법 제97조)	신축임대주택(조특법 제97조의2)
공통점	① 감면대상자 : 거주자 ② 주택규모 : 전용면적 85㎡(수도권 밖 읍·면지역 100㎡) 이하 ③ 건물 연면적의 2배 이내의 부수토지도 감면대상 포함 ④ 감면세액의 20% 농어촌특별세 과세 ⑤ 일반주택 1세대 1주택 비과세 판단시 주택 수 제외 ⑥ 기타사항 : 감면한도·양도기한·지역요건·가액요건 제한 없음	

• **차이점**

구 분	장기임대주택(조특법 제97조)	신축임대주택(조특법 제97조의2)
대상주택	① 일반임대주택 및 건설임대주택 • '86. 1. 1. ~ '00. 12. 31. 기간 중 신축주택 • '85. 12. 31. 이전 신축된 공동주택('86. 1. 1. 현재 입주사실이 없는 주택) ② 매입임대주택 • '95. 1. 1. ~ '00. 12. 31. 기간 중 취득(취득 당시 입주사실이 없는 주택)	① 임대주택법상 건설임대주택 • '99. 8. 20. ~ '01. 12. 31. 기간 중 신축주택 • '99. 8. 19. 이전 신축된 공동주택('99. 8. 20. 현재 입주사실이 없는 주택) ② 임대주택법상 매입임대주택 • '99. 8. 20. 이후 신축주택(취득 당시 입주사실이 없는 주택) • '99. 8. 19. 이전 신축된 공동주택(취득 당시 입주사실이 없는 주택)
감면요건	2000. 12. 31. 이전에 5호 이상의 국민주택을 취득 및 임대 개시하여 5년(10년) 이상 임대	1호 이상의 신축임대주택 포함 2호 이상의 국민주택을 취득하여 5년 이상 임대
감면내용	① 일반임대주택 • 5년 이상 임대 후 양도 : 50% 감면 • 10년 이상 임대 후 양도 : 100% 감면 ② 건설임대주택 및 매입임대주택 • 5년 이상 임대 후 양도 : 100% 감면	① 신축임대주택 • 5년 이상 임대 후 양도 : 100% 감면 ② 일반임대주택 • 5년 이상 임대 후 양도 : 과세
기타사항	① 임대시기 : 2000. 12. 31. 이전 ② 임대등록 : 시·군·구 및 세무서 선택	① 임대시기 : 제한 없음 ② 임대등록 : 시·군·구(필수), 세무서(선택)

Chapter

2 미분양주택 등에 대한 양도소득세 · 종합부동산세 과세특례

I 미분양주택에 대한 과세특례

거주자가 취득시기 등 법정 요건을 갖춘 미분양주택을 5년 이상 보유 · 임대한 후 양도함으로써 발생한 소득에 대해서는 20%의 단일세율을 적용한 양도소득세 납부방식과 기본세율을 적용한 종합소득세 납부방식 중 하나를 선택하여 신고할 수 있다(조특법 §98).

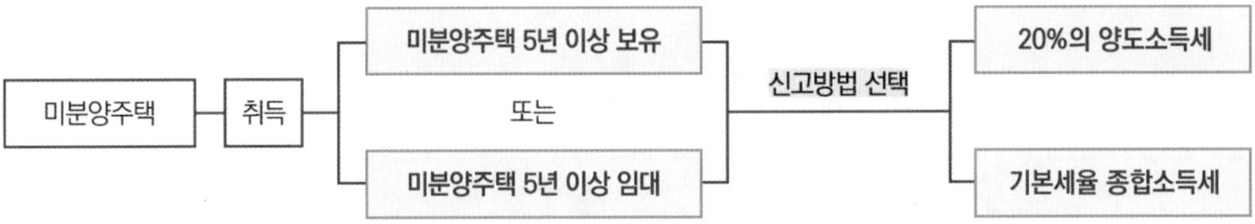

[조특법 제98조에 대한 주요 적용요건 및 과세특례]

구 분	주요 내용
적용대상자	거주자
대상주택	• 1995. 11. 1. ~ 1997. 12. 31.까지 취득한 서울특별시 밖에 소재하는 국민주택규모 주택 (1997. 12. 31.까지 매매계약을 체결하고 계약금을 납부한 경우 포함) • 1998. 3. 1. ~ 1998. 12. 31.까지 취득한 서울특별시 밖에 소재하는 국민주택규모 주택 (1998. 12. 31.까지 매매계약을 체결하고 계약금을 납부한 경우 포함)
1세대 1주택 판단	해당 미분양주택은 다른 일반주택의 1세대 1주택 비과세 판단시 주택 수에서 제외
중과 제외 여부	해당 미분양주택을 양도하는 경우 양도소득세 중과 제외
농어촌특별세	농어촌특별세 비과세
과세특례	미분양주택을 취득하여 5년 이상 보유 · 임대한 후 양도함으로써 발생한 소득에 대하여 20%의 단일세율을 적용한 양도소득세 납부방식과 기본세율을 적용한 종합소득세 납부방식 중 하나를 선택하여 적용

Ⅱ 지방 미분양주택 취득에 대한 양도소득세 등 과세특례

거주자가 2008. 11. 3. ~ 2010. 12. 31. 까지의 기간 중에 취득(2010. 12. 31.까지 매매계약을 체결하고 계약금을 납부한 경우 포함)한 수도권 밖에 소재하는 미분양주택을 양도하여 발생한 소득에 대하여는 최대 80%의 장기보유특별공제율을 적용하고, 세율은 기본세율을 적용하며, 법인은 30%의 추가 법인세 과세를 하지 않는다(조특법 §98의2).

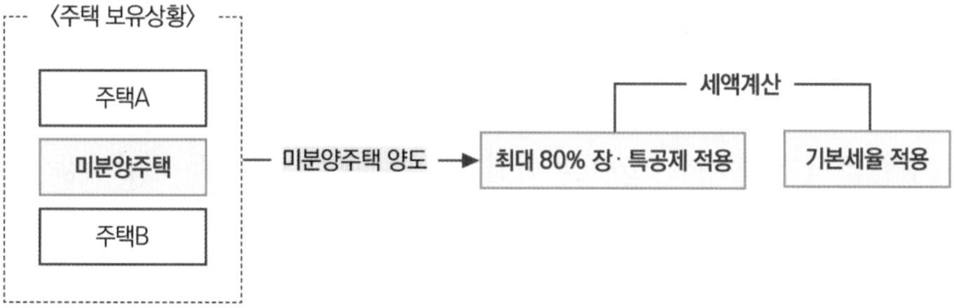

[조특법 제98조의2에 대한 주요 적용요건 및 과세특례]

구 분	주요 내용
적용대상자	개인 및 법인
대상주택	• 2008. 11. 2.까지 미분양된 주택을 2008. 11. 3. 이후 선착순의 방법으로 공급하는 주택 • 2008. 11. 3.까지 사업계획승인을 받았거나 사업계획승인신청을 한 사업주체가 공급하는 주택으로서 해당 사업주체와 최초로 매매계약을 체결하고 취득하는 신규 분양주택
지역요건	수도권 밖 소재
1세대 1주택 판단	해당 미분양주택은 다른 일반주택의 1세대 1주택 비과세 판단시 주택 수에서 제외
중과 제외 여부	해당 미분양주택을 양도하는 경우 양도소득세 중과 제외
부동산매매업을 영위하는 경우	부동산매매업을 영위하는 거주자가 해당 지방 미분양주택을 양도함으로써 발생하는 소득에 대해서는 비교과세를 적용하지 않고 기본세율 적용
과세특례	주택 수에 관계없이 최대 80% 장기보유특별공제율 및 기본세율 적용
과세특례 신청	양도소득세 신고시 '미분양주택임을 확인하는 날인'을 받은 매매계약서 사본 제출

Ⅲ 서울시 밖 미분양주택 취득자에 대한 양도소득세 과세특례

거주자가 2009. 2. 12. ~ 2010. 2. 11.(비거주자는 2009. 3. 16.부터 2010. 2. 11.)까지 서울특별시 밖에 있는 법정 요건을 갖춘 미분양주택을 사업주체와 최초로 매매계약을 체결하고 취득한 후, 취득일로부터 5년 이내 양도한 경우 양도소득세를 100%(수도권 과밀억제권역인 경우 60%) 감면하고, 미분양주택의 취득일로부터 5년 이상 경과된 후 양도하는 경우에는 취득일로부터 5년간 발생한 양도소득금액(수도권 과밀억제권역인 경우 양도소득금액의 60%)을 해당 주택의 양도소득세 과세대상 소득금액에서 차감한다(조특법 §98의3).

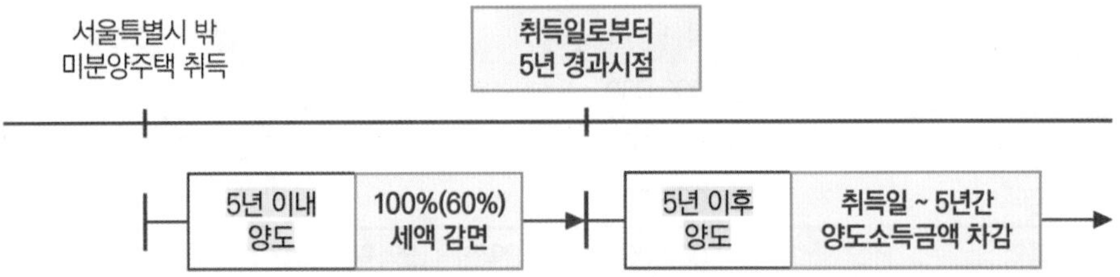

[조특법 제98조의3에 대한 주요 적용요건 및 과세특례]

구 분	주요 내용
적용대상자	거주자 또는 비거주자
지역요건	서울특별시 밖 소재
면적요건	수도권 과밀억제권역 내(주택면적 149㎡ 이하 및 대지면적 660㎡ 이하)
1세대 1주택 판단	해당 미분양주택은 다른 일반주택의 1세대 1주택 비과세 판단시 주택 수에서 제외
중과 제외 여부	해당 미분양주택을 양도하는 경우 양도소득세 중과 제외
농어촌특별세	농어촌특별세 비과세
장기보유특별공제	다주택자는 최대 30%, 1세대 1주택자는 최대 80% 장기보유특별공제율 적용
과세특례	• 5년 이내 양도시 100%(수도권 과밀억제권역 60%) 감면율 적용 • 5년 경과 후 양도시 취득일로부터 5년간 발생한 양도소득금액(수도권 과밀억제권역 60%)을 양도소득세 과세대상 소득금액에서 차감

적용 사례 기준시가가 계속 상승한 경기도 소재 미분양주택을 취득 후 양도한 경우

• **주택의 취득 및 양도에 관한 자료**

구 분	내 용
취득일 및 취득가액	2012. 11. 10. 4억원(계약체결일 2010. 1. 25.)
양도일 및 양도가액	2025. 6. 15. 9억원
소재지	경기도 소재 미분양주택으로서 미거주
기준시가	취득 당시 : 2억원
	취득 후 5년이 되는 날 : 5억원
	양도 당시 : 7억원

해설

	구 분	금 액	계산 근거(조특법 제98조의3)
	양도차익	500,000,000	
(−)	장기보유특별공제	120,000,000	500,000,000 × 24%(12년 × 2%)
(=)	양도소득금액	380,000,000	
(−)	감면소득금액	228,000,000	3.8억원 × (5억원 − 2억원)/(7억원 − 2억원)
(−)	기본공제	2,500,000	
(=)	과세표준	149,500,000	
(×)	세율	35%	
(=)	산출세액	36,885,000	149,500,000 × 35% − 15,440,000(누진공제)
(+)	지방소득세	3,688,500	36,885,000 × 10%
(=)	총부담세액	40,573,500	

Ⅳ 비거주자의 주택취득에 대한 양도소득세 과세특례

비거주자가 2009. 3. 16. ~ 2010. 2. 11. 까지 조특법 제98조의3 제1항에 따른 미분양주택 외의 주택을 취득한 후 해당 주택을 양도하는 경우 양도소득세의 10%를 감면한다(조특법 §98의4).

[조특법 제98조의4에 대한 주요 적용요건 및 과세특례]

구 분	주요 내용
적용대상자	비거주자
대상주택	조특법 제98조의3 제1항(서울특별시 밖 미분양주택)에 따른 미분양주택 외의 일반주택
과세특례	양도소득세의 10% 감면
농어촌특별세	감면되는 양도소득세의 20%를 농어촌특별세로 납부

[조특법 제98조의3과 제98조의4의 주요내용 비교]

구 분	조특법 제98조의3	조특법 제98조의4
거주자 여부	거주자 또는 비거주자	비거주자
대상주택	미분양주택	일반주택
주택소재지	서울특별시 밖	소재지 구분 없음
취득시기	2009. 3. 16. ~ 2010. 2. 11.	
감면율	• 5년 이내 : 100%(60%) 세액 감면 • 5년 경과 : 과세대상 소득금액에서 차감	양도소득세의 10%
감면 한도	감면 한도 없음	
농어촌특별세	비과세	감면세액의 20%

V 수도권 밖 미분양주택 취득자에 대한 양도소득세 과세특례

거주자 또는 비거주자가 2010. 2. 11. 현재 수도권 밖에 있는 미분양주택을 2010. 5. 14. ~ 2011. 4. 30.까지 사업주체 등과 최초로 분양계약을 체결하여 취득(2011. 4. 30.까지 매매계약을 체결하고 계약금을 납부한 경우 포함)한 후, 취득일로부터 5년 이내 양도한 경우 아래의 감면율을 곱하여 계산한 세액을 감면하고, 취득일로부터 5년 이상 경과된 후 양도하는 경우 취득일로부터 5년간 발생한 양도소득금액에 아래의 감면율을 곱하여 계산한 금액을 과세대상 소득금액에서 차감한다(조특법 §98의5).

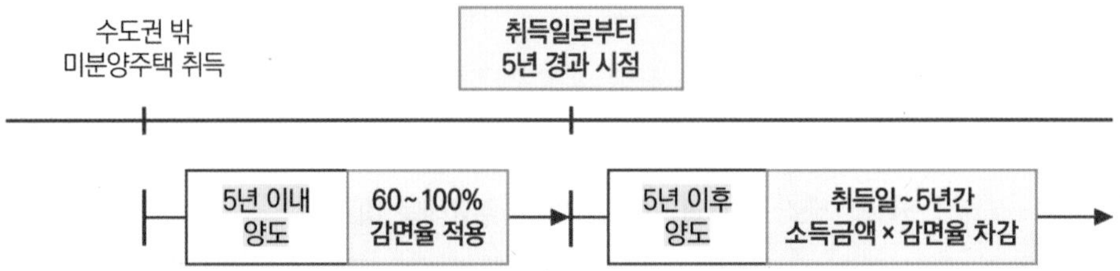

[분양가격 인하율에 따른 세액 감면율]

분양가격 인하율	감면율
10% 이하(인하율이 0인 경우 포함)인 경우	60%
10% 초과 20% 이하인 경우	80%
20%를 초과하는 경우	100%

배경 및 취지

해당 감면규정은 미분양주택의 해소를 통해 건설경기를 진작시키기 위한 것이므로 최초로 분양계약을 체결한 미분양주택에 대해서만 감면이 적용되고, 승계취득한 분양권에 대해서는 감면이 적용되지 않는 것이다.

[조특법 제98조의5에 대한 주요 적용요건 및 과세특례]

구 분	주요 내용
적용대상자	거주자 또는 비거주자
지역요건	수도권 밖 소재
1세대 1주택 판단	해당 미분양주택은 다른 일반주택의 1세대 1주택 비과세 판단시 주택 수에서 제외
중과 제외 여부	해당 미분양주택을 양도하는 경우 양도소득세 중과 제외
농어촌특별세	농어촌특별세 비과세
장기보유특별공제	다주택자는 최대 30%, 1세대 1주택자는 최대 80% 장기보유특별공제율 적용
과세특례	• 5년 이내 양도시 분양가격 인하율에 따른 감면율 적용 • 5년 경과 후 양도시 5년간 발생한 양도소득금액에 분양가격 인하율에 따른 감면율을 곱하여 계산한 금액을 양도소득세 과세대상 소득금액에서 차감
과세특례 신청	양도소득세 신고시 '미분양주택임을 확인하는 날인'을 받은 매매계약서 사본을 제출해야 함

적용 사례 **다주택자가 취득일로부터 5년 경과 후 미분양주택을 양도하는 경우**

• 주택의 취득 및 양도에 관한 자료

구 분	내 용
취득일 및 취득가액	2012. 6. 10. 2억원(계약체결일 2011. 2. 15.)
양도일 및 양도가액	2025. 4. 15. 6억원
최초 분양가액	2.2억원
기준시가	취득 당시 : 1.5억원
	취득 후 5년이 되는 날 : 2억원
	양도 당시 : 4억원

해설 감면소득금액은 분양가격 인하율이 10% 이하 $\left(\frac{2.2억 - 2억원}{2.2억} = 9\%\right)$인 경우 감면율은 60%이므로, 취득일로부터 5년간 발생한 양도소득금액에 60%의 감면율을 곱하여 계산한다.

	구 분	금 액	계산 근거
	양도차익	400,000,000	
(−)	장기보유특별공제	96,000,000	400,000,000 × 24%(12년 × 2%)
(=)	양도소득금액	304,000,000	
(−)	감면소득금액	36,480,000	3.04억원 × (2억원 − 1.5억원)/(4억원 − 1.5억원) × 60%
(−)	기본공제	2,500,000	
(=)	과세표준	265,020,000	
(×)	세율	38%	
(=)	산출세액	80,767,600	265,020,000 × 38% − 19,940,000(누진공제)
(+)	지방소득세	8,076,760	80,767,600 × 10%
(=)	총부담세액	88,844,360	

Ⅵ 준공 후 미분양주택 취득자(거주자 · 비거주자)에 대한 양도소득세 과세특례

1 사업주체 등이 2년 이상 임대한 주택을 취득한 경우

준공 후 미분양된 주택으로서 2011. 12. 31.까지 사업주체 등이 2년 이상 임대한 주택을 거주자 또는 비거주자가 사업주체 등과 최초로 매매계약을 체결하고 취득한 주택을 취득일로부터 5년 이내 양도한 경우 양도소득세를 50% 감면하고, 취득일로부터 5년 이상 경과된 후 양도하는 경우에는 해당 주택의 취득일로부터 5년간 발생한 양도소득금액의 50%에 상당하는 금액을 과세대상 소득금액에서 차감한다(조특법 §98의6).

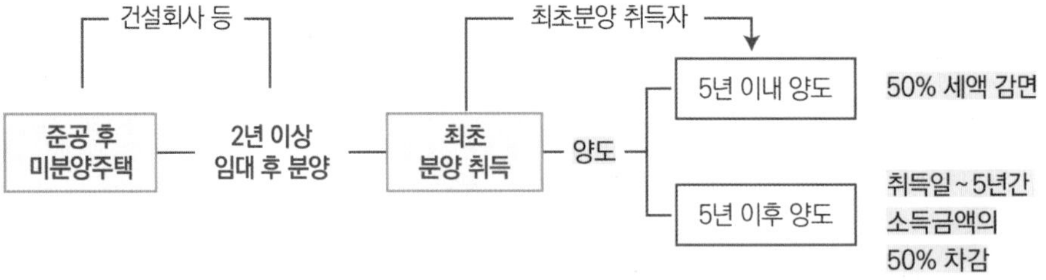

2 거주자 또는 비거주자가 취득하여 5년 이상 임대한 경우

거주자 또는 비거주자가 준공된 후 미분양된 주택을 사업주체 등과 최초로 매매계약을 체결하여 취득한 후 2011. 12. 31.까지 임대계약을 체결하여 5년 이상 임대한 주택을 양도하는 경우 취득일로부터 5년간 발생한 양도소득금액의 50%에 상당하는 금액을 과세대상 소득금액에서 차감한다.

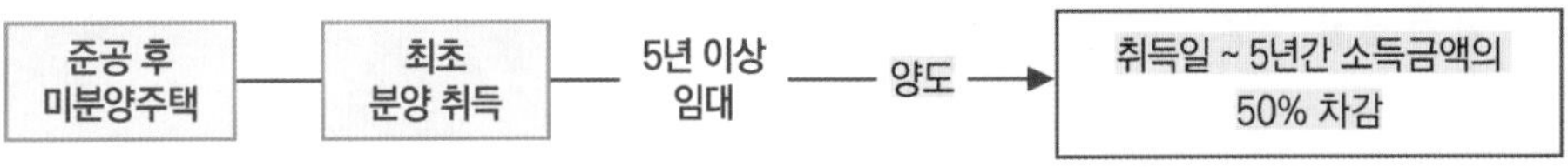

[조특법 제98조의6에 대한 주요 적용요건 및 과세특례]

구 분	주요 내용
적용대상자	거주자 또는 비거주자
1세대 1주택 판단	해당 미분양주택은 다른 일반주택의 1세대 1주택 비과세 판단시 주택 수에서 제외
중과 제외 여부	해당 미분양주택을 양도하는 경우 양도소득세 중과 제외
농어촌특별세	감면되는 양도소득세의 20%를 농어촌특별세로 납부
장기보유특별공제	다주택자는 최대 30%, 1세대 1주택자는 최대 80% 장기보유특별공제율 적용
과세특례	• 5년 이내 양도시 50% 감면율 적용 • 5년 경과 후 양도시 5년간 발생한 양도소득금액의 50%에 상당하는 금액을 과세대상 소득금액에서 차감
과세특례 신청	양도소득세 신고시 "미분양주택임을 확인하는 날인"을 받은 매매계약서 사본 제출

Ⅶ 미분양주택 취득자에 대한 양도소득세 과세특례

내국인이 2012.9.24. 현재 미분양주택으로서 취득가액이 9억원 이하인 미분양주택을 2012.9.24. ~ 2012.12.31.까지 사업주체 등과 최초로 매매계약을 체결하여 취득한 후 취득일로부터 5년 이내 양도한 경우 양도소득세를 100% 감면하고, 취득일로부터 5년 이상 경과된 후 양도하는 경우에는 취득일로부터 5년간 발생한 양도소득금액을 과세대상 소득금액에서 차감한다(조특법 §98의7).

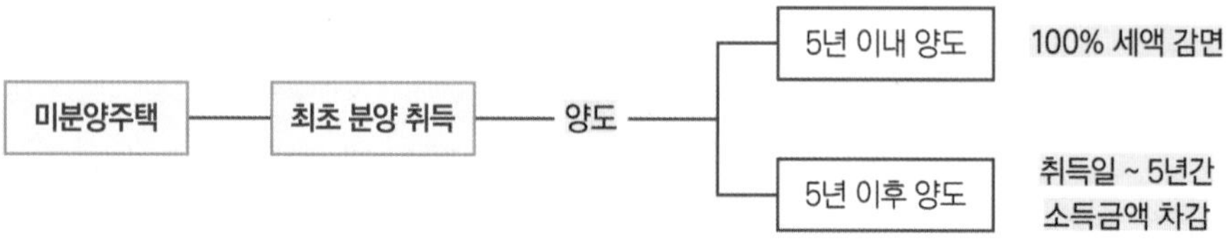

[조특법 제98조의7에 대한 주요 적용요건 및 과세특례]

구 분	주요 내용
적용대상자	내국인
가액요건	취득가액 9억원 이하
1세대 1주택 판단	해당 미분양주택은 다른 일반주택의 1세대 1주택 비과세 판단시 주택 수에서 제외
중과 제외 여부	해당 미분양주택을 양도하는 경우 양도소득세 중과 제외
농어촌특별세	감면되는 양도소득세의 20%를 농어촌특별세로 납부
과세특례	• 5년 이내 양도시 100% 세액 감면 • 5년 경과 후 양도시 5년간 발생한 양도소득금액을 양도소득세 과세대상 소득금액에서 차감

Ⅷ 준공 후 미분양주택 취득자(거주자)에 대한 양도소득세 과세특례

거주자가 준공 후 미분양주택으로서 취득가액이 6억원 이하이고 주택의 연면적(공동주택은 전용면적)이 135㎡ 이하인 주택을 사업주체 등과 2015. 1. 1. ~ 2015. 12. 31. 까지 최초로 매매계약을 체결하여 취득한 후 5년 이상 임대한 주택을 양도하는 경우에는 취득일로부터 5년간 발생한 양도소득금액의 50%에 상당하는 금액을 과세대상 소득금액에서 차감한다(조특법 §98의8).

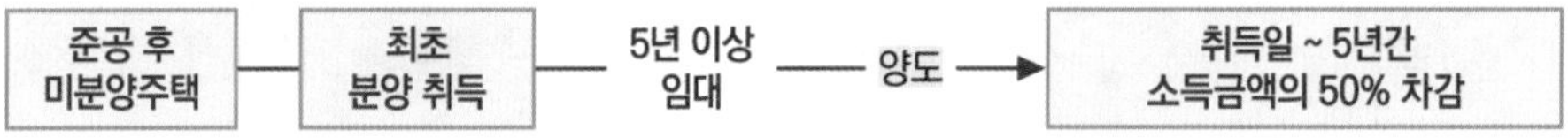

[조특법 제98조의8에 대한 주요 적용요건 및 과세특례]

구 분	주요 내용
적용대상자	거주자
가액요건	취득가액 6억원 이하
면적요건	연면적(공동주택은 전용면적) 135㎡ 이하
1세대 1주택 판단	해당 미분양주택은 다른 일반주택의 1세대 1주택 비과세 판단시 주택 수에서 제외
중과 제외 여부	해당 미분양주택을 양도하는 경우 양도소득세 중과 제외
농어촌특별세	감면되는 양도소득세의 20%를 농어촌특별세로 납부
과세특례	취득일로부터 5년간 발생한 양도소득금액의 50%에 상당하는 금액을 과세대상 소득금액에서 차감
등록 및 임대 요건	시・군・구와 세무서에 임대사업자 등록과 사업자 등록을 하고, 2015. 12. 31. 이전에 임대계약을 체결하여 5년 이상 임대
과세특례 신청	양도소득세 신고시 "준공 후 미분양주택임을 확인하는 날인"을 받은 매매계약서 사본 제출

Ⅸ 지방미분양주택 · 인구감소지역주택 취득자에 대한 양도소득세 및 종합부동산세 과세특례

1 비수도권 소재 준공 후 미분양주택 취득자에 대한 과세특례

1주택자가 아래의 요건을 모두 충족한 지방미분양주택을 취득하는 경우 1주택자로 보아 양도소득세 및 종합부동산세에 대해 1세대 1주택 특례를 적용한다(조특법 §98의9).

[미분양주택에 대한 과세특례 주요 적용요건 및 과세특례]

구 분		주요 내용
적용요건	지역요건	수도권 밖 소재
	면적요건	전용면적 85㎡ 이하
	가액요건	취득가액 6억원 이하
	취득기한	2024. 1. 10. ~ 2025. 12. 31. 기간 중 취득
과세특례 (세제혜택)	양도소득세	12억원 비과세 및 최대 80%의 장기보유특별공제 적용
	종합부동산세	12억원 기본공제 및 최대 80%의 고령자 · 장기보유 세액공제 적용

2 인구감소지역 주택 취득자에 대한 과세특례

1주택자가 아래의 요건을 모두 충족한 인구감소지역 주택을 취득하는 경우 1주택자로 보아 양도소득세 및 종합부동산세에 대해 1세대 1주택 특례를 적용한다(조특법 §71의2).

[인구감소지역 주택에 대한 과세특례 주요 적용요건 및 과세특례]

구 분		주요 내용
적용요건	지역요건	인구감소지역(수도권 내 접경지역 및 군지역 포함, 수도권 · 광역시 제외)
	가액요건	① 양도소득세 : 취득일 현재 주택공시가격 4억원 이하 ② 종합부동산세 : 과세기준일 현재 주택공시가격 4억원 이하
	취득기한	2024. 1. 4. ~ 2026. 12. 31. 기간 중 취득
과세특례 (세제혜택)	양도소득세	12억원 비과세 및 최대 80%의 장기보유특별공제 적용
	종합부동산세	12억원 기본공제 및 최대 80%의 고령자 · 장기보유 세액공제 적용

Chapter

3 신축주택 등 취득자에 대한 양도소득세 감면 및 과세특례

조세특례제한법 ① 제99조, ② 제99조의2, ③ 제99조의3에 따른 신축주택에 대한 감면은 제99조와 제99조의3의 규정은 "신축주택 취득기간 및 적용대상 지역 · 주택 규모"만 차이가 있을 뿐, 다른 규정은 동일하므로 관련 내용을 함께 설명하고, 제99조의2의 규정은 감면대상 주택 및 취득시기 등에 차이가 있어 별도로 설명하고자 한다.

I 신축주택 취득자에 대한 양도소득세 감면

1 기본 요건

거주자(주택건설사업자는 제외)가 아래에 해당하는 신축주택(건물 연면적의 2배 이내의 부수토지를 포함)을 취득(최초로 매매계약을 체결하고 계약금을 지급한 경우 포함)하여 그 취득한 날부터 5년 이내에 양도하는 경우에는 양도소득세를 100% 감면하고, 해당 신축주택을 취득한 날부터 5년이 지난 후에 양도하는 경우에는 그 신축주택을 취득한 날부터 "5년간 발생한 양도소득금액"을 양도소득세 과세대상 소득금액에서 차감한다(조특법 §99 ① 및 §99의3 ①).

[조특법 제99조와 제99조의3의 신축주택 취득시기 및 대상지역]

구 분	신축주택 취득시기 및 대상지역	제외주택
조특법 제99조	1998. 5. 22. ~ 1999. 6. 30(전국 모든지역) → 국민주택은 1999. 12 .31. 까지 취득한 경우에도 감면가능	고가주택
조특법 제99조의3	2000. 11. 1. ~ 2001. 5. 22(비수도권 지역)	-
조특법 제99조의3	2001. 5. 23. ~ 2002. 12. 31(전국 모든지역)	고가주택
조특법 제99조의3	2003. 1. 1. ~ 2003. 6. 30(서울, 과천, 분당, 일산, 평촌, 산본, 중동지역을 제외한 전국 모든 지역)	고가주택

2 신축주택 요건

(1) 적용 대상자

신축주택 감면은 신축주택의 취득 당시는 물론 양도 당시에도 거주자에게만 적용되므로 비거주자 상태에서 취득한 주택은 감면이 적용되지 않는다. 이는 「조세특례제한법」 제97조의 장기임대주택에 대한 감면이 취득 당시 거주자 및 비거주자 여부와 관계없이 양도 당시에만 비거주자가 아니라면 해당 규정이 적용된다는 점에서 차이가 있다.

관련 해석 사례

1. 「조세특례제한법」 제99조에 따라 양도소득세 감면을 받기 위해서는 신축주택 취득 당시뿐만 아니라 양도 당시에도 거주자이어야 한다(대법원 2019두56005, 2020. 1. 30).
2. 「조세특례제한법」 제99조의3 규정에 의한 양도소득세 감면대상은 "주택건설사업자"를 제외한 거주자에게만 적용하는 것이며, 이 경우 "주택건설사업자"란 「주택법」 제9조의 규정에 의한 등록 여부에 불구하고 주택을 건설하여 판매하는 사업을 영위하는 자를 말한다(서면4팀-3351, 2007. 11. 20).

(2) 감면대상 주택

1) 자기 건설주택

① 자기가 건설한 주택(주택법에 따른 주택조합 또는 도시 및 주거환경정비법에 따른 정비사업조합을 통하여 조합원이 취득하는 주택 포함)으로서 신축주택 취득기간 내에 사용승인 또는 사용검사를 받은 주택(조특법 §99 ① 1호 및 §99의3 ① 1호)

② 주택조합 등이 조합원에게 공급하고 남은 주택을 신축주택 취득기간 내에 일반분양자가 주택조합 등과 직접 매매계약을 체결하고 계약금을 납부한 경우로서 "신축주택 취득기간 경과 후"에 사용승인 또는 사용검사를 받은 조합원이 취득한 주택(조특령 §99 ③ 2호 및 §99의3 ③ 2호)

관련 해석 사례

조합원이 취득한 신축주택은 "신축주택 취득기간 이내"에 사용승인 등을 받은 경우에만 감면되는 것이 원칙이나, 신축주택 취득기간 이내에 일반분양자가 매매계약을 체결하고 계약금을 납부한 사실이 있는 경우에는 재건축조합원의 주택이 신축주택 취득기간 경과 후 사용승인 등을 받은 경우에도 감면대상에 해당된다(대법원 2008두2026, 2008. 5. 29).

2) 최초 분양주택

① 신축주택 취득기간 내에 주택건설사업자와 최초로 매매계약을 체결하고 계약금을 납부한 자가 취득한 주택(조특법 §99 ① 2호 및 §99의 3 ① 2호)

② 주택조합 등이 조합원에게 공급하고 남은 주택을 신축주택 취득기간 내에 일반분양자가 주택조합 등과 직접 매매계약을 체결하고 계약금을 납부하고 취득한 주택(조특령 §99 ③ 1호 및 §99의3 ③ 1호)

관련 해석 사례

1. 신축주택 취득기간 중에 주택건설업자와 최초로 매매계약을 체결하고 계약금을 납부한 자가 사망함에 따라 그 분양권을 상속받은 상속인이 분양 잔금을 납부하고 취득한 신축주택은 신축주택 감면이 적용된다(대법원 2011두13088, 2014. 5. 16).

   비교 신축주택에 대한 분양권이 아닌 신축주택을 상속받는 경우에는 조세특례제한법 제99조에 따른 신축주택에 대한 양도소득세 감면을 적용받을 수 없다(재산세제과-1028, 2009. 6. 10).

2. 신축주택 취득 감면규정은 주택건설업자와 최초로 매매계약을 체결하고 계약금을 납부한 개인을 의미하는 것이지 세대를 의미하는 것으로 해석할 수 없고 남편이 분양계약을 체결하고 계약금을 납부하였다가 남편으로부터 1/2 지분을 승계 취득(증여 포함)한 부분은 신축주택에 대한 감면이 적용되지 않는다(대법원 2013두6916, 2013. 7. 11).

[주택조합 등으로부터 취득한 신축주택의 감면 및 취득기간 적용 범위]

구 분		신축주택 취득 유형별 감면 적용 여부
조합원 분양분	원칙	조합원이 주택조합 등으로부터 취득한 주택 : 신축주택 취득기간 내에 사용승인받은 경우에만 감면 적용
	예외	신축주택 취득기간 내에 일반분양자가 조합 등과 잔여주택에 대해 매매계약을 체결하고 취득한 주택이 있는 경우 : 신축주택 취득기간 경과 후 사용승인받은 경우에도 감면 가능
일반분양분		일반분양자가 조합 등으로부터 취득한 주택 : 신축주택 취득기간 내에 잔여주택에 대한 매매계약 체결 및 계약금을 납부한 경우에만 감면 적용

관련 해석 사례

정비사업조합 등에 의한 신축주택 취득자의 양도소득세 감면에서 조합원이란 신축주택의 사용승인일 또는 사용검사일 현재의 조합원을 말하며, 여기에는 신축주택의 사용승인일 등의 전에 다른 조합원으로부터 조합원입주권을 승계 취득한 승계조합원도 포함한다(서면4팀 - 1844, 2005. 10. 10).

비교 2002. 1. 1. 이후 조합원의 지위를 취득한 승계조합원은 감면적용 대상자에서 제외

조특법 제99조의3 제1항 제2호에서 "대통령령으로 정하는 조합원"이란 「도시 및 주거환경정비법」 제48조의 규정에 의한 관리처분계획의 인가일 또는 「주택법」 제15조에 따른 사업계획의 승인일 현재의 조합원을 말한다(조특법 §99의3 ⑤, 2001. 12. 31. 신설). → 조특법 제99조는 원조합원 및 승계조합원 포함

3 감면 배제되는 신축주택

(1) 신축주택이 고가주택에 해당하는 경우

「소득세법」 제89조 제1항 제3호에 따른 1세대 1주택 고가주택(주택 및 그 부수토지의 양도 당시 실지거래가액의 합계액이 12억원을 초과하는 주택)에 대해서는 양도 당시 가액기준(양도 당시 12억원 초과)으로만 판단하는 것과는 달리, 「조세특례제한법」 제99조와 제99조의3에 따른 감면배제 대상 고가주택은 매매계약을 체결하고 계약금을 납부한 날(최초 분양주택) 또는 사용승인일(자기 건설주택) 당시의 "아래의 면적기준"과 양도 당시의 "아래의 가액기준"이 모두 충족한 경우에만 적용된다.

따라서 양도 당시 신축주택의 양도가액이 12억원을 초과하더라도 취득 당시 주택면적 등이 기준면적에 미달하면 고가주택에 해당하지 않아 신축주택 감면대상이 된다.

이 경우 해당 신축주택(기준면적 미달)이 1세대 1주택이면서 고가주택에 해당하는 경우에는 1세대 1주택 비과세를 먼저 적용한 후, 과세되는 양도차익(양도가액 12억원 초과분에 상당하는 양도차익)에 대해서는 신축주택에 대한 감면을 적용한다.

[조특법 제99조 및 제99조의3의 감면배제 대상 고가주택의 범위]

구 분	매매계약(사용승인) 당시 면적기준	양도 당시 가액기준
공동주택	전용면적 165㎡ 이상(2002. 10. 1. 이후 : 149㎡ 이상)	양도가액 12억원 초과 (1세대 1주택 고가주택)
단독주택	대지면적 495㎡ 이상 또는 주택연면적 264㎡ 이상	

적용 사례 주택건설사업자로부터 취득한 아파트(공동주택) 신축주택 및 고가주택 판단

구 분	취득시점		양도시점		감면 여부 (적용 조문)	적용 이유
	전용면적	분양계약일	양도일	양도가액		
사례 1	85㎡	1999. 9. 10.	2025. 3. 15.	30억원	여(제99조)	계약시점 면적 요건 충족
사례 2	160㎡	1999. 10. 5.	2025. 4. 25.	35억원	부(제99조)	면적 및 가액 요건 불충족
사례 3	160㎡	2002. 4. 10.	2025. 1. 25.	30억원	여(제99조의3)	계약시점 면적 요건 충족
사례 4	150㎡	2002. 11. 15.	2025. 2. 20.	40억원	부(제99조의3)	면적 및 가액 요건 불충족

관련 법령

2002. 12. 31. 이전에 종전의 조세특례제한법 제99조 제1항 또는 제99조의3 제1항의 규정에 의하여 주택건설업자와 최초로 매매계약을 체결하고 계약금을 납부하였거나, 자기가 건설한 신축주택으로서 사용승인 또는 사용검사를 받은 신축주택을 이 법 시행 후 양도하는 경우 양도소득세의 감면 및 양도소득세 과세대상 소득금액의 계산에 관하여는 제99조 제1항 또는 제99조의3 제1항의 개정규정(2003. 1. 1. 이후 면적에 관계없이 가액기준)에 불구하고 종전의 규정(면적기준과 가액기준 동시 충족시 고급주택)을 적용한다. 이 경우 매매계약을 체결하고 "계약금을 납부한 날" 또는 자기가 건설한 신축주택으로서 "사용승인 또는 사용검사를 받은 날" 당시의 고급주택 기준을 적용한다(법률 제6762, 부칙 §29 ①, 2002. 12. 11).

관련 해석 사례

1. 「조세특례제한법」 제99조의3에 따라 주택건설업자와 최초로 매매계약을 체결하고 계약금을 납부할 당시의 공동주택 전용면적이 165㎡ 미만 신축주택은 감면 배제대상인 고가주택에 해당하지 아니하므로 감면대상에 해당된다(부동산납세과-2630, 2022. 9. 23).
2. 거주자가 양도하는 주택이 「조세특례제한법」 제99조의3에 따른 신축주택을 양도하는 경우로서 해당 신축주택이 1세대 1주택이면서 고가주택에 해당하는 경우에는 과세대상 양도소득금액을 산정한 후, 「조세특례제한법」 제99조의3에 따른 신축주택 취득자에 대한 양도소득세 과세특례를 적용하는 것이다(법령해석재산-0643, 2017. 12. 28).
3. 신축한 다가구주택을 가구별로 분양하지 아니하고 하나의 매매단위로 1인에게 양도한 경우 단독주택으로 보아 고가주택 여부를 판단한다. 따라서 신축주택의 양도가액이 고가주택의 기준가액을 초과하면서 주택의 연면적이 264㎡ 이상에 해당하는 경우 고가주택에 해당하므로 신축주택 감면대상에서 제외된다(대법원 2010두6878, 2012. 10. 25).
4. 주택부분의 면적이 상가부분 면적보다 큰 겸용주택이라 하더라도 상가부분의 가액을 제외하고 주택부분의 가액으로만 고가주택 여부를 판단한다(국심 2005주1695, 2006. 2. 15).

(2) 매매계약일 현재(다른 자가) 입주한 사실이 있는 주택

「조세특례제한법」 제99조의 감면규정은 매매계약일 현재 다른 자(본인 제외)가 입주한 사실이 있는 주택은 신축주택 감면대상에서 제외된다(조특법 §99 ① 2호 단서).

하지만, 「조세특례제한법」 제99조의3의 감면규정은 매매계약일 현재 본인뿐만 아니라, 타인이 입주한 사실이 있는 주택의 경우에도 신축주택 감면대상에서 제외된다(조특법 §99의3 ① 1호 단서).

(3) 당초 분양계약 해제 후 본인 또는 특수관계인이 다시 분양받는 주택

1998. 5. 21.(조특법 §99의3은 2000. 10. 31.) 이전에 주택건설사업자와 주택분양계약을 체결한 분양계약자가 당해 계약을 해제하고 분양계약자 또는 그 배우자(분양계약자 또는 그 배우자의 직계존비속 및 형제자매 포함)가 당초 분양계약을 체결하였던 주택을 다시 분양받아 취득한 주택 또는 당해 주택건설사업자로부터 당초 분양계약을 체결하였던 주택에 대체하여 다른 주택을 분양받아 취득한 주택은 신축주택 감면대상에서 제외된다(조특법 §99 ① 2호 및 §99의3 ① 1호 단서).

4 감면소득금액 계산방법

신축주택에 대한 감면소득금액은 신축주택을 취득한 날부터 5년 이내 양도하는 경우(100% 감면)와 5년 후에 양도하는 경우(5년간 감면소득금액 차감)로 구분하여 계산하는 것이 원칙이다.

하지만, 「조세특례제한법」 제99조와 제99조의3에 따른 신축주택을 현재 양도하는 경우에는 신축주택을 취득한 날부터 이미 5년이 경과하였으므로 100%의 세액감면(5년 이내 양도)은 적용될 여지가 없다. 따라서, 신축주택을 취득한 날부터 5년 후에 양도하는 경우에 대해서만 감면소득금액을 계산하면 아래와 같다(조특령 §99 ① 2호 및 §99의3 ② 2호).

이는 신축주택의 취득일부터 양도일까지 발생한 전체 양도소득금액에서 5년간의 양도소득금액(감면대상 양도소득금액)을 차감한 후 양도소득세를 계산하겠다는 것이다. 다만, 재개발 · 재건축에 의하여 취득한 신축주택의 경우 분모의 취득 당시 기준시가는 신축주택 완공 전 "종전주택 취득 당시 기준시가"를 적용한다는 점에 주의를 요한다.

(1) 일반신축주택의 경우 감면소득금액 계산

$$\bullet\ \text{양도소득금액} \times \frac{\text{신축주택 취득일부터 5년이 되는 날의 기준시가} - \text{신축주택 취득 당시 기준시가}}{\text{신축주택 양도 당시 기준시가} - \text{신축주택 취득 당시 기준시가}}$$

(2) 재개발 · 재건축에 의한 신축주택의 경우 감면소득금액 계산

$$\bullet\ \text{양도소득금액} \times \frac{\text{신축주택 취득일부터 5년이 되는 날의 기준시가} - \text{신축주택 취득 당시 기준시가}}{\text{신축주택 양도 당시 기준시가} - \text{종전주택 취득 당시 기준시가}}$$

결국, 종전주택에서 재개발 · 재건축에 의하여 신축된 신축주택을 양도하는 경우에는 ① 종전주택의 취득일부터 신축주택 취득일 전까지의 양도소득금액과 ② 신축주택 취득일부터 5년 경과 후 양도소득금액은 감면대상에서 제외되므로 전체 양도소득금액에서 차감되는 감면소득금액(C - B/D - A)은 아래의 그림과 같다.

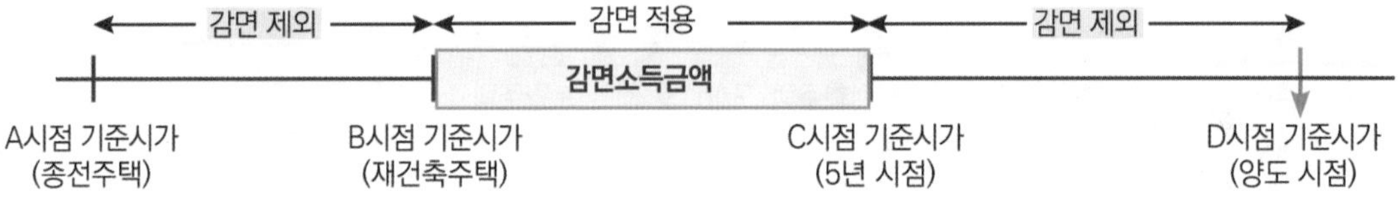

5 일반주택 1세대 1주택 비과세 판단시 신축주택 주택 수 포함 여부

일반적으로 조세특례제한법상 양도소득세 감면 및 과세특례가 적용되는 주택은 다른 일반주택에 대한 1세대 1주택 비과세 여부 판단시 거주자의 소유주택으로 보지 않으므로 해당 감면 및 과세특례 주택을 제외하고 1세대 1주택 비과세 여부를 판단한다.

하지만, 「조세특례제한법」 제99조 및 제99조의3에 따른 신축주택은 다른 일반주택의 1세대 1주택 비과세 여부 판단시 주택 수에 포함되므로 해당 신축주택을 보유한 상태에서 다른 일반주택을 양도하는 경우에는 1세대 1주택 비과세가 적용되지 않을 수 있으므로 주의해야 한다.

※ 신축주택과 그 외의 주택을 보유한 거주자가 그 신축주택 외의 주택(일반주택)을 2007. 12. 31.까지 양도하는 경우에만 그 신축주택을 거주자의 소유주택으로 보지 아니한다(조특법 §99 ② 및 §99의3 ②).

[감면주택 및 특례주택 보유한 상태에서 일반주택 양도시 비과세 여부]

구 분	주택 수 포함 여부	일반주택 양도시 비과세 여부
조특법 제97 ~ 97조의2, 3, 4, 5	제외	비과세 가능
조특법 제98조 등 미분양주택	제외	비과세 가능
조특법 제99조 및 제99조의3	포함	비과세 불가
조특법 제99조의2	제외	비과세 가능
조특법 제99조의4	제외	비과세 가능

6 감면세액 한도 및 농어촌특별세 과세 여부

신축주택의 양도소득세 감면세액은 감면 한도 규정이 적용되지 않으므로 전액 감면하되, 감면되는 양도소득세의 20%를 농어촌특별세로 납부해야 한다.

[조특법 제99조와 제99조의3 신축주택에 대한 주요 감면요건 및 세제혜택]

구 분	주요 감면내용
대상주택	자기 건설주택(재개발·재건축주택 포함) 및 최초 분양주택 → 주택건설사업자 제외
신축주택 판단시점	자기 건설주택 : 사용승인일
	최초 분양주택 : 매매계약 체결 및 계약금 납부
신축주택 감면배제	고가주택(사용승인일 또는 매매계약일 면적기준과 양도일 현재 가액기준 모두 충족)
	매매계약일 현재 다른 자가 입주한 사실이 있는 주택
	신축주택 취득기간 전에 분양계약을 체결한 자가 계약해제 후 분양계약자 또는 그 배우자 등이 재계약하여 취득한 주택
세제혜택	취득(사용승인일·잔금청산일) 후 5년 경과 양도 : 5년간 발생한 양도소득금액 감면
기타사항	일반주택 1세대 1주택 비과세 판단시 신축주택 보유주택 수에 포함
	감면세액의 20% 농어촌특별세 과세
	감면 한도·양도 기한 제한 없음

종합 사례 1 취득일로부터 5년 경과 후 양도하는 주택이 1세대 1주택 고가주택인 경우

1. 신축주택 취득 및 양도에 관한 자료(1세대 1주택 비과세 및 조특법 제99조 요건 충족)

구 분	내 용
취득 당시 신축주택	수도권 소재 아파트(대지권지분 40㎡, 전용면적 100㎡)
취득일 및 취득가액	2002. 9. 30. 7억원(계약일은 1999. 4. 15.)
양도일 및 양도가액	2025. 2. 10. 30억원(5년 4개월 거주)

2. 개별공시지가

고시일	2001. 6. 30.	2002. 6. 29.	2007. 5. 31.	2025. 4. 29.
㎡당 개별공시지가	1,000,000원	1,200,000원	1,500,000원	2,500,000원

3. 신축주택 기준시가(최고 고시일 : 2003. 4. 30.)

고시일	2003. 4. 30.	2006. 4. 28.	2007. 4. 30.	2024. 4. 30.
기준시가	5억원	7억원	8억원	15억원

4. ㎡당 일반건물 기준시가 : 취득 당시 400,000원/㎡, 최초 고시 당시 500,000원/㎡

해설

구 분	금 액	계산 근거
양도가액	3,000,000,000	
(−) 취득가액	700,000,000	
(=) 전체 양도차익	2,300,000,000	
과세대상 양도차익	1,380,000,000	2,300,000,000 × (30억원 − 12억원)/30억원
(−) 장기보유특별공제	828,000,000	1,380,000,000 × 60%(10년 × 4% + 5년 × 4%)
(=) 양도소득금액	552,000,000	
(−) 감면소득금액	184,375,281	보충 설명 참조
(=) 과세대상 소득금액	367,642,719	
(−) 기본공제	2,500,000	
(=) 과세표준	365,142,719	
(×) 세율	40%	
(=) 산출세액	120,117,087	365,142,719 × 40% − 2,594만원(누진공제)
(+) 지방소득세	12,011,708	120,117,087 × 10%
(+) 농어촌특별세	14,946,582	보충 설명 참조
(=) 총부담세액	147,075,377	

보충 설명 및 계산 내역

1. 감면소득금액 계산

1) 취득 당시 기준시가 환산가액

- 2003. 4. 30. 최초 고시가액 × $\frac{\text{취득 당시 기준시가 합계(토지+건물)}}{\text{최초 고시당시 기준시가 합계(토지+건물)}}$

$$= 500,000,000 \times \frac{(40㎡ \times 1,200,000) + (100㎡ \times 400,000)}{(40㎡ \times 1,200,000) + (100㎡ \times 500,000)} = 448,979,592$$

2) 감면소득금액

- $552,000,000 \times \frac{800,000,000 - 448,979,592}{1,500,000,000 - 448,979,592} = 184,357,281$

※ 감면소득금액 산식

$$= \text{양도소득금액} \times \frac{\text{신축주택 취득일부터 5년이 되는 날의 기준시가} - \text{취득 당시 기준시가}}{\text{양도 당시 기준시가} - \text{취득 당시 기준시가}}$$

따라서 과세대상 소득금액은 전체 양도소득금액 552,000,000원에서 감면소득 184,357,281원을 차감한 367,642,719원이 된다.

2. 농어촌특별세 계산

1) 농어촌특별세 과세표준의 계산 : 74,732,913

농어촌특별세 과세표준 = 감면소득금액 차감 전 산출세액* – 감면소득금액 차감 후 산출세액**

74,732,913 = 194,850,000 – 120,117,087

*감면소득금액 차감 전 산출세액 = 감면대상 소득금액 차감 전 과세표준 × 세율 – 누진공제액

194,850,000 = (552,000,000 – 2,500,000) × 42% – 35,940,000

**감면소득금액 차감 후 산출세액 = 감면대상 소득금액 차감 후 과세표준 × 세율 – 누진공제액

120,117,087 = (367,642,719 – 2,500,000) × 40% – 25,940,000

2) 농어촌특별세 : 74,732,913(감면세액) × 20% = 14,946,582

종합 사례 2 재건축주택 취득일로부터 5년 경과 후 양도하는 경우 감면소득금액 계산

1. 신축주택의 취득 및 양도에 관한 자료(1세대 3주택자 및 조특법 제99조의3 요건 충족)

구 분	내 용
취득 당시 신축주택	수도권 소재 재건축아파트(전용면적 150㎡)
취득일 및 취득가액	1987. 4. 30. 1억 5천만원
사업시행인가일	1995. 7. 25.(청산금 납부액 3억원, 사용승인일 : 2002. 10. 15.)
양도일 및 양도가액	2025. 6. 10. 25억원

2. 신축주택 기준시가

구 분	내 용
아파트 공시가격	종전주택 취득 당시 기준시가 : 1억원
	신축주택 준공 당시 기준시가 : 3억원
	신축주택 준공일부터 5년이 되는 날의 기준시가 : 6억원
	신축주택 양도 당시 : 15억원

해설

	구 분	금 액	계산 근거
	양도가액	2,500,000,000	
(-)	취득가액	450,000,000	150,000,000(종전주택) + 300,000,000(청산금)
(=)	양도차익	2,050,000,000	
(-)	장기보유특별공제	615,000,000	2,050,000,000 × 30%(15년 × 2%)
(=)	양도소득금액	1,435,000,000	
(-)	감면소득금액	307,500,000	보충 설명 참조
(=)	과세대상 소득금액	1,127,500,000	
(-)	기본공제	2,500,000	
(=)	과세표준	1,125,000,000	
(×)	세율	45%	
(=)	산출세액	440,310,000	1,125,000,000 × 45% - 6,594만원(누진공제)
(+)	지방소득세	44,031,000	440,310,000 × 10%
(+)	농어촌특별세	27,675,000	보충 설명 참조
(=)	총부담세액	512,016,000	

보충 설명 및 계산 내역

1. 감면소득금액 계산

- $1,435,000,000 \times \frac{600,000,000 - 300,000,000}{1,500,000,000 - 100,000,000} = 307,500,000$

※ 감면소득금액 산식

$$= 양도소득금액 \times \frac{준공일로부터\ 5년이\ 되는\ 날\ 기준시가 - 준공\ 당시\ 기준시가}{양도\ 당시\ 기준시가 - 종전주택\ 취득\ 당시\ 기준시가}$$

따라서 과세대상 소득금액은 전체 양도소득금액 1,435,000,000원에서 감면소득 307,500,000원을 차감한 1,127,500,000원이 된다.

2. 농어촌특별세 계산

1) 농어촌특별세 과세표준의 계산 : 138,375,000

농어촌특별세 과세표준 = 감면소득금액 차감 전 산출세액* – 감면소득금액 차감 후 산출세액**
138,375,000 = 578,685,000 – 440,310,000

*감면소득금액 차감 전 산출세액 = 감면대상 소득금액 차감 전 과세표준 × 세율 – 누진공제액
578,685,000 = (1,435,000,000 – 2,500,000) × 45% – 65,940,000

**감면소득금액 차감 후 산출세액 = 감면대상 소득금액 차감 후 과세표준 × 세율 – 누진공제액
440,310,000 = (1,127,500,000 – 2,500,000) × 45% – 65,940,000

2) 농어촌특별세 : 138,375,000(감면세액) × 20% = 27,675,000

Ⅱ 신축주택 등 취득자에 대한 양도소득세 과세특례

1 기본 요건

거주자(주택건설사업자는 제외) 또는 비거주자(주택건설사업자는 제외)가 신축주택, 미분양주택 또는 1세대 1주택자의 주택(이하 "신축주택 등"이라 한다)으로서 취득가액이 6억원 이하이거나 주택의 연면적(공동주택의 경우에는 전용면적)이 85㎡ 이하인 주택을 2013. 4. 1. ~ 2013. 12. 31.(이하 "과세특례 취득기간"이라 한다)까지 주택건설사업자 등과 최초로 매매계약을 체결하여 그 계약에 따라 취득(2013. 12. 31.까지 매매계약을 체결하고 계약금을 지급한 경우 포함)한 후, 해당 신축주택 등을 취득한 날부터 5년 이내에 양도함으로써 발생하는 양도소득에 대해서는 양도소득세를 100% 감면하고, 해당 신축주택 등을 취득한 날부터 5년이 지난 후에 양도하는 경우에는 해당 신축주택 등의 취득일부터 5년간 발생한 양도소득금액을 해당 신축주택 등의 과세대상 소득금액에서 차감한다. 다만, 감면세액의 20%를 농어촌특별세로 납부해야 한다(조특법 §99의2 ①).

[조특법 제99조의2 감면대상 신축주택 및 과세특례]

감면대상 주택	과세특례 취득기간	과세특례
신축주택 · 미분양주택 · 1세대 1주택자의 주택	2013. 4. 1. ~ 2013. 12. 31. (매매계약+계약금 지급 포함)	• 5년 이내 양도 : 양도소득세 100% 감면 • 5년 경과 양도 : 5년간 발생한 감면소득금액 차감 후 과세

2 신축주택 등 요건

(1) 적용 대상자

일반적으로 양도소득세 감면규정은 거주자에게만 적용되나, 조세특례제한법 제99조의2 규정에 따른 신축주택 등에 대한 감면적용 대상자는 거주자뿐만 아니라 비거주자에게도 적용된다는 점이 다른 감면규정과 차이가 있다.

(2) 감면대상 주택(가액기준과 면적기준 둘 중 하나 충족)

「조세특례제한법」 제99조의2 규정이 적용되는 감면대상 신축주택 등은 취득가액(취득세 및 부대비용 제외)이 6억원 이하 또는 주택의 연면적(공동주택·오피스텔은 전용면적)이 85㎡ 이하인 아래의 미분양주택, 신축주택, 자기가 건설한 주택, 1세대 1주택자의 주택을 말한다.

1) 미분양주택

「주택법」 제54조에 따라 주택을 공급하는 사업주체가 입주자모집공고에 따른 입주자의 계약일이 지난 주택단지에서 2013. 3. 31.까지 분양계약이 체결되지 아니하여 2013. 4. 1. 이후 선착순의 방법으로 공급하는 주택 및 주거용 오피스텔(조특령 §99의2 ①1호).

2) 신축주택

「주택법」 제54조에 따라 주택을 공급하는 사업주체가 입주자모집공고에 따른 입주자의 계약일이 2013. 4. 1. 이후 도래하는 주택을 같은 법 제15조에 따른 사업계획승인을 받아 공급하는 주택 및 주거용 오피스텔(조특령 §99의2 ① 2호)

3) 자기가 건설한 주택

주택건설사업자 등이 2013. 4. 1. ~ 2013. 12. 31. 기간 중에 사용승인 또는 사용검사를 받은 주택 및 주거용 오피스텔. 다만, 아래의 주택은 제외한다(조특령 §99의2 ① 8호).

① 「도시 및 주거환경정비법」에 따른 재개발사업, 재건축사업 또는 「빈집 및 소규모주택 정비에 관한 특례법」에 따른 소규모주택정비사업을 시행하는 정비사업조합의 조합원이 해당 관리처분계획 등에 따라 취득하는 주택

② 거주하거나 보유하는 중에 소실·붕괴·노후 등으로 인하여 멸실되어 재건축한 주택

관련 해석 사례

1. 조특법 제99조의2에 따른 감면대상 기존주택이 「도시 및 주거환경정비법」에 따른 재건축으로 신축주택으로 전환된 후 양도되는 경우에도 양도소득세 과세특례가 적용되는 것이나, 그 감면의 범위는 감면대상 기존주택에 대한 양도소득(관리처분계획인가 전 양도소득) 범위 내에서만 적용된다(법규재산-795, 2022. 8. 1).
2. 조특법 제99조의2에 따른 감면대상 기존주택이 재건축에 의해 조합원입주권으로 전환된 상태에서 그 조합원입주권을 양도하는 경우 관리처분계획인가 전 양도차익 범위 내에서 감면한다(재산세제과-483, 2019. 7. 8).
3. 「조세특례제한법」 제99조의2의 규정에 따른 신축주택 등 취득자에 대한 양도소득세 과세특례를 적용할 때 보유 토지에 주택을 2013. 4. 1. ~ 2013. 12. 31.까지 신축하여 그 신축주택을 양도하는 자(주택건설사업자)는 동 규정에 따른 과세특례를 적용받을 수 없다(부동산납세과-145, 2014. 3. 14).
4. 감면대상 기존주택을 취득한 후 「도시 및 주거환경정비법」에 따른 재개발 · 재건축 등으로 당해 감면대상 기존주택이 신축주택으로 전환된 후 양도되는 경우에도 양도소득세 과세특례가 적용되는 것이나, 감면대상 기존주택에 대한 양도소득(관리처분계획인가 전 양도차익) 범위 내에서 양도소득세가 감면된다. 이 경우 정비사업조합으로부터 감면대상 기존주택의 평가액 범위 내에서 2채의 신축주택을 공급받은 경우에도 2주택 모두 과세특례가 적용된다(재산세제과-135, 2014. 2. 21).

비교 조합원이 관리처분계획에 따라 취득하는 신축주택은 감면대상이 아니지만, 재개발 · 재건축된 주택을 취득한 1세대 1주택자로부터 그 신축주택 등을 취득하거나 재개발 · 재건축 단지의 일반분양자가 신축주택 등을 취득하는 경우에는 감면주택에 해당한다.

4) 1세대 1주택자의 주택(감면대상 기존주택)

1세대 1주택자로부터 취득하는 주택 및 그 부수토지(건물정착면적에 지역별 배율*을 곱하여 산정한 면적 이내의 토지)로서 아래의 어느 하나에 해당하는 주택 및 주거용 오피스텔. 이 경우 1주택을 여러 사람이 공동으로 소유한 경우 공동소유자 각자가 그 주택을 소유한 것으로 보되, 1세대의 구성원이 1주택을 공동으로 소유하는 경우에는 그러하지 아니하다(조특령 §99의2 ③, ④).

* 도시지역 안의 토지 : 5배, 도시지역 밖의 토지 : 10배

① 1세대 1주택

2013. 4. 1. 현재 주민등록법상 1세대가 매매계약일 현재 1주택을 보유하고 있는 경우 또는 주택을 보유하지 아니하고 2013. 4. 1. 현재 주민등록법상 주민등록이 되어 있는 오피스텔을 보유하고 있는 경우로서 해당 주택 또는 오피스텔의 취득등기일부터 매매계약일까지의 기간이 2년 이상인 주택(조특령 §99의2 ③ 1호)

관련 해석 사례

「조세특례제한법」 제99조의2에 따른 1세대 1주택자가 2년 이상 보유한 주택을 판단함에 있어 2년 이상 보유기간은 전 소유자의 감면대상 주택 취득등기일부터 매매계약일까지의 기간으로 계산하므로 취득일로부터 잔금지급일까지 보유기간이 2년 이상인 경우에도 취득등기일로부터 매매계약일까지의 기간이 2년 미만인 경우에는 감면대상에서 제외된다(조심 2020서370, 2020. 6. 10).

② 일시적 2주택

취득등기일부터 매매계약일까지의 기간이 2년 이상인 종전주택(또는 오피스텔)을 보유한 1세대가 종전주택의 취득등기일부터 1년 이상이 지난 후 다른 주택(또는 오피스텔)을 취득하고 그 다른 주택을 취득한 날(등기일)부터 3년 이내에 매매계약을 체결하고 양도하는 종전주택(조특령 §99의2 ③ 2호)

(3) 과세특례 취득기간

「조세특례제한법」 제99조의2 규정은 2013. 4. 1. ~ 2013. 12. 31. 기간 중에 사업주체 등과 최초로 매매계약을 체결하고 계약금을 납부한 자에게만 적용되므로, 신축주택 등을 전매 또는 증여 등으로 취득한 경우에는 신축주택 등의 감면이 적용되지 않는다.

관련 해석 사례

1. 피상속인이 신축주택 등 취득자에 대한 양도소득세의 과세특례가 적용되는 것으로 확인받은 주택을 취득하여 보유하다가 사망하여, 해당 주택을 상속받은 상속인이 양도하는 경우에는 과세특례가 적용되지 않는다(법령해석재산-0240, 2015. 7. 28).

   비교 신축주택을 상속받아 양도하는 경우에는 「조세특례제한법」 제99조의2에 따른 신축주택 등 취득자에 대한 양도소득세 감면을 적용받을 수 없으나, 피상속인으로부터 신축주택 등이 아닌 신축주택의 분양권을 상속받은 후 완공된 주택을 상속인이 양도하는 경우에는 감면대상이 된다(조심 2021서2385, 2021. 11. 10).

2. 감면대상 기존주택의 양도자가 2014. 3. 31.까지 시장·군수·구청장에게 감면대상 기존주택임을 확인받기 위한 신청을 하였으나, 시장·군수·구청장으로부터 동 기한을 경과하여 확인·날인을 받은 경우 감면대상 기존주택의 양수자는 「조세특례제한법」 제99조의2의 규정에 따른 과세특례를 적용받을 수 있는 것이다(부동산납세과-702, 2014. 9. 17).

(4) 감면대상주택임을 확인하는 날인받은 매매계약서 사본 제출

「조세특례제한법」 제99조의2에 따른 양도소득세의 감면을 적용받으려는 자는 양도소득세 신고서와 함께 시·군·구청장으로부터 아래의 "감면대상주택임을 확인하는 날인"을 받아 교부받은 매매계약서 사본을 납세지 관할 세무서장에게 제출한 경우에만 적용한다(조특법 §99의2 ④ 및 조특령 §99의2 ⑧).

■ 조세특례제한법 시행규칙 [별지 제63호의14 서식]

신축주택등 또는 감면대상기존주택임을 확인하는 날인
제 호
[ ] 「조세특례제한법 시행령」 제99조의2(신축주택 등 취득자에 대한 양도소득세 과세특례) 제1항 및 제2항에 따른 신축주택등(신축주택·미분양주택·신축오피스텔 및 미분양오피스텔)
[ ] 「조세특례제한법 시행령」 제99조의2(신축주택 등 취득자에 대한 양도소득세 과세특례) 제3항 및 제5항에 따른 감면대상기존주택(1세대 1주택자의 기존주택 및 1세대 1오피스텔 소유자의 기존오피스텔)
임을 확인합니다. 년 월 일 시장·군수·구청장 직인 (담당자:) (연락처:)

관련 해석 사례

1. 「조세특례제한법」 제99조의2에 따른 신축주택 등에 해당하나 매매계약을 체결한 즉시 매매계약서에 시장·군수·구청장으로부터 신축주택 등의 매매계약서 날인을 받지 아니하고 사후적으로 날인을 받은 경우에는 양도소득세 과세특례를 적용받을 수 없다(부동산납세과-2393, 2022. 8. 10).
2. 감면대상 기존주택의 양도자가 2014. 3. 31.까지 시장·군수·구청장에게 감면대상 기존주택임을 확인받기 위한 신청을 하였으나, 시장·군수·구청장으로부터 동 기한을 경과하여 확인·날인을 받은 경우 감면대상 기존주택의 양수자는 「조세특례제한법」 제99조의2의 규정에 따른 과세특례를 적용받을 수 있는 것이다(부동산납세과-702, 2014. 9. 17).

3 감면 배제되는 신축주택 등

(1) 취득가액 6억원 초과 및 주택 연면적 85㎡ 초과 주택

사업주체 등으로부터 취득하는 주택의 실제 거래가액(양수자가 부담하는 취득세 등 부대비용 제외)이 6억원을 초과하고 연면적(공동주택 및 오피스텔의 경우 전용면적)이 85㎡를 초과하는 신축주택 등(조특령 §99의2 ②, ⑤ 1호)

관련 해석 사례

1. 감면대상 기존주택을 취득한 후 「도시 및 주거환경정비법」에 따른 재개발・재건축 사업을 시행하는 정비사업조합에 해당 주택을 제공하고 관리처분계획에 따라 취득한 신축주택을 양도하는 경우 관리처분계획인가일 현재 신축주택의 조합원분양가액이 6억원을 초과하고 연면적(공동주택의 경우에는 전용면적)이 85㎡를 초과하더라도 양도소득세 과세특례(감면대상 기존주택에 대한 양도소득 범위 이내)가 적용되는 것이다(법규과-260, 2014. 3. 24).
2. 사업주체 등으로부터 신축주택 등을 취득하면서 중도금 또는 잔금을 미리 납부하여 분양대금에서 일정금액을 할인받기로 하는 경우 동 할인금액은 취득가액에서 차감하지 아니하는 것이며, 분양가격에 포함되지 않은 발코니 확장 등 추가선택품목을 사업주체와 체결하는 경우 해당 추가선택품목에 소요된 금액은 해당 신축주택의 취득가액에 포함되는 것이다(법규과-1418, 2013. 12. 30).
3. 사업자가 아닌 개인이 공동주택을 공급하는 사업주체로부터 부가가치세가 포함된 분양가격으로 미분양아파트를 취득하는 경우 「조세특례제한법」 제99조의2를 적용함에 있어서 취득가액(6억원)은 부가가치세가 포함된 가액으로 하는 것이며, 해당 부가가치세는 추후 해당 아파트 양도시 양도가액에서 공제하는 취득가액에 포함되는 것이다(법규과-692, 2013. 6. 17).

(2) 과세특례 취득기간 중에 해제된 주택

2013. 3. 31. 이전에 사업주체 등과 체결한 매매계약이 과세특례 취득기간 중에 해제된 신축주택 등(조특령 §99의2 ② 2호)

(3) 계약 해제 후 배우자 등과 재계약한 주택

2013. 3. 31. 이전에 매매계약을 해제한 매매계약자가 과세특례 취득기간 중에 계약을 체결하여 취득한 신축주택 등 및 해당 매매계약자의 배우자(매매계약자 또는 그 배우자의 직계존비속 및 형제자매 포함)가 과세특례 취득기간 중에 원래 매매계약을 체결하였던 사업주체

등과 계약을 체결하여 취득한 신축주택 등(조특령 §99의2 ② 3호, ⑤ 2호).

(4) 오피스텔 취득 후 60일이 지나 주민등록이 되어 있는 경우

오피스텔을 취득한 후 취득일부터 60일이 지난 날부터 양도일까지 취득자 또는 임차인이 주민등록이 되어 있지 않거나 60일 이내에 임대용 주택으로 등록을 하지 않은 신축주택 등(조특령 §99의2 ② 4호, ⑤ 1호).

관련 해석 사례

이 사건 오피스텔은 취득일부터 60일이 지난 날부터 양도일까지 해당 오피스텔의 주소지에 취득자 또는 임차인의 주민등록법에 따른 주민등록이 되어 있어야 하는 요건이 충족되지 않아 거주자의 소유주택으로 보지 않는 신축주택 등에 해당하지 않는다(대구지원 2023구합21497, 2023. 12. 14).

4 감면소득금액 계산방법

(1) 신축주택 취득일부터 5년 이내 양도하는 경우

신축주택 취득일부터 양도일까지 발생한 양도소득금액에 대해서는 양도소득세를 100% 감면한다(조특법 §99의2 ⑤).

(2) 신축주택 취득일부터 5년 후 양도하는 경우

신축주택 취득일부터 5년 후에 양도하는 경우에는 아래와 같이 계산한 감면대상 양도소득금액을 과세대상 양도소득금액에서 차감한다(조특령 §99의2 ⑦). 해당 과세특례 주택에 대한 감면소득금액 계산은 앞서 살펴본 「조세특례제한법」 제99조와 제99조의3에 따른 신축주택 감면소득금액과 동일하게 적용된다.

$$\bullet\ \text{양도소득금액} \times \frac{\text{신축주택 취득일부터 5년이 되는 날의 기준시가} - \text{신축주택 취득 당시 기준시가}}{\text{신축주택 양도 당시 기준시가} - \text{신축주택 취득 당시 기준시가}}$$

관련 해석 사례

1. 거주자가 조특법 §99의2에 따른 감면대상 기존주택을 취득하여 도시계획정비법상의 관리처분계획인가에 따라 조합에 기존주택과 부수토지를 제공하고 신축주택을 취득한 후 양도하는 경우로서 취득일부터 5년이 되는 날의 기준시가가 재건축 공사진행으로 없는 경우에는 멸실 전 최종 고시된 주택의 기준시가로 감면소득금액을 계산한다(재산세제과 - 1550, 2022. 12. 22).
2. 「조세특례제한법 시행령」 제99조의2 제7항에 따라 감면대상 양도소득금액을 계산할 때 공동주택가격이 공시되기 전에 당해 감면주택을 취득한 경우 취득 당시 기준시가는 「소득세법 시행령」 제164조 제7항(환산취득기준시가)에 따라 계산한 가액으로 하는 것이며, 새로운 기준시가가 고시되기 전에 양도하는 경우 양도 당시 기준시가는 직전의 기준시가를 적용하는 것이다(법령해석재산 - 0561, 2021. 12. 14).
3. 감면대상 주택의 취득일로부터 5년이 경과했는지 여부는 해당 재건축·재개발 사업의 공사기간을 포함하여 판정하는 것이다(부동산납세과 - 111, 2017. 2. 1).

적용 사례

취득일로부터 5년 이후 양도하는 경우 감면소득금액 계산 (양도소득금액 2억원 가정)

적용 사례 1 분자값과 분모값이 모두 양수(+)이면서 양도 당시 기준시가가 신축주택 취득일부터 5년이 되는 날의 기준시가보다 높은 경우

취득 당시 기준시가(ⓐ)	취득일부터 5년이 되는 날의 기준시가(ⓑ)	양도 당시 기준시가(ⓒ)
300,000,000	600,000,000	800,000,000

$$\text{양도소득금액} \times \frac{\text{취득일부터 5년이 되는 날의 기준시가(ⓑ)} - \text{취득 당시 기준시가(ⓐ)}}{\text{양도 당시 기준시가(ⓒ)} - \text{취득 당시 기준시가(ⓐ)}}$$

$$= 200{,}000{,}000 \times \frac{600{,}000{,}000 - 300{,}000{,}000}{800{,}000{,}000 - 300{,}000{,}000} = 120{,}000{,}000(\text{감면소득금액})$$

- 과세대상소득금액 = 200,000,000(양도소득금액) - 120,000,000(감면소득금액) = 80,000,000

해설 일반적으로 기준시가가 지속적으로 상승하는 경우로서 전체 양도소득금액을 각각 기준시가 비율로 안분하여 감면소득금액을 계산한다.

적용 사례 2 분자값과 분모값이 모두 양수(+)이면서 양도 당시 기준시가가 신축주택 취득일부터 5년이 되는 날의 기준시가보다 낮은 경우

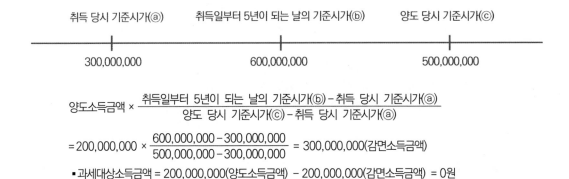

취득 당시 기준시가(ⓐ)	취득일부터 5년이 되는 날의 기준시가(ⓑ)	양도 당시 기준시가(ⓒ)
300,000,000	600,000,000	500,000,000

$$\text{양도소득금액} \times \frac{\text{취득일부터 5년이 되는 날의 기준시가(ⓑ)} - \text{취득 당시 기준시가(ⓐ)}}{\text{양도 당시 기준시가(ⓒ)} - \text{취득 당시 기준시가(ⓐ)}}$$

$$= 200{,}000{,}000 \times \frac{600{,}000{,}000 - 300{,}000{,}000}{500{,}000{,}000 - 300{,}000{,}000} = 300{,}000{,}000\text{(감면소득금액)}$$

- 과세대상소득금액 = 200,000,000(양도소득금액) - 200,000,000(감면소득금액) = 0원

해설 신축주택을 취득일부터 5년이 지난 후에 양도하고 감면대상 양도소득금액을 산정할 때 양도 당시 기준시가가 신축주택 취득일부터 5년이 되는 날의 기준시가보다 낮은 경우 해당 주택의 양도소득금액 전체가 감면소득금액이 되는 것이며, 해당 감면소득금액은 양도소득금액을 초과할 수 없다. 따라서 계산 산식에 따른 감면소득금액은 3억원이나 양도소득금액이 2억원이므로 감면소득 금액은 2억원이 된다(부동산납세과-412, 2014. 6. 10).

유사 해석 사례

분자값은 양수(+), 분모값은 음수(-)이면서 양도 당시 기준시가가 취득 당시 기준시가보다 낮은 경우

신축주택을 취득일부터 5년이 지난 후에 양도하고 감면대상 양도소득금액을 산정함에 있어 신축주택 취득일부터 5년이 되는 날의 기준시가는 취득 당시 기준시가보다 높고 양도 당시 기준시가는 취득 당시 기준시가보다 낮은 경우에는 해당 주택의 양도소득금액 전체가 감면소득금액이 된다(부동산거래관리과-525, 2010. 4. 7).

적용 사례 3 분자값은 음수(-), 분모값은 양수(+)이면서 신축주택 취득일부터 5년이 되는 날의 기준시가가 취득 당시 기준시가보다 낮은 경우

취득 당시 기준시가(ⓐ)	취득일부터 5년이 되는 날의 기준시가(ⓑ)	양도 당시 기준시가(ⓒ)
300,000,000	280,000,000	400,000,000

$$양도소득금액 \times \frac{취득일부터\ 5년이\ 되는\ 날의\ 기준시가(ⓑ) - 취득\ 당시\ 기준시가(ⓐ)}{양도\ 당시\ 기준시가(ⓒ) - 취득\ 당시\ 기준시가(ⓐ)}$$

$$= 200,000,000 \times \frac{280,000,000 - 300,000,000}{400,000,000 - 300,000,000} = 0(감면소득금액)$$

▪ 과세대상소득금액 = 200,000,000(양도소득금액) - 0(감면소득금액) = 200,000,000원

해설 신축주택의 취득일부터 5년이 되는 날의 기준시가가 취득 당시의 기준시가보다 낮아 분자가 부수인 경우 감면소득금액은 0원으로 계산된다(부동산거래관리과 - 136, 2012. 3. 6).

유사 해석 사례

분자값과 분모값이 모두 음수(-)이면서 양도 당시 기준시가가 취득 당시 기준시가보다 낮은 경우

신축주택을 취득일부터 5년이 지난 후에 양도하고 감면대상 양도소득금액을 산정함에 있어 신축주택 취득일부터 5년이 되는 날의 기준시가가 취득 당시 기준시가보다 낮고 양도 당시 기준시가보다 높은 경우 감면소득금액은 0원으로 계산된다(법규재산 - 2035, 2014. 11. 20).

5 1세대 1주택 비과세 등 적용 여부

(1) 신축주택 등과 일반주택을 보유한 상태에서 일반주택 양도시 비과세 여부

1세대 1주택 비과세를 적용함에 있어 신축주택 등은 거주자의 소유주택으로 보지 않으므로 신축주택 등 이외 양도하는 일반주택이 1세대 1주택 비과세 요건을 충족한 경우에는 양도소득세가 비과세된다(조특법 §99의2 ②).

여기서 주의할 사항은 주택건설사업자와 최초 매매계약을 체결하고 계약금을 납부한 자(남편)가 일부 지분을 동일세대원(배우자)증여한 경우에는 남편으로부터 증여받은 배우자의 지분에 해당하는 부분은 신축주택 등에 대한 감면은 적용되지 않는다는 점이다.

이 경우 배우자에게 일부 지분을 증여하여 1개의 신축주택 등을 공유하고 있는 경우 증여받은 지분에 대해서는 감면이 적용되지 않지만, 주택 수에서 제외되는 신축주택 등에는 변함이 없으므로 신축주택 등을 공동소유한 상태에서 비과세 요건을 충족한 일반주택을 양도하는 경우에는 1세대 1주택 비과세 적용은 가능하다(대법원 2024두36104, 2024. 6. 17).

(2) 신축주택 등이 조합원입주권으로 전환된 상태에서 일반주택 양도시 비과세 여부

신축주택 등이 재개발 등으로 조합원입주권으로 전환된 경우 또는 전환된 조합원입주권이 다시 신축주택된 경우에도 1세대 1주택 비과세를 적용할 때 해당 조합원입주권 및 신축주택은 주택 수에서 제외된다.

관련 해석 사례

1. 거주자가 「조세특례제한법」 제99조의2 제1항을 적용받는 주택을 취득한 후 해당 주택이 「도시 및 주거환경정비법」에 따라 재건축되어 신축주택을 취득하는 경우에도 해당 신축주택은 신축주택의 분양가액, 분양면적 등에 관계없이 거주자의 소유주택으로 보지 않는다(부동산납세과 – 1627, 2023. 6. 22).
2. 감면대상기존주택 확인 날인을 받은 주택이 관리처분계획에 따라 조합원입주권으로 전환된 경우 「조세특례제한법」 제99조의2 제2항에 따라 1세대 1주택 비과세 여부를 적용할 때 해당 조합원입주권의 보유기간에 관계없이 거주자의 소유주택으로 보지 않는다(조특집행 99의2 – 99의2 – 9).

(3) 신축주택 등이 1세대 1주택 고가주택인 경우 감면세액 산출방법

신축주택 등 감면대상 주택이 1세대 1주택이면서 고가주택에 해당하는 경우에는 1세대 1주택 비과세를 먼저 적용한 후, 과세되는 양도차익(양도가액 12억원 초과분에 상당하는 양도차익)에 대해서는 신축주택에 대한 감면을 적용한다.

[조세특례제한법상 신축주택에 대한 주요내용 비교]

구 분		조특법 제99조 및 제99조의3	조특법 제99조의2
비거주자 적용 여부		적용 불가	적용 가능
1세대 1주택 판단시 주택 수 포함 여부		주택 수 포함	주택 수 제외
조합원이 취득한 신축주택 감면적용 여부		감면적용 가능	감면적용 불가
공통점	감면소득금액 계산	• 5년 이내 양도 : 양도소득세 100% 감면 • 5년 경과 양도 : 5년간 발생한 감면소득금액 과세소득금액에서 차감 ※ 감면세액의 20% 농어촌특별세 과세	
	1세대 1주택 고가주택인 경우	신축주택이 1세대 1주택이면서 고가주택인 경우 비과세를 먼저 적용한 후, 과세되는 양도차익에 대해서 감면 적용 (P. 595 참조)	

(4) 일반주택 비과세 양도 후 신축주택 등 양도시 보유기간 재산정 여부

일반주택과 「조세특례제한법」 제99조의2에 해당하는 신축주택 등을 보유한 상태에서 일반주택을 먼저 양도하여 1세대 1주택 비과세를 적용받은 후, 신축주택 등을 양도하는 경우 1세대 1주택 비과세 보유기간은 해당 신축주택 등의 취득일부터 기산한다.

적용 사례 일반주택 비과세 양도 후 신축주택 양도시 보유기간 등 재계산 여부

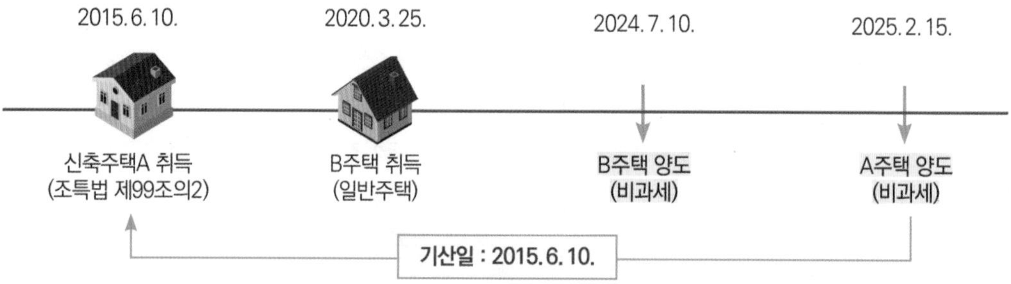

해설 종전에는 일반주택B와 「조세특례제한법」 제99조의2에 따른 신축주택A를 보유한 상태에서 일반주택B에 대하여 1세대 1주택 비과세를 적용받은 후 1주택이 된 신축주택A를 양도하는 경우에는 일반주택 양도 후 신축주택A를 다시 2년 이상 보유해야만 1세대 1주택 비과세가 가능했지만(부동산납세과 - 1997, 2016. 12. 30), 새로운 해석 사례에 따르면 일반주택B를 비과세 양도 후 남은 신축주택A를 양도하는 경우 보유기간은 신축주택A의 취득일부터 기산하므로 1세대 1주택 비과세가 적용된다(재산세제과 - 236, 2023. 2. 10).

기존 해석(보유기간 재산정함)	→	변경 해석(보유기간 재산정하지 않음)
일반주택 양도 후 다시 2년 이상 신축주택 보유해야 1세대 1주택 비과세 가능	(변경)	양도하는 신축주택의 보유기간이 2년 이상이면 1세대 1주택 비과세 가능

6 감면세액 한도 및 농어촌특별세 과세 여부

신축주택 등의 양도소득세 감면세액은 감면 한도 규정이 적용되지 않으므로 전액 감면하되, 감면되는 양도소득세의 20%를 농어촌특별세로 납부해야 한다.

[조특법 제99조의2 신축주택 등에 대한 주요 감면요건 및 세제혜택]

구 분	주요 감면 내용
대상주택	신축주택 · 미분양주택 · 1세대 1주택자의 주택(6억원 이하 또는 85㎡ 이하)
취득기간	2013. 4. 1. ~ 2013. 12. 31.(매매계약 체결 및 계약금 납부 포함)
감면적용 배제주택	취득가액이 6억원 초과하고 연면적이 85㎡ 초과하는 신축주택 등
	2013. 3. 31. 이전에 체결된 매매계약이 2013. 4. 1. 이후 해제된 신축주택 등
	매매계약을 해제한 매매계약자 또는 그 배우자 등이 2013. 4. 1. ~ 2013. 12. 31. 기간 중에 원래 매매계약을 체결하였던 사업주체 등과 계약을 체결하여 취득한 신축주택 등
	취득 후 61일 ~ 양도일까지 취득자 또는 임차인이 주민등록 미등록 또는 60일 이내 임대주택 미등록한 오피스텔
	재개발 · 재건축 조합원이 관리처분계획에 따라 취득하는 주택
세제혜택	취득(사용승인 · 잔금청산일) 후 5년 이내 양도 : 양도소득세 100% 감면
	취득(사용승인 · 잔금청산일) 후 5년 이후 양도 : 5년간 발생한 양도소득금액 감면
기타사항	일반주택 1세대 1주택 비과세 판단시 신축주택 등은 보유주택 수 제외
	감면세액의 20% 농어촌특별세 과세
	시 · 군 · 구청장으로부터 "감면대상주택임을 확인하는 날인"을 받아 교부받은 매매계약서 사본을 세무서장에게 제출한 경우에만 감면 적용
	감면 한도 · 양도 기한 제한 없음

사례로 이해하는

핵심 양도소득세

PART 7

특수한 경우의 양도소득세 계산

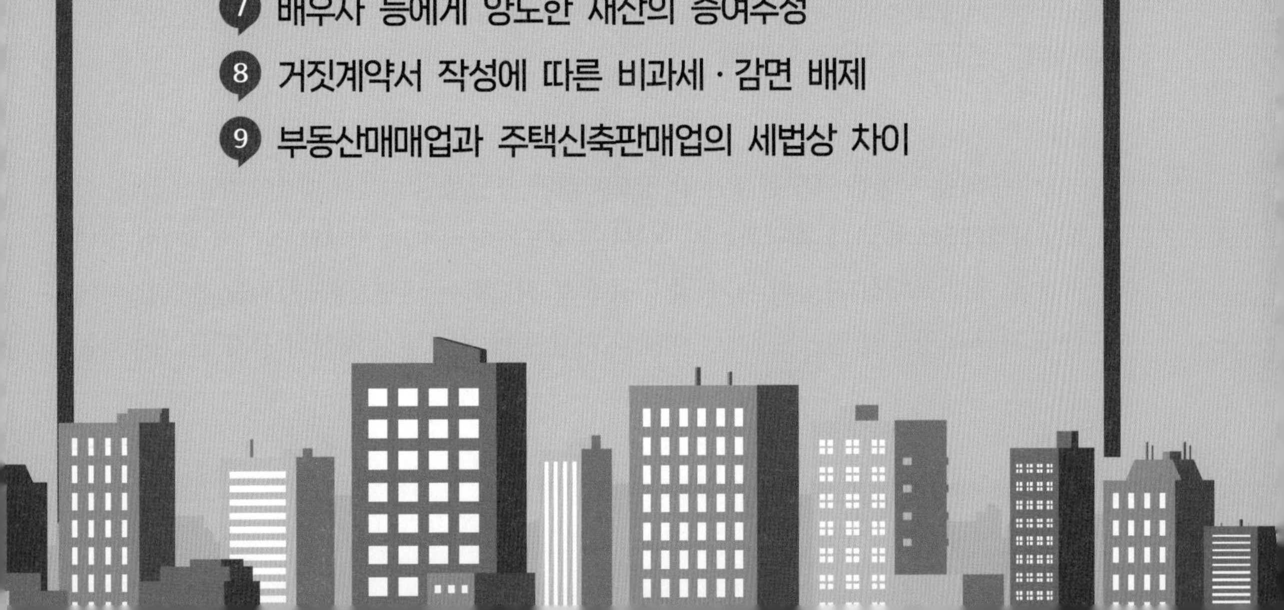

Chapter

1 양도소득에 대한 부당행위계산부인과 증여의제 규정

부당행위계산부인 규정은 특수관계인과의 거래로 인하여 조세부담을 부당하게 감소시키는 것으로 인정되는 경우 소득금액을 재계산하는 제도이다. 양도소득세에서 부당행위계산부인은 저가양도 · 고가양수와 증여 후 우회양도 규정이 있는데, 본 Chapter에서는 저가양도 · 고가양수에 대한 부당행위계산부인 규정을 우선 설명하고, 증여 후 우회양도에 대한 부당행위계산부인 규정은 Chapter4에서 설명하고자 한다.

I 부당행위계산부인 기본요건

소득세법상 특수관계인 간에 자산을 시가보다 낮은 가액으로 양도(저가양도)하거나 시가보다 높은 가액으로 양수(고가양수)한 경우로서 그 시가와 대가와의 차액이 "3억원 이상이거나 시가의 5% 이상"인 경우에는 시가를 기준으로 양도가액 또는 취득가액을 산정한다(소득법 §101 ①, 소득령 §167 ③, ④). 이 경우 시가는 아래와 같이 「상속세 및 증여세법」의 규정을 준용하여 평가한 가액을 적용한다.

부당행위계산부인을 적용할 때 시가는 「상속세 및 증여세법」 제60조부터 제66조까지의 규정(재산의 평가)을 준용하여 평가한 가액에 따르되, 「상속세 및 증여세법 시행령」 제49조 제1항에 따른 "평가기준일 전후 6개월(증여재산의 경우에는 평가기준일 전 6개월부터 평가기준일 후 3개월) 이내의 기간"은 "양도일 또는 취득일 전후 각 3개월의 기간"으로 본다(소득령 §167 ⑤).

여기서 주의할 사항은 특수관계인 간 양도거래가 부당행위(시가와 대가의 차액이 3억원 이상 또는 시가의 5% 이상)에 해당하는지 여부는 "양도자산의 매매계약일 전 · 후 3개월 이내의 기간 중에 비교대상 자산의 시가"를 기준으로 판단하는 반면, 양도차익을 산정할 때에는 "양도자산의 양도일 전 · 후 3개월 이내의 기간 중에 비교대상 자산의 시가"를 적용하는 것이며, 양도일 전·후 3개월 이외 기간(양도일로부터 소급하여 2년 이내의 기간)에 거래된 시가도 평가심의위원회를 거친 경우에는 예외적으로 적용할 수 있다는 점이다.

관련 해석 사례

1. 쟁점아파트의 양도일로부터 소급하여 2년 이내에 해당하는 비교대상아파트는 동일한 공동주택단지에 속하여 있고 해당 단지의 매매시세 등을 볼 때 평가심의위원회를 거쳐 쟁점아파트의 시가를 비교대상아파트의 매매가액으로 적용한 것은 정당하다(조심 2023서10762, 2024. 4. 2).
2. 거주자와 특수관계 있는 자와의 거래가 부당한 행위에 해당하는지 여부는 거래당시 즉, 양도가액을 확정지을 수 있는 시점인 매매계약일 기준으로 판단하고 양도차익을 계산함에 있어 양도가액은 양도시기를 기준으로 산정한다(적부 - 국세청 0042, 2023. 8. 23).
3. 청구인이 청구인의 자녀와 2020. 11. 21. 쟁점아파트 매매계약서를 작성하고 2021. 1. 5. 양도소득세 신고한 양도가액 700,000,000원은 2020. 11. 1. 매매계약된 같은 동, 같은 면적 아파트의 매매가액 945,000,000원과 비교할 때 245,000,000원이 차이가 나는바, 시가와 거래가액의 차액이 시가의 5%에 상당하는 금액 이상인 경우로서 양도소득의 부당행위계산 부인의 대상에 해당되는 이상, 대금 청산일(2020. 12. 22.)에 매매계약된 같은 동, 같은 면적 아파트의 매매가액 1,239,000,000원을 쟁점아파트의 시가로 보아 과세한 이 건 처분은 정당하다(심사 - 양도 - 2022 - 0085, 2023. 1. 18).

[부당행위계산부인 적용요건]

구 분		주요 내용
적용대상자		소득세법상 특수관계인일 것(상증법상 특수관계인 아님)
조세부담 부당감소	저가양도	시가와 대가 차액 ≥ Min(3억원, 시가 × 5%) → 양도가액 시가적용
	고가양수	대가와 시가 차액 ≥ Min(3억원, 시가 × 5%) → 취득가액 시가적용
시가적용 판단시점	부당행위 여부	매매계약일 전·후 3개월 이내 비교대상 자산의 시가를 기준으로 판단
	양도차익 산정	양도일 전·후 3개월 이내 비교대상 자산의 시가를 기준으로 계산

적용 사례 특수관계인에게 주택을 양도(父 → 子)하는 경우 시가 판단기준일

구 분	매매계약일	잔금청산일*	매매가액	취득가액	공동주택가격	전용면적
양도주택A	2025. 3. 30.	2025. 5. 10.	10억원	8억원	10억원	85㎡
유사주택B	2025. 2. 15.	-	14억원	-	10억원	85㎡
유사주택C	2025. 7. 20.	-	15억원	-	10억원	85㎡

* 父는 2025. 7. 31.에 양도소득세를 신고함

해설

	구 분	父의 양도차익			
		신 고	산출근거	경 정	산출근거
	양도가액	10억원	공동주택가격 적용신고	15억원	잔금청산일 기준 시가
(-)	취득가액	8억원	父의 실제 취득가액	8억원	父의 실제 취득가액
(=)	양도차익	2억원	10억원 - 8억원	7억원	15억원 - 8억원

- 부당행위 판단(매매계약일 전 · 후 3개월 이내 시가) : (14억원 - 10억원) ≥ Min(3억원, 14억원 × 5%)
- 시가적용 양도가액 판단 : 양도주택A의 잔금청산일 기준 전 · 후 3개월 기간 중 가장 가까운 날(매매계약일)에 해당하는 유사주택C의 매매사례가액 15억원을 양도주택A의 양도가액으로 한다.

II 저가양도 또는 고가양수에 따른 양도소득세와 증여세

1 개인 간에 자산을 저가 양도 · 양수하는 경우

(1) 특수관계가 있는 경우

1) 양도자의 양도가액 산정방법(부당행위계산부인)

개인이 특수관계인에게 시가보다 낮은 가액으로 자산을 양도하는 경우로서 그 시가와 대가와의 차액이 3억원 이상이거나 시가의 5% 이상인 경우에는 조세를 부당하게 감소시킨 것으로 보아 실제 양도가액을 부인하고 시가를 양도가액으로 한다.

- 저가양도시 부당행위 적용요건 = (시가 - 대가) ≥ Min(3억원, 시가 × 5%)

2) 양수자의 증여재산가액 및 취득가액 산정방법

개인이 특수관계인으로부터 시가보다 낮은 가액으로 자산을 양수하는 경우로서 그 시가와 대가와의 차액이 3억원 이상이거나 시가의 30% 이상인 경우에는 그 차액에 상당하는 가액을 양수자의 증여재산가액으로 하고, 그 증여재산가액은 양수자의 당초 취득가액에 가산한다(상증법 §35 ①, 소득령 §163 ⑩ 1호).

- 저가양수시 증여의제 적용요건 = (시가 − 대가) ≥ Min(3억원, 시가 × 30%)
- 증여재산가액(차액상당액) = (시가 − 대가) − Min(3억원, 시가 × 30%)

[특수관계인 간 저가 양도 · 양수시 양도가액 및 취득가액의 산정방법]

구 분	적용 요건	적용 가액
양도자의 양도가액	(시가 − 대가) ≥ Min(3억원, 시가 × 5%)	시가(저가 양도가액 부인)
양수자의 취득가액	(시가 − 대가) ≥ Min(3억원, 시가 × 30%)	당초 취득가액 + 증여재산가액

적용 사례 특수관계인 간 저가 양도 · 양수시 양도차익 계산방법

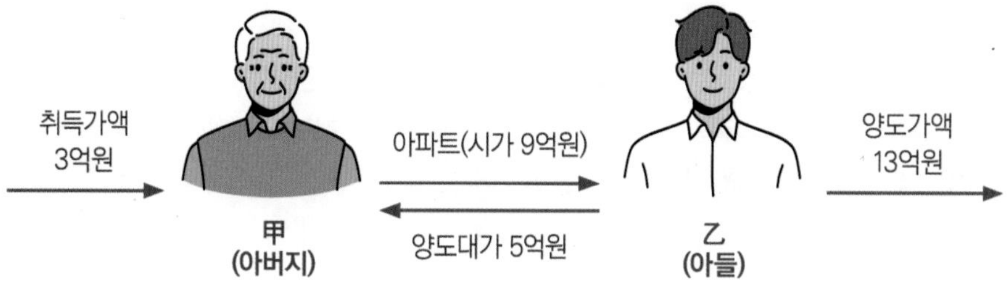

해설

구 분	甲의 양도차익		乙의 양도차익	
	신 고	경 정	신 고	경 정
양도가액	5억원	9억원[1]	13억원	13억원
(−) 취득가액	3억원	3억원	5억원	6.3억원[2]
(=) 양도차익	2억원	6억원	8억원	6.7억원

1) 시가(9억원)와 대가(5억원)의 차액(4억원)이 3억원과 시가의 5% 중 적은 금액 이상이므로 부당행위계산부인 규정을 적용하여 신고 양도가액 5억원을 부인하고 시가 9억원을 양도가액으로 한다.
- 부당행위 적용요건 : (9억원 − 5억원) ≥ Min(3억원, 9억원 × 5%)

2) 시가와 대가의 차액(4억원)이 3억원과 시가의 30% 중 적은 금액 이상이므로 증여재산가액 1.3억원[4억원 − Min(3억원, 9억원 × 30%)]을 신고 취득가액(5억원)에 가산하여 6.3억원을 경정 취득가액으로 한다.

비교 학습

특수관계인으로부터 부동산 저가 취득시 부당행위계산부인 적용

1. 개요

종전에는 유상으로 취득한 부동산의 취득세 과세표준은 실제 취득가액과 시가표준액 중 큰 금액을 적용하였으나, 2023. 1. 1. 이후 취득분부터는 실제 취득가액을 기준으로 취득세를 계산하되, 부당행위계산부인 규정이 적용되는 경우에는 감정가액, 매매사례가액 등 상증법상의 시가(시가인정액)를 기준으로 취득세 과세표준을 산정한다.

2. 취득세 부당행위계산부인 적용 요건

특수관계인으로부터 시가인정액보다 낮은 가격으로 부동산을 취득하는 경우로서 시가인정액과 사실상 취득가액의 차액이 3억원 이상이거나 시가인정액의 5% 이상인 경우에는 부당행위계산부인 규정을 적용하여 취득세 과세표준을 시가인정액으로 한다(지방령 §18의2).

3. 특수관계인으로부터 부동산 저가 취득시 취득세 산정방법

배우자 또는 직계존비속으로부터 부동산을 취득하는 경우에는 원칙적으로 증여로 보되, 해당 부동산의 취득을 위하여 대가를 지급한 사실이 증명되는 경우에는 그 부분에 해당하는 금액은 유상으로 취득한 것으로 보아 취득세를 계산한다(지방법 §7 ⑪ 4호).

구 분	무상취득분(저가취득분)	유상취득분(실제취득분)
과세표준	시가인정액(10억원) - 실제 취득가액(7억원)	실제 취득가액(7억원)
취득세율	3억원 × 증여 취득세율	7억원 × 유상 취득세율

(2) 특수관계가 없는 경우

1) 양도자의 양도가액 산정방법

개인이 비특수관계인에게 시가보다 낮은 가액으로 자산을 양도하는 경우에는 부당행위계산부인 대상이 아니므로 상증법상 시가평가액 또는 보충적 평가액(기준시가)보다 낮은 가액으로 양도하는 경우에도 실제 양도가액을 인정한다.

2) 양수자의 증여재산가액 및 취득가액 산정방법

개인이 비특수관계인으로부터 "거래의 관행상 정당한 사유 없이" 시가보다 낮은 가액으로 자산을 양수하는 경우로서 그 시가와 대가와의 차액이 시가의 30% 이상인 경우에는 그 차액에 상당하는 가액을 양수자의 증여재산가액으로 하고, 그 증여재산

가액은 양수자의 당초 취득가액에 가산한다(상증법 §35 ②, 소득령 §163 ⑩ 1호).

- 저가양수시 증여의제 적용요건 = (시가 – 대가) ≥ 시가 × 30%
- 증여재산가액(차액상당액) = (시가 – 대가) – 3억원

[비특수관계인 간 저가 양도 · 양수시 양도가액 및 취득가액의 산정방법]

구 분	판단 요건	적용 가액
양도자의 양도가액	부당행위계산부인 대상 아님	실제 양도가액
양수자의 취득가액	(시가 – 대가) ≥ 시가 × 30%	당초 취득가액 + 증여재산가액

적용 사례 **비특수관계인 간 저가 양도 · 양수시 양도차익 계산방법**

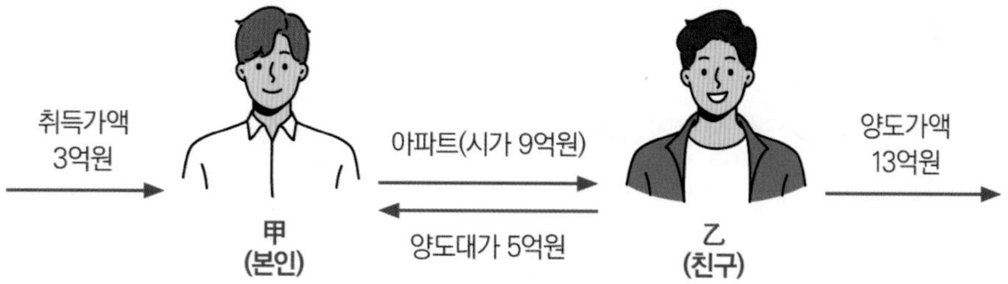

해설

	구 분	甲의 양도차익		乙의 양도차익	
		신 고	경 정	신 고	경 정
	양도가액	5억원	신고가액 인정 (부당행위 아님)	13억원	13억원
(–)	취득가액	3억원		5억원	6억원[1]
(=)	양도차익	2억원		8억원	7억원

1) 비특수관계인으로부터 정당한 사유없이 시가(9억원)보다 낮은 가액(5억원)으로 주택을 취득한 경우 그 차액(4억원)이 시가의 30% 이상이므로 시가와 대가의 차액 4억원에서 3억원을 공제한 가액을 증여재산가액으로 하고, 그 증여재산가액을 당초 취득가액에 가산한다.

- 증여재산가액 : (9억원 – 5억원) – 3억원 = 1억원
- 경정취득가액 : 5억원(당초 취득가액) + 1억원(증여재산가액) = 6억원

2 개인 간에 자산을 고가 양도 · 양수하는 경우

(1) 특수관계가 있는 경우

1) 양도자의 증여재산가액 및 양도가액 산정방법

개인이 특수관계인에게 시가보다 높은 가액으로 자산을 양도하는 경우에는 부당행위계산부인 대상은 아니지만, 그 대가와 시가와의 차액이 3억원 이상이거나 시가의 30% 이상인 경우에는 그 차액에 상당하는 가액을 양도자의 증여재산가액으로 하고, 그 증여재산가액은 양도자의 당초 양도가액에서 차감한다(소득법 §96 ③ 2호, 상증법 §35 ①).

- 고가양도시 증여의제 적용요건 = (대가 − 시가) ≥ Min(3억원, 시가 × 30%)
- 증여재산가액(차액상당액) = (대가 − 시가) − Min(3억원, 시가 × 30%)

2) 양수자의 취득가액 산정방법(부당행위계산부인)

개인이 특수관계인으로부터 시가보다 높은 가액으로 자산을 양수하는 경우로서 그 대가와 시가와의 차액이 3억원 이상이거나 시가의 5% 이상인 경우에는 조세를 부당하게 감소시킨 것으로 보아 실제 취득가액을 부인하고 시가를 취득가액으로 한다. 이 경우 고가 양수가액이 아닌 시가로 취득가액이 적용되기 때문에 추후 해당 자산을 양도할 경우 양도소득세 부담이 증가하게 된다.

- 고가양수시 부당행위 적용요건 = (대가 − 시가) ≥ Min(3억원, 시가 × 5%)

[특수관계인 간 고가 양도 · 양수시 양도가액 및 취득가액의 산정방법]

구 분	적용 요건	적용 가액
양도자의 양도가액	(대가 − 시가) ≥ Min(3억원, 시가 × 30%)	당초 양도가액 − 증여재산가액
양수자의 취득가액	(대가 − 시가) ≥ Min(3억원, 시가 × 5%)	시가(고가 취득가액 부인)

적용 사례 특수관계인 간 고가 양도 · 양수시 양도차익 계산방법

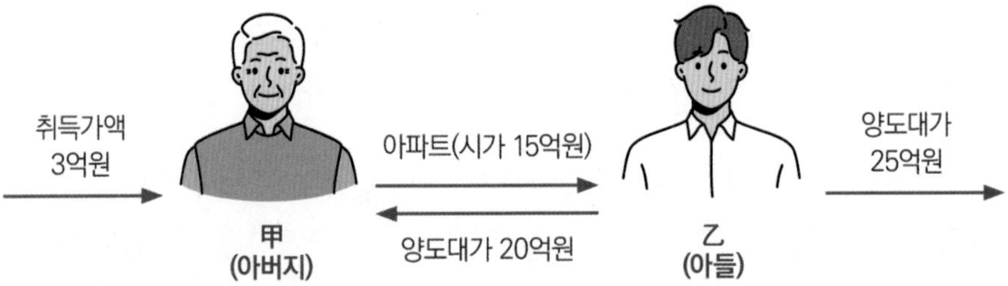

해설

	구 분	甲의 양도차익		乙의 양도차익	
		신 고	경 정	신 고	경 정
	양도가액	20억원	18억원[1)]	25억원	25억원
(-)	취득가액	3억원	3억원	20억원	15억원[2)]
(=)	양도차익	17억원	15억원	5억원	10억원

1) 대가와 시가의 차액(5억원)이 3억원과 시가의 30% 중 적은 금액 이상이므로 증여재산가액 2억원[(20억원 - 15억원) - Min(3억원, 15억원 × 30%)]을 신고 양도가액(20억원)에서 차감하여 18억원을 경정 양도가액으로 한다.

2) 대가(20억원)와 시가(15억원)의 차액(5억원)이 3억원과 시가의 5% 중 적은 금액 이상이므로 부당행위계산부인 규정을 적용하여 신고 취득가액 20억원을 부인하고 시가 15억원을 취득가액으로 한다.

▪ 부당행위 적용요건 : (20억원 - 15억원) - Min(3억원, 20억원 × 5%)

(2) 특수관계가 없는 경우

1) 양도자의 증여재산가액 및 양도가액 산정방법

개인이 비특수관계인에게 시가보다 높은 가액으로 자산을 양도하는 경우에는 부당행위계산부인 대상은 아니지만, "거래의 관행상 정당한 사유 없이" 그 대가와 시가와의 차액이 시가의 30% 이상인 경우에는 그 차액에 상당하는 가액을 양도자의 증여재산가액으로 하고, 그 증여재산가액은 양도자의 당초 양도가액에서 차감한다(상증법 §35 ②, 소득령 §163 ⑩ 1호).

- 고가양도시 증여의제 적용요건 = (대가 - 시가) ≥ 시가 × 30%
- 증여재산가액(차액상당액) = (시가 - 대가) - 3억원

2) 양수자의 취득가액 산정방법

개인이 비특수관계인에게 시가보다 높은 가액으로 자산을 양수하는 경우에는 부당행위계산부인 대상이 아니므로 상증법상 시가평가액 또는 보충적 평가액(기준시가)보다 높은 가액으로 양수하는 경우에도 실제 취득가액을 인정한다.

[비특수관계인 간 고가 양도·양수시 양도가액 및 취득가액의 산정방법]

구 분	적용 요건	적용 가액
양도자의 양도가액	(대가 - 시가) ≥ 시가 × 30%	당초 양도가액 - 증여재산가액
양수자의 취득가액	부당행위계산부인 대상 아님	실제 취득가액

적용 사례 비특수관계인 간 고가 양도·양수시 양도차익 계산방법

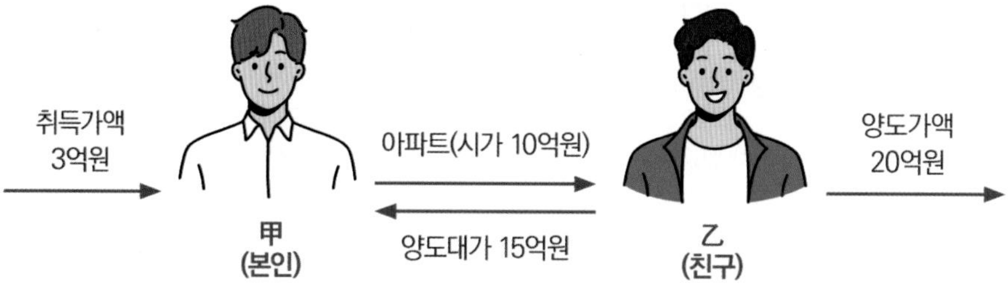

해설

구 분	甲의 양도차익		乙의 양도차익	
	신고	경정	신고	경정
양도가액	15억원	13억원[1]	20억원	신고가액 인정 (부당행위 아님)
(-) 취득가액	3억원	3억원	15억원	
(=) 양도차익	12억원	10억원	5억원	

1) 비특수관계인에게 정당한 사유없이 시가(10억원)보다 높은 가액(15억원)으로 주택을 양도한 경우 그 차액(5억원)이 시가의 30% 이상이므로 대가와 시가의 차액 5억원에서 3억원을 공제한 가액을 증여재산가액으로 하고, 그 증여재산가액을 당초 양도가액에서 차감한다.

- 증여재산가액 : (15억원 - 10억원) - 3억원 = 2억원
- 경정양도가액 : 15억원(당초 양도가액) - 2억원(증여재산가액) = 13억원

3 부당행위계산부인 규정이 적용되지 않는 경우

(1) 특수관계인 간 부담부증여시 채무액 상당액

특수관계인 간의 부담부증여를 통해 증여자의 채무를 수증자가 인수하여 증여가액 중 그 채무액에 상당하는 부분에 대해 증여자에게 양도소득세를 과세한 경우에는 해당 채무액에 상당하는 부분은 부당행위계산부인 규정이 적용되지 않는다(양도집행 101-167-6).

(2) 개인과 특수관계법인 간의 거래

개인이 특수관계 법인에게 재산을 양도하는 경우로서 해당 거래의 대가가 법인세법의 시가에 해당하여 부당행위계산부인 규정이 적용되지 않는 경우에는 양도소득에 대한 부당행위계산부인 규정이 적용되지 않는다(양도집행 101-167-7).

(3) 기타 부당행위계산부인 규정 적용배제 대상

1세대 1주택 비과세(소득령 §154), 8년 이상 자경농지(조특법 §69), 신축주택의 취득자에 대한 양도소득세 과세특례주택(조특법 §99, §99의3)에 해당하는 양도자산의 경우에는 부당행위계산부인 규정이 적용되지 않는다(양도집행 101-167-9).

[고 · 저가 양도 · 양수에 따른 부당행위계산부인과 증여재산가액 산정방법 요약]

저가양도 · 양수		특수관계가 있는 경우	특수관계가 없는 경우
양도자 (양도소득세)	적용요건	(시가 − 대가) ≥ Min[3억원, 시가 × 5%]	부당행위계산부인 대상아님
	양도가액	시가(실제 양도가액 부인)	실제 양도가액
양수자 (증여세)	적용요건	(시가 − 대가) ≥ Min[3억원, 시가 × 30%]	(시가 − 대가) ≥ 시가 × 30%
	증여가액	(시가 − 대가) − Min[3억원, 시가 × 30%]	(시가 − 대가) − 3억원
		→ 저가양수로 과세된 증여재산가액은 "취득가액"에 가산	
고가양수 · 양도		**특수관계가 있는 경우**	**특수관계가 없는 경우**
양수자 (양도소득세)	적용요건	(대가 − 시가) ≥ Min[3억원, 시가 × 5%]	부당행위계산부인 대상아님
	취득가액	시가(실제 취득가액 부인)	실제 취득가액
양도자 (증여세)	적용요건	(대가 − 시가) ≥ Min[3억원, 시가 × 30%]	(대가 − 시가) ≥ 시가 × 30%
	증여가액	(대가 − 시가) − Min[3억원, 시가 × 30%]	(대가 − 시가) − 3억원
		→ 고가양도로 과세된 증여재산가액은 "양도가액"에서 차감	

Ⅲ 소득세법과 상속·증여세법상 특수관계인의 범위

개별세법에서 특수관계인에 관한 규정은 대부분 국세기본법을 준용하고 있다. 다만, 소득세법(양도소득세)과 상속세 및 증여세법(이하 "상증법"이라 칭함)상 특수관계인 중 친족관계와 경제적 연관관계(사용인)의 범위가 약간 다르게 적용되고 있다.

즉, 특수관계인의 범위 중 "직계비속의 배우자의 2촌 이내의 혈족(친족관계)"과 "출자에 의하여 지배하고 있는 법인의 사용인(경제적 연관관계)"에 대한 규정은 상증법상에서만 그 특수관계인의 범위에 포함하고 있는데, 이하 소득세법과 상증법상 특수관계인의 범위와 그 차이에 대해서 구체적으로 설명하고자 한다.

1 소득세법상 특수관계인의 범위

「국세기본법 시행령」 제1조의2 제1항(본인과 친족관계가 있는 자), 제2항(본인과 경제적 연관관계가 있는 자) 및 제3항 제1호(경영지배관계에 있는 자 중 본인이 개인인 경우)에 해당하는 자는 소득법상 본인의 특수관계인에 해당한다(소득령 §98 ①).

[소득세법상 주요 특수관계인의 범위]

구 분	적용 범위
친족관계 (제1항)	① 4촌 이내의 혈족[1)] ② 3촌 이내의 인척[2)] ③ 본인의 배우자(사실상의 혼인관계에 있는 자 포함)
경제적 연관관계 (제2항)	① 본인(개인사업자)이 고용한 종업원 및 종업원의 친족 ② 본인의 금전 등으로 생계를 유지하는 자 또는 생계유지자의 친족
경영지배관계 (제3항)	① 본인이 직접 또는 그와 친족관계 또는 경제적 연관관계에 있는 자를 통하여 지배적인 영향력[3)]을 행사하고 있는 법인 ② 본인 등과 ①에 해당하는 자를 통하여 지배적인 영향력[3)]을 행사하고 있는 법인

1) 혈족은 혈연관계가 있는 친족으로 ① 직계존속과 직계비속(직계혈족), ② 자기의 형제자매와 형제자매의 직계비속(방계혈족), ③ 직계존속의 형제자매 및 그 형제자매의 직계비속을 말한다(민법 §768).

2) 인척은 혼인으로 성립된 친족관계로 ① 혈족의 배우자(며느리, 사위 등), ② 배우자의 혈족(시부모, 장인·장모 등), ③ 배우자의 혈족의 배우자(처남, 처제 등)를 말한다(민법 §769).

3) 지배적인 영향력은 본인 등이 법인에 "30% 이상 출자"하거나 사업방침 결정 등 법인의 경영에 대하여 사실상 영향력을 행사하는 경우를 말한다(국기법 §1의2 ④ 1호).

관련 해석 사례

1. 본인이 특정 법인의 주식을 보유하고 있지 않더라도 그와 친족관계에 있는 자가 그 특정 법인에 30% 이상 출자한 경우 본인과 그 특정 법인 사이에도 「국세기본법 시행령」 제1조의2 제3항 제1호 가목에서 정하는 경영지배관계에 따른 특수관계가 성립하는 것이다(기재부 조세법령 - 759, 2022. 7. 15).
2. 「소득세법」 제101조(양도소득의 부당행위계산)에서 "특수관계인"이란 같은 법 시행령 제98조 제1항의 규정을 따르는 것으로 「국세기본법 시행령」 제1조의2 제1항, 제2항 및 같은 조 제3항 제1호의 관계에 해당하지 않는 같은 법인의 서로 다른 임원간의 관계는 특수관계인에 해당하지 않는 것이다(부동산납세과 - 1438, 2017. 12. 28).

2 상증법상 특수관계인의 범위

상증법상 특수관계인의 범위도 앞서 살펴본 소득세법처럼 친족관계, 경제적 연관관계 및 경영지배관계 등으로 구분하고 있는 점은 동일하나, 소득세법상 특수관계인의 범위보다는 다소 넓게 적용되고 있다(상증령 §2의2 ①).

[상증법상 주요 특수관계인의 범위]

구 분	적용 범위
친족관계 (제1호)	① 4촌 이내의 혈족 ② 3촌 이내의 인척 ③ 본인의 배우자(사실상의 혼인관계에 있는 자 포함) ④ 직계비속의 배우자의 2촌 이내의 혈족 및 그 배우자(사돈관계)
경제적 연관관계 (제2호)	① 본인(개인사업자)이 고용한 종업원 및 종업원의 친족 ② 30% 이상 출자하고 있는 법인의 사용인(임직원) ③ 사용인 외의 자로서 본인의 재산으로 생계를 유지하는 자
퇴직임원 (제3호 가목)	퇴직 후 3년(해당 기업이 「독점규제 및 공정거래에 관한 법률」 제14조에 따른 공시대상기업집단에 소속된 경우는 5년)이 지나지 않은 퇴직임원
경영지배관계 (제6호, 제7호)	① 본인, 제1호부터 제3호까지의 자 또는 본인과 제1호부터 제3호까지의 자가 공동으로 30% 이상을 출자하고 있는 법인 ② 본인, ①에 해당하는 자 또는 본인과 ①에 해당하는 자가 공동으로 50% 이상을 출자하고 있는 법인

3 소득세법과 상증법상 주요 특수관계인의 차이점

(1) 친족관계(친족의 범위)

소득세법에서는 직계비속의 배우자(며느리, 사위)만 친족의 범위로 규정하고 있으나, 상증법상 직계비속의 배우자는 물론 직계비속의 배우자의 "2촌 이내의 혈족과 그 배우자"까지도 친족의 범위에 포함하고 있다. 여기서 직계비속의 배우자의 2촌 이내의 혈족과 그 배우자란 며느리 또는 사위의 부모와 형제자매로서 "사돈관계"에 있는 자를 말한다.

따라서 직계비속의 배우자의 2촌 이내의 혈족과 그 배우자는 3촌 이내의 인척의 범위에 포함됨에도 소득세법상으로는 특수관계인에 해당하지 않는다.

관련 해석 사례

주식을 양도하는 자를 기준으로 직계비속의 배우자의 2촌 이내의 혈족(사돈)은 「국세기본법 시행령」 제1조의2 제1항에서 규정하는 특수관계인에 해당하지 아니한다(법령해석재산-0179, 2017. 8. 30).

(2) 경제적 연관관계(사용인의 범위)

1) 소득세법상 사용인의 범위

소득세법상 특수관계인에 포함되는 사용인에는 본인(개인)의 개인사업자에 고용된 종업원만 해당되고, 본인 및 그와 특수관계에 있는 자가 30% 이상 출자하여 지배하고 있는 "법인의 사용인"은 본인과 친족관계 및 경제적 연관관계가 없는 한 본인 등의 특수관계인에 해당하지 않는다.

따라서, 같은 법인의 주주관계 또는 주주와 임직원관계만으로는 소득세법상으로는 특수관계가 성립되지 않으므로 부당행위계산부인 규정이 적용되지 않는다.

[소득세법상 사용인의 범위]

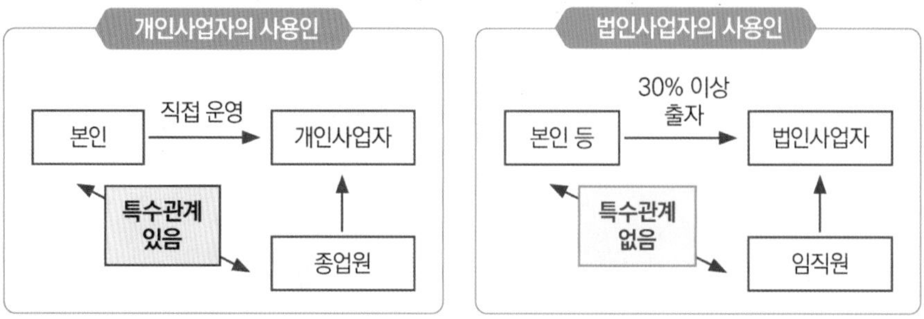

관련 해석 사례

「소득세법」 제101조에서 "특수관계인"이란 같은 법 시행령 제98조 제1항에 따르는 것으로 같은 법인의 대표이사이자 100% 지분을 가진 주주와 사용인은 「국세기본법 시행령」 제1조의2 제2항 제1호에 따른 특수관계인에 해당하지 않는다(자본거래관리과 - 162, 2020. 3. 23).

2) 상증법상 사용인의 범위

① 현직 임직원

상증법상 본인(개인)의 개인사업자에 고용된 종업원이 특수관계인에 포함되는 점은 소득세법과 동일하나, 상증법상으로는 본인과 친족 등의 특수관계인이 30% 이상 출자하여 지배하고 있는 법인의 사용인(임직원)은 본인 등의 사용인으로서 특수관계인에 해당한다.

따라서, 개인이 30% 이상 출자하고 있는 법인의 임직원에게 시가보다 저가로 양도하는 경우에는 소득세법상 부당행위계산부인 규정은 적용되지 않지만, 상증법상으로는 저가양도에 따른 이익의 증여의제 규정이 적용된다.

[상증법상 사용인의 범위]

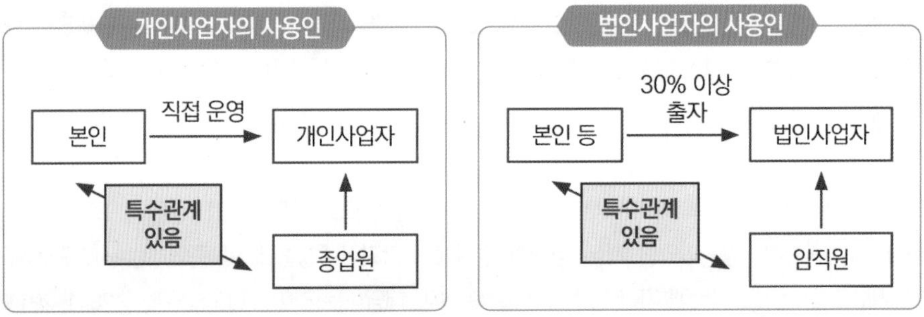

관련 해석 사례

「상속세 및 증여세법 시행령」 제2조의2에서 특수관계인은 본인과 본인 이외의 자가 단순히 동일한 법인의 주주관계 또는 주주와 임직원 관계라는 사실만으로 특수관계에 있는 자에 해당하지는 않으나, 본인과 친족관계에 있는 자가 30% 이상을 출자하고 있는 법인의 사용인은 본인과 특수관계가 있는 것이다(상속증여세과 - 420, 2023. 6. 28).

② 퇴직 임원

소득세법상 퇴직임원은 특수관계인의 범위에 포함되지 않지만, 상증법상으로는 퇴직 후 3년(「독점규제 및 공정거래에 관한 법률」 제14조에 따른 공시대상기업집단에 소속된 경우는 5년)이 지나지 않은 임원(퇴직임원)은 특수관계인에 해당한다.

관련 법령 **특수관계인의 범위 중 본인이 개인인 경우(상증령 §2의2 ① 3호 가목)**

본인이 직접 또는 본인과 제1호(친족)에 해당하는 관계에 있는 자가 임원에 대한 임면권의 행사 및 사업방침의 결정 등을 통하여 그 경영에 관하여 사실상의 영향력을 행사하고 있는 기획재정부령으로 정하는 기업집단의 소속 기업[해당 기업의 임원(「법인세법 시행령」 제40조 제1항에 따른 임원을 말함)과 퇴직 후 3년(해당 기업이 「독점규제 및 공정거래에 관한 법률」 제31조에 따른 공시대상기업집단에 소속된 경우는 5년)이 지나지 않은 퇴직임원 포함]

관련 해석 사례

1. 상증법상 임원으로서 퇴직 후 3년이 지나지 않는 전 대표이사는 청구인의 특수관계인에 해당하고, 청구인이 쟁점법인을 출자에 의하여 지배하고 있는 이상 특수관계를 전제로 부과된 이 건 처분에 잘못이 없다(조심 2023전0263, 2023. 5. 31).
2. 퇴직 후 3년이 경과하지 않은 퇴직임원의 범위는 기획재정부령으로 정하는 기업집단의 소속 기업의 경우에만 한정하지 않고 일반 기업의 퇴직임원도 특수관계인에 포함되는 것이다. 즉 「상증법 시행령」 제2조의2 제1항 제3호 가목 "기업집단의 소속 기업" 뒤에 "[해당 기업의 임원(「법인세법 시행령」 제40조 제1항에 따른 임원과 퇴직 후 3년이 지나지 않은 임원이었던 사람을 말한다)을 포함한다]"라고 규정하고 있으므로 기업집단의 소속 기업의 경우에만 퇴직임원이 특수관계인에 포함된다고 할 수 없는 것이다(서울고법 2017누78256, 2018. 4. 5).
3. 양도자가 양수인이 출자에 의하여 지배하고 있는 법인의 임원으로 근무하다가 "종업원으로 퇴직"하더라도 3년(또는 5년) 이전에 임원이었던 자는 임원의 범위에 포함되어 「상속세 및 증여세법 시행령」 제2조의2 제1항 제2호 및 제3호 가목에 따라 양수자와 특수관계에 해당하는 것이다(법령해석재산 - 2841, 2016. 4. 21).

(3) 경영지배관계(법인의 범위)

1) 본인 등이 30% 이상 출자하고 있는 법인

본인(개인)이 직접 또는 그와 친족관계 또는 경제적 연관관계에 있는 자를 통하여 30% 이상 출자하고 있는 법인(1차 지배법인)은 본인 등의 특수관계인에 포함되는 것은 소득세법과 상증법상 규정은 동일하나, 본인 등 또는 1차 지배법인에 있는 자를 통하여 법인의 경영에 대하여 지배적인 영향력을 행사하고 있는 법인(2차 지배법인)의 경우 소득세법은 30% 이상 출자하면 특수관계가 성립되지만, 상증법상 본인 등이 2차 법인에 50% 이상을 출자해야만 본인 등의 특수관계인의 범위에 포함된다. 여기서 눈여겨 볼 사항은 법인세법상 법인의 개인주주(지분율 1% 미만은 제외)는 지분비율에 관계없이 해당 법인과 특수관계가 성립되지만, 소득세법과 상증법상으로는 개인주주 및 그와 특수관계인이 법인의 주식을 최소 30% 이상을 소유하고 있는 경우에만 해당 법인과 특수관계가 성립한다는 점이다.

2) 본인 등이 사실상 영향력을 행사하고 있는 법인

소득세법은 본인과 친족 등의 특수관계인이 30% 이상 출자하지 않더라도 법인의 사업방침 결정 등을 통하여 법인의 경영에 대하여 사실상 영향력을 행사하고 있는 법인은 본인 등의 특수관계인에 해당하나, 상증법상으로는 법인의 사업방침 결정 등을 통하여 법인의 경영에 대하여 사실상 영향력을 행사하고 있는 법인은 "기업집단의 소속기업과 해당 기업의 임원"에 대해서만 본인 등의 특수관계인의 범위에 포함된다(상증령 §2의2 3호 가목).

적용 사례 소득세법과 상증법상 사용인의 적용범위에 따른 특수관계인 차이

1. 2025. 4. 15. A법인 대표이사 甲은 A법인이 발행한 주식 20,000주를 해당 법인의 임원인 乙에게 1주당 액면가액 10,000원으로 하여 2억원에 양도하였다.
2. 甲과 乙은 친족 관계 또는 경제적 연관 관계가 없다.
3. A법인 주식의 상속세 및 증여세법상 1주당 평가액은 40,000원이며, 주주변동 내역은 아래와 같다.

• 주주변동 내역

주 주	기 초		기 말		비 고
	주식수	지분율	주식수	지분율	
甲	50,000	50%	30,000	30%	대표이사
乙	20,000	20%	40,000	40%	임원
丙	30,000	30%	30,000	30%	주주
계	100,000	100%	100,000	100%	-

해설

1. 소득세법상 부당행위계산부인 적용 여부

甲이 A법인에 50%를 출자하여 A법인을 지배하고 있더라도 甲과 乙이 친족 관계 또는 경제적 연관 관계가 없는 이상, 소득세법상 특수관계인에 해당하지 않으므로 甲이 乙에게 양도한 주식에 대하여는 부당행위계산부인 규정이 적용되지 않는다. 따라서 주식의 시가 8억원(20,000주 × 40,000원)과 양도대가 2억원의 차액 6억원이 시가의 5%에 해당하는 4천만원 또는 3억원 이상에 해당하더라도 甲이 양도한 주식의 양도가액 2억원은 소득세법상 정당한 거래가액으로 인정된다.

2. 상증법상 특수관계인 및 저가양수에 따른 증여세 적용 여부

(1) 특수관계인 해당 여부

양도자와 양수자가 단순히 동일한 법인의 주주관계 또는 주주와 임직원관계라는 사실만으로는 특수관계인에 해당하지는 않으나, 주주 1인 및 그와 특수관계인이 30% 이상 출자하여 지배하고 있는 법인의 사용인은 「상속세 및 증여세법 시행령」 제2조의2 제1항 제2호의 규정에 따라 본인 등의 특수관계인에 해당한다. 따라서, 甲은 A법인에 50%를 출자하여 A법인을 지배하고 있고, 乙은 A법인의 사용인(임원)에 해당하는 동시에 30% 이상 출자하여 지배하고 있는 甲의 사용인에도 해당하므로 상증법상으로는 甲과 乙은 서로 특수관계가 성립한다.

(2) 저가양수에 따른 乙의 증여세 등 계산

1) 증여의제 적용여부

甲과 乙은 상증법상 특수관계인에 해당하고, 乙이 甲으로부터 저가로 양수한 주식의 차액 6억원(8억원 - 2억원)이 시가 8억원의 30%에 해당하는 2.4억원과 3억원 중 적은 금액인 2.4억원 이상이므로 증여의제 요건을 충족한다.

- 증여의제 적용요건 : (8억원 - 2억원) ≥ Min[2.4억원(8억원 × 30%), 3억원]

2) 증여재산가액 및 증여세

거래차액 6억원이 시가 8억원의 30%에 해당하는 2.4억원과 3억원 중 적은 금액인 2.4억원 이상이므로 증여세가 과세된다.

- 증여재산가액 : (8억원 - 2억원) - Min[2.4억원(8억원 × 30%), 3억원] = 3.6억원
- 증여세 계산 : 3.6억원 × 20% - 1,000만원(누진공제) = 6,200만원

3) 주식 양도시 취득가액

증여재산가액 3.6억원은 乙의 당초 취득가액 2억원에 가산한다. 만일 乙이 해당 주식을 10억원에 양도하는 경우 양도차익은 4.4억원(10억원 - 5.6억원)이 된다.

Chapter

2 자산의 교환으로 인한 양도차익 계산

1 기본 개념

"교환"이란 금전 외의 재산(부동산 등)을 상호 이전할 것을 약정하고 그 소유권을 이전함으로써 효력이 생기는 계약을 말한다. 이 경우 부동산을 서로 교환하는 경우 실질적으로 매매와 경제적 효과가 동일하므로 교환의 경우 양도소득세 과세대상이 된다.

관련 법령 양도의 정의(소득법 §88)

"양도"란 자산에 대한 등기 또는 등록과 관계없이 매도, 교환, 법인에 대한 현물출자 등을 통하여 그 자산을 유상으로 사실상 이전하는 것을 말한다.

2 부동산 교환시 양도차익 계산

(1) 교환계약서에 감정가액 등 시가를 반영하고 차액을 정산하는 경우

교환대상 부동산에 대한 시가감정 등의 객관적인 교환가치에 의해 그 감정가액의 차액에 대하여 금전지급 등 정산절차를 수반하는 경우에는 실지거래가액을 적용한 것으로 보아 교환당사자의 양도가액은 교환으로 "이전받는 부동산의 시가"를 적용한다.

이 경우 교환으로 현금을 수령하는 경우 이전받는 부동산의 시가에 현금수령액을 가산하고, 현금을 지급하는 경우에는 이전받는 부동산의 시가에서 현금지급액을 차감한다.

[교환으로 이전하는 부동산의 양도차익 계산]

- 양도가액 = 이전받는 부동산의 시가 + 현금 수령액 – 현금 지급액
- 취득가액 = 이전하는 부동산의 실제 취득가액, 환산취득가액 등

관련 해석 사례

쌍방 사이에 교환가액 기준이 형성되어 있고 부동산 교환계약에 대한 감정평가를 거쳐 정상절차를 거친 교환거래로 실지거래가액을 인정 또는 확인할 수 있으므로 쟁점부동산의 양도가액은 기준시가가 아닌 교환부동산 가액(인수한 자산가액)과 교환내가로 받은 금액을 합한 금액으로 볼 수 있는 것이다(적부 - 0171, 2024. 2. 28).

적용 사례 감정평가를 거쳐 교환하면서 차액을 정산한 경우 양도차익 계산

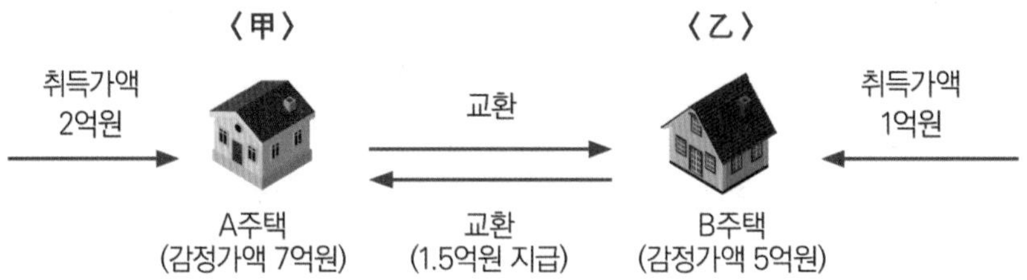

해설

	구 분	甲의 양도차익	乙의 양도차익
	양도가액	6.5억원1)	5.5억원2)
(−)	취득가액	2억원	1억원
(=)	양도차익	4.5억원	4.5억원

1) 甲의 양도가액(B주택의 감정가액 + 현금 수령액) : 5억원 + 1.5억원 = 6.5억원

2) 乙의 양도가액(A주택의 감정가액 - 현금 지급액) : 7억원 - 1.5억원 = 5.5억원

※ 교환으로 취득한 주택을 양도하는 경우 양도차익 계산

① 甲은 교환으로 취득한 B주택 9억원에 양도 : 9억원 - 5.5억원(乙의 양도가액) = 3.5억원
② 乙은 교환으로 취득한 A주택 11억원에 양도 : 11억원 - 6.5억원(甲의 양도가액) = 4.5억원

(2) 감정가액 등은 없고 유사매매사례가액이 있는 경우

교환대상 부동산의 시가는 없지만, 교환대상 부동산과 유사한 다른 부동산의 유사매매사례가액이 있는 경우에는 해당 가액을 시가로 보아 양도차익을 계산한다. 이 경우 양도가액은 교환으로 이전하는 부동산의 유사매매사례가액이 있는 경우 해당 가액을 우선 적용하고, 이전하는 부동산의 유사매매사례가액이 없는 경우에는 교환으로 이전받는 부동산의 유사매매사례가액을 적용한다.

적용 사례 감정가액은 없고 쌍방 모두 유사매매사례가액이 있는 경우 양도차익 계산

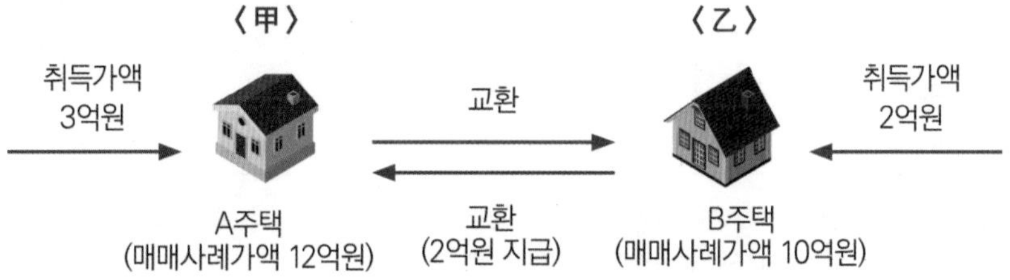

해설

	구 분	甲의 양도차익	乙의 양도차익
	양도가액	12억원	10억원
(-)	취득가액	3억원	2억원
(=)	양도차익	9억원	8억원

※ 교환으로 취득한 주택을 양도하는 경우 양도차익 계산

① 甲은 교환으로 취득한 B주택 15억원에 양도 : 15억원 - 10억원(乙의 양도가액) = 5억원
② 乙은 교환으로 취득한 A주택 14억원에 양도 : 14억원 - 12억원(甲의 양도가액) = 2억원

(3) 감정가액 및 유사매매사례가액이 없어 기준시가를 적용한 경우

교환 당시 시가 등이 없는 경우 양도가액은 교환으로 이전하는 부동산의 기준시가를 적용하는 것이며, 이 경우 양도가액이 기준시가인 경우에는 취득가액도 이전하는 부동산의 취득 당시 기준시가를 적용하여 해당 자산의 양도차익을 산정한다(쌍방 기준시가 적용).

적용 사례 부동산의 양도가액을 기준시가로 적용하는 경우 양도차익 계산

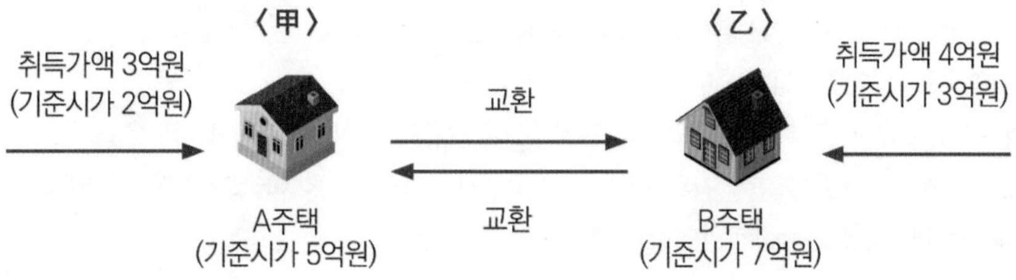

해설

	구 분	甲의 양도차익	乙의 양도차익
	양도가액	5억원	7억원
(−)	취득가액	2억원	3억원
(=)	양도차익	3억원	4억원

거래상대방이 기준시가를 적용하여 주택을 교환한 후, 교환으로 이전받은 주택을 양도함에 따라 양도가액을 실지거래가액을 적용하는 경우 취득가액은 매매사례가액, 감정가액, 환산취득가액을 적용할 수 있다.

※ 교환으로 취득한 주택을 양도하는 경우 양도차익 계산(취득 당시 매매사례가액 및 감정가액은 없음)

① 甲은 교환으로 취득한 B주택 15억원(기준시가 10억원)에 양도 : 15억원 − 10.5억원[1] = 4.5억원
② 乙은 교환으로 취득한 A주택 14억원(기준시가 8억원)에 양도 : 14억원 − 8.75억원[2] = 5.25억원

1) B주택 환산취득가액 : 15억원 × 7억원/10억원 = 10.5억원
2) A주택 환산취득가액 : 14억원 × 5억원/8억원 = 8.75억원

[교환으로 이전하는 부동산의 양도차익 계산방법]

구 분	양도가액		취득가액
시가감정액	차액을 정산하는 경우	이전받는 부동산의 시가 ± 현금	이전하는 부동산의 실지 취득가액 등
	차액을 정산하지 않는 경우	이전받는 부동산의 시가	
매매사례가액	〈1순위〉 이전하는 부동산의 유사매매사례가액 〈2순위〉 이전받는 부동산의 유사매매사례가액		
기준시가	이전하는 부동산의 기준시가		이전하는 부동산의 기준시가

비교 학습

교환으로 취득하는 부동산의 취득세 과세표준 계산 방법

부동산을 교환으로 취득하는 경우 취득세 과세표준은 교환으로 이전받는 부동산의 시가인정액과 교환으로 이전하는 부동산의 시가인정액(상대방에게 추가로 지급하는 금액과 상대방으로부터 승계받는 채무액이 있는 경우 그 금액을 가산하고, 상대방으로부터 추가로 지급받는 금액과 상대방에게 승계하는 채무액이 있는 경우 그 금액을 차감) 중 높은 가액으로 산정한다(지방령 §18의4 ①).

예를 들어 甲이 보유한 시가 14억원의 아파트를 乙이 보유한 시가 12억원의 아파트와 서로 교환하면서 甲이 乙로부터 1.5억원을 수령한 경우 甲과 乙의 취득세 과세표준은 아래와 같이 계산한다.

- 甲의 취득세 과세표준 : Max[① 12억원, ② (14억원 − 1.5억원)] = 12.5억원
- 乙의 취득세 과세표준 : Max[① 14억원, ② (12억원 + 1.5억원)] = 14억원

Chapter

3 배우자 등으로부터 증여받은 자산에 대한 이월과세

I 이월과세의 요건

1 기본 요건

배우자 또는 직계존비속으로부터 토지, 건물, 부동산을 취득할 수 있는 권리(조합원입주권, 분양권 등), 특정시설물이용권 및 주식을 증여받은 자(수증자)가 해당 자산을 증여받은 날로부터 10년(2022. 12. 31. 이전 증여분은 5년, 2025. 1. 1. 이후 주식 증여분은 1년) 이내에 양도하는 경우로서 양도소득세를 계산할 때 취득가액 및 취득시기 등은 증여자를 기준으로 적용한다(소득법 §97의2 ①).

이 경우 이월과세가 적용되지 않는 자산은 증여일 현재 수증자의 취득가액(증여가액)을 기준으로 양도소득세를 계산한다.

※ 이월과세 적용대상에 포함되는 주식의 경우는 2025. 1. 1. 이후 증여받는 분부터 적용한다.

[배우자 등으로부터 증여받은 자산에 대한 이월과세]

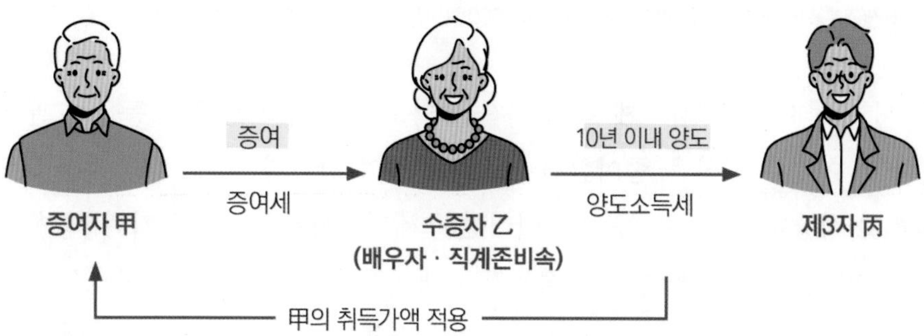

[배우자 등으로부터 증여받은 자산에 대한 이월과세 적용요건]

구 분	주요 내용
적용대상자	증여자와 수증자가 배우자 또는 직계존비속 관계일 것
적용대상 자산	토지, 건물, 부동산을 취득할 수 있는 권리, 특정시설물이용권 및 주식
적용대상 기간	10년('22. 12 .31. 이전 증여분은 5년, '25. 1. 1. 이후 주식 증여분은 1년) 이내 양도
이월과세 효과	① 증여자의 취득가액(취득세 포함) 및 자본적지출액 적용, ② 증여세 산출세액 필요경비 공제, ③ 증여자의 취득일부터 수증자의 양도일까지의 보유기간 적용

2 이월과세 적용의 필요성

다주택자가 1억원에 취득한 주택을 10년간 보유하다 2025. 3. 25. 제3자에게 시가 6억원에 양도하는 경우 양도차익 5억원에 대한 양도소득세는 1억 3천만원이 되지만, 배우자가 해당 주택을 6억원에 증여(배우자에 대한 증여재산공제 6억원 적용으로 증여세 없음)받은 후, 단기간 내에 시가 6억원에 양도할 경우 양도가액과 취득가액(증여가액)이 동일하여 납부할 양도소득세도 없는 것이다.

[직접 양도시 양도소득세]

구 분	금 액
양도차익	5억원[1]
장기보유특별공제	1억원[2]
과세표준	4억원
산출세액	1.34억원[3]

[증여 후 양도시 증여세와 양도소득세]

구 분	금 액	구 분	금 액
증여재산가액	6억원	양도가액	6억원
증여재산공제	6억원	취득가액	6억원
과세표준	-	과세표준	-
산출세액	-	산출세액	-

1) 600,000,000원(양도가액) - 100,000,000원(취득가액) = 500,000,000원

2) 500,000,000원 × 20%(10년 × 2%) = 100,000,000원

3) 400,000,000원(기본공제 250만원 생략) × 40% - 25,940,000원(누진공제) = 134,060,000원

위와 같이 증여자가 제3자에게 직접 자산을 양도하지 않고 배우자 등을 도관으로 삼아 증여재산공제 이내로 자산을 증여한 후, 그 수증자가 단기간 내에 해당 자산을 양도하면 양도소득세를 상당히 줄일 수 있는데, 이러한 조세회피행위를 방지하기 위하여 배우자 등으로부터 증여받은 자산을 이월과세 적용기간 내에 양도하는 경우에는 수증자의 취득가액(증여가액)을 적용하지 않고 당초 증여자의 취득가액을 적용하여 양도소득세를 계산하는 것이다.

Ⅱ 이월과세 적용배제

1 증여받은 자산이 수용되는 경우

사업인정고시일로부터 소급하여 2년 이전에 증여받은 경우로서 「공익사업을 위한 토지 등의 취득 및 보상에 관한 법률」이나 그 밖의 법률에 따라 협의매수 또는 수용되는 경우에는 이월과세를 적용하지 않는다(소득법 §97의2 ② 1호).

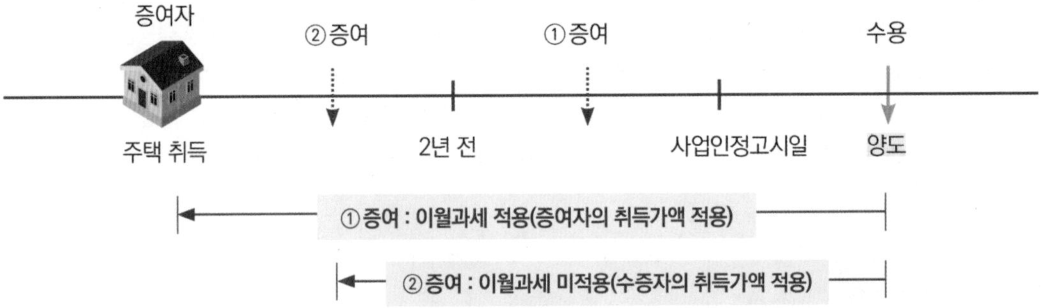

배경 및 취지

자산이 수용되는 것은 비자발적으로 양도한 것으로서 양도소득세를 탈루하기 위하여 자산을 증여하고 다시 증여받은 자산을 양도한 경우로 볼 수 없으므로 이월과세 대상이 되지 않는다. 단, 사업인정고시일로부터 소급하여 2년 이내에 증여한 경우에는 수용이 될 것을 미리 알고 증여한 것으로 보아 이월과세를 적용한다.

관련 해석 사례

쟁점토지의 경우 청구인은 사업인정고시일로부터 소급하여 2년 이내에 증여로 취득 후 양도하여 이월과세 적용대상이나, 이월과세를 적용하여 계산한 양도소득 결정세액이 이월과세를 적용하지 아니하고 계산한 양도소득 결정세액보다 적으므로 이월과세가 적용되지 않아 「조세특례제한법」 제77조의 양도소득세 감면 적용대상에 해당하지 아니한다(조심 2018부0039, 2018. 2. 12).

2 이월과세를 적용할 경우 1세대 1주택 양도에 해당하게 되는 경우

별도세대원으로부터 증여받은 주택이 이월과세 적용으로 인하여 수증자에게 1세대 1주택 비과세(고가주택 포함)가 적용되는 경우에는 이월과세를 적용하지 않고, 뒤에서 설명할 증여 후 양도행위부인 규정을 적용한다. 다만, 동일세대원으로부터 주택을 증여받거나 별도세대원으로부터 증여받은 주택을 수증자가 증여받은 날로부터 2년 경과 후 양도하는 경우에는 이월과세를 적용한다(소득법 §97의2 ② 2호).

배경 및 취지

주택을 증여받아 2년 미만 보유한 후 양도하면 비과세를 적용받지 못하지만, 이월과세를 적용받으면 1세대 1주택 비과세가 적용되는 불합리한 점을 차단하기 위하여 이월과세를 배제하는 것이나, 수증자가 동일세대원인 경우에는 보유기간이 통산되고 별도세대원인 수증자가 증여받은 날로부터 2년 경과한 후 양도하는 경우에는 어차피 1세대 1주택 비과세(고가주택 포함)가 적용되기 때문에 이월과세를 배제할 하등의 이유가 없는 것이다.

관련 해석 사례

1세대 1주택 상태에서 배우자에게 주택을 증여 후 증여받은 배우자가 5년 이내 해당 주택을 양도하는 경우 배우자 등 이월과세가 적용되며, 증여받은 배우자의 비과세 판단시 해당 주택의 보유기간은 증여한 배우자의 취득일부터 기산한다(법규재산 - 1464, 2022. 5. 26).

적용 사례 1 부친이 10년 전에 취득한 주택을 별도세대원인 무주택 자녀가 증여받은 후, 2년 미만 보유하고 해당 주택(고가주택)을 양도하는 경우

해설 이월과세를 적용하면 수증자가 양도한 주택의 보유기간이 증여자가 취득한 날부터 기산함에 따라 1세대 1주택 비과세가 적용되는 것을 방지하기 위하여 이월과세를 적용하지 않는다. 따라서 증여받은 날부터 양도일까지의 보유기간이 2년 미만에 해당하므로 1세대 1주택 비과세가 적용되지 않을 뿐만 아니라 단기세율이 적용되는 것이다.

이 경우 해당 주택이 이월과세가 적용되지 않으면 증여 후 양도행위부인 규정을 적용하되, 양도소득이 수증자에게 실질적으로 귀속된 경우에는 증여 후 양도행위부인 규정을 적용하지 않는다.

적용 사례 2 부친이 5년 전에 취득한 주택을 별도세대원인 무주택 자녀가 증여받은 후, 2년 경과 10년 이내 해당 주택(고가주택)을 양도하는 경우

해설 이월과세를 적용하지 않더라도 증여받은 날을 기준으로 2년 이상 보유요건을 충족하여 수증자가 양도한 주택에 대해서는 1세대 1주택 비과세를 적용하되, 1세대 1주택 비과세대상 고가주택에 해당하는 경우에는 이월과세를 적용한다(법령해석재산-374, 2016. 11. 15).

적용 사례 3 부친이 7년 전에 취득한 1세대 1주택을 동일세대원인 무주택 자녀가 증여받은 후, 2년 미만 보유하고 해당 주택(고가주택)을 양도하는 경우

해설 동일세대원으로부터 증여받은 경우 증여자와 수증자의 보유기간이 통산되므로 수증자가 양도한 주택에 대해서는 1세대 1주택 비과세를 적용하되, 1세대 1주택 비과세대상 고가주택에 해당하는 경우에는 이월과세를 적용한다. 만일 동일세대원인 자녀가 주택을 증여받아 즉시 세대분리 후 양도시점에서는 별도세대원인 경우에는 "적용사례1"과 동일하게 적용한다.

3 이월과세 적용 결정세액이 이월과세 미적용 결정세액보다 적은 경우

이월과세를 적용하여 계산한 양도소득세 결정세액이 이월과세를 적용하지 아니하고 계산한 양도소득세 결정세액보다 적은 경우에는 이월과세를 적용하지 않는다(소득법 §97의2 ② 3호).

배경 및 취지

일반적으로 이월과세를 적용하면 당초 증여자의 취득가액을 적용하므로 양도차익은 높게 발생할 수 있는 반면에 장기보유특별공제 및 세율 적용시 보유기간이 당초 증여자의 취득일부터 계산되므로 이월과세를 적용하지 않을 경우보다 오히려 양도소득금액은 줄어들 수 있다(부동산납세과-3381, 2022. 11. 2).
이러한 입법 미비점을 보완하기 위하여 이월과세를 적용하여 계산한 양도소득세 결정세액과 이월과세를 적용하지 아니하고 계산한 양도소득세 결정세액을 비교하여 둘 중 더 큰 결정세액을 적용하는 것이다.

4 양도 당시 증여한 배우자가 사망한 경우

배우자로부터 자산을 증여받은 수증자가 10년 이내 해당 자산을 양도할 당시 증여한 배우자가 사망한 경우에는 이월과세를 적용하지 않지만, 양도 당시 이혼으로 인하여 혼인관계가 소멸되었거나 증여자인 직계존비속이 사망한 경우에는 이월과세를 적용한다.

관련 해석 사례

양도 당시 직계존속(증여자) 사망시에도 「소득세법」 제97조의2에 따른 양도소득세 필요경비 계산 특례가 적용된다(재산세제과-669, 2019. 10. 1).

5 부담부증여시 이월과세 적용여부

배우자 또는 직계존비속으로부터 부담부증여를 통해 증여자의 채무를 수증자가 인수한 경우 증여가액 중 증여자에게 양도소득세가 과세되는 채무액에 상당하는 부분에 대하여는 이월과세가 적용되지 않지만, 증여가액 중 채무액을 제외한 순수증여받은 부분에 대해서는 이월과세를 적용한다. ☞ P. 724 참조

Ⅲ 이월과세 적용효과

1 양도소득세의 납세의무자(수증자)

이월과세가 적용되는 경우 양도소득세 납세의무자는 자산을 증여받은 배우자 또는 직계존비속이다. 이 경우 수증자가 납부할 양도소득세에 대해서는 증여자는 연대납세의무를 부담하지 않는다.

2 취득가액 및 기타 필요경비 계산

(1) 증여자의 취득가액 적용

이월과세를 적용받은 자산을 양도하여 양도차익을 계산할 때 양도가액에서 공제할 취득가액은 증여한 배우자 또는 직계존비속의 취득 당시 실지거래가액을 적용하되, 실지거래가액이 불분명한 경우에는 매매사례가액, 감정가액, 환산취득가액 및 기준시가(상속·증여받은 자산)을 순차적으로 적용한다.

(2) 기타 필요경비

1) 수증자의 증여세 산출세액

① 수증자가 증여받은 자산에 대하여 납부하였거나 납부할 증여세 상당액(증여세 산출세액)은 양도차익을 한도로 필요경비로 공제한다. 이 경우 증여자의 취득가액이 확인되지 않아 추계가액을 적용한 경우에도 증여세 산출세액을 필요경비로 공제한다(소득령 §163의2 ②).

② 이월과세대상이 되는 자산과 이월과세대상이 되지 않는 자산을 함께 증여받고 이월과세대상 자산만을 양도하는 경우 또는 이월과세대상 자산을 증여받고 그 중 일부만 양도하는 경우에는 아래와 같이 계산한 금액을 양도한 자산에 대한 필요경비로 본다(소득령 §163의2 ②).

[양도한 자산에 대한 증여세 상당액]

- 증여세 산출세액 × $\dfrac{\text{양도자산의 증여세 과세가액}}{\text{증여세 과세가액의 합계액}}$

적용 사례 증여자산 양도시 증여세 산출세액 계산방법

- 2021년 1월 : 갑은 배우자로부터 부동산과 주식을 증여받음(부동산 : 5억원, 주식 : 3억원, 증여세 산출세액 : 3,000만원, 납부세액 : 2,910만원)
- 2025년 7월 : 배우자로부터 증여받은 부동산 양도(양도차익 : 4억원)

해설

필요경비에 산입되는 증여세 산출세액 : 30,000,000원* × 5억원 / 8억원 = 18,750,000원

* 증여세 신고세액공제(3%)를 차감한 실제 납부세액 2,910만원이 아닌 증여세 산출세액 적용

2) 자본적지출액

종전에는 이월과세 적용시 증여자가 지출한 자본적지출액은 필요경비로 공제되지 않고 자산을 증여받은 수증자가 지출한 자본적지출액만 필요경비로 인정하였으나, 2024. 1. 1. 이후 양도하는 분부터는 수증자가 지출한 자본적지출액은 물론 증여자가 지출한 자본적지출액에 대해서도 필요경비로 공제하도록 개정되었다.

3) 취득세 등

이월과세 적용시 취득가액은 증여자의 취득가액이 적용되기 때문에 증여자가 취득 당시 지출한 취득세 및 취득부대비용은 필요경비로 공제되나, 수증자가 증여받을 당시 지출한 취득세 및 취득부대비용은 필요경비로 공제되지 않는다.

[이월과세 적용시 기타 필요경비 공제 여부]

구 분		증여자 지출분	수증자 지출분
취득세, 중개수수료 등 취득부대비용		공제 가능	공제 불가
자본적지출액	2023. 12. 31. 이전 양도	공제 불가	공제 가능
	2024. 1. 1. 이후 양도	공제 가능	
양도비용		-	공제 가능

3 장기보유특별공제 및 세율 적용시 보유기간 계산

이월과세를 적용받는 자산의 경우 장기보유특별공제 및 양도소득세율을 적용하기 위한 보유기간은 증여한 배우자 또는 직계존비속이 해당 자산을 취득한 날부터 수증자가 증여받은 자산의 양도일까지의 기간을 적용하여 계산한다(소득법 §95 ④ 단서, §104 ②, 소득령 §154 ⑤).

비교 학습

1. 이월과세 적용시 8년 자경기간 계산

배우자 또는 직계존비속으로부터 8년 자경감면 농지를 증여받아 10년 이내 양도함에 따라 이월과세가 적용되는 경우 취득가액은 당초 증여자가 취득한 가액을 적용하되, 8년 이상 자경감면 기간을 계산할 때는 "수증자가 증여받은 이후 경작한 기간부터 양도한 날까지"의 기간만을 적용한다.

2. 이월과세 적용시 비사업용 토지 기간기준 계산

배우자 또는 직계존비속으로부터 토지를 증여받아 10년 이내 양도함에 따라 이월과세가 적용되는 경우 토지의 보유기간에 따라 적용되는 비사업용 토지 여부 판단을 위한 기간기준(3년 중 2년, 5년 중 3년, 전체 60% 보유기간)은 "증여자의 취득일"부터 적용하여 계산한다.

[이월과세 적용 또는 미적용시 양도소득세 계산 방법]

구 분	이월과세 적용	이월과세 미적용
양도가액	수증자(양도자)의 양도가액	
(−) 취득가액	증여자의 취득가액 및 취득세 등	수증자의 취득가액 및 취득세 등
(−) 기타필요경비	자본적지출액(증여자 · 수증자 지출분)	자본적지출액(수증자 지출분)
	증여세 산출세액	−
	수증자의 양도비용	
(−) 장기보유특별공제	증여자의 취득일 ~ 수증자의 양도일	수증자의 취득일 ~ 양도일
(=) 양도소득금액	−	−
(−) 기본공제	−	−
(=) 과세표준	−	−
(×) 세율	증여자의 취득일 ~ 수증자의 양도일	수증자의 취득일 ~ 양도일

여기서 잠깐!

법인전환에 대한 양도소득세의 이월과세란?(조특법 §32)

개인이 사업용고정자산을 현물출자하거나 사업 양도 · 양수의 방법에 따라 법인(소비성 서비스업 제외)으로 전환하는 경우 그 사업용고정자산의 양도에 대해서는 개인에게 양도소득세를 과세하지 않고 그 대신 이를 양수한 법인이 그 사업용고정자산을 양도할 때 법인세로 납부(과세이연)하는 것이다. 이 경우 설립되는 법인의 자본금은 법인으로 전환하는 개인사업장의 순자산가액(시가) 이상이어야 한다.

다만, 법인의 설립등기일부터 5년 이내에 해당 법인이 개인으로부터 승계받은 사업을 폐지하거나 개인이 법인전환으로 취득한 주식의 50% 이상을 처분하는 경우에는 당초 이월과세를 적용받은 세액을 그 개인이 양도소득세로 납부해야 한다.

종합 사례 1 2023. 1. 1. 이후 증여받은 조합원입주권을 10년 이내 양도하는 경우

• **주택의 취득 및 조합원입주권의 양도에 관한 자료**

구 분		내 용
남편의 주택 취득 내역	취득일자	2012. 6. 15.
	취득가액	7.5억원(취득세 등 5천만원 포함)
관리처분계획인가 내역 (인가일 : 2021. 5. 15.)	권리가액	13억원
	분양가액	15억원(청산금납부액 2억원)
조합원입주권의 증여 내역 (남편지분 60% 증여)	증여일자	2023. 10. 25.
	증여가액	10억8천만원(유사매매사례가액 18억원 × 60%)
	수증자	배우자(부인)
조합원입주권 양도일 및 양도가액		2025. 4. 10. 전체 양도가액 20억원
기타 사항		남편과 부인은 조합원입주권 외 다른 주택 없음
		주택 취득일부터 관리처분계획인가일까지 계속 거주
		청산금납부액 2억원은 남편이 불입한 후 증여

해설 이월과세가 적용됨에 따라 수증자에게 1세대 1주택 비과세가 적용되는 경우에는 이월과세를 적용하지 않는 것이 원칙이나, 증여자(남편)와 수증자(부인)가 동일세대원인 경우에는 보유기간이 통산되어 이월과세가 적용되므로 양도자인 부인은 남편의 취득가액을 적용하여 양도소득세를 계산한다.

다만, 남편의 취득가액을 적용(이월과세를 적용한 경우)하여 계산한 양도소득세(30,277,000원)와 부인의 취득가액(이월과세를 적용하지 않은 경우의 증여가액)을 적용하여 계산한 양도소득세(27,300,000원)를 비교하여 둘 중 큰 금액을 양도소득세로 신고납부해야 한다.

1. 이월과세를 적용한 경우 산출세액(부인지분 60%)

	구 분	관리처분인가 전 (종전주택)	관리처분인가 후 (조합원입주권)	합 계
	양도가액	780,000,000[1)]	1,200,000,000	
(-)	취득가액	450,000,000[2)]	900,000,000[3)]	
(-)	기타 필요경비	-	86,000,000[4)]	
(=)	양도차익	330,000,000	214,000,000	544,000,000
	12억원 초과분 양도차익	132,000,000[5)]	85,600,000[6)]	217,600,000
(-)	장기보유특별공제	84,480,000[7)]	–[8)]	84,480,000
(=)	양도소득금액	47,520,000	85,600,000	133,120,000
(-)	양도소득기본공제			2,500,000
(=)	과세표준			130,620,000
	산출세액	130,620,000 × 35% – 15,440,000		30,277,000

1) 1,300,000,000(권리가액) × 60% = 780,000,000

2) [700,000,000(취득가액) + 50,000,000(취득세 등)] × 60% = 450,000,000

3) 1,500,000,000(분양가액) × 60% = 900,000,000

4) 증여세산출세액 : 86,000,000
= (증여가액 – 배우자 증여재산공제) × 세율
= (1,080,000,000 – 600,000,000) × 20% – 1,000만원(누진공제) = 86,000,000

5) $330,000,000 \times \frac{20억원 - 12억원}{20억원} = 132,000,000$

6) $214,000,000 \times \frac{20억원 - 12억원}{20억원} = 85,600,000$

7) 132,000,000 × 64%(8년×4% + 8년×4%) = 84,480,000
▪ 장기보유특별공제 적용시 보유기간은 취득일부터 관리처분계획인가일까지 적용

8) 조합원입주권의 양도차익에 대해서는 장기보유특별공제를 적용하지 않는다.

2. 이월과세를 적용하지 않은 경우 산출세액(부인지분 60%)

구 분	금액	계산 근거
양도가액	1,200,000,000	2,000,000,000 × 60%
(–) 취득가액	1,080,000,000	증여가액(유사매매사례가액)
(–) 기타필요경비	–	
(=) 양도차익	120,000,000	
(=) 고가주택양도차익	48,000,000	120,000,000 × (20억원 – 12억원)/20억원
(–) 장기보유특별공제	–	조합원입주권은 장기보유특별공제 적용 불가
(=) 양도소득금액	48,000,000	
(–) 기본공제	2,500,000	
(=) 과세표준	45,500,000	
(×) 세율	60%	1년 이상 2년 미만 단기세율 적용
(=) 산출세액	27,300,000	45,500,000 × 60%

종합 사례 2 2022. 12. 31. 이전에 증여받은 주택을 5년 이내 양도하는 경우

- **주택(85㎡ 이하)의 취득 및 양도에 관한 자료**

구 분		내 용
부친의 주택 취득 내역	취득일자	2015. 4. 25.
	취득가액	취득가액 불분명
증여 내역	증여일자 및 증여자산	• 2022. 8. 10. 성인 장남(별도세대)에게 주택 증여 • 2020. 4. 25. 성인 장남(별도세대)에게 주식 증여(1억원)
	증여가액	7억원(유사매매사례가액)
주택 공시가격	취득 당시	2억원
	증여 당시	5억원
	양도 당시	8억원
아들의 양도 내역	양도일자	2025. 7. 31.
	양도가액	12억원
기타 사항		아들은 양도 주택 외 1주택 보유

해설 이월과세 적용대상 자산과 이월과세 적용대상이 아닌 자산을 함께 증여받은 경우 필요경비로 공제되는 증여세 산출세액은 이월과세 적용대상 자산에 대해서만 적용한다.
이 경우 이월과세를 적용한 경우의 양도소득세(214,884,000원)가 이월과세를 적용하지 않은 경우의 양도소득세(165,460,000원)보다 크므로 이월과세를 적용한 양도소득세 214,884,000원으로 신고납부해야 한다.

1. 아들의 양도소득세

	구 분	이월과세가 적용되는 경우	이월과세가 적용되지 않는 경우
	양도가액	1,200,000,000	1,200,000,000
(−)	취득가액	300,000,000[1]	700,000,000
(−)	기타필요경비	150,375,000[2]	19,000,000[3]
(=)	양도차익	749,625,000	481,000,000
(−)	장기보유특별공제	149,925,000[4]	−
(=)	양도소득금액	599,700,000	481,000,000
(−)	기본공제	2,500,000	2,500,000
(=)	과세표준	597,200,000	478,500,000
(×)	세율	42%	40%
(−)	누진공제	35,940,000	25,940,000
(=)	산출세액	214,884,000	165,460,000

1) 취득 당시 취득가액이 불분명하므로 환산취득가액을 적용한다.

▪ $1,200,000,000 \times \frac{200,000,000}{800,000,000} = 300,000,000$

2) 기타 필요경비(①+②) = 150,375,000

① 증여세 산출세액 : 144,375,000

▪ 165,000,000(증여세산출세액) × $\frac{700,000,000(\text{주택 증여가액})}{800,000,000(\text{증여가액 합계})}$ = 144,375,000

※ 증여세 산출세액은 취득가액을 환산취득가액으로 계산한 경우에도 공제한다.

② 필요경비 개산공제 : 200,000,000 × 3% = 6,000,000

3) 주택 취득세(2022. 12. 31. 이전 증여분은 기준시가 적용)

▪ 500,000,000(공시가격) × 3.8%(지방교육세 포함) = 19,000,000

4) 이월과세가 적용되는 자산은 증여자의 취득일부터 수증자가 증여받은 자산을 양도한 날까지 보유기간에 대하여 장기보유특별공제를 적용한다.

▪ 장기보유특별공제 : 749,625,000 × 20%(10년 × 2%) = 149,925,000

2. 아들의 증여세

구 분	금 액	계산 근거
증여재산가액	700,000,000	유사매매사례가액 적용
(+) 증여재산가산액	100,000,000	10년 이내 동일인으로부터 증여받은 주식
(=) 증여세과세가액	800,000,000	
(-) 증여재산공제	50,000,000	성년자녀 5천만원 공제
(=) 과세표준	750,000,000	
(×) 세율	30%	
(=) 산출세액	165,000,000	750,000,000 × 30% - 6,000만원(누진공제)
(-) 기납부세액	5,000,000	주식 : (100,000,000 - 50,000,000) × 10%
(-) 신고세액공제	4,800,000	160,000,000 × 3%
(=) 납부할세액	155,200,000	

종합 사례 3 2022. 12. 31. 이전에 증여받은 주택을 5년 이내 양도하는 경우

• **주택(85㎡ 초과)의 취득 및 양도에 관한 자료**

구 분		내 용
부친의 주택 취득 내역	취득일자	2013. 11. 25.
	취득가액	7.3억원(취득세 등 3천만원 포함)
	자본적지출액	5천만원
주택의 증여 내역	증여일자	2022. 7. 10.
	증여가액	10억원(주택공시가격)
	수증자	별도세대 아들(45세)
주택의 양도 내역	양도일자	2025. 5. 15.
	양도가액	양도가액 18억원
	자본적지출액	7천만원
	양도비용	2천만원
기타 사항		아들은 양도 주택 외 2주택 보유

해설 해당 사례는 이월과세를 적용한 경우(증여자의 취득가액)와 이월과세를 적용하지 않은 경우(수증자의 취득가액) 각각 양도가액에서 공제하는 필요경비를 구분하는 것이 관건이다.

이 경우 이월과세 적용으로 상대적으로 많은 기타 필요경비가 계상됨에 따라 이월과세를 적용한 경우의 양도소득세(193,968,000원)가 이월과세를 적용하지 않은 경우의 양도소득세(244,410,000원)보다 적으므로 이월과세를 적용하지 않은 경우의 양도소득세 244,410,000원로 신고납부해야 한다.

1. 이월과세를 적용한 경우 산출세액

구 분	금 액	계산 근거
양도가액	1,800,000,000	수증자의 양도가액
(−) 취득가액	730,000,000	부친의 취득가액 등
(−) 기타필요경비	365,000,000	계산 내역 참조[1)]
(=) 양도차익	705,000,000	
(−) 장기보유특별공제	155,100,000	705,000,000 × 22%(11년×2%)
(=) 양도소득금액	549,900,000	
(−) 기본공제	2,500,000	
(=) 과세표준	547,400,000	
(×) 세율	42%	기본세율 적용
(=) 산출세액	193,968,000	547,400,000 × 42% − 3,594만원(누진공제)

2. 이월과세를 적용하지 않은 경우 산출세액

	구 분	금 액	계산 근거
	양도가액	1,800,000,000	수증자의 양도가액
(-)	취득가액	1,000,000,000	증여가액(기준시가)
(-)	기타필요경비	130,000,000	계산 내역 참조[2]
(=)	양도차익	670,000,000	
(-)	장기보유특별공제	-	3년 미만 보유하여 장기보유특별공제 적용 불가
(=)	양도소득금액	670,000,000	
(-)	기본공제	2,500,000	
(=)	과세표준	667,500,000	
(×)	세율	42%	기본세율 적용
(=)	산출세액	244,410,000	667,500,000 × 42% - 3,594만원(누진공제)

[1] 기타 필요경비(①+②+③) = 365,000,000

① 증여세 산출세액 : 225,000,000
= (증여가액 - 직계비속 증여재산공제) × 세율 = 산출세액
= (1,000,000,000 - 50,000,000) × 30% - 6,000만원(누진공제) = 225,000,000

② 양도비용 : 20,000,000

③ 자본적지출액 : 50,000,000(부친) + 70,000,000(아들) = 120,000,000
※ 2024. 1. 1. 이후 양도분 부터는 수증자의 자본적지출액은 물론 증여자가 지출한 자본적지출액도 필요경비로 공제한다.

[2] 기타 필요경비(①+②+③) = 130,000,000

① 취득세 : 1,000,000,000 × 4%(지방교육세 및 농어촌특별세 포함) = 40,000,000

② 양도비용 : 20,000,000

③ 자본적지출액 : 70,000,000
※ 이월과세를 적용하지 않는 경우에는 수증자의 자본적지출액만 필요경비로 공제한다.

종합 사례 4 2022. 12. 31. 이전에 증여받은 주택이 5년 이내 수용되는 경우

- **주택(85㎡ 이하)의 취득 및 양도에 관한 자료**

구 분		내 용
모친의 주택 취득 내역	취득일자	2018. 7. 25.
	취득가액	4억원(취득세 등 포함)
주택의 증여 내역	증여일자	2021. 10. 5.
	증여가액	9억원(개별주택가격)
	수증자	동일세대 아들(42세)
주택의 양도 내역 (주택 수용)	양도일자	2025. 6. 30.
	양도가액	15억원(현금보상가액)
기타 사항		모친과 아들은 1세대 1주택자로 해당 주택에서 2년 이상 미거주
		사업인정고시일 : 2023. 4. 10.

해설 사업인정고시일로부터 소급하여 2년 이전에 증여받은 부동산이 수용되는 경우에는 이월과세를 적용하지 않지만, 해당 사례는 2년 이내 증여받아 수용되었으므로 이월과세를 적용한다
다만, 이월과세를 적용한 경우의 양도소득세(35,672,760원)와 이월과세를 적용하지 않은 경우의 양도소득세(20,914,640원)를 비교하여 둘 중 금액을 양도소득세로 신고납부해야 한다.

구 분	이월과세가 적용되는 경우	이월과세가 적용되지 않는 경우
양도가액	1,500,000,000	1,500,000,000
(−) 취득가액	400,000,000	900,000,000
(−) 기타필요경비	195,000,000[1]	34,200,000[2]
(=) 양도차익	905,000,000	565,800,000
(=) 고가주택양도차익	181,000,000[3]	113,160,000[4]
(−) 장기보유특별공제	21,720,000[5]	6,789,600[6]
(=) 양도소득금액	159,280,000	106,370,400
(−) 기본공제	2,500,000	2,500,000
(=) 과세표준	156,780,000	103,870,400
(×) 세율	38%	35%
(−) 누진공제	19,940,000	15,440,000
(=) 산출세액	39,636,400	20,914,640
(−) 세액감면	3,963,640	–[7]
(=) 결정세액	35,672,760	20,914,640

1) 증여세 산출세액 : 195,000,000
= (증여가액 – 직계비속 증여재산공제) × 세율 = 산출세액
= (900,000,000 – 50,000,000) × 30% – 6,000만원(누진공제) = 195,000,000

2) 취득세

▪ 900,000,000(기준시가) × 3.8%(지방교육세 포함) = 34,200,000

3) 고가주택 양도차익

▪ $905,000,000 \times \frac{15억원 - 12억원}{15억원} = 181,000,000$

4) 고가주택 양도차익

▪ $565,800,000 \times \frac{15억원 - 12억원}{15억원} = 113,160,000$

5) 이월과세가 적용되는 자산은 증여자의 취득일부터 수증자가 증여받은 자산을 양도한 날까지 보유기간에 대하여 장기보유특별공제를 적용하되 해당 주택에서 2년 이상 거주하지 않았으므로 최대 30%를 한도로 장기보유특별공제를 적용한다.

▪ 장기보유특별공제 : 181,000,000 × 12%(6년 × 2%) = 21,720,000

6) 이월과세가 적용되지 않는 경우 장기보유특별공제 계산시 보유기간은 수증자가 증여받은 날부터 양도한 날까지 적용하되 최대 30%를 한도로 장기보유특별공제를 적용한다.

▪ 장기보유특별공제 : 113,160,000 × 6%(3년 × 2%) = 6,789,600

7) 사업인정고시일로부터 소급하여 2년 이전에 취득한 공익사업용 부동산에 대하여 현금보상을 받는 경우에는 양도소득세를 10% 감면받을 수 있다. 다만, 감면세액의 20%는 농어촌특별세로 납부해야 한다.

이 경우 "사업인정고시일로부터 소급하여 2년 이전에 취득"을 판단함에 있어 이월과세가 적용되는 경우에는 증여자의 취득일을 기준으로 판단하므로 세액감면이 적용되지만, 이월과세가 적용되지 않는 경우에는 수증자의 취득일을 기준으로 판단하므로 해당 주택을 2년 이내 취득(증여)하여 세액감면은 적용되지 않는다.

종합 사례 5 2023. 1. 1. 이후에 증여받은 주택을 10년 이내 양도하는 경우

• **주택(85㎡ 초과)의 취득 및 양도에 관한 자료**

구 분		내 용
남편의 상속주택 취득 내역	취득일자	2013. 4. 10.
	취득가액 등	주택공시가격 6억원, 취득세 등 2천만원
주택의 증여 내역	증여일자	2023. 1. 25.
	감정가액	16억원(2개의 감정기관에서 감정한 감정가액 평균액)
	공시가격	12억원
	수증자	배우자(부인)
주택의 양도 내역	양도일자	2025. 6. 15.
	양도가액	20억원
	양도비용	3천만원
기타 사항		남편과 부인은 양도주택 외 다른 주택 없음
		남편과 부인은 주택 취득일부터 양도일까지 계속 거주

해설 증여자(남편)와 수증자(부인)가 동일세대원인 경우에는 보유기간이 통산되므로 이월과세를 적용하여 남편의 취득가액으로 양도소득세를 계산한다.

다만, 남편의 취득가액을 적용하여 계산한 양도소득세(14,952,000원)와 부인의 취득가액(이월과세를 적용하지 않은 경우의 증여가액)을 적용하여 계산한 양도소득세(26,525,000원)를 비교하여 둘 중 큰 금액을 양도소득세로 신고납부해야 한다.

1. 이월과세를 적용한 경우 산출세액

	구 분	금 액	계산 근거
	양도가액	2,000,000,000	수증자의 양도가액
(−)	취득가액	620,000,000	남편의 취득가액 및 취득세 등
(−)	기타필요경비	270,000,000	계산 내역 참조[1)]
(=)	양도차익	1,110,000,000	
(=)	고가주택양도차익	444,000,000	1,110,000,000 × (20억원 − 12억원)/20억원
(−)	장기보유특별공제	355,200,000	444,000,000 × 80%(10년 × 4% + 10년 × 4%)
(=)	양도소득금액	88,800,000	
(−)	기본공제	2,500,000	
(=)	과세표준	86,300,000	
(×)	세율	24%	기본세율 적용
(=)	**산출세액**	14,952,000	86,300,000 × 24% − 576만원(누진공제)

2. 이월과세를 적용하지 않은 경우 산출세액

	구 분	금 액	계산 근거
	양도가액	2,000,000,000	수증자의 양도가액
(−)	취득가액	1,600,000,000	증여가액(감정가액평균액)
(−)	기타필요경비	94,000,000	계산 내역 참조[2)]
(=)	양도차익	306,000,000	
(=)	고가주택양도차익	122,400,000	306,000,000 × (20억원 − 12억원)/20억원
(−)	장기보유특별공제	−	3년 미만 보유하여 장기보유특별공제 적용 불가[3)]
(=)	양도소득금액	122,400,000	
(−)	기본공제	2,500,000	
(=)	과세표준	119,900,000	
(×)	세율	35%	기본세율 적용
(=)	산출세액	26,525,000	119,900,000 × 35% − 1,544만원(누진공제)

1) 기타 필요경비(①+②) = 270,000,000

① 증여세 산출세액 : 240,000,000
= (증여가액 − 배우자 증여재산공제) × 세율 = 산출세액
= (1,600,000,000 − 600,000,000) × 30% − 6,000만원(누진공제) = 240,000,000

② 양도비용 : 30,000,000

2) 기타 필요경비(①+②) = 94,000,000

① 취득세 : 1,600,000,000 × 4%(지방교육세 및 농어촌특별세 포함) = 64,000,000
※ 2023. 1. 1. 이후 취득하는 주택에 대한 취득세 과세표준은 주택공시가격이 아닌 시가(인정액)를 적용하여 계산한다.

② 양도비용 : 30,000,000

3) 동일세대원으로부터 증여받은 경우 증여자와 수증자의 보유기간은 통산되므로 1세대 1주택 비과세가 적용되지만, 이월과세를 적용하지 않은 경우 장기보유특별공제 적용시 보유기간은 증여받은 날부터 계산하므로 수증자의 보유기간이 3년 미만이므로 장기보유특별공제를 적용받을 수 없다.

Chapter

4 증여 후 우회양도에 대한 부당행위계산부인

I 증여 후 양도행위부인의 요건

1 기본 요건

특수관계인(이월과세 적용대상자인 배우자 · 직계존비속은 제외)으로부터 자산을 증여받은 자(수증자)가 해당 자산을 증여받은 날로부터 10년(2022. 12. 31. 이전 증여분은 5년) 이내에 다시 타인에게 양도하는 경우로서 수증자의 증여세와 양도소득세를 합한 세액이 증여자가 직접 양도하는 경우로 보아 계산한 양도소득세보다 적은 경우에는 증여자가 그 자산을 직접 양도한 것으로 보아 양도소득세를 계산한다. 다만, 양도소득이 해당 수증자에게 실질적으로 귀속된 경우에는 해당 규정을 적용하지 않는다(소득법 §101 ②).

[증여 후 우회양도에 대한 부당행위계산부인]

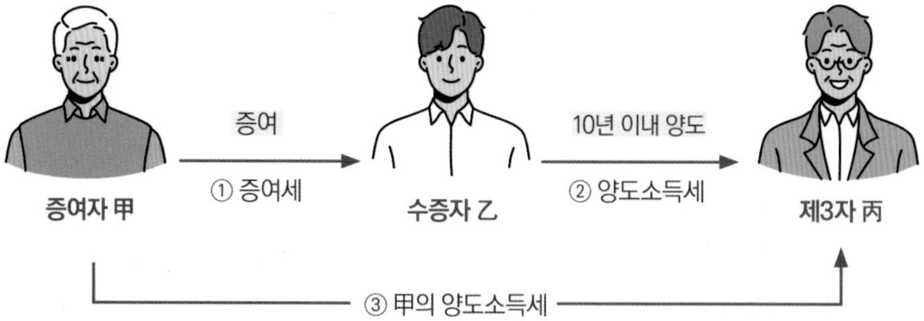

- 적용요건 : ③ 甲의 양도소득세 > (① 乙의 증여세 + ② 乙의 양도소득세)
- 수증자 乙 : 배우자 또는 직계존비속 이외 특수관계인

[특수관계인으로부터 증여받은 자산에 대한 양도행위부인 적용요건]

구 분	주요 내용
적용대상자	증여자와 수증자가 특수관계인(배우자 · 직계존비속 제외)일 것
적용대상 자산	모든 자산
적용대상 기간	10년(2022. 12. 31. 이전 증여분은 5년) 이내 양도
양도행위부인 효과	① 증여자의 취득가액(취득세 포함) 및 자본적지출액 적용, ② 수증자의 증여세 환급(결정취소), ③ 증여자의 취득일부터 양도일까지의 보유기간 적용

2 증여 후 양도행위부인 규정의 필요성

다주택자가 2억원에 취득한 주택을 10년간 보유하다 2025. 3. 25. 제3자에게 시가 12억원에 양도하는 경우 양도차익 10억원에 대한 양도소득세는 3억원이 되지만, 해당 주택을 무주택자인 동생에게 미리 시가 5억원에 증여하여 증여재산공제 1천만원을 적용받고 증여세 8천 8백만원을 납부한 다음 동생은 2년 경과 후 증여받은 주택을 12억원에 양도하여 1세대 1주택 비과세를 적용받게 되면, 상대적으로 양도차익이 큰 당초 증여자의 양도소득세 부담이 감소하게 되는 것이다.

[직접 양도시 양도소득세]

구 분	금 액
양도차익	10억원1)
장기보유특별공제	2억원2)
과세표준	8억원
산출세액	3억원3)

[우회 양도시 증여세와 양도소득세]

구 분	금 액	구 분	금 액
증여재산가액	5억원	양도가액	12억원
증여재산공제	0.1억원	취득가액	5억원
과세표준	4.9억원	과세표준	비과세
산출세액	0.88억원4)	산출세액	-

1) 1,200,000,000원(양도가액) - 200,000,000원(취득가액) = 1,000,000,000원

2) 1,000,000,000원 × 20%(10년×2%) = 200,000,000원

3) 800,000,000원(기본공제 250만원 생략) × 42% - 35,940,000원(누진공제) = 300,060,000원

4) 490,000,000원 × 20% - 10,000,000원(누진공제) = 88,000,000원

위와 같이 당초 증여자의 취득가액이 매우 낮아 양도소득세 부담이 증가하게 되므로 증여자가 제3자에게 직접 양도하지 않고 특수관계인에게 증여한 후, 그 수증자가 단기간 내에 해당 자산(비과세대상 자산 포함)을 양도함에 따라 양도소득세가 줄어드는 것을 방지하

기 위하여 해당 자산을 당초 증여자가 직접 양도한 것으로 보아 양도소득세를 재계산하고 수증자가 이미 납부한 증여세는 취소(환급)되는 것이다.

관련 해석 사례

1. 증여받은 자의 증여세와 증여받은 자가 납부하여야 할 양도소득세를 합한 금액이 증여자가 직접 양도한 것으로 보아 계산한 양도소득세보다 적은 경우는 양도소득세를 부당하게 감소시킨 경우로서 타인에게 양도한 원인의 종류와는 무관하게 적용되므로 수용된 경우에도 증여 후 양도행위부인 규정이 적용되는 것이다(서면4팀 - 3322, 2006. 9. 28).
2. 특수관계인에게 토지를 증여한 후 토지를 증여받은 특수관계인이 해당 토지에 주택을 신축하여 그 증여일부터 5년(2023. 1. 1. 이후 증여분은 10년) 이내에 타인에게 양도한 경우에는 증여자가 그 토지를 양도한 것으로 보아 증여 후 양도행위부인 규정이 적용된다(양도집행 101 - 167 - 11).

Ⅱ 증여 후 양도행위부인 적용배제

1 증여자의 양도소득세가 수증자의 증여세와 양도소득세의 합계액보다 적은 경우

당초 증여자가 직접 양도한 것으로 보아 계산한 양도소득세가 수증자가 납부한 증여세와 양도소득세를 합한 세액보다 적은 경우에는 증여 후 양도행위부인 규정을 적용하지 않는다. 여기서 증여세는 "증여세 산출세액에서 공제·감면세액을 차감한 세액"이며, 양도소득세는 "양도소득 산출세액에서 공제·감면세액을 차감한 결정세액"을 말한다(소득법 §101 ② 1호).

2 양도소득이 수증자에게 실질적으로 귀속되는 경우

당초 증여자가 직접 양도한 것으로 보아 계산한 양도소득세가 수증자가 납부한 증여세와 양도소득세를 합한 세액보다 큰 경우에는 원칙적으로 증여 후 양도행위부인 규정이 적용되는 것이나, 양도소득이 수증자에게 실질적으로 귀속되는 경우에는 증여 후 양도행위부인 규정을 적용하지 않는다(소득법 §101 ② 단서).

Ⅲ 증여 후 양도행위부인 효과

1 양도소득세 납세의무자(증여자)

증여 후 양도행위부인 규정이 적용되면 해당 자산을 증여자가 직접 양도한 것으로 보기 때문에 납세의무자는 증여자가 된다. 따라서, 양도자산에 대한 취득가액, 취득시기, 장기보유특별공제 및 양도소득세의 세율 등은 증여자를 기준으로 적용한다.

다만, 앞서 살펴 본 배우자 또는 직계존비속에게 증여하여 이월과세 규정이 적용되는 경우에는 증여 후 양도행위부인 규정을 적용하지 않는다.

2 수증자의 연대납세의무 여부

증여 후 양도행위부인 규정에 따라 증여자가 자산을 직접 양도한 것으로 보는 경우 증여자가 양도소득세의 납세의무자가 된다. 이 경우 납부할 양도소득세에 대해서는 수증자도 증여자와 함께 연대하여 납세의무를 진다(소득법 §2의2 ③).

3 특수관계 판단시점에 따른 증여 후 양도행위부인 적용여부

증여 후 양도행위부인 규정은 증여 및 양도 당시 모두 특수관계인에 해당하는 경우에만 적용하므로, 증여 당시에는 특수관계가 성립되었으나 양도 당시 특수관계가 소멸된 경우 또는 증여 당시에는 특수관계가 성립되지 않았으나 양도 당시 특수관계가 성립된 경우에는 증여 후 양도행위부인 규정은 적용되지 않는다(양도집행 101-167-12).

[증여 또는 양도 당시 특수관계 여부에 따른 증여 후 양도행위부인 적용]

증여 당시	양도 당시	증여 후 양도행위부인 적용여부
특수관계 있음	특수관계 있음	적용 가능
특수관계 있음	특수관계 없음	적용 불가
특수관계 없음	특수관계 있음	적용 불가

4 수증자가 납부한 증여세

증여 후 양도행위부인 규정에 따라 증여자가 직접 양도한 것으로 보아 양도소득세가 과세되는 경우에는 수증자에게 증여세를 부과하지 않는다. 만일 수증자가 이미 납부한 증여세가 있다면 환급되어야 한다(소득법 §101 ③).

[이월과세와 증여 후 양도행위부인 규정 비교]

구 분	배우자 등 이월과세 (소득세법 §97의2)	증여 후 양도행위부인 (소득세법 §101 ②)
증여자와 수증자와의 관계	배우자 또는 직계존비속	배우자 · 직계존비속 이외 특수관계인
양도소득세 납세의무자	수증자(배우자 또는 직계존비속)	증여자
적용대상 자산	토지, 건물, 부동산을 취득할 수 있는 권리, 특정시설물이용권 및 주식	양도소득세 과세대상 자산 전부
적용기간	수증일부터 10년(5년) 이내 양도*	수증일부터 10년(5년) 이내 양도
양도차익 계산	증여자의 취득가액 적용	증여자의 취득가액 적용
증여세의 처리	기타 필요경비로 공제	과세하지 않음(납부한 증여세 환급)
장기보유특별공제 및 세율 적용시 보유기간 계산	증여자의 취득일 ~ 양도일	증여자의 취득일 ~ 양도일
연대납세의무 여부	연대납세의무 없음	연대납세의무 있음
비교과세(세액) 적용 여부에 따른 해당 규정 적용배제	이월과세를 적용한 양도소득세 결정세액이 이월과세를 적용하지 않은 양도소득세 결정세액보다 적은 경우	증여자 기준 양도소득세 결정세액이 수증자의 증여세와 양도소득세 합계액보다 적은 경우

* 주식의 경우는 수증일부터 1년 이내 양도

종합 사례 직계존속으로부터 주택을 증여받은 후 5년 이내 양도하는 경우

- **비조정대상지역 소재 주택의 취득 및 양도에 관한 자료**

구 분		내 용
부친의 아파트(85㎡ 초과) 취득내역		2015. 3. 25. 취득가액 2억원
주택 증여내역	증여일자 및 수증자	2022. 8. 30. 별도세대원인 35세 아들에게 증여
	증여재산가액	매매사례가액 8억원
주택 공시가격	취득 당시	1억원
	증여 당시	6억원
	양도 당시	7.5억원
주택 양도일 및 양도가액		2025. 6. 10. 양도가액 15억원
기타 사항		부친은 증여한 주택 외 다른 2주택을 보유하고 있음
		아들은 증여받은 주택 외 다른 1주택을 보유하고 있음
		해당 양도대금은 증여자인 부친에게 귀속된 것으로 가정

해설 직계존속으로부터 주택을 증여받은 후 10년(2022. 12. 31. 이전 증여분은 5년) 이내 양도함에 따라 이월과세 적용으로 1세대 1주택 비과세가 되는 경우에는 이월과세를 적용하지 않고 증여 후 양도행위부인 규정을 적용한다. 다만, 양도소득이 수증자에게 귀속된 경우에는 증여 후 양도행위부인 규정을 적용하지 않는다.

1. 증여자(부친)가 직접 양도한 것으로 보는 경우 양도소득세

구 분	금 액	계산 근거
양도가액	1,500,000,000	실제 양도가액
(−) 취득가액	200,000,000	실제 취득가액
(=) 양도차익	1,300,000,000	
(−) 장기보유특별공제	260,000,000	1,300,000,000 × 20%(10년×2%)
(=) 양도소득금액	1,040,000,000	
(−) 기본공제	2,500,000	
(=) 과세표준	1,037,500,000	
(×) 세율	45%	기본세율 적용
(=) 산출세액	400,935,000	1,037,500,000 × 45% − 6,594만원(누진공제)

2. 수증자(아들)의 증여세와 양도소득세

(1) 증여세

	구 분	금 액	계산 근거
	증여재산가액	800,000,000	상증법상 평가액(매매사례가액 적용)
(-)	증여재산공제	50,000,000	성년자녀 5천만원 공제
(=)	과세표준	750,000,000	
(×)	세율	30%	
(=)	산출세액	165,000,000	750,000,000 × 30% - 6천만원(누진공제)
(-)	신고세액공제	4,950,000	165,000,000 × 3%
(=)	납부할세액	160,050,000	

(2) 양도소득세

	구 분	금 액	계산 근거
	양도가액	1,500,000,000	실제 양도가액
(-)	취득가액	800,000,000	증여 당시 매매사례가액
(-)	기타필요경비	24,000,000	주택공시가격 6억원 × 4% = 24,000,000(취득세)
(=)	양도차익	676,000,000	
(-)	장기보유특별공제	-	3년 미만 보유하여 장기보유특별공제 적용 불가
(=)	양도소득금액	676,000,000	
(-)	기본공제	2,500,000	
(=)	과세표준	673,500,000	
(×)	세율	42%	기본세율 적용
(=)	산출세액	246,930,000	673,500,000 × 42% - 3,594만원(누진공제)

3. 증여 후 양도행위부인 적용 여부 판단

증여자가 직접 양도한 것으로 보는 경우의 양도소득세 산출세액 400,935,000원이 수증자의 증여세 산출세액 165,000,000원과 양도소득세 산출세액 246,930,000원의 합계액 411,930,000원보다 적으므로 증여 후 양도행위부인 규정을 적용하지 않는다.

Chapter

5 부담부증여에 따른 양도소득세와 증여세 계산

I 부담부증여시 양도소득세와 증여세 구분

1 기본 개념

"부담부증여"란 증여일(등기접수일) 현재 증여재산에 담보된 증여자의 채무(담보대출금, 임대보증금 등)를 수증자가 인수하는 조건으로 증여하는 것을 말한다.

이 경우 증여자는 해당 채무 부담을 면제받게 되므로 증여재산가액 중 그 채무액에 상당하는 부분은 유상으로 양도한 것으로 보아 증여자에게 양도소득세가 과세되고, 수증자의 경우 증여재산가액에서 인수한 채무액을 차감한 순수 증여재산가액(증여세 과세가액)에 대해서는 증여세가 과세된다(상증법 §47 ①).

여기서 부담부증여로 인정받기 위한 채무의 범위는 아래의 요건을 모두 충족해야 한다.

① 증여일 현재의 채무(특수관계인 간 임대보증금 포함)일 것
② 증여재산에 담보된 채무(담보대출금 · 임대보증금)일 것
③ 증여자의 채무일 것
④ 수증자가 실제 채무를 인수하고 해당 채무를 상환할 능력이 있을 것

관련 법령

"양도"란 자산에 대한 등기 또는 등록과 관계없이 매도, 교환, 법인에 대한 현물출자 등을 통하여 그 자산을 유상으로 사실상 이전하는 것을 말한다. 이 경우 대통령령으로 정하는 부담부증여시 수증자가 부담하는 채무액에 해당하는 부분은 양도로 본다(소득법 §88 1호).

법 제88조 제1호 각 목 외의 부분 후단에서 "대통령령으로 정하는 부담부증여시 수증자가 부담하는 채무액에 해당하는 부분"이란 부담부증여시 증여자의 채무를 수증자(受贈者)가 인수하는 경우 증여가액 중 그 채무액에 해당하는 부분을 말한다(소득령 §151 ③).

[부담부증여시 양도소득세와 증여세 구분 및 납세의무자]

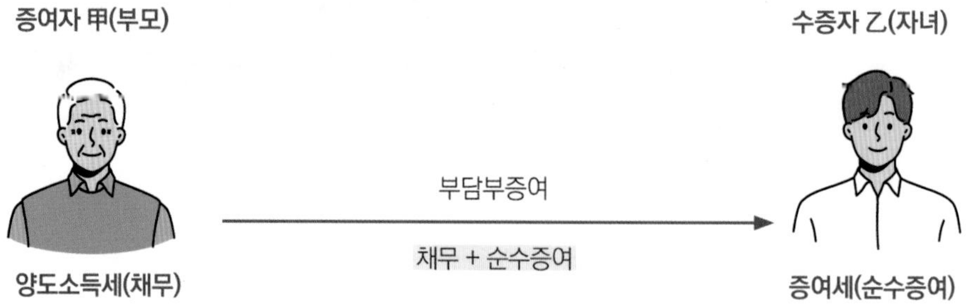

2 부담부증여에 따른 채무액에 상당하는 양도차익 산정방법

부동산을 부담부증여하는 경우 증여자의 양도차익은 일반적인 양도차익 계산구조와 동일한 방법으로 전체 양도차익을 산정한 후, 증여재산가액 중 채무액이 차지하는 비율을 곱하면 쉽게 계산할 수 있다.

예를 들어, 담보대출금 3억원이 있는 10억원(취득가액 2억원)의 상가를 부모가 자녀에게 부담부증여하는 경우 전체 양도차익 8억원(10억원 - 2억원)에 채무비율(3억원 ÷ 10억원 = 30%)을 곱하면 부담부증여에 따른 양도차익은 2.4억원이 된다.

이 경우 채무액에 상당하는 부분에 대한 양도차익을 산정할 때 증여재산의 평가방법(시가 또는 기준시가)이 중요한데, 그 이유는 증여재산 평가를 시가 또는 기준시가(보충적 평가방법)로 하는지에 따라 취득 당시 취득가액의 산정가액이 달라지기 때문이다.

여기서 눈여겨 볼 사항은 부담부증여에 따른 양도차익을 계산할 때 양도가액은 증여재산의 평가방법에 관계없이 무조건 "채무액"이 된다는 점이다.

(1) 증여재산을 시가로 평가한 경우 양도차익 계산

부담부증여시 증여재산을 감정가액이나 유사매매사례가액 등 시가로 평가한 경우에는 양도가액을 실지거래가액으로 계산한 것으로 보아 취득가액은 취득 당시 실지거래가액 또는 추계가액(매매사례가액, 감정가액, 환산취득가액)을 적용한다.

• $\text{양도가액} = \cancel{\text{증여가액}} \times \frac{\text{채무액}}{\cancel{\text{증여가액}}} = \text{채무액(시가)}$

$$\bullet \text{ 취득가액} = (\text{실지거래가액 또는 추계가액}) \times \frac{\text{채무액}}{\text{증여가액}}$$

$$\bullet \text{ 기타 필요경비} = (\text{실제지출액 또는 필요경비개산공제}) \times \frac{\text{채무액}}{\text{증여가액}}$$

적용 사례 주택분양권을 자녀에게 부담부증여하는 경우 양도소득세 및 증여세 계산

• **주택분양권의 취득 및 증여에 관한 자료**

구 분	금 액	비 고
총분양가액	6억원	옵션(확장)비용 포함
증여일 현재까지 부친이 납부한 금액	6천만원	계약금(2022. 3. 25.) : 총분양가액의 10%
	2억 4천만원	중도금(2023. 9. 25.) : 은행대출
유사주택분양권(매매계약)	8억원	국토교통부 실거래가 기준

※ 부친은 2025. 4. 10. 중도금 대출 2억 4천만원을 아들(35세)이 승계하는 조건으로 2년 이상 보유한 주택분양권을 아들에게 증여하였다.

해설 증여재산을 시가로 평가하여 양도가액을 산정한 경우 취득가액은 실지거래가액을 적용하므로, 부친이 납부한 분양대금 3억원을 전체 취득가액으로 보아 부담부증여에 대한 양도차익을 계산한다.

여기서 주목할 사항은 부동산을 증여(부담부증여 포함)하는 경우와는 달리 부동산을 취득할 수 있는 권리(분양권, 조합원입주권 등)를 증여하는 경우에는 시가로 보는 유사매매사례가액 8억원 전체가 증여재산가액으로 평가되는 것이 아니라, 뒤에서 설명한 「계산사례 해설」처럼 유사매매사례가액에서 일정금액을 차감한 가액(증여일 현재까지 납부액 + 프리미엄)이 증여재산가액으로 산정된다는 점이다.

1. 증여자(부친)의 양도소득세

	구 분	금 액	계산 근거
	양도가액	240,000,000	5억원 × 2.4억원/5억원
(−)	취득가액	144,000,000	3억원(분양권 기납부액) × 2.4억원/5억원
(−)	기타필요경비	−	
(=)	양도차익	96,000,000	2억원(프리미엄) × 2.4억원/5억원
(−)	장기보유특별공제	−	분양권은 장기보유특별공제대상 아님
(=)	양도소득금액	96,000,000	
(−)	기본공제	2,500,000	
(=)	과세표준	93,500,000	
(×)	세율	60%	분양권 1년 이상 보유시 60% 세율 적용
(=)	산출세액	56,100,000	93,500,000 × 60%
(+)	지방소득세	5,610,000	56,100,000 × 10%
(=)	총부담세액	61,710,000	

- 상속세 및 증여세법상 주택분양권에 대한 증여재산가액
  = 매매가액(유사매매사례가액 8억원) − 미납액(총분양가액 6억원 − 기납부액 3억원) = 5억원
  = 3억원(증여일 현재까지 납부액) + 2억원*(프리미엄) = 5억원
  * 8억원(유사매매사례가액) − 6억원(분양가액) = 2억원

2. 수증자(아들)의 증여세

	구 분	금 액	계산 근거
	증여재산가액	500,000,000	상속세 및 증여세법상 평가액(시가)
(−)	채무액	240,000,000	수증자가 인수한 은행대출금
(=)	증여세과세가액	260,000,000	
(−)	증여재산공제	50,000,000	성년자녀 5천만원 공제
(=)	과세표준	210,000,000	
(×)	세율	20%	
(=)	산출세액	32,000,000	210,000,000 × 20% − 1,000만원(누진공제)
(−)	신고세액공제	960,000	32,000,000 × 3%
(=)	납부할세액	31,040,000	

(2) 증여재산을 기준시가 등으로 평가한 경우 양도차익 계산

부담부증여시 시가가 없거나 시가를 알 수 없는 경우로서 증여재산을 아래와 같이 평가한 경우에는 양도가액을 기준시가로 계산한 것으로 보아 취득가액도 취득 당시 기준시가를 적용한다.

이 경우 2020. 2. 11. 이후 양도분 부터 증여가액을 임대료 등의 환산가액으로 평가한 경우 양도가액은 기준시가로 계산한 것으로 보아 취득가액도 기준시가로 산정하는 것이며, 2023. 2. 28. 이후 양도분 부터는 증여가액을 저당권 등 담보채무액으로 평가한 경우까지도 양도가액 및 취득가액을 기준시가로 산정하도록 개정되었다.

① 보충적 평가방법인 기준시가로 평가한 경우(상증법 §61 ①)
② 임대료 등의 환산가액으로 평가한 경우(상증법 §61 ⑤)
③ 저당권 등 담보채무액(담보대출금, 임대보증금)으로 평가한 경우(상증법 §66)

- $$\text{양도가액} = \cancel{\text{증여가액}} \times \frac{\text{채무액}}{\cancel{\text{증여가액}}} = \text{채무액(기준시가)}$$

- $$\text{취득가액} = \text{기준시가} \times \frac{\text{채무액}}{\text{증여가액}}$$

- $$\text{기타 필요경비} = \text{필요경비개산공제액} \times \frac{\text{채무액}}{\text{증여가액}}$$

관련 해석 사례

부담부증여시 아파트의 양도가액을 「상속세 및 증여세법」 제61조 제1항 제4호에 따라 공동주택가격으로 산정한 경우에는 취득가액도 기준시가로 산정하는 것이며, 이때 아파트의 취득 당시 "임대료 등의 환산가액"이 시가 또는 기준시가보다 큰 경우에는 임대료 등의 환산가액을 취득 당시 기준시가로 하는 것이다(법규재산-0150, 2023. 7. 12).

적용 사례 시가 등이 없는 주택을 자녀에게 부담부증여하는 경우 양도소득세 및 증여세 계산

• **주택의 취득 및 증여에 관한 자료**

구 분	내 용
취득일자 및 취득가액	2016. 4. 25. 취득가액 5억원
증여일자 및 증여가액	2025. 2. 10. 15억원(공시가격)
증여내역	부친이 아들에게 주택 증여 : 6억원 전세보증금 승계조건
주택공시가격	취득 당시 주택공시가격 : 3억원
	증여 당시 주택공시가격 : 15억원
기타사항	증여 당시 감정가액이나 유사매매사례가액 등 시가 확인 불가
	증여 당시 부친은 1세대 1주택자로 해당 주택에 계속 거주

해설 증여재산을 기준시가로 평가하여 양도가액을 산정한 경우 취득가액도 취득 당시 기준시가를 기준으로 양도차익을 계산하므로, 실제 취득가액 5억원은 인정되지 않고 취득 당시 기준시가인 3억원을 기준으로 부담부증여에 대한 양도차익을 계산한다.

1. 증여자(부친)의 양도소득세

구 분	금 액	계산 근거
양도가액	600,000,000	15억원 × 6억원/15억원
(−) 취득가액	120,000,000	3억원 × 6억원/15억원
(−) 기타필요경비	3,600,000	3억원 × 3%(개산공제액) × 6억원/15억원
(=) 전체양도차익	476,400,000	
고가주택양도차익	95,280,000	476,400,000 × (15억원 − 12억원)/15억원
(−) 장기보유특별공제	60,979,200	64%(8년 × 4% + 8년 × 4%)
(=) 양도소득금액	34,300,800	
(−) 기본공제	2,500,000	
(=) 과세표준	31,800,800	
(×) 세율	15%	
(=) 산출세액	3,510,120	31,800,800 × 15% − 126만원(누진공제)
(+) 지방소득세	351,012	3,510,120 × 10%
(=) 총부담세액	3,861,132	

2. 수증자(아들)의 증여세

	구 분	금 액	계산 근거
	증여재산가액	1,500,000,000	상속세 및 증여세법상 평가액(기준시가)
(-)	채무액	600,000,000	수증자가 인수한 전세보증금
(=)	증여세과세가액	900,000,000	
(-)	증여재산공제	50,000,000	성년자녀 5천만원 공제
(=)	과세표준	850,000,000	
(×)	세율	30%	
(=)	산출세액	195,000,000	850,000,000 × 30% - 6,000만원(누진공제)
(-)	신고세액공제	5,850,000	195,000,000 × 3%
(=)	납부할세액	189,150,000	

관련 법령 부담부증여에 대한 양도차익의 계산

부담부증여의 경우 양도로 보는 부분에 대한 양도차익을 계산할 때 그 양도가액 및 취득가액은 다음 각 호에 따른다(소득령 §159 ①).

• 양도가액 = A × $\frac{B}{C}$

- A : 양도가액을 「상속세 및 증여세법」 제61조 ① (기준시가) ⑤ (임대료 등 환산가액) 및 제66조(저당권 등이 설정된 재산의 평가)에 따라 산정한 경우 기준시가로 평가한 것으로 본다.
- B : 채무액
- C : 증여가액

• 취득가액 = A × $\frac{B}{C}$

- A : 소득세법 제97조 ① 1호(실지거래가액)에 따른 양도가액을 「상속세 및 증여세법」 제61조 ① (기준시가)·⑤ (임대료 등 환산가액) 및 제66조(저당권 등이 설정된 재산의 평가)에 따라 기준시가로 산정한 경우에는 취득가액도 기준시가로 산정한다.
- B : 채무액
- C : 증여가액

Ⅱ 부담부증여 관련 기타 주요내용

1 부담부증여하는 경우 비과세 및 감면 적용 여부

(1) 1세대 1주택을 부담부증여하는 경우

1세대 1주택 비과세 요건을 충족한 주택을 동일세대원 또는 별도세대원에게 부담부증여하는 경우 유상양도에 해당하는 채무액에 상당하는 부분은 비과세 한다. 다만, 증여주택의 평가액이 12억원을 초과하는 경우에는 고가주택에 해당하므로 채무액에 상당하는 부분의 양도차익에 대해서는 증여가액을 기준으로 고가주택에 대한 양도차익을 계산한다.

관련 해석 사례

주택을 부담부증여하는 경우 수증자가 인수하는 채무액이 12억원 이하에 해당되더라도 전체의 주택가액 [채무액 × (증여가액 ÷ 채무액)]이 12억원을 초과하면 고가주택으로 본다(양도집행 89 - 156 - 4).

(2) 일시적 2주택자가 종전주택을 부담부증여하는 경우

일시적 2주택자가 3년 이내에 종전주택을 타인 또는 별도세대원에게 양도하는 경우에는 원칙적으로 일시적 2주택 비과세특례를 적용받을 수 있으나, 동일세대원에게 양도하는 경우에는 비과세 특례를 적용받을 수 없다.

동일한 논리로 일시적 2주택자가 종전주택을 동일세대원에게 부담부증여하는 경우 유상양도에 해당하는 채무액에 상당하는 부분의 경우에도 일시적 2주택 비과세특례를 적용받을 수 없으나, 별도세대원에게 종전주택을 부담부증여하는 경우에는 비과세 특례를 적용받을 수 있다.

관련 해석 사례

종전주택을 동일세대원에게 양도하여 양도일 이후에도 여전히 청구인을 포함한 1세대가 2주택을 소유하고 있으므로 「소득세법 시행령」 제155조 제1항에 규정된 일시적 2주택에 대한 비과세특례를 배제한 처분은 정당하다(조심 2011서5144, 2012. 2. 29).

(3) 자경농지를 부담부증여하는 경우

8년 이상 재촌·자경한 농지를 부담부증여하는 경우 유상양도에 해당하는 채무액에 상당하는 부분은 대해서는 「조세특례제한법」 제69조 제1항에 따른 자경감면 요건을 충족한 경우에는 자경농민인 증여자(양도자)에게 양도소득세 감면규정(1억원을 한도로 전액 감면)이 동일하게 적용된다.

2 부담부증여재산을 기준시가로 평가한 경우 감가상각비 차감 여부

부담부증여시 증여재산가액을 기준시가(임대료 등 환산가액, 저당권 등 담보채무액 포함)로 평가한 경우로서 유상양도에 해당하는 채무액에 상당하는 부분의 양도차익을 계산할 때 취득가액도 기준시가로 계산한다. 이 때 취득가액을 기준시가로 적용한 경우에는 사업소득금액을 계산함에 있어 필요경비에 산입한 감가상각누계액은 취득가액에서 차감되지 않는다.

여기서 주의할 사항은 부담부증여로 취득한 자산을 수증자가 양도하는 경우 기준시가로 평가한 증여재산가액은 상증법상 실제 취득가액으로 간주(결국 양도가액 및 취득가액 실가 적용)되므로 수증자가 사업소득금액을 계산함에 있어 필요경비에 산입한 감가상각누계액을 그 취득가액(기준시가)에서 차감하여 양도차익을 산정한다는 점이다.

관련 해석 사례

1. 증여재산가액을 기준시가로 평가한 부담부증여의 경우로서 양도차익을 계산할 때, 취득가액도 기준시가를 기준으로 계산하는 경우 필요경비에 해당하는 취득가액은 감가상각비를 차감하지 않은 금액으로 한다(법령해석 재산-0005, 2015. 4. 10).
2. 부담부증여에 대한 양도차익을 시가로 계산할 때, 종합소득세 신고시 필요경비로 계상한 감가상각비를 취득가액에서 차감하여 이 건 양도소득세를 과세한 처분은 정당하다(조심 2020서0726, 2020. 7. 8).

3 증여자의 일반채무나 제3자 채무의 담보로 제공된 경우 채무 인정 여부

「상속세 및 증여세법」 제47조 제1항에 따르면 "증여일 현재 당해 증여재산에 담보된 증여자의 채무를 수증자가 인수한 사실이 입증되는 경우에 한하여 증여재산가액에서 그 채무액을 공제한 가액을 증여세과세가액으로 한다"라고 규정하고 있으므로 증여자의 일반채무나 제3자 채무의 담보로 제공된 증여재산에 대한 채무액은 증여재산가액에서 차감하지 않는다.

이 경우 해당 증여는 부담부증여가 아니라 단순증여로 보아 전체 증여재산가액을 증여세로 과세하는 것이며, 채무액에 상당하는 부분에 대해서는 양도소득세를 과세하지 않는다.

관련 해석 사례

1. 수증자가 부동산을 증여받으면서 해당 증여재산이 아닌 다른 부동산에 담보된 채무를 인수한 경우 그 증여재산에 담보되지 않은 채무는 증여재산가액에서 차감하지 않는 것이다(기재부조세법령-696, 2022. 6. 29).
2. 직계존비속 사이에 임대차계약이 체결된 재산을 증여하면서 해당 재산에 해당하는 채무(임대보증금)를 수증자가 인수하는 사실이 입증된 때에는 증여재산의 가액에서 그 채무를 차감하는 것이다(상증-2519, 2017. 12. 22).
3. 부담부증여시 인수할 채무가 증여자가 아닌 타인명의로 되어 있는 경우에도 그 채무가 사실상 증여자의 채무임이 명백히 확인되고 수증자가 그 채무를 인수한 사실이 객관적으로 입증되는 경우에 한정하여 그 채무액을 증여재산가액에서 공제하는 것이다(상증-2820, 2016. 2. 16).

4 부담부증여로 취득한 자산을 추후 양도시 수증자의 취득가액 산정방법

부담부증여로 취득한 자산은 상속개시일 또는 증여일 현재 평가한 가액(시가 또는 기준시가)을 취득 당시의 실지거래가액으로 본다. 이 경우 부담부증여로 취득한 자산을 증여 당시 기준시가로 평가한 경우에도 그 가액을 실지거래가액으로 간주하므로 해당 자산을 양도하는 경우 취득가액은 채무승계분과 순수증여분을 따로 구분하지 않고 기준시가로 평가한 전체 증여재산가액을 적용한다는 점에 주의를 요한다.

다만, 부담부증여로 취득한 자산을 양도하는 경우로서 이월과세가 적용되는 경우 순수

증여분에 대한 취득가액은 증여자의 당초 취득가액에 전체 증여재산가액 중 순수증여재산가액이 차지하는 비율(P. 726 참조)을 곱한 금액으로 한다.

관련 법령 양도자산의 필요경비(소득령 §163 ⑨)

상속 또는 증여(법 제88조 제1호 각 목 외의 부분 후단에 따른 부담부증여의 채무액에 해당하는 부분 포함)받은 자산에 대하여 법 제97조 제1항 제1호 가목을 적용할 때에는 상속개시일 또는 증여일 현재 「상속세 및 증여세법」 제60조부터 제66조까지의 규정에 따라 평가한 가액(같은 법 제76조에 따라 세무서장등이 결정 · 경정한 가액이 있는 경우 그 결정 · 경정한 가액으로 한다)을 취득 당시의 실지거래가액으로 본다.

5 수증자가 인수한 채무에 대한 사후관리

「상속세 및 증여세법」 제45조 제2항에 따르면 "채무자의 직업 · 연령 · 소득 · 재산 상태 등으로 볼 때 채무를 자력으로 상환하였다고 인정할 수 없는 경우에는 그 채무에 대한 상환자금을 채무자가 증여받은 것으로 추정하여 이를 그 채무자의 증여재산가액으로 한다"라고 규정하고 있어 증여자의 채무를 인수하는 조건으로 자산을 증여받은 후, 증여자가 수증자를 대신하여 채무를 변제하는 경우에는 당초 부담부증여가 취소되어 단순증여로 보거나 채무면제이익으로 보아 수증자에게 다시 증여세가 부과될 수 있다.

이러한 경우 과세관청에서는 증여일 이후 원리금(원금 + 이자)을 수증자 본인의 소득이나 재산 등으로 상환하였는지에 대해 사후관리를 통해 그 사실을 확인할 수 있는 서류(채무부담계약서, 채권자확인서, 담보설정 및 이자지급에 관한 증빙서류 등)를 일정기간 동안(통상 5년) 요청하고 있으므로 수증자는 채무상환 금액에 대한 소명자료를 갖추고 있어야 한다.

관련 해석 사례

1. 채무를 승계하는 조건으로 주택을 부담부증여로 증여받아 소유권이전등기를 한 후에도 근저당권 채무자가 여전히 증여자로 되어 있고, 증여일 이후에도 증여자가 채무에 대한 이자를 부담하고 있는 경우 주택가액 전액을 증여세과세가액으로 하는 것이다(조심 2020인7381, 2020. 12. 29).
2. 수증자가 증여자의 채무를 인수하였는지 여부는 채무자의 명의를 변경하였는지 여부에 관계없이 재산을 증여받은 후, 당해 채무를 사실상 누가 부담하고 있는지 여부 등 실질내용에 따라 사실판단 하는 것이다(법령해석재산-0982, 2020. 12. 17).

Ⅲ 부담부증여로 주택을 취득한 경우 취득세 산정방법

수증자가 주택을 증여받으면 증여세와는 별도로 취득세도 납부해야 한다. 이 경우 주택을 부담부증여로 취득(증여)하는 경우에는 유상취득분(채무액)과 무상취득분(순수증여분)으로 구분하여 취득세율 적용한다. 이 때 2023. 1. 1. 이후 증여받는 분부터는 시가(시가인정액)를 기준으로 취득세를 계산하는 것도 간과해서는 안된다.

1 유상(채무승계분) 취득세율

부담부증여로 주택을 취득하는 경우 채무승계분은 매매로 주택을 취득한 것으로 보아 채무액을 과세표준으로 하고, 매매 취득세율을 적용하여 취득세를 계산한다. 이 경우 증여일 현재 수증자가 다주택자인 경우에는 승계채무액에 대해서는 8% 또는 12%의 중과세율이 적용될 수도 있다. ☞ P. 147 참조

2 무상(순수증여분) 취득세율

부담부증여로 주택을 취득하는 경우 채무액을 제외한 순수 증여재산가액에 대해서는 시가 또는 기준시가를 과세표준으로 하고, 증여 취득세율을 적용하여 취득세를 계산한다. 이 경우 증여일 현재 증여자(1세대 1주택자는 제외)가 조정대상지역에 있는 주택공시가격 3억원 이상인 주택을 증여하는 경우에는 수증자에게 12%의 중과세율이 적용될 수도 있다.
☞ P. 148 참조

[부담부증여 주택 취득시 취득세 과세표준 및 세율 적용방법]

구 분	채무승계분(매매취득세)	순수증여분(증여취득세)
과세표준	채무액	(시가 또는 기준시가) - 채무액
취득세율	기본세율 또는 중과세율	기본세율 또는 중과세율
중과세율 적용기준	수증자 기준 주택 수 및 지역	증여자 기준 주택 수, 지역 및 공시가격

적용 사례 1 1주택자인 아들이 조정대상지역 소재 2주택을 소유한 부친으로부터 주택에 담보된 은행대출금 4억원 인수조건으로 1주택(시가 10억원, 주택공시가격 6억원, 전용면적 85㎡ 초과)을 2023. 1. 1. 이후 증여받는 경우

해설

구 분	채무승계분(매매취득세)	순수증여분(증여취득세)
과세표준	400,000,000(채무액)	600,000,000(순수증여)
취득세율	9%(지방교육세 및 농어촌특별세 포함)	13.4%(지방교육세 및 농어촌특별세 포함)
취득세액	36,000,000	80,400,000
적용이유	수증자 기준 조정대상지역 2번째 주택 중과세율	증여자 기준 조정대상지역 주택 중과세율

적용 사례 2 무주택자인 아들이 조정대상지역 소재 2주택을 소유한 모친으로부터 주택에 담보된 은행대출금 4억원 및 임대보증금 2억원 인수조건으로 1주택(시가 10억원, 주택공시가격 5억원, 전용면적 85㎡ 이하)을 2023. 1. 1. 이후 증여받는 경우

해설

구 분	채무승계분(매매취득세)	순수증여분(증여취득세)
과세표준	600,000,000(채무액)	400,000,000(순수증여)
취득세율	1.1%(지방교육세 포함)	12.4%(지방교육세 포함)
취득세액	6,600,000	49,600,000
적용이유	수증자 기준 1번째 주택 기본세율	증여자 기준 조정대상지역 주택 중과세율

적용 사례 3 무주택자인 아들이 1세대 1주택을 소유한 부친으로부터 주택에 담보된 은행대출금 4억원 및 임대보증금 2억원 인수조건으로 해당 주택(시가 10억원, 주택공시가격 5억원, 전용면적 85㎡ 초과)을 2023. 1. 1. 이후 증여받는 경우

해설

구 분	채무승계분(매매취득세)	순수증여분(증여취득세)
과세표준	600,000,000(채무액)	400,000,000(순수증여)
취득세율	1.3%(지방교육세 및 농어촌특별세 포함)	4%(지방교육세 및 농어촌특별세 포함)
취득세액	7,800,000	16,000,000
적용이유	수증자 기준 1번째 주택 기본세율	증여자 기준 1세대 1주택자 기본세율

심화 학습 상속 및 증여재산의 평가 방법

1. 기본 내용

(1) 원칙

상속세나 증여세가 부과되는 재산(이하 "해당 재산"이라 한다)의 가액은 상속개시일 또는 증여일(이하 "평가기준일"이라 한다) 현재의 시가에 따른다(상증법 §60 ①).

이 경우 평가기준일 전후 6개월(증여재산은 평가기준일 전 6개월 · 후 3개월. 이하 "평가기간"이라 한다) 이내의 기간 중에 해당 재산 또는 그 재산과 유사한 다른 재산의 매매 · 감정 · 수용 · 경매 · 공매가액(이하 "매매 등 가액"이라 한다)이 있는 경우 그 가액을 시가로 본다(상증령 §49 ①, ④).

다만, 해당 재산의 시가를 산정하기 어려운 경우에는 보충적 평가방법에 의한 기준시가에 의하여 평가한다(상증법 §60 ③).

> **비교 학습**
>
> **상속재산가액에 가산하는 사전증여재산의 시가 판단시점**
>
> 피상속인이 상속개시일 전 10년 이내에 상속인(또는 5년 이내에 상속인이 아닌 자)에게 증여한 재산을 상속재산가액에 가산하는 사전증여재산가액은 증여일 현재를 기준으로 평가한 가액으로 한다(상증법 §60 ④).

(2) 예외

평가기간에 해당하지 않는 기간으로서 평가기준일 전 2년 이내의 기간과 평가기간이 경과한 후부터 법정결정기한까지의 기간 중에 매매 등 가액이 있는 경우에는 예외적으로 평가심의위원회의 심의를 거쳐 해당 매매 등 가액을 시가에 포함시킬 수 있다(상증령 §49 ① 단서). 여기서 "법정결정기한"은 상속세는 신고기한부터 9개월(총 15개월), 증여세는 신고기한부터 6개월(총 9개월)까지의 기간을 말한다.

[상속 · 증여재산의 시가 적용범위]

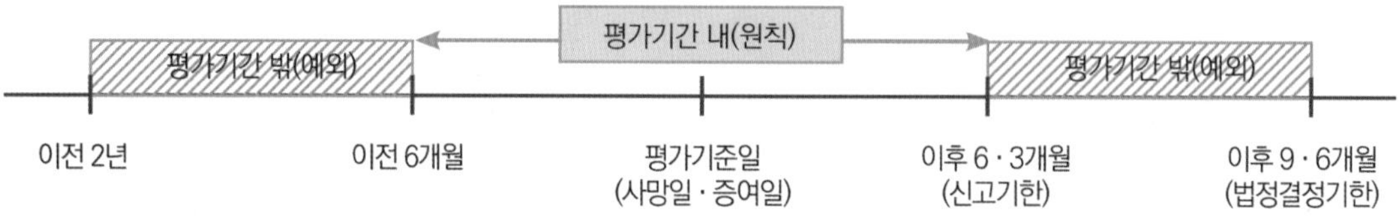

2. 시가 적용순서(해당 재산의 시가 → 유사 재산의 시가 → 해당 재산의 기준시가)

(1) 평가기간 내 해당 재산의 매매 등 가액

「상속세 및 증여세법」 제60조 제1항에 따른 시가를 적용함에 있어 평가기간 이내의 기간 중에 매매 · 감정 · 수용 · 경매 또는 공매가액이 있는 경우로서 아래의 어느 하나에 해당하는 가액이 확인되는 경우 그 가액을 시가로 본다(상증령 §49 ①).

이 경우 동일한 순위에 해당하는 가액이 둘 이상(매매가액, 감정가액 등)인 경우에는 평가기준일을 전 · 후하여 가장 가까운 날(매매계약일 등)에 해당하는 가액을 시가로 적용하고, 그 가액이 둘 이상인 경우에는 그 평균액을 적용한다(상증령 §49 ②).

1. 해당 재산에 대한 매매사실이 있는 경우에는 그 거래가액 : 매매가액
2. 해당 재산에 대하여 둘 이상의 감정기관(상증법 §49 ⑥에 따른 기준시가 10억원 이하인 부동산은 하나의 감정기관)이 평가한 감정가액이 있는 경우에는 그 감정가액의 평균액 : 감정가액
3. 해당 재산에 대하여 수용 · 경매 또는 공매사실이 있는 경우에는 그 보상가액 · 경매가액 또는 공매가액

관련 해석 사례

1. 다세대주택을 상속받는 경우 당해 다세대 주택 호당 공동주택가격이 10억원 이하인 경우에는 하나의 감정기간 감정가액은 시가로 인정된다(법규재산-0004, 2023. 1. 19).
2. 공유토지의 일부 지분을 증여하는 경우 당해 토지 전체의 개별공시지가가 10억원 이하인 경우에 한해 하나의 감정기관 감정가액도 시가로 인정하는 것이다(법령해석재산-2719, 2020. 2. 4).
3. 매매계약 체결 후 계약금의 일부만을 수령한 상태에서 장기간 매매계약이 이행되지 않고 있는 경우 해당 매매계약상 가액은 매매거래가액에 해당하지 않는다(재산세제과-658, 2017. 9. 26).

적용 사례 평가기간 이내 해당 재산의 시가가 둘 이상 있는 경우

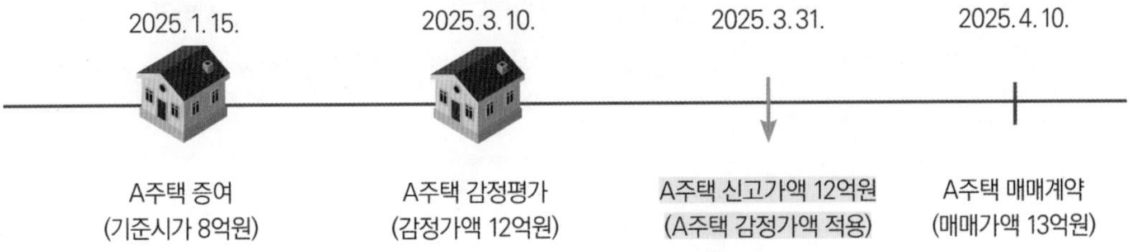

해설 증여주택A에 대해 1순위에 해당하는 감정가액과 매매가액이 둘 이상 있는 경우에는 증여일에 가장 가까운 날의 시가인 감정가액을 우선 적용하므로 증여재산가액은 12억원으로 적용한다.

비교 해석 사례 평가기간 이내 매매계약일이 감정가액의 가격산정기준일과 평가서 작성일 사이에 있는 경우로서 시가로 보는 가액이 둘 이상(매매가액, 감정가액)인 경우에는 평가기준일을 전후하여 "가장 가까운 날"은 매매계약일을 기준으로 해당 재산의 매매가액을 시가로 적용한다(재산세제과-523, 2024. 5. 1).

(2) 평가기준일 전 2년부터 법정결정기한까지의 해당 재산의 매매 등 가액

평가기간 이내 해당 재산의 매매 등 가액이 없는 경우로서 평가기준일 전 2년 이내의 기간과 평가기간이 경과한 후부터 법정결정기한까지의 기간 중에 "해당 재산의 매매 등 가액이 있는 경우" 시간의 경과 및 주위환경의 변화 등을 고려하여 가격변동의 특별한 사정이 없다고 보아 납세자, 세무서장 등이 신청하는 때에는 평가심의위원회의 심의를 거쳐 해당 매매 등 가액을 시가로 본다(상증령 §49 ① 단서).

적용 사례 **평가기간 이내 시가 등이 없어 기준시가로 신고한 후, 법정결정기한 이내 해당 재산의 감정가액이 있는 경우**

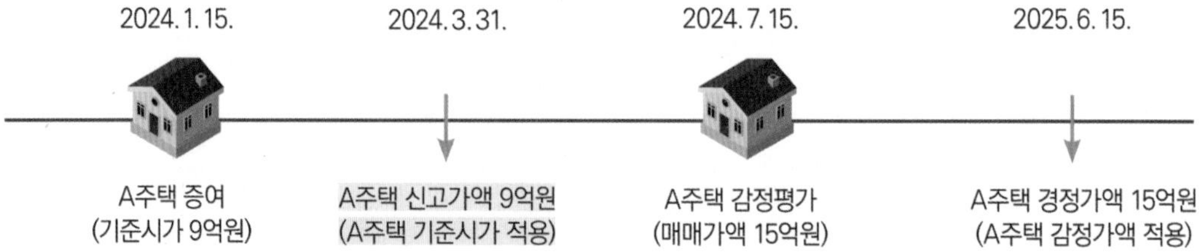

해설 평가기간 내에 증여받은 주택에 대한 시가 등이 없어 기준시가 9억원을 증여재산가액으로 하여 증여세를 신고한 경우에도 평가기간 경과 후 법정결정기한 내에 감정평가를 실시하고 평가심의위원회 심의를 거쳐 감정가액 15억원을 증여재산가액으로 경정할 수 있다(조심 2023서7512, 2023. 8. 3).

(3) 평가기간 내 유사 재산의 매매 등 가액

해당 재산(평가기간 내 및 평가기간 밖)의 매매 등 가액이 없는 경우로서 평가기간 이내 해당 재산과 면적 · 위치 · 용도 · 종목 및 기준시가가 동일하거나 유사한 다른 재산의 매매 등 가액이 있는 경우에는 그 가액을 시가로 본다(상증령 §49 ④, 상증령 §49 ② 단서).

여기서 주의할 사항은 상속세 또는 증여세를 미리 신고한 경우에는 평가기준일 전 6개월부터 평가기간 이내 신고일까지의 유사 재산의 매매 등 가액만을 적용한다는 점이다.

적용 사례 1 평가기간 이내 유사 재산의 매매가액이 둘 이상 있는 경우

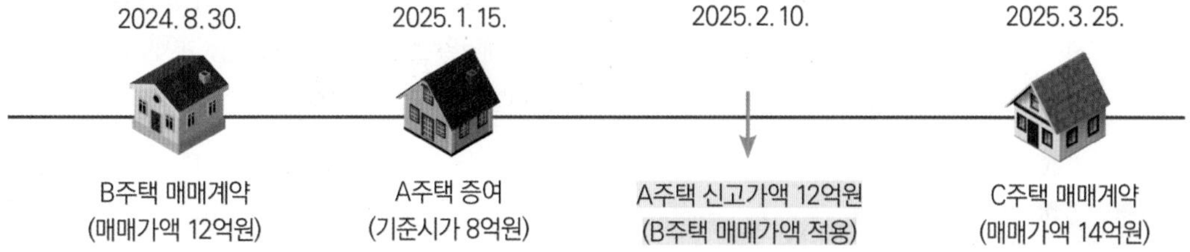

해설 증여주택A와 평가기간 이내 가장 가까운 날에 해당하는 유사매매사례가액(매매계약일 기준)은 14억원(C주택)이지만, 증여세 법정신고기한(2025. 3. 31.) 전에 신고한 경우에는 평가기준일 전 6개월부터 신고일까지의 유사매매사례가액 12억원(B주택)을 시가로 적용한다.

적용 사례 2 평가기간 이내 유사 재산의 매매가액과 해당 재산의 매매가액이 있는 경우

해설 평가기간 이내에 매매계약일을 기준으로 1순위에 해당하는 증여주택A의 매매가액이 있는 경우에는 2순위에 해당하는 유사주택B의 매매가액은 시가로 적용되지 않으므로 이미 신고한 증여가액 10억원에 대해서는 12억원으로 수정신고해야 한다.

비교 학습

상속 · 증여받은 공동주택(평가대상 공동주택)에 대한 비교대상 공동주택의 매매사례가액 적용방법

아래의 요건을 모두 충족하는 비교대상 공동주택의 유사매매사례가액을 평가대상 공동주택의 시가로 적용함에 있어 비교대상 공동주택이 둘 이상인 경우에는 <1순위> 평가대상 공동주택과 공동주택가격(기준시가) 차이가 가장 작은 주택으로 판단하고, 공동주택가격 차이가 가장 작은 주택이 둘 이상인 경우에는 <2순위> 평가기준일을 전후하여 가장 가까운 날(매매계약일 기준)에 해당하는 가액을 적용하며, 그 가액이 둘 이상인 경우에는 <3순위> 평균액을 시가로 적용한다(상증칙 §15 ③).

① 평가대상 공동주택과 동일한 공동주택단지 내에 있을 것
② 평가대상 공동주택과 주거전용면적의 차이가 5% 이내일 것
③ 평가대상 공동주택과 공동주택가격의 차이가 5% 이내일 것 → 평가대상 공동주택과 공동주택가격의 차이가 5% 이내인지 여부를 판단하는 기준일은 매매계약일 아닌 평가기준일(상속개시일, 증여일)로 판단(법무재산 - 0094, 2022. 2. 10).

적용 사례 1 상속주택(평가대상 주택)에 대한 유사주택의 매매가액 적용방법

구 분	상속일	전용면적	공동주택가격	매매계약일	매매가액
상속 아파트A	2025. 4. 10.	114.83㎡	12.3억원	-	-
유사 아파트B	-	111.55㎡	11.8억원	2025. 3. 25.	15.5억원
유사 아파트C	-	114.83㎡	12.5억원	2025. 6. 15.	14.8억원

해설 평가기간 이내 유사매매사례가액이 2개 존재하므로 공동주택가격(기준시가) 차이가 가장 작은 아파트C의 매매사례가액 14.8억원을 상속주택A의 시가로 적용한다.

적용 사례 2 증여주택(평가대상 주택)에 대한 유사주택의 매매가액 적용방법

구 분	증여일	전용면적	공동주택가격	매매계약일	매매가액
증여 아파트A	2025. 3. 15.	85㎡	8억원	-	-
유사 아파트B	-	84㎡	8억원	2025. 4. 25.	12.5억원
유사 아파트C	-	85㎡	8억원	2025. 1. 10.	13.5억원

해설 평가기간 이내 공동주택가격 차이가 가장 작은 주택이 2개 존재하므로 증여일(평가기준일)과 매매계약일이 가장 가까운 아파트B의 매매사례가액 12.5억원을 증여주택A의 시가로 적용한다.

(4) 평가기준일 전 2년부터 법정결정기한까지의 유사 재산의 매매 등 가액

해당 재산 및 평가기간 이내 유사 재산의 매매 등 가액이 없는 경우로서 평가기준일 전 2년 이내의 기간과 평가기간이 경과한 후부터 법정결정기한까지의 기간 중에 "유사 재산의 매매 등 가액이 있는 경우" 시간의 경과 및 주위환경의 변화 등을 고려하여 가격변동의 특별한 사정이 없다고 보아 납세자, 세무서장 등이 신청하는 때에는 평가심의위원회의 심의를 거쳐 유사 재산의 매매 등 가액을 시가로 적용할 수 있다.

결국, 상속 또는 증여받은 재산가액의 시가 등은 ① 평가기간 내 해당 재산의 매매 등 가액, ② 평가기간 밖 해당 재산의 매매 등 가액, ③ 평가기간 내 유사 재산의 매매 등 가액, ④ 평가기간 밖 유사 재산의 매매 등 가액을 순차적으로 적용하고 이를 적용하기 어려운 경우에는 ⑤ 해당 재산의 기준시가를 적용하여 평가한다.

관련 해석 사례

1. 쟁점주택은 매매계약일과 평가기준일 간의 공동주택가격 차이가 상당하고, 시세 등 역시 상당한 차이가 있음에도 처분청이 가격변동의 특별한 사정이 없다고 보아 상증세법 시행령 제49조 제1항 단서 규정에 따라 비교대상주택의 쟁점매매사례가액을 쟁점주택의 시가로 보아 과세한 이 건 처분은 잘못이 있다고 판단된다(조심 2023서0411, 2023. 7. 10, 조심 2023서0070, 2023. 6. 26).
2. 쟁점주택과 쟁점매매사례주택의 공동주택가격의 차이는 5% 이내인 점, 3년 동안 매매가액에 큰 변동은 없었던 것으로 보이는 점 등에 비추어 평가기준일 전 2년 이내의 기간 중에 있는 쟁점매매사례가액을 평가심의위원회의 심의를 거쳐 쟁점주택의 시가로 보아 증여세를 경정한 이 건 처분은 달리 잘못이 없다(조심 2023서7052, 2023. 6. 28, 조심 2023서7362, 2023. 11. 29).
3. 가격산정기준일과 감정가액평가서 작성일이 모두 평가기간 외에 있거나, 그중 어느 하나만 평가기간 이내에 있는 경우에는 상증세법 시행령 제49조 제1항 본문이 적용될 수 없으므로 가격산정기준일이 평가기간 내에 있다고 하더라도, 감정가액평가서 작성일이 평가기간을 경과한 후이자 법정결정기한 내에서 이루어진 경우라면, 상증세법 시행령 제49조 제1항 단서가 적용될 수 있는 것이다(서울행정법원 2022구합65986, 2023. 11. 30).
4. 상증세법 시행령 제49조 제1항 단서에는 평가기준일 전 2년 이내의 기간 중에 매매등이 있는 경우 평가심의위원회 심의를 거쳐 시가로 볼 수 있도록 규정하고 있고, 제4항은 '제1항을 적용할 때'로 시작되어 제1항의 본문과 단서의 내용 모두를 적용대상으로 하고 있으므로 평가기준일 전 2년 이내의 유사매매사례가액도 제1항 단서에 따라 평가심의위원회 심의를 거쳐 시가로 볼 수 있다(심사상속-0029, 2023. 11. 29).

적용 사례 1 평가기간 이내 시가 등이 없어 기준시가로 신고한 후, 법정결정기한 이내 유사매매가액이 있는 경우

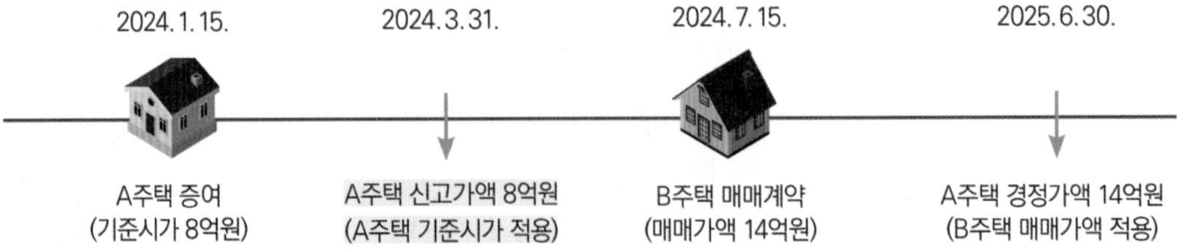

해설 평가기간 내에 증여받은 주택에 대한 시가 등이 없어 기준시가 8억원을 증여재산가액으로 하여 증여세를 신고한 후, 평가심의위원회 심의를 거쳐 평가기간 밖 법정결정기한까지의 유사매매사례가액 14억원을 증여재산가액으로 증액 경정할 수 있다(조심 2023서7811, 2023. 10. 5).

유사 해석 사례 평가기간 내에 유사주택의 매매사례가 없어 공동주택가격(기준시가)으로 증여세를 신고한 후, 평가기준일 전 2년 이내에 유사매매사례가액을 평가심의위원회 심의를 거쳐 시가로 보아 증여세를 부과한 것은 정당하다(조심 2023서7294, 2023. 8. 17).

적용 사례 2 평가기간 이내 유사매매사례가액으로 신고한 후, 법정결정기한 이내 해당 재산을 매매한 경우

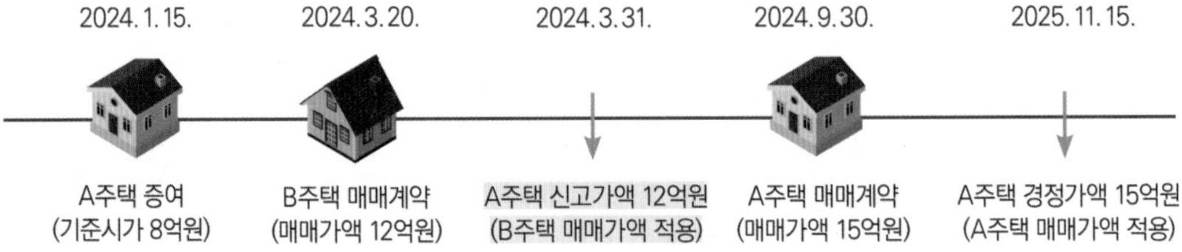

해설 평가기간 내에 증여받은 주택과 유사한 다른 재산의 매매가액 12억원이 확인되어 증여재산가액을 12억원으로 평가하여 신고한 경우에도 평가기간 경과 후 법정결정기한 내에 증여받은 주택을 15억원에 매매계약을 체결한 경우 평가심의위원회 심의를 거쳐 해당 매매가액을 시가로 보아 증여재산가액을 15억원으로 적용할 수 있다(법령해석재산-0170, 2021. 8. 18).

3. 시가적용 판단기준일

「상속세 및 증여세법 시행령」 제49조 제1항(해당 재산의 시가) 및 제49조 제4항(유사 재산의 시가)에 따른 매매 등 가액을 시가로 적용하는 경우에는 아래의 구분에 따른 날을 기준으로 판단한다(상증령 §49 ②).

① 매매가액이 있는 경우 : 매매계약일(잔금청산일이 아님)
② 감정가액이 있는 경우 : 가격산정기준일과 감정가액평가서 작성일
③ 보상가액 · 경매가액 또는 공매가액이 있는 경우 : 해당 가액이 결정된 날

여기서 잠깐!

부실 감정가액에 대한 재감정 대상 및 시가불인정 감정기관의 감정가액 시가 미적용

1. 원감정가액이 기준금액(기준시가와 유사사례매매가액의 90% 가액 중 적은 금액)에 미달하는 경우 세무서장 등이 다른 감정기관에 의뢰하여 재감정할 수 있다(상증령 §49 ① 2호 단서).
2. 시가불인정 감정기관(원감정기관이 평가한 감정가액이 다른 감정기관이 평가한 감정가액의 80%에 미달)이 시가불인정 감정기관으로 지정된 기간(1년 범위 내) 동안 감정한 가액은 시가로 보지 않는다(상증법 §60 ⑤).

[상속 · 증여재산의 평가방법 요약]

구 분		상속세	증여세
평가기준일		상속개시일(사망일)	증여일(증여등기접수일)
평가기간 내 가액	해당재산	상속개시일 전 · 후 6개월 이내	증여일 전 6개월 ~ 증여일 후 3개월 이내
	유사재산	평가기준일 전 6개월 ~ 평가기간 이내의 신고일까지	
평가기간 밖 가액(해당 · 유사재산)		상속개시일 전 2년 ~ 상속개시일 속하는 달의 말일부터 15개월까지	증여일 전 2년 ~ 증여일 속하는 달의 말일부터 9개월까지
재산가액 적용순서(2순위와 4순위는 평가심의위원회 심의를 거쳐 확인된 가액)		〈1순위〉 평가기간 내 해당 재산의 매매가액, 감정가액, 수용 · 공매 · 경매가액 〈2순위〉 평가기간 밖 해당 재산의 매매가액, 감정가액, 수용 · 공매 · 경매가액 〈3순위〉 평가기간 내 유사 재산의 매매가액, 감정가액, 수용 · 공매 · 경매가액 〈4순위〉 평가기간 밖 유사 재산의 매매가액, 감정가액, 수용 · 공매 · 경매가액 〈5순위〉 평가기간 내 해당 재산의 기준시가(보충적 평가방법)	
시가적용 판단기준일		• 매매가액이 있는 경우 : 매매계약일 • 감정가액이 있는 경우 : 가격산정기준일과 감정가액평가서 작성일 • 보상 · 경매 · 공매가액이 있는 경우 : 해당 가액이 결정된 날	

※ 상속 · 증여받은 자산 양도시 취득가액은 위 재산평가 방법에 따라 평가한 가액(세무서장 결정 · 경정가액 포함) 적용

비교 학습

상속 · 증여세 과세형평성 제고를 위한 기준시가로 신고한 부동산 감정가액 과세

1. 배경 및 취지

비주거용 부동산 및 나대지(이하 "꼬마빌딩"이라 한다)는 아파트 등과 달리 매매사례가액 등을 확인하기 어려워 대부분 기준시가로 상속 · 증여재산을 평가 · 신고함에 따라 과세형평성 논란이 지속적으로 제기되자, 과세형평성을 제고하기 위해 2019. 2. 12. 이후부터 상속 및 증여받는 꼬마빌딩을 기준시가로 신고한 경우에도 법정결정기한까지 감정기관에 감정을 의뢰하여 해당 감정가액을 시가의 범위에 포함하게 되었다.

2. 감정평가 범위 확대 및 산정기준 완화

처음에는 시가를 산정하기 어려운 비주거용 부동산과 나대지에 대해서만 기준시가로 신고한 가액이 추정시가보다 현저히 낮은 경우 감정평가대상 범위에 포함하였다.

그러나, 최근 주거용 부동산의 가격이 매우 높은 "일부 초고가 아파트와 호화 단독주택"의 경우에도 비교대상 물건이 거의 없어 시가를 산정하기 어렵다는 점에서 꼬마빌딩과 그 성격이 유사하여 해당 주거용 부동산을 감정평가 대상에 추가하고, 그 선정기준도 감정가액과 신고가액과의 차이가 5억원(개정 전 10억원) 이상이면 감정평가하도록 범위를 확대하였다. → 2025. 1. 1. 이후 상속 · 증여분 부터가 아니라 2025. 1. 1. 법정결정기한이 도래하는 부동산부터 적용됨에 주의를 요함

3. 감정평가 대상 및 절차(국세청 훈령 제72조)

(1) 지방국세청장 또는 세무서장은 상속세 및 증여세가 부과되는 재산에 대해 「상속세 및 증여세법 시행령」 제49조 제1항에 따라 감정기관에 의뢰하여 평가할 수 있다. 다만, 부동산 감정평가 사업의 대상은 부동산 등(「소득세법」 제94조 제1항 제4호 다목에 해당하는 부동산과다보유법인이 보유한 부동산 포함)으로 한다(훈령 §72 ①).

(2) 지방국세청장 또는 세무서장은 아래의 사항을 고려하여 부동산 감정평가 대상을 선정할 수 있으며, 이 경우 대상 선정을 위해 5개 이상의 감정평가법인에 의뢰하여 추정시가(최고값과 최소값을 제외한 가액의 평균값)를 산정할 수 있다(훈령 §72 ②).

1) 추정시가(감정가액)와 법 제61조부터 제66조까지의 방법에 의해 평가한 가액(보충적 평가액)의 차이가 5억원 이상인 경우 ⇒ (감정가액 – 신고가액) ≥ 5억원

2) 추정시가(감정가액)와 보충적 평가액 차이의 비율이 10% 이상[(추정시가 – 보충적 평가액)/추정시가] 인 경우 ⇒ [(감정가액 – 신고가액) / 감정가액] ≥ 10%

(3) 지방국세청장 또는 세무서장은 감정기관에 의뢰하여 산정된 감정가액에 대하여 시행령 제49조 제1항 단서에 따라 평가심의위원회에 시가 인정 심의를 신청하여야 하며, 시가 인정 심의에 관한 사항은 「평가심의위원회 운영규정」에 따른다(훈령 §72 ④).

4. 가산세 적용배제

평가심의위원회를 거쳐 시가로 인정된 감정가액과 신고가액과의 차이에 따라 재산가액이 경정되는 경우에도 그에 따른 가산세(과소신고 · 납부지연 가산세)는 적용하지 않는다.

4. 특수한 경우 재산 평가방법

(1) 임대차계약이 체결된 재산의 평가방법

「상속세 및 증여세법」 제60조 제2항에 따른 시가가 없는 경우로서 사실상 임대차계약이 체결되거나 임차권이 등기된 재산의 경우에는 보충적 평가방법에 따라 평가한 가액(기준시가)과 임대료 등의 환산가액을 비교하여 큰 가액으로 한다(상증법 §61 ⑤).

여기서 주의할 사항은 시가가 있는 경우에는 임대료 등의 환산가액을 적용할 수 없으며, 1년간 임대료 합계액은 "평가기준일 현재" 월 임대료를 1년으로 환산(월 임대료 × 12개월)하여 적용한다는 점이다.

- 평가액 : Max(①, ②)
  - ① 보충적 평가방법에 따라 평가한 가액(기준시가)
  - ② 임대료 등의 환산가액 : (1년간 임대료 합계액 ÷ 12%) + 임대보증금
    = (평가기준일 현재 월 임대료 × 100) + 임대보증금

1) 토지와 건물의 소유자가 동일한 경우

토지 및 건물의 소유자가 임차인으로부터 받은 임대료 등의 환산가액을 토지와 건물의 기준시가로 나누어 계산한 금액을 각각 토지와 건물의 평가가액으로 한다(상증령 §50 ⑧ 1호).

2) 토지와 건물의 소유자가 다른 경우

① 토지 소유자와 건물 소유자가 제3자와의 임대차계약 당사자인 경우에는 토지 소유자와 건물 소유자에게 구분되어 귀속되는 임대료 등의 환산가액을 각각 토지와 건물의 평가가액으로 한다(상증령 §50 ⑧ 2호 가목).

② 토지 소유자와 건물 소유자 중 어느 한 사람만이 제3자와의 임대차계약의 당사자인 경우에는 토지 소유자와 건물 소유자 사이의 임대차계약의 존재 여부 및 그 내용에 상관없이 제3자가 지급하는 임대료와 임대보증금을 토지와 건물 전체에 대한 것으로 보아 제3자가 지급하는 임대료 등의 환산가액을 토지와 건물의 기준시가로 나누어 계산한 금액을 각각 토지와 건물의 평가가액으로 한다(상증령 §50 ⑧ 2호 나목).

[토지와 건물의 소유자 구분에 따른 재산평가 적용방법]

구 분		재산평가 적용 방법 Max(①, ②)
토지와 건물의 소유자가 동일한 경우		① 임대료 등 환산가액 × (토지 또는 건물 기준시가/토지 · 건물 기준시가 합계액) ② 토지와 건물 각각의 기준시가
토지와 건물의 소유자가 다른 경우	각각 임대차계약을 체결한 경우	① 구분 귀속되는 각각의 임대료 등 환산가액 ② 토지와 건물 각각의 기준시가
	한명이 임대차계약을 체결한 경우	① 임대료 등 환산가액 × (토지 또는 건물 기준시가/토지 · 건물 기준시가 합계액) ② 토지와 건물 각각의 기준시가

(2) 저당권 등이 설정된 재산의 평가방법

아래와 같이 저당권 등이 설정된 재산은 그 재산이 담보하는 채권액(담보대출금, 임대보증금 등)과 「상속세 및 증여세법」 제60조에 따라 평가한 가액(시가 또는 보충적 평가액) 중 큰 금액을 상속·증여재산의 가액으로 한다(상증법 §66 및 상증령 §63 ①).

① 저당권(공동저당권 및 근저당권은 제외)이 설정된 재산의 가액은 당해 재산이 담보하는 채권액
② 공동저당권이 설정된 재산의 가액은 당해 재산이 담보하는 채권액을 공동저당된 재산의 평가기준일 현재의 가액으로 안분하여 계산한 가액
③ 근저당권이 설정된 재산의 가액은 평가기준일 현재 당해 재산이 담보하는 채권액

[저당권 등이 설정된 재산가액 적용순서]

구 분	재산가액 우선순위
시가가 있는 경우 (Max = ①, ②)	① 해당 재산의 시가 ② 해당 재산이 담보한 채권액
시가가 없는 경우 (Max = ①, ②, ③)	① 해당 재산의 보충적 평가액(기준시가) ② 해당 재산의 임대료 등의 환산가액 ③ 해당 재산이 담보한 채권액

※ 공동저당권(동일한 채권을 담보하기 위하여 여러 부동산에 설정된 저당권)이 설정된 경우 채권액
= 해당 재산이 담보한 채권액 × (해당 재산가액/담보대상 전체 재산가액)

다만, 담보권이 설정된 재산을 평가함에 있어 당해 재산에 설정된 근저당의 채권최고액이 담보하는 채권액보다 적은 경우에는 채권최고액으로 하고, 당해 재산에 설정된 물적담보외에 신용보증기관의 보증이 있는 경우에는 담보하는 채권액에서 당해 신용보증기관이

보증한 금액을 차감한 가액으로 하며, 동일한 재산이 다수의 채권의 담보로 되어 있는 경우에는 그 재산이 담보하는 채권액의 합계액으로 한다(상증령 §63②).

관련 해석 사례

1. 평가기준일 현재 1동의 건물 중 일부가 임대되고 일부가 임대되지 않은 경우 임대된 부분과 임대되지 않은 부분을 구분하여 임대부분은 「임대료 등의 환산가액과 기준시가 중 큰 금액」으로, 공실은 「기준시가」로 평가하는 것이다(법령해석재산-1133, 2021. 6. 4).
2. 공동근저당권이 설정된 재산의 일부를 증여하는 경우 당해 증여재산이 담보하는 채권액은 평가기준일 현재 공동근저당권이 담보하는 총채권액을 공동담보된 재산의 평가기준일 현재의 시가로 안분하여 계산한 가액으로 하는 것이다(상속증여세과-1199, 2015. 11. 16).
3. 평가대상 재산에 피상속인(증여자)이 아닌 제3자의 채무액을 담보하기 위하여 근저당권을 설정한 경우에도 시가와 당해 재산이 담보하는 채권액 중 큰 금액으로 평가하는 것이다(재재산 46014-207, 2001. 8. 21).

! 저당권 등이 설정된 재산의 평가액 적용시 주의사항

저당권 등이 설정된 재산의 평가액은 상속개시일 또는 증여일 현재 저당권이 설정된 채권액(담보대출금)이나 임대보증금을 기준으로 판단하는 것이며, 평가기준일 전후 6개월(증여재산은 평가기준일 전 6개월 · 후 3개월) 이내 금액을 적용하는 것은 아니다.

적용 사례 1 임대주택의 시가가 있고, 근저당이 설정된 경우 평가 방법

시가(감정가액) 5억원, 증여일 현재 근저당권이 설정된 은행채무 3억원(채권최고액 3.6억원), 임대보증금 2.5억원 및 월세 200만원에 임대 중인 주택을 父가 子에게 부담부증여하는 경우

해설

1. 재산평가액 : Max(①, ②, ③) = 5.5억원
   ① 감정가액(시가) : 5억원
   ② 임대료 등 환산가액 : 2.5억원 + 200만원 × 100 = 4.5억원
   ③ 저당권 등 평가액 : 3억원(은행채무) + 2.5억원(임대보증금) = 5.5억원
2. 증여세 과세가액 : 5.5억원(증여재산) - 5.5억원(은행채무 + 임대보증금) = 0원

적용 사례 2 임대주택의 시가 등이 없고, 근저당이 설정된 경우 평가 방법

증여일 현재 개별주택가격 6억원, 근저당권이 설정된 은행채무 4.8억원, 임대보증금 3억원 및 월세 500만원에 임대 중인 다가구주택을 父가 子에게 부담부증여하는 경우

해설

1. 재산평가액 : Max(①, ②, ③) = 8억원
   ① 기준시가 : 6억원
   ② 임대료 등 환산가액 : 3억원 + 500만원 × 100 = 8억원
   ③ 저당권 등 평가액 : 4.8억원(은행채무) + 3억원(임대보증금) = 7.8억원
2. 증여세 과세가액 : 8억원(증여재산) – 7.8억원(은행채무 + 임대보증금) = 0.2억원

적용 사례 3 토지 소유자(제3자)와 상가 소유자(父)가 다른 경우로서 상가 소유자가 임대차계약을 체결한 경우 평가 방법

증여일 현재 상가의 기준시가(부수토지 6억원, 건물 4억원), 임대보증금 3.5억원 및 월세 400만원에 임대 중인 상가를 父가 子에게 부담부증여하는 경우

해설

1. 재산평가액 : Max(①, ②, ③) = 4억원
   ① 상가의 기준시가 : 4억원
   ② 임대료 등 환산가액 : $(3.5억원 + 400만원 \times 100) \times \frac{4억원}{10억원} = 3억원$
   ③ 저당권 등 평가액 : 3.5억원(임대보증금)
2. 증여세 과세가액 : 4억원(증여재산) – 3.5억원(임대보증금) = 0.5억원

적용 사례 4 공동저당권이 설정된 토지를 상속받는 경우 평가 방법

피상속인이 상속개시일 전에 A, B토지(상속개시일 현재 기준시가는 A토지 2억원, B토지 6억원)를 공동담보로 제공하고 금융기관으로부터 10억원 차입한 후, A토지를 子가 상속받는 경우

해설

1. 재산평가액 : Max(①, ②) = 2.5억원
   ① A토지의 기준시가 : 2억원

② 저당권 등 평가액 : 10억원 × $\frac{2억원}{8억원}$ = 2.5억원

(3) 부동산을 취득할 수 있는 권리의 평가 방법(상증령 §51②)

1) 분양권

평가기준일까지 납입한 금액 + 평가기준일 현재의 프리미엄 상당액

2) 조합원입주권

조합원권리가액 + 평가기준일까지 납입한 금액 + 평가기준일 현재의 프리미엄 상당액

5. 상속 · 증여재산 평가방법 차이에 따른 가산세 면제

(1) 과세관청이 재산을 재차 평가하여 경정한 경우 과소신고가산세 적용 제외

「상속세 및 증여세법」 제60조 제2항(시가) · 제3항(보충적평가액) 및 제66조(저당권 등이 설정된 재산 평가의 특례)에 따라 평가한 가액으로 상속세 또는 증여세 과세표준을 과소신고한 경우 과소신고가산세를 적용하지 아니한다(국기법 §47의3 ④ 1호 다목).

또한, 「상속세 및 증여세법」 제60조 제2항(시가) · 제3항(보충적평가액) 및 제66조(저당권 등이 설정된 재산 평가의 특례)에 따라 평가한 가액으로 「소득세법」 제88조 제1호 각 목 외의 부분 후단에 따른 부담부증여시 양도로 보는 부분에 대한 양도소득세 과세표준을 결정 · 경정한 경우 과세신고가산세를 적용하지 아니한다(국기법 §47의3 ④ 1의2호).

(2) 평가심의위원회를 거쳐 시가로 인정된 경우 납부지연가산세 적용 제외

「상속세 및 증여세법」에 따라 상속세 또는 증여세를 신고한 자 또는 「소득세법」 제88조 제1호 각 목 외의 부분 후단에 따른 부담부증여시 양도로 보는 부분에 대하여 양도소득세 과세표준을 신고한 자가 법정신고기한까지 상속세 · 증여세 또는 양도소득세를 납부한 경우로서 "법정신고기한 이후 평가심의위원회를 거치는 방법"에 따라 상속재산 또는 증여재산(부담부증여재산 포함)을 평가하여 과세표준(양도소득세 과세표준 포함)과 세액을 결정 · 경정한 경우 납부지연가산세는 적용하지 아니한다(국기법 §47의4 ③ 6호, 7호).

심화 학습 끝

종합 사례 1 모친이 무주택자인 성인 자녀에게 아파트를 부담부증여하는 경우

• 주택(85㎡ 이하)의 취득 및 증여에 관한 자료

구 분		내 용
모친의 취득 내역	취득일자	2020. 3.10.
	취득가액	실제 취득가액 5.5억원(취득세 및 옵션비용 포함)
부담부증여 내역	증여일자	2025. 5. 31.
	증여조건	50세 자녀가 담보대출금 3억원 및 임대보증금 5억원 승계
	증여가액	16억원(유사매매사례가액)
	공시가격	10억원(증여 아파트 기준시가)
기타 사항		모친은 증여 당시 1세대 1주택자이며, 해당 주택에서 계속 거주
		모친은 증여 당시 중개수수료 1천만원 지출

해설 모친이 자녀에게 주택을 부담부증여하는 경우 수증자가 인수하는 채무액(8억원)이 12억원 이하에 해당하더라도 증여주택의 평가액이 12억원을 초과하면 고가주택에 해당한다.

따라서, 양도가액 12억원 초과분에 상당하는 채무액의 양도차익에 대해서는 양도소득세가 과세된다. 이 경우 양도가액을 실지거래가액(시가)으로 계산한 경우에는 취득가액도 실제 취득가액을 적용하여 양도소득세를 계산한다.

1. 증여자(모친)의 양도소득세

구 분	금 액	계산 근거
양도가액	800,000,000	16억원 × 8억원/16억원
(−) 취득가액	275,000,000	5.5억원(취득세 등 포함) × 8억원/16억원
(−) 기타필요경비	5,000,000	1,000만원 × 8억원/16억원
(=) 전체양도차익	520,000,000	(16억원 − 5.5억원 − 1,000만원) × 8억원/16억원
고가주택양도차익	130,000,000	520,000,000 × (16억원 − 12억원)/16억원
(−) 장기보유특별공제	52,000,000	130,000,000 × 40%(5년 × 4% + 5년 × 4%)
(=) 양도소득금액	78,000,000	
(−) 기본공제	2,500,000	
(=) 과세표준	75,500,000	
(×) 세율	24%	
(=) 산출세액	12,360,000	75,500,000 × 24% − 576만원(누진공제)
(+) 지방소득세	1,236,000	12,360,000 × 10%
(=) 총부담세액	13,596,000	

2. 수증자(자녀)의 증여세

	구 분	금 액	계산 근거
	증여재산가액	1,600,000,000	상증법상 평가액(유사매매사례가액 적용)
(−)	채무액	800,000,000	부담부증여시 채무인수액
(=)	증여세과세가액	800,000,000	
(−)	증여재산공제	50,000,000	성년자녀 5천만원 공제
(=)	과세표준	750,000,000	
(×)	세율	30%	
(=)	산출세액	165,000,000	750,000,000 × 30% − 6천만원(누진공제)
(−)	신고세액공제	4,950,000	165,000,000 × 3%
(=)	납부할세액	160,050,000	

3. 수증자(자녀)의 취득세

	구 분	금 액	순수증여분(증여취득세)
	취득가액	1,600,000,000	2023. 1. 1. 이후부터는 시가(시가인정액) 적용
(−)	채무액	800,000,000	부담부증여시 채무인수액
(=)	과세표준	800,000,000	
(×)	세율	3.8%	3.5%(기본세율) + 0.3%(지방교육세)
(=)	취득세	30,400,000	8억원 × 3.8%
	소계	30,400,000	
	구 분	금 액	채무승계분(매매취득세)
	취득가액	800,000,000	채무인수액 유상취득으로 간주
	과세표준	800,000,000	
(×)	세율	2.33%	(8억원 × 2/3억원 − 3) × 1% ≒ 2.33%
(=)	취득세	20,504,000	8억원 × 2.563%(2.33% + 2.33% × 10%)
	소계	20,504,000	
	총계	50,904,000	30,400,000(무상취득분) + 20,504,000(유상취득분)

종합 사례 2 다주택자인 부친이 무주택자인 성인 자녀에게 아파트를 부담부증여하는 경우

- **주택(85㎡ 이하)의 취득 및 증여에 관한 자료**

구 분		내 용
부친의 취득 내역	취득일자	2017. 7. 25.
	취득가액	실제 취득가액 3억원(공시가격 1.5억원)
부담부증여 내역	증여일자	2025. 2. 10.
	증여조건	48세 자녀가 담보대출금 4억원 및 임대보증금 5억원 승계
	공시가격	8억원(증여주택 기준시가)
기타 사항		부친 주택 취득시 취득세 등 부대비용 1억원 지출
		부친 증여주택 외 2주택 보유
		증여 당시 감정가액 및 유사매매사례가액 등 시가는 없음

해설 저당권 등 담보채무액(담보대출금, 임대보증금)이 설정된 주택을 부담부증여하는 경우 양도가액을 기준시가로 산정한 것으로 보아 취득가액도 취득 당시 기준시가를 적용하여 양도차익을 계산한다. 이 경우 취득가액을 기준시가로 적용하면 기타 필요경비는 실제 필요경비를 적용하지 않고 필요경비개산공제액(3%)을 적용한다.

1. 증여자(부친)의 양도소득세

구 분	금 액	계산 근거
양도가액	900,000,000	9억원 × 9억원/9억원
(−) 취득가액	150,000,000	1.5억원 × 9억원/9억원
(−) 기타필요경비	4,500,000	1.5억원 × 3% × 9억원/9억원
(=) 양도차익	745,500,000	(9억원 − 1.5억원 − 1.5억원 × 3%) × 9억원/9억원
(−) 장기보유특별공제	104,370,000	745,500,000 × 14%(7년 × 2%)
(=) 양도소득금액	641,130,000	
(−) 기본공제	2,500,000	
(=) 과세표준	638,630,000	
(×) 세율	42%	
(=) 산출세액	232,284,600	638,630,000 × 42% − 3,594만원(누진공제)
(+) 지방소득세	23,228,460	232,284,600 × 10%
(=) 총부담세액	255,513,060	

2. 수증자(자녀) 증여세 : 900,000,000원(증여가액) − 900,000,000원(채무액) = 0원(과세미달)

3. 수증자(자녀)의 취득세

	구 분	금 액	순수증여분(증여취득세)
	취득가액	800,000,000	기준시가(저당권 등 채권액은 시가에 해당하지 않음)
(-)	채무액	900,000,000	부담부증여시 채무인수액
(=)	과세표준	-	
(×)	세율	-	
(=)	취득세	-	
	소계	-	
	구 분	**금 액**	**채무승계분(매매취득세)**
	취득가액	900,000,000	채무인수액 유상취득으로 간주
	과세표준	900,000,000	
(×)	세율	2.33%	(9억원 × 2/3억원) × 1% ≒ 2.33%
(=)	취득세	23,067,000	9억원 × 2.563%(2.33% + 2.33% × 10%)
	소계	23,067,000	
	총계	23,067,000	0원(무상취득분) + 23,067,000(유상취득분)

종합 사례 3 다주택자인 부친이 무주택자인 성인 자녀에게 아파트를 부담부증여하는 경우

- **비조정대상지역 주택(85㎡ 초과)의 취득 및 증여에 관한 자료**

구 분		내 용
부친의 취득내역	취득일자	2014. 5. 1.
	취득가액	취득가액 불분명(공시가격 2억원)
부담부증여 내역	증여일자	2025. 2. 10.
	증여조건	42세 자녀가 임대보증금 4.8억원 승계
	매매사례가액	10억원(유사매매사례가액)
	감정가액	12억원(1개의 감정기관에서 감정한 감정가액)
	공시가격	8억원(기준시가)
기타 사항		부친은 증여 당시 증여한 아파트 외 2주택을 보유하고 있음

해설 해당 사례에서는 유사매매사례가액(10억원)과 감정가액(12억원)을 증여재산의 시가로 볼 수 있으나, 당해 주택의 감정가액이 유사자산의 매매사례가액보다 우선 적용되므로 감정가액을 증여재산으로 한다.

이 경우 감정가액은 2개의 감정평가기관에서 평가한 가액으로 적용하여야 하나, 기준시가가 10억원 이하인 경우에는 1개의 감정평가기관에서 평가한 가액도 인정된다.

1. 증여자(부친)의 양도소득세

	구 분	금 액	계산 근거
	양도가액	480,000,000	12억원 × 4.8억원/12억원
(−)	취득가액	120,000,000	12억원 × 2억원/8억원 × 4.8억원/12억원*
(−)	기타필요경비	2,400,000	2억원 × 3% × 4.8억원/12억원
(=)	양도차익	357,600,000	(12억원 − 3억원 − 2억원 × 3%) × 4.8억원/12억원
(−)	장기보유특별공제	71,520,000	357,600,000 × 20%(10년 × 2%)
(=)	양도소득금액	286,080,000	
(−)	기본공제	2,500,000	
(=)	과세표준	283,580,000	
(×)	세율	38%	
(=)	산출세액	87,820,400	283,580,000 × 38% − 1,994만원(누진공제)
(+)	지방소득세	8,782,040	87,820,400 × 10%
(=)	총부담세액	96,602,440	

* 4.8억원(양도가액) × 2억원/8억원 = 1.2억원(환산취득가액)

2. 수증자(자녀)의 증여세

	구 분	금 액	계산 근거
	증여재산가액	1,200,000,000	상증법상 평가액(감정가액 적용)
(−)	채무액	480,000,000	부담부증여시 채무인수액
(=)	증여세과세가액	720,000,000	
(−)	증여재산공제	50,000,000	성년자녀 5천만원 공제
(=)	과세표준	670,000,000	
(×)	세율	30%	
(=)	산출세액	141,000,000	670,000,000 × 30% − 6,000만원(누진공제)
(−)	신고세액공제	4,230,000	141,000,000 × 3%
(=)	납부할세액	136,770,000	

3. 수증자(자녀)의 취득세

	구 분	금 액	순수증여분(증여취득세)
	취득가액	1,200,000,000	2023. 1. 1. 이후부터는 시가(감정가액) 적용
(−)	채무액	480,000,000	부담부증여시 채무인수액
(=)	과세표준	720,000,000	
(×)	세율	4%	3.5%(기본세율) + 0.3%(지방교육세) + 0.2%(농어촌특별세)
(=)	취득세	28,800,000	720,000,000 × 4%
	소계	28,800,000	
	구 분	금 액	채무승계분(매매취득세)
	취득가액	480,000,000	채무인수액 유상취득으로 간주
	과세표준	480,000,000	
(×)	세율	1.3%	1%(기본세율) + 0.1%(지방교육세) + 0.2%(농어촌특별세)
(=)	취득세	6,240,000	480,000,000 × 1.3%
	소계	6,240,000	
	총계	35,040,000	28,800,000(무상취득분) + 6,240,000(유상취득분)

종합 사례 4 부친이 저당권 등이 설정된 상가를 아들에게 부담부증여하는 경우

• **상가의 취득 및 증여에 관한 자료**

구 분		내 용
부친의 취득 내역	취득일자	2017. 3. 10.
	취득가액	실제 취득가액 10억원(취득세 등 포함)
	공시가격	취득 당시 : 8억원(토지 5억원, 건물 3억원)
부담부증여 내역	증여일자	2025. 4. 25.
	증여조건	45세 아들이 담보대출금 5억원 및 임대보증금 6억원 승계
	공시가격	증여 당시 : 12억원(토지 8억원, 건물 4억원)
기타 사항		부친은 상가 증여 당시 월 임대료로 1천만원을 받고 있음
		감정가액 및 매매사례가액 등 시가는 없음

해설 저당권 등 담보채무액(담보대출금, 임대보증금)이 설정된 상가를 부담부증여하는 경우에는 저당권 등 채무액(11억원)과 임대료 등 환산가액(16억원) 및 기준시가(12억원) 중 큰 가액인 임대료 등 환산가액을 증여재산가액으로 하며, 임대료 등 환산가액은 양도가액을 기준시가로 산정한 것으로 보아 취득가액은 취득 당시 기준시가, 기타 필요경비는 필요경비개산공제액(3%)을 적용하여 양도차익을 계산한다.

▪ 임대료 등 환산가액 : 6억원(임대보증금) + 1천만원(월 임대료) × 100 = 16억원

1. 증여자(부친)의 양도소득세

	구 분	금 액	계산 근거
	양도가액	1,100,000,000	16억원 × 11억원/16억원
(−)	취득가액	550,000,000	8억원 × 11억원/16억원
(−)	기타필요경비	16,500,000	8억원 × 3% × 11억원/16억원
(=)	양도차익	533,500,000	(16억원 − 8억원 − 8억원 × 3%) × 11억원/16억원
(−)	장기보유특별공제	85,360,000	533,500,000 × 16%(8년 × 2%)
(=)	양도소득금액	448,140,000	
(−)	기본공제	2,500,000	
(=)	과세표준	445,640,000	
(×)	세율	40%	
(=)	산출세액	152,316,000	445,640,000 × 40% − 2,594만원(누진공제)
(+)	지방소득세	15,231,600	152,316,000 × 10%
(=)	총부담세액	167,547,600	

2. 수증자(아들)의 증여세

	구 분	금 액	계산 근거
	증여재산가액	1,600,000,000	상증법상 평가액(임대료 등 환산가액 적용)
(−)	채무액	1,100,000,000	부담부증여시 채무인수액
(=)	증여세과세가액	500,000,000	
(−)	증여재산공제	50,000,000	성년자녀 5천만원 공제
(=)	과세표준	450,000,000	
(×)	세율	20%	
(=)	산출세액	80,000,000	450,000,000 × 20% − 1,000만원(누진공제)
(−)	신고세액공제	2,400,000	80,000,000 × 3%
(=)	납부할세액	77,600,000	

3. 수증자(아들)의 취득세

	구 분	금 액	순수증여분(증여취득세)
	취득가액	1,200,000,000	기준시가(임대료 등 환산가액은 시가에 해당하지 않음)
(−)	채무액	1,100,000,000	부담부증여시 채무인수액
(=)	과세표준	100,000,000	
(×)	세율	4%	3.5%(기본세율) + 0.3%(지방교육세) + 0.2%(농어촌특별세)
(=)	취득세	4,000,000	100,000,000 × 4%
	소계	4,000,000	
	구 분	금 액	채무승계분(매매취득세)
	취득가액	1,100,000,000	채무인수액 유상취득으로 간주
	과세표준	1,100,000,000	
(×)	세율	4.6%	4%(기본세율) + 0.4%(지방교육세) + 0.2%(농어촌특별세)
(=)	취득세	50,600,000	1,100,000,000 × 4.6%
	소계	50,600,000	
	총계	54,600,000	4,000,000(무상취득분) + 50,600,000(유상취득분)

Chapter

6 부담부증여 자산 양도시 이월과세 적용 방법

1 부담부증여의 경우 이월과세 적용구분

앞서 "Chapter 3"에서 살펴본 바와 같이 배우자・직계존비속에 대한 이월과세(증여자 기준 취득가액 적용)는 무상으로 증여받는 자산에 대해서만 적용되는 규정이므로 부담부증여(유상 + 무상)로 취득한 자산을 10년 이내에 양도하는 경우 채무승계분은 유상으로 취득한 것이므로 이월과세를 적용하지 않고, 채무승계분을 제외한 순수증여분에 대해서만 이월과세를 적용한다.

따라서, 부담부증여로 취득한 자산을 10년 이내 양도하는 경우에는 이월과세가 적용되지 않는 채무승계분과 이월과세가 적용되는 순수증여분으로 구분하여 양도소득세를 계산해야 한다.

[부담부증여로 취득한 자산 양도시 이월과세 적용여부]

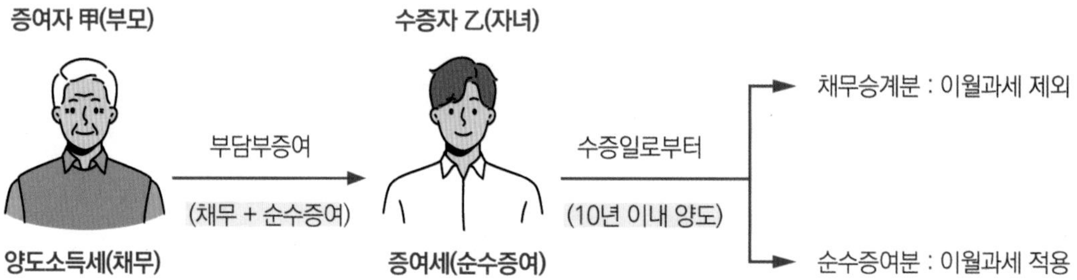

2 부담부증여 자산 이월과세 적용시 양도가액의 구분계산

부담부증여로 취득한 자산을 10년 이내 양도하는 경우 이월과세가 적용되지 않는 채무승계분의 양도가액은 전체 양도가액에 증여 당시 증여재산가액 중 채무액이 차지하는 비율을 곱한 금액으로 하는 것이며, 이월과세가 적용되는 순수증여분의 양도가액은 전체 양도가액에 증여재산가액 중 순수 증여재산가액이 차지하는 비율을 곱하여 계산한다.

이렇게 양도가액을 구분하는 이유는 부담부증여에 대한 채무승계분(이월과세 미적용)과 순수증여분(이월과세 적용)에 대한 양도차익 산정시 각각의 취득가액과 보유기간별 장기보유특별공제가 다르게 적용되기 때문이다.

- $$\text{채무승계분 양도가액} = \text{전체 양도가액} \times \frac{\text{채무액}}{\text{증여재산가액}}$$

- $$\text{순수증여분 양도가액} = \text{전체 양도가액} \times \frac{(\text{증여재산가액} - \text{채무액})}{\text{증여재산가액}}$$

예를 들어, 부모로부터 시가 5억원의 상가를 증여받으면서 해당 자산에 설정된 담보대출금 1.5억원을 인수한 후 해당 상가를 10년 이내 6억원에 양도하는 경우 채무승계분에 대한 양도가액은 전체 양도가액 6억원에 전체 증여재산가액 중 채무액이 차지하는 비율 30%를 곱한 1.8억원이 되며, 순수증여분에 대한 양도가액은 전체 양도가액 6억원에 전체 증여재산가액 중 순수 증여재산가액이 차지하는 비율 70%를 곱한 4.2억원이 된다.

[채무승계분과 순수증여분의 양도가액 구분계산]

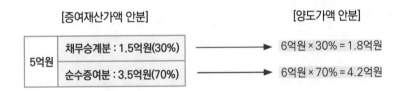

[증여재산가액 안분]			[양도가액 안분]
5억원	채무승계분 : 1.5억원(30%)	→	6억원 × 30% = 1.8억원
	순수증여분 : 3.5억원(70%)	→	6억원 × 70% = 4.2억원

3 부담부증여 자산 이월과세 적용시 취득가액 및 양도차익 구분계산

부담부증여로 취득한 자산을 10년 이내 양도하는 경우 취득가액도 양도가액 구분처럼 채무승계분과 순수증여분으로 구분하여 계산하되, 이월과세가 적용되지 않는 채무승계분은 해당 채무액이 취득가액이 되는 것이며, 이월과세가 적용되는 순수증여분의 취득가액은 증여자의 당초 취득가액에 증여재산가액 중 순수 증여재산가액이 차지하는 비율을 곱한 금액으로 한다.

- 채무승계분 취득가액 = 채무액
- 순수증여분 취득가액 = 증여자 취득가액 × $\frac{(\text{증여재산가액} - \text{채무액})}{\text{증여재산가액}}$

예를 들어, 앞선 사례에서 증여자의 취득가액을 2억원이라고 가정하면, 이월과세가 적용되지 않는 채무승계분의 취득가액은 채무액 1.5억원이 되는 것이며, 이월과세가 적용되는 순수증여분에 대한 취득가액은 증여자의 당초 취득가액 2억원에 증여재산가액 중 순수 증여재산가액이 차지하는 비율 70%를 곱한 1.4억원이 된다.

따라서, 이월과세가 적용되지 않는 채무승계분에 대한 양도차익은 0.3억원(1.8억원 - 1.5억원)이 되며, 이월과세가 적용되는 순수증여분에 대한 양도차익은 2.8억원(4.2억원 - 1.4억원)이 되는 것이다.

[채무승계분과 순수증여분의 양도차익 구분계산]

	구 분	이월과세가 적용되는 경우			이월과세가 적용되지 않는 경우
		채무승계분(30%)	순수증여분(70%)	합 계	
	양도가액	6억원 × 30% = 1.8억원	6억원 × 70% = 4.2억원	6억원	6억원
(-)	취득가액	1.5억원 (채무액)	2억원 × 70% = 1.4억원	2.9억원	5억원 (증여재산가액)
(=)	양도차익	0.3억원	2.8억원	3.1억원	1억원

4 부담부증여 자산 이월과세 적용시 기타 필요경비 구분계산

(1) 채무승계분과 순수증여분에 공통비용

증여자산 양도 당시 지출한 중개수수료 등 양도에 소요된 공통비용은 증여 당시 채무액과 순수 증여재산가액의 비율에 따라 안분하여 채무승계분과 순수증여분의 양도가액에서 각각 공제한다.

(2) 채무승계분에 대한 기타 필요경비(취득세)

채무승계분은 이월과세가 적용되지 않기 때문에 수증자가 지출한 채무액에 상당하는 유상 취득세는 전액 기타 필요경비(원칙은 취득가액 가산항목에 해당)로 공제한다.

(3) 순수증여분에 대한 기타 필요경비

증여자가 지출한 취득세(수증자가 지출한 순수증여분 취득세는 공제불가) 및 자본적지출액 등은 이월과세 적용 취득가액 산정과 동일하게 전체 증여재산가액 중 순수 증여재산가액이 차지하는 비율만큼 기타 필요경비로 공제하고, 수증자가 지출한 자본적지출액 및 양도비용과 수증자 부담 증여세 산출세액은 전액 기타 필요경비로 공제한다.

5 부담부증여 자산 이월과세 적용시 장기보유특별공제의 구분계산

(1) 채무승계분 양도차익에 대한 장기보유특별공제

이월과세가 적용되지 않는 채무승계분의 양도차익에 대해서는 "수증자가 증여받은 날로부터 양도일"까지의 보유기간에 따른 공제율을 적용하여 장기보유특별공제를 계산한다.

(2) 순수증여분 양도차익에 대한 장기보유특별공제

이월과세가 적용되는 순수증여분의 양도차익에 대해서는 "증여자가 당초 증여자산을 취득한 날로부터 수증자가 양도한 날"까지의 보유기간에 따른 공제율을 적용하여 장기보유특별공제를 계산한다.

종합 사례 부담부증여로 증여받은 주택을 5년 이내 양도하는 경우

• **비조정대상지역 주택(85㎡ 초과)의 취득 및 양도에 관한 자료**

구 분		내 용
부친의 취득 내역	취득일 및 취득가액	2014. 5. 1. 4억원
	은행차입금	2020. 10. 25. 담보대출금 5억원
부담부증여 내역	증여일자	2022. 5. 10. 담보대출금 인수조건으로 성년 아들에게 증여
	증여가액	감정가액 : 12억5천만원, 기준시가 : 7억원
양도일 및 양도가액		2025. 9. 15. 15억원
기타 사항		증여 당시 부친은 다주택자이며, 양도 당시 아들은 2주택 보유

해설 부담부증여로 취득한 주택을 양도하는 경우 채무승계분은 이월과세가 적용되지 않지만, 순수증여분은 이월과세가 적용된다.

이 경우 이월과세가 적용되는 순수증여분에 대해서는 다시 이월과세를 적용하여 계산한 양도소득세와 이월과세를 적용하지 않은 경우의 양도소득세를 비교하여 둘 중 큰 금액인 167,336,000원을 양도소득세로 신고납부해야 한다.

1. 수증자(아들)의 양도소득세

	구 분	이월과세가 적용되는 경우	이월과세가 적용되지 않는 경우
	양도가액	1,500,000,000	1,500,000,000
(−)	취득가액	740,000,000[1)]	1,250,000,000[2)]
(−)	기타필요경비	156,500,000[3)]	14,500,000[4)]
(=)	양도차익	603,500,000	235,500,000
(−)	장기보유특별공제	117,810,000[5)]	14,130,000
(=)	양도소득금액	485,690,000	221,370,000
(−)	기본공제	2,500,000	2,500,000
(=)	과세표준	483,190,000	218,870,000
(×)	세율	40%	38%
(−)	누진공제	25,940,000	19,940,000
(=)	산출세액	167,336,000	63,230,600
(+)	지방소득세	16,733,600	6,323,060
(=)	총부담세액	184,069,600	69,553,660

1) 이월과세가 적용되는 경우 취득가액은 채무승계분 5억원과 증여자의 취득가액 4억원에 순수증여가액 비율 60%를 곱한 가액 2.4억원의 합계액 7.4억원이다(아래의 계산 근거 참조).

2) 이월과세가 적용되지 않는 경우 취득가액은 증여 당시 증여재산가액(감정가액)을 적용한다.

3) 이월과세가 적용되는 경우 증여세 산출세액과 채무승계분(유상취득분) 취득세는 필요경비에 산입한다(증여세 및 취득세 산출내역 참고).

4) 무상취득분 취득세와 유상취득분 취득세의 합계액(취득세 산출내역 참조)

5) 이월과세가 적용되는 경우 순수증여분에 대하여는 당초 자산을 증여한 부친의 취득일부터 증여받은 자가 양도한 날까지의 보유기간에 대하여 장기보유특별공제를 적용하고, 채무승계분은 수증자가 증여일에 유상으로 취득한 것으로 보아 증여일부터 양도일까지의 보유기간에 대하여 장기보유특별공제를 적용한다. 이 경우 이월과세가 적용되는 경우 채무승계분과 순수증여분의 양도소득금액은 아래와 같이 구분하여 계산한다.

	구 분	채무승계분(40%)	순수증여분(60%)	합 계
	양도가액	600,000,000주1)	900,000,000주2)	1,500,000,000
(−)	취득가액	500,000,000주3)	240,000,000주4)	740,000,000
(−)	기타필요경비	6,500,000주5)	150,000,000주6)	156,500,000
(=)	양도차익	93,500,000	510,000,000	603,500,000
(−)	장기보유특별공제	5,610,000주7)	112,200,000주8)	117,810,000
(=)	양도소득금액	87,890,000	397,800,000	485,690,000

주1) $1,500,000,000 \times \frac{500,000,000}{1,250,000,000} = 600,000,000$

주2) $1,500,000,000 \times \frac{(1,250,000,000 - 500,000,000)}{1,250,000,000} = 900,000,000$

주3) 채무액(500,000,000)이 취득가액이 된다.

주4) 400,000,000(증여자의 취득가액) × $\frac{(1,250,000,000 - 500,000,000)}{1,250,000,00}$ =240,000,000

주5) 유상취득분(채무승계분) 취득세(취득세 산출내역 참고)

주6) 수증자가 부담한 증여세 산출세액

주7) 93,500,000 × 6%(3년 × 2%) = 5,610,000
- 보유기간 : 증여일부터 양도일까지 적용

주8) 510,000,000 × 22%(11년 × 2%) = 112,200,000
- 보유기간 : 증여자의 취득일부터 양도일까지 적용

2. 수증자(아들)의 증여세

	구 분	금 액	계산 근거
	증여재산가액	1,250,000,000	상증법상 평가액(감정가액 적용)
(−)	채무액	500,000,000	부담부증여시 채무인수액
(=)	증여세과세가액	750,000,000	
(−)	증여재산공제	50,000,000	성년자녀 5천만원 공제
(=)	과세표준	700,000,000	
(×)	세율	30%	
(=)	산출세액	150,000,000	700,000,000 × 30% − 6,000만원(누진공제)
(−)	신고세액공제	4,500,000	150,000,000 × 3%
(=)	납부할세액	145,500,000	

3. 수증자(아들)의 취득세

	구 분	금 액	순수증여분(증여취득세)
	취득가액	700,000,000	2022. 12. 31. 이전 증여분 기준시가 적용
(−)	채무액	500,000,000	부담부증여시 채무인수액
(=)	과세표준	200,000,000	
(×)	세율	4%	비조정대상지역 증여주택 취득세율
(=)	취득세	8,000,000	200,000,000 × 4%
	소계	8,000,000	
	구 분	금 액	채무승계분(매매취득세)
	취득가액	500,000,000	채무인수액 유상취득으로 간주
	과세표준	500,000,000	
(×)	세율	1.3%	비조정대상지역 2번째 취득주택 취득세율(기본세율)
(=)	취득세	6,500,000	500,000,000 × 1.3%
	소계	6,500,000	
	총계	14,500,000	8,000,000 + 6,500,000

Chapter

7 배우자 등에게 양도한 재산의 증여추정

배경 및 취지

특수관계인 간에 재산을 이전하면서 거래실질은 증여이나 형식상 양도로 가장(假裝)하여 변칙적으로 증여세를 탈루하는 것을 방지하기 위하여 양도행위를 부인하고 증여로 추정하는 것이다.

1 배우자 또는 직계존비속에게 직접 양도한 재산의 증여추정

배우자 또는 직계존비속에게 양도한 재산은 양도자가 그 재산을 양도한 때에 그 재산가액을 배우자 또는 직계존비속이 증여받은 것으로 추정하여 이를 배우자 또는 직계존비속의 증여재산가액으로 한다. 다만, 배우자 또는 직계존비속에게 대가를 받고 양도한 사실이 명백한 경우에는 증여로 추정하지 않는다(상증법 §44 ①).

[배우자 등에게 직접 양도한 재산에 대한 증여추정]

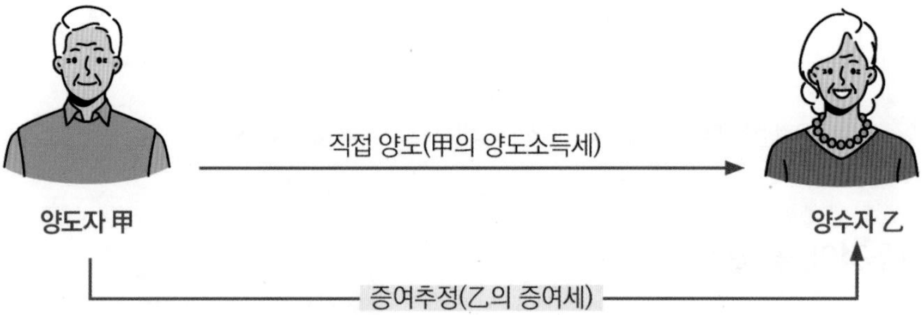

▪ 양수자 乙 : 양도자 甲의 배우자 또는 직계존비속

2 배우자 또는 직계존비속에게 우회 양도한 재산의 증여추정

(1) 적용 요건

특수관계인에게 양도한 재산을 그 특수관계인(양수자)이 양수일부터 3년 이내에 당초 양도자의 배우자 또는 직계존비속에게 다시 양도한 때에 그 재산가액을 당초 양도자가 그 배우자 또는 직계존비속에게 증여한 것으로 추정한다. 다만, 당초 양도자 및 양수인(특수관계인)이 부담한 양도소득세 결정세액을 합친 금액이 당초 양도자의 배우자 또는 직계존비속이 증여받은 것으로 추정할 경우의 증여세보다 큰 경우에는 증여로 추정하지 않는다(상증법 §44 ②).

이 경우 당초 양도자의 배우자 또는 직계존비속에게 증여세가 부과된 경우에는 당초 양도자 및 양수자(2차 양도인)가 납부한 양도소득세는 환급해야 한다(상증법 §44 ④).

해당 규정은 Chapter4에서 설명한 "증여 후 우회양도에 대한 부당행위계산부인"과 매우 유사하므로 관련 내용과 비교하여 학습하기 바란다.

[배우자 등에게 우회 양도한 재산에 대한 증여추정]

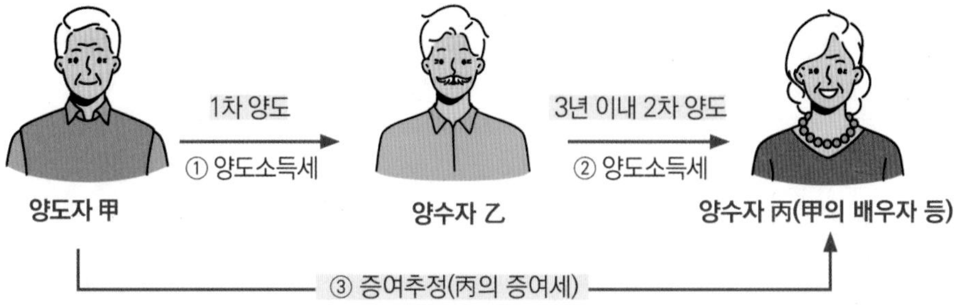

▪ 적용요건 : ③ 丙의 증여세 > (① 甲의 양도소득세 + ② 乙의 양도소득세)

(2) 증여추정의 필요성

다주택자인 부모가 8억원에 취득한 주택을 2년 6개월간 보유하다 성년 자녀에게 시가 10억원에 증여하는 경우 증여가액 10억원에 대한 증여세 산출세액은 2.25억원이 되지만, 해당 주택을 먼저 배우자 또는 자녀 이외 동생에게 양도하여 양도차익 2억원에 대하여 5천 6백만원의 양도소득세를 납부한 후, 해당 주택을 동생이 단기간 내에 당초 양도자의 자녀에게 양도할 경우 납부할 세액은 거의 없으므로 결국 당초 양도자(부모)는 자녀에게 시가

10억원의 재산을 증여하고 5천 6백만원의 양도소득세만 납부하게 되는 것이다.

[직접 증여시 증여세]

증여자(부모) → 수증자(성년 자녀)	
증여재산가액	10억원
증여재산공제	0.5억원
과세표준	9.5억원
산출세액	2.25억원1)

[우회 양도에 따른 양도소득세]

양도자(형) → 양수자(동생)		양수자 → 양도자의 자녀	
양도가액	10억원	양도가액	10억원
취득가액	8억원	취득가액	10억원
과세표준	2억원	과세표준	-
산출세액	0.56억원2)	산출세액	-

1) 950,000,000원 × 30% - 60,000,000원(누진공제) = 225,000,000원

2) 200,000,000원(기본공제 250만원 생략) × 38% - 19,940,000원(누진공제) = 56,060,000원

위와 같이 양도차익이 적은 재산을 먼저 배우자 또는 직계존비속 이외 특수관계인에게 양도하여 소액의 양도소득세를 납부한 후, 그 특수관계인(양수인)이 당초 양도자의 배우자 또는 직계존비속에게 다시 양도함에 따라 증여세가 줄어드는 것을 방지하기 위하여 "우회 양도에 따른 증여추정 규정"을 적용하여 당초 양도자의 배우자 등에게 증여세를 과세하고 당초 양도자(1차 양도자) 및 그 특수관계인(2차 양도자)이 이미 납부한 양도소득세는 취소(환급)되는 것이다.

3 증여추정 적용제외

해당 재산이 아래의 어느 하나에 해당하는 경우에는 「상속세 및 증여세법」 제44조 제1항과 제2항의 규정을 적용하지 아니한다(상증법 §44 ③).

① 법원의 결정으로 경매절차에 따라 처분된 경우
② 파산선고로 인하여 처분된 경우
③ 「국세징수법」에 따라 공매(公賣)된 경우
④ 배우자 등에게 대가를 받고 양도한 사실이 명백히 인정되는 경우로서 「상속세 및 증여세법 시행령」 제33조에서 정하는 경우

Chapter

8 거짓계약서 작성에 따른 비과세 · 감면 배제

1 기본 내용

부동산 또는 분양권을 매매하고 세금을 적게 낼 목적으로 실제 계약서가 아닌 거짓계약서(다운계약서[1], 업계약서[2])를 작성하면 양도자와 양수자 모두 양도소득세의 비과세 또는 감면규정을 적용받을 수 없을 뿐만 아니라 가산세와 과태료까지 추가되어 세부담이 가중된다.

1) 실제 매매가격보다 낮은 가격에 작성한 계약서

2) 실제 매매가격보다 높은 가격에 작성한 계약서

(1) 다운계약서(Down계약서)를 작성하는 이유

양도자는 양도가액을 낮춰 양도소득세를 줄일 수 있는 반면 양수자는 취득가액을 낮춰 취득세를 줄일 수 있고, 추후 낮게 취득한 부동산을 양도함에 따라 양도차익이 크더라도 1세대 1주택 비과세나 자경농지 감면을 적용받아 관련 양도소득세를 줄일수 있다.

- 양도자는 양도가액을 낮춰 양도소득세 축소 신고
- 양수자는 저가 취득한 부동산 양도시 1세대 1주택 비과세 또는 자경감면 적용

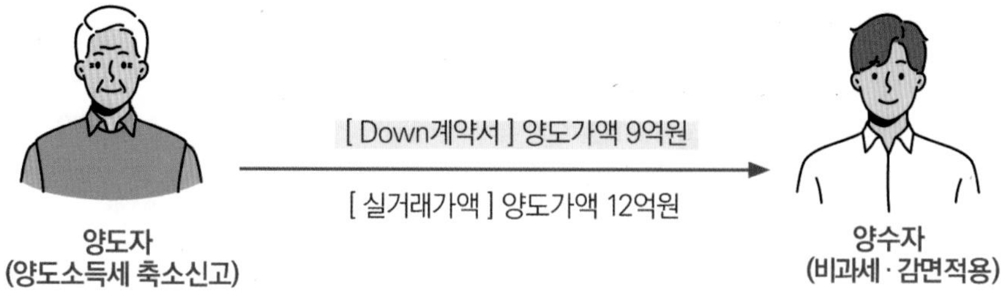

(2) 업계약서(Up계약서)를 작성하는 이유

양도자가 양도하는 부동산이 1세대 1주택인 경우 비과세를 적용받거나, 감면대상 자경농지인 경우 1억원까지 세액감면을 적용받기 때문에 양도가액을 높이더라도 납부해야 할 양도소득세가 거의 없거나 줄일 수 있는 반면 고가 매입한 양수자는 해당 부동산을 양도함에 따라 취득가액을 높여 관련 양도소득세를 줄일 수 있다.

- 양도자는 주택 12억원까지 비과세 적용 또는 자경농지 산출세액 1억원까지 자경감면 적용
- 양수자는 고가 취득한 부동산 양도시 양도소득세 축소 신고

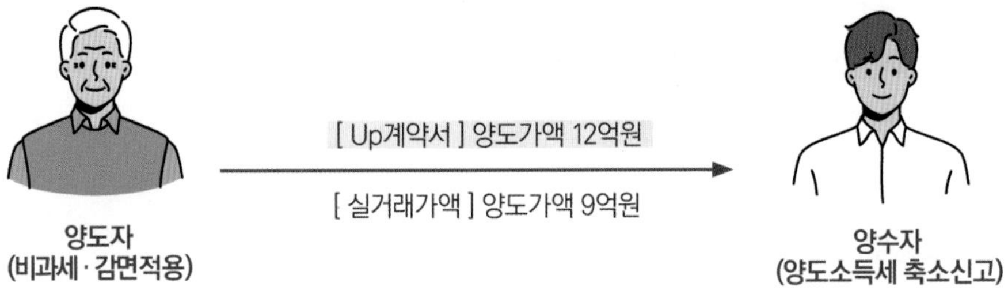

2 거짓계약서를 작성한 경우 불이익

(1) 양도소득세 비과세 및 세액감면 적용배제

1세대 1주택 비과세대상 주택이나 자경농지에 대한 감면 요건을 충족한 토지를 양도하고 거짓계약서를 작성하여 비과세 또는 감면을 적용받은 경우에는 양도자 및 양수자에게 아래의 ①과 ② 중 적은 금액에 대해서는 비과세 또는 감면을 적용하지 않는다(소득법 §91 ②, 조특법 §129 ①).

① 비과세(감면)를 적용하지 않은 경우의 산출세액
② 거짓계약서상 거래가액과 실제 거래가액과의 차액

예를 들어, 양도자 甲은 양도소득세를 탈루할 목적으로 실제 7억원의 주택분양권 양도가액을 다운계약서를 작성하여 5억원으로 신고하였고, 허위 계약한 乙은 향후 주택분양권에 의해 완성된 신축주택을 양도하면서 1세대 1주택 비과세를 신고한 경우 甲에게는 축소 신고한 양도가액(2억원)에 상당하는 양도소득세가 추징되며, 乙이 양도한 주택에 대해서는 1세대 1주택 비과세 요건을 충족하였더라도 비과세 혜택이 박탈되므로 乙은 허위 거래가액(2억원)과 산출세액 중 적은 금액을 양도소득세로 납부해야 하는 것이다.

(2) 40%의 높은 무(과소)신고 가산세 적용

1) **무(과소)신고가산세** : 무(과소)신고한 납부세액의 최고 40%에 해당하는 가산세가 부과된다.
2) **납부지연가산세** : 납부하지 않은 세액 또는 과소납부세액의 (과소)납부일수당 0.022%에 해당하는 가산세가 부과된다.

(3) 과태료 부과

「부동산거래신고등에 관한 법률」에 따라 실제 거래가격과 신고가격의 차액에 대해 「부동산 거래신고 등에 관한 법률」 제28조에 따라 취득가액의 10% 이하에 해당하는 과태료가 부과된다.

(4) 국세 부과제척기간 10년 적용

거짓계약서를 작성한 경우에는 사기나 그 밖의 부정한 행위로 국세를 포탈한 것으로 보아 그 국세를 부과할 수 있는 날부터 10년의 부과제척기간을 적용한다.

(5) 기타

1) 「공인중개사법」 제38조 및 제39조에 따라 공인중개사 사무소의 개설등록 취소 또는 6개월 이내의 업무정지 처분을 받을 수 있다.
2) 현금영수증 발급의무를 위반한 자에 대해서는 미발급한 금액의 20%에 상당하는 가산세가 부과된다(소득법 §81의9, 법인법 §75의6).

종합 사례 1 1세대 1주택 비과세 주택을 양도하면서 거짓계약서(Up계약서)를 작성한 경우

- 甲은 5억원에 취득한 주택을 5년간 보유 및 거주한 후 2025. 1. 25.에 9억원에 양도하면서 거래상대방인 乙의 요구에 따라 12억원에 양도한 것으로 업계약서를 작성하고 1세대 1주택 비과세로 신고하였다.
- 乙은 당해 주택에 3년 보유 및 거주하다 丙에게 18억원에 양도하고, 취득가액을 12억원으로 하여 1세대 1주택(고가주택) 비과세 신고하였다.

※ 납부지연가산세 부과시 미납부일수는 1,000일로 가정한다.

해설

1. 甲의 양도소득세 추징세액

[Min(①, ②) = 117,060,000] + 72,577,200(가산세) = 189,637,200

① 비과세를 적용하지 않은 경우 산출세액 : 117,060,000

	구 분	금 액	계산 근거
	양도가액	900,000,000	실제 양도가액
(-)	취득가액	500,000,000	실제 취득가액
(=)	양도차익	400,000,000	
(-)	장기보유특별공제	40,000,000	400,000,000 × 10%(5년×2%)
(=)	양도소득금액	360,000,000	
(-)	양도소득기본공제	2,500,000	
(=)	양도소득과세표준	357,500,000	
(×)	세율	40%	
(=)	산출세액	117,060,000	357,500,000 × 40% - 2,594만원(누진공제)
(+)	부당과소신고가산세	46,824,000	117,060,000 × 40%
(+)	납부지연가산세	25,753,200	117,060,000 × 0.022% × 1,000일
(=)	결정세액	189,637,200	

② 거짓계약서상 거래가액과 실제 거래가액과의 차액

= 1,200,000,000 - 900,000,000 = 300,000,000

2. 乙의 양도소득세 추징세액

[Min(①, ②) = 281,445,000] + 174,495,900(가산세) = 455,940,900

① 비과세를 적용하지 않은 경우 산출세액 : (318,330,000 - 36,885,000) = 281,445,000

	구 분	신 고	경 정	계산 근거
	양도가액	1,800,000,000	1,800,000,000	
(-)	취득가액	1,200,000,000	900,000,000	
(=)	양도차익	600,000,000	900,000,000	
	고가주택양도차익	200,000,000	900,000,000	경정시 비과세 배제
(-)	장기보유특별공제	48,000,000	54,000,000	장특공제율(신고 24%, 경정 6%)
(=)	양도소득금액	152,000,000	846,000,000	
(-)	양도소득기본공제	2,500,000	2,500,000	
(=)	양도소득과세표준	149,500,000	843,500,000	
(×)	세율	35%	42%	
(-)	누진공제	15,440,000	35,940,000	
(=)	산출세액	36,885,000	318,330,000	
(+)	부당과소신고가산세	-	112,578,000	(318,330,000 - 36,885,000) × 40%
(+)	납부지연가산세	-	61,917,900	281,445,000* × 0.022% × 1,000일
(=)	결정세액	36,885,000	492,825,900	

* 318,330,000(경정 산출세액) - 36,885,000(신고 산출세액) = 281,445,000

② 거짓계약서상 거래가액과 실제 거래가액과의 차액
= 1,200,000,000 - 900,000,000 = 300,000,000

보충 설명

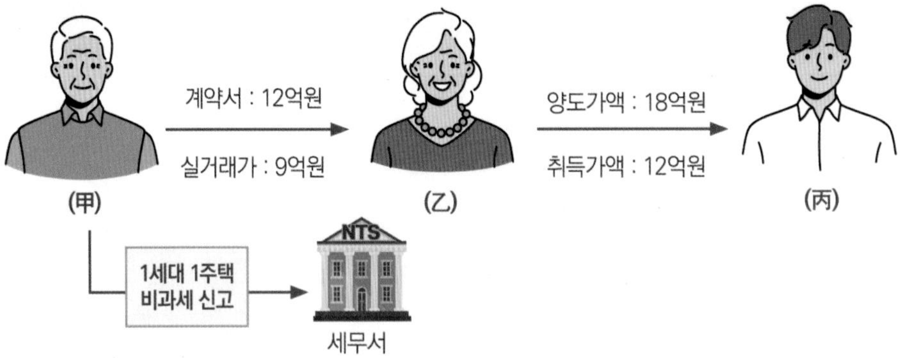

위 사례와 같이 甲은 허위로 계약서를 작성하여 양도가액을 12억원으로 신고하여도 양도차익 전액에 대하여 1세대 1주택 비과세를 받을 수 있고, 乙은 취득가액을 12억원으로 높인 후 주택을 양도할 경우 양도소득세를 탈루할 수 있는 점을 이용하여 Up계약서를 작성하고 양도소득세를 신고한 사실이 확인되는 경우 甲과 乙에게 양도소득세가 추징된다.

종합 사례 2 종전 양도자가 양도소득세 회피목적으로 거짓계약서(Down계약서)를 작성한 경우

- 다주택자인 甲은 2억원에 취득한 주택을 3년간 보유한 후 2025. 4. 10.에 5억원에 양도하면서 양도가액을 3억원으로 다운계약서를 작성하여 양도소득세를 신고 · 납부하였다.
- 乙은 당해 주택을 2년 후 丙에게 8억원에 양도하고 1세대 1주택 비과세로 신고하였다.

※ 납부지연가산세 부과시 미납부일수는 600일로 가정한다.

해설

1. 甲의 양도소득세 추징세액

123,342,420 - 16,585,000 = 106,757,420

	구 분	신 고	경 정	계산 근거
	양도가액	300,000,000	500,000,000	
(-)	취득가액	200,000,000	200,000,000	
(=)	양도차익	100,000,000	300,000,000	
(-)	장기보유특별공제	6,000,000	18,000,000	양도차익 × 6%(3년 × 2%)
(=)	양도소득금액	94,000,000	282,000,000	
(-)	양도소득기본공제	2,500,000	2,500,000	
(=)	양도소득과세표준	91,500,000	279,500,000	
(×)	세율	35%	38%	
(-)	누진공제	15,440,000	19,940,000	
(=)	산출세액	16,585,000	86,270,000	
(+)	부당과소신고가산세	-	27,874,000	(86,270,000 - 16,585,000) × 40%
(+)	납부지연가산세	-	9,198,420	69,685,000* × 0.022% × 600일
(=)	결정세액	16,585,000	123,342,420	

* 86,270,000(경정 산출세액) - 16,585,000(신고 산출세액) = 69,685,000

2. 乙의 양도소득세 추징세액

[Min(①, ②) = 93,110,000] + 49,534,520(가산세) = 142,644,520

① 비과세가 적용되지 않는 경우 산출세액 : 93,110,000

	구 분	금 액	계산 근거
	양도가액	800,000,000	실제 양도가액
(−)	취득가액	500,000,000	실제 취득가액
(=)	양도차익	300,000,000	비과세 배제
(−)	장기보유특별공제	−	3년 미만 보유 장기보유특별공제 배제
(=)	양도소득금액	300,000,000	
(−)	양도소득기본공제	2,500,000	
(=)	양도소득과세표준	297,500,000	
(×)	세율	38%	
(=)	산출세액	93,110,000	297,500,000 × 38% − 1,994만원(누진공제)
(+)	부당과소신고가산세	37,244,000	93,110,000 × 40%
(+)	납부지연가산세	12,290,520	93,110,000 × 0.022% × 600일
(=)	결정세액	142,644,520	

② 실제 거래가액과 거짓계약서상 거래가액과의 차액
= 500,000,000 − 300,000,000 = 200,000,000

보충 설명

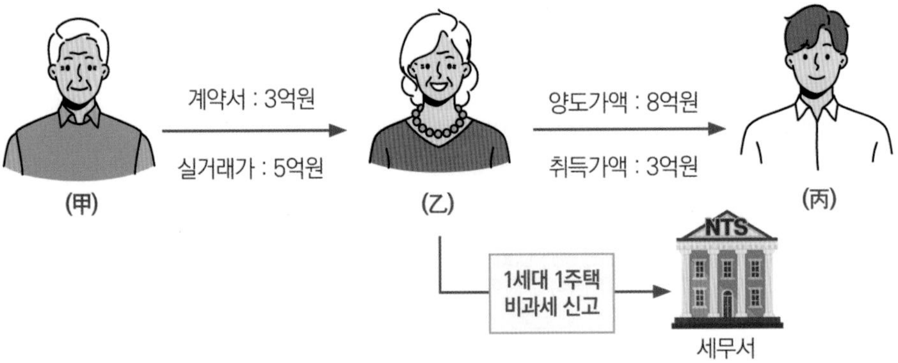

위 사례와 같이 甲이 양도소득세를 탈루할 목적으로 실제 양도가액보다 낮은 가액으로 허위계약서를 작성하여 양도소득세를 신고한 후, 주택을 매수한 乙이 1세대 1주택 비과세를 적용받은 사실이 확인되는 경우 甲과 乙에게 양도소득세가 추징된다.

Chapter

9 부동산매매업과 주택신축판매업의 세법상 차이

1 개요

(1) 부동산매매업의 범위

"부동산매매업"이란 한국표준산업분류에 따른 비주거용 건물건설업(건물을 자영건설하여 판매하는 경우만 해당)과 부동산 개발·공급업 및 구입한 주거용 건물 재판매하는 경우를 말한다(소득령 §122 ①).

(2) 주택신축판매업의 범위

"주택신축판매업"이란 주거용 건물 개발 및 공급업을 말한다(소득령 §122 ① 단서). 여기서 주의할 사항은 주거용 건물을 신축하여 판매(분양)하는 경우는 주택신축판매업에 해당하나, 주거용 건물을 신축하지 않고 취득하여 재판매하는 경우에는 부동산매매업으로 분류된다는 점이다.

[부동산매매업과 주택신축판매업에 대한 주요 세법상 차이]

구 분		부동산매매업	주택신축판매업
매매차익 예정신고 의무		있음	없음
세액계산 특례 적용 여부		특례 적용(비교세율)	특례 제외(기본세율)
중과대상 주택 수 포함 여부		포함	제외
비과세 판단시 주택 수		제외	제외
종합부동산세 합산 여부		합산과세	사용승인 후 5년간 합산배제
중소기업 여부		중소기업 불가	중소기업 가능
부가가치세 (부동산공급)	과세	상가 및 전용면적 85㎡ 초과 주택	전용면적 85㎡ 초과 주택
	면세	토지 및 전용면적 85㎡ 이하 주택*	

* 주거용 오피스텔은 전용면적 85㎡ 이하인 경우에도 주택법상 주택이 아니므로 부가가치세 과세대상임

비교 학습

부가가치세법상 부동산매매업의 정의(부가칙 §2 ②)

1. 부동산 매매(주거용 또는 비거주용 건축물 및 그 밖의 건축물을 자영건설하여 분양 · 판매하는 경우를 포함한다) 또는 그 중개를 사업목직으로 나타내어 부동산을 판매하는 사업
2. 사업상 목적으로 1과세기간 중에 1회 이상 부동산을 취득하고 2회 이상 판매하는 사업

(3) 사업소득과 양도소득의 구분기준

부동산의 양도로 인한 소득이 사업소득인지 혹은 양도소득인지는 양도인의 부동산 취득 및 보유현황, 양도의 규모, 거래횟수, 계속성 · 반복성 등에 비추어 그 양도가 수익목적으로 하고 있으면 사업소득으로 볼 수 있으나, 사업목적 없이 단순히 부동산을 일시적 · 우발적으로 양도하는 경우에는 양도소득에 해당하는 것이다.

이 경우 부동산의 양도거래가 사업소득 또는 양도소득인지 여부는 단지 당해 양도 부동산에 대한 것뿐만 아니라, 양도인이 보유하고 있는 부동산 전반에 걸쳐 양도가 행하여진 시기의 전후를 통한 모든 사정을 참작하여 판단하는 것이다(대법원 2012두7370, 2014. 3. 13).

[부동산매매업 및 주택신축판매업의 사업소득과 양도소득의 비교]

구 분	사업소득		양도소득
	부동산매매업	주택신축판매업	
매매차익 예정신고 의무	있음	없음	있음
이자비용 필요경비 공제 여부	공제 가능	공제 가능	공제 불가
수익적 지출 필요경비 공제 여부	공제 가능	공제 가능	공제 불가
결손금 이월가능 여부	결손금 10년 이월	결손금 10년 이월	양도차손 이월 불가

2 부동산매매업자의 토지 등 매매차익 예정신고

부동산매매업자는 토지 또는 건물의 매매차익과 그 세액을 매매일이 속하는 달의 말일부터 2개월이 되는 날까지 아래와 같이 계산한 세액을 납세지 관할 세무서장에게 신고하여야 한다. 이 경우 토지 등의 매매차익이 없거나 매매차손이 발생하였을 때에도 신고하여야 한다(소득법 §69 ①).

여기서 주의할 사항은 부동산매매업자의 토지 등 매매차익에 대한 예정신고시에는 양도소득기본공제를 적용하지 않으며, 토지 등의 보유기간이 2년 미만인 경우에도 단기세율(40% ~ 50%)이 아닌 기본세율을 적용한다는 점이다.

• (매매가액 - 취득가액 - 자본적지출액 - 양도비용 - 장기보유특별공제) × 기본세율

관련 해석 사례

오피스텔을 신축하여 판매하는 사업은 「소득세법」 제64조 제1항의 부동산매매업에 해당하며, 같은 법 제69조에 따라 토지등 매매차익예정신고 및 납부를 하여야 하는 것이다(법규소득-0887, 2023. 6. 26).

3 부동산매매업자의 종합소득세 확정신고시 세액계산의 특례

부동산매매업자의 종합소득금액에 중과대상 자산(2021. 1. 1. 이후 취득한 분양권, 비사업용토지, 조정대상지역 내 중과대상 주택, 미등기양도자산)의 매매차익이 포함되어 있는 경우에는 아래와 같이 종합소득세와 양도소득세를 비교하여 그 중 많은 금액을 산출세액으로 한다(소득법 §64 ①).

여기서 주의할 사항은 세액계산의 특례는 확정신고시에만 적용되는 것이며, 토지 등 매매차익예정신고를 한 경우에도 확정신고를 하지 않으면 예정신고한 토지 등 매매차익도 무신고한 소득금액으로 보아 신고불성실가산세가 적용된다는 점이다.

• 종합소득산출세액 = Max(①, ②)
① 일반산출세액 = 종합소득과세표준 × 기본세율
② 비교산출세액 = (종합소득과세표준 - 토지등매매차익) × 기본세율 + (토지등매매차익 - 장기보유특별공제 - 양도소득기본공제) × 양도소득세율
※ 토지등매매차익 = 해당 토지등매매가액 - (취득가액 + 자본적지출액 + 양도비용)

배경 및 취지

부동산매매업자가 종합소득세로 신고(매매차익 예정신고)한 중과대상 자산은 양도소득세에 관한 규정과 계산구조가 매우 유사한 점을 감안하여 기본세율을 적용한 종합소득세와 중과세율을 적용한 양도소득세를 비교하여 둘 중 큰 세액을 종합소득 산출세액으로 하는 것이다.

종합 사례 종합소득세 확정신고시 부동산매매업자의 세액계산 특례(비교과세) 적용 방법

- **부동산매매업자의 부동산 취득 및 양도에 관한 자료**

구 분	상 가	비사업용 토지
취득일 및 취득가액	2023. 6. 10. 5억원	2016. 7. 20. 2억원
양도일 및 양도가액	2025. 4. 25. 7억원	2025. 9. 15. 6억원
기타 필요경비	2천만원	1천만원
종합소득과세표준(가정)	3억원	
세액공제	320,000원	

해설

1. 부동산매매차익 예정신고

구 분	상 가	비사업용 토지
양도가액	700,000,000	600,000,000
(−) 취득가액	500,000,000	200,000,000
(−) 기타필요경비	20,000,000	10,000,000
(=) 부동산매매차익	180,000,000	390,000,000
(−) 장기보유특별공제	−	70,200,000
(×) 세율	38%[1]	50%[2]
(−) 누진공제	19,940,000	25,940,000
(=) 산출세액	48,460,000	133,960,000

1) 예정신고시 보유기간이 2년 미만인 경우에도 기본세율을 적용한다.
2) 비사업용 토지 중과세율 : 40%(기본세율) + 10%(추가세율)

2. 확정신고(세액계산 특례)

1) 종합소득 과세표준 : 300,000,000
2) 종합소득 산출세액 : Max(①, ②) = 132,710,000
   ① 기본세율 적용 산출세액 : 300,000,000 × 38% − 19,940,000(누진공제) = 94,060,000
   ② 비교산출세액 : (300,000,000 − 390,000,000) × 기본세율 + (390,000,000 − 70,200,000 − 2,500,000) × 50% − 2,594만원(누진공제) = 132,710,000
3) 결정세액 : 132,710,000 − 320,000(세액공제) = 132,390,000
4) 차감납부세액 : 132,390,000 − 182,420,000*(예정신고 기납부세액) = △50,030,000(환급세액)
   * 48,460,000 + 133,960,000

핵심

양도소득세

사례로 이해하는

핵심
양도소득세

PART 8

농지 등에 대한 감면과 중과대상 비사업용 토지

Chapter

1 농지 등에 대한 양도소득세 및 증여세 감면

I 자경농지에 대한 양도소득세 감면

1 감면 요건

농지소재지에 거주하는 거주자가 8년 이상(경영이양직접지불보조금 지급대상 농지를 한국농어촌공사 등에 양도하는 경우에는 3년 이상) 직접 경작한 농지를 양도하는 경우 그 양도로 인해 발생하는 소득에 대해서는 양도소득세를 100% 감면한다(조특법 §69 ①). 이 경우 자경농지에 대한 양도소득세 감면세액은 다른 감면세액과 합산하여 1년간 1억원, 5년간은 2억원을 한도로 감면을 적용한다(조특법 §133 ①).

다만, 농지소재지가 시(市)의 동(洞)지역의 주거・상업・공업지역에 편입되거나 농지에서 농지 외의 토지로 환지예정지 지정을 받은 경우로서 그 편입일(또는 지정일)부터 3년이 지난 농지는 감면대상에서 제외된다(조특령 §66 ④).

비교 학습

농지의 교환시 비과세

자기가 직접 경작하던 농지를 경작상 필요에 의하여 교환하는 농지는 양도소득세 비과세를 적용받을 수 있는데, 그 요건은 ① 교환하는 쌍방 토지가액의 차액이 가액이 큰 편의 1/4 이하이어야 하고, ② 교환에 의하여 새로이 취득하는 농지를 3년 이상 농지소재지에 거주하면서 경작해야 한다(소득령 §153 ①).

(1) 대상자(거주자)

자경농지에 대한 감면규정은 양도일 현재 거주자에 한하여 적용되는 것이므로 비거주자는 감면받을 수 없다. 다만, 거주자가 비거주자가 된 날부터 "2년 이내"에 감면요건을 갖춘 농지를 양도하는 경우에는 감면규정을 적용받을 수 있다(조특령 §66 ① 괄호).

(2) 거주(在村)요건

자경농지 감면을 적용받으려면 농지가 소재하는 시(세종특별자치시와 특별자치도의 행정시 포함)·군·구(서울특별시와 광역시 내 區. 이하 "자치구"라 한다) 안의 지역 또는 그 지역과 연접(바다로 연접한 경우 포함)한 시·군·구 안의 지역에서 거주하거나 해당 농지로부터 직선거리 30km 이내에 거주해야 한다. 이 경우 경작개시 당시에는 당해 지역에 해당하였으나 행정구역개편 등으로 이에 해당하지 아니하게 된 지역을 포함한다(조특령 §66 ①).

예를 들어, 수원시 팔달구에 거주하는 자가 용인시 처인구에 농지를 경작하는 경우 팔달구와 처인구는 구청장을 선거로 선출하는 자치구가 아니므로 재촌요건은 수원시와 용인시를 기준으로 판단하므로 두 지역은 행정구역상 서로 붙어 있어 연접지역에 해당한다.

다른 예로, 용인시에 거주하는 자가 이천시 여주군(용인시와 이천시는 연접)에 농지를 경작하다가 2013년에 행정구역 개편으로 여주군이 시(市)로 승격됨에 따라 양도 당시 용인시와 여주시는 연접하지 않지만 경작개시 당시에는 연접지역에 해당하므로 자경감면을 받을 수 있다. 그러나, 행정구역 개편 이후 여주시의 농지를 취득하면 용인시와 연접하지 않아 감면을 적용받을 수 없다. 다만, 여주시에 있는 농지로부터 30km 이내 용인시에 거주하는 경우에는 자경감면을 적용받을 수 있다.

관련 해석 사례

1. 농지로부터 직선거리 30km 이내의 지역(거주지에서부터 농지소재지까지 두 점을 직선으로 연결할 가장 짧은 거리) 판단시 농지 소유자가 아파트에 거주하는 경우에는 해당 농지로부터 농지 소유자가 거주하는 주소(아파트의 동 출입구)까지의 직선거리를 기준으로 판단하며, 이 경우 절사나 반올림 없이 실제 거리를 기준으로 하는 것이다(법규재산－5521, 2023. 2. 23).
2. 경상남도 진주시와 창원시(2010. 7. 1. 마산시·창원시·진해시가 통합된 창원시를 말함)는 연접한 시에 해당하나(부동산거래관리과－1155, 2010. 9. 15), 2010. 6. 30. 이전 경상남도 김해시와 마산시(2010. 7. 1. 마산시·창원시·진해시가 창원시로 통합되기 전)는 연접한 시에 해당하지 않으므로 창원시로 통합되기 전의 자경기간은 제외한다(부동산거래관리과－1019, 2011. 12. 7).
3. 행정구역의 개편이 완료됨으로써 갑구가 을구의 연접구가 아닌 별개의 자치구로 변경된 후에 갑구로 이사했으므로, "경작 개시 당시에는 당해 지역에 해당하였으나 행정구역의 개편 등으로 이에 해당하지 아니하게 된 지역을 포함한다"라는 규정을 적용할 수 없다(대법원 2009두1310, 2009. 3. 12, 서울고법 2012누37762, 2013. 9. 6).

(3) 농지요건

1) 농지의 범위

양도일 현재 농지는 논·밭·과수원으로서 지적공부상의 지목과 관계없이 실제로 경작에 사용되는 토지로 하며, 농지경영에 직접 필요한 농막(農幕), 퇴비사(堆肥舍), 양수장(揚水場), 지소(池沼), 농도(農道)및 수로(水路) 등도 농지에 포함한다(소득법 §88 8호).

비교 학습

농지법상 농지의 정의 및 범위

1. 농지란 다음 각 목의 어느 하나에 해당하는 토지를 말한다(농지법 §2).
   가. 전·답, 과수원, 그 밖에 법적 지목(地目)을 불문하고 실제로 농작물 경작지 또는 대통령령으로 정하는 다년생식물 재배지로 이용되는 토지. 다만, 「초지법」에 따라 조성된 초지 등 대통령령으로 정하는 토지는 제외한다.
   나. 가목의 토지의 개량시설과 가목의 토지에 설치하는 농축산물 생산시설로서 대통령령으로 정하는 시설의 부지(고정식온실·버섯재배사 및 비닐하우스 등)

① 「농지법」 제2조 제1호 가목 본문에서 "대통령령으로 정하는 다년생식물 재배지"란 다음 각 호의 어느 하나에 해당하는 식물의 재배지를 말한다(농지령 §2).

1. 목초·종묘·인삼·약초·잔디 및 조림용 묘목
2. 과수·뽕나무·유실수 그 밖의 생육기간이 2년 이상인 식물
3. 조경 또는 관상용 수목과 그 묘목(조경목적으로 식재한 것은 제외)

2) 농지의 판정(양도일 기준)

감면대상 농지에 해당하는지 여부는 "양도일 현재"를 기준으로 판단한다. 다만, 아래의 어느 하나에 해당하는 경우에는 그 구분에 따라 판단한다(조특령 §66 ⑤).
따라서, 양도일 현재(또는 매매계약일 현재·토지조성공사 착수일 현재) 농지가 아닌 토지는 8년 이상 재촌·자경하였더라도 자경감면 규정을 적용받을 수 없다.

① 양도일 이전에 매매계약조건에 따라 매수자가 형질변경, 건축착공 등을 한 경우 : 매매계약일 현재의 농지 기준

② 환지처분 전에 해당 농지가 농지 외의 토지로 환지예정지 지정이 되고 그 환지예정지 지정일부터 3년이 경과하기 전의 토지로서 토지조성공사의 시행으로 경작을 못하게 된 경우 : 토지조성공사 착수일 현재의 농지 기준

(4) 자경기간 계산

자경농지에 대한 감면 규정은 "주민등록과는 관계없이" 실제 농지소재지에 거주하면서 농지를 취득한 때부터 양도할 때까지의 기간 중에 통산하여 8년 이상 자기가 경작한 사실이 있는 경우에 한하여 적용한다(조특령 §66 ④).

다만, 10년 이상 계속하여 농업경영을 하고 있는 65세 이상 74세 이하의 농업인이 「농산물의 생산자를 위한 직접지불제도 시행규정」 제4조에 따른 경영이양직접지불보조금의 지급대상이 되는 농지를 한국농어촌공사 또는 영농조합법인·농업회사법인에게 양도하는 경우에는 3년 이상만 경작해도 감면받을 수 있다.

(5) 직접 경작(自耕)요건

"직접 경작"이란 거주자가 소유농지에서 농작물의 경작 또는 다년생식물의 재배에 상시 종사하거나 농작업의 1/2 이상을 자기의 노동력에 의하여 경작 또는 재배하는 것을 말한다(조특령 §66 ⑬).

따라서, 농지 소유자가 농지소재지에 거주하면서 해당 농지를 직접 경작하지 않고 배우자 또는 동일세대원인 가족이 대리경작(타인에게 위탁경영 또는 임대하는 경우 포함)을 하는 경우에는 자경농지에 대한 양도소득세 감면을 적용받을 수 없다(조특통칙 69-0…3).

관련 해석 사례

1. 농지의 '직접 경작' 여부에 관하여 농업에 상시 종사하는 사람에 대하여는 자기 노동력 비율에 관계없이 직접 경작한 것으로 인정하되, 농업에 상시 종사하는 것이 아니라 다른 직업을 가지는 등의 이유로 부분적으로 종사하는 사람은 전체 농작업 중 가족이나 제3자를 제외한 '자기'의 노동력 투입비율이 2분의 1 이상인 경우에 한하여 직접 경작한 것으로 인정함이 타당하므로 처분청이 자경농지 감면규정의 적용을 부인하고 경정한 부분은 정당하다(창원지원 2022구단96, 2023. 1. 18).
2. 농지소유자가 농업 이외의 다른 직업을 가진 상태에서 다른 사람을 고용하여 농지를 경작하면서 간헐적으로만 직접 경작하는 경우는 양도소득세 감면대상에서 제외되어야 할 것이다(대법원 2018두43569, 2018. 8. 16).
3. 쌀소득보전직불금을 타인이 수령 한 점 등을 종합하면 직접 벼농사를 하였다고 인정할 만한 자료가 부족하며, 토지를 직접 경작하였다고 인정할 만한 증거가 없어 양도소득세 감면을 적용할 수 없다(대법원 2015두39927, 2015. 4. 30).

재촌·자경 감면농지 판단시 주의사항

1. "8년 이상 자경기간 계산"은 농지를 보유하는 기간 동안 경작한 기간이 합산(통산)하여 8년 이상이면 충분하고 계속하여 경작해야 하는 것은 아니며, 8년 이상 재촌·자경한 사실이 확인되고 양도일 현재 농지인 경우에는 양도 당시 재촌·자경하지 않더라도 자경감면을 적용받을 수 있다.
2. 농지소재지와 동일 또는 연접한 시·군·구에 거주하면서 경작한 경우에는 직선거리 30km를 초과하더라도 자경감면을 적용받을 수 있으며, 농지소재지와 동일 또는 연접한 시·군·구에 거주하지 않더라도 직선거리 30km 이내에 거주하면서 경작한 경우에도 자경감면을 적용받을 수 있다.
3. 농지를 취득하여 8년 미만 재촌·자경한 상태에서 해당 농지가 수용되는 경우에도 예외를 인정하고 있지 않기 때문에 자경감면 규정을 적용받을 수 없다.

2 특수한 경우의 자경기간 계산

(1) 상속받은 농지의 자경기간 계산

8년 이상의 자경기간 계산은 원칙적으로 농지의 취득일부터 양도일 사이에 자기가 직접 경작한 기간으로만 판단하는 것이나, 다음과 같이 상속받은 농지의 경우에는 피상속인(그 배우자 포함)의 자경기간과 상속인의 자경기간을 합산하여 계산한다.

1) 상속인이 1년 이상 계속 상속농지를 재촌·자경한 경우

8년 이상의 경작한 기간을 계산할 때 상속인이 상속받은 농지(피상속인이 자경요건을 갖춘 농지)를 "1년 이상 계속"하여 경작하는 경우에는 아래의 기간은 상속인이 이를 경작한 기간으로 본다(조특령 §66 ⑪ 1호, 2호).

① 피상속인(직전 피상속인에 한함)이 취득하여 경작한 기간
② 피상속인이 배우자로부터 상속받아 경작한 사실이 있는 경우에는 피상속인의 배우자가 취득하여 경작한 기간(피상속인의 배우자·피상속인·상속인의 자경기간 모두 합산)

2) 상속인이 1년 이상 계속 상속농지를 재촌·자경하지 않은 경우

상속인이 상속받은 농지(피상속인이 자경요건을 갖춘 농지)를 1년 이상 계속하여 경작하지 아니하더라도 상속받은 날부터 3년 이내에 "양도"하거나 상속받기 전 또는 상

속받은 날부터 3년 이내에 아래의 어느 하나에 해당하는 지역으로 지정된 경우로서 "협의매수 · 수용"되는 때에는 상속인이 경작하지 않은 경우에도 피상속인(그 배우자 포함)의 경작기간을 상속인이 경작한 기간으로 본다(조특령 §66 ⑫). 이 경우 상속받은 날부터 3년 이내에 택지개발지구 등으로 지정된 경우에는 양도기한에 제한을 받지 않는다.

① 「택지개발촉진법」 제3조에 따라 지정된 택지개발지구
② 「산업입지 및 개발에 관한 법률」 제6조 · 제7조 · 제7조의2 또는 제8조에 따라 지정된 산업단지
③ 위 외의 지역으로서 기획재정부령으로 정하는 지역(정비구역, 도시개발구역 등)

[양도시기별 상속농지 자경기간 계산]

양도시기	상속인의 자경 여부	피상속인의 자경기간
상속개시일부터 3년 이내 양도	1년 이상 계속 자경하지 않은 경우	합산 가능(감면 가능)
상속개시일부터 3년 경과 양도	경작시기에 관계없이 1년 이상 계속 자경한 경우	
	상속개일부터 3년 이내 공익사업용 토지로 지정된 경우	
	1년 이상 계속 자경하지 않은 경우	합산 불가(감면 불가)

관련 해석 사례

상속인이 상속받은 농지를 1년 이상 계속 경작하지 아니한 경우로서 상속받은 날로부터 3년이 되는 날까지 산업단지로 지정되지 않은 경우에는 피상속인이 취득하여 경작한 기간을 상속인이 경작한 기간으로 보지 아니하는 것이다(법규재산-0136, 2024. 6. 20).

비교 학습

무조건 사업용 토지로 간주하는 상속농지

1. 상속에 의하여 취득한 농지로서 그 상속개시일부터 5년 이내에 양도하는 토지는 무조건 비사업용 토지로 보지 않는다. ☞ P. 836 참조
2. 8년 이상 재촌 · 자경한 농지를 직계존속 또는 배우자로부터 상속받는 경우에는 상속인의 재촌 · 자경 여부 및 양도기한에 관계없이 무조건 비사업용 토지로 보지 않는다. 다만, 양도 당시 도시지역(녹지지역 및 개발제한구역 제외) 안의 토지는 제외한다. ☞ P. 845 참조

상속농지 감면적용시 주의사항

1. 자경기간을 계산할 때 상속받은 농지를 상속인이 1년 이상 계속 자경한 경우 피상속인의 자경기간을 합산하는데, 여기서 "1년 이상 계속하여 경작"의 의미는 상속인이 상속개시일부터 곧바로 1년 이상 자경해야 하는 것은 아니고, 시기에 관계없이 상속개시일부터 양도일까지의 기간 중에 1년 이상 계속하여 자경하면 되는 것이다.
2. 거주자인 피상속인이 8년 자경감면 요건을 갖춘 경우로서 상속인이 상속개시일 현재 비거주자에 해당하였으나, 양도일 현재 거주자인 경우에는 자경감면 적용이 가능하나, 상속인이 상속개시일 및 양도일 현재 비거주자인 경우에는 자경감면을 적용받을 수 없다. 다만, 거주자인 상속인이 비거주자로 전환된 날부터 2년 이내에 양도하는 경우에는 자경감면을 적용받을 수 있다.
3. 상속인이 유증받은 농지도 피상속인의 자경기간을 상속인의 자경기간에 포함할 수 있으나 상속인이 아닌 자가 유증받은 경우에는 피상속인의 자경기간은 합산되지 않으며 농지를 증여(배우자 등 이월과세 포함)받은 경우에는 수증자가 증여받은 날부터 경작한 기간만 자경기간에 계산한다.

참고 기타 사유로 취득한 농지의 자경기간 계산

구 분	자경기간 계산
증여받은 농지	증여받은 날 이후 수증자가 자경한 기간
환지된 농지[1]	환지 전 농지의 자경기간 합산
환매로 취득한 농지	환매취득일부터 자경한 기간
교환으로 취득한 농지[2]	교환일 이후 자경한 기간

1) 환지처분으로 인하여 교부받은 토지의 면적이 환지처분에 의한 권리면적보다 증가된 경우 그 증가된 면적의 토지에 대한 자경기간은 환지처분의 공고가 있은 날의 다음 날 이후부터 계산한다. ☞ P. 761 참조

2) 농지의 교환 · 분합(소득법 §89) 및 대토(조특법 §70)의 규정에 따라 새로이 취득한 농지가 협의매수 · 수용되는 경우 교환 · 분합 및 대토 전의 농지에서 경작한 기간을 통산한다(조특령 §66 ⑥).

적용 사례 1 父母 모두 경작하고 子는 2년 경작한 경우

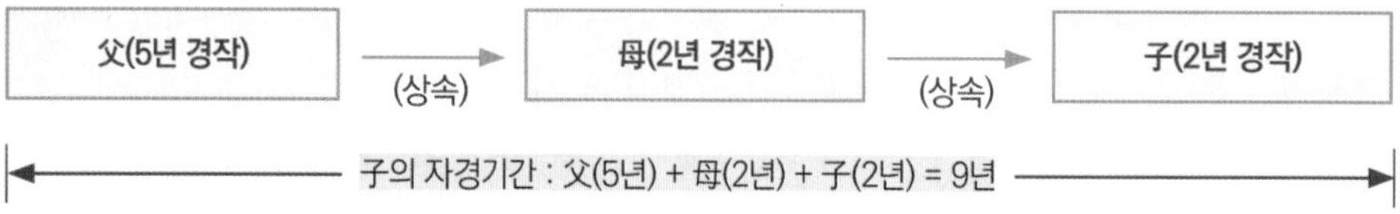

해설 피상속인(母)이 배우자(父)로부터 상속받아 경작한 경우에는 피상속인의 배우자(父)의 경작기간을 합산하므로 자경감면 적용가능

적용 사례 2 父만 경작하고 子는 2년 경작한 경우

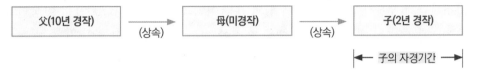

父(10년 경작) → (상속) → 母(미경작) → (상속) → 子(2년 경작)

← 子의 자경기간 →

해설 母가 경작하지 않았으므로 父의 경작기간은 합산되지 않으므로 자경감면 적용불가

적용 사례 3 祖父와 父 모두 경작하고 子는 2년 경작한 경우

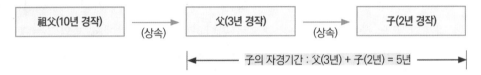

祖父(10년 경작) → (상속) → 父(3년 경작) → (상속) → 子(2년 경작)

← 子의 자경기간 : 父(3년) + 子(2년) = 5년 →

해설 피상속인의 경작기간 합산은 피상속인의 배우자가 아닌 한 직전 피상속인에만 한정하므로 자경감면 적용불가

적용 사례 4 父는 10년 경작하고 子는 경작하지 않은 경우

父(10년 경작) → (상속) → 子(미경작) → ① 상속농지 3년 이내 양도 / ② 상속농지 3년 경과 양도

해설 子가 경작하지 않은 경우 ①(상속농지 3년 이내 양도)의 경우는 父의 경작기간을 합산하므로 자경감면 적용가능, ②(상속농지 3년 경과 양도)의 경우는 자경감면 적용불가

적용 사례 5 상속개시 후 경작하지 않다가 양도일 직전에 子는 2년 9개월 경작한 경우

父(5년 6개월 경작) → (상속) → 子(2년 9개월 경작*) → 상속농지 3년 경과 양도

* 상속개시 후 경작하지 않다가 양도일 직전 1년 이상 계속 경작

해설 상속받은 농지를 상속개시일 이후부터 경작하지 않았더라도 보유기간 중 언제라도 1년 이상 계속하여 경작한 경우에는 父의 경작기간을 합산하므로 자경감면 적용가능(양도시기 제한없음)

(2) 일정기준 소득 이상인 경우 자경기간 계산

8년 이상 자경감면 여부를 판단함에 있어 농지를 경작하는 기간 중에 피상속인(피상속인으로부터 농지를 상속받은 경우 그 배우자 포함) 또는 거주자 각각에 대하여 아래의 어느 하나에 해당하는 과세기간이 있는 경우 그 기간은 해당 피상속인(그 배우자 포함) 또는 거주자

가 경작한 기간에서 제외한다(조특령 §66 ⑭).

① 사업소득금액(부동산임대소득 등 제외)과 총급여액의 합계액이 3,700만원 이상인 과세기간이 있는 경우. 이때 사업소득금액이 음수인 경우에는 해당 금액을 "0"으로 본다(조특령 §66 ⑭ 1호).

② 사업소득 총수입금액(부동산임대소득 등 제외)이 업종별 복식부기의무자의 수입금액 기준(소득령 §208 ⑤ 2호) 이상인 과세기간이 있는 경우. 이때 복식부기의무자의 총수입금액 기준 이상 적용 요건은 이 영 시행일(2020. 2. 11.)이 속하는 과세기간부터 적용한다(조특령 §66 ⑭ 2호). 여기서 눈여겨 볼 사항은 소득세법상 복식부기의무자 해당 여부는 "직전 과세기간"의 총수입금액을 기준으로 판단하나, 자경기간에서 제외되는 총수입금액은 당해 과세기간을 기준으로 판단한다는 점이다.

[자경기간에서 제외되는 소득요건]

<table>
<tr><th>구 분</th><th colspan="2">기준소득</th><th>비 고</th></tr>
<tr><td>총급여액1)</td><td>3,700만원 이상</td><td rowspan="2">또는 합계액이
3,700만원 이상</td><td>비과세소득 제외</td></tr>
<tr><td>사업소득금액2)</td><td>3,700만원 이상</td><td rowspan="2">아래 ①, ②, ③의 소득은 제외
① 부동산임대소득
② 이자 · 배당 · 연금소득
③ 농업 · 임업 · 농가부업소득</td></tr>
<tr><td>총수입금액3)</td><td colspan="2">도소매업, 부동산매매업 등 : 3억원 이상
제조업, 음식점업 등 : 1.5억원 이상
서비스업 등 : 0.75억원 이상</td></tr>
</table>

1) 총급여액 : 봉급+수당+상여 등 - 비과세소득

2) 사업소득금액(수입금액 - 필요경비)이 음수인 경우에는 사업소득금액을 "0"으로 간주

3) 복식부기의무자의 총수입금액 기준은 2020. 2. 11.이 속하는 과세기간부터 적용

※ 자경기간 계산에서 제외되는 소득요건은 후술하는 농지대토 감면(§70)과 축사용지 감면(§69의2)에도 동일하게 적용

관련 해석 사례

1. 일용근로자가 근로를 제공하고 지급받은 총급여액이 3,700만원 이상인 과세기간이 있는 경우 해당 과세기간은 자경기간에서 제외된다(법규재산 - 0019, 2023. 1. 30).
2. 어느 한 과세기간의 총 급여액이 3,700만원 이상인 경우에는 그 급여액과 관련한 근로기간이 1년 미만이더라도 그 전체 과세기간을 경작한 기간에서 제외하는 것이다(조심 2018전3639, 2018. 12. 7).
3. 총급여액의 합계액이 3,700만원 이상인 과세기간이 있으면 그 기간이 시행령 규정의 시행일(2014. 7. 1.) 이전의 기간이라고 하더라도 거주자가 경작한 기간에서 제외된다(대법원 2017두73990, 2018. 3. 29).

3 주거지역 편입 등으로 인한 감면대상 제외 농지

거주자가 농지를 취득하여 양도할 때까지의 사이에 8년(경영이양직접지불보조금 지급대상 농지는 3년) 이상 직접 경작한 경우에는 자경감면을 적용받을 수 있다. 다만, 아래의 어느 하나에 해당하는 토지에 대해서는 8년 이상 재촌·자경 감면요건을 충족하였더라도 감면 규정이 적용되지 않는다(조특령 §66④).

(1) 市의 洞지역 중 주거·상업·공업지역에 편입일부터 3년 지난 농지

1) 원칙(감면배제)

양도일 현재 특별시·광역시(군지역 제외) 또는 시(세종특별자치시와 도농복합도시 및 특별자치도의 행정시의 읍·면지역 제외)지역에 있는 농지 중「국토의 계획 및 이용에 관한 법률」에 의한 주거지역·상업지역 및 공업지역 안에 있는 농지로서 이들 지역에 편입된 날부터 3년이 지난 농지는 감면대상에서 제외된다(조특령 §66④1호).

2) 예외(일부감면)

양도일 현재 주거지역 등에 편입된 농지가 속하는 지역이 광역시의 군지역(일반 군지역 포함), 세종특별자치시와 도농복합도시 및 특별자치도의 행정시의 읍·면지역 안에 있는 농지와 아래의 어느 하나에 해당하는 경우는 주거지역 등에 편입된 날까지 발생한 양도소득금액에 대해서는 감면을 받을 수 있다(조특령 §66④1호).

① 토지 소유자가 1천명 이상이거나 대규모개발사업의 시행으로 인하여 주거지역 등에 편입된 농지로서 사업시행자의 단계적 사업시행 또는 보상지연으로 이들 지역에 편입된 날부터 3년이 지난 경우

② 사업시행자가 국가, 지방자치단체 및 공공기관의 개발사업의 시행으로 인하여 사업 또는 보상지연으로 이들 지역에 편입된 날부터 3년이 지난 경우

③ 편입된 후 3년 이내에 대규모개발사업이 시행되고, 대규모개발사업 시행자의 단계적 사업시행 또는 보상지연으로 이들 지역에 편입된 날부터 3년이 지난 경우

관련 해석 사례

1. 2001. 12. 31. 이전에 주거지역 등에 편입된 읍지역에 소재하는 농지를 2002. 1. 1. 이후 취득하여 재촌자경 요건을 충족한 후 양도하는 경우 편입일 후에 발생한 소득에 대한 양도소득세를 포함하여 전액 감면하는 것이다(법규재산-4062, 2022. 2. 21). → 감면배제 여부는 취득일이 아닌 편입일 기준으로 판단
2. 주거 · 상업 · 공업지역에 편입된 이후에 상속을 원인으로 취득하여 양도한 농지는 자경감면대상 농지에 해당하지 아니한다(대법원 2021두58844, 2022. 3. 17).
3. 군소재 면지역에 있는 토지가 2001. 12. 31. 이전에 주거지역에서 녹지지역으로 변경되었고, 2002. 1. 1. 이후 다시 주거지역으로 편입된 후 양도되는 경우에는 감면소득 범위는 주거지역에 편입된 날까지 발생한 소득에 한하는 것이다(법규재산-0154, 2022. 12. 13).
4. 농지를 취득 한 후 주거지역 등으로 편입되기 전까지 8년 이상 재촌자경한 농지가 주거지역으로 편입되었고, 그 중 일부가 다시 자연녹지지역으로 편입된 후 양도하는 경우로써 양도당시 농지인 경우에는 자경농지에 대한 양도소득세 감면 규정을 적용받을 수 있다(부동산납세과-41, 2015. 1. 23).

(2) 환지예정지 지정일부터 3년이 지난 농지

1) 원칙(감면배제)

「도시개발법」 또는 그 밖의 법률에 따라 환지처분 이전에 농지 외의 토지로 환지예정지를 지정하는 경우에는 "농지소재지와 관계없이" 그 환지예정지 지정일부터 3년이 지난 농지는 감면대상에서 제외된다(조특령 §66 ④ 2호).

여기서 주의할 사항은 주거지역 등에 편입된 날부터 3년이 지난 농지의 감면배제 규정과는 달리 환지예정지로 지정된 토지의 경우에는 소재지(특별시, 광역시 또는 시지역 등)와 관계없이 모든 지역에 있는 농지가 농지 외의 토지로 환지예정지로 지정되었다면 환지예정지 지정된 날부터 3년이 지난 농지에 대해서는 감면을 적용받을 수 없다는 점이다.

2) 예외(일부감면)

환지예정지 지정일부터 3년이 지나 환지처분에 따라 교부받는 환지청산금에 해당하는 부분(자경감면 요건을 충족한 경우로 한정)은 환지예정지 지정을 받은 날까지 발생한 양도소득금액에 대해서는 감면을 받을 수 있다(조특령 §66 ④ 2호).

관련 해석 사례

1. 쟁점토지는 환지예정지로 지정된 농지를 양도한 것이 아니라 "환지처분된 토지를 양도(환지예정지 지정일부터 3년 경과)"한 것이므로 자경농지에 대한 양도소득세 감면을 적용할 수 없다(조심 2021전3684, 2021. 11. 15).
2. 농지가 주거지역 등에 편입된 후 순차로 환지예정지 지정을 받은 경우 그에 앞서 이루어진 주거지역 등 편입된 날까지 발생한 양도소득금액에 대해서만 양도소득세 감면대상이 된다(대법원 2016두57038, 2017. 3. 30). → 취득일부터 편입일과 환지예정지 지정일 중 빠른 날까지 양도소득금액 감면
3. 주거지역 편입일로부터 3년이 지난 후 환지예정지로 지정되어 그 지정일로부터 3년 이내 양도한 경우에도 주거지역 편입일로부터 3년이 경과한 경우에는 양도소득세 감면을 적용받을 수 없다(법령해석재산-0007, 2016. 2. 29).

[연도별 주거지역 등에 편입된 농지에 대한 감면적용 방법]

농지소재지		2001. 12. 31. 이전 편입일		2002. 1. 1. 이후 편입일	
		3년 내 양도	3년 후 양도	3년 내 양도	3년 후 양도
市의 洞지역[1]	주거 · 상업 · 공업지역	전액 감면	감면 배제	편입일까지 감면	감면 배제
	녹지지역	8년(또는 3년) 이상 자경시 전액 감면			
기타 지역[2]	주거 · 상업 · 공업지역	전액 감면		편입일까지 감면	
	녹지지역	8년(또는 3년) 이상 자경시 전액 감면			

1) 시의 동지역 : 특별시 · 광역시(군 제외) · 시(세종특별자치시, 도농복합도시 및 특별자치도의 읍 · 면 제외)지역

2) 기타 지역 : 군지역, 세종특별자치시 · 도농복합도시 · 특별자치도의 읍 · 면지역, 대규모개발사업지역 등

[연도별 환지예정지로 지정된 농지에 대한 감면적용 방법]

농지소재지	2001. 12. 31. 이전 지정일		2002. 1. 1. 이후 지정일	
	3년 내 양도	3년 후 양도	3년 내 양도	3년 후 양도
지역구분 없이 모든 지역	전액 감면	감면 배제	편입일까지 감면	감면 배제
	3년 경과하여 교부받은 환지청산금 : 편입일까지 감면			

※ 편입(환지예정지 지정)된 농지의 감면적용 방법은 후술하는 농지대토 감면(§70)과 축사용지 감면(§69의2)에도 동일하게 적용

관련 법령 주거지역 등에 편입된 농지의 감면소득금액 산정 방법

1. 농지가 주거지역 등에 편입되거나 「도시개발법」 또는 그 밖의 법률에 따라 환지처분 전에 농지 외의 토지로 환지예정지 지정을 받은 경우에는 주거지역 등에 편입되거나, 환지예정지 지정을 받은 날까지 발생한 소득으로서 대통령령으로 정하는 소득에 대해서만 양도소득세의 100분의 100에 상당하는 세액을 감면한다(조특법 §69 ① 단서).
2. 「조세특례제한법」 제69조 제1항 단서에서 "대통령령으로 정하는 소득"이란 「소득세법」 제95조 제1항에 따른 양도소득금액 중 다음 계산식에 의하여 계산한 금액을 말한다. 이 경우 「공익사업을 위한 토지 등의 취득 및 보상에 관한 법률」 및 그 밖의 법률에 따라 협의매수되거나 수용되는 경우에는 보상가액 산정의 기초가 되는 기준시가(보상금 산정 당시 해당 토지의 개별공시지가)를 양도 당시의 기준시가로 보며, 새로운 기준시가가 고시되기 전에 취득하거나 양도한 경우 또는 주거지역 등에 편입되거나 환지예정지 지정을 받은 날이 도래하는 경우에는 직전의 기준시가를 적용한다(조특령 §66 ⑦). 이 경우 토지가 수용되는 경우로서 그 수용보상액이 양도 당시 기준시가보다 적은 경우에는 그 수용보상액을 양도 당시의 기준시가로 본다(소득령 §164 ⑨ 1호).

$$\bullet \text{ 양도소득금액} \times \frac{\text{주거지역 등에 편입되거나 환지예정지 지정을 받은 날의 기준시가} - \text{취득 당시 기준시가}}{\text{양도 당시 기준시가} - \text{취득 당시 기준시가}}$$

관련 해석 사례

주거지역에 편입된 토지를 상속받은 후 해당 토지가 공익사업에 협의매수되고, 그 보상가액이 주거지역 편입 이전에 고시된 기준시가를 기준으로 산정된 경우로서 「조세특례제한법 시행령」 제66조 제7항에 따른 계산식의 「분모와 분자가 모두 음수」가 되는 경우에는 감면대상 소득금액이 없는 것이다(법규재산-0195, 2022. 3. 11).

심화 학습 환지처분에 대한 이해와 양도소득세 과세 여부

1. 환지처분의 개념

「소득세법」 제88조 제1호 가목에서 규정한 환지처분이란 「도시개발법」에 따른 도시개발사업, 「농어촌정비법」에 따른 농업생산기반 정비사업, 그 밖의 법률에 따라 사업시행자가 사업완료 후에 사업구역 내의 토지 소유자 또는 관계인에게 종전의 토지 또는 건축물 대신에 그 구역 내의 다른 토지 또는 사업시행자에게 처분할 권한이 있는 건축물의 일부와 그 건축물이 있는 토지의 공유지분으로 바꾸어주는 것을 말한다(소득령 §152 ①).

관련 법령 양도로 보지 않는 경우(소득법 §88 1호 가목)

「도시개발법」이나 그 밖의 법률에 따른 환지처분으로 지목 또는 지번이 변경되거나 보류지(保留地)로 충당되는 경우에는 사실상 유상이전이므로 본래 양도에 해당하지만, 공익사업의 원활한 수행을 위하여 "소득세법 제88조에서는 양도로 보지 아니한다"라고 규정하고 있다. 여기서 "보류지(保留地)"란 사업시행자가 해당 법률에 따라 일정한 토지를 환지로 정하지 아니하고 해당 법률에 따라 공공용지로 사용하거나 토지 소유자 또는 관계인에게 그 구역 내의 토지로 사업비용을 부담하게 하는 경우의 해당 토지인 체비지로 사용하기 위하여 보류한 토지를 말한다.

2. 취득시기 및 양도시기

「도시개발법」 또는 그 밖의 법률에 따른 환지처분으로 인하여 취득한 토지의 취득시기는 환지 전 토지의 취득일이다. 다만, 교부받은 토지의 면적이 환지처분에 의한 권리면적보다 증가 또는 감소된 경우에는 그 증가 또는 감소된 면적의 토지에 대한 취득시기 또는 양도시기는 환지처분의 공고가 있은 날의 다음 날로 한다(소득령 §162 ① 9호).

여기서 주의할 사항은 환지처분으로 인하여 교부받은 토지의 면적(교부면적)이 환지처분에 의한 권리면적보다 감소하여 청산금을 지급받은 경우 그 청산금의 양도시기는 청산금을 수령한 날이 아니라, 환지처분의 공고가 있은 날의 다음날이라는 점이다.

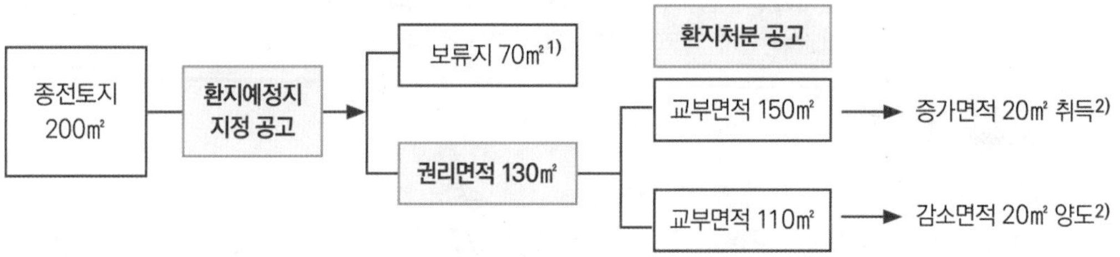

1) 양도로 보지 않음

2) 증가(청산금 납부) 또는 감소(청산금 수령)된 면적에 대한 취득시기 또는 양도시기는 환지처분의 공고가 있은 날의 다음 날

3. 양도차익 등의 계산

환지처분으로 인하여 교부받은 토지의 면적이 환지처분에 의한 권리면적보다 증가(청산금 납부) 또는 감소(청산금 수령)된 이후 환지면적에 해당하는 교부면적을 양도하거나 청산금을 수령하는 경우의 양도차익은 아래와 같이 계산한다.

1) 교부면적(150㎡) 양도(종전면적 200㎡, 권리면적 130㎡, 보류지 70㎡)

구 분	종전토지(권리면적) 부분	증가토지(20㎡) 부분
양도가액	전체 양도가액 × $\frac{\text{권리면적}}{\text{교부면적}}$	전체 양도가액 × $\frac{\text{증가면적}}{\text{교부면적}}$
취득가액	종전토지 취득가액× $\frac{\text{권리면적}}{\text{종전면적}}$	청산금 납부액
장기보유특별공제	종전토지의 취득일 ~ 양도일까지	환지처분 공고일의 다음 날 ~ 양도일까지
구분 이유	종전토지와 증가토지의 취득시기가 달라 장기보유특별공제 적용시 보유기간에 따른 공제율이 다르게 적용되기 때문에 양도차익을 구분하여 계산한다.	

2) 교부면적(110㎡) 양도(종전면적 200㎡, 권리면적 130㎡, 보류지 70㎡)

구 분	감소토지(20㎡) 부분	종전토지(교부면적) 부분
양도가액	청산금 수령액	교부면적분 양도가액
취득가액	종전토지 취득가액× $\frac{\text{감소면적}}{\text{종전면적}}$	종전토지 취득가액 × $\frac{\text{교부면적}}{\text{종전면적}}$
장기보유특별공제	종전토지의 취득일 ~ 환지처분 공고일의 다음 날	종전토지의 취득일 ~ 양도일까지
구분 이유	종전토지와 감소토지의 양도시기가 달라 장기보유특별공제 적용시 보유기간에 따른 공제율이 다르게 적용되기 때문에 양도차익을 구분하여 계산한다.	

관련 해석 사례

1. 환지 전에 취득한 토지를 환지처분 후 양도하는 경우로서 양도하는 토지의 취득당시 실지거래가액이 확인되는 경우에는 취득당시의 실지거래가액에 환지처분조서상의 전체 권리면적 중 양도면적이 차지하는 비율로 취득가액을 계산하는 것이다(법규재산-0541, 2024. 9. 5).
2. 환지처분된 토지를 양도하는 경우 환지처분으로 인하여 교부받은 토지의 면적이 환지처분에 의한 권리면적보다 증가된 경우 해당 증가된 면적의 토지에 대한 취득시기는 환지처분의 공고가 있은 날의 다음 날이며, 증가된 면적의 토지에 대한 양도가액은 총 양도가액 중 전체면적에서 증가된 면적이 차지하는 비율에 상당하는 가액으로 하는 것이다(법규재산-0460, 2013. 12. 30).
3. 환지처분으로 인하여 교부받은 토지의 면적이 환지처분에 의한 권리면적보다 증가된 경우 그 증가된 면적의 토지에 대한 "8년 이상 경작한 기간"의 계산은 환지처분의 공고가 있은 날의 다음 날 이후 경작한 기간으로 계산하는 것이다(부동산거래관리과-547, 2012. 10. 12).

심화 학습 끝

4 자경농지 등에 대한 감면 종합한도

자경농지에 대한 감면요건을 충족한 경우에는 양도소득세를 100% 감면하되 아래의 주요 다른 감면세액과 합산하여 1개 과세기간(1년간) 1억원, 5개 과세기간(5년간 누적) 2억원을 한도로 감면을 적용한다. 이 경우 감면받은 양도소득세액의 합계액은 자산양도의 순서에 따라 합산한다(조특법 §133 ①).

다만, 2024. 1. 1. 이후 양도분부터는 토지를 분할 또는 지분으로 양도한 후 2년 이내에 나머지 토지 또는 지분의 전부 또는 일부를 동일인이나 그 배우자에게 양도하는 경우에는 1개 과세기간에 모두 양도한 것으로 보아 1억원의 감면 한도를 적용한다(조특법 §133 ②).

[주요 감면유형별 감면 종합한도 적용방법]

<table>
<tr><th>주요 감면유형</th><th>1개 과세기간</th><th>최대 3개 과세기간</th><th>5개 과세기간</th></tr>
<tr><td>① 자경농지(조특법 §69)</td><td rowspan="6">①～⑥까지의
합계액 1억원 한도</td><td rowspan="5">①～⑤까지의
합계액 1억원 한도
(분할 · 지분양도)</td><td rowspan="4">①～⑤까지의
합계액 2억원 한도[1]</td></tr>
<tr><td>② 축사용지(조특법 §69의2)</td></tr>
<tr><td>③ 공익사업용 토지(조특법 §77)</td></tr>
<tr><td>④ 대토보상(조특법 §77의2)</td></tr>
<tr><td>⑤ 농지대토(조특법 §70)</td><td>⑤의 합계액
1억원 한도[1]</td></tr>
<tr><td>⑥ 개발제한구역(조특법 §77의3)</td><td>한도 없음[2]</td><td>한도 없음[2]</td></tr>
</table>

1) 농지대토 감면은 농지대토 감면으로만 5개 과세기간 1억원 한도 적용

2) 개발제한구역 감면은 1개 과세기간 감면 한도만 적용

비교 학습

1. 영농자녀가 직계존속인 자경농민으로부터 증여받은 농지 등에 대한 증여세 감면

- 5년간 누적 1억원 한도(조특법 §71)

2. 감면한도가 적용되지 않는 감면유형

<table>
<tr><th>주요 감면유형</th><th>관련 법령</th><th>비 고</th></tr>
<tr><td>장기임대주택에 대한 양도소득세 감면</td><td>조특법 §97</td><td rowspan="5">감면세액의 20%
농어촌특별세 과세</td></tr>
<tr><td>신축임대주택에 대한 양도소득세 감면</td><td>조특법 §97의2</td></tr>
<tr><td>장기일반민간임대주택에 대한 양도소득세 감면</td><td>조특법 §97의5</td></tr>
<tr><td>신축주택에 대한 양도소득세 감면</td><td>조특법 §99 및 §99의3</td></tr>
<tr><td>신축주택 등에 대한 양도소득세 감면</td><td>조특법 §99의2</td></tr>
</table>

관련 법령 양도소득세 및 증여세 감면의 종합한도(조특법 §133)

1. 자경농지 등 양도소득세 감면 한도

1) 1개 과세기간의 감면한도(1억원)

「조세특례제한법」 제33조, 제43조, 제66조부터 제69조까지, 제69조의2부터 제69조의4까지, 제70조, 제77조, 제77조의2, 제77조의3, 제85조의10 또는 법률 제6538호 부칙 제29조에 따라 감면받을 양도소득세액의 합계액이 과세기간별로 "1억원을 초과"하는 경우에는 그 초과하는 부분에 상당하는 금액은 감면하지 아니한다(조특법 §133 ① 1호).

2) 최대 3개 과세기간의 감면한도(1억원)

「조세특례제한법」 제133조 제1항 제1호를 적용할 때 토지를 분할(해당 토지의 일부를 양도한 날부터 소급하여 1년 이내에 토지를 분할한 경우를 말한다)하여 그 일부를 양도하거나 토지의 지분을 양도한 후 그 양도한 날로부터 2년 이내에 나머지 토지나 그 지분의 전부 또는 일부를 동일인이나 그 배우자에게 양도하는 경우에는 1개 과세기간에 해당 양도가 모두 이루어진 것으로 본다(조특법 §133 ②, 2023. 12. 31. 신설).

3) 5개 과세기간의 감면한도액(농지대토 감면 1억원, 다른 감면 2억원)

5개 과세기간의 합계액으로 계산된 다음의 금액 중 큰 금액은 감면하지 아니한다. 이 경우 5개 과세기간의 감면받을 양도소득세액의 합계액은 해당 과세기간에 감면받을 양도소득세액과 직전 4개 과세기간에 감면받은 양도소득세액을 합친 금액으로 계산한다(조특법 §133 ① 2호).

① 5개 과세기간의 「조세특례제한법」 제70조(농지대토)에 따라 감면받을 양도소득세액의 합계액이 "1억원을 초과"하는 경우에는 그 초과하는 부분에 상당하는 금액(조특법 §133 ① 2호 가목) → 농지대토에 대한 5개 과세기간 감면 한도는 다른 감면과 합산하지 않고 농지대토 감면으로만 합산하여 1억원 한도 적용

② 5개 과세기간의 「조세특례제한법」 제66조부터 제69조까지(영농조합 등, 8년 자경농지), 제69조의2(축사용지), 제69조의3(어업용 토지), 제69조의4(자경산지), 제70조(농지대토), 제77조(공익사업용 토지) 또는 제77조의2(대토보상)에 따라 감면받을 양도소득세액의 합계액이 "2억원을 초과"하는 경우에는 그 초과하는 부분에 상당하는 금액(조특법 §133 ① 2호 나목) → 다른 감면에 대한 5개 과세기간 감면 한도는 농지대토 감면 포함 2억원 한도 적용

2. 영농자녀의 증여세 감면한도(5년간 1억원)

「조세특례제한법」 제71조(영농자녀가 증여받는 농지)에 따라 감면받을 증여세액의 5년간 합계가 1억원을 초과하는 경우에는 그 초과하는 부분에 상당하는 금액은 감면하지 아니한다. 이 경우 증여세 감면 한도액(1억원)은 그 감면받을 증여세액과 그 증여일 전 5년간 감면받은 증여세액을 합친 금액으로 계산한다(조특법 §133 ③).

관련 해석 사례

1. 상속인이 피상속인의 농지를 상속받아 양도하는 경우 자경기간은 피상속인과 상속인의 경작기간을 통산하는 것이며, 감면종합 한도액 계산은 상속인별로 각각 계산하여 판단하는 것이다(서면5팀 - 3304, 2007. 12. 26).
2. 필지의 토지를 공동소유하다 해당 토지를 양도한 경우에는 그 지분비율에 따라 각 개인별로 양도소득금액을 계산하여 양도소득세를 납부할 의무를 지는 것이며, 감면 한도 및 감면 배제 등의 여부도 거주자별로 판단하는 것이다(재산세과 - 2476, 2008. 8. 27).
3. 영농자녀가 증여받은 농지에 대하여 증여세 감면규정을 적용할 때, 영농자녀의 인원수 제한은 없으나 농지의 면적 한도는 증여자인 자경농민을 기준으로 판단하는 것이며, 증여세 감면세액 한도는 수증자별로 각각 적용하는 것이다(서면4팀 - 2405, 2007. 8. 9).

적용 사례 1 5년 이내 2회 이상의 감면을 적용받는 경우 감면한도 계산방법

구 분	2021년		2023년 5월	2025년 10월
	2021년 3월	2021년 8월		
산출세액	6,000만원	7,000만원	12,000만원	10,000만원
감면세액	6,000만원 (축사용지 §69의2)	4,000만원 (농지대토 §70)	10,000만원 (자경농지 §69)	6,000만원 (농지대토 §70)
납부세액	-	3,000만원	2,000만원	4,000만원
적용 이유	1년간 1억원 한도 이내 전액 감면	1년간 합산 1억원 한도 초과분 과세	5년간 누적 2억원 한도 초과분 과세	5년간 누적 1억원 한도 초과분 과세

농지대토 5년간 1억원 한도 적용

적용 사례 2 5년 경과 2회 이상의 감면을 적용받는 경우 감면한도 계산방법

구 분	2020년	2022년	2024년	2025년
산출세액	8,000만원	12,000만원	10,000만원	10,000만원
감면세액	8,000만원 (자경농지 §69)	10,000만원 (자경농지 §69)	10,000만원 (농지대토 §70)	10,000만원 (자경농지 §69)
납부세액	-	2,000만원	-	-
적용 이유	1년간 1억원 한도 이내 전액 감면	1년간 1억원 한도 초과분 과세	1년간 1억원 한도 이내 전액 감면	5년 경과하여 1억원 한도 이내 전액 감면

적용 사례 3 1필지(A)를 3필지(a, b, c)로 분할하여 양도하는 경우 감면한도 계산방법

구 분	2024년 8월	2025년 6월	2026년 11월
산출세액	8,000만원	10,000만원	10,000만원
감면세액	8,000만원 (자경농지a §69)	2,000만원 (자경농지b §69)	10,000만원 (자경농지c §69)
납부세액	-	8,000만원	-
적용 이유	1년간 1억원 한도 이내 전액 감면	2년 이내 분할 양도시 1억원 한도 초과분 과세	2년 경과하여 5년간 2억원 한도 이내 전액 감면

5 세액감면 중복지원의 배제

거주자가 토지 등을 양도하여 둘 이상의 양도소득세의 감면규정을 동시에 적용받는 경우에는 그 거주자가 선택하는 하나의 감면규정만을 적용한다. 다만, 토지 등의 일부에 대하여 특정의 감면규정을 적용받는 경우에는 남은 부분에 대하여 다른 감면규정을 적용받을 수 있다(조특법 §127 ⑦).

(1) 중복적용이 가능한 경우

1) 조특법 제77조(공익사업용 토지 감면)와 제77조의2(대토보상)

「공익사업을 위한 토지 등의 취득 및 보상에 관한 법률」이 적용되는 공익사업에 필요한 토지 등을 당해 공익사업의 시행자에게 양도하고, 그 양도대금 중 일부는 현금으로 나머지는 공익사업의 시행자가 조성하는 토지로 보상받은 경우 현금으로 지급받은 분에 대하여는 「조세특례제한법」 제77조를, 토지로 보상받은 분에 대하여는 같은 법 제77조의2를 적용받을 수 있는 것이다(법규재산-0354, 2022. 4. 29).

2) 조특법 제69조(자경농지 감면)와 제77조(공익사업용 토지 감면)

3필지의 토지가 수용되는 경우 「조세특례제한법」 제127조 제7항에 따라 2필지에 대하여는 같은 법 제69조를 적용하고, 1필지에 대하여는 같은 법 제77조를 적용할 수 있는 것이다. 다만, 양도소득세는 같은 법 제133조에 따른 감면 한도 내의 금액만 감면되는 것이다(부동산거래관리과-1203, 2010. 10. 1).

3) 조특법 제69조(자경농지 감면)와 제77조의3(개발제한구역 지정에 따른 감면)

8년 이상 재촌·자경한 개발제한구역 내에 소재하는 1필지 농지가 「공익사업을 위한 토지 등의 취득 및 보상에 관한 법률」에 따라 협의매수된 경우로서 1필지 중 창고로 사용하는 면적의 양도소득금액은 「조세특례제한법」 제77조의3을, 그 외의 면적의 양도소득금액은 같은 법 제69조를 적용받을 수 있는 것이다(법규과-1183, 2011.9.6).

(2) 중복적용이 불가능한 경우

1) 조특법 제97조의3(장기보유특별공제 특례적용)과 제97조의5(양도소득세 100% 감면)

「조세특례제한법」 제97조의3의 장기일반민간임대주택 등에 대한 양도소득세의 과세특례와 제97조의5의 장기일반민간임대주택 등에 대한 양도소득세 감면은 중복하여 적용하지 아니한다(조특법 §97의5 ②).

2) 조특법 제77조의2(대토보상 세액감면)와 제77조의2(대토보상 과세이연)

거주자가 공익사업의 시행자에게 토지 등을 양도함으로써 발생하는 양도차익에 대해 대토보상받은 부분에 대하여 「조세특례제한법」 제77조의2 제1항에 따라 양도소득세의 100분의 40에 상당하는 세액을 감면받은 후에는 남은 부분에 대하여 양도소득세 과세를 이연받을 수 없다(재산세제과-1578, 2022.12.23).

3) 조특법 제99조의3(신축주택 감면)과 제97조의4(장기임대주택에 대한 과세특례)

거주자가 주택을 양도하여 「조세특례제한법」 제99조의3 및 제97조의4 규정을 동시에 적용받는 경우에는 같은 법 제127조 제7항 본문에 따라 그 거주자가 선택하는 하나의 감면규정만을 적용하는 것이다(재산세제과-182, 2019.2.20).

4) 조특법 제77조(공익사업용 토지 감면)와 제77조의3(개발제한구역 지정에 따른 감면)

「조세특례제한법」 제77조에 의한 공익사업용 토지 등에 대한 양도소득세 감면과 제77조의3에 의한 양도소득세 감면이 중복되는 경우에는 그중 하나만을 선택하여 적용받을 수 있다(부동산거래관리과-0759, 2011.8.29).

5) 조특령 제66조(편입농지 감면배제)와 제77조(공익사업용 토지 감면)

1필지의 농지가 주거지역에 편입되어 편입일까지의 소득금액에 대하여 8년 자경감면 규정을 적용받고 나머지 소득금액(감면배제 소득금액)에 대해서는 조특법 제77조(공익사업용 토지 등에 대한 양도소득세의 감면) 규정을 적용받을 수 없다(조심 2009중3425, 2009.12.28).

6 농어촌특별세 과세 여부

양도소득세 감면을 적용받는 경우에는 감면세액의 20%를 농어촌특별세로 납부하는 것이 원칙이나,「조세특례제한법」제69조의 자경농지에 대한 양도소득세의 감면을 적용받는 경우에는 농어촌특별세가 비과세된다.

조세특례제한법상 양도소득세가 감면되는 경우에는 그 감면 유형에 따라 농어촌특별세 과세 여부는 아래와 같이 판단한다.

[조세특례제한법상 주요 감면 유형과 농어촌특별세 과세 여부]

감면 유형		농특세 과세 여부
자경농지에 대한 양도소득세 감면(조특법 §69)		비과세
축사용지에 대한 양도소득세 감면(조특법 §69의2)		비과세
농지대토에 대한 양도소득세 감면(조특법 §70)		비과세
공익사업용 토지 등에 대한 양도소득세 감면(조특법 §77)	현금보상(일반토지)	과세
	현금보상(자경농지)	비과세
	채권보상(일반토지)	과세
	채권보상(자경농지)	비과세
대토보상에 대한 양도소득세 감면(조특법 §77의2)		과세
개발제한구역지정에 따른 양도소득세 감면(조특법 §77의3)		과세
장기임대주택에 대한 양도소득세 감면(조특법 §97)		과세
신축임대주택에 대한 양도소득세 감면(조특법 §97의2)		과세
장기일반민간임대주택에 대한 양도소득세 감면(조특법 §97의5)		과세
신축주택에 대한 양도소득세 감면(조특법 §99 및 §99의3)		과세
신축주택 등에 대한 양도소득세 감면(조특법 §99의2)		과세

7 감면세액 산출방법

양도소득세 감면세액을 산출하는 방법은 ① 양도소득금액에서 감면소득금액을 직접 차감하는 소득금액 차감방식과 ② 산출세액에서 일정한 감면세액을 차감하는 세액감면 차감방식이 있다.

(1) 소득금액 차감방식

소득금액 차감방식은 전체 양도소득금액에서 감면소득금액을 차감한 후, 양도소득세 과세표준 및 세액을 산출하는 방식으로 그 대표적인 소득금액 차감방식의 경우는 「조세특례제한법」 제99조, 제99조의2 및 제99조의3 신축주택 감면 등이 있다. 이 경우 취득일로부터 5년이 경과한 후 신축주택을 양도하는 경우로서 "해당 신축주택을 취득한 날부터 5년간 발생한 양도소득금액(감면소득금액)은 아래와 같이 계산한다.

[신축주택 취득일로부터 5년간 발생한 감면소득금액 계산]

$$\bullet\ \text{양도소득금액} \times \frac{\text{취득일로부터 5년이 되는 날의 기준시가} - \text{취득 당시 기준시가}}{\text{양도 당시 기준시가} - \text{취득 당시 기준시가}}$$

이 경우 감면소득금액은 아래와 같이 분자값과 분모값에 해당하는 기준시가의 상승 또는 하락 비율에 따라 계산하는데, 특히 분자값이 음수이면 분모값이 양수이든 음수이든 상관없이 감면소득금액은 없는 것으로 본다. P. 634「적용사례」 참조

[취득일로부터 5년 경과 후 신축주택 양도시 감면소득금액 계산]

분자값	분모값	분모값과 분자값의 대소(大小)	감면소득금액 계산
양수	양수	양도당시 기준시가 〉 취득일부터 5년이 되는 기준시가	기준시가 비율로 안분
	양수	양도당시 기준시가 〈 취득일부터 5년이 되는 기준시가	전액 감면소득금액 (과세소득금액 = 0원)
	음수	양도당시 기준시가 〈 취득당시 기준시가	
음수	양수	양도당시 기준시가 〉 취득일부터 5년이 되는 기준시가	전액 과세소득금액 (감면소득금액 = 0원)
	양수	양도당시 기준시가 〈 취득일부터 5년이 되는 기준시가	
	음수	양도당시 기준시가 〈 취득당시 기준시가	

※ 분자값 : 취득일로부터 5년이 되는 날의 기준시가 - 취득 당시 기준시가

※ 분모값 : 양도 당시 기준시가 - 취득 당시 기준시가

관련 해석 사례

1. '신축주택의 취득일부터 5년이 되는 날의 기준시가'가 '신축주택 취득 당시의 기준시가'보다 낮아 분자가 부수인 경우 감면소득금액은 "0"원이 되는 것이다(부동산거래관리과-136, 2012. 3. 6).
2. 주거지역 등에 편입된 토지의 감면소득금액 계산시 분자값은 양수인 경우로서 양도 당시의 기준시가가 취득 당시의 기준시가보다 낮거나 같은 경우에는 해당 양도소득금액이 감면대상소득금액이 되는 것이다(부동산거래관리과-506, 2012. 9. 21).

(2) 세액감면 차감방식

세액감면 차감방식은 ① 산출세액에 감면율을 곱하여 계산한 감면세액을 산출세액에서 차감하는 방식과 ② 앞서 살펴본 주거지역 등에 편입(또는 환지예정지 지정)된 경우와 같이 산출세액에 감면소득금액이 과세표준에서 차지하는 비율을 곱하여 계산한 감면세액을 산출세액에서 차감하는 방식으로 그 대표적인 세액감면 차감방식의 경우는 「조세특례제한법」 제69조와 제69조의2 및 제70조의 농지감면과 제77조의 수용감면 등이 있다.

① 산출세액 - [(산출세액 × 감면율) = 감면세액] = 결정세액

② 산출세액 - [(산출세액 × 아래의 감면소득금액/과세표준) = 감면세액] = 결정세액

[취득일로부터 주거지역 등 편입일(또는 지정일)까지의 감면소득금액 계산]

$$\bullet \text{양도소득금액} \times \frac{\text{편입일 또는 지정일의 기준시가} - \text{취득 당시 기준시가}}{\text{양도 당시 기준시가} - \text{취득 당시 기준시가}}$$

적용 사례 소득금액 차감방식과 세액감면 차감방식에 따른 감면세액 계산방법 비교

1. 조세특례제한법 제99조의2 신축주택을 취득일로부터 5년 경과 후 양도하는 경우

구 분	내 용
양도소득금액	3억원
주택공시가격	취득 당시 공시가격 2억원
	취득일로부터 5년이 되는 날 현재 공시가격 5억원
	양도 당시 공시가격 10억원

2. 조세특례제한법 제69조 자경농지를 편입(군지역)된 날로부터 3년 경과 후 양도하는 경우

구 분	내 용
양도소득금액	3억원
개별공시지가	취득 당시 공시지가 2억원
	취득일로부터 편입된 날 현재 공시지가 5억원
	양도 당시 공시지가 10억원

해설

	구 분	소득금액 차감방식(신축주택 감면)	세액감면 차감방식(자경농지 감면)
	양도소득금액	300,000,000	300,000,000
(−)	감면소득금액	112,500,000[1)]	112,500,000[1)]
(=)	과세대상소득금액	187,500,000	300,000,000
(−)	기본공제	2,500,000	2,500,000
(=)	과세표준	185,000,000	297,500,000
(×)	세율	38%	38%
(−)	누진공제	19,940,000	19,940,000
(=)	산출세액	50,360,000	93,110,000
(−)	감면세액	−	35,209,663[2)]
(=)	결정세액	50,360,000	57,900,337

1) $300,000,000 \times \frac{500,000,000 - 200,000,000}{1,000,000,000 - 200,000,000} = 112,500,000$

2) $93,110,000 \times \frac{112,500,000}{297,500,000} = 35,209,663$

8 기타 자경감면 주요 내용

(1) 종중(宗中)소유 농지 자경감면 여부

1) 종중의 정의

"종중(姓이 같고 本이 같은 한 겨레의 문중)"이란 공동선조의 후손들에 의하여 선조의 분묘수호와 봉제사 및 후손 상호간의 친목 등을 목적으로 형성되는 자연발생적인 종족단체를 말한다.

2) 종중소유 농지에 대한 양도소득세 감면 및 법인세 비과세 여부

종중소유의 농지를 종중원 중 일부가 농지소재지에 거주하면서 자경한 경우에는 자경농지로서 감면을 받을 수 있으나, 종중과의 약정에 따라 종중 구성원의 책임하에 농지를 경작하고 경작에 따른 대가를 종중에 지불하고 그 수확물은 종중원에게 귀속되는 경우에는 "대리경작"한 것으로 보아 자경농지 감면을 적용받을 수 없다(조특집행 69-66-18).

한편, 종중이 관할 세무서장으로부터 승인을 얻어 비영리법인으로 의제되는 경우에는 법인세 신고방법을 준용하여 법인세로 신고납부해야 한다. 다만, 해당 종중소유의 농지를 3년 이상 계속하여 고유목적사업에 직접 사용한 후 양도하는 경우에는 법인세가 부과되지 않는다(법인령 §3 ②). ☞ P. 34 참조

[종중소유 농지 양도시 주요 내용 비교]

구 분	주요 내용	고유번호 부여
1거주자로 보는 단체 (양도소득세)	• 소득세법 신고방법 준용하여 양도소득세 신고납부 • 산출세액 1억원(또는 2억원) 한도 내 감면 가능	고유번호 중간 "80"로 부여
법인으로 보는 단체 (법인세)	• 법인세법 신고방법 준용하여 법인세 신고납부 • 3년 이상 계속 고유목적사업에 직접 사용한 경우 비과세 가능	고유번호 중간 "82"로 부여

(2) 직불금 수령 여부에 따른 감면 적용 여부

직불금(쌀소득보전직접지불금)은 농가의 소득을 보조하려고 2015년부터 시행된 제도로서 농지소유 여부와 관계없이 실제 농사를 짓는 사람에게 주어지는 금액으로서 농지 소유자와 실제 경작자가 다른 경우에는 실제 경작자에게 지급된다.

따라서, 농지 소유자가 직접 경작하고 본인이 직불금을 수령하면 자경감면을 적용받을 수 있으나, 본인이 직접 경작하지 않고 대리경작한 자가 직불금을 수령한 경우에는 자경농지 감면을 적용받을 수 없을 뿐만 아니라 해당 토지가 비사업용토지로 분류되어 중과세율(기본세율 + 10%)이 적용될 수 있다.

(3) 자경농지 감면신청 여부

자경농지에 대한 양도소득세 감면요건을 충족한 경우에는 양도소득세를 신고하지 않았

거나 감면신청을 하지 않은 경우에도 자경감면을 적용받을 수 있다(조특양도 69-66-29). 이 경우 자경감면 한도 내 감면을 적용한 후 추가 납부세액(산출세액-공제·감면세액-기납부세액)이 없는 경우에는 무신고가산세(납부세액×20%)가 부과되지 않는다.

(4) 자경농지에 대한 입증서류

자경농지에 대해 세액감면을 적용받기 위해서는 입증서류를 제출해야 하는데, 일반적으로 자기가 경작한 사실을 입증할 수 있는 증빙서류는 아래와 같다(조특법 §27 ② 2호).

① 주민등록초본, 자경농지사실확인서, 인우보증서, 농협조합원증명원, 소득금액증명원
② 농지대장(舊 농지원부), 토지대장 및 등기사항전부증명서(舊등기부등본), 토지이용계획확인원, 토지특성조사표
③ 농산물 판매내역, 출하내역서, 직불금 수령내역
④ 농기계구입비, 농약, 비료 및 묘종·묘목 구매내역 영수증

[자경농지 감면 주요 내용]

구 분		주요 내용
감면대상		8년(경영이양직접지불보조금 지급대상 농지는 3년) 이상 재촌·자경한 농지
농지 요건	원칙	양도일(잔금청산일) 현재의 농지 기준
	예외	• 형질변경, 건축착공 등을 한 경우 : 매매계약일 현재의 농지 기준 • 환지예정지 지정일부터 3년 미경과한 토지 : 토지조성공사 착수일 현재의 농지 기준
거주 경작	재촌	농지와 동일(연접) 시·군·구 안의 지역 또는 농지로부터 직선거리 30km 이내 거주
	자경	농업에 상시 종사하거나 농작업의 1/2 이상 자기 노동력 투입
감면 제외	편입	• 시의 동지역의 주거·상업·공업지역 : 편입일로부터 3년 경과 양도(감면 배제) • 이외 지역 : 편입일로부터 3년 이내 또는 3년 경과 양도(편입일까지 감면)
	환지	• 환지예정지 지정 : 환지예정지 지정일로부터 3년 경과 양도(감면 배제) • 교부받은 환지청산금 : 환지예정지 지정일까지 감면
자경기간 계산		매매·증여 : 취득일·수증일부터 양도일까지
		상속 : 피상속인의 자경기간 합산(1년 이상 계속 경작, 미경작시 3년 이내 양도)
자경기간 제외		사업소득금액과 총급여액의 합계액이 3,700만원 이상인 과세기간
		사업소득 총수입금액이 복식부기의무자의 수입금액 기준 이상인 과세기간
감면한도		1개 과세기간(1년간) : 다른 감면세액과 합산하여 1억원
		5개 과세기간(5년간 누적) : 다른 감면세액과 합산하여 2억원

종합 사례 1 일반토지(사업용 토지)와 자경농지를 함께 양도한 경우 양도소득세 계산

• **토지의 취득 및 양도에 관한 자료**

구 분	내 용
취득일 및 취득가액	일반토지A : 2011. 10. 25. 2억원
	자경농지B : 2009. 4. 10. 취득가액 불분명
자경농지B 개별공시지가	취득 당시 기준시가 : 3억원
	양도 당시 기준시가 : 8억원
양도일 및 양도가액	일반토지A : 2025. 7. 20. 5억원
	자경농지B : 2025. 7. 20. 12억원
기타 사항	자경농지B는 8년 이상 재촌·자경 등 감면요건 충족

해설

	구 분	일반토지A	자경농지B	합 계
	양도가액	500,000,000	1,200,000,000	1,700,000,000
(−)	취득가액	200,000,000	450,000,000	650,000,000
(−)	기타필요경비	−	9,000,000	9,000,000
(=)	양도차익	300,000,000	741,000,000	1,041,000,000
(−)	장기보유특별공제	78,000,000	222,300,000	300,300,000
(=)	양도소득금액	222,000,000	518,700,000	740,700,000
(−)	기본공제	2,500,000	−	2,500,000
(=)	과세표준	219,500,000	518,700,000	738,200,000
(×)	세율	−	−	42%
(−)	누진공제	−	−	35,940,000
(=)	산출세액	−	−	274,104,000
(−)	감면세액	−	−	100,000,000
(=)	납부할세액	−	−	174,104,000
(+)	지방소득세	−	−	17,410,400
(=)	총부담세액	−	−	191,514,400

보충 설명 및 계산 내역

1. 일반토지A

1) 장기보유특별공제 : 300,000,000 × 26%(13년 × 2%) = 78,000,000

2) 양도소득기본공제 : 감면소득 외의 소득에서 먼저 공제(소득법 §102 ②)

2. 자경농지B

1) 취득가액 : $1{,}200{,}000{,}000 \times \frac{300{,}000{,}000}{800{,}000{,}000} = 450{,}000{,}000$(환산취득가액)

2) 기타필요경비 : 300,000,000 × 3% = 9,000,000(필요경비 개산공제)

3) 장기보유특별공제 : 741,000,000 × 30%(15년 × 2%) = 222,300,000

4) 감면세액 : Min(①, ②) = 100,000,000

① 산출세액 × $\frac{\text{감면소득금액}}{\text{과세표준}}$ = 한도 적용 전 감면세액

$= 274{,}104{,}000 \times \frac{518{,}700{,}000}{738{,}200{,}000} = 192{,}600{,}575$

② 감면 한도액 : 100,000,000

3. 농어촌특별세(비과세)

자경농지에 대한 양도소득세 감면을 적용받는 경우 농어촌특별세는 부과하지 않는다.

종합 사례 2 주거지역 등에 편입된 농지를 양도한 경우 양도소득세 계산

- **농지의 취득 및 양도에 관한 자료**

구 분	내 용
취득일 및 취득가액	1999. 8. 25. 2억원
주거지역 편입일	2015. 10. 5.(광역시 · 군지역)
고시일 및 개별공시지가	1999. 6. 30. 1억원
	2015. 5. 29. 3억원
	2024. 4. 30. 6억원
양도일 및 양도가액	2025. 2. 15. 9억원
기타 사항	8년 이상 재촌 · 자경 등 감면요건 충족

해설

	구 분	금 액	계산 근거
	양도가액	900,000,000	
(−)	취득가액	200,000,000	
(=)	양도차익	700,000,000	
(−)	장기보유특별공제	210,000,000	700,000,000 × 30%(15년 × 2%)
(=)	양도소득금액	490,000,000	감면소득금액 : 196,000,000(보충 설명 1. 참조)
(−)	기본공제	2,500,000	
(=)	과세표준	487,500,000	
(×)	세율	40%	
(=)	산출세액	169,060,000	487,500,000 × 40% − 2,594만원(누진공제)
(−)	감면세액	67,970,789	(보충 설명 2. 참조)
(=)	납부할세액	101,089,211	
(+)	지방소득세	10,108,922	
(=)	총부담세액	111,198,133	

보충 설명 및 계산 내역

1. 감면소득금액 계산

$$양도소득금액 \times \frac{주거지역\ 등\ 편입일\ 기준시가 - 취득\ 당시\ 기준시가}{양도\ 당시\ 기준시가 - 취득\ 당시\ 기준시가} = 감면소득금액$$

$$= 490,000,000 \times \frac{300,000,000 - 100,000,000}{600,000,000 - 100,000,000} = 196,000,000$$

2. 감면세액 : Min(①, ②) = 67,970,789

① $산출세액 \times \frac{감면소득금액}{과세표준} = 한도\ 적용\ 전\ 감면세액$

$$= 169,060,000 \times \frac{196,000,000}{487,500,000} = 67,970,789$$

② 감면 한도액 : 100,000,000

3. 농어촌특별세 : 자경농지 농어촌특별세 비과세

종합 사례 3 주거지역 등에 편입된 농지가 수용된 경우 양도소득세 계산

• **농지의 취득 및 양도에 관한 자료**

구 분	내 용
취득일 및 취득가액	2000. 7. 25. 불분명
주거지역 편입일	2017. 6. 10.(도・농 복합시의 면지역)
토지 수용확인서 내역	사업인정고시일 : 2022. 9. 25.
	보상가액 산정기준일 : 2021. 4. 10.
고시일 및 개별공시지가	2000. 6. 30. 2억원
	2017. 5. 31. 3.5억원
	2020. 5. 29. 5억원(보상가액 산정당시 기준시가)
	2024. 4. 30. 7억원
수용보상금 수령일 및 보상가액	2025. 4. 15. 10억원(전액 현금보상)
기타 사항	8년 이상 재촌・자경 등 감면요건 충족

해설

	구 분	금 액	계산 근거
	양도가액	1,000,000,000	
(−)	취득가액	400,000,000	(보충 설명 1. 참조)
(−)	기타필요경비	6,000,000	200,000,000 × 3% : 필요경비 개산공제
(=)	양도차익	594,000,000	
(−)	장기보유특별공제	178,200,000	594,000,000 × 30%(15년 × 2%)
(=)	양도소득금액	415,800,000	감면소득금액 : 207,900,000(보충 설명 2. 참조)
(−)	기본공제	2,500,000	
(=)	과세표준	413,300,000	
(×)	세율	40%	
(=)	산출세액	139,380,000	413,300,000 × 40% − 2,594만원(누진공제)
(−)	감면세액	70,111,546	(보충설명 3. 참조)
(=)	납부할세액	69,268,454	
(+)	지방소득세	6,926,846	
(=)	총부담세액	76,195,300	

보충 설명 및 계산 내역

1. 환산취득가액

$$= 1,000,000,000 \times \frac{200,000,000}{500,000,000} = 400,000,000$$

토지가 수용되는 경우로서 환산취득가액 계산시 분모의 양도 당시 기준시가는 아래의 셋 중 적은 금액으로 한다. 따라서, 양도 당시 기준시가(7억원)와 보상가액 산정기준일의 기준시가(5억원) 중 적은 금액을 분모의 양도 당시 기준시가로 적용한다(소득령 §164 ⑨).

- Min(① 양도당시 기준시가, ② 보상가액, ③ 보상가액 산정기준일의 기준시가)

2. 감면소득금액 계산

$$\text{양도소득금액} \times \frac{\text{주거지역 등 편입일 기준시가} - \text{취득 당시 기준시가}}{\text{보상가액 산정기준일 기준시가} - \text{취득 당시 기준시가}} = \text{감면소득금액}$$

$$= 415,800,000 \times \frac{350,000,000 - 200,000,000}{500,000,000^{*} - 200,000,000} = 207,900,000$$

* 토지가 수용되는 경우 분모의 양도 당시 기준시가는 보상가액 산정기준일의 기준시가(보상금 산정 당시 해당 토지의 개별공시지가)를 적용한다(조특령 §66 ⑦).

3. 감면세액 : Min(①, ②) = 70,111,546

① $\text{산출세액} \times \frac{\text{감면소득금액}}{\text{과세표준}} = \text{한도 적용 전 감면세액}$

$$= 139,380,000 \times \frac{207,900,000}{413,300,000} = 70,111,546$$

② 감면 한도액 : 100,000,000

4. 감면 중복적용 여부

거주자가 토지 등을 양도하여 둘 이상의 양도소득세의 감면규정을 동시에 적용받는 경우에는 하나의 감면규정만을 적용한다. 다만, 토지 등의 일부에 대하여 특정의 감면규정을 적용받는 경우에는 남은 부분에 대하여 다른 감면규정을 적용받을 수 있다(조특법 §127 ⑦).

이 경우 양도소득금액 중 주거지역에 편입된 날까지의 소득금액에 대하여 자경농지에 대한 감면규정(조특법 §69)을 적용받고 편입일 후의 소득금액에 대해서는 공익사업용 토지 등에 대한 감면규정(조특법 §77)이 적용되지 아니하므로 거주자가 선택하여 하나의 감면 규정만을 적용한다. 따라서, 세 부담 측면에서 보다 유리한 자경농지에 대한 감면규정을 적용한다.

Ⅱ 축사용지에 대한 양도소득세 감면

1 감면 요건

축산에 사용하는 축사와 축사용지 소재지에 거주하는 거주자(비거주자가 된 날로부터 2년 이내인 자 포함)가 8년 이상 직접 축산에 사용한 축사용지를 "폐업"을 위하여 2025. 12. 31.까지 양도함에 따라 발생하는 소득에 대하여는 양도소득세를 100% 감면한다(조특법 §69의2 ①).

이 경우 축사용지에 대한 감면규정(재촌 · 자경요건, 소득요건, 축사용지 상속시 자경기간 계산, 감면배제 및 감면한도)은 앞서 살펴본 자경농지 감면규정과 동일하게 적용되므로 이하 차이나는 부분에 대해서만 설명하고자 한다.

2 폐업을 위하여 양도의 의미

축사용지에 대한 감면규정을 적용받으려면 "폐업을 위하여 양도함"에 따라 발생하는 소득이어야 하는데, 여기서 폐업이란 거주자가 축산을 사실상 중단한 것으로서 해당 축사용지 소재지의 시장 · 군수 · 구청장(자치구의 구청장을 말함)으로부터 축산기간 및 폐업 확인서(조특칙 별지 제51호의2 서식)에 폐업임을 확인받은 경우를 말한다(조특령 §66의2 ⑧).

이 경우 축산기간 및 폐업 확인서(축사기간 및 폐업 확인을 할 수 없는 경우에는 축사기간 및 폐업 여부를 확인할 수 있는 서류)를 납세지 관할세무서장에게 제출하여야 한다(조특령 §66의2 ⑫).

3 감면세액 계산

축사용지에 대한 양도소득세 감면세액은 아래의 계산식에 따라 계산한다(조특령 §66의2 ⑨).

• $\text{감면세액} = \text{양도소득 산출세액} \times \dfrac{\text{축사용지 면적}}{\text{총양도면적}}$ (면적 한도 없음)

4 사후관리(양도 후 5년 이내 축산업 재개시 旣 감면세액 추징)

양도소득세를 감면받은 거주자가 해당 축사용지 양도 후 5년 이내에 축산업을 다시 하는 경우에는 감면받은 세액을 추징한다(조특법 §69의2 ②). 다만, 축산업을 폐업하여 축사용지에 대한 감면을 받은 사람이 그 이후에 상속으로 인하여 축산업을 하게 되는 경우에는 감면받은 세액을 추징하지 않는다(조특령 §66의2 ⑪).

관련 해석 사례

1. 축산업을 2곳(A, B)에서 영위하는 거주자가 그중 1곳(A)의 축사용지를 폐업을 위하여 양도하고 다른 곳(B)에서 계속 축산업을 하는 경우에는 「조세특례제한법」 제69조의2를 적용받을 수 없는 것이다(부동산납세과-1700, 2022. 6. 14).
2. 거주자가 폐업 확인서상 폐업임을 확인받지 못하였으나 축산을 "사실상 중단"한 것이 영업자 지위승계 신고대장 등에 의해 확인되는 경우에는 폐업을 위해 축사용지를 양도한 것으로 보아 감면이 적용된다(재산세제과-262, 2020. 3. 13).
3. 거주자가 축산에 사용하는 축사와 이에 딸린 축사용지를 8년 이상 자기가 직접 축산에 사용한 후 축사용지는 계속 보유하면서 축사만 양도하는 경우에도 양도소득세 감면대상에 해당한다(재산세제과-339, 2019. 4. 24).

Ⅲ 농지대토(代土)에 대한 양도소득세 감면

1 감면 요건

종전농지 양도일 현재 농지소재지에 거주하는 거주자(비거주자가 된 날로부터 2년 이내인 자 포함)가 경작상의 필요에 의하여 새로운 농지(대토농지)를 취득함으로써 4년 이상 직접 경작한 종전농지를 양도하는 경우 그 양도로 인해 발생하는 소득에 대해서는 양도소득세를 100% 감면한다(조특법 §70 ①).

이 경우 농지대토 감면규정 역시 앞서 살펴본 자경농지에 대한 감면규정(농지요건, 재촌·자경 요건, 소득요건, 감면배제)과 동일하게 적용되므로 이하 차이나는 부분(자경기간 계산, 대토요건, 감면한도)에 대해서만 구체적으로 설명하고자 한다.

알쏭달쏭 용어

① 농지대토 : 종전농지를 양도하고 새로운 농지를 취득하여 경작하는 경우 세액감면 적용(1억원 한도)

② 대토보상 : 토지가 수용되는 경우 토지 소유자가 현금이나 채권으로 보상받지 않고 공익사업의 시행으로 새로 조성된 토지로 보상받는 것으로 40%의 세액감면 또는 과세이연 적용(P. 796 참조)

2 대토감면 요건(종전농지 대토감면 · 신규농지 사후관리)

(1) 종전농지 先양도, 신규농지(대토농지) 後취득한 경우

4년 이상 종전농지 소재지에 거주하면서 경작한 자가 종전농지 양도일부터 1년(협의매수 · 수용은 2년) 내에 새로운 농지를 취득(상속 · 증여받은 경우는 제외)하여, 그 취득한 날부터 1년(질병의 요양 등 부득이한 사유로 경작하지 못하는 경우에는 2년) 내에 새로운 농지소재지에 거주하면서 "계속"하여 경작한 기간과 종전농지의 경작기간을 "합산"하여 8년 이상인 경우에는 대토감면 요건을 충족한 것으로 본다(조특령 §67 ③ 1호).

① 4년 이상 경작한 종전농지 양도일로부터 1년(협의매수 · 수용은 2년)내에 신규농지를 취득할 것
② 신규농지 취득일로부터 1년 내에 신규농지 소재지에 거주하면서 경작할 것
③ 종전농지의 경작기간과 신규농지의 경작기간을 합산한 기간이 8년 이상일 것

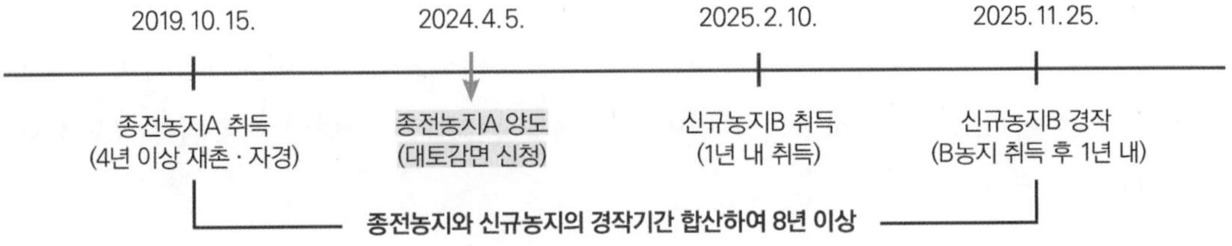

(2) 신규농지(대토농지) 先취득, 종전농지 後양도한 경우

4년 이상 종전농지 소재지에 거주하면서 경작한 자가 새로운 농지 취득일부터 1년 내에 종전농지를 양도하고 종전농지 양도일부터 1년(질병의 요양 등 부득이한 사유로 경작하지 못하는 경우에는 2년) 내에 새로운 농지소재지에 거주하면서 "계속"하여 경작한 기간과 종전농지의 경작기간을 "합산"하여 8년 이상인 경우에는 대토감면 요건을 충족한 것으로 본다

(조특령 §67 ③ 2호).

① 신규농지 취득일로부터 4년 이상 경작한 종전농지를 1년 내에 양도할 것
② 종전농지 양도일로부터 1년 내에 신규농지 소재지에 거주하면서 경작할 것
③ 종전농지의 경작기간과 신규농지의 경작기간을 합산한 기간이 8년 이상일 것

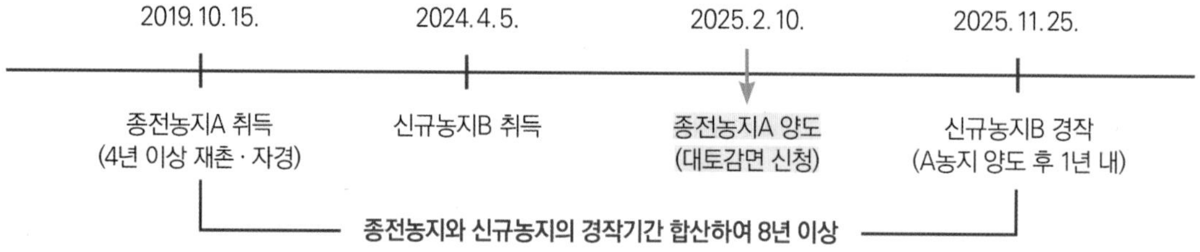

! 신규농지 취득 및 경작기간 판단시 주의사항

1. 신규농지는 매매, 경매 등 유상으로 취득한 경우에만 대토감면이 적용되므로 상속 또는 증여로 신규농지를 취득한 경우에는 대토감면 규정이 적용되지 않는다(조특령 §67 ③).
2. 종전농지의 경작기간(4년 이상)은 통산하여 적용하지만, 새로 취득한 농지의 경작기간은 통산이 아닌 "계속"하여 경작해야 한다.

(3) 신규농지의 면적 또는 가액 요건(아래의 ①과 ② 중 하나만 충족)

새로 취득하는 농지의 면적 또는 가액은 아래와 같이 양도하는 종전농지의 면적 또는 가액 대비 일정한 요건을 충족하여야 한다. 이 경우 면적요건이나 가액요건을 모두 충족해야 하는 것은 아니고 둘 중 하나의 요건만 충족해도 농지대토 감면이 적용된다(조특령 §67 ③ 1호 및 2호 가목 및 나목).

① 면적 요건 : 신규농지의 면적이 종전농지 면적의 2/3 이상일 것(가목)
② 가액 요건 : 신규농지의 가액이 종전농지 가액의 1/2 이상일 것(나목)

관련 해석 사례

1. 농지대토 감면을 적용함에 있어 단독소유 농지를 양도하고 새로 취득하는 농지가 공유인 경우에도 새로 취득하는 본인 소유 농지의 면적이 양도하는 농지면적의 2/3 이상이거나 새로 취득하는 본인 소유 농지의 가액이 양도하는 농지가액의 1/2 이상인 경우에는 농지대토 감면규정이 적용된다(조특집행 70-67-8).
2. 여러 필지의 농지를 양도한 후 그중 일부 필지에 대해서만 대토농지를 취득한 경우에도 필지별로 대토 요건을 판단하는 것이기 때문에 해당 필지가 대토 요건을 갖춘 경우에는 감면규정을 적용할 수 있다(조특집행 70-67-9).
3. 농지대토로 감면을 적용받은 후 새로 취득한 농지의 일부를 4년 이상 직접 경작하기 전에 일부 분할양도하거나 분할임대한 경우로서, 잔존하는 농지의 면적이 농지대토의 면적기준을 충족하는 경우에도 농지대토로 인한 감면규정을 적용할 수 있다(조특집행 70-67-10).

적용 사례 종전농지와 신규농지의 대토감면 적용요건 판단

구 분		종전농지	신규농지	면적 또는 가액 충족 여부	대토감면 적용 여부
사례 1	면적	900㎡	500㎡	불충족(2/3 미만)	대토감면 충족
	가액	4억원	2억원	충족(1/2 이상)	
사례 2	면적	900㎡	600㎡	충족(2/3 이상)	대토감면 충족
	가액	4억원	1.8억원	불충족(1/2 미만)	
사례 3	면적	900㎡	500㎡	불충족(2/3 미만)	대토감면 미충족
	가액	4억원	1.8억원	불충족(1/2 미만)	

(4) 양도일 현재 재촌·자경 요건 충족 여부

자경농지에 대한 감면은 8년 이상 통산하여 재촌·자경하였으면 양도일 현재 재촌·자경하지 않더라도 자경농지에 대한 감면이 적용되지만, 농지대토에 대한 감면은 종전농지에서 통산하여 4년 이상 재촌·자경하였더라도 양도일 현재 농지소유자가 해당 농지소재지에서 재촌·자경하지 아니한 경우에는 농지대토에 대한 감면을 적용받을 수 없다.

관련 해석 사례

농지대토에 대한 양도소득세 감면은 종전농지 양도일 현재 농지 소재지에 거주하면서 자경하는 경우에 한하여 적용되는 것이므로 종전농지 양도일 현재 농지 소재지에 거주하지 아니한 경우에는 농지대토에 대한 양도소득세 감면규정이 적용되지 아니한다(부동산거래관리과-572, 2012. 10. 25).

3 대토농지의 자경기간 계산

(1) 합산 자경기간 8년 경과 전에 대토농지가 수용되는 경우

종전농지와 대토농지의 "합산 8년 이상 자경기간"을 계산할 때 새로운 농지를 취득한 후 4년 이내에 협의매수·수용되는 경우에는 4년 동안 농지소재지에 거주하면서 경작한 것으로 본다(조특령 §67 ④).

관련 해석 사례

1. 주거지역 등에 편입된 농지를 취득하여 4년 이상 직접 경작한 후, 해당 농지가 공공용지로 수용되어 경작상의 필요에 의하여 대토(代土)함으로써 발생하는 소득에 대해서는 농지대토에 대한 양도소득세 감면이 적용되지 않는다(법규재산-0019, 2024. 1. 31).
2. 거주자가 4년 이상 경작한 종전농지A를 양도하고 농지대토 감면을 적용받은 후, 신규농지B를 취득하여 경작하던 중에 B농지가 대토일로부터 4년이 지나지 않은 상태에서 수용되어 다시 C농지로 대토한 경우, B농지는 경작기간이 4년에 미달하여 「조세특례제한법」 제70조에 따른 농지대토에 대한 양도소득세 감면을 적용받을 수 없는 것이다(법규재산-5248, 2022. 12. 22).

(2) 합산 자경기간 8년 경과 전에 대토농지 소유자가 사망한 경우

종전농지와 대토농지의 "합산 8년 이상 자경기간"을 계산할 때 새로운 농지를 취득한 후 종전농지의 경작기간과 대토농지의 경작기간을 합산하여 8년이 지나기 전에 농지 소유자가 사망한 후, 상속인이 농지 소재지에서 거주하면서 계속 경작한 때에는 피상속인의 경작기간과 상속인의 경작기간을 통산한다(조특령 §67 ⑤).

관련 해석 사례

청구인(상속인)이 피상속이 취득한 대토농지를 상속받아 약 4년 정도 경작하던 중 해당 토지가 수용되었는바, 청구인은 피상속인의 종전농지의 자경기간(약 27년)과 대토농지의 자경기간(약 4년)을 합산하면 8년 이상 경작하였으므 8년 자경농지에 대한 양도소득세 감면요건에 충족한다고 주장하나, 상속받은 대토농지에 대해서는 피상속인의 종전농지의 자경기간을 상속인의 자경기간에 통산할 수 없으므로 8년 자경농지에 대한 감면규정을 적용받을 수 없다(광주고법 2023누1694, 2024. 4. 24).

(3) 합산 자경기간 8년 경과 전에 3,700만원 이상 소득이 발생한 경우

종전농지와 대토농지의 "합산 8년 이상 자경기간"을 계산할 때 새로운 농지의 경작을 개시한 후 종전농지의 경작기간과 대토농지의 경작기간을 합산하여 8년이 지나기 전에 사업소득 등이 3,700만원 이상에 해당하는 기간이 있는 경우에는 "새로운 농지를 계속"하여 경작하지 않은 것으로 본다(조특령 §67 ⑥).

관련 해석 사례

농지 소재지에 거주하는 거주자가 종전농지를 양도하고 새로운 농지를 대토하고자 하는 경우로서 종전농지의 양도일이 속하는 과세기간의 사업소득금액이 3,700만원 이상인 경우에는 4년 이상 재촌·자경하였더라도 농지대토에 대한 양도소득세 감면을 적용받을 수 없다(부동산납세과-297, 2019. 3. 22).

4 감면세액 한도

농지대토에 대한 양도소득세 감면 요건을 충족한 경우에는 양도소득세를 100% 감면하되 다른 감면세액과 합산하여 1개 과세기간(당해 연도) 1억원, 5개 과세기간(5년간 누적) 1억원을 한도로 감면을 적용한다.

여기서 주의할 사항은 「조세특례제한법」 제70조에 따른 농지대토에 대한 감면은 1년간은 다른 감면세액과 합산하여 1억원의 한도를 적용하되, 5년간 누적 감면 한도는 다른 감면세액은 합산하지 않고 농지대토 감면으로만 1억원의 한도를 적용한다는 점이다.

예를 들어, 2024년에 농지대토 감면 1억원을 적용받은 경우 2025년에는 농지대토 감면을 적용받을 수 없지만, 2024년에 자경농지 감면 1억원을 적용받은 경우 2025년에는 농지대토 감면 1억원을 적용받을 수 있는 것이다.

5 사후관리(종전농지의 감면세액 추징)

종전농지를 양도하여 대토감면을 적용받은 후, 아래와 같은 사유가 발생하여 감면요건을 충족하지 못한 경우에는 그 사유가 발생한 날이 속하는 달의 말일부터 2개월 이내에 감면받은 양도소득세에 이자상당액을 가산하여 신고·납부하여야 한다(조특법 §70 ④).

① 종전농지 양도일부터 1년(협의매수 · 수용은 2년) 내에 신규농지를 취득하지 않은 경우

② 신규농지 취득일부터 1년(先취득 後양도한 경우는 종전농지 양도일부터 1년) 이내에 신규농지를 자경하지 않은 경우

③ 신규농지의 면적(종전농지 2/3) 또는 가액(종전농지 1/2) 요건을 충족하지 못한 경우

④ 종전농지의 경작기간과 신규농지의 경작기간을 합산하여 8년 미만인 경우

⑤ 종전농지의 경작기간과 신규농지의 경작기간을 합산하여 8년이 지나기 전에 사업소득금액과 총급여액의 합계액이 3,700만원 이상 또는 사업소득 총수입금액이 업종별 복식부기의무자의 수입금액 기준 이상인 과세기간이 있는 경우

[자경농지 감면과 농지대토 감면규정의 비교]

• **공통점**

자경농지 감면(조특법 제69조)	농지대토 감면(조특법 제70조)
① 대 상 자 : 거주자(비거주자가 된 날로부터 2년 이내인 자 포함)	
② 농지요건 : 양도일 현재 농지(예외 : 매매계약일 현재 또는 토지조성공사 착수일 현재 농지)	
③ 재촌요건 : 농지소재지와 동일(연접)한 시 · 군 · 구 또는 농지로부터 직선거리 30km 이내 거주	
④ 감면배제 : 市의 洞지역의 주거 · 상업 · 공업지역 편입일 또는 환지예정시 지정일부터 3년 경과 양도	
⑤ 자경제외 : 총급여액 등의 합계액 3,700만원 이상 또는 복식부기의무자의 수입금액 기준 소득 이상	
⑥ 기타요건 : 감면소득금액 계산, 다른 감면세액 포함 1년간 1억원 한도, 농어촌특별세 비과세	

• **차이점**

구 분	자경농지 감면(조특법 제69조)	농지대토 감면(조특법 제70조)
자경기간	통산하여 자경기간 8년 이상 → 양도일 현재 재촌 · 자경 불필요	종전농지와 신규농지의 합산 자경기간 8년 이상 → 양도일 현재 재촌 · 자경 등 요건 필요
상속농지	피상속인의 자경기간 합산 가능 (1년 이상 계속 경작, 3년 이내 양도)	• 종전농지 : 피상속인의 자경기간 합산 불가 • 신규농지 : 피상속인의 자경기간 합산 가능
협의매수 · 수용	8년 이상 재촌 · 자경 필수	• 종전농지 : 4년 이상 재촌 · 자경 필수 • 신규농지 : 4년 이상 재촌 · 자경 의제
면적 · 가액 요건	제한 없음	종전농지 면적의 2/3 또는 종전농지 가액의 1/2 이상 신규농지 취득
감면 한도	다른 감면세액 포함 5년간 2억원	대토감면만을 합산하여 5년간 1억원
사후 관리	해당 없음	대토감면 요건 미충족시 감면세액 등 추징

Ⅳ 농지 등 양도 후 환매(還買)한 경우 과세특례

1 감면 요건

(1) 당초 농업인이 농지 등 양도 후 환매하는 경우

농업인이 직접 경작하거나 직접 축산에 사용한 농지 및 그 농지에 딸린 농업용시설(이하 "농지 등"이라 한다)을 한국농어촌공사에 양도하고 양도소득세를 신고·납부한 후, 농업인이 다시 임차하여 직접 경작하거나 직접 축산에 사용한 경우로서 해당 농지 등을 임차기간 내에 환매(7년 ~ 10년의 임차기간 내에 환매신청한 경우로 한정)한 경우에는 당초 납부한 양도소득세를 환급(환급가산금 제외)받을 수 있다(조특법 §70의2 ①).

(2) 당초 농업인이 농지 등 양도 후 사망하여 상속인이 환매하는 경우

위 (1)에 따른 환매요건을 갖춘 농업인이 그 임차기간 중 사망한 경우로서 아래의 요건을 모두 갖춘 상속인이 해당 농지 등에 대한 임차기간 내에 환매한 경우 그 상속인은 피상속인이 당초 납부한 양도소득세를 환급받을 수 있다.

이 경우 양도소득세를 환급받은 상속인이 환매한 농지 등을 제3자에게 다시 양도하는 경우로서 양도소득세를 계산할 때 취득시기 및 취득가액은 "피상속인의 당초 취득시기 및 취득가액을 적용한다(조특법 §70의2 ⑤).

① 상속인이 농업인에 해당할 것
② 상속인이 해당 농지 등을 직접 경작하거나 직접 축산에 사용할 것

여기서 눈여겨 볼 사항은 유권해석(조심 2022광8066, 2023. 9. 26.)에 따르면 상속인이 피상속인으로부터 상속받은 환매권을 원인으로 농지 등을 취득한 후, 해당 농지 등을 다시 양도하는 경우 피상속인의 자경기간 등을 합산할 수 없다고 규정하였으나, 2023. 12. 31. 세법 개정으로 피상속인의 당초 취득시기 및 취득가액을 적용하는 점을 고려한다면 피상속인의 자경기간 또는 축산 사용기간을 합산하여 상속인의 자경농지 또는 축사용지에 대한 양도소득세 감면 여부를 판단해야 할 것으로 사료된다.

2 환매(환급받은) 후 농지 등을 다시 양도한 경우 취득가액 등의 계산

양도소득세를 환급받은 농업인이 환매한 해당 농지 등을 제3자에게 다시 양도하는 경우 그 농지 등에 대한 양도소득세액은 「소득세법」 제95조 제4항(장기보유특별공제 적용시 보유기간 계산), 제97조 제1항 제1호(취득가액), 제98조(취득시기) 및 제104조 제2항(세율적용시 보유기간 계산)에도 불구하고 아래의 취득가액 및 취득시기를 적용하여 계산하되, 「조세특례제한법」 제71조 제1항(P. 807 참조)에 따라 증여세를 감면받은 농지 등을 한국농어촌공사에 양도한 후 양도소득세를 환급받고 제3자에게 다시 양도하는 경우에는 자경농민(증여자)의 취득시기 및 필요경비를 적용하여 계산한다(조특법 §70의2 ②).

① 취득가액 : 한국농어촌공사에 양도하기 전 농업인의 해당 농지 등 취득 당시의 취득가액
② 취득시기 : 한국농어촌공사에 양도하기 전 해당 농지 등의 취득일

3 환매(환급받은) 후 농지 등을 다시 양도한 경우 자경기간 등의 계산

양도소득세를 환급받은 자가 환매한 농지 등을 제3자에게 다시 양도하는 경우 임차기간 내에 직접 경작하거나 직접 축산에 사용한 기간은 해당 농지 등을 한국농어촌공사에 양도한 자가 직접 농지 등을 경작하거나 직접 축산에 사용한 것으로 보아 「조세특례제한법」 제69조에 따른 자경기간 또는 제69조의2에 따른 축산 사용기간은 아래와 같이 합산하여 계산한다(조특법 §70의2 ④ 및 조특령 §67의2 ③).

[농지 자경기간 또는 축산 사용기간 = ①+②+③]
① 당초 취득일부터 한국농어촌공사에 양도한 날까지의 자경기간 또는 축산 사용기간
② 임차기간 내에 자경기간 또는 축산 사용기간
③ 환매 후 양도일까지의 자경기간 또는 축산 사용기간

관련 해석 사례

"농지대토"에 대한 양도소득세 감면 요건 중 경작기간을 적용할 때 한국농어촌공사에 환매조건부로 양도한 후, 임차기간 내에 환매하는 경우 해당 농지의 임차기간 내에 경작한 기간은 포함하지 않는다(서면부동산-0166, 2015. 6. 12).

V 공익사업용 토지 등에 대한 양도소득세 감면

1 감면 요건

거주자 또는 비거주자가 사업인정고시일(사업인정고시일 전에 양도하는 경우에는 양도일)부터 소급하여 2년 이전에 취득한 토지 또는 건물(이하 "토지 등"이라 한다)을 2026. 12. 31.까지 공익사업의 시행자에게 양도함으로써 발생하는 양도소득에 대해서는 다른 감면세액과 합산하여 1년간 1억원, 5년간 2억원 한도 내에서 아래와 같이 양도소득세를 감면한다(조특법 §77 ①).

구 분		감면세액	사후관리(추징세액)
현금보상		양도소득세의 10%	-
채권보상	일반채권	양도소득세의 15%	-
	3년 만기보유채권	양도소득세의 30%	위반시 15%(30% - 15%) 추징(P. 791 참조)
	5년 만기보유채권	양도소득세의 40%	위반시 25%(40% - 15%) 추징(P. 791 참조)

여기서 잠깐!

현금보상이 아닌 채권보상으로 보상받는 경우

토지가 수용되어 받는 보상금은 토지 소유자가 채권보상을 원하지 않는 한 현금보상이 원칙이나, 부재지주가 1억원을 초과해서 보상금을 받는 경우에는 「토지보상법」 제63조 제8항에 따라 1억원까지는 현금보상, 나머지 보상금은 채권으로 보상받아야 한다. 여기서 부재지주란 사업인정고시일 1년 전부터 토지 소재지와 동일(연접)한 시 · 군 · 구 또는 직선거리로 30km 이내에 계속하여 주민등록이 되어 있지 않는 자 또는 주민등록이 되어 있더라도 실제 거주를 하지 않는 자를 말한다.

(1) 감면대상자

공익사업용 토지 등에 대한 양도소득세 감면규정은 거주자 또는 비거주자 여부를 불문하고 적용한다. 이는 후술하는 「조세특례제한법」 제77조의2의 「공익사업 등에 대한 대토보상 감면규정」이 거주자에게만 적용되는 것과 대비된다.

(2) 감면대상 공익사업 유형

감면대상 소득은 아래의 어느 하나에 해당하는 공익사업용 토지 등을 양도함으로써 발생한 소득을 말한다.

① 「공익사업을 위한 토지 등의 취득 및 보상에 관한 법률」에 따른 공익사업에 필요한 토지 등을 공익사업 시행자에게 양도하면서 발생하는 소득(조특법 §77 ① 1호)

② 「도시 및 주거환경정비법」에 따른 정비구역(정비기반시설을 수반하지 아니하는 정비구역은 제외)의 토지 등을 사업시행자에게 양도하면서 발생하는 소득(조특법 §77 ① 2호)

③ 「공익사업을 위한 토지 등의 취득 및 보상에 관한 법률」이나 그 밖의 법률에 따른 토지 등의 수용으로 발생하는 소득(조특법 §77 ① 3호)

관련 해석 사례

1. 쟁점토지가 포함된 도시개발사업은 수용 방식이 아닌 환지방식에 의하여 추진된 것으로 공익사업용 토지 등에 대한 양도소득세의 감면규정을 적용할 수 없다(조심 2012서3095, 2012. 10. 4).
2. 「도시 및 주거환경정비법」에 따라 주택재건축사업을 시행하는 정비사업조합의 조합원이 관리처분계획이 인가됨에 따라 취득한 입주자의 지위를 해당 조합에 양도하는 경우에는 「조세특례제한법」 제77조 제1항 제2호가 적용되지 않는다(부동산거래관리과-1271, 2010. 10. 21).

(3) 상속 또는 증여(배우자 등 이월과세)의 취득시기

사업인정고시일부터 소급하여 2년 이전에 취득한 토지 등을 판단함에 있어 상속받거나 「소득세법」 제97조의2 제1항(배우자 또는 직계존비속의 이월과세)이 적용되는 증여받은 토지 등은 "피상속인" 또는 "증여자"가 해당 토지 등을 취득한 날을 해당 토지 등의 취득일로 본다(조특법 §77 ⑨). 다만, 사업인정고시일부터 소급하여 2년 이전에 증여받은 토지 등은 이월과세가 적용되지 않기 때문에 수증자가 해당 토지 등을 취득한 날을 적용한다(소득법 §97의2 ② 1호). ☞ P. 665 참조

2 감면세액 한도

공익사업용 토지 등에 대한 감면요건을 충족한 경우에는 10%~40%의 양도소득세를 감면하되, 다른 감면세액과 합산하여 1년간 1억원, 5년간 2억원을 한도로 적용한다.

3 농어촌특별세 과세 여부

토지가 협의매수 · 수용되는 경우 감면세액의 20%를 농어촌특별세로 납부하는 것이 원칙이나, 협의매수 · 수용되는 토지가 수용일 현재 자경농지(8년 이상 재촌 · 자경 여부 불문)에 해당하는 경우에는 농어촌특별세가 비과세된다.

4 사후관리(만기 전에 특약위반시 양도자의 감면세액 추징)

채권을 만기까지 보유하기로 특약을 체결하고 양도소득세의 30% 또는 40%(만기가 5년 이상인 경우)에 상당하는 세액을 감면받은 자가 그 특약을 위반하게 된 경우에는 즉시 감면받은 세액 중 양도소득세의 15% 또는 25%(만기가 5년 이상인 경우)에 상당하는 금액을 징수한다. 이는 일반채권으로 보상받은 경우 양도소득세의 감면율 15%와의 비율차이만큼의 감면세액분을 추징하겠다는 의미이다(조특법 §77 ④).

5 협의매수 · 수용과 관련된 기타 주요내용

(1) 토지가 협의매수 · 수용되는 경우 비사업용 토지 여부

양도하는 토지가 비사업용 토지로 분류되는 경우 중과세율(기본세율+10%)이 적용되지만, 「공익사업을 위한 토지 등의 취득 및 보상에 관한 법률」 및 그 밖의 법률에 따라 협의매수 또는 수용되는 토지로서 아래의 어느 하나에 해당하는 토지는 무조건 사업용 토지로 본다(소득령 §168의14 ③ 3호).

사업인정고시일	토지의 취득시기에 따른 비사업용 토지 여부
2006. 12. 31. 이전	취득시기에 상관없이 무조건 사업용 토지
2021. 5. 3. 이전	사업인정고시일부터 소급하여 2년 이전에 취득한 경우 사업용 토지
2021. 5. 4. 이후	사업인정고시일부터 소급하여 5년 이전에 취득한 경우 사업용 토지

(2) 주택 및 부속토지가 협의매수 · 수용되는 경우 거주요건 판단

사업인정고시일 전에 취득한 주택 및 부속토지의 전부 또는 일부가 협의매수·수용되는 경우 1세대 1주택 비과세 요건 중 2년 이상의 보유기간 및 거주기간의 요건을 적용하지 않는다(소득령 §154 ① 단서).

(3) 시차를 두고 협의매수 · 수용되는 경우 고가주택 여부 및 양도차익 계산

1세대 1주택 비과세 요건을 갖춘 주택 및 부속토지가 공익사업용으로 시차(간격)를 두고 협의매수·수용되는 경우 양도시기 및 양도차익의 계산은 각 자산별로 판단하는 것이나, 고가주택에 대한 양도차익은 전체를 하나의 거래로 보아 계산한다.

예를 들어, 2024. 5. 10.에 1세대 1주택 비과세 요건을 갖춘 주택 및 그 부속토지가 수용되면서 토지보상가액 10억원은 먼저 수령하고 주택보상가액(예상보상가액 5억원)에 대해서는 2025. 7. 25.에 수령하기로 한 경우 2024년 귀속 토지보상가액에 대한 고가주택 양도차익 계산시 양도가액은 토지의 보상가액(10억원)과 주택의 예상 보상가액(5억원)의 합계액 15억원을 기준으로 적용한다. 다만, 주택의 실제 보상가액이 예상 보상가액과 다른 경우에는 이미 신고한 토지분에 대해서는 수정신고(실제 보상가액 〉 예상 보상가액) 또는 경정청구(실제 보상가액 〈 예상 보상가액)를 한다.

(4) 협의매수 · 수용되는 경우 일시적 2주택 비과세특례 요건 완화

일시적 2주택 비과세특례를 적용받기 위해서는 종전주택을 취득한 날부터 1년 이상이 지난 후 신규주택을 취득하고 신규주택을 취득한 날부터 3년 이내에 종전주택을 양도해야 하는 것이 원칙이다. 다만, 종전주택 및 그 부속토지의 일부가 협의매수·수용되는 경우에는 종전주택을 취득한 날부터 "1년 이상이 지난 후 신규주택을 취득하는 요건"을 적용하지 않으며, 수용일부터 5년 이내에 잔존하는 주택 및 그 부속토지를 양도하는 때에는 해당 잔존하는 주택 및 그 부속토지의 양도는 종전주택 및 그 부속토지의 수용에 포함되는 것으로 본다(소득령 §155 ①).

(5) 비과세 적용 후 특례주택이 협의매수 · 수용되는 경우 추징 배제

1) 거주주택 비과세특례가 적용되는 경우

「소득세법 시행령」 제155조 제20항에 따라 장기임대주택을 보유한 자가 임대주택 이외 거주주택을 먼저 양도하여 1세대 1주택 비과세특례를 적용받은 후, 의무임대기간 중에 임대주택이 협의매수 · 수용되는 경우에는 의무임대기간의 요건을 충족한 것으로 보아 이미 적용받은 거주주택 비과세를 추징하지 않는다(소득령 §155 2호 가목).

2) 농어촌주택에 대한 양도소득세 과세특례가 적용되는 경우

「조세특례제한법」 제99조의4 제4항에 따라 농어촌주택의 3년 이상 보유 요건을 충족하기 전에 일반주택을 양도하여 1세대 1주택 비과세특례를 적용받은 후, 3년 이상 보유기간 중에 농어촌주택이 협의매수 · 수용되는 경우에는 부득이한 사유가 있는 것으로 보아 이미 적용받은 비과세를 추징하지 않는다(조특법 §99의4 ⑥).

(6) 증여받은 재산이 협의매수 · 수용되는 경우 이월과세 적용 여부

배우자 등으로부터 증여받은 자산을 10년 이내 양도하는 경우에는 이월과세가 적용되는 것이 원칙이나, 사업인정고시일부터 소급하여 2년 이전에 증여받은 경우로서 협의매수 또는 수용되는 경우에는 이월과세를 적용하지 않는다(소득법 §97의2 ② 1호).

(7) 수용 등으로 환산취득가액 적용시 분모의 양도 당시 기준시가 산정특례

양도차익 계산시 취득가액이 불분명하여 환산취득가액을 산정하는 경우 분모의 양도 당시 기준시가를 적용하는 것이 원칙이나, 토지 등이 협의매수 · 수용되는 경우에는 셋 중 적은 금액(① 양도당시 기준시가, ② 보상액, ③ 보상액 산정기준일의 기준시가)을 분모의 양도 당시 기준시가로 적용하여 환산취득가액을 계산한다(소득령 §164 ⑨).

$$\bullet \text{ 환산취득가액} = \text{양도가액(보상액)} \times \frac{\text{취득 당시 기준시가}}{\text{보상액 산정기준일의 기준시가 등}}$$

(8) 토지 수용 등으로 대체부동산 취득시 취득세 감면

부동산을 취득하는 경우에는 취득세가 부과되는 것이 원칙이나, 아래와 같이 일정한 요건을 충족한 경우에는 취득세를 감면한다. 이 경우 신규로 취득하는 부동산가액의 합계액은 종전 부동산의 합계액 범위 내에서 감면하며 초과하는 금액에 대해서는 취득세가 부과된다(지특법 §73).

① 계약일 또는 사업인정고시일 이후 매매계약을 체결하였거나 건축허가 등을 받을 것
② 보상금을 마지막으로 받은 날부터 1년(농지는 2년) 이내에 해당 지역에서 종전 부동산을 대체할 부동산을 취득할 것
③ 취득세 중과대상인 별장, 골프장, 고급주택, 고급오락장 등 사치성재산 또는 부재부동산 소유자가 부동산을 대체 취득하는 경우가 아닐 것

종합 사례 수용보상금을 채권보상 및 현금보상으로 받는 경우 양도소득세 계산

- **토지의 취득 및 양도에 관한 자료**

구 분	내 용
취득일 및 취득가액	2016. 7. 25. 1억원(지목 : 대지)
토지 수용확인서 내역	사업인정고시일 : 2023. 9. 25.
	현금보상 : 1억원
	채권보상(5년 만기보유채권) : 4억원
양도일 및 양도가액	2025. 4. 15. 5억원(총 보상액)
기타 사항	부재지주로서 1억원은 현금보상, 이외 4억원은 채권보상
	다른 감면세액은 없는 것으로 가정

해설

구 분	금 액	계산 근거
양도가액	500,000,000	
(-) 취득가액	100,000,000	
(=) 양도차익	400,000,000	
(-) 장기보유특별공제	64,000,000	400,000,000 × 16%(8년 × 2%)
(=) 양도소득금액	336,000,000	
(-) 기본공제	2,500,000	
(=) 과세표준	333,500,000	

구 분	금 액	계산 근거
(×) 세율	40%	
(=) 산출세액	107,460,000	333,500,000 × 40% − 2,594만원(누진공제)
(−) 감면세액	36,729,731	(보충 설명 2. 참조)
(=) 납부할세액	70,730,269	
(+) 지방소득세	7,073,027	
(+) 농어촌특별세	7,345,946	36,729,731 × 20%
(=) 총부담세액	85,149,242	

보충 설명 및 계산 내역

1. 감면소득금액 계산

구 분	양도소득금액	미공제된 기본공제	감면율	감면소득금액
채권	268,800,000[1]	−	40%	107,520,000[4]
현금	67,200,000[2]	2,500,000[3]	10%	6,470,000[5]
합계	336,000,000	−	−	113,990,000

1) $336,000,000 \times \frac{400,000,000(\text{채권보상})}{500,000,000(\text{총보상액})} = 268,800,000$

2) $336,000,000 \times \frac{100,000,000(\text{현금보상})}{500,000,000(\text{총보상액})} = 67,200,000$

3) 양도소득 기본공제는 감면소득과 감면 이외 소득이 있는 경우에는 감면 이외 소득에서 먼저 공제하며, 감면 이외 소득이 없는 경우에는 감면율이 낮은 소득에서 먼저 공제한다.

4) 268,800,000 × 40% = 107,520,000

5) (67,200,000 − 2,500,000) × 10% = 6,470,000

2. 감면세액 : Min(①, ②) = 36,729,731

① $\text{산출세액} \times \frac{\text{감면소득금액}}{\text{과세표준}} = \text{한도 적용 전 감면세액}$

$= 107,460,000 \times \frac{113,990,000}{333,500,000} = 36,729,731$

② 감면 한도액 : 100,000,000

3. 기타 사항

① 사업인정고시일이 2021. 5. 4. 이후인 경우에는 5년 이전에 토지를 취득해야 사업용 토지로 보므로, 해당 토지는 사업인정고시일부터 5년 이전에 취득하였으므로 비사업용 토지에서 제외되어 세율은 기본세율을 적용한다.

② 수용토지는 농지가 아니므로 감면세액의 20%를 농어촌특별세로 부과한다.

③ 부재지주가 소유하는 부동산이 수용되어 보상금을 수령하는 경우 1억원까지만 현금보상을 받고 나머지는 채권으로 보상을 받는다.

Ⅵ 대토보상에 대한 양도소득세 과세특례

1 감면 요건

거주자가 「공익사업을 위한 토지 등의 취득 및 보상에 관한 법률」에 따른 공익사업의 시행으로 해당 사업지역에 대한 사업인정고시일(사업인정고시일 전에 양도하는 경우에는 양도일)부터 소급하여 2년 이전에 취득한 토지 등을 2026. 12. 31. 까지 해당 공익사업의 시행자에게 양도함으로써 발생하는 양도차익으로서 토지 등의 양도대금을 해당 공익사업의 시행으로 조성한 토지로 보상받는 부분에 대해서는 아래와 같이 양도소득세의 40%에 상당하는 세액을 감면받거나 양도소득세의 과세를 이연받을 수 있다(조특법 §77의2 ①).

구 분	세제혜택	감면 한도
세액감면	양도소득세의 40%	다른 감면세액 포함 1년간 1억원, 5년간 누적 2억원
과세이연	양도소득금액 과세이연	한도 없음(양도소득금액 전액 과세이연)

2 과세특례(세액감면 또는 과세이연금액)

(1) 세액감면을 신청한 경우

거주자가 해당 토지 등을 사업시행자에게 양도하여 발생하는 양도차익 중 아래의 계산식에 따라 계산한 금액에 대한 양도소득세의 40%에 상당하는 세액을 감면한다(조특령 §73 ① 1호).

$$\bullet\ 감면소득금액 = 토지\ 등의\ 양도소득금액 \times \frac{대토보상\ 상당액}{총보상액^{1)}}$$

1) 총보상액 = (현금보상 + 채권보상 + 대토보상)

$$\bullet\ 감면세액^{2)} = 산출세액 \times \frac{감면소득금액 - 미공제된\ 기본공제}{양도소득\ 과세표준} \times 40\%$$

2) 감면 한도 : 1년간 1억원, 5년간 누적 2억원

적용 사례 대토보상에 대해 세액감면을 신청한 경우 양도소득세 계산방법

• 토지의 취득 및 양도에 관한 자료

구 분	내 용
취득일 및 취득가액	2015. 4. 25. 3억원(지목 : 대지)
수용확인서 내용 (대토보상 내역)	사업인정고시일 : 2021. 10. 25.
	현금보상 : 9억원
	대토보상 : 3억원
양도일 및 양도가액	2025. 6. 10. 12억원(총보상액)
기타 사항	대토보상 토지의 양도가액 : 5억원(5년 보유)
	다른 감면세액은 없으며, 대토보상 토지는 비사업용 토지로 가정

해설

1. 종전토지의 양도소득세 계산

구 분	현금보상	대토보상	합 계
양도가액	900,000,000	300,000,000	1,200,000,000
(−) 취득가액	225,000,000	75,000,000	300,000,000
(=) 양도차익	675,000,000	225,000,000	900,000,000
(−) 장기보유특별공제	135,000,000	45,000,000	180,000,000
(=) 양도소득금액	540,000,000	180,000,000	720,000,000
(−) 기본공제	2,500,000	−	2,500,000
(=) 과세표준	−	−	717,500,000
(×) 세율	−	−	42%
(−) 누진공제			35,940,000
(=) 산출세액	−	−	265,410,000
(−) 감면세액	19,882,631	26,633,477	46,516,108
(=) 납부할세액	−	−	218,893,892
(+) 지방소득세	−	−	21,889,389
(+) 농어촌특별세	−	−	9,303,221
(=) 총부담세액	−	−	250,086,502

보충 설명 및 계산 내역

(1) 취득가액 안분계산

① 현금보상 : $300,000,000 \times \frac{900,000,000}{1,200,000,000} = 225,000,000$

② 대토보상 : 300,000,000 − 225,000,000 = 75,000,000

(2) 장기보유특별공제 계산

① 현금보상 : 675,000,000 × 20%(10년 × 2%) = 135,000,000

② 대토보상 : 225,000,000 × 20%(10년 × 2%) = 45,000,000

(3) 감면소득금액 계산

구 분	양도소득금액	미공제된 기본공제	감면율	감면소득금액
현금보상	540,000,000	2,500,000	10%	53,750,000[1]
대토보상	180,000,000	–	40%	72,000,000[2]
합계	720,000,000	–	–	125,750,000

1) (540,000,000 – 2,500,000) × 10% = 53,750,000

2) 180,000,000 × 40% = 72,000,000

(4) 감면세액 계산 : Min[(① + ② = 46,516,108), 100,000,000]

1) $\text{산출세액} \times \frac{\text{감면소득금액}}{\text{과세표준}} = \text{한도 적용 전 감면세액}$

① $265{,}410{,}000 \times \frac{53{,}750{,}000}{717{,}500{,}000} = 19{,}882{,}631$

② $265{,}410{,}000 \times \frac{72{,}000{,}000}{717{,}500{,}000} = 26{,}633{,}477$

2) 감면 한도액 : 100,000,000

(5) 농어촌특별세 : 46,516,108 × 20% = 9,303,221

2. 대토보상 토지의 양도소득세 계산

구 분	금 액	계산 근거
양도가액	500,000,000	대토보상 토지의 양도가액
(–) 취득가액	300,000,000	대토보상 토지의 취득가액
(=) 양도차익	200,000,000	
(–) 장기보유특별공제	20,000,000	200,000,000 × 10%(5년 × 2%)
(=) 양도소득금액	180,000,000	
(–) 기본공제	2,500,000	
(=) 과세표준	177,500,000	
(×) 세율	48%	비사업용 토지(기본세율 + 10%)
(=) 산출세액	65,260,000	177,500,000 × 48% – 1,994만원(누진공제)
(+) 지방소득세	6,526,000	65,260,000 × 10%
(=) 총부담세액	71,786,000	

(2) 과세이연을 신청한 경우

거주자가 해당 토지 등을 사업시행자에게 양도하여 발생하는 양도차익 중 아래의 계산식에 따라 계산한 금액(과세이연금액)에 대해서는 양도소득세를 과세하지 아니하되, 해당 대토를 양도할 때에 대토의 취득가액에서 "과세이연금액을 차감"한 금액을 취득가액으로 보아 양도소득세를 과세한다. 이 경우 대토를 양도할 때 「소득세법」 제95조 제2항에 따른 장기보유특별공제액 적용을 위한 보유기간 계산은 대토의 취득시부터 양도시까지로 한다(조특령 §73 ① 2호).

1) 대토보상 토지를 취득하는 경우(과세이연)

• 과세이연금액(한도 없음) = 토지 등의 양도소득금액 × $\frac{\text{대토보상 상당액}}{\text{총보상액}}$

2) 대토보상 토지를 양도하는 경우(과세대상)

• 양도차익 = 대토보상 토지의 양도가액 - (대토보상 토지의 취득가액 - 과세이연금액)
• 양도소득금액 = 양도차익 - 장기보유특별공제액(대토보상 토지의 취득일 ~ 양도일까지)

관련 해석 사례

1. 거주자가 대토보상받은 부분에 대하여 「조세특례제한법」 제77조의2 제1항에 따라 양도소득세의 100분의 40에 상당하는 세액을 감면받은 후에는 남은 부분에 대하여 양도소득세 과세를 이연받을 수 없는 것이다(재산세제과-1578, 2022. 12. 23).
2. 거주자가 공익사업의 시행으로 해당 사업지역에 대한 사업인정고시일부터 소급하여 2년 이전에 취득하여 8년 이상 재촌·자경한 농지를 해당 공익사업의 시행자에게 양도함으로써 발생한 소득에 대하여는 8년 자경감면과 대토보상에 대한 과세이연 요건을 모두 충족한 경우 8년 자경감면과 대토보상에 대한 과세이연을 동시적용받을 수 있다. 따라서 자경감면이 적용되는 양도소득금액을 초과하는 양도소득금액에 대하여는 과세이연을 적용받을 수 있다(부동산납세과-497, 2014. 7. 15).
3. 7필지의 토지에 대한 대토보상 상당액을 '대토로 보상받은 토지의 취득가액'에 '총보상액에서 자경농지에 대한 감면대상토지의 양도가액을 차감한 가액'이 '총보상액'에서 차지하는 비율을 곱한 금액으로 계산하여 이를 기초로 대토보상에 대한 양도소득세 과세이연금액을 산정한 이 건 과세처분은 달리 잘못이 없는 것으로 판단된다(조심 2012서1129, 2012. 5. 25).

적용 사례 대토보상에 대해 과세이연을 신청한 경우 양도소득세 계산방법

• **토지의 취득 및 양도에 관한 자료**

구 분	내 용
취득일 및 취득가액	2015. 4. 25. 3억원(지목 : 대지)
수용확인서 내용 (대토보상 내역)	사업인정고시일 : 2021. 10. 25.
	현금보상 : 9억원
	대토보상 : 3억원
양도일 및 양도가액	2025. 6. 10. 12억원(총보상액)
기타 사항	대토보상 토지의 양도가액 : 5억원(5년 보유)
	다른 감면세액은 없으며, 대토보상 토지는 비사업용 토지로 가정

해설

1. 종전토지의 양도소득세 계산

구 분	현금보상(과세대상)	대토보상(과세이연)	합 계
양도가액	900,000,000	300,000,000	1,200,000,000
(−) 취득가액	225,000,000	75,000,000	300,000,000
(=) 양도차익	675,000,000	225,000,000	900,000,000
(−) 장기보유특별공제	135,000,000	45,000,000	180,000,000
(=) 양도소득금액	540,000,000	180,000,000	720,000,000
(−) 과세이연금액	−	180,000,000	180,000,000
(−) 기본공제	2,500,000	−	2,500,000
(=) 과세표준	537,500,000	−	537,500,000
(×) 세율	42%	−	
(−) 누진공제	35,940,000	−	35,940,000
(=) 산출세액	189,810,000	−	189,810,000
(−) 감면세액	18,981,000	−	18,981,000
(=) 납부할세액	170,829,000	−	170,829,000
(+) 지방소득세	17,082,900	−	17,082,900
(+) 농어촌특별세	3,796,200	−	3,796,200
(=) 총부담세액	191,708,100	−	191,708,100

보충 설명 및 계산 내역

(1) 과세이연금액 : $720,000,000 \times \frac{300,000,000}{1,200,000,000} = 180,000,000$

※ 공익사업 등에 따라 전체를 대토보상으로 받는 경우 40%의 세액감면 또는 과세이연 중 하나만 선택해야 하므로, 중첩하여 적용받을 수는 없다. 그러나 전체 보상가액 중 일부는 현금(또는 채권)보상을 받고 일부는 대토보상을 받는 경우 현금(채권) 보상에 대해서는 「조세특례제한법」 제77조(공익사업용 토지에 대한 양도소득세 감면)에 따라 세액감면을 적용받고, 대토보상에 대해서는 「조세특례제한법」 제77조의2(대토보상에 대한 양도소득세 과세특례)에 따라 40%의 세액감면 또는 과세이연을 적용받을 수 있다(법령해석재산-1028, 2021. 12. 14).

(2) 감면세액 계산 : Min(①, ②) = 18,981,000

① 189,810,000 × 10% = 18,981,000

② 감면 한도액 : 100,000,000

(3) 농어촌특별세 : 18,981,000 × 20% = 3,796,200

2. 대토보상 토지의 양도소득세 계산

구 분	금 액	계산 근거
양도가액	500,000,000	대토보상 토지의 양도가액
(−) 취득가액	120,000,000	300,000,000 − 180,000,000(과세이연)
(=) 양도차익	380,000,000	
(−) 장기보유특별공제	38,000,000	380,000,000 × 10%(5년 × 2%)
(=) 양도소득금액	342,000,000	
(−) 기본공제	2,500,000	
(=) 과세표준	339,500,000	
(×) 세율	50%	비사업용 토지(기본세율 + 10%)
(=) 산출세액	143,810,000	339,500,000 × 50% − 2,594만원(누진공제)
(+) 지방소득세	14,381,000	143,810,000 × 10%
(=) 총부담세액	158,191,000	

3 감면세액 한도

과세이연을 신청한 경우에는 감면한도를 적용받지 않지만, 세액감면을 신청한 경우에는 40%의 양도소득세를 감면하되 다른 감면세액과 합산하여 1년간 1억원, 5년간 2억원을 한도로 적용한다.

4 농어촌특별세 과세 여부

양도소득세 과세이연을 신청한 경우에는 농어촌특별세가 부과되지 않지만, 세액감면을 신청한 경우에는 농어촌특별세가 부과된다. 이 경우 명문규정은 없지만 공익사업용 토지에 대한 수용감면과 마찬가지로 대토보상에 대한 세액감면에 대해서도 수용되는 토지가 "자경농지"에 해당하는 경우에는 농어촌특별세를 부과하지 않는 것이 타당하다.

5 사후관리(감면세액 또는 과세이연금액 등의 추징)

대토보상으로 양도소득세를 감면받거나 과세이연받은 거주자는 아래("①~⑥")의 어느 하나에 해당하는 사유가 발생한 경우 각각 구분에 따라 해당 사유가 발생한 날이 속하는 달의 말일부터 2개월("⑤"의 증여는 3개월, 상속은 6개월) 이내에 양도소득세를 신고·납부하여야 한다(조특법 §77의2 ③, 조특령 §73 ⑤).

[감면세액 또는 과세이연금액 추징사유 및 추징세액]

구 분(추징사유)		추징세액	
		세액감면 신청	과세이연 신청
이자상당액을 납부하는 사유	① 전매금지를 위반함에 따라 대토보상이 현금보상으로 전환된 경우	감면세액 전액 + 이자상당액	과세이연금액 상당세액 + 이자상당액
	② 대토에 대한 소유권이전등기를 완료한 후 3년 이내 대토를 양도하는 경우		
이자상당액을 납부하지 않는 사유	③ 대토에 관한 소유권이전등기의 등기원인이 대토 보상으로 기재되지 않은 경우(아래 ⑥을 적용받는 경우 제외)	감면세액 차액 (대토보상 감면세액 − 현금보상 감면세액)	과세이연금액 상당세액
	④ 전매금지 위반 외의 사유로 대토보상이 현금보상으로 전환된 경우		
	⑤ 대토에 대한 소유권이전등기 완료 후 3년 이내 증여·상속되는 경우		
	⑥ 토지로 보상받기로 결정된 권리를 「부동산투자회사법」에 따른 부동산투자회사에 현물출자하는 경우	감면세액 차액 (대토보상 감면세액 − 채권보상 감면세액)	

6 공익사업시행자의 통보의무

(1) 대토보상자의 보상명세 통보

「조세특례제한법」 제77조의2 제1항에 따른 공익사업의 시행자는 거주자가 같은 항에 따라 양도소득세의 세액을 감면받거나 해당 과세를 이연받으려는 경우에는 대통령령으로 정하는 방법(대토보상자에 대한 보상명세를 다음 달 말일까지 대토보상자의 납세지 관할 세무서장에게 통보하는 것을 말함)으로 대토보상 명세를 국세청에 통보하여야 한다(조특법 §77의2 ②, 조특령 §73 ②).

이 경우 공익사업의 시행자가 대토보상 명세서를 제출기한 내에 국세청에 통보하지 않는 경우에도 대토보상에 대한 양도소득세 과세특례를 적용받을 수 있다.

(2) 현금보상 전환 통보

사업시행자는 대토보상자에게 대토보상을 현금보상으로 전환한 때에는 그 전환내역을 다음달 말일까지 대토보상자의 납세지 관할 세무서장에게 통보하여야 한다(조특령 §73 ③).

[공익사업용 토지 수용감면과 대토보상 과세특례의 주요 내용 비교]

구 분	공익사업용 토지 수용감면(조특법 제77조)	대토보상 과세특례(조특법 제77조의2)
공통점	사업인정고시일부터 소급하여 2년 이전에 취득한 토지 등을 공익사업의 시행자에게 양도(협의매수・수용)로 인하여 발생하는 소득	
	감면한도 : 1년간 1억원, 5년간 누적 2억원	
대상자	거주자 또는 비거주자	거주자
취득시기 특례	상속받은 토지 : 피상속인의 취득일	상속받은 토지 : 규정 없음
	이월과세가 적용되는 증여받은 토지 : 증여자의 취득일	이월과세가 적용되는 증여받은 토지 : 수증자의 취득일*
세제혜택	세액감면(10% ~ 40%)	세액감면(40%) 또는 과세이연
농특세	원칙 : 감면세액의 20% 부과	세액감면 신청 : 감면세액의 20% 부과
	예외 : 자경농지의 경우 비과세	과세이연 신청 : 과세대상 아님
사후관리	만기보유특약 위반 등 발생시 세액 추징	전매금지 위반 등 발생시 세액 추징

* 조특법 제77조의2 적용시 배우자 등 이월과세가 적용되는 증여받은 토지의 취득시기는 증여받은 날로 하는 것이다(조세법령 운용과-924, 2021. 10. 29).

Ⅶ 개발제한구역 내 토지 등에 대한 양도소득세 감면

1 감면 요건(취득요건 및 거주요건)

(1) 취득 요건

1) 개발제한구역 내 토지 등이 매수청구 · 협의매수되는 경우

개발제한구역 내의 해당 토지 등을 "토지매수의 청구 또는 협의매수"를 통하여 2025. 12. 31.까지 양도함으로써 발생하는 소득에 대해서는 아래에 따른 세액을 감면한다(조특법 §77의3 ①).

[개발제한구역 지정일 이전 취득한 경우]

개발제한구역 지정일 이전에 해당 토지 등을 취득(상속받은 경우 피상속인의 취득일)하여 취득일부터 매수청구일 또는 협의매수일까지 해당 토지 등의 소재지에서 거주하는 거주자가 소유한 토지 등에 대해서는 양도소득세의 40%를 감면한다.

[매수청구일부터 20년 이전 취득한 경우]

매수청구일 또는 협의매수일부터 20년 이전에 취득(상속받은 경우 피상속인의 취득일)하여 취득일부터 매수청구일 또는 협의매수일까지 해당 토지 등의 소재지에서 거주하는 거주자가 소유한 토지 등에 대해서는 양도소득세의 25%를 감면한다.

2) 개발제한구역에서 해제된 토지 등이 협의매수 · 수용되는 경우

개발제한구역 해제일부터 1년(개발제한구역 해제 이전에 경제자유구역의 지정 등으로 지정된 경우에는 5년) 이내에 사업인정고시가 된 경우로서 개발제한구역에서 해제된 해당 토지 등을 "협의매수 또는 수용"을 통하여 2025. 12. 31.까지 양도함으로써 발생하는 소득에 대해서는 아래에 따른 세액을 감면한다(조특법 §77의3 ②).

[개발제한구역 지정일 이전 취득한 경우]

개발제한구역 지정일 이전에 해당 토지 등을 취득(상속받은 경우 피상속인의 취득일)하여 취득일부터 사업인정고시일까지 해당 토지 등의 소재지에서 거주하는 거주자가 소유한 토지 등에 대해서는 양도소득세의 40%를 감면한다.

[사업인정고시일부터 20년 이전 취득한 경우]

사업인정고시일부터 20년 이전에 취득(상속받은 경우 피상속인의 취득일)하여 취득일부터 사업인정고시일까지 해당 토지 등의 소재지에서 거주하는 거주자가 소유한 토지 등에 대해서는 양도소득세의 25%를 감면한다.

관련 해석 사례

개발제한구역 내의 토지 등을 협의매수 또는 수용을 통하여 양도하는 경우로서 개발제한구역에서 해제되기 전에 사업인정고시가 된 경우에도 「조세특례제한법」 제77조의3 제2항은 적용된다(부동산거래관리과 - 1030, 2011. 12. 13).

(2) 거주 요건

1) 해당 토지 등의 거주 요건

위에서 설명한 "해당 토지 등의 소재지에서 거주하는 거주자"란 아래의 어느 하나에 해당하는 지역에 거주한 자를 말한다(조특령 §74 ①). 이는 「조세특례제한법」 제69조 제1항에 따른 자경농지 감면을 적용하는 경우의 거주요건과 동일하다.

① 해당 토지 등이 소재하는 시(세종특별자치시와 특별자치도의 행정시 포함) · 군 · 구(자치구) 안의 지역
② ① 지역과 연접한 시 · 군 · 구 안의 지역
③ 해당 토지 등으로부터 직선거리 30㎞ 이내의 지역

관련 해석 사례

개발제한구역 내의 종중 소유 토지 등을 매수청구 또는 협의매수를 통해 양도한 경우 종중은 해당 토지 등의 소재지에서 거주하는 "거주자"에 해당하지 않아 양도소득세 감면규정을 적용받을 수 없다(조특집행 77의3 - 74 - 2).

2) 거주기간의 계산

개발제한구역 지정에 따른 매수대상 토지 등에 대한 양도소득세 감면을 적용할 때 거주기간 계산은 피상속인이 해당 토지 등을 취득하여 거주한 기간은 상속인이 거주한 기간으로 보고, 취학(고등학교 이상), 징집, 1년 이상의 치료나 요양을 필요로 하는 질병의 치료 또는 요양 및 그 밖의 부득이한 사유로 해당 토지 등의 소재지에 거주하지 못하는 기간은 거주한 것으로 본다(조특령 §74 ④).

관련 해석 사례

거주기간을 계산함에 있어 거주요건의 예외사유 중 근무상 형편이 부득이한 사유에 해당하지 아니한다고 보아 이 건 과세한 처분은 잘못이 없는 것으로 판단된다(조심 2010중3648, 2010. 12. 30).

2 감면세액 한도

개발제한구역 지정에 따른 매수대상 토지 등에 대한 양도소득세를 감면받는 경우에는 다른 감면세액과 합산하여 1년간 1억원을 한도로 감면을 적용하지만, 다른 감면규정과는 달리 5년간 2억원의 감면한도는 적용하지 않는다.

관련 해석 사례

8년 이상 재촌 · 자경한 개발제한구역 내에 소재하는 1필지 농지가 협의매수 · 수용되는 경우로서 1필지 중 창고로 사용하는 면적의 양도소득금액은 개발제한구역 지정에 따른 감면을 적용받고, 그 외의 면적에 대해서는 8년 자경감면을 중복하여 적용받을 수 있는 것이다(법규과 - 1183, 2011. 9. 6).

3 농어촌특별세 과세 여부

개발제한구역 지정에 따른 매수대상 토지 등에 대한 양도소득세 감면을 적용받는 경우에는 감면세액의 20%를 농어촌특별세로 납부해야 한다.

4 개발제한구역 안의 임야 비사업용 토지 제외

「개발제한구역의 지정 및 관리에 관한 특별조치법」에 따른 개발제한구역 안의 임야는 그 기간 동안은 비사업용 토지에서 제외된다(소득령 §168의9 ① 8호).

Ⅷ 영농자녀가 농지 등을 증여받는 경우 증여세 감면

1 감면 요건

아래의 요건을 모두 충족하는 농지 등을 농지 등 소재지에서 거주하면서 영농에 종사하는 거주자(자경농민)가 직계비속(영농자녀)에게 2025. 12. 31. 까지 증여하는 경우에는 5년간 합산하여 1억원을 한도로 증여세를 100% 감면한다(조특법 §71 ①).

(1) 농지 등의 규모와 소재지 요건

1) 일정규모 이내 농지 등일 것

농지(40,000㎡ 이내) · 초지(148,500㎡ 이내) · 산림지(297,000㎡ 이내) · 어선(20톤 미만) · 어업선(100,000㎡ 이내) · 어업용 토지(40,000㎡ 이내) · 염전(60,000㎡ 이내) · 축사용지(건축면적을 건폐율로 나눈 면적의 범위 이내)를 영농 등에 종사(조특법 §71 ① 1호)

2) 주거 · 상업 · 공업지역 외에 소재하는 농지 등일 것

「국토의 계획 및 이용에 관한 법률」 제36조에 따른 주거지역 · 상업지역 및 공업지역 안에 소재하는 농지 등은 감면대상에서 제외한다(조특법 §71 ① 2호).

3) 택지개발지구 · 개발사업지구 외에 소재하는 농지 등일 것

「택지개발촉진법」에 따른 택지개발지구나 개발사업지구(별표 6의2에 따른 사업지구를 말함)로 지정된 지역 안에 소재하는 농지 등은 감면대상에서 제외한다(조특법 §71 ① 3호).

(2) 아래의 요건을 모두 충족한 자경농민(증여자) 요건(조특령 §68 ①)

① 농지 등이 소재하는 시·군·구(자치구), 그와 연접한 시·군·구 또는 해당 농지 등으로부터 직선거리 30㎞ 이내에 거주할 것(재촌요건)
② 농지 등의 증여일부터 소급하여 3년 이상 "계속"하여 직접 「상속세 및 증여세법」 제18조의3 제1항에 따른 영농에 종사하고 있을 것(자경요건)
③ 사업소득금액과 총급여액의 합계액이 3,700만원 미만일 것(소득요건)

관련 해석 사례

1. 자경농민이 증여일부터 소급하여 3년 이상 계속하여 직접 경작하지 않은 이상 상증세법 시행령 제16조 제2항 제1호 가목 단서규정(질병 등 요양기간은 증여자의 영농종사 기간으로 간주)을 적용할 수 없으므로 영농자녀 증여세 감면을 배제함이 타당하다(조심 2024중2663, 2024. 8. 6).
2. 증여자인 자경농민이 상속받은 농지를 상속개일로부터 3년 미만 재촌·자경한 상태에서 영농자녀에게 증여하는 경우 해당 농지는 자경농민이 증여일부터 소급하여 3년 이상 계속하여 직접 경작하지 않았으므로 증여세 감면대상 농지에 해당하지 않는다(상속증여-0677, 2015. 5. 22).

(3) 아래의 요건을 모두 충족한 영농자녀(수증자) 요건(조특령 §68 ③)

① 농지 등의 증여일 현재 18세 이상인 직계비속일 것
② 증여세 과세표준 신고기한까지 재촌요건(위 자경농민의 재촌요건과 동일)을 충족하고 증여받은 농지 등에서 직접 영농에 종사할 것
③ 사업소득금액과 총급여액의 합계액이 3,700만원 미만일 것(소득요건)

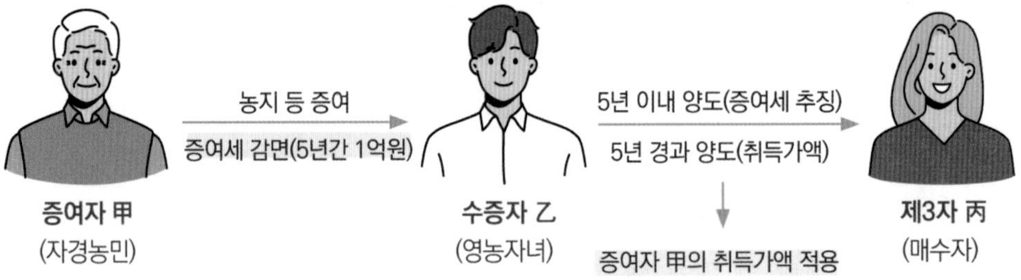

2 감면세액 한도 및 증여세 과세방법

(1) 증여세감면 한도액(5년간 1억원)

「조세특례제한법」 제71조에 따라 감면받을 증여세액의 5년간 합계가 1억원을 초과하는 경우에는 그 초과하는 부분에 상당하는 금액은 감면하지 아니한다. 이 경우 증여세 감면한도액은 그 감면받을 증여세액과 그 증여일 전 5년간 감면받은 증여세액을 합친 금액으로 계산하며(조특법 §133 ③), 영농자녀가 2인 이상인 경우에는 수증자별로 각각 증여세 감면세액 및 감면한도를 적용한다.

(2) 감면대상 농지 등을 2회 이상 증여받는 경우 감면세액 계산방법

영농자녀가 감면대상 농지 등을 수회 걸쳐 증여받는 경우 해당 농지 등의 가액을 전체 합산하여 계산한 산출세액에서 5년 이내 1억원을 한도(5년 경과시 감면한도 1억원 재차 적용)로 감면세액을 계산하는 것이며, 한도초과분(과세부분)은 증여일 전 10년 이내의 일반증여재산가액과 합산하여 과세한다(법규재산-2314, 2023. 9. 21).

적용 사례 감면대상 농지를 수회 증여받는 경우 감면받는 농지가액 및 감면한도 계산방법

• 영농자녀가 부모로부터 증여받은 내역

증여일	증여자	증여재산가액	비 고
① 2019. 3. 10.	母	현금 7천만원	증여재산공제 5천만원 적용 후 산출세액 200만원
② 2022. 7. 20.	父	A농지 2억원	산출세액 3천만원 전액 감면신청(조특법 §71)
③ 2024. 2. 15.	父	B농지 8억원	감면한도 내 감면신청(조특법 §71)
④ 2025. 4. 25.	父	C토지 1억원	일반증여재산

※ 부모와 자녀는 각각 조특법 제71조에 따른 자경농민 및 영농자녀 요건 충족

해설 영농자녀가 자경농민부터 「조세특례제한법」 제71조에 따른 감면대상 농지를 2회 이상 증여받은 경우로서 1차 증여분 산출세액을 전액 감면받은 경우 2차 증여분에 증여세 과세시 「상속세 및 증여세법」 제47조 제2항에 따라 1차 증여분 농지가액을 합산하여 과세하는 것으로 2차 증여분 농지가액 중 감면받는 농지가액은 아래와 같이 계산하고, 감면한도 초과분(과세부분) 증여재산은 해당 증여일 전 10년 이내의 일반 증여재산과 합산하여 과세한다(재산세제과-1454, 2022. 11. 22).

1. 2024. 2. 15. 2차 증여분 감면대상 B농지가액 및 감면한도 초과액 계산 방법

구 분	증여재산가액	산출세액	감면세액	납부세액
(㉠) A농지	❶ 200,000,000	❷ 30,000,000	❸ 30,000,000	-
(㉡) A + B농지	❹ (200,000,000 + 800,000,000)	❺ 240,000,000	❻ 100,000,000	❼ 140,000,000
(㉡ - ㉠)순증액	❽ 800,000,000	❾ 210,000,000	❿ 70,000,000	-

▪ 감면대상 B농지가액 = ❽ B농지가액 × $\dfrac{\text{❿ B농지분 감면세액}}{\text{❾ B농지분 산출세액}}$

$= 266{,}666{,}667 = \text{❽ } 800{,}000{,}000 \times \dfrac{\text{❿ } 70{,}000{,}000}{\text{❾ } 210{,}000{,}000}$

① 감면대상 농지 전체가액 : 200,000,000(A농지) + 266,666,667(B농지) = 466,666,667

② 감면한도 초과분 납부세액 : 140,000,000 - 140,000,000 × 3%(신고세액공제) = 135,800,000

2. 2025. 4. 25. C토지 증여받은 경우 증여세 계산(10년간 합산)

	구 분	금 액	계산 근거
	증여재산가액	100,000,000	C토지 증여가액
(+)	증여재산가산액	603,333,333	현금 7,000만원 + 감면한도 초과분 증여가액*
(=)	증여세과세가액	703,333,333	
(-)	증여재산공제	50,000,000	성인자녀 5,000만원 공제
(=)	과세표준	653,333,333	
(×)	세율	30%	
(=)	산출세액	136,000,000	653,333,333 × 30% - 6,000만원(누진공제)
(-)	기납부세액	142,000,000	현금 증여분과 감면한도 초과분 산출세액
(-)	신고세액공제	-	-
(=)	납부할세액	(6,000,000)	환급세액

* 1,000,000,000(A, B농지 증여재산가액) - 466,666,667(감면대상 농지가액) = 533,333,333

(3) 동시에 2필지 이상 증여받은 경우의 순위 신청

영농자녀가 농지 등을 동시에 2필지 이상 증여받은 경우에는 증여세를 감면받으려는 농지 등의 순위를 정하여 감면을 신청하여야 한다. 다만, 영농자녀가 감면받으려는 농지 등의 순위를 정하지 아니하고 감면을 신청한 경우에는 증여 당시 농지 등의 가액이 높은 순으로 감면을 신청한 것으로 본다(조특령 §68 ⑧).

(4) 감면분과 과세분 증여재산을 증여받는 경우 증여재산공제 방법

증여세과세가액에서 공제할 증여재산공제액은 수증자를 기준으로 10년 이내의 기간 동안 2이상의 증여가 그 증여시기를 달리하는 경우에는 2이상의 증여 중 최초의 증여세과세가액에서부터 순차로 공제하는 것이며, 2이상의 증여가 동시에 있는 경우에는 각각의 증여세과세가액에 대하여 안분하여 공제한다. 이 경우 감면부분과 과세부분의 증여재산을 순차적으로 또는 동시에 증여받는 경우에도 동일하게 적용한다(상증령 §46).

3 사후관리(감면받은 농지 등 5년 이내 양도시 증여세 추징)

증여세를 감면받은 농지 등을 영농자녀가 아래의 "정당한 사유" 없이 증여받은 날부터 5년 이내에 양도하거나 해당 농지 등에서 직접 영농에 종사하지 아니하게 된 경우에는 즉시 그 농지 등에 대한 증여세의 감면세액에 상당하는 금액(1억원 한도액 내 금액)에 이자상당액(납부할 세액 × 감면받은 날부터 징수사유가 발생한 날까지의 기간 × 22/100,000)을 가산하여 징수한다(조특법 §71 ②).

(1) 5년 이내 양도하는 경우 정당한 사유(조특령 §68 ⑤)

① 「공익사업을 위한 토지등의 취득 및 보상에 관한 법률」에 따른 협의매수 · 수용되는 경우
② 국가 · 지방자치단체에 양도하는 경우
③ 「농어촌정비법」 등에 따른 환지처분에 따라 해당 농지 등이 다른 지목으로 변경되는 경우
④ 영농자녀가 「해외이주법」에 따른 해외이주를 하는 경우
⑤ 「소득세법」에 따른 농지를 교환 · 분합 또는 대토한 경우로서 자경기간이 8년 이상인 경우

(2) 직접 영농에 종사하지 아니하는 정당한 사유(조특령 §68 ⑥)

① 영농자녀가 1년 이상의 치료나 요양을 필요로 하는 질병으로 인하여 치료나 요양을 하는 경우
② 영농자녀가 농업계열 등의 학교에 진학하여 일시적으로 영농에 종사하지 못하는 경우
③ 「병역법」에 따라 징집되는 경우
④ 「공직선거법」에 따른 선거에 의하여 공직에 취임하는 경우

관련 해석 사례

1. 조특법 제71조에 따른 영농자녀의 종사요건 및 사후관리규정의 5년 이상 영농종사요건 충족여부를 판정함에 있어 퇴직한 사업연도의 총급여액의 합계액이 3천700만원 이상인 경우 그 과세기간에 해당하는 기간 전체를 영농에 종사하지 않는 것으로 보는 것이다(법규재산 1233, 2024. 1. 19).
2. 조특법 제71조에 따른 영농자녀가 증여받은 농지에 대한 증여세 감면을 적용받은 후, 사후관리 기간 이내에 총급여액이 3,700만원 이상인 과세기간이 있는 경우 해당 과세기간에는 영농자녀가 직접 영농에 종사하지 않은 것으로 보아 감면받은 증여세액은 추징된다(조심 2023중7262, 2023. 7. 6).
3. 조세특례제한법 제71조 제1항에 따라 해당 농지에 대한 증여세를 감면받은 후 그 농지가 "주거지역에 편입"되어 증여받은 날로부터 5년 이내에 양도하는 경우에 같은 법 시행령 제68조 제5항에 따른 정당한 사유에 해당하지 않아 그 농지에 대한 증여세 감면세액의 상당하는 금액에 이자상당액을 가산하여 징수하는 것이다(상속증여세과-462, 2014. 11. 28).

4 감면받은 농지 등을 양도하는 경우 양도소득세 계산

(1) 취득시기 및 필요경비 계산

증여세를 감면받은 농지 등을 양도(양도기한 제한없음)하여 양도소득세를 부과하는 경우 「소득세법」에도 불구하고 취득시기는 자경농민(증여자)이 그 농지 등을 취득한 날로 하고, 필요경비는 자경농민의 취득 당시 필요경비로 한다(조특법 §71 ⑤).

예를 들어, 감면대상 농지를 증여받은 후 수증자가 8년 이상 재촌·자경하는 경우 자경농지에 대한 양도소득세를 감면받을 수 있으나, 양도차익 계산시 취득가액 등은 당초 증여자가 취득 당시 지출한 가액을 적용하는 것이다.

(2) 증여세 감면과 이월과세 규정의 비교

「소득세법」 제97조의2(배우자 등 이월과세)에 따라 거주자가 그 배우자 또는 직계존비속으로부터 증여받은 부동산 등을 증여받은 날로부터 10년(2022. 12. 31. 이전 증여분은 5년) 이내에 양도하는 경우로서 양도소득세 계산시 취득시기 및 취득가액은 증여한 배우자 또는 직계존비속의 취득 당시를 기준으로 적용하도록 규정하고 있다.

이러한 이월과세 규정은 「조세특례제한법」 제71조(영농자녀 증여세 감면)에 따른 규정도 동일하게 적용하되, 소득세법과는 달리 양도기한에 관계없이 무조건 적용된다는 점에서 그 차이가 있다. 따라서, 증여세를 감면받은 농지 등을 10년 후 양도하는 경우 소득세법상 이월과세는 적용되지 않지만, 조세특례제한법상 이월과세는 적용된다.

여기서 주의할 사항은 증여세를 감면받은 농지 등을 정당한 사유없이 5년 이내 양도하여 증여세 감면세액이 추징되는 경우에는 소득세법상 이월과세가 적용되므로 그 추징 증여세는 「소득세법」 제97조의2 제1항 제3호(증여세 상당액 필요경비 산입)에 따라 필요경비로 공제된다는 점이다.

[증여세 감면받은 농지 등 양도시 이월과세 적용여부]

구 분	감면세액 추징여부	이월과세 적용여부	
		소득세법	조세특례제한법
정당한 사유없이 5년 이내 양도	감면세액 추징	적용(추징 증여세는 필요경비로 공제)	
5년 경과 10년 이내 양도	감면세액 미추징	적용	적용
10년 경과 양도		미적용	적용

관련 해석 사례

영농자녀가 자경농민으로부터 증여받은 농지 등이 개발제한구역에서 해제된 상태로 수용되는 경우 양도소득세 산정시의 해당 농지 등의 취득일은 영농자녀가 해당 농지 등을 증여받은 날이 되는 것이며, 해당 농지를 사업인정고시일부터 20년 이전에 취득하지 않았으므로 「조세특례제한법」 제77조의3 제2항에 따른 양도소득세 감면은 적용되지 않는 것이다(법규재산-0402, 2023. 7. 13).

(3) 감면한도 초과분 농지 등 5년 경과 후 양도하는 경우

농지 등을 증여받아 증여세 1억원을 감면받고 감면한도 초과분에 대해서는 증여세를 납부한 후, 5년이 경과하여 해당 농지 등을 양도하는 경우에는 증여세를 감면받은 부분과 과세된 부분으로 각각 구분하여 양도소득세를 계산한다(조특령 §68 ⑩).

그 이유는 1억원 한도 내 감면받은 부분에 대한 취득시기 및 취득가액은 "당초 증여자"를 기준으로 적용하는 반면에 1억원을 초과하는 과세된 부분에 대해서는 취득시기 및 취득가액은 "증여받은 날"을 기준으로 적용하므로 취득가액과 보유기간에 따른 장기보유특별공제율이 다르게 적용되기 때문에 양도소득을 구분하여 계산하는 것이다.

적용 사례 감면받은 농지를 5년 경과 후 양도하는 경우 양도소득금액 계산 방법

• **농지의 취득 및 양도에 관한 자료**

구 분	내 용
증여자의 취득일 및 취득가액	2012. 4. 10. 3억원
증여내역 (영농자녀가 증여받음)	증여일자 : 2019. 6. 15.
	증여가액 : 7.5억원
	증여세 산출세액 : 1.5억원(감면세액 1억원)
양도일 및 양도가액	2025. 7. 25. 12억원
기타 사항	증여받은 농지는 감면요건이 충족한 것으로 가정
	영농자녀는 해당 농지를 증여받은 날부터 양도일까지 계속 경작

해설

구 분	감면부분	과세부분	합 계
양도가액	800,000,000[1]	400,000,000[2]	1,200,000,000
(−) 취득가액	200,000,000[3]	250,000,000[4]	450,000,000
(=) 양도차익	600,000,000	150,000,000	750,000,000
(−) 장기보유특별공제	156,000,000[5]	18,000,000[6]	174,000,000
(=) 양도소득금액	444,000,000	132,000,000	576,000,000

1) $1{,}200{,}000{,}000 \times \frac{100{,}000{,}000(\text{감면분})}{150{,}000{,}000(\text{산출세액})} = 800{,}000{,}000$

2) $1{,}200{,}000{,}000 \times \frac{50{,}000{,}000(\text{과세분})}{150{,}000{,}000(\text{산출세액})} = 400{,}000{,}000$

3) $300{,}000{,}000 \times \frac{100{,}000{,}000(\text{감면분})}{150{,}000{,}000(\text{산출세액})} = 200{,}000{,}000$ → 증여자의 취득가액 적용

4) $750{,}000{,}000 \times \frac{50{,}000{,}000(\text{과세분})}{150{,}000{,}000(\text{산출세액})} = 250{,}000{,}000$ → 수증자의 취득가액(증여가액) 적용

5) 600,000,000 × 26%(13년 × 2%) = 156,000,000 → 증여자의 취득일부터 보유기간 계산

6) 150,000,000 × 12%(6년 × 2%) = 18,000,000 → 증여받은 날부터 보유기간 계산

5 감면농지 등의 증여세 · 상속세 과세가액 합산배제

(1) 상속세 과세가액 합산배제

상속개시일 전 10년 이내에 피상속인이 상속인에게 증여한 재산은 「상속세 및 증여세법」 제13조 제1항에 따라 상속세 과세가액에 가산하는 것이 원칙이나, 증여세를 감면받은 농지 등은 상속세 과세가액에 가산하는 증여재산가액에 포함시키지 아니한다(조특법 §71 ⑥).

(2) 증여세 과세가액 합산배제

증여일 전 10년 이내에 동일인(증여자가 직계존속인 경우 그 배우자 포함)으로부터 받은 증여재산가액의 합계액이 1천만원 이상인 경우에는 「상속세 및 증여세법」 제47조 제2항에 따라 그 가액을 증여세 과세가액에 가산하는 것이 원칙이나, 증여세를 감면받은 농지 등은 증여일 전 10년 이내에 자경농민(그 배우자 포함)으로부터 증여받아 합산하는 증여재산가액에 포함시키지 아니한다(조특법 §71 ⑦).

관련 해석 사례

1. 영농자녀가 「조세특례제한법」 제71조에 따른 요건을 충족하여 농지를 증여받는 경우 증여세의 100%에 상당하는 세액을 감면하고, 같은 법 제133조 제2항에 따라 증여세 감면 한도액은 그 감면받을 증여세액과 그 증여일 전 5년간 감면받은 증여세액을 합하여 1억원을 초과하지 아니하는 것이다. 이 경우 증여세를 감면받은 농지 등은 「상속세 및 증여세법」 제47조 제2항에 따라 해당 증여일 전 10년 이내에 자경농민(자경농민의 배우자 포함)으로부터 증여받아 합산하는 증여재산가액에 포함시키지 않는다(상속증여세과 - 169, 2022. 3. 23).
2. 「조세특례제한법」 제71조 제1항에 따른 감면대상 농지를 증여받은 후 10년 이내에 동일인으로부터 같은 법에 따른 감면대상 농지를 재차 증여받은 경우로서 해당 감면대상 농지가 「조세특례제한법」 제133조에 따른 증여세 감면 한도 내의 감면대상 농지에 해당하면 「상속세 및 증여세법」 제47조에 따라 감면대상 농지가액 간 합산하는 것이다(법령해석재산 - 0079, 2020. 4. 3).

6 영농자녀 증여세 감면관련 기타 주요 내용

(1) 증여세 신고 방법

동일인(배우자 포함)으로부터 감면대상(1억원 한도) 증여재산과 일반 증여재산을 동시에 또는 순차로 증여받은 경우에는 합산하여 신고하지 않는다. 따라서 감면대상 증여재산과 일반 증여재산을 동시에 또는 순차로 증여받은 경우에는 감면분과 일반분으로 구분하여 증여세를 각각 신고해야 한다.

(2) 영농자녀가 직계비속인 손자인 경우

영농자녀에게 감면대상 농지 등을 증여하는 경우에는 1억원 한도 내에서 증여세를 100% 감면한다. 이 경우 1억원 한도 내에서 감면되는 증여세 산출세액을 계산할 때 영농자녀가 직계비속인 손자인 경우에는 세대생략가산액(30% 또는 40%)을 가산한다.

(3) 농어촌특별세 과세 여부

일반적으로 양도소득세 등의 세액감면이 적용되는 경우에는 감면세액의 20%를 농어촌특별세로 납부하여야 하나, 증여세를 감면받은 농지 등에 대해서는 농어촌특별세가 부과되지 않는다.

[영농자녀가 농지 등을 증여받는 경우 주요 증여세 감면]

구 분	내 용
감면 대상	• 법정요건을 충족한 농지 등의 소재지에 거주하면서 영농 등에 직접 종사 • 주거 · 상업 · 공업지역 또는 택지개발지구 또는 개발사업지구 외에 소재
감면 한도	5년간 합산하여 1억원 한도 내에서 증여세 100% 감면
기타 과세특례	증여세를 감면받은 농지 등은 상속재산에 가산하는 사전증여재산에 불포함
	증여세를 감면받은 농지 등은 증여일 전 10년 이내에 자경농민 및 그 배우자로부터 증여받아 합산하는 증여재산가액에 불포함
자경 기간 제외	사업소득금액과 총급여액의 합계액이 3,700만원 이상인 경우 해당 과세기간 제외
사후 관리	증여일로부터 5년 이내 양도 또는 직접 영농에 종사하지 않은 경우 이자상당액 포함 감면세액 추징

참고

영농자녀 증여세 감면규정과 유사 제도의 주요 내용

1 가업상속공제

자산총액이 5천억원 미만인 중소기업 또는 직전 3개 소득세 과세기간 또는 법인세 사업연도의 매출액 평균금액이 5천억원 미만인 중견기업을 10년 이상 계속하여 경영한 피상속인이 보유한 개인기업의 부동산 등 또는 법인기업의 주식(특수관계인과 합쳐 40% 이상 또는 상장기업은 20% 이상 보유)을 18세 이상의 상속인(상속개시일 2년 전부터 가업에 종사, 상속세 과세표준 신고기한까지 임원으로 취임 및 상속세과세표준 신고기한부터 2년 이내 대표이사로 취임할 것)이 상속받은 경우 해당 가업상속재산(300억원 ~ 600억원 한도)을 상속세 과세가액에서 공제한다(상증법 §18의2).

2 영농상속공제

피상속인이 "상속개시일 8년 전부터 계속"하여 농지 등 소재지에서 거주하면서 영농(농업, 임업 및 어업을 주된 업종으로 영위)에 직접 종사한 경우로서 영농상속재산(농지 등 또는 영농법인의 주식)을 18세 이상의 상속인(상속개시일 2년 전부터 계속하여 직접 영농에 종사, 영농법인의 경우 위 가업상속공제의 요건과 동일)이 상속받은 경우 해당 영농상속재산(30억원 한도)을 상속세 과세가액에서 공제한다(상증법 §18의3). 이 경우 제18조의2 및 제18조의3은 동일한 상속재산에 대하여 중복하여 적용하지 아니한다(상증법 §18의4).

3 가업승계에 대한 증여세 과세특례

18세 이상 거주자(수증자)가 아래의 요건을 충족한 60세 이상의 부모(증여자)로부터 10년 이상 계속하여 경영한 해당 가업(중소기업 또는 증여받은 날이 속하는 법인세 사업연도의 직전 3개 법인세 사업연도의 매출액 평균금액이 5천억원 미만인 중견기업)의 주식을 증여받고 수증자 또는 그 배우자가 증여세 과세표준 신고기한까지 가업에 종사하고 증여일부터 3년 이내에 대표이사에 취임하는 경우에는 증여받은 주식의 가액에서 10억원을 공제한 후, 10%의 세율(과세표준 120억원 초과하는 경우 그 초과분은 20%)로 증여세를 부과한다. 이 경우 증여자인 부모가 사망한 경우 기간에 제한없이 증여받은 주식의 가액을 상속세 과세가액에 가산한다(조특법 §30의6, 조특령 §27의6).

① 최대주주 등으로서 발행주식총수의 40%(상장주식은 20%) 이상 10년 이상 계속 보유하였을 것
② 가업영위기간의 50% 이상 또는 증여일부터 소급하여 10년 중 5년 이상 대표이사로 재직하였을 것(대표이사 재직요건은 2025. 2. 28. 이후 증여받는 분부터 적용)

Chapter

2 양도소득세가 중과되는 비사업용 토지

I 기본 내용

1 비사업용 토지 개념

"비사업용 토지"란 토지 소유자가 해당 토지를 보유하는 기간 중에 법령이 정하는 일정한 기간 동안 지목 본래의 용도에 맞지 않게 사용하는 토지를 말한다. 이러한 비사업용 토지를 양도하는 경우 양도소득에 대한 세율 적용시 중과세율(기본세율+10%)이 적용되며, 이는 비거주자에게도 동일하게 적용된다.

예를 들어, 농사를 직접 짓지 않거나 축산업을 직접 경영하지 않으면서 농지 또는 목장용지를 소유하고 있거나, 도시에 거주하면서 지방 소재 임야를 소유하든지 또는 지상에 건축물이 없는 토지(나대지, 잡종지 등)를 소유하고 있는 경우가 대표적인 비사업용 토지로 볼 수 있는 사례이다.

2 비사업용 토지 적용대상 지목

소득세법은 비사업용 토지 여부를 판정함에 있어 토지의 지목을 6가지 종류(농지, 임야, 목장용지, 주택부속토지, 별장부속토지, 기타토지)로 구분한 후, 각 지목에서 정하고 있는 기준(① 사용기준, ② 지역기준, ③ 면적기준, ④ 기간기준)에 따라 사업용 토지 여부를 판단한다(소득법 §104의3 ①).

여기서 "사업용 토지"라는 용어는 세법상의 용어는 아니지만, 비사업용 토지의 반대개념을 보다 쉽게 이해하기 위해 직관적으로 사용하는 것으로서 이하 사업용 토지에 대한 용어를 주로 사용하면서 비사업용 토지의 규정을 설명하고자 한다.

3 모든 토지에 공통적으로 적용되는 기간기준

"기간기준"은 사업용 토지 여부를 판단함에 있어 가장 핵심적인 요소로서 사용기준 등 다른 요건을 충족한 상태에서 아래의 어느 하나에 해당하는 기간기준 요건을 충족하면 사업용 토지로 본다(소득령 §168의6).

다만, 법령 등 부득이한 사유가 있는 기간 동안을 사업용 사용기간으로 간주(P. 836 참조)하여 기간기준 계산에 포함하는 경우도 있으며, 일정한 요건을 충족하면 기간기준 등을 적용하지 않고 무조건 사업용 토지로 간주(P. 845 참조)하는 예외적인 규정도 있다.

따라서, 사업용 토지 여부는 양도 당시를 기준으로 판단하는 것이 아니라, 토지를 취득한 날부터 양도일까지의 기간 중에 기간기준을 적용하여 해당 기간이 사업용 기간에 적합하면 토지 보유기간 전체를 사업용으로 사용한 것으로 보아 사업용 토지로 분류한다.

① 양도일 직전 3년 중 통산하여 2년 이상(일수계산)을 사업용 토지로 사용한 기간
② 양도일 직전 5년 중 통산하여 3년 이상(일수계산)을 사업용 토지로 사용한 기간
③ 전체 보유기간 중 통산하여 60% 이상(일수계산)을 사업용 토지로 사용한 기간

4 토지 보유기간 중 지목 또는 용도가 변경되는 경우

농지, 임야, 목장용지 등 지목의 판단은 사실상의 현황에 의하는 것이나, 사실상의 현황이 분명하지 아니한 경우에는 공부상의 등재 현황에 따른다. 이 경우 해당 토지의 보유기간 중에 지목 또는 용도가 변경되는 경우에는 토지 각각의 판정기준이 다르게 적용되기 때문에 지목변경 전·후 특성에 따라 사업용 토지 여부를 판단한다(소득령 §168의7).

적용 사례 1 토지의 지목이 변경되는 경우 비사업용 토지 판단

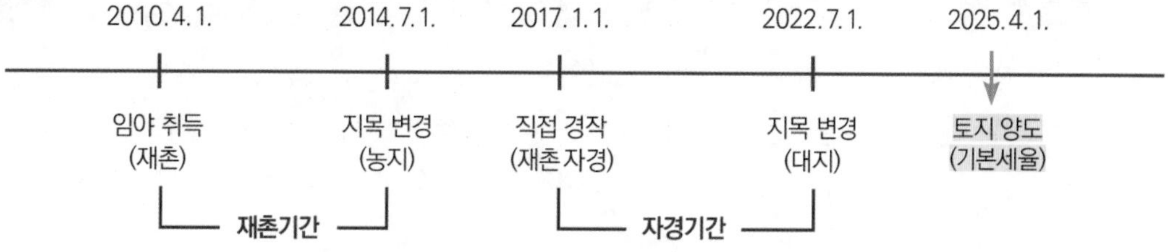

해설 사업용 토지 여부는 양도시점 뿐만 아니라 토지의 소유기간 중 일정기간 지목 본래의 용도로 사용한 기간을 포함하여 판단하므로 토지 소유기간 중 지목이 변경된 경우에는 지목별로 각각의 사업용 기간을 합산하면 아래와 같이 기간기준을 충족하여 사업용 토지에 해당한다.

기간기준	사업용 기간	충족 여부
① 양도일 직전 3년 중 2년 이상	3개월(2022. 4. 1. ~ 2022. 7. 1.)	미충족
② 양도일 직전 5년 중 3년 이상	2년 3개월(2020. 4. 1. ~ 2022. 7. 1.)	미충족
③ 전체 보유기간 중 60% 이상	9년 9개월(117개월)/15년(180개월)	충족(65%)

적용 사례 2 상속받은 농지를 대지로 변경한 후 양도하는 경우 비사업용 토지 판단

해설 사업용 토지의 기간기준을 적용할 때 상속받은 농지는 피상속인의 경작기간과 상속인의 경작기간을 합산하지 아니하며, 해당 토지는 양도일 현재 농지에 해당하지 않아 자경감면 규정도 적용을 받을 수 없다. 따라서 양도한 토지는 자경감면 규정이 배제되고 비사업용 토지에 해당하여 중과세율(기본세율+10%)을 적용한다(부동산납세과-814, 2014. 10. 29).

기간기준	사업용 기간	충족 여부
① 양도일 직전 3년 중 2년 이상	6개월(2022. 7. 1. ~ 2022. 12. 31.)	미충족
② 양도일 직전 5년 중 3년 이상	2년 6개월(2020. 7. 1. ~ 2022. 12. 31.)	미충족
③ 전체 보유기간 중 60% 이상	5년 9개월(69개월)/12년 6개월(150개월)	미충족(46%)

비교 자경농지 감면 적용시 피상속인의 자경기간 계산 통산

8년 이상 재촌·자경농지에 대한 감면을 적용함에 있어 상속받은 농지를 상속인이 1년 이상 계속하여 경작하거나 3년 이내 양도하는 경우에는 피상속인의 경작기간과 상속인의 경작기간은 통산한다.

Ⅱ 사업용 토지에 대한 지목별 판정기준

1 판정기준 개괄

사업용 토지의 판정기준은 토지의 각 지목별로 다르게 적용되고 그 내용이 상당히 복잡하므로 우선 아래와 같이 주요 판정기준에 대해서 개괄적으로 살펴본 후, 뒤에서 각 지목별로 판정기준 및 요건 등을 상세하게 설명하고자 한다.

지목	판정기준	사업용 토지 주요 내용
농지	사용기준	재촌·자경. 다만, 농지법 등에 따른 농지는 재촌·자경 간주
	지역기준	• 주거·상업·공업지역 : 비사업용 토지(편입일부터 3년간은 사업용 간주) • 도시지역 밖, 녹지지역 등 : 편입여부 관계없이 사용기준 적용
임야	사용기준	재촌. 다만, 공익상·산림보호육성 또는 거주 또는 사업관련 임야는 재촌 간주
	지역기준	제한 없음. 다만, 도시지역 내 시업(施業) 중인 임야 또는 특수산림사업지구 안의 임야는 비사업용 토지(편입일부터 3년간은 사업용 간주)
목장용지	사용기준	축산업 경영. 다만, 거주 또는 사업관련 목장용지는 축산업 경영 간주
	지역기준	농지의 지역기준과 동일하게 적용
	면적기준	가축별 기준면적과 가축두수를 적용계산한 기준면적 이내 토지
주택부속토지	면적기준	주택정착면적에 지역별 배율을 곱한 기준면적 이내 주택부속토지
별장부속토지	지역기준	수도권, 도시지역, 조정대상지역, 토지거래허가구역 이외 읍·면지역 소재
	면적기준	건물연면적 150㎡ 이하이면서 그 부속토지의 면적 660㎡ 이하
	가액기준	건물과 그 부속토지의 가액이 기준시가 2억원 이하
기타토지	사용기준	재산세 별도합산·분리과세대상 토지 또는 거주 또는 사업관련 토지 등
	면적기준	공장용·영업용 건축물의 기준면적 이내 부속토지
	지역기준	도시지역 밖 예비군훈련장용 토지, 건축가능 지역 내 660㎡ 이하의 나지(裸地) 등
무조건 사업용 토지		• 상속개시일부터 5년 이내 양도하는 상속받은 농지·임야·목장용지 • 이농일부터 5년 이내 양도하는 농지 • 2005. 12. 31. 이전에 취득한 종중소유 농지·임야·목장용지 • 8년 이상 재촌·자경한 직계존속 등으로부터 상속·증여받은 농지·임야·목장용지 • 사업인정고시일부터 2년(또는 5년) 이전에 취득한 토지 • 2009. 3. 16. ~ 2012. 12. 31. 기간 중에 취득한 토지
공통적용 기간기준 (셋 중 하나만 충족)		• 양도일 직전 ① 3년 중 2년 이상 또는 ② 5년 중 3년 이상 사업용 사용 • 전체 보유기간 중 ③ 60% 이상 사업용 사용

2 사업용 토지의 판정기준 구분

(1) 사용기준

"사용기준"은 토지 소유자가 토지를 보유하는 기간 동안 해당 토지를 지목별 성격에 맞게 사용하였는지를 판단하는 기준으로서 모든 토지에 적용된다.

1) 농지의 사용기준(재촌·자경 + 소득요건 : 조특법 §69의 자경감면 요건과 동일)

농지의 사용기준은 농지 소유자가 농지소재지와 동일(연접)한 시 · 군 · 구 또는 농지로부터 직선거리 30㎞ 이내에 있는 지역에 실제 거주하면서 해당 농지를 직접 경작하고 소득요건(총급여액과 사업소득금액의 합계액 3,700만원 이상 또는 사업소득 총수입금액이 업종별 복식부기의무자의 기준금액 이상인 과세기간은 자경기간 제외)을 충족한 기간 동안은 사업용 토지의 사용기간으로 본다(소득령 §168의8 ②).

따라서, 농지 소유자가 실제 경작하였더라도 농지소재지에 거주하지 않거나 소득요건을 충족하지 못한 경우에는 해당 기간 동안은 비사업용 기간으로 본다.

하지만, 아래의 농지에 대해서는 재촌 · 자경요건을 충족하지 못한 경우에도 농지법이나 그 밖의 법률 등에 따라 사용기준을 충족한 것으로 본다(소득령 §168의8 ③).

① 상속농지(P. 836 참조), ② 이농농지(P. 837 참조), ③ 한국농어촌공사에 위탁한 농지(P. 837 참조), ④ 종중농지(P. 847 참조), ⑤ 농지 전용목적 토지(P. 837 참조), ⑥ 수용 등 사업목적 토지, ⑦ 질병 등 부득이한 사유가 있는 토지(P. 839 참조), ⑧ 학교 · 종교 등 비영리사업에 사용되는 농지 등

관련 해석 사례

1. 사업을 영위하다가 농지를 취득한 후 사업소득금액이 매년 3,700만원 이상 계속 발생하는 경우 「조세특례제한법 시행령」 제66조에 따른 자경기간에서 제외되어 「소득세법」 제104조의3에 따른 비사업용 토지에 해당되는 것이다(기재부 조세정책과 - 2514, 2023. 12. 27).
2. 취득 당시에는 행정구역상으로 연접된 농지(임야 포함)을 취득하여 소유하던 중 행정구역 개편으로 이에 해당하지 아니하게 된 지역은 연접한 것으로 보는 것이나, 행정구역이 개편된 이후 농지의 소재지와 연접한 시 · 군 · 구 외의 지역으로 이사하여 거주하는 경우 거주자의 주소지와 해당 농지의 소재지는 연접한 지역에 해당되지 아니한다(양도집행 104의3 - 168의8 - 4).

2) 임야의 사용기준(주민등록 + 실제 거주)

임야의 재촌요건(동일 · 연접한 시 · 군 · 구 또는 직선거리 30㎞ 이내 거주)은 앞서 살펴본 농지의 재촌요건과 매우 유사하지만, 주민등록에 관계없이 실제 거주여부로만 재촌요건을 판단하는 농지와는 달리 임야의 경우는 임야 소유자가 임야소재지에 "주민등록이 되어 있고 실제 거주하고 있어야만 재촌요건을 충족"한 것으로 본다(소득령 §168의9 ②).

하지만, 아래의 임야에 대해서는 재촌요건을 충족하지 못한 경우에도 공익상 또는 산림의 보호 육성이 필요하거나 거주 또는 사업과 직접 관련이 있다고 인정할 만한 상당한 이유가 있는 경우 사용기준을 충족한 것으로 본다(소득령 §168의9 ①). 다만, 도시지역(보전녹지지역 제외) 안의 임야로서 도시지역으로 편입된 날부터 3년이 경과한 산림경영계획인가를 받아 시업(施業) 중인 임야와 특수산림사업지구 안의 임야는 제외한다(소득령 §168의9 ①, ③).

1. 공익상 또는 산림보호 · 육성에 필요한 임야(소득령 §168의9 ① 1호 ~ 14호)
   ① 산림보호구역, 채종림(採種林) · 시험림, ② 산림경영계획인가를 받아 시업(施業) 중인 임야, ③ 특수산림사업지구 안의 임야, ④ 공원자연보존지구 및 공원자연환경지구 안의 임야, ⑤ 개발제한구역 안의 임야, ⑥ 군사기지 및 군사시설 보호구역 안의 임야 등
2. 상당한 이유가 있는 임야(소득령 §168의9 ③ 1호 ~ 9호)
   ① 상속임야(P. 836 참조), ② 종중임야(P. 847 참조), ③ 임업후계자가 사용하는 임야, ④ 종 · 묘생산업자가 사용하는 임야, ⑤ 자연휴양림 · 수목원에 사용되는 임야, ⑥ 학교 · 종교 등 비영리사업에 사용되는 임야 등

관련 해석 사례

1. 군사보호구역 안의 임야의 경우 군사보호구역으로 지정된 후에 취득한 경우에도 해당 기간동안 비사업용 토지로 보지 아니하는 것이다(부동산납세과 - 1779, 2016. 11. 18).
2. ○○광역시 ○구와 ○○군 사이의 바다 가까이에 ○구가 위치하여 있어 청구인의 거주지와 쟁점임야 소재지의 행정구역이 해수면으로 연접한 것으로 보기 어려운 점, 청구인의 거주지와 쟁점임야 소재지간의 직선거리가 약 31.7㎞인 점 등에 비추어 이 건 과세처분(비사업용 토지)은 잘못이 없다(조심 2015부4343, 2015. 12. 31).
3. 비거주자가 국내 소유 임야소재와 동일한 시 · 군 · 구 안의 지역에 거소 신고를 하고 사실상 거주하는 경우 해당 임야는 비사업용 토지에서 제외된다(서면4팀 - 1498, 2008. 6. 23).
4. 1거주자로 보는 단체(교회, 종중 등) 명의로 소유하는 임야는 "임야 소재지에 거주하는 자가 소유하는 임야"에 해당되지 아니하므로 비사업용 토지에 해당한다(서면4팀 - 3106, 2007. 10. 30).

3) 목장용지의 사용기준

축산업을 경영하는 자가 가축별 축산업 기준면적 이내 목장용지를 해당 용도로 사용하는 기간 동안은 사업용 토지의 사용기간으로 본다(소득령 §168의10 ③). 여기서 "목장용지"란 축산용으로 사용되는 축사와 부대시설의 토지, 초지 및 사료포(飼料圃)를 말한다(소득령 §168의10 ①).

하지만, 아래의 목장용지에 대해서는 축산업 경영요건을 충족하지 못한 경우에도 거주 또는 사업과 직접 관련이 있다고 인정할 만한 상당한 이유가 있는 경우 사용기준을 충족한 것으로 본다(소득령 §168의10 ②).

① 상속 목장용지(P. 836 참조), **② 종중 목장용지**(P. 847 참조), **③ 학교 · 종교 등 비영리사업에 사용되는 목장용지 등**

관련 해석 사례

1. 남편이 「축산법」 제20조에 따라 축산업자로 등록되어 있고 남편과 부인이 실질적으로 공동으로 축산업을 영위하던 중 "부인 소유의 목장용지를 양도"하는 경우 해당 목장용지는 축산업을 경영하는 자가 소유하는 목작용지로서 사업용 토지로 본다(양도집행 104의3－168의10－4).
2. 축산업을 영위하지 아니하는 자가 소유하는 목장지는 비사업용 토지에 해당하는 것이며, 이 때 목장용지에는 축산용으로 사용되는 축사와 부대시설의 토지를 포함하는 것이나, 주거용 건축물의 부지는 포함하지 않는다(재산세과－3924, 2008. 11. 21).

[농지, 임야, 목장용지의 사업용 토지 판단시 사용기준 비교]

구 분	내 용
농지 (재촌자경)	농지소재지와 동일(연접)한 시 · 군 · 구 또는 농지로부터 직선거리 30㎞ 이내 "주민등록과 관계없이" 실제 거주하면서 상시(1/2 이상) 농작업에 종사할 것
임야 (재촌)	농지소재지와 동일(연접)한 시 · 군 · 구 또는 농지로부터 직선거리 30㎞ 이내 "주민등록이 되어 있고 실제 거주"할 것
목장용지 (축산경영)	가축별 기준면적과 가축두수를 적용하여 계산한 기준면적 이내의 목장용지를 "주민등록 및 실제 거주와 관계없이" 축산업을 경영할 것

4) 주택부속토지의 사용기준

주택의 부속토지(무허가주택 및 타인 소유주택의 부속토지 포함)는 주택이 정착된 면적에 지역별로 정하는 배율(P. 179 참조)을 곱하여 산정한 기준면적까지는 사업용 토지로 본다(소득령 §168의12).

이 경우 주거용과 주거 외의 용도를 겸하는 건물(겸용주택) 등에서 주택의 범위를 구분하는 방법, 주택 부속토지의 범위 산정은 아래에서 정하는 바에 따른다(지방법 §106 ②).

① 1동(棟)의 건물이 주거와 주거 외의 용도로 사용되고 있는 경우에는 주거용으로 사용되는 부분만 주택으로 본다. 이 경우 건물의 부속토지는 주거와 주거 외의 용도로 사용되는 건물의 면적비율에 따라 각각 안분하여 주택의 부속토지와 건축물의 부속토지로 구분한다.
② 1구(構)의 건물이 주거와 주거 외의 용도로 사용되고 있는 경우에는 주거용으로 사용되는 면적이 전체의 50% 이상인 경우에는 전체를 주택으로 본다.

5) 별장부속토지의 사용기준

"별장"이란 주거용 건축물로서 상시주거용으로 사용하지 아니하고 휴양, 피서, 위락 등의 용도로 사용하는 건축물을 말한다. 이러한 별장의 부속토지는 원칙적으로 비사업용 토지로 보되, 아래의 요건을 충족한 별장(농어촌주택)의 부속토지는 사업용 토지로 본다. 이 경우 별장에 부속된 토지의 경계가 명확하지 아니한 경우에는 그 건축물 바닥면적의 10배에 해당하는 토지를 농어촌주택의 부속토지로 본다(소득령 §168의13).

구 분	내 용
지역기준	다음의 어느 하나에 해당하는 지역을 제외한 지역으로 읍·면지역에 소재할 것 ① 수도권지역(경기도 연천군·가평군, 인천광역시 옹진군·강화군 제외) ② 도시지역(태안·해남·영암 관광레저형 기업도시개발구역 제외) ③ 조정대상지역, 토지거래허가구역, 관광단지 등
면적기준	건물의 연면적이 150㎡ 이내이고 그 건물의 부속토지의 면적이 660㎡ 이내일 것
가액기준	건물과 그 부속토지의 가액이 기준시가 2억원 이하일 것

6) 기타토지의 사용기준

기타토지는 농지, 임야, 목장용지, 주택 및 별장의 부속토지를 제외한 토지로서 주로 재산세가 비과세, 분리과세 및 별도합산 과세대상되거나 거주 또는 사업과 직접 관련이 있다고 인정할 만한 상당한 사유가 있는 경우 사용기준을 충족한 것으로 본다. 이러한 기타토지에 대한 사업용 토지 여부 판단은 그 내용이 다소 복잡하여 절을 달리하여 자세히 설명하고자 한다. ☞ P. 830 참조

(2) 지역기준

"지역기준"이란 토지가 속한 지역에 대한 제재로서 해당 토지가 도시지역 등 특정지역 소재하는 경우 일반적으로 비사업용 토지에 해당한다. 예를 들어, 농지와 목장용지가 도시지역 안에 있거나 산림경영계획인가를 받아 시업(施業) 중인 임야와 특수산림사업지구 안의 임야가 도시지역 안에 있는 경우가 대표적인 비사업용 토지로 분류되는 사례이다.

1) 농지의 지역기준

농지가 특별시·광역시(군지역 제외)·세종특별자치시(읍·면지역 제외)·특별자치도(행정시의 읍·면지역 제외) 및 시지역(도농복합도시의 읍·면지역 제외) 중 도시지역(녹지지역 및 개발제한구역 제외)에 있는 기간 동안은 비사업용 토지로 본다(소득법 §104의3 ①).

다만, 농지 소유자가 도시지역에 편입된 날부터 소급하여 1년 이상 재촌·자경한 농지는 "도시지역에 편입된 날부터 3년간"은 사업용 기간(편입일 전 재촌·자경기간과 편입된 날부터 3년간은 기간기준 계산에 포함)으로 본다(소득령 §168의8 ⑤ 1호).

[도시지역에 편입된 농지의 자경감면 및 사업용 토지 판단]

지역 구분 (도시지역 편입)	자경농지 감면소득금액 범위		자경농지 사업용 토지 범위	
	3년 내 양도	3년 후 양도	농지 현황	판단기준
특별시, 광역시, 시지역[1] (주거·상업·공업지역)	취득일 ~ 편입일	감면 배제	편입일 이후 취득	비사업용 토지
			편입일부터 소급하여 1년 미만 재촌자경	
			편입일부터 소급하여 1년 이상 재촌자경	편입일부터 3년간은 사업용 기간
군·읍·면지역 (주거·상업·공업지역)	취득일 ~ 편입일		편입일 전·후 재촌자경한 경우	편입여부 관계없이 기간기준 적용
녹지지역, 개발제한구역[2]	8년 이상 자경시 전액 감면			

1) 8년 자경감면 농지 여부를 판단할 때 세종특별자치시는 시지역에서 제외되나, 사업용 토지 여부 판단시 세종특별자치시는 시지역에 포함

2) 8년 자경감면 농지 여부를 판단할 때 개발제한구역은 편입지역에서 제외한다는 규정은 없으나, 사업용 토지 여부 판단시 개발제한구역은 편입지역에서 제외

관련 해석 사례

1. 시 지역의 생산녹지지역에 있는 농지를 취득하여 재촌·자경하던 중 해당 농지가 주거지역으로 편입된 경우 생산녹지지역인 상태에서 재촌·자경한 기간은 사업용토지의 기간에 포함하는 것이다(부동산납세과-1035, 2016. 7. 12).
2. 도·농 복합도시의 읍·면지역에 소재하는 농지는 거주지역 등에 편입된 경우에도 농지로 보는 것이므로 편입일 이후 양도일까지 재촌·자경한 경우에는 해당 기간은 비사업용 토지로 보지 아니한다(양도집행 104의3-168의8-2).
3. 자경농지가 도·농복합형태의 시의 주거지역 등에 편입된 후 동(洞)지역으로 편입된 경우 동(洞)지역 편입일을 기준으로 3년이 경과하면 비사업용토지로 보는 것이다(심사양도-0245, 2013. 1. 25).

적용 사례 **주거지역 등에 편입된 농지 양도시 비사업용 토지 판단**

* 2016. 1. 1. 주거지역으로 편입된 농지 소재지는 시의 동(洞)지역에 해당

해설 주거지역으로 편입된 농지를 편입일로부터 3년이 경과하여 양도하였으므로 자경농지에 대한 감면은 적용받을 수 없으나, 해당 토지의 사업용 기간(7년 9개월+3년=10년 9개월)이 전체 보유기간(17년)의 60% 이상(129개월/204개월 = 63.24%)이므로 해당 토지는 사업용 토지에 해당한다.

2) 임야의 지역기준

임야는 농지 및 목장용지와는 달리 원칙적으로 지역기준이 적용되지 않는다. 따라서 임야가 도시지역에 소재하는 경우에도 재촌요건(주민등록 + 실제거주) 등을 충족하면 사업용 토지에 해당한다(소득령 §168의9 ②).

다만, 산림경영계획인가를 받아 시업(산림을 유지, 조성 및 보육 등을 관리하는 경영행

위) 중인 임야와 특수산림사업지구 안의 임야는 농지 및 목장용지와 동일하게 도시지역(보전녹지지역은 제외)으로 편입된 날부터 3년까지만 사업용 토지의 사용기간으로 본다(소득령 §168의9 ① 2호 가목 및 나목).

3) 목장용지의 지역기준

목장용지의 지역기준은 농지와 동일하게 적용하되, 편입된 날부터 3년까지는 사업용 토지의 사용기간을 적용함에 있어 농지의 경우에는 "도시지역에 편입된 날부터 소급하여 1년 이상 재촌·자경하여야 한다"라는 규정이 있으나, 목장용지에 대해서는 이러한 규정이 없다(소득령 §168의10 ④, ⑤).

4) 주택·별장부속토지와 기타토지의 지역기준

주택의 부속토지는 지역기준이 적용되지 않으며, 별장부속토지의 지역기준은 앞서 살펴본 별장의 사용기준(P. 825)을 참고하기 바라며, 기타토지는 원칙적으로 지역기준을 적용하지 않지만 예외적으로 "예비군 훈련장용 토지"는 도시지역 중 주거·상업·공업지역 외의 지역에 소재하여야 하고(소득령 §168의11 ① 5호), "무주택 1세대가 소유하는 660㎡ 이하의 나지(裸地)"는 주택신축이 금지 또는 제한되는 지역에 소재하지 않아야 한다(소득령 §168의11 ① 13호).

(3) 면적기준

"면적기준"이란 토지가 경제적·효율적으로 사용되고 있는지를 판단하는 기준으로서 일정 규모 또는 기준면적 이내로 사용되는 토지를 말한다. 이러한 면적기준은 농지와 임야를 제외한 모든 토지에 적용되는 것으로서 일정 규모 또는 면적까지는 사업용 토지에 해당하지만, 초과분은 비사업용 토지로 본다.

1) 목장용지의 면적기준

축산업을 경영하는 자가 소유한 목장용지에 대해서는 「소득세법 시행령」 제168조의10 제3항(별표 1의3)에 규정된 가축별 기준면적과 가축두수를 적용하여 계산한 토지로서 기준면적 이내인 경우에는 사업용 토지로 보는 것이나, 기준면적을 초과하는 경우에는 비사업용 토지로 본다(소득령 §168의10 ③).

따라서, 앞서 살펴본 거주 또는 사업과 직접 관련 있는 경우 또는 사업용 사용기간 의제 등을 제외하고는 아래의 어느 하나에 해당하는 목장용지는 비사업용 토지로 보는 것이다(소득법 §104의3 ① 3호 나목).

1. 축산업을 경영하는 자가 소유하는 목장용지
   ① 가축별 축산업 기준면적 초과 목장용지
   ② 市의 同지역의 주거 · 상업 · 공업지역 안의 목장용지(편입일부터 3년간은 사업용 기간)
2. 축산업을 경영하지 아니하는 자가 소유하는 목장용지
   ※ 목장용지의 범위 : 축사의 부속토지 + 부대시설 + 초지 + 사료포(사료작물을 재배하는 토지)

2) 주택 · 별장부속토지의 면적기준

주택부속토지와 별장부속토지의 면적기준은 앞서 살펴본 주택부속토지의 사용기준(P. 825)과 별장부속토지의 사용기준(P. 825)을 참고하기 바란다.

3) 기타토지의 면적기준

기타토지의 면적기준은 아래와 같이 각 용도별로 다르게 적용되는데, 그 중 사업용 토지와 관련된 주요 부분을 차지하는 토지에 대해서만 면적기준을 설명하고자 한다.

구 분	면적기준
공장용 · 영업용 건축물	공장입지 또는 용도지역별 배율(P. 832 참조) 적용
무주택세대 소유 나지(裸地)	주택 신축가능 지역 내 660㎡ 이하 1필지의 나지
건축물 부설주차장용 토지	부설주차장 설치기준면적 이내
하치장용 토지	물품의 보관관리에 사용된 최대면적의 1.2배 이내

(4) 가액기준

농지, 임야, 목장용지 및 주택부속토지는 가액기준이 적용되지 않으며, 별장부속토지의 가액기준은 건물과 그 부속토지의 가액이 "기준시가 2억원 이하"이면 사업용 토지로 보는 것이며(소득령 §168의13), 기타토지에 대한 가액기준은 주요 업종별로 토지의 기준시가 대비 연간수입금액이 아래의 일정한 비율 이상인 경우에 한하여 사업용 토지로 본다(소득령 §168의11 ①).

구 분	기준비율	관련 법령
• 주차장운영업용 노외주차장	3%	소득칙 §83의4 ⑥
• 광천지, 양어장 · 지소용 토지	4%	소득칙 §83의4 ⑬
• 조경작물식재업용 · 화훼판매시설업용 토지	7%	소득칙 §83의4 ⑮ 2호
• 자동차정비 등 과정 교습학원용 토지	10%	소득칙 §83의4 ⑮ 3호
• 농산물 · 수산물 · 축산물 등의 도매업 및 소매업용 토지	10%	소득칙 §83의4 ⑮ 5호

3 기타토지의 사업용 토지 판정기준

기타토지(나대지, 잡종지 등)는 일반적으로 재산세가 비과세 · 면제되거나 분리과세 · 별도합산 과세대상이면 해당 기간 동안은 사업용 토지로 보는 것이나, 종합합산 과세대상 토지는 그 종합합산 과세를 적용받는 기간 동안은 원칙적으로 비사업용 토지로 본다(소득법 §104의3 ① 4호 가목, 나목).

(1) 재산세 과세유형 및 면적기준에 따른 사업용 토지 여부 판단

1) 비과세 · 면제대상 토지(사업용 토지)

① 비과세대상 토지 : 도로 · 하천 · 제방 · 구거 · 유지 및 묘지(지방법 §109 ③ 1호), 산림보호구역(지방법 §109 ③ 2호), 채종림, 공원자연보존지구의 임야 등(지방령 §108 ②)

② 면제대상 토지 : 어린이집 및 유치원으로 사용하기 위한 부동산(지특법 §19)

2) 분리과세대상 토지(사업용 토지)

① 고율 분리과세(4%) : 골프장 · 고급오락장용 토지(지방법 §106 ① 3호 다목)

② 저율 분리과세(0.2%, 0.07%) :

㉠ 공장 건축물 부속토지 : 군 · 읍 · 면지역, 산업단지, 공업지역 안에 있는 공장용 건축물의 공장입지기준면적 이내 부속토지(지방령 §102 ① 1호)

㉡ 농지 : 영농에 사용되고 있는 전 · 답 · 과수원(지방령 §102 ① 2호)

㉢ 목장용지 : 기준면적 이내의 목장용지(지방령 §102 ① 3호)

㉣ 임야 : 산림보호육성 등을 위한 임야 및 종중소유 임야(지방령 §102 ②)

3) 별도합산과세대상 토지(사업용 토지)

재산세가 별도합산과세대상인 공장용 건축물과 일반 건축물(영업용 건축물)의 부속토지는 아래의 기준면적 이내의 토지를 말한다(지방법 §106 ① 2호).

① 시(市) 이상 지역의 공장용 건축물의 바닥면적에 용도지역별 적용배율을 곱하여 산정한 기준면적 이내 부속토지(지방령 §101 ① 1호)

② 무허가건축물과 건축물의 시가표준액이 해당 부속토지의 시가표준액의 2%에 미달하는 건축물(종합합산과세)을 제외한 상가 등 영업용 건축물의 바닥면적에 용도지역별 적용배율을 곱하여 산정한 기준면적의 부속토지(지방령 §101 ① 2호)

4) 종합합산과세대상 토지(비사업용 토지)

종합합산과세대상 토지는 재산세가 비과세·감면 또는 분리과세·별도합산과세대상 토지를 제외한 아래의 토지를 말한다(지방법 §106 ① 1호).

① 건축물이 없는 토지(나대지, 잡종지 등)

② 재산세 분리과세 대상 또는 별도합산과세대상인 건축물의 부속토지로서 기준면적 초과 토지

③ 주택의 부속토지 및 목장용지로서 기준면적 초과 부속토지

④ 건축물의 시가표준액이 해당 부속토지의 시가표준액의 2%에 미달하는 "영업용건축물"의 부속토지(나대지로 취급) → 주택과 공장용 건축물의 시가표준액이 해당 부속토지의 시가표준액의 2%에 미달하더라도 비사업용 토지로 보지 않음

⑤ 무허가 또는 사용승인 등을 받지 아니한 "공장용 건축물과 영업용 건축물"의 부속토지(나대지로 취급) → 무허가주택의 부속토지는 비사업용 토지로 보지 않음

[면적기준에 따른 건축물의 부속토지 사업용 토지 여부]

<table>
<tr><th colspan="2">건축물 및 지역 구분</th><th>면적기준</th><th>재산세 과세유형</th><th>사업용 토지 여부</th><th>무허가건축물 부속토지</th></tr>
<tr><td rowspan="4">공장용 건축물</td><td rowspan="2">군·읍·면지역, 산업단지·공업지역</td><td>기준면적[1] 이내</td><td>분리과세</td><td>사업용 토지</td><td>사업용 토지</td></tr>
<tr><td>기준면적[1] 초과</td><td>종합합산과세</td><td>비사업용 토지</td><td rowspan="5">비사업용 토지[3]</td></tr>
<tr><td rowspan="2">특별시·광역시·시지역</td><td>기준면적[2] 이내</td><td>별도합산과세</td><td>사업용 토지</td></tr>
<tr><td>기준면적[2] 초과</td><td>종합합산과세</td><td>비사업용 토지</td></tr>
<tr><td colspan="2" rowspan="2">영업용 건축물</td><td>기준면적[2] 이내</td><td>별도합산과세</td><td>사업용 토지</td></tr>
<tr><td>기준면적[2] 초과</td><td>종합합산과세</td><td>비사업용 토지</td></tr>
</table>

1) 분리과세대상토지 기준면적(공장입지기준면적) : 공장건축물 연면적 × (100/업종별 기준공장면적률)

2) 별도합산과세대상 토지 기준면적 : 건축물의 바닥면적 × 용도지역별 적용배율*

3) 무허가 공장용 건축물 및 영업용 건축물은 건축물이 없는 것으로 본다(나대지로 취급)

* 용도지역별 적용배율(지방령 §101 ②)

용도지역		적용배율
도시지역 내	① 전용주거지역	5배
	② 준주거지역 · 상업지역	3배
	③ 일반주거지역 · 공업지역	4배
	④ 녹지지역	7배
	⑤ 미계획지역	4배
도시지역 밖(관리지역 · 농림지역 · 자연환경보전지역)		7배

관련 해석 사례

1. 쟁점토지는 종합합산과세대상으로 구분되어 재산세가 부과되어 왔고, 「주차장법」에 따른 부설주차장 설치기준 면적을 초과하는 토지에 해당하며, 업무용자동차의 주차장용 토지나 주차장운영업을 주업으로 하는 법인이 소유하고 노외주차장으로 사용하는 토지에도 해당하지 아니하는 점 등에 비추어 쟁점토지를 비사업용 토지로 보아 법인세를 부과한 이 건 처분은 달리 잘못이 없다고 판단된다(조심 2024부2726, 2024. 10. 7).
2. 토지를 묘지로 보더라도 지방세법상 재산세가 비과세되는 경우에 해당하지 않으며, 소득세법상 농지 등 외의 토지에 해당하여 재산세가 별도합산과세되거나, 분리과세되는 토지에 해당하여야 비사업용토지에서 제외되는데 이 사건 토지는 재산세가 종합합산과세대상으로 비사업용토지에 해당한다(대법원 2020두36441, 2020. 6. 25).

(2) 거주 또는 사업과 직접 관련이 있는 상당한 이유가 있는 토지

재산세 종합합산과세대상인 토지는 원칙적으로 비사업용 토지에 해당한다. 다만, 재산세 종합합산과세대상인 토지가 아래와 같이 거주 또는 사업과 직접 관련이 있다고 인정할 만한 상당한 이유가 있는 경우에는 사업용 토지로 본다(소득령 §168의11 ①).

이 경우 주차장용 토지, 하치장용 토지 및 무주택세대 소유 660㎡ 이하 나지(裸地)에 대해서는 비교적 상세히 설명하고 실무상 중요도가 낮은 다른 토지에 대해서는 법령 위주로만 간략하게 언급하고자 한다.

1) 주차장용 토지

① 건축물 부설주차장용 토지

「주차장법」에 따른 부설주차장(주택의 부설주차장 제외)으로서 부설주차장 설치기준면적 이내의 토지는 사업용 토지(재산세 별도합산과세)로 본다. 다만, 휴양시설업용 토지 안의 부설주차장용 토지는 부설주차장 설치기준면적의 2배 이내의 토지에 한한다(소득령 §168의11 ① 2호 가목).

② 업무용자동차의 주차장용 토지

「지방세법 시행령」 제101조 제3항 제1호(여객자동차 운송사업 또는 화물자동차운송사업)에 따른 사업자 외의 자로서 업무용자동차(승용자동차 · 이륜자동차 및 종업원의 통근용 승합자동차를 제외)를 필수적으로 보유하여야 하는 사업에 제공되는 업무용자동차의 주차장용 토지(차종별 대당 최저 보유차고 기준면적을 합산한 면적의 1.5배 이내의 토지)는 사업용 토지로 본다(소득령 §168의11 ① 2호 나목).

③ 주차장운영업용 토지(토지소유자가 직접 운영 + 수입금액 일정비율 이상)

주차장운영업을 직접 영위하는 자가 소유하고 「주차장법」에 따른 노외주차장으로 사용하는 토지로서 연간수입금액이 토지가액의 3% 이상인 경우 해당 기간 동안은 사업용 토지로 본다. 여기서 토지가액에 대한 연간수입금액의 3% 이상인지 여부는 아래와 같이 둘 중 큰 비율을 적용하여 판단한다(소득령 §168의11 ① 2호 다목).

이 경우 노외주차장을 영위하기 위해서는 관할 지방자치단체에 노외주차장 설치통보를 해야한다(주차장법 §12).

> 토지가액에 대한 연간수입금액 비율 = Max[①, ②]
> ① 당해 과세기간의 연간수입금액을 당해 과세기간의 토지가액으로 나눈 비율
> ② (당해 과세기간의 연간수입금액 + 직전 과세기간의 연간 수입금액) ÷ (당해 과세기간의 토지가액 + 직전 과세기간의 토지가액)
> ※ 토지가액 = 과세기간 종료일의 개별공시지가(기준시가)

알쏭달쏭 용어

주차장법상 주차장의 종류(제2조)

1. 노상주차장(路上駐車場)
   노로의 노면 또는 교통광장의 일정한 구역에 설치된 주차장으로서 일반의 이용에 제공되는 것
2. 노외주차장(路外駐車場)
   도로의 노면 및 교통광장 외의 장소에 설치된 주차장으로서 일반의 이용에 제공되는 것
3. 부설주차장(附設駐車場)
   건축물, 골프연습장, 그 밖에 주차 수요를 유발하는 시설에 부대(附帶)하여 설치된 주차장으로서 해당 건축물・시설의 이용자 또는 일반의 이용에 제공되는 것

적용 사례 주차장운영업의 비사업용 토지 수입금액 적용비율 판단

- **주차장법에 따른 노외주차장을 운영하는 토지에 대한 수입금액 및 공시지가**

구 분	2023년	2024년	2025년
수입금액	13,000,000원	15,000,000원	25,000,000원
공시지가	400,000,000원	600,000,000원	750,000,000원

해설

(단위 : 백만원)

구 분	당해연도	당해연도+직전연도	적용비율	판 단
2024년	2.5%(15/600)	2.8%(13+15)/(400+600)	2.8%	비사업용 토지
2025년	3.3%(25/750)	2.9%(15+25)/(600+750)	3.3%	사업용 토지

관련 해석 사례

비사업용 토지로 보지 아니하는 주차장운영업용 토지는 주차장운영업을 영위하는 자가 소유하고, 「주차장법」에 따른 노외주차장으로 사용하는 토지라고 규정하고 있어, 소유 토지를 주차장업을 영위하는 자에게 임대하는 경우에는 비사업용 토지로 보지 아니하는 주차장운영업용 토지에 해당되지 아니한다(양도집행 104의3-168의11-8).

2) 하치장용 등의 토지

물품의 보관・관리를 위하여 별도로 설치・사용되는 하치장・야적장・적치장 등(건축법에 따른 건축허가를 받거나 신고를 하여야 하는 건축물로서 허가 또는 신고 없이 건축한 창고용 건축물의 부속토지 포함)으로서 매년 물품의 보관・관리에 사용된 최대 면적의

1.2배 이내의 토지는 사업용 토지로 본다(소득령 §168의11 ① 7호).

3) 무주택자가 소유하는 660㎡ 이내의 나지(裸地)

주택을 소유하지 아니하는 1세대가 1필지의 나지로서 주택의 신축이 금지 또는 제한되는 지역에 소재하지 아니하고 그 지목이 대지이거나 주택을 신축할 수 있는 660㎡ 이내(600㎡ 초과하는 경우 초과면적은 비사업용 토지)의 토지는 무주택 기간 동안 사업용 토지로 본다(소득령 §168의11 ① 13호).

관련 해석 사례

1. 2필지(A, B)를 보유한 1세대가 먼저 양도한 1필지(A)의 나지에 대하여 비사업용 토지로 일반세율을 적용받은 후, 다른 필지(B)의 나지를 양도한 경우에는 A필지 양도일 이후부터 무주택 나지 규정을 적용한다(양도집행 104의3 - 168의11 - 21).
2. 무주택인 1세대가 소유하는 1필지의 나지를 양도할 때 아파트 분양권을 소유하고 있는 경우에는 해당 분양권은 주택이 아니므로 양도하는 1필지의 나지를 사업용 토지로 보아 비사업용 토지의 기간기준을 적용한다(양도집행 104의3 - 168의11 - 23).
3. 1세대의 구성원 중 동일인의 소유 나지가 2필지 이상인 경우 '무주택세대 소유 나지의 비사업용 토지 제외신청서'에 기재된 나지 중 토지의 소유자가 비사업용 토지 제외 적용을 받기 위해 선택한 필지의 660제곱미터 이내의 부분은 주택을 소유하지 아니한 기간 동안은 사업에 사용되는 토지로 보는 것이다(법규재산 - 0060, 2023. 3. 8).

4) 기타 거주 또는 사업과 직접 관련이 있는 상당한 이유가 있는 토지

구 분	관련 법령
• 선수전용 또는 종업원 체육시설용 토지 · 경기장운영업용 토지	소득령 §168의11 ① 1호
• 청소년수련시설용 토지	소득령 §168의11 ① 4호
• 예비군훈련용 토지	소득령 §168의11 ① 5호
• 휴양시설업용 토지	소득령 §168의11 ① 6호
• 골재채취장용 토지	소득령 §168의11 ① 8호
• 폐기물처리업용 토지	소득령 §168의11 ① 9호
• 광천지용 토지로서 수입금액 비율이 일정률 이상인 토지	소득령 §168의11 ① 10호
• 양어장 · 지소용 토지	소득령 §168의11 ① 11호
• 블록 등 제조업용 토지 · 화훼 등 판매업용 토지	소득령 §168의11 ① 12호

Ⅲ 법령 등 사유로 해당 기간 동안 사업용 토지로 보는 경우

해당 토지가 사업용 토지가 되기 위해서는 일정한 기간 동안 사용기준 등을 충족해야 하지만, 아래에 열거하는 토지와 같이 농지법 등 또는 법령에 따라 사용 금지 · 제한 등으로 부득이한 사유가 있는 경우에는 "해당 기간 동안"을 사업용으로 사용한 것으로 보아 기간기준을 적용한다(소득법 §104의3 ②).

1 농지법 등에 따른 사업용 기간 간주토지

(1) 상속받은 농지 등

1) 상속개시일부터 5년 이내 양도하는 상속 농지 · 임야 · 목장용지

상속받은 농지 · 임야 · 목장용지는 상속개시일부터 3년을 재촌 · 자경(또는 축산경영)한 것으로 간주하므로 상속개시일부터 5년 이내 양도하면 기간기준(양도일 직전 5년 중 3년)을 충족하여 상속인의 재촌 · 자경(또는 축산경영) 여부와 관계없이 무조건 사업용 토지로 본다(소득령 §168의8 ③ 2호).

2) 상속개시일부터 5년 이내 양도하는 도시지역 내 상속농지

「소득세법」 제104조의3 제1항 제1호 나목에 따른 시 이상의 지역(군 · 읍 · 면지역 제외) 중 주거 · 상업 · 공업지역 안에 있는 농지를 상속받고 그 상속개시일부터 5년 이내 양도하는 경우에는 상속인의 재촌 · 자경 여부와 관계없이 무조건 사업용 토지로 본다(소득령 §168의14 ③ 4호 나목).

[상속농지의 사업용 토지 판단기준]

구 분	5년 이내 양도	5년 경과 양도
도시지역 내 녹지지역 · 개발제한구역, 도시지역 밖 소재 상속농지	재촌 · 자경 여부와 관계없이 무조건 사업용 토지	상속개시일부터 3년의 기간과 이후 사업용 기간 합산하여 기간기준 적용
도시지역(市의 洞지역) 중 주거 · 상업 · 공업지역 내 상속농지		비사업용 토지

※ 직계존속 또는 그 배우자가 8년 이상 재촌 · 자경한 상속농지는 양도기한 제한없이 무조건 사업용 토지. 다만, 양도 당시 도시지역(녹지지역 및 개발제한구역은 제외) 안의 농지는 제외(P. 845 참조)

관련 해석 사례

1. 상속에 의하여 취득한 농지가 양도일 현재 시(동)의 주거지역 안에 있는 경우 상속개시일로부터 5년 이내에 양도하면 비사업용 토지에서는 제외되지만, 편입된 날부터 3년이 경과하여 양도하는 경우에는 자경농지에 대한 양도소득세의 감면규정을 적용받을 수 없다(조심 2022광7027, 2022. 11. 29).
2. 사업용으로 의제되는 상속에 의하여 취득한 농지에는 법정상속인이 아닌 자가 상속(유증 포함)받는 경우에는 포함하지 않으므로 며느리가 유증으로 받는 농지는 사업용으로 의제하는 "상속으로 취득한 농지"에 해당하지 않는다(법령해석재산-0324, 2020. 5. 21).

(2) 이농일부터 5년 이내 양도하는 농지

10,000㎡ 이하의 농지를 8년 이상 농업경영을 하던 자가 이농하는 경우로서 이농 당시 소유하고 있던 농지를 이농일부터 5년 이내 양도하는 경우에는 무조건 사업용 토지(양도일 직전 5년 중 3년 요건 충족)로 본다(소득령 §168의8 ③ 3호).

(3) 농지전용허가 등 전용목적 사용토지

「농지법」 제6조 제2항 제7호에 따른 농지전용허가를 받거나 농지전용신고를 한 자가 소유한 농지 또는 「농지법」 제6조 제2항 제8호에 따른 농지전용협의를 완료한 농지로서 당해 "전용목적으로 사용되는 기간"은 사업용 기간으로 본다(소득령 §168의8 ③ 4호).

(4) 한국농어촌공사에 위탁 · 임대한 농지

개인이 한국농어촌공사에 위탁한 농지를 그 한국농어촌공사가 8년 이상 수탁하여 임대하거나 사용대(使用貸)한 농지에 대해서는 농지 소유자가 재촌 · 자경하지 않더라도 해당 기간 동안은 사업용 기간으로 본다(소득령 §168의8 ③ 9호).

여기서 주의할 사항은 8년 이상 위탁기간은 농지의 취득일부터 양도일까지의 위탁기간을 통산하는 것이나, 한국농어촌공사에 위탁한 농지를 상속받은 경우에는 피상속인의 위탁기간은 통산하지 않는다는 점이다.

비교 학습

한국농어촌공사에 위탁 및 재매입한 농지에 대한 과세특례 비교

구 분	과세특례 적용여부
농어촌공사에 위탁한 농지 사업용 토지 여부	8년 이상 위탁한 경우 : 해당 기간 사업용 기간으로 인정
	8년 미만 위탁한 경우 : 해당 기간 사업용 기간으로 불인정
농어촌공사에 위탁한 농지 자경기간 포함 여부	농어촌공사에 위탁한 기간은 자경기간에서 제외
농어촌공사로부터 환매 후 양도시 자경농지 감면 여부	당초 취득일부터 임차기간과 양도일까지의 자경기간을 모두 포함하여 자경농지 감면여부 판단(P. 788 참조)

관련 해석 사례

1. 증여받은 농지의 경우 증여자의 위탁기간은 통산하지 아니한다(법규재산 - 0096, 2022. 4. 11).
2. 한국농어촌공사가 8년 이상 수탁(개인에게서 수탁한 농지에 한함)하여 임대하거나 사용대한 농지는 소유자가 재촌 · 자경하지 아니한 경우에도 재촌 · 자경한 것으로 간주하여 사업용 토지로 본다(부동산거래관리과 - 554, 2010. 4. 15).

(5) 공익상 필요 또는 산림보호육성에 필요한 임야

① 공원자연보존지구 및 공원자연환경지구 안의 임야(4호), ② 문화재보호구역 안의 임야(6호), ③ 개발제한구역 안의 임야(8호), ④ 군사기지 및 군사시설 보호구역 안의 임야(9호) 등에 대해서는 "해당 기간 동안"은 사업용 기간으로 본다(소득령 §168의9 ①).

관련 해석 사례

1. 임야를 취득하기 전부터 이미 개발제한구역으로 지정된 경우에도 해당 토지는 비사업용 토지로 보지 않는다(법령해석재산 - 0367, 2020. 6. 8).
2. 개발제한구역이 해제된 경우에는 개발제한구역안의 임야로서의 기간은 사업에 사용한 기간으로 보는 것이다(재산세과 - 2585, 2008. 9. 2).

(6) 질병 등 부득이한 사유로 자경할 수 없는 농지

소유자(영농에 종사한 가족 포함)가 5년 이상 계속 재촌·자경한 농지를 1년 이상의 치료나 요양을 필요로 하는 질병, 65세의 고령, 징집, 취학, 선거에 의한 공직 취임 등 그 밖의 부득이한 사유로 인하여 자경할 수 없어 "임대하는 기간"은 사업용 기간으로 본다(소득령 §168의8 ③ 7호).

2 부득이한 사유가 있는 경우 사업용 기간 간주토지

(1) 법령에 따라 사용이 금지 또는 제한된 토지

토지를 취득한 후 법령에 따라 사용이 금지 또는 제한된 토지는 "사용이 금지 또는 제한된 기간 동안"은 사업용 기간으로 본다. 다만, 토지를 취득하기 전부터 이미 법령에 따라 사용이 금지 또는 제한된 토지의 경우 해당 기간에 대해서는 사업용 기간으로 보지 않는다(소득령 §168의14 ① 1호).

여기서 주의할 사항은 "법령에 따라 사용이 금지 또는 제한된 토지"란 토지 본래의 용도가 금지 또는 제한되어야 한다는 점이다. 예를 들어, 환지예정지 지정처분 지정·공고일 또는 부지조성공사 착공일 등 실제로 농지가 도시개발사업의 목적에 따라 사용되는 시점부터는 법령에 따른 사용 금지 또는 제한규정을 적용받을 수 있지만, 도시개발구역 지정으로 건축행위 등 개발행위가 제한되었더라도 농지 본래의 용도인 경작이 금지 또는 제한되지 않은 경우에는 법령에 따라 사용이 금지 또는 제한된 토지에 해당하지 않는다.

관련 해석 사례

1. 도시지역 내 농지에 대하여 도시개발구역이 지정되어 건축물 건축 등 개발행위가 제한된 경우에도 농지 본래의 용도에 사용하는데 제한이 없이 계속 사용(농지는 경작)할 수 있는 경우에는 법령에 따라 사용이 금지 또는 제한된 토지에 해당하지 않는다(대법원 2024두34092, 2024. 5. 30).
2. 「소득세법 시행령」 제168조의14 제1항 제1호에 따른 '토지를 취득한 후 법령에 따라 사용이 금지 또는 제한된 토지'에 해당하여 '사용이 금지 또는 제한된 기간'을 사업용 기간으로 보더라도 사업을 영위하다가 농지를 취득한 후 사업소득금액이 매년 3,700만원 이상 계속 발생하는 경우에는 「조세특례제한법 시행령」 제66조에 따른 자경기간에서 제외되어 「소득세법」 제104조의3에 따른 비사업용 토지에 해당되는 것이다(법규재산 - 1031, 2023. 12. 28).

(2) 문화재보호구역으로 지정된 보호구역 안의 토지

토지를 취득한 후 「문화재보호법」에 따라 지정된 보호구역 안의 토지는 "보호구역으로 지정된 기간 동안"은 사업용 기간으로 본다. 다만, 토지를 취득하기 전부터 이미 보호구역으로 지정된 토지의 경우 해당 기간에 대해서는 사업용 토지 사용기간으로 보지 않는다(소득령 §168의14 ① 2호).

다만, 상속받은 토지로서 상속개시일 전에 이미 위 (1)과 (2)에 해당하는 금지·제한 또는 보호구역으로 지정된 토지를 상속인이 상속받은 경우에도 해당 토지는 상속개시일부터 사용의 금지·제한된 기간 또는 문화재보호구역으로 지정된 기간을 사업용 기간으로 본다(소득령 §168의14 ① 3호).

(3) 건축허가 등이 제한된 토지

토지를 취득한 후 법령에 따라 당해 사업과 관련된 인가·허가(건축허가 포함)·면허 등을 신청한 자가 「건축법」 제18조 및 행정지도에 따라 건축허가가 제한됨에 따라 건축을 할 수 없게 된 토지는 "건축허가가 제한된 기간 동안"은 사업용 기간으로 본다. 다만, 부동산매매업을 영위하는 자가 취득한 매매용 부동산에 대해서는 해당 규정을 적용하지 않는다(소득칙 §83의5 ① 1호).

관련 해석 사례

1. 건축허가를 받은 사항과 다르게 공사를 시공함으로 인하여 행정기관의 공사 중지지시를 받은 경우의 해당 공사 중지기간은 건축이 제한된 기간에 해당되지 아니한다(양도집행 104의3-168의14-11).
2. 건축허가를 신청하여 허가를 받았으나 관련법령에 의하여 건설에 착공하지 못한 경우에는 그 허가일부터 제한된 기간은 정당한 사유로 인하여 사업에 사용하지 아니하는 기간으로 보아 비사업용 토지 해당 여부를 판정하는 것이며, 건설경기의 침체와 경기불황을 이유로 착공하지 못한 경우에는 건축법에 따른 건축허가 제한으로 볼 수 없다(양도집행 104의3-168의14-12).

(4) 건축자재의 수급조절을 위해 행정지도로 착공제한된 토지

토지를 취득한 후 법령에 따라 당해 사업과 관련된 인가·허가(건축허가 포함)·면허 등을 받았으나 건축자재의 수급조절을 위한 행정지도에 따라 착공이 제한된 토지는 "착공이 제한된 기간 동안"은 사업용 기간으로 본다. 다만, 부동산매매업을 영위하는 자가 취득한 매매용 부동산에 대해서는 해당 규정을 적용하지 않는다(소득칙 §83의5 ① 2호).

(5) 사도(私道) 또는 불특정다수인의 이용 도로

사업장(임시사업장 제외)의 진입도로로서 「사도법」에 따른 사도 또는 불특정다수인이 이용하는 도로는 "사도 또는 도로로 이용되는 기간 동안"은 사업용 기간으로 본다(소득칙 §83의5 ① 3호).

(6) 공공공지(公共空地)로 제공한 토지

「건축법」에 따라 건축허가를 받을 당시 공공공지로 제공한 토지는 해당 건축물의 "착공일부터 공공공지로의 제공이 끝나는 날까지의 기간 동안"은 사업용 기간으로 본다(소득칙 §83의5 ① 4호).

(7) 건축물 신축을 위하여 취득한 토지

지상에 건축물이 정착되어 있지 아니한 토지를 취득하여 사업용으로 사용하기 위하여 건설에 착공(착공일이 불분명한 경우 착공신고서 제출일 기준)한 토지는 "해당 토지의 취득일부터 2년 및 착공일 이후 건설이 진행 중인 기간(천재지변, 민원의 발생 그 밖의 정당한 사유로 인하여 건설을 중단한 경우에는 중단한 기간을 포함)"은 사업용 기간으로 본다(소득칙 §83의5 ① 5호). 이 경우 농지나 임야를 취득하여 농지전용허가 또는 산지전용허가를 받고 건축물을 착공하거나 착공 후 건설 진행 중에 양도하는 경우에도 해당 규정을 적용한다.

[건물을 신축·멸실하는 경우 사업용 기간 판단]

구 분	사업용 토지 사용기간
토지 취득하여 건물 완성 전 양도	토지 취득일 ~ 2년 + 공사기간
토지 취득하여 건물 완성 후 양도	토지 취득일 ~ 2년 + 공사기간~양도일
구 건물 멸실하고 신축건물 양도	구건물 사용기간 + 멸실일~5년 + 공사기간~양도일

관련 해석 사례

1. 건물을 신축하기 위한 공사에 착공하였다고 인정하기 위해서는 최소한의 정도로 부지를 파내는 굴착공사나 터파기공사에 착수하여야 비로소 "착공"에 이르렀다고 인정할 수 있을 것이므로, 단지 건물을 신축하기 위하여 착공에 필요한 준비 작업을 한 것에 불과한 경우에는 비사업용 토지에 해당하는 것이다(대법원 2018두38468, 2018. 5. 31).
2. 지상에 건축물이 정착되어 있지 아니한 토지를 취득하여 사업용으로 사용하기 위하여 건설에 착공한 토지는 건설에 착공한 주체와 관계없이 취득일부터 2년 및 착공일 이후 건설이 진행 중인 기간은 사업용 토지로 보는 것이나, 건축허가가 나고 착공 전에 양도하는 경우에는 사업용으로 사용하기 위하여 건설에 착공한 토지로 보지 아니한다(양도집행 104의3 – 168의14 – 15).

적용 사례 토지 취득 후 건물을 신축한 경우 사업용 기간 계산

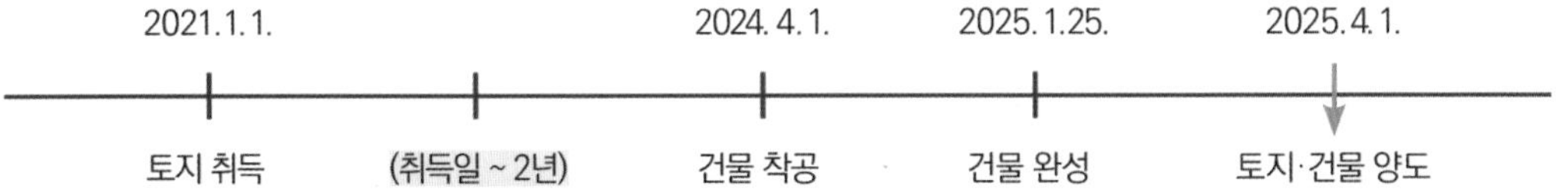

해설 토지를 취득하여 건물을 신축한 경우 토지의 취득일부터 2년간('21. 1. 1. ~ '23. 1. 1)과 건물 착공일 이후부터 양도일까지의 기간('24. 4. 1. ~ '25. 4. 1)을 사업용 기간에 포함하면 아래와 같이 전체 보유기간 중 60% 이상의 기간기준을 충족하여 사업용 토지에 해당한다.

기간기준	사업용 기간	충족 여부
① 양도일 직전 3년 중 2년 이상	3년('22. 4. 1. ~ '25. 4. 1.) 중 1년 9개월	미충족
② 양도일 직전 5년 중 3년 이상	5년 보유요건 미충족(4년 3개월)	미충족
③ 전체 보유기간 중 60% 이상	3년(2년 + 착공일이후)/4년 3개월(51개월)	충족(70.5%)

(8) 채무변제 등으로 취득한 토지

저당권의 실행 그 밖에 채권을 변제받기 위하여 취득한 토지 및 청산절차에 따라 잔여재산의 분배로 인하여 취득한 토지는 "그 취득일부터 2년간"은 사업용 기간으로 본다(소득칙 §83의5 ① 6호).

(9) 소유권에 관한 소송이 계속(係屬) 중인 경우

토지를 취득한 후 소유권에 관한 소송이 계속(사건이 아직 판결을 받지 못하고 심리 중에 있는 상태) 중인 토지는 "법원에 소송이 계속되거나 법원에 의하여 사용이 금지된 기간 동안"은 사업용 기간으로 본다(소득칙 §83의5 ① 7호).

(10) 도시개발사업에 따라 환지된 토지

도시개발법에 따른 도시개발구역 안의 토지로서 환지방식(수용방식은 제외)에 따라 시행되는 도시개발사업이 구획단위로 사실상 완료되어 건축이 가능한 토지는 "건축이 가능한 날(구획정리사업에 관한 공사의 완료를 공고한 날)부터 2년간"은 사업용 기간으로 본다(소득칙 §83의5 ① 8호).

(11) 건축물이 멸실 등이 된 경우(사업용 간주기간 개정 : 2년→5년)

건축물이 멸실・철거되거나 무너진 토지는 "건축물이 멸실 또는 철거되거나 무너진 날로부터 5년간"은 사업용 기간으로 본다(소득칙 §83의5 ① 9호). 여기서 주의할 사항은 무허가주택이 철거 또는 멸실된 토지의 경우에는 주택이 멸실된 날부터 5년간의 사업용 기간을 적용하지 않는다는 점이다.

[건물 멸실 후 나대지 양도하는 경우 사업용 기간 판단]

건물 구분		건물 부속토지 사업용 토지 사용기간
허가 건물(주택 포함) 멸실		건물 보유기간 + 멸실일부터 5년간
무허가 건물 멸실	주택	주택 보유기간 + 0(멸실일부터 5년간 사업용 기간 간주하지 않음)
	일반 건물	비사업용 토지(무허가건물은 건물이 있더라도 나대지로 취급)

적용 사례 건물을 멸실한 경우 사업용 기간 계산(해당 사례는 종전규정 적용)

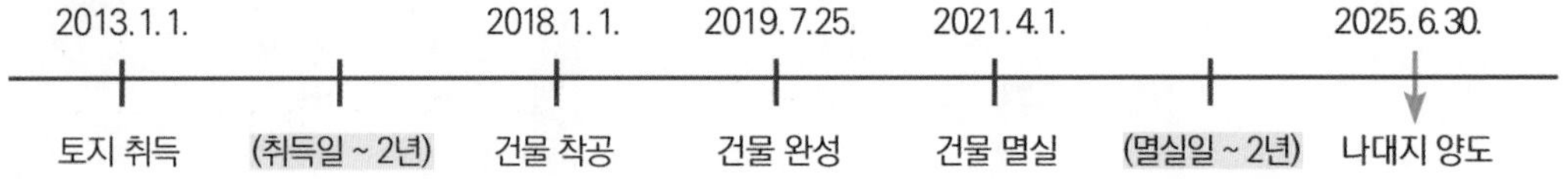

해설 토지를 취득하여 건물을 신축한 후, 해당 건물을 멸실한 경우 토지의 취득일부터 2년간('13. 1. 1. ~ '15. 1. 1.)과 건물 착공일 이후부터 멸실일까지의 기간('18. 1. 1. ~ '21. 4. 1.) 및 멸실일부터 2년간('21. 4. 1. ~ '23. 4. 1.)을 사업용 기간에 포함하더라도 아래와 같이 비사업용 토지에 해당한다.

기간기준	사업용 기간	충족 여부
① 양도일 직전 3년 중 2년 이상	3년('22. 6. 30. ~ '25. 6. 30.) 중 9개월	미충족
② 양도일 직전 5년 중 3년 이상	5년('20. 6. 30. ~ '25. 6. 30.) 중 2년 9개월	미충족
③ 전체 보유기간 중 60% 이상	7년 3개월(87개월)/12년 6개월(150개월)	미충족(58%)

(12) 휴 · 폐업 및 사업장 이전한 토지

거주자가 2년 이상 사업에 사용한 토지로서 사업의 일부 또는 전부를 휴업 · 폐업 또는 이전함에 따라 사업에 직접 사용하지 아니하게 된 토지는 "휴업 · 폐업 또는 이전일부터 2년간"은 사업용 기간으로 본다(소득칙 §83의5 ① 10호).

(13) 천재지변 등 사유로 자경하지 못하는 토지

2년 이상 계속하여 재촌 · 자경하다 천재지변 그 밖에 이에 준하는 사유로 농지의 형질이 변경되어 황지가 되어 자경하지 못하는 토지는 "해당 사유의 발생일부터 2년간"은 사업용 기간으로 본다(소득칙 §83의5 ① 11호).

(14) 도시계획의 변경 등 정당한 사유가 있는 경우

토지를 취득한 후 도시계획의 변경 등 정당한 사유로 인하여 사업에 사용하지 아니하는 토지는 "해당 사유가 발생한 기간 동안"은 사업용 기간으로 본다(소득칙 §83의5 ① 12호).

Ⅳ 무조건 사업용 토지로 보는 경우

아래에 열거하는 토지의 경우에는 앞서 살펴본 사업용 토지를 판정하기 위한 사용기준 및 기간기준 등에 관계없이 무조건 사업용 토지로 본다(소득령 §168의14③).

1 직계존속 등으로부터 농지 · 임야 · 목장용지를 상속 · 증여받은 경우

직계존속 또는 배우자가 8년 이상 재촌 · 자경한 농지 · 임야(재촌) 및 목장용지(축산업 경영)로서 이를 해당 직계존속 또는 배우자로부터 상속 또는 증여받은 토지는 상속인 또는 수증자가 직접 경작하지 않더라도 무조건 사업용 토지로 본다.

다만, 양도 당시 읍 · 면지역을 포함한 도시지역(녹지지역 및 개발제한구역 제외) 안의 토지는 해당 규정을 적용받을 수 없지만(소득령 §168의14③1호의2), 「소득세법」 제168조의8 제5항(편입 농지)에 따른 편입일부터 3년간은 사업용 사용기간으로 본다.

이 경우 경작한 기간을 계산할 때 직계존속이 그 배우자로부터 상속 · 증여받아 경작한 사실이 있는 경우에는 직계존속의 배우자가 취득 후 토지소재지에 거주하면서 직접 경작한 기간은 직계존속이 경작한 기간으로 본다(소득령 §168의14④).

여기서 주의할 사항은 모(母)가 부(父)로부터 농지 등을 상속받아 재촌 · 자경하다가 사망하여 자녀가 다시 상속받은 후 양도하는 경우로서 부모(父母)의 재촌 · 자경기간을 합산하여 8년 이상이면 사업용 토지로 보는 것이나, 조부(祖父)가 재촌 · 자경한 농지 등을 부(父)가 상속받아 재촌 · 자경하다가 사망하여 자녀가 다시 상속받은 후 양도하는 경우에는 부(父)의 재촌 · 자경기간만으로 8년 이상 사업용 토지 여부를 판단한다는 점이다.

[무조건 사업용 토지로 보는 농지, 임야, 목장용지의 적용요건]

구 분	주요 내용
대상자	직계존속 또는 그 배우자가 8년 이상 재촌 · 자경하였을 것
대상지목	농지, 임야, 목장용지에 해당할 것(3개의 지목 간 지목변경은 가능)
지역요건	양도 당시 도시지역(읍 · 면 포함) 내 주거 · 상업 · 공업지역 외 지역에 소재할 것
기타요건	상속인 또는 수증자의 재촌 · 자경 여부 및 양도기한에 관계없이 적용

비교 학습

상속농지에 대한 자경감면과 비사업용 토지 적용 여부 비교

피상속인 자경기간	상속인 자경 여부	자경감면 적용 여부	비사업용 토지 여부
8년 이상	1년 이상 계속 자경	양도기한 제한없이 감면 적용	상속인의 자경 여부 및 양도기한에 관계없이 무조건 사업용 토지[1]
	1년 미만 자경	3년 이내 양도시 감면 적용	상속인의 자경 여부 및 양도기한에 관계없이 무조건 사업용 토지[1]
8년 미만	1년 이상 계속 자경	피상속인과 상속인의 자경기간 합산하여 8년 이상이면 감면 적용	상속인의 자경 여부에 관계없이 5년 이내[2] 양도시 무조건 사업용 토지
	1년 미만 자경	감면 적용 불가	상속인의 자경 여부에 관계없이 5년 이내[2] 양도시 무조건 사업용 토지

1) 양도 당시 도시지역 중 녹지지역 및 개발제한구역 또는 도시지역 밖에 소재해야 해당 규정 적용

2) 5년 경과 양도시 상속인의 자경기간으로만 사업용 토지 여부 판단(P. 836 참조)

관련 해석 사례

1. 배우자로부터 증여받은 토지가 「소득세법 시행령」 제168조의14 제3항 제1호의2 요건에 해당하는 경우에는 비사업용 토지로 보지 않는 것으로, 해당 규정은 양도일 현재 이혼으로 배우자 관계가 소멸된 경우에도 적용되는 것이다(법령해석재산-0733, 2019. 4. 23).
2. 직계존속 또는 배우자가 임야 소재지와 같은 시·군·구, 그와 연접한 시·군·구 또는 임야로부터 직선거리 30km 이내에 있는 지역에 8년 이상 주민등록이 되어 있고 사실상 거주하면서 소유한 임야를 "비거주자가" 해당 직계존속 또는 배우자로부터 상속·증여받은 경우에도 해당 임야[양도 당시 도시지역(녹지지역 및 개발제한구역은 제외) 안의 임야는 제외]는 비사업용토지로 보지 아니하는 것이다(부동산납세과-1322, 2016. 8. 30).
3. 직계존속이 8년 이상 농지 소재지에 거주하면서 직접 경작한 농지를 상속·증여받은 경우 무조건 사업용 토지로 보는 규정은 상속개시일 또는 증여받은 날부터 양도할 때까지 해당 토지가 계속 농지인 경우에 적용되는 것이며, 이는 농지, 임야 및 목장용지 상호 간에 지목이 변경되는 경우에도 동일하게 적용된다(부동산납세과-735, 2014. 9. 30, 부동산거래관리과-125, 2011. 2. 10).

❗ 상속 · 증여받은 토지의 사업용 토지 여부 판단시 주의사항

1. 일반적으로 도시지역 내 군 · 읍 · 면지역에 있는 농지는 편입된 농지로 보지 않아 사업용 토지로 보지만, 8년 이상 재촌 · 자경한 농지를 직계존속 등으로부터 상속 · 증여받는 경우로서 양도 당시 해당 농지가 도시지역 내 군 · 읍 · 면지역에 있는 경우 도시지역에 포함되므로 해당 특례규정을 적용할 수 없다.
2. 8년 이상 재촌 · 자경한 농지 · 임야 · 목장용지를 직계존속 등으로부터 상속 · 증여받는 경우로서 양도 당시 도시지역 안에 있는 토지의 경우에도 무조건 사업용 토지로 보는 특례규정만 적용받지 못할 뿐 일반적인 기간기준을 적용하여 사업용 토지 여부를 판단한다.
3. 본인이 직접 경작한 농지에 대해서는 소득요건(3,700만원 이상 등)을 적용하여 사업용 토지 여부를 판단하나, 8년 이상 재촌 · 자경한 농지를 직계존속 등으로부터 상속 · 증여받는 경우에는 직계존속 등의 소득요건은 적용하지 않는다.
4. 8년 이상 재촌 · 자경한 농지 · 임야 · 목장용지를 직계존속 또는 배우자로부터 증여받아 10년(2022. 12. 31. 이전 증여분은 5년) 이내에 양도하는 경우에는 「소득세법」 제97조의2에 따른 이월과세 규정을 적용받을 수 있고, 「조세특례제한법」 제71조에 따른 영농자녀에 대한 증여세 감면을 적용받은 후 정당한 사유없이 증여받은 날부터 5년 이내에 양도하는 경우 감면세액이 추징되거나 당초 증여자의 취득가액 등(양도기한 제한없음)을 적용하여 양도소득세를 계산한다.

2 1거주자로 보는 단체인 종중소유 농지 · 임야 · 목장용지

2005. 12. 31. 이전에 종중이 취득하여 소유하고 있는 농지(소득령 §168의8 ③ 6호, 소득령 §168의14 ③ 4호 가목) · 임야(소득령 §168의9 ③ 8호) · 목장용지(소득령 §168의10 ② 2호)는 도시지역 편입 및 양도시기 등에 관계없이 해당 지목의 용도로 사용한 경우에는 무조건 사업용 토지로 본다. 따라서, 2006. 1. 1. 이후 종중이 취득한 농지 · 임야 · 목장용지에 대해서는 일반적인 사업용 토지의 판정기준(사용기준, 지역기준 등)과 동일하게 적용한다.

관련 해석 사례

2006. 1. 1. 이후 종중이 취득한 임야는 1거주자로 보는 단체(종중) 명의로 소유하는 임야로서 주민등록을 할 수 없어 재촌 요건을 충족하지 못하였으므로 비사업용 토지에 해당한다(재산세과-2644, 2008. 9. 4).

3 협의매수 또는 수용되는 토지

「공익사업을 위한 토지 등의 취득 및 보상에 관한 법률」 및 그 밖의 법률에 따라 협의매수 또는 수용되는 토지로서 아래의 어느 하나에 해당하는 경우에는 무조건 사업용 토지로 본다(소득령 §168의14 ③ 3호).

① 사업인정고시일이 2006. 12. 31. 이전인 토지 : 취득시기 제한없음
② 사업인정고시일이 2021. 5. 3. 이전인 토지 : 사업인정고시일부터 2년 이전에 취득
③ 사업인정고시일이 2021. 5. 4. 이후인 토지 : 사업인정고시일부터 5년 이전에 취득
※ ②와 ③의 취득일(사업인정고시일부터 2년 또는 5년)을 판단함에 있어 상속받은 토지는 피상속인의 취득일, 배우자 등 이월과세가 적용되는 경우에는 증여자의 취득일을 기준으로 판단

비교 학습

다른 법령에서 규정하는 공익사업 관련 특례적용시 취득시기 비교

구 분	취득시기	관련 법령
비과세 보유기간 특례	사업인정고시일 전 취득	소득령 §154 ① 2호 가목
공익사업용 토지 세액감면	사업인정고시일부터 2년 이전 취득	조특법 §77

관련 해석 사례

조모(甲)로부터 부친(乙)이 상속받은 토지를 다시 자녀(丙)가 부친(乙)으로부터 상속으로 취득한 후, 해당 토지가 2021. 5. 4. 전에 사업인정고시된 사업에 따라 협의매수 또는 수용되는 경우로서 조모(甲)의 해당 토지 취득일이 사업인정고시일부터 2년 이전이나, 부친(乙)의 해당 토지 취득일이 사업인정고시일부터 2년 내인 경우 해당 토지는 '취득일이 사업인정고시일부터 2년 이전인 토지'에 해당하지 않는다(법규재산-0142, 2023. 4. 10).

4 2009. 3. 16. ~ 2012. 12. 31. 사이에 취득한 토지

2009. 3. 16.~ 2012. 12. 31. 사이에 취득(상속 · 증여 포함)한 토지는 양도일 현재 비사업용 토지에 해당하더라도 토지의 지목 · 소재지 · 양도시기에 관계없이 기본세율을 적용하므로 무조건 사업용 토지로 본다(소득법 부칙 제9270호, §14 ①).

비교 학습

2009. 3. 16. ~ 2012. 12. 31. 사이에 취득한 주택이 양도시 중과대상인 경우 기본세율 적용 여부

종전에는 다주택자가 2009. 3. 16. ~ 2012. 12. 31. 기간 중에 취득한 주택의 소재지가 양도 당시 조정대상지역으로 지정된 후 해당 주택을 양도하는 경우에는 중과세율이 적용된다고 해석하였으나(재산세제과-852, 2018. 10. 10, 조심 2023서3125, 2023. 10. 26), 변경된 판례(유권해석)에 따르면, 해당 기간 중에 취득한 주택에 대해서는 2018. 4. 1. 신설된 소득세법 제104조 제7항(조정대상지역 내 다주택자 양도소득세 중과)에 따른 중과세율이 아닌 소득세법 제104조 제1항 제1호에 따라 기본세율이 적용된다고 판시함에 따라 국세청도 기존 유권해석을 변경하였다(수원고법 2022누13943, 2023. 6. 21, 재산세제과-1422, 2023. 12. 26).

이 경우 중과대상 주택에 대해서 세율은 기본세율이 적용되지만, 장기보유특별공제는 적용되지 않는 것으로 해석하고 있음에 주의를 요한다(재산세제과-477, 2024. 4. 17).

5 공장의 가동에 따른 소음 · 분진 · 악취 등으로 오염피해가 발생하는 지역의 토지

공장의 가동에 따른 소음 · 분진 · 악취 등으로 인하여 생활환경의 오염피해가 발생되는 지역 안의 토지로서 그 토지소유자의 요구에 따라 취득한 공장용 부속토지의 인접한 토지는 지목 및 양도시기 등에 관계없이 사업용 토지로 본다(소득칙 §83의5 ④ 1호).

[무조건 사업용 토지로 보는 경우]

적용대상 토지		지역제한	양도기한
8년 이상 재촌 · 자경한 직계존속(배우자 포함)으로부터 상속 · 증여받은 농지, 임야, 목장용지		양도 당시 市의 洞지역의 주거 · 상업 · 공업지역 제외	제한 없음
종중소유 농지, 임야, 목장용지(2005. 12. 31. 이전 취득)		제한 없음	제한 없음
상속 농지 등 (P. 836 참조)	농지 · 임야 · 목장용지	제한 없음	5년 이내
	상속농지	市의 洞지역의 주거 · 상업 · 공업지역	5년 이내
이농농지		제한 없음	5년 이내
협의매수 · 수용된 모든 토지		제한 없음	제한 없음
2009. 3. 16. ~ 2012. 12. 31. 사이에 취득한 모든 토지		제한 없음	제한 없음
공해공장 인접한 모든 토지		제한 없음	제한 없음

사례로 이해하는

핵심
양도소득세

부록 1

주택임대사업자의
주요 적용요건과 세제혜택 변천

부록 2

2026 5월 9일까지 조정대상지역 내
중과대상 주택을 양도하는 경우 중과유예

부록 3

2025년에 달라지는
주요 부동산 세금(개정내용)

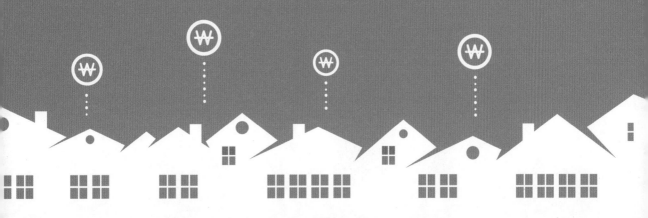

부록 1

주택임대사업자의 주요 적용요건과 세제혜택 변천

구분일	주요내용	적용시기
2018. 3. 31.	**· 양도소득세 중과배제 및 종합부동산세 합산배제 적용요건 강화** - 양도소득세 중과배제 및 종합부동산세 합산배제 적용시 의무임대기간을 5년에서 8년으로 연장하고, 임대유형은 무조건 장기임대주택으로 등록 비교 거주주택 비과세특례 적용 임대주택은 장·단기 불문 5년 이상 임대 → 2020. 7. 10. 이전 임대등록분에 한함(7. 11. 이후부터는 8, 10년 이상)	2018. 4. 1. 이후 등록분부터 적용
2018. 9. 13.	**① 개인이 조정대상지역 내 주택 취득 및 장기일반민간임대 등록시 양도소득세 중과배제 및 종합부동산세 합산배제(건설임대주택 제외) 적용 불가** **② 장기일반민간임대주택에 대한 과세특례 및 세액감면 적용시 가액기준 신설** → 가액기준 : 임대개시일 당시 공시가격 6억원(수도권 밖 3억원) 이하(조특법 §97의 3, 5)	2018. 9. 14. 이후 취득분부터 적용
2019. 2. 11.	**· 장기임대주택 보유자의 거주주택 비과세특례 평생 1회 제한(소득령 §155 ⑳)** - 장기임대주택 보유자가 거주주택 양도시 2019. 2. 11. 이전에 비과세특례를 적용받은 거주주택을 포함하여 평생 1회에 한해 거주주택 비과세특례 적용 비교 2025. 2. 15. 이후 양도하는 거주주택과 장기어린이집 보유자의 거주주택은 횟수제한 없이 비과세 적용	2019. 2. 12. 이후 취득분부터 적용
	· 주택임대사업자의 임대료 증액제한 임대주택 범위 확대(소득세법 등) - 소득세법상 세제혜택(거주주택 비과세, 종합부동산세 합산배제 등) 적용시 임대료 등 5% 이내 증액제한 신설 비교 조특법상 과세특례 및 세액감면은 임대등록 이후 체결한 계약분부터 적용	2019. 2. 12. 이후 계약분부터 적용
	· 단기임대주택을 장기임대주택으로 전환시 인정 임대기간 합리화(조특법 §97의3) - 최대 4년을 한도로 단기임대기간 전체를 장기임대기간에 포함 비교 종전에는 5년을 한도 단기임대기간의 50%만 장기임대기간에 포함	2019. 2. 12. 이후 전환분부터 적용
2019. 12. 16.	**· 조정대상지역 내 임대주택에 대한 비과세 적용시 거주요건 추가(소득령 §154 ①)** - 조정대상지역 내 주택을 임대주택으로 등록한 경우 1세대 1주택 비과세 적용시 의무임대기간 종료 후 2년 이상 거주요건 필요 비교 2019. 12. 16. 이전에 임대등록한 조정대상지역 내 주택은 거주요건 불필요	2019. 12. 17. 이후 등록분부터 적용
2020. 6. 17.	**① 법인이 조정대상지역 내 주택을 장기임대주택으로 등록한 경우 종합부동산세 합산과세 적용** **② 법인이 소유한 주택을 장기임대주택으로 등록한 경우 토지등 양도소득 법인세 추가과세 적용** 비교 건설임대주택으로 등록한 경우에는 종합부동산세 합산배제 적용, 법인세 추가과세 제외 적용 가능	2020. 6. 18. 이후 등록분부터 적용

구분일	주요내용	적용시기
2020. 7. 10.	① **양도소득세 중과배제 및 종합부동산세 합산배제 대상 제외 주택** - 2020. 7. 11. 이후 장기일반민간임대주택으로 등록 신청한 아파트 - 2020. 7. 11. 이후 단기임대에서 장기임대로 변경 신고한 임대주택 ② **거주주택 비과세특례 대상 제외 주택** - 2020. 7. 11. 이후 장기일반민간임대주택으로 등록 신청한 아파트 - 2020. 7. 11. 이후 단기임대에서 장기임대로 변경 신고한 임대주택 - 2020. 7. 11. 이후 단기임대주택으로 등록한 임대주택	2020. 7. 11. 이후 등록분부터 적용
	• **모든 단기임대주택 및 매입형 아파트 장기임대주택 등록 폐지(민특법 개정)** - 2020. 7.11. 이후부터 모든 단기임대주택(4년) 및 매입형 아파트 장기임대주택(8년)에 대한 임대등록 폐지	2020. 8. 18. 이후부터 적용
2020. 8. 11.	• **주택임대사업자의 취득세 감면 적용시 주택 가액기준 신설** - 취득가액 6억원(수도권 밖 3억원) 이하인 경우에만 감면 적용	2020. 8. 12. 이후 취득분부터 적용
	• **주택임대사업자의 재산세 감면 적용시 주택 가액기준 신설** - 공동주택 : 공시가격 6억원(수도권 밖 3억원) 이하인 경우에만 감면 적용 - 오피스텔 : 시가표준액 4억원(수도권 밖 2억원) 이하인 경우에만 감면 적용	2020. 8. 12. 이후 등록분부터 적용
2020. 8. 17.	• **임대주택 신규 등록(아파트 제외)시 의무임대기간 연장** - 신규 장기일반민간임대주택 등록시 의무임대기간을 8년에서 10년으로 연장 비교 아파트 중 건설임대주택과 주택법상 도시형 생활주택은 임대등록 가능	2020. 8. 18. 이후 등록분부터 적용
	• **임대사업자의 임대등록 말소시 비과세특례 및 중과배제 적용 유지** - 자진(민특법상 의무임대기간의 1/2 이상 임대) 및 자동 말소로 의무임대기간 미충족시 이미 적용받은 거주주택 비과세 및 양도소득세 중과배제 추징배제 비과세특례 자진 및 자동 말소 이후 5년 이내 거주주택 양도시 비과세특례 적용 중과배제 자진 말소 이후 1년 이내(자동 말소는 기한제한 없음) 임대주택 양도시 중과배제 적용	2020. 8. 18. 이후 등록말소분부터 적용
	• **임대보증금에 대한 보증보험 의무가입대상자 확대** - 보증보험 가입대상자가 건설임대주택에 대해서만 적용되다가 모든 임대주택(건설 및 매입임대주택)으로 확대 → 위반시 최대 3,000만원을 한도로 과태료 부과 유예기간 이미 등록한 매입임대주택은 2021. 8. 18. 이후 임대차계약을 갱신하거나 임차인이 변경되는 시점부터 보증보험에 가입(1년간 유예)	2020. 8. 18. 이후 등록분부터 적용
2020. 12. 9.	• **임대주택에 대한 부기등기 시행** - 임대사업자로 등록한 후 지체없이 또는 소유권보존등기와 동시에 부기등기 유예기간 2020. 12. 9. 이전 등록임대주택은 2022. 12. 9.까지 부기등기(2년간 유예)	2020. 12. 10. 이후 등록분부터 적용
2024. 12. 3.	• **6년 단기민간임대주택 신설** - 매입형 아파트를 제한한 모든 주택 의무임대기간 6년 단기임대주택 등록가능 세제혜택 ① 거주주택 비과세특례, ② 종합부동산세 합산배제, ③ 양도소득세 중과배제, ④ 법인세 추가과세 제외(건설임대주택에 한정)	2025. 6. 4. 이후 등록분부터 적용

부록 2

2026년 5월 9일까지 조정대상지역 내 중과대상 주택을 양도하는 경우 중과유예

다주택자 양도소득세 중과유예 조치

다주택자가 조정대상지역* 내에 있는 중과대상 주택을 2022. 5. 10. 이후부터 2026. 5. 9.까지 양도하는 경우 중과유예 조치규정에 따라 양도소득세를 중과하지 않으나, 중과제도에 대한 전반적인 이해를 위하여 중과유예 조치에도 불구하고 중과제도에 대해 개략적으로 설명하기로 한다.

* 조정대상지역 지정현황(2023. 1. 5. 현재) : 강남 3구(강남, 서초, 송파), 용산

1 다주택자 양도소득세 중과적용 판단절차

양도하는 주택이 양도소득세 중과대상에 해당하는지 또는 중과세율 적용 대상인지 여부는 아래 흐름도를 통해 판단할 수 있다.

1단계 양도주택 지역확인	① 양도하는 주택이 조정대상지역 외에 있는 경우 : 중과제외 ② 양도하는 주택이 조정대상지역 내에 있는 경우 : 2단계 진행
2단계 중과대상 주택수 계산	① 세대단위로 중과대상 주택수 계산 ▪주택수 포함 : 조합원입주권 및 '21. 1. 1. 이후 취득한 주택분양권 ▪주택수 제외 : 양도당시 기준시가 3억원 이하 수도권 및 세종특별자치시의 읍 · 면 지역 및 지방지역(광역시 제외) 소재 주택 ② 중과대상 주택수가 1채인 경우 : 중과제외 ③ 중과대상 주택수가 2채 이상인 경우 : 3단계 진행
3단계 양도주택 중과제외 여부확인	① 장기임대주택, 상속주택, 감면주택 등 중과제외 대상인 경우 : 중과제외 ② 중과대상 주택인 경우 : 4단계 진행
4단계 중과 적용	① 2주택 중과 : 장기보유특별공제 적용 배제 및 기본세율 + 추가세율 20% ('21. 5. 31. 이전 양도분은 기본세율 + 추가세율 10%) ② 3주택 이상 중과 : 장기보유특별공제 적용 배제 및 기본세율 + 추가세율 30% ('21. 5. 31. 이전 양도분은 기본세율 + 추가세율 20%)

2 기본 내용

(1) 다주택자 양도소득세 중과대상 및 적용세율

양도일 현재 2주택(조합원입주권과 2021. 1. 1. 이후 취득한 주택분양권 포함) 이상을 보유한 상태에서 조정대상지역 내 중과대상 주택을 양도하는 경우 장기보유특별공제가 배제되고, 중과세율(기본세율 + 20% 또는 30%)이 적용되는 것이 원칙이나, 2022. 5. 10. ~ 2026. 5. 9. 사이에 양도하는 중과대상 주택에 대해서는 양도소득세가 중과되지 않는다.

[양도소득세 중과세 내용]

구 분	세율	장기보유특별공제 적용 여부
2주택 중과	기본세율 + 추가세율 20%	장기보유특별공제 적용불가
3주택 이상 중과	기본세율 + 추가세율 30%	

(2) 중과적용 기준시점

다주택자 중과적용 여부는 주택의 양도일 현재 기준으로 판단한다. 따라서 취득 당시에는 해당 주택이 조정대상지역에 소재하지 않았더라도 양도일 현재 조정대상지역(현재는 강남구 · 서초구 · 송파구 · 용산구만 조정대상지역으로 지정)에 소재하는 경우에는 양도소득세가 중과되고,

반대로 해당 주택 취득 당시 조정대상지역에 소재하였더라도 양도일 현재 조정대상지역에 소재하지 않는 경우에는 양도소득세가 중과되지 않는다.

[조정대상지역 지정 및 해제에 따른 거주요건과 중과적용 여부 비교]

구 분		다주택자 중과 여부	1세대 1주택 비과세 판단시 거주요건
취득 당시	양도 당시		
비조정대상지역	조정대상지역	중과적용	거주요건 없음
조정대상지역	비조정대상지역	중과제외	거주요건 적용

3 중과대상 주택 수 판단시 지역기준과 가액기준

(1) 주택에 대한 지역기준과 가액기준 판단

양도일 현재 수도권, 광역시, 세종특별자치시에 소재하고 있는 주택은 기준시가에 관계없이 중과대상 주택 수에 포함되는 것이 원칙이나, 경기도 및 세종특별자치시의 읍·면지역, 광역시의 군지역과 그 밖의 지역에 소재하고 있는 주택은 조정대상지역 여부를 불문하고 양도일 현재 기준시가가 3억원 이하인 경우에는 중과대상 주택 수에 포함되지 않을 뿐만 아니라 중과세율도 적용하지 않는다.

기준시가에 관계없이 중과대상 주택 수에 포함되는 지역	양도 당시 기준시가가 3억원 이하인 경우 중과대상 주택 수에 제외되는 지역
서울특별시	광역시의 군지역
광역시(군지역 제외)	경기도 및 세종특별자치시의 읍·면지역
경기도 및 세종특별자치시(읍·면지역 제외)	기타 지방지역

(2) 조합원입주권 또는 주택분양권에 대한 지역기준과 가액기준 판단

조합원입주권과 주택분양권은 기준시가가 고시되어 있지 않으므로 조합원입주권은 감정평가액, 주택분양권은 공급가액으로 3억원 이하 여부를 판단한다.

1) 가액과 관계없이 중과대상 주택 수에 포함되는 경우

조합원입주권과 2021. 1. 1. 이후 취득한 주택분양권이 서울특별시, 광역시(군지역 제외), 경기도·세종특별자치시(읍·면지역 제외)에 소재하는 경우에는 가액과 관계없이 중과대상 주택 수에 포함된다.

2) 중과대상 주택 수에 제외되는 경우

조합원입주권과 2021. 1. 1. 이후 취득한 주택분양권이 광역시의 군지역, 경기도·세종특별자치시의 읍·면지역 및 그 밖의 지역에 소재하는 경우로서 아래의 기준금액이 3억원 이하인 경우에는 중과대상 주택 수에 제외된다.

① 조합원입주권 : 사업시행계획인가 고시일 현재 종전주택의 감정평가액

② 주택분양권 : 분양계약서상 선택품목을 제외한 순수 공급가액

(3) 다가구주택의 경우 기준시가 3억원 이하 가액기준 판단

다가구주택의 기준시가는 가구별로 고시되지 않고 주택 및 그 부수토지 전체를 대상으로 고시되므로 개별주택가격(기준시가)을 각 가구별로 안분하여 계산한 가액을 기준으로 앞서 살펴본 중과대상 주택 수 포함 및 중과세율 적용 여부를 판단한다.

4 중과제외 주택

(1) 1세대 3주택 이상 중과제외 주택

1세대 3주택 이상자가 아래와 같이 정부 정책에 따른 장기임대주택, 감면주택, 미분양주택과 부득이한 사유로 취득한 상속주택 등을 양도하는 경우에는 중과대상 주택임에도 불구하고 양도소득세가 중과되지 않는다.

구 분	내 용
① 중과대상 주택수 판단시 제외되는 주택	수도권・광역시・세종특별자치시 외 지역(군 및 읍・면지역 포함)에 소재하는 주택으로서 양도 당시 기준시가 3억원 이하인 주택
② 소득세법상 장기임대주택	지방자치단체와 세무서에 주택임대사업자로 등록하고 임대개시일 당시 기준시가 6억원(수도권 밖은 3억원) 이하 주택
③ 조세특례제한법상 감면대상임대주택	조특법 제97조(장기임대주택), 제97조의2(신축임대주택) 및 제98조(미분양주택) 규정에 따른 임대주택
④ 장기사원용 주택	사용자와 특수관계가 없는 종업원에게 10년 이상 무상으로 제공한 사용자 소유의 주택
⑤ 조세특례제한법상 감면대상주택	조특법 제77조, 제98조의2, 제98의3, 제98조의5 ~ 제98조의8 및 제99조 ~ 제99조의3 규정에 따른 감면주택
⑥ 문화재주택	문화재보호법에 의해 문화재로 지정되거나 등록된 주택
⑦ 상속주택	선순위 상속주택으로서 상속개시일로부터 5년 이내 양도하는 주택
⑧ 저당권실행 및 채권변제로 취득한 주택	저당권의 실행으로 취득하거나 대물변제로 취득한 주택으로서 취득일로부터 3년 이내 양도하는 주택
⑨ 가정어린이집	지방자치단체장으로부터 어린이집으로 인가를 받아 사업자등록을 하고 5년 이상 가정어린이집으로 사용한 후, 가정어린이집으로 사용하지 않게 된 날부터 6개월 이내 양도하는 주택
⑩ 중과제외 주택 외 1주택	위 ① ~ ⑨에 해당하는 주택을 제외하고 1주택만을 보유한 상태에서 양도하는 주택
⑪ 상속주택 보유자의 일반주택	비과세 요건을 충족한 일반주택과 소득령 §155 ②에 따른 상속주택을 보유하고 있는 1세대가 양도하는 일반주택
⑫ 장기임대주택 보유자의 거주주택	비과세 요건을 충족한 거주주택과 소득령 §155 ⑳에 따른 장기임대주택을 보유하고 있는 1세대가 양도하는 거주주택

구 분	내 용
⑬ 조합원입주권 보유자의 주택	비과세 요건을 충족한 주택과 조합원입주권 보유한 상태에서 양도하는 주택
⑭ 조정대상지역 공고이전 계약한 주택	조정대상지역의 공고가 있은 날 이전에 매매계약을 체결하고 계약금을 지급받은 사실이 증빙서류에 의하여 확인되는 주택
⑮ 비과세특례 등 적용대상 주택	소득령 제155조 및 조특법에 따라 1개의 주택을 소유하고 있는 것으로 보거나 1세대 1주택 비과세규정이 적용되는 주택

(2) 1세대 2주택 중과제외 주택

1세대 2주택자가 아래와 같이 시세차익 목적이 아닌 사유로 취득한 동거봉양·혼인합가, 일시적2주택 및 소형주택 등을 양도하는 경우에는 중과대상 주택임에도 불구하고 양도소득세가 중과되지 않는다.

구 분	내 용
① 3주택 이상 중과제외 주택	3주택 이상 중과제외 규정(① ~ ⑨)에 해당하는 주택
② 다른 시·군 소재 주택	취학 등 부득이한 사유로 다른 시·군에 소재하는 기준시가 3억원 이하 주택을 취득한 후 1년 이상 거주하고 부득이한 사유가 해소된 날로부터 3년 이내 양도하는 해당 주택
③ 수도권 밖 소재 주택	취학 등 부득이한 사유로 취득한 수도권 밖에 소재하는 주택으로서 양도하는 해당 주택
④ 동거봉양합가주택	동거봉양합가일로부터 10년 이내 양도하는 주택
⑤ 혼인합가주택	혼인한 날로부터 10년 이내 양도하는 주택
⑥ 소송중인주택	주택의 소유권에 관한 소송이 진행 중이거나 해당 소송결과로 취득한 주택을 확정판결일로부터 3년이 양도하는 주택
⑦ 중과제외 주택 외 1주택	위 ① ~ ⑥에 해당하는 주택을 제외하고 1주택만을 보유한 상태에서 양도하는 해당 1주택
⑧ 일시적 2주택	신규주택 취득일로부터 3년 이내에 양도하는 종전주택
⑨ 기준시가 1억원 이하 소형주택	양도하는 주택이 양도 당시 기준시가 1억원 이하인 주택. 다만 정비구역으로 지정·고시된 지역 또는 사업시행구역에 소재하는 주택은 제외
⑩ 조정대상지역 공고이전 계약한 주택	조정대상지역의 공고가 있은 날 이전에 매매계약을 체결하고 계약금을 지급받은 사실이 증빙서류에 의하여 확인되는 주택
⑪ 상속주택 보유자의 일반주택	비과세 요건을 충족한 일반주택과 소득령 §155 ②에 따른 상속주택을 보유하고 있는 1세대가 양도하는 일반주택
⑫ 장기임대주택 보유자의 거주주택	비과세 요건을 충족한 거주주택과 소득령 §155 ⑳에 따른 장기임대주택을 보유하고 있는 1세대가 양도하는 거주주택
⑬ 조합원입주권 보유자의 주택	비과세 요건을 충족한 주택과 조합원입주권 보유한 상태에서 양도하는 주택

2025년에 달라지는 주요 부동산 세금(개정내용)

1 양도소득세

1. 혼인합가에 대한 1세대 1주택 비과세 특례 적용기간 확대(소득령 §155 ⑤ 및 §156의2 ⑨)

현 행	개 정	연결 페이지
혼인한 날부터 5년 이내 먼저 1주택 양도	혼인한 날부터 **10년** 이내 먼저 1주택 양도	P. 328 참조
[적용시기] 2024. 11. 12. 이후 양도하는 분부터 적용		

2. 상생임대주택에 대한 양도소득세 과세특례 적용기한 연장(소득령 §155의3 ①)

현 행	개 정	연결 페이지
2021. 12. 20. ~ 2024. 12. 31.까지 임대차계약 체결 및 임대개시	2021. 12. 20. ~ **2026. 12. 31.**까지 임대차계약 체결 및 임대개시	P. 572 참조

3. 상가에서 주택으로 용도변경시 장기보유특별공제액 계산방법 합리화(소득법 §95 ⑤)

현 행	개 정	연결 페이지
〈단서 신설〉	각 용도별로 보유기간·거주기간을 구분하여 공제율(최대 80%) 합산하여 계산	P. 125 참조
[적용시기] 2025. 1. 1. 이후 양도하는 분부터 적용		

4. 주택에서 주택 외 용도변경 후 양도시 과세기준 합리화(소득령 §154 ①·§159의4)

현 행	개 정	연결 페이지
□ 1세대 1주택 비과세 및 장기보유특별공제(최대 80%) 적용시 1주택 여부 판정 기준 시점 • 주택 양도일	□ 예외규정 신설 • 원칙 : (좌 동) • 예외 : **매매계약일**	P. 186 참조
[적용시기] 2025. 2. 28. 이후 매매계약을 체결하여 양도하는 분부터 적용		

5. 주택임대사업자의 거주주택 양도소득세 비과세 합리화(소득령 §155 ⑳)

(1) 장기임대주택 보유자의 거주주택 양도시 비과세 평생 1회 제한규정 폐지

현 행	개 정	연결 페이지
□ 장기임대주택 보유 거주자는 본인 거주주택 양도시 양도소득세 비과세 • **최초** 거주주택에 대해서만 비과세 (평생 1회로 제한)	□ 비과세 횟수제한 폐지 • **횟수 제한없이** 거주주택에 비과세 적용	P. 372 참조
[적용시기] 2025. 2. 28. 이후 양도하는 분부터 적용		

(2) 장기임대주택을 거주주택으로 전환 후 양도시 양도소득세 비과세 범위 명확화

현 행	개 정	연결 페이지
□ 장기임대주택을 거주주택으로 전환한 최종 1세대 1주택(직전거주주택보유주택)에 한하여 직전거주주택 양도일 이후 양도차익분 비과세 〈추 가〉	□ 비과세 범위 명확화 • 최종 1세대 1주택이 아니더라도 2년 이상 거주한 직전거주주택보유주택 양도시 직전거주주택 양도일 이후 양도차익분 비과세	P. 362 참조
[적용시기] 2025. 2. 28. 이후 양도하는 분부터 적용		

6. 토지 · 건물 일괄 취득 · 양도시 안분계산 예외 규정(소득법 §100 ③, 소득령 §166 ⑦)

현 행	개 정	연결 페이지
〈단서 신설〉	□ 안분계산 적용 예외사유 • 다른 법령에서 정하는 바에 따라 토지와 건물 등의 가액을 구분한 경우 • 토지와 건물 등을 함께 취득한 후 건물 등을 철거하고 토지만 사용하는 경우	P. 95 참조
[적용시기] 2025. 1. 1. 이후 양도하는 분부터 적용		

7. 배우자 등으로 증여받은 자산 양도시 이월과세 적용대상 자산 확대(소득법 §97의2)

현 행	개 정	연결 페이지
□ 양도일 전 10년 이내 증여받은 토지, 건물, 부동산취득권 등 〈추 가〉	(좌 동) • 양도일 전 1년 이내 증여받은 주식 등	P. 663 참조
[적용시기] 2025. 1. 1. 이후 증여받는 분부터 적용		

8. 기타

내 용	연결 페이지
(1) 인구감소지역 주택 취득자에 대한 양도소득세 및 종합부동산세 과세특례	P. 614 참조
(2) 비수도권 소재 준공 후 미분양주택에 대한 양도소득세 및 종합부동산세 과세특례	
(3) 다주택자 양도소득세 중과배제 적용기한 **1년 더 연장**(2026. 5. 9. 까지)	P. 854 참조

2 종합부동산세

1. 혼인에 대한 종합부동산세 1세대 1주택 특례 적용기간 확대(종부령 §1의2 ④)

현 행	개 정	연결 페이지
혼인한 날부터 5년 동안 각각 1주택	혼인한 날부터 **10년 동안** 각각 1주택	P. 339 참조
[적용시기] 2024. 11. 12. 이후 납세의무가 성립하는 분부터 적용		

2. 기타

구 분	개정 내용
(1) 1세대 1주택자 특례 적용 지방 저가주택 공시가격 완화	3억원 이하→4억원 이하
(2) 양도소득세·종합부동산세 중과세율 적용배제 소형 신축주택 적용기한 연장(소득령 §167의3 ① 12호, 종부령 §4의3 ③ 바목)	'25. 12. 31. → '27. 12. 31.

3 취득세

1. 분양권으로 취득한 주택의 중과세율 적용시 주택 수 판단시점 합리화(지방령 §28의4 ①)

현 행	개 정	연결 페이지
〈후단 신설〉	분양권이 증여 등으로 소유권이 이전되는 경우 최초 취득일을 기준으로 주택 수 판단	P. 176 참조
[적용시기] 2025. 1. 1. 이후 분양권을 증여 등으로 최초로 취득하는 분부터 적용		

2. 기타

구 분	개정 내용
(1) 취득세 중과배제 주택(1억원) 중 지방 저가주택에 한해 공시가격 완화	1억원 이하→2억원 이하
(2) 주택임대사업자에 대한 취득세·재산세 감면기한 연장	'24. 12. 31. → '27. 12. 31.

4 상속 · 증여세

1. 부동산 감정평가 대상자산 및 선정기준 강화(상증법 사무처리 규정 §72 ① · ② 1호, 2호)

현 행	개 정	연결 페이지
□ 감정평가 대상자산 • 비거주용 건물, 나대지 □ 감정평가 선정기준 • 신고가액이 추정시가보다 10억원 이상 낮거나 그 차액의 비율이 10% 이상인 경우	□ 감정평가 대상자산 추가 • 비거주용 건물, 나대지, **초고가 주택** □ 감정평가 선정기준 완화 • 신고가액이 추정시가보다 **5억원 이상** 낮거나 그 차액의 비율이 10% 이상인 경우	P. 710 참조
[적용시기] 2025. 1. 1. 이후 법정결정기한이 도래하는 분부터 적용		

2. 동거주택 상속공제 적용시 주택 수 제외 소수지분자 요건 합리화(상증령 §20의2 ① 8호)

현 행	개 정	연결 페이지
피상속인 또는 상속인이 소유하는 소수지분 주택은 주택 수에서 제외	피상속인 또는 **상속인(배우자 포함)**이 소유하는 소수지분 주택은 주택 수에서 제외	P. 490 참조
[적용시기] 2025. 2. 28. 이후 결정 또는 경정하는 분부터 적용		

5 법인세

1. 비영리법인의 유 · 무형자산 처분수입 과세소득 제외 합리화(법인령 §3 ②)

현 행	개 정	연결 페이지
□ 3년 이상 계속 고유목적사업에 사용한 경우 비과세 처분수입 • 양도가액 – 고유목적사업 전입시 시가 〈신 설〉	(좌 동) • 고유목적사업에 총 **10년 이상** 사용한 경우 보유기간 대비 사용기간만큼 과세 제외	P. 34 참조
[적용시기] 2025. 2. 28. 이후 유 · 무형자산을 처분하는 분부터 적용		

2. 최소 6년 의무임대기간 적용 단기민간임대주택 법인세 추가과세 배제(법인령 §92의2 ②)

현 행	개 정	연결 페이지
□ 건설형 장기일반민간임대주택 양도시 법인세 추가세율(20%) 적용제외 〈추 가〉	(좌 동) • **건설형** 단기민간임대주택 추가세율 적용제외	P. 578 참조
[적용시기] 2025. 6. 4. 이후 임대등록 분부터 적용		

Profile

세무사 **이득근**

경남고등학교(야구부 출신, 1990년 제45회 청룡기대회 우승)

경력

- 동아대학교 경영학과
- 국세청(중부지방국세청) 성남 · 용인 · 남양주 · 이천세무서 등 20년 근무
- 소득세 · 부가세 · 재산 · 법인세과 신고업무
- 양도 · 상속 · 증여세 및 법인 · 개인기업 조사팀장
- 공인중개사 · 행정사
- 국세청장 표장(2009년)
- 국세청직원 회계실무 · 조사요원 교육강사
- 한국세무사고시회 양도소득세 실무해설 기고
- 국세공무원교육원 양도소득세 강의(2023년)
- 미광세무회계사무소 대표 세무사(현)

저서

- 주택관련 양도소득세 실무해설집 「집」(공저)
- 사례로 이해하는 2023 부동산 세금